如 皋 市 政 区 图

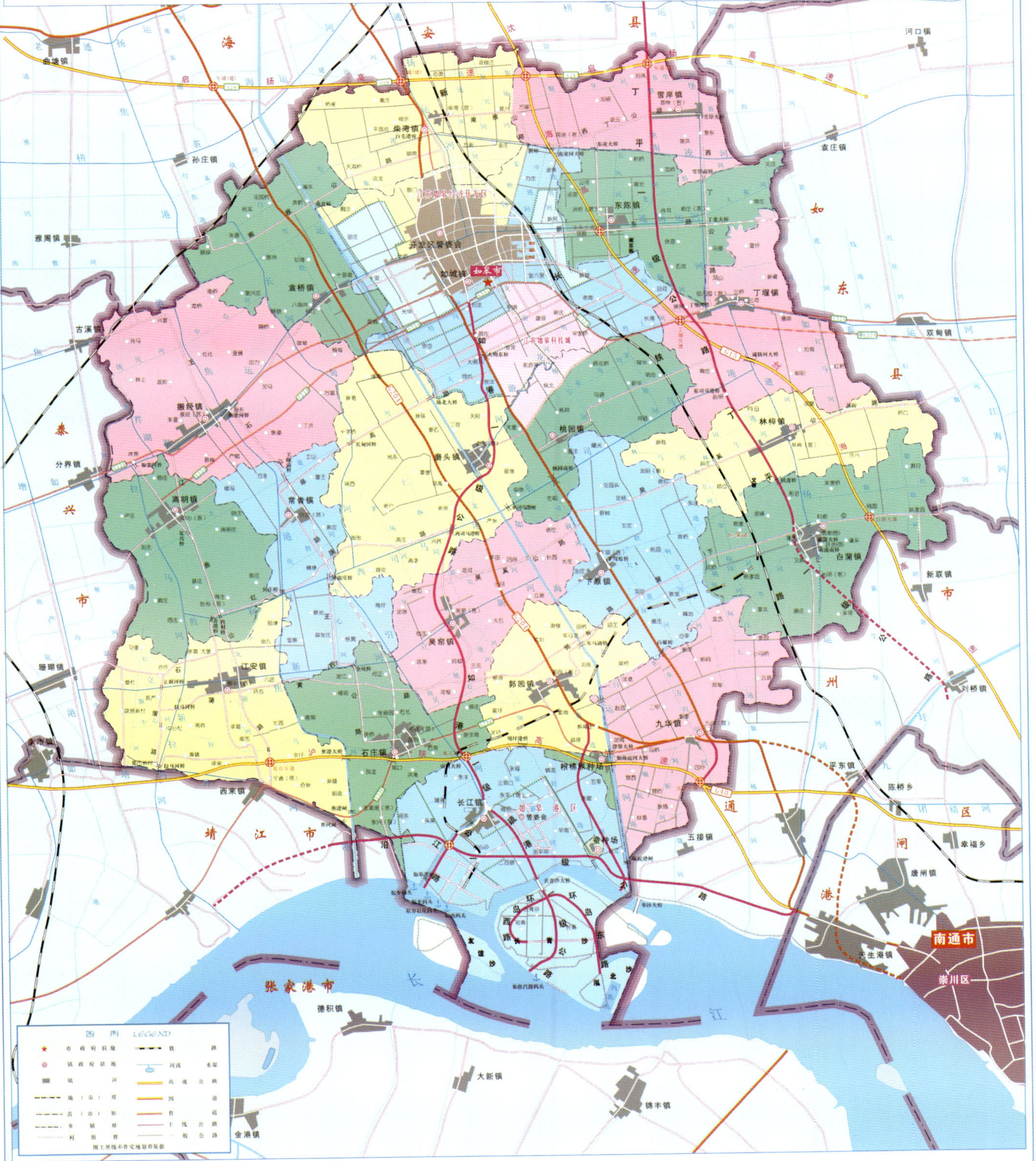

如 皋 市 勘 测 院
如皋市基础地理信息中心 编 制

二〇一一年十月

如皋年鉴

RUGAO ALMANAC

《如皋年鉴》编纂委员会

方志出版社

领导关怀

1月27日，最高人民检察院检察长曹建明（第二排左三）一行在南通市委书记、人大常委会主任罗一民（第二排右一）等陪同下，视察如皋市检察院工作

7月20日，省长李学勇（左三）在南通市委书记丁大卫（右一）等陪同下到如皋视察，考察长江镇春桃社区公共服务中心

12月1日，省委副书记、组织部部长石泰峰（前排左二）在南通市委书记丁大卫（前排左一）等陪同下到如皋调研

7月21日，省委常委、省纪委书记弘强（左二）视察如皋经济社会发展及廉政文化建设情况，参观市廉政文化广场

领导关怀

7月28日，省人大常委会副主任丁解民（前排右二）率检查组到如皋，检查《中华人民共和国农民专业合作社法》、《江苏省农民专业合作社条例》贯彻实施情况，视察市建佳果蔬专业合作联合社

9月13～15日，副省长曹卫星（前排右二）到如皋调研教育工作

9月20日，副省长徐鸣（前排左二）率省国土厅、省农委等部门负责人到如皋调研，考察如皋经济开发区“万顷良田”工程

3月1日，中央文献研究室研究部主任刘金田（前排右三）、中央党史研究室宣教局副局长薛庆超（前排右二）、中国军事科学院研究员王建强（前排左三）到如皋，指导红十四军纪念馆布馆工作

8月26～27日，省委宣传部副部长，省文化厅党组书记、厅长章剑华（前排右二）视察如皋市文化产业，视察东大街历史保护街区

6月2日，南通市委副书记、代市长张国华（左二）一行到如皋调研，视察江苏神马电力科技股份有限公司

重要活动

1月6日 市政府举行全市区域供水全覆盖暨东线支管网通水仪式。南通市副市长朱晋（左），南通市副市长、如皋市委书记陈惠娟（右）启动通水水晶球

1月8日，江苏省船舶及配套产业技术创新战略联盟2010年会暨技术创新论坛在如皋举行

2月18日，人民日报社《人民论坛》理论调研点授牌仪式暨《深入开展创先争优活动的"如皋样本"》专题调研座谈会在如皋举行

3月6日，全国首家党建·新农村频道——如皋党建·新农村开播。中央组织部党建读物出版社社长王占生（中），中国农业电影电视中心（中央电视台第七套农业节目）艺术总监范宗钗（右二），省委基层党建办副主任袁功民（右一），南通市副市长、如皋市委书记陈惠娟（左一），南通市委组织部副部长、“两新”工委书记黄卫成（左二）启动开播水晶球

3月15日，全省农机质量“3·15”活动开幕式在如皋举行

4月8日，市“普法邮路通万家”工程启动，152名邮递员组成的“普法信使”队伍从市安定广场出发，开始将各类法制宣传资料送往全市千家万户

5月28日，如皋经济技术（科技•人才）洽谈会开幕式在如皋大剧院举行

6月9日，中国工农红军第十四军纪念馆举行开馆仪式

6月9日，由省党史工办、省党史学会主办，南通市委党史办、如皋市委承办的中国工农红军第十四军研讨会在如皋光华国际大酒店举行

6月9日，中央电视台七套《军营大舞台》走进如皋，与如皋市人民政府联合举办《江海军旗红》文艺晚会，庆祝中国共产党诞辰90周年暨中国工农红军第十四军纪念馆开馆

9月5日，首届中国如皋长寿养生国际高端论坛在如皋光华国际大酒店举行

9月28日，市文化广场正式对外放

10月25日，世界长寿乡——中国如皋授牌仪式暨新闻发布会在北京人民大会堂举行

重要活动

10月27日，如皋市与美国塔拉哈西市缔结友好城市签约仪式在市行政中心举行

10月28日，第九届中国如皋沿江经济洽谈会开幕

10月28日，如皋“青铜万寿百岁碗”暨长寿之乡“星光大道”落成及如皋“万寿百岁碗”获吉尼斯世界纪录认证仪式在大寿星园举行

10月29日，台湾海峡交流基金会董事长江丙坤（前排右二）到如皋考察，参观长青沙全国台商活动中心

11月23～24日，全国部分地区农村劳动力转移就业工作技术支持与服务交流会在如皋召开

11月30日，焦港闸改建工程开工。省水利厅厅长吕振霖（右三）等出席开工仪式

12月16日，如皋汽车客运新站举行启用仪式

12月31日，如皋市首届新年音乐会——“农行之春”新年音乐会在如皋大剧院举行

国际荣誉

世界長壽鄉—如皋
國際自然醫學會會長
森下世界的長壽鄉調查團 團長
世界長壽鄉科學認證委員會 主席
森下敬一
二〇一一年十月

国家级荣誉

国家卫生城市
国家级生态示范区
国家旅游休闲农业示范市
国家技术创新工程示范市
国家科普示范市
国家生态市
国家园林城市
中国长寿之乡
中国优秀旅游城市
中国花木之乡
中国建筑之乡
全国平原绿化先进市
全国人口协调发展先进县（市）
全国人口健康公共服务项目示范市
全国养老服务示范单位
全国农村中医工作先进县（市）
全国农村劳动力转移示范县（市）
全国绿化模范县（市）
全国县域经济基本竞争力百强市
全国中小城市综合实力百强市
全国中小城市科学发展百强市
全国科技百强县
全国粮食生产先进市
全国老龄工作先进市
全国群众体育工作先进市
全国科技进步工作先进市
全国法治县（市）创建工作先进单位
全国农村劳动力转移工作示范单位
城乡统筹科学发展“十二五”值得关注典范县市

主要经济指标数据对比

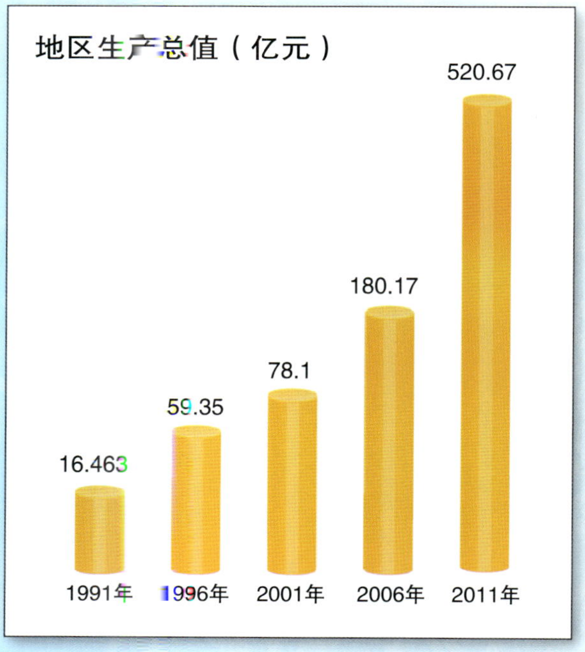
地区生产总值（亿元）
16.463
59.35
78.1
180.17
520.67
1991年
1996年
2001年
2006年
2011年

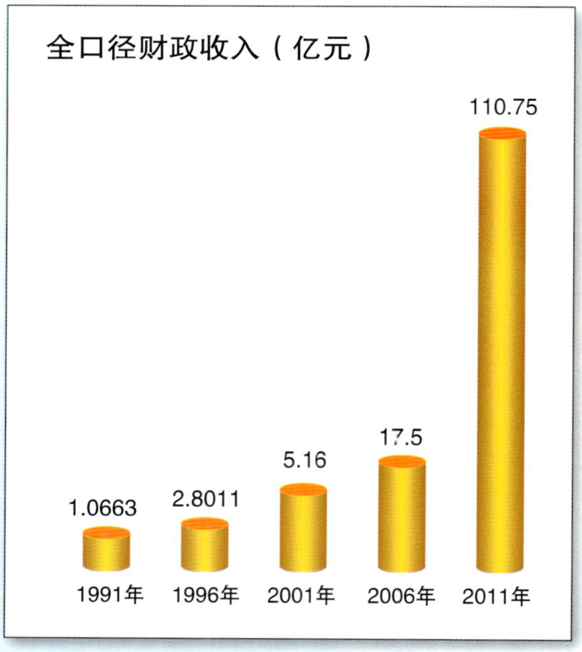
全口径财政收入（亿元）
1.0663
2.8011
5.16
17.5
110.75
1991年
1996年
2001年
2006年
2011年

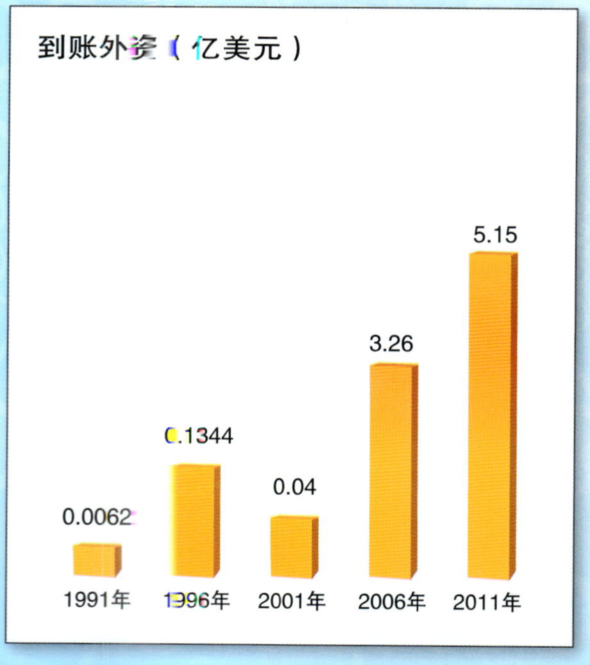
到账外资（亿美元）
0.0062
0.1344
0.04
3.26
5.15
1991年
1996年
2001年
2006年
2011年

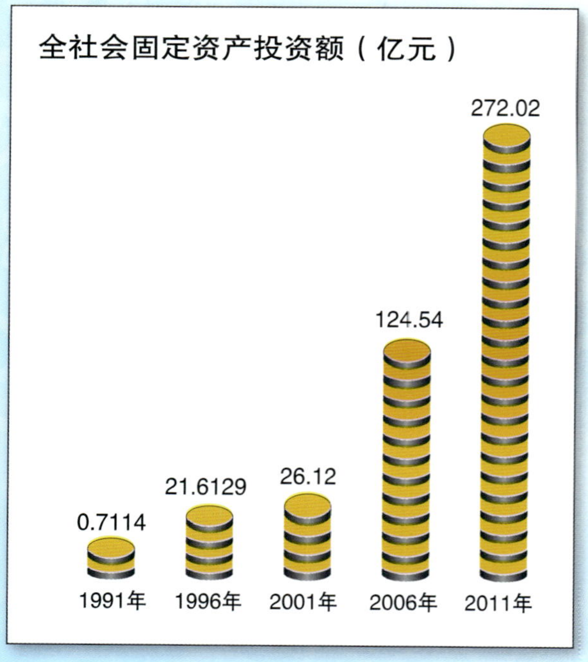
全社会固定资产投资额（亿元）
0.7114
21.6129
26.12
124.54
272.02
1991年
1996年
2001年
2006年
2011年

主要经济指标数据对比

社会消费品零售总额（亿元）

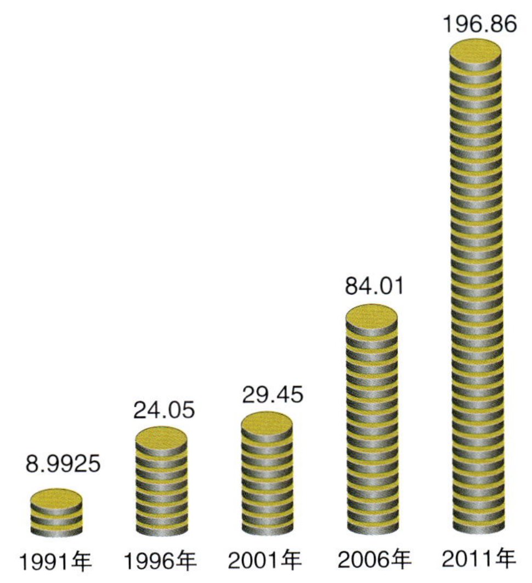

城镇居民人均可支配收入（元）

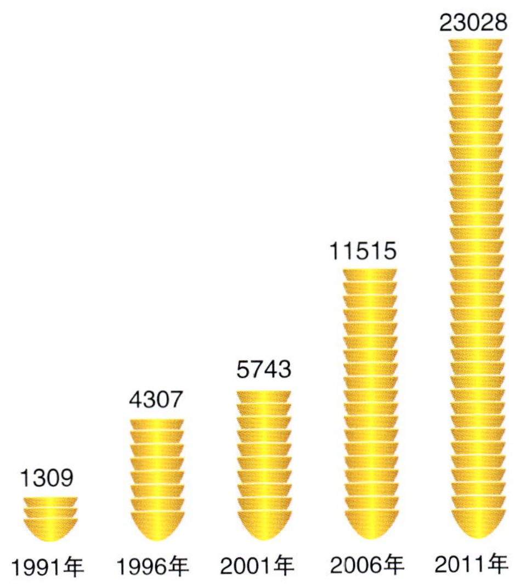

农村居民人均纯收入（元）

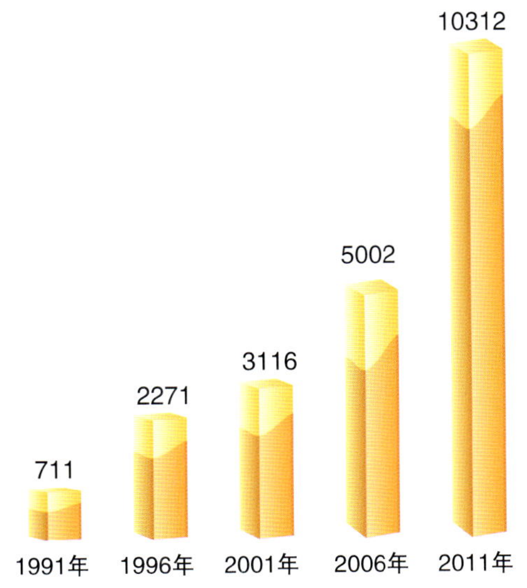

城乡居民储蓄存款余额（亿元）

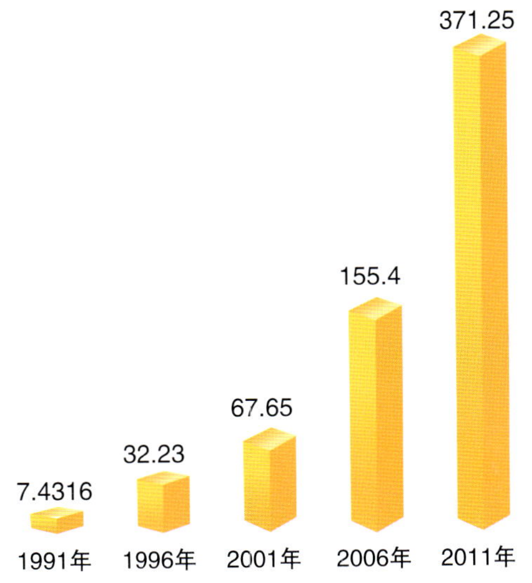

成果展示·主功能区建设

荣誉称号

国家级科技企业孵化器
中国最佳投资环境软件园
中国呼叫中心产业标准化建设基地
江苏省级软件园
江苏省十大文化创意产业园
江苏省软件和信息服务产业园

软件园起步区——南区

软件园起步区——人工湖景

软件园起步区——软件研发大楼

省级如皋软件园

省级如皋软件园

江苏省如皋经济开发区

南通爱康在如一期项目竣工投产

生物科技园开园暨南通欧文斯生物科技有限公司奠基开业

江苏省如皋经济开发区

实验小学和幼儿园全面建成使用

江苏如皋新能源汽车及零部件产业园设计图

金属表面处理功能园区

年销售超30亿元、税收超1亿元的双钱轮胎（如皋）有限公司

2011年，氢燃料电池研发生产企业——百应能源落户如皋经济开发区并达产

8月30日，水绘园大桥建成通车

产业园区道路

蓝湾景天居民小区

农民集中居住小区

葡萄生态园硕果累累

如皋经济开发区生物医药科技产业园

如皋经济开发区生物医药科技产业园是如皋经济开发区加快产业结构调整、推动转型升级而重点发展的高科技园区。园区南起跃龙路、北至南凌河、西至通扬河、东至紫光路，规划面积约160公顷，其中一期82.66公顷，按功能划分为“三器三区”共六个功能分区。

生物医药科技产业园以国际一流的科技园区为建设目标，面向国际、国内一流的生物技术研发机构和企业开放，努力发展成集生命科学研发、企业孵化、药品中试、生产、成果评价鉴定、生物技术项目展示发布、国际交流、人员培训、保健医疗于一体的国际化高科技园区，致力为归国留学人员、国内高端人才、高等院校及科研机构进驻园区开展生物工程、新药开发、中药现代化、功能食品、医疗器械和制药设备等相关领域的研发及产业化提供先进的技术支持和优质高效地全程服务。

现入驻园区有美国欧文斯生物科技、美国Robort脐带血干细胞与再生医学工程、威世药业扩建等项目，入园项目将涵盖生物医学诊断、生物制药、疫苗、干细胞研究、再生医药、农业生物技术、药物制剂及剂型、生物信息资源及生命科学相关领域。如皋经济开发区将充分发挥驻美招商优势，加大生物医药产业招引力度，确保“十二五”期间落户项目不少于10个。力争两年首期0.82平方公里开发到位、三年成园，力争2015年达到百亿能级，建成全国有影响的生物医药专业园区。

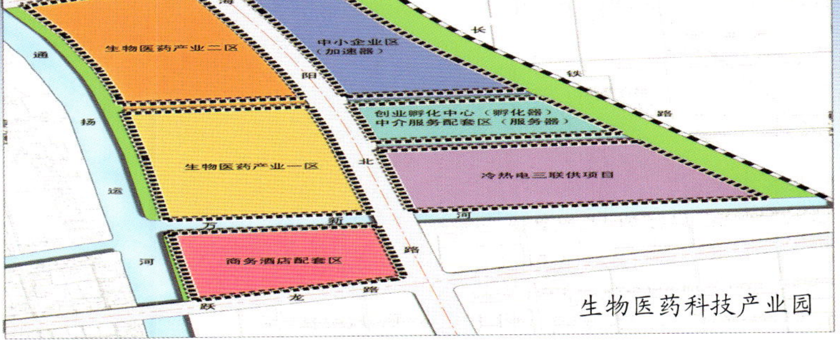

生物医药科技产业园

长江镇（如皋港区）

江苏熔盛重工1600吨龙门吊

江苏熔盛重工四号船坞

金盛大酒店

投资8亿元的如皋港内港池基本建成

人才公寓

成果展示 · 主功能区建设

红星花苑邻里中心

如皋港便民服务中心

新型小区

投资60亿元的雅鹿项目建设现场

投资60亿元的长江天化丙烯联合体项目施工现场

东方大寿星园

江苏通用钢球滚子有限公司

江苏万达特种轴承公司

如 城 镇

江苏元升太阳能集团

南通力威机械有限公司

光华软件园

江苏神马电力股份有限公司

江苏九鼎新材料股份有限公司

南通康比电子有限公司

江苏英田集团有限公司

东部工业园

城西大道

城市花园

大般农民集居

成果展示·城市建设

城市新貌

市民服务中心

浅水湾小区

中山大厦

颐园小区

雄关靖海门

颐园古建

成果展示 · 城市建设

城区道路

李渔路

海阳北路

水绘园

城河风光

区域供水全覆盖工程

文昌阁

东大街

成果展示·“万顷良田”建设

如皋经济开发区(柴湾镇)“万顷良田”项目区

长江镇(如皋港区)“万顷良田”项目区

如城镇“万顷良田”项目区

成果展示·铁军风采

由六建集团承

（詹天佑奖）

由六建集团承建

鲁班奖）

由六建集团承建的

（全国新技术应用示

江苏南通

海·莱茵东郡

迪拜双塔（境外

学历史文化中心
国家级工法奖）

由六建集团承建的长春卷烟厂“十一五”易地技术改造项目（国家AAA级安全文明标准化诚信工地）

由六建集团承建的大庆油田生态园工程，占地面积192公顷，是国内最大的将石油工业特色与园林艺术、现代广场艺术、水景艺术有机融合的大型现代化综合性园林广场

由六建集团承建的北京百富家园东区二期工程2号、3号、8号楼及配套裙房（建筑长城杯银质奖）

由六建集团承建的如皋市行政中心（江苏省扬子杯）

由六建集团承建的哈尔滨观江花园（在建，地下1层，地上42层）

由六建集团承建的金都汉宫（二期）2号楼（湖北省楚天杯、江苏省建筑业新技术应用示范工程）

由六建集团承建的大庆石油科技博物馆（鲁班奖）

六建建设集团

水绘园风景区

波烟玉亭

长寿博物馆

壹默斋

水绘园风景区，位于如皋古城东北隅，东临碧霞路外城河，南接古城东大街保护区，西与海阳路闹市区接壤，北依通扬运河，依托国家重点文保单位——明代水绘园，经多年保护、复建、扩建，恢复明清时代的总体格局，形成逸园、水绘园、古澹园（中国如派盆景园）、匿峰庐（中国如皋长寿博物馆）、水明楼古建筑群、动物园游乐园、风景区商业广场及灵威观等为主体的九个分景区相融合的水绘园风景区。风景区占地面积30万平方米。风景区内现有国家级文物保护单位1处、省市级文物保护单位3处。

2001年，水绘园被国务院列入国家重点文物保护单位。2010年，水绘园风景区被评定为国家AAAA级旅游景区，并被江苏省文明委评为全省精神文明建设工作先进单位；2011年被《中国国家地理》杂志社等单位评为“江苏最美的地方”。

别有洞天

编 辑 说 明

一、《如皋年鉴》是中共如皋市委、如皋市人民政府主办,《如皋年鉴》编纂委员会组织编纂的综合性地方年鉴,旨在全面、系统、真实地逐年记载如皋政治、经济和社会发展历程,为领导决策提供依据,为中外人士了解和研究如皋提供翔实、准确的信息,为续修地方志积累资料。

二、《如皋年鉴(2012)》主要反映了2011年度如皋市政治、经济、文化等方面的基本情况、重大事件和主要成就。全书按类目、分目、条目三个层次设计,以条目为主要载体。设特载、专文、大事记、人物、世界长寿乡风采、如皋概览、中共如皋市委员会、如皋市人民代表大会常务委员会、如皋市人民政府、中国人民政治协商会议如皋市委员会、中共如皋市纪律检查委员会、武装、政法、农业·水利、工业、服务业、开放型经济、环境保护·城乡建设、建筑·房地产、交通运输、供电·邮政·通信、财政·税务、金融业、综合经济管理、教育、科学技术、卫生、体育、文化、大众传媒、精神文明建设、社会生活、社会团体、镇区概况、文件选编、集体荣誉榜、便民信息、附录类目38个。

三、《如皋年鉴(2012)》内容收录范围以现行如皋行政区划为界,凡在区域内有价值的信息和资料,不论归属,均予收录。收录时限为2011年1月1日至12月31日,个别事物加以追溯,以便读者了解始末。为便于检索,卷首设中英文目录,卷末设主题索引,所载信息均可由目录、索引、书眉查检。

四、本年鉴所采用的文稿由各镇、各部门提供,并经主管领导审定;全市综合性数据由市统计局提供。

五、凡全类目或多个类目系同一作者的,只在最后条目下署作者名。

六、《如皋年鉴》的编纂出版,得到全市各部门、各镇、各单位和社会各界人士的关心、帮助和支持,在此一并表示感谢。恳请广大读者提出改进意见,以便进一步提高《如皋年鉴》质量。

《如皋年鉴(2012)》条目主审人员名单

（以姓氏笔画为序）

丁远祥	丁建兰	万锡元	马玉明	马军华	马金华	王　克
王　林	王　岳	王有进	王建云	王贵成	王奕辉	王桂兰
王舜慧	韦玉华	卢志敏	卢建斌	田　烽	丛立新	印　露
冯　昕	邢新华	成　明	朱为民	朱良明	朱国镔	朱建军
朱贵宏	朱贵银	朱留宽	华国瑞	刘亚东	刘建明	许　薇
许映兰	许映亮	许益飞	阮汝国	孙为民	孙海风	孙福才
孙德利	纪成如	严世斌	苏　强	杜晓峰	李向东	李建华
杨　飞	杨　龙	杨国斌	杨国强	吴　淞	吴　鹏	吴永宏
吴存银	吴志华	何玉龙	何福平	佘德华	狄邦建	汪农生
沈良高	宋晓泉	张　勇	张　健	张　锐	张　鹏	张万银
张文斌	张书强	张仕荣	张亚鸾	张百璘	张庆芳	张秀祥
张杰俊	陆爱斌	陈小燕	陈仁高	陈晓仲	陈晓善	陈德萍
邵亚平	范晓强	易曹群	金海清	周太荣	周永刚	周光银
周勇骑	赵宏祥	赵建华	郝晓东	胡晓勇	冒海清	施　勇
施卫星	施晓芦	姜亚南	姜跃进	神俊华	姚进国	姚呈明
秦　林	秦锦国	夏文彬	夏茂宏	顾卫国	顾季青	顾留忠
钱广胜	钱志刚	钱志强	钱俊林	徐　海	殷高华	郭　建
郭夕兵	郭夕俊	郭峻青	陶学银	黄建龙	黄鹏程	曹　阳
崔建平	崔建村	蒋　建	韩　伟	韩　欣	储开平	谢万健
谢跃进	谢裕斌	詹文天	褚建华	蔡可如	蔡旭初	臧大秀
谭　真	薛　煜	薛建斌	薛冠军	戴　峰		

如皋市部分机构全称、简称对照表

简　　称	全　　　　称	简　　称	全　　　　称
市委	中共如皋市委员会	中行如皋支行	中国银行股份有限公司如皋支行
市人大常委会	如皋市人民代表大会常务委员会	建行如皋支行	中国建设银行股份有限公司如皋支行
市政府	如皋市人民政府	交行如皋支行	交通银行股份有限公司南通如皋支行
市政协	中国人民政治协商会议如皋市委员会	如皋农商行	江苏如皋农村商业银行股份有限公司
市纪委	中共如皋市纪律检查委员会	农发行如皋市支行	中国农业发展银行如皋市支行
市人武部	如皋市人民武装部	财保如皋支公司	中国人民财产保险股份有限公司如皋支公司
市委统战部	中共如皋市委统一战线工作部	人保如皋支公司	中国人寿保险股份有限公司如皋支公司
市委农工办	中共如皋市委农村工作办公室	市工商局	南通市如皋工商行政管理局
市台办	如皋市人民政府台湾事务办公室	市质监局	南通市如皋质量技术监督局
市人社局	如皋市人力资源和社会保障局	市安监局	如皋市安全生产监督管理局
市武警中队	中国人民武装警察部队如皋市武警中队	市药监局	如皋市市食品药品监督管理局
市公安消防大队	中国人民武装警察部队如皋市消防大队	如皋高师	如皋高等师范学校
如皋边检站	如皋市边防检查站	如皋电大	南通电大如皋分校
市农委	如皋市农业委员会	市文广新局	市文化广电新闻出版局
市地方海事处	中华人民共和国南通如皋海事处	市文广传媒集团	如皋市文化广播电视传媒集团
市发改委	如皋市发展和改革委员会	市妇联	如皋市妇女联合会
市农发局	如皋市农业资源开发局	团市委	共青团如皋市委员会
市农机局	如皋市农业机械管理局	市人口计生委	如皋市人口和计划生育委员会
市环保局	如皋市环境保护局	市民宗局	如皋市民族宗教事务局
市住建局	如皋市住房和城乡建设局	市关工委	如皋市关心下一代工作委员会
市城管局	如皋市城市管理局	市工商联	如皋市工商业联合会
市建工局	如皋市建筑工程管理局	市科协	如皋市科学技术协会
市国税局	如皋市国家税务局	市侨联	如皋市归侨侨眷联合会
市地税局	南通市如皋地方税务局	市文联	如皋市文学艺术界联合会
人民银行如皋支行	中国人民银行如皋市支行	市残联	如皋市残疾人联合会
工行如皋支行	中国工商银行股份有限公司如皋支行	市老科协	如皋市老科技工作者协会
农行如皋市支行	中国农业银行股份有限公司如皋市支行	市老建会	如皋市老区建设促进会

《如皋年鉴(2012)》中涉及的部分缩略语注解

全市推进**“两个加快”**。“两个加快”指:加快转变经济发展方式、加快统筹城乡发展。

全市深入实施**“八项工程”**。“八项工程”指:转型升级工程、科技创新工程、农业现代化工程、文化建设工程、民生幸福工程、社会管理创新工程、生态文明建设工程、党建工作创新工程。

新农村建设**“十大工程”**。“十大工程”指:农业现代化工程、农村人才培育工程、农民增收致富工程、村级经济发展工程、城镇功能提升工程、村庄生态环境整治工程、农村环境“四位一体”长效管理提升工程、农村公共服务工程、农村社会保障工程、和谐农村建设工程。

农村环境**“四位一体”**长效管护机制。“四位一体”指:河道保洁、垃圾处理、绿化管护和农村道路管护于一体。

小城镇**“十个一”**功能建设。“十个一”指:一个靓丽的镇区入口、一个贯通的镇区路网、一个繁荣的核心街区、一个开放的生态公园、一个多功能的文体中心、一个上档次的商务宾馆、一个高标准的农贸市场、一个宜居的农民集居区、一个精致的商品房小区、一个完善的工业集中区。

“三解三促”指:了解民情民意、破解发展难题、化解社会矛盾,促进干群关系融洽、促进基层发展稳定、促进机关作风转变。

“十二五”人才发展规划**“八大工程”**。“八大工程”指:实施党政人才能力提升工程、高层次人才集聚工程、人才引进“222”工程、企业经营管理人才提升工程、高技能人才振兴工程、农村实用人才开发工程、社会工作者队伍培育工程、人才关爱工程。

人才引进**“222”**工程。“222”指:引进20名高层次创新创业人才;引进200名硕士以上研究生和高级职称人才,重点推进“学子归巢”计划,重点引导“211”、“985”高校硕士学位以上的优秀如皋籍高校毕业生到如皋工作;引进2000名优秀本科毕业生和中级职称人才。

年轻干部**“5120”**培养计划。“5120”指:从领导班子建设的现实需要和长远发展出发,以党政正职为重点,五年内,培养选拔35岁以下的副科职领导干部100名,35岁左右的正科职领导干部20名。

人才工作**“三三三模式”**。“三三三模式”指:重点开发三类人才(“领军型”高端人才、“龙头型”创业人才、急需紧缺人才),重点打造三大载体(建设培育基地、完善创新平台、搭建成长舞台),重点完善三大机制(人才工作领导机制、人才激励保障机制、人才关爱机制)

“一报告两评议”指:地方党委常委会每年向全委会报告工作时,要专题报告年度干部选拔任用工作情况,并在一定范围内接受对本级党委干部选拔任用工作和新选拔任用领导干部的民主评议。

科级领导干部**“三责联审”**。“三责联审”指:用人责任审查、经济责任审计、编制责任审核。

“双联双助”指:机关单位联村,助推小康村建设;党员干部联户,助推增收致富。

“千人联千企”指:1000名机关干部联系1000家企业。

“三下乡”指:送科技、送文化、送卫生下乡。

“六进”指:进企业、进农村、进社区、进学校、进机关、进家庭。

农村**“三大合作”**组织。“三大合作”指:专业合作、社区股份合作、土地股份合作。

农村**“四有”**合作经济组织。“四有”指:有组织制度、有合作手段、有较大规模、有明显成效。

“五好”农民专业合作示范社。“五好”指:服务成员好、经营效益好、利益分配好、民主管理好、示范带动好。

如皋年鉴

RUGAO ALMANAC

2012

中共如皋市委员会
如皋市人民政府　主办

编辑　《如皋年鉴》编纂委员会
地址　如城镇海阳南路如皋市行政中心
邮编　226500
电话　(0513)87513261　87514236

目　录

特　载

专　文

大事记

人　物

世界长寿乡风采

如皋概览

中共如皋市委员会

如皋市人民代表大会常务委员会

如皋市人民政府

中国人民政治协商会议如皋市委员会

中共如皋市纪律检查委员会

武　　装

政　　法

农业·水利

工　业

服 务 业

开放型经济

环境保护·城乡建设

建筑·房地产

交通运输

供电·邮政·通信

财政·税务

金融业

综合经济管理

教　育

科学技术

卫　生

体　育

文　化

大众传媒

精神文明建设

社会生活

社会团体

镇区概况

文件选编

集体荣誉榜

便民信息

附　录

MAIN CONTENTS

特　　载

媒体聚集如皋

如皋:誓让百姓“共饮长江水”

十一届全国人大代表、南通大学党委书记顾晓松点评:

对百姓来说,喝上放心水可谓最基本的民生需求。如皋地处东部沿海发达地区,解决百姓吃水早就不成问题,关键在于,当地政府在大发展的时期,在财力并不十分宽裕、有很多领域急需花钱的情况下,不惜代价,孜孜不倦地致力于百姓饮用水水质的提升,不断对事关百姓切身利益的民生问题进行“高水平求解”,这正体现了如皋市委、市政府对民生问题的高度重视。

从水源安全角度讲,地下水与长江水是两个概念。如皋的不断探索和机制创新,对长江沿线等水资源较丰富的地区如何有效提升居民饮用水质量,提供了一个好的思路。更为重要的是,如皋从关乎百姓健康、惠及子孙后代的高度着眼,积极回应群众呼声,着力解决百姓期盼多年的大问题,真正体现了“民生为重,服务为魂”的执政理念。

家住长江边,却喝不上长江水。千百年来,因地貌、季节等因素影响,水源地水质时好时坏,百姓喝不上有保障的优质水,成为江苏省如皋市这颗“长江明珠”上的一点瑕疵。“十一五”期间,如皋市果断实施“引江区域供水工程”,使这一现象得到根本扭转,全市145万群众喝上了放心的长江水。而在“十二五”开局之年,如皋又有新动作,挟战天斗地的豪情,迅速启动主管网复线等工程,以保障群众“共饮优质长江水”这道民生难题得到更好的化解。

“终于喝上干净的长江水啦”

“现在的水可是好多了!”记者来到磨头居委会70岁老人沈征学家中,老人正在水池边洗菜,一听说要了解“改水”的情况,老人打开了话匣子。“以往,开水壶用久了,内壁就会结一层厚厚的水垢,倒水时一不小心还会把水垢倒进茶杯里。如今,从长江引水过来,水干净多了,渴了还能直接喝,味道还有点儿甜呢。”说着,老人舀起一碗水端给记者闻,“政府真是做了件实事,我活这么大年纪终于喝上干净的长江水啦。”

长久以来,如皋主要以运河和地下水为水源,一到枯水季节,水量减少,还会因水位落差形成污水倒流,水源地水质不能保障,加上各乡镇自建小水厂布点分散,规模小,工艺、管理相对落后,自来水质量不高,有的还有苦咸味,给群众饮水安全带来隐患。

如皋市委市政府充分认识到这是最基础的民生问题,于是大胆开拓创新,自2006年开始实施“引江区域供水工程”,并连续五年纳入政府为民办实事十项工程,其中三年作为头号民生工程。

据如皋市建设局局长朱贵宏介绍,为了缓解建设资金紧张难题,如皋创造性地与新加坡亚洲环保控股有限公司以BOT形式签订了专营合同,由企业出资进行前期基础建设,运行一段时间后全部转归地方。建设内容包括日取水能力60万吨的长江取水头部、一期日处理能力达20万吨的净水厂、主输水管线以及增压泵站等,政府负责出资进行支线管网等建设。

南通市副市长、如皋市委书记陈惠娟说,“十一五”时期,如皋市坚持以保障和改善民生为根本出发点和落脚点,致力推动经济社会持续科学发展、跨越发展,全市地区生产总值、财政收入、城镇居民人均可支配收入、农民人均纯收入增幅均居江苏省前列。“经济发展了,更要以民生为重。区域供水工程解决的是百姓的饮水质量问题,从根本上讲,是为‘人’而做的工程,人民群众应该共享改革与发展的成果。改水,是如皋市委市政府从群众根本利益出发,为满足群众日益增长的用水需要,让发展的成果惠及全体市民的有力举措。”陈惠娟说。

在全市上下不懈努力下,今年1月6日,东陈镇南东陈社区等东线居民家中也通上了长江水,标志着“区域供水工程”实现全覆盖,145万如皋群众终于喝上了优质的长江水,自来水标准也从“合格水”提升至“优质水”。

“色度:小于5;臭和味:0;pH值:7.66……本周出厂水的水质合格率为100%,符合《生活饮用水卫生标准》(GB5749－2006)要求。”这是2011年第七周如城地区水质公告上的部分内容。像这样的公告,如皋市水质检测中心每周都要出一期,而且细化到每一天,检测值、标准限值等一目了然,居民可随时了解水质动态。

据介绍,如今,如皋经“区域供水工程”治理的饮用水水质全部106项指标达到国家颁布的新的饮用水标准,这在江苏也是名列前茅的。

长江岸线资源异常紧张,尤其是下游有深水航道的岸线更是宝贵。然而,为严格控制水源地周边环境质量,如皋在仅有的17.2公里天然长江黄金岸线中,拿出了5公里的范围作为保护区域,甚至拒绝了数十家各类能带来高额回报的企业入驻。

进入“十二五”,如皋将把进一步巩固“区域供水工程”效果放在重要位置,确保百姓饮水质量不断提升。在今年的如皋两会上,市政府工作报告再次将“实施区域供水主管网复线工程”放在了市政府要着力解决好的“十件实事工程”首位。“复线工程一方面是对输水管道的双保险,另一方面也将大力提升供水能力,更好地满足居民生活用水需求。”朱贵宏说。

如皋百姓新期盼

如皋的“改水”工程受到了群众的一致欢迎。家住东皋新村114幢305室的保安葛卫东告诉记者,作为一个普通工人,那些复杂的检验数据他不懂。但是他对“长江水”的使用效果还是相当满意的。最明显的就是以前到了冬天,自来水就开始发黄,漂白粉味也浓,现在不管什么时候打开水龙头,自来水的颜色都是亮晶晶的,也没有漂白粉的味道了,喝起来口感也比以前好了。本来他家都是喝纯净水的,现在他家也又改喝自家烧的自来水了。这样算下来,他家一年光纯净水钱也可节约好几百块呢!

当然,除了对政府的感激之外,对于“十二五”,对于进一步改善民生,群众也有自己的新期盼。东陈镇南东陈社区23组的瓦工顾明山告诉记者,居民饮用水的水质改善了很多,全家很满意。如果说要有新期盼,那就是希望“改水”的配套服务能更及时更丰富。“冬天天冷,水龙头和水表容易冻坏,希望相关的服务能及时跟上。另外,希望水价更便宜些。”顾明山说。

家住磨头居委会11组的王军长期在乡里做木工。他说,群众对“改水”的反映都很热烈,认为政府做了一件大好事。同时,大家也希望政府能进一步加大监管力度,保证现有的水质不下降,还有就是加大保障能力建设,提升供水能力,防止出现断水的情况。

(《半月谈》2011年第五期 记者 王骏勇)

如皋欢歌

9月27日，吃过晚饭，七点多钟，江苏省如皋市郭园镇田桥村村民扛着凳子，三三两两赶往村里田文轩家。天已经全黑了，而田文轩屋前的田地里却是灯火通明——一场晚会将要在这里上演。

舞台已经搭建完毕，音响、灯光也调试好了。村民们坐在凳子上，里三层、外三层，把舞台正面和两侧围得水泄不通。后来的村民没了好位置，有的插缝挤进来站着，有的在人群后站到了高凳上，还有的则干脆爬上了架设照明灯的铁架。记者目测，台下观众至少有三四百人，人声鼎沸，热闹非凡。

将近晚上八点，音乐响起，演出开始。

这是一场庄稼地里的演出，一台农民家门口的文艺晚会。演员全是活跃在如皋城乡的民间艺人，虽然不如大剧院里的演员专业，但也绝对功底不浅。唱流行歌曲自不在话下，此外人人还有绝活，有的能跳劲舞，有的会唱戏，有的诙谐幽默能逗乐，还有的善耍杂技引来阵阵惊呼……

记者看到，一般一个演员或一组演员登台后要表演三四个节目，中间自己串场，调动观众情绪。精彩的表演加上充满乡趣的台词，使得台上台下迅速交融，现场不时爆发出掌声、笑声和欢呼声。

村民田友军正聚精会神看着表演，找到一个间隙，记者问他："觉得这演出怎么样？"田友军干脆地说："电视看腻了，大伙儿都爱看这现场表演，好多人都是开着车赶路来的呢。"记者绕人群走了一圈，果然看见不少摩托车、农用车、面包车，一些农用车车斗还整整齐齐地坐满了观众。

承办这台晚会的是当地的青春歌舞艺术团。团长丁国俊告诉记者，田文轩家有人去世，如今过了"六七"，算是白喜事了，所以请他们来表演一场，以答谢乡邻。

"我们团里固定的人员就三个，其他演员都是临时请的，根据主人家的要求和价钱，我们来联系演员。演员演出一场的报酬一般是150元到200元。他们也是赶场子，演完就走，赶下一个场子去。"丁国俊说，他们目前每个月演出20场左右，农闲的时候则几乎每天一场。

当地村民介绍，现在农村请剧团表演成了一种风俗，谁家有红白喜事或者过生日、迁新居等，都要请个剧团来热闹热闹。在如皋，像青春歌舞艺术团这样的民间艺术团体共有118家，每年提供超过2万场演出。

成功的市场化运作，使得当地的民间艺术团体焕发出巨大的活力，也激发了城乡居民的文化热情。在别的地方我们见过送戏下乡，没想到在如皋却是送戏进城。而且，所送之戏全都是老百姓自己组织、自己排练、自己演出的。

9月9日，"乡情乡韵"系列文艺演出在如皋市安定广场正式启动，在接下来的一个多月时间里，由各镇精心编排的19场文艺演出，在安定广场和水绘园风景区东大门广场陆续推出。

10月22日晚，"雉水之夜"——城乡文化互动文艺会演暨颁奖仪式在市文化广场举行

如皋市委常委、宣传部部长胡拥军介绍，参与此次演出活动的所有演员都是来自各镇的文艺爱好者，他们演出的节目大都取材于身边生活，具有浓郁的乡情乡韵，充分展示了新时代农村的新气象和新风貌。

作为如城镇的文艺积极分子，今年60岁的曹远方大妈参加了"乡情乡韵"的首场演出。她骄傲地告诉记者："我们表演的是一个舞蹈剧，名字叫做《老妈妈》，反映一群老妈妈期待孩子回家的复杂感情，很受大家欢迎哦！"

曹远方说，她所在的舞蹈队隶属于市老年体育协会，在这个协会里，光是舞蹈队就有10多支，加上其他文艺和体育团体，共有40多支队伍。"有的地方到了晚上就黑灯瞎火，在如皋恰恰相反，只要是稍微大些的平坝、广场，就能看到唱歌、跳舞、做健身操的人们，仿佛一到夜里，整个如皋反倒沸腾起来。”

如皋市委宣传部副部长、如皋市文化广电新闻出版局局长姚呈明告诉记者:“要提高文化惠及面,光靠政府组织的‘送书’、‘送戏’、‘送电影’是难以达到的。发展群众文化就是要让群众唱主角,发挥他们的积极性、主动性,宣传文化部门要做的,是主动提供更多便利和支持,只有这样,才能真正地繁荣城乡文化生活。”

据了解,如皋采取了多种措施鼓励群众文化发展,如对民间文艺骨干进行培训,组织专门人员为民间艺术团体创作内容健康、形式活泼的剧本,资助村民举办文化艺术节,开展不同形式、不同规模的文艺调演等等。

“文化的力量是无穷的,它可以凝聚一座城市,可以提升一座城市。”姚呈明说,现在全市上下都深刻认识到了文化的重要性,因此,“十二五”期间,如皋对农村和城市社区的文化场所、设施建设都提出了更高的标准,力争为城乡居民搭建一个更大、更便利的文化舞台。

(《半月谈》2011 年第 19 期　记者　高远至)

爱 在 如 皋

“愿天常生好人,愿人常行好事。”

镌刻在江苏省如皋市东大街迎春桥桥头的这副对联,虽历经数百年风雨,仍有直指人心的力量。当记者在如皋采访“爱心城市”建设,看到一幕幕场景,听到一个个故事,胸中不时暖流涌动,不能自已。

爱,撒满乡间邮路

说起全国闻名的“爱心邮路”,如皋市邮政局局长王飞云给记者讲了一个小故事。

1998 年 11 月的一个下午,满头大汗的城西鹿门村村主任找到城西邮政支局局长,见面的第一句话就是:“我们全体村民请求你们,无论如何要让老陈继续跑我们那条邮路,工资哪怕由我们出!”

原来,从 1991 年起,乡邮递员陈昭斌就开始义务照顾邮路上的一些孤寡老人,80 多岁的石老太太与老陈结下了深厚的友谊。一听到老陈要调整到其他邮路的消息,老人家踮着小脚心急火燎地来到村主任家中,恳请他向邮局的领导说说,无论如何也要把老陈留下来。

王飞云说,当年正是邮电分家的时候,邮政的日子很艰难,听说老陈的事后,我们立刻受了启发。只要乡亲认可我们邮递员,认可我们邮局,何愁业务不好?于是,如皋市邮政局经过一番策划,让乡邮递员买上油盐酱醋等用品到老人家去“认亲”,正式启动“爱心邮路”工作。

今年 9 月 27 日,记者跟随乡邮递员严福明走了一趟“爱心邮路”。一大早,当记者到达丁堰镇邮政支局时,严福明已等在那里。他 50 岁左右年纪,中等身材,面庞被阳光晒成了黑红色,几道皱纹刻在眼角和额头上;他话不多,走起路来却脚下生风。

丁堰镇红桥村刘清成和张兰珍老两口无儿无女,如今年龄都过了 80 岁,生活上多有不便和困难。严福明就和二老结了对子,送邮件途中帮老人做点事,陪老人说会话。当天我们一行人刚到院子边,老人就迎了出来,笑着对严福明说声:“来啦?”严福明则像回家一样,一边答应着,一边径直穿过厨房到了堂屋,熟练地拿起抹布把桌子擦一遍,招呼记者坐下。

记者与老人聊起生活起居。刘清成说,吃穿都不愁,就是有些难事自己办不了,说着指向门外的稻田告诉记者:“我们自己种了一亩多水稻,虽说现在机种机收,可还是有些个重活,这全靠福明出力了。”张兰珍老人则拉着记者进到卧室,指着后墙和头顶的屋梁说:“这些都是福明帮我们换的,要不然这房早成危房了。”

说起严福明,两位老人的话就止不住。严福明不好意思起来,对记者解释说:“在如皋的邮路上,都是这样。”十余年来,100 多名乡邮递员沿着一条条邮路,把爱播撒到如皋的田野乡间,不管是前几年的默默无闻,还是近年来的荣誉纷至,爱,始终不变。

爱,滋润城市灵魂

一座城市要有它的魂,如皋的魂是什么?有了“爱心邮路”的铺垫和启示,2006 年,如皋市委、市政府作出《关于开展学习“爱心邮路”、建设“爱心城市、”构建“爱心如皋”活动的决定》,正式拉开了打造爱心如皋的序幕。

按照市领导的设想,爱心如皋就是在充分挖掘和利用如皋各种爱心资源的基础上，借助政府行为的推动和社会各界的鼎力相助，使每个社会成员都发扬爱的精神，成为乐善好施、甘于奉献、富有爱心的主体，提高全社会的道德水平和文明程度。

南通市副市长、如皋市委书记陈惠娟说，基于这样的认识和考量，我们从构建社会主义核心价值体系的维度和创建文明城市的实践出发，提出了“建设爱心城市、构建和谐如皋”的命题，在全社会倡导凡人善举、树立文明新风。

于是，市慈善基金会成立了，专门救助社会弱势群体；每个镇、每个村开始建设“爱心超市”，通过社会捐赠等途径，为“低保”、“五保”等家庭提供日常生活用品；建立常态化的“爱心团队”、“爱心大使”选评、表彰机制，鼓励大家从身边发现爱，在生活中奉献爱……

桃园镇“爱心超市”建在镇养老院边上，方便老人们领取物品。记者在这间100多平方米的超市看到，衣服、被单、鞋袜摆满了小半间屋子。在另一边，则整齐地码放着粮、油、脸盆等日用品。桃园镇民政助理顾进告诉记者，这个“爱心超市”每年所需资金差不多十五六万元，基本靠社会捐赠维持运转。

在如皋城乡，规模不等的“爱心超市”如今已超过300家，大多数都依靠社会爱心捐赠支持。在这种氛围里，如皋人的爱相互感染着，不断生长着。

南通泰慕士服装有限公司出资200万元设立了“南通泰慕士爱心基金会”，如皋昌昇集团董事长沙晓明出资30万元设立了以亡妻名字命名的“徐维静德育基金”，这些基金已经注册成为独立法人机构，实行规范化运作。更多的企业、单位和个人则通过不定期的捐赠、结对帮扶等形式献出爱心。

如皋市委宣传部副部长、市文明办主任丛立新说，经过几年的努力，如皋“爱心城市”已经初见成效。全市涌现出“特困职工爱心卡”、“红绶带爱心导乘”、“爱心校园”、“爱心妈妈”、“童心同行”等各具特色的爱心品牌，与“爱心邮路”交相辉映，给如皋增添了一抹温暖的底色。

爱，在接力中传递

2010年7月，如皋女大学生赵小亭在贵州支教不幸遇难，将青春和微笑永远留在了苗岭深山。中央有关领导分别作出批示，号召学习宣传赵小亭事迹。一朵爱心之花逝去，而“小亭志愿者服务队”、“江苏元升赵小亭爱心基金”却应运而生，越来越多的人加入到爱心接力的队伍中。

爱心可以点燃爱心。如皋“爱心城市”建设正在激励着更多的向善之心。

顾秦麒、张秀平等老人组成如城镇花园社区“爱绿护绿”志愿者团队，每年十多次义务修剪美化小区绿化带。

王先和等11名私营业主每人每年出资500元到1000元，建立敬老爱心基金，专门用于在春节、清明、端午、重阳、冬至等节日，到雪岸敬老院慰问老人。

如皋市公安局交巡警大队教导员张永海在学校周边创建“护学岗”、“维权岗”，义务为少年儿童进行交通安全知识和自救常识教育。

白蒲镇钱园村村民陈志祥、陈志兵兄弟为无儿无女的大伯治病，已先后花去20多万元，无怨无悔。

“在如皋，有爱心的人确实不少。”如皋民间组织“绿叶义工”成员褚宾说，在他们那里登记的爱心人士已经超过400人，包括工人、学生、老师、商人、公务员等等，各行各业都有。

爱，仿佛溪流，波澜不惊，却不停流淌，默默滋养着如皋儿女。

因为爱，所以信赖。乡邮递员吴学军常年奔走的邮路上许多人有了钱，都愿意交给他存到邮政银行里，少则几十元，多则数万元甚至二三十万元，都放心地交给他，连个手续都没有。

因为爱，所以快乐。“爱心妈妈”邵志云在日记中写道：“因为爱，这个世界上多了温暖；因为爱，许多孤儿得到了久违的母爱；因为爱，他们得到了物质上的帮助和心灵上的慰藉……因为我在帮扶过程中献出一份爱，所以我多了一份爱的快乐心情！”

因为爱，所以和谐。“南通泰慕士爱心基金会”理事长杨敏告诉记者，一些人由于物质匮乏、精神缺少安抚，对社会仇视，对环境不认同。“我们现在做的，就是化解这些人的负面情绪。一个社会，负面情绪越少，它就越和谐。”

（《半月谈》2011年第20期　记者　高远至）

面对歹徒劫持人质的尖刀利刃,他第一个扑了上去——

一位公安局长的“第一行动”

在成功解救“2·26”劫持人质案中英勇负伤的杜松华,要不是市委书记陈惠娟亲自“下令”才接受采访,这位负伤后悄然离去的“平民英雄”的真实身份——如皋市副市长、公安局局长,至今恐怕还是一个谜。

事隔40多天后的4月15日,当杜松华“被迫”走到记者面前时,他的右臂还绑着固定架,缩在袖里的整个手掌红肿如一只大棒槌,不能动弹。

生死瞬间,“那个人”“挡”住了上膛的子弹

4月的阳光明媚而温暖,却照不进如皋看守所高深的囚室。随着一重重铁门次第打开,26岁的陆正健经过特许坐在了记者面前,而“在押持刀劫持人质犯罪嫌疑人”是他目前的身份。

回想起那天的最后一幕,陆正健依然心有余悸:“是‘那个人’救了我,不是他,我可能被击毙!”因为极度紧张,他当时没看清那个闪电般第一个冲上来的身影,却看清了一个个压弹上膛的枪口。

时间回溯到2月26日16时02分。如皋“110”接到报警:有人在开发区砍伤两男子后,持刀劫持一名女青年!

警情就是命令!正在参加市政府常务会议的杜松华身着便装火急奔来。现场,空气仿佛凝固:用一把锋利尖刀顶在昔日女友颈部的歹徒,一边咆哮着索要2万元分手费,一边狂暴地胁迫警察后退——一桩恶性案件随时可能突发!

在第一时间部署了调配防暴警察、狙击支援等八项紧急处置后,杜松华平静地以长者身份靠近歹徒,谈判周旋。在他身后,一颗颗压上膛的子弹紧张待命。

人命关天,哪怕只有一秒的机会,也不能轻易开枪。半个小时过去,而战机瞬间来临——瞅准歹徒分神、刀尖转向的一刹那,只见杜松华闪电般扑了上去,右手奋力一挥,精准地将人质和尖刀瞬间隔离,几乎同步跟进的几个特警一阵风猛扑上去,生死一秒间,人质安全获救!

“那个人反应比特警还快,太了不起了!”看到杜松华离去的背影,目击全过程的张国权大爷竖起了大拇指。

其时,张大爷和围观群众都不知道,第一个冲上去的“那个人”,正是他们的副市长兼公安局长;他们更不知道,此时,杜松华的右手已被尖刀刺破正在淌血,他悄悄跑到一家小医院进行了简单包扎。十多天后,整个右手肿胀不能动弹,到大医院复诊:肌腱割断并已严重萎缩,必须立即手术。他的右手,缝了十多针并上了固定架。

如此惊心动魄的一幕,不过是杜松华一次次身先士卒的“第一行动”中的普通镜头。在市公安局宣传科长周涛的摄像机里,记者看到:2007年“7·18”追捕杀人犯中,第一个跳进苇荡死死抱住逃犯腿脚不放的,是他;同年“11·28”涉枪抓捕案中,凌晨3时第一个破门飞身把嫌疑人压在床上的,是他;2009年2月,如皋港区一化工企业发生火灾,剧毒储罐爆炸一触即发,第一个冲进去指挥扑救的,还是他……

“把受害者当家人,案件不破就形同犯罪”

行走在如皋城的街巷里,迎面撞上满眼温和笑意的杜松华,你更愿意相信他是恭谦和善的邻家大哥。然而,这双慈眉善目一旦盯上残害百姓的大案要犯,喷射出的愤怒火焰足以慑人心魄——干刑警20多年了,杜松华常说的一句话,就是“把受害者当家人,案件不破我们就形同犯罪”。

2008年7月8日凌晨1时许,一阵急促的电话铃把刚入睡的杜松华惊醒:长江镇某厂区发生歹徒入室强奸抢劫案!连夜赶到现场,杜松华的心都碎了:23岁的受害姑娘蓬头垢面,极度的惊吓刺激让她几近疯狂,声声撕心裂肺的嚎哭,撕咬着他的心肺。

“不在最短时间内把歹徒捉拿归案,我们就不配当人民警察!”杜松华一把撸下警帽,使劲甩在桌子上,咬着牙下达了“限时破案”的死命令。

在他直接指挥下,连夜抽调来的100多民警投入侦查。当天下午,犯罪嫌疑人蔡某即被缉拿归案。

案件在第一时间侦破,杜松华的心头痛却挥之不去。他特意留下了两名女警,专门陪护、抚慰受害姑娘。

“当一天警察,就要护一方安定。”从警近30

年，无论岗位如何变化，也无论职位如何变迁，这句誓言，一直铁钉般钉在杜松华的心坎上。

2008年2月，杜松华挂帅组成专案组，与弟兄们同吃同住5个月，辗转河南、新疆、内蒙古等10多个省、区，行程10万余公里，最终赶在北京奥运开幕前，成功破获一起公安部挂牌的特大网络贩卖枪支案，缴获各类枪支30支、子弹1.2万余发、火药7840克。国务委员、公安部部长孟建柱亲自签署命令，给如皋专案组荣记集体一等功。

据介绍，如皋不仅“八类”案件破案率连续多年超过95%，更创造了连续19年命案当年全破的全国纪录。落网的嫌疑人惊呼：“如皋公安太可怕了！”犯罪分子胆寒而百姓心安，据测评，如皋公众安全感高达99.33%。

“我都忘了局长什么模样，可他还一直惦记着我”

4月的如皋常青高沙土地区，遍地黄花。金灿灿的油菜花一直蔓延到邹蔡村一户新砌的院落，映照着女主人苏爱萍的笑脸。

2007年1月31日，苏爱萍的姐姐为泄私愤投毒于母亲家的午饭，造成母亲、弟弟以及苏爱萍的女儿3人中毒。因不服伤害鉴定结果以及法院判决赔偿款未执行到位，苏爱萍夫妇踏上了艰辛的上访维权之路。其间，给母亲和女儿治病花去8万多元，40多平方米的老房子也在一场大雨后倒塌——这个原本不富裕的家庭，倾家荡产。

走投无路时，苏爱萍遇到了杜松华。绝望的哭诉，残存的家庭，让这位市公安局长坐立不安。在他的亲自过问下，苏爱萍家很快讨回了公道。而“案了情未了”，这个非亲无故的杜局长还亲自联系相关部门和企业，伸出援助之手，帮她家新建起100多平方米的新瓦房。“真不知怎么报答恩人。”说起杜局长的好，苏爱萍双眼潮红。

在如皋，杜松华还有一个“第一行动”，就是带头坚持每周四开门接访，还在全市100多个公安服务窗口公示了他的手机号码，无论谁，随时可以拿起电话向他发牢骚、提意见。而他的观点是：“怕群众上门，我们还配叫人民警察？”郭元镇夏细英丈夫“文化大革命”期间看守生产队大场失窃被查而自杀。她持续上访30多年，其间常驻北京就达八年。杜松华获悉后，专门与她接访谈心，并多次与镇政府协商，最终为她办理了“低保”，落实了救助，这一有名的“老上访”终于息访。几年过去了，细心的杜松华每年逢年过节都要派专人上门帮扶慰问。而年近八旬的老太太也常念叨：“几年不见了，我都忘了局长啥模样了，可他还一直惦记着咱！”

（2011年4月19日《新华日报》　记者　陈　明）

工商资本涌农田　“县官”集群变“村官”　公共服务快“下乡”

如皋：多元统筹加速城乡融合

如皋，这个曾经的苏中经济洼地，在加速挺进苏南板块的进程中，城乡二元结构正在被打破。

4月中旬，记者踏着遍地春光，在如皋目睹城乡加速一体化的喜人景象：一条条马路四通八达，把城、镇、村串联一起，编织出半小时快速交通网；一座座配套齐全的农民新城拔地而起，让一批批农民兄弟就地变身“市民”；一块块高沙土农田，已开发成一片片规模高效现代农业园区……

比记者感受更真切的，是刚搬进如皋港区最大农民新村春江花苑的周德林。他告诉记者，他每天早起到新村农民公园锻炼健身，早饭后乘班车去五里外的船厂上班，下班后到楼下的公共服务中心“泡吧”或者下棋，“现在，我们农村人过的日子一点也不比城里人差。”

“我们正通过全方位统筹，加速城乡深度融合，带动145万如皋人在新起点上的‘两个率先’征程中迈出更大、更稳步伐。”南通市副市长、如皋市委书记陈惠娟如是说。

工商资本竞相涌入农田，贫瘠土壤长出“金色庄稼”

每亩产出80万元，是原来的400倍！

要不是现场探访，这样的现代农业神话，记者怎么也不敢相信。

4月14日下午，阳光暖暖地照耀在如皋经济开发区“万顷良田”项目区神农光伏农业示范园。

在一个看上去并无特别之处的大棚前，南农大博士高迎旭向记者介绍，这个表面不见动静的大棚，其时正在进行循环生产——

棚顶，透明的太阳能电池薄膜正在光伏发电；棚内，原来只能在传统水池平面养殖的海藻，改造为采用半径0.3米、高3米的圆柱藻树进行立体养殖,由薄膜透射进来的红光经过滤为海藻生长提供特殊光源;长在“树”上的海藻,生长周期由一两个月缩短为一周,产量数十倍提升;每周收割一次的海藻用来提取生物质柴油,残渣则就地制成饲料用于养殖生态猪,猪粪则通过有机处理转化为海藻肥料……由此,形成了一个高附加值的现代智能光伏农业循环产业链。

开发区主任马金华告诉记者,这块由台商投资4.6亿美元开发的光伏农业园,“耕种”完全公司化,每亩收入超过80万元,是原来的400倍!目前已启动400亩,3年后达1万亩,届时将形成超百亿元销售规模。其中,每年可从海藻中提取生物质柴油4万吨,实现产值2亿元;海藻废渣加工成干藻粉1.8万吨,实现产值21亿元;年产生猪300万头,实现产值35亿元,由此建成全国规模最大、产出最高的国家级现代光伏生态循环农业示范园。

让农业彻底翻身,是如皋全方位统筹城乡发展的重要内涵。他们采取有效途径,用工业化理念搞现代农业,把分散的农田集约经营,吸引工商资本直接投资。

在去年直接投资现代农业的各类资本达24亿元的基础上,今年以来,如皋这一领域投资呈现加速趋势:

由美国威姆莱斯投资3亿美元建设的2000亩羊胚胎素生物基地项目,3月7日在如皋经济开发区成功签约;

围绕光伏农业示范园投资3亿美元的生物质柴油项目,3月20日签约;

由台湾金量源肥料有限公司投资1.5亿美元兴建的微生物肥料研发中心及4000亩的有机食品基地,4月中旬签约。

随着工商资本竞相大量涌入如皋现代高效农业,昔日贫瘠的土地里长出了附加值倍增的“金色庄稼”。据介绍,目前,如皋正在打造国家级现代农业示范区两个、省级现代农业产业园三个,全市土地平均每亩产出将突破1万元。

“县官”集群下乡担任“村官”,
凝聚民心穷村面貌大变

打破“县官”与“村官”任用的身份界限,选派机关干部到薄弱村任职,是如皋推进城乡深度融合的创新之举。

去年以来,如皋先后从市级机关选派了36名能力强、活力强、潜力强的“三强”副科级以上干部到班子软弱、经济薄弱、基础脆弱的“三弱”村担任“第一书记”,他们共同的硬任务是,三年任期内必须改变任职村的落后面貌!

夏琪斌,就是他们中的一员。一年前,他是如皋市检察院副检察长;而今,是高明镇胜利社区“第一书记”,有关他带领村民致富的故事在这个偏僻乡村广泛流传。

14日下午,记者找到夏琪斌时,他正和几个村民在伺候刚移栽好的“超级冬春”西瓜苗。这500亩高效大棚,是他任职后一家一户苦口婆心劝说才建起来的。如今,瓜藤不到巴掌长,还没影的瓜就被南京、上海等超市订购一空。按“一藤结一瓜”算,一个大棚就有6000元收入——是原来土地产出的3倍多。

夏琪斌走南闯北,给村里引进了总投资超过2亿元的三个工业项目,一下子带动310多个农民在家门口当上了工人。他任职一年,村民人均增收近2000元,这个“三弱”村一举跃升为全市标杆。对这位城里来的“村官”,村民们由衷竖起了大拇指。

吴窑沈甸村长期干群对立,是远近有名的“麻烦村”。市委宣传部干部纪树华来村任职后,发挥自己做思想宣传工作的优势,每天风里来、雨里去,一年下来,走了2万多公里路,拜访了近千个家庭,攀了十多个穷亲戚,化解了25起“陈年冤案”,终于让散失的民心凝聚在了一起。去年,这个曾经的“麻烦村”荣获“如皋市文明村”称号。

市委常委、组织部部长张辉介绍说,36名“县官”驻村任职,给如皋新农村建设吹来了新风、带来了活力。仅一年时间,他们共为村民办实事1100多件,盘活筹措资金968万元,引进项目108个,带动2000多名农民家门口就业,所在村农民人均增收1420元。

公共服务无缝对接乡村,
让城乡居民“共饮一江水”

午饭时分,走进东陈镇双群社区李美英家,女主人正在哗哗的水龙头下淘米洗菜:“你尝尝,这长江水又清又甜哩。”

此前的1月6日，随着东线支管网正式通水，如皋投资10多亿元、让城乡居民“共饮一江水”的头号民生工程胜利竣工，在南通率先实现区域供水全覆盖，包括李美英在内的145万城乡居民全部喝上了长江水。激动的李美英联合村民们给政府送去了锦旗。

推动公共资源向农村倾斜、公共服务向农村覆盖、城市文明向农村延伸，正成为如皋加速城乡深度融合的突出亮点。

市长姜永华介绍说，近年来，如皋累计投入新农村建设资金130多亿元，统筹谋划水、电、气、路、通信、文化、体育以及环保生态工程建设，一个“无缝对接”的城乡公共服务设施网络正在形成。

“城里有的，咱们这里一样也不少。”家住长江农民集中居住区红星花苑的马德光大爷，开心地对记者说，“菜市场、超市、卫生所、图书室、健身房，样样有，办啥事都不用出小区大门。”

为妥善安置被征地的农民，如皋提供多重保障，让他们揣着“放心”离地进城。

本文开头提到的周德林一家，就是一个典型案例。

今年年初，周德林一家离地搬迁，拿着上面给的40万元安置费，在春江花苑买了门对门两套房子和一个车库，还余下10多万元。车库和一套房子用来出租，月租金1500多元；自家在原村合作社入股的土地每月分红1700元。经统一培训，周德林夫妻俩分别到熔盛船厂和社区上班，每月工资3000多元；最开心的是，原来全靠他赡养的老父亲，每月也能领取300元失地保障费，这笔钱每年还会“涨”15%呢。

建立了多重保障机制，确保失地农民不失利，而且失地保障费“水涨船高”，这让越来越多的农民毫无后顾之忧地离地进城。近年来，如皋建成可容纳6.21万户的农民新城，已入住5.4万户，城镇化率年均递增4个百分点，目前已突破了50%。

在如皋，145万城乡居民“共饮一江水”的美好愿望，正迅速地一步步变为现实。

（2011年5月10日《新华日报》
记　者　许建军　陈　明
通讯员　纪成如　邵亚丽　钱钰璐）

江苏如皋老年人笑言：

这样的文化生活让我更长寿!

近日，国际自然医学会中国支部、世界长寿乡调查团确认江苏如皋为“世界长寿乡”，使如皋成为继中国广西巴马、中国新疆和田、巴基斯坦罕萨、外高加索地区和厄瓜多尔的比尔卡班巴之后的第六个“世界长寿乡”。

目前，全国百岁以上老人约44000人，如皋市就有265位，占全国总数的千分之六，位居全国县（市）之首。到底是什么让如皋人如此长寿呢？近日，走访了如皋，发现其长寿秘诀不仅来自于舒适宜人、绿色低碳的自然环境，更来自于和谐包容、淳朴厚善的人文文化氛围。

古城如皋自东晋义熙七年（公元411年）建县迄今，已有1599年的历史，在其现存的七部县志中均有长寿史料的记载。

历史上，如皋有大量的诗词书画、百岁牌坊、名家寿匾等长寿文化物质遗存。如今，该市拥有10多处国家、省市级文物保护单位，20多处现存工艺传承地和革命纪念地等市级文物保护单位，3万余册珍贵古书经、史、子、集和9项省市级非物质文化遗产。这些经过挖掘和修复的如皋文化符号，作为长寿文化的传承载体，切切实实让老百姓看得见、摸得着。“这里是我们如皋人寻找历史，传承文明的精神家园。”市民在如皋博物馆的留言簿上写下了这样的真情话语。

宽阔的居民广场上，柔和的灯光下，一群神采奕奕的男女老少正迈着娴熟的舞步随着音乐翩翩起舞……这样的文化生活已悄悄在如皋农村落地生根，广为群众接受。

“走，跳舞去！”如皋白蒲镇沈桥村六十四岁的周大妈，“村里要举办农民艺术节了，我们这把老骨头也得跳一跳，越跳越长寿！”说着，周大妈便和同伴们秀起了专门编排的舞蹈。每逢艺术节，文艺表演、“五好家庭”评选、趣味游戏竞赛等喜闻乐见的活动形式，深受群众喜爱。“人们都把广场围了个里三层、外三层，许多人大老远专程赶来参加活动。”大家纷纷说道。

受启于农民群众对文化生活的热情，2010年，如皋文广新局把图书、歌舞、电影送到村间田头，实现了从“送文化”向“种文化”的转变，现在发展成了老百姓津津乐道的“乐一天”农民艺术节。

如今，如皋的公益文体活动已经深入社区乡村。每年如皋送戏下乡100多场次，民间文艺团体演出2.3万多场，图书流动服务点遍地开花。“我们努力使文化阳光照亮如皋每一扇窗户，因为只有大众唱主角的文化才是繁荣的文化。”如皋市委书记陈惠娟对此深有感触。

难能可贵的是，如皋对外来务工人员的文化需求有着别样的关怀：在文化馆成立的新市民俱乐部，免费向新市民开放；该市每年举办“欢乐进工厂、慰问建设者”专场文艺演出；市文广新局组织流动图书、演出、展览、讲座和电影等送到工地现场。如皋不仅仅满足于文化的遍地开花，更着眼于质量的提升。如皋民间剧团大胆走出去，逐渐形成了叫得响的文化品牌，该市九鼎艺术团参加了上海世博会江苏周的演出，并在首届中国老年艺术节上拿回三个金奖，在韩国国际老年艺术节斩获三金一银。“我们老年人参加文化艺术团，还能走出国门在国际上赢得荣誉，这样的文化生活让我更长寿!”该集团的一位老年演出团成员满怀自豪。

(2011年11月1日《光明日报》

记者　郑晋鸣　通讯员　张金凤)

工业化、城镇化、农业现代化“三化”深度融合，城乡一体统筹发展全面提速——

如皋跨越不走寻常路

五年前，时任江苏省委书记的李源潮在南通调研时提出，南通最适合搞船舶修造业，要形成中国乃至世界级的船舶修造中心，力争实现全市船舶修造业产值1000亿元、生产能力1000万载重吨目标。

时至2010年11月19日，作为南通首家超百亿企业，熔盛重工在香港成功上市，募集资金140亿港币，成为去年内地赴港上市最大民营企业。副市长、如皋市委书记陈惠娟介绍：2010年，如皋预计实现地区生产总值420亿元，“十一五”年递增22.8%；财政总收入、一般预算收入分别突破70亿元、30亿元，一般预算收入年递增40%以上，总量由江苏28位跃至第九位。“十二五”期间，如皋将以熔盛重工为龙头，建设千亿级低碳绿色船舶制造基地和海工产业基地，全力打造“中国船舶工业第一城”，实现“两个一千”目标。

回眸既往，如皋已经告别“滚雪球”式的寻常渐进模式；展望未来，如皋正朝向吸纳式、增量型的跨越之路阔步迈进。

非常抉择

“十一五”期间，如皋面临人均耕地不到0.8亩、建设用地存量严重不足、小城镇发展与工业化进程滞后、不足10%的一产耗费50%人力资源等问题。

统计资料表明：2002年，如皋人均GDP仅达南通的50%、江苏的40%。2009年，如皋三次产业比例为9.5∶56.4∶34.1，虽然二次产业比重七年提升14个百分点，但从产业结构看，仍处于工业化中期，急需走新型工业化之路。同年，如皋人均GDP接近4000美元，城镇化率达到46%，城镇化发展进入急剧扩张期。

为此，如皋市委、市政府及时提出工业化、城镇化、农业现代化“三化”互动并进、深度融合，形成城乡经济社会一体化发展的新格局。此举，不仅是立足如皋市情、实现跨越发展的非常抉择，而且也符合目前中央、省破解资源要素制约、打破城乡二元结构的总体要求。

如皋坚持工业化主导、城镇化支撑、农业现代化保障，其中工业化作为城乡一体的“火车头”。近年来，在实现工业化的道路上，如皋人以超常的勇气与创新精神，做出了许多惊人之举。这里有个“资源换资金”的故事，便是最佳佐证：长江深水岸线资源十分有限，多一米黄金岸线，就多一分吸引外商投资的砝码。2008年，如皋在长江边上挖掘内港池，再造新岸线，将深水岸线人为地拉长6公里，一条宽400米、长2400米、深度9米的内港池横亘在长江边上，可建造万吨级码头24座，10万吨级巨轮可以自由往来，一个可以吸引200亿投资、形成600亿产出的4平方公里的船舶配套产业基地出现。日本森松集团投资1.72亿美元的船舶配套企业就在这里登陆，中铁山桥等投来了青睐的目光。

过去五年，如皋累计完成工商注册外资43.75亿美元、到账外资19.62亿美元。利用外资总量、增幅和项目单体规模均居南通市第一，到账外资持续翻番。2010年利用外资10亿美元，跻身全省第一方阵。

“万顷良田”

“大势所趋、必然选择、唯一路径！”陈惠娟在谈及如皋以“万顷良田”工程突破口，破解“三化”深度融合难题时，难抑激情。

每户3～5亩承包地、1亩左右宅基地，长期原始耕作、分散状态的如皋人，终于寻找到“万顷良田”这样的现代农业新模式。传统农业资源占用多，配套成本高，农业规模化经营难有根本突破。近年来，随着外出打工农民增多，土地分散经营的弊端日益显现，而沿江开发深入推进、上海先进制造业梯度转移，熔盛重工等世界级船舶企业崛起，快速工业化对土地规模需求十分迫切。

如皋另一特殊市情是：非农产业在农村经济中的比重超过90%，大部分农民已不再主要依靠种地增收，这为农村土地规模经营提供了条件。如皋市国土资源局局长姚进国测算，假如农民每户种10～30亩地，耕地大体属于常效资源，而一户如果种100～300亩地，耕地就会成为高效资源。同时，推动农居由散到聚，至少可以节省70%的建设用地。“如皋有38万农户，至少有38万亩宅基地，每年拿出1%，就可置换3800亩。”

目前，通过以区带镇、镇区互补，如皋累计整村搬迁农民5638多户，整理土地33870亩，复垦5713亩，新增建设用地4000多亩，通过城乡建设用地增减挂钩政策，为城市和项目发展腾出空间。全市累计建成农民集中居住区6.21万户，入住5.4万户，其中多层80幢，百户以上社区130多个，“十一五”期间城市化率提高13.8个百分点，达50%。对于拆迁农民，通过安置房建设、拆迁补偿、培训就业、社会保障“四位一体”的拆迁安置机制，实行以土地换社保、宅基地换城镇住房、农民户口换城市户口、集体经济所有权置换社区股份合作社股权，基本实现土地利用零违法、零强拆、零信访“三零”目标。

土地规模经营，加快农业现代化步伐。在已经建成的“万顷良田”上，神农光伏农业产业园，按照产业链关系，合理安排生猪养殖、藻类繁殖和农作物种植，亩效益超过80万元；中科院广西药用植物园、有机稻米等万亩农业项目，发挥高效、生态、绿色、旅游综合效益。

瞄准苏南

“三化”深度融合，赋予如皋人空前的自信。

目前，如皋以科学规划引领产业集中布局，初步形成船舶配套物流等九大产业板块，贡献份额占全市规模企业90%以上。以特色园区促进产业集聚发展，汽车及配套、新型电力装备等17个100亿～500亿级特色园区，雏形已现。同时，工业转型升级、创新驱动，推动产业集约发展。神马新型电力材料、九鼎风电、元升光热、省级软件园服务外包等年倍增计划，加紧实施。如皋销售3000万元以上企业全部建立创新平台。

港口、都市和镇域三大增长极带动城乡，为一体化提供“发动机”。眼下，引进沃尔玛、大润发等知名品牌落户如皋，花木城、汽车城等百亿市场正在成型，“亿吨大港、百万标箱”的如皋港现代物流基地呼之欲出，“中心城区、如港新城、重点镇、一般镇”发展格局悄然形成。

“十二五”期间，如皋将超越目标瞄准长江港口城市太仓、内陆城市宜兴，争创七大国家级城市：创新型示范城市、城乡一体化综合配套改革示范县(市)、有机食品基地示范县(市)、文明城市、生态园林城市、生态文明示范城市、健康城市和公共服务均衡发展示范城市。“十三五”，如皋目标全面融入苏南，完成“渡江突击队”历史使命。

（2011年1月3日《南通日报》　记者　施　晔）

如皋科技园内，109家企业受力科技孵化器

积蓄能量好长成

如果不是亲眼所见，你很难想象如城镇北这片约3.4万多平方米的建筑群里，109家企业在孵，700多人从业，其中博士创业者9人，海外留学生创业团队3个。本月刚刚获得南通市首批国家级科技企业孵化器名衔，这里平静如常。

然而，对于列入江苏首批国家技术创新示范市、创新型试点城市的如皋来说，科技园企业孵化器，已经成为如皋区域创新的新引擎。建园11年，在孵企业实现总收入10多亿元，纳税5000多万

元,解决地方劳动力就业5000多人次。新材料、新医药等新兴产业企业从受孵到成熟,不断演绎着高科技"点蛋成金"的创富神话。

不以产值论英雄

用于国家保密通讯的单光子探测仪,延伸开发、转型民用,华师大国家级光电实验室主任曾和平领衔;内置从奥迪A8到帕萨特B5各类底盘定量测定软件的3D四轮定位仪,刷新国内汽车技术指标,华南理工硕士潘建华沪上创业后返如,自主开发。这里,不以产值论英雄,考量项目的唯一标准,就是"新"。

如皋市科技局局长张亚鸾说,科技园是否成功,不应该以引进多少家跨国公司、外资为唯一标准,而在于为新技术的保护、开发、规模生产提供有利环境。科技创新带来的巨大动力,具有非线性、超高速发展的规律,最终仍然可以获得几何倍数收益。

南通瑞思瑞机械公司在进园之初,从事电脑量革机开发,科技创业园两度牵线,与相关高校对接攻关。去年,公司自主开发皮革振荡机和真空干燥机,成功打入国际市场,目前销售超过1亿元。同样,在科技园支持下,南通恒康数控机械公司攀上了上海同济大学的"高枝",携手开发数控振动异型海绵切割机,使用寿命超过国外产品的十倍,而价格仅为国外产品的四分之一,目前已占据国内市场份额的85%以上。

成熟之后才出窝

制订"三免一倾斜"的特殊优惠政策,落户园区的海外留学人员、博士、硕士等人才享受公寓楼,这几乎是南通市各地孵化器的"常规动作"。在快出成果、加速转化的压力下,一些成果夭折。在如皋科技园,尽管也面临园区自身运转成本压力,但降低创业企业风险,提高成活率,却是首要目标。

"我们已经在如皋北开发区看了地,想早点从孵化器里出来。"原江南重工副总裁、现任赛福特汽车防撞项目负责人何克鉴说,"智能传感器市场需求大,急需扩张,园区同志劝我多做产品试验,主动提供种子资金支持,为我更好更快走向市场奠定了更加坚实的基础。"

据介绍,园区建立了300万元科技种子资金、5000万元风险补偿资金,积极探索知识产权质押贷款形式,与多家金融机构和科技担保公司签订协议,组织在孵企业参加银企洽谈会,切实打破企业发展的资金瓶颈。

通过整合各方面资源,科技园孵化器还积极探索实现全国孵化器之间的资源共享,形成"专业孵化+天使投资+创业导师"的新型孵化机制。在2008～2010年孵化期内,恒康数控先后获得国家、江苏省中小企业创新资金、天使投资扶持,刚一"出世"便成功占领市场。

提高自身盈利能力

"孵化器"自身越孵越小,缺乏支撑,这是南通市孵化器建设的通病。如皋科技园等一批孵化器也一度面临同样难题。为此,副市长、如皋市委书记陈惠娟亲自担任科技企业孵化器建设领导小组组长,目前如皋完成孵化器建设面积23.8万平方米,在孵企业173家,初步形成了综合与专业孵化器并存、官办与民营并举、量质同步发展的孵化器建设格局。

服务企业才能实现自身盈利,如皋科技园可资借鉴:建立包括工商、税务等八个部门在内的联合行政服务体系,完善政策、环境等孵化服务机制;聘请创业导师、辅导员定期为孵化企业进行政策、管理、法律等方面的创业培训服务。

同时,如皋科技园与中船重工702研究所共建绿色船舶技术研究院;与扬州大学共建产品检测中心;建立了科技成果转化服务网和科技成果转化交易大厅等,免费为在孵企业提供科技、文献查询、成果转化交易和技术难题发布等服务。如此周到服务,建立分享受孵企业成功果实的运行机制,水到渠成。

(2011年3月21日《南通日报》 记者 施 晔)

先进制造业与现代服务业"双轮驱动",新兴产业发展与传统产业提升"两手并重",努力实现与苏南"第一方阵"并驾齐驱——

如皋:勇当江苏实现基本现代化先行军

"十一五"地区生产总值年均递增22.7%,2010年达431亿元,一般预算收入一举跃入"江苏八强”,“渡江突击队”目标成功实现。“十一五”,如皋已然拥有一张较为骄人的成绩单。

新的历史起点,如皋有条件、有能力、有信心与苏南发达县市并肩比拼。“十二五”,如何在“第二个率先”的征程中持续领先?6月26日,中国共产党如皋市第十一次代表大会即响亮提出:全力推进两个加快,深入实施八项工程,勇当江苏实现基本现代化先行军。

7月25日,南通市副市长、如皋市委书记陈惠娟在接受本报专访时自信地说:“如皋将把转型升级作为勇当江苏实现基本现代化先行军的基本路径,坚持先进制造业与现代服务业‘双轮驱动’、新兴产业发展与传统产业提升‘两手并重’,优化产业结构,加快转型步伐。‘十二五’如皋人均GDP力争10万元,与苏南‘第一方阵’并驾齐驱。”

重点打造亿吨吞吐、百万标箱的现代港口物流基地

7月21日,一艘船长超过两个半足球场,船宽与航空母舰相仿的“安娜琪自豪”号货轮,完成了从南非到如皋港的“处女航”,成功靠泊港务集团1号、2号泊位。这艘16万载重吨的巨轮,一举刷新了如皋港一类口岸对外开放以来到港载重最大7万吨的纪录。“上半年港务集团就实现吞吐700多万吨,其中单月吞吐量最高达到150万吨,再创历史新高,今年有望实现2000万吨的吞吐量。”如皋港投资集团董事长马玉东欣喜地介绍。

八年沿江开发,如皋沿江地区基础设施全面到位,国家一类开放口岸、省级港口物流基地相继建成,一批优质项目迅速集聚,这些都为如皋“十二五”期末建成亿吨吞吐、百万标箱、物流业增加值达200亿元的现代港口物流基地提供了强有力支撑。

未利用岸线,全部由政府控制;已利用岸线,大多由政府控股;业主占用的,规定单位产出,确定使用效率;占线不用或效率低下的,一律收回。为了让黄金岸线产生黄金效益,如皋四措并举,以利益调整的伤筋动骨,求得港口发展的脱胎换骨。如皋港区党工委书记吴志华说:“如皋港地处进江入海的枢纽之地,港口物流区位优势明显。沿江已建成大大小小码头60多座,在建码头20多座,未来2～3年中,还将会有一批码头按照规划进行建设。”坚持绿色、环保、低碳理念,不断调整货种结构,努力促进“港工贸”一体化发展,着力实现港口机械现代化、货物品种绿色化、资源利用最优化、经济效益最大化,全力推进港口物流的转型升级正在如皋港全面展开。“十二五”围绕打造长江中下游最有活力和最具效率的物流基地之一、江苏最具特色物流示范基地等规划要求,大力发展国际物流、绿色物流和第三方、第四方物流,打造现代物流总部经济基地、省级智能物流物联网示范基地。

目前,投资2.6亿元的融达再生资源加工物流配送、投资2000万元的和兴选矿物流配送、永信国际物流等一批物流项目进园,千亿级金盛绿色环保建材和百亿级再生资源、双马木材、博盛贸易、中铁重型装备物流基地等项目纷至沓来。如今,从如皋港公用码头顺江而上至诚晖石化码头,塔吊林立,一艘艘巨轮停泊,一片繁忙景象,曾经铸造过沿江开发辉煌业绩的如皋港又将精彩不断。

软件服务外包将为如皋新增200亿元绿色GDP

将“世界加工厂”转变为“世界办公室”,南通邦略资讯正演绎生产性服务业与制造业融合发展的传奇。该企业去年刚进驻如皋软件园,是专业服务于境外废料供应企业、国内废料进口及加工企业、第三方贸易服务商。目前,公司已建设成为中国资源再生行业极具影响力和知名度的电子商务信息平台,预计今年即可完成营业额8000万元,实现GDP3000万元。

总规划面积8平方公里的如皋软件园,是43平方公里如皋科技城的重要组成部分。一期工程规划建筑面积13万平方米,于2009年11月开工建设,目前已全面竣工交付使用。去年,被中国软件行业协会评定为中国最佳投资环境软件园,被国家发改委授名为中国呼叫中心产业标准化建设基地,被江苏省经信委认定为江苏省软件和信息服务产业园,先后联合工信部和中国软件行业协会成功举办了“中”字头软件和服务外包峰会、重点软件企业高层圆桌座谈会。园内目前已有厦门巨龙、上海晟峰、北京讯鸟等100多家企业落户园区,明年软件园目标落户企业200家,从业人员1万人,产值实现20亿元,力争建成国家级综合性软件园。

软件园党工委书记阮汝国这样描绘园区“十二五”发展“路线图”:加快科技城集聚区建设,打造一流科技孵化器,巩固发展行业应用软件、嵌入式软件、系统集成;重点发展动漫游戏以及纺织服装和

船舶等重点行业开发设计外包；着力推进软件服务化和软件网络化发展，支持具有自主知识产权的软件产品产业化，招引软件企业100家以上，新增服务外包从业人员2000人，力争“十二五”期末软件和信息服务外包营业额达到200亿元。

优化产业结构为转型升级提供强力支撑

推进主导产业高端化发展。7月25日，森松重工工程竣工，4万平方米的综合生产厂房内焊花飞溅，数台直径10米的大型压力容器产品正一字排开进行组装。“这是世界上最大的压力容器，随着如皋基地一期全面建成投产，森松将会跃居全球同行业第一。”日本森松工业株式会社社长松久信夫介绍。“十二五”如皋继续以熔盛重工为龙头，以欧洲动力系统配套产业园为依托，以省(熔盛)船舶工程研究设计院、如皋(江苏)绿色船舶技术研究院为支撑，大力发展海洋工程和高端船舶配套产业，加快推进1000台套船用中低速柴油机项目，全力打造世界级船舶海工基地，确保“十二五”期末实现年造船1000万载重吨、年产值1000亿元的目标。同时全面提升汽车及零部件产业层次，重点加快陆地方舟20万辆电动汽车、英田集团20万辆轻卡技改、双钱集团470万套载重轮胎等项目建设步伐，依托金属表面处理园功能，大力发展汽车模具、高分子材料、钢球轴承和电动车锂电池、氢燃料电池等汽车高精密零部件配套项目，力争“十二五”期末建成全球最大的工程胎生产基地和500亿元级汽车及配套产业基地，培植超百亿企业1～2家。

推进传统产业品牌化发展。积极推动机械电力冶金、长寿食品、纺织服装等三大传统产业加大技改投入、加快两化融合、打造知名品牌，重点加快华电4×1200兆瓦电厂、宏茂特钢、如皋钢厂技改等项目建设，改造提升以中航重机、南通锻压、华东油压为龙头的200亿元级液压机械产业，以长寿集团、肠衣城为龙头的200亿元级食品产业，以泰慕士为龙头的300亿元级纺织服装产业，确保每年技改投入占规模工业投入65%以上、设备投资占工业投资的60%以上，到“十二五”期末创省级以上名牌产品40个以上。

推进新兴产业规模化发展。大力发展新材料、新能源、新型重大装备、电子信息等四大新兴产业，着力做大做强以神马为龙头的300亿元级电力装备板块，以德源高科为龙头的300亿元级化工新材料板块，以雅鹿和国宇为龙头的200亿元级化纺原料板块，以爱康、美能得、元升等为龙头的300亿元级光伏光热板块，确保到2015年新兴产业销售收入占工业比重超过40%，新兴产业产值占高新技术产业比重超过70%。

(2011年7月29日《南通日报》 特派记者组 执笔 施 晔)

“十二五”规划

如皋市国民经济和社会发展第十二个五年规划纲要

(2011年1月15日如皋市第十五届人民代表大会第四次会议批准)

序 言

“十二五”时期(2011～2015年)，是如皋市经济社会持续跨越发展的黄金期，建成更高水平小康社会进而迈向基本现代化的决战期，也是加快转变发展方式、推动经济转型升级的关键期，统筹城乡发展、推进城乡一体化的加速期。本规划纲要根据中共如皋市委《关于制定如皋市国民经济和社会发展第十二个五年规划的建议》编制，主要阐明今后五年如皋国民经济和社会发展的目标任务、发展重点和政策取向，是政府履行经济管理、市场监管、社会管理和公共服务等职责，编制和实施各类规划、计划以及制订相关政策的重要依据，是引领全市经济社会创新转型、跨越发展的行动纲领。

第一篇　开创追赶跨越新时代

第一章　“十一五”成就斐然

“十一五”以来，如皋市坚持以邓小平理论、“三个代表”重要思想和科学发展观为指导，大力实施“经济国际化、新型工业化、产业集聚化、城乡一体化”四大发展战略，在更高层次、更高水平上推进招商引资、项目投入、沿江开发、全民创业、环境打造等重点工作，积极应对挑战，攻坚克难，努力实现经济社会全面协调持续跨越发展，顺利完成全面建设小康社会的历史任务。

第一节　“十一五”发展成就

国民经济实力不断增强。预计2010年实现地区生产总值430亿元，年均现价递增22.6%；财政总收入、地方一般预算收入分别为78.1亿元、33.7亿元，分别年均增长43.1%、43.9%，增速持续保持苏中苏南领先，一般预算收入总量由江苏第28位跻身前八强；实现工业应税销售581.5亿元，年均递增44.5%，总量连续三年保持南通第一。大沿江开发“八年再造一个如皋经济总量”目标基本实现。

转型升级成绩显著。预计三次产业结构比例由“十五”期末的15.4∶51.8∶32.8优化为2010年的9.3∶56.7∶34。财政总收入占地区生产总值(GDP)比重由“十五”期末的8.39%上升到18.16%，财政收入占GDP的比重持续保持南通第一。一般预算收入中税收占比达87.22%，居全省前列。*现代农业方面。*粮食生产能力稳步提高，持续八年增产。全市高效农业面积73万亩，占比60.5%，生猪规模养殖占比70%以上，家禽规模养殖占比95%以上，获得省高效农业发展先进单位、省高效设施农业发展先进县(市)称号，率先建成江苏省水稻种植机械化县(市)。*新型工业化方面。*产业结构不断优化，业已形成包括船舶修造、石油化工、汽车及零部件、软件及服务外包、新型装备制造、新材料、新能源、纺织服装、食品在内的较为完整的支撑区域经济发展的产业体系。轻重工业比重从“十一五”初期的60∶40调整到2010年的30∶70。工业用电量由“十五”期末的10.92亿千瓦时上升到26.1亿千瓦时，年递增19.4%。高新技术产业总量快速扩张，全市高新技术产业企业从“十五”期末的78家增加到192家；高新技术产业产值占全市规模工业比重从“十五”期末的15.5%提高到32%；科技创新水平不断提升，建成全国科技“百强”县、科技进步先进县；规模企业总数从453家增加到1150家，年均新增规模企业140家，全市销售亿元企业总数从“十五”期末的39家上升到180家。熔盛重工经国家发改委批准建设国家级造船基地，成为南通市首家纳税销售超百亿元的工业企业，如皋市被确定为省船舶及海洋工程特色产业基地和现代装备特色产业基地。九鼎新材、熔盛重工成功上市，实现如皋企业上市零的突破。*现代服务业方面。*如皋港集装箱航线正式开通，现代物流园区被列为省重点物流基地。省级软件园快速启动，近50家软件企业加盟入驻。如城和如港新城一主一次两个商业中心逐步形成，中外十多家知名商贸企业落户如皋，提升了城市能级；为农服务店、社区购物中心纷纷建成，社区服务业逐步兴起。数家全国性股份制银行和区域性商业银行在如皋设立分支机构，企业融资渠道进一步拓宽，金融服务产品不断创新，金融环境进一步优化。房产开发投入超过100亿元，建成商品房560万平方米。全市实现社会消费品零售总额175亿元，年递增19.3%。全市拥有各类市场105个，其中营销额超亿元的市场19个，比“十五”期末净增10个，全年市场成交额180亿元，年递增24.5%。*建筑业方面。*累计实现施工总产值超千亿，从业人员达到18万人，连续获得鲁班奖5项，建筑外经双双进入“ENR全球承包商225强、ENR国际承包商225强”。

开发开放能级迅速提升。2008年11月，如皋港经国务院正式批准为新世纪首家县(市)级国家一类口岸。2009年3月，如皋港口岸正式对外开放。中国如皋海关正式开关，边检、检验检疫、海事等联检机构相继入驻，加快了港区经济国际化和现代化进程。“十一五”时期，全市累计利用外资33.58亿美元，是“十五”时期的8.31倍；自营出口总额累计达到43.5亿美元，年递增34.2%，是“十五”时期的4.5倍。累计完成全社会固定资产投资超千亿元，是“十五”时期的3.5倍。全市基础设施和功能配套建设进一步加快，产业承载能力进一步提升。

城乡环境建设高效推进。完成了城市总体规划修编和各镇镇区总体规划编制。城市建设步伐加快,“十一五”时期累计投入200多亿元,实施了旧城改造、城市路网、城市绿化、雨污分流管网等一批市政建设重点工程,城市面貌焕然一新,居民生活环境明显改善。城市化率达50%,比“十五”末提高了13.8个百分点。城市人均拥有道路面积16平方米,建成区绿化覆盖率41%,人均公共绿地面积10平方米,森林覆盖率达20.8%,成为全国首批绿化模范县。区域供水、污水处理实现全覆盖,自来水供给能力10万吨/日。全面加强镇区基础设施建设,重点镇“四横四纵”、一般镇“三横三纵”道路框架高标准建设到位。巩固扩大中国优秀旅游城市创建成果,全面推进东大街、集贤里保护性建设和水绘园扩建工程,水绘园景区通过国家AAAA级旅游景区评定;江苏花木大世界成为国家级农业旅游示范点,顾庄生态园、长青沙生态旅游度假区加快建设。“六城同创”获得新成果,12个镇通过全国环境优美镇省级考核,其中2个镇已获国家正式命名,7个镇通过国家级生态镇省级考核,并向国家推荐;117个村获得南通市级生态村称号,11个村通过省级生态村验收;建成国家卫生城市、国家生态示范区、省园林城市,国家生态市、国家环保模范市、国家园林城市创建全面达标,大幅提升了如皋的对外知名度和影响力。交通建设突飞猛进,完成了204国道绕城段、如港公路、疏港路、省334线连接段、沿江公路如皋段、白雪线、沿海高速东陈和白蒲连接线等重点工程。大力实施危桥改造、县乡公路改造和农村通达工程,境内等级公路总里程3100多公里,城区公交环线开通营运,农村实现了村村通公交,全市基本形成“八横八纵”的骨干公路交通框架。全面开展农村水环境综合整治工作,共整治河道3853公里;投入13693万元,实施了一批水利项目,新增灌溉面积3.58万亩,改善灌溉面积52.31万亩,扩大节水灌溉面积17.46万亩;实施农村饮水安全工程,解决了20.56万人饮水不安全和106.4万人水源置换问题,饮用优质长江水率先在南通实现全覆盖;拆除如皋港闸、抽水站,新建如皋港水利枢纽;科学整治长江如皋段,长江堤防提前达到“十一五”规划要求的防御百年一遇洪潮水位的标准。

节能减排工作有序推进。大力推进工程性减排和管理性减排工作。一批高产出、低能耗、低排放的大型工业企业控减能耗主导作用明显,预计“十一五”期末顺利实现单位GDP综合能耗下降目标。日处理1500吨生活垃圾的热电联产项目建成营运,生活垃圾无害化处理率100%;主城区、经济开发区和如皋港区分别建成日处理5万吨、4万吨和2万吨能力污水处理厂,全市范围基本实现污水处理全覆盖;大力度开展印染、化工、电镀、肠衣等行业环保整治和数轮水源保护专项活动,在经济总量迅猛增长的同时,污染物排放总量维持稳定。至“十一五”期末,全市化学耗氧年排放量控制在0.87万吨以内,二氧化硫年排放量控制在0.35万吨以内。生态市创建工作全面展开,环境质量综合指数保持在86.5分左右,超过小康目标和“十一五”规划的要求。

人民群众生活质量显著提高。2010年,城镇居民人均可支配收入可达到19800元,是“十五”期末的1.97倍,年递增14.5%;农民人均纯收入8680元,是“十五”期末的1.95倍,年递增14.3%,连年的高位增长,彻底扭转了多年低位徘徊的局面。城乡居民储蓄存款余额316.5亿元,城乡居民人均储蓄存款22300元,是“十五”末的2.4倍。与经济快速发展相适应,人民群众生活质量明显提高,城镇人均住房面积39.3平方米,农村人均住房面积48.5平方米,分别比“十五”期末增长27.5%和5.4%;消费结构升级,全市平均每百户家庭拥有汽车6.9辆、电脑47.5台、电话(含移动电话)284.4部、彩电155.4台;居民文化教育娱乐支出明显增加,居民文教娱乐服务支出占家庭消费支出比重18.3%,比2005年提高了2.1个百分点;恩格尔系数36.8%,比2005年下降了2.2个百分点。人民群众对全面小康社会建设的满意度达到70.7%。

各项社会事业全面繁荣。优先发展教育,教育均衡格局基本形成,高质量普及九年制义务教育,小学、初中巩固率均达“两基”省颁上限标准,建成省义务教育均衡发展先进县(市);普通高考、职教对口高考持续全省领先,所有高中均成为三星或四星级高中,建成省普及高中阶段教育先进县(市);全面推进教育现代化建设,建成省教育现代化县(市),成为南通唯一被列入全省首批义务教育优质均衡改革发展示范区的县(市)。公共卫生体系逐步完善，卫生服务体系健全率、社区卫生服务覆盖率、新型农村合作医疗参合率均达100%；新型农村合作医疗人均筹资标准提高到160元。广电事业迅速发展，有线数字电视整体转换率97.6%；全民健身与竞技体育发展协调发展，建成全国群众体育先进县（市）、省体育强县（市）；公共服务文化水平不断提升，民营文艺团体品牌叫响全国；融卫生、文体、为农服务为一体的村公共服务中心实现全覆盖，累计建成为农服务社310家。城乡一体的劳动就业保障体系基本形成，城镇居民基本医疗保险、农村新型合作医疗、城乡居民最低生活保障、新型农村社会养老保险、被征地农民基本生活保障基本实现全覆盖，城镇劳动保障三大保险覆盖率达98%，城镇登记失业率控制在3%以内。被国务院发展研究中心评为全国科学发展、统筹发展典范并列为国家城乡一体化改革试验区。全社会关注脱贫致富工作，各镇村建档立卡，贫困户脱贫率100%；人口计工作成绩显著，人口自然增长率保持在零以下，市镇村世代服务体系实现全覆盖，被评为全国计生优质服务先进县（市）。城乡社会救助体系形成新格局，老龄和社会福利事业实现新突破。顺利完成“五五”普法任务，基层民主政治建设取得新进展，社会矛盾调解工作不断加强，社会治安稳定，被评为省社会治安安全市和省法治创建先进县（市），建成全国首批法治创建先进县（市），公众安全感持续保持在98%以上。

第二节　“十一五”经济社会发展的主要启示

“十一五”时期，我们初步走出了一条科学发展观引领下的持续跨越发展之路，创造了江苏沿江开发中的“如皋现象”。其主要经验是：坚持在科学发展道路上推进持续跨越。以科学发展观统领经济社会发展全局，在高点定位、不断超越的同时，不因基数小、欠发达而牺牲环境资源，走以资源换发展、先发展后治理的老路，而是积极创新思路和举措，强化科学发展的目标、政策、考核导向，引领经济社会在跨越发展中快转型，在快转型中持续跨越发展，实现了发展速度与结构、质量、效益相统一，经济发展与人口、资源、环境相协调。坚持从如皋市情出发走特色发展之路。立足存量少、欠发达但区位优、潜力大这一独特市情，抢抓沿江沿海开发、长三角一体化、上海建设两大中心等机遇，解放思想，挑战自我，响亮提出“学赶张家港、建设新如皋”、“勇当新时期渡江突击队”、“跨江争强”等挑战性目标，激发全市上下奋勇争先快发展，只争朝夕大跨越；坚持走吸纳集聚、开放带动，沿江开发、强“极”拉动，人才强市、创新驱动，城乡一体、“三化”互动，共建共享、统筹推动之路，持续推进招商引资、项目投入、沿江开发、全民创业、环境打造、新农村建设六大重点工作，推动经济社会持续腾飞，主要经济指标实现由南通末位到南通首位的历史性飞跃。坚持以改革创新精神破解发展中的难题。积极应对宏观调控、资源约束、金融危机等复杂多变的发展环境，敢为人先，开拓创新，积极推进“三集中”，率先实施万顷良田工程，以工业化、城市化、农业农村现代化“三化”互动并进，推动城乡一体化不断加快。面对创新探索中的艰辛曲折，始终坚持困难面前不低头、挫折面前不弯腰，不管东西南北风、咬定发展不放松，以敢于负责、勇立潮头的精神，求真务实、动真碰硬的作风，攻坚克难，披荆斩棘，变一个个不可能为可能。坚持把改善民生作为一切工作的出发点和落脚点。始终坚持以人为本，把人民群众的根本利益放在首位，适度超前实施一系列富民、惠民、利民、安民工程，千方百计提高城乡居民收入水平，加快发展各项社会事业，不断健全社会保障体系，全面改善城乡环境面貌，深入推进“法治如皋”、“平安如皋”建设，努力让发展成果最大限度惠及全市人民，激发了广大人民群众积极投身经济社会建设的内在动力。坚持以统筹兼顾促进全面协调发展。在加快推进城市化的同时，大力推进新农村建设，加快城乡一体化进程，有力促进了城乡统筹发展；在深入实施大沿江开发战略的同时，着力推进镇域经济发展，形成了港口型经济、都市型经济与镇域经济三足鼎立的发展格局；在大力推进新型工业化的同时，持续推进农业现代化，继续保持粮食、生猪生产大市地位；在发展持续加速的同时，不断加强环境保护，大力推进“六城同创”，生态环境日益优化；在经济持续跨越的同时，全面提高社会建设水平，不断加强精神文明建设，大力弘扬“腾江越海、登高致远”的新时期如皋城市精神，涌现出赵小亭、“爱心邮路”群体等先进典型，实现了经济与社会、人与自然、物质文明与精神文明的同步协调发展。这些经验对如皋“十二五”乃至更长时期的发展具有重要指导意义。

第二章 “十二五”面临的机遇和挑战

“十二五”时期(2011～2015年),是如皋市经济社会持续跨越发展的黄金期,建成更高水平小康社会进而迈向基本现代化的决战期,也是加快转变发展方式、推动经济转型升级的关键期,统筹城乡发展、推进城乡一体化的加速期。

第一节 机遇和条件

综观“十二五”时期国内外发展的宏观形势,新一轮科技革命、全球产业调整、资源环境硬约束和国民收入分配结构调整四大倒逼机制,形成挑战与机遇并存,机遇大于挑战的发展环境。一是国际国内经济发展的趋势总体上渐进向好。从世界经济增长的周期波动规律看,各种冲击不会改变世界经济长期增长趋势,世界经济进入缓慢复苏、低速增长阶段。金融危机引发新一轮科技革命,美国的“绿色经济复苏”、欧盟的“绿色技术”研发、日本的“数字日本”等推动全球进入创新密集和产业变革时代,为全市加快自主创新、实现技术赶超、抢占高端市场带来新机遇。从国内情况看,经济社会又好又快发展是国家宏观调控政策最大的追求目标。我国仍处于工业化、城镇化的快速推进期和居民消费结构的快速升级期,巨大的需求潜力为经济平稳较快发展提供了持续动力;同时改善民生、调整优化国民收入分配结构成为“十二五”时期的战略重点,必将提升有效需求、倒逼产业转型、促进效益提升,从而推动全市经济加快进入创新驱动、内生增长轨道。二是区域发展环境进一步优化。长三角一体化、沿海大开发、上海两大中心建设进程加快和高铁时代、港桥时代的叠加效应,极大地拓展了全市的发展空间;同时,长三角区域内合作进程加快,为全市参与长三角产业分工、融入上海都市圈提供了良好发展机遇。三是全市经济增长动力依然强劲。“十一五”末全市人均GDP接近5000美元,基础设施、功能配套日趋完善,资源环境承载能力日益增强,经济社会正处在“黄金发展期”,工业化、城市化、农业现代化正由互动并进转向深度融合,城乡一体化进程不断加快。更为重要的是,在应对金融危机、推动转型升级的生动实践中,形成了一整套科学高效的组织推进机制,锻炼了一支思路宽、视野宽、胸襟宽的干部队伍,营造了一个开拓创新、创先争优的良好氛围,为“十二五”经济社会又好又快发展提供了坚强保障。

第二节 挑战和压力

从国际环境看,全球化背景下各国对资源、市场、技术、人才的争夺进一步加剧。国际金融危机影响的严重性和经济复苏的曲折性都超出了预期,新贸易保护主义抬头,一定程度上影响了经济发展。国际市场需求萎缩的趋势难以在短期内得以扭转,外需减弱对全市经济增长和就业的影响不容低估。从国内环境看,宏观调控面临的“两难”问题增多,经济结构不合理问题仍较突出,需求结构中消费率偏低,要素结构中科技创新和人力资本贡献率偏低,产业结构中服务业比重偏低,工业结构中高新产业比重偏低,国民收入分配结构中劳动者报酬比重偏低,已成为制约经济增长质量提升、经济社会协调发展的主要因素,也是全市经济结构转型升级必须正视的问题。从全市发展存在的问题看,虽然“十一五”期间取得了令人瞩目的成绩,但经济总量依然偏小,均量更为不足,经济增长主要依赖物质资源消耗的状况没有得到根本转变,资源和环境空间对经济社会发展的刚性约束不断增加,经济结构矛盾依然存在,开放领域和层次仍需进一步拓展和提高,城乡二元结构仍较明显,基本公共服务供给仍然不足;城市化水平相对滞后,“三集中”和城乡一体化推进力度仍需进一步加大;城乡居民收入水平还不高,增收空间仍需进一步拓宽;财政收支矛盾依然突出,金融、资本市场还不活跃,税源经济培育仍需进一步加强。这些问题都需要在“十二五”时期认真加以研究和解决。

“十二五”时期如皋市将跃上新台阶、站在新起点、进入新阶段、迈上新征程。经济在进一步加强要素驱动和投资驱动的基础上,开始向创新驱动阶段过渡,从以大规模数量扩张为特征的阶段开始进入以优化经济结构和提高经济质量为主的新一轮又好又快发展阶段,从以经济发展为主向经济社会和谐发展转变。我们必须紧紧抓住机遇,以高度的历史责任感、强烈的忧患意识和宽广的世界眼光,积极应对各种挑战,突破体制障碍和要素制约瓶颈,持续推动经济社会又好又快发展,努力建设更高水平小康社会,为早日实现基本现代化奠定坚实基础。

第三章　“十二五”战略定位

第一节　指导思想

以邓小平理论和“三个代表”重要思想为指导，深入贯彻落实科学发展观，适应国内外形势新变化，顺应人民群众过上更好生活新期待，以“迈进基本现代化、建设美好新如皋”为目标，以科学发展为主题，以转变经济发展方式为主线，以加快统筹城乡发展为路径，以改革开放为动力，以科技创新为支撑，以改善民生为根本，大力实施新型工业化、城乡一体化、经济国际化、生态文明化四大发展战略，坚定不移地走工业化、城市化、农业农村现代化深度融合之路，形成港口型经济、都市型经济与镇域经济三足鼎立，省级开发区、如皋港、如城镇、主城区（科技城）四极拉动的发展新格局，实现经济更好更快发展和社会全面进步，确保2012年全面建成更高水平小康社会，到“十二五”期末主要经济指标达到基本现代化水平。

第二节　发展目标

“十二五”时期如皋经济社会发展的总体目标是：持续保持快速健康协调发展的良好态势，经济增长总体保持“十一五”速度，持续高于全省和南通平均水平；经济转型升级取得较大突破，资源利用效率不断提高，产业层次进一步提升；社会事业全面发展，社会公共产品发展和供给水平进一步提高；科技、人才的支撑作用明显增强，自主创新能力进一步提升；生态和人居环境有较大改善，城市功能和能级进一步提升；城乡之间、社会群体之间收入分配差距扩大趋势逐步扭转，就业相对充分，社会保障体系更加健全，城乡居民收入占GDP的比重进一步提高；党的建设、民主法制建设和精神文明建设全面加强，社会治安位居全国先进水平；科学发展与和谐社会建设走在全省前列。综合实力全面融入苏南板块，逐步缩小与苏南“第一方阵”的总量差距，跻身全国县域经济先进行列；“新六城同创”全面推进，建成全国文明城市、国家生态文明城市，积极推进国家城乡一体化改革试验城市、国家创新型城市、健康城市、江苏省低碳经济试点示范城市建设并取得显著成效，与此同时积极打造国家有机食品示范市、国家生态园林城市，在全面建成更高水平小康社会的基础上迈进基本现代化，开发开放主功能区和有条件镇率先实现全面现代化，加快把如皋建设成为世界船舶与海工基地、中国新兴港口城市、江苏沿江沿海区域经济发展高地。

经济发展目标：全市地区生产总值年递增20%（现价）以上，到“十二五”期末达到1200亿元，人均地区生产总值超过80000元，三次产业结构进一步优化，达到5∶55∶40。财政收入年递增35%左右，到“十二五”期末财政总收入突破300亿元，一般预算收入突破130亿元。全社会固定资产投资累计达到1300亿元。实际利用外资累计50亿美元以上；外贸进出口总额累计500亿美元以上，跻身全省八强。高新技术产业产值占全市规模以上工业产值比重36%以上，全社会研发经费投入占地区生产总值比重提高到2.5%以上，科技进步贡献率超过60%。

社会发展目标：建立健全基本公共服务体系，合理调整收入分配关系，健全覆盖城乡居民的社会保障体系，加快医疗卫生事业改革发展，全面做好人口工作，加强和创新社会管理，切实维护社会和谐稳定。城镇居民人均可支配收入和农民人均纯收入分别达到4万元和1.75万元，力争实现五年倍增，低收入者收入明显增加，贫困人口显著减少；恩格尔系数小于36%；人口自然增长率控制在2‰以内，常住人口140万人左右，城市化水平达70%；新型农村合作医疗人均筹资标准达到360元，新型农村合作医疗实际补偿比达到50%，万人拥有病床数达到34张，居民平均预期寿命达到78岁；万人人才占有量超过1700人，万人劳动力中研发人员达到60人；建立均衡优质有特色的教育体系，建成江苏省优质均衡示范市，高等教育毛入学率68%以上；新增城镇就业人数3.65万人，城镇登记失业率控制在4%以内；文化、体育事业进一步发展；政府住房保障能力进一步提高，新增保障性住房950套、面积6.35万平方米，社会保障和社会救助体系进一步完备，社会预警应急体系健全；人民群众对社会治安满意率98%以上。

表 1

如皋市“十二五”国民经济社会发展主要指标一览

分　类	指　　标	2010 年预计	2015 年	指标属性
经济增长（6 项）	地区生产总值(亿元)	430	1200	预期性
	人均地区生产总值(元)	34464	＞80000	预期性
	全部工业应税销售(亿元)	581.5	＞3000	预期性
	实际到账外资累计(亿美元)	累计 33.58	累计 50 以上	预期性
	一般预算收入(亿元)	33.7	＞130	预期性
	港口货物吞吐量(亿吨)	0.35	1	预期性
经济结构（5 项）	居民消费率(%)	27	＞30	预期性
	第二、第三产业占 GDP 比重(%)	90.7	＞95	预期性
	服务业增加值占 GDP 比重(%)	34	40	预期性
	高新技术产业产值占规模以上工业产值比重(%)	32	＞36	预期性
	城市化水平(%)	50	70	预期性
科技创新（5 项）	R&D 经费支出占地区生产总值比重(%)	1.67	2.5	预期性
	百亿元 GDP 专利授权数(件)	393	600	预期性
	科技进步贡献率(%)	55	＞60	预期性
	人才贡献率(%)	/	43	预期性
	人力资本投资占 GDP 比重(%)	/	＞15	预期性
公共服务（7 项）	高等教育毛入学率(%)	62	＞68	预期性
	高中阶段教育普及率(%)	99.8	100	预期性
	万人拥有病床数(张)	23	34	预期性
	城乡基本社会保障覆盖率(%)	98	99	预期性
	新型农村合作医疗实际补偿比(%)	45	50	预期性
	新增保障性住房面积(万平方米)	5.3	6.35	预期性
	城市每万人公交车拥有量(标台)	0.7	5	预期性
资源环境（5 项）	耕地保有量(公顷)	81150	81280.5	约束性
	单位地区生产总值能源消耗降低(%)	4.64	累计下降 18%	约束性
	单位地区生产总值二氧化碳排放减少(%)	/	10	约束性
	主要污染物排放削减率(%)	/	10	约束性
	森林覆盖率(%)	20.8	23	约束性
人民生活（5 项）	人口自然增长率(‰)	−0.5	2	约束性
	城镇居民人均可支配收入(元)	19800	40000	预期性
	农民人均纯收入(元)	8680	17500	预期性
	城镇登记失业率(%)	＜3	＜4	预期性
	五年新增城镇就业(万人)	3.5	3.65	预期性

说明：主要污染物是指二氧化硫、化学需氧量、氨氮、氮氧化物。

生态发展目标：耕地保有量控制在 81281.5 公顷；森林覆盖率和城市绿化覆盖率分别达到 23% 和 45%，环境质量综合指数达到 90 分，单位 GDP 能耗比“十一五”期末下降 18%，水耗、主要污染物排放总量、单位 GDP 二氧化碳排放量比“十一五”期末下降 10%，可持续发展能力进一步增强。

城市发展定位：经济发达的现代工商城市，具有历史文化和长寿特色的园林旅游城市，自然、社会、经济协调发展的生态城市、低碳城市、创新型城市，物质文明、政治文明、精神文明、社会文明全面发展的文明城市。

产业发展定位：形成以优质、高效、生态为标志的现代高效农业；形成以高端产业、新兴产业快速崛起为标志，研发、制造、营销相匹配的集约高效的先进制造业;初步形成多样化、国际化、规模化的现代服务业。

空间发展定位:形成城市体态合理、城乡一体化,港口型经济、都市型经济与镇域经济三足鼎立,省级开发区、如皋港、城关镇、主城区(科技城)四极拉动的发展新格局。

第三节　发展战略

为实现"十二五"时期经济社会发展目标,建成更高水平小康社会,进而迈向基本现代化,需要紧扣发展主题,坚持以人为本,坚持科学发展、和谐发展和跨越发展,全面实施"新型工业化、城乡一体化、经济国际化、生态文明化"四大发展战略。

(一)新型工业化战略

坚定不移地实施新型工业化战略,就是坚持以信息化带动工业化,以工业化促进信息化。把新兴产业规模化、主导产业高端化、传统产业品牌化作为经济转型升级的中心任务,引领经济在进一步加强要素驱动和投资驱动的基础上,向创新驱动阶段过渡;引领产业发展从以大规模数量扩张为特征的阶段,进入以优化经济结构、提升产业层次和提高经济质量为主的新一轮又好又快发展阶段;进一步确立节能环保、新兴信息产业、生物产业、新能源、新能源汽车、高端装备制造业和新材料七大新兴产业先导性战略地位,不断延伸产业链,抢抓后金融危机时代发展机遇,抢占未来发展趋势下的竞争制高点。真正使全市工业呈现"科技含量高、经济效益好、资源消耗低、环境污染少、人力资源优势得到充分发挥"的良好发展质态。

不断提升科技原始创新、集成创新和引进消化吸收再创新的能力。加快建立健全技术创新体系,改善技术创新市场环境,完善自主创新激励机制,积极参与国际科技交流与合作,加强知识产权保护。大力引进创新创优型领军人才,完善人才柔性流动机制。高起点规划建设如皋科技城,着力打造集研究开发、产业孵化、市场营销、培训服务为一体的软件园。

(二)城乡一体化战略

坚定不移地实施城乡一体化战略,就是要坚持城乡经济社会统筹发展,推动城乡生产要素合理流动、公共资源均衡配置,实现城乡发展同步、生产生活同质。

紧紧围绕推进"城乡规划、产业布局、基础设施、公共服务、劳动就业"五个方面一体化的目标,着力破除城乡二元结构,促进城乡生产要素合理流动、公共资源均衡配置,努力形成城乡互补融合、协同发展和共同繁荣的城乡一体化发展新格局。

(三)经济国际化战略

坚定不移地实施经济国际化战略.就是要进一步扩大对外开放,提升利用外资水平,坚持走经济国际化的道路。

全面提升对外开放水平,从被动接受国际产业分工向主动参与国际产业分工转变,从被动应对国际经济波动向主动策应国际经济动向转变,不断提高经济一体化后的风险防范能力,提高对外开放水平。一方面,全面提高利用外资的水平,改善利用外资的结构,拓宽利用外资的领域,提高利用外资的效益。另一方面,全面提高运筹水平,注重对外投资,通过壮大外资企业的规模和实力,实施股权、人才和产业链的本土化,推进产业梯度扩展,加快优势企业"走出去"等举措,逐步提升如皋在整合国内国际产业分工环节上的地位和作用。

(四)生态文明化战略

坚定不移地实施生态文明化发展战略,就是要以人与自然和谐共处为目标,切实转变经济发展方式,努力构建以高新技术为支撑、以低碳经济和绿色产业为重点的经济结构,构筑与生态系统相容、利于持续发展的产业新结构。

大力发展资源节约型经济和循环经济,合理开发、集约利用、切实保护各类资源,缓解资源短缺矛盾,提高环境承载能力。加大技术创新和技术进步,切实降低单位产出能耗、物耗水平和污染物排放量。鼓励利用清洁能源,促进能源和资源的回收循环利用,建设生态工业示范区、生态农业示范区和生态示范社区。加大污染治理投入,创新环保产业的投融资体制和经营管理体制,切实推进生态建设和环境保护。广泛宣传,提高公众的环保意识,养成爱护环境、珍惜自然的文明习惯。稳定低生育水平,推进经济社会与人口、资源、环境的协调发展。

第二篇　创新驱动经济转型升级

充分利用江苏沿海开发和长三角地区经济一体化发展上升为国家战略的重大机遇,统筹运用现有资源、环境、区位优势、人力资源优势和产业基础优势,以建设创新型城市为驱动,把转变经济发展方式贯穿于经济社会发展的全过程和各领域,加快构建以高新技术产业为主导、先进制造业为支撑、现代农业为基础、现代服务业为主体,结构优化、技术先进、清洁安全、附加值高、吸纳就业能力强的现代产业体系。

第四章 加快建设创新型城市

加快完善创新体系,提高自主创新能力,实现科技创新与自主创新、管理创新的有机统一,努力建成创新型城市。

第一节 切实增强科技创新能力

深化科技体制改革,优化科技创新环境,加大科技研发投入,培育科技创新主体,促进科技成果产业化。以科技创新为主要支撑,鼓励"自主创新、自创品牌、自我创业;以突破一批新技术,开发自主创新产品,培育一批科技型企业;以打造区域特色产业,提供公共技术服务,创建一批科技产业园、创新型镇(区);以产业链为纽带,攻关产业技术发展瓶颈为目的,相关企业与高校、科研院所共同合作,形成一批产业技术创新联盟。以创新型企业、创新型园区、创新型镇(区)和产业技术创新联盟为抓手,加快创新型城市建设步伐。到2015年,全市全社会研发经费支出占GDP的比重提高到2.5%以上,科技进步贡献率超过60%,百亿元GDP授权数达到600件;力争高新技术产业企业数达到350家,高新产业产值占规模工业比重超过36%。省级新品开发200件以上,全市新增10件以上中国名牌产品、10件以上行政认定的中国驰名商标、20件以上江苏省著名商标。到"十二五"期末,基本完成转型升级调结构任务,建成国家技术创新工程示范市和国家级可持续发展实验区,争创国家级可持续发展示范区。

培育科技创新主体,建设创新载体。以融入"江苏沿海科技创业走廊"为契机,加快做大、做强、做优如皋软件园、如皋科技创业园等省级科技企业孵化器,加快推进如皋光华创业园、下原创业园、开发区创业中心、如皋港区创业中心建设力度,努力在孵化器建设面积、建设层次和孵化成效上有所突破,力争五年内建成国家级科技企业孵化器2家、省级2家、南通市级1家。加快建立以企业为主体、市场为导向、产学研相结合的技术创新体系;扶持重点企业设立企业技术中心或工程技术研究中心,支持内资企业积极申报国家科技攻关计划,引导外资企业设立技术研究和应用开发中心;加大对关键技术的研发力度,增加原创性自主知识产权的拥有量,促进科技成果产业化;加快软件园、经济开发区、如皋港高新技术产业园区建设,打造科技企业集聚区。加快建设各级各类创新平台,重点抓好熔盛重工、神马科技、力星钢球等国家级,双马化工、元升太阳能、恒康家居等省级研发平台建设,推动亿元、10亿元、百亿元以上销售企业分别建成南通、省、国家级企业技术中心或工程技术研究中心、院士工作站以及省、国家级质量检测中心,"十二五"期间建成省级科技创新平台100家以上。大力推进科技孵化器,科技公共服务平台等政府创新平台建设。

建设共性技术平台,实施创新资源共享。以科研院所、科技服务型企业为依托,以分析检测、试验验证、共性加工、制样、信息服务等产业共性技术为重点,加快创新设计服务机构、创意文化设计中心和科技公共服务平台建设,逐步实现共性技术的示范、推广和扩散,实现创新资源共享,促进科技研发和成果转化。

加大科技研发投入,完善投入体系。进一步加大政府对科技的投入,提高研发经费占地区生产总值的比重;以民间和企业资金为主,建立科技风险投资基金和科技发展基金;扶持组建一批风险(创业)投资公司,吸引国内外风险投资基金和机构参与风险投资。

创新合作模式,推进产业技术创新战略联盟建设。以全市龙头企业为主体,大力推动企业联盟建设,创新行业内企业合作模式,探索建立以产品产业链为主线的"产业技术创新战略联盟",鼓励更多的行业内骨干企业建立长期的、紧密型的合作关系,立足产业技术创新需求,开展联合攻关,制定技术标准,共享知识产权。在建成以熔盛重工为理事长单位的船舶制造及配套产业技术创新战略联盟和以花木大世界为理事长单位的花木产业技术创新战略联盟的基础上,再建成2～3家在全省乃至全国有较大影响的产业技术创新战略联盟。

第二节　着力构建人才高地

把人才队伍建设作为提高自主创新能力的关键举措，大力实施人才开发创新、人才培养、人才创新创业载体建设工程，逐步建立“促进就业、创业指导、公共培训”于一体、国际国内人才兼容并蓄的公共服务体系。创新人才引进培养、选拔任用、评价发现、流动配置、激励保障机制，营造有利于优秀人才脱颖而出、人尽其才的良好环境；进一步发挥产业载体在人才吸引、使用中的凝聚作用，为人才创造一个能充分施展才华的天地和创新创业的发展空间；强化继续教育，全面推行职业培训和执业资格证书制度；坚持需求导向，多形式、多渠道加快紧缺人才的引进和培养，造就一批具有科技创新前沿水平的高级专家、熟悉国际国内两个市场和具有国际先进管理水平的优秀企业家；充分发挥党外知识分子、老科技工作者等各类人才的作用，充分做到人尽其才、才尽其用。加大人才引进力度，充分利用省级沿江开发人力资源（人才）市场平台，实施“222人才引进工程”，确保每年引进20名创业创新领军人才、200名硕博士、2000名大学本科生；加大人才培育力度，继续加强与国内外著名高校的党政干部、企业家MBA联合培训、“4＋1”培训合作，依托教育培训集团和熔盛高级职业学校，加强与中西部职业学校的“2＋1”培训合作，利用各级党校，大力培育各类人才；充分发挥党外知识分子、老科技工作者等各类人才的作用，充分做到人尽其才、才尽其用；加大人才保障力度，人才工作经费达到财政支出的3%，完善人才激励政策，优化人才创业创新环境，到“十二五”期末全市建成人才公寓100万平方米以上；力争人才总量位居江苏县（市）前列；每万人中人才占有量超过1700人，每万人劳动力中研发人员达到60人；力争高学历、海外留学生人才占人才资源总量的6%，人才密度处于江苏领先位置，加快建成高端人才的成就区、技术人才的集聚区、综合人才的创业区。

第三节　营造创新发展环境

创新科技金融体系，最大限度地发挥财政资金、科技银行、风险投资基金、科技担保公司“四位一体”支撑科技创新的集成效应，促进优质资源和要素向有竞争力的优势创新企业集中。完善鼓励自主创新的金融财税和政府采购政策，发挥政府各类科技攻关资金的杠杆作用，重点支持关键领域重大科技攻关项目。

实施以专利为核心的知识产权战略，提高知识产权创造水平和产业化程度。引导企业建立和完善专利、商标、版权、商业秘密等管理制度，加快发展知识产权交易、专利代理等中介服务机构。加快建立知识产权保护综合管理、司法保护和企业自我保护三大体系，切实加强知识产权保护和执法力度。

加强技术市场基础设施建设，完善技术市场的法制环境，引导技术市场有序发展，促进各类技术要素进入市场。提高各类技术贸易机构和技术交易场所的服务水平和能力。

建立科普工作动员、协作、资源共享和激励机制，增强科普工作活力。初步形成科普组织网络、科技传播、科普文化产业、科普保障体系，培养具有一定数量的专兼职相结合的科普工作队伍。加强农村科普工作，逐步建立提高农民技术和职业技能的培训体系。加强创新教育，培养青少年创新意识和能力，合理布局并切实加强科普场馆建设，提高科普场馆运营质量。加强各级干部和公务员的科技培训。建立科普事业的良性运行机制。加强政府部门、社会团体、企业等各方面的优势集聚，促进科技界、教育界和大众媒体之间的协作。鼓励经营性科普文化产业发展，激发活力，提高服务意识，增强可持续发展能力。

第五章　加快推进新型工业化

优先发展高新技术产业和新兴产业，不断加快产业转型升级步伐，逐步实现要素驱动和投资驱动向创新驱动转变；大力发展循环经济和低碳经济，加快形成资源节约、环境友好的生产方式；着力提高产业集中度，打造引领市场需求、产业特色明显、布局合理科学、结构优化的先进制造业基地。加快资本市场建设，积极推动企业通过上市、发行债券实现跨越发展，顺利完成由工业化中期向工业化后期过渡。到2015年，全部工业应税销售突破3000亿元，年递增40%以上；高新技术产业产值占全市规模以上工业产值比重36%以上。“十二五”期间重点推进神马科技、华灿电讯、南通锻压、力星钢球、恒康家居、超达科技、华泰重工等10家以上企业上市。

第一节　提升发展主导产业

依托特色专业园区，发挥现有优势，着力推进船舶海工及配套、汽车及零部件两大主导产业高端化。

船舶及配套产业：围绕建设集研发设计、高端制造和配套服务于一体，具有国际水平的"中国现代造船第一城"和海洋工程装备产业基地，以熔盛重工为龙头，加大投入和创新力度，打造千亿元级低碳绿色船舶制造基地和千亿元级海工产业基地；以熔韩船舶配套园和欧洲动力系统配套产业园为载体，以船舶动力系统、通信导航系统、船舶环保设施为重点，加快推进1000台船用中速柴油机和500万马力船用低速柴油机项目，做大做强船舶高端配套产业。形成以熔盛重工等两个超500亿元、华泰船务超百亿元为龙头，森松、瑞泰、海通、德瑞斯等一批数十亿元、亿元船舶海工制造及配套企业为支撑的企业集群。

汽车及零部件产业：重点发展载重汽车生产、配套体系和特色汽车零部件生产体系，大力发展汽车电子产品；逐步在载重汽车的发动机、变速器、车轿、转向系、制动系、车身及附件、汽车电器和汽车电子产品方面形成模块化供货格局和结构优化的产业链；全面提升汽车及零部件产业层次，积极推动以纯电动汽车、充电式混合动力为主的新能源汽车及其零部件的制造，通过招商嫁接，加快推进20万辆电动汽车项目；通过资源整合，加快英田汽车20万辆轻卡系列产品扩能改造；瞄准建设全球最大的工程胎生产基地，加快推进双钱集团400万套全钢载重子午线轮胎项目；依托金属表面处理园，以上海瑞尔为龙头打造200亿元级高端精密汽配制造城；大力发展汽车模具、高分子材料和电动车电池、电机等项目，打造500亿级汽车及配套产业基地。

第二节　全力发展新兴产业

以实施新兴产业年倍增计划为抓手，加快推进新能源、新材料、高端装备制造、软件和信息服务外包等四大战略性新兴产业规模化，同时积极发展节能环保、物联网等新兴产业。大力发展风电、光伏、光热等新能源产业，以九鼎风电为龙头扩大1.5兆瓦产能，加快研发3兆瓦、5兆瓦自主品牌、自主知识产权风电机组，打造200亿元级风电板块；以爱康、美能得、盛康等为龙头，打造500亿元级太阳能电池、组件、成套装备等完整光伏产业板块；以元升太阳能为龙头加强光热产业链整合，加大品牌打造、研发营销力度，打造150亿元级光热产业板块，建成全国最大的太阳能产业基地、出口基地。大力发展新材料产业，以宝众宝达和德源高科为龙头打造100亿元级医用、日用化工材料板块。大力发展高端装备制造，以神马为龙头打造500亿元级高压、超高压、特高压智能电网电器基地。大力发展软件和信息服务外包产业，充分发挥信息化在推进新型工业化中的倍增作用，以科技城(桃园镇)为主体，力争"十二五"期末软件和信息服务外包营业额达到200亿元。大力发展节能环保产业，以远大为龙头打造500亿元级绿色、环保、低碳建材板块。到"十二五"期末，新兴产业销售收入占全市工业比重超过40%。

第三节　改造发展传统产业

大力实施品牌化、信息化、标准化战略，推动机械电力冶金、长寿食品、纺织服装等传统产业实施以新装备、新技术、新工艺为重点的技术改造，加快由传统优势向研发优势、产品竞争向品牌竞争、规模发展向集群发展跃升。瞄准海洋工程、航天航空领域，以中航重机、南通锻压、华东油压为龙头改造提升200亿级液压机械产业；围绕节能环保，加快推进华电4×1200兆瓦电厂、大唐燃气热电冷三联供、宏茂特钢改造提升等项目；以长寿集团、肠衣城为龙头改造提升200亿元级食品产业；突出自主设计、品牌打造，以泰慕士为龙头改造提升300亿元级纺织服装产业，不断提高传统产业附加值和核心竞争力。

第四节　深入推进两化融合

坚持以信息化带动工业化，大力推进信息化与工业化融合，坚持"政府引导、企业主体、市场运作"的原则，全面推进企业信息化建设。推进研发设计信息化，围绕数字化设计、过程控制、企业管理、物流体系、人力资源开发、新兴产业和技术改造等环节，促进工业企业向产业链前端跃升；加速推进生产过程环节信息化，努力实现生产装备数字化、生产过程智能化和经营管理网络化，提高工业企业现代化生产水平；稳步推进经营管理环节信息化，推动企业产品数据管理、产品全生命周期管理、供应链管理和客户关系管理，提高工业企业现代化管理水平；努力推进综合集成信息化，建立和完善面向中小企业的公共服务信息平台。加快信用、认证、标准、支付和现代物流体系等电子商务支撑环境建设，扶持骨干企业和重点行业发展电子商务，充分发挥协会、联盟和中介机构的作用，推动低价团购，降低企业信息化成本，提升工业企业整体竞争实力。加快中心城区（科技城）、长江镇（如皋港区）、经济开发区（柴湾镇）产业集聚区信息化建设，充分发挥其在全市两化融合中的引领和支撑作用。

第五节　加快特色园区建设

围绕打造产业优化升级的先导区、创新创优的引领区、集聚集约的示范区、低碳发展的先行区，进一步修编完善特色园区和工业集中区规划，以高水平规划引领园区高效率开发建设；围绕主功能区特色园区“九通一平”、镇级工业集中区“七通一平”要求，加快搬迁整理，加强功能开发，大力推动检测、研发、物流中心和职工住宅、人才公寓、便利中心等生产生活性配套设施建设，不断提升园区项目承载力和资源集聚力；积极引导、激励园区龙头企业做大做强，带动上下游配套产业发展，打造产业集群。到“十二五”期末，初步形成以熔盛重工等千亿元级企业为龙头、17 家超百亿元级企业为支撑、400 家超亿元级企业为依托、1500 家规模企业为基础的规模企业发展格局；建成船舶海工及配套 1 个千亿元能级特色园区，汽车及配套、新型电力装备等 15 个 100 亿～500 亿元级特色园区，丁堰、东陈、白蒲、九华、江安、石庄 6 个道口镇工业集中区建成百亿元级园区，其余各镇建成 50 亿元级以上园区。

第六章　加速发展现代服务业

坚持以发展提速、比重提高、结构提升为方向，以生产性服务业为重点，以服务业集聚区建设为载体，推动现代物流、软件和服务外包、金融服务、现代商务、特色旅游等现代服务业迅速发展，力争“十二五”后期，现代服务业成为如皋经济社会发展的主导产业，在服务业中占比达到 50%。到 2015 年，服务业增加值完成 480 亿元，占地区生产总值比重达到 40%；社会消费品零售总额达到 460 亿元；市场成交额达到 550 亿元；建成 2～3 个省级服务业集聚区。

第一节　加快发展现代服务业

以扩展领域、扩大总量、提升水平为导向，适应转变发展方式和提升产业结构的需要，在更高层次上推动生产性服务业发展，推动制造业向高附加值形态升级，促进先进制造业与现代服务业相互渗透融合发展。大力发展公共服务业，提升基础服务业整体发展水平。

现代物流业。围绕长三角新兴物流枢纽定位，全面放大全市区位、交通、口岸、产业等优势，充分挖掘如皋市作为上海组合港和苏中物流仓储中转集散中心潜力，加快建设如皋港和市区东部物流基地，加快建设丁堰、九华、东陈、白蒲、江安物流中心和其他物流节点建设，加快构建集内河、长江、海运、铁路、公路“五位一体”的现代物流发展新格局。加快物流信息平台建设，大力招引中外运、UPS 等世界知名国际物流、绿色物流入驻如皋港物流园。以散杂件、液体化学品、集装箱为主要货种，致力发展国际物流、绿色物流和第三方、第四方物流，把如皋港建设成为长三角富有活力和效率的特色港口物流中心之一。以如皋粮食物流中心为龙头，打造如皋现代粮食物流业，把如皋建成“北粮南调”粮食物流的重要枢纽。到 2015 年，以金盛为龙头打造集会展、采购、信息服务、研发、制造于一体的全球最大新型绿色环保建材基地，年生产销售总额达到 1000 亿元的规模；以中国中铁为龙头打造辐射华东、华南及东南亚国家和地区的大型桥梁、港机等重型装备制造、物流基地；如皋港建成亿吨吞吐量、100 万标箱的现代港口物流基地，成为长江中下游最具活力的现代物流中心之一；建成火车站 1 平方公里综合物流基地，铁路年运输货物 3000 万吨以上；大力发展如城西部物流基地，打造集科研、会展、信息、物流于一体的花木城，集展示、销售、检测、维修于一体的国际汽车城，大力推进嘉信钢材市场、苏浙商贸城、亿丰建材等市场智能化、信息化、品牌化改造提升，建立大型农副产品物流冷藏集散交易中心，建成花木城、国际汽车城、嘉信钢材市场、农副产品市场等 5～6 个超百亿元的规模专业市场。大力推进丁堰、九华、东陈、白蒲、江安等道口镇物流中心和其他物流节点的建设。到“十二五”期末,形成布局合理、技术先进、节能环保、便捷高效、安全有序并具有较强竞争力的现代物流体系。“十二五”期间现代物流业营业收入年递增30%以上,全社会物流总费用占GDP的比重年均降低1个百分点以上。

软件信息与服务外包业。围绕建设国家级科技城目标,重点打造集研发、服务外包、科技孵化于一体的生态型、国际化的软件园。充分利用紧邻上海、苏州和无锡的区位优势,在重点承接日韩离岸外包、加快拓展欧美离岸外包的基础上,努力成为上海、苏南和其他较发达地区服务外包转包基地,建成省级服务外包示范区。发挥大企业、大集团示范引领作用,推动制造业“主辅分离”,重点分离发展科技研发、现代物流、贸易营销、人力资源培训及其他专业服务,鼓励企业做精做特。重点引进海内外跨国公司研发机构和新技术新产品研发中心、国内重点科研院所和大专院校合作机构、外包企业、新科技开发创新企业和国内外各类高科技人才,重点发展应用软件开发和嵌入式软件的研发、电子商务、呼叫中心、数据中心、移动互联网服务、传感网信息服务、动漫和网络游戏产业。以商务公园、产业社区的理念,高标准建设科技城(桃园镇)“一区四园”,全力打造科技孵化、软件与服务外包、总部经济三大产业板块,努力于2012年跻身国家级综合性软件园,“十二五”期末累计入园企业400家、从业人员5万人、营业额突破200亿元。

金融服务业。接轨上海国际金融中心建设,着力培育金融市场,进一步建立健全中小企业融资平台,大力发展村镇银行、农村小额贷款、信用担保、典当拍卖公司,大力发展各类创投、风投、种子基金,做大做强政府担保平台,着力引进国内外金融机构,“十二五”期间再引进5~8家金融机构落户如皋。鼓励金融机构进一步创新产品和服务,引导金融机构向镇区延伸,鼓励开展信用贷款和联保贷款,扩大有效物担保范围,加大信贷投入。进一步优化信贷结构,积极引导信贷资金支持中小企业、高新技术企业、“三农”、城镇建设以及弱势群体等。进一步优化金融发展环境,深入开展“信用乡镇、村、企业”创建活动,“十二五”期间建成金融生态示范县(市)。

现代商务业。注重传统商贸与旅游、文化、交通、会展、教育、卫生、制造等产业的融合贯通,扩大新的市场需求,开拓新的发展空间,提供新的商贸服务。以国家推行“三网融合”为契机,大力发展电子商务、互联网、3G网络服务等新兴服务业。加快楼宇商务区建设,大力发展总部经济,全力培育研发设计、会计、评估、咨询、法律、广告、策划设计等现代商务服务业,满足生产性企业的商务服务需求。规划建设好主城区4.8平方公里的中央商务区(CBD)和休闲商务区(RBD),规划建设好如皋港区现代商务区。

特色旅游业。以创建中国最佳优秀旅游城市、全国休闲观光旅游农业示范县(市)为抓手,依托五大旅游开发公司,精心打造长寿之旅、生态之旅、红色之旅和人文之旅等特色旅游品牌。加快推进景点景区的开发建设和改造提升,进一步完善旅游产业链,不断提升综合服务水平,到“十二五”期末旅游产业增加值占GDP比重达6%以上,水绘园风景区、龙游湖风景区、红十四军公园、长寿养生园、长江药用植物园建成AAAAA级旅游风景区,顾庄生态园、花木大世界、丁堰森果、郭园红枫园建成AAAA级旅游风景区,长青沙度假区建成省级度假区。

第二节 改造提升传统服务业

运用现代服务技术和经营方式重点改造提升传统商贸流通业和生活服务业,大力发展文化产业,健康发展房地产业。

商贸流通业。建设“统一、开放、竞争、有序”的商品市场体系,建成由1个市域商业中心、1个市域商业副中心、6个重点乡镇商业中心以及一般镇商业网点组成的四级商业中心等级体系。继续招引国内外知名商贸企业落户如皋,全力打造沃尔玛、大润发、文峰、苏宁、家乐福等商贸联合体,引进国际国内各类商业连锁品牌及多种业态的商业航母。重点培育辐射性大、知名度高、专业性强的大市场,加快打造集科研、会展、信息、物流于一体的花木城,集展示、销售、检验、维修于一体的国际汽车城,大力推进嘉信钢材市场、苏浙商贸城、亿丰建材市场进行智能化、信息化改造提升。完善和提升农贸市场,培育发展各镇区特色市场,着力打造提升城西综合市场、城南花木交易市场、吴窑畜牧业交易市场等专业市场集聚区,努力建成“苏中商贸与交易市场圈”。确保到“十二五”期末建成4～5个超百亿元的专业市场。

文化产业。设立文化产业扶持基金，加大对重大文化项目、重点文化企业的支持力度，依托文广传媒、教育培训两大集团，加快发展广电传媒、创意设计、文博会展、影视演艺、教育培训等文化产业；适时组建体育集团，积极发展体育产业；构建文化产业平台，加大文化产业园区建设力度，科技城文化创意产业集聚区建成江苏省文化产业示范园区，力争建成国家级文化产业示范园区。“十二五”期间文化产业增加值年均增长15%左右，期末占GDP比重达5%以上。

房地产业。按照强化引导、推动就业与居住均衡发展、促进社会公平与融合、构建和谐社会的原则，以老城改造、新城建设以及重点城镇为重点，优化布局。建立以普通商品住房为主体，拆迁安置房为补充，经济适用住房、公共租赁住房和廉租住房为保障的住房供应体系。适度发展高档住宅，满足不同收入家庭多层次、多渠道、多形式的住房需求。保持普通商品住房价格的相对稳定，努力使普通商品住房价格与大多数居民家庭的住房支付能力基本适应。加强对房地产交易行为的监管，进一步规范房地产市场秩序。全面执行商品房预售合同网上备案制度，禁止内部预订行为。发展二手房市场，加快住房二级市场的流转速度。转变房地产开发理念，提升开发质量，创建宜居小区。鼓励使用新材料、新工艺，广泛利用太阳能、地热能等清洁能源，积极推进房地产业节能减排环保。“十二五”期间，中心城区、港口新城、经济开发区、科技城(桃园镇)每年分别新增商品房开发150万、200万、60万、10万平方米以上，建设安置房120万、110万、110万、30万平方米以上；重点镇、一般镇每年商品房竣工量不少于20万、10万平方米。

生活服务业。坚持市场化运作与政府引导相结合，政策扶持与规范管理相结合，促进就业与维护权益相结合，建立政府扶持、社会参与、市场运作的现代生活服务业发展机制，进一步完善社区服务设施，健全社区服务网络，探索建立社区管理服务新机制，鼓励各类资本创办服务企业，拓展服务功能。加快发展养老托幼、社区医疗、社区教育、社区物业，全方位推进社区服务业。积极发展家庭服务业，支持创立中小型家庭服务企业，开展紧急救助、心理疏导、家政服务、信息咨询等多种方式的便民服务，逐步建立较为健全的惠及城乡居民多种形式的家庭服务体系。

第七章　加快实现农业现代化

坚持农业基础地位，以《江苏沿海地区现代农业发展规划》为统领，实现现代农业可持续发展。到2015年，高效农业规模化占比95%以上，科技对农业的贡献份额达70%以上。

第一节　优化农业产业布局

着力围绕“一馆两场三区四园五带”区域布局，加快构建农业产业特色明显、农业生态环境有效改善、农业资源循环使用、农产品竞争力显著提高的现代农业发展新格局。“一馆”：以农科所为平台，高标准建立现代农业展览馆。“两场”：建立一个大型农产品集散交易中心，扩建花木大世界。“三大区域”：即以白蒲、林梓、丁堰、东陈、九华、雪岸6个镇为主的东部通扬河流域区，大力发展优质稻米、特色水产、设施蔬菜、优质生猪；以高明、江安、常青、搬经等10个镇为主的中西部高沙土地区，大力发展弱筋小麦、特色农产品、外向果蔬、优质桑蚕；以长江、如城、柴湾、石庄4个镇为主，大力发展都市农业、休闲观光旅游农业、现代农业园区，控制发展畜禽养殖。“四大农业园”：以如城顾庄生态园、三大主功能区“万顷良田”工程为主体，着力推进现代农业园区建设，至2015年力争建成国家级现代农业示范园区1个、省级园区2～3个。到“十二五”期末一般镇1.5万亩、重点镇2万亩、主功能区全覆盖的突破30万亩的“万顷良田”工程基本建成。“五大产业带”：加快建设白雪线的设施蔬菜产业带、老204国道的花木产业带、新204国道的高效农业产业带、江曲线的瓜果产业带和蒲黄线的畜禽养殖产业带。

第二节　大力发展现代高效农业

围绕2015年全市土地亩产出突破1万元的目标，以打造国家有机食品基地示范市为抓手，坚持用工业化理念谋划农业，用产业化方式提升农业，用品牌化战略经营农业，大力推动高效农业规模化。大力发展规模农业，着力打造花木盆景、外向肠衣和长寿食品等百亿级板块，生态果蔬、优质稻米、优质畜禽、优质蚕桑和旅游农业等数十亿级板块等，到“十二五”期末全市高效农业规模化占比达95%以上，其中规模种植占比达90%、规模养殖占比达100%。大力发展项目农业，加大“三资”投入，着力培育辐射带动能力强、产出效益高、出口创汇型的农产品加工企业集群；构建以城乡农贸市场为基础，以农产品批发市场为依托，以连锁超市、配送专卖为先导的农产品市场体系；强化现代农业园区、现代特色产业示范基地、现代农业示范村建设，到“十二五”期末建成3个以上“万顷良田”国家级高科技现代农业园区、5个以上省级现代农业园区和一批南通市级农业园区，建成10万亩有机稻米和5000亩光伏农业园区，镇万亩、村千亩现代农业园区实现全覆盖。大力发展品牌农业，进一步做大“苏·皋长寿”品牌，依托现有的绿色、无公害食品产业，加快建设有机食品生产示范基地，确保有机稻麦和有机果蔬规模超10万亩；推进传统农业商品化，建设种子种苗繁育供应基地，做优做大60万亩优质稻米和10万亩特色小杂粮基地，到“十二五”期末优质稻米商品化率达90%以上，农产品创汇持续居全省县(市)第一。大力发展科技农业，加大农业服务体系建设投入，推进农业机械化、农业科技信息化，加快构建以农业公共服务体系为主导，农民合作经济组织为基础，农业科研教育单位和涉农企业广泛参与的社会化服务体系，到“十二五”期末科技对农业的贡献份额达70%以上。

第三节　完善农业发展支撑体系

加快农业基础设施建设，全面推进以节水灌溉为重点的节水型农业基础设施工程；大力发展特色农机，强化设施农业装备、农产品保鲜储藏及产后处理与精深加工机械化技术和装备的示范推广，加强畜禽养殖机械、高效渔业机械的研究推广，全面提升农业生产机械化水平。

全力推进“种子种苗培育供应中心、农产品储藏物流集散中心、新品种新技术试验示范中心”三大现代农业发展载体建设。健全粮食安全体系，适度调整地方储备规模。加强产学研结合，率先转化高等农业院校和科研院所的先进科技成果，组织开展关键重大技术攻关研究，力争在两到三年内推出8～10项重大科技推广成果。加快先进实用技术推广，确保2015年成熟技术覆盖率90%以上。

建立农业科技人才和农村能人发展基金，加强农技队伍建设，吸引国内外农业科技人才，培育建设农业科技创新团队。加快配套农业标准的制定和执行，尽快形成农产品产地环境要求与农产品质量安全相适应、生产技术规程与农产品质量安全相衔接、检测方法与农产品质量安全相配套的农业标准体系。加快农村商品流通体系建设，建立为农服务社的长效管理机制，拓展服务功能，实现农村商品“双向流通”。加快农产品质量体系建设和品牌建设，认证“如皋蝶尾金鱼”、“如皋黄鸡”、“如派盆景”等一批原产地地理性标志产品。

第八章　加快发展现代建筑业

围绕努力建成“江苏第一建筑强市”目标，推进制度创新、科技创新和管理创新，推动龙头企业南通六建、江中集团不断做大做强，由传统企业向国际化大公司、由单一经营向多元化经营、由施工总承包向项目总承包转型，并积极推进企业上市；推动专业企业向市政、路桥、隧道等领域拓展，由产业链低端向价值链高端转型；推动建筑企业加强科技创新、提升装备水平、引进创新创优人才，由劳力依赖型向科技创新型转型；鼓励建筑企业建立现代企业制度，由传统管理向现代管理、粗放管理向集约管理、分散管理向集团化管理转型，加快推进信息化管理水平，加快构建以百亿级上市企业为龙头、总承包企业为主体、专业承包和劳务分包企业为依托，施工范围较广、专业分工细化的建筑业发展新格局，力争“十二五”期间创鲁班奖和国优工程5～8项，期末建筑业年产值突破800亿元。

第三篇　全面推进城乡发展一体化

第九章　加快城乡现代化建设步伐

围绕把如皋建设成长三角以港口为依托的新兴制造业基地、现代气息与传统底蕴和谐共存的人文、生态旅游城市的目标，建立和完善与城镇化健康发展相适应的税收、征地、户籍、社保以及公共管理等制度，促进人口向城镇集中，到2015年，城市化水平达到70%。

第一节　基本实现城乡一体化

以建设更高水平小康社会为目标，着力推进城乡规划、产业布局、基础设施、公共服务、劳动就业五个方面的一体化。

加快推进城乡规划一体化。科学编制城乡发展规划，统一规划布局土地利用、重大产业发展项目、公共事业项目和社会发展项目，实现城市与农村产业发展、基础设施、国土利用、社会事业、生态环境保护等各类专项规划相互配套。加快提升农民集居水平，强势推进农民进城进镇居住和“万顷良田”建设工程，形成中心城(港)区、重点镇、一般镇、农村新社区(居民点)的四级城乡空间布局结构。

加快推进城乡产业布局一体化。努力把一产做优、二产做强、三产做大，促进三次产业转型升级、城乡产业统筹发展，加快推进特色园区、镇工业集中区基础设施和功能配套建设，以“专、精、特、新”为方向，加快发展镇区特色产业。

加快推进城乡基础设施一体化。以水、电、气、路、通讯、网络、广电、传媒和生态环保工程为切入点，统筹谋划重大基础设施统一布局和建设，基本形成城乡一体的基础设施网络体系，积极推进与农村居民日常生活密切相关的基础设施和公用服务设施建设。

加快推进城乡公共服务一体化。加大对农村公共服务体系建设的支持力度，推动社会公共资源向农村倾斜、城市公共服务向农村覆盖，让广大农民在经济发展的基础上，享受更高的教育水平、更好的卫生保健、更完善的体育设施、更高效的为农服务、更便捷的消费环境、更健康的精神生活和更和谐的社会氛围。

加快推进城乡劳动就业一体化。加强农村劳动力技能培训，引导富余劳动力向非农产业和城镇有序转移，带动中小民营企业、服务业和小城镇发展，大力推进创业增收、就业增收、帮扶增收，构筑农民增收长效机制。着力推进城乡养老保障、医疗保障、社会救助、扶贫帮困一体化。

第二节　加快城镇现代化建设进程

按照“拓展规模、完善功能、彰显个性、提升形象”的总体要求，围绕建设100万人口现代化城市的目标，进一步壮大经济规模、强化产业先导效应、提升城市集聚功能、增强辐射带动能力，形成城镇互动并进的发展新格局。构建经济实力较强、功能优势互补、历史文化与现代气息交相辉映的新型城镇体系，建成长江中下游千年历史、文化、旅游与现代工业、港口文明交相辉映，现代服务业与高新技术产业相得益彰，环境优美宜居宜业的区域性现代化中等城市。

突出如城镇的政治、经济、文化和生活服务中心地位，做大规模、做强实力、做优功能、做美形象，增强其对重点中心镇和一般镇的辐射带动能力，建成发展规模适度、要素集聚明显、基础设施良好、城市管理到位、服务体系健全的现代化中等城市。“十二五”期间，完成城市建设投入350亿元，城市建成区面积达到60平方公里。

长江镇(如皋港区)开展行政管理体制改革试点，赋予县级经济社会管理权限，按照“统筹规划、基础先行、积极推进”的要求，进一步整合资源，规划建设长青沙二桥，加快如港新城起步区建设，高标准建设核心区，逐步发展成为人口集聚、体制创新、社会和谐的现代化港口新城，30平方公里建成区内道路框架全面形成，成为长三角最具竞争力、长江中下游最具活力、上海都市圈最具魅力、江苏沿江地区最具吸引力的宜居创业城市之一。

全面完善小城镇建设规划，高起点完善城镇总规、控制性详规、专业规划以及重点区域规划设计，并与城乡总体规划和土地利用规划相衔接，以科学规划引领城镇建设。高效推进小城镇连片整建制搬迁改造，建立健全安置房建设、搬迁补偿、培训就业、社会保障“四位一体”搬迁机制，高效有序推进土地出让开发，大力培育房地产市场，到“十二五”期末，旧镇区搬迁改造基本结束。积极探索以土地承包经营权置换城镇社保、以农村宅基地和住宅置换城镇住房、以集体经济所有权置换社区股份合作社股权的机制，推动多层、小高层农民集居区建设，做到与商品房同标准、同品质，每年重点镇、一般镇集居房开工量分别不少于10万平方米、4万平方米，吸引农民进城进镇落户不少于1000户、500户，到“十二五”期末，重点镇、一般镇农民集居化水平分别达60%、40%。高标准推进基础设施和功能配套建设，以开展“十星级”考核评比活动为抓手，深入实施“十个一”工程并持续提升水平、提高品质，打造各具特色的小城镇，加快发展多业态的生活性服务业和为本区域产业配套的生产性服务业，小城镇集聚力和辐射带动力不断增强。高标准建设重点镇“四横四纵”、一般镇“三横三纵”的镇区道路网架，全面达到路面质量好、绿化品位高、各类管线全的要求。进一步提高“村村通”公路等级，并逐步实现“组组通、户户连”。

第三节　提高城镇规划和管理水平

依托沿海规划、长三角发展规划和修编后的市域土地利用总体规划，高标准、高质量地完善城镇布局总体规划，坚持以城市和农村规划全覆盖引领城镇空间布局，最大限度地整合城乡资源，形成“双城—重点镇—一般镇—新型社区”的城镇空间格局，培育“双城”特色鲜明、重点镇优势突出、一般镇各具特色、集居区形成规模的网络化城镇体系。牢固确立规划先行理念，坚持开发与保护并重原则，进一步完善主城区、如港新城、科技城、经济开发区新城区的总体规划、修建性详规和各项专业规划，重要节点、重点地段的深度设计。以创建国家生态园林城市为抓手，大力推进城市绿化建设，城市绿化覆盖率、绿地率分别达到45%、40%以上，打造蓝天碧水的生态环境。全面提升城市管理的智能化、信息化水平，加强城市信息基础设施和重要信息系统的规划建设，推进电信网、广播电视网、互联网“三网融合”，推动公共服务和社区服务的数字化和网络化建设，运用现代信息技术促进城市管理长效化。着力打造城市标志性景观、标志性建筑等功能性、公共性重大地标工程，建成中央商务区、休闲商业区，不断完善城市文化、教育、卫生、体育等公共服务功能，提升城市文化内涵，提高城市国际化水平。深化以全国文明城市创建为龙头的“城市创建”工作，不断增强城市的美誉度和影响力。改革创新市政公用事业投资、管理和运营体制，通过城建招商等方式，加速引导集聚民间资本、外商资本、法人资本等投入城市建设。

第四节　完善现代化基础设施体系

按照科学规划、适度超前、配套完善的要求，优化布局，完善网络，加强交通、水利、能源、信息等基础设施体系建设。

交通运输。进一步完善路网结构，全面提升道路通行功能，重点推进如港公路拓宽，搬石线、马九线、丁柴线、江曲线、334南移等一级公路建设，确保所有镇通上一级公路，八横八纵的路网框架全部达到一级公路标准，与八横八纵道路连接的市镇道路达到二级以上标准，改造江平线石庄镇区段、新东线东陈段等连接线，同时新建、改建农村公路500公里，全面形成联镇、通村、达集居点的高标准农村道路网络。行政村客运车通达率100%。城乡道路客运一体化覆盖率达100%。切实做到道路建设与智能化管理装备安装规划、设计、施工“三同步”，大力提高交通智能化管理水平。等级公路上的桥梁全部达到公路二级以上标准，基本消除农村公路危桥。进一步优化如皋港港口布局，大力建设综合性码头服务设施，形成布局合理、功能完善的现代化港口体系，加快连申线等航道建设，构筑以如皋港为龙头、三级航道为骨干的水陆联运交通网络。对接沪通、宁通城际铁路北延工程，建设疏港铁路专用线，提升改造火车站。通过水路、铁路、公路、港口联合运输，初步形成“功能完善、能力充分、衔接顺畅、安全绿色”的现代化综合交通运输体系新格局。

水利建设。强化城乡水利建设，完善全市水系规划，大力创建节水型城镇。建立各级河道的轮浚机制，进一步完善河道长效管护机制，维修改造涵闸，实施一、二级河道坍塌严重地段防护工程，推进节水灌溉基础设施建设，全面提高农业综合生产能力和防灾减灾能力。全面完成焦港闸、如皋港闸水利枢纽工程和长江防洪工程；完成焦港河、如海河灌区轮浚；加快实施如海灌区、焦港灌区等大中型灌区、中央财政小型农田水利重点县、千亿斤粮食产能规划田间工程等项目建设，完善灌排体系；继续组织实施长青沙西南侧长江抛石防护工程；拆建焦港闸、四号港闸等建筑物，提高防洪标准。“十二五”期间，实现农田排涝能力达到十年一遇；新增有效灌溉面积6.3万亩，改善灌溉面积8.5万亩、排涝面积36.7万亩。继续做好农村饮水安全工程建设。组织实施如皋中汉下段整治，深化对泓北沙的研究，争取形成新的深水岸线，进一步提高长江岸线使用效益。

能源。加快推进华电如皋电厂4×1200兆瓦机组、大唐热电联产项目的前期工作和建设步伐，完善多元化电源点建设。继续推进农村电网改造、布局调整，建成500千伏南通西输变电工程，新扩建220千伏变电所9座、110千伏变电站18座，完成城南片区高压走廊改造。深度推广使用太阳能。

全面提高天然气综合利用水平，至2015年天然气中压主管网长度300公里，管网覆盖率80%，管道燃气普及率中心城区达到90%，镇域达到70%。

数字网络。推进宽带通信网、数字电视网和下一代互联网“三网融合”，着力构建高速、智能、融合的现代化信息基础设施。大力推动电子政务、公共服务和社区服务的数字化和网络化建设，强化地理、人口、金融、税收、统计、医疗、教育等基础信息资源开发利用，推进“数字如皋”、“智慧如皋”建设，促进经济社会各领域信息化，全面提升城市信息化水平。建设和完善以光纤通信为主的基础传输网，力争实现全覆盖；全面加快宽带接入网的建设，实施“光纤到楼”、“光纤入户”，新建小区全部实现百兆桌面接入。加快建成数字化、交互式、多功能的广播电视综合网。进一步完善全市电子政务内外网，加强网络平台、数据资源整合，建设人口基础信息、法人单位基础信息、自然资源和空间地理、宏观经济信息四大基础数据库，推动各种资源互联共享。

消防和人防。建立消防指挥中心，确定重点消防地区，划定易燃易爆危险物品运输禁运线路，形成与消防重点单位之间的联系网络，提高城市总体防护能力。重视地下空间的综合开发利用，按照规定要求规划建设人防工程，发挥好人防指挥所在防灾应急中的作用。

防灾减灾。进一步健全“政府主导、部门联动、社会参与”的灾害防御体系，加强气象、地震、地质等自然灾害的监测和预警能力建设，完善各类自然灾害应急预案，开展自然灾害风险综合评估和气候可行性论证。提升公共气象服务能力，提高气象为“三农”和国民经济各行业的服务水平。建设地震数字化监测台网系统，提高地震监测预报水平。建立快速高效的灾害应急救援指挥体系，建设国家水上搜救中心如皋直升机场，形成水、陆、空综合搜救网络，提高快速反应能力。

其他基础设施建设。加快奥林匹克公园、市植物园、宛湖公园、图书馆、博物馆、工人文化宫等社会事业项目的建设、改扩建工程。

第十章　构建市域经济发展新格局

第一节　加快做强港口型经济

坚持“以港兴工”、“以工兴城”、“以城兴区”发展思路，加快“港、工、城”一体化建设，到2015年，力争建成国家级开发区。以世界500强企业和国内100强企业为主攻目标，加快引进超10亿美元、超100亿元先进制造业、新兴产业、现代物流项目；大力推进以熔盛为龙头的千百亿企业建设，培育一批龙头型、基地型大企业，建成“中国现代造船第一城”，积极打造长三角最具竞争力的先进制造业基地。瞄准亿吨大港、百万标箱目标，全面完善功能配套，全力打造大港口、集聚大物流，力争建成保税港区，成为长江中下游最具活力的现代物流中心之一。进一步完善新城发展规划，加快建设进程。2012年形成15平方公里建成区、15万人口规模、功能齐全的临港新城；2015年全面建成新城中央商务区和休闲商务区；基本完成120平方公里范围内基础设施和功能配套，人口规模达30万人，建成江苏沿江地区最具吸引力的滨江新城，在全市率先基本实现现代化。

第二节　加快发展都市型经济

按照现代化中等城市发展要求，全面提升都市型经济发展水平，全力打造区域经济发展强力引擎。经济开发区充分放大区镇一体化优势，全面提升“一城六园”基础设施和功能配套水平，建成超百亿级专业园区7家，其中光伏光电产业板块达到500亿元级规模；以新材料、新能源产业企业为重点，培育超百亿元级企业8家，确保2015年进入省级开发区15强，力争建成国家级开发区。如城镇以先进制造业、高新技术产业、现代服务业和生态旅游农业互动并进为抓手，加快产业结构调整，优化产业布局，提升产业能级，培育英田、九鼎、神马、元升等百亿元级企业，新型电力装备、新材料、汽车及零配件、光热等百亿元级产业，建成西部超百亿元专业市场集群。中心城区加快中央商务区和休闲商业区建设，全面提升城市现代商务服务功能；做大做强现代商贸业，以沃尔玛、文峰广场为依托，形成苏中地区重要商贸中心；大力发展现代旅游业，全力推动水绘园、定慧寺、孔庙示范文化社区等旅游景区提档升级；大力发展房地产业，每年新增房地产开发面积200万平方米以上，创建一批国家、省康居示范小区、优秀住宅小区、低碳环保示范小区。科技城(桃园镇)以商务公园、产业社区的理念高标准建成“一区四园”，全力打造软件外包、科技孵化、总部经济三大产业板块，全面提升配套水平，建成国家级软件园，跻身全省软件园先进行列。

第三节 加快提升镇域经济

按照省主体功能区发展导向要求被列入限制开发区域的镇应大力发展现代农业，成为全市农产品供给的重要保障区、农产品加工生产基地以及示范区；适度扩大农业生产空间，促进基本农田集中连片布局，大力推进工业集中区的整合撤并，引导农民集中居住，适度增加生态空间；推进农业规模化、产业化、生态化发展，建设农产品生产和加工基地。其他镇均为重点开发区域要加大工业化、城市化、农业农村现代化“三化”深度融合力度，着力推进镇域经济发展。大力发展特色经济，加快镇工业集中区功能开发进程，完善功能配套，推动产业集聚，打造一批超百亿元园区；坚持吸纳式发展与内涵提升并举，推动企业向“专、精、特、新”方向发展，加快构建超百亿元、数十亿元镇域特色产业集群。形成“一村一品”的农村特色产业，促进民营经济的整体提升和群体拓展。切实增强小城镇能级，加快旧镇改造步伐，全面提升城镇基础设施和功能配套，加快发展现代商务、物流、旅游等现代服务业，改造提升商贸流通、生活服务等传统服务业。第四篇 开发开放加快经济国际化

第十一章 着力提升开发开放能级

第一节 持续打造开发开放载体

加大主功能区资源整合力度，提升开发开放功能，大力推进与出口加工区、保税区、保税物流园区功能叠加、资源共享和优势再造，确保建成如皋港保税物流中心和经济开发区出口加工区，创造条件建设国家级开发区、如皋港保税港，全力打造科技创新的先导区、新兴产业的集聚区、集约发展的示范区、经济国际化的先行区。加大开发开放公共服务体系建设，全面提升海关等联检部门服务水平，大力建设与长三角全面接轨的“数字口岸”、“电子口岸”，全力打造低成本、高效率、具有较强竞争力的国际资本洼地，力争到“十二五”末海关税收在江苏江北领先。持续放大国家一类口岸优势富集效应，加快推进码头泊位、长青沙二桥、如皋港铁路专线等基础设施建设，完善公共保税物流功能，加快现代物流总部基地建设，打造江苏省智能物流物联网示范基地。

第二节 持续优化开放环境

制订和完善与国际通行规则相衔接的操作性政策和规定，增强政府适应经济国际化、适应世贸组织规则和运用国际通用政策法规的能力。进一步优化法治环境，完善公平贸易政策，规范市场运行秩序，健全市场信用、服务体系，改进市场监管体系，形成稳定、透明的涉外经济管理体制，依法保障外商的投资权益。充分发挥政府、企业、中介等三方作用，建立防范和化解外贸出口市场风险的预警机制。

第三节 持续推进对内开放

按照全面、深入、务实的要求加快接轨上海步伐，推进基础设施、产业、生产要素、信息网络与上海的接轨，切实做到依托上海、呼应上海、服务上海、融入上海。着力抢抓上海、苏南、浙江产业提升性转移的历史机遇，加快引进一批带动力强、科技含量高的先进制造业、高新技术项目和为主功能区大企业提供配套的前延后伸项目。继续吸引国内著名企业、上市公司、国家级大企业集团来如皋投资兴业，大力引进新型高科技、内销型和具有自主品牌的项目。大力培植“人无我有、人有我优、人优我特”的发展新“亮点”，形成合理的区域分工与协作关系。

第十二章 着力提升“三外”工作层次

紧紧抓住经济全球化、区域一体化战略机遇，提高利用外资质量，不断转变外贸增长方式，加快调整和创新发展模式，全面实现开放型经济的转型升级，保持开放型经济在南通领先、全省前列水平，进一步提升开放型经济在全市经济中的贡献份额。“十二五”期间实际利用外资累计超过50亿美元；进出口额累计达到500亿美元，跻身全省八强。

第一节 大力提升利用外资水平

创新招商方式，提升招商能力。实现由区位优势、政策优势招商向环境优势、服务优势、配套优势、人才优势招商的转变。学习苏南地区“尊商、引商、留商、便商、安商、富商”理念，继续发挥领导招商、人脉招商、产业招商、以商引商等传统招商优

势，积极探索选资引强之路，进一步拓宽招引领域。大力引进战略性产业外资项目、高科技含量项目和高附加值项目，注重引进产业配套项目和无污染的劳动密集型项目，着重引进技术含量高、辐射带动力强的大项目，积极引导外资投向新兴战略产业、生产性服务业、现代农业；积极引进企业研发中心、分销中心和采购中心；鼓励外资参与工业配套基础设施重大项目建设；谢绝能耗高、占地多、有污染的外资项目进入，限制劳动密集型外资项目入驻，降低外资对土地、劳动、环境和出口的依赖度。

第二节　加快转变外贸增长方式

坚持科技兴贸、以质取胜和市场多元化发展战略，加大一般贸易出口力度，推动加工贸易转型升级。加大加工贸易的技术开发和创新力度，提高加工深度，扩大产业集聚和辐射效应，不断优化加工贸易产业和产品结构。加大科技投入，努力提高出口商品的技术含量，提高机电产品和高新技术产品比重，提高出口商品附加值，提升外贸企业核心竞争力。扩大以服务外包为重点的服务贸易、技术贸易出口。进一步扩大出口名牌商品企业数量和规模，促进具有自主知识产权的名牌商品出口。

第三节　注重提高外经合作层次

鼓励和帮助企业实施“国际化”战略，努力营造企业“走出去”的良好环境，为企业“走出去”提供全方位服务，支持有条件的企业到境外收购研发机构、营销网络、知名品牌、原料基地以及上市融资，支持鼓励优势产业、优势企业在海外建立生产加工基地，转移过剩产能，拓展发展空间。力争到“十二五”期末，境外投资企业达到5家，新批签约权公司达到5家。进一步规范劳务市场秩序，建立长效管理机制，从源头上防范外派劳务的风险和隐患，维护劳务人员合法权益，强化高附加值、整建制、高端市场的技术劳务输出，由低收入、低层次向高收入、高层次转变，由劳力型向智能型、技能型劳务转变，扩大各类劳务输出和对外工程承包，积极实施技术型、智力型、管理型项目，推动对外经济技术合作和对外贸易的相互促进、共同发展。确保“十二五”期间外经合作营业额持续保持全省三强。

第五篇　努力实现可持续发展

深入实施可持续发展战略，以绿色增长为导向，以资源节约、环境保护、生态建设为重点，积极应对气候变化，大力发展绿色经济、循环经济和低碳经济，推进形成有利于节约资源的生产方式和消费模式，形成源头控制、过程优化和末端治理相结合的生态环境保护机制，构建人与自然和谐相处、经济与环境协调发展的新局面。“十二五”期间，环境质量综合指数保持90分以上。

第十三章　减少资源消耗

第一节　发展绿色经济、低碳经济和循环经济

以创建江苏低碳经济试点示范城市为抓手，以能源结构清洁化和产业结构低碳化为导向，大力发展新能源、新材料等低碳产业，倡导使用太阳能、空气能、风能等清洁能源，促进“两高一资”产业转型升级，加快形成低能耗、低污染、低排放的低碳产业体系。大力发展低碳技术，以增强自主创新能力为核心，建立以政府为主导、企业为主体、产学研相结合的低碳技术创新体系和低碳技术网络平台，加快推广一批先进成熟适用低碳产品。大力发展低碳建筑，按照“绿色、人本”理念，大力推广节能型建材，致力成为中国太阳能产品普及率最高地区之一。大力发展低碳交通，鼓励采取电动车、公交车、自行车等出行方式，打造以公共交通为导向的低碳、便捷的交通体系。大力推进绿色消费，普及低碳健康生活理念，倡导以低碳排放为特征的绿色生活和消费模式。大力推行“减量化、再利用、资源化”的循环发展模式，建立行政推进、市场驱动、公众参与的循环经济发展机制。建设循环型农业，推广清洁农业，建设无公害农产品、绿色食品和有机食品基地；建设生态农业园区，加快实施节水灌溉、清洁能源等工程，提高资源利用率；开发、引进、推广循环型农业关键技术，建立循环型农业发展的技术支撑体系。建设循环型工业，大力发展高新技术产业，逐步实施绿色供应链管理，加快绿色产品研制和开发，运用高新技术和先进适用技术改造提高传统产业；依法加大企业清洁生产实施力度，努力降低生产过程中的资源能源消耗和污染物产生量。建设循环型服务业，加快生态旅游示范景区建设，加强景区景点环境整治、保护工作，建立重点旅游

景点限量保养期制度;积极开发绿色旅游产品,培育壮大一批生态物流企业,推进物流运作的绿色化。建设循环型社会,完善可持续发展的法律法规和政策体系,加强环境基础设施建设,减少不可再生资源的消耗,保护和充分利用可再生资源。

第二节　建设资源节约型社会

坚持开发与节约并重、节约优先导向,大力推进资源节约和综合利用,加快形成低投入、低消耗、低排放、高效率的节约型生产、生活和城市建设模式。完善土地总体利用规划,优化利用土地资源,实现农业用地、生态用地、工业用地、基础设施用地和生活用地合理布局及配置利用。严格保护基本农田,大力实施"万顷良田"工程,继续推进工业向园区集中、人口向城镇集中、农民向社区集中,加大土地整理力度,充分挖掘存量土地潜力;严格实行行业用地定额标准和投资强度控制标准,加大集约用地力度,"十二五"期间,确保新增建设用地投资强度达到或超过江苏省国土厅建设用地投资强度标准。节约利用水资源,加快制定水资源和水环境区域统一管理体制,建立一体化的资源利用、环境监测和调控系统;继续抓好农业节水灌溉;推动公共建筑、生活小区节水和中水回用设施建设,推进污水处理及再生利用;推进重点耗水行业和企业的节水技术改造,推广节水设备和器具使用;严格保护水源地,控制地下水开采;"十二五"期间,工业用水重复率高于75%,每万元地区生产总值水耗低于12.5立方米;高标准建成全省水资源管理示范县(市)。节约利用能源,开发和利用太阳能等新型能源,实现传统的常规能源与新能源、清洁能源相结合;吸收社会资本投入节能技术研究和推广,鼓励使用节能型交通工具、家用电器等;提高工业结构中低能耗高附加值产品的比重,主要高能耗工业单位的能耗降至中等发达国家水平;推进企业节能与余热、余压、副产品、废弃品的利用,提高能源使用效率。优化利用原材料,严格技术标准和材料消耗核算制度,推行产品生态设计,推广节约原料的技术和工艺。鼓励使用再生材料及高强度、耐腐蚀、寿命长的新材料,加强金属、木材、水泥等材料的节约代用,减少一次性用品的使用;推广应用高性能、低材耗、可再生循环利用的新型建筑材料;禁止产品过度包装。

第十四章　持续优化生态环境

以创建国家生态市、环保模范城市为龙头,以经济持续增长,污染持续下降为目标,实行最严格的环境保护措施,坚持保护与建设并举,推进污染控制从末端治理向源头控制转变,严格执行环境影响评价制度和"三同时"制度。严格控制污染物排放总量,到2015年,主要污染物排放总量比"十一五"期末减少10%。加强环境治理和生态建设,环境质量有较大改善,达到环境质量功能要求。"十二五"期间,建成国家生态市、国家环保模范城市和省低碳示范城市。

第一节　加强环境保护

突出水体环境保护。全面运行现有水污染治理设施,新建、扩建一批污水处理厂,建设覆盖全市的污水管网,进一步提高生活污水处理率和工业废水循环利用率。"十二五"期间废水主要污染物COD总量控制在20654吨以内。大力开展生态工业园区建设。加强饮用水源地安全保障,注重饮用水技术处理,确保饮用水质量。调整完善市域水系,清理疏浚市区河道和农村河道。加强农村集中区、老村庄改造,完善道路、绿化、亮化、排污等基础设施。加大农村环境综合整治力度,扎实推进"六清六建"工程,完善"五位一体"长效管理体制,实现农村改厕、天然气全覆盖,合理使用农药、化肥,加强垃圾清理管理,全面推行规模养殖排泄物无害化管理,生活垃圾、规模养殖排泄物无害化处理率均达100%,实施垃圾渗滤液膜处理和污水处理厂污泥干化焚烧工程,进一步提高城市污染控制水平。

实行大气污染物总量控制,二氧化硫排放量控制在6835吨以内。对老污染源进行重点治理,关停、淘汰一批大气排放重污染源单位。大力优化能源结构,推广使用清洁燃料。积极推行热电联产和集中供热,严格控制小型燃煤锅炉建设,逐步淘汰原有燃煤锅炉,推广使用电炉及燃油锅炉,服务业清洁能源使用率90%以上。鼓励使用天然气作为工业燃料和集中供热燃料。实施餐饮业油烟净化工程。积极开展秸秆综合利用,杜绝秸秆露天焚烧,大力推进秸秆综合利用,秸秆综合利用率达98%以上。严格建筑施工管理,控制大气中的扬尘。发展城市公交,积极防治机动车尾气污染。

加强道路噪声、建筑施工噪声、企业噪声、社会生活噪声的防治和管理工作。2015年，环境噪声达标区覆盖率80%以上，城市区域环境噪声平均值低于56分贝，交通干线噪声平均值低于69分贝。

鼓励、引导、规范厂商开展废弃物回收活动，提倡清洁生活和清洁生活方式，减少生产生活废弃物产生量。对工业废物和生活垃圾全面实施分类收集和处理，引导社会建立废物回收利用调配网络和废物回收—转运—处置的中介机构。规划建设市废旧物品循环利用市场，建立有毒有害和危险废物的专业收运系统。

第二节　发展生态经济

确立"立足生态、着眼经济、全面建设、综合开发"的发展思路，创立生态经济的发展模式，全面推进国家生态市建设，实现资源开发与资源培植相结合，生态建设与经济发展相结合，实现经济效益、生态效益、社会效益的协调统一。继续巩固提升"十一五"期间生态建设示范区创建成果，全市各镇均获得国家级生态镇正式命名，全市80%以上的村建成市级以上生态村，经济开发区、长江镇(如皋港区)、软件园三大工业园区以及50%以上的镇级工业园区建成市级以上生态工业园区，在此基础上，全面建成国家生态市；严格执行江苏省重要生态功能保护区域规划和南通市、如皋市饮用水源地安全保障规划，确保全市重点生态功能保护区域的生态环境和饮用水源得到有效保护；突出水体生态环境保护，全市水环境质量达到相应功能区要求，未划定功能区的，无劣五类水体；切实加强沿江湿地保护，确保沿江生态良好，区域供水水源安全。积极发展生态农业，建设生态农业示范区及无公害、绿色、有机食品基地。大力发展生态旅游业，着力打造生态旅游特色品牌。大力开展植树造林，"十二五"期间全市森林覆盖率达到23%；建成市植物园、宛湖公园、龙游河公园，城市绿化覆盖率达到45%，绿地率40%以上，人均公共绿地面积大于9平方米。

第六篇　全面建设和谐新如皋

坚持以人为本，把提供公共产品和推进公共服务均等化作为政府工作的出发点，以扩大就业、完善社会保障体系、理顺分配关系和繁荣各项社会事业为着力点，不断满足人民群众日益增长的物质文化需求，让人民群众充分享受经济发展的成果，构建民主法治、公平正义、诚信友爱、充满活力、安定有序的和谐如皋，和谐社会建设走在全省前列。

第十五章　全面拓宽富民渠道

第一节　深入开展全民创业、努力扩大就业

把全民创业作为建设更高水平小康社会、构建和谐社会的重要抓手。加大财税等各种政策的扶持力度，不断优化创业环境，增加城乡就业岗位，增加城乡人民收入。

全力优化民营经济发展三大环境。一是持续优化民营经济发展舆论环境，努力在全社会营造重商、亲商、容商的社会氛围。二是切实优化民营经济发展政务环境。进一步深化政府审批制度改革，强化服务意识；充分发挥工商联、个体私营经济协会、商会、行业协会等社会团体和中介组织的积极作用。三是努力优化民营经济发展融资环境。建立完善市场化运作的中小企业信用担保公司，鼓励建立行业内担保公司；进一步加大金融改革力度，完善民营资本借贷机制。

着力强化民营经济发展三大重点。一是大力提升民营企业家素质，引导企业通过职业经理人或制度化管理模式规范企业运作。二是大力实施"双强"、"双带"工程、"千名能人、百亿投入"返乡创业工程、大学生村干部创业工程，引导在外能人返乡创业，带动就业、创业群众超过20万人，确保村干部创业率达100%，推动大学生村干部100%自主创业、参股创业。三是大力打造民营经济发展载体，建设村级民营特色小区、大学生创业园区、科技孵化园区、专业市场，推进液压机、太阳能、肠衣、纺织服装、绗缝、医疗器械等重点特色板块壮大升级，加快形成一批示范带动作用强的中小企业创业示范基地。

竭力拓宽就业三大渠道。一是积极鼓励劳动者自主创业、自谋职业，发展非正规就业和弹性就业。二是强化政府促进就业职能，统筹城乡就业，实行城乡统一的就业登记和就业服务；开发公益性岗位，解决困难群体的就业；实施政府购买就业岗位，增加低技能人员的就业。三是大力实施再就业援助，开辟小额担保货款发放和担保的快速通道，

切实为下岗失业人员创业提供资金支持，千方百计帮助下岗失业人员实现再就业。

第二节　合理调节收入分配

鼓励劳动者通过资本、技术、管理等要素参与分配，通过自主创业、技术创新等方式提高收入水平。合理调节收入分配，完善工资指导线制度，进一步规范企业工资分配和工资支付行为，着力提高中低收入者收入水平；在经济发展的基础上逐步提高最低工资标准和城镇最低生活保障标准，提高困难人群的生活补助；加强收入监管和税收征管力度，依法调节过高收入。加强个人收入信息体系建设。

第十六章　全面完善社会保障和社会救助体系

围绕人人享有社会保障的目标，加快建立与经济发展水平相适应的城乡统筹、覆盖绝大多数劳动者的多层次社会保障和社会救助体系，实现“让人民更加富裕、更有尊严”的基本要求。

第一节　努力提高社会保障水平

基本建立应保尽保、用工必保、覆盖城乡的社会保障体系。进一步完善基本医疗保险、大额医疗费用社会共济、地方补充医疗保险和社会医疗救助“四位一体”的医疗保险体系，完善发展新型农村合作医疗制度，农民参合率保持在100%，人均筹资标准达到360元；着力提高混合所有制经济与非公经济组织从业人员、灵活就业人员的参保面，逐步提高基本养老保险社会统筹层次，增强统筹调剂的能力，发展企业补充保险，鼓励城乡居民参加各种类型的商业保险。进一步改革和完善机关事业单位养老保险制度，不断完善新型农村社会养老保险制度。推进困难企业职工和破产、改制企业退休人员参加医保，完善失业、工伤和生育保险制度，着力做好农民工参加工伤保险工作。增加公共财政的社会保障投入，多渠道筹措社会保障基金，加强社保基金的征收与监管，征缴率达95%以上。

第二节　建立新型社会救助体系

加快建立新型社会救助、优抚安置、社会福利等帮扶社会弱势群体的公共事务管理体系；完善就业、教育、医疗、住房、法律等专项救助，建立社会慈善、社会捐赠、群众互助等各种形式的社会救助；进一步完善城乡最低生活保障体系；积极筹集资金，着力解决低收入群体的住房、医疗和子女就学等困难，“十二五”期间，提供廉租房100套、经济适用房250套、公共租赁住房600套，符合廉租住房保障条件的家庭实现应保尽保。继续开展扶贫工作，切实减少贫困人口。认真落实城乡居民“低保”标准自然增长机制，城乡“低保”标准分别达到城乡居民收入的20%～25%；多渠道筹集医疗救助资金，到2015年，城乡大病医疗救助基金力争超过2000万元，逐步提高医疗救助标准；全面贯彻《农村五保供养工作条例》，到2015年，全市敬老院拥有床位3500张，“五保”对象应保尽保，“五保”对象集中供养率85%以上，供养标准达到农村居民人均年纯收入的45%以上。不断完善救灾预案，确保在重大自然灾害发生24小时内救助措施到位。

第三节　保障妇女儿童合法权益

全面贯彻落实男女平等国策，加强基层妇女组织建设，不断提高妇女参政议政能力和水平。加大对妇女科学技术、实用技术的培训力度，扶持妇女增收致富。进一步完善妇女维权机制，构建全社会共同关注的妇女维权平台。实现镇、村“妇女儿童之家”全覆盖，充分发挥儿童快乐家园、妇女维权工作站、村妇代会(社区妇联)工作室、女性创业就业服务站、家庭文化活动室等“妇女儿童之家”内设阵地的功能。着力提升家庭教育和未成年人思想道德建设水平，特别孤困、留守、流动儿童的成长成才。充分整合社会资源，积极创新活动载体，着力建设妇女儿童素质拓展基地，大力丰富妇女儿童文化、科技、体育、娱乐等方面的生活。

第四节　加快发展残疾人事业

残疾人社会保障体系和服务体系更加完备，保障水平和服务能力大幅度提高。残疾人收入实现倍增，有劳动能力残疾人充分就业，重度和生活不能自理残疾人生活得到特别照顾，残疾人生活普遍达到小康水平；城乡残疾人平等共享就业、教育、康复、托养、文化、体育、维权、信息化和无障碍等公共服务。残疾人组织体系更加完善，基层力量和创新活力显著增强，城乡残疾人事业基本均衡。残疾人事业法规政策体系更加健全，残疾人合法权益得到有效维护。

第十七章　全面繁荣社会事业

加大对社会事业的整体投入，大力提升教育、卫生、文化、体育等社会事业发展水平，着力构建现代公共服务体系。

第一节　促进教育事业全面发展

认真贯彻落实《如皋市中长期教育改革和发展规划纲要(2010～2020年)》，深入推进教育现代化和义务教育优质均衡改革发展示范区建设，全面构筑教育思想、内容、方法、装备、师资和管理现代化的综合优势，全面实施素质教育，全面提高育人质量和办学效益，切实办出人民群众满意度更高、竞争力更强的如皋教育。到"十二五"期末，全面实现教育现代化，教育发展主要指标达到发达国家本世纪初平均水平。

大力实施幼儿教育普及提高工程，覆盖城乡、布局合理的学前教育公共服务体系完备，定点幼儿园全部达到省优质幼儿园标准，省优质幼儿园比例达80%以上，建成江苏省幼儿教育先进县(市)、江苏省幼儿教育改革发展示范区。高质量、高水平普及义务教育，适龄儿童少年接受更加公平更高质量的义务教育，义务教育学校教育质量、队伍建设、管理水平、办学条件、保障能力等达到优质均衡，建成江苏省义务教育优质均衡改革发展示范区。大力实施普通高中质量提升和特色建设工程，促进高中内涵发展和创新发展，建设一批教育方式独特、学科优势明显、活动富有创意的特色高中，普通高中全部达到省优质高中标准，90%的普通高中生在四星级及以上普通高中就读，高等教育毛入学率达68%以上。创新发展职业教育，建成一批国家级、省级示范专业点、实训基地和省级职业教育品牌特色专业，创建国家改革发展示范职业学校或国家优质特色职业学校2所，力争建成熔盛和职教高职院校，建成江苏省职业教育创新发展实验区。加快发展终身教育，终身教育体系基本构建，从业人员继续教育年参与率达70%以上，镇社区教育中心(青少年校外活动中心)全部成为南通市级及以上社区教育中心，学生赴街道、企事业单位开展社会实践、社会调查、公益劳动的基地健全，校外活动中心延伸到镇(区)；建成国家级青少年爱国主义教育基地(红十四军主题公园)和国家级素质教育实践基地(长江青少年素质教育实践基地)；如皋市教育培训集团成为省内外有影响力的教育培训品牌。

第二节　提高卫生服务整体水平

把缓解群众"看病难、看病贵"和解决群众"病有所医"作为卫生事业发展的首要任务，以人人享有基本卫生服务为目标，加快构建和完善新型公共卫生体系和医疗服务体系，提升卫生服务整体水平，为人民群众提供安全有效、服务优质、方便及时、费用合理的多层次、多样化的基本公共卫生服务和基本医疗服务。建立基本药物制度，基本药物实行零差价销售。2015年居民平均期望寿命达到78岁，5岁以下儿童死亡率控制在15‰以内。孕产妇死亡率控制在18/100000以下。传染病发病率控制在南通市平均水平以下。

加快建立新型医疗卫生服务体系。构建以市级医疗卫生机构为中心和乡镇、村卫生服务机构为主体的市镇两级、乡镇村一体、防治结合、分工合理的新型卫生服务体系。社区卫生服务体系健全率100%。完善公共卫生突发事件应急机制和指挥系统。建设公共卫生中心，加强疾病预防控制体系、应急医疗救治体系、卫生监督体系建设。加大医疗基础设施投入力度，市人民医院、市中医院达到三级医院规模，如皋港人民医院、博爱医院、第三、第四人民医院建成二级医院，中心城区新建一所满足城市现代化要求的高等级医院，各镇医疗服务能力全面提升，每万人配置床位达到34张；每千人临床医师配置达到1.8人，卫技人员总数达到6000人。

以创建健康城市为抓手，扎实推进创建国家卫生城市工作和爱国卫生运动。到2015年，居民基本卫生知识知晓率达到90%，人群健康相关行为形成率达到85%，中小学健康教育开课率达到100%。大力开展市镇村三级卫生同创，巩固国家级卫生城市创建成果，实现江苏省卫生镇全覆盖，20%的镇建成全国卫生镇，50%的村建成江苏省卫生村。建成省农村户厕改造先进市和省农民健康工程先进市。

第三节　全面发展文化事业

发展优秀传统文化，吸收借鉴先进外来文化，打造具有特色的优秀如皋文化艺术精品，满足人民群众文化需求，全面提升市民综合素质。以公共文化服务设施、服务机构和队伍建设为核心，形成结构合理、发展平衡、网络健全、运营高效、服务优质、覆盖全市城乡的公共文化服务体系。在原址翻建市工人文化宫。按照公益性、均等性、基本性、便民性原则，大力加强文化馆、图书馆、美术馆等重点公共文化设施建设；扩大公共文化设施向社会免费开放的范围，切实提高公共文化资源利用效率。进一步完善公共文化设施网络，全面打造市民“15分钟”休闲娱乐圈。积极开展群众文化活动，全面保障文化民生，着力开展“三个一”工程，即一月村一场电影、镇一场戏，村级藏书不少于10000册。重视和鼓励原创，努力提高艺术产品质量，确保5件以上作品入围省“五个一工程”奖和“五星工程”奖，力争有作品冲刺国家级荣誉；着力加强文化遗产抢救保护，文物保护良好率95%以上，有效利用率达60%；大力开发高清电视、视频点播、家庭智能化等多种新业务，数字电视入户率超过98%。城市文化形象进一步提升。

第四节　积极发展体育事业

加快面向社会的公共体育设施建设，拥有承办大型赛事的包含体育场、体育馆、游泳馆、羽毛球馆的奥林匹克公园和满足人们健身需求的全民健身中心。人均拥有公共体育设施面积2.5平方米以上，城乡体育健身设施覆盖率达到100%。大力推行全民健身运动，国民体质测试合格率达92%，城乡社会体育指导员覆盖率达100%，镇级运动会覆盖率100%；全市体育社团注册会员3万人以上。推动竞技体育持续健康发展，竞技体育参赛人数、参赛成绩、对国家贡献位居全省县级市前列；加快体育产业发展，年销售体育彩票1亿元以上，鼓励社会各方面力量参与优育市场开发、投资体育产业，加速提高产业增加值对地区生产总值的贡献份额。

第五节　加强人口和计划生育工作

进一步落实人口政策，努力建设生育适度、素质提升、结构优化、分布合理的人口均衡型社会。以完善优质服务体系、利益导向机制制作为主攻目标，大力实施“新农村新家庭”计划，推进人口计生工作持续健康发展。全市计划生育率保持在98%以上，出生率控制在10‰以内，人口自然增长率控制在2‰以内，出生人口性别比趋于正常值或保持在正常值范围。着力强化流动人口计生服务管理，不断创新创优特色服务，计划生育优质服务能力进一步提升，争创省人口协调发展先进县(市)，所有镇(区)计生服务机构全面建成省级示范服务站，50%以上的镇(区)计生服务机构建成国家级示范服务站。

第六节　协调发展其他社会事业

双拥优抚。以依法拥军、科技拥军为重点，深入开展拥军优属创建活动，努力拓宽拥军领域，全面落实现役军人、残疾军人、烈属的各种优抚优惠政策，转业士官、城镇退役士兵安置率达100%，除保障二等功以上人员政府安置，其他人员自谋职业率达100%，力争创建全国双拥模范城。

老龄工作。发扬如皋长寿之乡“敬老、爱老、尊老”传统，积极应对老龄社会提前到来的新形势，积极发展老龄产业，着力做好老龄工作。吸引社会力量多渠道、多形式兴办社会养老事业，引导和鼓励社会力量投入养老服务。切实做到“老有所养、老有所医、老有所乐、老有所为”。

社会福利和慈善事业。不断完善社会福利中心养老、托老、孤儿收养等服务功能，完善江滨医院精神病、麻风病救治设施；建成民政登记服务中心；推动慈善文化进社区、乡村、机关、企业和学校，建设覆盖全市城乡的社会捐助接受站点，开展经常化、规范化、制度化的社会捐助活动。积极发展“红十字”事业；大力推广“慈善超市”、“爱心超市”，精心打造慈善品牌。

专项行政和社会事务管理。审慎稳妥地推进行政区划的调整和改革，开展地名研究和储备，加快城乡标准地名标志的设置，加强对地名标志的维护和管理；依法强化殡管执法，规范殡葬设施审批、建设和管理，大力倡导绿色文明骨灰葬法，逐步实现殡葬基本服务费用政府支付的目标。

第十八章　全面建设平安法制社会

大力弘扬“腾江越海、登高致远”的新时期如皋城市精神，进一步加强精神文明建设；加强社会主义民主法制建设，切实保障人民群众的民主权利，营造安定团结的社会环境。实现以思想道德修养、科学教育水平、民主法制观念为内涵的市民文明素质的全面提升。

第一节　加强精神文明建设

持续放大具有如皋特色的爱心城市品牌效应。广泛开展爱国主义、集体主义、社会主义思想教育，强化社会公德、职业道德、家庭美德教育；大力倡导“爱国守法、明礼诚信、团结友善、勤俭自强、敬业奉献”的基本道德规范；弘扬志愿精神，培育志愿文化；在全社会构建团结互助、扶贫济困、平等友爱、融洽和谐的人际环境。贴近群众需求，扎实推进“新如皋人”建设、未成年人思想道德建设和农村文明建设。开展新一轮文明城市创建，力争在江苏省文明城市行列中排名前移，全面达到全国文明城市测评标准。

第二节　加强民主政治建设

认真贯彻人民代表大会制和共产党领导的多党合作、政治协商制度，密切人大代表与人民群众的联系，有序扩大公民政治参与度，保障公民依法行政知情权、监督权、选举权。加强同民主党派、党外人士的合作共事，做好民族、宗教、对台、侨务工作，充分发挥群众团体作用，做好人民武装和国防动员工作。发挥职工代表大会、村民委员会、社区居民委员会的作用，完善基层自治组织和企事业单位的民主制度，推行村民委员会和社区居委会专职人员直选，实行政务公开、厂务公开和村务公开，确保群众依法参与经济和社会事务的民主管理、民主监督。

以社会主义新农村建设为平台，将村民自治、村务公开与新农村建设有机结合起来，全面提升村务公开和民主管理水平。大力加强人民法庭建设，满足基层群众的司法需求。以加强社区居委会建设、推进城市社会民主、完善居民自治功能为重点，推进村(社区)公民法治驿站全覆盖，以示范社区创建为抓手，充分发挥行政机制、互助机制、志愿机制和市场机制作用，将城市社区建设提高到一个新的水平。做好不同类型民间组织的登记管理工作，扶持发展行业性、公益性、农村专业经济协会等类型民间组织，充分发挥他们在社会建设和管理中的积极作用。依法查处违法、违纪的民间组织。到2015年，全市民间组织规范化管理率达96%以上。

第三节　建设“平安法治如皋”

推进政府工作法制化，把依法行政贯穿于政府决策、执行、监督的全过程，不断提高行政执法水平。深化司法改革，完善错案追究制度和赔偿制度，强化司法监督，实施司法公开，保证司法公正。加强社会治安综合治理，继续推进社会治安防控体系建设，预防青少年犯罪，依法严厉打击各种违法犯罪活动，人民群众对社会治安满意率保持在95%以上；进一步完善社会矛盾纠纷大调解机制，及时化解各种矛盾纠纷和不稳定因素；不断加强社会管理创新，切实做好外来人口、社区矫正对象、刑释解教人员、新型社区、虚拟化社区等服务管理工作；加强法制宣传，组织实施“六五”普法，全面推行“法治驿站”工程，努力构建平安、稳定、和谐的法制环境。加强律师为主体的法律服务队伍建设，规范法律服务市场秩序，提高法律服务质量和水平。认真执行安全生产法，强化生产经营单位安全生产主体责任，健全安全生产监管体制和安全生产长效机制，有效遏制各类事故发生；强化对食品、药品、餐饮卫生的监管，保障人民群众健康安全；加强动物疫病预警和控制体系建设，完善动物免疫预防保障体系；完善粮食市场预警预报制度和粮食供给应急机制；深入推进政府信息公开工作，充分保障群众的知情权、监督权和参与权；加快建设重大突发事件预警应急体系，全面构建公共安全屏障。建成全省社会治安安全示范县(市)和全国法治创建先进县(市)，力争成为全省乃至全国最安全城市。

第四节　打造“诚信如皋”

加强诚信体系建设，发挥政府在诚信建设中的主导作用，建立系统完善的企业信用管理制度，健全监督制约机制，建立企业和公民个人资信数据网络，加强诚信规范道德教育，加快建立失信惩戒和守信受益机制。“十二五”期间，力争建立全市社会信用体系的基本框架和运行机制。

第七篇　规划实施路径

本规划纲要，在制订过程中经过广泛调查研究和科学论证，既体现了政府意志，也反映了民意智慧。实现本纲要的目标和任务，必须充分发挥市场配置资源的基础性作用，激发各市场主体的积极性和创造性。本规划纲要是政府向全市市民做出的承诺,政府将切实履行职责,加强和改善综合调控,明确经济社会发展的政策导向,确保实现本规划纲要确定的各项目标任务。

第十九章 强化体制机制创新

按照科学发展观要求,坚持市场取向改革方向,以创新体制、转换机制、面向市场、增强活力为重点,强化自主创新体制建设和机制转换,消除制约经济社会发展的体制性障碍;改善创新环境,扩大与国际间的交流,逐步建立并完善与如皋经济社会实际发展相适应的自主创新体制和机制。

第一节 行政管理体制改革

基本形成行为规范、运转协调、公正透明、廉洁高效的行政管理体制,进一步规范行政许可和其他行政性审批行为,减少审批环节,简化审批手续,加快推进电子政务进程,提高办事效率;继续强化服务型政府体系建设,适时推进政府机构改革,建立"决策科学、分工合理、执行高效、监督有力"的行政运行机制,实现政府职责、机构和编制的科学化、规范化、法定化。

第二节 市场经济体制改革

初步建立与全市产业结构、城市特点、市场经济体制相适应的行业协会体系。进一步整顿和规范市场经济秩序,加强市场规则和法规建设,完善市场监管体制。

第三节 农村体制改革

推进农村土地制度改革,加快建立城乡统一有序的土地市场,进一步完善农地自由流转的市场机制、价格形成机制和利益分配机制,到"十二五"期末全市土地流转面积占总承包面积的90%以上;在土地所有权不变、农民承包权不变、农地农用性质不变的前提下,探索农村集体土地进入土地市场进行交易方式,全面盘活以土地承包经营权和宅基地、自留地使用权为主要内容的集体资产。推进农村经营体制改革,规范提升"三大合作",大力发展农民专业合作社,不断扩大规模、提升层次、壮大实力,到"十二五"期末,全市入社农户达20万户以上,带动农户数占比达80%以上;大力发展土地股份合作社,提升运作水平,扩大流转收益;大力发展社区股份合作社,深入推进农村集体资产产权制度改革,发展村级物业经济,实现村集体资产保值增值,到"十二五"期末所有村、社区、主功能区社区集体收入分别达100万元、200万元、1000万元以上。推进农村金融制度改革,建立政府扶持、多方参与、市场运作的多层次农村信贷担保机制,拓宽金融服务"三农"功能。推进户籍制度改革,放宽城镇落户条件,在城市普遍推行居住证制度,对在城镇有稳定工作、居住达到一定年限、参加社会保障达到一定时间的农村人口,可以有序转为城镇户口。推进城乡管理体制改革,扩大经济发达镇(区)行政管理权限,积极探索与新型社区发展相适应的城乡一体的管理机制、运行机制,增强发展活力。

第四节 社会事业体制和机制改革

进一步完善城乡各项社会保障制度,逐步形成农村养老保险、被征地农民基本生活保障、城镇职工基本养老保险制度相衔接的养老保险制度。继续深化卫生体制改革,健全城乡公共卫生服务体系。着力拓展社区卫生服务功能,推动镇(区)卫生院管理体制改革,合理配置城乡医疗卫生资源,积极推行基本药物制度;进一步健全基本医疗保障制度,巩固和完善新型农村合作医疗制度,确保新型农村合作医疗覆盖面、卫生服务体系健全率达到100%,推动城乡基本公共卫生服务均等化。继续深化教育体制改革,着力构建优质、均衡、和谐的城乡教育一体化新格局。进一步完善教育均衡发展保障机制,积极推进教育资源优化整合;改革教师、校长培养管理体制,创新名师成长机制,提升教师队伍整体素质;深化文化体制改革,进一步完善公共文化服务体制,着力加大文化基础设施建设,提升公共文化服务体系功能。

第五节 公共财政服务体系改革

建立基本保障到位、依法理财、运转高效、优质服务的财政运行体制;完善市镇两级财政体制,完善部门预算改革,推进镇级部门预算,实施"镇财市管"改革,拓展财政服务职能;探索建立绩效预算评估体系,强化审查和监督,防范政府债务风险;建立债务风险准备金制度,完善政府性债务偿还机制,推进国库集中支付财政资金拨付新模式。优化财政支出结构，加大公共财政对教育、卫生、农村建设、高新技术等扶持力度，逐步提高公共服务支出占比。

第二十章　加强政府政策引导

第一节　引导市场主体行为方向

市相关部门要根据产业、行业发展方向、发展重点和发展目标，针对经济运行中的突出矛盾和问题，深入研究制定产业导向政策和具体的鼓励政策，正确引导企业、金融机构和社会资本投资方向，促进产业转型升级，促进产业发展模式、增长方式转变和质量效益提高。

第二节　落实公共财政合理投向

遵循公共财政服务于公共政策的要求，加大财政支出结构调整力度，保证财政支出重点转移到满足社会公共需要方面。财政的配置优先投向公共服务领域。整合各项专项资金，确保投向关键领域和薄弱环节，最大限度地发挥财政资金的使用效益。进一步加大对人力资本和研发的投入，运用税收杠杆促进产业政策的落实，减少政府补贴范围。

第三节　明确空间利用调控导向

根据市域空间开发规划，制订相应的空间管制政策和配套措施，引导城市和工业的主导发展方向，并作为城镇主导发展方向和项目布局选址管理的重要依据，促进空间布局科学有序发展。认真执行加强土地管理和提高投资强度的有关规定，完善项目投资强度的用地政策，建立以投入、产出效益和生态效益等为主要考核标准的用地规模审核制度，进一步提高空间集约利用水平。

第二十一章　建立规划实施机制

第一节　建立衔接协调机制

牢固确立国民经济社会发展规划在规划体系中的统领地位，使发展规划的目标任务通过专项规划得到落实。加强发展规划与城市规划和土地利用总体规划之间的衔接配合，城市规划和土地利用规划以发展规划为依据，将发展规划确定的目标、任务和要求进行具体落实，突出建设性和控制性。确保在总体要求上方向一致，在空间配置上相互协调，在时序安排上科学有序，提高规划的管理水平和行政效率，保证规划目标的顺利实现。

第二节　建立责任落实机制

各镇区、各部门要按照职责分工，将规划纲要确定的相关任务纳入本镇区、本部门年度计划，明确责任人和进度要求，并及时将进展情况向市政府报告。实行重大项目责任制，对规划纲要中确定的重大项目和工程进行分解落实，明确进度、要求和责任，确保重大项目和工程的实施。按照科学发展观和正确政绩观的要求，进一步改进考核评价机制，着重考核规划纲要中提出的约束性指标，保证约束性指标的落实。

第三节　建立监督评估机制

自觉接受市人大及其常委会的法律监督和市政协的民主监督，建立每年向市人大常委会汇报和向市政协通报规划实施情况制度，认真听取人大代表和政协委员的意见建议，主动加强与各民主党派、工商联、人民团体的联系。完善规划的公众参与和民主监督机制，真正使“十二五”规划转化为人民群众的自觉行动。健全规划中期评估制度，2013 年，市发展和改革部门要组织力量，对“十二五”规划的实施情况进行中期评估，检查规划落实情况，分析规划实施效果，找出存在问题，提出对策建议，形成中期评估报告。必要时，市政府提出修订方案，报请市人民代表大会常务委员会批准。

专　　文

导读

决战决胜更高水平小康社会
全面加快基本现代化建设进程
——在如皋市第十一次党代表大会第二次全体会议上的报告
（摘　要）

（2011年12月30日）

南通市副市长、如皋市委书记　陈惠娟

一、总结成绩，昂扬斗志，进一步坚定决战决胜更高水平小康社会、全面加快基本现代化建设进程的信心和决心

1. 全力保增长，综合实力持续增强。在“十一五”持续跨越的基础上，经济社会继续保持又好又快发展。主要指标增长较快。预计全年实现地区生产总值525亿元，增长13%左右；财政总收入、一般预算收入均增长35%左右；全社会消费品零售总额205亿元，增长18%左右。主体经济稳步提升。完成全部工业应税销售714亿元，增长23.1%，总量持续保持南通第一；熔盛重工在全球船舶行业下行背景下，新增接单量保持全国第一，南通锻压成功上市，万达轴承的“万达”商标成为中国驰名商标。有效投入不断加快。预计完成全社会规模固定资产投资260亿元，增长18%；规模工业投入200亿元，增长13.5%，其中技改投入122.6亿元，占规模投入的61.3%；新增装机容量46.2万千伏安，同比增长124.1%，总量持续位居南通首位；完成设备抵扣税3.3亿元，同比增长52.6%，增幅南通第一；预计新增规模企业100家、亿元企业25家。

2. 着力促转型，发展方式加快转变。产业结构明显优化。工业经济结构持续改善，高新技术产业产值占比达35%。新增高效农业30.2万亩、设施农业4.5万亩，高效农业规模化占比达75%。现代服务业发展提速，实现服务业税收21亿元，增长40%，服务业增加值占比上升1.7个百分点；衡山金盛、金陵金鼎等五星级酒店建成；完成软件服务外包营业额2.8亿元，增长689%。开发开放成效显著。预计完成工商注册外资15亿美元、到账外资8亿美元，总量均居南通第一；新批超千万美元项目36个，平均单体规模2287万美元，项目个数和单体规模均居南通第一；我市获得国家工商总局外资登记管理授权。实现外经营业额2.01亿美元，保持全省前三；实现进出口总额30亿美元，增长55.4%，其中出口18.7亿美元，增长65.5%。一类开放口岸功能凸显，实现海关关税27.5亿元，增长39.5%。创新能力显著增强。全年申报科技项目657项、新建创新平台55家、实施产学研合作项目37个，九鼎新材、肠衣城分别建成省玻纤复合材料和家畜废弃物利用技术创新联盟；新增孵化器面积10万平方米、孵化企业103家；软件园被评为国家级科技创业服务中心，新能源汽车及汽车配套园、液压装备科技产业园建成省级创新型园区；我市再次被评为国家科技进步先进市。节能减排成效明显。全市应税销售耗电、万元GDP综合能耗、年排放化学耗氧量，分别下降了3个、3.2个、3.5个百分点。

3. 强势抓统筹，城乡面貌焕然一新。加快统筹城乡发展，预计今年城市化水平达54%，比上年提高5.3个百分点。城市建设加快推进。完成投入94亿元，搬迁91万平方米，土地出让59.7万平方米；新开工房地产面积188万平方米、竣工125万平方米，建设安置房75万平方米、公共租赁房30万平方米；长江镇（如皋港区）、经济开发区（柴湾镇）分别开工房地产120万平方米、61万平方米，建设安置房100万平方米、98万平方米，实现税收3.5亿元、1.2亿元；完成中央大道等9条道路的新建工程，区域供水复线工程全线开工，天然气高压输气管道全线通气。古街区建设、城市亮化、外立面包装等工程全面完善，数字城管全面建成，红十四军公园、文化广场建成开放，新增绿化面积63万平方米，内外城河被评为国家级水利风景区。旅游产业不断壮大，全年接待游客400万人次，实现旅游综合收入48亿元，分别增长40.3%和50.1%。小城镇集聚能力持续增强。“十个一”功能不断完善，全市累计完成118颗星级评定，白蒲、九华两镇通过“十星级”考评。完成基础设施投入2.8亿元，土地出让2267亩，房地产开工123.6万平方米、竣工93.4万平方米，实现税收2.4亿元，集居房开工3.7万户、建成3万户。土地整理进程加快，“万顷良田”项目区搬迁7342户、新增耕地7483亩，全市拆旧复垦4690亩；全年报批土地9570亩，总量南通首位。农村环境持续改善。10个镇获国家环保部农村环境连片整治试点，8个村被列为省级村庄与环境整治试点村，“四位一体”管护成效显著；新增休闲农业2.5万亩，被评为国家旅游休闲农业示范市；新增绿化造林面积2.4万亩，全市森林覆盖率达22.4%，被评为全省唯一的全国平原绿化先进市，“如皋盆景”被确认为中国地理标志证明商标，我市被评为全国四大花木之乡之一。交通建设克难奋进。完成交通投入18亿元，334省道东延、花市路、蒲黄线西延建成通车，334省道西延、204国道南延工程基本完工，王石线等工程快速推进，完成农村公路100公里、危桥改造200座，跻身全省首批八家客运一体化发展示范县（市）行列。

4. 扎实保民生，幸福指数持续提升。社会事业跨越发展。教育“四区联创”步伐加快，在去年成为南通唯一的省首批义务教育优质均衡改革发展示范区基础上，又被确定为全省首批学前教育改革发展示范区、南通唯一的职业教育创新发展实验区、区域教育现代化建设水平提升工程先行试点地区，普通高考、职教对口高考全省领先。公共医疗卫生体系不断完善，实施基本药物制度成效初显，建成“全国亿万农民健康促进行动”江苏示范市、全国农村中医工作先进县（市），人民医院列入南通唯一的省公立医院改革试点医院。食品药品监管不断加强，成为南通唯一的省餐饮服务食品安全示范县（市）。人口计生工作成绩显著，在全省率先建成全国人口健康公共服务项目示范市，被表彰为人口协调发展先进县（市）。文化事业、产业同步提升，建成省首批公共文化服务体系示范区，软件园文化创意产业园列入全省十大文化创意产业园。数字电视用户突破30万户，入户率达91.8%。全民健身中心建成开放，我市持续被表彰为全国群众体育先进单位。社会保障日益完善。新农合、新农保分别完成参保人数111.9万人和45.5万人，统计参合率均达100%；城镇居民基本医疗保险、城乡居民最低生活保障实现全覆盖，城镇登记失业率控制在3%以下；被征地农民保障不断完善，新增失地农民100%纳入基本生活保障。创建工作高效推进。国家卫生城市获得正式命名，省级卫生镇实现全覆盖，建成省级卫生村168个。全国文明城市创建高分通过省级考评验收，国家生态市、园林城市顺利通过国家验收，国家环保模范城市新标准通过省级评估。我市被国际自然医学会认定为世界第六长寿乡。居民收入加速提升。城乡居民储蓄存款余额达370亿元、增长16.8%;城镇居民人均可支配收入、农民人均纯收入分别达23000元、10200元,增长15.8%和17.3%;新增个体工商户9655户、私营企业3929家、私营企业注册资本198.9亿元,分别完成年任务的161%、196%和199%;建筑业富民效应持续显现,实现施工产值470亿元,同比增长31%。

5. 注重激活力,和谐社会共建共享。民主法治建设不断深化。支持人大及其常委会依法履行职能,推动政府依法行政,支持政协围绕团结、民主两大主题履行职能;深入推进平安、法治如皋建设,促进司法机关公正司法,维护社会公平正义,"六五"普法开局良好,"普法邮路通万家"工程扎实推进,检察院被评为全国先进基层检察院,公安局被公安部确定为警体达标示范点,市法院被评为省廉政文化建设示范点和信息化建设先进单位,司法局被省司法厅荣记集体二等功,"法治驿站"荣获省政法委创新二等奖,我市被评为南通唯一的省"平安家庭"创建示范县(市);统战、人武、工商联、群团、社团等工作均取得新成效,市国防动员委员会被评为省先进单位。社会管理不断加强和创新。"书记大接访"活动持续深化,群众信访批次同比下降15.6%;大调解体系不断完善,全年调处矛盾纠纷5176件,成功率达98.6%;大防控体系不断加强,城镇技防设施基本实现全覆盖,农村覆盖率达60%,政法综治中心、综治组织实现镇村全覆盖;加大网络舆情引导力度,网络新闻发言人制度得到有效落实;基层基础建设不断夯实,主功能区新型社区实现全覆盖。精神文明建设不断提升。"爱心城市"建设入选"省公民道德巡礼"八大典型,"爱心大使"赵小亭当选省第三届道德模范,丁雪峰等3人当选"中国好人",徐俊山等2人当选"江苏好人";未成年人思想道德建设不断加强,乡村学校少年宫、校外活动平台分别实现镇村全覆盖,加强馆校衔接、共建第二课堂等特色活动社会反响良好。

6. 合力抓党建,执政水平不断提高。领导班子建设不断加强。胜利召开市第十一次党代会,选举产生新一届市委领导集体,顺利完成镇党委换届,班子结构进一步优化。四套班子全体领导和市镇155名正科职领导干部深入187个联系村,驻村住户、驻点调研,解决问题809个,推动了"三解三促"活动常态化。宣传思想引领持续增强。全面推进学习型党组织建设,策划拍摄《彩练当空》、《为了人民的期待》等大型电视政论片;在南通各县(市)率先成立哲学社会科学界联合会,与省社科院共建南通(如皋)沿江沿海开发研究基地。干部队伍建设持续优化。不断加强干部教育培训,组织党委书记赴台湾、镇长及机关驻村书记到国家行政学院开展转型升级培训;创新开展干部选拔任用全程纪实监督系统,加大公开选拔力度,面向全国招聘专业型干部13名。人才工作持续加强。深入实施"三三三"人才模式,全年引进本科生2423人、高技能人才2278名,硕博研究生282人,人才工作被评为全省先进。基层组织建设持续夯实。深入开展"十面红旗"竞赛活动,大力实施村干部"活力工程",持续开展"双联双助"活动,机关驻村书记实现强基强干双赢;大学生"村官"工作得到中组部主要领导批示,情景剧《心碰心》代表江苏赴京会演得到好评。反腐倡廉建设持续强化。深入推进两大体系建设,大力开展"重德行、增互信、优环境、促转型"主题教育,率先在全省建成县级廉政文化广场;推进党务政务公开,深入实施领导干部"三责联审",财政投资审计工作持续加强;强化行政权力网上公开透明运行和三级便民服务网络常态化运行,行政效能不断提高;继续保持案件查处高压态势,全年立案查处违法违纪案件177件,挽回经济损失1423.8万元。

回顾2011年,在宏观总体趋紧、下行压力加大的复杂形势下,全面打赢"十二五"开局战,实属来之不易。取得这样的成绩,得益于我们始终坚持以科学发展为主题,敢于创业创新创优,勇于争先领先率先,以高远的眼界、开阔的思路科学谋划"勇当江苏基本实现现代化先行军"的美好蓝图,激发了全市上下争科学发展之先的激情;得益于我们始终以转变发展方式为主线,攻坚克难,破解瓶颈,不论形势多么复杂,不管压力多么巨大,锁定加快转型不动摇,高效推动经济社会持续跨越;得益于我们始终以统筹城乡发展为抓手,敢为人先,开拓创新,坚持以"万顷良田"工程为龙头,抢抓列为省农村改革试验区重大机遇,持之以恒加快"三化"深度融合;得益于我们始终以改革开放为动力,大力实施经济国际化战略,充分利用国内国外两个市场,坚定不移地走吸纳集聚、开放带动之路，形成全方位、多层次、宽领域的开放格局；得益于我们始终坚持以人为本，大力实施民生幸福工程，全力推进“四业富民”、“四保惠民”，加快城乡居民收入倍增步伐，致力实现公共服务均等化，深化平安、法治建设，在共建共享中创和谐社会之优；得益于我们始终坚持市委总揽全局、协调各方，四套班子整体联动，全市各级党组织和广大党员干部创先争优、真抓实干，145万人民同心同德，共推“两个加快”，形成强大合力。

在肯定成绩的同时，我们也要清醒看到，对照人民群众的新期待，对照更高水平小康社会和实现基本现代化的新要求，工作中仍然存在一些迫切需要解决的问题：主要经济指标的均量水平还不高，综合实力仍需进一步增强；产业转型升级步伐还不快，产业层次仍需进一步提升；企业自主创新能力还不强，创新服务体系建设力度仍需进一步加大；城市化水平还不高，现代服务业仍需进一步提速；少数党员干部作风、能力与科学发展的要求还不相适应，机关效能建设与人民群众的期待还有差距，党的建设仍需进一步加强。对此，我们必须高度重视，切实加以解决。

二、认清形势，把握大局，切实增强决战决胜更高水平小康社会、全面加快基本现代化建设进程的紧迫感和使命感

1. *充分认识宏观形势的严峻复杂，切实增强应对挑战的忧患意识。*国际形势动荡不安，金融、债务和社会危机叠加冲击，全球市场陷入低迷，产能过剩矛盾更加突出，资源能源竞争更加激烈，贸易保护主义更加明显，世界经济下行风险压力加大，复苏过程艰难曲折、充满变数。国内经济面临多重挑战，经济发展中不平衡、不协调、不可持续的矛盾仍很突出，经济增长下行和物价上涨“双重压力”并存，宏观调控政策面临更多“两难”选择；企业成本上升，资金、土地、用工等瓶颈制约加剧，实体经济面临较大的压力和挑战；随着转型加快，一些结构性、体制性矛盾日益凸显，保民生、保稳定的任务繁重。我市持续跨越发展压力加大，由于历史上存量经济占有资源环境基数小，新一轮资源环境容量刚性约束与新增发展对资源环境容量需求的矛盾加剧，持续跨越发展的压力加大；船舶、汽配两大主导产业受欧债危机等影响巨大，保增长压力加大；群众对发展的期盼更高，在转型中促发展、在发展中惠民生保稳定的压力加大。因此，我们要充分估计形势的复杂性和严峻性，切实增强危机、风险、忧患意识，积极做好应对复杂局面的思想准备，扬长避短，趋利避害，努力在科学应对中争创新优势，在攻坚克难中创造新业绩。

2. *敏锐抢抓风险挑战中的难得机遇，越发坚定弯道超越的信心勇气。*困难挑战越多，越要坚定发展信心，必须充分认识到当前我国经济发展基本面没变，发展中仍有很多有利条件和积极因素，为我市第二次弯道超越带来难得机遇。全球经济增速放缓，产业结构进入深度调整，为我们加速转型、招引全球科技人才提供了有利时机。国内经济发展环境向好，明年是党的十八大召开的喜庆之年，国家将继续实施积极的财政政策和稳健的货币政策，加大对“三农”、中小企业、实体经济及革命老区的扶持，加大对民生、科技创新、战略性新兴产业等领域的投入，省委对经济工作提出“稳中求进、又好又快”的总基调，都为县域经济发展增添了强劲动力。我市赶超优势日益凸显，主导产业发展潜力巨大，船舶产业加快向海工、LNG船舶等产品和中速机配套的价值链高端延伸，陆地方舟获批省新能源汽车基地，雅鹿TPA、长天化等一批重大项目开工，强力支撑经济跨越发展；我市拥有承南启北的独特区位、城市人口规模和独特的历史人文资源，服务业发展优势明显、潜力巨大，并已呈现强劲发展态势；承载能力大幅提升，一类口岸效应持续放大，省级物流园和国家级软件园、开发区、高新区创建加快推进，创新型城市建设成效初显；城乡统筹进程加快，“三化”融合深度推进，被中农办列为土地征使用制度创新联系点，创新发展的环境进一步优化；各级领导干部历经各种复杂局面考验，增强了应对风险、破解难题的能力。只要我们坚定信心，迎难而上，敢于在变局中把握机遇、在逆境中主动作为、在挑战中勇于胜出，就一定能创造第二次弯道超越的奇迹。

3. *准确把握基本现代化发展要求，敢于担当时不我待的使命职责。*基本实现现代化是坚持以人为本，促进共同富裕、社会全面进步和人的全面发展的历史进程，与建设小康社会相比，要求更全面、内涵更丰富。而勇当江苏基本实现现代化先行军的定位，要求更高，尽管我市经过多年持续跨越，经济总量已居南通前列,但因人口多、底子薄,均量还不高,结构还不优,基础还比较脆弱,要赶超具有先发优势、快马加鞭的苏南发达县市,保持对依托过江快速新通道、加速融入上海的南三县市的超越态势,拉开与沿海大开发中更具政策、资源优势的沿海县市的差距,任务繁重,使命光荣。对照现代化44项指标体系,预计今年全市仅有13个能达到目标值要求,服务业增加值占GDP比重、城市化水平、居民收入等关键指标按照今年增速,到"十二五"末仅能达目标值80%左右,差距仍然很大,任务十分艰巨,容不得半点畏难,来不得半点懈怠。明年建成更高水平小康社会是基本实现现代化的关键一役,因此我们要切实增强舍我其谁的使命感、责任感,高点定位、挑战自我,奋力拼搏,为迈进基本现代化夯实基础。

依据以上分析,明年工作总的指导思想是:坚持以邓小平理论和"三个代表"重要思想为指导,深入贯彻落实科学发展观,围绕勇当江苏基本实现现代化先行军的战略定位,扎实推进"两个加快",全力促进"三化互动",大力实施"四大战略",着力打造"六大示范城市",全面推进"八项工程",在危机中抢机遇,在困难中快转型,在转型中促跨越,决战决胜更高水平小康社会,全面加快基本现代化建设进程。

明年全市经济社会发展的主要预期目标是:地区生产总值增长13%左右(评估价);财政总收入、一般预算收入增长35%左右;社会消费品零售总额增长18%左右;全社会固定资产投资增长35%左右;进出口总额增长35%左右;城镇居民可支配收入、农民人均纯收入增长15%以上;全社会研发投入占地区生产总值比重达2.2%以上;登记失业率3%以下;单位GDP能耗下降3.2%以上;人口自然增长率控制为零。

三、突出重点,创新思路,全面落实决战决胜更高水平小康社会、全面加快基本现代化建设进程的各项举措

(一)着力加快转型升级,持续优化产业结构。深入实施转型升级工程,致力构建先进制造业为主体、高新技术产业为支撑、服务业为主导、现代农业为基础的现代产业体系。

1. 大力发展先进制造业。加快实施三大行动计划,推动制造业转型升级,确保明年全部工业应税销售增长30%左右,总量930亿元,力争上千亿元台阶。大力实施千企改造升级行动计划。以现有800家规模企业为主体,200家科技型、成长型中小企业为重点,加快推动存量企业从劳动密集型向资本、技术密集型,从一般加工业为主向高新技术和新兴产业,从传统工艺装备向现代化、智能化工艺装备为主转变。着力推进船舶海工及配套、新能源汽车及汽车零部件、石油及精细化工材料三大主导产业高端化,重点发展LNG等高附加值船舶、海洋工程装备,加快发展船舶动力推进、通信导航、船舶环保系统,大力推广数字造船、绿色造船技术;围绕产业转型和技改扩能,依托金属表面处理园功能,大力发展汽车模具、钢球轴承和新能源汽车电池等汽车高精密零部件配套项目;围绕环保低碳发展方向,加大技术改造和科技创新力度,大力发展工程塑料、化纺原料、玻纤材料,建设绿色安全、高端的新材料产业体系。着力推进机械铸造、长寿食品、纺织服装等三大传统产业品牌化,加快两化融合,提高装备水平,不断做大做强,以南通锻压上市为契机,提升传统机械产业,向航空、海洋等领域拓展;大力发展生物科技,提升传统食品产业;注重打造自主品牌,提升纺织服装产业。着力推进新能源、新医药、新型装备制造等三大新兴产业规模化,加大扶持力度,优先配置资源,推动产能扩张,着力形成市场规模和技术领先优势,确保明年新兴产业增加值占GDP比重超过15%。大力实施规模企业培育计划。坚持政府扶持与市场推动结合、外延扩张和自主创新联动、规划引领与要素保障并举,全力打造三大千亿元级主导产业;主功能区、重点镇、一般镇要分别瞄准百亿元、数十亿元、十亿元级企业,在基地型、龙头型企业培育上求突破;抢抓国家出台财政金融政策支持中小企业发展的机遇,加大对发展潜力大、技术含量高的中小企业,特别是销售500万~2000万元企业的扶持力度,在融资、人才等要素保障上给予倾斜,确保全年新增规模企业100家以上。鼓励企业通过资本上市壮大发展规模,积极吸引国内外创投、风投基金参与企业股改上市,力争明年2家上市、3家入轨。大力实施重大项目高效投入计划。加大在手项目"一条龙"服务力度,主动为企业提供审批、土地整理、供电供水等要素保障服务,重点推动瓦锡兰中速机、华电热电联产、柘中管桩、江南重工、燃气热电冷三联供等在手重大项目快开工；加大在建项目“全过程”控制服务，完善四套班子领导挂钩负责制，建立高质高效的文明施工管理机制，为项目建设创造良好服务环境，重点推动雅鹿TPA、长天化丙烯、陆地方舟、熔盛海工、双钱技改等51个亿元以上在建项目快建设；加大竣工项目“经常性”服务力度，创新项目组织推进方式，建立健全科技人才、银企合作、产权登记等服务平台，力争结转项目明年上半年竣工投产一批，确保全年规模项目投入250亿元以上，其中技改投入150亿元，全年实现应税销售超亿元企业100家、超10亿元5家、超150亿元1家。

2. 大力发展现代服务业。围绕明年服务业增加值占比超过37%，投入产出增幅40%以上的目标，大力促进服务业发展提速、结构优化、竞争力提升。在发展提速上下工夫。加大服务业项目招引力度，促进项目快集聚，确保全年引进超亿元以上现代服务业项目40个以上，中心城区、主功能区、面上各镇分别在超10亿元、3亿元、超亿元项目取得突破；加大项目要素保障力度，推动芬尼维斯特、金鼎商业综合体、浙江三农、汽配交易市场、月星家具、金盛物流等重大项目快开工；以服务协调促进项目快竣工，推动104个续建项目快建设，推动如皋港物流大厦、长寿城主体功能和融达再生资源等重大项目全面建成。在结构优化上求突破。把发展现代服务业作为结构优化的主攻方向，重点抓好港口物流园、软件园两大产业集聚区建设。大力发展现代港口物流，加快集装箱码头和国内、近洋航线建设，确保明年吞吐量超4000万吨、实现集装箱业务5万标箱、引进第三方和第四方物流企业40家。大力发展现代金融业，加大金融机构招引力度，积极推动民生、浦发、招商等银行在如设立分支机构，确保明年新增3～5家金融机构和3家以上小额贷款公司；加大金融产品创新力度，大力发展证券、信托、担保、创投、风投等金融服务，创建金融生态示范市，确保交投、港投债券批准实施。加快通信基础产业发展，启动智慧城市建设，确保提前两年完成“十二五”通信产业发展目标。大力发展信息、科技、商务、家政服务和文化创意、教育培训、商贸流通、特色旅游等重点行业，注重发展总部经济、科技研发和产权交易、投资咨询等生产性中介服务，确保现代服务业投入占比达70%以上。在竞争力提升上见成效。大力改造提升传统服务业，坚持“低门槛准入、低成本创业”战略，招引知名地产企业，推动主功能区和重点镇从发展一般性住宅地产向发展商业综合体等中高端地产转变；推动传统物流业升级，加快构建集港口、铁路、公路、内河运输为一体的现代物流体系；推进专业市场改造提升，发展多功能现代物流，着力推进花木创意产业园、汽车城、嘉信钢材、船舶配件等百亿级，天平、亿丰、苏浙、西皋等50亿级服务业集聚区建设；推动传统商贸业向高端化、多元化、品牌化转变，打造优质消费环境，引导和提升消费水平。

3. 大力发展现代农业。围绕农业现代化和创建国家有机食品示范市目标，加快“五化”进程，着力推动农业园区、规模项目、龙头企业建设，确保实现“三年倍增”目标。提升农业规模化水平。进一步推进花木盆景、生态果蔬、优质稻米、优质畜禽、优质蚕桑和特色渔业等高效产业规模扩张，推动农村土地向种养能手、专业大户、农业企业流转，确保2012年新增土地流转20万亩、高效农业20万亩，农业适度规模经营比重达到75%以上。提升农业产业化水平。加快推进现代产业园区、农产品加工集中区、农产品市场体系“三大载体”建设，大力培育农业龙头企业集群，确保2012年培育龙头企业25个，其中国家级1个、省级3个。提升农业标准化水平。加快完善农业标准化生产、农产品质量安全检测和农产品市场准入体系，确保2012年全市建成有机农产品基地20个、面积2万亩以上，新增无公害农产品、绿色食品和有机农产品40个。提升农业集约化水平。全力抓好以农田水利为重点的基础设施建设，深入开展高标准良田建设，提高农业综合生产能力。着力推进现代农业园区四级联创，大力发展高效设施农业，确保2012年新增设施农业面积5万亩，累计占比达12%，新增1个省级现代农业产业园，镇创南通市级、村创如皋市级农业园区覆盖率分别达50%、70%。提升农业信息化水平。强化农宝网等信息服务平台建设，充分利用农技员、大学生“村官”、农民经纪人、龙头企业、经营大户等资源，将信息化延伸到农业农村各个领域，确保2012年新型农业信息化覆盖率达92%，持证农业劳动力占比达17%。

（二）着力深化开发开放，提升经济国际化水平。坚定不移地走增量型、吸纳式发展之路，进一步吸聚各类优质资源要素，持续拓展开发开放的深度和广度，提升经济国际化水平。

1. 持续加大开放力度。坚持以开放促转型、促调整、促创新，明年努力完成注册外资15亿美元、到账外资10亿美元、市外民资100亿元。外资着力在“提升、优化”上下工夫。更加突出优势招商，积极依托现有九大产业基础优势，开展产业链招商，推动产业集聚集群发展；注重功能优势招商，充分发挥我市一类口岸开放、特色园区载体、软件园研发、科技产业园孵化等功能；注重资源优势招商，依托千年人文积淀、世界长寿文化和教育品牌资源等优势开展招商；更加突出区位优势招商，放大上海经济圈核心区、长江中下游物流节点、长三角市场中心、靠江靠海靠上海独特区位，实现招商引资、招才引智、招财引税并举。更加突出精准化招商，高度聚焦重点区域，巩固上海为中心的长三角、深圳为中心的珠三角产业转移配套合作，加大北京、南京科技文化软件产业和央企、国资等招引力度；逐步在德国、日本、韩国增设招商窗口，利用美国招商窗口开展新兴产业及科技人才招商；依托台商服务中心大力招引高新技术产业及科研总部经济。更加务实有效开展节会等活动招商，办好“一会两节”，积极开展日本、中国台湾汽配及新兴产业、印度软件和服务外包等系列招商，扩大影响力，突破大项目，改造大环境，提升新形象。更加突出重大项目招引，长江镇(如皋港区)和其他主功能区分别重点突破超5亿美元、50亿元和超亿美元、超10亿元重特大项目；重点镇、一般镇分别突破超5000万美元、超5亿元和超3000万美元、超3亿元项目。外贸着力在“做大、做优”上下工夫。用足用好信用保险、出口退税、出口信贷等国家新出台政策，积极扩大国际市场份额，放大船舶出口品牌优势，做大高新技术产品和以肠衣为主的农副产品出口；调整优化外贸结构，引导加工贸易向一般贸易、间接出口向直接出口、外地口岸向本地口岸出口转变，确保全年实现出口30亿美元、进口10亿美元，保持南通领先、全省前十的位次。外经着力在“拓展、延伸”上下工夫。鼓励支持优势企业“走出去”，收购建设原料基地、加工基地、营销网络，提升我市企业国际化经营水平，争取双马化工、亚雅油脂在印尼投资项目列入国家级境外经贸园区。推动涉外劳务向高附加值、高端市场、高技术含量、高水平组织程度发展，不断提升出口劳务综合效益。服务外包着力在“扩张、突破”上下工夫。以软件园为载体大力发展服务外包，确保明年起步区北区13万平方米研发办公用房和与之配套的人才公寓、商务会所以及晟峰、纪元软件园全面投入使用，财富广场力争主体竣工，确保全年引进软件和服务外包企业120家、执行额超20亿元。积极发展离岸外包业务，开拓国际市场。

2. 持续做强主功能区。围绕率先建成基本现代化的要求，加快提升主功能区开发开放层次，充分发挥辐射拉动作用，确保明年主功能区到账外资、项目投入、一般预算收入、全部工业应税销售分别达全市的90%、80%、70%、70%以上。港口型经济要围绕港产城、港工贸一体化目标，通过以港兴产、以产兴城、以城带乡，实现城乡一体化。大力发展港口物流，打造长江流域最具效率的现代物流基地；全力发展船舶海工及配套、石油及精细化工材料两大主导产业，打造长三角最具竞争力的先进制造业基地；完善“九通一平”基础设施，加快推进科技孵化器、加速器、服务器等功能配套建设；加快推进城市综合体、公共文化、金融服务中心和外来人员“三集中”、社区便民服务中心等功能配套建设，全面完成城区、园区、农保区搬迁，打造上海都市圈最具魅力的生态旅游休闲基地、江苏沿江最具吸引力的宜居宜业的港口现代化城市。都市型经济要加快发展资本、人才、技术密集型产业，打造转型升级的示范区、科技创新的先行区、新兴产业的集聚区。经济开发区(柴湾镇)要依托金属表面处理园等独特优势，全力打造新能源汽车及汽车配件、光伏光电、电子电气等三大新兴产业园；全面加快山姆广场、人才公寓和生物医药科技产业园建设。如城镇要围绕机械基础件和基础材料产业，全面加快汽车及配套、新材料、新型电力装备和光电光热等四大特色产业园，长寿城、汽车城、月星家居、浙江三农、花木创意产业园五大现代服务业基地建设。积极依托新长铁路站点及东部工业区，加快发展铁路物流，满足城市工贸发展需求。软件园(桃园镇)要大力推进电子信息、新能源等产业园区建设，全面拉开“四横五纵”路网框架；加快龙游湖商务区形态与功能开发齐头并进，全力打造总部经济发展高地。提升开放能级。加快开发区升级工作，经济开发区(柴湾镇)、如皋港区分别建成国家级、省级开发区，软件园（桃园镇）建成国家级软件园，并与如城镇整合创新资源争创省级高新技术区。加快推进口岸建设，建设与长三角全面接轨的“电子口岸”，积极申报如皋港保税物流中心。

3. 持续提升载体水平。进一步增强园区集聚、服务和创新功能，全面提升承载能级。实施功能性开发。进一步完善主功能区特色园区“九通一平”、面上各镇工业区“七通一平”基础设施，确保明年全市工业园区天然气管道全覆盖；加快推进功能开发，努力形成满足发展需求的物流系统、电子商务平台、科技创新服务功能和社会服务体系，切实增强园区的承载能级。实施集约型开发。严格执行主功能区总投资亿元以内和其他镇总投资3000万元以下项目一律进标准厂房的要求；加快园区搬迁整理，确保明年主功能区、重点镇、一般镇园区整理土地分别达1500亩、500亩、300亩以上；大力盘活存量空间，对长期闲置、圈而未用以及投入强度、产出水平达不到要求的企业，运用行政、经济、法律等综合手段，推动其“腾笼换凤”、“退二进三”，不断提高土地产出率和经济综合效益。实施市场化开发。扎实推进以市场化手段经营园区、以企业化模式管理园区，鼓励园区创新管理方式、运行机制，加强绩效考核，激发园区建设活力。

（三）着力强化科技创新，打造领先发展优势。以创建国家技术创新工程示范市为抓手，加快实施科技创新工程，确保明年高新技术产值占规模工业比重达37%。

1. 培育创新主体，全面增强核心竞争能力。鼓励企业加大研发投入，建立研发平台，确保明年建成省级以上创新型企业、高新技术企业17家。加强企业创新平台建设。重点推进熔盛重工、神马科技、力星钢球等国家级和宝众宝达、恒康家居等省级研发平台建设，支持大中型企业普遍建立工程技术研究中心、技术中心和研究生、博士后、院士工作站，提高企业持续创新能力，确保明年建成各类创新平台35家。加强产学研合作。加快构建以企业为主体、高等院校和科研院所为支撑、政产学研相结合的技术创新共同体，推进校企联盟和产业技术联盟建设，充分发挥科技镇长团作用，确保明年实施产学研合作项目100项以上，专利申请量突破6000件、其中发明专利2000件，新增发明专利授权量100件以上。加强投入体系建设。加大政策引导力度，把政府投入的重点更多地放到公共平台建设上，积极推动科技与金融结合，加大科技企业上市培育力度，大力引进风投、创投基金，推进科技小额贷款公司试点，加快形成多元化、多层次、多渠道的科技投融资体系，确保明年新增科技小额贷款公司至少1家、全社会研发经费占GDP比重2.2%以上。

2. 构筑创新载体，全力打造资源集聚高地。以集聚创新资源为重点、以提高创新能力为核心，加快打造创新资源集聚高地，提升创新发展能力。进一步加快服务平台建设。大力推进科技企业孵化器、加速器、服务器建设，做大做强科技创业园国家级科技企业孵化器和软件园国家级科技创业服务中心，确保明年各新增入孵企业100家；主功能区各建成15万平方米孵化器、加速器，争创省级孵化器；其他各镇围绕重点镇5万平方米、一般镇3万平方米的目标，强化功能配套，提升科技、人才、金融、信息、物流等公共服务功能，打造出孵企业产业化基地。进一步加快产业基地建设。以建设国家级火炬计划特色产业基地为目标，高起点编制产业规划，推动企业集中布局、产业集聚发展、资源集约利用、功能集合构建，创造条件推进一批省级科技产业园建设，确保明年建成船舶及海工、绿色新材料2个省级科技产业园和国家级输变电特高压电力设备及配件产业基地。进一步加快推进创新型镇（区）创建。以创新型园区建设为抓手，推动主功能区各主体建成具有影响力的产业科技创新中心和自主创新示范区，白蒲、石庄率先建成创新型镇，其他各镇创造条件早日争创创新型镇（区）。

3. 打造人才高地，全面提升科技创新能力。坚持把人才作为转型升级的核心要素，解放思想、创新机制、大胆突破，强势推进人才强市建设。大力招引高端人才。突出重点产业和科技优先发展领域，以招引创新创业领军人才为重点，以经济技术（科技·人才）洽谈会、院士专家如皋行等活动为契机，深入实施“222”人才引进工程，力争明年引进2000名优秀本科毕业生或中级职称人才、200名硕士以上或高级职称人才、20个以上的领军型创业创新人才或团队。用好柔性人才，充分发挥经济社会发展顾问和咨询委员会专家的作用。抢抓欧美、日本等国经济下行机遇，利用科技人才溢出效应，加大招才引智力度，实现招引海外高端人才的突破。大力培育紧缺人才。依托北大、清华、复旦等国内外知名院校，加大对本地各级各类人才的培训；加大与国内外高校以及国际培训机构合作办学力度，力争明年启动中外合作办学和熔盛高职学院建设，加快培育一批既掌握关键技术又精通经营管理的科技型企业家，培养一批能够突破核心技术、支撑引领产业发展的创业人才和团队，造就一批现代化建设需要的技术应用型人才和劳动者。大力优化人才环境。完善落实各级各类人才政策，着力优化工作、生活环境，进一步形成尊重人才、支持创业、鼓励创新的浓厚氛围，确保明年市镇两级人才发展专项资金达到本级财政一般预算收入的3%以上，进一步科学规划，新增人才公寓20万平方米。

(四)着力推动城乡统筹，形成协调发展格局。按照城市现代化、集镇城市化、村庄集聚化的要求，构建“双城”功能完备、重点镇优势突出、一般镇各具特色、集居区科学布点的新型城镇体系，着力打造统筹城乡发展示范城市。

1. 以城市现代化为目标，高水平推进“双城”建设。全面推进城市转型升级，做大做强做优中心城市和港口新城。进一步做优城市规划。围绕现代化大城市的要求，加快新一轮(2011～2030年)城市总体规划的修编和完善，形成工贸文化旅游古城与现代文明港口新城为龙头，6个中心镇、12个一般镇为依托，180个新型社区为基础的城市新格局。进一步拉开城市框架。围绕“大城市”发展理念，积极实施“东进西延南扩北拓”战略，推进以中心城区为核心，以经济开发区、如城镇、软件园为辐射的产业社区建设，实现48平方公里建成区市政基础设施全覆盖。加快推进软件园(桃园镇)中央大道东延、紫光路北延和李渔南路等道路与主城区全面接轨，经济开发区庆余路西延和大司马桥等道路与主城区无缝对接，如城镇东西部工业、生态观光、文化产业园和物流园等路网融会贯通。加快如港新城建设，推进完善120平方公里基础设施，做强30平方公里核心城区功能配套，确保如港路和疏港路拓宽改造、如皋港闸内港池全面竣工，长青沙二桥基本竣工。进一步做强城市能级。加快发展商贸、餐饮、旅游、文化等生活性服务业和科研、设计、金融、物流、供热供气供电等生产性服务业，不断提升城市建设品位。始终坚持搬迁为民、搬迁惠民理念，中心城区及各主功能区确保分别建成高标准安置房100万平方米，实现当年安置零过渡。建立指挥部统一指挥下的市镇村三级联动、镇区和社区为主体、机关各部门合力推进的搬迁工作机制，确保中心城区及各主功能区分别搬迁6000户、出让土地1000亩左右。加快房产开发由单一住宅向高端综合商务地产转变，加快重点房地产项目建设，确保中心城市、港口新城、经济开发区、如城镇、软件园分别新开房地产180万、100万、60万、60万、20万平方米。进一步加强城市管理。充分发挥数字化城管平台作用，不断提高城市管理效率，扎实推进城市管理由突击性向长效化、静态管理向动态管理转变，全方位提高城市管理水平；多元化强化物业服务，完善社区公共服务功能；加强主次干道外立面包装，推进城市亮化、美化、净化、绿化，确保新增城市绿化60万平方米。进一步做优城市交通。全面拉开“八横八纵”路网框架，完善市域交通网络。加快推进丁磨路西延、丁柴线改造、如皋港至204国道连接线、连申线航道和火车新站等工程；落实“镇建市回购”机制，调动镇(区)适度超前建设区间干道的积极性；大力推进农村通达工程建设，确保新建通居道路100公里，实施农村危桥改造200座；进一步完善城乡公交系统，提高居民公共交通出行分担率；加大文明样板公路和绿色通道建设，切实提升通行效率。

2. 以集镇城市化为目标，高标准打造魅力小城镇。充分发挥小城镇作为扩大内需的总抓手、启动消费的推进器、统筹城乡的联结点、吸纳就业的蓄水池作用，做特、做精、做优小城镇功能。全面启动“十个优”功能建设。推动城镇建设由形态开发向功能开发转变，更加注重商贸综合体、生态休闲公园、文体活动中心等功能优化；由粗放经营向集约经营转变，更加注重农民集居区、商品房、工业集中区等集聚集约；由传统城镇建设向注重现代服务业协调推进的城镇建设转变，打造服务业街区、现代物流业、区域文化等各具特色的小城镇。全面推进集镇基础设施建设。更加注重以人为本，切实完善道路绿化、垃圾处置、供电供水、数字电视、信息网络、天然气管道等基础设施，提升建设品位；精心策划包装“十个一”功能基础设施项目，通过土地对接、用活建设模式等方式，大力招引社会资本、吸引在外建筑企业参与小城镇建设。强势推进城镇搬迁改造。加快旧镇成片搬迁改造步伐，确保重点镇及九华、江安两镇，一般镇分别完成镇区搬迁300户、200户以上，土地出让面积不少于300亩、200亩；招引有实力、讲信誉开发商实施镇区重点地段、重点项目建设，确保房地产竣工面积不少于15万平方米、5万平方米，房地产税收不少于3000万元、1000万元；加快推进农民进城进镇，确保全年新增2.3万户，重点镇、一般镇分别不少于2000户、1000户。

3. 以"美好城乡建设行动"为抓手，高质量推进村庄建设。加大村庄环境整治力度，构建长效管护机制，确保农村环境建设水平持续走在全省前列。明确目标定位。围绕明年332个村全面建成省"环境整洁达标村"，2013年461个规划布点村庄中三星级、二星级"康居乡村"分别达30个、145个，其余实现一星级全覆盖的目标，积极实施省级村庄环境整治工程，首批8个村连片整治工程9月份实施到位并通过省级验收。推进综合整治。落实农村环境"四位一体"长效管理机制，提升村庄环境管理水平，确保镇村生活垃圾、规模畜禽养殖无害化处置率和资源综合利用率达100%，秸秆综合利用率达98%，林木覆盖率达22.5%以上。有序集中集居。加快"万顷良田"项目实施进程，推进主功能区农户高度集聚；各镇依托村庄土地整治，确保每镇1～2个、中心镇2～3个集镇所属村居大力推进集中居住；强化集居区配套服务，确保明年建成合格、示范、样板居住小区分别达150个、75个和40个。

4. 以机制体制创新为突破，高效率激发农村发展活力。抢抓我市被列入中农办农村改革联系点的机遇，积极稳妥推进农村发展体制机制创新。推进农村土地制度创新。充分放大我市"万顷良田"工程效应，用足用好城镇建设用地增减挂钩政策，推进居住集中、农地成片、多余建设用地集聚；整合村集体建设用地到镇工业区，发展集体经济，增加村营收入；在建设用地规模不增加、规划规模空间不扩大的前提下，积极探索农村集体建设用地制度改革，建成城乡用地协调互动机制。推进农村金融制度创新。积极发展村镇银行、担保公司、小额贷款公司，积极探索兴办农民资金互助合作组织。建立政府扶持、多方参与、市场运作的多层次农村信贷担保机制，引导金融网点向镇(区)延伸，拓宽金融服务"三农"的领域。推进农村经营制度创新。大力发展社区股份合作，发展壮大村级集体经济，确保明年消除村营收入20万元以下的村，打造一批资产总额超百千万亿元社区；大力发展农民专业合作和土地股份合作，确保农民参加专业合作组织比重达到60%以上，切实提升土地产出效益，增加农民收益。

（五）深入推进"六城同创"，全力建设生态文明。建设生态文明是破解资源环境约束之需、加快经济转型升级之要、民生改善之基。要以"六城同创"为抓手，努力实现生态持续改善。

1. 大力推进新"六城同创"。深入推进全国文明城市创建。深化拓展爱心城市建设，继续做大各级各类爱心基金和爱心超市；大力推进软件园(桃园镇)创建全国文明镇，如城镇等8个镇创建省级文明镇，全市20%以上的家庭建成市级文明家庭，确保城市公共文明指数测评全面达标。积极推进健康城市创建。大力开展健康宣传教育，倡导健康生活方式，深入开展卫生镇村创建，确保2012年省卫生村比例达60%以上，长江、九华、东陈等镇卫生镇创建通过国家级考核，启动丁堰、江安、吴窑等镇的国家级创建。全面启动国家生态文明城市创建。巩固提升国家生态市和国家环保模范城市创建成果，深入推进生态镇、村创建，2012年新建南通市级以上生态村100个，占比达70%以上，实现国家生态镇全覆盖。扎实开展国家生态园林城市创建。大力推进城市绿地建设，确保市政基础设施安全运行、城市排水和景观照明等达到国家生态园林城市标准。加快申报国家历史文化名城。全面加快东大街、武庙巷等5个历史街区保护性改造工作，推进世界长寿博物馆等博物馆群建设，明年在创成江苏历史文化名城的基础上，不失时机申报国家历史文化名城。全力打造中国最佳绿色旅游城市。放大世界长寿乡品牌，精心打造银色、古色、红色、绿色文化等特色旅游，推进水绘园创AAAAA级、红十四军公园和长江药用植物园创AAAA级风景区进程，确保明年丁堰等5个镇建成省三星级以上乡村文化旅游点，旅游综合收入增长40%以上。

2. 大力推进节能减排。全面加强污染防治。坚决取缔不符合安全条件的化工企业，积极推动合法化工企业进园区；逐步取缔燃煤锅炉，主要污染物排放严格控制在指标范围内；建立健全危险废弃物管理制度，确保危险废弃物安全处置率达100%；完善重点污染企业防控制度，重点污染源稳定达标排放率100%。积极推进污染减排。提高准入门槛，坚决遏制高耗能、高排放行业增长；重点实施热电厂搬迁改造等一批重点节能减排工程，严格执行新项目环境影响和能耗评价制度；加快长江镇污水处理扩容改造，加强化工园区信息化管理，有力有效控制污染，确保饮用水安全。大力推进环境保护。全面建立工业污染源稳定达标排放监督机制，实施镇污水处理提升工程，推进各镇污水管网与路网同步建设，提高管网覆盖面和工业集中区废水接管率，确保明年各污水处理厂运行负荷达80%以上。

3. 全面建设低碳社会。紧紧围绕省低碳经济示范市目标，积极发展低碳产业，大力倡导低碳生活，全面构建低碳社会。积极构建低碳产业体系。大力发展新能源、新材料等新兴产业，推进天然气全覆盖工程，推行清洁生产和循环经济，加快形成低能耗、低污染、低排放的低碳产业体系。全面建设低碳示范园区。加大生态工业园区创建力度，推进产业链紧密相连；强化园区功能配套建设，完善节能减排设施，实现资源的集约节约使用。大力倡导低碳生活方式。鼓励低碳出行，大力推广使用新能源汽车，积极打造以公共交通为导向的低碳交通体系；大力推广低碳节能建筑，积极推进城乡集聚区光热工程全覆盖，在奥林匹克公园、软件园、档案馆、公共文化中心等公共建筑上示范运用低碳节能材料；开展绿色低碳机关、学校、家庭创建活动，创造人与自然和谐相处的环境。

(六)着力推进民生改善，建设共享发展家园。坚持以人为本、民生优先，加快实施民生幸福工程，在拓宽“四业富民”渠道、加大“四保惠民”力度的基础上，解决好群众反映强烈的民生难题，确保兑现对全市人民的民生承诺。

1. 大力构建高效合理的收入倍增体系。始终坚持将居民收入倍增计划作为最大的民生实事，作为保障和改善民生的硬任务。大力拓宽增收渠道。坚持以稳定和扩大就业增加工资性收入，以鼓励和支持创业增加经营性收入，以扩大民众投资渠道增加财产性收入，以完善社保和加强帮扶增加转移性收入，千方百计提高城乡居民的收入水平，确保城镇居民人均可支配收入和农民人均可支配收入分别超过26400元、11700元。大力发展建筑业，推动南通六建、江中集团等龙头建筑企业转型升级，在提高自主创新能力、拓展高端市场、增强市场竞争力的同时，参与家乡建设，做大本地总部经济，确保2012年建筑业施工总产值突破600亿元。大力促进充分就业。坚持把促进就业作为经济社会发展的优先目标，提升发展劳动密集型产业，大力发展中小企业特别是科技型企业、现代服务业，不断优化就业服务体系，加快形成“15分钟公共就业服务网”，多渠道实现充分转移、充分就业，确保2012年全市70%以上的行政村(社区)达到充分就业标准，新增城镇就业7000人、转移农村劳动力2万人。大力推动全民创业。持续推进“千名能人、百亿投入”、村干部“双强双带”、大学生“村官”创业工程，依托各类技校、成人学校，积极开展经营管理、职业技能培训，不断提升群众持续增收致富的本领，确保2012年净增个体工商户5000户、私营企业1500家、私营企业注册资本100亿元，百户创业率达24%。

2. 大力构建发达均衡的公共服务体系。围绕创建公共服务均衡发展示范城市目标，大力发展社会事业。构建现代教育体系。坚持优先发展教育，持续加大教育投入，加快推进安定小学、职教中心北扩等重点工程。扎实推动教育“四区联创”，巩固扩大学前教育改革发展成果，不断提高省(市)优质幼儿园比重，率先建成省义务教育优质均衡改革发展示范区，实施普通高中质量提升和特色建设工程，加快职业教育创新发展，大力开展继续教育，深入推进社区教育，建立灵活开放的终身教育体系。完善医疗卫生体系。以深化医药卫生体制改革为动力，不断完善基本医疗卫生体系，实现公共卫生服务、医疗服务、医疗保障城乡全覆盖；不断提高新农合保障水平，确保参合率达100%。健全养老服务体系。坚持政府主导与社会参与、家庭养老与社会养老、公益性服务与经营性服务相结合，大力构建以居家养老为基础、社区服务为依托、机构养老为支撑、信息服务为辅助的社会养老服务体系，推进老年事业、产业发展，确保全市养老机构总床位数占老年人口的3‰以上。推进其他社会事业发展。扎实推进全国群众体育先进县(市)创建，切实做好省体育现代化县(市)试点工作，全力打造“十分钟体育健身圈”；强化食品、药品等安全监管，确保人民群众的健康安全；不断完善人口和计划生育“世代服务”体系，确保明年全市计划生育率达到98%以上。

3. 大力构建健全完善的社会保障体系。坚持广覆盖、保基本、多层次、可持续的原则，加快形成制度完善、保障有力的社会保障体系。不断提高社会保障水平。以提升社会保险覆盖面为目标，着力扩大职工保险人数，确保全市职工养老、失业、医疗、工伤、生育等五险参保人数各净增8000人；不断完善被征地和失地农民先保后征、即征即保、应保尽保机制，确保保障金及时发放率达100%；建立与城乡居民收入增长相适应的城镇居民医保、新农合筹资机制和财政补助增长机制，完善各项社会保险的转换衔接制度。不断提升社会救助水平。建立城乡低保标准动态调整机制，完善城乡最低生活保障、城乡低保边缘人群临时救助、医疗救助、慈善事业和志愿服务等制度，持续提高救助水平，确保动态消除贫困率保持100%。加快发展社会福利事业。持续加大财政投入，不断完善养老、托老、孤儿收养、社会救助等社会福利事业；加快发展慈善事业，大力完善经常性社会捐助服务网络，推动社会福利事业发展。不断强化住房保障。围绕扩大住房保障覆盖面和提高保障水平的要求，坚持增加投入和创新机制并重，大力推进保障性住房建设，建立基本住房合理价格形成机制，确保全年建成公共租赁住房1600套，新增廉租住房100套。

（七）*着力加强文化建设，提升人民精神生活。*深入实施文化建设工程，加快建设文化凝聚力和引领力强、文化事业和文化产业强、文化人才队伍强的文化强市，更好地发挥文化引领风尚、教育人民、服务社会、推动发展的作用。

1. 全面增强文化凝聚力和引领力。大力构建富有如皋城市特质的核心价值体系，坚持以文化凝聚奋斗力量，引领前进方向。扎实推进社会主义核心价值体系建设。大力弘扬以爱国主义为核心的民族精神、以改革创新为核心的时代精神，广泛开展理想信念和形势政策教育，充分发挥哲学社会科学重要功能，进一步把全体人民的思想、智慧和力量凝聚到决战决胜更高水平小康社会、全面加快基本现代化建设进程的奋斗目标上来。扎实推进公民道德建设。坚持用社会主义荣辱观引领社会风尚，不断强化社会公德、职业道德、家庭美德和个人品德教育，深入推进“爱心城市”建设，全面提升公民道德素质；切实加强未成年人思想道德建设，健全完善学校、社会、家庭“三位一体”教育网络，大力开展未成年人零犯罪社区创建活动。扎实推进现代传播体系建设。切实加强传媒主阵地建设，提高主流舆论的引导力、影响力、公信力；加强市委新闻网、政府网站等重点新闻网站建设，唱响网上思想文化主旋律，使互联网成为传播先进文化的新阵地、提供公共文化服务的新平台、丰富精神文化生活的新空间。

2. 全面发展文化事业和文化产业。坚持文化事业和文化产业双轮驱动，不断满足人民群众日益增长的精神文化需求。提升发展文化事业。大力完善文化基础设施，加快标志性工程建设，推进镇村文体设施改造提升，打造城市“15分钟文体圈”、农村“五公里文化圈”，确保广电传媒中心明年5月份正式运行，奥林匹克公园9月份投入使用，美术馆（书画院）、少儿图书馆年底前建成使用，党校、老干部和工青妇活动中心加快建设；着力丰富城乡文化活动，加快实施文化惠民工程，大力推进公共文化设施免费开放，深入开展全民健身、“四送”活动，提升“雉水之夜”广场文化、东皋大讲堂等品牌建设，加强文化遗产保护利用，让城乡居民共享文化发展成果。加快发展文化产业。突出优化产业结构、培育骨干企业、集聚集群发展，大力推进软件园文化创意产业园、如城镇长寿文化创意产业园和百亿花木盆景艺术产业园、如皋港生态科技文化养生园等四大文化产业园区建设，培育文广传媒、中冶文化、长江药用植物园等3个目标10亿元企业，教育培训等3个目标3亿元企业，先锋科技等一批目标亿元以上企业，确保明年文化产业增加值增长50%以上。

3. 全面加强文化人才队伍建设。坚持多出人才和多出精品互动并进，加快建设如皋文化高地。着力打造文化人才队伍。加大高层次文化人才引进力度，加强基层文化队伍建设，在文艺创作、文化创意、文化事业管理、文化产业经营等领域，打造一支既能出精品、兴事业，又能扎根基层、服务百姓的文化人才队伍，努力形成优秀文化人才促进文化艺术繁荣的良好局面。大力创作文化精品力作。以“五个一”工程为龙头，加快打造展现如皋历史文化和现代文明的大型音画舞蹈诗，加快推进红十四军、李昌钰、冒辟疆等题材影视剧拍摄制作，创作一批体现时代风采的精品力作。致力创优文化发展环境。完善激励机制，加大对广大文艺工作者和优秀文化人才的关心爱护，着力营造有利于优秀人才和作品脱颖而出的良好环境。

(八)着力加强社会建设，营造和谐发展环境。健全完善党委领导、政府负责、社会协同、公众参与的社会管理格局，确保建成全国社会管理示范城市，为党的十八大召开和全市基本现代化建设提供和谐稳定环境。

1. 加强民主政治建设。充分发挥党委总揽全局、协调各方的作用，以人大、政府、政协换届为契机，大力发挥人大在法律监督、工作监督中的重要作用，不断提升政府依法行政水平，大力支持政协履行政治协商、民主监督、参政议政职能；巩固和发展最广泛的爱国统一战线，引导和鼓励社会各阶层人士积极投身现代化建设；切实加强党管武装工作，加强人武和国防后备力量建设，深入推进军民共建、双拥创建；充分发挥工青妇、工商联、科协、文联、侨联、残联等群团社团组织的桥梁、纽带作用，形成全市上下凝心聚力决胜更高水平小康社会、加快基本现代化建设的强大合力。

2. 加大矛盾化解和社会稳控力度。围绕社会和谐，全面提升社会管理科学化水平。加大源头管理力度。完善群众利益诉求表达和权益保障机制，深入开展“书记大接访”活动，及时妥善处理群众合理诉求。完善社会稳定风险评估机制，推动土地征用、环境保护、涉农利益等领域的决策事项风险评估制度化、规范化。完善大调解工作机制，建立健全集预防、受理、调处、化解功能于一体的市镇村调解工作体系，依法保护人民群众合法权益。深入推进法治如皋建设。扎实开展“六五”普法，深化党务、政务和村务公开，推进依法行政和公正司法，实施法治为民“1＋4”工程，强化公民法治驿站标准化运行，深入开展法治南通合格镇、法治建设先进单位等创建活动，力争法治建设满意率达90％以上，建成江苏省首批法治县(市)。完善应急管理机制。健全社会敏感问题和突发事件监测预警、应急处置救援、突发公共事件联合处置机制，努力建成“四位一体”智能化应急指挥平台。健全完善网上舆论引导响应、重大事件快速反应机制，充分发挥网络新闻发言人作用，把握网上舆论引导主动权。

3. 强化基层基础建设。做好社会管理工作关键要强化基层基础工作，推进管理重心下移。加强现代防控体系建设。按照全市技防建设“三年规划”要求，全力推进现代防控基础设施建设，努力实现农村技防全覆盖、监控全闭合、城乡技防监控一体化，确保现代技防镇建设达标率90％以上，规范化运行率100％。健全完善“大巡防”工作机制，大力推进“综治长安服务队”群防群治新机制，筑牢社会和谐稳定的第一道防线；依法严厉打击各类违法犯罪活动，确保公众安全感持续保持在98％以上。加强社区服务体系建设。整合基层社会管理服务资源，进一步推进政法综治工作中心等级化创建和村级平台的标准化建设。大力推行网格化管理模式，加强新型社区基层基础工作，加强社区干部队伍建设，努力把社区建成加强社会管理、提供社会服务、维护社会稳定的综合平台。加强人口管理体系建设。进一步加强外来人口、流动人口以及特殊人群服务管理，大力推进“一站式”服务管理中心建设，为外来人口提供优质高效服务；大力推进外来人员“三集中”服务模式，推进流动人口服务管理“一证通”制度。

四、加强党的建设，为决战决胜更高水平小康社会、全面加快基本现代化建设进程提供坚强有力的政治保证

1. 坚持科学发展理念，在复杂形势中保持高昂斗志。应对严峻困难挑战，必须持续推动思想解放，努力在理念更新中谋划新思路、在复杂环境中探索新路径、在科学发展中开创新局面。要始终树立与基本现代化相一致的目标定位。国际政治经济环境的严峻形势、国内经济运行的复杂情况、我市基本实现现代化的宏伟大业，需要全市人民牢固树立高点定位、挑战极限、不留余地的拼搏意识，持续激发见贤思齐、见快思超、见强思争的昂扬斗志，以好于开局年发展的要求标准，在探索中求突破，在创新中求实效。要不断强化与基本现代化相合拍的发展取向。坚持把稳与进、好与快紧密结合起来，牢固树立依靠科技、人才的创新驱动理念，优化产业结构、提升产业层次的转型升级理念，集约节约、低碳绿色的生态发展理念，发展为了人民、发展依靠人民的以人为本理念，追求包容协调的增长方式，努力实现长久更好更快发展。要持续保持与基本现代化相适应的精神风貌。复杂环境和困难是共同的，谁能经受住执政考验、改革开放考验、市场经济考验、外部环境考验，谁就能战胜困难、抢占先机、把握主动，要大力弘扬“三创三先”的江苏精神和“腾江越海、登高致远”的新时期如皋城市精神，坚持“五加二、白加黑”，只争朝夕地拼、争分夺秒地抢、一着不让地争，切实防止精神懈怠、能力不足、脱离群众、消极腐败的危险，不断在南通和全省争位次、创佳绩，努力实现第二次“弯道超越”。

2. 突出干部队伍建设，在干事创业中激发持续动力。培养和造就一支能够担当重任、经得起风浪考验的高素质干部队伍，是提高党组织创造力、凝聚力和战斗力的重要保证。要以更有针对的学习提升引领能力。深入推进学习型党组织和学习型领导班子建设，精心组织党政“一把手”、优秀中青年干部、党政后备干部、骨干企业家、村（社区）党组织书记等培训活动，推动党员干部自觉地向先进学习、向实践学习、向群众学习，不断提高政治动员、资源整合、开拓创新、驾驭复杂局面的能力。要以更加鲜明的导向打造“三宽型”干部队伍。坚持德才兼备、以德为先原则，创新干部考评选任机制，深化年轻干部“四线四百”工程；着力推动广大党员干部善谋大势眼界宽、善于创新思路宽、善聚人心胸襟宽，不为个人名利，用干部“辛苦指数”换取群众“幸福指数”；多干顺民意、得民心的好事，多干打基础、利长远的实事，让一切为了人民利益、为了经济发展，成为全市各级干部的价值追求。要以更加优化的结构推进领导班子建设。各级党组织“一把手”要准确把握宏观大势、政策法规、社情民意，善于吸纳不同意见、善于协调各方力量，不断提高科学决策水平。各级党组织一班人在困难中要有一以贯之抓落实的毅力、攻坚克难推进的能力、宣传发动群众的本领，团结实干，高效突破。

3. 强化基层组织建设，在创先争优中打造坚强堡垒。党的基层组织是党的全部工作和战斗力的基础，要深入实施新一轮“强基工程”，全力以赴争科学发展之先，同心同德创社会和谐之优。进一步提升带头人素质。深化村级干部“活力工程”，以“四有一责”行动为载体，努力造就一支熟悉基层、热爱基层、扎根基层、服务基层的高素质带头人队伍。加大激励引导力度，最大限度激发所有党组织书记活力，为基本现代化建设争作贡献。要深入推进机关下派第一书记工作，不断深化大学生“村官”“3112培养工程”，加大从村致富能人中选拔基层干部的力度，着力培养基层组织接班人、创业富民领路人、农民群众贴心人。进一步打造惠民品牌。村级党组织以“十面红旗”、新农村建设“十大工程”等活动为抓手，不断激发活力，打造坚强堡垒；新型社区党组织以党的工作全覆盖工程为重点，着力提升创新社会管理、服务社区居民的能力；“两新”组织以“五强五优”活动为平台，切实增强党组织的吸引力、渗透力和有效性，服务转型升级，助推企业发展；机关党组织以“双联双助”、“优秀服务品牌”创建为载体，提升效能，进一步服务科学发展、服务城乡基层、服务人民群众。进一步发挥先锋作用。推动党员思想政治建设经常化、制度化，引导广大党员积极投身更高水平小康和基本现代化建设大潮，努力成为勤劳致富的标兵、服务群众的先锋、廉洁奉公的表率。

4. 切实改进党的作风，在勤政为民中营造优质环境。党的作风关系着人心向背和党的事业兴衰成败。要以亲民爱民的作风践行宗旨。深入开展下基层驻点“三解三促”活动，全面推广党员干部“三理工作法”，推动各级领导干部深入村组、社区和企业，访民情、听民声、察民意、解民忧，使科学发展向上攀登、联系群众向下扎根成为新时期如皋干部的鲜明特征。要以求真务实的作风真抓实干。坚持把加快发展作为最大的责任，把发展惠民作为最大的追求，把务实落实作为最大的使命，切实做到在岗、在行、在状态，出实招、办实事、见实效，艰苦奋斗、顽强拼搏、创先争优。要以清正廉明的作风取信于民。认真贯彻党风廉政建设责任制和《廉政准则》，大力推进以“两大体系”为重点的惩防体系建设，以严明的纪律保障重大决策的高效落实，坚决纠正损害群众利益的不正之风，以反腐倡廉的实际成效赢得群众的信任。

政府工作报告
——在如皋市第十六届人民代表大会第一次会议上
(摘要)
(2012年3月20日)

市长 姜永华

过去四年工作回顾

——经过四年的奋斗,经济总量快速攀升,综合实力日趋增强。去年,实现地区生产总值520.67亿元,增长12%(可比价,下同),是2007年的2.18倍,年均增长13.8%。人均GDP达41178元。完成财政总收入110.75亿元、一般预算收入45.63亿元,均居南通首位,是2007年的4.1倍、3.97倍,年均增长42.3%、41.2%,一般预算收入总量连续两年位居全省第八,税收占比全省第四,连续七年受到省政府表彰。建成全面小康社会,成功跻身全国县域经济基本竞争力50强。现代农业稳步发展。去年,实现农业增加值46.99亿元,增长4.3%。高效农业规模种植和生猪、家禽规模养殖占比分别达75%、75.2%、95.2%。四年新增设施农业11.5万亩、省级以上龙头企业8家,省级现代农业园区、特色产业示范基地各1个。先后被评为全国粮食生产先进县(市)、中国花木之乡和省设施农业、外向农业先进县(市)。工业经济快速发展。去年,完成工业应税销售714亿元,增长23.1%,是2007年的2.16倍,总量连续四年位居南通首位。应税销售2000万元以上规模企业435家,其中超亿元91家、超十亿元4家,熔盛重工成为南通首家应税销售超百亿元工业企业。九鼎新材、熔盛重工、南通锻压成功上市。建成国家级造船基地和省现代装备特色产业基地。建筑业跨越发展。去年,实现施工产值470亿元、地方税收9.3亿元,分别是2007年的2.33倍、5.1倍。四年新增建筑总承包一级资质企业8家,荣获鲁班奖5项、国家级优质工程奖7项。服务业加快发展。去年,实现服务业增加值184.86亿元,是2007年的2.4倍,年均增长14.5%。商贸经济平稳运行,全社会消费品零售总额196.87亿元,增长16.1%,衡山金盛、金陵金鼎、永林国际等酒店和新文峰建成营业,沃尔玛成功落户。软件和服务外包业高点起步,引进软件和服务外包企业116家,如皋软件园成为省十大文化创意产业园。如皋港现代物流园被列为省级港口物流基地,港口货物年吞吐量达3014万吨。交通银行、江苏银行、南京银行、无锡农商行、包商村镇银行、华泰证券相继在我市设立分支机构,成立小额贷款公司2家,去年底存贷款余额分别为603.45亿元、298.95亿元,比2007年底增加341.93亿元、183.57亿元,年均增长23.69%、26.87%。建成国家AAA级以上旅游风景区5个,内外城河被评为国家级水利风景区,去年实现旅游总收入48亿元。邮政、通信、盐务、烟草、保险等行业均取得良好业绩。

——经过四年的奋斗,转型升级步伐加快,发展质态不断提升。产业结构逐步优化。三次产业比重由2007年底的11.9∶54.1∶34调整为9∶55.5∶35.5。去年,高新技术产业产值占规模工业的37.3%,比2007年底提高14.8个百分点;船舶海工及配套产业、新兴产业应税销售分别达158.7亿元、95.9亿元,占规模工业的26.4%、15.9%。科技创新能力明显增强。去年,全社会研发投入占地区生产总值的2%。申报南通市级以上科技项目657项,立项345项。实施产学研合作项目37个,申请专利6612件,授权2586件。四年建成国家级博士后科研工作站1家和省级企业院士工作站5家、公共技术服务平台3家、产业技术创新战略联盟4家、工程技术研究中心31家,累计争取上级科技扶持资金1.3亿元,新增孵化器面积34.47万平方米,如皋软件园和科技创业园分别建成国家级科技孵化器。我市被评为全国科技百强县(市)、科技进步先进县(市)。人才工作不断加强,拥有省"双创人才"7名、省"333"高层次人才培养对象10人、省科技型企业家4人,荣获省人才工作先进县(市)称号。节能减排扎实推进。万元GDP综合能耗从2007年的0.725吨标煤下降至

0.607吨标煤，年排放化学需氧量和二氧化硫分别控制在2.69万吨和6608吨以内。污水处理厂实现镇(区)全覆盖，主城区生活污水集中处理率达90%。化工、蓄电池、肠衣、重金属和重点水污染等专项整治取得明显成效，关停企业241家。水资源管理不断强化，城乡水环境进一步改善，饮用水水源地得到有效保护。

——经过四年的奋斗，开发开放成果丰硕，发展优势日益凸显。开放型经济持续发展。去年，完成工商注册外资13.8亿美元、到账外资7.23亿美元；进出口总额30.4亿美元，其中出口18.8亿美元，分别增长57.5%、86.8%。四年累计到账外资30.03亿美元，连续七年南通第一、全省领先；完成进出口总额78.41亿美元、出口46.99亿美元，年递增31.92%、31.68%；实现外经营业额6.45亿美元，期末在外人数达3.6万人。沿江开发成效显著。去年，主功能区到账外资、工业应税销售、一般预算收入分别达3.6亿美元、467.85亿元、26.88亿元，占全市的49.8%、64.7%、58.9%。四年来，主功能区不断加大基础设施投入，长江镇(如皋港区)产业园区实现"九通一平"，如港新城初具规模，泓北沙、长青沙内港池建成并投入使用，如皋港水利枢纽工程主体完工，如皋港成为国家一类开放口岸，海关、边检、检验检疫、海事部门相继设立运行，保税仓库封关运营，实现海关关税27.57亿元，总量位居江苏苏中苏北第四名，长江镇成为全省首批"经济发达镇行政体制改革"试点镇之一。经济开发区(柴湾镇)"八横六纵"道路框架全面拉开，产业园区加快建设。如城镇东西部工业区配套功能不断完善。软件园(桃园镇)13万平方米的研发大楼和12万平方米的人才公寓竣工交付。"万顷良田"工程累计搬迁安置农民7342户，整合建设用地6738亩。项目投入持续增长。去年，规模以上固定资产投资272亿元，增长20%，其中工业投入196亿元，增长11.7%。设备抵扣增值税3.35亿元，增长56.1%。新增装机容量46.1万千伏安，增长123.3%，总量居南通首位。220千伏常青变、熔盛变和110千伏邓高变等新建改造工程建成投运。四年实施亿元以上项目136个，10亿元以上项目16个，陆地方舟、雅鹿对苯二甲酸(TPA)、长天化丙烯、江南重工、瓦锡兰发电机组等一批重大项目相继落户，熔盛重工、双钱二期、森松重工、百川化工、海通海工、爱康太阳能等一批重大项目竣工投产。民营经济发展迅速。去年，引进市外民资注册资本101.3亿元，新增个体工商户10024户、私营企业3958家，其中能人返乡创办私营企业1257家。四年组建市级同业商会12个，新增省著名商标14件，"万达"商标被认定为中国驰名商标。

——经过四年的奋斗，基础设施日臻完善，城乡面貌深刻变化。城市建设成效明显。新一轮城市总体规划(2011～2030年)修编进展顺利，中央商务区、历史文化保护等专项规划编制完成。去年，完成城市建设投入94亿元，其中市政投入15亿元，搬迁94.8万平方米，土地出让59.7万平方米，房地产开工188万平方米、竣工125万平方米，安置房建设75万平方米。中央大道、大司马南路等市政道路基本建成，红十四军纪念公园建成开放，东大街、集贤里保护性改造工程扎实推进。四年城市建设累计投入270亿元，新增城市道路面积102.5万平方米，搬迁225万平方米，绿化263万平方米，城市化率由2007年的40%提高到49.75%。交通建设发展迅速。去年，完成交通投入18亿元，334省道东西延、花城大道、204国道南延工程建成通车，王石线常青段、336省道石庄镇区段、丁磨路拓宽工程按计划推进。四年交通累计投入64.1亿元，建成等级公路786公里、农村公路472公里，新建改造桥梁660座。镇村环境持续改善。去年，面上各镇小城镇完成基础设施投入2.8亿元，土地出让2267亩，房地产开工123.6万平方米、竣工93.4万平方米，实现税收2.4亿元，集居房开工3.7万户、建成3万户。全市拆旧复垦4690亩、报批土地10865亩，总量均居南通首位。四年累计完成小城镇基础设施投入8.98亿元，重点镇"四横四纵"、一般镇"三横三纵"道路框架全面拉开，功能配套不断完善，承载能级持续提升。村容村貌明显改观，农村环境"四位一体"长效管理机制得到有效落实，农村环境整治工作全面展开，农村改厕、河道整治、秸秆综合利用等工作全省领先，被评为全国绿化模范县(市)。四年水利累计投入10.46亿元，高标准实施了如海灌区、焦港灌区等项目；农业综合开发累计投入1.96亿元，开发面积20万亩，位居全省首位。城市创建成绩显著。城市管理不断加强，数字城管建成运行，市容整治、秩序管理、拆违控违、物业管理力度进一步加大，海阳路建成省市容管理示范路。国家卫生城市、国家园林城市获得正式命名,国家生态市通过国家级考核验收,国家环保模范城市、全国文明城市通过省级考评,江苏历史文化名城通过专家审查。国家生态镇、省卫生镇实现全覆盖,建成国家卫生镇1个。

——经过四年的奋斗,民生改善成效明显,人民生活更加殷实。城乡居民收入稳步提高。去年,城镇居民人均可支配收入和农民人均纯收入分别达23028元、10312元,增长16%和18.6%。城乡居民储蓄存款余额达371亿元,是2007年的2.1倍。城乡居民人均住房面积分别达40.1平方米、51.3平方米。为民办实事项目全面完成。去年,区域供水主管网复线工程按序时推进;管道天然气在南通率先通气,已覆盖如城镇、长江镇、经济开发区、软件园、东陈镇等镇区;新建改造农村桥梁213座;新建、改(扩)建幼儿园25所,省、市优质幼儿园占比分别达49.1%、80%;基本药物制度全面实施;新型农村合作医疗保障水平提高,政策范围内住院费用补偿比例达70.25%;建成公共租赁住房30万平方米;新建镇级污水管网44.7公里;建成市政消火栓750个;中医院门急诊楼主体封顶。四年共实施为民办实事项目41件。其中,区域供水工程政府累计投入达4.2亿元,在南通率先实现镇区全覆盖,供水入户率达90%。社会保障体系日趋完善。去年,新增城镇就业7812人,转移农村劳动力2.16万人,城镇失业人员再就业3814人,城镇登记失业率为3.07%。建成全国农村劳动力转移示范县(市)。社保扩面任务全面完成,截至去年底,全市企业职工养老、医疗、失业、工伤、生育保险参保人数分别达20.01万人、21.1万人、13.1万人、16.8万人和13.5万人。城镇居民基本医疗保险、新型农村合作医疗保险、城乡居民养老保险和最低生活保障实现全覆盖,保障标准自然增长机制得到有效落实,新增被征地农民参保资金全部进入专户。四年建成廉租房和经济适用房638套,租住廉租房114户,发放廉租房租赁补贴396户。社会事业全面发展。四年累计完成教育、卫生、文化、体育等社会事业投入47.4亿元。坚持教育优先发展,港城实验学校、外国语学校、如师附小北扩、东皋幼儿园等建成并投入使用,普通高考和职教对口高考持续位居全省前列,建成省教育现代化县(市)。公共医疗卫生体系不断完善,建成省级示范卫生服务站240家,被评为全国农村中医工作先进县(市)、"全国亿万农民健康促进行动"江苏省示范县(市)。文体广电事业发展迅速,文化广场、全民健身中心建成对外开放,广电传媒中心基本建成,奥林匹克公园开工建设,文化惠民工作扎实推进,荣获省文化先进县(市)称号。食品药品安全监管力度不断加大,计生服务水平稳步提升,建成省食品安全示范县(市)和人口协调发展先进县(市)。

——经过四年的奋斗,社会管理不断加强,各项事业全面进步。精神文明建设深入开展。大力倡导文明和谐社会新风尚,市民素质和社会文明程度进一步提高,再度蝉联江苏省文明城市称号。"爱心城市"建设入选"省公民道德巡礼"八大典型,"爱心大使"赵小亭当选省第三届道德模范,五人当选"中国好人"。未成年人思想道德建设不断加强,学校、家庭和社会教育网络不断完善。高度重视全民国防教育和国防后备力量建设,征兵任务圆满完成。社会管理创新扎实推进。深入开展社会治安综合治理,依法打击各类刑事犯罪活动,四年未发生危害社会稳定的重大事件,人民群众安全感不断提升,连续五年被评为省平安县(市)。社会管理机制不断创新,外来人口"三集中"服务管理、公民法治驿站等品牌优势进一步凸显。"五五"普法任务圆满完成。矛盾调解机制健全完善,司法救助和法律援助工作成效明显,四年累计司法救助2.2万人,办理法律援助案件4900件,调处成功率达98.8%。高度重视群众来信来电来访,"12345"市长公开电话四年受理来电1.16万件,办结率、满意率分别达95%、91%,成为全国市长电话理事会成员单位。市长信箱和信访接待日制度作用有效发挥,集访和越级上访量比2007年下降40.3个百分点。严格落实安全生产责任制,深入开展隐患排查治理,四年未发生较大以上安全事故。政府自身建设不断加强。重大事项决策机制健全完善,依法行政工作水平进一步提高,市政府被评为全省依法行政示范单位。市民服务中心建成投入使用,行政审批"三集中"制度进一步深化,行政服务效能不断提升。积极推行行政权力网上公开透明运行,政府信息公开和电子政务建设力度不断加大,群众的知情权、参与权、监督权得到有效保障。自觉接受人大法律监督、工作监督和政协民主监督,四年共办理人大代表建议1330件、政协委员提案1660件,满意率和基本满意率达98%

以上。严格执行廉洁从政各项规定，支持执纪执法机关严肃查处违纪违法案件。审计监管力度不断加大，招投标制度较好执行，财政资金使用效益有效提高。领导干部出国（境）审批管理进一步加强，外事和侨务工作水平不断提升，与美国塔拉哈西市缔结为国际友城。高度重视老龄事业，对年满60周岁且符合条件的城乡老年居民发放了基础养老补贴，并对80周岁以上老人增发了尊老金，被评为全国养老服务示范单位，荣获世界长寿乡称号。工商、质监、税务、统计、物价等部门依法监管和服务发展的成效明显。民族、宗教、机关事务、应急、民防、对台事务、口岸、港务、气象、档案、地方志、防灾减灾等工作取得新业绩。职工权益维护、妇女、儿童、青少年、残疾人、关心下一代、老区扶贫开发、见义勇为、红十字、慈善、科普、商会建设、文学创作、哲学社会科学、长寿研究、历史文化研究、老年科协、老年体协等工作取得新进步。

在推动经济社会又好又快发展的同时，我们也获得了一些重要经验和启示。

一是做好政府工作，必须始终坚持解放思想、高点定位，用跨越赶超的目标激发动力。

二是做好政府工作，必须始终坚持抢抓机遇、攻坚克难，用开拓创新的思路谋求发展。

三是做好政府工作，必须始终坚持以人为本、执政为民，用惠及百姓的成果凝聚人心。

四是做好政府工作，必须始终坚持动真碰硬、狠抓落实，用求真务实的作风增进实效。

五是做好政府工作，必须始终坚持协调发展、整体推进，用统筹兼顾的理念促进和谐。

在肯定成绩、总结经验的同时，我们也清醒地看到经济社会发展中存在的问题和不足：人均经济总量依然偏低，自主创新能力还不够强，经济结构有待进一步优化，城市化水平还不高，财政收支矛盾依然突出，公共服务和社会管理与人民群众日益增长的物质文化需求仍有较大差距。对此，我们将高度重视，并切实采取措施认真加以解决。

今后五年工作展望

今后五年，政府工作的指导思想是：**以邓小平理论和“三个代表”重要思想为指导，深入贯彻科学发展观，按照省委、省政府“八项工程”及南通市委市政府“八个领先”的工作要求，全面落实市第十一次党代会的决策部署，大力实施新型工业化、城乡一体化、经济国际化、生态文明化发展战略，全力促进工业化、城镇化、农业农村现代化深度融合，统筹推进经济建设、政治建设、文化建设、社会建设和生态文明建设，持续推动经济社会又好又快发展，全面完成“十二五”规划目标任务，奋力开创基本现代化建设新局面。**

今后五年，我市经济社会发展的主要目标是：

1. 经济更发达。经济发展速度持续高于全省和南通，综合实力全面融入苏南板块，逐步缩小与苏南“第一方阵”的总量差距。到 2016 年，全市地区生产总值达 1450 亿元以上，年均增长 12％以上，人均地区生产总值超 10 万元；财政总收入、一般预算收入力争突破 400 亿元、160 亿元，年均增长 35％左右；全部工业应税销售突破 3000 亿元。产业结构明显优化，到 2016 年，服务业增加值占 GDP 比重达 45％左右，第二、第三产业占 GDP 比重达 95％以上。科技创新能力进一步增强，全社会研发投入占 GDP 比重达 2.6％以上，高新技术产业产值占规模工业比重达 45％以上。人才支撑作用进一步凸显，人才投入占一般预算收入的 3％以上。城市化水平达 70％左右。

2. 生态更优良。资源节约型和环境友好型社会建设取得明显成效，人民群众对生态和人居环境满意度持续提高。到 2016 年，万元 GDP 能耗降为 0.5 吨标煤，化学需氧量、二氧化硫、氨氮、氮氧化物等主要污染物排放量严格控制在指标范围内，空气质量优良天数比例达 96％以上，三类以上地表水占比达 70％以上，林木及城镇绿化覆盖率分别达 23％、42％以上，建成国家生态文明城市和国家生态园林城市。

3. 文化更繁荣。文化事业蓬勃发展，城乡文化基础设施不断完善，公共文化服务水平进一步提高。到 2016 年，城市“15 分钟文化圈”、农村“十里文化圈”全面建设到位，人均拥有公共文化体育设施面积达 2.8 平方米以上。文化产业增加值占 GDP 的比重达 6％以上。社会主义核心价值体系得到普遍认同遵循，城市文化软实力全面提升，建成国家历史文化名城和中国最佳绿色旅游城市。

4. 社会更和谐。社会事业全面发展，城市管理文明规范，民主法制更加健全，群众权益得到保障，社会管理不断加强，社会治安管理、法治如皋、平安如皋建设再上新台阶，和谐稳定的社会局面持续巩固。城市、农村和谐社区建设达标率分别达98%、95%以上，公众安全感持续保持在98%以上。市民文明素质和社会文明程度显著提高，建成全国文明城市。

5. *人民更幸福*。城乡居民就业创业更加充分，社会保障体系更趋完善，人民群众享有较高水平的教育、健康卫生服务、公共文化产品和公共交通保障。到2016年，城镇居民人均可支配收入、农民人均纯收入分别达50600元、23000元，年均增长15%以上，城镇登记失业率控制在4%以内。城镇和农村家庭住房成套比例分别达95%、80%以上，城乡基本养老、基本医疗、失业保险实现全覆盖，城镇保障性住房实现应保尽保，人民群众幸福感、满意度进一步提升。

围绕上述指导思想和主要目标，今后五年的总体工作思路是：

1. *更加注重转型升级，致力推动综合实力实现新跨越*。始终坚持发展第一要务，牢牢把握科学发展本质要求，深入实施以工强市战略，在着力推动经济快速增长的同时，把加快转型升级摆上更加突出的位置，坚定不移地把优化产业结构作为转型升级的主攻方向，把加快服务业发展作为转型升级的战略举措，把科技和人才作为转型升级的重要支撑，努力构建以高新技术产业为主导、服务经济为主体、先进制造业为支撑、现代农业为基础的现代产业体系，持续推动经济又好又快发展。

2. *更加注重开发开放，致力推动区域竞争力实现新提升*。抢抓经济国际化、长三角一体化和江苏沿海开发战略机遇，深入推进沿江开发，持续放大国家一类口岸开放优势，不断提高开发开放水平。坚定不移地走增量型、吸纳式发展之路，着力拓展对外开放的深度和广度，引导外资更多地投向先进制造业、高新技术产业和新兴产业。更加注重调整对外贸易结构，进一步加快“走出去”步伐，不断提升对外经济合作层次和水平。切实增强主功能区集聚、服务和创新功能，充分发挥在全市经济转型升级中的主体支撑和示范引领作用。

3. *更加注重统筹兼顾，致力推动城乡一体化实现新飞跃*。进一步健全完善以城带乡、以工促农长效机制，加快形成城乡互补融合、协调发展、共同繁荣的新格局。注重优化空间布局，完善城镇功能，提高综合承载力和辐射带动力。围绕实现农业基本现代化目标，大力发展现代农业，切实加强以水利为重点的农村基础设施建设，着力推进村庄环境整治，持续改善农村生产生活条件，促进新农村建设整体水平显著提升。

4. *更加注重生态建设，致力推动可持续发展实现新突破*。深入推进生态文明建设，坚持不懈地抓好节能减排工作，努力实现经济持续增长、污染持续下降、生态持续改善。大力发展循环经济，努力构建以高新技术为支撑、以低碳经济和绿色产业为重点的经济结构。实行最严格的耕地保护制度，坚持依法节约集约用地，最大限度发挥土地资源综合效益。扎实开展绿化造林，加大环境保护力度，提升生态文明建设水平。

5. *更加注重发展惠民，致力推动民生福祉实现新提高*。坚持把保障和改善民生作为政府各项工作的根本出发点和落脚点，认真落实居民收入五年倍增计划，加快构建终身教育、就业服务、社会保障、基本医疗卫生、住房保障和社会养老服务等六大基本公共服务体系，努力让人民群众学有优教、病有良医、住有宜居、老有颐养、业有所就，推动发展成果普惠于民。

2012年工作安排

2012年全市经济社会发展主要预期目标是：**实现地区生产总值630亿元，增长13%以上。确保财政总收入、一般预算收入分别达140亿元、57亿元。完成全部工业应税销售930亿元。规模以上固定资产投入330亿元，增长25%左右。万元GDP能耗下降3.2%以上。工商注册外资15亿美元，实际到账外资力争10亿美元，引进市外民资100亿元。城镇居民人均可支配收入、农民人均纯收入分别达26500元、11860元，均增长15%以上。全社会研发投入占GDP的比重达2.2%以上，高新技术产业产值占规模工业比重达38%以上。城市化率达54%。城镇登记失业率控制在3.5%以内。**

围绕以上目标，2012年市政府将着力抓好以下六个方面的工作：

一、稳中求进快发展，进一步做大做强经济总量

更加突出招商选资。

全力猛攻项目投入。

深入推进沿江开发。

着力强化要素保障。

大力拓展外经外贸。

二、坚定不移促转型，进一步提升经济发展质量

大力提升产业层次。

加速发展现代服务业。

更加突出科技创新。

加快建筑业转型升级。

切实抓好节能减排。

三、毫不放松抓“三农”，进一步加快新农村建设步伐

加快发展现代农业。

扎实推进村庄环境整治。

切实加强农田水利设施建设。

培育壮大村级集体经济。

四、持之以恒优环境，进一步打造城乡优美形象

全面加快城市建设步伐。

不断完善市域交通体系。

持续强化小城镇功能建设。

全力推进生态文明建设。

巩固提升城市管理和创建成果。

五、千方百计惠民生，进一步提升百姓生活水平

切实增加城乡居民收入。

不断提高社会保障水平。

健全基本公共服务体系。

加快建设文化强市。

六、坚持不懈强管理，进一步促进社会和谐稳定

切实加强民主法制建设。

切实提升社会管理水平。

切实保障社会公共安全。

今年我们将继续围绕人民群众关心的热点、难点问题，办好保障和改善民生的十件实事：

(1)建成区域供水主管网复线工程，实现供水入户率98%以上；

(2)大力推进管道天然气镇区、工业园区、集居区延伸工程；

(3)新建改造农村桥梁200座；

(4)提高新型农村合作医疗保障和大病医疗救助水平；

(5)实施教育装备现代化提升工程；

(6)建设公共租赁房1500套(间)、经济适用房50套；

(7)实施农村困难群众住房改造提升工程；

(8)大力推进村庄环境整治，确保全市所有行政村达省环境整洁村标准；

(9)加快构建社会养老服务体系；

(10)打造城市“15分钟文化圈”、农村“十里文化圈”。

建设人民满意政府

一、坚持开拓创新，提高推动发展能力。

二、坚持勤政高效，提高狠抓落实能力。

三、坚持依法行政，提高科学施政能力。

四、坚持廉洁从政，提高拒腐防变能力。

如皋市第十五届人大常委会工作报告

——在如皋市第十六届人民代表大会第一次会议上

（摘　要）

（2012年3月22日）

市人大常委会主任　石　耀

十五届人大常委会主要工作回顾

四年来，市人大常委会肩负人民的期望和重托，在中共如皋市委的领导下，坚持以邓小平理论和“三个代表”重要思想为指导，深入贯彻落实科学发展观，紧紧围绕全市工作大局依法行使职权，全面加强和改进人大工作。召开常委会会议40次、主任会议128次，听取和审议“一府两院”专项工作报告36个,执法检查14次,作出决议、决定69项,发出审议意见58份,组织专题视察16次,开展调研活动80多次,依法任免国家工作人员240人次,切实履行了地方国家权力机关的神圣职责。

一、以围绕中心、服务大局为重点,努力推动经济社会又好又快发展

(一)全力推动更高水平小康社会建设。2009年,市十五届人大二次会议作出了《关于确保2009年总体建成全面小康社会的决议》,2010年,十五届人大三次会议作出了《建设更高水平小康社会,为实现基本现代化奠定坚实基础》的决议。常委会把促进全面小康社会建设作为工作重点,向全体代表提出投身全面小康社会建设的具体要求,组织全体组成人员和部分代表对《决议》落实情况开展专题视察,进行认真审议,深入基层督促指导,总结推广先进经验。针对小康社会建设中存在的薄弱环节和突出问题,提出加大推进力度、落实工作责任、突出农民增收、关注群众满意度等建议意见。市政府按照市委统一部署,认真执行人代会《决议》,落实常委会审议意见,多次召开推进会、现场会,千方百计加大组织力度,不断提高经济增长质效,努力增强社会综合实力,制订落实各项惠民政策。在全市人民的共同努力下,我市建设更高水平小康社会取得了新胜利,为全面加快基本现代化建设奠定了坚实基础。

(二)切实加强计划和预算执行情况监督。常委会每年对市政府提请代表大会审查批准的国民经济和社会发展计划,围绕提高经济运行质量和效益、推动经济社会协调发展进行审议,为批准计划提供依据。常委会认真听取关于"十一五"规划实施情况中期评估报告,结合审议"十二五"规划编制工作,围绕新型工业化、开放型经济、城乡统筹、财税金融、现代服务业、现代农业、科技创新、民主法治建设等8个方面的专题,进行先期调研,形成了一批质量较高的调研报告,不仅为市委制订"十二五"规划建议提供了依据,丰富了市政府编制"十二五"规划的内容,同时为人代会批准"十二五"规划创造了条件。常委会加强对预算的审查,重点审查预算主要指标和各项收入的可靠性、支出的合理性,审查预算收支平衡、重点支出安排和部门预算情况。在深入调查、全面分析的基础上,听取和审议国民经济和社会发展计划执行情况报告、财政预算执行情况报告和审计工作报告,依法审查和批准市级财政决算。常委会注重发挥审计监督的作用,提出加强财源建设、强化预算约束、调优收支结构、严格财政监督等意见,针对审计工作中发现少数单位财务管理不规范、部分镇违规支付民资注册费用、个别单位超标准发放奖金等问题,要求政府从体制机制上查找原因,在标本兼治上落实措施。市政府对这些意见十分重视,进行了认真调查处理,制订了规范管理文件,督促有关部门追缴违纪资金并对违纪人员给予通报批评和处分,向常委会作整改情况报告。常委会第二十五次会议听取和审议政府投资工程招投标管理情况专项工作报告,促进了政府资金使用效益不断提高。

(三)不断加大对全市经济工作的监督与支持。常委会围绕全市经济建设中的重大问题,认真听取和审议"一府两院"工作报告,积极开展执法检查,对一些重大事项及时作出决议、决定。针对国际金融危机的严峻形势,常委会组成人员深入各镇区园、部门和企业进行调研,提出了巩固和放大沿江开发成果、提升招商引资水平、加大项目投入力度、突出科技创新、增加城乡居民收入、促进社会事业发展、完善社会保障机制等建议,积极支持和督促政府采取有力措施,破解难题保增长,加快调整促转型,推动经济社会科学发展。2008年,常委会听取和审议全市推进新型工业化专项工作报告,提出进一步创新体制机制,加大政策激励,优化产业结构,加快产业集聚,转变发展方式,提升核心竞争力,实现可持续发展等意见。2011年,常委会听取和审议全市开放型经济发展专项工作报告,要求市政府和相关职能部门积极采取有效措施,主动应对复杂多变的形势,提升组织水平,创新工作举措,集聚各种资源,全力推进开放型经济转型升级。2009年,在听取和审议全市农民专业合作社建设专项工作报告时指出,要认真落实党的十七届三中全会精神,贯彻执行《农民专业合作社法》,加强对合作社建设的服务、支持和监管力度,切实解决覆盖面不广、运作不够规范、土地流转难、融资难、自然风险化解难等问题,推动农民合作社做大做强。常委会第二十四次会议听取和审议了全市农业园区建设专项工作报告,提出了进一步完善农业园区建设规划、改进考核和管理办法、发挥农业园区辐射作用、增强农业园区发展后劲等意见。市政府积极响应,结合建设更高水平小康社会的考核，调整了农业园区奖励办法，落实具体措施。常委会还听取和审议了市政府关于建筑业发展情况专项报告，促进了全市建筑业转型升级、健康发展。

（四）高度关注民生问题的解决。常委会加强对河道整治决议、建设生态市决议实施情况的监督，强化对创建全国文明城市、环保模范城市工作的督查，开展对《基本农田保护法》、《土地管理法》、《环境保护法》等法律法规执行情况的检查。在听取和审议市政府有关专项工作报告时，要求市政府更加注重经济发展方式的转变，更加注重环境保护，促进可持续发展。组织开展以集中整治肠衣污染为重点的联合执法检查，加强对水环境整治的督查，对秸秆禁烧、绿化建设等工作开展调研，提出建议意见，促进了经济建设与环境保护协调发展。常委会把维护人民群众根本利益作为行使职权的出发点和落脚点，促进社会和谐稳定。2010年，常委会根据人民群众的要求，加强对如城地区老小区改造工程的督查，提出加快改造步伐、扩大改造范围、提高改造标准等意见。市政府把老小区改造列为为民办实事工程，投资2000多万元，将老小区改造由10个增加到30个，基本实现了主城区的全覆盖。2011年，常委会对《老年人权益保障法》执行情况进行了检查，提出了进一步弘扬尊老敬老社会风尚、完善社会保障体系、提高老年人基本生活保障标准、加快老年人服务设施建设、推动老年服务事业发展等意见。食品安全和农产品质量安全是群众关心的热点问题，常委会听取和审议了全市餐饮消费环节卫生监督管理专项工作报告，要求市政府及相关部门依照《食品安全法》有关规定，认真落实每个部门、每个镇区以及相关企业和单位的责任。市政府召开专题会议研究处理方案，健全全市餐饮消费环节监督管理体制，加大了执法力度。去年上半年，常委会对贯彻实施《农产品质量安全法》情况开展执法检查，常委会第三十三次会议进行审议，提出了审议意见，年底又对落实情况进行了“回头看”，全市农产品质量安全形势总体趋好。幼儿教育曾经是我市教育均衡发展的一个薄弱环节，人民群众反映比较强烈。2009年，常委会对全市幼儿教育工作开展调研，提出了进一步加强领导、完善保障机制、强化政府办园责任等三个方面的建议。市政府先后出台了《学前教育行动计划》、《关于进一步加强幼儿教育发展意见》等文件，将幼儿园“达标”工程列入市政府为民办实事工程，幼儿园基础设施条件不断改善，学前教育事业呈现良好发展态势。

二、以加快依法治市进程为目标，大力促进依法行政、公正司法

（一）加强普法监督，弘扬法治理念。十五届人大常委会履职之初，就听取和审议了关于全市“五五”普法推进情况报告，先后两次开展专题调研，跟踪监督“五五”普法决议贯彻实施情况，确保“五五”普法任务顺利完成。2011年是“六五”普法的启动年，常委会及时作出《关于进一步加强法制宣传教育的决议》，明确要求紧扣经济社会发展大局，围绕法治如皋建设目标，突出普法重点，创新工作方式，加强组织领导，强化检查监督，通过五年的努力，进一步提高全社会的法治水平，为基本实现现代化创造良好的社会环境。

（二）着眼监督支持，促进依法行政。常委会要求市人民政府及职能部门把依法行政放在突出位置，自觉接受人大及其常委会监督，扎实推进依法行政，努力建设法治政府。常委会不仅督促行政机关依法行政和文明执法，同时要求监察部门和市人民法院认真监督和积极支持行政机关依法行政。市政府加强了对行政机关违法行为的监督力度，坚持执行行政执法责任制和过错追究责任制，行政机关首长到庭应诉率不断提高，败诉率明显下降，我市被省政府确定为2010～2011年“依法行政示范单位”。

（三）监督“两院”工作，推动公正司法。常委会听取审议法院民商事审判、行政审判、基层法庭建设和执行工作的报告，促进市人民法院进一步增强司法为民理念，强化案件质量管理，完善诉调对接机制，加强法官队伍建设，使司法审判工作贴近我市发展实际。常委会第三十五次会议听取和审议市人民法院关于执行工作专项报告，会议认为，我市法院及基层人民法庭紧扣“公正与效率”主题，加大执行力度，规范执行行为，执行工作取得了较好成效。针对实际执结率偏低、执行联动机制不够完善、执行队伍素质有待进一步提升等问题，提出了构建社会化执行大格局、提高执行工作质效、加强执行队伍建设和增强执行工作保障力度等审议意见。市人民法院先后召开党组会、执行系统全体人员会议,消化吸收审议意见,从提升队伍素质、优化内部管理、增强工作力度、建立联动机制、强化执行保障等方面落实整改方案。常委会听取检察院侦查监督、控告申诉检察、监所检察等方面情况的报告,促进市人民检察院进一步增强大局意识,抓住重点,文明办案,加强宣传和预防,深入推进反腐倡廉工作。常委会第二十三次会议听取和审议市人民检察院反渎职侵权检察工作专项报告,要求市人民检察院广泛开展反渎职侵权宣传教育活动,强化各级领导干部依法行政意识,从源头上预防和减少渎职侵权犯罪行为发生,加强与行政监察机关、司法机关整体联动,加大查处各类渎职侵权犯罪案件力度。市检察院以落实常委会审议意见为契机,持续加大办案力度,不断强化办案质效。

(四)推进社会管理创新,促进社会和谐稳定。为推进社会管理创新工程,常委会对大防控体系建设和技防入户工程进行了专题调研。根据常委会意见,市政府将技防入户工程列为2010年度为民办实事之一,取得明显成效。去年下半年,常委会对我市外来人口服务和管理工作进行专题调研,从制定政策、理顺机制、创新方法、落实责任等方面提出了建议意见。如皋港区针对外来人口大量涌入和农民搬迁带来的社会管理问题,积极探索新型社区管理模式,落实长效服务管理举措,促进了社会和谐稳定。

(五)加强信访督办工作,维护群众合法权益。常委会高度重视人民群众来信来访,建立健全信访督办机制,按照“分别受理、综合分析、统一交办、定期反馈、严格督查”的要求,对所有信访件统一登记受理,及时转办督办,听取反馈信息。常委会负责同志认真参加领导干部接访和下访活动,及时批办人大代表和基层群众的信访事项,常委会工作机构会同有关部门认真处理重要信访问题,并要求承办部门书面汇报办理结果。四年来,共处理群众来信来访1325件,协调解决了一批信访突出问题,依法维护了群众的合法权益。

三、以坚持和完善人民代表大会制度为根本,着力推动民主政治建设

(一)认真组织选举工作。人大代表选举是我国社会主义民主政治建设的一件大事。常委会以《宪法》、《选举法》和《代表法》等法律法规为依据,做好人大代表选举工作。去年下半年以来,根据中央和全国人大以及省、市统一部署,组织开展了人大换届选举工作,我们按照坚持党的领导、充分发扬民主与严格依法办事相统一的原则,依法作出换届选举决定,实行城乡人口按相同比例选举人大代表,精心组织,深入宣传,加强指导,严肃风纪,保证了换届选举工作顺利进行。在实践中,我市选民登记信息化的经验,得到省人大的充分肯定,并在全省推广。全市共登记选民122.07万人,划分市人大代表选区172个、镇人大代表选区722个,选举产生市人大代表416名,镇人大代表1728名。在换届选举过程中,正式代表候选人普遍与选民见面,到选区参加投票选举,不仅密切了代表候选人与选民的关系,而且让广大选民感受到行使知情权、选举权、监督权的光荣与尊严。2008年底,长江镇因区划调整,人口变动较大,需要重新确定人大代表名额,并进行补选。对此,常委会作出了《关于重新确定长江镇人民代表大会代表名额及选举有关问题的决定》,保证了长江镇补选代表工作依法顺利进行。本届先后补选南通市人大代表5名,补选如皋市人大代表8名。

(二)依法行使人事任免权。常委会坚持党管干部与人大依法任免相结合的原则,认真行使人事任免权。我们积极改进人事任免工作程序,修改完善了《人事任免办法》,坚持任前法律考试制度,考试成绩向常委会报告。在常委会会议上,拟任命人员与常委会组成人员见面,作供职发言,常委会领导在颁发任命书时作任前教育,增强了接受任命人员对人民负责、受人民监督的责任感。

(三)加强对基层人大工作指导。常委会不断推进基层民主法制建设。加强与各镇人大工作联系,指导各镇人大依法召开人代会,将基层人大干部培训列入全市党政干部培训计划,组织各镇人大主席和秘书分别参加省、南通市和本市培训班,按季召开镇人大主席例会,邀请镇人大专职主席或副主席列席常委会会议,提高他们开展人大工作的规范化水平。受市委委托,组织开展了“人大工作先进镇”创建活动,涌现出一批先进典型,基层人大工作跨上了新的台阶。2010年,为了便于公民了解人大常委会履行职责情况,拓宽公民有序参与管理地方国家事务的渠道,常委会研究制定了《如皋市人民代表大会常务委员会会议公民旁听试行办法》,邀请公民旁听常委会会议,产生了较好的社会影响。

（四）重视人大工作宣传和研讨。常委会加强了人大工作研究和人大宣传工作，充分利用电视、广播、报刊、网络等新闻媒体，切实加强对人代会、常委会、代表视察、执法检查等方面的宣传报道，不断提高全社会对人大性质、地位、作用的认识。密切与新闻单位的联系和沟通，确保宣传报道准确、及时。在新闻媒体开设专版和专栏，办好人大网站，让广大人民群众和社会各界更好地了解人大，对人大工作进行监督。注重发挥人大工作研究会的作用，建立了3家镇人大工作研究分会及部分联系点，拓展工作平台，深入调查研究，按时召开年会，开展论文评选和交流活动，促进研究成果的转化。2011年是地方人大设立常委会30周年，我们以此为契机，开展系列纪念活动，召开纪念大会，录制反映如皋人大30年历程的电视专题片，编印纪念画册，开展征文活动，通过如皋日报、电台、电视台进行宣传报道，在更高层次上和更大范围内宣传和坚持了人民代表大会制度。

四、以保障代表依法履职为基础，充分发挥代表作用

常委会注重与代表的联系，畅通代表知情知政渠道，组织代表参加常委会开展的各项活动，邀请代表列席人大常委会会议，单独编组进行讨论，并在全体会议上发表意见，在本届任期中，本级基层人大代表列席常委会的人数达94.5%。加强代表的培训和学习，采取集中培训与委托各镇人大进行培训相结合的方式，组织代表学习政治理论、法律知识和业务知识，使广大代表切实增强使命意识和责任意识，全面掌握履职基本要点，不断提高履职能力。常委会组织代表积极参与中心工作，先后组织3600多人次的各级人大代表参与“六城同创”督查、旁听人民法院庭审、化解社会矛盾、“十二五”规划课题调研等活动。2011年，常委会审议通过《关于组织市人大代表调研评议“一府两院”及其有关部门专项工作的办法》，组织代表对市政工程建设与管理情况进行了专题考察和调研评议。

不断加强“一个载体、两项制度”建设。我市“代表之家”的发展，经历了典型示范、全面推进、规范提高等几个阶段，目前建有93个“代表之家”，我们为“代表之家”订阅人大报刊和其他学习资料，配备电脑等设备，与远程教育网络和市人大网站进行链接，拓宽了代表联系选民的渠道，创新了代表活动的方式。各镇人大利用“代表之家”开展学习培训、接待选民和向选民述职等活动，一些镇还在村（社区）公共服务中心设立代表联系选民的接待点，方便代表联系选民。仅去年一年，全市共有1470多人次的市、镇两级人大代表参加接待选民和向选民述职活动。

认真督办代表建议、批评、意见，对普遍交办的实行正常督查，对重点交办的实行领导挂帅督查，对滚动交办的邀请代表一起参加督查，办理结果实行公示，并在人代会上向全体代表书面报告办理情况。四年来，代表建议批评意见件件有答复，多数事项得到较好落实，代表满意和基本满意率保持在98%以上，代表建议办成率逐年提高。

五、以加强自身建设为抓手，不断提高履职水平

我们按照“政治坚定、业务精通、务实高效、作风过硬、团结协作、勤政廉洁”的要求，切实加强常委会及其机关自身建设。

在学习实践科学发展观和“创先争优”活动中，深入开展思想解放大讨论主题教育活动，深刻领会邓小平理论和“三个代表”重要思想，准确把握科学发展观的深刻内涵，促进常委会组成人员和机关干部不断解放思想，更新观念。坚持理论联系实际，从人大工作的特点出发，做到学以致用，不断增强自身素质，努力提高履职能力，更好地推动常委会的各项工作。常委会组成人员自觉学法，领导同志亲自讲法，履职过程严格依法，两名常委会组成人员分别被评为全国和南通市普法先进个人，受到上级表彰。

坚持用制度规范人大监督行为，用制度保证监督工作顺利进行。根据《监督法》的要求，修改完善了人大常委会《议事规则》，对常委会议事程序作了比较详细的规定，根据代表工作的新要求，制定了《如皋市人大常委会代表工作暂行规定》，对代表工作予以规范。常委会制定了《关于规范性文件备案审查的暂行规定》、《市人大代表调研评议“一府两院”及其有关部门专项工作的办法》，拓宽了监督工作的渠道。

常委会坚持走群众路线，突出以人为本，深入实际加强调查研究，努力做到掌握实情、敢讲真话、多办实事。无论是听取和审议专项工作报告，还是开展执法检查，常委会都坚持以调查研究为基础，努力把情况弄清，把问题摸实，把对策找准，对一些带有全局性、普遍性、倾向性的问题，市镇两级人大联动，形成监督合力。常委会形成的关于搬迁工作、环境污染防治、肠衣行业发展与整顿等方面的调研报告得到市委领导的高度重视，市委主要领导作重要批示，市政府及有关部门专题研究，调研成果得到有效转化。四年来，常委会对涉企收费情况、农民健康工程实施情况、广播电视事业发展情况、《中小企业促进法》、《残疾人保护法》、《农村五保条例》实施情况、对台经济工作情况、为农服务社建设情况等80多个议题进行了调研。

常委会牢固树立监督者必先接受监督的观念，自觉接受党的监督、代表的监督和人民群众的监督。不断加强廉政教育，加强人大机关的科学管理，使每一个人大工作者都能自觉做到廉洁自律、克己奉公，树立良好形象。人大机关工作人员主动为代表服务，为代表大会及常委会会议服务，积极参与小康建设、城市改造、“三解三促”、双联双助、帮扶企业、社区共建等重点工作，认真做好老干部服务工作，受到广泛好评。人大常委会办公室多次在全市机关测评中被评为优秀单位，连续20年被评为南通和如皋文明单位。

常委会过去四年的工作也存在一些差距和不足，主要表现在：常委会审议议题的广度有待进一步拓宽，监督工作的实际效果有待进一步增强，对决议、决定和审议意见贯彻执行情况的督查力度有待进一步加大，闭会期间代表活动方式有待进一步改进，常委会及机关的自身建设有待进一步加强等，对此，需在今后的工作中，不断加以克服和改进。

回顾四年来的工作，我们深切体会到，人大常委会要切实履行宪法和法律赋予的职责，充分发挥作用，必须牢牢把握以下几点：

第一，坚持党的领导是做好人大工作的根本保证。

第二，服务发展大局是做好人大工作的永恒主题。

第三，维护群众利益是做好人大工作的重要任务。

第四，依法履行职责是做好人大工作的基本要求。

第五，勇于开拓创新是做好人大工作的不竭动力。

对新一届人大常委会工作的建议

一、在发挥人大优势、服务科学发展上有新作为。

二、在依法行使各项职权、增强监督实效上有新突破。

三、在尊重代表主体地位、充分发挥作用上有新成效。

四、在加强常委会自身建设、提高履职能力上有新进步。

中国人民政治协商会议
如皋市第十二届委员会常务委员会工作报告

——在全市政协工作会议上

（摘　要）

（2012年1月13日）

市政协主席　李中林

2011年政协工作回顾

一、紧扣中心，服务大局，认真开展协商议政

一是围绕“两个加快”、“八项工程”积极建言。一年一度的政协全会是全市政协委员共商发展大计的最重要的平台。市政协十二届四次会议期间，组织委员紧紧围绕市委陈惠娟书记的重要讲话和姜永华市长所作的政府工作报告，就如何加快转型升级步伐，如何加快城乡统筹发展，如何实现“三个确保”、“三个快速增长”、“三个严格控制”等重要问题，提出了“着力培育新兴产业”、“着力保障和改善民生”、“大力推进生态文明化”、“加速推进政府职

能转变"等50多条协商意见供市政府参考。先后召开11次主席会议，围绕"长安如皋建设"、"税收征管、科学理财"、"依法管理港口、服务沿江开发"、"现代农业发展"、"软件园建设和产业发展"、"文广传媒集团工作"、"司法工作"、"档案工作"、"民政工作"、"物价工作"等事关我市经济社会发展的重要方面，开展专题协商。所有协商报告，均得到市委主要领导的重要批示。

二是为推进"信息化带动工业化"踊跃献策。去年上半年，市政协组成了由部分政协常委及市发改委、科技局、统计局相关部门负责人和科室专业人员参加的三个专题调研组，对全市工业企业信息化发展现状进行了深入细致的走访、调研，搜集了大量一手数据和资料，并分赴苏南、上海、浙江一些先进区、市学习考察。通过为期一个多月的调研和分析研讨，调研组分别撰写三份专题调查报告，提交常委会专题协商。常委们对调查报告进行了认真协商审议，最终形成了《推进"两化"深度融合，加速工业转型升级》的报告呈送市委。报告认为，"十二五"时期我市必须以企业信息化建设为切入口和突破口，在更深层次上推动信息化与工业化"两化融合"，要鼓励多元投入，加快发展新兴信息产业，坚持用先进信息技术改造传统产业，开展企业示范工程建设，强化科技人才支撑，促进工业转型升级。市委主要领导对报告及时作出批示，要求分管领导对协商报告提出的"两化"融合的建议意见认真研究落实。

三是为"迈进基本现代化，建设美好新如皋"添薪助力。为发动委员积极投身"十二五"建设，更好更快地实现经济社会发展规划目标，市政协在去年全会期间号召全市政协委员，结合自身工作实际，深入调研，体察民情，了解民意，围绕"建设美好新如皋"课题广泛献计献策。身处各条战线的委员们深入基层，开展调查研究，集思广益，从不同侧面、不同领域、不同视角，撰写并递交论坛文章34篇，就如何把如皋建设得更好更美提出了很多宝贵的意见和建议。

二、多措并举，拓宽渠道，积极履行民主监督职能

一是寓民主监督于民主评议之中。继评议"两税"部门之后，市政协去年再次将民主监督领域拓展到政府以外的部门，选择全市落户一年以上的九家银行进行民主评议。在动员部署的基础上，由政协领导带队分组到各委员组指导评议活动。通过听取银行负责人工作汇报、委员们走访调研、问卷调查征求意见等形式，归纳汇总出118条建议意见，并先期通报给各银行。评议结果公布后，九家银行分支机构迅速行动，认真从支持地方经济建设、落实服务规范、接受社会监督、行风廉政建设等方面，逐条对照，制定了整改措施。我市政协拓宽民主监督领域、精心组织开展民主评议的经验，被《人民政协报》、中国党建网等多家媒体报道。

二是寓民主监督于视察活动之中。按照注重质量、讲求实效的要求，选择一些事关我市经济社会发展的重要课题和广大人民群众十分关注的热点、难点问题深入开展视察活动。去年市政协先后就学前教育工作、城区小区物业管理、建筑业外埠市场开拓以及检察院、国税、土管、旅游、招投标等工作开展了专项视察活动。呈报市委的视察报告，均得到了市委主要领导的关注和重视，不少意见建议被采纳实施后引起了良好的社会反响。

三是寓民主监督于提案工作之中。市政协常委会高度重视并加强对提案工作的领导，通过主席会议成员领办、督办人民群众关注的诸如城市交通、社区管理、稳定物价、优质均衡教育等重点提案，推动了一批与群众利益密切相关问题的解决。去年立案的364件提案办理率达到100%，委员满意率达96%，办理落实率达50%以上。为了提高提案工作质量和实效，去年全面推广了网络系统，实施委员提案网上提交、查询、立案、交办、答复、反馈，首次开展网上民主评议承办单位活动，实现了提案工作质效的飞跃。

四是寓民主监督于了解和反映社情民意工作之中。市政协把反映社情民意作为政协履职的一件大事来抓，建立社情民意网络，广泛收集社会各界的意见和呼声。对于本市政府部门职责范围内能予以解决的，向市委、市政府报送社情民意专版，经市政府领导批阅和批示，责成相关部门办理。《管管城乡宠物犬》等社情民意被新闻部门作为市民关注热点进行了深度追踪报道，引起社会的广泛关注和共鸣。对于县、市一级职责范围以外的一些群众呼声强烈的社情民意，市政协经调查核实后及时编写信息向市政府和上级报送，去年以来，分别向市政府及国家、省、南通报送社情民意信息16

条,为群众关心的问题积极鼓与呼。

三、关注民情,促进民生,深入开展调查研究

关注农民增收。做好农民增收工作,是缩小城乡差距、统筹城乡发展的重要方面,也是实现基本现代化的热点、难点问题之一。为探索我市近年来农民增收的规律与特点,认识新形势下农民增收面临的机遇和挑战,进一步研究促进农民增收的思路和有效途径,市政协于去年8月下旬,组织部分政协委员,在听取市委农工办、市农委、市统计局等部门汇报的基础上,深入长江镇(如皋港区)、市经济开发区(柴湾镇)以及白蒲、搬经等镇、村(社区),采取实地调查、召开座谈会等形式,进一步听取基层干部和群众代表的意见。提出的《多措并举,顽强拼搏,奋力实现"十二五"基本现代化的农民增收目标》的调研报告,引起市委的高度重视。陈惠娟书记在批示中指出:"政协关于农民增收的调研报告很好,思路很宽,请市委、市政府分管领导认真研究落实。"

关注农村危桥改造工作。去年市政府将改造农村200座危桥工作,列入为民办十件实事工程之一。为推动这项工程的实施,市政协于2011年8月中旬,组织部分常委和委员,在市交通局、财政局的配合下,对全市农村危桥工程推进情况开展了调研活动。调研中,及时指出了各镇(区、园)之间建设进程不平衡、少数单位基础设施及配套建设不衔接、桥梁设计标准偏低等问题。调研后,就统一思想、筹措资金、组织招投标、加强质量监管和施工安全等提出了意见和建议。这些意见和建议,得到市委、市政府的采纳,有效地推动了此项工作的进展。

关注我市地方特色农产品资源保护和开发利用情况。为抢救、保护和开发利用好我市的地方特色农产品资源,使之和现代高效农业交相辉映,市政协组织农林界部分专家委员开展了为期半个多月的专题调研。通过调研,全面了解了我市地方特色农产品资源现状和在保护利用方面存在的问题和矛盾,提出了20多条保护和开发利用的对策建议。市政协关注农业、农村、农民问题,不仅得到市政府及有关部门的高度评价,而且受到广大农村基层干部和群众的广泛称赞。

四、整体联动,增添活力,提升政协整体功能

同级政协委员横向联动。去年,市政协继续坚持主席会议成员联系常委、常委联系本界别委员制度。通过座谈、经常性走访、通信联络、信函约见等方式,主席会议成员经常听取各界委员的意见和想法,在联系联络中不断加强沟通和交流,并力所能及地帮助解决一些实际困难和问题。

履行职能委组联动。市政协把全体委员划分34个活动组,并按政协机关"一办五委"职能分工确定各自联系的委员组,负责指导、协调、督促所分工联系委员组开展学习、视察、调研等活动,要求各委员组每季度至少组织委员活动一次。由于专委会组织有力,联系到位,政协的整体功能大大加强,各委员组活动取得明显成效。搬经、磨头、雪岸、白蒲等委员组多次组织委员对镇区搬迁改造、环境打造、交通发展和农民集中居住区建设开展视察和调研,就镇区规划建设向镇党委、政府提出建设性意见;工商、经济开发区、长江、江安等委员组委员充分发挥人脉优势,积极招商引资、引智、引技,宣传推介如皋,为广大创业者和企业发展搭建平台,促进了地方经济的发展;农业、磨头委员组就秸秆综合利用、减少环境污染、土地流转及高效设施农业发展提出务实中肯的意见和措施。特别值得一提的是更多的委员组关注民生、关注社会事业发展。社会保障组多次组织对社会养老保险、失地农民保障、残障人群生活现状等课题开展调查研究;社会法制组委员努力为推动城乡社区管理服务组织建设建言献策;医卫、教育委员组多次组织送医下乡和对口支教活动,为600多人提供免费医疗服务;林梓、下原、文体新等委员组多次组织委员就非物质文化遗产保护、文化产业发展开展研讨。

优势互补上下联动。市政协注意将上下政协组织之间的指导关系转化为互相支持与协作的互动关系和优势互补关系,先后在配合省政协督办提案、调研陆源污染防治工作、配合南通市政协调研养老服务体系建设情况、新兴产业发展等工作中,发挥了较好的协助作用。同时,还注重调动南通市在如的政协委员参政议政积极性,通过组织参观、视察、座谈等,发动他们为我市的经济社会发展献计出力。此外,市政协还十分注重发挥历史文化研究会、政协联谊会文史工作研究会等方面的作用,合力做好市政协的文史资料工作。去年是中国共产党成立90周年、辛亥革命100周年,又是我市撤县建市20周年。为挖掘和记录如皋在这些重大历史事件中的珍贵史料,市政协成立专门工作班子,通过新闻媒体向全社会发出征稿启事,同时向亲历

这些事件的老领导、老同志，党史、革命史研究领域的专家、学者，如皋籍的在外知名专家、教授约稿，共征集各类稿件60多篇，稿件质量比历年大为提高，收集了大量弥足珍贵的宝贵史料和研究成果。现《如皋文史》第23辑已经出版发行。

五、努力实践，融入发展，服务中心成效显著

按照市委部署和统一安排，市政协积极服务中心工作，参与重点工作督查、挂钩联系镇、城市搬迁、各种场馆建设与布馆、新“六城同创”、千人联千企、结对帮扶等重点工作，努力为经济社会发展做贡献。文明城市创建活动中，组织政协委员230人次视察督查全市“窗口”服务行业。“领导干部下基层”活动启动以来，政协领导和机关正科职干部以及部分政协委员纷纷下基层、入农户、访民情、送温暖，帮助驻点调研村制定发展规划，落实帮扶措施，全面了解基层群众的所需、所想、所盼，尽力为群众办事实、解难题。据初步统计，去年共有班子成员、机关干部和政协委员200多人次帮助农村改善基础设施建设、争取政策扶持、引进投资项目，共为困难群众改造危房、扶孤助学、赠送技术设备等捐助资金300多万元，介绍200多名困难家庭劳动力就业，政协机关和委员们的爱心和善举赢得了广泛的社会好评，其做法和经验也先后被《江苏政协》和《人民政协报》报道。

六、外树形象，内强素质，努力增强政协组织的影响力和感召力

*加强制度建设，提升履职效能。*根据新的情况和要求，修订完善了政协委员管理办法，对委员的日常学习与管理、奖励和处分、调整和增补作了具体的规定，使委员履职有章可依、有法可循。坚持推行了委员述职制度。从去年11月中、下旬开始，市政协与统战部联合组织开展了政协委员述职活动。委员们以委员组为单位，将本届以来参加会议、撰写提案和反映社情民意、参与调查研究以及立足岗位建功立业、参加公益活动等情况进行汇报交流，在委员内部形成了积极履职、发挥才干、争先创优的氛围。

*抓好宣传工作，扩大政协影响力。*注重利用各类平台和媒介，宣传政协活动、文明创建、文化建设的精彩片断，展示政协工作成果。及时将政协工作中的做法、经验和政协委员在促进科学发展的生动实践中涌现出来的先进个人，在新闻媒体进行宣传和报道。去年以来，在南通市级以上报刊及网络媒体发表新闻信息稿件70多篇。

*加强交流联谊，促进内外团结。*市政协坚持凝聚各方人心，聚合力量推动发展。与统战部联合举办新春、国庆茶话会，介绍如皋经济社会发展的成就，共谋发展的良策。政协联谊会、长寿研究会、历史文化研究会、老科协等方面的政协委员，注重发挥各自特长，开展座谈、研讨活动，发挥相关组织中的老委员的特长，调动各方面的积极因素为我市的经济社会发展献计出力。同时，加强对外交往和联系，两次参加了长三角13县(市、区)政协工作研讨会，接待全国、省、市及兄弟县市政协来如考察41批400多人次，广泛地宣传展示了如皋形象。

2012年政协工作思路

一、精心组织政协换届工作，再塑政协新形象

二、政治协商要有新突破

三、民主监督要有新作为

四、参政议政要有新成效

五、促和谐保稳定要有新贡献

大 事 记

2011年十大要闻

1. 如皋在南通率先实现区域供水全覆盖

1月6日上午,如皋市举行区域供水全覆盖暨东线支管网通水仪式。至此,投资3亿元的区域供水东线支管网正式竣工通水,如皋在南通率先实现区域供水全覆盖。

长期以来,市区自来水厂水源水取自于如海运河,每逢枯水季节,特别是受潮汐影响时,城区污水向西倒流,直接威胁自来水厂取水口水质。水源水的品质是保证自来水水质的根本前提。2006年12月28日,市政府民办实事工程——引江区域供水工程拉开序幕。2008年12月,主管网一期工程如期建成通水,覆盖长江镇(如皋港区)、石庄、吴窑、磨头、如城、袁桥及如皋经济开发区(柴湾)等镇区,受益人口63.5万人。2009年12月30日,市内配套管网西线工程全线贯通,覆盖常青、搬经、高明、江安等镇,新增受益人口28万人。2010年12月28日,区域供水配套管网东线工程实现全线贯通,覆盖郭园、下原、九华、桃园、丁堰、白蒲、林梓、东陈、雪岸等镇,新增受益人口53.5万人。至此,全市145万人喝上优质长江水。

2."如皋盆景"被确认为中国地理标志证明商标

3月,"如皋盆景"被国家工商行政管理总局商标局正式确认为地理标志证明商标。这是南通市第一件地理标志证明商标,也是全国第一件盆景类地理标志证明商标。

如皋盆景栽培始于宋代,兴于明清,有着悠久历史。数百年的技艺传承,形成风格独具的如派盆景,其"云头雨足美人腰"的别致造型在中国盆景七大流派中独树一帜,在国际、国内大赛中屡获金奖,蜚声中外。被认定为地理标志证明商标后,如皋盆景的原产地、原料、制造方法、质量及其特定品质得到国家正式认可,受法律保护,只有经过法定的管理机构——如皋花木协会认可品质的盆景才可被称为"如皋盆景"。

3. 中国工农红军第十四军纪念馆开馆

6月9日,经中共中央办公厅、国务院办公厅和省委同意,红十四军纪念馆举行开馆仪式。中共中央政治局委员、国务委员刘延东,中国关心下一代工作委员会主任顾秀莲发信祝贺,省委常委、宣传部部长杨新力,南通市委书记丁大卫为开馆仪式致辞,中国关工委常务副主任闵振环和省关工委主任曹鸿鸣为中国关心下一代工作委员会爱国主义教育基地揭牌。省委原书记、省中共党史学会会长陈焕友,省军区政治部主任吕先景,省委副秘书长姚晓东以及红十四军将士后代代表等出席开馆仪式。

红十四军纪念馆坐落于如城镇福寿东路红十四军公园内,于2009年4月开工建设,占地4200平方米,建筑面积7860平方米,展厅面积约6350平方米。纪念馆由序厅、"江海曙光"、"长夜惊雷"、"斩木举义"、"军旗如画"、"革故鼎新"、"金戈铁马"、"碧血丹心"、"野火春风"、尾厅10个部分组成,以1300余幅图片、近4万字说明文字、600余件实物资料,再现了土地革命时期江苏境内唯一的一支中央序列红军武装——中国工农红军第十四军艰苦卓绝、可歌可泣的革命历史。红十四军纪念馆的建成开放,对于如皋放大红色旅游品牌、提升城市文化品位、促进城市转型升级具有重要意义。

4. 西气东输如皋管道天然气在南通率先通气点火

7月24日，西气东输如皋管道天然气正式通气点火，如皋告别没有管输天然气气源的历史，在南通率先用上西气东输管道天然气。这对推进全市清洁能源发展，降低生产、生活成本，带动与天然气相关行业和系统工程建设具有重要作用。

西气东输如皋段工程是市政府为民办实事工程，总投资2亿多元，铺设高中低压燃气管网10.1万米，日供气能力200万立方米，全年管道可供气5亿立方米。至年底，全市2.6万户居民及130户公共福利用户和工业用户用上管道天然气。

5. 如皋再次荣膺全国百强县市称号，位次较上年提升17位

8月20日，在全国县域经济科学发展交流年会上，第11届全国县域经济百强县(市)名单揭晓，如皋位列第50位，比上年提升17个位次，在江苏省29个入围百强县(市)中列第13位。

6. 国家信息农业工程技术中心在如皋建立试验示范基地

9月11日，国家信息农业工程技术中心、白蒲镇人民政府、市农业技术推广中心正式签订协议，共建国家信息农业工程技术中心如皋试验示范基地。副省长曹卫星出席签约仪式。

根据协议，国家信息农业工程技术中心在白蒲镇朱家桥村通过流转土地、租赁设施、投资新建等方式，与如皋合作共建占地6.7余公顷的国家信息农业工程技术中心如皋试验示范基地。基地包括科研试验区、技术展示区、大田生产区以及办公区等多个功能区，目标建成高标准、综合性野外科研试验基地、技术示范基地及成果转化基地。示范基地的建成，将对提升如皋乃至全省农业集约化、标准化、产业化、信息化水平产生积极作用。

7. 市文化广场正式对外开放

9月28日，市文化广场正式对外开放，成为如皋文化强市的“新坐标”。

市文化广场是市政府2009年为民办实事工程，建设历时20多个月，总建筑面积3.85万平方米，总投资近5亿元，集图书馆、博物馆、文化馆、城市规划馆、科技馆于一体。图书馆突出以人为本的服务理念，实现图书借阅、报刊阅读自动化；文化馆注重各类文化艺术全面发展，群众文化活动功能齐全、设施先进；博物馆运用传统与现代相结合方式，形象再现千年古城历史文化发展脉络；城市规划馆运用世博理念，通过数字技术全方位展示城市的过去、现在和未来；科技馆运用高新电子科技，生动呈现如皋科技发展成果和未来科技如皋的发展远景。市文化广场的建成开放，对于完善城市功能、提升城市品位，更好地满足广大人民群众的精神文化需求，增强城市文化软实力，具有广泛而深远的影响。

8. 如皋“万寿百岁碗”获吉尼斯世界纪录认证

10月28日，如皋“万寿百岁碗”获吉尼斯世界纪录认证仪式在中国长寿城举行。世界长寿乡科学认证委员会副主席、国际自然医学会中国支部支部长王智墨，台湾“中国医药大学”教授、医学博士吴金滨，国际自然医学会专家卢威麟，吉尼斯世界纪录协会高级认证师吴晓红出席认证仪式。仪式上，吴晓红宣布“万寿百岁碗”为世界上最大的青铜碗，并为之颁发吉尼斯世界纪录认证书。

“万寿百岁碗”是为挖掘如皋百岁碗的人文风情、凸显如皋长寿因素而特制。碗身由青铜浇铸，碗口直径3.16米，碗口周长9.9米，寓意长命百岁；碗外侧浇铸1万个不同的寿字，寓意万寿无疆；碗的底座印有100位如皋健康百岁老人代表的手印，铜底座高39厘米，加花岗岩底座高226厘米，总高265厘米，寓意2011年如皋265位百岁高寿老人。

9. 如皋市被正式命名为国家卫生城市

11月24日，全国爱卫会发布《关于命名2009～2011年度国家卫生城市(区)的决定》，如皋市被正式命名为国家卫生城市。

2003年，如皋市卫生城市创建工作正式启动。市委、市政府将“打造最佳人居环境”作为建设小康社会的战略目标之一，发动全民参与创建，如皋城乡面貌发生翻天覆地的变化。至2011年底，如皋在苏中苏北率先实现省卫生镇全覆盖，桃园镇建成国家卫生镇，累计建成省卫生村(社区)168个，达到全市村居数的51%。

10. 南通锻压设备股份有限公司股票上市

12 月 29 日,南通锻压设备股份有限公司股票——"南通锻压"正式在深交所创业板挂牌上市,是继九鼎新材、熔盛重工之后如皋市第三家成功上市企业。南通锻压股票代码为 300280,发行价为 11 元/股,公开上市 2560 万股,对应市盈率为 34.38 倍。此次发行募集资金将用于大型精密成型液压机扩产改造项目和数控重型机械压力机生产项目,投资总额 3.08 亿元。

南通锻压设备股份有限公司创建于 2000 年 1 月,专业从事锻压设备的研发、生产和销售,为江苏省超大吨位锻压设备工程技术研究中心建设单位,拥有液压机、机械压力机关键及核心自主知识产权,是国内金属成形机床行业重点骨干企业、国家火炬计划重点高新技术企业、省创新型企业、省民营科技企业、江苏科技型中小企业。拥有重型数控加工机床及镗、铣、磨床等 200 多台套,具有加工、装配起吊能力 100 吨以上的大型液压机生产车间 3.2 万平方米,其机加工、装配能力居于国内同行领先水平。

2011 年大事纪要

1 月

5 日 市委召开常委会,研究讨论《关于 2011 年全局工作和重点工作目标任务分解落实的意见》、《市四套班子领导 2011 年重点工作组织推进体系及联系片、镇等分工》、《市政府工作报告》、《2011 年财政预决算报告》、《市人大常委会工作报告》、《市政协工作报告》、《关于做好镇党委换届工作的实施意见》、《关于选派干部参与拆迁、招商实践活动的方案》等议题。

6 日 市政府举行区域供水全覆盖暨东线支管网通水仪式,投资 3 亿元的区域供水东线支管网正式竣工通水,如皋在南通率先实现区域供水全覆盖。

△ 在全省供销合作社系统工作会议上,市供销合作总社为农服务社建设工作以全省第一的成绩被表彰为优胜单位。

8 日 江苏省船舶及配套产业技术创新战略联盟 2010 年会暨技术创新论坛在如皋举行。科技部政策法规司巡视员李新男、省经信委副主任秦雁以及数百名国内造船界专家、企业家代表出席论坛。

△ 第十五届市政府召开第三十八次常务会议,听取讨论《政府工作报告》、《如皋市基本药物制度实施办法》(试行)、2010 年及当前全市安全生产工作情况,讨论并原则通过《如皋市 2011 年安全生产工作计划》、《如皋市安全生产工作职责》等议题。

△ 如皋市 2011 年城镇建设招商洽谈会在光华国际大酒店举办。洽谈会上,推介市政基础设施建设、交通工程建设、房地产开发、小城镇建设等重点项目 20 个,集中签约项目 80 个,协议投资总额突破 200 亿元。

△ "责任中国"人民网 2010 年度人民网十大网评人评选揭晓,人民网网友、南通作协会员、如皋市专业作者范子军入选。

10～14 日 政协如皋市第十二届委员会第四次会议召开。会议听取、审议市政协工作报告、市政协十二届三次会议以来提案工作情况报告;以举手表决方式选举黄文斌为市政协第十二届委员会副主席,王捷、郝继锋、夏茂宏为市政协十二届委员会常务委员;表彰 2010 年市政协工作先进集体、先进个人,优秀提案、提案办理先进承办单位,优秀社情民意信息员、委员论坛优秀论文;一致通过《中国人民政治协商会议江苏省如皋市第十二届委员会第四次会议决议》。

12～15 日 市第十五届人民代表大会第四次会议召开。会议审议并以举手表决的方式通过《关于如皋市人民政府工作报告的决议》、《关于如皋市经济社会发展第十二个五年规划纲要的决议》、《关于如皋市 2010 年国民经济、社会发展计划执行情况和 2011 年国民经济、社会发展计划报告的决议》、《关于如皋市 2010 年财政预算执行情况和 2011 年财政预算报告的决议》、《关于如皋市人大常委会工作报告的决议》、《关于如皋市人民法院工作报告的决议》、《关于如皋市人民检察院工作报告的决议》,以无记名投票方式选举谢新民为市第十五届人民代表大会常务委员会副主任、许映如为市第十五届人民代表大会常务委员会委员。

13 日 光大银行与熔盛重工集团在南京签署战略合作协议,光大银行给予熔盛重工最高 100 亿元人民币授信额度,主要用于银行融资服务、工程机械按揭服务、现金管理服务、国际业务服务和其他金融服务等。副省长史和平，省政府副秘书长汪泉，省经信委副主任、省国防科工办主任秦雁，省海事局副局长陈桂平等出席签约仪式。

14日 如皋市集贤里古民居抢救保护工程阶段工作通过省委宣传部验收。

17日 市委召开常委会，传达省、南通市政法工作会议精神，讨论《关于深入推进全市学习型领导班子、学习型干部队伍建设的意见》、《关于进一步加强和改进律师工作的意见》、《关于推行镇（区）党（工）委书记管党述职评议制度的意见》、《新人武部选址方案》、《如皋市中长期和"十二五"人才规划方案》等议题，票决相关先进集体、先进个人评选等事项。

18日 市委、市政府举行新春农业批发商洽谈会。会上，发布市级重点农业项目信息12个，集中签约项目67个，签约项目涉及设施农业建设、农产品加工、农业生态休闲等方面，协议投资总额为内资29.173亿元、外资2900万美元。

△ 如皋名特优产品展示展销会开幕。展销会历时1个月，近30家企业和单位参展，以盆景花卉、长寿食品、观赏鱼鸟等如皋名特优农产品展示展销为主，同时展示富有地方文化特色的工艺制品、民间收藏等。

19日 如皋盆景获中央电视台第七套《每日农经》魅力农产品嘉年华人气奖。

25日 金盛全球建材家居采购中心项目在南京通过专家评审。金盛全球建材家居采购中心是金盛集团在如皋投资的超百亿元重大项目，是市"十二五"规划重点建设项目。

26日 市人社局、市财政局联合发出通知，从1月1日起，上调企业退休人员养老金，全市3.8万名企业退休人员养老金平均每人每月增加156.7元。

27日 市委召开常委会议，研究讨论《关于对若干群体生活补助建立自然增长机制的通知》、《关于加强推进人才强企工作的意见》、《关于实施企业家能力提升工程的意见》、《关于进一步加强农村精神文明建设的实施意见》（讨论稿）、《关于解决80年代被辞退民办教师老有所养问题的请示》、《关于解决原阎台煤矿井下职工配偶落城镇户口生活保障问题的情况汇报》、《全市建筑会议方案》等议题。

△ 最高人民检察院检察长曹建明一行视察如皋市检察院工作。省人民检察院检察长徐安，南通市委书记、市人大常委会主任罗一民，南通市委副书记、市长丁大卫等陪同视察。

△ "感动江苏教育十大人物"颁奖典礼在南京举行，全国人大代表、全国自强模范阎建国当选。

2 月

1日 即日起，全市最低工资标准调整为930元/月、7.5元/小时。

△ 南通市副市长、如皋市委书记陈惠娟主持召开党政联席会，研究讨论《关于2010年度技术改造、信息化建设、科技进步和创名创牌企业奖励方案》、《关于2010年度建筑业政策性奖励方案》。

9日 全市加快城市化进程推进大会召开。

△ 全市加快科技创新、加大开放力度、促进工业经济转型升级动员大会召开。

10日 全国人大常委龚学平视察如皋经济社会发展情况。

12日 市委、市政府举办市小城镇建设招商洽谈会。会议推介16个镇、55个"十个一"功能建设项目，投资额达57.46亿元。会上，集中签约小城镇建设项目40个，协议投资总额突破39.93亿元。

17日 全国党建研究会副会长蔡长水率人民日报社《人民论坛》栏目专题调研组到如皋，考察调研创先争优活动开展情况。

18日 人民日报社《人民论坛》理论调研点授牌仪式暨"深入开展创先争优活动的'如皋样本'"专题调研座谈会举行。

△ 南通通宝船舶有限公司与荷兰Combi组合造船远东有限公司、台州市江帆进出口贸易有限公司、江苏苏豪集团有限公司、POET新加坡大洋工程贸易私人有限公司、马来西亚Simgood工程公司五家公司正式签订总价值11.9亿元船舶建造合同。

△ 市委召开常委会议，研究讨论《全市推进"两个加快"现场促进会方案》、《2011如皋市经济技术（科技·人才）洽谈会实施方案》、《纪念中国共产党成立90周年活动方案》、《纪念建市20周年活动方案》、《选派第一书记工作方案》等议题。

22日 商务部合作司商务参赞郑超率商务部、财政部联合调研组到如皋调研对外劳务合作服务平台建设情况。

23日 省文化厅副厅长马宁率调研组到如皋调研

创新文化建设情况。

26日　第十五届市政府召开第三十九次常务会议,传达省、南通市人代会和全省国土工作会议精神,通报2010年全市行政复议与行政诉讼情况,听取讨论全市环保工作情况汇报、2011年全市依法行政工作要点、《关于加强农村环境保护工作的意见》、市镇道路改造工程和农村危桥改造工程相关实施意见等议题。

△　如皋市哲学社会科学界联合会成立大会暨第一次代表大会召开,选举产生市社科联第一届理事会,选举纪成如为理事会主席。如皋在南通五县(市)中率先建立社科联组织。

△　由中央党史研究室和江苏省委宣传部联合摄制的四集文献纪录片《江海怒涛——回忆红十四军》首集在中央电视台第七频道播出。

28日　全市45个投资千万元以上项目开工建设,总投资超过43亿元,其中集中开工项目10个,总投资25.58亿元。

3　月

1日　中央文献研究室研究部主任刘金田、中央党史研究室宣教局副局长薛庆超、中国军事科学院研究员王建强到如皋,指导红十四军纪念馆布馆工作。

3日　全国"两会"期间,南通市副市长、如皋市委书记陈惠娟走进人民网和中国网直播室,介绍如皋"十一五"期间取得的成果及"十二五"时期发展思路。

4日　南通市副市长、如皋市委书记陈惠娟到北京推动洽谈中国华电如皋投资项目以及如皋与清华大学产学研合作事宜。

5日　市政府召开全体(扩大)会议,贯彻落实市十届五次党代会和十五届人大四次会议精神,分析经济社会发展形势,动员各镇(区)、各部门进一步抢抓机遇,实现一季度"开门红"。

6日　如皋党建·新农村频道开播,在全国县(市)中尚属首家。

8日　省食品药品监督管理局局长、党组书记胡晓抒一行到如皋检查指导食品药品监管工作。

10日　市人大常委会召开纪念市人大常委会设立30周年座谈会。

15日　全省农机质量"3·15"活动在如皋举行,活动主题为:放心消费,兴机富民。

△　市委召开常委会,听取2011年经济技术(科技·人才)洽谈会暨撤县建市20周年纪念活动推进情况汇报,研究讨论《关于进一步加强人民法庭工作的意见》、《关于进一步深化全市大调解工作的意见》、《全市"两个加快"现场推进会暨创新型城市建设动员大会方案》等议题。

16日　南通市政协主席王德忠率南通市政协"加快养老服务体系建设"调研组一行到如皋调研,实地察看高明镇晓庄村居家托老院、如城镇敬老院及宏坝社区居家养老服务站。

△　基本药物制度在全市正式实施,599种药物实行零差价销售,村(社区)卫生服务站使用基本药物比重为100%,镇级医院使用基本药物比重为50%,县市级医院使用基本药物比重为30%。

20日　农业部农产品质量标准研究中心副主任、中国农科院质量标准所副所长钱永忠到如皋,考察、指导蔬菜生产。

22日　全省企业退休人员社会化管理服务工作座谈会在如皋召开。磨头镇社会保障服务中心、如皋港区春江花苑集居区及省沿江人才市场为座谈会提供现场。

23日　公安部法制局局长孙茂利视察如皋公安系统执法规范化情况。

24日　国土资源部党组成员、总规划师胡存智率领调研组到如皋,调研"万顷良田"建设工程。

△　2011年全省放心农资下乡进村活动在如皋启动。省农业委员会主任吴沛良出席启动仪式,并专题调研如皋市国家级现代农业示范区建设情况。

△　在中央电视台《社会与法》栏目《"双百"活动——让法治文明走近你我》专题节目中,市司法局副局长陈暐与中国政法大学教授应松年等法学家一起接受央视记者访谈。

25日　根据《江苏省市县地方税务系统机构改革的意见》(苏编办发〔2010〕10号)等有关文件精神,原如皋市地方税务局公告更名为南通市如皋地方税务局。

26日　市科技创业园高校成果转移中心揭牌暨2011年度首批企业入孵仪式举行。

△　市志愿服务总队成立暨"文明交通志愿服务月"活动启动仪式举行。

△　中国农业发展银行总行副行长刘梅生一行视

察如皋市长江镇(如皋港区)“万顷良田”工程项目现场。

29日 市政府召开“市外银行看如皋”银政企合作恳谈会。

30日 省重点流域水污染防治工作国家考核组到如皋视察指导工作。

△ 全市42个项目集中开工,项目总投入超过26亿元,涉及机械设备、房地产、高效设施农业等领域。

是月 市粮油检测中心被国家认可委授予国家实验室资质,正式被允许使用中国合格评定国家认可委(CNAS)认可标志,成为全省唯一一家获国家级实验室资质的县级市粮油检测实验室。

△ “如皋盆景”被国家工商行政管理总局商标局正式确认为地理标志证明商标。这是南通市第一件地理标志证明商标,也是全国第一件盆景类地理标志证明商标。

4 月

1日 市委副书记、市长姜永华,上海铁路局宁启复线建设指挥部指挥吴建刚分别代表如皋市和宁启复线工程指挥部,签署宁启铁路复线电气化工程如皋站站房改建协议书。根据协议,宁启复线如皋站站房将由原先1000多平方米改扩建至6800平方米。

2日 市委召开常委会,研究讨论《关于创建现代农业园区的实施意见(讨论稿)》、《关于在全市开展学习、宣传杜松华同志先进事迹的建议》、《关于推进2011年度全市“两大体系”建设重点工作的意见(讨论稿)》、《关于开展农村集体资产清产核资和确权发证工作的实施意见(讨论稿)》、《经济开发区升级为国家开发区的初步方案》、《如皋市“爱心邮路——普法信使”授旗暨“普法邮路通万家”工程启动仪式实施方案》等议题。

7日 沪苏通金三角侨联合作交流年会在如皋召开。中国侨联副主席、上海市政协副主席、上海市侨联主席吴幼英,上海市侨联党组书记李葳萍,省侨联主席郁美兰等出席会议。

8日 市“普法邮路通万家”工程启动,由152名邮递员组成的“普法信使”从安定广场出发,将各类法制宣传资料送往千家万户。《法制日报》、人民日报社江苏分社、新华社江苏分社、江苏电视台、江苏人民广播电台、《扬子晚报》等20多家省内外媒体竞相报道。

9日 2011年全国部分重点软件企业高层圆桌座谈会在如皋召开。工业和信息化部运行监测协调局副局长高素梅、中国软件行业协会副理事长兼秘书长胡崑山、全国部分软件和信息产业企业家代表出席座谈会。

△ 市政府召开十五届第四十次常务会议,传达全省深化医药卫生体制改革工作会议精神,研究讨论进一步调整2011年新型农村合作医疗有关政策的方案、《关于加强特殊人群管理服务的意见》、2011年度城乡“低保”标准、“五保”供养标准和相关对象救助标准等议题。

10～13日 市委副书记、市长姜永华到新疆建设兵团农13师,参加九鼎集团与国电电力发展股份有限公司合作的三塘湖一期风电项目开工奠基仪式。

12日 全国秋末冬初桑树绿枝扦插技术现场研讨会在如皋召开。中国蚕学会秘书长、中国农业科学院蚕业研究所所长张国政出席会议。

12～13日 省委党史工办主任崔广怀一行到如皋,调研指导红十四军纪念馆正式开馆相关事宜。

15日 林梓镇桥口村、常青镇土山村、搬经镇湖刘社区、东陈镇南东陈社区、石庄镇凤鸣社区、九华镇郑甸社区、江安镇中心社区、如城镇大明社区、桃园镇天堡社区9个村(社区)被命名为省民主法治示范村(社区)。

17日 纪念冒辟疆诞辰400周年暨大型电视剧《董小宛传奇》拍摄签约仪式在水绘园风景区举行。

20日 中央创先争优活动领导小组办公室副主任、中组部组织一局局长张国隆率调研组到如皋,调研窗口单位和服务行业创先争优活动开展情况。

21日 省农委召开会议,部署全省20个行政管理体制改革试点镇开展农业现代化示范镇建设工作,如皋市长江镇(如皋港区)被列为全省农业现代化示范镇。

26日 江苏·如皋(上海)投资环境说明会在上海华亭宾馆举行。说明会重点推介先进制造业、服务外包等项目信息。会上,集中签约项目91个,协议投资总额为内资200.11亿元、外资4.47亿美元。

△ 如皋文庙大成殿彩绘修复工程通过由省文物局文保处处长李民昌率领的验收专家组检查验收。

28日 全市33个项目举行集中开工仪式，项目总投入逾24亿元，涉及房地产、现代农业、交通基础设施、机械及汽车配件、测绘仪器等领域。

29日 全省最大的水运工程——焦港船闸建成试通航，标志连申线江北段出江口正式打通。

5 月

5日 第十五届市政府召开第四十一次常务会议，听取并讨论研究《2011年如皋市创建节约集约用地模范县(市)活动实施方案》、《如皋市拥军优属工作若干规定》、《如皋市城乡困难群众医疗救助办法》、全市食品安全工作及非法添加、滥用食品添加剂专项整治工作情况汇报等议题。

7日 外交部副部长吕国增到如皋视察水绘园风景区和城市建设情况。

8日 如皋市企业上市专题研修班在上海复旦大学正式开班，40多名企业负责人出席开班典礼。

10日 全市首家社区廉政文化学校在如城镇城南社区成立。

△ 市委召开常委会，研究讨论《红十四军纪念馆正式开馆相关活动方案》、《如皋市基本药物制度实施情况汇报》、《廉政文化广场落成仪式活动方案》等相关议题。

△ 2011年市委、市政府为民办实事项目——市中医院门急诊楼开工建设。工程是市中医院总体建设规划二期工程，设计日门诊量1500人次，总建筑面积2.2万平方米。

11日 如皋廉政文化广场落成开放，开创全省县级廉政文化广场建设先河。广场位于市行政中心办公楼前，总占地面积4.5万平方米，总投资600万元。

12日 全国人大常委会委员、农业与农村委员会副主任委员孙文盛、尹成杰率队到如皋，专题调研耕地保护补偿制度等有关问题。省人大常委会副主任丁解民等陪同调研。

13日 在北京召开的中国软件投融资论坛上，市委副书记杨曹明围绕“打造国家级软件园、率先迈进基本现代化”作专题发言。

14日 市政府召开低碳经济试点城市建设动员大会。

15日 市残疾人综合服务大楼落成。

△ 最高人民法院副院长江必新到市人民法院调研。

14～16日 南通市副市长、如皋市委书记陈惠娟应邀到美国佛罗里达州访问，并参观考察加利福尼亚州。在佛罗里达州访问期间，陈惠娟代表如皋市与百应能源有限公司就共同开发绿色能源、与百应公司合作开发太阳能项目达成合作意向，与佛罗里达州立大学及高磁实验室就佛罗里达州立大学在如皋经济开发区建立科技孵化基地等事宜签订友好合作协议，与塔拉哈希市市长约翰·马克斯签订姐妹城市友好合作意向书；在加利福尼亚州，与全球最大、最先进的天文望远镜制造商——美国星特良公司洽谈到如城镇投资事宜。

15～16日 以国家农业综合开发办公室监督检查处处长李建民为组长的调研组到如皋，专题调研农业综合开发项目验收工作。

16日 省委政法委副书记朱华仁一行到如皋，检查政法系统“发扬传统，坚定信念，执法为民”主题教育实践活动开展情况。

△ 在全省职业教育创新发展推进会上，公布无锡市、常州市等10个首批江苏省职业教育创新发展实验区名单，如皋市位列其中，成为全省职业教育率先创新发展的10个市县之一。

△ 如皋市举行全国人口健康公共服务项目示范市揭牌仪式。国务院原副秘书长、中国人口健康援助工程组委会主任安成信，省人口计生委副主任何小鹏等参加揭牌仪式。

△ 2011年全省普通高校对口单招考试成绩揭晓，市职教中心533名考生参考，本科上线369人，占全省总本科计划数的1/8，本科上线人数和上线率列全省第一，旅游、化工两个专业本科上线率均为100%，朱小飞、吴雅婷、李均均、张宇婷、杨秦、陈小燕和石秋云七名同学分别为电子电工、计算机、化工、旅游、汽车、服装六个专业的省状元。

17日 中国如皋(美国)投资环境说明会在洛杉矶海珍大酒店举行。会上集中签约项目4个，签约总额达6.05亿美元。中国驻美国洛杉矶总领事馆副领事朱仁涛，加州核桃市市长苏王秀兰，俄勒冈州尤金市市长、洛杉矶市议员黄维刚，加州蒙特利公园市副市长刘达强以及中美经贸交流北京商会、浙江商会、上海商会、文学艺术联合会、经贸促进会等侨界组织的会长、副会长和当地制造业、服务业、旅游业等领域客商280多人出席投资环境说明会。

17～18日 国土资源部总督察办巡视员张璞率建设用地增减挂钩督察组到如皋调研。

△ 如皋市创建全国农村中医药工作先进单位工作顺利通过由国家中医药管理局委托的检查评估专家组的检查评估。省卫生厅副厅长、中医药管理局局长陈亦江陪同检查。

19日 省妇女儿童发展规划评估督察组到如皋，督察实施妇女儿童发展“十一五”规划情况。

21日 农业部管理干部学院培训班开班。培训班为期5天，全市42名优秀大学生“村官”参加培训。

△ 中国如皋(温哥华)投资环境说明会在加拿大温哥华举行。说明会上，如皋与加拿大有关方面在科技创新、环境工程、商业综合体开发、软件服务外包等领域达成初步合作意向，集中签约项目5个，签约投资总额达3.5亿美元。中国驻温哥华总领事馆商务馆领事党海彭、加拿大卑诗省议会议员李灿明、加拿大华商会会长陈若虚等出席投资环境说明会。

21～22日 由全国中小学计算机教育研究中心(上海研究所)主办，南通市教育科学研究中心、如皋市教育局协办的全国中小学信息技术教学应用研讨会在如师附小举行。来自全国各地的160多名代表共同参与“说课”、“展示课”等观摩活动。

22日 企业人力资源管理师全国统考首个县市鉴定点在如皋市委党校设立，全市96名重点骨干企业管理人员参加高级工、技师两个级别考试。

24～27日 文化部召开全国农村文化市场管理工作经验交流会暨全国文化市场综合执法工作会议，如皋市“加强民营剧团管理，繁荣农村文化市场”经验做法在会上被推介。

27日 “外国留学人员如皋行”活动举行，来自20多个国家的36名东南大学留学生相聚如皋高等师范学校，了解如皋市历史文化底蕴和人才强市政策。

△ 省委宣传部副部长周琪一行到如皋，实地考察红十四军纪念馆。

△ 省农委下发《关于命名首批省级“五好”农民专业合作社示范社的通知》(苏农社〔2011〕3号)，公布全省首批859家省级“五好”农民专业合作社示范社，如皋市光远果蔬、齐富畜禽、寿奉稻米等22家农民专业合作示范社榜上有名。

28日 2011年如皋经济技术(科技·人才)洽谈会在如皋大剧院开幕。科技部科技经费监管服务中心副主任，中国科技大学教授、博士生导师房汉廷；中国科学院院士、南京大学教授、省化学化工学会理事长陈洪渊等来自全国60多所高等院校和科研院所500多位专家学者及江苏省20多家金融机构负责人出席开幕式。

△ 省沿江开发(如皋)人力资源(人才)市场夏季大型招聘会举行。719家企业进场招聘(其中市外企业184家)，提供招聘岗位3万多个，其中人才需求岗位1.2万多个、用工需求岗位1.8万多个。招聘会吸引1.2万余人进场求职。

△ 在市科技人才对接洽谈暨信息发布会上，如皋市企业与与会高校、科研院所、金融风投机构达成各类合作意向406个，其中工业类产学研合作意向244个、农业类产学研合作意向128个、金融类合作意向34个。

△ 市委、市政府召开如皋市科技金融报告会，中国科技大学教授、博士生导师房汉廷应邀担任主讲嘉宾。

△ 市委、市政府举行如皋市公开招录百名高层次党政后备人才首批签约仪式，50名高层次人才签约如皋市。

△ 市委、市政府举行外国留学生恳谈会，应邀参加“外国留学人员如皋行”活动的东南大学留学生与如皋市部分企业洽谈。水绘园风景区管委会、丝毯艺术博物馆、九鼎集团、双马化工、泰慕士服饰、杰克拜尼帽饰等公司分别与留学生们签订人才合作意向书。

△ 市全民健身中心落成。中心位于市安定广场，建筑总面积3.3万平方米，健身用地1万平方米，设一个综合馆和乒乓球馆、台球馆、健身馆、武术馆、瑜伽馆、体育舞蹈馆、跆拳道馆、棋牌馆等12个专业健身培训中心，配套建设有淋浴房、营养餐厅。

29日 首届“雉水英才话发展、学子归巢建功业”恳谈会举行。

30日 中国科学技术协会第八次全国代表大会闭幕式举行2011～2015年度全国科普示范县(市、区)命名授牌仪式，如皋市获全国科普示范县(市、区)命名和授牌。

△ 全市29个项目开工，总投入近30亿元，涉及现代服务业、新兴加工业、精密机械配件、化纤新材料等产业。

31日　参加“百所名校江苏行”活动的北京大学、复旦大学等“985工程”和“211工程”重点高校组织部、学生处、就业处、科技处、研究生院负责人到如皋，对接校地人才智力合作事宜。

6　月

1日　如皋市企业家美国斯坦福大学高级研讨班开班。培训班为期16天，主题为“转型发展与企业创新战略”，18名如皋市目标千百亿企业、市属国资公司以及南通其他地区企业的优秀企业家参加培训。这是如皋市举办的首次企业家境外培训班。

△　省粮食局局长王元慧一行到如皋调研指导粮食工作，察看如皋粮食储备库各项设施，了解粮库运行情况。

2日　南通市委副书记、代市长张国华一行到如皋调研。

△　如皋市招录的第二批40名高层次党政后备人才正式签约。

3～4日　由国家环保部生态司副巡视员侯代军、省环保厅副厅长赵挺率队的技术评估组到如皋市，技术评估国家生态市创建工作。评估组一致同意如皋市生态市创建通过国家级技术评估。

4日　2011年江苏如皋少儿体育舞蹈公开赛暨第二届(世界华人舞蹈联合会)世界华人青少年舞蹈锦标赛在市全民健身中心综合馆举行，南通各县、市(区)及无锡市、盐城市、泰州市的12支代表队近500名选手分别参加41个组别的竞赛。

5日　市委召开常委(扩大)会议，研究讨论“八项工程”调研情况。

9日　经中共中央办公厅、国务院办公厅和省委同意，中国工农红军第十四军纪念馆举行开馆仪式。中共中央政治局委员、国务委员刘延东，十届全国人大常委会副委员长、中国关心下一代工作委员会主任顾秀莲发信祝贺。省委原书记、省中共党史学会会长陈焕友，省委常委、宣传部部长杨新力，省委原副书记、省关心下一代工作委员会主任曹鸿鸣，中国关心下一代工作委员会常务副主任闵振环，省军区政治部主任吕先景，省委副秘书长姚晓东，南通市委书记丁大卫等出席开馆仪式。

△　由省委党史工办、省中共党史学会联合举办，南通市委党史办、如皋市委承办的中国工农红军第十四军研讨会举行。省委原书记、省中共党史学会会长陈焕友，军科院军事历史研究所副所长郭志明、省委党史办副主任吴雪晴等出席研讨会。

△　中央电视台第七套《军营大舞台》走进如皋，举办《江海军旗红》文艺晚会，庆祝中国共产党诞辰90周年暨中国工农红军第十四军纪念馆开馆。

11日　国务院副秘书长、国管局局长焦焕成一行到如皋，实地考察花木产业和经济社会发展情况。

△　国家计生协会副会长、中国人口基金会常务理事长苗霞一行到如皋调研考察计生协会工作情况。

11～13日　在南京国际博览中心举办的全国残疾人就业及技能培训成果展暨首届全国残疾人展能节上，市全国人大人民代表、全国自强模范阎建国入选全国残疾人百名风采人物，其事迹在南京国际博览中心展出。

△　在全国第四届残疾人职业技能竞赛中，如皋市选派蒋小兰、杨海霞、陈乔娟、朱亚岗、冒朝霖五名残疾人选手参赛。陈乔娟、朱亚岗分别在蛋糕装饰和扎染两个项目中获金牌，蒋小兰、杨海霞、冒朝霖分别在棒针、钩针、蜡染三个项目中获银牌。

14日　江苏省港口管理局局长高锦安一行实地视察如皋港区森松重工泓北沙内港池和诚晖石化专用码头。

15日　在全省人口和计划生育工作会议上，如皋市被省人民政府表彰为人口协调发展先进县(市)。

15～16日　全国人大常委会委员、民进中央副主席兼秘书长朱永新到如皋视察。

16日　省科技厅召开江苏熔盛重工“300米深水铺管起重船”科技成果鉴定会，同意该项目通过科技成果鉴定，并建议加快该成果产业化进程。

△　由中宣部、教育部、共青团中央等单位共同主办的“2010中国大学生年度人物颁奖典礼”在北京举行。将生命献给支教事业的如皋市爱心大使赵小亭获“2010中国大学生年度人物”特别奖。

△　南通市副市长、如皋市委书记陈惠娟率考察团赴台湾参加“南通台湾经贸活动月”活动。其间，陈惠娟拜会了国民党中央评议委员会主席张荣恭等知名人士，并参观了信东生物科技等企业。

17日　在一年一度的Seatrade亚洲海事颁奖典礼上，熔盛重工蝉联亚洲年度最佳造船奖。

△　如皋(台北)投资环境说明会在台北圆山大饭店举行。中亚集团、友嘉公司、远雄集团、永丰实业、联华食品等现代农业、电子信息、服务外包、光

伏光电产业的30多位台湾工商界人士应邀参加会议。

△ 第十五届市政府召开第四十三次常务会议，集中学习《南通市党员干部道德守则》(试行)、《南通市党员领导干部道德操守问责暂行办法》，研究讨论全省实施创新驱动战略推进科技创新工程工作会议、全省创新社会管理加强群众工作会议精神落实举措和《关于加快发展社会养老服务事业的意见》等议题。

△ 省经信委、省中小企业局、省统计局等联合召开新闻发布会，公布2010年度全省营业收入百强企业、百强民营企业名单，南通六建集团、江苏江中集团、江苏英田集团3家如皋企业入围2010年江苏营业收入百强民营企业。

18日 市城市总体规划(2011～2030年)工作会议召开，新一轮城市总体规划编修工作启动。

18～19日 南通市副市长、如皋市委书记陈惠娟率经贸代表团在台湾继续考察，并与台湾工业总会理事、冷冻空调同业工会理事长蔡火旺，台湾农产品流通协会理事长林瑞民，大将作工业股份有限公司董事长王彦博交流洽谈，就进一步开展经贸合作达成一系列共识。

19日 江苏如皋(台湾)港口经济说明会在台湾日月潭涵碧楼举行。台湾国民党"立法委员"林明溱，中卫科技股份、东方表面工艺股份有限公司等公司负责人等40多人应邀参加说明会。

24日 中国长寿城奠基开工。中国长寿城项目占地约100公顷，分三期实施，设有中华长寿博物馆、东方大寿星园、养生学院、温泉养生度假、国际长寿论坛等功能区，致力建成中国最具影响力的长寿文化胜地。

24～27日 在全国职业院校技能大赛中，市职教中心学生朱奇滨、成伟，市一职高学生章海斌、缪鹏飞代表江苏省参赛，获两金两银。朱奇滨、章海斌分获中职组电工电子技术类"亚龙杯"机电一体化设备组装与调试项目、建筑专业工程算量项目金奖，成伟、缪鹏飞分获中职组现代制造技术类车工技术项目、电工电子专业电子产品装配项目银奖。

25日 市第十五届人大常委会召开第三十二次会议。会议通过法定程序，任命缪小华、缪爱诚为市人民政府副市长，接受黄成、赵男男辞去市人民政府副市长职务。

26日 台湾著名诗人、台湾"中华"语文教育促进协会理事长、台湾"中山大学"教授余光中偕夫人范我存，在全国台联副会长、江苏省台联会长胡有清陪同下到如皋参观访问。

26～28日 中国共产党如皋市第十一次代表大会召开。大会回顾总结中国共产党如皋市第十次代表大会期间全市各项工作取得的成绩，提出全力推进"两个加快"。大会听取审议并一致通过《中国共产党如皋市第十一次代表大会关于中国共产党如皋市第十届委员会报告的决议》和《中国共产党如皋市第十一次代表大会关于中国共产党如皋市纪律检查委员会工作报告的决议》，以无记名投票方式，差额选举产生中国共产党如皋市第十一届委员会委员、候补委员，市纪委委员和如皋市出席南通市第十一次党代会代表。

27日 中央电视台《新闻联播》报道中国工农红军第十四军纪念馆情况。

28日 中共如皋市第十一届委员会举行第一次全体会议，选举产生中国共产党如皋市第十一届委员会常务委员会委员，选举陈惠娟为市委书记，姜永华、黄成为市委副书记；表决通过中共如皋市纪律检查委员会第一次全体会议选举结果报告。

△ 中国共产党如皋市纪律检查委员会召开第一次全体会议，选举市纪委常委，选举马建明为纪委书记，沈良高、赵建明为纪委副书记。

29日 全市40个项目举行集中开工仪式，项目总投入达65亿元，涉及环保设备、药用新材料、农庄观光园千亩药材园等一批新兴项目和现代农业项目。

30日 第十一届市委召开第一次常委会，研究讨论《市委全委会、常委会议事决策规则》(讨论稿)和《关于加强市委全委会自身建设的意见》(讨论稿)、《关于"八项工程"组织推进体系的方案》(讨论稿)、《关于"八项工程"目标任务分解落实的意见》(讨论稿)等议题。

7 月

1日 全市庆祝中国共产党成立90周年大会暨"七一"大党课举行。

△ 即日起，全市社会救助各项标准上调。从2011年7月至2012年6月，城市"低保"救助标准由每人每月340元提高到360元，月人均补差由

170 元提高到 180 元;农村“低保”救助标准由每人每月 210 元提高到 240 元,月人均补差提高到 120 元。农村“五保”集中供养标准由每人每年 3920 元提高到 4220 元,分散供养标准由每人每年 3020 元提高到 3200 元。20 世纪 60 年代精减退职原城镇户口人员补助标准由每人每月 340 元提高到 360 元,原农村户口人员补助标准由每人每月 320 元提高到 340 元。1954 年 10 月 31 日前入伍的复员、残疾军人死亡后配偶补助标准由每人每月 340 元提高到 360 元。

△ 即日起,全市离休干部护理费标准上调。1937 年 7 月 6 日及以前参加革命工作的离休干部每人每月发放护理费 1100 元,1937 年 7 月 7 日至 1945 年 9 月 2 日参加革命工作的离休干部每人每月发放护理费 900 元,1945 年 9 月 3 日至 1949 年 9 月 30 日参加革命工作的离休干部每人每月发放护理费 800 元。

5~11 日 市委副书记、市长姜永华率相关部门和镇区负责人到长春、沈阳、大庆和哈尔滨四座城市,考察如皋市重点骨干建筑企业——六建集团和江中集团在东北三省建筑业市场发展情况。

6 日 由司法部主办的全国模范人民调解员评选结果揭晓,搬经镇副镇长、司法所所长刘平林榜上有名,是南通地区唯一上榜者。

9 日 熔盛重工举行 40 万吨超大型矿砂首制船“VALECHINA”号命名及出坞仪式。“VALECHINA”号是熔盛自主研发、为全球最大铁矿石供应商巴西淡水河谷承建的高科技船型,代表世界上最先进的超大型散货船技术水平,其主机为熔盛重工自主建造发动机,为国内自主生产的最大功率低速柴油机。

13 日 受副高边缘西南气流和冷空气共同影响,全市大部分地区遭遇九年一遇的强降雨,降水时间短、强度大、分布不均。根据 12 日晚 8:00 至 13 日下午 1:00 统计数据显示,如城、袁桥、高明、磨头、桃园、九华等 16 个镇(区)降水量超过 100 毫米,其中九华镇降水量达 203.6 毫米,属特大暴雨。连续强降雨导致市区街道、居家、店铺、小区、企业等多处积水,给市民生活、生产带来极大不便。

14 日 受特大暴雨影响,全市农业受灾严重。据初步统计,全市农作物受涝面积 5.57 万公顷,受灾面积 2.726 万公顷,其中稻田受灾面积 7366.7 公顷、旱作物受灾面积 1.99 万公顷。预计受灾的稻田每亩将减产 50~100 斤,严重的减产 100~150 斤左右,旱田作物减产 10%左右。全市 5333.3 公顷规模蔬菜基地近 4666.7 公顷受淹,接受调查的 46 家规模设施蔬菜园区近 1333 公顷在田蔬菜受淹面积达 1053 公顷。养殖业倒塌畜禽舍 245 平方米、被淹 8 万平方米,1013 头生猪、103212 只家禽死亡。花木受灾面积达 90%以上,严重积水 2000 公顷。预计全市农业直接经济损失达 7 亿元。

15 日 交通运输部海事局常务副局长陈爱平在省、南通市海事局负责人陪同下到如皋,实地考察熔盛重工及口岸联检大楼等港口新城基础设施建设。

16 日 市委召开常委会,研究讨论《关于开展领导干部下基层活动的意见》(讨论稿)、上半年总督查报告通报、《创建全国文明城市长效机制的实施意见》(讨论稿)、《关于开展“改进作风提效能,优化环境促发展”的活动方案》(讨论稿)、《关于在全市村(社区)深入开展“四有一责”建设行动计划的实施意见》(讨论稿)、《关于深化政务公开加强政务服务的意见》(讨论稿)、《关于进一步加强领导干部定期接待群众来访深入基层下访工作的实施意见》(讨论稿)及电视塔规划建设方案等议题。

17 日 由美国佛罗里达州百应能源公司投资的百应能源公司氢燃料电池项目举行开业庆典。该项目位于如皋经济开发区,致力于打造世界最大的新能源研发和生产基地。

18~22 日 金蝶国际软件集团南京分公司等 31 家省内外著名软件企业在如皋开展巡访活动,助推全市企业信息化建设。活动中,金蝶国际软件集团南京分公司、北京恩维协同科技有限公司、上海华腾软件系统有限公司等软件企业共同为全市 222 家 5000 万元以上规模企业以及信息化需求企业免费上门问诊,量身定做信息化服务套餐。

20 日 省长李学勇在省政府秘书长樊金龙、南通市委书记丁大卫及省相关部门负责人陪同下到如皋视察。

21 日 省委常委、省纪委书记弘强视察如皋市经济社会发展及廉政文化建设情况。

△ 省监察厅副厅长、省政府纠风办副主任刘井石,省纪委驻省水利厅纪检组副组长任晓明率省农村河道整治工程检查组一行到如皋检查农村河道

整治工作。

23～24 日 由水利部科技推广中心主任武文相为组长的国家级水利风景区验收组一行到如皋，验收龙游水利风景区。验收组一致同意龙游水利风景区申报国家级风景区。

24 日 西气东输如皋管道天然气正式通气点火，如皋告别了没有管输天然气气源的历史，成为南通首家用上西气东输管道天然气的县(市)。西气东输如皋段工程总投资 2 亿多元，铺设高中低压燃气管网 10.1 万米，日供气能力 200 万立方米，全年管道可供气 5 亿立方米。

25 日 南通市副市长、如皋市委书记陈惠娟率长江镇(如皋港区)、如皋港投资集团、招商局等单位负责人到上海柘中(集团)有限公司，洽谈在如皋港友谊沙岛合作开发建设公共码头物流基地和柘中公司在如皋港区投资建设钢管桩生产两个项目，并达成合作框架协议，协议总投资达 30 亿元。

28 日 省人大常委会副主任丁解民率检查组到如皋，检查《中华人民共和国农民专业合作社法》、《江苏省农民专业合作社条例》贯彻实施情况，实地察看神牛农机、光远果蔬、雨丰果蔬等专业合作社。

△ 省政协经济委员会主任汤以伦率领调研组到如皋调研农民集中居住区建设情况。

△ 全市 36 个重点项目开工，总投资超过 60 亿元。

△ 经评选，省农委公布全省 13 个乡村为 2011 年"江苏最具魅力休闲乡村"，如城镇顾庄村榜上有名。

30 日 市委十一届二次全体(扩大)会议召开。南通市副市长、如皋市委书记陈惠娟作题为《以胡锦涛总书记七一重要讲话为动力，只争朝夕，凝心聚力，努力实现"十二五"首战告捷》的报告。会议检阅全市推进"两个加快"典型，通报全市"两个加快"、"百日超半争先"竞赛活动考核结果和市委总督查情况，通过《中国共产党如皋市第十一届委员会第二次全体会议决议》。

8 月

1 日 省委研究室副主任刘福林调研如皋经济社会发展情况。

3 日 市政府召开第四十六次常务会议，讨论市政府全体(扩大)会议报告(讨论稿)、《廉住房、公租房和经济适用房管理实施办法》、安全生产工作等议题。

△ 交通部国家海事局副局长李世新一行到如皋视察。

△ 省委第一巡视组组长杭天珑率巡视组到如皋调研。

△ 南通市政协主席王德忠率驻南通省政协委员视察如皋农田水利工作。

4～5 日 第十五届人大常委会召开第三十三次会议，听取审议市政府关于 2011 年上半年国民经济和社会发展计划执行情况报告、2010 年财政决算和 2011 年上半年财政预算执行情况报告、2010 年度财政预算执行和其他财政收支情况审计工作报告、"五五"普法规划实施情况报告及"六五"普法规划(草案)说明、首期市政债券使用管理情况汇报，表决通过市人大常委会《关于批准如皋市 2010 年市本级财政决算的决议》、《关于进一步加强法制宣传教育的决议》。

6 日 水利部总工程师汪洪率全国人大重点处理建议办理调研组一行到如皋视察指导工作，现场调研、检查和指导如皋市办理《关于加大中央财政支持力度，开展全国河道综合整治的建议》情况。

△ 市政府召开全体(扩大)会议，深入贯彻落实省政府全体会议、市第十一次党代会及市委十一届二次全体(扩大)会议精神，回顾总结上半年经济社会发展情况，研究部署下半年政府各项工作。

8 日 "中华老字号"企业——南通白蒲黄酒有限公司的"万珍陈黄酒"、"薄荷冰爽黄酒"两个创新产品，顺利通过省经济和信息化委员会的组织评审。

9 日 市委人才工作领导小组召开会议，讨论科技镇长团工作、加强文化人才队伍、实施"教授博士柔性进企业"等议题。

12 日 "熔盛杯"中国机器人技术与应用高峰论坛在如皋开幕。来自全国机器人技术与应用领域的 250 多位专家、学者和企业家代表参加活动。

△ 市党员干部教育培训基地在市红十四军纪念馆正式揭牌。

13 日 南通市副市长、如皋市委书记陈惠娟主持召开市委常委会，研究讨论《关于进一步完善市委总督查交办、督办、查办、问责工作机制的意见》、《关于进一步加强全市机关作风与效能建设的意见》、《关于建立领导干部下基层长效机制的意见》、

《大学生村官培养工程》、《关于实施“全市领导干部信息能力提升工程”的意见》等议题。

△ 市委、市政府召开党政联席会，研究讨论迎接10月28日第九届中国·如皋沿江经济洽谈会召开“百日大决战”竞赛活动实施方案、《关于进一步优化行政审批服务的意见》、《关于加强新形势下城乡社区建设的意见》、《关于进一步深化和完善主功能区行政授权的意见》、《关于加强城乡户外公益性宣传管理的意见》等重点工作。

17日 省委巡视组组长张明亚率巡视组一行到如皋视察国土工作和经济社会发展情况。

17～19日 在在江西赣州举行的第七届国际美食养生大赛上，市餐饮协会派出的代表队团体的作品“长寿宴”获团体赛金奖，餐饮协会会员陈建林、丁红飞、姜海飞制作的金汤凤尾虾、丽花鲜鱿、口袋豆腐获个人赛金奖。

18日 全国首家大型民营企业外国人服务站——熔盛重工外国人服务站正式揭牌。省公安厅副厅长陈逸中等出席揭牌仪式。

19日 财政部预算司副司长郎福宽、省财政厅副厅长徐宁率队到如皋，考察经济社会发展情况。

20日 在全国县域经济科学发展交流年会上，2011全国县域经济百强县(市)名单揭晓，如皋位列第50位，比2010年上升17个位次。

21日 财政部社保资金绩效考评组专程到如皋，驻点开展为期一周的绩效考评，重点对全市2010年新型农村社会养老保险、农村最低生活保障及公共卫生服务三项重点民生工作的社保资金项目执行情况进行绩效考评。

22日 农业部公布全国322个“一村一品”示范镇名单，如城镇(花木盆景)榜上有名。

25日 参加“浙商如皋行”活动的100多名浙江客商考察如皋投资环境，听取相关项目信息发布。活动中，现场签约项目27个，协议投资总额为内资97.6亿元人民币、外资5000万美元。

△ 全国工商联发布2011年中国民营企业500强，如皋有3家民营企业入围，江苏熔盛重工有限公司排名第158位，南通六建有限公司排名第200位，江苏江中集团有限公司排名第423位。

26日 省委第三巡视组组长白国珍率巡视组一行到如皋视察司法行政工作。

26～27日 省委宣传部副部长，省文化厅党组书记、厅长章剑华到如皋视察。

28日 江苏如皋(上海)投资环境说明会在上海举行，现场签约项目84个，投资总额为内资192.6亿元、外资12.42亿美元。

29日 市政府召开涉铅企业专项整治交办会，1家企业限期整改，16家企业停产或关闭。

30日 全市24个重点项目开工建设，总投资13.3亿元。其中2个项目集中开工，总投资1.9亿元。

△ 国家开发银行江苏省分行副行长庄伟率队到如皋，调研如皋市经济社会发展情况，探讨“十二五”期间如何加强国家开发银行与如皋的全方位合作事宜。

△ 全市24个重点项目开工建设，总投资13.3亿元。

9月

1日 省商务厅副厅长陈涛率调研组到如皋调研商务服务平台建设。

△ 第十五届市政府召开第四十七次常务会议，听取讨论《关于调整市镇(区)财政管理体制的通知》、《2012年市级部门预算编制方案》、《如皋市市直公物仓资产管理暂行办法》和加快推进建筑业转型升级相关意见，讨论并原则通过《关于落实殡葬改革惠民政策和推进公益性公墓规范化建设的工作意见》、《关于建设如皋市社会救助管理站的请示》等议题。

2日 江苏隆昌化工院士工作站揭牌。全国政协常务委员、民盟中央副主席、福建省政协副主席、中科院院士、厦门大学教授郑兰荪参加揭牌仪式。

3日 最高人民检察院监所检察厅厅长袁其国一行到如皋视察检察及监所检察工作情况。

5日 首届中国如皋长寿养生国际高端论坛举行。国际自然医学学会会长，世界长寿乡调查团团长，科学认证委员会主席，医学、长寿学博士森下敬一；全国人大常委、民进中央副主席兼秘书长朱永新；台湾“中国医药大学”教授、医学博士吴金滨；中国民族医药学会名誉会长诸国本等专家、学者出席论坛。

△ 市长江天然气化工有限公司丙烯联合体项目通过专家论证。

6日 全省首家“快付通”工程(市民卡)受理点——东陈镇尚书村品德超市“快付通”工程(市民

卡)受理点揭牌。

7日 省卫生厅副厅长黄祖瑚一行到如皋专题调研人民医院试点改革工作情况。

9日 “雉水之夜”——城乡文化互动“乡情乡韵”系列文艺演出活动在安定广场正式启动,由如城镇党委、政府承办的首场专场文艺晚会拉开系列文艺演出活动序幕。活动由市委宣传部、市文明办、市文广新局、市文广传媒集团共同主办,历时1个多月,组织每个镇(区、园)编排一场文艺演出分别在安定广场和水绘园东大门广场陆续推出,并深入到村开展巡回演出。

11日 国家信息农业工程技术中心如皋试验示范基地合作共建签字仪式举行。副省长曹卫星出席签约仪式。

13～15日 副省长曹卫星、省政府副秘书长李一宁到如皋市调研教育工作。

14日 盛地万亩现代农业园正式落户如皋软件园(桃园镇)。该农业园总规划666.7公顷,其中无公害、绿色蔬菜400公顷,有机水果100公顷,立体生态养殖100公顷,休闲养生46.7公顷。

19日 市委、市政府召开党政联席会,专题讨论《关于2012年加快现代农业发展的指导意见》、《关于加快水利改革发展推进水利现代化建设的意见》、《关于进一步推进农村土地承包经营权流转的指导意见》等议题。

20日 副省长徐鸣率省国土厅、省农委等部门负责人到如皋调研,参观考察如皋经济开发区“万顷良田”工程区、城市建设、软件园起步区、熔盛重工、如皋港区“万顷良田”项目。

20～21日 住建部城建司园林处处长王香春率住房、市政、园林等方面专家组成的国家园林城市考查组到如皋,实地考察国家园林城市创建工作。

22日 南通市第一家高效农业综合服务中心——磨头镇邓高村农业综合服务中心建成并正式运营。

22～23日 第十五届市人大常委会召开第三十五次会议,听取审议《市政府关于全市市政工程建设与管理专项工作报告》、《市政府关于全市开放型经济发展情况的专项工作报告》、《市人民法院执行工作情况的专项工作报告》,并以无记名投票方式开展满意度测评。会议通过市人民法院提请的有关任免事项,经审议表决,决定任命吴连江为市人民政府副市长。

26日 市委、市政府召开党政联席会,研究讨论《关于主功能区加快现代化建设的意见》、《关于建立健全大沿江开发组织体系的通知》、《关于进一步完善主功能区开发开放运行体制机制的意见》、《关于提升镇村文体设施规划建设水平充分发挥功能作用的实施意见》、《关于大力促进教育培训产业又好又快发展的实施意见》、《关于开展村庄整治试点工作的意见》、《关于加强金融服务支持新农村建设的实施意见》等议题。

28日 市文化广场正式对外开放。市文化广场建设历时20多个月,集图书馆、博物馆、文化馆、城市规划馆、科技馆于一体,总建筑面积3.85万平方米,总投资近5亿元。

29日 全市建设更高水平小康社会推进会召开。南通市副市长、如皋市委书记陈惠娟作题为《切实推进两个加快,决战决胜更高水平小康,为迈进基本现代化奠定坚实基础》的讲话,市委常委、组织部长张辉作题为《决胜更高水平小康,加快城乡统筹发展,为在全省率先基本实现现代化奠定坚实基础》的报告。大会表彰2010年全市更高水平小康社会建设进程中涌现出的各类先进典型。

△ 如皋市举办农业现代化专家报告会,国务院发展研究中心副主任、党组成员韩俊应邀作专题讲座。

10 月

6日 江苏省石庄高级中学举行60周年校庆庆典。副省长曹卫星发信祝贺,对外贸易经济合作企业协会会长、原外经贸部副部长周可仁,中国棉花协会名誉会长、原中华全国供销合作总社副主任林乃基,原空军雷达学院院长郭锡林等出席庆典仪式。石庄高级中学创建于1951年,原名如皋县石庄初级中学,1956年增设高中班,2007年升格为江苏省四星级普通高中。

8日 当晚19时25分,如皋(北纬32.2°、东经120.5°)发生里氏3.0级地震,震源深度12公里,震中在常青镇原高井乡附近,附近居民有震感。

10日 中国创意研究院院长陈放率专家组一行到如皋,实地考察水绘园风景区、东大街历史街区、李昌钰博物馆、李渔博物馆、顾庄生态园、花木大世界等处。

13日 市质监局新大楼正式揭牌。省质监局党组书记、局长靳道强等出席揭牌仪式。

14 日 水利部水利风景区建设与管理领导小组会议在北京召开，会议审议并表决通过第 11 批国家水利风景区，江苏省有两家水利风景区入选，如皋市龙游水利风景区名列其中，成为全省首家由县(市)打造的国家级水利风景区。

18 日 南通市政协主席王德忠到如皋调研政协工作。

20 日 省住建厅专家组一行到如皋考核验收创建省级市容管理示范路工作。

22 日 江苏省如皋师范学校附属小学庆祝建校 110 周年，举行文庙大成殿重修落成暨孔子塑像揭幕仪式和“学子归巢话发展”活动。省教育厅等发信祝贺，中国人民解放军第二军医大学原校长、少将李家顺，省教委原副主任冒瑞林等出席相关活动。

△ 市委宣传部、市文明办、市文广新局、市文广传媒集团共同主办的 2011 年“雉水之夜”——城乡文化互动文艺会演暨颁奖仪式在市文化广场举行，历时一个多月的城乡文化互动“乡情乡韵”系列文艺演出圆满结束。

25 日 国际自然医学会、世界长寿乡科学认证委员会与如皋市政府在北京人民大会堂举行世界长寿乡——中国如皋授牌仪式暨新闻发布会。全世界有六个地区被国际自然医学会、世界长寿乡科学认证委员会认定为世界长寿乡：中国的巴马、和田、如皋，巴勒斯坦的罕萨，外高加索地区和厄瓜多尔的卡班巴。

△ 南通市副市长、如皋市委书记陈惠娟，如皋市委副书记、市长姜永华，市委常委、组织部部长张辉，副市长吴连江一行到北京市平谷区考察。考察期间，双方结为友好区市，在加强干部交流锻炼、经贸发展、新农村建设、特色旅游产业等方面开展合作。

25～26 日 如皋市创建“全国亿万农民健康促进行动”江苏省示范市工作顺利通过由省委宣传部、省农工办等部门组成的评估组的现场评估。

26 日 由省经济和信息化委员会、省交通运输厅、省人社厅、省总工会、中国船级社南京分社、省船舶工业行业协会、省船舶工程学会七家单位联合举办的省“明德杯”船舶行业电焊工大赛，在熔盛中等专业学校拉开帷幕。

26 日 市委召开常委会，讨论全市文化强市建设暨江苏省公共文化服务体系示范区创建现场动员会有关活动方案、市镇人大换届选举工作、《第二届“江苏慈善周”暨“如皋爱心月”活动方案》、《关于开展见义勇为基金募捐活动的通知》、《第九届沿江经济洽谈会总结点评暨决战 60 天动员大会方案》等议题。

27 日 南通市副市长、如皋市委书记陈惠娟，如皋市委副书记、市长姜永华会见应邀参加第九届沿江经济洽谈的美国塔拉哈西市市长 John Robert MarksIII 一行。其间，如皋市与美国塔拉哈西市建立友好城市关系，与塔拉哈西市经济发展委员会建立合作关系，和江苏大学一起与佛罗里达州立大学建立三方合作关系。

△ 市法院首次通过网络远程开庭，对市看守所远程审判视频室内 8 起案件 10 名被告人分别作出视频一审宣判。

28 日 第九届中国·如皋沿江经济洽谈会开幕。原对外贸易经济合作部副部长、中国五金矿产进出口总公司原总经理、中国对外贸易经济合作企业协会会长周可仁，省政府副秘书长王志忠，中国软件行业协会秘书长胡崑山，美国塔拉哈西市市长、美国市长会议信托委员会委员约翰·罗伯特·马可思三世，美国佛罗里达州立大学工程学院院长 John Collier，中国港口协会顾问曹忠喜，美国华源国际集团有限公司董事长、美国加州华人总会会长、南通欧文斯生物科技有限公司董事长蔡成华等出席开幕式。

△ 在第九届中国如皋沿江经济洽谈会投资环境说明会暨签约仪式上，116 个项目成功签约，其中第一产业项目 11 个、第二产业项目 78 个、第三产业项目 27 个，总投资为内资 281.17 亿元、外资 21.89 亿美元。

△ 市现代港口物流招商会在如皋港举行。

△ 省现代服务业重点扶持项目——金盛建材家居全球采购中心开工。中心占地 400 余公顷，规划建筑面积 1000 万平方米，投资总额 200 亿元。

△ 江苏雅鹿石化有限公司化纺原料生产基地项目开工。该项目由雅鹿集团股份有限公司投资建设，总投资 100 亿元。

△ “数字如皋港”正式开通。国家发改委宏观经济研究院研究室主任王东明、上海组合港管理委员

会办公室主任王明志等出席开通仪式。

△ 如皋港公共保税仓库封关、集装箱定期航班开通、集装箱物流园区开工、物流总部大楼开工、物流信息交易大楼奠基等仪式举行。

△ 如皋“青铜万寿百岁碗”暨长寿之乡“星光大道”落成及如皋“万寿百岁碗”获吉尼斯世界纪录认证仪式举行。

29日 台湾海峡交流基金会董事长江丙坤到如皋考察，参观长青沙全国台商活动中心，全国台湾同胞投资企业联谊会首任会长张汉文等陪同考察。考察结束前，南通市委书记丁大卫，南通市委副书记、代市长张国华拜会了江丙坤一行。

△ 第九届中国如皋沿江经济洽谈会举行项目集中开工活动。64个投资千万元人民币或百万美元以上项目集中开工建设，涉及房地产、化工、船舶配件、建材家居、精密电子、生物医药、机械制造等领域，计划总投资194.26亿元，其中外资4.45亿美元。

△ 数字城市如皋高层研讨会、国家信息技术服务标准组(ITSS)咨询标准研讨会在如皋召开。

△ 由广东省江苏商会投资建设的如皋财富大厦项目举行奠基仪式。

11 月

1日 省社会科学院与如皋市签订南通(如皋)沿江沿海发展研究基地协议。

△ 即日起，10秒钟如皋城市形象宣传片开始在中央电视台播放。

2日 省教育厅副厅长胡金波调研如皋学前教育工作。

2～3日 南通市“学生阳光体育运动”暨“体育、艺术2+1项目”现场推进会开幕式在江苏省如皋师范学校附属小学举行。省教育厅副厅长胡金波等出席相关活动。

3日 市委、市政府召开党政联席会，研究讨论沿江经济洽谈会总结点评暨决战60天动员大会方案等相关议题。

3～4日 市第十五届人大常委会召开第三十六次会议，听取关于市、镇人民代表大会换届选举有关问题的说明，审议通过《关于如皋市市镇人民代表大会换届选举问题的决定》、《如皋市市镇人民代表大会换届选举工作计划》、《如皋市选举委员会组成人员任命名单》、《各镇选举委员会组成人员任命名单》、《如皋市第十六届人民代表大会代表名额分配方案》、《关于新一届镇人民代表大会代表名额的决定》，通过市政府关于提请如皋市与美国塔拉哈西市缔结友好城市关系的议案和相关人事任免事项。

4日 省交通运输厅副厅长丁峰一行到如皋，综合调研港口重点项目建设情况。

△ 市第18期中青年干部国家行政学院培训班正式开班，全市各镇镇长、全体机关驻村书记参加培训。这是如皋市首次在国家行政学院举办中青年干部培训班。

6日 如皋市创建全国农村社区建设实验全覆盖示范单位工作通过民政部专家组验收。

8～9日 市小城镇建设指挥部组织各镇(区、园)镇长、相关部门负责人到南京、常州地区先进镇学习考察“美好城乡建设行动”实施情况。

9～10日 中央电视台第七套《聚焦三农》栏目组到如皋专题采访水利建设情况。

12日 “加强馆校衔接，共建第二课堂”活动启动。

△ 如皋全国台商活动中心、全国台商投资服务中心建设规划设计方案通过国家发改委国家物资储备局设计院、武汉理工大学设计院、同济大学建筑与城市规划学院、苏州独墅湖高等教育区管理办公室的6位专家评审。

17日 市委召开市镇人大换届选举领导小组(扩大)会议，市镇人大换届选举拉开序幕。

19日 江苏南通太阳能光热商会、江苏元升太阳能集团联合召开中国太阳能产业发展战略推进会。中国太阳能热利用产业协会执行会长罗振涛、住房和城乡建设部住宅产业化促进中心处长刘敬疆、中国节能协会太阳能专业委员会秘书长霍志臣出席会议。会上，元升集团获住房和城乡建设部“康居认证”资质，正式启动“万个元升环保村”阳光工程。

21日 江苏生态文明建设暨低碳经济论坛在如皋召开。环保部科学技术委员会委员、国际低碳研究中心学术委员会副主任彭近新，省环保厅副厅长赵挺出席论坛。

23日 省军区副司令员戴陆伟在南通市委常委、军分区司令员贾建民陪同下到如皋，检查指导人民武装各项工作开展情况。

23～24日 全国部分地区农村劳动力转移就业工作技术支持与服务交流会在如皋召开。国家就业培训指导中心副主任原淑炜、省人社厅副厅长吴可立及全国16个省人社厅、93个农村劳动力转移工作示范县就业服务机构负责人出席交流会。

24日　全国爱卫会发布《关于命名2009～2011年度国家卫生城市(区)的决定》,如皋市被正式命名为国家卫生城市。

25日　全省学前教育改革发展现场推进会在如皋召开。省长李学勇作重要指示,副省长曹卫星出席会议并讲话。省政府副秘书长、办公厅主任李一宁,省教育厅厅长沈健等出席会议。

△　全省农村电影发展座谈会在如皋召开。省广播电影电视局局长耿乃凡出席会议。

26日　全市文化建设工程动员会召开。

△　在中组部、农业部联合举办的全国大学生"村官"培训班联欢晚会上,如皋市大学生"村官"表演的情景剧《心碰心》参加演出。

△　全市首家五星级酒店——金陵金鼎大酒店试营业。

27～28日　全省民政公共服务设施建设推进会在如皋召开。省民政厅厅长吴洪彪出席会议。

28日　省档案局党组书记、局长谢波一行调研如皋档案工作。

29日　国家工商行政管理总局在网站公布新认定的中国驰名商标名单,江苏万达特种轴承有限公司"万达"商标榜上有名,实现如皋行政认定驰名商标零的突破。

30日　焦港闸改建工程开工。省水利厅厅长吕振霖等出席开工仪式。

△　"长三角"城市群教育科研论坛暨第二届海峡两岸及香港、澳门地区有效教学如皋高层论坛在如皋召开。香港、台湾地区部分中小学校长,"长三角"地区28个城市教科院(所、中心)负责人、部分中小学校长及骨干教师400多名代表参加活动。

12　月

1日　省委副书记、组织部部长石泰峰到如皋调研指导工作。

2日　省人大常委会副主任、省总工会主席张艳专题视察如皋经济社会发展及工会工作情况。

3日　市镇人大换届选举工作会议召开。换届选举工作从2011年10月始至2012年3月底结束,选举日为2012年2月25日,新一届镇人民代表大会第一次会议在3月中旬召开,新一届市人民代表大会第一次会议于3月31日前召开,并选举产生南通市第十四届人大代表。

4日　"法治的力量"——CCTV年度法治人物颁奖典礼在中央电视台第一套综合频道播出,南通汽运集团飞鹤快客分公司司机殷红彬获"法治的力量"2011年度法制人物奖杯和2011年"12·4"年度法制人物证书以及"2011最美中国人"称号。

9～10日　市委召开常委(扩大)会,集中交流工业经济、科技创新、开放型经济、服务业和交通发展、新农村建设和小城镇建设、财税金融人保国土、城建条线、社会事业和旅游业、社会管理创新工程、党建工作创新工程等前期专题调研成果,进一步明确2012年各项工作思路和举措。

10日　中国世界民族文化交流促进会会长马小玫率考察团到如皋,实地考察文化建设情况。

12～13日　市第十五届人大常委会召开第三十七次会议,听取审议市政府关于第十五届人大常委会第四次会议代表建议意见办理工作情况汇报、2011年为民办实事项目实施情况汇报,并进行满意度测评;表决通过2011年地方债券转贷资金收支安排及市本级预算调整方案、各镇选举新一届镇人大代表选区划分和代表名额分配方案及相关人事任免事项,为新任命的副市长、市公安局局长成明颁发任命书。白蒲镇、下原镇、吴窑镇、磨头镇、如城镇的10名公民代表旁听了此次会议。

16日　市汽车客运新站举行启用仪式。省交通运输厅副厅长李先友、省运输管理局局长汪学君出席仪式。

17日　市委召开常委会,研究《关于深入实施转型升级工程的意见》、《关于实施创新驱动战略,推进科技创新工程,加快建设创新型城市的若干意见》、《关于深入实施农业现代化工程的意见》、《关于深入推进民生幸福工程的意见》、《关于深入推进生态文明工程建设的意见》、《关于深入推进社会管理创新工程,争创社会管理示范城市的实施意见》、《关于深入实施党建工作创新工程的意见》、《关于2012年"六城同创"工作意见》"八项工程"文件讨论稿和《关于开展村庄生态环境整治工作的实施意见》(讨论稿),听取2011年度重要指标、重要资金、重要项目(规划)完成情况和2012年初步安排汇报,讨论做好镇人大、政府领导班子换届工作及市人大、政府、政协换届后相关工作机构(部门)人事安排工作的意见等议题。

18日 市汽车客运新站正式对外营业。

22日 市委召开全委(扩大)会,传达省经济工作会议精神,研究讨论即将召开的市第十一次党代表大会第二次会议相关内容,测评各镇(园、区)党(工)委书记管党工作。

△ 如皋境内第六座220千伏常青输变电工程成功投运。该工程总投资2.93亿元,首期新上1台180兆伏安主变压器、4回220千伏出线、6回110千伏出线、10回10千伏出线。

23日 市红十四军研究会正式成立。

24日 市委、市政府召开党政联席会,研究2012年相关工作考核意见,讨论《关于2012年度深入实施新农村建设“十大工程”的意见》、《关于加快现代服务业转型升级的实施意见》、《关于进一步完善城市搬迁工作管理体制的意见》、《关于进一步促进建筑业转型升级的实施意见》、《关于2012年工业经济转型升级行动计划》等议题。

△ 市社科联社科普及特色品牌——东皋大讲堂正式启动。家庭教育专家陈一筠为广大市民作首场报告会,主题为家庭子女教育。

25日 如皋市少年体育学校举行“学子归来话发展”活动庆祝建校20周年。省体育局发贺信贺电祝贺。老校友、省花样游泳队领队周玲美,省足管中心竞训部副部长符海琴,国家队运动员薛娟等出席庆典仪式。

27日 江苏长江天然气化工有限公司举行开工典礼。江苏长江天然气化工有限公司负责实施丙烯联合体项目建设,第一期总投资约60亿元人民币。

△ 即日起,城乡居民保险与新农保合并实施。

△ 在火炬软件人才服务联盟2011年度工作会议上,如皋软件园正式成为该联盟成员。

28日 如皋(深圳)投资环境说明会在深圳举办。会议发布船舶海工及配套、汽车及零部件、新能源产业等项目信息。会上签约项目57个,协议投资总额人民币89.05亿元,其中外资5.93亿美元。

△ 华泰证券如皋福寿路证券营业部正式开业。

△ “建设长三角人才高地,促进软件产业快速发展”高峰论坛暨如皋软件园与青软实训共建长三角人才培训基地揭牌仪式举行。

△ 市物价局就居民生活用管道天然气价格由现行4.5元/立方米下调至2.2元/立方米(降幅达51.1%)的方案召开专场听证会,10多位消费者代表、企业代表、机关公务人员代表受邀参加听证。听证代表同意听证方案,同时提出管道天然气初装费用等人们关心的热点问题。

29日 南通锻压设备股份有限公司股票——南通锻压正式在深交所创业板挂牌上市,是继九鼎新材、熔盛重工之后如皋市第三家成功上市企业。

30日 如皋软件园正式被评为国家级科技创业服务中心,成为继如皋科技创业园之后的全市第二个国家级科技孵化器。

30～31日 市第十一次党代表大会第二次全体会议召开。南通市副市长、如皋市委书记陈惠娟代表中国共产党如皋市第十一届委员会作题为《决战决胜更高水平小康社会,全面加快基本现代化建设进程》的报告。会议通过《中国共产党如皋市第十一次代表大会第二次会议关于市委工作报告的决议》和《中国共产党如皋市第十一次代表大会第二次会议关于市纪委工作报告的决议》。

31日 由市委宣传部主办,市文广传媒集团、中国农业银行股份有限公司如皋支行承办的“农行之春”首届新年音乐会在如皋大剧院上演。音乐会特邀全国唯一电影乐团——长春电影制片厂乐团为观众演奏一批经典电影音乐。

人　　物

导读

新任市党政领导(简历)

黄　成　中共如皋市委副书记

男,汉族,1963年4月生,江苏启东人,1985年5月加入中国共产党,中央党校大学学历。

1980年9月～1983年8月,在南通师专化学专业学习,取得大专学历;1983年8月～1986年8月,任启东县吕复中学教师、副教导主任;1986年8月～1990年11月,任启东县(市)总工会职工学校教导主任;1990年11～1994年3月,任启东市总工会秘书、经审会主任、办公室主任(1993年10月～1995年12月,参加中央党校经济管理专业函授学习,取得大学学历);1994年3月～1995年4月,任启东市寅阳乡林启村党支部书记;1995年4月～1995年11月,任启东市寅阳乡科技副乡长、林启村党支部书记;1995年11月～1996年9月,任启东市惠丰乡党委副书记;1996年9月～1997年11月,任启东市海复镇党委副书记、镇长;1997年11月～1998年6月,任启东市海复镇党委副书记(主持党委全面工作);1998年6月～2001年3月,任启东市海复镇党委书记;2001年3月～2001年9月,任启东市计经委主任、党委书记;2001年9月～2002年11月,任启东市发展计划与经济委员会主任、党委书记;2002年11月～2004年12月,任如皋市人民政府副市长;2004年12月～2006年6月,任如皋市人民政府副市长,如皋港经济开发区党工委书记、管委会主任;2006年6月～2006年12月,任中共如皋市委常委、如皋市人民政府副市长,如皋港经济开发区党工委书记、管委会主任;2006年12月～2007年12月,任中共如皋市委常委、如皋市人民政府副市长,如皋港经济开发区党工委书记;2007年12月～2009年6月,任中共如皋市委常委、如皋市人民政府副市长,如皋港区党工委书记;2009年6月～2010年12月,任中共如皋市委常委、如皋市人民政府常务副市长、如皋港区党工委书记;2010年12月～2011年6月,任中共如皋市委常委、如皋市人民政府常务副市长;2011年6月始,任中共如皋市委副书记。

司祝建　中共如皋市委常委,市人民政府常务副市长、党组副书记

男,汉族,1964年3月生,江苏如皋人,1990年12月加入中国共产党,中央党校研究生学历、省委党校研究生学历。

1983年9月～1986年7月,在南通师专生化专业学习,取得大专学历;1986年8月～1992年5月,任如皋中学教师、教工团支部书记、团委副书记、团委书记;1992年5月～1998年4月,任共青

团如皋市委副书记（其中1993年8月～1995年12月，参加中央党校函授经管班学习，取得大学学历）；1998年4月～2000年4月，任如皋市东陈镇党委副书记、镇长（1998年11月～2000年12月，参加苏州大学研究生进修班学习并结业）；2000年4月～2002年8月，任如皋市东陈镇党委书记；2002年8月～2002年11月，任如皋市委宣传部副部长、如皋日报社社长、党组书记；2002年11月～2006年6月，任中共如东县委常委、宣传部部长（2004年9月～2006年7月，参加中央党校经济管理专业学习，取得研究生学历；参加江苏省委党校企业管理专业学习，取得研究生学历）；2006年6月～2010年2月，任中共如东县委常委、组织部部长；2010年2月～2011年6月，任中共如皋市委常委、市人民政府副市长；2011年6月始，任中共如皋市委常委、市人民政府常务副市长、党组副书记。

胡拥军　中共如皋市委常委、宣传部部长

男，汉族，1974年12月生，江苏如皋人，1998年3月加入中国共产党，省委党校研究生学历。

1992年8月～1995年8月，任如皋市磨头小学教师（1994年8月～1996年6月，参加江苏中小学教师自学考试委员会江苏教育学院小学教育专业学习，取得大专学历）；1995年8月～1998年4月，任如皋市磨头蔡庄小学校长；1998年4月～2001年12月，任如皋市磨头中心小学校长（其中2001年12月，参加江苏省中小学教师自学考试委员会江苏教育学院教育管理专业学习，取得大学学历）；2001年12月～2003年9月，任如皋市委办公室信息科工作人员；2003年9月～2004年2月，任如皋市委办公室党群科副科长；2004年2月～2004年3月，任如皋市委办公室督查科科长；2004年3月～2004年12月，任如皋市委办公室副科级秘书、督查科科长；2004年12月～2005年12月，任如皋市委办公室副主任；2005年12月～2007年12月，任如皋市长江镇党委书记；2007年12月～2008年1月，任如皋市人民政府办公室主任人选、党组书记；2008年1月～2008年12月，任如皋市人民政府办公室主任、党组书记；2008年12月～2009年9月，任如皋市委办公室主任（其中2006年10月～2009年7月，参加江苏省委党校世界经济专业学习，取得研究生学历）；2009年9月～2010年9月，任如皋市委办公室主任、市接待办公室党组书记；2010年9月～2010年12月，任中共如皋市委常委、政法委书记、市委办公室主任、市接待办公室党组书记；2010年12月～2011年6月，任中共如皋市委常委、政法委书记；2011年6月始，任中共如皋市委常委、宣传部部长。

吴道健　中共如皋市委常委、市人民政府副市长

男，汉族，1963年3月生，江苏如皋人，1986年5月加入中国共产党，中央党校大学学历。

1983年9月～1986年8月，在苏州农业学校农业经济与管理专业学习，取得中专学历；1986年8月～1990年1月，任如皋县委农工部办事员（1987年9月～1990年7月，参加南京农业大学经济管理专业大专函授学习）；1990年1月～1991年5月，任如皋县委农工部指导员；1991年5月～1993年7月，任如皋县（市）委农工部政策调查研究科副科长、科长；1993年7月～1995年11月，任如皋市人民政府办公室综合二科科长（其中1995年3月～1995年10月，借南通市人民政府办公室从事文秘工作；1993年8月～1996年6月，参加中央党校经济管理专业函授学习，取得大学学历）；1995年11月～1997年3月，任如皋市建设乡党委副书记（任实职）；1997年3月～1998年2月，任如皋市建设乡党委副书记；1998年2月～1999年8月，任如皋市吴窑镇党委副书记、镇长；1999年8月～2000年3月，任如皋市吴窑镇党委书记、镇长；2000年3

月～2002 年 10 月,任如皋市吴窑镇党委书记;2002 年 10 月～2006 年 12 月,任如皋市柴湾镇党委书记;2006 年 12 月～2007 年 7 月,任如皋市委办公室主任;2007 年 7 月～2008 年 11 月,任如皋市委办公室主任、市接待办公室主任;2008 年 11 月～2008 年 12 月,任如皋市人民政府副市长、市委办公室主任、市接待办公室主任;2008 年 12 月～2011 年 6 月,任如皋市人民政府副市长;2011 年 6 月始,任中共如皋市委常委、市人民政府副市长。

胡宏杰 中共如皋市委常委、市人武部政委

男,汉族,1967 年 12 月生,江苏海安人,1990 年 3 月加入中国共产党,大学学历。

1986 年 10 月～1989 年 9 月,任江苏南通军分区守备三团战士;1989 年 9 月～1991 年 7 月,在解放军重庆后勤工程学院学习,取得大学学历;1991 年 7 月～1992 年 12 月,任江苏省军区南通军分区守备三团排长;1992 年 12 月～1996 年 8 月,任海防第三团政治处干事;1996 年 8 月～1998 年 3 月,任港闸区人武部干事;1998 年 3 月～2004 年 6 月,任南通军分区司令部参谋、副科长;2004 年 6 月～2005 年 6 月,任江苏省军区司令部动员处参谋;2005 年 6 月～2006 年 3 月,任南通军分区司令部军动科副科长;2006 年 3 月～2007 年 3 月,任崇川区人武部副部长;2007 年 3 月～2010 年 5 月,任南通军分区军动科科长;2010 年 5 月～2011 年 4 月,任如皋市人武部部长;2011 年 4 月～2011 年 6 月,任如皋市人武部政委;2011 年 6 月始,任中共如皋市委常委、市人武部政委。

马金华 中共如皋市委常委,如皋经济开发区党工委副书记、管委会主任

男,汉族,1966 年 3 月生,江苏如皋人,1990 年 7 月加入中国共产党,省委党校研究生学历。

1986 年 9 月～1988 年 8 月,在南通师范专科学校中文系文秘专业学习,取得大专学历;1988 年 8 月～1993 年 5 月,任如皋县(市)黄市乡统计助理、党委秘书;1993年5月～1993年10月,在如皋市黄市乡负责组织工作;1993年10月～1996年7月,任如皋市黄市乡党委组织委员(1994年3月,明确享受副乡级待遇);1996年7月～1997年2月,任如皋市何庄乡党委组织委员;1997年2月～1998年11月,任如皋市何庄乡副乡长、党委组织委员(1998年8月～2002年12月,参加中央党校函授学院经济管理专业学习,取得大学学历);1998年11月～1999年1月,任如皋市何庄乡党委副书记(主持政府全面工作);1999年1月～2000年4月,任如皋市何庄乡党委副书记、乡长;2000年4月～2000年10月,任如皋市搬经镇党委副书记、行政工作组组长;2000年10月～2001年10月,任如皋市搬经镇党委副书记、镇长(2001年2月～2002年1月,参加江苏省委党校第11期青年干部培训班学习);2001年10月～2003年7月,任如皋市下原镇党委书记(其中2002年2月～2003年7月,参加江苏省委党校行政学院政治经济学方向经济管理专业学习,取得研究生学历);2003年7月～2004年12月,任如皋市下原镇党委书记、人大主席;2004年12月～2005年12月,任如皋市下原镇党委书记;2005年12月～2006年12月,任如皋港经济开发区党工委副书记、管委会常务副主任(正科职);2006年12月～2008年1月,任如皋港经济开发区党工委副书记、管委会主任;2008年1月～2008年12月,任如皋市长江镇党委书记,如皋港区党工委副书记、管委会主任;2008年12月～2009年9月,任如皋经济开发区党工委副书记、管委会主任推荐人选,如皋市柴湾镇党委书记、人大主席;2009年9月～2009年12月,任如皋经济开发区党工委副书记、管委会主任,如皋市柴湾镇党委书记、人大主席;2009年12月～2011年6月,任如皋经济开发区党工委副书记、管委会主任;2011年6月始,任中共如皋市委常委,如皋经济开发区党工委副书记、管委会主任。

蔡　忠 中共如皋市委常委、市纪委书记

男,汉族,1968 年 7 月生,江苏启东人,1992 年 12 月加入中国共产党,省委党校研究生学历。

1989年9月～1993年7月，在苏州城市建设环境保护学院环境工程专业学习，取得大学学历；1993年7月～1997年3月，在启东市计划委员会房地产开发公司工作，任建设投资公司副经理(其中1995年4月～1996年7月，任启东市惠和乡乡长助理)；1997年3月～1998年12月，任启东市纪委纪检监察员、办公室副主任(主持办公室工作，1997年12月～2000年1月，参加苏州大学公共管理与现代文秘专业研究生课程班学习)；1998年12月～1999年12月，任启东市纪委办公室主任；1999年12月～2000年1月，任启东市纪委常委、办公室主任；2000年1月～2001年5月，任启东市纪委常委、检查一室主任；2001年5月～2003年8月，任启东市纪委常委、监察局副局长；2003年8月～2007年8月，任启东市纪委副书记(其中2004年9月～2007年7月，参加江苏省委党校宪法与行政法专业学习，取得研究生学历)；2007年8月～2008年5月，任启东市大兴镇党委书记、镇长；2008年5月～2009年3月，任南通市纪委效能室副主任；2009年3月～2009年9月，任南通市纪委办公室副主任；2009年9月～2010年12月，任南通市纪委办公室副主任(主持办公室工作)；2010年12月～2011年12月，任南通市纪委办公室主任；2011年12月始，任中共如皋市委常委、市纪委书记。

谢新民　如皋市人大常委会副主任、党组副书记

男，汉族，1958年1月生，江苏如皋人，1976年3月加入中国共产党，省委党校大学学历。

1978年9月～1980年12月，在南通师专中文系学习，取得大专学历；1980年12月～1982年5月，任如皋县白蒲中学教师、团委书记；1982年5月～1984年2月，如皋县委组织部干部组借用工作；1984年2月～1987年9月，任共青团如皋县委书记(其中1984年9月～1986年7月，参加省委党校党政干部培训班脱产学习)；1987年9月～1992年4月，任如皋县(市)胜利乡党委书记；1992年4月～1995年3月，任如皋市委党校常务副校长；1995年3月～1995年10月，任如皋市磨头区工委书记；1995年10月～1996年1月，任如皋市委办公室副主任(原正科级不变)；1996年1月～1996年2月，任如皋市委宣传部部长；1996年2月～1998年6月，任中共如皋市委常委、宣传部部长；1998年6月～1999年4月，任中共如皋市委常委、宣传部部长兼如皋经济开发区党工委书记、管委会主任；1999年4月～2011年1月，任中共如皋市委常委、宣传部部长；2011年1月～2011年6月，任中共如皋市委常委、宣传部部长，如皋市人大常委会副主任、党组副书记；2011年6月始，任如皋市人大常委会副主任、党组副书记。

缪小华　如皋市人民政府副市长、党组成员

男，汉族，1963年11月生，江苏如皋人，1987年1月加入中国共产党，省委党校研究生学历。

1981年7月～1982年1月，任如皋县交通局工程队会计；1982年1月～1988年4月，任如皋县统计局农业股副股长(其中1985年9月～1987年7月，在南通工业管理干部学院财会专业脱产学习，取得大专学历)；1988年4月～1996年10月，任共青团如皋县(市)委副书记、书记(其中1988年9月～1991年7月，在省委党校外经专业学习，取得大学学历)；1996年10月～2000年4月，任如皋市戴庄乡党委书记(2000年3月～2002年12月，参加江苏省委党校政治经济学专业学习，取得研究生学历)；2000年4月～2000年12月，任如皋市柴湾镇党委书记；2000年12月～2007年11月，任海安县人民政府副县长、党组成员；2007年11月～2010年4月，任南通市房产管理局副局长、党组成员；2010年4月～2011年6月，任南通市住房保障和房产管理局副局长、党组成员；2011年6月始，任

如皋市人民政府副市长、党组成员。

缪爱诚 如皋市人民政府副市长、党组成员

男，汉族，1968年12月生，江苏海安人，1994年12月加入中国共产党，大学学历。

1986年9月～1990年8月，在南京师范大学历史系学习，取得大学学历；1990年8月～1999年1月，任海安县政府办公室秘书、副科长、科长、主任助理；1999年1月～2001年10月，任海安县政府办公室副主任；2001年10月～2002年4月，任海安县委办公室副主任（2002年1月，明确为正科级）；2002年4月～2002年12月，在南通市委办公室（研究室）调研科工作（2002年7月，明确为正科级秘书）；2002年12月～2003年12月，任南通市委办公室（研究室）调研处处长；2003年12月～2004年3月，任南通市委办公室（研究室）综合二处副处长（正科级）；2004年3月～2006年12月，任南通市委办公室（研究室）综合二处处长；2006年12月～2008年8月，任南通市委办公室（研究室）督办处处长、副处级秘书；2008年8月～2011年6月，任南通市委办公室主任助理（副处级）；2011年6月始，任如皋市人民政府副市长、党组成员。

成　明 如皋市人民政府副市长，市公安局局长、党委书记

男，汉族，1965年5月生，江苏南通人，1985年9月加入中国共产党，大学学历。

1981年7月～1984年11月，在空军第一航空预备学校、第16领航学校学习；1984年11月～1990年7月，任空军航空兵143团领航员、团司令部副连职参谋、正连职参谋；1990年7月～1996年1月，任空军航空兵143团副营职领航员、正营职作训参谋；1996年1月～1996年9月，任空军航空兵143团副参谋长；1996年9月～2000年2月，任南通市公安局政治部科员；2000年2月～2001年9月，任南通市公安局政治部人事科副科长；2001年9月～2002年9月，任南通市公安局车辆管理所代所长；2002年9月～2003年8月，任南通市公安局车辆管理所所长；2003年8月～2005年9月，任南通市公安局交巡警支队副支队长兼车辆管理所所长；2005年9月～2011年11月，任南通市公安局治安支队支队长；2011年11月～2011年12月，如皋市人民政府副市长人选、市公安局局长人选；2011年12月始，任如皋市人民政府副市长，市公安局局长、党委书记。

黄文斌 如皋市政协副主席、市人民检察院副检察长

男，汉族，1970年11月生，江苏如皋人，研究生学历，法律硕士学位。

1988年12月～1994年4月，任如皋县（市）人民检察院书记员（1991年8月～1994年7月，参加南京大学法律专业学习，取得大专学历）；1994年4月～1997年8月，任如皋市人民检察院助理检察员；1997年8月～1997年9月，任如皋市人民检察院控告申诉检察科副科长；1997年9月～1998年4月，任如皋市人民检察院控告申诉检察科副科长、检察员（1997年9月～2000年7月，参加苏州大学法律专业学习，取得大学学历）；1998年4月～1999年8月，任如皋市人民检察院审查起诉科副科长；1999年8月～1999年10月，任如皋市人民检察院主诉检察官、审查起诉科副科长；1999年10月～1999年11月，任如皋市人民检察院检察长助理、审查起诉科副科长；1999年11月～2001年10月，任如皋市人民检察院检察长助理、检察委员会委员；2001年10月～2011年1月，任如皋市人民检察院副检察长、检察委员会委员（其中2003年11月～2006年12月，在苏州大学攻读法律硕士学位，取得法律硕士学位；2004年9月，明确为正科级）；2011年1月始，任如皋市政协副主席、市人民检察院副检察长。

省(部)级荣誉获得者
(简要事迹)

薛冠军　全国老干部工作先进工作者

1958年6月出生,男,汉族,中共党员,大学学历。现任市委组织部副部长、老干部局局长。

薛冠军在担任市委老干部局局长十余年期间,始终坚持全心全意为老干部服务。他提出"传递老干部的呼声是第一责任,落实老干部的待遇是第一要务,力求老干部满意是第一追求"的工作理念,用"二八定律"(用20%的精力去完成常规工作任务,用80%的精力去实现重点工作创先争优)引领创新思维,用"八个一点"(学习勤一点、品德高一点、微笑甜一点、真情浓一点、服务宽一点、工作实一点、度量大一点、理解多一点)巩固服务意识。他推动建立和完善离休费保障机制、医药费保障机制和财政支持机制,力促全市企业离休干部生活待遇各项经费纳入社会统筹。他建立离休干部医疗费IC卡即时结报制度,争取财政资金解决困难乡镇拖欠的离休金和遗属补助费,建立离休干部遗属补助社会化发放机制,用三年时间全面落实全市离休干部住房补贴2448万元。他每季度组织一次市四套班子老领导深入机关、基层调研和在城老干部集中活动,每年组织一次老干部外出参观考察,为老干部老有所为搭建平台。他创新提出"1+4"高龄养护模式,在各镇(区)建立老干部高龄养护服务站,组建以子女亲属、单位年轻干部、社区工作者和志愿者、社区医护人员为主体的孝心、贴心、热心、尽心服务队,"1+4"高龄养护模式获2010年全省老干部工作创新创优奖。他在南通市(县、区)率先建立退休干部服务管理科,建立"五项机制"(组织领导机制、财政支持机制、服务保障机制、困难帮扶机制、考核评价机制),先后推出"八个一"(每月一次政治学习、通报一次发展情况、确保一次登门慰问、安排一次全面体检、组织一次外出参观、举办一次保健讲座、开展一次文体活动、表彰一批先进典型)服务管理模式。

他多次被评为市优秀党务工作者,连续六年被评为市优秀公务员,多次受市委、市政府嘉奖、记三等功。2005年,被评为全省老干部工作先进个人;2009年,被评为市级机关"十佳"公仆之一;2011年,被中共中央组织部、人力资源和社会保障部表彰为全国老干部工作先进工作者。

(李嘉萍)

张仕荣　全省人口和计划生育工作先进个人

1958年7月出生,男,汉族,中共党员,大学学历。现任市人口计生委党组书记、主任。

张仕荣自2007年12月调到市人口计生委,他坚持学习,经常进村入户调研,撰写的调研文章《关于综合治理出生人口性别比的实践与思考》被评为中国科学发展与人文社会科学优秀创新成果一等奖。他带领全市计生系统人员强化目标责任意识,创新工作思路举措,在稳定低生育水平、提高出生人口素质、加强人口计生公共服务、完善人口计生利益导向机制四个方面下工夫,不断提高计生工作水平和服务质量,全市计划生育率、优质服务率和群众满意率均达99%以上。他带领全市计生人积极推进人口计生公共服务体系建设,不断拓展优质服务领域,全力打造世代服务品牌,如皋市先后被评为全国计划生育优质服务先进单位、全国人口健康公共服务项目示范市。他推进开展人口文化园建设,实现镇级人口文化园全覆盖。他全力推动全员人口管理信息系统建设,如皋市全员人口管理信息系统建设被评为南通市人口计生工作30年十件大事之一。他牵头推进独生子女父母奖励金转型保险机制,实现全市独生子女父母奖励金转型保险全覆盖,该项目获全省人口计生综合改革创新奖,并在全国计生协会会议上被推介。他促成持证企业退休职工一次性奖励政策的实施和及时兑现。在他的带领下,富有特色的"如皋人口计生工作模式"逐步形成。2011年6月,他被省政府表彰为全省人口和计划生育工作先进个人。

(王　森)

刘志斌 记二等功

男,1974年11月5日生,中共党员,大学学历。现任桃园镇党委副书记、桃园镇派出所所长。

他自任现桃园镇派出所所长后,工作兢兢业业、恪尽职守,任劳任怨,勇于创新,不断探索总结出不少新形势下行之有效的政法综治工作的新方法、新途径。他扎根基层16年,始终把维护社会和谐稳定放在第一位,把辖区群众的冷暖安危放在心上,准确把握社会治安形势和规律特点,团结和带领政法干警、综治干部打防并举、标本兼治,把一个原来经济基础薄弱,社会治安较乱、民风较差的地区变成一个连续六年获南通市社会治安安全镇、连续五年获法治南通合格镇称号的地区,当地群众对社会治安的满意率逐年上升,多年保持在98%以上。桃园镇派出所在他的带领下由原来一个全市倒数的弱所、差所被打造成一个全市的强所、先进所。他因此多次受到各级表彰嘉奖,两次被记个人三等功,2009年被评为全省国庆60周年大庆信访维稳先进个人,2010年被省委、省政府评为2006~2010年社会治安综合治理工作先进个人。2011年5月,被省委、省政府记二等功。

(许　虎)

陶建生 全国优秀工会工作者

1958年8月出生,男,汉族,中共党员,大专学历。现任江苏熔盛重工有限公司工会常务副主席。

陶建生突出维护、参与、创新职能,在推进企业民主管理、促进职工技能水平提高、增强企业凝聚力和职工队伍战斗力、促进公司三个文明建设等方面,做出突出贡献。针对熔盛重工企业规模大、部门多、员工多的特点,他成立分工会20个(其中包括劳务公司分工会3个)、工会小组1267个,实现工会组织全覆盖。他积极参与推进公司薪酬福利制度改革,提出进一步完善薪酬福利体系建议。他创建熔盛重工工会会员互助基金会,参加人数达5368人,缴纳互助基金126264元,补助12人,补助金额3.3万元。他与公司安全环保部联合策划,从公司最小管理单位——班组管理入手,根据不同工种设立不同考核方式,强化管理者和员工安全生产意识;通过熔盛重工厂报、横幅、标语等途径把安全意识灌输到每个员工心里。在他组织举办的职工技能比赛中,涌现出一批批工种状元和技术能手。他组建威风锣鼓队、舞狮队、铜管乐队、合唱队、舞蹈队、篮球队、羽毛球队、乒乓球队等多支员工喜闻乐见的文体队伍,开展一系列丰富多彩、富有特色、员工喜爱的活动,推进企业文化建设。他策划新建"职工之家",面积达8000余平方米,受到企业员工欢迎。他组织"新春送温暖"活动,对员工嘘寒问暖,关心疾苦,两年间走访慰问公司困难员工32人,补助126560元。他注重立典型,树榜样,员工队伍中涌现出一大批先进人物,累计获各级工会系统奖励44人次。2011年11月,他被中华全国总工会表彰为全国优秀工会工作者。

汤国华 全国五一劳动奖章获得者

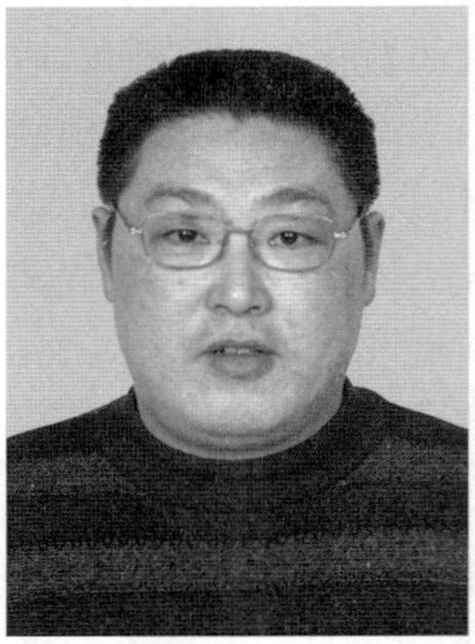

1970年7月出生,男,汉族,中共党员,大专学历。现任江苏力星通用钢球股份有限公司生产部部长、总经理助理。

汤国华始终将技术创新放在第一位,刻苦学习业务知识,研究和分析钢球加工过程中出现的问题,解决了生产中许多难题。他尤其注重在钢球加工工艺、工装方面革新技术,多项技术改进项目获力星钢球公司科技进步奖、创新奖。他带领力星钢球公司科技攻关小组研制开发新产品——风能发电专用钢球,攻克磨削曲线控制与大进给量表面变质层控制技术、轴承钢金属组织晶粒度细化最新技术两个关键技术难题,使风力发电专用钢球的抗冲击载荷、耐摩擦等关键技术指标成功达到风能发电机组要求。力星风能发电专用钢球经南通市科技局组织的科技成果鉴定认为,其制造工艺达到国内领先水平和国际同类产品水平。力星风能发电专用钢球被评为国家重点新产品，被省科技厅列为高新技术产品。2011年5月，汤国华被中华全国总工会授予全国五一劳动奖章。

马　华　*江苏省劳动模范*

1966年12月出生，男，汉族，中共党员，大专学历。现任江苏江中集团有限公司副董事长，东北分公司总经理、项目经理。

自1994年始，马华领导江中集团东北分公司从100多人起步，发展成为一支拥有6000多名员工、年承接工程面积120万平方米、年创产值10亿元的施工规模队伍，开辟了黑龙江哈尔滨、大庆市，吉林省长春市，辽宁省沈阳、大连市，内蒙古自治区满洲里市等国内市场和阿联酋迪拜等国外市场。他一直奋斗在施工一线，所管理的项目，获国家级奖7项（其中连续六年获参建"鲁班奖"），省级优质奖16项、安全文明奖13项。在项目施工过程中，他大胆采用新技术新方法，累计获省建筑业新技术应用示范工程奖13项。他积极编制工法，研发国家级工法1项、江苏省省级工法2项、黑龙江省省级工法2项。他心系社会，汶川地震和玉树地震发生后，他组织带动6000余名员工及时捐款捐物，捐款总额逾100万元。他多次获得全国工程建设优秀项目经理称号，并先后被评为全国优秀高级职业经理人、中国十大青年企业家之一。2011年5月，被省政府评为省劳动模范。

马　斌　*江苏省劳动模范*

1971年10月出生，男，汉族，无党派，高中学历。现任江苏神马电力股份有限公司董事长。

马斌19岁外出务工。25岁怀揣着梦想，带着外出务工的全部积累返乡创业，创办了江苏神马电力股份有限公司。他带领神马团队，始终坚持走自主创新的发展道路，先后研发出填补国内空白的输变电橡胶件、填补国际空白的电力复合外绝缘产品，彻底打破国际垄断，并迅速实现全球扩张，使国家核心电力部件生产不再受制于人，推动重大电力装备国产化进程，使中国在电力外绝缘领域由落后的追赶者一跃成为全球领跑者。输变电橡胶件、电力复合外绝缘产品每年为国家减少成百亿元事故损失，节约数百亿元工程建设和维护费用，并为国家"十一五"重大工程——特高压输变电工程建设提供了有力支撑。在他的领导下，神马电力成为省政府重大科技成果转化专项资金滚动扶持企业之一（全省仅有两家），也成为全国唯一一家同一项目两次获国家发改委重大国债扶持的企业。2011年5月，他被省政府评为省劳动模范。

王飞云　*江苏省劳动模范*

1953年8月出生，男，汉族，中共党员，大专学历。现任市邮政局党委书记、局长。

王飞云担任市邮政局党委书记、局长十余年，团结带领市邮政局干部职工同心同德、艰苦创业，不断发展壮大企业。2010年市邮政局经营规模在苏中、苏北县（市）局率先突破亿元大关，引跑南通邮政，进入全省第一方阵。他发起、培育的137条"爱心邮路"成为全国精神文明建设重大先进典型。他率先垂范，每逢下基层，都不忘看望乡邮员帮扶的孤寡老人；特殊天气，他惦记着老人们的冷暖；传统节日，他下乡和老人们一起欢度节日，老人们倍感温暖。"爱心邮路"获全国五一劳动奖状、中华慈善奖，并当选为新中国成立以来感动江苏人物。他应邀在全国和谐社会建设思想政治工作经验交流会上专题介绍如皋"爱心邮路"。在他的领导下，市邮政局先后获省文明单位标兵、全国文明单位、全国职工职业道德建设先进单位等称号。2011年5月，他被省政府评为省劳动模范。

王立中　*江苏省劳动模范*

1953年10月出生，男，汉族，中共党员，大专学

历。现任雪岸镇万富社区党总支书记。

王立中在农村工作数十载，时刻把群众冷暖需求放在心上，群众有事找他，无论大事小事，难事易事，都认真细致对待，直到问题圆满解决。“困难面前找老王，老王面前没困难”，是群众常挂在嘴边的一句话。只要群众有需要，他总能第一时间出现，勤勉、务实的作风赢得村民的高度赞誉。他规划建立的20公顷民营工业小区，先后引进落户园区企业15家；他着重培育电子元器件生产与现代纺织服饰两大主导产业，村营收入突破100万元，实现万富社区800多名富余劳力足不出村就业创业。他牵头组建禽业、兔业、稻米、渔业四个专业合作社，带动400多户农户加盟参股创业。在他带动下，万富社区农民人均纯收入由2005年的5560元增长到2010年的1.2万元，实现倍增。他筹资20多万元，为社区主干道安装路灯81盏。他注重卫生整治与环境打造，推动社区建成省级卫生村、生态村。他牵头每年举办一次大型文艺活动，丰富群众文化生活。在他扎实苦干、统筹发展下，万富社区建成更高水平小康先行社区。2011年5月，他被省政府评为省劳动模范。

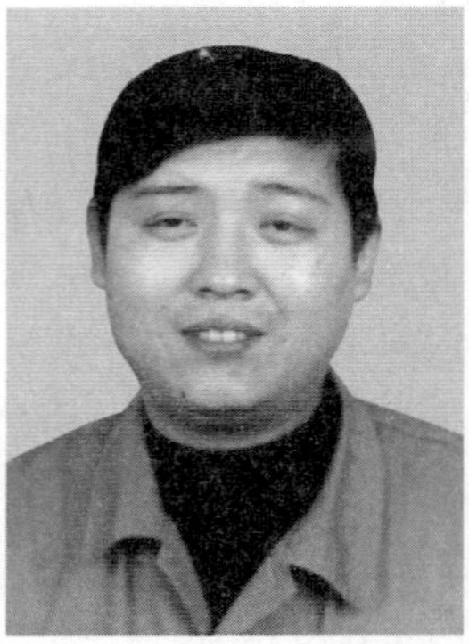

朱小锋 江苏省劳动模范

1982年6月出生，男，汉族，无党派，初中学历。现任江苏熔盛重工有限公司管制中心质量主管。

2008年5月，朱小锋进入江苏熔盛重工有限公司，成为一名电焊工。他在本职岗位上勤奋学习，不断提升焊接技能，他初始只能焊接Ⅲ级管，很快便能逐渐胜任焊接Ⅱ级、Ⅰ级管，并熟练地掌握拍片管焊接。2009年，他在熔盛重工首届技能大赛上获二等奖。他刻苦参加公司培训，在2009年江苏省船舶焊工技能大赛上获第一名。他在成长为质量主管后，仍始终奔波在一线，做到第一时间现场发现、现场解决焊接质量问题，指导员工如何规避缺陷，管制中心焊接质量稳步上升。2011年5月，他被省政府评为省劳动模范。

陈　强 江苏省劳动模范

1961年7月出生，男，汉族，中共党员，船舶海洋工程博士。现任中国熔盛重工集团控股有限公司总裁。

陈强是国务院特殊津贴享受者，曾获得国家科学技术进步二等奖。他在世界造船业享有卓著声誉，曾于2010年6月被航运行业挪威国际杂志《信风》评为全球航运行业百大最具影响力的人物之一，列第41名(全国仅有四人获此殊荣)。他曾任职于挪威船级社、美国船级社、德国船级社、英国劳氏船级社、法国船级社、中国船级社等世界大型船级社技术委员会，现兼任中国船舶工业行业协会副会长，上海交通大学、哈尔滨工程大学及江苏科技大学教授。在他的掌舵下，熔盛重工自2005年10月28日打下第一根桩，短短五年多时间，便创造了世界造船史上最短建厂周期、最大单笔造船载重吨及订单金额、最高苏伊士油轮市场份额、最大船坞及龙门吊等多项世界之最，发展成为中国最大的民营造船企业、江苏省船舶产业联盟盟主单位和南通首家销售超百亿工业企业，并于2010年在香港成功上市。2011年5月，他被省政府评为省劳动模范。

范建银 江苏省劳动模范

1962年5月出生，男，汉族，中共党员，中学高级教师，大学学历。现任江苏省白蒲高级中学校长。

范建银从教27年，是如皋市数学学科带头人，曾先后在省、南通市级刊物发表科研论文15篇。他主持全市首个教育部规划立项课题——《“活动单导学”

方式在农村普通高中课堂教学中的实践》，积极开展以课堂教学改革为核心的校本研究，形成较为系统的教育教学管理方略，促进教师整体素质和业务水平的有效提高，推动学校优质特色发展，在省内外产生广泛影响，白蒲高级中学跻身于全国300所特色高中建设项目学校之列。2010年，白蒲高级中学高考本二线上线人数突破1000人大关，第11次获市高中教育质量综合评估一等奖（第一名），并获省精神文明建设先进集体等称号。2008年，他被评为南通市劳动模范。2011年5月，他被省政府评为省劳动模范。

施　勇　*江苏省劳动模范*

1966年10月出生，男，汉族，中共党员，大学学历。现任如皋市地方税务局党组书记、局长。

施勇从事税务工作20多年，始终秉持“诚信、责任、进取”的地税核心价值观。在他的带领下，如皋地税收入总量从2008年的17.5亿元攀升到2010年的34.9亿元，取得“两年翻一番、位次跃居南通六县(市)前茅”的新突破。他率领推进的“精管百户”工程、税源“三化管理”(重点税源管理精细化、一般税源管理规范化、零散税源管理社会化)改革、“双基”建设(基础建设和基层建设)、情境培训、“二三产剥离”、总部经济建设等多项创新项目得到税务总局，省委、省政府，省、南通市地税局的肯定与推介，为地方税源经济转型升级作出开创性贡献。他先后被市委、市政府嘉奖六次、立三等功四次，连续十年被评为优秀公务员，曾获如东县“十大”杰出青年、南通市“十佳”新长征突击手标兵、省地税系统优秀税务工作者等称号。2011年5月，他被省政府评为省劳动模范。

徐　飞　*江苏省劳动模范*

1970年11月出生，男，汉族，中共党员，大学学历。现任江苏万达特种轴承有限公司工程技术中心主任。

徐飞作为万达特种轴承有限公司科研项目负责人，负责新产品研发及技术改造等工作。十多年中，先后开发特种轴承品种200多个，规格3000多个，可配套0.5～45吨中外全系列叉车。其中，高端产品CPCD180EC、CPCD250EC型集装箱堆高机轴承填补国内空白；渐变硬度叉车轴承项目被列入省火炬计划，获国家实用新型专利，被认定为省高新技术产品，获南通市科技进步三等奖；精密回转支承的自催化镍—镀层防护工艺通过省高新技术产品认定，其专利申请被国家知识产权局受理。在他的主持和参与下，在全国率先成功研制叉车轴承寿命试验机。他不断改进企业生产线和流程，先后完成南通市科技计划项目“基于WEB的特种参数CAD/CAPP系统”、“扩大滑轮用密布滚子轴承生产线改造项目”改造，为万达特种轴承有限公司迅速崛起成为行业标兵提供强有力的技术支撑。2010年，万达特种轴承有限公司成功申报省高新技术企业，完成新产品项目研发14个，其中重载叉车专用双列圆柱滚子轴承项目获市科技创新奖。他曾受国家行业标准委员会委托，参与起草《中华人民共和国机械行业标准JB / T7360－2007》。2011年5月，他被省政府评为省劳动模范。

董绍敬　*江苏省劳动模范*

1954年11月出生，男，汉族，中共党员，初中学历。现任江苏力星钢球有限公司销售科科长。

董绍敬从事销售工作20多年。在担任销售员期间，他虚心向老销售人员学习，不断钻研销售业务。担任部门领导后，他不断培养新人，做好传、帮、带。他长年出差在外，多年如一日，几乎牺牲一切休息时间，克服家庭困难，忘我工作。他不计较个人得失，处处为集体着想。他制订内部销售工作管理制度和考核细则，严抓营销队伍建设，明确责任、职责。针对竞争激烈的市场,他定期召开营销分析会、座谈会,及时调整经营策略,改善和提高服务质量,满足用户需要,掌握市场主动权,牢牢控制市场制高点。他在国内市场先后采取"抓大放小"、"抓精去粗"、"保重点用户"销售策略,力求满足国外销售客户需要,保证产品出口。2011年5月,他被省政府评为省劳动模范。

阚德华 江苏省劳动模范

1973年10月出生,男,汉族,无党派,大专学历。现任江苏昌昇集团股份有限公司品质部部长。

阚德华带领昌昇集团新品部试制团队一步一个脚印,实施尖端产品CS102胶印机研制。每当遇到问题时,他冲在一线,带领团队将问题逐层分解,抓住关键点,找到源头,力求将问题处理在萌芽状态中,新产品不断向更高层次推进,最终取得试制成功。CS102胶印机成功研制,使昌昇产品达到国内领先水平,昌昇公司一跃成为全国印刷机行业前三强。2010年,他率领CS130项目团队取得CS130胶印机试制成功,填补了国内高端全张机空白,新产品于2010年12月正式向市场推出。他始终牢记一个人的力量是有限的、团队的力量是无穷的,毫无保留地言传身教,为昌昇集团培养大量技术精湛、认真负责的人才。他曾获得南通市劳动模范等称号。2011年5月,他被省政府评为省劳动模范。

(应 晶)

李建华 和平使者

1963年12月出生,男,汉族,雪岸镇人,中共党员,大学学历,高级工程师、一级建造师。现任江苏昌盛建设集团副总经理、总工程师,无锡分公司经理,无锡总商会如皋商会副会长,香港经济管理科学研究院研究员,中国国际专家学者联谊会理事,英国皇家特许建造学会会员。

李建华从事房屋建筑工程施工工作20多年,具备较高的技术业务水平和较强的组织管理能力。先后参加上海、苏州、镇江、无锡等市重点工程建设,撰写的《深基坑支护技术》、《自爬升脚手架设计与施工》等论文发表于《上海建筑科技》等杂志,并获省、南通市建筑学会优秀论文二、三等奖项。在无锡市,他带领团队完成施工面积200多万平方米,实现年施工产值达5亿多元,先后获省、市文明工地20余项、优质工程奖10多项,在各地树立建筑铁军良好形象。他致富不忘家乡,多次资助家乡道路建设,资助贫困大学生完成学业。他曾获全国劳动模范等称号。2011年9月17日,被世界和平发展论坛暨中美企业高端峰会授予和平使者称号,联合国友好理事会主席诺尔·布朗为其颁发了"和平使者"证书。

市(厅)级荣誉获得者

2011年获市(厅)级奖励名录

表2

姓 名	荣誉名称	工作单位	表彰单位
张 勇	南通市先进工作者	市财政局	南通市委、市政府
王维祥	南通市纪检监察先进工作者	市纪委	南通市委、市政府
谢永华	南通市纪检监察先进工作者	市纪委	南通市委、市政府
吴敬民	南通市纪检监察先进工作者	市纪委	南通市委、市政府
刘国林	南通市纪检监察先进工作者	市纪委	南通市委、市政府

续表 2—1

姓　名	荣　誉　名　称	工　作　单　位	表　彰　单　位
刘培林	南通市纪检监察先进工作者	市纪委	南通市委、市政府
倪　兵	南通市纪检监察先进工作者	市纪委	南通市委、市政府
张加琴	南通市纪检监察先进工作者	市纪委	南通市委、市政府
张智娟	南通市纪检监察先进工作者	市纪委	南通市委、市政府
邱　俊	南通市纪检监察先进工作者	市纪委	南通市委、市政府
陈建国	南通市纪检监察先进工作者	市纪委	南通市委、市政府
薛文跃	南通市纪检监察先进工作者	市纪委	南通市委、市政府
张建明	南通市纪检监察先进工作者	市纪委	南通市委、市政府
郭桂忠	南通市纪检监察先进工作者	市纪委	南通市委、市政府
陶　进	南通市纪检监察先进工作者	市纪委	南通市委、市政府
孙　燕	南通市纪检监察先进工作者	市纪委	南通市委、市政府
刘兴林	2005～2010 年度信访工作先进个人	市公安局	南通市委、市政府
黄晓勤	2005～2010 年度信访工作先进个人	市公安局江安派出所	南通市委、市政府
周　涛	2006～2010 年度法制宣传工作先进个人	市公安局	南通市委、市政府
许丽华	“十一五”期间全市人口和计划生育工作先进个人	市公安局治安大队	南通市委、市政府
杨海燕	安全生产先进个人	市公安局经文保大队	南通市政府
冯昌泉	“十一五”期间全市人口和计划生育工作先进个人	市人口计生委	南通市委、市政府
刘志山	“十一五”期间全市人口和计划生育工作先进个人	市人口计生委	南通市委、市政府
沙海燕	“十一五”期间全市人口和计划生育工作先进个人	市人口计生委	南通市委、市政府
季　康	“十一五”期间全市人口和计划生育工作先进个人	市计生协会	南通市委、市政府
曹　俊	“十一五”期间全市人口和计划生育工作先进个人	市计生指导站	南通市委、市政府
柳康军	南通市优秀乡镇安全监督员	吴窑镇安监所	南通市委、市政府
张志年	南通市 2005—2010 年度信访工作先进个人	市信访局	南通市委、市政府
郝　玮	“十一五”期间全市人口和计划生育先进个人	市法院	南通市委、市政府
孙福康	南通市“五五”普法先进个人	市法院	南通市委、市政府
许映兰	南通市对台经济工作先进个人	市台办	南通市委、市政府
顾留忠	南通市对台经济工作先进个人	长江镇(如皋港区)	南通市委、市政府
喻耀辉	南通市对台经济工作先进个人	市行政服务中心	南通市委、市政府
薛文跃	南通市市纪检监察先进工作者	市住建局	南通市委、市政府
章　程	南通市先进工作者	市住建局	南通市政府
李向东	省“十一五”农村改厕工作先进个人	市卫生局	省爱卫会
戴丽娟	省优质护理服务先进个人	市人民医院	省卫生厅
林　锋	“十一五”期间省墙材革新工作先进个人	市住建局	省经信委
吴　华	南通市“十一五”期间食品安全先进个人	市食品药品监督管理局	南通市政府
刘正华	南通市“十一五”期间食品安全先进个人	市食品药品监督管理局	南通市政府
戴伍星	南通市“十一五”期间食品安全工作先进个人	市工商局	南通市委、市政府

续表 2—2

姓　名	荣誉名称	工作单位	表彰单位
宋文章	南通市"五五"普法先进工作者	市工商局	南通市委、市政府
袁明生	南通市春运组织工作先进个人	市运输管理处	南通市政府
田祥云	省"五五"普法先进个人	市交通运输局	省委宣传部、省司法厅、省法宣办
黄晓贵	省交通运输法制先进工作者	市交通运输局	省交通运输厅
彭卫兵	省民政工作先进个人	市民政局	省民政厅
祁功名	省民政工作先进个人	市民政局	省民政厅
谢仁建	省"十佳"经济卫士	市工商局	省工商局
冒云岭	省农资监管工作先进个人	市工商局	省工商局
李同生	省"消费投诉"调解能手	市工商局	省消费者协会
钱燕京	省信访系统先进工作者	市信访局	省人社厅、省信访局
张本友	省信访系统优秀办信员	市信访局	省信访局
姚　晖	省档案宣传工作先进个人	市档案局	省档案局
吴红梅	省优秀信息员	市档案局	省档案局
缪广林	省关心下一代工作先进工作者	如城镇关工委	省关工委、省文明办
陈国荣	省关心下一代工作先进工作者	白蒲镇关工委	省关工委、省文明办
钱祖德	省关心下一代工作先进工作者	磨头镇关工委	省关工委、省文明办
陈　平	省关心下一代工作先进工作者	长江镇关工委	省关工委、省文明办
杨云清	省第六次全国人口普查先进个人	市统计局	省第六次全国人口普查办公室
梅广林	省第六次全国人口普查先进个人	市统计局	省第六次全国人口普查办公室
谢晓飞	省第六次全国人口普查先进个人	市统计局	省第六次全国人口普查办公室
汤德才	省第六次全国人口普查先进个人	丁堰镇	省第六次全国人口普查办公室
薛国平	省第六次全国人口普查先进个人	丁堰镇	省第六次全国人口普查办公室
孙祥如	省第六次全国人口普查先进个人	丁堰镇	省第六次全国人口普查办公室
冒建林	省第六次全国人口普查先进个人	丁堰镇	省第六次全国人口普查办公室
张铁军	省第六次全国人口普查先进个人	丁堰镇	省第六次全国人口普查办公室
徐　华	省第六次全国人口普查先进个人	丁堰镇	省第六次全国人口普查办公室
许海泉	省第六次全国人口普查先进个人	丁堰镇	省第六次全国人口普查办公室
秦　军	省企业所得税税源调查先进个人	市财政局	省财政厅
王宏波	"2006～2010年"省财政法制宣传教育先进个人	市财政局	省财政厅
陈　霞	首都劳动奖章	南通六建建设集团有限公司	北京市总工会
陆建军	省技术能手	市供电公司	省人社厅
杨国斌	省科普宣传先进个人	市科协	省科协
冒高翔	省科普宣传先进个人	市财政局	省科协
张建华	省科普宣传先进个人	市地税局	省科协
蔡建兰	省科普宣传先进个人	市科技局	省科协
刘建华	省科普宣传先进个人	市软件园	省科协

续表 2—3

姓　名	荣　誉　名　称	工　作　单　位	表　彰　单　位
刘建胡	省科普宣传先进个人	如皋经济开发区	省科协
刘蓓月	省科普宣传先进个人	如城镇	省科协
洪德忠	省科普宣传先进个人	常青镇	省科协
尹冠明	省科普宣传先进个人	丁堰镇	省科协
万锡元	省科普宣传先进个人	高明镇	省科协
吴　烨	省第二届优秀城市管理行政执法人员	市城市管理行政执法大队	省政府法制办
周学兵	省医疗保险“千千万万”行动先进个人	市医疗保险管理处	省人社厅
冒红薇	省新农保经办管理服务个人示范岗	市农村养老保险管理处	省人社厅
阮铁均	省“十佳”仲裁员	市人社局	省人社厅、省劳动人事争议仲裁委员会
刘建明	省优秀工会工作者	市总工会	江苏省总工会
杨　敏	省优秀工会工作者	南通泰幕士有限公司	江苏省总工会
彭　斌	南通市劳模	江苏九鼎新材料股份有限公司	南通市政府
杨　莲	南通市劳模	如皋光华国际大酒店有限公司	南通市政府
李贞君	南通市劳模	江苏昌昇集团股份有限公司	南通市政府
夏素琴	南通市劳模	江苏万达特种轴承有限公司	南通市政府
郭书鹤	南通市劳模	江苏金莱雅集团有限公司	南通市政府
韩燕飞	南通市劳模	双钱集团(如皋)轮胎有限公司	南通市政府
奚守华	南通市劳模	南通汽运集团如皋分公司	南通市政府
黄晓琴	南通市劳模	市文广传媒集团	南通市政府
陆彩虹	南通市劳模	市环境卫生管理处	南通市政府
王　静	南通市劳模	电信如皋分公司	南通市政府
石太林	南通市劳模	江苏江中集团有限公司	南通市政府
刘伯健	南通市劳模	市环境监测站	南通市政府
张永飚	南通市劳模	市技工学校	南通市政府
沈世红	南通市劳模	如皋中学	南通市政府
严　军	南通市劳模	市农业技术推广中心	南通市政府
章　程	南通市劳模	市园林管理处	南通市政府
陈建华	南通市劳模	市中医院	南通市政府
丁先华	南通市劳模	南通华东油压科技有限公司	南通市政府
张奎宏	南通市劳模	南通泰尔特服装有限公司	南通市政府
汪农生	南通市劳模	如皋农村商业银行股份有限公司	南通市政府
颜建国	南通市劳模	省电力公司如皋市供电公司	南通市政府
秦正国	南通市劳模	白蒲镇蒲西社区居委会	南通市政府
周久海	南通市劳模	高明镇周庄社区居委会	南通市政府
张小春	南通市劳模	江苏熔盛重工有限公司	南通市政府
顾兴莲	南通市劳模	南通恒绮纺织有限公司	南通市政府

续表 2—4

姓　名	荣　誉　名　称	工　作　单　位	表　彰　单　位
沈卫国	南通市劳模	江苏南通六建建设集团有限公司	南通市政府
陈　健	南通市劳模	南通赛天蓬牧业有限公司	南通市政府
田建林	南通市劳模	如城镇永华苗圃	南通市政府
张　勇	南通市劳模	市财政局	南通市政府
许　俊	南通市劳模	市卫生局	南通市政府
蒋楠隽	南通市劳模	南通如皋海事处	南通市政府
夏琪斌	南通市劳模	市检察院	南通市政府
杨海燕	南通市安全生产先进个人	如皋港区安监局	南通市政府
施国华	省重点流域面源污染防治工作先进个人	市农委	省农业委员会
陈　林	省农资监管工作先进个人	市农业行政执法大队	省农业委员会
丁　峰	省耕地质量建设与管理工作先进个人	市农业技术推广中心	省农业委员会
丁　旭	省农作物病虫害专业化统防统治服务先进个人	市农业技术推广中心	省农业委员会
季玲玲	省农业科普宣传工作标兵	市农林科技与信息中心	省农业委员会
席日峰	省科普宣传先进个人	市农林科技与信息中心	省农业委员会
卢应红	省科普宣传先进个人	市农林科技与信息中心	省农业委员会
严　谨	省科普宣传先进个人	市农林科技与信息中心	省农业委员会
高国兴	2003～2010 年省绿色江苏建设先进个人	市林业技术指导站	省林业局
左春霞	2003～2010 年省绿色江苏建设先进个人	市林业技术指导站	省林业局
左春霞	省森防工作先进个人	市林业技术指导站	省林业局
陈建华	省第八次森林资源清查工作先进个人	如皋市林业技术指导站	省林业局
黄安宏	省集体林权制度改革工作先进个人	市林业技术指导站	省林业局
汤小勤	省动物卫生监督工作先进个人	市动物卫生监督所	省农业委员会
周春炎	省动物疫病监测及信息报送先进个人	如皋市畜牧兽医站	省农业委员会
刘松海	省海洋与渔业科技先进工作者	市水产技术指导站	省海洋与渔业局
杨宝平	省种子质量管理工作先进个人	市种子管理站	省农业委员会
李向东	省“十一五”农村改厕工作先进个人	如皋市卫生局	省爱卫会
戴丽娟	省优质护理服务先进个人	市人民医院	省卫生厅
杜松华	一等功	市公安局	公安厅
陈卫东	二等功	市公安局	省公安厅
范存泽	省公安机关集中整治执法过程中涉案人员非正常死亡工作成绩突出个人	市公安局	省公安厅
郭锦标	省监管场所信息化应用岗位能手	市看守所	省公安厅
徐　祥	省“二十佳”巡防民警之星并记个人三等功	市公安局巡防大队	省公安厅
朱敏建	优秀共产党员	市公安局柴湾派出所	省公安厅
瞿志宽	车辆管理执法示范岗位	市公安局交巡警大队袁桥中队	省公安厅
郭峻青	消防监督检查执法示范岗位	市公安局消防大队	省公安厅
夏春红	省内部审计先进工作者	市公安局	省审计厅

世界长寿乡风采

导读

重　要　活　动

【首届中国如皋长寿养生国际高端论坛】 9月5日，由国际自然医学会、如皋市政府主办的首届中国如皋长寿养生国际高端论坛在光华国际大酒店举行。联合国老龄研究所所长德波诺·特鲁伊斯发信祝贺论坛成功举办。国际自然医学会会长，世界长寿乡调查团团长、科学认证委员会主席，医学、长寿学博士森下敬一；全国人大常委、民进中央副主席兼秘书长朱永新；台湾"中国医药大学"教授、医学博士吴金滨；中国民族医药学会名誉会长诸国本等专家、学者近400人参加论坛活动，共同体验如皋，感受长寿，探索"自然医学与长寿养生"课题，推动健康长寿养生科学发展。论坛上，市长寿研究会聘请森下敬一为名誉会长。

【世界长寿乡——中国如皋授牌仪式暨新闻发布会】 10月25日，由国际自然医学会、世界长寿乡科学认证委员会、如皋市政府共同主办的世界长寿乡——中国如皋授牌仪式暨新闻发布会在北京人民大会堂举行。第十届全国政协副主席张怀西；国际自然医学会会长，世界长寿乡调查团团长、科学认证委员会主席森下敬一；十届全国人大外事委员会副主任、中国对外贸易协会会长周可仁；全国老龄办副主任肖才伟；国际自然医学会中国支部长王智墨等出席活动。新华社、《人民日报》、中央电视台、台湾东森电视台及美联社等50多家中外主流媒体的80多位新闻记者现场报道。

发布会宣布，经国际自然医学会、世界长寿乡科学认证委员会确认，中国如皋获世界长寿乡称号。森下敬一授予如皋"世界长寿乡"牌匾。

至此，全世界共有六个地区被国际自然医学会认定为世界长寿乡：中国的巴马、和田、如皋，巴基斯坦的罕萨，外高加索地区和厄瓜多尔的比尔卡班巴。

如皋市成为世界长寿乡，对进一步打造特色鲜明、文化厚重、产业发达的健康、长寿、幸福新如皋具有重要意义。

【"万寿百岁碗"获吉尼斯世界纪录认证】 10月28日，如皋"万寿百岁碗"获吉尼斯世界纪录认证仪式在中国长寿城举行。世界长寿乡科学认证委员会副主席、国际自然医学会中国支部支部长王智墨，台湾"中国医药大学"教授、医学博士吴金滨，国际自然医学会专家卢威麟，吉尼斯世界纪录协会高级认证师吴晓红出席认证仪式。

仪式上，吴晓红宣布如皋“万寿百岁碗”为世界上最大的青铜碗，并为之颁发吉尼斯世界纪录认证书。

“万寿百岁碗”是为挖掘如皋百岁碗的人文风情，凸显如皋长寿因素而特制。碗身由青铜浇铸，碗口直径 3.16 米，碗口周长 9.9 米，寓意长命百岁；碗外侧浇铸 1 万个不同的寿字，寓意万寿无疆；碗的底座印有 100 位如皋健康百岁老人代表的手印，铜底座高 39 厘米，加花岗岩底座高 226 厘米，总高 265 厘米，寓意 2011 年如皋 265 位百岁高寿老人。

【第五届重阳敬老联谊会】 10 月 6 日下午，第五届“欢乐重阳节、相聚水明楼”九九重阳敬老联谊会在南通水明楼酒业有限公司举行。联谊会由市老龄委、市文广传媒集团共同主办，离退休老干部等 500 位老人出席活动。

联谊会以“庆国庆、颂党恩、话重阳”为主题。丁堰镇政府等 20 个老龄工作先进集体、吴广和等 50 名老龄工作先进个人、于良国等 100 个尊老敬老模范家庭、缪广林等 50 名老有所为先进个人获表彰。市老龄办长寿艺术团、市老年体协九鼎艺术团、市老年大学为老人们送上精彩演出，让在场的老人感受到节日的欢乐以及党和政府的温暖。

寿星风采

全市年龄最长的寿星——曹永芳

曹永芳，女，1904 年出生，家住经济开发区(柴湾镇)平园池村五组，是全市年龄最长的百岁老人。现与嗣子刘炜章(96 岁)及抱养的孙女刘金美生活在一起。年轻时喜唱歌、打号子。喜爱吃糁粥、蔬菜、水果，不喝酒，吃肉不多，近几年早餐以奶粉、麦片及鸡蛋为主。喜看电视，尤爱看打斗片。她性格开朗，心胸开阔，不记仇，不记怨，心情愉悦。她乐于助人，说话幽默，最开心的事就是和子孙们团聚，孩子们的生日她都记得十分清楚。

能用四国外语唱歌的老寿星——黄士端

黄士端，男，1908 年出生，字则之，出生于如城镇。其父亲黄家瑞是清末秀才，曾赴日本留学，经孙中山介绍加入同盟会，后加入中国共产党。黄士端从小受到良好教育，1932 年毕业于南通医学院，走上悬壶济世之旅。上海解放初，他受时任上海市市长陈毅的委托，组建上海水上卫生防疫站，任防疫站主任。后被错划为“右派”、“反动权威”，到如

城镇医院当医生。平反并落实政策后，与夫人、女儿一同定居上海安度晚年。老人年轻时就酷爱体育运动，篮球、乒乓球、舞剑、打拳都是他喜爱的运动。他还是一个舞迷，曾经是上海一社区舞蹈队指导老师。虽93岁高龄，老人仍精神矍铄、四肢灵活，生活完全自理，仍能用英语、日语、俄语、意大利语四种外语及中文连唱六首歌曲。他对营养学很有研究，注重合理膳食。他心胸开阔、性情豁达，从不把不愉快的事情放在心上。他酷爱读书，经年不辍。

五世同堂的老寿星——范广美

范广美，女，1910 年出生，家住袁桥镇纪港村15 组。老人子孙昌盛，五世同堂，家庭成员 119人。她喜清洁，爱打扮，习惯早睡早起。她不挑食，饮食以粗粮、蔬菜、牛奶、钙类为主，以荤菜为辅。她不抽烟，不喝酒，眼不花、耳不聋。她爱劳动，90多岁还劳作不停。她一生无大病小痛，有点伤风感冒也从不留意。她性情乐观、宽以待人，从不对身外之物得之喜、失之悲。

阅历丰富的老寿星——朱其强

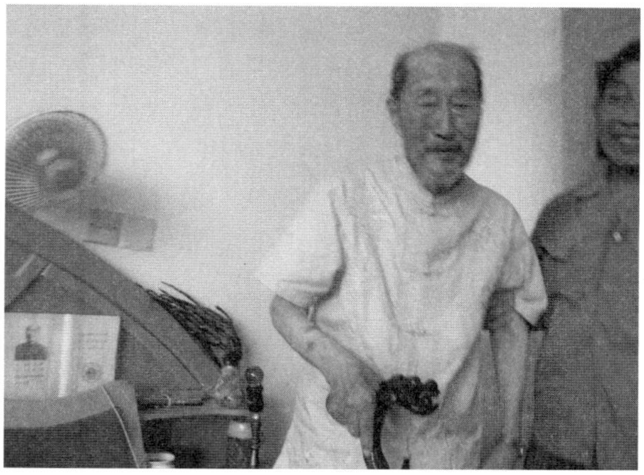

朱其强，男，1912 年出生，家住如皋软件园（桃园镇）桃北村一组，生有四男四女。现和儿子、儿媳们生活在一起，五世同堂，身体健康。老人年轻时，曾从山海关到嘉峪关走完全长城，曾在新四军一纵队负责过粮食征管工作，曾参加过抗日战争，曾经在如皋法院和粮食局工作过。1949 年 2 月，他进入教师队伍，从教 30 年，1979 年 8 月退休。他爱整洁，爱干净，生活严谨。不管寒暑、刮风下雨，早晨起床后，都要先打开窗户通风；晚上睡觉前，衣服叠得整整齐齐的放在床头；饭前必洗手，饭后必洗脸。他的饮食以清淡为主，喜欢吃鱼。

长 寿 研 究

浅析如皋人的饮食与长寿

刘桂江　吴希林

近几年，如皋的百岁老人一直保持在 250 名以上，90 岁以上的高龄老人超过 8200 人，更有 5 万多名 80 岁以上的高龄老人群体作为强大的后备军，是著名的长寿之乡。如皋人为什么长寿？这是无数专家学者和长寿研究爱好者十分关注的问题。答案是多方面的，既有优越的自然环境因素，也有良好的社会人文因素，还有如皋人健康的行为习惯因素。但正如美国抗衰老专家霍德华所说：“只有懂得怎样吃对于健康有利，才能找到长寿之门的入口。”如皋人一向把合理膳食作为健康长寿的第一基石。如皋人坚持健康饮食主要得益于以下三个方面。

一、悠久的饮食养生传统

俗话说:“民以食为天”。如皋人对这个“天”字的理解更为深刻。他们认为,吃是一门大学问,既要吃饱,又要吃好,既不能饿坏身体,也不能吃出毛病。善于吃出健康的如皋人,早在清朝初年就出现了以善制菜蔬糕点闻名的中国古代“十大名厨”之一的董小宛及众多高厨名师,制作了以时鲜蔬果、江鲜、海鲜等如皋特产为原料的一道道味美色佳的名菜,赢得了许多名人雅士“美食在如皋”的赞誉。而且,在同时期又出现了大力倡导食疗、食补的养生家、康熙癸丑进士丁其誉,使如皋人在膳食方面做到了美味与健康的完美结合。

丁其誉虽非专攻医道,但却酷爱岐黄之术,在任山西省石楼县县令时,就施药济生,救死扶伤。退休回到如皋后,潜心研究医学,对家乡的长寿现象尤为关注。经过广泛调查,认真研究,写下给如皋人民带来福祉的不朽著作《寿世秘典》。

《寿世秘典》共分九卷,着重从顺应岁时、合理膳食、适常起居、中医调理等方面对调摄养生进行了精辟的论述,许多观点和验方至今仍不失其科学性和实用性。直至20世纪90年代,该书仍被中医古籍出版社再版发行,很快销售一空。丁其誉的调摄养生理论对如皋人的健康长寿作出了突出贡献。

丁其誉特别强调饮食养生的重要性。他在书中写道:“人生不过寝食二字,日不甘食,夜不安寝则病矣。”“饮食者可赖以养生,然必以脾胃为主。胃阳,主气。脾阴,主血。胃主纳受,脾主消导。一纳一消,运行不息,生化无穷。”“胃病,则精伤而阳事衰。善养生者慎起居,节饮食,则不损其脾胃。不然百病由此而生,故脾胃不可不慎也!”

对于如何保养好脾胃,丁其誉提出六大要法:“宁少毋多,宁饥毋饱,宁迟毋速,宁热毋冷,宁零毋顿,宁软毋硬。”认为饮食清淡“可清气,可释欲,可宁神,可养福。愈浓郁,愈肥甘,损多益少”。提倡“朔望宜食斋素,使肠胃中隔半月则清虚一番”。对于一日三餐的安排,认为“朝不可虚,暮不可实”。提倡“每日晨起,食素粥,午膳用荤。夜则清酒数酌,食品不拘,但取冲淡,去肥脓,半饥半饱”。对于食疗与药疗的辩证关系,丁其誉认为:“凡药有偏效,而无全功。”他告诫人们:“凡药皆毒也!”“金石之药最为酷烈……”“虽甘草、苦参不可不谓之毒,久服则五味各归其脏,必有偏。”

丁其誉在《寿世秘典》中结合如皋实际,对四时蔬果的食疗功效作了精辟论述。如春天用簇葱、韭菜、生姜、芥菜、青蒜等制作的五辛盘“可辟厉气”,“二月食韭,补益心肾”,四月桑椹“绞汁熬膏,蜜调服,能去火,解金石燥热,止干渴”,九月“采枸杞子浸酒饮,滋肾润肺,生精益气”,冬日食萝卜“无咽喉之疾”,“食枣汤,调和胃气”,“食芋益人”等等。丁其誉特别重视粥疗,列举了十多种粥疗的功效,如芡实粥“固精气,明耳目”,莲子粥“健脾胃,止泄泻”,山药粥“补肾精,固肠胃”,萝卜粥“消食利膈”,韭菜粥“温中暖下”等等。

继丁其誉之后,如皋研究食疗、食补的不乏其人。清朝的许多医书多有涉及,姚国干有《食谱》专著。当今的长寿研究爱好者、原如城镇党委书记陈爱玲女士编著出版了40万字的《食补精萃》,从饮食养生的意义、原则到各类人员、各类疾病如何正确选用养生食品都作了精辟论述,既是如皋人饮食养生的总结,也对新时期的饮食养生起到了积极指导作用。丁其誉等老一辈养生家倡导的饮食养生经验一直在民间流传,已成为如皋人的良好饮食习惯。

二、丰富的优质食品资源

如皋地处长江三角洲北翼,北纬32°00′～32°30′,东经120°20′～120°50′,位于长江、黄海“T”字形交会处,南临长江,东濒黄海,属北亚热带季风气候区,是南北气候带的过渡地区,其气候特点是四季分明。春季63天,月平均温度高于22℃的夏季106天,秋季62天,月平均温度低于10℃的冬季134天。雨量充沛。常年降水量1000毫米左右,常年降雨日130天左右,分配合理,一年四季有雨,夏季相对集中,但暴雨成灾的情况很少。根据气象资料记载,46年中仅于1960年8月4日出现过一次特大暴雨,日降水量达239.4毫米。日照充足,常年日照时数达2013.3小时,年平均日照百分率为45.6%,夏季作物生长旺季的8月份日照时间达218.2小时,日照百分率为53%。风速平缓。常年平均风速每秒3.0米,风速大于等于每秒17.2米的大风常年月均只有0.65天,出现8级以上大风的机率很小。如皋常年平均相对湿度为80.1%,年际振幅小,月平均值与年平均值正负小于6%。

以上气候特征，适宜于多种农作物生长，使如皋成为南北方农作物生长的交汇地带，不管是旱田作物还是水田作物，不管是耐寒作物还是喜阳作物，不管是低秆作物还是高秆作物，在如皋都能生长。对南北方的优良品种兼收并蓄，品类繁多，形成了如皋农业资源的强大优势。南方的水稻，在如皋大面积种植，而如皋的小麦、玉米、豆类等旱田作物，其品质完全可以与我国优质产粮区黑龙江的产品媲美。

由于对农作物品种宽阔的选择余地，如皋农作物不仅品类繁多，而且经常更新，优胜劣汰。在粮食相对缺乏的时候，多栽培一些高产作物，以保证人们基本生活的需要。在粮食连年丰收的情况下，又从营养角度进行选择。如薯类，不仅保留了红薯、芋头等原有品种，还引进了土豆、紫薯等外来品种。蔬菜的品种更是不断增加。麦类，原有大麦、元麦、小麦三个主要品种，经过选择，基本淘汰了元麦，而保留了营养丰富的大麦和小麦。荞麦和黄豆、赤豆、绿豆、蚕豆、豌豆等豆类作物，尽管产量不高，但因其有益于人体健康，群众普遍种植。

农作物品种的多样性，给如皋人饮食的多样性创造了条件，保障了膳食中的营养平衡。

如皋不仅气候优越，而且水土优良。如皋土壤的主要来源为长江冲击物，且受淮河冲击物的影响，土壤母质的矿物构成比较复杂，为土壤元素组成的多样性奠定了基础。且全市境内水网密集，河流纵横，水土交融，各种元素相互渗透。经中国科技大学理化中心等权威部门检测，如皋的水和土壤中所含人体必需的微量元素非常丰富，数量适中。如土壤中含硒量为0.22微克/克～0.24微克/克，介于我国土壤含硒量的中值（详见表3、表4）。

如皋市土壤中元素测试结果

表3

元素	小麦土壤	芥菜土壤
钙(%)	1.25	1.38
钾(%)	1.77	1.42
镁(%)	0.83	0.79
铁(%)	2.29	2.23
锰(微克/克)	466	434
锶(微克/克)	143	116
铜(微克/克)	20.6	27.5
锌(微克/克)	89	81
砷(微克/克)	3.92	4.35
硒(微克/克)	0.22	0.24
钴(微克/克)	8.67	8.00
镍(微克/克)	21.3	20.0
铅(微克/克)	6.5	7.4
镉(微克/克)	0.46	0.23

如皋市饮用水中元素测试结果

表4　　单位:微克/毫升

元素	雨水	井水	元素	雨水	井水
钙	5.43	105	锌	0.84	0.030
钾	2.25	37.4	锂	0.0020	0.024
镁	0.63	38.4	砷	0.0014	0.0013
偏硅酸	1.66	21.3	硒	0.00048	0.0013
铁	0.044	0.035	铅	0.0038	0.00068
锰	0.028	0.057	镉	0.00088	0.00014
锶	0.022	0.43	汞	0.00020	0.00025
钡	0.18	0.0054	铬	0.00023	0.0014

井水中的锶和偏硅酸含量达到和接近矿泉水指标，且毒理学指标砷、汞、镉、铅等到元素含量大大低于《生活饮用水水质卫生规范》(GB17051—1997)规定的允许值（详见表4）。

水除被人直接饮用外，与土壤中的微量元素被农作物吸收，使粮食蔬菜和果品中也含有丰富的人体必需的微量元素（详见表5、表6）。

如皋市谷物、白果中元素测试结果

表 5　　　　单位:微克/毫升

元素	钙	钾	镁	铁	锰	锶	铜	锌	砷	硒	钴	镍	铅	镉
嫁接白果	104	13700	750	13.1	4.06	0.42	4.34	6.09	0.044	0.013	0.013	0.234	0.094	0.017
未嫁接白果	116	13700	900	12.9	4.63	0.35	4.25	5.47	0.038	0.013	0.016	0.26	0.064	0.02
粳米	54.2	690	188	1.93	6.71	0.061	2.26	9.93	0.05	0.016	0.0032	0.094	0.021	0.018
玉米	34.3	2630	814	17.9	2.67	0.045	0.94	14.5	0.003	0.016	0.0034	0.086	0.017	0.003
大麦	260	3165	522	23.8	10.2	0.64	4.89	23.5	0.053	0.02	0.0062	0.016	0.114	0.012

如皋市蔬菜中元素测试结果

表 6

元素	钙(%)	钾(%)	镁(%)	铁(微克/毫升)	锰(微克/毫升)	锶(微克/毫升)	铜(微克/毫升)	锌(微克/毫升)	砷(微克/毫升)	硒(微克/毫升)	钴(微克/毫升)	镍(微克/毫升)	铅(微克/毫升)	镉(微克/毫升)
芥菜叶	1.70	3.13	0.36	947	28.9	30.8	12.50	99.8	0.18	0.049	0.27	3.04	2.05	0.15
毛菜叶	2.04	3.12	0.54	1179	537	35.6	5.50	105	0.12	0.028	0.33	3.12	2.68	0.55
芥菜秆	1.46	2.66	0.29	164	8.3	34.1	3.50	34.6	0.05	0.018	0.05	1.39	0.79	0.12
毛菜秆	2.53	4.12	0.63	183	16.8	53.5	6.00	55.9	0.06	0.020	0.11	2.34	1.44	0.47
萝卜	0.35	3.12	0.14	52.3	8.27	12.8	3.66	36.9	0.20	0.012	0.07	1.09	0.56	0.12

从测试结果表明,与王夔等编著的《生命科学中的微量元素分析与数据手册》中提供的数据相比,如皋粳米中的钙、钾、镁比北京的高,两地粳米中的铜、猛、硒含量接近。如皋黄玉米面中的微量元素与北京黄玉米面相近。如皋大麦中的微量元素含量与黑龙江大麦数值相近。如皋又是银杏主要产地,有数百年和千年以上的古银杏,现有挂果银杏400多万株。白果中富含钙、钾镁等微量元素,如皋人经常食用,对身体十分有益。如皋芥菜中的铜、钾、钙、镁、铁、锰、锌、硒均高于福州芥菜。毛菜中的钾、钙、镁、铜、铁、锰、锌也高于北京的菠菜、重庆的冬寒菜、合肥的乌菜、南昌的小白菜等绿叶蔬菜的含量。如皋生产的粮食、蔬菜,对人体有益的微量元素十分丰富,有害元素含量很低,直接为如皋人提供了优质食品资源,而且,用如皋自产的粮食喂养的牲畜、家禽,又为如皋人提供了优质的肉禽食品资源。据国家工程院院士周国泰报告,如皋火腿中的硒含量竟是其他火腿的25倍。

现在,如皋人又在生态农业、无公害食品、绿色食品领域奋力开拓,一场新的饮食革命正在悄然兴起。相信,如皋人的健康饮食理念将会与时俱进,迈出更新的步伐。

三、良好的健康饮食习惯

悠久的饮食养生传统和丰富的优质食品资源为如皋人良好的健康饮食习惯打下了坚实的基础,提供了优越的条件。如皋人的饮食习惯最大的特点就是"杂",饮食的多样性确保了膳食的营养平衡。具体讲有四个相互搭配:

*一是荤素搭配。*如皋临江濒海,江鲜海鲜资源丰富。河网纵横,鱼虾等水产品很多。如皋又是生猪及禽类生产基地。年生猪出栏数在90万头以上,鸡、鸭、鹅等家禽2000万只以上,山羊20万只以上。近年,山鸡、螃蟹、鳗鱼等特种养殖发展迅速。早在150年前的清咸丰年间,如皋就开始生产火腿,后又生产肉松、香肠等,多次被国家评为名优特产品。如皋三黄鸡被评为国家遗传资源。如皋的各类肉食品非常丰富,但如皋人认为肉多生火,鱼多生痰,青菜豆腐保平安,除坚持以大米、谷物为主食,副食也是荤素搭配,且偏重清淡,以素为主,荤菜也是各种肉类、鱼类穿插食用。而各种豆制品和蔬菜天天不可少,每餐都有好几样。

如皋新鲜蔬菜四季不绝。叶类、瓜类、根类、茎类、茄果类、葱蒜类、菜用豆类、水生菜类、食用菌类等品种繁多,不下50种。所以,如皋人不管在什么季节都能吃上新鲜蔬菜，而且讲究吃时令果蔬，而不喜欢吃大棚里培育出来的反季节蔬菜，认为反季节蔬菜味道不正，营养不佳。即使是数九寒冬，地里也长着青菜、菠菜、芹菜、香菜、青蒜、豌豆头等绿色蔬菜。

二是粗细搭配。主食由大米与各种谷类搭配。可分开做，如大米饭、大米粥、馒头、面条等。也可合起来做，如大米饭里掺和玉米粯子。大米玉米粯子饭不仅吃起来香，富有营养，而且黄白相间，外观美丽，被称为“金银饭”。许多如皋人还喜欢吃菜饭、菜粥。菜饭有小蒜饭、青菜饭、豇豆饭、扁豆饭、芋头饭等，也可适当加些瘦猪肉丁，不仅可口，而且营养丰富。菜粥的种类更加丰富，菠菜、黄芽菜、青菜、豆类、芋头、花生米、红枣等等，就是营养丰富的食疗粥。

如皋人饮食的粗细搭配还表现在对粮食加工的程度上。如小麦面粉，加工时出屑率五成之前为精面粉，细而白，无论是蒸馒头还是做其他面食都很好看，而且好吃，可招待客人。但后面的黑面粉如皋人也不肯浪费，把它蒸成黑馒头，留给家里吃。就连麸皮，也将它烤成饼吃。再如，做豆腐，将豆渣做成饼吃。实际上，过去是在不自觉中实践了科学饮食，不经意中获取了更多营养。现在对营养的认识不断深化，加工面粉出屑率总要达到八成左右，磨豆浆将渣子一起吃等等，使粗细搭配成为更好的粗细融合。

三是干稀搭配。“一日三餐，两稀一干”是如皋人的饮食习惯。但这里的干和稀是相对而言的。比如，如皋人早晚吃粥，也不只吃粥，除豆制品及蔬菜外，也适当加一些干粮，如馒头、各种饼子，或者煮蚕豆、芋头、红薯、花生米等。中午吃饭，也必有汤，最简单也最常见的如青菜豆腐汤、鸡蛋汤等。

如皋人的干稀搭配，从一日三餐的安排为两粥一饭，从每餐的安排上又是干中有稀，稀中有干。如皋人认为这样吃，调实、养胃。有民谚说：“吃饭先喝汤，身体不受伤。”

四是土洋搭配。如皋本地的食品资源就具备土洋结合的特点。长江鲥鱼、刀鱼、鮰鱼、白条等江鲜，黄海的文蛤、黄鱼、螃蟹等海鲜在任何等级的宴会都堪称上品，不谓不洋。而如皋的许多土特产品，如芋头、红薯、煮玉米棒子、荞麦面食以及白萝卜、香椿头、枸杞头、野菊花头、榆树叶、面蓬、马齿苋、马兰头、蒿儿团、胡萝卜樱、荠菜、小蒜、兔草儿等又土得出奇，如皋人称为土肴。如皋人既爱江鲜海鲜，更爱这些土肴。江鲜海鲜偶尔品尝，凡有土肴却从不肯错过季节，及时采摘制作，成为餐桌上的美餐。如皋萝卜干成为江苏名特产品，就连美国学者白若兰女士到如皋时，也为能品尝到如皋白萝卜而欣喜若狂。如皋的土产品，不仅是千家万户餐桌上的美食，就是在大宾馆也常用以招待客人。如皋人招待最尊贵的客人，往往是土洋结合。

辩证唯物主义哲学认为，内因是决定的因素，外因通过内因起作用。一个人的健康长寿，同样是内外因素相互作用的结果。而饮食，作为个人行为习惯相对于客观自然环境和社会环境而言，可以说是内因。但相对于自身遗传基因，又可以说是外因。因此，科学饮食对于人类健康长寿起着特殊的重要作用。如皋人把合理膳食作为健康长寿的第一大基石，是有充分的科学道理的。

（2011 年 9 月 5 日，市长寿研究会会长刘桂江在“自然医学与长寿养生”首届中国如皋长寿养生国际高端论坛上的演讲；被收入中国老年学学会科学养生专业委员会《科学养生论文集（五）》）

如皋的宗教与长寿

吴希林　黄裕龙

专家普遍认为，长寿是一个综合因素。笔者通过对“中国长寿之乡”如皋的深入调查，对专家的结论深有感受。长寿之乡的秘诀库犹如一座巨大的宝藏库，当你打开它的大门，珍宝五光十色，异彩纷呈，让你目不暇接。此文仅就宗教对如皋长寿的影响略加解剖，从一个小小的侧面撩开如皋长寿神秘面纱的一角。

宗教文化——长寿之乡的一大特色

如皋释、道、儒三教俱全，历史悠久，争奇斗艳。

早在汉朝,就有成仙得道的潜山真君乐子长,后人为其建祖师观,后有唐太宗赐名仁威观,又有宋徽宗赐名灵威观至今,为江苏三大道教圣地之一。《法华经灵瑞集》载,隋开皇三年(583 年)就有高僧惠盈讲《法华经》于如皋王暄精舍。八年后又有佛教天台宗实际创始人智顗大师来如"诛茅建寺,立名定慧",千年古刹至今香火兴旺。南唐保大十年(952 年)如皋始有文庙,经历代修扩,规模宏大,"名甲江淮"。全楠木结构大成殿成为省级文保单位。儒学兴盛,儒仕辈出,北宋大教育家胡瑗配祀于山东曲阜孔庙。基督教至清朝晚期才传入如皋,影响不大。因此,本文主要介绍释道儒三教在如皋的情况。

寺庙道观林立 清人黄钟《如皋对》中描述:"荒途孤村,祠庙必存。而在城邑者,特为巍尊焉,皆邃宇回廊、杰阁飞轩,巀嶪窈冥,上于青云。其中则彩掾刻栌,青琐绮疏、丹髹朱漆,焕似宸居。如此者盖十余区。其余梵修之静室,柄真之隐庐,钟磬晨严,呗诵夜暮,壤相错而声相闻者,盖半于居人之墟。""城不过二三里,而神宅其半。"县志中的史料也证明了黄钟所说,在古城如皋区区两平方公里的土地上,有寺庙上百座,宋之前的千年古刹就有十多座,称得上美轮美奂者亦不下十余处。寺庙毗邻相连,有"三步两搭桥,九步三座庙"之说。而且三教的主要寺庙,如定慧寺、广福寺、中禅寺、海月寺、伏海寺、灵威观、关帝庙、药王庙、文庙等都坐落在城中,宁可人无居,也不能让神居无所,充分体现了如皋人对神虔诚之至。

高僧名道辈出 如皋是一个高僧大德、高功名道辈出的地方。唐初就有法嚮和尚入选《续高僧传》。佛教天台宗高僧对如皋情有独钟,其实际创始人智顗大师在如皋城创建定慧寺,第十世祖行满在如皋沿海村(今属如东县)创建国清寺,如皋僧人绍三成为天台宗第 44 代传人。溥畹和尚才学出众,与方苞等名士交往甚密,诗作被沈德潜入选《清诗别裁集》,以其真才实学受到康熙皇帝赏识,安排住所为其促膝讲经。溥畹所注释的《楞严经》、《金刚经》、《心经》等,康熙命大学士陈廷敬校勘,命云南总督贝和诺组织刻板印刷,爱不释手。康熙赠诗溥畹,溥畹在如皋建"御书院"供俸。常惺法师曾任中国佛教会秘书长,在上海、北京、厦门、杭州、安徽等多处高等院校讲授佛学,引得众多学子甚至是大学教授争相聆听。被太虚大师誉为"佛门神骏",并夸其得益于"雉水钟灵"(雉水,如皋别称)。为振兴佛教名山普陀宝岛作出突出贡献的妙善长老更是世人皆知,成为中国佛教协会咨议委员会副主席,德播四海,功满宝岛,名留千古。如皋的佛教学者很多。现月曾师事太虚大师,专修"法相"、"唯识"要点,后任教于镇江、常州、常熟等地佛教学院,桃李满天下。原中国佛教协会副会长、江苏佛教协会会长茗山大和尚就是现月的得意门生。从如皋定慧寺出家的印海和尚,年逾古稀尚赴美国洛杉矶创建法印寺、佛教文化中心、佛学图书馆,免费向四众提供图书、光碟、录音带等佛学资料,编辑出版《觉有情》佛学刊物发行于欧、美、澳、东南亚等地区。印海精通英、日等国文字,勤于佛学翻译和著述,翻译日本和西方知名学者的佛学著作 30 多种,并有《楞伽经亲闻记》、《百法明门论略解》、《中国佛教名胜巡礼》、《净土教思想论》、《大乘佛经入门》、《自珍集》等多部佛教论著问世。如皋僧人在外地佛教事业上作出突出贡献的很多。江南,直至台湾,有几十座名寺如皋僧人曾担任过方丈、住持和监院等重要职务,不一一列举。值得提及的是,清朝同治年间,年已古稀的如皋定慧寺方丈善净已主动退位修养,常州古刹天宁寺因一时找不到住持人选,派人专门到如皋请求,硬是把他作为人才引进,渡江赴任。善净亦不负重托,使天宁寺香火更加兴旺,获众僧伽拥戴。江苏句容宝华山隆昌寺,创建于梁天监元年(公元 502 年),有殿宇九百九十九间半,规模宏大,为律宗道场。清雍正十一年(公元 1733 年),隆昌寺七世祖福聚应诏进京授皇戒,名声大震。但后遭太平天国破坏,庙毁人散。同治年间,两江总督曾国藩起复兴之念,遍访复兴能人,最终选中如皋定慧寺出家的和尚圣性。圣性出任隆昌寺住持后,恢复殿宇,召回僧人,重振宗风院规,使宝华山日渐昌盛。至清光绪二十六年(1900 年),一次授戒竟达 1200 余人。圣性成为宝华山隆昌寺中兴的十五世祖。

如皋道教,除最早的潜山真君乐子长外,亦是代有高功,且许多带有传奇色彩。宋朝的徐神翁,"语人祸福悉验",著有《徐神翁语录》上、下卷。宋徽宗将他与林灵素等奉为上宾,经常向他问事求教,亲赐其号"虚静冲和先生"。元人将他奉为八仙之一,在元末明初谷子敬的《城南柳》、朱有燉的《八仙庆寿》等诸多剧本中的八仙均有其名，山西芮城县元代道观永乐宫纯阳殿保存的元代壁画《八仙过海》中就有身背宝葫芦的徐神翁。直至明代，为舞台效果起见，有些戏曲作者将“神翁”换成“仙姑”，后被沿用。但徐神翁仍位列“下八仙”。元、明时期，有白衣二真人、蓬头道人等传授治头风的灵丹妙药“头风黑神方”、“急风一字散”等，清朝时期有能掌握“驱鬼术”捉鬼擒妖的蒋道人。有深谙“祈雨法”为家乡祈雨救灾的北京皇宫光明殿法官吴兰坡。有从未入学而只被“神人点化”就能写出研究占卜的《先天神数》100 卷的灵威观南坛真人姜旦童……

经藏丰富多彩 如皋佛道两教的经藏都很丰富，既有普通的经藏，也有具有特殊意义的宝藏；既有收藏传入的经藏，也有如皋僧道人员自制而被国家收入藏典的经藏；既有收藏的现成经藏，也有如皋人抢救刊刻的稀有版本的经藏。在大量经藏中，千年古刹定慧寺有两大宝物：一是贝叶经，是“江苏五才子”之一的如皋白蒲人顾锡爵出使欧洲时，从狮子国（斯里兰卡）获得，21 片，血书梵文；二是清慈禧太后御赐的《龙藏》一部，6000 余卷。如皋灵威观编纂刊行道教经忏乐谱，清雍正八年（公元1730 年）所编《虚皇天尊说应劫忏》被收入《道藏》这一个国家级经典总汇。民国时期，如皋僧人範成热衷于搜集佛教文物，多种经、论、律、疏及名人著作，还有佛像碑帖、法器、书画等，1929 年创建了皋东私立僧伽图书馆，藏有各种佛学书籍 16 万余册，成为当时国内除石窟以外的佛学宝库。从 1931 年起，他与著名佛教学者朱子桥、叶恭绰等人一起热衷于刻经，并任影印藏经会的常务理事，为寻找完整的藏经版本奔走于上海、河南、河北、山西、陕西多地，遍访深山禅院、丛林古刹，历尽千难万险，终于在山西省赵城县广胜寺找到了已经尘封 700 年余的最为完整的藏经 5497 卷，定名《赵成金藏》，现藏于国家图书馆内，是与敦煌画卷、永乐大典、四库全书齐名的该馆四件镇馆之宝之一。範成连任中国佛协第一、二届理事。任继愈主编的《佛教史》也专门提及如皋为刻经之地。

佛像中国之冠 如皋庙多自然佛（神）像多，而且造型精美。千年古刹定慧寺的佛像堪称“美、精、奇”。所谓美，主要是布局美。大雄宝殿佛像 300 多尊，一丈六尺的毗卢大佛端坐莲花之上，旁有侍者肃立左右，上有千佛绕毗卢的飞天浮雕，背面有“慈航善渡”的海岛佛山一座，生动记述善财童子参访 53 位善知识的故事。十二圆觉、十八罗汉、十八伽蓝、二十八祖分布四周，显得十分和谐协调。所谓精，主要是雕塑艺术精湛。满堂佛像是全国著名的雕塑大师詹振辉老先生的绝笔之作，大小佛像妙相庄严，栩栩如生，慈祥可敬。所谓奇，定慧寺有一大特色，天王殿有一坐一立双韦驮像，记述了定慧寺中兴的传奇故事。中国壁画大师袁运甫观看后赞叹不已，欣然写下“当代中国佛像之冠”八个大字。

宗教人士——长寿人群中的寿星群体

如皋历史上有文字记载的第一个寿星就是道教人士乐子长。南宋王象之所著《舆地纪胜》载：“汉乐子长，如皋人，游霍山遇仙人韩衷，授巨胜灵飞散，令服之，曰：‘蛇服此药，化为神龙；人服此药，老翁成童。升云上下，改人形容。崇气益精，起死养生，子能服之，乃得度世。’于是举家服焉，俱不得死，年百八十。以其得道于潜山，号潜山真君。唐明皇为赞。”《中国人名大词典》、《如皋县志》等都有关于乐子长的记述。对如皋道仙乐子长的记述虽带神话色彩，这是历史的局限性造成的结果。正如马克思所说，这是“在人民幻想中经过自觉的艺术方式所加工过的自然界和社会形态”。但我们透过这种艺术加工，可以确认一个事实，在 2000 年前，如皋就有百岁寿星。

如果说，对乐子长的神话色彩和 180 岁的高龄尚有疑问，我们再查看一下历史上真实可靠的记载和当今的实际情况，也会很快得出一个结论：宗教人士的确是如皋长寿人群中的寿星群体。

如皋历代县志在人物志中都有《方外》一栏，专门记述宗教人士。虽然在这些人物传记中没有全部记述年龄，但有一部分人的年龄还是非常明确的。从清朝时期 16 位有明确年龄记载的《方外》人士统计，100 岁以上的 1 人，90～99 岁 1 人，80～89 岁 6 人，70～79 岁 7 人，60～69 岁 1 人，平均寿命 79.2 岁。在人活 70 岁为稀奇的年代，他们绝大多数人都活过 70 岁，不仅有百岁寿星，而超过 80 岁的占近一半，这不能不算是奇迹，是长寿人群中的一个寿星群体。据《如皋县志》乾隆志《方外》载：“吴道显，字伯伟，六十外游历黄山、武当诸胜地，数年归，构精舍独居，谢绝世务。康熙戊寅（公元1698年）百岁，后三年晨起对日长笑而逝。”从吴道显的养生看，可谓动静结合。60岁前学僧修道，日常生活有动有静。60岁后远游，可谓大动，练就了好身体。归来后闭门静养，可谓大静。但静中亦有动，就连临死前还晨起对日长笑，可见他的“谢绝世务”主要是静心养心。这种动静结合养生的僧道还不止一个。清同治、光绪年间，和尚澄悟，赤足翻越崇山峻岭数千里，边走边念佛，累时在僻静处坐石长啸，随后继续念佛。如此修炼，身强体健。后出任掘港西方寺方丈，日理寺务，夜则诵经，终年不辍。70多岁时，还出任当时如皋最大的寺庙广福寺的方丈九年，直至81岁圆寂。

*现代如皋的宗教人士寿命也高于一般人。*从僧侣队伍看，以“文化大革命”划线，分成两代。文化大革命后的年轻人无需分析，主要是“文化大革命”前的老一辈，这些人的年龄都在70～100岁左右。据统计，全市共有17人。近几年去世了10人，最小的78年，8人在85岁以上，最高的95岁，平均寿命87.8岁。目前尚有7人健在，最小的77岁，最大的91岁，平均年龄84.7岁，而且绝大多身体比较健康。市佛协副会长、定慧寺监院性观已91岁，不仅生活自理，而且正常打理庙中事务，参加多种佛事活动，经常和僧人一起行香、坐禅、礼佛、做功课，和年轻僧人一起出坡（搞卫生等）。

*如皋道教人士的长寿现象更为突出。*虽道士总人数不多，但近几年已出现两位百岁老人，均寿登103岁。如皋灵威观道长沈高澄，耄耋之年仍奔走于大江南北，联络道友、居士、信众，成为恢复江苏省和南通市道教协会的发起人，并与港台地区及新加坡等国道协、道观联系，与龙虎山、茅山等著名道教圣地互访，切磋教义，增进友谊。1998年9月，以98岁高龄应邀参加茅山积金峰道祖广场落成和老君露天神像开光典礼，接受中外记者采访，会见内地及港台地区和新加坡道友，共叙道谊，并撰赠贺联：顶天立地无双华夏大圣像，奠道辟家唯一古今玄神师。百岁生日时，全国政协常务委员、中国道教协会会长闵智亭题赠“大椿不老”金匾。103岁羽化升天。

宗教思想——长寿沃土上的营养元素

宗教作为数千年历史积淀的一种文化现象，不论是中国自产的，还是外国传入的，都同其他社会文化一样，既来源于社会，来源于实践，同样也反作用于社会，影响着人民的思想意识、信仰观念和道德规范。这种思想上的影响，虽有正反两重性，但从如皋的实际情况看，其中不少成为长寿沃土中的营养元素，成为如皋诸多长寿因素中的一大特色因素。

*虔诚信佛，淳者寿。*如皋人信佛信神者较多，思想敦厚，民风淳朴。明嘉靖《如皋县志》对当时如皋民风有一段描述：“其性驯柔，其俗质实，民畏法而耻罪，士读书而循理，征科易集，讼狱稀简。”老百姓笃信神灵，口头禅是“菩萨有眼”。相信有了菩萨的公正，神灵的护佑，自己凭着良心过安稳日子就行。这种淳朴思想，减少了心灵上多少折磨，心安则体健。清代如皋著名的孝子卢崇孝，信神敬佛，从医救人。其母突患重病，生命垂危。卢崇孝无奈之际，焚香拜佛，愿代母病。同时施以重剂，其母奇迹般病愈。卢崇孝83岁无疾而终。如皋人吃斋念佛，以妇女为多。尤其是一些守寡早的妇女，终生寄托于神佛。清康熙年间，白蒲顾绍祖因病早逝，留下三子。其妻吴氏，虔诚念佛，全力育子，使三个儿子中出了两名进士、一名举人，自己寿登耄耋。跨越三个世纪，又有王岸佛女士中年守寡后，成为忠实的佛教徒，同时将13个子女个个培养成博士，而且出了美国涅狄格州警政厅厅长“神探”李昌钰等三位世界级名人。王岸佛旅居美国后，不改故土习俗，享寿106岁，被美国总统克林顿誉为“中国伟大母亲”。

*行善积德，仁者寿。*如皋的佛、道庙宇寺观门前或围墙上都赫然写着“诸恶莫做作，众善奉行”的大字标语，这是佛道两教思想的精髓，是两教教义的共同基础。仁义更是儒家思想的核心，不因善小而不为，不因恶小而为之。在三教兴盛的如皋，人民对此笃信不移，一心积德行善，避恶扬善，创造了“仁者寿”的许多生动事例。清朝人陈淑，一生乐善好施，常说：“遗金于子孙，不如积德行善。”清道光十七年（1837年）时，他已99岁，家财被施舍所剩无几，但仍继续尽力帮助别人，以行善助人的善举庆贺自己的百岁寿辰。清朝吴世元妻冒氏，凡邻里有困难皆倾力相助。咸丰丙辰年（1856年）闹春荒，她毅然将自家数百斛谷子全部捐出赈灾渡荒，寿登90岁。更值得钦佩的是，一些家庭并不富裕

的人，宁可自己节衣缩食，也要积德行善帮助别人。沈子瑜少时丧母，家境贫寒，常年以粥充饥，但抚养孤儿如亲子，助人为乐，寿登95岁。监生韩璋妻，族党乡里凡有困难者，她都劝说丈夫倾力相助，而且以仁义道德教育子孙，子孙均成才，自己享年102岁。贾以义，凡有贫者借其财物，无力偿还，当面撕毁借据，不仅不要偿还，还好言相慰，让借者安心，享年90岁。陈茂龄，凡县中慈善公益事业无不尽力相助，享年96岁。县志中这类记载很多，余不赘述。

当代寿星中，行善积德者同样很多。1990年春节后不久，家住如皋南凌的郝姚氏老太百岁寿辰。在那个还不十分富裕的年代，儿女忙着筹划为老人办寿宴。当老太得知后断然拒绝，并要求儿女将办寿宴的钱用来在旁边大渠上建一座桥，以便车辆行人通行。儿女按照老人的意愿，将准备办寿宴的近900元钱在渠上造了一座水泥桥。老教师、县人大代表王广芝用红漆题写了“百岁桥”三个刚劲有力的大字，并加小记：“郝姚氏老太，1891年生，为祝寿登期颐，特建此桥以志之。郝姚氏后代同建，1990年仲夏。”“百岁桥”竣工，郝姚氏老太领着子孙在桥上合影“全家福”。郝姚氏老太热心公益事业的善举受到乡邻的夸奖，百岁桥的故事也通过媒体传遍全国。如城做香袋的老人陈邦英，百岁那年适逢香港回归祖国，她遥祝香港小朋友“长命百岁”，并赶制100只香袋寄给香港小朋友，她的善心受到特首办公室的诚挚感谢。当她从电视上看到中国女子足球队顽强拼搏，便将积攒的880元钱寄给了中国女足，女足姑娘深受鼓舞。外国记者采访时，她说：“人心要好，要常做好事，帮助别人。”从简短的话语中，让外国记者领会到了她的长寿真谛，连夸：“中国老人了不起！”

与世无争，乐者寿。常言道，知足常乐。贪得无厌欲难满，与世无争心自乐。众多寿星的经验证明，心情快乐是健康长寿的重要因素。如皋人心态好，与宗教思想影响不无关系。佛教的“看破红尘”、道教的“无为自化”、儒家的“中庸之道”，让如皋人得出一个结论：对世间的什么事情都“看淡”点。“看淡”不仅是如皋人的口头禅，也是行动的座右铭。明末清初著名才子冒襄的祖父冒梦龄把官位“看淡”，朝廷任命他当宁州知府就是不干，还乡后自号“逸民”，赋诗饮酒，“诗日不辍吟，酒不尽二斗不达”，活到71岁。其孙冒襄，才高八斗，但他“看破”时世，“看淡”名利，在如皋水绘园与数百文人名士交往，赋诗作文，清朝请他出山就是不从，被毛泽东誉为明末四公子中“真正具有民族气节的一个”，获高寿83岁。杨廷柱有才不仕，常以“不忮不求，知足知止”八字自勉，享年85岁。当今的百岁寿星丁玉珍，一辈子与邻里和睦相处，与人无争，当居民组长，义务为人调解纠纷。曾几次申请入党，因“文化大革命”等原因未能如愿，但她心胸坦然，乐观豁达，102岁光荣加入中国共产党。

智慧人生，智者寿。佛教十分重视智慧，讲究悟性。释迦牟尼、文殊菩萨等佛号都有智慧之义。佛是智者，如皋人敬佛礼佛，一个愿望就是求聪明，求智慧。而且，如皋人对三教的智慧之神都很崇敬。佛教不仅敬佛祖主如来，而且有文殊院，敬文殊菩萨；道教有文昌阁，敬文昌帝君；儒教有孔庙，敬文宣王。这“三文”都是大智慧的象征。如今，寺庙减少，有的虽未单独立庙祭祀，但一庙多神，文殊菩萨、文昌帝君在定慧寺等主要庙宇都有其神位，而且同居一室。为了方便大家求聪明、求智慧，佛道两家合为一体了。透过如皋人喜欢敬“三文”的现象，其实质是重视教育。在历史上出过状元和众多进士，文化名人很多，北宋教育家胡瑗、明末清初的文学家冒辟疆、戏曲家和戏剧理论家李渔等都是顶级的文化名人。如皋的教育一直为世人瞩目，至今仍不愧“教育大县”的称号，每年高考的录取人数和高分人数在教育强省江苏都名列前茅。

在评审“中国长寿之乡”时，评审组的专家普遍认为，如皋的长寿不仅是一般的长寿，而且是文化长寿、智慧长寿。如皋的长寿，与人们的文化素养密不可分。早在明清时期，如皋人就在研究长寿养生之道。进士丁其誉结合如皋实际撰写的《寿世秘典》仍被中医古籍出版社刊印发行。明清时期，如皋人留下医学著作近50种，其中不乏长寿养生的内容，这些都是如皋人养生智慧的充分体现。2002年，如皋又在全国率先成立了长寿研究会，再次用如皋人的养生智慧为推进全国性的长寿研究起到了带头作用。

由于历史的局限性，现在的百岁寿星文化程度普遍偏低。这些寿星虽大多是文盲或半文盲，但他(她)们中的绝大多数却智力很好，都有潜在的文化素养。很多人爱看戏，尤其是地方戏“童子戏”，而且能复述戏中大概内容或者哼上一小段。很多人爱讲故事，而且讲得有声有色。很多妇女会做针线活，心灵手巧，好几位百岁老太飞针结网。很多人会背古书《百家姓》、《三字经》、《千字文》等，而且能背很多句。还有很多人爱好文艺，刘镜寰102岁书写“共产党好”，百岁老人马汝康“万岁宴”上拉京胡，崔建芳103岁时把《东方红》唱响中央电视台，寿登107岁的陈邦英扎花灯、做香袋直至生命最后一刻……这些都被传为佳话。相信，随着教育的普及、文化的提高，如皋的寿星将会更多，如皋人的寿命将会更长。

宗教习俗——长寿养生的有益借鉴

如皋人受宗教的影响，不仅在思想上，而且在生活习惯、民风习俗上也多有体现。这种影响潜移默化，范围十分广泛，本文仅就以下几个方面略加论述。

清淡饮食保健康　佛教是提倡素食的，尤其是我国普遍通行大乘佛教。南朝梁武帝萧衍是一位虔诚的佛教徒，活到86岁，是历代皇帝中的第一位高寿者，他也是素食的倡导者。梁武帝有感于大乘佛教菩萨的慈悲思想，于天监十年(公元511年)颁布《断酒肉文》，令天下僧尼不得食肉。儒家从仁慈思想出发，提出“君子之于禽兽也，见其生，不忍见其死，闻其声，不忍食其肉，是以君子远庖厨也”。(《孟子》梁惠王上)也是素食的倡导者。如皋人受佛教和儒家思想的影响，也提倡饮食清淡，以素为主，五谷杂粮、瓜果蔬菜是百姓餐桌上的主要食品。如皋的五谷杂粮品种很多，比如，豆类有黄豆、蚕豆、豌豆、赤豆、绿豆等，麦子又有大麦、元麦、小麦之分。吃粥也有多样性，大麦糁、元麦糁、玉米糁再和一点米，或加上一些豆类，花生、红枣等，煮的粥既好吃又有营养。丁其誉在《寿世秘典》中就列举了十多种食疗粥，并说明其疗效。难怪如皋人说：“糁儿粥米打底，吃了能活九十几。”另外还有荞麦、芋头、白果等土特产。蔬菜品种更加丰富，叶类、根类、绿色、红色、黄色，应有尽有，常见的不下几十种。尤其是如皋白萝卜闻名天下。周恩来总理品尝后说：“天津的雪梨有渣，如皋的萝卜没有渣。”如皋人也带些夸张地说：“烟台的苹果莱阳的梨，比不上如皋的萝卜皮。”如皋人还不满足，还要常到大自然中挖些野菜尝鲜，比如冬天的荠菜，秋天的马齿苋，春天的枸杞头、小蒜、嫩篙头、榆树叶、香椿头等，都是盘中的美餐。这些食物既清淡，又具有丰富的营养，对人体健康十分有益。僧人提倡“过午不食”，如皋人也提倡晚饭吃得早，吃得少，一般以粥为主，加适量蔬菜，既满足了身体的营养需求，又减轻了肠胃负担。改革开放以后，随着生活水平提高，大吃大喝之风盛行。现在，素有长寿养生习惯的如皋人经过反思，又在逐步回到清淡饮食的健康状态。2007年，江苏省佛教协会专门在如皋召开了“素食与长寿”研讨会，对进一步引导广大群众科学饮食保健养生起到了良好作用。

早睡早起精神爽　僧人“过午不食”，日暮而息。普通人则有所不同，下午要干活，但也尽量早休息。如皋人习惯于早睡早起，而反对“早不做夜摸索，晒早曦带夜作”。晚上天黑吃饭睡觉，早晨五更即起。即使农闲无事做，早晨也早早起床，转一转，摸摸鬼儿(做家务杂事)，觉得头脑清爽，浑身轻松，一天有精神。随着农业生产机械化、集约化程度的提高，农民劳动强度大大降低，打牌娱乐的时间较多。玩牌的很普遍，但稍微上点年纪的人从不肯带晚，太阳落之前结束成了约定俗成的习惯。这一方面少点灯少用电，符合低碳生活原则，更重要的是人生活有规律，有利于身体健康。城里人喜欢晨练，天蒙蒙亮，各个广场、公园、绿地上人头攒动，打拳的、舞剑的、跳舞的、踢毽子的、抖空竹的、打球的、唱歌的、敲锣打鼓的……人们都选择自己爱好的项目进行活动。为了便于人们晨练，市电视台还根据气象资料在晚新闻节目后报告明天的晨练指数。

中草药物医百病　如皋地处北温带，雨量充沛，气温适中，灾害性天气少，加上水土优良，很适宜多种植物生长。因此，如皋的中草药资源也十分丰富。据县志载，唐代就有孙思邈到如皋，为如皋种植了大片艾草。一些跌打损伤，或妇女坐月子，都用艾灸、艾熏，或用艾水洗泡，清热解毒，消炎止痛。为纪念药王孙思邈，如皋城里建有药王庙，庙院内长着多种药草。著名道士朱瑶章，本是富家子弟，但从小体弱多病，九岁时病入膏肓，父亲带他到药王庙求药王菩萨保佑。朱瑶章到了庙中，见到多种药草，东看看，西闻闻，甚至摘些叶茎在嘴里嚼一嚼，竟然奇迹般的病愈。朱家后来把家产全部变卖，扩地修庙，举家搬进庙中。朱瑶章成为药王庙道士，勤苦学道，成为如皋名道，而且带出深谙“三茅飞符祈雨法”为家乡祈雨成功的徒孙吴兰坡，成为北京皇宫光明殿法官。如皋是著名的花木之乡，奇花异草很多。元代镇南王世子在如皋建有“万花园”，其中花草不仅有观赏价值，很多也有药用价值。如皋人就连路边的一些树叶和野花野草，也采集作中药使用，牛舌头草、芦柴根等消炎清热，银杏果、银杏叶降压活血，他们就地取材，对症治病，对健康长寿大有裨益。一位癌症患者被医院判了“死刑”，回家在田野河边散步养病，见有嫩草就掐上一点放在嘴里嚼一嚼，结果病情奇迹般的好转，到底哪种草起了作用，谁也说不清。

饮茶休闲乐逍遥　茶文化是释、道、儒共有高雅文化。释家、儒家饮茶，是为兴奋大脑，清除疲劳，和尚坐禅、儒士作文能达到身心轻安、观照明净的状态，以便集中精力，专注一境。道家强调“道法自然”，在饮茶中达到清静无为、返朴归真的自然形态。使心情完全解放，心境超越尘世，让清静、恬淡、空寂、无为的心灵随茶飘逸，这同道教崇尚的乐生、养生、延生、长生是完全一致的。佛道共荣、儒学兴盛的如皋，茶文化集三家之长，兼收并蓄，形成了具有独特风格的如皋茶文化。史料记载，清朝民国期间，小小县城茶馆达30多家，较大的龙凤园、同福园、茗芳园等，客座都在百位以上，最大的达到200座，其他一般的都在50个左右。饮茶者，既有达官绅董，也有平民百姓。有事者早去快饮，饮完上班。闲乐者一坐半天，细品慢饮。上午边饮边侃，海阔天空。下午，大茶园开书场，边饮边听；小茶园设牌局，小聚小赌。如皋人饮茶，茶叶以龙井、碧螺春等绿茶为主，根据各人的爱好，但对水都有共同的要求。夏天的天水，即下雨天从瓦屋上用漏槽等到的雨水，用铜壶煮开。因此，较大的茶园都有十多只大缸，蓄满天水，以备常用。泡茶也很讲究，先倒少量初泡，然后再分两次加足，叫做“凤凰三点头”。普通农民虽很少进茶馆，但家庭饮茶也很普遍。如皋虽非茶乡，但有农家自种茶树家用，夏天则以藿香、佩兰、竹芯等代茶。且不说茶叶对人体保健的好处，就是这种茶文化氛围，足以让人忙里偷闲，怡情养性，快乐逍遥。

（被收入中国老年学学会科学养生专业委员会《科学养生论文集（五）》、《“健康与长寿”高峰论坛论文汇编（上）》、《“自然医学与长寿养生”首届中国·如皋长寿养生国际高端论坛论文汇编》、《江海文化研究》2011年第四期，《长寿研究》2011年第七、八期）

用五国语言连唱六首歌曲的百岁老人

——记103岁的如皋寿星黄士端

吴希林

2010年6月27日，上海市下着雨，但风声雨声掩盖不住湖南路20弄7号楼三楼一个居室传来的一阵阵歌声、笑声、鼓掌声，一位103岁的老人用五国语言一连唱了六首歌曲。首先唱的是毛主席诗词《重上井冈山》，共19句，唱得一句不拉，一字不差，音韵准确，中气十足，声情并茂，加上那刚劲有力的手势，把毛主席“可上九天揽月，可下五洋捉鳖”的雄伟气概表现得淋漓尽致。接着用英语唱了一首美国情歌，看他那表情，似乎沉浸在年轻时的美梦之中。第三首是用日语唱的日本民歌《雨中新娘》，不难看出，老人对日本雨中新娘的倾慕之情。接着，来了一段国粹，京剧《曹操骂董卓》，有板有眼，而且边唱边解释。第五支歌是歌颂苏联的俄语歌曲，在场懂俄语的同志由衷佩服黄老发音准确。老人家兴犹未了，稍加思索，接着又用意大利语给大家唱了一首意大利民谣。黄老先生的精彩表演，让在座的人大开眼界，一饱耳福。这天，老人之所以这样高兴，是因为家乡如皋来人了。如皋市政协原主席、长寿研究会会长刘桂江一行人专程到上海看望他。

老人名叫黄士端，字则之，1908年9月24日生于如皋县如城镇。其父黄家瑞是清末秀才，赴日本留学经孙中山介绍加入同盟会，后加入中国共产党，历任苏皖边区政府参事、苏北图书馆馆长、江苏省文史馆副主任。黄士端从小受到良好教育，1932年作为南通医学院的首届本科毕业生，走上悬壶济世的人生之旅。至今大学毕业证书仍保存完好。上海初解放，陈毅市长广招人才，委托博学多才的黄士端组建上海水上卫生防疫站，并由他出任主任。1957年，黄士端被错划成“右派”，不久下放回老家如皋，被安排到如城镇医院当医生。黄士端在学术上刻苦钻研，在业务上精益求精，在当时医疗水平较低、医疗设备很少的情况下同，他全凭自己的知识和经验，准确诊断出一般医生难以确诊的疑难杂症。在“文化大革命”中他自然成了“反动权威”，并戴上“反动分子”的帽子被下放到芦菲(方言，即芦席，菲为近音替代字)厂劳动改造。平反后，黄士端已到退休年龄，但他仍眷恋故土，留在如皋，根据他广览群书、知识渊博的特点，成为水绘园的一名讲解员，姬鹏飞、梁灵光、汪洋等领导都听过他绘声绘色的讲解。直到20世纪80年代后期，在中央领导的关怀下，他才得以彻底落实政策，并与夫人、女儿一同定居上海安度晚年。

黄士端老人酷爱读书，百年不辍。当刘桂江会长向他赠送如皋长寿研究方面的书籍时，他十分高兴，连声感谢。为了静心读书，他至今仍单独居住在与女儿黄白家隔一幢楼的一间居室内。女儿另购置了大套新房，他不肯去住。理由是现居住地离上海市图书馆仅一二百米远，便于到图书馆看书。黄老不仅精神矍铄，而且四肢灵活，生活完全自理。当听说家乡来人时，他赶紧穿好大红方格衬衣，系上领带，穿好西装，梳好头发，站立恭候。在他卧室稍坐片刻后，又请大家到他女儿家看他的书画作品、生活照片、历史资料。他拄着拐杖，和大家一起下到一楼，在雨中行进至他女儿家，又自己上到三楼，始终不要人搀扶。

当刘桂江会长问及老人长寿秘诀时，他爽朗地回答了四条：第一，加强锻炼；第二，注意营养；第三，乐观愉快；第四，良好习惯。黄老所说的四条，看来很简单，也很寻常，但这些确实是黄老长寿的真谛。

一、锻炼身体方法多样，恒日持久

黄士端年轻时就酷爱体育运动，学校的篮球场上、乒乓球室里是他活动的好去处，体育运动会上，更是少不了他的身影。体育运动使他练就了一副好身板，无论是平时繁重的工作任务，还是文化大革命中的政治冲击，他的身体总是棒棒的，从未出现过任何毛病。直到70多岁他还在双杠上做倒立动作，使旁边观看的人十分惊讶。

进入老年以后，黄老的体育锻炼更成为每天的必修课。20世纪70～80年代，一般人的健身意识还不太强，进入古稀之年的黄老，可以说，在如皋开了坚持体育锻炼健身强体的先河。每天早晨，人们都会以好奇的目光看着他身背宝剑，穿着一身运动服到公园晨练。

黄老体育锻炼的项目很多，除舞剑外，还喜欢打拳，少林拳、太极拳都打得非常娴熟。刘桂江会长一行看望他时，他还表演了一套太极拳，一招一式十分利索。直至耄耋之年，他还练单双杠动作，在吊环上做引体向上、做前后滚翻。他喜爱游泳潜水。随着年龄增大，他坚持做一些相对平缓的运动，如立定投篮、赶球跑步，在上海市老年体育比赛中还得了奖。1989年，被评为上海市爱好体育锻炼的健康老人，受到时任上海市市长朱镕基的亲切接见。

黄士端老人还是一个舞迷，年轻时就喜欢跳舞，各种舞都跳得很好。在上海市，他成为社区舞蹈队的指导老师。黄老说，跳舞既能活络筋骨、疏通气血，又能活跃身心，陶冶情操，十分有利于身体健康。

二、注重营养，荤素搭配，控制平衡

黄士端老人是学医的，又是从医的，对营养学很有研究。他认为，人要健康长寿，就必须保持营养平衡。过去，生活条件差，人们吃不饱，营养不良，不可能健康长寿。现在生活条件好了，如果饮食上不加节制，又会营养过剩，脂肪堆积，吃出多种疾病，同样不利于健康长寿。

黄老说，健康饮食关键不在于吃什么，而在于根据自己的身体需要，合理膳食，使营养既不缺乏，也不过剩。他说，现在有些人说到吃肉就害怕，谈肉色变。其实，从营养学的角度讲，猪肉可以为人类提供优质蛋白质和必需的脂肪酸；猪肉还可以提供血红素和促进铁元素吸收的半胱氨酸，能改善缺铁性贫血；猪肉含有丰富的维他命 B_1，食用后可以有效增加人的体力。中医认为，猪肉性平味甘，有润肠胃、生津液、补肾气、解热毒的功效，滋阴补虚。

猪肉应该是人们餐桌上重要的动物食品之一。他说，他爱吃红烧肉，也常吃红烧肉，但控制，不多食，不过量，而且讲究烹饪方法，猪肉一定要煮得烂，这样不仅易消化，而且猪肉中蛋白质水解成氨基酸溶入汤中，肉汤也很有营养，同时胆固醇含量大大减少。

黄老坚持荤素搭配。在蔬菜中他最爱吃青菜。他说，在荤菜中，猪肉是最普通的；在蔬菜中，青菜是最普通的。他就爱吃最普通的。黄老认为，青菜中含有大量叶绿素和多种维生素，常吃青菜有利于健康长寿。

除了猪肉和青菜，黄老对其他食品亦从不挑拣，喜爱的适当多吃，但从不过量。他说，吃饭八分饱，既不增加肠胃负担，也不使营养过剩，是健康长寿的秘诀。

黄老平时活动比较多，有时还吃点甜食。他说，适当吃点甜食，可以很快补充身体的能量，消除疲劳。

黄老从不抽烟、饮酒，十分注意饮食卫生。黄老一再强调，吃饭是身体的需要，各人情况不同，吃什么不能一概而论，关键是能够受用。

三、性情豁达，书画怡情，快乐人生

黄老认为，人的身体素质不尽相同，在饮食、活动等方面可能有所差异 但不管什么人，要想健康长寿，都必须保持乐观。

黄老是一个心胸开阔、性情豁达的人。在“整风反右”中，他被错划“右派”，从大上海的大医院的科室主任下放到小县城的小医院当普通医生，他坦然面对。有人对他这个“右派”冷眼相看，他却用对工作的认真负责和对同事的真诚相待改变了人们对他看法，很快成为受人尊重的骨干医师。文化大革命中被造反派批斗，他只当玩游戏，批斗过后，饭照吃、觉照睡、书照读、工作照干，从不把不愉快的事情放在心上。一次，造反派让他低着头弯着腰在烈日下曝晒，口干舌燥，汗如雨淋。一个六七岁的小朋友路过，看着好玩，便捏着他的鼻子拖着走，为让小朋友够得着，他将腰弯得很低，跟着小朋友跑着转。旁边有人说，与其说黄医生在挨批斗，不如说在玩游戏。黄士端后被进一步下放到芦菲厂劳动改造，他就认认真真向工人师傅学习了一手打芦菲的好手艺。看望他的刘桂江会长提到他在“文化大革命”中受苦时，他却爽朗地说：“没有吃苦，是劳动，工人对我挺好，说我年纪大（当时黄老已经年过花甲），让我坐着干活，没有吃苦。”

黄老说，人要健康长寿，就要快乐地活着。他喜欢唱歌，还喜欢写字画画，所以，每天都很快乐。他的毛笔字苍劲有力，篆书千寿、百福图，很有功底。他的书法多次获奖，曾在刘海粟任主任委员，林散之、肖娴、陈大羽、武中奇、尉天池等名家任副主任委员的书法比赛中获得“银牛奖”。黄老国画、油画样样精通，画的人物、动物栩栩如生，画的山水风景自然逼真。还有一幅他与一位女士跳舞的水墨画，风度翩翩。

四、良好习惯重在养成，贵在坚持

黄老说，生活习惯与健康长寿关系很大，好的习惯助人长寿，坏的习惯影响健康。习惯表现在生活的各个方面，比如，起居有时，饮食有度，欲望有节等等。

黄老说，前人总结了许多保健养生的好经验、好习惯，对养生很有好处，关键在于实践，在于坚持。持之以恒，受益无穷。

黄老长期坚持的好习惯主要有以下三个方面：

第一，冷水洗脸、温水刷牙、热水洗澡、烫水泡脚。中医认为，人体阳气向上，阳脉都聚集到头部，阳气旺盛，不怕冷。且面部血管丰富，通过冷水刺激，毛细血管先缩后张，促进血液循环。水温对牙龈非常敏感，过冷过热都会刺激牙齿和牙龈周围的神经，引起牙齿和牙龈不适，甚至会引起牙龈萎缩，引发牙周炎及口腔溃疡等疾病。所以，应该用30℃左右的温水刷牙。人体疲劳时表现为肌肉酸痛，这与人体血液中的乳酸浓度有一定关系。实践证明，用40℃左右的温水洗澡，可以提高人体内新陈代谢水平，改善血液循环，缓解疲劳，使人精力充沛。而脚远离心脏，血流不畅，常年处于低温状态。用42℃左右的烫水泡脚，可促使血管舒张，改善血液循环，促进阳气进入阴经，驱除阴气。人体从头到脚，阳气渐衰而阴气渐盛，通过水温由低向高调节，促进阳气生发，达到长寿养生的目的。对此，古人在《摄生要论》中就有“温足冻脑”之说。

第二，睡如弓、立如松、坐如钟、行如风。黄士端老人说，这是古人总结的健身经验，大家都会说，但坚持做到就不容易。睡觉时忌仰卧,要侧着身子睡,更多的时候要向右侧,避免压迫心脏。侧身屈膝而卧,肌肉放松,气血流通,精气不散。站立时身体要挺直,挺胸收腹,切忌哈腰驼背,这样才能精神饱满,防止各种疾病。坐着看书、写字,要坐正,既有利于保护视力,又防止内脏受到压迫,有利于保护腰肌和骨骼。行走时,步伐要快而有力,才能达到锻炼身体的目的。

第三,眼常转、鼻常闻、齿常叩、耳常揉、面常搓、腹常收、脚常摩、肛常提。黄老说,关于身体各个部位的运动,古人总结了很多,乾隆皇帝就有"十常"。我根据自己的情况,坚持做到以上"八常"。眼常转,闭张交替,可解除眼睛疲乏,有利于保护视力;鼻常闻,配合用手搓揉,既可以做深呼吸,又能按摩鼻子附近的穴位,具有防病治病作用;齿常叩,可固齿防牙疾;耳常揉,可增强听力,防止老年性耳鸣、耳聋,并有健脑功效;面常搓,可保持面部气血通畅,有预防感冒等疾病的功效;腹常收,可助消化吸收,又可预防"将军肚";脚常摩,配合以烫水洗泡,可促进全身血液循环,祛病健身;肛常提,有助于预防便秘、痔疮等疾病。黄老说,生命在于运动,不仅要参加体育运动,身体的各个部位也要经常做些小运动。大运动与小运动相结合,健康长寿才有保证。

黄老的养生经同他的歌声一样,使大家赞叹不已。

黄老家族是一个长寿世家,其父黄家瑞享年83岁。夫人陈丽娟,如皋林梓人,从医,95岁高龄。兄弟姐妹中,除二弟黄士奇是革命烈士,大弟黄士罕在卫生部享受副部级待遇,已98岁;三弟黄士稀原在北京实验剧团工作,享年87岁;现已80多岁的小妹黄小瑞解放前入伍,现任武汉市老年艺术团团长。他们家族共同的特点是,或从事医疗卫生工作,或从事文化艺术工作,或两者兼而有之。这是不是黄氏家族长寿的秘诀之一呢?

(《长寿研究》2011年第五期)

三十年前重病人　定居如皋成寿星

吴希林

"如皋如歌,长住长寿"这是长寿之乡如皋的一则广告用语。对于它的真实性,不仅有近几年来一直保持的250多位百岁寿星、5万多名80周岁以上的高龄老人群体作证,而且也有从外地长期定居如皋的寿星作证,谢芙英就是突出的一个。2011年6月,笔者陪同如皋市长寿研究会会长刘桂江看望了这位从外地"引进"的老寿星。

谢芙英老寿星,1913年10月3日生于江苏无锡羊尖镇。20世纪70年代末,早年守寡、年过花甲的谢奶奶患高血压、心脏病,加上腰肌损伤,常年卧床不起,生活不能自理。而独子张洪保和儿媳邹珍华都在万里之遥的新疆和田地区工作,无法照顾老人。情急之下,儿媳邹珍华想到了如皋娘家十几口人共居的大家庭。便与丈夫张洪保商量,让老太到如皋居住,由她的父母姐妹照顾。张洪保心里打起了鼓,把生活完全不能自理的老娘送到岳父母家,不用说思想上过意不去。常言道,嫁出去的女儿泼出门的水,女儿不仅不能报答父母,反而送去一个重病的婆婆让老人受累,真是天下少见。况且,亲家之间正常来往,还有闹矛盾的,现在,要把卧床不起的老娘送到岳父母家,能行吗?

妻子邹珍华看出了丈夫的心思。凭着她对家乡如皋风俗习惯的了解,凭着她对娘家人的信任,凭着她与父母姐妹之间的挚爱亲情,她胸有成竹,蛮有把握地只说了一个字:"行!"就这样,谢芙英躺在病榻上被送到大江对岸的如皋亲家邹宜玖的家里。当时,邹宜玖家是一个大家庭,邹珍华加上姐姐、弟弟、妹妹共7人,已婚未婚的都和父母住在一起,共14人,婆婆加入,就是第15个了。

果然不出邹珍华所料,她的娘家人对自己重病的婆婆表现出无比的热情和真诚,把她安排住在通风采光最好的大房间,配备了舒适的寝具,每餐送上可口的饭菜。亲家一天几次问寒问暖。在如皋汽车站工作的邹珍华姐姐邹瑞华不仅帮助洗擦翻身,端屎端尿,洗刷衣物,而且请如皋最好的医生看病治疗。谢芙英摆脱了孤独寂寞,很快融入了温暖的大家庭。身体也奇迹般地出现了好转。一年过去，已经能够下床走路，逐渐跟正常人一样，完全成了一个活动自如、手脚麻利的好人。

谢芙英来到如皋后，很快适应了当地的生活习惯，尤其在饮食上，如皋的长寿食品玉米糁粥成了她的最爱。如皋人受佛教思想习俗影响较深，一些人吃素，她坚持半素，平时荤素搭配，初一、月半全部吃素。这样做，对保持肠胃健康很有好处。

如今，她在如皋生活了32个年头，已是99岁的老寿星。当刘桂江会长看望她时，正坐在卧室里，准备打开孙子给她买的影碟机，播放爱看的越剧、锡剧、沪剧、京剧，碟片一大摞，足有50多张。床上的被子叠得方正方正的，东西放置有序。儿媳邹珍华介绍说，她每天五点多钟就起床，生活很规律。起床后总要把自己打扮得利利索索，把家里收拾得整整齐齐。99岁的谢芙英精神矍铄、神采奕奕，还专门给刘桂江会长表演了针线活儿，穿针引线，手头麻利。她的儿子张洪保告诉刘桂江会长，老太太还是好动的人，直至现在，还经常乘车去百里之外的南通看望孙子、孙女和曾孙儿，顺便看看南通的景点。

原来，谢芙英是个心灵手巧之人，上过小学，在那个时代的妇女中，算是个小知识分子。会绣花，能做一手好针线活儿，还是烧菜的能手。她来如皋后不久，不仅很快融入了亲家邹宜玖这个大家庭，而且也融入了如皋这个大家庭，和邻居相处十分融洽。后来因动迁，邹家大家庭被分开，安排谢芙英同邹珍华的小妹妹住在另一个院内，由小妹妹在生活起居上给予照顾，亲家也隔三差五去看望，谢芙英很快和新邻居打成一片，常和邻居拉家常，无锡话很快如皋化，东家杨奶奶、西家李奶奶都成了她的好朋友，经常交流炒菜、做针线活的技术。

谢奶奶在这个大院一直生活到92岁，才和从新疆调回如皋的儿子、儿媳住在一起。

去年，谢芙英和儿孙们一起回到无锡老家羊尖镇看望亲戚邻居，前来探望的人络绎不绝，人们都以羡慕的目光看着这位30年前被人用担架抬走的重病老太太，如今不仅能自己走路，而且还谈笑风生。她回到阔别多年的故乡，既有惊喜，故乡变得更美了；也有失落，当年熟悉的老哥儿们、老姐儿们基本上都已作古了。

当刘桂江会长问起谢芙英在如皋的生活感受和长寿奥秘时，谢奶奶感慨地说，如皋地美、水美、饭美、菜美、人更美，是亲家一家人帮助她度过了生死难关，是如皋的热心邻居给了她的欢乐和愉快，是如皋的水、如皋的饭、如皋的菜，让她健康长寿。

（《长寿研究》2011年第九期，《如皋动态》2011年9月30日A4版）

如皋概览

自然地理

【位置和面积】 如皋地处长江三角洲北翼，北纬 32°00′～32°30′、东经 120°20′～120°50′，南临长江，与张家港市隔江相望，北与海安县、东与如东县、东南与通州区毗邻，西与泰兴市、西南与靖江市接壤。全市总面积 1477 平方公里，其中市区面积 20 平方公里。全市耕地总面积 8.133 万公顷，农业人口平均耕地面积 0.068 公顷。境内拥有长江岸线 48 公里，通扬运河、如海运河、如泰运河、焦港等主要河流纵横全境，总长 180.8 公里。

【地质·地貌】 如皋位于扬子准地台的下扬子台褶带上，为苏北拗陷中的苏南——勿南沙中新生代相对隆起区。地质构造的主要特征为：北东向切割呈带状，北西向切割成块。境内为平原地带，整体水平面高于邻县。地势由西北向东南略有倾斜(海拔 2～6 米)，如泰运河中段两岸地势最高，沿江以东地势最低。地域酷似桑叶，地形如"复釜"。

(编辑部)

【土壤和气候】 如皋耕地土壤主要有潮土、水稻土两大类，潮土占全市耕地面积的 93.1%，其中高沙土占耕地面积的 52%，主要分布于西部地区。水稻土占耕地面积的 6.9%，主要分布于白蒲、丁堰、柴湾等镇(区)。

2011 年，全年平均气温正常，略偏低；年总降水量正常，略偏多；日照正常，略偏少。全年温、光、水条件有利于工农业生产。

气温：年平均气温 14.6℃，和常年(1971～2000 年，以下同)相比正常，略偏低 0.2℃。全年 2 月、6 月、7 月、9 月气温与常年相仿，1 月、3 月、8 月、10 月、12 月气温偏低，其中 1 月比常年异常，偏低 3.5℃。4 月、5 月、11 月平均气温均比常年偏高，其中 11 月比常年异常，偏高 3.4℃。年极端最高气温 37.6℃(6 月 9 日)，极端最低气温-9.9℃(1 月 11 日、1 月 17 日)，平均气温小于等于 0℃的日数为 38 天，其中，1 月份 25 天、2 月份 6 天、12 月份 7 天；平均气温大于等于 35.0℃的高温日数为 6 天。

降水：年降水总量为 1225.0 毫米，比常年值偏多 175.1 毫米，降水时空分布明显不均匀，月降水出现连续偏多或偏少的情况。1～6 月份偏少，旱情严重，为近 50 年之最；7～8 月份降水偏多，旱涝急转；9～12 月份降水又偏少。1 月份偏少 35.6 毫米，4 月份偏少 48.9 毫米，均少于常年月最少降水量。7 月份偏多 227.2 毫米，8 月份偏多 256.0 毫米，其中 8 月份降水量超过常年月最多降水量。全年雨日 122 天(降水量大于等于 0.1 毫米)。降水量大于等于 25.0 毫米的日数为 13 天，比常年少 3 天；降水量大于等于 50.0 毫米的降水日数为 5 天，比常年少 1 天；一日最大降水量为 196.8 毫米，出现在 7 月 13 日。

日照：全年日照时数为1739.9小时，比常年偏少261.3小时。1月、3月、4月比常年值偏多，其中3月份比常年值偏多66.1小时，5月份和常年值持平，2月和6～12月比常年值偏少，其中8月份偏少125.8小时。

霜期：终霜出现在4月5日，初霜出现在11月12日，无霜期220天。

梅雨：年内，与常年相比，梅期较长。6月14日入梅，较常年偏早，7月21日出梅，较常年偏晚，梅期长37天。平均梅雨量520.9毫米，最大梅雨量为717.8毫米（丁堰镇）。

（刘 娟）

【水文·水情】 年内，汛期一日最大降水量为205毫米（焦港站），出现在7月13日。（梅雨情况参见【土壤气候】中"梅雨"）。焦港搬经站年最高水位为4.10米（7月14日），最低水位为1.60米（5月1日）。

上游水位：焦港闸年最高水位为3.43米（7月14日），年最低水位为1.1米（9月4日）；如皋港闸年最高水位为3.38米（7月14日），年最低水位为1.2米（4月4日）；碾砣港闸年最高水位为3.57米（7月13日），年最低水位为1.48米（3月18日）。

下游潮位：焦港闸年最高潮位为4.11米（8月31日），年最低潮位为－0.39米（1月1日）；如皋港闸年最高潮位为4.08米（8月31日），年最低潮位为－0.36米（4月2日）；碾砣港闸年最高潮位为4.07米（8月31日），年最低潮位为－0.78米（12月10日）。

年引排水总量：焦港闸年引水总量为21150万立方米，年排水总量22200万立方米；如皋港闸年引水总量为8952.2万立方米，年排水总量11880万立方米；碾砣港闸年引水总量为32557万立方米，年排水总量20650万立方米。沿江中型涵闸全年引水总量为62659.2万立方米，排水总量为54730万立方米。

（殷亚平）

【自然资源】 如皋引用长江水条件优越，焦港、碾砣港、如皋港三大引江口门最大引流量共达522.2立方米/秒。境内浅层地下水资源约为3.33亿立方米，水量大，水质较好，可作饮用水。深层地下水每年可开采305万立方米。如皋长江岸线全长48公里，如皋港可直接利用的长江深水岸线长20.2公里，且岸线深水逼岸，微冲不淤，河势相对稳定，可建万吨级泊位30座。全市年平均太阳辐射总量为476090焦耳/平方厘米，年平均风速为3.3米/秒。境内有野生植物671种，分属2门、2纲、139科；有动物资源387种，分属4门、15纲、58目；有药用植物363种、动物73种，其中银杏、半夏、如皋三黄鸡等为闻名遐迩的地方特产。境内煤藏分布于石庄镇一郭园镇一线，但埋藏深、储量小。郭园镇、下原镇及沿江地区有沼气资源，但藏于地下15～30米地层中，难以开采。如皋历史悠久，人文荟萃，拥有丰富的旅游资源。如城内外城河沿线有水绘园、定慧寺、大成殿、范公苑等人文景观，另有东方大寿星园、顾庄生态园等自然景观。

（编辑部）

【自然灾害】 年内，全市重大天气事件较为频繁，主要灾害性天气有暴雨、雷电、大雾、寒潮、台风、大风等，其中因暴雨洪涝和强对流天气造成的灾害最为严重。

台风：全年出现台风两次。6月25～26日，受2011年第五号强热带风暴"米雷"和冷空气共同影响，全市普遍出现中到大雨，极大风速每秒15.1米。8月7日，受第九号台风"梅花"外围影响，极大风速为每秒17.1米，台风期间雨量不大。

暴雨：全年出现降水量大于等于50毫米的日数为五天，一日最大降水量为196.8毫米（7月13日）。7月13～14日，全市普降大暴雨，为年内梅雨期最强的一次降水过程（受大暴雨过程影响，全市城镇及乡村低洼路段普遍积水，积水深度达50厘米以上，对交通产生不利影响，部分汽车进水受损；城镇部分平房和底楼车库进水。农田积水严重，河道水位较高。全市农作物受涝面积5.57万公顷，受灾面积2.58万公顷，其中，稻田受灾面积7367公顷，旱作物受灾面积1.39万公顷，蔬菜基地受淹面积近87.5%；养殖业受灾涉及11个镇、23个养殖户，倒塌畜禽舍245平方米，另有12间圈舍被淹，造成7头生猪、61772只家禽、1头水牛、1只山羊死亡，95头生猪被淹。全市农业直接经济损失约达5亿元）。7月27日，出现雷雨大风天气，市气象站极大风速达每秒18.3米。

大风:全年出现大风天气(风速大于等于每秒17.0米)3次。

寒潮:全年出现3次寒潮过程,分别出现在3月14~16日、11月29~12月1日、12月8~9日。

高温:全年出现气温大于等于35.0℃的高温日数为6天。

雷雨和雷击:全年雷暴日数为46天。雷雨最早出现在2月27日,最晚出现在11月5日,主要发生时间集中在6~8月。7月30日19时13分至19时25分,出现雷暴天气,石庄高级中学高二年级学生成柏强在为田间播撒肥料的母亲送伞时,被雷击中,当场身亡。

大雾:全年出现大雾日数34天。

(刘　娟)

行政区划与人口

【建置·行政区划】 东晋义熙七年(411年)前置如皋县,隋时并入扬州宁海县。南唐保大十年(952年)升为如皋县,隶属泰州。后历代沿袭县制,宋时为中下县,元时升为上等县。明清仍隶属泰州,清雍正二年(1724年)划归通州。民国时为一等县,与湖南邵阳同被列为全国最大的县。1940年8月,新四军东进至如皋西乡,在卢港建立如皋县政府。10月,县府随军继续东进至如皋东乡接管国民党如皋县政府。1941年3月,在如皋西乡成立如西县政府。至此,原如皋县以通扬运河为界划分为两个县。如西县隶属苏中第三行政区专员公署,如皋县隶属苏中第四行政区专员公署。1945年9月21日,新四军收复如皋城,如西县复名如皋县,原设于如皋东乡的如皋县更名如东县。同年12月1日,苏皖边区第一行政专员公署于如皋城成立。1949年1月28日,如皋全境解放。5月12日,第一行政专员公署改称苏北泰州行政区专员公署,如皋属其管辖,为一等县。1950年1月,划归苏北南通行政区专员公署,上升为特等县。1955年12月,如皋县人民政府改称如皋县人民委员会,隶属江苏省南通专员公署。1968年建立如皋县革命委员会,1981年复名如皋县人民政府。1988年3月18日,经国务院批准,如皋县如城地区为沿海经济开放区,后全县乡镇陆续被批准对外开放。1991年2月6日,经国务院批准,如皋撤县建市,同年6月1日举行建市仪式。2000年4月~2004年12月,实施乡镇行政区划调整,全市原53个乡镇调整为23个镇、2个开发区。2005年1月17日,全市原23个镇撤并为20个镇。2007年12月,如皋港开发区与长江镇合署办公,名称为长江镇(如皋港区)。2008年12月,如皋经济开发区与柴湾镇合署办公,名称为如皋经济开发区(柴湾镇)。2009年6月,启动如皋科技城(软件园)建设,原如城镇平明社区、建设社区、宋家桥社区、张八里社区、新庄社区,桃园镇杨华桥村、桃北村7个村(社区)划归如皋科技城(软件园)。2010年12月,如皋科技城(软件园)与桃园镇合署办公,名称为如皋软件园(桃园镇)。2011年12月底,全市辖镇(区、园)20个。

(编辑部)

【人口·民族】 2011年末,辖区户籍人口有142.26万人,其中,男性71.05万人,占49.94%;女性71.21万人,占50.06%。年内出生10895人,死亡9987人;人口出生率7.69‰,人口死亡率7.05‰,人口自然增长率—0.64‰。年内辖区常住人口126.2万人,城镇常住人口62.78万人,城市化率49.75%。

全市现有少数民族人口近3000人,占总人口近0.22%,分别属于34个少数民族。

民　俗　风　情

【方言】 如皋方言属江淮官话泰如片,受吴语影响较大,与赣方言和客家方言亦有渊源。如皋方言小片含今如皋市、如东县、海安县、泰兴市和东台市南部及张家港市段山地区,总面积约6000平方公里,总人口约500万人,以如城话为代表。如城及周围地区语言为如城话。如城以西3公里外即有泰兴话韵味,细音摩擦明显,称为西乡话。白蒲、九华与通州区交界,为两地过渡方言带,其南半部语言均带有南通话特征的两套齿擦音,称为南乡话。南境永安沙一带成陆仅数十年,移民来自18个省区,其后代虽操如皋方言,但村、圩间每有差异,称为圩田话。

【习俗】 如皋居民以汉族为主，民风淳厚质朴，民俗与扬州相近，在长期生产、生活中，形成饮食、服饰、住行、婚姻、生育、寿诞、丧葬、节庆、祭祀等方面的独特的民俗风情。旧时，如皋岁时习俗有立夏中午吃甜菜、儿童称体重，端午节吃粽子、儿童戴百索和香袋，中元节烧经祭祖、"斋孤"，中秋节吃月饼、藕饼、鸭子等，尤以春节前后祭祀活动为多，且伴有诸多禁忌。婚丧习俗有新娘子结婚当月内不能到亲友、邻居家串门，丧事中"烧冥屋"、演"僮子戏"等。寿辰习俗中的贺百岁最为隆重，主家要烧制"百岁碗"赠与亲友和乡邻。民间有做"青苗会"，演"僮子戏"，唱"仪兴调"（越剧）、"下河调"（扬剧）、"七字段"，春节期间演荡湖船、踩高跷、扯扯腰、打花鼓、舞龙灯、唱道情等习俗。中华人民共和国成立后，树立社会主义新风尚，禁止各种封建迷信活动，社会文明程度逐步提高，民俗亦发生很大变化，传统节日中一些不健康的旧习俗被扬弃，有些节日被赋予积极健康内容，同时还逐步形成了一些新风俗。

名　胜　景　点

【水绘园风景区】 国家AAAA级旅游景区，位于如皋古城东北隅，占地面积约30万平方米，由国家级重点文物保护单位水绘园及水明楼古建筑群、中国如派盆景园（古澹园）、匿峰庐、逸园、中国如皋长寿博物馆、灵威观、动物园、游乐园等景点组成。

水绘园始建于明朝万历年间（公元1573～1620年），明末才子冒辟疆偕金陵名姬董小宛栖隐于此。园内构筑有寒碧堂、壹默斋、因树楼、湘中阁、悬霤山房、镜阁、涩浪坡、小三吾亭、枕烟亭、妙隐香林、古城墙、烟波玉亭、碧落庐、悬霤峰、洗钵池、小三吾溪、鹤屿等十余处佳景，园中波烟淼淼，隐映如绘，宛若一幅幽静清雅、意韵空灵的山水画，时为海内名园。园中积水弥漫，倒影如画，冒董浪漫的爱情故事、深厚的历史文化底蕴和独具特色的园林景观，使水绘园成为一座集自然景观、人文景观和历史文博之大成的游览胜地，被誉为"中国第一情侣文化园"。

水明楼建筑群为水绘园景区另一重要景点，始建于清乾隆二十三年（公元1758年），为船舫式水阁建筑，造型精美，被已故园林泰斗陈从周评价为"徽派园林风格的海内孤本"。楼西隐玉斋、雨香庵内藏有历代珍贵的文物、文献供游客鉴赏。

【内外城河风光带】 国家AAA级旅游景区，位于如皋古城核心地带。内外两河环城而绕，外圆内方，形似古钱。内城河古名玉带河，形成于明成化年间（公元1465～1487年）；外城河亦名濠河，开凿于明嘉靖年间（公元1522～1566年）。

内外城河沿线有春秋遗址射雉亭、明代高桥迎春桥、千年古刹定慧寺、名人辈出的集贤里、冠甲江淮的灵威观、纪念宋代名人范仲淹的范公苑等十余处历史文化景点；内外城河上架有形状各异的桥梁29座，蕴含着许多美妙传说和精彩故事；双环河两岸白石护栏蜿蜒若龙，沿线树木葱郁、百花争艳。"水环城，城包水"的奇特景观成为古城如皋独具魅力的风光带。

【定慧禅寺】 国家AAA级旅游景区，以历史悠久、规模宏大、格局独特、香火旺盛闻名于海内外。定慧寺始建于隋朝开皇十一年（公元591年），地处如皋古城东南隅。明万历三十五年（公元1607年）重建大殿和金刚殿，改山门朝北，后陆续砌建钟鼓二楼和藏经阁、禅堂、祖堂、斋堂等。

定惠寺山门正对玉带河，东临放生池，西南傍玉莲池，寺院平面布置呈"回"字形，楼堂环绕四周，宝殿坐落中央，形成"水环寺，楼抱殿"的独特格局。

【东方大寿星园】 国家AAA级景区公园，位于如皋市西城郊，是颇具如皋长寿之乡特色的旅游景点，亦是举办祝寿活动的场所。若遇机缘，可以品尝到长寿菜并与百岁老人近距离探讨长寿秘诀。

东方大寿星园主题标志铜铸大寿星，高49米。大寿星身背斗笠，笑容可掬，为如皋花农传统打扮，寓意勤劳长寿，被中国道教协会会长任法融大师誉为"天下第一大寿星"。园内百岁风情长廊、养生盆景园，百岁桥、生财路、百岁亭、摸寿台、长寿名人走廊、养生茶楼以及经世界吉尼斯纪录认证的世界最大青铜碗——万寿百岁碗等景点，融如皋长寿文化与盆景艺术于一体，彰显长寿精神家园主题。

【法宝禅寺】 国家AAA级旅游景区，位于如皋市白蒲镇，始建于唐太和四年(公元830年)，宋至和元年(公元1054年)重建，被列为维扬八大丛林之一，香火鼎盛。清代书画家、“扬州八怪”之一郑板桥为寺院题写藏经楼匾额。相传日本入唐高僧圆仁，南宋抗金英雄岳飞，南宋丞相文天祥，清都察院左都御史沈岐、诗人袁枚等都有游览、唱咏法宝寺的记载。

法宝禅寺建筑布局独特，酷似“象”形，古人曾留下“访僧象鼻湾，路指虎溪是”、“一湾成象鼻，法宝久闻名”等诗句。寺内放生池内鱼、虾、龟、鳖等自由游弋，池塘四周月季、牡丹、芍药争相绽放，池中央建有照心亭，亭边曲桥连岸，是游人香客夏日乘凉消暑的好去处。放生池东的万安桥，是白蒲镇古万安桥的缩影。

【顾庄生态园】 国家AA级旅游景区、江苏省首批乡村自驾游基地，位于如皋城区南郊，方圆33平方公里。

园内景点有充满浓郁长寿气息的大寿星园，引人入胜的苏通生态观光园，绿意盎然的如皋花木大世界，极具欧陆风情的钱长村草坪，现代与古典完美融合的江源植物造景园，凸显如派盆景悠久历史的如皋绿园，完美诠释如派盆景艺术魅力的盆景艺术研究所，香远益清、淡雅芬芳的百代兰花园，弥漫着自然情趣的绿洲园艺示范园，花团锦簇的上海宝莱蝴蝶兰园等景点20余处。顾庄生态园自然景观独特、文化积淀深厚，是令人沉醉的天然氧吧、如皋中心城市的一叶绿肺，是游客和如皋市民休闲养生的清静之地。

地方特产

【如皋萝卜】 如皋萝卜栽培具有千年历史，经长期选育形成独有良种“鸭蛋头”、“捏颈儿”、“百日子”，以皮薄、肉嫩、汁多、味甘和木质素少、嚼后无渣的绝妙口感，赢得“赛雪梨”的美誉和“烟台的苹果莱阳的梨，不如如皋的萝卜皮”的夸赞。因其生津开胃、清火降气之功效极佳，如皋民间流传着“晚吃萝卜早吃姜，不需医生开药方”之说。

用如皋萝卜腌制如皋萝卜条，相传始于唐大和年间(公元827～835年)。新中国成立后，如皋酱醋厂继承和发扬传统工艺生产的东皋牌萝卜条，形似橘片，色泽黄橙，芳香独特，咸中带甜，具有香、甜、嫩、脆的特色。1983年，获外经贸部荣誉证书和省优质食品奖；1985年，获全国出口产品优良荣誉奖状。

【如皋火腿】 如皋火腿生产始于清咸丰初年(公元1851年)，以如皋及其周边地区饲养优种生猪为原料，经多道工序精细加工制成。其形如琵琶，色红似火，风味独特，以色、香、味、形“四绝”闻名中外，与浙江金华火腿、云南宣威火腿齐名为“中国三大名腿”。因如皋地理位置偏北，故有“北腿”之称。清末，先后获檀香山博览会奖和“南洋劝业会”优异荣誉奖；1982年，被商业部评为优质名特产品。

如皋火腿烹饪可蒸、煮、炖、煨、炒、焖、烧，尤以清炖和煮食为佳。可常年贮存，供四季食用。

【如皋肉松】 如皋肉松生产始于1914年，原为太仓式肉松，后不断改进生产工艺，研制最佳配料配方，形成如皋特有风味。

如皋肉松于1966年始出口国外。如皋肉联厂生产的金梅牌肉松1982年被商业部评为名特优质产品；1985年在巴黎荣获国际美食学会与旅游观光委员会授予的金质荣誉奖章，为中国在国际上获得的第一枚肉食品金牌；1988年获首届中国食品博览会金牌。1992年，如皋肉联厂如皋牌肉松获香港国际食品博览会金奖。

【白蒲茶干】 清康熙三十五年(公元1696年)，湖州人屠氏于如皋白蒲镇开设三香斋茶干店，所制茶干香、韧、鲜、嫩。乾隆皇帝巡视江南时，当地官吏以三香斋茶干进贡。乾隆食后赞不绝口，并挥毫御赐“只此一家”条幅。从此，三香斋白蒲茶干声名远播。

如皋白蒲三香斋茶干厂师傅系嫡传，在继承传统工艺、保持传统特色的基础上，产品质量进一步提高。白蒲茶干营养丰富，老少妇孺皆宜，是家常和旅途中的经济方便食品，也是筵席冷盘佳品和荤素烩炒的优质配料。

【如皋董糖】 如皋董糖制作起源于明末如皋名士冒辟疆爱妾董小宛之手，故称之为“董糖”。因董小宛时为秦淮名妓，又称之为“秦淮董糖”。

以精白面、白糖、芝麻、饴糖为原料，经选料、熬糖、制糖芯、制糖骨、成型等工序而成的董糖，酥松香甜、入口易化、口齿留香、回味久长，誉满大江南北。

【林梓潮糕】 林梓潮糕由如皋林梓镇费氏老万和茶食店于清雍正十年（公元1732年）创制。林梓潮糕丰含米香、桂香、荷香，香而不浊，沁人心脾，且甜而不腻，柔润爽口，风味独特。

林梓潮糕名倾大江南北，为江苏特产、苏北名点，并被收录于《江苏名菜名点》。

【白蒲黄酒】 清康熙五十五年（公元1716年），浙江绍兴章姓落户如皋白蒲镇，开办槽坊酿制黄酒。后章家历代继承祖传秘方，以地产上等米为原料，以药酒、麦曲为糖化发酵剂，采用传统加饭酒工艺，精心酿制黄酒。

白蒲黄酒色泽橙黄、清晰透明、醇香浓郁、口感纯正，且具有舒筋活血、健身强心、延年益寿之功效，可与浙江绍兴黄酒媲美。

20世纪50年代，白蒲黄酒厂成立后，继承和改进白蒲黄酒传统工艺，进一步提高黄酒品质，生产水明楼牌系列黄酒。1986年，水明楼黄酒获江苏省优质产品证书；1988年，获首届中国食品博览会银奖；1991年，获轻工部优质产品称号；1993年，在日本东京第五届国际酒、饮品博览会上获金奖；1997～1999年，连续三年被评为江苏省名牌产品。

【如皋香肠】 如皋香肠生产始于清光绪年间（公元1875～1908年），已有100多年历史。清末曾获南洋劝业会二等奖。

如皋香肠条形整齐、肉质紧密、色泽鲜艳、咸甜适度、香味浓郁、营养丰富，精肉嚼而不老，肥肉油而不腻，可与广式香肠媲美，亦称为如式香肠。

江苏长寿集团继承和发扬传统工艺，精心研制新配方，所生产如皋牌香肠享誉国内外。1982年，被商业部评为优质名特产品；1985年，获国家质量银质奖；1988年，获中国食品博览会金奖；1992年，获香港国际食品博览会金奖。

（编辑部）

2011年如皋市国民经济和社会发展状况

【概况】 全年实现地区生产总值520.67亿元，按可比价计算（下同），同比增长12.0%。其中，第一产业实现增加值46.99亿元，同比增长4.3%；第二产业实现增加值288.82亿元，同比增长12.1%（其中工业实现增加值245.03亿元，同比增长12.8%）；第三产业实现增加值184.86亿元，同比增长14.1%。实现人均地区生产总值41178元。三次产业比例调整为9.0∶55.5∶35.5。财政总收入占地区生产总值的比重达21.3%，比上年提高3.2%。

全年居民消费价格总指数为105.8，即物价总水平同比增长5.8%。其中，服务项目价格同比上涨3.7%，消费品价格同比上涨6.7%。

市区居民消费价格涨跌情况一览

表7

指　　标	同比增长(%)
食品类	12.4
其中：粮食类	13.7
肉禽及制品	28.4
水产品类	13.1
烟酒及用品类	5.9
衣着类	3.2
家庭设备用品及维修服务类	4.6
医疗保健和个人用品类	3.1
交通和通信类	0.5
娱乐教育文化用品及服务类	−0.5
居住类	5.9

【农业】 全年实现农林牧渔业总产值77.13亿元，同比增长12.45%。其中，实现农业产值42.84亿元，同比增长6.92%；实现林业产值0.15亿元，同比下降17.75%；实现牧业产值26.49亿元，同比增长19.96%；实现渔业产值4.05亿元，同比增长9.1%；实现农业服务业产值3.6亿元，同比增长41.18%。

全年粮食种植面积11.053万公顷，同比减少550公顷；棉花种植面积210公顷，同比减少10公顷；油料种植面积1.435万公顷，同比减少730公顷;蔬菜种植面积1.5万公顷,同比增加900公顷。全年粮食产量72.8万吨,同比增产4.56%;棉花产量200吨,同比减产24.24%;油料产量3.58万吨,同比减产10.28%;蔬菜产量52.4万吨,同比增产8.04%。

2011年主要农副产品产量情况一览

表8

指标名称	计量单位	产　量	同比增长(%)
粮食	万吨	72.80	4.56
棉花	吨	200.00	−24.24
油料	万吨	3.58	−10.28
蚕茧	万吨	0.87	−24.35
生猪年末存栏数	万头	86.00	12.52
生猪出栏数	万头	109.00	1.90
羊年末存栏数	万头	26.20	14.41
羊出栏数	万头	28.10	5.64
家禽年末存栏数	万只	1057.00	−2.00
家禽出栏数	万只	2168.00	1.80
禽蛋	万吨	6.30	5.00
水产品	万吨	2.26	9.70

年末,全市拥有农业机械总动力70.99万千瓦。拥有拖拉机11290台,其中大中型拖拉机1402台;拥有联合收割机1423台,其中自走式收割机1272台。全市农机化投入9500万元,其中用于农业机械购置达7358万元。全市农用化肥施用量(折纯)3.65万吨。

【工业和建筑业】 全市完成工业增加值245.03亿元,同比增长12.8%。2011年末,全市有实现销售收入2000万元以上规模企业736家,完成规模以上工业总产值1157.30亿元,同比增长20.2%。其中,完成交通运输设备制造业产值235.54亿元,同比增长9.24%,占全市规模以上工业总产值的20.66%;完成高新技术产业产值441.73亿元,同比增长36.0%,占全市规模以上工业总产值的38.17%。全市规模以上工业实现主营业务收入1118.31亿元,同比增长19.90%;实现规模以上工业利润总额60.87亿元,同比增长4.60%;实现工业产品销售率99.40%。完成全部工业应税销售722.92亿元(含一般纳税人、小规模纳税人、供电公司),同比增长14.92亿元;全部工业实缴税金33.23亿元,同比增长19.78%。

规模工业部分工业产品产量情况一览

表9

产品名称	单　位	全年产量	同比增长(%)
橡胶轮胎外胎	条	1694316	−3.6
民用钢质船舶	万载重吨	421	22.2
钢球	万粒	605000	1.0
内燃机	万千瓦	509	−13.0
印刷机械	吨	4231	−31.7
锻压设备	台	1721	−13.2
高压电器	台	31503	10.8
半导体分立器件	万只	767615	19.3
纱	吨	55484	−6.6
布	万米	35224	4.3
服装	万件	14311	−7.8
玻璃纤维纱	吨	16820	46.1
饮料酒	吨	16211	−1.5

全年规模以上工业企业综合能源消费量为118.91万吨标准煤,同比上升12.11%;万元产值综合能耗102.4公斤标准煤,同比下降8.44%。重工业企业综合能源消费量为92.95万吨标准煤,同比上升15.1%;万元产值能耗110.0公斤标准煤,同比下降8.9%。轻工业企业综合能源消费量25.95万吨标准煤,同比上升2.69%;万元产值能耗0.0822吨标准煤,同比下降9.21%。

十大行业能源消耗情况一览

表10

行　业	综合能源消费量(万吨标准煤)	单位产值能耗(吨标准煤/万元)	单位产值能耗同比增减(%)
纺织服装业	2.86	0.0472	−10
化学原料及化学制品制造业	36.07	0.1855	−12.6
纺织业	13.64	0.1375	−9.23
黑色金属冶炼及压延业	10.92	0.3685	−3
橡胶制品业	7.56	0.2061	−3.02
通信设备、计算机设备业	8.64	0.0997	−31.84
通用设备制造业	7.91	0.1497	−12.15
非金属矿物制品业	6.35	0.1478	−14.63
电气机械及器材制造业	2.16	0.0227	−26.86
交通运输设备制造业	9.93	0.0396	−13.86

全年实现建筑业增加值43.79亿元,同比增长8.1%。全市建筑队伍人数20万人,其中工程技术和经营人员5万人。建筑队伍遍及10多个国家和地区,年末境外劳务人员近1000人。全年建筑企

业承建施工面积 7194 万平方米，同比增长 21.0%。全年建筑企业创国家级奖项 5 项、省级奖项 20 项，其中江中集团承建的无锡保利广场被评为国家优质工程奖 30 年精品工程。年末，全市拥有特级资质建筑企业 2 家、一级资质建筑企业 21 家、二级资质建筑企业 58 家、三级资质优质企业 101 家，拥有一级建造师 500 人、二级建造师 1093 人。

【固定资产投资】 全年实现规模以上固定资产投资 272.02 亿元，同比增长 20%。其中，实现规模以上工业投资 196.05 亿元，同比增长 11.7%；实现规模以上第三产业投资 75.59 亿元，同比增长 4.8%，占规模以上固定资产投资比重为 21.8%。

全年房地产开发投资 19.62 亿元，同比增长 7.3%；完成房屋施工面积 342.46 万平方米，同比增长 2.01%（其中施工住宅 265.82 万平方米，同比下降 0.17%）；商品房屋销售面积 71.82 万平方米，同比增长 9.1%；实现商品房屋销售额 33.82 亿元，同比增长 39.23%。

【国内贸易】 全年实现社会消费品零售总额 196.86 亿元，同比增长 16.1%。以城乡分类，城镇消费品零售额为 126.58 亿元，同比增长 17.9%；乡村消费品零售额为 70.28 亿元，同比增长 12.9%。以行业分类，批发和零售业零售额为 182.16 亿元，同比增长 15.9%；住宿和餐饮业零售额为 14.7 亿元，同比增长 18.5%。

全市限额以上批发和零售业零售额分类情况一览

表 11

指　　标	零售额(亿元)	同比增长(%)
食品、饮料、烟酒类	5.22	21.4
服装鞋帽、针、纺织品类	3.00	36.7
家用电器及音像器材类	3.46	7.6
汽车类	6.27	−1.9
石油及制品类	10.52	26.2
家具类	0.17	28.4
日用品类	1.11	27.5
化妆品类	0.84	23.4
金银珠宝类	1.73	60.9
书报杂志类	0.97	5.7

年末，全市拥有营销额超亿元市场 12 个。全年市场成交额达 231.1 亿元，同比增长 24.9%。

【开放型经济】 全年新批外资和港澳台地区投资项目 59 个，其中增资项目 10 个。南通锻压在创业板成功上市，是全市继九鼎新材、江苏熔盛重工有限公司之后第三家上市企业。全年完成新批协议注册外资和港澳台地区投资 13.84 亿美元，同比下降 7.9%；实现实际到账外资和港澳台地区投资 7.23 亿美元。全市出口超千万美元的企业 23 家。全年完成进出口总值 30.42 亿美元，同比增长 57.5%，其中自营出口总额为 18.77 亿美元，同比增长 86.8%（其中，机电产品出口 8.03 亿美元，同比增长 258.2%；高新技术产品出口 1.2 亿美元，同比增长 32.6%；农产品出口 0.97 亿美元，同比增长 24.3%）。

进出口贸易主要方式分类情况一览

表 12

指　　标	总量(亿美元)	同比增长(%)
进出口总值	30.42	57.5
出口	18.77	86.8
其中：一般贸易	9.11	25.9
加工贸易	9.12	296.1
进口	11.65	25.7
其中：一般贸易	3.99	10.0
加工贸易	2.68	72.7

年末，与如皋市建立进出口贸易关系的国家和地区 134 个。

进出口贸易主要市场情况一览

表 13

国家和地区	出口总值(亿美元)	同比增长(%)	进口总值(亿美元)	同比增长(%)
日本	3.77	44.0	0.63	−40.6
美国	1.84	46.0	0.59	215.4
中国香港	0.92	822.0	0.06	246.6
韩国	0.54	4.0	1.83	57.4
新加坡	1.38	3976.9	1.14	12.5
英国	1.11	300.3	0.07	43.1
荷兰	0.59	60.5	0.46	260.2
比利时	0.37	19.5	0.93	3554.6
东盟组织	1.79	194.4	4.40	−15.5
欧盟组织	5.62	126.1	2.24	247.7

全年完成对外劳务营业额 2.01 亿美元，同比增长 0.1%。年内新派对外和港澳台地区劳务人

员 3008 人,年末在外和港澳台劳务人员 7630 人。

【交通、邮电和电力】 全年实现交通运输、仓储及邮政业增加值 25.34 亿元,同比增长 9.1%。完成公路货运量 2362 万吨,同比增长 8.0%;完成公路客运量 1276 万人次,同比增长 8.3%。完成交通建设投入 18 亿元,同比增长 7.1%。其中,建成农村等级公路 156 公里,实施其余道路强度提升 15 公里,改造危桥 110 座。实现邮政业务收入 1.43 亿元,同比增长 36.5%。年末,全市拥有固定电话用户 32.8 万户,其中,城市电话用户 9.8 万户,农村电话用户 23 万户;拥有移动电话用户 82 万户、互联网用户 18.2 万户。全年用电量为 39.39 亿千瓦时,同比增长 12.2%。其中,工业用电量 29.31 亿千瓦时,同比增长 12.4%;城乡居民生活用电量 5.6 亿千瓦时,同比增长 5.2%。

【财政、金融和保险业】 全年实现财政总收入 110.75 亿元,同比增长 41.8%。完成各项税收 65.96 亿元,同比增长 26.1%。全年实现一般预算收入 45.63 亿元,同比增长 35.5%,其中营业税、增值税、企业所得税同比分别增长 46.0%、20.6%、13.6%。全年财政总支出 99.37 亿元,同比增长 47.3%,其中一般预算支出 60.64 亿元,同比增长 34.1%。

年末,全市金融系统本外币各项存款余额为 603.45 亿元,同比增长 22.5%,其中城乡居民储蓄存款余额为 371.25 亿元,同比增长 17.2%。全市金融系统贷款余额为 298.95 亿元,同比增长 20.61%。其中,短期贷款余额为 157.7 亿元,同比增长 34.70%;中长期贷款余额为 124.40 亿元,同比增长 23.2%。全市保险机构总数达 55 家。全年实现中国财产保费收入 13900 万元,赔款及给付 6789 万元;实现中国人寿保费收入 67484 万元,赔款及给付 11759 万元。

【科学技术和教育】 全年专利申请量 6612 件,同比增长 13.1%。其中,发明专利 1964 件,同比增长 97.6%;专项授权 2586 件,同比下降 26.6%。全年申报各级各类科技项目 701 项,获得立项 348 项,获各级扶持资金 1929 万元。全年有 20 项科技成果获省及南通市科技进步奖,其中省级二等奖 2 项、三等奖 2 项,南通市级二等奖 8 项、三等奖 8 项。全年新增省级公共技术服务平台 1 家、省院士工作站 2 家、省级工程技术研究中心 3 家,新增国家级科技孵化器 1 家。

年内,实施素质教育,成立全国首家活动教学研究中心。全面加快义务教育优质均衡发展步伐,全年改(扩)建义务教育学校13所,开工工程项目31个,新增建筑面积14.6万平方米;全市建成省级各类特色学校15所、南通市特色学校8所。至年末,全市有普通中学35所、在校学生58854人,职业中学3所、在校学生13485人,小学53所、在校学生62019人,幼儿园55所、在园幼儿29027人;教职工总人数10079人,其中专任教师8361人。

【文化、卫生和体育】 年内,围绕中国共产党成立 90 周年、红十四军纪念馆开馆、创建文明城市、推进更高水平小康社会建设等题材,创排大型主题文化宣传活动 12 场。精品创作和群文理论研究成果获国家级奖项作品 15 篇,获省级奖项作品 38 篇。全年向各镇送图书 11 万余册,送电影 4320 场,送戏 103 场。年末,全市拥有文化经营单位 711 家、从业人员 1300 人、登记注册民营演出团体 119 个、农村文化站 20 家。全市拥有各级文物保护单位 38 处,其中全国重点文物保护单位 1 处、省级文物保护单位 5 处、南通市级文物保护单位 4 处、如皋市级文物保护单位 28 处。全市拥有省级非物质文化遗产名录项目 9 项、南通市级非物质文化遗产 14 项、如皋市级非物质文化遗产 27 项。全市拥有文化团体 1 个、公共图书馆 1 座、市博物馆 2 座。

全年在南通市广播电台用稿 135 条、省广播电台用稿 16 条,在南通市电视台用稿 296 条、省广播电视台用稿 60 条、国家广播电视台用稿 4 篇,在南通市级报纸用稿 126 篇、省级报纸用稿 5 篇。年内新增有线数字电视用户 38625 户,全市有线数字电视整体转换率达 98%,至年末,全市有线数字电视用户达 30 万户,数字电视普及率达 90.7%。

年末,全市拥有卫生机构 545 个,其中,医院、卫生院 64 个,妇幼保健所 1 个,疾病预防控制中心 1 个。全市医院和卫生院拥有床位数 3510 张。全市有卫生技术人员 4826 人,其中执业(助理)医师 1852 人、注册护士 919 人。全市参加新型农村合作医疗 111.9 万人,参合率达 100%。在苏中苏北率先实现省级卫生镇全覆盖，累计建成省卫生村168个。全市有无害化厕所28.5万座。

年内，承办“本草杯”春季围棋、第二届体育舞蹈锦标赛、“熔盛杯”第二届中国如皋公路自行车大赛等国际、国内体育大赛10余次。全市新注册运动员86人，向南通市输送运动员30人。组织运动员参加全省青少年田径锦标赛获金牌7枚，创如皋田径史上新辉煌。创新群众体育活动模式，开展各级各类全民健身活动，参加群众达50余万人次，镇村广场集体舞成为新农村亮丽风景。全年体育彩票销售1.4亿元。

【人民生活和社会保障】 据城、乡居民抽样调查数据显示，全年城镇居民人均可支配收入23028元、农村居民人均纯收入10312元、城镇集体及以上单位在岗职工年平均工资为41672元，同比分别增长16.0%、18.6%、15.89%。年末，全市城镇居民人均住房建筑面积为40.1平方米，农村居民人均住房面积为51.3平方米。

年末，全市拥有各类养老机构25家，总床位数4683张。农村拥有敬老院20家，床位3819张。在全市农村4044名“五保”对象中，集中供养2893人，集中供养率为71.5%。全年婚姻登记13616对。

年末，全市参加企业养老保险12.3万人，参保率为97.16%；参加医疗保险15.39万人，参保率为99.69%；参加失业保险10.27万人，参保率为97.75%。城镇登记失业4869人，城镇登记失业率为3.07%。

【城镇建设和环境保护】 全年累计完成城市建设投入93亿元，其中市政基础设施投入15亿元。新开工建设安置房75万平方米，公共租赁房30万平方米。新增道路面积25万平方米；新增绿化面积63万平方米，城市绿化覆盖率为40.3%。年末，全市有道路灯具22232盏，城市亮化率为99.0%。全年新增燃气管道115.5公里，新增用户2000户，年供气量达7000万立方米。全年新增自来水管网77.1公里，自来水日供水能力为20万吨。全市生活垃圾无害化处理率为100%。

全市环境质量保持稳定，城区烟尘控制区覆盖率达100%。全市空气主要污染物中，二氧化硫年平均值为0.015毫克/立方米，二氧化氮年平均值为0.020毫克/立方米，可吸入颗粒物年平均值为0.069毫克/立方米，各项指标均符合国家空气质量二级标准。全年空气污染指数达到良好以上的天数达357天，占全年天数97.81%。全市主要河流水质符合国家地面水质环保质量Ⅲ类水质标准，饮用水源地水质达标率为100%。区域环境噪声平均值为54.5分贝，交通干线噪声平均值为67.8分贝，符合国家环境噪声质量标准。

（谢晓飞）

2011年如皋市经济社会主要情况统计

如皋市基本情况

表14

指标名称	单位	2011年	指标名称	单位	2011年
一、辖区总面积	平方公里	1477	性别比(女为100)	—	99.78
二、年末耕地面积	万公顷	8.133	六、出生人口	人	10895
三、行政概况			人口出生率	‰	7.69
(一)镇政府(区)	个	20	七、死亡人口	人	9987
(二)街道办事处	个	4	人口死亡率	‰	7.05
(三)市镇居民委员会	个	181	八、人口自然增长率	‰	0.64
(四)村民委员会	个	166	九、计划生育率	‰	98.62
四、年末总户数	户	457888	十、人口密度	人/平方公里	963
五、年末总人口(户籍)	人	1422619	十一、年末社会从业人数	万人	76.16
其中:男性人口	人	710537			

表 15

苏中 16 县(市、区)国民经济主要指标(一)

指标名称	计量单位	海安县		如东县		启东市		如皋市		通州区		海门市		东台市		大丰市	
		2011年	比上年增长(%)	2011年	比上年增长(%)	2011年	比上年增长(%)	2011年	比上年增长(%)	2011年	比上年增长(%)	2011年	比上年增长(%)	2011年	比上年增长(%)	2011年	比上年增长(%)
年末常住人口	万人	86.60	持平	99.07	−0.5	96.76	−0.5	126.20	−3.2	114.00	0.1	90.27	−0.5	98.79	−0.2	70.33	−0.48
年末户籍人口	万人	93.72	0.3	104.75	−0.1	112.41	0.3	142.26	7.9	125.25	0.5	99.99	0.1	113.40	0.0	72.53	−0.02
年平均常住人口	万人	86.60	持平	99.30	0.3	97.00	2.0	126.45	6.0	113.94	2.1	90.51	0.7	98.90	−5.0	70.50	0.64
年平均户籍人口	万人	93.57	0.0	104.80	−0.3	112.23	0.4	141.74	5.5	124.95	0.4	99.93	0.1	13.38	−0.2	72.54	0.0
地区生产总值	亿元	429.52	12.4	425.45	12.1	520.17	12.3	520.67	12.0	604.71	19.0	590.33	12.0	447.92	12.7	346.96	14.0
第一产业	亿元	42.94	4.3	50.50	4.2	55.96	0.5	46.99	4.3	43.97	8.8	41.39	4.1	71.49	4.5	57.90	4.1
第二产业	亿元	228.01	12.9	223.13	12.8	277.10	13.8	288.82	12.1	343.13	16.0	348.22	12.1	205.43	14.2	153.39	17.5
其中:工业	亿元	186.16	13.9	180.66	13.9	219.19	13.8	245.03	12.8	280.47	15.8	284.61	12.7	181.19	14.0	132.51	18.0
第三产业	亿元	158.57	14.2	151.82	14.0	187.11	14.5	184.86	14.1	217.61	26.7	200.71	34.0	171.00	14.5	135.67	14.8
人均地区生产总值(按常住人口计算)	元	49598.00	11.5	42845.00	20.4	53629.00	19.9	41178.00	20.1	53074.00	19.0	65226.00	17.2	45292.00	26.5	49218.00	13.9
人均地区生产总值(按户籍人口计算)	元	45906.00	12.4	40596.00	21.1	46348.00	20.5	36600.00	19.8	48390.00	18.7	59039.00	17.9	39499.00	20.0	47830.00	13.9
固定资产投资完成额	亿元	260.12	20.5	250.75	20.1	302.99	20.8	272.02	20.0	313.05	20.8	300.66	20.6	233.90	26.3	177.09	23.3
第一产业	亿元	0.74	39.7	/	/	/	/	0.38	442.9	0.59	−69.6	/	/	4.78	34.3	1.17	持平
第二产业	亿元	196.97	13.7	193.97	13.9	233.48	14.6	196.05	11.7	226.03	14.8	229.03	13.5	152.67	15.1	118.05	20.4
其中:工业	亿元	196.77	13.6	193.97	13.9	233.48	14.6	196.05	11.7	226.03	14.8	229.03	13.5	151.87	23.8	117.89	20.7
第三产业	亿元	62.41	47.8	56.78	47.4	69.51	47.4	75.59	48.0	86.43	43.2	70.59	50.9	76.45	30.2	57.86	30.4
其中:房地产开发投资	亿元	27.80	27.9	16.40	34.9	19.82	28.5	19.62	7.3	21.13	70.3	28.44	21.0	23.60	29.0	18.33	18.7
财政总收入	亿元	72.41	43.3	65.79	30.6	103.56	38.0	110.75	41.8	100.15	28.6	103.60	46.9	87.80	30.2	85.91	37.6
其中:地方一般预算收入	亿元	28.51	38.9	25.39	33.4	44.07	41.0	45.63	35.5	42.40	25.1	42.35	35.5	35.92	37.2	30.07	45.5
地方一般预算支出	亿元	43.09	29.1	42.41	21.8	53.27	56.2	60.64	33.6	83.32	36.7	47.65	40.2	53.70	34.6	41.59	33.4
粮食产量	万吨	64.05	1.2	90.80	1.6	24.09	−0.4	72.80	4.6	51.50	1.8	17.84	−4.7	83.20	−0.7	76.09	−1.7
棉花产量	吨	171.00	−48.5	17281.00	2.1	16349.00	−12.4	200.00	−24.2	7500.00	−21.4	12859.00	−6.3	11217.00	−2.2	45276.00	−4.1
油料产量	万吨	1.38	−14.7	4.97	−5.3	10.16	−3.7	3.58	−10.3	8.06	−16.8	9.45	−2.3	6.67	−28.4	5.21	−16.6

续表 15—1

指标名称	计量单位	海安县		如东县		启东市		如皋市		通州区		海门市		东台市		大丰市	
		2011年	比上年增长（%）	2011年	比上年增长（%）	2011年	比上年增长（%）	2011年	比上年增长（%）	2011年	比上年增长（%）	2011年	比上年增长（%）	2011年	比上年增长（%）	2011年	比上年增长（%）
农林牧渔业总产值(现价)	亿元	81	4.3	100.77	3.0	99.93	2.8	77.13	12.5	68.67	9.0	66.04	10.1	156	11.7	135.09	8.5
全部工业总产值(现价)	亿元	1922.59	18.3	/	/	1663.15	9.6	2678.72	17.0	/	/	1840.45	14.2	737.14	34.5	571.77	17.2
规模以上工业总产值	亿元	1063.68	27.3	1045.32	22.3	1029.38	26.2	1139.81	20.2	1322.13	13.0	1236.56	22.1	569.91	27.2	423.37	29.9
规模以上工业增加值	亿元	234.35	14.1	227.50	16.4	231.83	13.9	258.13	12.8	297.15	13.3	274.23	12.7	142.82	15.8	105.24	15.8
规模以上工业利税总额	亿元	118.41	23.30	127.98	48.15	124.49	30.00	96.76	/	142.89	15.18	196.62	37.50	57.64	33.00	39.53	37.60
其中:利润总额	亿元	118.41	30.3	90.50	55.6	80.62	26.4	60.87	/	87.58	15.2	132.97	41.8	30.35	41.1	21.16	44.1
全社会用电量	亿千瓦时	35.29	13.1	31.60	13.9	22.36	12.3	39.39	12.2	35.81	12.6	28.85	10.9	31.90	13.7	23.38	17.9
其中:工业用电量	亿千瓦时	28.79	15.3	24.20	14.3	14.88	15.3	29.31	12.4	27.17	11.9	21.02	11.2	25.12	14.4	17.10	19.4
社会消费品零售总额	亿元	155.60	17.1	173.01	17.0	196.75	17.1	196.86	16.1	206.61	15.9	203.09	17.2	139.30	17.7	95.90	17.5
进出口总额	万美元	123859.00	12.3	125830	31.3	249058	−3.2	304173	57.5	245536.00	2.5	158430.00	28.6	38184.00	37.3	58232	37.5
其中:出口总额	万美元	102705.00	13.7	100701	24.7	182833	−4.7	187659	86.8	214435.00	10.3	113812.00	22.0	34973.00	43.2	38810	24.6
实际外商直接投资	万美元	26122	22.4	33832	21.2	40693	63.0	50966	49.7	7941.00	−0.4	11441	−67.2	26500	12.7	26500	12.8
金融机构年末存款余额(本外币)	亿元	563	17.1	427.64	15.0	580.54	14.3	603.45	22.8	684.15	13.0	613.38	11.0	376	20.2	297.80	21.3
其中:居民储蓄存款余额	亿元	360	16.9	297.46	18.3	407.39	14.9	371.25	17.2	452.37	14.0	410.92	12.9	267	16.5	166.73	16.1
金融机构年末贷款余额(本外币)	亿元	367.14	23.5	214.49	17.9	342.22	20.4	298.95	20.8	372.12	19.5	343.81	17.8	210.06	18.1	166.18	26.9
金融机构年末存款余额(本币)	亿元	556.67	45.3	423.07	17.2	572.40	15.8	597.06	2.0	676.91	12.5	608.72	11.6	375.08	20.3	296.13	21.7
其中:居民储蓄存款余额	亿元	356.46	38.0	296.74	18.4	406.11	15.0	370.40	17.3	451.29	14.1	409.30	13.1	267.01	16.5	166.02	15.8
金融机构年末贷款余额(本币)	亿元	362.23	53.5	213.53	18.9	322.78	15.4	291.54	24.7	371.06	21.1	340.16	19.3	209.78	18.5	165.07	25.8
在岗职工平均工资	元	42210.00	13.9	40832	13.8	42378	24.3	41672	15.9	44280.00	20.8	42442	17.3	34077.00	14.2	35215	14.3
城镇居民人均可支配收入	元	23775.00	15.9	23773	16.0	23889	15.9	23028	16.0	26354.00	14.2	26339	14.9	21093.00	16.8	19851	17.1
城镇居民人均消费性支出	元	14241	19.0	15747	14.2	15164	20.6	13452	17.5	16558.00	11.3	16555	14.7	13164	9.1	12522	3.3
农村居民人均纯收入	元	11216	18.4	10786	18.3	12535	18.4	10312	18.6	12491.00	18.5	13453	18.3	12056	19.4	11941	19.4
农村居民人均生活消费支出	元	8483	19.0	8563	18.7	9018	15.7	6959	17.0	8928.00	16.9	9685	16.9	6952	26.9	7404	11.4

苏中16县(市、区)国民经济主要指标(二)

表16

指标名称	计量单位	宝应县		高邮市		仪征市		江都区		兴化市		靖江市		泰兴市		姜堰市	
		2011年	比上年增长(%)	2011年	比上年增长(%)	2011年	比上年增长(%)	2011年	比上年增长(%)	2011年	比上年增长(%)	2011年	比上年增长(%)	2011年	比上年增长(%)	2011年	比上年增长(%)
年末常住人口	万人	75.20	−0.1	74.00	−0.6	56.20	−0.4	100.70	0.02	125.43	0.04	68.54	0.1	107.51	0.1	72.98	0.12
年末户籍人口	万人	91.42	0.0	82.06	0.0	56.62	0.2	106.86	0.002	157.30	0.8	67.15	0.5	120.21	0.5	79.45	0.88
年平均常住人口	万人	75.22	−4.2	74.24	−0.7	56.30	0.8	100.69	/	125.41	/	68.50	0.1	107.45	0.1	72.91	0.02
年平均户籍人口	万人	91.40	−0.1	82.07	0.0	56.57	0.0	106.76	0.1	156.71	0.44	66.98	0.3	119.92	0.2	79.42	−0.05
地区生产总值	亿元	291.53	12.0	304.00	12.5	333.50	12.9	578.02	12.6	459.46	11.4	538.98	13.8	486.39	12.6	364.08	12.1
第一产业	亿元	49.75	4.5	51.97	5.6	17.80	5.3	42.10	4.1	74.18	4.9	17.41	4.4	39.23	4.6	28.89	4.6
第二产业	亿元	139.45	14.1	145.63	13.6	196.19	12.5	318.90	12.4	202.83	12.1	306.25	14.5	264.88	13.9	192.17	12.2
其中:工业	亿元	112.35	14.4	119.13	14.6	173.69	13.0	271.40	13.0	175.77	12.8	283.96	14.1	230.79	14.6	158.31	12.3
第三产业	亿元	102.33	13.1	106.40	14.5	119.51	14.9	217.02	14.6	182.45	13.3	215.32	13.5	182.28	12.6	143.02	13.5
人均地区生产总值(按常住人口计算)	元	38757	17.0	40951	19.6	59236	12.0	57406	12.6	36638	11.2	78683	13.8	45267	12.5	49915	22.1
人均地区生产总值(按户籍人口计算)	元	31896	12.2	37042	18.8	58954	12.9	54142	12.6	29319	10.9	80469	13.8	40560	12.4	45842	18.7
固定资产投资完成额	亿元	160.15	22.0	196.37	22.1	205.74	22.2	334.99	22.1	155.01	26.6	236.06	27.5	213.78	26.6	178.16	26.5
第一产业	亿元	1.55	19.8	1.29	22.1	6.82	11.1	4.51	169.9	0.78	27.9	0.12	/	1.66	/	2.26	7.6
第二产业	亿元	113.14	22.3	140.76	26.5	139.57	21.1	232.73	14.4	104.23	21.7	102.27	/	146.92	/	116.00	25.1
其中:工业	亿元	113.14	22.9	140.76	26.5	136.39	20.6	232.73	14.4	103.70	/	102.27	/	144.39	/	114.14	25.3
第三产业	亿元	45.46	34.8	54.32	34.8	59.35	35.8	97.75	34.8	50.00	38.0	129.67	/	65.20	/	59.90	32.7
其中:房地产开发投资	亿元	14.98	7.2	16.39	13.3	10.50	4.1	45.40	22.8	35.71	/	23.21	27.5	26.62	37.3	34.93	37.3
财政总收入	亿元	40.22	31.4	46.00	31.2	63.17	26.3	80.09	26.4	66.56	22.2	124.78	38.6	89.17	24.7	66.73	30.3
其中:地方一般预算收入	亿元	20.58	31.3	20.49	42.1	25.95	35.0	34.39	28.1	25.56	21.0	48.68	32.0	27.90	22.8	22.19	26.1
地方一般预算支出	亿元	32.30	22.6	33.16	42.9	25.84	25.1	42.99	30.6	49.36	19.1	40.60	23.1	42.05	19.1	30.56	20.3
粮食产量	万吨	91.08	5.4	85.55	7.0	32.72	7.8	63.82	6.5	138.01	2.7	33.48	1.4	68.57	3.2	53.96	3.1
棉花产量	吨	38	−29.6	3088	−21.7	106	68.3	605	−2.4	12746	−15.9	/	/	/	/	2100	−5.0
油料产量	万吨	1.39	−6.3	1.78	−17.9	0.85	−11.8	2.41	−4.6	3.17	−11.0	0.43	−11.2	3.61	−5.9	2.46	−8.1

续表 16—1

指标名称	计量单位	宝应县		高邮市		仪征市		江都区		兴化市		靖江市		泰兴市		姜堰市	
		2011年	比上年增长（%）	2011年	比上年增长（%）	2011年	比上年增长（%）	2011年	比上年增长（%）	2011年	比上年增长（%）	2011年	比上年增长（%）	2011年	比上年增长（%）	2011年	比上年增长（%）
农林牧渔业总产值(现价)	亿元	89.37	16.6	91.66	17.4	31.75	18.6	74.18	16.3	127.33	5.1	29.05	4.4	65.68	16.9	48.40	16.4
全部工业总产值(现价)	亿元	1076.31	34.1	1320.60	30.8	1361.45	30.3	2775.50	30.0	1398.10	29.0	2182.38	27.2	1774.73	29.7	1110.95	21.5
规模以上工业总产值	亿元	571.06	34.2	748.01	32.7	1008.69	33.1	1632.08	31.9	801.12	29.7	1456.39	29.8	1125.02	33.1	774.39	21.6
规模以上工业增加值	亿元	144.55	15.3	185.99	15.2	256.26	15.4	403.71	15.1	186.60	14.3	383.07	13.7	294.87	15.7	183.83	11.1
规模以上工业利税总额	亿元	42.21	44.7	75.12	40.0	113.38	44.6	248.65	31.3	79.79	23.2	206.10	35.4	144.44	36.7	83.70	32.3
其中:利润总额	亿元	24.84	46.2	41.52	43.3	77.23	57.1	157.40	31.9	45.31	17.8	156.32	35.2	83.31	41.3	53.37	29.0
全社会用电量	亿千瓦时	13.24	9.8	19.41	6.1	25.71	14.7	26.97	10.5	53.03	14.0	37.88	18.5	38.10	14.0	26.13	5.6
其中:工业用电量	亿千瓦时	8.33	11.5	13.79	5.4	21.38	16.5	19.33	11.6	44.91	14.7	30.29	22.0	30.25	15.8	20.88	5.5
社会消费品零售总额	亿元	92.68	17.1	96.34	17.4	99.79	17.7	170.76	17.8	100.12	16.6	109.13	17.6	126.67	16.7	108.28	16.7
进出口总额	万美元	56651	27.9	38392	9.5	83057	40.3	111429	32.2	59879	40.3	435717	51.1	177900	42.5	69114	37.2
其中:出口总额	万美元	41377	27.7	31167	−2.9	46433	50.6	95402	29.8	46548	45.4	302199	39.9	93137	41.9	59231	45.4
实际外商直接投资	万美元	17313	20.2	18746	19.8	57527	42.4	37952	−4.2	11389	9.4	30224	−17.5	22126	−15.1	12774	−18.3
金融机构年末存款余额(本外币)	亿元	223.52	17.1	257.13	12.4	306.21	16.4	561.06	14.1	386.77	14.4	571.37	3.9	396.77	14.5	374.86	10.9
其中:居民储蓄存款余额	亿元	143.38	13.3	172.43	13.6	162.00	18.1	351.41	11.7	267.64	13.5	262.59	11.5	251.23	14.8	219.16	8.3
金融机构年末贷款余额(本外币)	亿元	139.08	19.8	142.96	16.4	157.54	20.3	283.60	12.9	246.99	17.3	381.57	18.1	241.97	23.1	267.62	15.8
金融机构年末存款余额(本币)	亿元	221.90	17.8	255.80	12.2	296.05	14.6	558.3	14.5	384.40	14.7	559.00	2.8	388.01	14.6	372.08	11.2
其中:居民储蓄存款余额	亿元	143.13	13.4	172.22	13.6	161.25	18.3	350.3	11.7	267.42	13.5	261.90	11.6	250.63	14.9	218.77	8.3
金融机构年末贷款余额(本币)	亿元	137.53	15.8	142.80	16.5	156.14	22.0	280.5	13.1	246.36	17.3	352.80	19.5	228.01	23.9	265.13	17.8
在岗职工平均工资	元	34751	17.8	38273	14.1	39166	14.8	38606	11.9	32261	9.8	38993	12.8	37104	15.4	33068	9.5
城镇居民人均可支配收入	元	16848	17.6	20078	17.6	23675	17.5	23337	17.5	21480	16.7	25580	16.8	23391	16.8	23746	16.7
城镇居民人均消费性支出	元	10889	15.6	13577	11.7	14715	12.9	15654	10.1	12493	14.6	15927	20.0	14531	15.4	13739	12.0
农村居民人均纯收入	元	10327	18.5	10449	18.4	10826	18.5	11988	18.6	10439	18.4	12116	18.3	11047	18.3	10802	18.3
农村居民人均生活消费支出	元	7354	16.6	7341	15.9	7942	12.2	7631	15.6	6932	29.1	9900	19.2	7296	17.6	7851	20.6

南通市各县(市、区)国民经济主要指标情况一览

表 17

指　标　名　称	单位	通州区	海安县	如东县	启东县	如皋市	海门县
面积与人口							
土地面积	平方公里	1166	1108	1733	1208	1492	939
总户数	万户	48.12	34.72	37.60	46.18	45.79	38.35
总人口(户籍)	万人	125.26	93.72	104.80	112.41	142.26	99.99
其中:女性	万人	63.74	47.21	53.00	57.21	71.21	50.67
总人口(常住)	万人	114.00	86.60	99.07	96.76	126.20	90.27
其中:农村人口	万人	55.04	43.12	50.14	47.84	63.42	44.03
城镇人口	万人	58.96	43.48	48.93	48.92	62.78	46.24
年平均人口(户籍)	万人	124.95	93.57	104.79	112.23	141.74	99.93
年平均人口(常住)	万人	113.92	86.60	99.31	97.00	126.45	90.51
出生人数	人	9276	5350	6240	6788	10895	6441
出生率	‰	7.40	5.70	6.00	6.10	7.70	6.50
死亡人数	人	11040	6737	9293	8151	9987	8179
死亡率	‰	8.80	7.20	8.90	7.30	7.10	8.20
人口自然增长率	‰	−1.40	−1.50	−2.90	−1.20	0.60	−1.70
地区生产总值							
地区生产总值	亿元	604.71	429.52	425.45	520.17	520.67	590.33
第一产业	亿元	43.97	42.94	50.50	55.96	46.99	41.39
第二产业	亿元	343.13	228.01	223.13	277.10	288.82	348.22
其中:工业	亿元	280.47	186.17	180.66	219.19	245.03	284.61
建筑业	亿元	62.66	41.84	42.47	57.91	43.79	63.61
第三产业	亿元	217.61	158.57	151.82	187.11	184.86	200.72
其中:交通运输仓储和邮政业	亿元	25.38	21.61	12.49	12.61	25.34	12.16
批发和零售业	亿元	69.90	34.88	38.69	63.32	40.50	70.80
住宿和餐饮业	亿元	8.27	7.11	5.36	11.48	11.73	12.10
金融业	亿元	18.74	18.76	12.50	16.66	19.11	16.97
房地产业	亿元	31.62	25.76	20.63	22.09	30.35	28.65
其他服务业	亿元	63.70	50.45	62.15	60.95	57.83	60.04
人均地区生产总值(按常住人口计算)	元		49598	42843	53629	41178	65226
地区生产总值增速及构成							
地区生产总值比上年增长速度	%	12.30	12.40	12.10	12.30	12.00	12.00
第一产业	%	3.80	4.30	4.20	0.50	4.30	4.10
第二产业	%	12.30	12.90	12.80	13.80	12.10	12.10
其中:工业	%	13.00	13.90	13.90	13.80	12.80	12.70
第三产业	%	14.20	14.20	14.00	14.50	14.10	13.70
人均地区生产总值(按常住人口计算)	%	10.00	11.60	11.70	11.30	11.30	11.20
三次产业构成	%	100.00	100.00	100.00	100.00	100.00	100.00
第一产业	%	7.30	10.00	11.90	10.80	9.00	7.00
第二产业	%	56.70	53.10	52.40	53.20	55.50	59.00
其中:工业	%	46.40	43.40	42.50	42.10	47.10	48.20

续表 17—1

指 标 名 称	单位	通州区	海安县	如东县	启东县	如皋市	海门县
建筑业	%	10.30	9.70	9.90	11.10	8.40	10.80
第三产业	%	36.00	36.90	35.70	36.00	35.50	34.00
财政总收入占地区生产总值的比重	%	16.60	16.90	15.50	19.90	21.30	17.50
一般预算收入占地区生产总值的比重	%	7.00	6.60	6.00	8.50	8.80	7.20
各项税收占二三产业增加值的比重	%	11.20	11.10	10.60	13.40	13.90	10.50
研究与试验发展经费占地区生产总值的比重	%	2.01	2.07	1.90	1.97	2.00	1.94
财政收支							
财政总收入	亿元	100.15	72.41	65.79	103.56	110.75	103.60
与上年相比	±%	28.60	43.30	30.60	38.00	41.80	47.40
各项税收	亿元	62.59	43.03	39.77	62.31	65.90	57.87
与上年相比	±%	17.10	34.10	38.00	36.20	26.20	37.00
中央财政收入(上划中央四税)	亿元	28.49	19.71	19.28	26.77	27.24	25.30
地方财政收入（一般预算收入＋基金收入)	亿元	71.66	52.69	46.51	76.79	83.51	78.30
其中：一般预算收入	亿元	42.40	28.51	25.39	44.07	45.63	42.35
与上年相比	±%	25.10	38.90	33.40	41.00	35.50	35.50
其中：各项税收	亿元	34.11	23.31	20.49	35.55	38.72	32.57
与上年相比	±%	18.50	37.70	33.80	40.90	31.80	36.90
其中：增值税 25%部分	亿元	5.79	4.09	3.46	5.68	6.04	4.18
营业税	亿元	11.17	6.09	4.76	12.98	12.66	8.41
企业所得税 40%部分	亿元	5.54	3.52	3.73	4.37	4.22	4.17
个人所得税 40%部分	亿元	1.61	1.36	2.18	2.07	1.78	4.13
财政总支出	亿元	83.32	67.75	63.88	81.57	99.37	83.94
与上年相比	±%	36.80	39.90	20.70	43.80	42.60	51.50
一般预算支出	亿元	53.38	43.09	42.41	53.27	60.54	47.65
与上年相比	±%	28.50	29.10	21.80	56.20	27.60	39.60
其中：一般公共服务	亿元	7.78	5.85	6.76	8.38	7.01	6.17
教育	亿元	13.94	8.63	9.55	13.20	12.50	12.30
科学技术	亿元	1.50	1.50	1.02	1.97	1.38	2.01
社会保障和就业	亿元	5.53	3.31	4.35	6.68	5.91	2.98
医疗卫生	亿元	4.32	2.75	2.49	3.53	4.90	3.07
环境保护	亿元	0.90	1.20	1.51	1.44	1.47	1.08
城乡社区事务	亿元	4.53	2.50	2.31	1.69	11.47	4.45
农林水事务	亿元	6.25	7.91	7.89	8.68	6.88	7.46
农村基本情况							
村委会个数	个	207	210	214	294	166	233
村民小组	个	9304	5097	5672	6319	4322	8196
乡村户数	万户	38.36	25.20	30.76	39.27	35.60	30.10
乡村实有劳动力	万人	55.08	38.92	48.47	52.88	60.80	49.92
农林牧渔业	万人	12.74	7.92	9.10	14.65	15.30	13.11
农业	万人	10.03	5.48	7.75	12.28	11.70	10.62

续表 17—2

指　标　名　称	单位	通州区	海安县	如东县	启东县	如皋市	海门县
工业	万人	13.01	10.75	15.21	12.06	16.00	10.44
建筑业	万人	12.05	8.36	9.15	9.27	11.40	11.08
交通仓储和邮政业	万人	3.39	2.69	2.83	2.55	2.80	2.28
批零贸易业	万人	5.98	3.27	3.06	5.76	3.30	6.58
农业总产值和增加值							
农业总产值	亿元	68.67	80.84	100.77	99.93	77.13	66.04
与上年相比	±%	3.90	4.30	3.00	0.50	3.90	4.20
农业	亿元	34.47	31.07	36.22	34.65	42.84	32.68
林业	亿元	0.80	0.25	0.71	0.56	0.15	0.49
牧业	亿元	13.37	39.15	29.08	11.92	26.49	11.22
渔业	亿元	12.51	6.06	30.69	48.44	4.05	16.06
农林牧渔服务业	亿元	7.51	4.31	4.07	4.36	3.60	5.59
农业增加值	亿元	43.97	42.94	50.50	55.96	46.99	41.39
农业	亿元	26.79	21.04	22.01	23.39	31.88	23.56
林业	亿元	0.56	0.14	0.43	0.24	0.09	0.29
牧业	亿元	5.87	15.53	10.63	4.43	10.82	4.59
渔业	亿元	8.48	3.97	15.67	25.55	2.19	10.13
农林牧渔服务业	亿元	2.27	2.26	1.76	2.35	2.01	2.82
主要农业产品产量							
粮食	万吨	51.50	64.05	90.80	24.09	72.80	17.84
棉花	万吨	0.75	0.02	1.73	1.63	0.02	1.29
油料	万吨	9.23	1.38	4.97	10.16	3.58	9.45
生猪存栏	万头	30.42	52.32	104.30	14.05	86.00	9.33
生猪出栏	万头	53.38	74.72	85.46	26.85	109.00	13.61
羊存栏	万只	20.70	41.80	26.39	55.65	26.20	46.03
羊出栏	万只	31.21	51.55	22.86	61.00	28.10	49.07
家禽存栏	万只	472.31	1850.00	846.30	388.29	1057.00	394.22
家禽出栏	万只	1436.89	1940.00	2516.27	1602.50	2168.00	1324.21
肉类总产量	万吨	6.99	9.19	9.62	5.80	11.18	4.13
禽蛋	万吨	2.76	23.49	6.53	1.86	6.30	4.53
蚕茧	万吨	0.05	1.53	0.32	0.09	0.87	0.05
水产品	万吨	5.69	3.16	26.99	35.34	2.26	8.20
规模以上工业经济效益							
工业增加值	亿元	297.15	234.35	227.52	231.83	258.13	274.23
与上年相比	±%	13.00	14.10	13.90	13.90	12.80	12.70
企业单位数	个	731	783	620	505	736	587
亏损企业	亿元	9	40	3	9	17	9
应收账款	亿元	70.25	92.71	47.44	83.04	107.90	65.85
产成品	亿元	19.57	26.81	20.43	22.34	26.64	22.13
流动资产合计	亿元	356.34	313.68	238.00	303.76	606.04	233.61
资产合计	亿元	634.85	494.87	474.73	628.95	899.60	427.91

续表 17—3

指 标 名 称	单位	通州区	海安县	如东县	启东县	如皋市	海门县
负债合计	亿元	362.32	272.45	226.44	366.79	622.38	210.10
主营业务收入	亿元	1270.44	996.88	1006.67	982.22	1099.11	1215.89
主营业务成本	亿元	1110.65	861.89	880.37	861.83	983.69	1036.16
营业费用	亿元	16.47	20.32	13.11	17.43	13.93	15.24
主营业务税金及附加	亿元	6.38	4.11	2.64	4.31	2.69	3.28
管理费用	亿元	34.16	24.75	22.32	25.34	31.70	24.69
财务费用	亿元	10.12	9.61	6.62	11.49	17.04	6.58
利息支出	亿元	9.25	8.21	6.14	10.65	14.11	6.24
利税总额	亿元	142.89	118.41	126.58	124.49	81.45	196.62
利润	亿元	87.58	88.59	89.46	80.62	58.41	132.97
亏损企业亏损总额	亿元	0.32	0.37	0.09	0.27	1.26	0.21
应交增值税	亿元	48.93	25.72	34.48	39.57	20.35	60.38
平均从业人员	万人	15.34	9.71	10.38	9.73	14.26	10.29
固定资产投资							
固定资产投资额	亿元	313.05	260.12	250.75	302.99	272.02	300.66
与上年相比	±%	20.80	20.50	20.10	20.80	20.00	20.60
工业投资	亿元	226.03	196.77	193.97	233.48	196.05	229.03
与上年相比	±%	14.80	13.60	13.90	14.60	11.70	13.50
服务业投资	亿元	86.43	62.41	56.78	69.51	75.59	70.59
与上年相比	±%	43.20	47.80	47.40	47.40	48.00	50.90
高新技术产业投资	亿元	90.86	99.79	80.76	145.15	79.90	89.27
与上年相比	±%	31.60	34.40	56.50	66.20	24.60	42.50
民营投资	亿元	258.04	243.81	199.16	245.80	243.19	245.76
与上年相比	±%	19.30	24.90	35.70	15.60	24.00	17.10
新增固定资产	亿元	281.19	228.61	231.70	164.93	253.75	239.56
房屋施工面积	万平方米	1095.6	865.2	271.3	658.5	860.2	909.2
其中:住宅	万平方米	290.05	216.70	114.84	105.86	271.82	268.63
房屋竣工面积	万平方米	552.96	347.93	164.74	356.45	356.25	481.05
其中:住宅	万平方米	113.80	32.57	73.23	47.45	38.95	135.49
商品房屋销售面积	万平方米	54.77	73.15	48.97	60.00	71.82	88.78
其中:住宅	万平方米	47.91	66.17	38.70	51.90	62.45	76.13
商品房待售面积	万平方米	8.33	27.28	0.00	12.25	27.45	25.62
其中:住宅	万平方米	3.65	7.55	0.00	9.48	18.81	11.64
国内贸易							
社会消费品零售总额	亿元	206.61	155.59	173.01	196.75	196.86	203.09
与上年相比	±%	17.00	17.10	17	17.10	16.10	17.20
批发零售业	亿元	191.21	143.97	159.86	182.17	182.16	188.38
住宿餐饮业	亿元	15.39	11.62	13.15	14.58	14.70	14.71
城镇	亿元	139.82	102.44	108.95	132.24	126.58	137.48
其中:城区	亿元	92.83	60.95	57.83	92.89	78.22	94.04
乡村	亿元	66.79	53.15	64.06	64.51	70.28	65.61

续表 17—4

指 标 名 称	单位	通州区	海安县	如东县	启东县	如皋市	海门县
批发和零售业商品销售额	亿元	627.28	397.47	434.07	621.88	543.39	626.78
其中:批发业	亿元	425.95	253.51	260.41	405.63	362.80	418.02
零售业	亿元	201.33	143.96	173.66	216.25	180.59	208.76
住宿和餐饮业营业额	亿元	18.27	14.55	15.73	18.77	18.05	17.52
开放型经济							
对外贸易							
进出口贸易总值	亿美元	24.55	12.39	12.58	24.91	30.42	15.84
与上年相比	±%	2.40	12.30	31.30	—3.20	57.50	28.60
进口总值	亿美元	3.11	2.12	2.51	6.62	11.65	4.46
与上年相比	±%	—31.30	6.00	67.30	1.00	25.70	49.30
出口总值	亿美元	21.44	10.27	10.07	18.28	18.77	11.38
与上年相比	±%	10.30	13.70	24.70	—4.70	86.80	22.00
利用外资							
新批外商投资项目数	个	45	40	52	31	44	26
新批协议注册外资	亿美元	4.37	4.42	5.70	6.68	9.25	1.87
与上年相比	±%	—13.60	—0.20	—10.10	15.60	—33.70	—68.20
实际到账注册外资	亿美元	0.79	1.58	2.95	3.83	4.76	1.13
与上年相比	±%	—1.30	11.80	5.80	53.30	39.80	—67.60
外经合作							
对外承包劳务合同额	亿美元	1.53	0.94	0.58	0.30	1.98	2.06
对外承包劳务营业额	亿美元	1.50	0.73	0.84	2.24	2.66	3.73
年末在外劳务人员	人	1607	895	2469	950	7779	5267
金融存贷款							
金融机构本外币存款余额	亿元	684.15	563.20	427.64	580.54	603.45	613.38
与上年相比	±%	13.30	17.00	15.00	14.30	22.80	11.20
其中:企事业单位存款	亿元	223.19	196.87	126.92	166.43	221.91	193.47
储蓄存款	亿元	452.37	358.03	297.46	407.39	371.25	410.92
与上年相比	±%	14.00	16.20	18.30	14.90	17.20	12.90
金融机构本外币贷款余额	亿元	372.12	367.14	214.49	342.22	298.95	343.81
与上年相比	±%	19.70	23.60	18.30	20.40	20.80	17.90
其中:短期贷款	亿元	251.50	244.91	127.34	198.83	157.70	192.53
中长期贷款	亿元	108.62	116.62	75.82	137.87	124.40	145.12
金融机构人民币存款余额	亿元	676.91	556.67	423.07	572.40	597.06	608.72
其中:储蓄存款	亿元	451.43	356.46	296.74	406.11	370.40	409.30
金融机构人民币贷款余额	亿元	371.06	362.23	213.54	322.78	291.54	340.16
其中:短期贷款	亿元	250.44	240.00	126.38	183.55	150.30	188.88
短期贷款中:个人贷款及透支	亿元	45.89	44.60	10.96	49.56	31.23	32.34
单位普通贷款及透支	亿元	195.38	180.93	109.94	126.92	112.60	147.46
中长期贷款	亿元	108.62	116.62	75.82	133.72	124.40	145.12
中长期贷款中:个人贷款	亿元	29.97	36.55	17.23	42.25	35.21	44.50
单位普通贷款	亿元	73.09	75.67	51.87	87.49	79.65	83.92

续表 17—5

指 标 名 称	单位	通州区	海安县	如东县	启东县	如皋市	海门县
在岗职工人数和工资							
城镇单位年末从业人员	人	77717	72117	70443	67369	63072	66486
与上年相比	±%	3.40	8.40	4.50	11.60	0.20	−0.70
国有单位	人	22376	20590	25815	20330	25011	22403
城镇集体单位	人	4430	2480	1612	1752	1799	3138
其他单位	人	50911	49047	43016	45287	36262	40945
从业人员报酬总额	万元	344903	320006	282280	293785	257513	285448
与上年相比	±%	27.20	33.20	16.30	45.90	16.80	18.00
国有单位	万元	146380	103464	139868	131167	143678	137205
城镇集体单位	万元	15182	9627	6224	9892	9073	15021
其他单位	万元	183341	206915	136188	152726	104762	133222
在岗职工年平均工资	元	44403	42210	40832	42376	41672	42470
与上年相比	±%	21.10	13.90	13.80	24.30	15.90	17.40
国有单位	元	69418	53230	56466	67481	60259	62926
城镇集体单位	元	36543	42573	40132	58538	52008	51912
其他单位	元	34802	38398	31839	31589	29271	31468
居民收支							
城镇居民人均可支配收入	元	26354	23775	23773	23889	23028	26339
与上年相比	±%	14.20	15.90	16.00	15.90	16.00	14.90
城镇居民人均消费性支出	元	16558	14241	15747	15164	13452	16555
与上年相比	±%	11.30	19.00	14.20	20.60	17.50	14.70
农民人均纯收入	元	12491	11216	10786	12535	10312	13453
与上年相比	±%	18.50	18.30	18.30	18.40	18.60	18.30
农民人均生活消费支出	元	8928	8483	8563	9018	6959	9685
与上年相比	±%	16.90	22.00	18.70	15.70	17.00	16.90
人均储蓄	元	39709	41343	29953	41999	29360	45401
与上年相比	±%	11.70	15.30	17.90	13.90	16.50	12.20
全社会用电量							
全社会用电总量	万千瓦时	358140	352938	316017	223645	393923	288539
与上年相比	±%	12.60	13.10	13.90	12.30	12.20	10.90
农林牧渔业	万千瓦时	1817	5979	11862	3171	5350	7272
工业	万千瓦时	271650	287899	241530	148756	293054	210155
与上年相比	±%	11.90	15.30	14.30	15.30	12.40	11.20
其中:重工业	万千瓦时	138194	183786	124107	97181	217948	129983
建筑业	万千瓦时	7062	3713	3756	6943	9177	6540
交通运输、仓储和邮政业	万千瓦时	1176	1165	1461	1116	1940	828
信息传输、计算机服务和软件业	万千瓦时	2484	1760	1699	2240	2664	1935
商业、住宿和餐饮业	万千瓦时	9299	8510	5996	8788	11793	10886
金融、房地产、商务及居民服务业	万千瓦时	2468	2204	2973	3629	3744	4002
公共事业及管理组织	万千瓦时	8501	6052	6394	7063	10171	6838
城乡居民生活	万千瓦时	53683	35656	40346	41939	56030	40083
与上年相比	±%	9.60	3.10	7.20	8.90	5.20	7.80
城镇居民	万千瓦时	11170	10290	10768	14671	12102	12785
乡村居民	万千瓦时	42513	25366	29578	27268	43928	27298

如皋市人口情况一览

表 18

单位	年末总户数(户)	年末总人口(人) 合计	性别 男	性别 女	性别比(女=100)	本年度人口变动(人) 出生 合计	出生 男	出生 女	死亡 合计	死亡 男	死亡 女	出生率(‰)	死亡率(‰)	自然增长率(‰)
合计	457888	1422619	710537	712082	99.78	10895	5571	5324	9987	5593	4394	7.69	7.05	0.64
如城镇	63432	190954	94018	96936	96.99	1507	782	725	1022	605	417	7.93	5.38	2.55
雪岸镇	11563	34919	17259	17660	97.73	221	123	98	259	139	120	6.35	7.44	−1.09
东陈镇	15195	46273	22811	23462	97.23	313	162	151	396	204	192	6.77	8.57	−1.80
丁堰镇	16857	53114	26032	27082	96.12	443	219	224	425	235	190	8.36	8.02	0.34
白蒲镇	25171	78232	38405	39827	96.43	540	279	261	725	393	332	6.90	9.26	−2.36
林梓镇	13026	44621	22040	22581	97.60	335	168	167	385	201	184	7.53	8.65	−1.12
下原镇	17066	59574	29797	29777	100.07	409	230	179	487	272	215	6.87	8.18	−1.31
九华镇	22388	69992	34663	35329	98.11	475	222	253	623	338	285	6.79	8.91	−2.12
郭园镇	19052	56113	28143	27970	100.62	457	242	215	432	243	189	8.18	7.73	0.45
石庄镇	19538	63455	32007	31448	101.78	424	222	202	465	253	212	6.70	7.35	−0.65
长江镇(如皋港区)	33130	81280	39946	41334	96.64	701	337	364	487	269	218	8.69	6.04	2.65
吴窑镇	19531	64518	32853	31665	103.75	518	259	259	535	297	238	8.06	8.32	−0.26
江安镇	28751	92224	47367	44857	105.60	791	412	379	694	400	294	8.61	7.55	1.06
高明镇	16697	53762	27581	26181	105.35	420	204	216	400	229	171	7.85	7.47	0.37
常青镇	14662	48850	24935	23915	104.27	359	182	177	272	159	113	7.38	5.59	1.79
搬经镇	27845	84814	42491	42323	100.40	566	296	270	543	311	232	6.69	6.42	0.27
磨头镇	24985	82453	41946	40507	103.55	741	392	349	348	226	122	9.03	4.24	4.79
软件园(桃园镇)	18376	63968	31916	32052	99.58	580	298	282	582	325	257	9.14	9.17	−0.03
袁桥镇	15779	47597	23972	23625	101.47	313	159	154	327	157	170	6.59	6.88	−0.29
经济开发区(柴湾镇)	34844	105906	52355	53551	97.77	782	383	399	580	337	243	7.44	5.52	1.92

各镇(区)农业总产值一览

表 19　(2011 年价格)　单位:万元

单位	合计	农业	林业	牧业	渔业	农林牧渔服务业
合计	771297	428396	1501	264947	40453	36000
如城镇	53781	41353	90	7012	2724	2602
雪岸镇	31463	12628	3	17346	133	1353
东陈镇	41648	16684	11	14775	8320	1858
丁堰镇	36200	20512	60	10718	3200	1710
白蒲镇	53921	25450	108	18695	7167	2501
林梓镇	21532	12930	40	6768	680	1114
下原镇	30670	19051	63	8253	1702	1601

续表 19—1

单　位	合计	农业	林业	牧业	渔业	农林牧渔服务业
九华镇	33895	22224	65	6938	2769	1899
郭园镇	23612	13269	120	8928	230	1065
石庄镇	29128	18632	31	8638	402	1425
长江镇	42986	27969	103	10123	2688	2103
吴窑镇	28328	14728	111	11988	276	1225
江安镇	35700	23231	158	7802	2715	1794
高明镇	34669	16826	51	15062	1382	1348
常青镇	36213	15672	60	18090	902	1489
搬经镇	49531	27286	201	19252	983	1809
磨头镇	50623	24382	92	21986	1195	2968
桃园镇	47120	32517	35	11466	1296	1806
袁桥镇	36648	18239	52	15739	806	1812
开发区	53629	24813	47	25368	883	2518

各镇(区)农业增加值一览

表 20　　(2011 年价)　　单位:万元

单　位	合计	农业	林业	牧业	渔业	农林牧渔服务业
合　计	469898	318801	831	108224	21922	20120
如城镇	28921	24449	16	2220	1166	1070
雪岸镇	17110	9862	1	6343	95	809
东陈镇	20068	10050	4	4973	4133	907
丁堰镇	22968	14912	23	4814	2256	963
白蒲镇	34389	20610	78	8597	3591	1514
林梓镇	14896	10907	7	2923	431	627
下原镇	19728	13859	100	4461	441	866
九华镇	25869	19374	25	3838	1630	1002
郭园镇	15084	10157	37	4045	173	672
石庄镇	21514	16356	20	3969	267	902
长江镇	24964	20245	41	2542	1041	1095
吴窑镇	17607	10213	68	5957	576	793
江安镇	24092	17778	42	3550	1761	961
高明镇	17717	11870	26	4546	615	660
常青镇	17285	10411	92	5412	561	809
搬经镇	31024	22027	90	6845	744	1318
磨头镇	32132	20897	108	9266	414	1447
桃园镇	17541	11968	12	4057	774	731
袁桥镇	22358	15027	17	5831	520	963
开发区	44632	27829	23	14035	734	2011

农村基本情况

表21

单位	村居数(个)		村居民小组数(个)		年末乡村户数(户)	年末乡村人口(人)	乡村从业人员		1. 农林牧渔业		2. 工业(人)	3. 建筑业(人)	4. 交通运输仓储邮政业(人)	5. 信息传输计算机服务业(人)	6. 批发与零售贸易业(人)
	合计	村数(个)	合计	村民小组数(个)			合计(人)	男从业人员(人)	小计(人)	种植业(人)					
合计	329	166	8546	4322	359036	1220245	627823	315733	152806	117208	161199	122516	28272	5615	38292
如城镇	26	14	577	327	25843	95475	46622	23322	12191	11339	10166	6133	3210	691	3810
开发区	20	9	501	246	24297	79239	44185	21032	8599	5894	17152	8144	1601	111	1714
雪岸镇	8	3	220	79	9989	32373	16386	7880	4140	3339	3897	4361	699	50	740
东陈镇	15	8	331	178	12866	43709	24814	12193	5501	4958	5605	3789	804	377	6862
丁堰镇	11	5	375	178	13619	47028	24826	12885	7592	4610	7705	5482	1342	53	1802
白蒲镇	17	10	522	317	21545	69498	36690	19022	8080	6228	10043	7923	1253	157	1248
林梓镇	10	5	335	166	12349	43544	22870	17202	5985	4486	7084	5705	855	134	696
下原镇	15	7	429	187	16634	58793	31819	15693	8828	6045	4982	6028	980	122	2406
九华镇	19	14	502	347	20511	66093	32041	16266	7791	6758	9913	8441	621	97	1715
郭园镇	14	6	363	138	15762	52871	28173	14185	7823	4048	5619	4645	2228	335	2121
石庄镇	16	7	398	187	16364	62539	35396	17003	7154	5577	10440	8624	1770	329	3944
长江镇	18		406		20238	68519	33581	15628	6866	5208	9464	6420	1545	320	1674
吴窑镇	17	9	402	217	17559	60012	29515	17155	8202	6365	4605	7644	643	173	538
江安镇	25	15	542	320	24365	83991	42922	18812	9813	7629	11523	8245	1353	193	2365
高明镇	12	6	355	171	14757	50060	23334	12079	7715	6167	6549	3470	794	128	985
常青镇	12	6	319	146	13368	44452	21659	10349	5545	3834	5144	4049	695	633	674
搬经镇	22	11	610	294	23951	76094	37804	18111	10386	7595	9250	6558	1919	390	1404
磨头镇	21	16	550	443	21842	77127	38458	19737	9294	8829.3	7582	5404	1360	156	1237
桃园镇	17	7	468	205	17355	61019	31175	14907	5552	3973	7921	6135	1829	493	1608
袁桥镇	14	8	341	176	15822	47809	25553	12272	5749	4326	6555	5316	2771	673	749

续表 21—1

单位	7.住宿和餐饮业（人）	8.金融和保险业（人）	9.房地产和社会服务业（人）	10.卫生体育和社会福利业（人）	11.教育文化艺术和广播电视业（人）	12.科学研究和综合技术服务业（人）	13.乡镇经济组织管理业（人）	14.其他行业		外来从业人员（人）	到境外从业人员（人）	自来水受益村（个）	通有线电视的村（个）	年末耕地面积	
								合计（人）	外出合同工（人）					合计（公顷）	水田（公顷）
合计	11886	3053	10850	3860	4175	1478	2735	80715	115968	24790	3400	329	329	1220004	932817
如城镇	1414	173	486	154	241	26	128	7799	4414	904	223	26	26	80626	64230
开发区	648	83	501	228	303	14	132	4955	3800	2565	454	20	20	69465	50267
雪岸镇	177	54	110	108	114	16	71	1849	4156	415	52	8	8	42463	38497
东陈镇	383	175	225	164	142	65	107	615	680	278	108	15	15	51579	40102
丁堰镇	142	51	134	78	98	9	95	243	8085	1984	161	11	11	61479	58354
白蒲镇	419	106	404	137	171	54	173	6522	6505	1122	225	17	17	72292	68422
林梓镇	227	98	252	139	127	120	190	1258	6459	1027	30	10	10	53288	47652
下原镇	558	125	2015	263	130	53	58	5271	5885	478	89	15	15	56028	55174
九华镇	373	101	284	155	133	59	88	2270	1718	2760	288	19	19	59547	52403
郭园镇	1635	208	431	188	223	116	109	2492	3395	1022	196	14	14	47263	38269
石庄镇	979	149	970	325	275	79	70	288	12117	680	197	16	16	43788	32502
长江镇	667	179	1474	174	148	87	228	3964	3945	2352	99	18	18	65499	63242
吴窑镇	225	105	137	110	145	14	111	6863	5152	479	275	17	17	46655	35015
江安镇	842	181	458	158	219	39	259	7274	18493	2051	104	25	25	73251	42744
高明镇	506	60	104	176	118	28	46	2655	3981	318	153	12	12	52479	33883
常青镇	530	403	1159	454	383	283	208	1499	6644	2249	123	12	12	51361	19739
搬经镇	602	197	430	279	197	116	281	5795	6291	1787	191	22	22	93488	70842
磨头镇	525	214	461	206	332	98	94	11495	5085	788	240	21	21	80142	34505
桃园镇	481	194	515	220	476	129	194	5428	4803	796	90	17	17	62442	49638
袁桥镇	553	197	300	144	200	73	93	2180	4360	735	102	14	14	56839	37337

友好往来

1月

25～26日 美国百应能源公司首席科学家郑剑平、董事长兼首席执行官陈融、总裁翟增全一行到如皋考察。

2月

25～26日 常州市横林镇党政企代表团一行200余人到如皋，考察长江镇(如皋港区)、如皋经济开发区(柴湾镇)经济社会发展亮点和神马电力等部分自主创新科技企业。

28日 姜堰市人社局一行到如皋考察被征地农民基本生活保障工作。

是月 南京市玄武区人大常委会原主任、党组书记陆必坤率队到如皋考察。

3月

1～2日 南通市副市长、如皋市委书记陈惠娟率队赴南京，考察洽谈高端专业人才引进事宜。

2日 句容市人大常委会副主任吴小香一行到如皋考察文化建设情况。

△ 启东市副市长孙建忠、李红建率考察团参观如皋市生态镇创建工作。

3日 浙江省慈溪市委副书记李兴达率领人才工作考察团到如皋考察人才工作。

10日 南京市栖霞区常委、副区长胡晓健率领考察团到如皋参观考察"万顷良田"建设工程。

4月

6日 甘肃省徽县代表团一行15人到如皋考察蚕桑产业发展情况。

16日 安徽省安庆市农业综合开发办公室主任唐乔生一行八人到如皋，实地考察农业综合开发推行项目法人负责制情况。

22日 上海市奉贤区政协主席韦源率领考察团到如皋参观考察。

25日 安徽省含山县县委常委、政法委书记方琪一行到如皋，考察社会管理创新工作。

26～27日 浙江省兰溪市委常委、宣传部部长刘成芝率李渔足迹寻访团到如皋寻访李渔足迹，考察李渔纪念馆，了解李渔早期在如皋的艺术成就。

29日 在南通市副市长、如皋市委书记陈惠娟，市委副书记、市长姜永华率领党政代表团到无锡新区和宜兴市考察。

5月

5日 姜堰市委常委、政法委书记戚才俊率领城市管理执法体制改革考察团，到如皋考察学习城市管理相对集中处罚权工作。

6日 全国地市级外办主任会议考察团到如皋，参观考察水绘园风景区和国家级造船基地——熔盛重工。

10日 台湾人民最大党主席许荣淑一行到如皋考察吴窑镇台商城项目。

14日 南通市副市长、如皋市委书记陈惠娟应邀到美国佛罗里达州访问。佛罗里达州州长李克·斯科特接待陈惠娟一行，陪同参观百应能源有限公司。双方就共同开发绿色能源、与百应公司合作开发太阳能项目达成合作意向。

△ 南通市副市长、如皋市委书记陈惠娟在美国新能源首席科学家郑剑平陪同下参观佛罗里达州立大学及高磁实验室。双方就佛罗里达州立大学在如皋经济开发区建立科技孵化基地等事宜签订友好合作协议。

15日 南通市副市长、如皋市委书记陈惠娟应邀在美国佛罗里达州塔拉哈希市访问，与塔拉哈希市市长约翰·马克斯签订姐妹城市友好合作意向书。

16日 南通市副市长、如皋市委书记陈惠娟一行在美国加利福尼亚州参观考察全世界最大、最先进的天文望远镜制造商——美国星特良公司，并就星特良公司到如城投资事宜进行洽谈。

△ 响水县政协副主席陆从华一行五人到如皋考察城乡统筹发展的有关情况。

19日 贵州省贵定县县委副书记梁嘉庚率党政代表团，到如皋参观考察教育、文化等工作。

6月

11日 南师大中北学院院长姚海明率领考察组到如皋，交流进一步深化南师大与如皋科技城

（桃园镇）校地合作事宜。

12～13日　重庆市酉阳县土家族苗族自治县县委书记陈勇率党政代表团到如皋参观考察。

16日　南通市副市长、如皋市委书记陈惠娟率考察团赴台湾参加“南通台湾经贸活动月”活动，并拜会国民党中央评议委员会主席张荣恭等知名人士和信东生物科技等企业。

△　如东县委常委、洋口港经济开发区党工委书记周建飞，县委常委、政法委书记、沿海经济开发区党工委书记陈建华一行考察如皋市经济社会发展情况。

18日　河北省新河县县委常委、常务副县长司国亮率党政代表团到如皋参观学习。

18～19日　南通市副市长、如皋市委书记陈惠娟率经贸代表团在台湾继续考察，并与台湾工业总会理事、冷冻空调同业工会理事长蔡火旺，台湾农产品流通协会理事长林瑞民，大将作工业股份有限公司董事长王彦博交流洽谈，就进一步开展经贸合作达成一系列共识。

20日　南通市副市长、如皋市委书记陈惠娟率经贸代表团考察台肥股份有限公司，并在台肥股份有限公司举行海峡两岸农业合作交流座谈会，推介如皋市现代农业发展优势。22名台湾客商应邀出席会议。

24日　宿迁市委书记缪瑞林，市委副书记、代市长蓝绍敏率党政代表团到如皋市参观考察。

26日　台湾著名诗人、台湾“中华”语文教育促进协会理事长、台湾“中山大学”教授余光中偕夫人范我存，在全国台联副会长、江苏省台联会长胡有清陪同下到如皋参观访问。

7月

5日　上海市人大常委会副主任胡延照一行到如皋，参观考察熔盛重工、城市建设等亮点。

5～11日　市委副书记、市长姜永华率相关部门和镇区负责人到长春、沈阳、大庆和哈尔滨四座城市，考察如皋市重点骨干建筑企业——六建集团和江中集团在东北三省建筑业市场发展情况。

16日　无锡市委常委、纪委书记周铁根一行到如皋参观考察红十四军纪念馆、熔盛重工、水绘园和城市建设亮点。

22日　山东省苍山县县委书记张闻宇、县长王晓军率党政代表团一行50余人到如皋参观考察。

25日　南通市副市长、如皋市委书记陈惠娟率长江镇（如皋港区）、如皋港投资集团、招商局等单位负责人到上海柘中（集团）有限公司，洽谈在如皋港友谊沙岛合作开发建设公共码头物流基地和柘中公司在如皋港区投资建设钢管桩生产两个项目，并达成合作框架协议，协议总投资达30亿元。

8月

2日　崇川区委常委、常务副区长吴永宏率队到如皋，参观考察市民服务中心。

4日　海门市委副书记、代市长杨曹明率政府考察团到如皋参观考察。

10日　泰兴市人大常委会副主任李仁国、副市长林楠率代表团到如皋，学习考察城乡道路客运一体化工程。

11日　济南军区54集团军政委徐远林一行视察如皋经济社会发展情况。

15日　通州区委副书记、代区长宋乐伟率团到如皋，参观考察经济社会发展情况，并就进一步加强两地合作相关事宜进行交流。

△　海门市政协副主席、市工商联（总商会）会长郁斌率领考察团到如皋考察商会工作。

21日　赣榆县县长曹卫东率党政代表团到如皋参观考察经济社会发展情况。

24日　溧阳市委书记盛建良，市委副书记、代市长苏江华率党政代表团到如皋参观考察。

△　南通市副市长、如皋市委书记陈惠娟率队到青海省西宁中油燃气公司考察洽谈，参观考察西宁中油燃气公司加气站、分输站等项目实施现场。。

9月

15日　苏州市四套班子老领导一行到如皋考察。

△　无锡市锡山区东北塘街道经贸考察团一行到如皋参观考察。

21～22日　南通市副市长、如皋市委书记陈惠娟率市委办、如皋软件园（桃园镇）等单位负责人到大连市开展招商考察洽谈，寻求软件与信息服务外包产业合作空间。

10 月

12 日 昆明市委常委、统战部部长金志伟率昆明市县(市、区)代表团首支分队到如皋参观考察。

15 日 昆明市委常委、纪委书记应永生率领第二批昆明市县(市)区人民代表团到如皋考察。

20 日 昆明市委常委、副市长黄云波率第三批昆明市县(市)区人民代表团到如皋考察。

25 日 南通市副市长、如皋市委书记陈惠娟,如皋市委副书记、市长姜永华,市委常委、组织部部长张辉,副市长吴连江一行到北京市平谷区考察。考察期间,双方结为友好区市,在加强干部交流锻炼、经贸发展、新农村建设、特色旅游产业等方面开展合作。

29 日 台湾海峡交流基金会董事长江丙坤到如皋考察,参观长青沙全国台商活动中心,全国台湾同胞投资企业联谊会首任会长张汉文等陪同考察。考察结束前,南通市委书记丁大卫,南通市委副书记、代市长张国华拜会了江丙坤一行。

11 月

3 日 第四批昆明市县(市、区)代表团在昆明市委常委、组织部部长郭红波的率领下到如皋考察。

△ 如东县高效设施农业考察团到如皋考察设施农业建设情况。

6 日 昆明市委常委、常务副市长李文荣率第五批昆明市县(市、区)代表团到如皋考察。

9 日 昆明市委常委、市委党校校长熊瑞丽率第六批昆明市县(市、区)代表团到如皋考察。

△ 姜堰市副市长朱嘉浩一行到如皋考察经济社会发展情况。

11 日 如东县县委常委、副县长陈昌龙率考察团到如皋参观考察高效设施农业发展情况。

14～15 日 昆明市委常委、市委秘书长保建彬率第七批昆明市县(市区)代表团到如皋考察。

16 日 靖江市委书记、市人大常委会主任陈明冠率党政代表团到如皋参观考察。

18 日 河南省孟州市委常委、组织部部长张承林率考察组到如皋交流考察组织工作。

23 日 东台市委常委、政法委书记鲍宇一行到如皋考察大调解工作。

△ 盐城市亭湖区副区长周晓东一行到如皋考察“万顷良田”工程建设情况。

△ 宿迁市委常委、组织部部长李圣华率宿迁市委组织部考察团一行到如皋参观考察。

12 月

13 日 宿迁市宿城区副区长陆军率考察团到如皋,参观考察“万顷良田”建设工程。

15 日 泰州市海陵区区委书记孙耀灿,区委副书记、代区长李卫国率党政代表团到如皋考察。

29 日 无锡市人大常委会新区工作委员会主任黄胜平率队到如皋考察。

组织机构及负责人

中国共产党如皋市委员会(换届)

书　记　陈惠娟(女,6月23日继续提名,6月28日任)

副书记　姜永华(6月23日继续提名,6月28日任)
　　　　杨曹明(6月12日免)
　　　　黄　成(6月12日任,6月23日继续提名,6月28日任)
　　　　羌　强(挂职,7月12日免)

常　委　谢新民(6月28日止)
　　　　张　辉(6月23日继续提名,6月28日任)
　　　　于　勇(6月12日免)
　　　　马建明(6月23日继续提名,6月28日任,11月19日调离)
　　　　司祝建(6月23日继续提名,6月28日任)
　　　　胡拥军(6月23日继续提名,6月28日任)
　　　　吴道健(6月12日任,6月23日继续提名,6月28日任)
　　　　唐旭东(6月12日任,6月23日继续提名,6月28日任,12月9日免)
　　　　胡宏杰(6月12日任,6月23日继续提名,6月28日任)
　　　　马金华(6月23日新提名,6月28日任)
　　　　蔡　忠(12月22日任)

如皋市人大常委会

主　　任　石　耀
党组书记　石　耀
党组副书记　谢新民(1月17日任)
　　　　　吴晓培(1月17日任)
副 主 任　谢新民(1月15日任)
　　　　　吴晓培　周金仁　邵晓泉
　　　　　张秀良　佘鸣皋
党组成员　朱　俊　华国瑞

如皋市人民政府

市　　长　姜永华
党组书记　姜永华
党组副书记　黄　成(6月30日免)
　　　　　司祝建(6月30日任)
副 市 长　黄　成(常务,6月25日免)
　　　　　司祝建(6月12日起明确为常务)
　　　　　吴道健　杜永红　陈万圣
　　　　　赵男男(女,6月25日免)
　　　　　杜松华(12月13日免)
　　　　　缪小华(6月12日提名,6月25日任)
　　　　　缪爱诚(6月12日提名,6月25日任)
　　　　　成　明(11月16日提名,12月13日任)
　　　　　李　斌(挂职)
　　　　　吴连江(挂职,8月8日提名,9月23日任)
市长助理　万维庆(5月10日免)
　　　　　林凤勇(挂职至9月止)
党组成员　万维庆(6月30日任)
　　　　　陈景东(6月30日任)

中国人民政治协商会议如皋市委员会

主　　席　李中林
党组书记　李中林
副 主 席　张元健　魏祝明　章建平
　　　　　刘聪泉　黄文斌(1月14日任)
党组成员　羌汉荣(12月29日免)　陈德萍
　　　　　殷高华
秘 书 长　殷高华

中共如皋市纪律检查委员会(换届)

书　记　马建明(6月23日继续提名,6月28日任,11月19日调离)
　　　　蔡　忠(12月22日任)
副书记　沈良高(6月23日继续提名,6月28日任)
　　　　赵建明(6月23日继续提名,6月28日任)
常　委　王维祥(6月28日止)
　　　　谢永华(6月23日继续提名,6月28日任)
　　　　马铁军(6月23日继续提名,6月28日任)
　　　　焦晓斌(6月23日继续提名,6月28日任)
　　　　周海如(女,6月23日新提名,6月28日任)

市委工作机构、部门管理机构、合署挂牌机构和直属事业机构

市委办公室

主　任　张百璘
副主任　孙天骄　孙海风(女,兼)
　　　　张　勇　汤新明　陈建军
　　　　陆海峰(12月29日任)

市委组织部

部　长　张　辉
副部长　薛冠军　赵建华　周太荣(兼)
　　　　严世斌　冒　平(1月26日任)

市委宣传部

部　长　谢新民(6月30日免)
　　　　胡拥军(6月30日任)
副部长　缪永涛(12月29日免)
　　　　丛立新　姚呈明(兼)
　　　　纪成如(12月29日免)
　　　　程来斌(12月29日任)

市委统战部

部　长　陈德萍(女)
副部长　夏茂宏　杨　龙(兼)

市委政法委

书　记　胡拥军(6月30日免)
　　　　唐旭东(6月30日任,12月28日调离)
副书记　杜松华(兼)　张建军　周勇骑
　　　　万有富(12月29日免)
　　　　马小平(12月29日任)

市委农村工作办公室

主　任　朱为民

副主任　章祥裕　严海泉　耿　超　姜石泉

市机构编制委员会办公室

主　任　严世斌(兼)

市委台湾工作办公室

主　任　许映兰(女)

副主任　吴国章　陈卫华

市委老干部局

局　长　薛冠军(兼,12月29日免)
　　　　赵建华(兼,12月29日任)

副局长　张志忠　沈寿高

市级机关工作委员会

书　　记　赵建华(兼,12月29日免)
　　　　　薛冠军(兼,12月29日任)

副 书 记　裘和平

纪工委书记　丁　群

市新经济新社会组织工作委员会

书　记　薛冠军(兼,12月29日免)
　　　　冒　平(兼,12月29日任)

副书记　周锋杰　陈海峰(12月29日任)

市党代表联络办公室

主　任　冒　平

副主任　吴小平

市人才工作办公室

主　任　薛冠军(1月17日任)

副主任　章爱平(1月17日任)

市委研究室

主　任　孙天骄(兼)

副主任　陈建军(兼)
　　　　沈剑梅(女,12月29日任)

市精神文明建设指导委员会办公室

主　任　丛立新(兼)

副主任　陈　实

市社会治安综合治理委员会办公室

主　任　周勇骑(兼)

副主任　周丽萍(女)　陈非非(女)　王进进

市依法治市领导小组办公室

主　　任　胡拥军(兼,6月30日免)
　　　　　唐旭东(兼,6月30日任,12月28日调离)

常务副主任　万有富(兼)

副 主 任　陈非非(女)

市委机要保密局

局　长　张　勇(兼)

副局长　王　岳(12月29日免)　纪　勇

市委党校、市行政学校

校　　长　杨曹明(兼,7月16日止)
　　　　　黄　成(兼,7月16日任)

常务副校长　许映亮

副 校 长　周太荣(兼)　严世斌(兼)
　　　　　张英梅(女,7月16日免)
　　　　　施国华　　陈　建

市委新闻中心

主　任　纪成如(兼,12月29日免)
　　　　程来斌(兼,12月29日任)

副主任　邵亚丽(女)　纪树华(12月29日任)

市委党史办公室

主　任　褚建华

副主任　邱贵平　张小波

市档案局(馆)

局(馆)长　周光银

副局(馆)长　徐爱军(女)　陈　兰(女)

市民族宗教事务局

局　长　夏茂宏(兼)

副局长　陈洪波
　　　　苏小燕(女,12月29日任)

市人大常委会办公室、各工作委员会

办公室

主　任　华国瑞

副主任　林　凯(12月29日市委明确换届时不再提名)
　　　　景雪玲(女,12月29日提名)

研究室

主　任　林　凯

信访督办室

主　任　严金华(12月29日市委明确换届时不再提名)
　　　　周荣明(12月29日提名)

副主任　胡欣荣

财经工委

主　任　杜道平(12月29日市委明确换届时不再提名)
　　　　王晓明(12月29日提名)

副主任　徐　斌(12月29日市委明确换届时不再提名)

内务司法工委

主　任　季　淼

副主任　何兴如(党外,12月29日市委明确换届时不再提名)

人事代表工委

主　任　刘金泉(12月29日市委明确换届时不再提名)

缪永涛(12月29日提名)

副主任　冒　燕(女,12月29日提名)

城建环保工委

主　任　黄兆林

科教文卫工委

主　任　沈寿友(12月29日市委明确换届时不再提名)

喻耀辉(12月29日提名)

副主任　朱晓明(12月29日市委明确换届时不再提名)

朱华杰

民宗侨台工委

主　任　朱晓明

副主任　朱华杰(兼)

农业和农村工委

主　任　许映如(12月29日市委明确换届时不再提名)

费秀平(12月29日提名)

副主任　孙世军

专职委员　朱　俊　王晓明

市政府工作机构

市政府办公室

主任、党组书记　钱志刚

副主任　喻耀辉(兼,12月29日免)

张杰俊(兼)　韩　欣

钱广胜(兼)　张小星

王　林(兼)　杨大勇

王建云(女,兼,12月29日免)

孙海风(女,兼)

彭成飞　龚卫东　徐亚军

章　彬　范晓强(12月29日任)

顾晓春(12月29日任)

党组成员　崔建平　何福平(12月29日免)

詹文天(12月29日任)

范忠晔(12月29日任)

市信访局

局长、党组书记　钱广胜

党组副书记、副局长　高建平(7月16日免)

副局长　吴金芹(女)　孙克千

市发展和改革委员会

主任、党组书记　杨　飞

党组副书记、副主任　张建明

周松林(12月29日免)

陈爱民

孙德祥(12月29日任)

陈桂元(12月29日任)

党组副书记　秦　林(兼)

副主任　邱德华　曹金林(兼)

范荣华(12月29日任)

李伟华(12月29日任)

纪检组长　沈海燕(女)

党组成员　卢昆军

市教育局

局长、党委书记　金海清

党委副书记　章士友　邵绍清　张　俊

副局长　邵绍清　张　俊

顾建国(7月16日免)

姜健荣(党外)

陈建国(12月29日任)

鞠久兵(12月29日任)

郭其龙(挂职,12月29日任)

纪工委书记　陈建国(12月29日免)

张　俊(兼,12月29日任)

市科学技术局

局长、党组书记　张亚鸾(女)

副局长　倪德平(12月29日免)

程龙泉　顾均林　沈德君

陈广建　何玉堂

夏建国(党外,12月29日免)

纪检组长　葛　军

党组成员　石初恒

市公安局

局长　杜松华(12月13日免)

成　明(11月15日提名,12月13日任)

党委书记　杜松华(12月2日免)

成　明(12月2日任)
政　　委　谢晖来
党委副书记　谢晖来　袁国遐(12月29日免)
卞均锋
副 局 长　卞均锋　刘兴林　马向东　周绍亮
陆书俊　卢　俊　张　勇
孙　峰(12月29日任)
副 政 委　郑云娟(女)
纪工委书记　邱　俊
党委委员　吴　琼(12月29日任)

市监察局

局　长　沈良高
副局长　王维祥(7月16日免)　谢永华
刘晓洁(女)

市民政局

局　　长　谢万健(1月7日任)
党组书记　谢万健
副 局 长　邬荣国(12月29日免)　季雪峰
施　才　钱德贵　陆书芳(女)
陈久平　曹　俊　高之富　刘　荣
党组成员　邬荣国

市司法局

局长、党组书记　邢新华
党组副书记　卢延林
马小平(工资行政关系在公安，12月29日免)
副　局　长　卢延林
马小平(工资行政关系在公安，12月29日免)
陈　皞(党外)　陆　荫
陶建军(7月16日任)
沈利民(12月29日任)
纪检组长　陈建宏(12月29日任)
党组成员　顾　煜(兼)

市财政局

局长、党组书记　张　勇
副局长、党组副书记　王贵成(兼)
副　局　长　彭深海
王跃进(7月16日免)
李晓红(女)　杨　玉
张建明(12月29日任)
蔡志斌(12月29日任)
丁正付(12月29日任)
纪检组长　张建明
党组成员　马广源(12月29日任)

市人力资源和社会保障局

局长、党委书记　周太荣
副局长、党委副书记　丁一峰
党委副书记　李小俊
副　局　长　丁祝峰(12月29日免)
周健龙(7月16日免)
陆　毅　朱从高
陈子富　瞿　进
戴　萍(女，12月29日免)
徐纯山(12月29日任)
薛正刚(12月29日任)
纪工委书记　薛宜发
党委委员　吴广兴
周昌峰(12月29日任)

市国土资源局

局长、党组书记　姚进国
副局长、党组副书记　苏建华(7月14日免)
副　局　长　章明锋　周长海　章　立

市住房和城乡建设局

局长、党委书记　朱贵宏
副局长、党委副书记　冯　昕(兼)
朱留宽(12月29日免)
卢晓剑(12月29日任)
副　局　长　顾勇健
杨志斌(7月19日批捕)
王长裕　林　锋
杨建军(12月29日免)
黄朝明　冒国华
田学平　朱一飞
仲兆圣(12月29日任)
王建华(12月29日任)
纪工委书记　薛文跃

市城市管理局

局　　长　王云娟(女)
党组书记　王云娟(女，12月29日免)
何福平(12月29日任)
党组副书记　王云娟(女，12月29日任)
阚德龙(12月29日任)
副 局 长　何福平(12月29日任)　阚德龙

秦永忠　郝如良(12月29日免)
陈爱明　陶学林
朱志兵(7月16日任)
纪检组长　张国仁

市交通运输局

局长　田祥云(12月29日止)
张　健(12月29日提名)
党委书记　田祥云
党委副书记　张　健(12月29日任)
副局长、党委副书记　马玉明　张爱民
副局长　徐学华
张亚军(12月29日免)
卢玉兰(女)
刘佩骏(12月29日任)
郝如良(12月29日任)
洪　勇(9月29日任)
纪工委书记　刘佩骏

市水务局

局长、党组书记　秦锦国
副局长　郭锦泉　章　剑
张纪岗(12月29日免)
仲兆圣(12月29日免)
张兆民(党外)
纪检组长　章有本

市农业委员会

主任、党委书记　夏文彬
党委副书记　徐　海　陈仁高
凌　建　张益群
副主任　张益群　金义明(党外)
郝昌军　张建明
花爱梅(女,7月26日免)
环大中(12月29日任)
杨　阳(挂职,12月29日任)
纪工委书记　王　宁

市商务局

局长　高申贵(12月29日止)
纪成如(12月29日提名)
党组书记　高申贵(12月29日免)
纪成如(12月29日任)
副局长　李世兵　林凤平(1月25日批捕)
石留权　王昌龄　郭成凤(女)
纪检组长　肖连生
党组成员　丁小建(12月29日任)

市文化广电新闻出版局

局长、党组书记　姚呈明
副书记　王见山(7月16日免)
副局长　丁正海(12月29日免)
水秀平　许建国　张国平
金福林(兼)
冒　逊(12月29日任)
夏建国(12月29日任)
纪检组长　柳昌祥

市卫生局

党委书记、副局长　许　俊
局长、党委副书记　李向东
党委副书记　冒　伟(女)
副局长　冒　伟(女)　章新祥　陶　亮
沈健(党外)　陈　华
纪工委书记　万久平(女)

市人口和计划生育委员会

主任、党组书记　张仕荣
党组副书记、副主任　周咏梅(女,12月29日任)
副主任　秦龙银　杨　华
沈孝峰(党外,12月29日免)
马小燕(女)
纪检组长　周巧良(12月29日免)
王宏兵(12月29日任)

市审计局

局长、党组书记　冒海清
副局长　丁维光　王　岳　吴　俊
张建忠　朱宏彬
纪检组长　孔如平(7月16日免)
张卫华(女,12月29日任)

市环境保护局

局长、党组书记　谢跃进
党组副书记　张建平(12月29日任)
范　健(12月29日任)
副局长　张建平(12月29日任)
范　健(12月29日免)　范荣华
徐　强(党外)
耿银文(12月29日任)
陈文扣(12月29日任)
纪检组长　刘华军(12月29日免)
耿银文(12月29日任)

党　组　成　员　刘保平(12月29日免)
　　　　　　　　刘华军
　　　　　　　　徐宣安(12月29日任)

市统计局

局　　　　　长　张文斌(1月7日任)
党　组　书　记　张文斌
副局长、党组副书记　康建芳(女)
副　　局　　长　马　毅
党　组　成　员　张　林(3月15日任)
　　　　　　　　吴志强(12月29日任)

市物价局

局长、党组书记　丁建兰(女)
副　局　长　陈大明(党外,12月29日免)
　　　　　　吴　琴(女,12月29日免)
　　　　　　张业昌
　　　　　　吴亚军
　　　　　　苏　燕(女,党外,12月29日任)
纪　检　组　长　汤建华

市口岸和港务管理局(12月29日更名为港口管理局,相关人员担任的原职务自然消失)

局长、党组书记　刘金城
副　局　长　郑振明(党外)

市港口管理局(12月29日市口岸和港务管理局更名为市港口管理局)

局　　长　马玉明(12月29日提名)
党组书记　马玉明(12月29日任)
副局长　高学明(12月29日任)

市食品药品监督管理局

局长、党组书记　张秀祥
副　局　长　钱　兵　谢宇晨
　　　　　　吴　华　沙　群
　　　　　　徐爱宁(女,12月29日任)
纪　检　组　长　吴金林

市安全生产监督管理局

局　　长　费秀平(12月29日止)
　　　　　朱留宽(12月29日提名)
党组书记　费秀平(12月29日免)
　　　　　朱留宽(12月29日任)
副局长　张叶庆　朱守华(党外)
　　　　姜建华(12月29日免)　刘建华
　　　　黄兴国　缪世兴
纪检组长　袁　熙

市体育局

局长、党组书记　蔡可如
党组副书记　周　强
副　局　长　苏　燕(女,党外,12月29日免)
　　　　　　周光华
　　　　　　沈孝峰(党外,12月29日任)

市旅游局

局长、党组书记　朱国镔
党组副书记　周　敏(女)
　　　　　　周巧良(12月29日任)
副　局　长　周巧良(12月29日任)
　　　　　　袁权民(12月29日免)
　　　　　　阮强舟
　　　　　　程　澄(挂职,12月29日任)

合署办公、挂牌机构、部门管理机构和市政府直属事业机构

市政府法制办公室

主　任　何福平(12月29日免)
　　　　詹文天(12月29日任)
副主任　詹文天(12月29日止)
　　　　徐朝阳(12月29日任)

市政府外事侨务办公室

主　任　崔建平
副主任　陈　丽(女)

市政府金融工作办公室

主　任　张杰俊
副主任　孙东泉　肖武岭(挂职,12月29日任)

市政府应急管理办公室

主　任　杨大勇
副主任　张小凤

市级机关事务管理局

局　长　王　林
副局长　于广杰　胡银飞　陈　宜(女)

市政府信息网络管理中心

主　任　王建云(12月29日免)
副主任　王　岳(12月29日任)

市经济和信息化委员会

主　任　杨　飞(兼)

市服务业办公室

主　任　陈爱民(兼)

副主任　曹　霞(女,12 月 29 日任)

市中小企业局

局　长　周松林(兼,12 月 29 日免)
　　　　邱德华(兼,12 月 29 日任)

副局长　卢昆军

市粮食局

局长、党组书记　秦　林

副　局　长　尹　健　邹济明
　　　　　　吴松兵(7 月 16 日免)
　　　　　　洪　军(女)
　　　　　　丁正海(12 月 29 日任)

市国有资产监督管理局

局长、党组书记　王贵成

副局长、党组副书记　王跃进(兼,7 月 16 日免)
　　　　　　　　　居小刚(12 月 29 日免)

副　局　长　蔡志斌

市建筑工程管理局

局长、党组书记　冯　昕

副　局　长　耿新岳　陈　岗　陈建华

市人民防空办公室

主　任　韩　欣(兼)

副主任　范忠晔

市农业机械管理局

局长、党组书记　陈仁高

副　局　长　陈新生　陈汝奇　施建平
　　　　　　段晓庆　万久平

市农业资源开发局

局长、党组书记　徐　海

副　局　长　李爱民　苏晓红　刘锡贵

市广播电视台

台　长　张　进

副台长　姚寓韶(党外)　薛加宏　薛桂平
　　　　陈亦骏　严保林　贾中兴
　　　　程海青(女,12 月 29 日任)

市地震局

局　长　张亚鸾(女)

副局长　石初恒

市知识产权保护局

局　长　倪德平(兼,12 月 29 日免)

副局长　明曙光(12 月 29 日任)

市行政服务中心

主任、党组书记　喻耀辉(兼,12 月 29 日免)
　　　　　　　　范晓强(兼,12 月 29 日任)

副　主　任　宋邦健　庄国华　张　芸(女)

市招投标管理办公室

主任、党组书记　姜跃进

副主任　杨进进　朱生全
　　　　张锦贵(党外)

市社会矛盾纠纷调解中心

主　任　胡拥军(兼,6 月 30 日免)
　　　　唐旭东(兼,6 月 30 日任,12 月 28 日调离)

第一副主任　邢新华(兼)

常务副主任　卢延林

副　主　任　马小平(兼,工资行政关系在公安,12 月 29 日免)
　　　　　　顾　煜(工资行政关系在法院)
　　　　　　黄文龙(12 月 29 日任)

市政府教育督导室

主　任　章士友

副主任　葛乃田　陆海燕
　　　　田小飞(12 月 29 日任)

市口岸办(12 月 29 日成立)

主　任　郑振明(党外,12月29日任)

党组书记　纪成如(12 月 29 日任)

副主任、党组副书记　倪　建(12 月 29 日任)

市政协办公室、各工作委员会

政协办公室

主　任　周荣明(12 月 29 日市委明确换届时不再提名)
　　　　殷高华(12 月 29 日提名)

副主任　顾艳枫

政协社会法制(城市建设、人口资源环境)委员会

主　任　郝继锋(1 月 13 日任)

副主任　黄建华

政协学习文史(民宗侨台)委员会

主　任　李四海(12 月 29 日市委明确换届时不再提名)
　　　　万有富(12 月 29 日提名)

副主任　吴小蓉(女,12 月 29 日提名)

政协提案委员会

主　任　周　星

副主任　谢　健

政协经济科技委员会

主　任　卞建如(12月29日市委明确换届时不再提名)
　　　　周松林(12月29日提名)
副主任　丁建明
　　　　朱志伟(12月29日提名)

政协文教卫体委员会

主　任　徐　梅(女)
副主任　严佩兰(女)

如皋市人民法院

院长、党组书记　吴存银
党组副书记、副院长　狄邦建
党组副书记　陈　祥(12月29日任)
副院长　陈　祥　周海刚
　　　　郝　玮(女)　朱明岩
　　　　吴剑平(女,党外)
　　　　唐明渠(挂职,1月5日提名,1月7日任)
纪检组长　章　兵
政治处主任　朱玉林
执行局局长　郭朝晖(兼)
专职委员　黄卫东

如皋市人民检察院

检察长、党组书记　唐旭东(12月28日调离)
党组副书记、副检察长　钱志强
副检察长　黄文斌(党外)
　　　　汪如益　夏琪斌
　　　　倪建宏
纪检组长　李文祥
政治处主任　吴燕芳(女,12月29日免)
反贪局局长　倪建宏(兼)
反渎职侵权局局长　冒朋举
专职委员　王　珺(女)　李国平

如皋市人民武装部

部　长　胡宏杰(4月20日免)
　　　　张万银(4月20日任)
政　委　于　勇(4月20日免)
　　　　胡宏杰(4月20日任)
副部长　闫　勇(3月31日免)
　　　　黄　海(3月31日任)

中国人民武装警察部队如皋市武警中队

中队长　韩会杰
指导员　陈晓善

中国人民武装警察部队如皋市消防大队

大队长　高　勇(5月1日免)
　　　　郭峻青(5月1日任)
教导员　常　伟

如皋海关

关　长　张　坚(8月29日免)
　　　　宋晓泉(8月29日任)
副关长　金　莹(女)

如皋出入境检验检疫局

局　长　邵亚平
副局长　石卫国　刘振宇(4月2日任)

如皋边检站

站　长　臧大秀
政　委　曹爱卿

如皋市人民团体

工商联(换届)

主　席　魏祝明(12月17日继续提名,12月24日任)
党组书记　杨　龙
党组副书记　张建华
副主席　杨　龙(12月17日继续提名,12月24日任)
　　　　张建华(12月17日继续提名,12月24日任)
　　　　缪爱国(12月17日继续提名,12月24日任)
　　　　余国平(12月17日继续提名,12月24日任)
党组成员　倪东波(12月29日任)

总工会

主席、党组书记　刘建明
副　主　席　曹　蓉(女)　范迪平
瞿进(兼职不驻会)　周维宽
沙旭宇(12月29日提名)
党组成员　陈福南

团市委

书记、党组书记　吴冰冰(12月29日免)
戴　峰(12月29日任)
副　书　记　陈　洁(女)
马　骏(12月29日任)
王　超(挂职,3月15日任)

妇联

主席、党组书记　王桂兰(女)
副　主　席　周咏梅(女,12月29日止)
康　岚(女)
戴　黎(女,12月29日提名)

侨联

主　席　杨国强
副主席　朱一飞(党外,不驻会)
刘保平(不驻会,12月29日止)
金海建(党外,不驻会)
郝　玮(女,不驻会)

科协

主席、党组书记　杨国斌
副　主　席　蒋莹芳(女)
浦建宏(1月13日任)

文联

主　席　缪永涛(兼,12月29日止)
从立新(兼,12月29日提名)
副主席　金福林(兼)

残联

理事长、党组书记　神俊华
副理事长　朱益红(女)　阎建国　沈亚峰

红十字会

会　长　黄　成(7月16日止)
司祝建(7月16日任)
常务副会长　李向东(12月29日止)
冒　伟(女,12月29日提名)

市社科联

主　席　纪成如(兼,12月29日止)
程来斌(兼,12月29日提名)
副主席　田　祥

开发区、镇

江苏省如皋经济开发区

书　　记　阮汝国(兼)
主任、副书记　马金华
常务副主任(正科职)　刘亚东(12月29日免)
副　书　记　石　兵(12月29日任)
刘亚东(12月29日免)　唐　亮
王建云(女,12月29日任)
曹汉清　缪永辉　宗爱君
吴冰冰(12月29日任)
倪新福　朱建和(12月29日任)
郭建龙(工资行政关系在公安,12月29日任)
副　主　任　唐　亮
王建云(女,12月29日任)
曹汉清　缪永辉(3月15日任)
宗爱君　吴冰冰(12月29日任)
倪新福　黄亚周(12月29日免)
王宏兵(12月29日免)　朱建和
沙卫东　薛晓云　刘　建
王艳飞(女)　石　岗
郭建龙(工资行政关系在公安,12月29日免)
高迎旭(女)　李　军
刘　鹏(7月16日免)
黄晓勤(工资行政关系在公安,12月29日任)
肖武岭(9月29日任)
盛海明(9月29日任)
于军峰(9月29日任)
邹文斌(9月29日任)
范树留(12月29日任)
沈恒聪(12月29日任)
赵仁奇(党外,12月29日任)
赵国林(12月29日任)
季海卿(12月29日任)
陆泉洲(12月29日任,挂职,时间一年)
纪工委书记　曹汉清
党工委委员　成玉华

柴湾镇

党委(换届)

书　记　刘亚东(2月22日继续提名，
2月27日任,12月29日免)
唐　亮(12月29日任)

副书记　唐　亮(2月22日继续提名，
2月27日任,12月29日止)
王建云(女)(12月29日任)
施建石(2月22日换届继续提名，
2月27日任)
朱敏建(工资行政关系在公安，
12月29日任)
薛正刚(挂职)
周久贵(挂职,12月29日任)

人大

主　席　刘亚东(12月29日辞)
黄亚周(12月29日提名)

副主席　王玉华(12月29日辞)
王帮华　陆建高(12月29日提名)

政府

镇　长　唐　亮(12月29日辞)
王建云(女,12月29日提名)
副镇长　沈恒聪(12月29日辞)
王小燕(女,12月29日提名)　曹海斌
周宝贵　范小红(12月29日提名)
唐铜香(挂职)
赵　巍(12月29日提名)
周志宏(挂职)
于泽仪(挂职,12月29日任)

如皋港区

书　　记　吴志华

主　　任　顾留忠

副 书 记　顾留忠　刘金城(12月29日任)
卢国杰
马玉东(兼,12月29日任)
居小刚(12月29日任)
丁维光(兼)　严金宏
倪　建(12月29日免)

副 主 任　刘金城(12月29日任)
居小刚(12月29日任)
丁维光(兼)　袁　亮　吴金华
郭锡兵(12月29日免)
高源兵　王洪海
唐利华(9月29日辞职)　陈　飞
秦　毅(7月16日任)
罗宏磊(9月29日任)
夏　刚(9月29日任)
王　刚(9月29日任)
赵　山(9月29日任)
陆兴祥(12月29日任)
张亚军(12月29日任)
汪　东(12月29日任)
周向阳(12月29日任)
冒　峰(12月29日任)
宗卫正(12月29日任)

纪工委书记　严金宏

党工委委员　秦　天(12月29日任)

长青沙生态旅游度假区

书记、主任　吴志华(兼)

副 主 任　唐利华(9月29日辞职)

长江镇

党委(换届)

书　记　吴志华(2月24日继续提名,2月28日任)

副书记　顾留忠(2月24日继续提名,2月28日任，
7月26日免)
何玉龙(7月26日任)
卢国杰(2月24日继续提名,2月28日任)
杨　玉(12月29日任)
花爱梅(女,7月26日任)
严金宏(2月24日继续提名,2月28日任)
田一云(2月24日继续提名,2月28日任)
张　勇(工资行政关系在公安)
陈　祥(挂职)

人大

主　席　吴志华

副主席　钱福良　陈　承(12月29日提名)

政府

镇　长　顾留忠(7月26日辞)
何玉龙(7月26日提名)

副镇长　杨　玉(12月29日提名)
花爱梅(女,7月26日提名)
陈　承(12月29日辞)
周永秀(女)　张　亮　张小建
秦　天(12月29日提名)

丁　建(12月29日提名)
杨海燕(12月29日提名)
朱　霞(女,挂职,12月29日任)

如皋软件园

书　　记　阮汝国
副书记、主任　曹　阳(12月29日免)
孙得利(12月29日任)
副　书　记　储开平　沈　彬
卢晓剑(12月29日免)　纪卫国
李伟华(12月29日免)
刘志伟(12月29日任)
副　主　任　储开平　沈　彬(12月29日免)
卢晓剑(12月29日免)
纪卫国　李伟华(12月29日免)
韦　华(女)　刘建华
许　疆(1月17日任)
何俊彦(9月29日任)
方　澜(9月29日任)
陈　明(党外,9月29日任)
丛明昌(12月29日任)
何李川(12月29日任)
薛小青(12月29日任)
戴春祥(12月29日任)
徐　耀(挂职)
宋晓晴(12月29日任,挂职)
纪工委书记　李伟华(兼,2月18日任,12月29日免)
刘志伟(兼,12月29日任)
党工委委员　洪　林　孙爱民

桃园镇

党委(换届)
书　记　曹　阳(2月23日继续提名,2月28日任,12月29日免)
孙得利(12月29日任)
副书记　孙得利(2月23日继续提名,2月28日任,12月29日止)
储开平(12月29日任)
纪卫国(2月23日继续提名,2月28日任)
刘志斌(工资行政关系在公安)
苏小燕(女,挂职)
人大
主　席　曹　阳(12月29日辞)
沈　彬(12月29日提名)
副主席　张启伯
政府
镇　长　孙得利(12月29日辞)
储开平(12月29日提名)
副镇长　潘文胜(女)　阮爱银(女)
戴春祥(12月29日辞)　孙爱民
蒋　俊(7月22日调离)
沈　燕(女,12月29日提名)

如城镇

党委(换届)
书　记　黄建龙(2月18日继续提名,2月21日任)
副书记　郭夕俊(2月18日继续提名,2月21日任)
程来斌(2月18日继续提名,2月21日任,12月29日免)
沙海军(2月18日继续提名,2月21日任)
袁权民(12月29日任)
张　斌(工资行政关系在公安)
景雪玲(女,挂职)
人大
主　席　孙　骥
副主席　陈国兴(7月16日辞)
谢　静(12月29日辞)
陈忠全(12月29日提名)
邱松友(12月29日提名)
政府
镇　长　郭夕俊
副镇长　张　成　唐建如　王明坤
郭震寰(党外)　仲纪元
吴亚兵(12月29日提名)
张　燕(挂职,12月29日任)
陈新林(挂职,7月16日任)
郝　强(挂职,9月27日任)
王　洁(挂职,12月29日免)

如城工业区

书　记　黄建龙(兼)
副书记　孙　骥(兼)　沙海军
主　任　沙海军
副主任　彭理英(女)　宗晓海　黄海泉

刘　超(9月29日任)
周小芳(12月29日任)
陈　飞(12月29日任)
陈　晖(12月29日任)

顾庄生态园

书　　记　黄建龙(兼)
副书记、主任　程来斌(12月29日免)
袁权民(12月29日任)
副　主　任　陈忠全(12月29日免)
钱国梅(女)
吴亚兵(12月29日免)
薛建明　陈　群(女)
殷小红(女,12月29日任)
张开玉(12月29日任)

丁堰镇

党委(换届)
书　记　卢志敏(2月22日继续提名,2月23日任)
副书记　崔建村(2月22日继续提名,2月23日任)
薛爱平(2月22日继续提名,2月23日任)
徐宣安(挂职)
丛为群(工资行政关系在公安)
康建芳(女,挂职,2月18日任)
人大
主　席　卢志敏(12月29日辞)
薛爱平(12月29日提名)
副主席　薛国平　郭继平(12月29日提名)
政府
镇　长　崔建村
副镇长　缪剑云(女)　王亚明　杨晓静
吉卫华　郭继平(12月29日辞)
顾　帅(挂职,高层次人才)
高亚军(挂职,大学生“村官”)

林梓镇

党委(换届)
书　记　王舜慧(女,2月22日继续提名,2月24日任)
副书记　许益飞(2月22日继续提名,2月24日任)
张长健(2月22日继续提名,2月24日任,12月29日免)
阚书宏(工资行政关系在公安,7月26日任)
徐春建(12月29日任)
马小平(挂职)
季浩民(挂职,2月18日任)
人大
主　席　王舜慧(女,12月29日辞)
张长健(12月29日提名)
副主席　蒋俊友(12月29日辞)　朱元军
政府
镇　长　许益飞
副镇长　邱松友(12月29日辞)　侯茂华
陈云龙(工资行政关系在公安,7月26日辞)
冒　俊　徐春建(12月29日辞)
徐拥军(12月29日提名)
陈玉峰(党外,12月29日提名)
时宽玉(挂职,高层次人才)
陈新红(女,挂职,大学生“村官”)

白蒲镇

党委(换届)
书　记　谢海兵(2月23日继续提名,2月25日任)
副书记　朱建军(2月23日继续提名,2月25日任)
陈慧华(2月23日继续提名,2月25日任)
孙步成(工资行政关系在公安)
朱志伟(挂职)
沙　宏(挂职,2月18日任)
仇中超(挂职,12月29日任)
人大
主　席　沈亚林
副主席　蒋俊友(12月29日提名)
政府
镇　长　谢海兵(兼,12月29日辞)
朱建军(12月29日提名)
副镇长　朱建军(兼,12月29日辞)
章盛国　曹　玲(女)
仇永华(12月29日辞)　周铭君(党外)
宗炳生(12月29日提名)

下原镇

党委(换届)
书　记　苏　强(2月22日继续提名,2月25日任)
副书记　杜晓峰(2月22日继续提名,2月25日任)
吕　庆(2月22日继续提名,2月25日任,12月29日免)

王　鹏(12 月 29 日任)
张　俊(挂职)
朱兴雨(挂职,2 月 18 日任)
人大
主　席　苏　强(12 月 29 日辞)
吕　庆(12 月 29 日提名)
副主席　高翠萍(女,12 月 29 日辞)
缪建平(12 月 29 日提名)
政府
镇　长　杜晓峰
副镇长　王　鹏(12 月 29 日辞)　洪秀美(女)
陈大平　张国平(工资行政关系在公安)
申爱学　杨海鹏(12 月 29 日提名)

九华镇

党委(换届)
书　记　石　兵(2 月 22 日继续提名,
2 月 25 日任,12 月 29 日免)
曹　阳(12 月 29 日任)
副书记　何玉龙(2 月 22 日继续提名,
2 月 25 日任,7 月 26 日免)
周永刚(12 月 29 日任)
薛美银(2 月 22 日继续提名,
2 月 25 日任,12 月 29 日免)
秦建军(12 月 29 日任)
孙　康(工资行政关系在公安)
沈利民(挂职)
谢宇晨(挂职,2 月 18 日任)
人大
主　席　周永刚(12 月 29 日辞)
薛美银(女,12 月 29 日提名)
副主席　许金华　郭宝玲(女)
政府
镇　长　石　兵(兼,12 月 29 日辞)
周永刚(12 月 29 日提名)
副镇长　何玉龙(兼,7 月 26 日辞)
秦建军(12 月 29 日辞)　李世芬(女)
刘　东　陈　然　肖茂华
金志华(挂职,12 月 29 日任)

郭园镇

党委(换届)
书　记　郝晓东(2月18日继续提名,2月22日任)
副书记　张建平(2 月 18 日继续提名,2 月 22 日
任,12 月 29 日免)
薛建兵(2 月 18 日继续提名,2月22日任)
夏　勇(12 月 29 日任)　陈海峰(挂职)
陈子富(挂职,2 月 18 日任)
人大
主　席　郝晓东
副主席　熊祥余(7 月 16 日辞)
许　忠(12 月 29 日辞)
魏维农(12 月 29 日提名)
政府
镇　长　张建平(12 月 29 日辞)
薛建兵(12 月 29 日提名)
副镇长　夏　勇(12 月 29 日辞)
魏维农(12 月 29 日辞)
黄　成(工资行政关系在公安,
12 月 29 日辞)
秦　天(12 月 29 日辞)
吴　荣(12 月 29 日提名)
周　峰(12 月 29 日提名)
纪坤岗(12 月 29 日提名)
许　玮(女,挂职)
陈佳佳(挂职,12 月 29 日任)

石庄镇

党委(换届)
书　记　谭　真(2月25日继续提名,2月28日任)
副书记　陆爱斌(2月25日继续提名,2月28日任)
柳杰军(2月25日继续提名,2月28日任,
12月29日免)
段月祥(12月29日任)
李　祝(工资行政关系在公安,7月26日免)
黄山虎(工资行政关系在公安,7月26日任)
孙　锋(挂职)
王志斌(挂职,2月18日任)
人大
主　席　谭　真(12 月 29 日辞)
柳杰军(12 月 29 日提名)
副主席　倪桂华
政府
镇　长　陆爱斌
副镇长　汪　东(12 月 29 日辞)
徐　建　杨　飞　黄国建
殷桂平(12 月 29 日提名)

王道吉(挂职)
戴建明(挂职,12 月 29 日任)

江安镇

党委(换届)

书　记　顾卫国(2月24日继续提名,2月27日任)
副书记　孙福才(2月24日继续提名,2月27日任)
张玉峰(2 月 24 日继续提名,2 月 27 日任,12 月 29 日免)
章　军(12 月 29 日任)
黄晓勤(工资行政关系在公安,12 月 29 日免)
袁权民(挂职)
谢　健(挂职,2 月 18 日任)

人大

主　席　顾卫国(12 月 29 日辞)
张玉峰(12 月 29 日提名)
副主席　林炳文

政府

镇　长　孙福才
副镇长　唐晓星　朱建兵(12 月 29 日提名)
丁秀英(女)　周向阳(12 月 29 日辞)
刘宝林　章　军(12 月 29 日辞)
张　建(挂职)
丁新建(挂职,12 月 29 日任)

搬经镇

党委(换届)

书　记　张兴国(2 月 25 日继续提名,2 月 26 日任,12 月 29 日免)
刘亚东(12 月 29 日任)
副书记　胡晓勇(2月25日继续提名,2月26日任)
章琪运(2月25日继续提名,2月26日任)
徐朝阳(挂职)
陆建平(工资行政关系在公安)
谢向阳(挂职,2 月 18 日任)

人大

主　席　薛献忠
副主席　魏建友(7 月 16 日辞)
王兆友(12 月 29 日提名)

政府

镇　长　胡晓勇
副镇长　谢仁兵　张兴龙
张红建(12 月 29 日提名)
王兆友(12 月 29 日辞)
明曙光(12 月 29 日辞)
翟彩云(女)　陈小强(12 月 29 日提名)

高明镇

党委(换届)

书　记　陈晓仲(2月23日继续提名,2月27日任)
副书记　万锡元(2月23日继续提名,2月27日任)
卢小冬(2月23日继续提名,2月27日任)
夏琪斌(挂职)
任建兵(挂职,2 月 18 日任)

人大

主　席　陈晓仲(12 月 29 日辞)
卢小冬(12 月 29 日提名)
副主席　严循龙

政府

镇　长　万锡元
副镇长　任浩鑫　张昌明　石明良
陆　浩(12 月 29 日辞)
范　群(工资行政关系在公安)
许　鹏　朱伟锋(12 月 29 日提名)
刘　雅(女,挂职,12 月 29 日任)

常青镇

党委(换届)

书　记　张　健(公推直选,1 月 29 日任,12 月 29 日免)
马军华(12 月 29 日任)
副书记　马军华(公推直选,1 月 29 日任)
郭锡兵(12 月 29 日任)
范树留(公推直选,1 月 29 日任,12 月 29 日免)
丁　毅(12 月 29 日任)
周咏梅(女,挂职)
章献芳(挂职,2 月 18 日任)

人大

主　席　张　健(12 月 29 日辞)
马军华(12 月 29 日提名)
副主席　顾益勤　张　俊(12 月 29 日提名)

政府

镇　长　马军华(12 月 29 日辞)
郭锡兵(12 月 29 日提名)
副镇长　丁　毅(12 月 29 日辞)
王建梅(女)　朱建兵(12 月 29 日辞)

梅志祥　樊玉宝(工资行政关系在公安)
黄宏佰(12月29日提名)
徐　浩(12月29日提名)

袁桥镇

党委(换届)

书　记　陈小燕(2月22日继续提名,2月26日任)

副书记　许　薇(女,2月22日继续提名,
2月26日任,12月29日免)
薛　煜(12月29日任)
谢小丽(女,12月29日任)
刘加峰(2月22日届继续提名,
2月26日任,12月29日免)
邹　坚(工资行政关系在公安)
纪　勇(挂职,2月18日任)

人大

主　席　陈小燕(12月29日辞)
刘加峰(12月29日提名)

副主席　佘德才(12月29日辞)
杨雪松(12月29日提名)

政府

镇　长　许　薇(女)(12月29日辞)
薛　煜(12月29日提名)

副镇长　丁建龙　李元庆
杨雪松(12月29日辞)
谢小丽(女,12月29日辞)
王荷春　苏爱国(12月29日提名)
王钰崧(女,挂职,12月29日任)

雪岸镇

党委(换届)

书　记　吴　鹏(2月22日继续提名,2月24日任)

副书记　顾季青(2月22日继续提名,2月24日任)
李小军(2月22日继续提名,2月24日任)
阚书宏(工资行政关系在公安,
7月26日免)
陈云龙(工资行政关系在公安,
7月26日任)
焦晓斌(挂职)
陈　洁(女,挂职,2月18日任)

人大

主　席　吴　鹏(12月29日辞)
李小军(12月29日提名)

副主席　盛建华(12月29日辞)
周　斌(12月29日提名)
王　斌(12月29日提名)

政府

镇　长　顾季青

副镇长　赵小成(12月29日辞)　毛玉才
冒　华　周　斌(12月29日辞)
周　杰(12月29日提名)
陆　浩(12月29日提名)
姚　敏(挂职,12月29日提名)

东陈镇

党委(换届)

书　记　佘德华(2月22日继续提名,2月24日任)

副书记　谢裕斌(2月22日继续提名,2月24日任)
卢树平(2月22日继续提名,
2月24日任,12月29日免)
张　勇(12月29日任)
季兴华(工资行政关系在公安)
陆海峰(挂职)
韩国强(挂职,2月18日任)

人大

主　席　佘德华(12月29日辞)
卢树平(12月29日提名)

副主席　薛树平　吴志广(12月29日提名)

政府

镇　长　谢裕斌

副镇长　吉爱民　戴　峰(12月29日辞)
吴志广(12月29日辞)
王　斌(12月29日辞)
娄　锋(12月29日辞)
韩冬庆(4月9日调离)
赵小成(12月29日提名)
高张生(12月29日提名)
王　洁(12月29日提名)
包杨滨(挂职)
潘海燕(女,挂职,12月29日任)

吴窑镇

党委(换届)

书　记　赵宏祥(2月23日继续提名,2月28日任)

副书记　郭　建(2月23日继续提名,2月28日任)
宗　晓(2月23日继续提名,2月28日任)
黄国平(工资行政关系在公安)
纪树华(挂职)

鞠明国(挂职,2月18日任)
人大
主　席　环大中(12月29日辞)
　　　　严希平(12月29日提名)
副主席　王印明
政府
镇　长　赵宏祥(兼,12月29日辞)
　　　　郭　建(12月29日提名)
副镇长　郭　建(12月29日辞)
　　　　刘慧勇(12月29日辞)　季爱明
　　　　严希平(12月29日辞)
　　　　陆建高(12月29日辞)
　　　　吴　华(12月29日提名)
　　　　张　俊(党外,12月29日提名)
　　　　石光富(12月29日提名)
　　　　严海兵(挂职,高层次人才)

磨头镇

党委(换届)
书　记　张书强(2月26日继续提名,
　　　　　　2月28日任)
副书记　范晓强(2月26日继续提名,
　　　　　　2月28日任,12月29日免)
　　　　许　薇(女,12月29日任)
　　　　贾根建(2月26日继续提名,
　　　　　　2月28日任)
　　　　蔡　军(工资行政关系在公安)
　　　　丁正付(挂职)
　　　　丁井圣(挂职,2月18日任)
人大
主　席　张书强
副主席　贾建华(12月29日辞)
　　　　单芝龙(12月29日提名)
　　　　刘慧勇(12月29日提名)
政府
镇　长　范晓强(12月29日辞)
　　　　许　薇(女,12月29日提名)
副镇长　陆小辉(4月15日调离)
　　　　单芝龙(12月29日辞)　刘正友
　　　　钱吴明　丁帮宏
　　　　石晓鹏(12月29日提名)
　　　　薛贵收(挂职,8月23日调离)
　　　　赵伟田(挂职,12月29日任)

国有资产公司(集团)

市文广传媒集团

党委书记　赵男男(女,兼,7月16日止)
　　　　　缪爱诚(兼,7月16日任)
党委副书记　张　进
董事长、总经理　张　进
副总经理　姚寓韶(党外)　薛加宏
　　　　　薛桂平　陈亦骏
　　　　　严保林　贾中兴
　　　　　程海青(女,12月29日任)

水绘园风景区投资发展公司

董事长　朱贵宏
总经理　王贵华
副总经理　薛小青(12月29日免)

如皋港投资集团有限公司

董事长、总经理　马玉东
副总经理　田　骏
　　　　　田小凡(12月29日任)
　　　　　仇正华(12月29日任)

市教育培训集团

董事长　金海清(7月16日免)
　　　　李松虎(7月16日任)
总经理　李松虎
副总经理　范周荣(9月29日免)
　　　　　邵平安　姜先锋
　　　　　徐鑫焱(女,12月29日任)
　　　　　郭夕国(12月29日任)

其他机构

市接待办公室

党组书记　张百璘
主任、党组副书记　孙海风
副主任　贲如江　丁陆一
党组成员　薛　涛　谢晓明

驻南京联络处

主　任　谢晓明
副主任　刘剑锋

驻美国联络处

主　任　倪新福(兼,12月29日任)

市供销总社

主任、党委书记　王有进

党委副书记、副主任 陈志进
副　主　任 夏维松 谢仁泽 时建平

市招商局

党委书记 严世斌(兼)
局长、党委副书记 曹金林
副局长、党委副书记 薛　涛 王昌龄
薛　煜(12月29日免)
秦建军(兼,12月29日免)
党委副书记 范亚林
副局长 丛　越

驻沪联络处

书　记 严世斌(兼)
主　任 曹金林
常务副主任 范亚林

南通市如皋质量技术监督局

局长、党组书记 陶学银
副局长 孙　锋 戴　斌
吴蓓蓓(女,7月28日免)
纪检组长 孙　锋(兼)

南通市如皋工商行政管理局

局长、党组书记 印　露(女,3月1日任)
党组副书记 陈爱红(女,3月1日免)
张　育(3月1日任)
副局长 陈爱红(女,3月1日免)
贾宏斌 杨晓峰(3月1日免)
王志刚(3月1日任)
纪检组长 金晓晋(3月1日免)
蒋宏生(3月1日任)

南通市如皋地方税务局

局长、党组书记 施　勇
党组副书记、副局长 袁利兵(1月28日免)
副局长 姜陈林 沙　兵
朱震锋(6月14日免)
张东栋(5月25日任)
唐新存(5月25日任)
纪检组长 姜陈林(兼)

如皋市国家税务局

局长、党组书记 韦玉华
副局长 丁　平 严建军 周国均
纪检组长 胡　伟

如皋市气象局

局长 张　鹏
书　记 马云龙
副局长 陈新育

市管企事业单位

市政府教育督导室

主　任 章士友
副主任 葛乃田 陆海燕
田小飞(12月29日任)

党员干部现代远程教育中心

主任 沙晶晶

市人民医院

院长 郭再萍
书记 许　俊

市中医院

院长 薛瑞华
书记 马少飞

市疾病预防控制中心

主任、书记 谢仁圣

市卫生监督所

所长、书记 周　跃

如皋市海事处

主任、书记 钱俊林

市磨头收费站

站长、书记 顾卫东

市运输管理处

主任 袁明生
书记 冯　剑

市社会保险基金管理中心

主任、书记 赵伦钧

市城管执法大队

大队长 郝如良(兼,4月12日免)
沙　进(4月12日任)
书　记 沙　进(4月12日免)
孙夏兵(4月12日任)

如皋市邮政局

局长、党委书记 王飞云
副局长、纪委书记、工会主席 邓壮忠
副局长 王嵩阳

中国电信有限公司如皋市分公司

总经理、党委书记 黄鹏程
副总经理、工会主席 徐东建
副总经理 季雅丽(女)

纪　委　书　记　季雅丽(女)

江苏省电力公司如皋市供电公司

总经理、党委副书记　颜建国

党委书记、副总经理　周建勇(4 月 6 日免)

管建明(4 月 6 日任)

副　总　经　理　石　健(4 月 26 日免)

李曦霓　周祝生

张坚平(4 月 26 日任)

纪委书记、工会主席　陶　进

总　工　程　师　戴和彩(女)

江苏省如皋市烟草专卖局(南通市烟草公司如皋分公司)

局长、经理、党组书记　吴　淞

副　局　长　周　健

副　经　理　张跃进

如皋市盐务管理局(江苏省盐业公司如皋支公司)

局长、经理、书记　张耀先

副书记、工会主席　张台如

副　局　长　鲁　骏(3 月 9 日任)

副　经　理　王　新(3 月 9 日任)

经　理　助　理　蔡金兵(3 月 9 日任)

中国人民银行如皋市支行

行　长　、书　记　万志祥

副　行　长　王　毅

纪检组长兼总稽核　徐晓东

中国工商银行股份有限公司如皋市支行

行长、书记　张　明(8 月 22 日免)

施晓芦(女,8 月 22 任)

副　行　长　王　曙(8 月 22 日免)

周治平(2 月 10 日任)

杭　涛(11 月 30 日任)

中国农业银行股份有限公司如皋市支行

行　长　、书　记　李建华

副行长、纪委书记　林　克

副　行　长　金鸿均　葛　峰

石　慧(7 月 13 日任)

中国建设银行股份有限公司如皋市支行

行长、书记　朱贵银

副　行　长　朱建云(女,12 月 5 日免)

李　庆(女,12 月 5 日任)

乔建明

风险经理　马　军(12 月 14 日免)

陆亚建(12 月 14 日任)

行长助理　孙晓翔(9 月 9 日任)

中国银行股份有限公司如皋支行

行长、书记　田　烽

副　书　记　陈协新

副　行　长　许建军　陈震宇　尤海燕

陈　建(8 月 22 日任)

江苏银行如皋支行

行　长　吴永宏

副行长　石　禹　曹　毅

中国农业发展银行股份有限公司如皋市支行

行长、书记　易曹群(女)

副行长兼信贷部主管、党支部委员

焦　龙　郭玲玲(9 月 16 日任)

江苏如皋农村商业银行股份有限公司

党委书记、董事长　汪农生

行　长　徐晓军

监　事　长　顾文学

副　行　长　王晖东(11 月 9 日免)

黄建新　刘　刚

交通银行股份有限公司南通如皋支行

行长、书记　张庆芳

副　行　长　曹　霞(女)　董　刚

行长助理　王海波

中国邮政储蓄银行如皋市支行

行长、书记　孙为民

副　行　长　蔡林冲

中国人民财产保险股份有限公司如皋支公司

经理、书记　丁远祥

副　经　理　冒建勋　陈伏虎

业务主管　张宏明

中国人寿保险股份有限公司如皋支公司

经理、书记　葛　鹏(7 月 1 日免)

施卫星(7 月 1 日任)

副　经　理　刘志东　王　斌　朱剑波

中信证券如皋营业部

总经理　朱良明

中国联通有限公司如皋分公司

总　经　理　陈　伟(9 月 20 日免)

副 总 经 理　张　锐(主持全面,9 月 20 日任)

蔡　琴(1 月 11 日任)

总经理助理　李柏林(1 月 10 日任)

移动通信公司如皋分公司
经　　理　朱建军(3月23日免)
　　　　　王　克(3月23日任)
总经理助理　冒玉成　王志军(4月1日任)

如皋高等师范学校
校长、书记　丁兆雄(书记一职于8月17日免)
副校长、副书记　杭　斌(副书记一职于8月17日任)
党委委员、副校长　张松祥
　　　　　　　　郭　庆(8月17日任)
副校长　王志刚

如皋中学
校长、书记　左伯华
副校长　钱国祥　段建平　李　兰(女)
　　　　刘　建

职业(继续)教育中心
校长　缪世春
书记　缪建明(7月7日被判刑)

技工学校
校长　丁一峰(兼)
书记　郑浩明

白蒲中学
校长、书记　范建银

石庄中学
校长、书记　顾康清

江安中学
校长、书记　李志华

搬经中学
校长　吴爱铧
书记　任吉华

市一中
校长　鞠九兵(12月29日免)
书记　戴圩章

市二中
校长　李广建(7月16日任)

市二中(丁堰校区)
校长、书记　王　军

市二中(磨头校区)
校长、书记　陈建平

薛窑中学
校长、书记　鞠九州

一职高
校长、书记　冯志刚

如皋初中
校长　冒锦华
书记　曹　军

中共如皋市委员会

综述

【概况】 2011年,中共如皋市委带领全市人民围绕"迈进基本现代化、建设美好新如皋"战略定位,全力推进"两个加快",深入实施"八项工程",实现"十二五"首战告捷。

综合实力 全年实现地区生产总值520.67亿元,按可比价计算(下同),同比增长12.0%。实现财政总收入110.75亿元,同比增长41.8%,占地区生产总值的比重达21.3%,比上年提高3.2%。实现一般预算收入45.63亿元,同比增长35.5%。实现社会消费品零售总额196.86亿元,同比增长16.1%。完成全部工业应税销售722.92亿元(含一般纳税人、小规模纳税人、供电公司),同比增加14.92亿元,总量持续保持南通第一;熔盛重工在全球船舶行业下行背景下,新增接单量保持全国第一,南通锻压成功上市,万达轴承"万达"商标成为中国驰名商标。实现规模以上固定资产投资272.02亿元,同比增长20%;规模工业投入196亿元,同比增长11.7%,其中技改投入122.6亿元,占规模投入的61.3%;新增装机容量46.1万千伏安,同比增长123.3%,总量持续位居南通首位;完成设备抵扣税3.35亿元,同比增长56.1%,增幅南通第一;新增规模企业100家、亿元企业25家。

产业结构 工业经济结构持续改善,高新技术产业产值占比达35%。新增高效农业20133公顷、设施农业3400公顷,高效农业规模化占比达75%。实现服务业税收22.92亿元,同比增长56.43%,服务业增加值占地区生产总值比重上升1.7个百分点;建成衡山金盛、金陵金鼎等五星级酒店;完成软件服务外包营业额3.22亿元,同比增长578%。全年完成新批协议注册外资13.84亿美元,实现实际到账外资7.23亿美元,总量均居南通第一;新批超千万美元项目36个,平均单体规模2287万美元,项目个数和单体规模均居南通第一;如皋市获国家工商总局外资登记管理授权。实现外经营业额2.01亿美元,保持全省前三;实现进出口总值30.42亿美元,同比增长57.5%,其中自营出口总额为18.77亿美元,同比增长86.8%。实现海关关税27.57亿元,同比增长39.8%。全年申报科技项目701项、新建创新平台55家、实施产学研合作项目37个,九鼎新材、肠衣城分别建成省玻纤复合材料和家畜废弃物利用技术创新联盟;新增孵化器面积10万平方米、孵化企业103家。软件园被评为国家级科技创业服务中心、新能源汽车及汽车配套园、液压装备科技产业园,建成省级创新型园区;如皋市再次被评为国家科技进步先进市。全市应税销售耗电、万元GDP综合能耗、年排放化学耗氧量,分别下降3个、3.2个、3.5个百分点。

城乡建设 年内,全市城市化水平达54%,比上年提高5.3个百分点。完成城市建设投入93亿元,搬迁53万平方米,土地出让59.7万平方米;新开工房地产面积 188 万平方米、竣工 120 万平方米,建设安置房 75 万平方米、公共租赁房 30 万平方米;长江镇(如皋港区)、经济开发区(柴湾镇)分别开工房地产 120 万平方米、64.5 万平方米,建设安置房 100 万平方米、98 万平方米,实现税收 3.5 亿元、1.2 亿元;完成中央大道等 9 条道路的新建工程,区域供水复线工程全线开工,天然气高压输气管道全线通气。全面完善古街区建设、城市亮化、外立面包装等工程,数字城管全面建成,红十四军公园、文化广场建成开放,新增绿化面积 63 万平方米,内外城河被评为国家级水利风景区。旅游产业不断壮大,全年接待游客 400 万人次,实现旅游业综合收入 48 亿元,同比分别增长 42.8%和 60%。小城镇"十个一"功能不断完善,全市累计完成 118 颗星级评定,白蒲、九华两镇通过"十星级"考评;完成基础设施投入 2.8 亿元,土地出让 151.13 公顷,房地产开工 123.6 万平方米、竣工 93.4 万平方米,实现税收 2.4 亿元,集居房开工 3.7 万户、建成 3 万户;"万顷良田"项目区搬迁 7342 户、新增耕地 498.87 公顷,全市拆旧复垦 312.67公顷,全年拆旧复垦、报批土地总量居南通首位。农村环境持续改善,10个镇获国家环保部农村环境连片整治试点,8个村被列为省级村庄与环境整治试点村,"四位一体"管护成效显著;新增休闲农业1666.7公顷,被评为国家旅游休闲农业示范市;新增绿化造林面积1600公顷,全市森林覆盖率达22.4%,被评为全省唯一的全国平原绿化先进市,"如皋盆景"被确认为中国地理标志证明商标,如皋市被评为全国四大花木之乡之一。交通建设克难奋进,完成交通投入18亿元,334省道东延、花市路、蒲黄线西延工程建成通车,334省道西延、204国道南延工程基本完工,王石线等工程快速推进,全市建成农村公路100公里,改造危桥110座,跻身全省首批8家客运一体化发展示范县(市)行列。

民生幸福　年内,民生幸福工程加快推进。教育"四区联创"步伐加快,被确定为全省首批学前教育改革发展示范区、南通唯一的职业教育创新发展实验区、区域教育现代化建设水平提升工程先行试点地区,普通高考、职教对口高考成绩全省领先。不断完善公共医疗卫生体系,实施基本药物制度,建成"全国亿万农民健康促进行动"江苏示范市、全国农村中医工作先进县(市),市人民医院被列入南通唯一的省公立医院改革试点医院。不断加强食品药品监管,如皋市成为南通唯一的省级餐饮服务食品安全示范县(市)。在全省率先建成全国人口健康公共服务项目示范市,被表彰为全省人口协调发展先进县(市)。文化事业、产业同步提升,建成省首批公共文化服务体系示范区,软件园文化创意产业园被列入全省十大文化创意产业园。全市数字电视用户突破 30 万户,普及率达 90.7%。全民健身中心建成开放,如皋市继续被表彰为全国群众体育先进单位。年内新农合、新农保参保分别 111.87 万人和 45.74 万人,统计参合率均达 100%;城镇居民基本医疗保险、城乡居民最低生活保障实现全覆盖,城镇登记失业率 3.07%;不断完善被征地农民保障,新增失地农民 100%纳入基本生活保障。国家卫生城市获正式命名,省级卫生镇实现全覆盖,建成省级卫生村 168 个。全国文明城市创建高分通过省级考评验收,国家生态市、园林城市顺利通过国家验收,国家环保模范城市创建通过省级评估。如皋市被国际自然医学会认定为世界第六长寿乡。城乡居民储蓄存款余额为 371.25 亿元,同比增长 17.2%;城镇居民人均可支配收入、农民人均纯收入分别达 23028 元、10312 元,同比增长 16.0%和 18.6%;新增个体工商户 10024 户、私营企业 3958 家、私营企业注册资本 198.9 亿元,分别完成年任务的 161%、196%和 199%;建筑业富民效应持续显现,实现施工产值 470 亿元,同比增长 31%。

重　要　会　议

【2010 年度总结表彰大会】　1 月 22 日上午,市委、市政府在如皋大剧院召开 2010 年度总结表彰大会,表彰奖励 2010 年度为全市"转型升级调结构、奋力跨江争八强"作出突出贡献的先进单位和个人,动员全市上下深入贯彻落实市第十次党代会第五次会议精神,以先进典型为榜样,解放思想,高点定位,加快转变发展方式,加快统筹城乡发展,为迈进基本现代化、建设美好新如皋而努力奋斗。

【全市"两个加快"现场推进会暨创新型城市建设动员大会】　3 月 31 日下午,全市"两个加快"现场推进会暨创新型城市建设动员大会在如皋经济开发区召开。会议宣读了省政府关于将如皋列入江苏省创新型试点城市的批复并为之揭牌;进一步突出科学发展主题和转变发展方式主线,明确将如皋建设成为全省、全国发展创新型经济示范区的目标。

【中国共产党如皋市第十一次代表大会】 6月26～28日,中国共产党如皋市第十一次代表大会在如皋大剧院召开。

会议听取和审议南通市副市长、如皋市委书记陈惠娟代表中国共产党如皋市第十届委员会所作题为《全力推进两个加快,深入实施八项工程,勇当江苏实现基本现代化先行军》的报告和市纪委书记马建明代表中国共产党如皋市纪律检查委员会所作的纪委工作报告,并作出相应决议;选举产生中共如皋市第十一届委员会、中共如皋市纪律检查委员会和出席中共南通市第十一届党代会代表。

【中共如皋市第十一届委员第一次全体会议】 6月28日,中共如皋市第十一届委员会举行第一次全体会议,选举产生中国共产党如皋市第十一届委员会常务委员会委员,选举陈惠娟为市委书记,姜永华、黄成为市委副书记;表决通过中共如皋市纪律检查委员会第一次全体会议选举结果报告。

【市委十一届二次全体(扩大)会议】 7月30日,市委十一届二次全体(扩大)会议在如皋大剧院召开。南通市副市长、如皋市委书记陈惠娟作题为《以胡锦涛总书记"七一"重要讲话为动力,只争朝夕,凝心聚力,努力实现"十二五"首战告捷》的报告。会议贯彻落实胡锦涛总书记中国共产党成立90周年重要讲话和市第十一次党代会精神,回顾总结上半年全市经济社会发展情况,研究部署下半年各项工作,动员全市上下以胡锦涛总书记"七一"重要讲话为动力,努力实现"十二五"首战告捷。会议通过《中国共产党如皋市第十一届委员会第二次全体会议决议》。

【全市建设更高水平小康社会推进大会】 9月29～30日,市委、市政府召开全市建设更高水平小康社会推进大会。

会议明确全面决战决胜更高水平小康社会建设总体目标是:全市实现地区生产总值625亿元,城市化率达58%,农业增加值突破50亿元,农民人均纯收入达11500元,基本实现经济更加发达、政治更加民主、文化更加繁荣、环境更加优美、社会更加和谐,人民群众幸福感和满意度进一步提高。会议提出,要以农业现代化工程为抓手,加快农业转型升级;以农民收入持续增长为核心,促进农村经济繁荣;以美好城乡建设行动为载体,改善农村人居环境;以加快发展惠民为根本,提升人民幸福指数。要强基固本,创先争优,为在全省率先基本实现现代化提供有力保障。

【市第十一次党代表大会第二次全体会议】 12月30～31日,如皋市第十一次党代表大会第二次全体会议在如皋大剧院召开。南通市副市长、如皋市委书记陈惠娟代表市第十一届委员会向大会作题为《决战决胜更高水平小康社会,全面加快基本现代化建设进程》的报告。会议深入分析当前形势,回顾总结2011年、研究部署2012年工作,动员全市各级党组织和广大党员干部团结带领全市人民,决战决胜更高水平小康社会、全面加快基本现代化建设进程。会议通过《中国共产党如皋市第十一次代表大会第二次会议关于市委工作报告的决议》、《中国共产党如皋市第十一次代表大会第二次会议关于市纪委工作报告的决议》。

重　要　决　策

【实施"雉水英才"引进计划】 1月,市委下发《关于实施"雉水英才"引进计划的意见》(皋办〔2011〕18号)。

《意见》决定，按照公开、公平、公正、择优的原则，计划在5年内投资5000万元扶持资金，引进“雉水英才”50名。“雉水英才”是指具有现代管理理念和较强创新创业能力，取得良好经营业绩，对如皋市主导产业、传统产业、新兴产业发展有重要作用的各类高层次创业创新领军型人才(团队)。

【“十二五”人才发展规划】 1月，市委出台《如皋市“十二五”人才发展规划》(皋委发〔2011〕15号)。

《规划》明确：“十二五”期间，深入实施党政人才能力提升、高层次人才集聚、人才引进“222”、企业经营管理人才提升、高技能人才振兴、农村实用人才开发、社会工作者队伍培育、人才关爱“八大工程”，培养、造就一支人才规模更加壮大、人才结构更加优化、人才分布更加合理、人才素质更加优良、人才环境更加优越、科研产出更加高效的人才队伍。

【创建国家级经济技术开发区】 4月，市委下发《关于加快开发开放，加快转型升级，全力创建国家级经济技术开发区的意见》(皋委发〔2011〕35号)，决定以如皋经济开发区(柴湾镇)为主体，整合经济开发区(柴湾镇)、如城镇和软件园(桃园镇)的资源要素，共同创建国家级经济技术开发区，加快形成港口型经济、都市型经济与镇域经济三足鼎立，开发区(柴湾镇)、如皋港、如城镇、科技城(桃园镇)四极拉动发展的新格局。

【深入实施“八项工程”】 6月27日，市十一次党代会第一次会议上提出深入实施“八项工程”的战略部署。

转型升级工程：把转型升级作为如皋勇当江苏实现基本现代化先行军的基本路径，坚持先进制造业与现代服务业“双轮驱动”、新兴产业发展与传统产业提升“两手并重”，不断加大开放力度，优化产业结构，提升产业层次，加快转型步伐。

科技创新工程：把科技创新作为如皋勇当江苏实现基本现代化先行军的核心战略，推动发展方式从投资驱动向创新驱动转变，从资源依赖向人才支撑转变，2013年建成省创新型试点城市，“十二五”期末全市科技进步贡献率突破60%。

农业现代化工程：把农业现代化作为如皋勇当江苏实现基本现代化先行军的基础工程，以创建统筹城乡发展改革试验城市为抓手，深入实施新农村建设“十大工程”，推动以工促农、以城带乡，加快农业现代化进程，率先实现城乡一体发展、共同繁荣。

文化建设工程：把文化建设作为如皋勇当江苏实现基本现代化先行军的灵魂工程，以推进“八大建设”(社会主义核心价值体系建设、全国文明城市建设、现代传播体系建设、文艺作品创新创优工程建设、公益性文化服务体系建设、现代文化产业体系建设、文化体制机制创新建设、文化人才队伍建设)为抓手，健全完善具有鲜明时代特征和地方特色、适应基本现代化要求的文化发展体系，建设文化强市，提升如皋软实力。

民生幸福工程：把民生幸福作为如皋勇当江苏实现基本现代化先行军的根本工程，坚持以人为本、民生优先，切实解决好群众最关心、最直接、最现实的利益问题，加快发展成果普惠于民，全面提高人民群众的生活水平，提升幸福感和满意度。

社会管理创新工程：把社会管理创新作为如皋勇当江苏实现基本现代化先行军的重要保障，以社会管理创新示范城市创建为抓手，按照“党委领导、政府负责、社会协同、公众参与”要求，加快构建与社会主义市场经济、民主政治和先进文化相适应的社会管理格局。

生态文明建设工程：把生态文明建设作为如皋勇当江苏实现基本现代化先行军的重要抓手，始终坚持环保优先、节约优先原则，把低碳理念融入经济社会发展和人民生活之中，建设资源节约型、环境友好型社会，全面提升生态文明水平。

党建工作创新工程：把党建工作创新作为如皋勇当江苏实现基本现代化先行军的根本保证，始终坚持以执政能力建设和先进性建设为主线，以改革创新精神全面推进党的思想、组织、作风、制度建设和反腐倡廉建设，不断增强党组织的凝聚力、创造力、战斗力。

【深化和完善主功能区行政授权】 8月，市委根据省委、省政府关于强镇扩权精神，结合如皋实际，下发《关于进一步深化和完善主功能区行政授权的意见》(皋委发〔2011〕63号)。

《意见》明确，授权范围为如皋经济开发区(柴湾镇)、长江镇(如皋港区)、如城镇、如皋软件园(桃园镇),行政授权部门为住建(建工)、城管、环保、发改、商务、安监、人保、国土、水务、工商、质监11个部门。《意见》对相关机构设置,人员配备,章戳设置、运行程序及文书使用,日常考核管理和经费保障均给予明确规定。

【加快水利改革发展、推进水利现代化建设】 9月,市委下发《关于加快水利改革发展、推进水利现代化建设的意见》(皋委发〔2011〕74号)。

《意义》提出加快水利改革发展、推进水利现代化建设总体目标为:力争通过五年左右努力,初步建成现代化水利综合保障体系。基本建立最严格的水资源管理制度,基本形成水利工程良性运行机制,进一步完善水利投入稳定增长机制,基本建立有利于水资源节约和合理配置的水价形成机制。

《意义》明确加快水利改革发展、推进水利现代化建设工作重点是:建设"生态水利",着力构建引排畅通、水清水美的水生态保护体系,实施中小河流整治工程,健全农村环境"四位一体"长效管护机制。建设"民生水利",着力构建功能齐全、长效管护的农村水利工程体系,提升水利服务民生的能力。建设"安全水利",着力构建标准较高、协调配套的防洪减灾工程体系,保障人民群众生命财产安全。建设"资源水利",着力构建优化配置、高效利用的水资源保障体系,保障经济社会可持续发展。建设"景观水利",着力构建集防洪、休闲、观光等功能于一体的水利风景区运行体系,全面提升水文化品位。建设"科技水利",着力构建科学的运行管理体系和水利工作科学化水平。

【建设江苏省职业教育创新发展实验区】 9月,市委下发《关于建设江苏省职业教育创新发展实验区的意见》(皋委发〔2011〕76号),决定推进职业教育创新发展和科学发展,加快建成江苏省职业教育创新发展实验区。

目标:到2015年,全面达成江苏省职业教育创新发展实验区建设标准。

举措:加快完善现代职业教育新体系,构建体现终身教育理念、与市场需求和劳动就业紧密结合、中等和高等职业教育协调发展的现代职业教育体系;以提高教育教学质量为核心任务,由注重规模扩大向强化内涵、提高质量转变,在发展中突出内涵建设,以内涵建设促进职业教育科学发展;创新职业教育"双师型"教师队伍建设机制,建立健全职业教育行政和教科研机构,建立职业学校兼职教师制度;组建由相关部门、行业、企业、学校联合参加的如皋市职业教育专业指导委员会,建立如皋市职业教育校企合作工作指导委员会,组建五大产业职教集团,切实提高职业教育与支柱产业的吻合度和对经济社会发展的贡献度。

【进一步推进农村土地承包经营权流转】 9月,市委下发《关于进一步推进农村土地承包经营权流转的指导意见》(皋委发〔2011〕77号),决定进一步推进农村土地承包经营权流转。

目标任务:2012年全市农村土地累计流转面积占耕地面积的50%;2013年达2/3;2014年达90%;到2015年,全面建立土地流转促进农业增效、农民增收和现代农业发展的长效机制。

具体举措:鼓励农户依法采取入股、转包、出租、互换、转让等多种方式流转土地承包经营权;鼓励承包农户委托发包方和土地流转中介服务组织流转其承包土地;鼓励有资金、懂技术、善经营、会管理的种养大户、工商企业、农业龙头企业、农民专业合作社、农业科技人员等农业经营主体投资效益农业,连片开发经营农户流转的土地;鼓励兴办和不断壮大农地股份合作社,引导农户以土地承包经营权入股的形式流转土地;鼓励充分发挥种养大户、购销大户、农业龙头企业、农民专业合作社等经营主体的作用;鼓励建立土地流转中介服务组织,加强信息平台建设,支持各种社会力量参与创办农村土地流转中介服务机构;鼓励村级集体经济组织加大推进农村土地流转的力度。加强管理。规范流转手续,建立备案和登记制度,规范土地流转中介服务组织的行为,妥善处置土地流转纠纷。加大对农村土地流转的扶持奖励力度,实行信贷支持和用地政策倾斜,加大对农业基础设施建设的投入力度,加大对农村劳动力技能培训的力度。

【加快推进主功能区城市现代化】 9月,市委下发《关于加快推进主功能区城市现代化的意见》(皋委发〔2011〕83号),决定加快推进主功能区城市现代化。

目标:把主功能区建设成为功能完善、环境优美、秩序井然、特色鲜明、宜居宜业的现代化城区。到2015年实现城市规划布局现代化、城市功能配套现代化、城市服务管理现代化。

重点：强化规划引导，着力优化城市现代化的空间布局；完善基础设施，不断做优城市现代化的坚实平台；做优社会事业，不断完善城市现代化的公共服务；推进城市改造，持续提升城市现代化的整体形象；推进三产升级，形成支撑城市化现代化的商业体系；强化综合整治，加快完善城市现代化的管理体系；加强生态建设，努力营造城市现代化的优美环境；推进文明创建，持续打造城市现代化的时代风貌；创新社会管理，不断夯实城市现代化的基础。

【深入推进“六城同创”】 12月，市委下发《关于2012年“六城同创”工作的意见》(皋委发〔2011〕101号)，决定继续深入推进“六城同创”。

创全国文明城市：2012～2013年以全面达到A级标准为目标，确保城市公共文明指数测评位居全省同类城市前列。2014年，达到全国文明城市标准，组织申报，迎接测评，确保顺利通过考核。

创健康城市：2012年，主要指标达到健康城市要求，正式申报加入健康城市联盟。2013年，成功加入健康城市联盟。2014年，不断提升健康城市的建设水平。2015年，提升如皋作为健康城市在亚太地区的影响力。

创国家生态文明城市：2012年，确保建成国家环保模范城市，全面提升生态文明建设水平。2013年，六大生态文明核心指标全面达标，形成具有如皋特色的先进生态文明观念和生态经济体系。2014年，申报并建成国家生态文明建设试点市。2015年，完善生态文明建设长效机制。

创国家生态园林城市：2012年，启动国家生态园林城市创建。2013年，城市园林绿化等级评价标准达到Ⅰ级。2014年，申报国家生态园林城市。2015年，确保通过国家评审并获正式命名。

创国家历史文化名城：2012年，创成江苏省历史文化名城，积极申报国家历史文化名城。2013～2014年，进一步完善申报文本，做好历史文化街区的保护和整治。2015年，创成国家历史文化名城。

创中国最佳绿色旅游城市：2012年，建立政府主导的旅游业发展长效机制，完善城市基础设施，提升城市旅游服务功能，培育旅游企业竞争力，提升市民素质和旅游业从业人员水平。2013年，提交“创绿”申请。2014年，通过省级调研评估，迎接国家技术考核评估。2015年，确保通过评审并正式获得命名。

【实施年轻干部“5120”培养计划】 12月，市委下发《关于进一步加强培养选拔年轻干部工作的意见》(皋委发〔2011〕105号)，决定实施年轻干部培养选拔“5120”计划。

“5120”计划，即从领导班子建设的现实需要和长远发展出发，以党政正职为重点，五年内，培养选拔35岁以下的副科职领导干部100名、35岁左右的正科职领导干部20名。

【工业经济转型升级行动计划】 12月，市委出台《如皋市工业经济转型升级行动计划(2011～2015年)》(皋委发〔2011〕110号)。

主要目标：到2015年，全市现有1000家应税销售超500万元的成长型企业实现阶段性转型升级目标，300家科技型小微企业进入规模以上企业行列，一批综合实力强、现代化水平高的生产性服务业企业脱颖而出。

重点任务：增强自主创新争力，实施企业高端人才计划，组织关键核心技术攻关，培育技术创新示范企业，促进中小企业创新发展。推进两化深度融合，组织实施“数字企业”工程，实施软件和信息服务业载体建设工程，加快两化融合示范园区、示范企业建设。加强质量品牌建设，推动企业创建品牌，实施产品质量攻关计划。加大项目投入力度，大力实施“211”工程，积极开拓项目源，拓宽项目融资渠道。拓展新品名品市场，引导企业拓展市场，协同企业推广新产品，落实新产品拓展市场的政策措施。促进集约集聚发展，推动要素向优势企业集聚，增强补齐特色产业链条，加快小微企业规模扩张，推进集中区建设，创新(低碳)型园区建设。提升绿色制造水平，实施能效提升工程，推动节能技术改造，促进循环经济发展，加快淘汰落后产能。推进体制机制创新，建立和完善现代企业制度，培育管理创新示范企业，加快生产性服务业发展，促进商业模式创新，提高企业国际化水平，提升企业信用管理水平。

重 要 活 动

【红十四军纪念馆开馆活动】 6月9日上午，市委、市政府举行红十四军纪念馆开馆仪式。中共中央政治局委员、国务委员刘延东，中国关工委主任顾秀莲发信祝贺红十四军纪念馆开馆。省委常委、宣传部部长杨新力代表省委书记罗志军、省长李学勇对中国工农红军第十四军纪念馆开馆表示祝贺；南通市委书记丁大卫在会上讲话；南通市副市长、如皋市委书记陈惠娟在会上介绍"十一五"以来，在红十四军精神激励和感召下，如皋老区人民取得的成绩。红十四军将士后代代表李铁城、刘延淮在仪式上发言。省委原书记、省中共党史学会会长陈焕友，原省委副书记、省关心下一代工作委员会主任曹鸿鸣，中国关心下一代工作委员会常务副主任闵振环，省军区政治部主任吕先景，省委副秘书长姚晓东，南通、如皋市领导以及部分红十四军将士后代出席开馆仪式。

下午，中国工农红军第十四军研讨会在如皋光华国际大酒店国际会议厅举行。研讨会由江苏省委党史工办、江苏省中共党史学会联合举办，南通市委党史办、如皋市委承办。省委原书记、省中共党史学会会长陈焕友，省委党史工办副主任吴雪晴，军科院军事历史研究所副所长郭志刚，江苏省中共党史学会常务副会长马洪武，南通市人大副主任陆玉明，南通市副市长、如皋市委副书记陈惠娟，南通市委党史办主任严崇明，红十四军将士后代李铁成、刘延淮、刘延宁、刘延申、张淮流、黄易宇、何昭善，以及全国各地党史专家学者、党史工作者200余人出席研讨会。研讨会共收到论文52篇，有16位专家、学者在会上发言，分别从不同视角，重温红十四军的光辉历史，评述红十四军历史功绩，研究和探讨红十四军的不朽精神及其现实意义。

晚上，市委、市政府与中央电视台第七套《军营大舞台》在如皋大剧院联合举办"江海军旗红"主题文艺晚会，庆祝中国共产党成立90周年暨中国工农红军第十四军纪念馆开馆。晚会在《太阳最红毛主席最亲》、《我要去延安》等一曲曲经典红歌和《如皋之歌》、《家乡变了》等一个个本土节目中回顾峥嵘岁月，讴歌辉煌成就，激发如皋人民迈进基本现代化、建设美好新如皋信心和决心。7月9日，"江海军旗红"主题晚会在央视七套首播，播出时长44分钟。

【第九届中国如皋沿江经济洽谈会】 10月28日上午，第九届中国如皋沿江经济洽谈会在如皋大剧院开幕。原对外贸易经济合作部副部长、中国五金矿产进出口总公司原总经理、中国对外贸易经济合作企业协会会长周可仁，省政府副秘书长王志忠，中国软件行业协会秘书长胡崑山，美国塔拉哈西市市长、美国市长会议信托委员会委员约翰·罗伯特·马可思三世，美国佛罗里达州立大学工程学院院长 John Collier，中国港口协会顾问曹忠喜，美国华源国际集团有限公司董事长、美国加州华人总会会长、南通欧文斯生物科技有限公司董事长蔡成华等出席开幕式。《人民日报》、新华社、《光明日报》、人民网、中国网、《新华日报》等媒体记者代表参加活动。

洽谈会期间，举办了一系列活动：

28日上午，举行省现代服务业重点扶持项目——金盛建材家居全球采购中心、总投资100亿元的江苏雅鹿石化有限公司化纺原料生产基地等项目开工仪式。

10月28日上午，金盛建材家居全球采购中心项目开工建设

28日下午，举行第九届中国如皋沿江经济洽谈会投资环境说明会暨签约仪式，成功签约项目116个，其中一产项目11个、二产项目78个、三产项目27个，总投资为内资281.17亿元、外资21.89亿美元。举行中国如皋港现代港口物流招商会，发布港口物流项目信息，向已注册的港口物流企业颁发营业执照，签约物流项目等，国家发改委宏观经济研究院研究室主任王东明作相关主题演讲。举行"数字如皋港"开通仪式和如皋港公共

保税仓库封关、集装箱定期航班开通、集装箱物流园区开工、物流总部大楼开工、物流信息交易大楼奠基等仪式。举行如皋"青铜万寿百岁碗"暨长寿之乡"星光大道"落成及如皋"万寿百岁碗"获吉尼斯世界纪录认证仪式，吉尼斯世界纪录协会高级认证师吴晓红现场宣布"青铜万寿百岁碗"为世界上最大的万寿百岁碗，并颁发世界纪录认证证书。

29日上午，召开数字城市如皋高层研讨会、国家信息技术服务标准组(ITSS)咨询标准研讨会，市政府、如皋软件园、市卫生局与相关软件企业签署合作协议为国产基础软件应用示范基地揭牌，相关知名软件企业专家和高管就如皋加快建设"数字城市"提出建议和对策。

29日下午，第九届中国如皋沿江经济洽谈会举行项目集中开工活动。64个投资1000万元人民币或100万美元以上项目集中开工建设，涉及房地产、化工、船舶配件、建材家居、精密电子、生物医药、机械制造等领域，计划总投资194.26亿元，其中外资4.45亿美元。由广东省江苏商会投资3.6亿元建设的如皋财富大厦项目举行奠基仪式。

政策调研

【概况】 2011年，市委组织一季度重点工作推进情况调研、年中全委会调研、9月份更高水平小康调研和11～12月份年终集中调研等全局性调研活动。

调查研究　年内，市委坚持每月召开四套班子情况交流会，推进四套班子领导的调研活动。市委办公室积极参与市委领导开展的调研活动，同时围绕市委重点工作组织开展专题调研，协助市委制订出台关于全力推进两个加快，深入实施八项工作的一系列政策意见，起草一季度点评会、市第十一次党代会、十一届二次全委扩大会、更高水平小康推进会等重要会议报告，发表各类调研论文100多篇，其中《建设文化高地，蓄积发展势能》、《坚持民生优先》、《开放带动，创新驱动，加快推进工业经济转型升级》、《全力推进工业经济转型升级》、《如皋城市建设成功之路在哪里》、《加强党性锻炼增加党性修养》等多篇论文在《群众》、《农村工作通讯》、《党建导刊》、《党政干部论坛》、《决策》、《党建研究》等省级以上报刊发表。推介如皋经济社会发展亮点的《如皋：誓让百姓共饮长江水》、《爱在如皋》、《如皋欢歌》等在《半月谈》杂志发表，《如皋：多元统筹加速城乡融合》在《新华日报》5月11日头版头条刊出。全年起草、修改、审阅大型会议材料和重要文件300多篇、各类文字材料600多篇，累计500万字以上。

信息采编　年内，市委办公室(研究室)按照"紧贴中心、服务决策、提高质量、快速传递"要求，建立健全信息采编、报送机制，为市委和基层提供全方位、宽领域、多角度的信息服务；建立全员信息目标考核机制，采编信息被省委内刊录用35条。构建三级信息网络，与政府市长热线、政协《社情民意》、公安"110"等建立信息联动机制，实现资源共享。改进信息服务，编发《信息参阅》、《情况通报》30多期。

(章礼君)

组织工作

【概况】 全市现有党的工作委员会8个、党的基层组织5783个、政府工作部门和群众团体党组42个，有党员67859人。党的基层组织中，有党委71个、党总支477个、党支部5235个。全市现有科级党政领导干部775人。其中，市级机关部门414人，各镇及开发区347人，市属国有资产公司(集团)领导干部14人；妇女干部99人，占比12.77%；党外干部30人，占比3.87%；领导干部平均年龄43.1岁，35岁以下年轻干部120人，占比15.48%；具有大学以上学历者583人，占比75.23%(其中，硕士61人，博士10人)。

干部教育培训　年内，市委组织部进一步改版升级"雉水在线"——如皋市干部在线学习平台，针对换届后干部不同需求，开辟城乡统筹、新农村建设、基层组织建设等专题学习园地，对58名新任镇党委班子成员实施理论培训和相关业务知识测试。加强对领导干部在线学习跟踪管理，上传课件1000多个，注册学员1008人，点击率达26万多次。继续做亮做响"雉水讲坛"品牌，围绕宏观经济形势分析、企业转型升级等重点、热点课题，邀请韩俊(国务院发展研究中心副主任)、吴瑞林(原副省长)、章剑华(省委宣传部副部长，省文化厅党组书记、厅长)等知名专家学者开展专题讲座。办好各类培训主体班次。继续深化年轻干部"四线四百"实践锻炼工程,建立动态管理机制,做到全程帮带指导、全程跟踪培养、全程竞争择优,全面提升年轻干部解决实际问题、服务科学发展、助推转型升级的能力。4月,组织各镇党委书记和部分市级机关部门负责人赴台湾学习考察,着力提升领导干部世界眼光和战略思维。5月,组织全市36名机关驻村书记,参观考察山东潍坊、寿光等新农村建设的典型,帮助解放思想理念,提升履职本领。11月,举办第18期中青班,组织各镇镇长和全体机关驻村书记赴国家行政学院接受高端培训。

干部选拔任用　年内,以党建工作创新工程为抓手,推进干部选拔任用民主化建设,全年提拔正科职领导干部31人、副科职领导干部64人。稳妥推进市镇党委集中换届工作,换届后全市镇党委班子平均年龄39.91岁,比换届前下降近2岁,有4名选调生或高层次人才担任镇党政正职,5名优秀村书记、10名优秀大学生"村官"进入镇党政领导班子,实现组织意图与群众意愿的高度统一。坚持一线用人原则,在2010年选派20名科局级机关干部到村任职的基础上,再次遴选16名机关优秀年轻干部到村担任机关驻村书记。择优安排5名高层次人才挂职科技副镇长,安排18名大学生村干部到镇领导班子中挂职锻炼,选拔4名村书记担任副镇长,明确11名村(社区)党组织书记享受副科级领导干部待遇。拓宽干部选拔任用渠道,继续面向国内外知名高校引进高层次党政后备人才88名,面向全国开展公开选拔专业型领导干部活动,录用13人(其中博士3人)担任四个主体功能区及部分重点机关部门副职,进一步优化干部队伍知识、年龄层次结构。规范科级以下公务员流动调配,组织实施9家市级机关部门公开招考13个职位人员。集中推进开展市、镇机关中层干部跨单位交流工作,跨单位交流市镇机关中层干部52人,科学调配科级以下公务员79人,激发公务员队伍整体活力。采取竞争上岗模式,选拔产生市纪委派驻机构科级领导干部4人,以市公安局基层派出所升格为契机,采取公推竞岗模式选拔产生市公安局科级领导干部18人。围绕干部人事工作重点、难点问题,探索性研究出台《关于进一步加强培养选拔年轻干部工作的意见》(皋委发〔2011〕105号),实施年轻干部"5120"培养计划,进一步完善年轻干部选拔培养工作长效机制。

干部监督管理　年内,以严肃换届纪律为契机,探索领导干部监督管理有效途径,通过大力度、高密度宣传,营造全社会共同参与监督的良好局面。换届期间发放宣传资料7.2万余份,收回回执7万余份。通过《如皋日报》、党建网、《党建手机报》、组工信息台、党建公开信箱等途径向广大干部群众宣传纪律要求,营造浓厚的氛围,严肃换届纪律相关文件的知晓率达99.2%,换届风气满意率达97.71%,成功通过省市严肃换届纪律检查。严把各单位选拔任用程序关口,实施选拔任用全程监督,切实提高干部群众满意度。依托干部选拔任用工作记实监督系统,全程监控全市具有干部任免权限的82家单位选拔任用股级干部216人。将市管事业干部选拔任用工作纳入记实监督系统,进一步规范市管干部选拔任用工作。畅通群众监督渠道,广泛听取群众意见,全年受理查处涉及干部选拔任用的举报6件,查实1件,取消2名被举报人的任职资格,并对有关责任人实施诫勉谈话。实施"三责联审",对主要领导干部用人、用财、用编权行使实施监督,全年实施联审项目28个。深入开展"一报告两评议",测评结果显示2011年度全市干部选拔任用工作群众满意率为88.18%,较上年提高2.81%。

人才培养选拔　年内,通过"三三三"模式,深入开展"222"人才引进工程,全力打造人才高地,全年引进高层次创业创新人才40人,硕士以上研究生和高级职称人才282人,本科学历和中级职称人才2397人,新增留学回国人员24人。入选2011年省级高层次创业创新人才引进计划2人,入选省"六大人才高峰"资助对象5人,入选第四批省"333高层次人才培养工程"资助对象第一层次1人、第三层次9人,入选省科技型企业家培养对象4人、省产业教授2人。实施企业家素质提升工程,不断创新培训方式,成功举办如皋企业家美国斯坦福大学高级研讨班和重点企业高级管理人才南航MBA核心课程班。2月,召开全市人才工作大会,发放各类人才奖金37万元,发放高层次人才、紧缺人才技术津贴60.56万元,发放2010年度高校本科毕业生就业资助和特困毕业生就业资助33.7万元。5月,举办第14届如皋经济技术(科技·人才)洽谈会，新聘请12名院士和高校校长担任如皋市经济社会发展高级顾问。达成科技人才对接洽谈合作意向406个，其中，工业类产学研合作意向244个，农业类产学研合作意向128个，金融类合作意向34个。7月，举办"海外人才如皋行"活动，与120多名海外人才洽谈对接，与58名海外人才达成合作意向，其中企业高管和研发人才17人。12名省科技镇长团成员到如皋挂职，56名高校教授博士进企业开展柔性合作。

基层组织建设　年内，围绕建设更高水平小康社会的目标，加强基层党组织建设，全面推动经济社会持续腾飞。突出抓好村干部队伍建设，全市担任村(社区)两委"一把手"大学生"村官"41人，享受副科级待遇村(社区)党组织书记54人，常青镇土山村党总支书记薛贵如被评为省优秀共产党员。深化基层党建主题活动。3月，出台《关于在全市开展优秀村(社区)党组织书记与优秀大学生"村官"结对共建活动的实施意见》(皋组发〔2011〕67号)和《关于开展"离退休党员干部与大学生村官手牵手"主题实践活动的意见》(皋组发〔2011〕118号)，健全共建机制，促进优秀大学生"村官"能力素质全面提升。出台《关于建立选拔进入镇级领导班子和明确享受副科级待遇村(社区)党组织书记管理考评制度的实施意见》(皋组发〔2011〕65号)，以先进典型示范带头作用推动全市农村基层党组织工作。5月，通过省、南通市统一选聘，继续面向高校公开招录大学生"村官"44名。组织全市42名优秀大学生"村官"参加农业部管理干部学院培训班，为期五天。7月，下发《关于在全市村(社区)深入开展"四有一责"建设行动计划的实施意见》(皋办〔2011〕55号)，把"四有一责"("四有"指有持续稳定的集体收入、有功能齐全的活动阵地、有先进适用的信息网络、有群众拥护，"一责"指强化村党组织领导责任)的"双强"(思想政治素质强、科学发展能力强)带头人，建设作为实施农业现代化工程、党建工作创新工程的重要举措和得力抓手，全面增强村级组织的战斗力、凝聚力和创造力。下发《关于开展领导干部下基层活动的意见》(皋办〔2011〕53号)，进一步转变干部作风，密切党群关系，充分发挥领导干部带头抓基层、解民忧、促发展的示范和表率作用。8月，出台《中共如皋市委关于实施"一村两名大学生'村官'"计划，推进"3112"培养工程的意见》(皋委发〔2011〕67号)，进一步加大全市大学生村官选拔、培养、实践、管理、使用力度。下发《关于建立领导干部下基层长效机制的意见》(皋办〔2011〕64号)，围绕主题活动建立开展工作长效机制，推进"三解三促"活动深入开展。9月，下发《关于在全市村(社区)党组织中深入开展争创"十面红旗"竞赛活动中的实施意见》(皋委办〔2011〕18号)，指导各村(社区)以创建"五个好"(领导班子好、党员队伍好、工作机制好、工作业绩好、群众反映好)基层组织为目标，深入开展"十面红旗"创争活动。10月，出台《关于开展大学生"村官"助推农村信息化建设的实施意见》(皋组发〔2011〕204号)，发挥全市大学生"村官"学历高、信息灵、眼界宽优势，弘扬大学生"村官"创业、创新、创优的"三创"精神，进一步推动农村信息化建设又好又快发展。12月，出台《中共如皋市委关于完善优秀村(社区)党组织书记激励政策的实施意见(试行)》(皋委发〔2011〕107号)，不断优化队伍结构，有效激活队伍活力。下发《关于进一步发挥党代表作用的实施意见》(皋委发〔2011〕106号)，促进党内决策民主化、科学化和制度化，不断提高党的执政能力，巩固党的执政基础，始终保持党的先进性。

非公有制企业党建　年内，市委组织部全面实施"一三五十"(力争到2012年底，全市建成10个省级党建工作示范点、30个南通市级党建工作示范点、50个市级党建工作示范点、100个镇级党建工作示范点，形成一批具有较强示范辐射作用的党建工作示范基地和特色项目，全面提升全市基层党建工作整体水平)党建示范点创建工程、党建"引领工程"、党组织书记素质提升工程、在全市非公企业中开展争创"五好"党组织，争当"五强五优"(政治引领强，服务发展优；创新能力强，作用发挥优；业务素质强，工作实绩优；统筹协调强，凝聚职工优；党性观念强，作风形象优)党组织书记活动，不断提升非公企业党建科学化水平。全年新建"两新"(新经济、新社会)组织党组织580家，选派党建工作指导员152人，实现党的工作和党的组织"双覆盖"。4月，出台《关于深入开展争创党建工作示范点活动的意见》(皋组发〔2011〕124号)，实施"一三五十"工程，在镇(区、园)、农村、街道社区、机关、学校、医院、"两新"组织七大领域开展党建工作示范点创建活动，双钱集团(如皋)轮胎有限公司、南通市神马电力科技有限公司、江苏熔盛重工有限公司等10家企业被评为南通市级“党建工作示范点”。出台《关于开展非公企业工作服务转型升级行动计划的实施意见》(皋组发〔2011〕133号),不断深化非公企业党组织和党员创先争优活动。10月,出台《关于在全市新经济新社会组织中实施党建“引领工程”的意见》(皋组发〔2011〕200号),根据不同领域、不同行业的实际情况,深入实施党建“引领工程”。出台《关于推行民营企业党组织双重管理的意见》(皋组发〔2011〕201号),对全市20家大型民营企业党组织实行双重管理,熔盛重工被列为全省20家双重管理的大型民营企业之一。出台《关于进一步加强“两新”组织党务工作者队伍建设的意见》(皋组发〔2011〕202号),实现“两新”组织党务工作者100%持证上岗,不断完善选拔任用、教育培训、管理考核、激励保障四大机制,双钱集团杨宁宁被评为全省优秀党务工作者。11月,出台《关于在全市非公企业中开展争创“五好”党组织,争当“五强五优”党组织书记活动的实施意见》(皋组发〔2011〕225号),在全市非公企业中开展争创“五好”党组织,争当“五强五优”党组织书记活动。

党员队伍建设　年内,培训入党积极分子1246人,发展新党员903人。新党员中,女性341人,占发展总数的37.8%;35周岁以下党员554人,占发展总数的61.4%;大专以上学历党员583人,占发展总数的64.6%;“两新”组织党员316人,占发展总数的35%;流动人员120人,占发展总数的13.3%;生产一线党员452人,占发展总数的50.1%。严格执行发展党员谈话制度,谈话率达100%。围绕“为民服务创先争优”主题,扎实开展争创“群众满意的窗口服务单位”主题活动,大力推行微笑服务、上门服务、网上服务、“一站式”服务、“保姆式”服务等服务模式,深入推进“红旗窗口”、“服务明星”、“党员示范岗”、“工人先锋号”、“巾帼示范岗”、“青年文明号”等创建,增强基层党组织战斗力和凝聚力,得到中央创先争优调研组肯定,人民日报社《人民论坛》专家组对如皋创先争优经验总结提升,形成《腾江越海立潮头——深入开展创先争优活动的“如皋实践”》一书,由中央创先争优办公室副主任傅思和作序,中组部党建读物出版社出版发行,有效提升如皋市创先争优活动在全国的影响力。1月,制订下发《关于印发〈如皋市2011年度发展党员计划〉的通知》,部署全年发展党员工作。制订下发《关于分配2011年农村老党员定补、困补指标的通知》,发放新中国成立前老党员生活补助283.224万元,发放困难补助80万元。2月,联合团市委、市人社局、市总工会等举办“新春开门红”招聘洽谈会,开设农村党员、流动党员择业快速通道,为各类党员优先提供就业岗位近1000个。全国党建研究会副会长蔡长水率人民日报社《人民论坛》栏目专题调研组到如皋,考察调研创先争优活动开展情况。人民日报社《人民论坛》理论调研点授牌仪式暨“深入开展创先争优活动的‘如皋样本’”专题调研座谈会举行。4月,中央创先争优活动领导小组办公室副主任、中组部组织一局局长张国隆率调研组到如皋,调研窗口单位和服务行业创先争优活动开展情况。6月,围绕“迎接中国共产党成立90周年”主题开展读一本党史书籍、上一堂党课、组织一次大讨论、开展一次党员志愿服务周等“十个一”教育活动,组织七一走访慰问,设计制作中国共产党成立90周年七一纪念贺卡,发放到每一位党员手中。8月,在全市党员干部中全面推行以“及时梳理群众诉求、实时代理群众事务、即时处理群众难题”为主要内容的“三理工作法”,制订下发《关于在全市党员干部中推行“三理工作法”的实施意见》,以袁桥镇为范例召开现场推进会,“三理工作法”成功实践获中组部《共产党员手机报》宣传推介。11月,研究制订《关于实施“青苗工程”强化入党积极分子队伍建设的意见》。12月,组织开展春节走访慰问老党员活动。

组工队伍建设　年内,市委组织部以建设模范部门、打造过硬队伍为目标,带头创先争优,深化“讲党性、重品行、作表率”主题活动,塑造学习型组工干部队伍,忠实践行“三服务”(为党和国家工作大局服务、为党员干部和各类人才服务、为人民群众服务)、“两满意”(让全党满意、让人民满意)的组织工作核心价值观,巩固和提高“贴心娘家”优秀服务品牌创建。4月,召开组织部门自身建设专题会议,集中学习《南通市公务员思想道德和社会诚信行为规范》、《组织人事干部若干行为规范》等行为规范,开展组工干部党性大讨论活动。7月,以庆祝中国共产党成立90周年为契机,深入开展“六个一”(一堂专题党课、一期雉水讲坛、一次瞻仰活动、一次征文演讲比赛、一次集中警示教育、一部红色主题电影)教育活动。9月,在中共中央组织部全国组织干部学院成功举办全市组工干部培训班,邀请中共中央党校专家学者作辅导,各镇(区、园)组织委员及组织部机关中层干部35人参加培训。

信息宣传　年内,围绕市委工作大局和组织工作中心任务,发挥"参谋助手耳目喉舌"作用,开展组工信息宣传调研工作。全年报送信息112篇,其中,《中组部组工信息》录用1篇,《组工通讯》录用1篇,《江苏组工信息》录用9篇,《南通组工信息》录用8篇。350多篇文章分别在《中国人事报》、《组织人事报》、《党的生活》、《新华日报》、《党建》等主流媒体上公开发表。全年编发《如皋组工信息》34期。在如皋党建网上传各类稿件4612条、新闻图片85幅,其中有60多篇报道被各级媒体转载,点击率超过120万次。3月,党建·新农村频道全国首家正式开播。

【全国首家开播党建·新农村频道】　3月6日,如皋市举行党建·新农村频道开播仪式,全国首家党建·新农村频道正式开播。

该频道由市委组织部主办、市文广传媒集团和农业委员会联办、39家成员单位协办,创设党建和新农村两大主题,《党建要闻》、《时代先锋》、《天下如皋人》、《聚焦新农村》、《雉水讲坛》、《致富天地》、《红色剧场》7大板块13个栏目,每天16小时滚动播出,信号覆盖全市30万数字电视用户、7万多名党员、145万常住人口。

年内,组织拍摄1526次,制作节目200档,折合时长超过5000小时。《党建要闻》栏目制作节目52档,全景展现如皋市招商引资、项目投入、小康推进成果和亮点。《时代先锋》栏目赴京跟踪拍摄,精心制作纪实片《"心碰心"的成长》。《天下如皋人》栏目出省跨市,遍访在外游子58人,送去家乡问候,联络彼此感情,牵手他们为家乡发展做出贡献。《聚焦新农村》栏目制作28期,记录农家幸福生活,把最鲜活的农家生活原汁原味地搬上荧屏。《雉水讲坛》邀请领导、专家登坛讲学24期,打造基层百姓学习的优质课堂。中国共产党成立90周年之际,拍摄制作大型电视纪录片《印记·红色如皋》6集。

【《腾江越海立潮头》出版发行】　5月,由中央创先争优办公室副主任、中组部原部务委员傅思和作序,全面反映如皋市创先争优生动实践的《腾江越海立潮头——深入开展创先争优活动的"如皋实践"》一书,由中组部党建读物出版社正式出版发行。

自2月始,全国党建研究会、中央党校、国务院发展研究中心等单位的专家学者组成课题组,深入调研如皋市创先争优活动,在系统总结、归纳提炼基础上,形成《腾江越海立潮头——深入开展创先争优活动的"如皋实践"》。全书分推动科学发展、促进社会和谐、服务人民群众、加强基层组织、先进典型示范五大篇章计33万多字,收录如皋市创先争优范例60个。书中,中央、省、南通市的相关领导对部分范例作专题点评。

【中组部部长李源潮为如皋递进式培养助推大学生"村官"进入村"两委"班子经验作批示】　5月,如皋递进式培养助推大学生"村官"进入村"两委"(村党支部委员会、村民委员会)班子的经验,得到中共中央政治局委员、中央书记处书记、中组部部长李源潮亲笔批示,并被中组部《组工通讯》第87期摘发。

年内,如皋市创新实施"3112"(从大学生"村官"队伍中培养30名科级领导班子成员、100名科级后备干部,100名村(社区)"两委"正职、200名村(社区)"两委"正职后备干部)培养工程,让一大批优秀大学生"村官"脱颖而出、成长成才,逐步形成一条基层一线党政干部"培养链"。截至年底,全市338名大学生"村官"全部进入村"两委"班子,其中,担任村(社区)党组织副书记以上职务125人,被选拔为村(社区)两委"一把手"41人,通过"三推三考"("三推"即党员群众推荐、大学生"村官"推荐、镇村党组织推荐,"三考"即实绩考核、能力考察、公论考评)被列为镇村两级后备干部113人,当选为各级党代表、人大代表、政协委员25人;考取各级公务员72人,被市镇事业单位录用52人;走上科级岗位24人,在所有乡镇中实现副职"全覆盖";担任市级机关正科职领导干部1人,实现"零突破"。

【大学生"村官"自编、自导、自演情景剧《心碰心》在京演出】　11月,如皋市大学生"村官"自导自演的情景剧《心碰心》从全国70部剧本里脱颖而出，成为唯一一部获得专家全票通过的剧本，在全国大学生“村官”培训班联欢晚会上作为情景剧范本献演3场，受到中组部、农业部相关领导及全国各地参训大学生“村官”广泛赞誉。中组部党员教育中心副主任李志宏评价说：“《心碰心》剧本编得好，演员演得好，反响效果好！”

【如皋市首次获江苏省人才工作先进市称号】 12月，如皋市顺利通过省人才工作先进县(市、区)评选考核，首次获得江苏省人才工作先进市称号。

近年，如皋市牢固树立人才优先发展理念，大力实施人才强市战略，紧紧围绕全市经济发展中心，服务大局，以招才引智为重点，以人才培养和激励为主线，努力引进和培养高层次、实用型、创新型人才，积极营造有利于人才成长、发展的环境，全力构筑人才“皋”地，推进人才工作创先争优，为实施“两个加快”、奋力实现“迈进基本现代化、建设美好新如皋”提供智力支持和人才保障。

(张晶晶)

宣传工作

【概况】 全市有理论学习中心组75个，其中镇(区、园)党委(工委)中心组20个、部门党委(组)中心组55个。全市有基层党校29所，其中镇党委党校20所、部门党委党校6所、企事业单位党校3所；现有基层党校分校5所。2011年，市委宣传部被评为市级机关目标责任制考评先进集体。

理论教育　年内，市委宣传部先后邀请省委宣传部副部长、省文化厅厅长章剑华等8位高层次专家学者为全市领导干部作专题讲座。市委中心组围绕“加快城乡统筹发展”、“农业农村现代化”等重点专题集中学习12次，举行市委中心组(扩大)学习会9次，各镇、市级机关各部门主要负责人列席学习会。以完善中心组重点课题学习情况旁听指导制度为抓手，进一步强化对全市党委(组)中心组学习指导，以测试、考核为抓手，强化检查督促科级干部在职自学。在全市选聘21名素质较高、宣讲能力较强的人员，组建市理论宣讲志愿者队伍，围绕学习胡锦涛总书记“七一”讲话、市第十一次党代会精神，编发专题“双送”(送理论到基层、送党课到支部)教材，开展“双送”活动1000多场次。各基层党委党校年平均办班达到8期以上。指导如城镇孔庙社区等5个村(社区)建立基层党校分校，基层理论武装阵地进一步延伸。围绕“贯彻落实十七届五中全会精神、开启如皋‘十二五’发展新征程”主题开展全市农村党员干部冬训。2月，制订下发《关于深入推进全市学习型领导班子、学习型干部队伍建设的意见》。9月，牵头制订下发《如皋市学习型党组织建设工作考核办法》。

舆论宣传　年内，整合宣传资源，完成《如皋日报》改版，推动广播电视栏目创优。在《如皋日报》开设“十二五”规划宣传特刊和专题，先后推出“十二五”发展规划系列解读45篇。在如皋电视台开设“贯彻落实市第十一次党代会精神，勇当江苏实现基本现代化先行军”、“走基层、看小康”等专题栏目，广泛宣传报道全市各条战线全力推进“两个加快”、深入实施“八项工程”的新实践新经验新成效，为实现“十二五”首战告捷提供舆论支持。围绕纪念中国共产党成立90周年、如皋撤县建市20周年，在全市广泛开展主题征文、知识竞赛、书画摄影作品征集评选、图片展等系列活动，不断激发全市人民爱党爱国爱家乡的热情。3～5月，策划、拍摄电视政论片《彩练当空》，由党建读物出版社正式出版。8月，制订下发《关于加强城乡户外公益性宣传管理的意见》，对全市主要道路沿线、城区及各镇公益性宣传进行整体规划，新增一批电子显示屏、高炮、落地广告牌等宣传载体。9月，制订下发《关于印发〈如皋市新闻舆论宣传工作管理制度〉的通知》，进一步规范全市新闻舆论宣传工作。9～11月，在全市组织开展“感受新如皋、推动新跨越”主题活动。

对外宣传　年内，以充分展示如皋经济社会发展新成就为重点，在重点主流媒体头版推出重点报道30余篇。3月、10月《半月谈》推出《如皋：暂让百姓“共饮长江水”》和《爱在如皋》、《如皋欢歌》系列报道。5月、12月，《新华日报》头版头条推出《如皋：多元统筹加速城乡融合》和《如皋：转型升级勇跨三道坎》。6月，《新闻联播》报道红十四军纪念馆开馆活动。7月，《南通日报》头版头条推出《如皋：勇当江苏实现基本现代化先行军》等9篇重点报道。围绕世界长寿乡揭牌、沿江经济洽谈会、红十四军纪念馆开馆等重大活动，策划主题宣传，《人民日报》、中央电视台、《经济日报》、《光明日报》以及台湾、香港等地区媒体为之作集中报道。纪念红十四军纪念馆开馆文艺晚会《江海军旗红》在中央电视台七套播出。10～11月，策划拍摄如皋城市形象宣传片并在中央电视台主要频道投放。依托市委新闻网，建立市网络新闻发言人平台，20个镇（区、园）和首批36个部门的网络新闻发言人实名上岗，及时回应群众关切，做好网络热点问题和突发事件舆情引导，为推动社会和谐稳定营造良好的舆论环境。11月1日，10秒钟如皋城市形象宣传片首次在中央电视台播放。

【市哲学社会科学界联合会成立】 2月，如皋市哲学社会科学界联合会成立大会暨第一次代表大会召开，选举产生市社科联第一届理事会，选举纪成如为理事会主席。如皋在南通五县（市）中率先建立社科联组织。

【拍摄制作电视专题片《彩练当空》】 3～5月，策划拍摄3集电视专题片《彩练当空》，并由中组部党建读物出版社正式出版。《彩练当空》全方位、多角度、深层次展示如皋撤县建市20年的发展历程。5月29日，市委在如皋大剧院举行《彩练当空》首映式。

【《半月谈》系列报道如皋爱心城市和文化建设硕果】 9月，《半月谈》副总编张正宪到如皋驻点调研。10月，《半月谈》第19期、20期连续推出《爱在如皋》、《如皋欢歌》系列报道，全景展示如皋爱心城市建设和文化大发展大繁荣。

【“感受新如皋，推动新跨越”主题活动】 9～11月，市委宣传部在全市开展“感受新如皋，推动新跨越”主题活动，组织全市人民和市内外各界人士，参观红十四军纪念馆、文化广场、城市博物馆群等经济社会发展的成就、亮点，增强全市人民加快建设现代化的信心和决心，激发全市人民热爱家乡、建设美好新如皋的热情，激励全市人民凝心聚力、奋力拼搏，努力推动“十二五”发展新跨越。

【如皋两个项目获南通市宣传思想工作改革创新奖】 12月，如皋“以特色活动弘扬城市大爱”、“城乡文化互动‘乡情乡韵’大型系列文艺演出”两个项目获第三届南通县（市、区）宣传思想工作改革创新奖。

（*石海云*）

统一战线工作

【概况】 市委统战部（市民族宗教事务局）现有机关工作人员13人，全市有3个镇党委配备专职统战委员，17个镇（区、园）党（工）委配备兼职统战委员。2011年，被评为2009～2010年度南通市文明单位，获南通市经济统战工作先进单位和年度统战宣传工作先进单位（一等奖）称号。统战部党支部被评为市“五好”先进基层党组织，“加强机关作风效能建设”被评为市级机关党建工作优秀创新项目。

党外干部工作　年内，市委统战部、组织部继续推动党外干部实职安排，新提拔正科职党外干部1人、副科职党外干部4人。至年底，全市有党外领导干部29人，其中，市人大、市政府、市政协4人，司法机关2人，市政府工作机构13人，镇（园、区）5人，政府直属事业单位1人，市属国有企业1人，群众团体3人。与市委组织部联合举办党外后备干部培训班，33名党外后备干部参加培训。指导市党外知识分子联谊会召开会员大会。以组织党外知识分子开展“立足本职争创一流、服务社会争作贡献”主题活动为载体，深化“树立和践行社会主义核心价值体系”活动。全年组织召开统一战线各界人士座谈会2次。选派3名党外干部参加南通市第13期党外中青年干部培训班。

非公有制经济代表人士工作　年内，市委统战部在非公企业组织开展“凝心聚力建设美好新如皋”主题活动。建立银企商合作平台，帮助中小企业融资9000多万元。吴道元、张奎宏、马斌、沈寿明被表彰为第四届南通市优秀中国特色社会主义事业建设者。指导市工商联进行完成换届。研究制订《关于做好非公有制经济代表人士综合评价工作的意见》，使用非公有制经济代表人士综合评价体系，牵头对拟为工商联（总商会）执委的250名候选人进行信息采集、评价，筛选出执委候选人220人，在换届选举中当选新一届市工商联（总商会）执委。

商会工作　年内，新组建异地商会2家、村级行业商会1家。指导行业商会建立党组织，新建行业商会党组织4个，至年底全市行业商会党组织达到11个。利用商会平台，引资、引智，加强对行业商会服务品牌创建工作指导。2月，市行业商会联合党委成立并正式揭牌。10月29日，由深圳如皋商会联系组织、广东江苏商会投资、深圳如皋商会会员参股、总投资3.6亿元的财富广场在如皋软件园奠基。

民族宗教工作　年内，市委统战部、组织部联合下发《关于进一步加强基层民族宗教工作网络建设的意见》，围绕“共同团结进步、共同繁荣发展”主题，推进少数民族结对帮扶和服务管理工作，结对帮扶关系138对，121户实现帮扶目标。组织人员逐个走访调研在城经营兰州拉面的流动穆斯林17户，帮助他们解决生产生活中遇到的困难，教育引导他们积极配合“六城同创”。进一步完善民族工作应急机制，及时、妥善处理少数民族流动商民经营纠纷6起。发挥民族团结促进会的作用，服务社会管理创新。以创建“和谐寺观教堂”为抓手，坚持依法管理宗教事务，确保宗教领域和谐稳定。加强对中青年教职人员的培养和教育，建立与宗教界代表人士联系交友制度，引导他们走爱国爱教、独立自主自办道路。正确引导宗教界参与慈善事业，为促进社会和谐贡献力量。

海外联谊工作　年内，开展海外“四有”（政治上有地位、经济上有实力、学术上有造诣、社会上有影响）人物调查，邀请丁重等10多名海外“四有”人物参加如皋首届“雉水英才话发展、学子归巢建功业”恳谈会，李昌钰发信祝贺。先后接待台湾著名诗人余光中，香港如皋同乡会李焕庭、钟林立，匈中友协副主席冒寿福回如皋。8月，世界华人退伍军人协会会长、香港如皋同乡会名誉会长丁伯駪去世，市委统战部派人到香港吊唁。

（赵本良）

政法工作

【概况】　全市政法系统现有干部职工1364人，其中大专以上学历者1298人，占95.2%。2011年，市委政法委及政法各部门共有70个集体和111名个人受到南通市级以上各类表彰。

平安建设　年内，不断完善大调解体系，深入开展社会稳定风险评估工作，在全市20个镇调处中心、347个村（社区）全面安装调解服务一键通，全年受理调处矛盾纠纷5625件，当事人对调解工作的满意率和调解协议书的履行率达100%。推进道路监控网络工程、治安视频监控网络扩容升级工程，城区巡防实现街面、场所、社区等重点部位全天候、全方位覆盖，农村巡防达到“一镇一中队、一村一服务队”，进一步健全完善互联网舆情引导工作机制和工作流程。创新建立社区服刑人员虚拟管理服务机制，创新建成特殊人群启航阳光创业孵化园4个，建立完善省、南通市级安置帮教基地6个。全面落实各项外来人员服务管理举措，切实为外来务工者提供良好的安居环境，在公共服务各方面提供均等机会。如皋港、经济开发区等搬迁安置的新型社区服务管理体系实现全覆盖，规范和完善全市城乡社区组织体系、服务平台、管理机制，进一步夯实社区基础工作。镇（区、园）政法综治工作中心的硬软件建设按照标准化、规范化要求建设到位，各村（社区）均建立标准统一的综治警务室和调解室，社会管理专业队伍职业化管理、专业化运作、科学化考核。在南通市创新办月度考评中夺得的红旗数居南通首位。

法治如皋建设　年内，加强依法治市工作，建立社会稳定风险评估机制，重大决策社会稳定风险评估率达100%。推进干部人事制度改革，依法强化干部选拔录用及管理，中组部部长李源潮对如皋相关做法批示肯定。全面深化行政争议诉前协调，全年诉前协调行政争议55例，成功55例；实施行政诉讼和行政复议工作会商和重大行政争议预。建立政府负责人出庭应诉提示制和部门主要负责人出庭应诉规定制，一审案件出庭率和涉及市政府行政案件行政负责人出庭应诉率均达100%，无行政复议撤销变更案件，行政诉讼直接败诉案件下降64.29%。强化执法信息化建设，实施“三线式”（“三线”指党委组团、部门组队、基层组员）监督巡视，执法督查评议经验被省委政法委转发，执法办案经验获最高人民检察院检察长曹建明批示肯定。创新执行工作机制，执行案件执结率、执结标的到位率分别达99.87%、98.1%，相关工作经验获最高人民法院副院长江必新批示肯定。注重基层民主法治建设，大力推进村(社区)民主法治“强基升级”工程，实行年初确定升级对象、年内督导升级工作、年底固强补弱升级，年内省、市级民主法治村(社区)命名率分别达到15.3%和86%。推进公民法治驿站运行标准化，全市建成运行公民法治驿站358个，标准化运行率达65%，较好地发挥驿站自我服务、自我管理、自我维权作用。加强法治文化建设，全面规划“六五”普法工作。启动“普法邮路通万家”工程，深化农民工学法“百千万”行动工程。推进镇、村(区)法治文化阵地建设，建成镇级法治文化阵地16个，建成率80%；建成村级法治文化阵地156个，建成率45%。筹办2011法治江苏高层论坛大调解法治化分论坛活动。4月，“普法邮路通万家”工程启动。林梓镇桥口村、常青镇土山村、搬经镇湖刘社区、东陈镇南东陈社区、石庄镇凤鸣社区、九华镇郑甸社区、江安镇中心社区、如城镇大明社区、桃园镇天堡社区9个村(社区)被命名为省民主法治示范村(社区)。6月29日，中央电视台第13套新闻栏目对如皋市行政争议诉前协调机制给予深度报道。

4月29日，市委政法委召开全市政法系统“发扬传统、坚定信念、执法为民”主题教育实践活动动员暨光荣传统教育报告会

队伍建设　年内，在全市政法系统开展“发扬传统、坚定信念、执法为民”主题教育实践活动，举办如皋市政法系统庆祝中国共产党成立90周年文艺会演等系列庆祝活动。从社会不同层面聘请28名社会管理创新、平安法治建设督导员和20名政法队伍监督员，进一步增强政法队伍外部监督力量。选派347名政法干警担任村（社区）政法干警综治特派员，锻炼政治干部服务基层的能力。加大执法督查力度，集中开展执法监督巡视4次，对发现的问题及时进行通报、整改，进一步提高执法规范化水平，执法督查的工作经验和做法被省委政法委、南通政法委转发。9月，举办第四期政法系统年轻干部培训班，34名政法干警参加培训。

（谢　娟）

农业农村工作

【概况】　全市现有村(居)329个，农业人口122.02万人。2011年，实现农村经济总收入1380.63亿元(农经统计口径，下同)，增幅17%。实现农民人均纯收入14126元，同比增长18.5%。在南通市委、市政府农业农村工作考评中，获综合一等奖，市政府获南通市扶贫开发与结对帮扶工作先进单位、财政投入农业先进单位称号。市委农工办被评为省农经农业系统工作效能考评先进单位、省扶贫系统先进集体、省2010～2011年度农业科普宣传工作先进集体，南通市2011年度农办工作综合考核一等奖；土地征收使用制度改革试验和“双联双助”获南通市农经系统创先争优工作奖。长寿集团、花木大世界被评为南通市“十佳”新型农业龙头示范企业，花卉花木专业合作社、高明群益桑蚕养殖专业合作社、金诚肉鸽专业合作社、搬东种植农地股份合作社、何庄农村社区股份合作社被评为南通市新型农民合作组织建设先进单位。

农业产业化经营　全市现有市级以上农业产业化龙头企业50家，其中国家级1家、省级8家、南通市级24家。年内，实现农产品出口额9773万美元。如皋肠衣加工集中区被评为江苏省25家首批农产品加工集中区之一，花木大世界被评为省级农业龙头企业“五个一”(创建一个基地、致富一方农民、振兴一个产业、对接一个农民合作组织、打造一个优势品牌)示范创建活动先进企业。全年全市完成规模农业项目投资总额24亿元。工商登记合作组织993个、合作联社16家，入社农户32万多户，其中苏合销售如皋合作联社、光远果蔬、齐富畜禽和寿丰稻米等22家农民专业合作社被评为全省首批“五好”农民专业合作示范社。组织全市合作示范社培训，邀请专家作解读《农民专业合作社法》,作商标基础知识讲座,并就合作社专用财务管理软件的使用进行培训。1月,组织全市农民专业合作社参加省第四届农民专业合作社产品展销。2月,建立并公示合作社名录326家。4月,苏皋长寿品牌获省首届紫金奖。6月,南通联心食品、绿园和新丝路获省项目资金450万元。7月,组织开展《中华人民共和国农民专业合作社法》宣传日活动。9月,市委、市政府出台《关于2012年加快现代农业发展的指导意见》(皋委发〔2011〕81号)。

农村负担监督管理　年内,全市以"一事一议"筹资筹劳为重点加强农村负担监督管理。全市329个行政村居一事一议筹资筹劳全面履行民主讨论程序,农民负担监督卡发放率和专用票据使用率均达100%。全市一事一议筹资筹劳审批总量5234万元,比上年下降142.73万元。对村内"一事一议"资金使用全面实行项目化管理,实施项目化管理项目1290个,使用资金5099.36万元。全市19个镇117个村的121个水泥道路建设项目享受省一事一议财政奖补,获奖补资金2749万元(含2010年度省奖补工作一等奖奖励资金150万元),建成水泥道路168公里。当年收取水利工程水费710.77万元。3月、12月,各镇全面审计村级2010~2011年一事一议筹资筹劳资金。4月,市委、市政府出台《关于做好2011年度农民负担监督管理工作的意见》。6月、12月,市委农工办组织农民负担执法检查,并将检查情况通报全市。

农村土地承包管理　年内,全市累计土地流转面积3.396万公顷。至年底,全市324个土地股份合作社有284家办理工商登记,登记成员142513个。择优申报扶持农地股份合作社20个,获扶持资金123万元。其中,补助农地股份合作社17个,补助土地入股面积626.37公顷,补助资金91.78万元;补助千亩以上规模流转的村3个,土地流转面积208.2公顷,补助资金31.22万元,受益农户4258户。在建设更高水平小康会议上,市财政奖励雪岸镇角池果树农地股份合作社等5个合作社110万余元。1~3月,完成农地合作社名录编制工作,农地合作社名录进入省名录库。4月,与市财政局根据《江苏省财政扶持农村土地流转实施意见》,逐个审核验收全市农地股份合作社申报的登记证、农户入股合同、股权证、土地租赁合同(协议)、农户分配清单等。

政策性农业保险　年内,全市政策性农业保险总保费3725.56万元,其中农户承担保费1199.33万元。农民承担保费中,种植业保费2966.29万元,占79.6%;生猪保费317.03万元,占8.5%;设施大棚保费178.25万元,占4.8%;养蚕保费264万元,占7.1%。小麦、油菜、水稻承保面积分别为43743.2公顷、11157.73公顷、46764.8公顷,均占实际种植面积的100%。全年小麦、油菜、水稻受灾面积分别为1097.93公顷、1022.13公顷、1999.13公顷,理赔金额分别为264.88万元、94.24万元、367.92万元,理赔率(占各自总保费)分别为20%、37.5%、26.5%。能繁母猪续保52838头,死亡999头,理赔金额为159.43万元,占保费的50.2%。设施大棚承保面积600.13公顷,理赔金额为43.6万元,占保费的24.4%。中、晚秋蚕参保13.2万张,理赔425.19万元,占保费的161%。

被征地农民保障　年内,全市新增被征地农民进保21579人,至年底,累计进保55646人。新增农村集体经济组织成员数据库5238组、土地数据库5558个组。至年底,全市建立集体经济组织成员数据库7721个组,占村民组总数90%;建立集体土地面积数据库7856个组,占村民组总数91.5%。下原、吴窑、搬经、白蒲、九华、如城、磨头、雪岸、东陈、郭园、高明、软件园(桃园镇)12个镇全面建成集体经济组织成员数据库和农村集体土地数据库。上调被征地农民基本生活保障标准,第四年龄段人员(男性60周岁以上,女性55周岁以上)养老金标准由每月270元调至每月300元。出台失地农民基本生活保障与新农保、企业职工基本养老保险重复享受待遇的规定,提高失地农民保障水平。

农村财务管理　年内,以农村财务审计、引导村级经济发展、推进社区股份合作制改革和合作社财务管理为重点加强农村财务管理。与市监察局组成联合审计组,在各镇审计并依法作出的审计决定书基础上,重点抽审如城镇顾庄社区等5个村(社区)财务。强化村级集体收入会计核算,全市村级集体收入达到20万元的村(社区)313个。开展农民资金互助组织试点。1月,组织新任村会计参加南通组织的村会计上岗证培训考试。3月,检查、通报全市所有农经服务中心代管资金核算情况。4月，检查、通报全市财务公开情况。5月28日，全市首家农民资金互助合作社——袁桥镇农民资金互助合作社正式成立。

新农村建设　年内，如皋成功申报省农村改革试验区，被列入省农村改革试验区（中农办农村改革联系点），明确以深化土地征、使用制度改革为试验内容。镇区农民集居化建设加快，全年新开工40097户，建成30209户，入住25411户。至年底，全市累计开工建设15.46万户，建成12.55万户，入住10.2万户，累计建成样板、示范、合格小区分别为31个、62个、134个。“万顷良田”工程建设难中求进，开展镇村“推进‘万顷良田’试点我先行”大讨论活动，组织各镇制订“万顷良田”规划，项目区搬迁7342户，拆旧复垦土地312.67公顷，新增耕地498.87公顷，如皋“万顷良田”建设工程吸引省内外10多个县市到如皋参观考察。开展村庄生态环境整治，建立村庄环境整治推进工作领导小组，下发《关于开展村庄生态环境整治工作的实施意见》（皋办〔2011〕100号），召开村庄生态环境整治现场推进会，全市80个先行村全面启动整治工作。5月，市纪委（监察局）会同农工办等部门联合下发《关于对农民集中居住区推进中向建房农户收取建设资金开展清查的紧急通知》（皋纪发〔2011〕28号），组织农工办、财政局、住建局等相关部门人员到各镇，全面核查2010年1月1日～2011年年底入住农民集中居住区和过渡房建设的农户，向镇村交纳区位优势费、公共设施配套费、原住宅拆除保证金及批建过渡房收取的保证金等情况。12月下旬，完成农民集中居住区建设补助资金测算，测算以奖代补资金678.15万元。

【全市首家农民资金互助合作社成立】　5月28日，经市委农工办批准，由市民政局以民办非企业单位法人注册登记，全市首家农民资金互助合作社——袁桥镇农民资金互助合作社正式成立。该资金互助合作社由袁桥镇顾巷村17组农民宋晓飞等5人发起组建，注册资本500万元。合作社以吸收社员股金为资金来源，为社员提供生产生活所需资金，实现“民办、民管、民收益、民担风险”的资金互助。

年内，合作社总体运营状况良好，入社社员317人，吸纳社员股金5.67万元、互助金519万元，向农民投放互助金210万元。

（王志斌）

台湾事务

【概况】　全市现有如皋籍在台人员1万余人（含解放前去台人员2106人及其二、三代子孙辈），常住如皋台胞71人。2011年，全市接待台胞327人次，其中到如皋探亲访友32人次、经商考察248人次，全市因私因公赴台724人次，其中旅游、探亲652人次，应邀赴台72人次。

对台经济　年内，全市新批台资项目18个（其中千万美元以上项目16个），总投资4.93亿美元，注册台资3.96亿美元，增资100万美元，实际到账台资1.95亿美元。全市台资企业良好运作的有29家。市台办全年走访台资企业、台属企业40余家，梳理各类诉求30余起。全年累计调解办理涉台事务94人次，解决中贸房产土地使用、万得福房屋租赁、鸿荣五金合同纠纷、东南海植绒资金矛盾、台胞危房、台属落实政策等难题15起。出台《对台资企业不实施限电管制的意见》，解决台资企业用电难问题。

交流交往　年内，全市组团赴台招商考察3批次，应邀参加环保、审计、教育领域交流研讨3次。江苏爱吉科纺织机械有限公司、如皋市大昌电子有限公司、南通富仕液压机床有限公司3家企业赴台举办商务洽谈、履约活动。全年邀请和接待台湾客商到如皋考察8批次248人，接待台湾到如皋旅游、探亲32人次，接待台湾媒体记者2批12人。3月，南通台商城组团赴台湾考察。4月，台湾“华夏文经交流促进会”、（台湾）旺业集团、南通市台办、南通市台湾同胞投资企业协会在上海共同举办长三角全球化商贸论坛暨南通台商城入驻新闻发布会，台湾海峡两岸农业发展促进会会长翟维德和“华夏文经交流促进会”秘书长书国荣围绕“运用海峡两岸经济合作框架协议搞活长三角全球化商贸”作专题报告。全市镇（区、园）党（工）委书记、部门负责人37人赴台湾参加转型升级培训班。5月，台湾人民最大党主席许荣淑率团考察南通台商城项目。6月，市委主要领导率团赴台湾参加“魅力南通台湾行”活动。台湾著名诗人、台湾“中华语文教育促进协会”理事长、台湾“中山大学”教授余光中偕夫人范我存，在全国台联副会长、江苏省台联会长胡有清陪同下到如皋参观访问。10 月 29 日，台湾海峡两岸交流基金会董事长江丙坤率由全国台湾同胞投资企业联谊会首任会长张汉文、南通市台湾同胞投资企业协会会长刘璟芳等 23 人组成的台商考察团到如皋考察全国台商服务中心项目，国台办经济局黎勇、省台办经济处尹伟林及南通市、如皋市领导陪同考察。

对台宣传 年内，市台办召开台商座谈会 4 次，举办台商迎春酒会、台商台胞台属中秋联谊会、台商尾牙迎春招待会、台谊会尾牙迎春活动 4 次。邀请旺旺集团、台湾“魅力南通采访团”到如皋采风，通过台湾媒体在台湾岛宣传如皋。全年在省台办网站、《南通日报》、《南通台湾工作》、《如皋动态》等媒体发表各类宣传稿件 57 篇次。

（潘金国）

老干部工作

【概况】 2011 年末，市委老干部局有工作人员 9 人，下属事业单位市老干部活动中心有工作人员 5 人。全市现有离休干部 672 人。其中，行政机关离休干部 212 人，事业单位离休干部 249 人，企业单位离休干部 211 人；70～79 岁离休干部 79 人，80 岁以上离休干部 593 人。全市现有退休干部 9726 人。2011 年，市委老干部局在南通市老干部工作综合考核中名列第一，被南通市委表彰为老干部工作先进集体；被评为全省老干部信息工作先进集体一等奖、南通市老干部信息宣传工作先进单位。高龄养护“1＋4”模式获南通市老干部工作创新创优成果一等奖，“建立‘五项机制’，打造如皋品牌”获南通市老干部工作创新创优成果二等奖。

落实政治待遇 年内，坚持每季度组织四套班子老领导和地市级离休干部调研活动 1 次，收集整理调研成果，全年形成《老干部工作情况》4 期，供市委、市政府领导决策参考。坚持每季度组织在城离退休干部集中听报告 1 次，各镇每半年组织离退休干部通报情况和学习活动 1 次。春节和夏季高温期间，市委、市政府领导分别带队逐个登门慰问市四套班子老领导和享受地市级待遇的老干部，各镇(区、园)、各主管部门领导组织慰问所属离退休干部和辖区企业离休干部。在各镇(区、园)和有两个以上老干部党支部的市级机关建立老干部党总支，推进学习型离退休干部党组织建设。继续组织全市离退休干部党支部和党员深入开展创先争优活动，验收并表彰“五好”离退休干部党支部 59 个。

落实生活待遇 年内，调整离休干部生活补贴标准和范围，离休干部普遍增加生活补贴 1 个月。全面提高离休干部护理费标准，人均增加 100 元。发挥财政支持机制作用，不断巩固和完善离休干部医药费保障机制，从根本上解决离休干部医药费拖欠问题。等级医院恢复建立老干部病区，市委老干部局配合医保部门加强医药费使用监管。重视老干部信访工作，全年及时协调解决老干部各类信访事件 157 人次。建立异地安置离休干部分区联系制度。统一组织纪念中国共产党成立 90 周年全市离休干部走访慰问活动。积极稳妥办好 73 位去世离休干部的丧事。

服务管理 年内，各镇(区、园)围绕一主多点，形成镇有中心活动室，片(村、居)有活动点的布局。建立退休老干部工作组织领导、财政支持、服务保障、困难帮扶、考核评价五项机制，推行“五个一”(掌握一项新本领，撰写一份调研报告，提出一条合理化建议，上好一堂革命传统课，结好一个帮扶对子)工程。举办退休干部计算机培训班 1 次，参训老干部 54 人。搭建政治学习、组织活动、优质服务、发挥作用平台，组建理论学习、兴趣活动、互助服务、奉献余热小组，建立学习交流、活动管理、服务保障、评先评优制度，让离退休干部、老干部家庭、社会各阶层、党委政府满意，指导各社区在离退休老干部学习、活动、医疗、家政、慰藉、奉献等方面提供帮助。如城镇红星社区、长江镇春江花苑春桃社区被命名为南通市利用社区资源为老干部服务示范点。围绕“创特色工作，创优质服务，创一流业绩”，不断放大“情系功臣，真诚关爱”优秀服务品牌效应。继续开展“双联系(每人联系 1～2 个镇和部门，联系 1～2 位离休干部)”活动，机关工作人员下访 536 人次，看望异地安置离休干部 8 人次，登门慰问看望老干部 168 人次，到医院探望生病住院老干部 86 人次。

老干部活动 6 月，结合庆祝中国共产党成立 90 周年，举办全市首届老干部文化艺术节。在大

剧院举行首届老干部文化艺术节文艺会演，260多名老干部参加演出。在市行政中心举办老干部功勋成果展，参展图片300多幅。举办老干部优秀书画作品展，展出老干部书画作品60余幅。编印老干部书画摄影作品集和获奖征文集500册。组织科级退休干部开展"学党史，走红路，忆传统"活动。组织优秀征文20篇、书画摄影作品12幅，参加省市组织的"党在我心中"征文活动和庆祝中国共产党成立90周年书画摄影展。

【"离退休党员干部与大学生'村官'手牵手"主题实践活动】 3月，市委老干部局在全市开展"离退休党员干部与大学生'村官'手牵手"主题实践活动。

主题实践活动以自觉自愿、量力而行，就近就便、发挥优势、形式多样、注重实效为原则，引导广大离退休党员干部当好政治引导员、工作指导员、创业扶持员、感情联络员，引导大学生"村官"当好现代知识助学员、时政信息传递员、作用发挥协调员、日常生活服务员。全市345名离退休干部党员与344名大学生"村官"结对牵手，其中市四套班子老领导和市级机关正科职退休干部30人。

（李嘉萍）

市级机关党建工作

【概况】 市级机关工委辖党总支15个、直属党支部50个，党总支下属支部94个，共有党员2856人。2011年，市级机关各部门党组织以党的执政能力和先进性建设为主线，扎实开展创先争优活动。

思想建设 年内，市级机关各基层党组织以党的十七届五中、六中全会精神、《中国共产党章程》、《中国共产党党和国家机关基层组织工作条例》、《领导干部作风建设教育读本》等为学习重点，以星级学习型党组织建设为抓手，持续推进机关党员思想建设，有22个主题活动被确定为市机关党建创新创优项目，40家单位被评为市星级学习型党组织。2月，下发《市级机关学习型党组织创建评估办法》、《关于在市级机关党组织中开展党建工作创新创优工程建设的实施意见》、《关于开展"建功'十二五'，机关怎么办"大讨论和征文、演讲比赛的通知》。3月，下发《关于在市级机关招募交通文明志愿者的通知》，组织招募市级机关服务交通文明志愿者500名，开展文明交通劝导服务1396人次。4月，收集、评选市级机关"建功'十二五'、机关怎么办"征文，下发《庆祝中国共产党成立90周年系列活动方案》，指导市级机关各部门开展中国共产党成立90周年庆祝活动。5月，组织市级机关各部门参观红十四军纪念馆，开展红十四军精神专题教育活动和征文比赛。

组织建设 年内，42个市级机关党组织被评为市"五好"先进党组织，248名党员被评为"五带头"优秀共产党员，32人被评为优秀党务工作者。市级机关党组织调整书记9人，发展新党员68人，预备党员转正41人。按照"党建带群建"要求，进一步健全机关工、青、妇组织，新建机关侨工委。6月，会同组织部举办2011年春季入党积极分子培训班，128人参训。8月，在延安举办机关党务干部培训班，52人机关党务干部参加培训。

廉政建设 年内，市级机关纪工委组织未派驻派出纪检监察组织部门开展"立德守信我先行"活动、"5·10思廉日"等活动，切实提高机关党员干部廉洁从政意识。1月，完成市级机关服务基层测评和2010年市级机关党建工作绩效考核工作。3月，启动市级机关"立德守信我先行"活动。4月，会同市纪委对市残联开展业内监督检查。6月，专项督查市级机关执行"八条禁令"情况。8月，会同市纪委、市政府办公室等部门完成民生问题调研，形成调研报告并提出督查整改建议。

文化建设 年内，市机关文化建设领导组继续以精神、管理、廉政、法治、团队、环境文化建设为重点推进机关文化建设。1月，完成第八届市级机关"十佳"公仆评选表彰，孙天骄、丛立新、黄兆林、卢俊、马玉明、刘志山、张志龙、沈宏文、刘伯健、肖剑飞被评选为"十佳"公仆。4月，组织"创先争优我先行"市级机关优秀服务品牌展，市纪委、市委组织部、团市委、市发改委、市公安局、市司法局、市财政局、市国税局、市地税局和市邮政局十家单位的优秀服务品牌参展。5～7月，组织开展"喜迎中国共产党成立90周年"书画摄影作品展、"雉水之夜"市级机关庆祝中国共产党成立90周年专场晚会演出等市级机关庆祝中国共产党成立90周年系列活动。

【“三走进三服务”主题活动】 年内,市级机关工委在机关中开展“三走进三服务”主题活动。走进企业,深入开展“千人联千企”等活动,送最新扶持政策,送保障发展法规,送前沿成熟科技,送各项便企服务到企业,破解企业在审批、用地、融资、人才、技术和市场等方面瓶颈制约,收集工作信息446条,帮助企业解决融资、用工、用电等各类矛盾和问题273项。走进社区,按照全覆盖的要求,市级机关77个部门(单位)与社区结对共建,当好社区建设的指导者和服务者,协调解决社区发展中的困难,助推社区不断增强自我“造血”功能。走进乡村,选派100名“联助书记”到村任职,深入开展“双联双助”,选派36名机关干部到村任职“第一书记”,让每个部门、每名机关工作人员都有结对帮扶的村和户,广泛参与新农村建设,并有计划、有步骤地从机关选派优秀年轻干部到农村实践锻炼,砥砺品质、锤炼作风、增长才干。

(许正阳)

机构编制工作

【概况】 全市现有市级机关部门54个、事业单位463家,其中,市属事业单位357个,镇属事业单位106个。

行政管理体制改革 年内,按照《江苏省经济发达镇行政管理体制改革试点工作意见》(苏办发〔2010〕24号)要求,结合实际,推进长江镇行政管理体制改革试点工作,调查摸底长江镇机构设置、管理体制、管理权限等方面现状,学习借鉴外地改革经验,从创新管理体制、扩大管理权限、强化公共服务、增强发展活力四个方面出发,研究制订长江镇行政管理体制改革试点初步方案。3月,重点围绕职责履行、机构编制执行和行政效应,评估市政府工作部门“三定”(定职能、定机构、定编制)规定的执行情况。3月底,市政府机构改革通过南通市编办评估验收。4月23日,在省政府召开的全省经济发达镇行政管理体制改革试点工作电视电话会议上,如皋作典型交流发言。9月15日,长江镇行政管理体制改革试点初步方案上报南通市。12月底,省委、省政府批复长江镇行政管理体制改革试点方案。

事业单位改革 年内,加强事业单位清理业务指导,对拟撤销整合以及调整人员编制单位提出处理意见,按有关规定和程序审批。经过清理规范,撤销事业单位17家,撤并4家。10月,下发《关于开展事业单位清理规范工作的通知》(皋编〔2011〕33号),明确清理规范的要求、方法、时间部署。

机构编制管理和监督检查 年内,收理镇、部门有关机构编制事宜请示49份,所有请示事项均经市编委会讨论,逐一批复,并督促落实。与市委组织部、市审计局联合开展“三责联审”,全年对市民政局、桃园镇等17家单位23名科级领导干部实施机构编制责任审核。10月,结合公务用车制度改革,以机构编制实名制管理为抓手,进一步从源头上管理,强化编制使用计划管理,严格控制机关事业单位人员增长。

事业单位登记管理 年内,按照《事业单位登记管理暂行条例》规定要求办理事业单位年检349家,设立登记54家,变更登记276家,注销登记135家,补领证书9家。

【市编办撰写的调查报告获中央编办优秀奖】 4月,市编办组织编写的调查报告——《创新机构编制管理机制服务事业单位改革大局》被中央机构编制委员会办公室评定为优秀奖。

(郁　梅)

保密工作

【概况】 2011年,市委办(机要保密局)按照“保密、及时、准确、畅通”要求,加强机要通信和保密工作的内部管理,提升业务技术素质,加快办公室自动化建设。在全市开展保密工作检查,与市级机关各部门签订保密责任书,确保保密工作万无一失。

宣传教育 年内,以《中华人民共和国保守国家密法》颁布周年纪念活动为契机,创新保密法律法规宣传手段,进一步推动保密法制宣传教育的深入开展。利用报刊、培训、讲座、会议、墙报板报、横幅、标语等各种有效形式,深入到基层扎实开展保密法宣传,提升全民的保密法律素质。发挥党校对干部职工的保密教育阵地作用,分别在6月、9月在党校举办的两期培训班中开展保密教育培训两次,使参训人员了解党和国家有关保密工作方针、政策、法律法规和规章制度、纪律以及新形势下保密工作的地位、作用，掌握保密工作基本知识，增强参训人员保密意识。有计划、有步骤、系统地加强对全市保密专兼职干部和重点涉密人员保密法律知识教育培训，确保全市保密专兼职干部和重点涉密人员全面掌握保密法律知识，丰富相关法律知识，提高业务工作能力和依法行政水平。按照省、南通市保密局安排，派人参加和组织开展保密法规知识集中培训。认真开展保密刊物的学刊、用刊宣传指导工作，组织全市各单位征订《保密工作》杂志。

督促检查　年内，加强全国各类统一考试保密环境整治，与市公安局、市招生办等单位联合检查各类国家统一考试试卷保密室，全程参加试卷接送、分发、存放工作。强化重点涉密单位保密工作思想定位、工作定位和形象定位，从11月起，开展对市委办公室、市政府办公室、市招生办等单位的保密要害部门和保密要害部位保密检查，督促落实各项保密法律、法规和措施。检查市委办、市政府办、市公安局、市工商局、市信访局等重点涉密单位落实中央、省、南通市保密工作重要指示、重大方针政策和领导干部保密责任制情况，全市各目标责任单位均按要求落实保密工作责任制，严格执行失泄密事件报告制度，未发生失泄密事件。

技术防范　年内，加强对全市涉密计算机管理，每天使用互联网搜索工具搜索上网信息，监测局域网内是否有涉密信息上网情况，建立健全上网信息保密审查制度，执行《涉密笔记本电脑和移动存储介质安全保密规定》，加强对全市涉密磁介质载体的管理。坚持涉密重大会议场所配备手机干扰器，在全年召开的全市农村经济工作会、市委扩大会等会议上，为会议提供技术保障服务使用手机干扰器15台次。3月，清理、检查、登记市级党政机关涉密计算机和计算机局域网，要求存在问题单位及时整改，要求各部门落实涉密计算机分管领导和操作人员并上报市机要保密局。

（章礼君）

史　志　工　作

【概况】　市委党史工作办公室、市地方志工作编纂委员会办公室为“两块牌子一套班子”，有工作人员9人，另聘用修志人员3人。2011年，被评为南通市史志系统先进集体、2009～2010年度南通市文明单位。

史志资料征集、编研　年内，继续组织开展红十四军资料征集，走访烈士后代家庭58户，查阅档案资料325卷，征集人物照片58张，资料照片262张，实物19件，各地革命斗争史、英烈传等23册（件），档案资料复印件106件。先后组织召开“文化大革命”专题座谈会3次，征集“文化大革命”时期党史资料回忆文章31篇，计6万余字。开展《地方志工作条例》的宣传教育活动，研究制订《地方志质量规定》和《地方志编纂行文规范》，完成《如皋市志》下限延长部分（2006～2010年）资料征集，《如皋市志》（下限至2010年）分纂完成率达95％以上。完成省、南通市年鉴如皋部分资料编写工作，重新修订如皋年鉴编目框架，编纂出版《如皋年鉴（2011）》。开展东部地区革命史料抢救工作，通过个别走访，到外地查阅历史档案、文献资料等方式，获取文字资料、口述资料等6万多字。记载、整理市委、市政府大事、要事305条，计3.82万字。累计在南通市以上专业期刊发表史志工作理论研究、探讨文章10篇，其中国家级2篇、省级4篇。4月12～13日，省委党史工办主任崔广怀一行到如皋，调研指导红十四军纪念馆正式开馆相关事宜。6月9日，中国工农红军第十四军研讨会在如皋举行。9月，第五届全国年鉴编校质量检查评比结果揭晓，《如皋年鉴（2010）》获三等奖。市委下发《关于加强和改进新时期党史工作的意见》（皋委发

4月18日，市委党史办围绕“文化大革命”主题召开座谈会

〔2011〕70号),明确党史工作的地位、作用和任务,建立全市史志工作组织网络和工作机制。10月,《如皋年鉴(2011)》经方志出版社出版发行,计95万字。《石庄镇志》通过市地方志办评审,达到公开出版要求。11月,完成《中华人民共和国政区大典南通篇》如皋部分编纂工作,计12万字。12月,完成红十四军研讨会筹建工作,红十四军研究会成立。

史志资料宣传、利用 年内,进一步修改、完善红十四军纪念馆布展内容1000余处,配合做好市青少年红军历史教育馆重新布馆和市传统教育拓展训练基地建设任务。邀请中央党史研究室、中央文献研究室、中国军事科学院专家到如皋,审查红十四军纪念馆布展情况,并成功取得专家们同意正式对外开放的书面审查意见。把握纪念中国共产党成立90周年和红十四军纪念馆正式开馆契机,先后配合中央电视台、《江海怒涛——回忆红十四军》摄制组、江苏卫视、安徽电视台、江苏人民广播电台等省内外18家媒体录制推介如皋红色文化的广播电视节目(剧目)。与市委组织部、党校联合组中国共产党成立史巡回宣讲团,分赴各镇、相关部门、企事业单位宣讲党史,推进党史"六进"活动。与市委宣传部联合举办纪念中国共产党成立90周年党史知识竞赛;与市委组织部、市级机关工委等联合举办纪念中国共产党成立90周年书画摄影比赛、征文演讲比赛和广场专题文艺晚会;与市广播电视台联合开设党史知识系列专题节目,拍摄(录制)、播出电视专题片6集、广播专题节目29档;在市委新闻网、如皋党建网、机关党建网等网站开辟史志宣传专栏,上传史志宣传资料96万余字。累计在《中共党史论丛》、《大江南北》、《老区建设》等书刊刊出推介如皋革命斗争史文章47篇、20多万字。组织专人对历年积累的党史、地方志书籍、资料分类、编号,整理历年党史、地方志编写、编纂过程中形成的相关资料,健全图书、资料借阅、调用有关规定,为提高党史、地方志资料宣传利用的科学化、规范化水平奠定基础。完成"五一"农民暴动纪念碑恢复重建、林梓镇俞铭璜故居修缮、"七战七捷"丁林战斗遗址纪念碑恢复重建规划落实等任务。2月26日,由中央党史研究室和江苏省委宣传部联合摄制的四集文献纪录片《江海怒涛——回忆红十四军》在央视第七频道播出。3月,中共中央办公厅、国务院办公厅(中秘文发〔2011〕17号)同意红十四军纪念馆正式开放。6月9日,红十四军纪念馆举行开馆仪式。

【红十四军纪念馆正式对外开放】 6月9日上午,市委、市政府举行中国工农红军第十四军(简称红十四军)纪念馆开馆仪式,中国工农红军第十四军纪念馆正式对外开放。

红十四军纪念馆坐落于如城镇福寿东路红十四军公园内,占地4200平方米,建筑面积7860平方米,展厅面积约6350平方米。该馆于2009年4月正式开工建设。2011年3月,中共中央办公厅、国务院办公厅同意红十四军纪念馆正式对外开放(中秘文发〔2011〕17号)。

纪念馆由序厅、"江海曙光"、"长夜惊雷"、"斩木举义"、"军旗如画"、"革故鼎新"、"金戈铁马"、"碧血丹心"、"野火春风"、尾厅10个部分组成,以1300余幅图片、近4万字说明文字、600余件实物资料,再现了土地革命时期江苏境内唯一一支中央序列正规红军武装——中国工农红军第十四军艰苦卓绝、可歌可泣的革命历史。红十四军纪念馆的建成开放,对于如皋放大红色旅游品牌、提升城市文化品位、促进城市转型升级具有重要意义。

【红十四军研讨会在如皋举行】 6月9日下午,中国工农红军第十四军研讨会在如皋光华国际大酒店国际会议厅举行。

研讨会由江苏省委党史工办、江苏省中共党史学会联合举办,南通市委党史办、如皋市委承办,共收到论文52篇。研讨会分两个阶段进行。第一阶段由省委党工办副主任吴雪晴主持,南通市副市长、如皋市委书记陈惠娟介绍红十四军资料、实物挖掘、征集、整理情况及在红十四军精神鼓舞下如皋近年经济社会发展情况;省委原书记、省中共党史学会会长陈焕友,南通市人大常委会副主任陆玉明分别讲话;举行军科院军事历史研究所向如皋赠送红十四军资料、书籍仪式。第二阶段会议由南通市委党史办主任严崇明主持,16位到会专家学者作口头研讨发言,分别从不同视角,重温红十四军光辉历史,评述红十四军历史功绩,研究和探讨红十四军的不朽精神及其现实意义。最后,省中共党史学会常务副会长、中共党史专家马洪武对研讨会作点评。

【《如皋年鉴(2010)》获全国三等奖】 9月，第五届全国年鉴编校质量检查评比结果揭晓，《如皋年鉴(2010)》从数千部参评的中央、省、市、县级综合年鉴和专业年鉴中脱颖而出，获三等奖。

《如皋年鉴》一直以办全国一流年鉴为目标，认真落实征、编、校、审制度，严把政治关、史实关和保密关，有力地保证了年鉴质量。《如皋年鉴》在突出“资政、教化、存史”作用的同时，逐步成为宣传、推介如皋的重要窗口。

【红十四军研究会成立】 12月23日，红十四军研究会召开成立大会，市政协原主席浦文海为首任会长。

9月7日，经市委常委会讨论，同意成立红十四军研究会，新成立的红十四军研究会接受市委党史办业务指导。12月12日，市民政局批复(皋民民〔2011〕118号)，同意成立如皋市红十四军研究会。红十四军研究会的成立，对进一步挖掘整理、抢救保护、传承弘扬红十四军历史文化，服务于党史教育和革命传统教育，提升如皋城市品位，促进经济社会跨越发展具有重要意义。

(姜小燕)

党政干部教育培训

【概况】 市委党校现有在职教职员工46人；现有专业技术人员33名，其中，高级讲师7人，讲师16人、助理讲师10人。拥有教学电脑30台、办公电脑32台、中央党校远程教学网站C级站1座。2011年，被列为省委党校现场教学基地和南通市委党校“流动课堂”教学基地，成为全国首个企业人力资源管理师县级鉴定点，被评为省优秀函授点、2009～2010年度南通市文明单位。

主体班次教学　年内，主办、联办主体培训班19期，培训2200多人。全年在市级机关、镇(区)、企事业单位宣讲红十四军精神、七一讲话精神和十七届五中全会精神100多场。1月，与市城管执法局联办城管系统人员培训班，培训130人。2月，主办入党积极分子培训3期，培训840人。4月，与市纪委联办新任纪检监察干部培训班，培训纪检干部33人。5月，与市人大联办新任镇人大干部培训班，培训人大干部22人。企业人力资源管理师全国统考在如皋市委党校设立首个县市鉴定点，全市96名重点骨干企业管理人员参加高级工、技师两个级别考试。6月，与市安监局联办领导干部安全生产管理知识培训班，培训85人。7月，与市药监局联办市药品从业人员培训班2期，培训231人。8月，主办高层次党政后备干部人才培训班，培训57人次。主办大学生“村官”培训班，培训49人。主办初任公务员培训班，培训64人。9月，与市政法委联办政法系统年轻干部培训班，培训33人。10月，主办村(社区)党组织书记后备干部培训班，培训69人。11月，与市统战部联办党外干部培训班，培训32人。与市软件园(桃园镇)联办软件园(桃园镇)党员干部培训班，培训157人。

外训、函授班次教学年内，与南通市委党校合作实施“流动课堂”新模式，承办省、南通市委党校9个班次的现场教学任务，培训527人次。函授班次有在校医学类函授教学班10个、全日制中专班2个、党政类函授班1个，在籍学员486人。毕业5个班(次)，向社会输送毕业生114人。

教研与科研年内，发表科研论文92篇，其中国家级20篇、省部级16篇、南通市级8篇。围绕市委市政府中心工作，组建课题调研小组8个，开展专题社会调查，形成26份调研报告，并汇编成册，为市委进行科学决策提供现实依据和理论支持。按月编印《时文荐读》和《建言献策》，邮寄机关领导干部和企业经理管理人员，提供决策参考。

(何玉茹)

如皋市人民代表大会常务委员会

导读

● 全面评议全市重大工程建设与管理情况 P191

综述

【概况】 2011年,市人大常委会围绕全市工作大局,切实履行宪法和法律赋予的职责。年内召开常委会会议10次,听取审议"一府两院"专项报告7项,作出决议、决定18个,组织调研、视察、执法检查28次,任免国家机关工作人员40人次。市人大机关被表彰为南通市文明单位、南通市人大工作先进单位。

工作监督 年内,听取和审议市政府关于开放型经济、市政工程建设与管理、防汛抗旱、为民办实事、体育事业发展等方面的专项工作报告和市人民法院关于执行工作的专项报告。先后调研政府投资重大建设项目资金使用与管理情况、农业综合开发情况、主体功能区搬迁改造情况、涉企收费情况、教育优质均衡改革发展示范区建设情况、文化广播电视事业发展情况、少数民族工作、人民防空等工作。实施规范性文件的备案审查,加强与"一府两院"的沟通联系,先后备案审查政府规范性文件6件,提高市人大常委会对抽象行政行为的监督水平,促进政府依法行政。7月,市人大常委会第三十三次会议听取和审议2010年财政决算情况和2011年上半年财政预算执行情况的报告,听取2010年度财政预算执行和其他财政收支情况的审计工作报告,听取和审议2011年上半年如皋市国民经济和社会发展计划执行情况审议意见汇报。

法律监督 年内,检查《中华人民共和国农产品质量安全法》、《中华人民共和国老年人权益保障法》两部法律的贯彻执行情况。市人大常委会第三十次会议和第三十一次会议分别听取和审议市政府关于《农产品质量安全法》、《老年人权益保障法》贯彻执行情况报告。市人大常委会第三十三次会议对全市法制宣传教育工作进行审议,作出《关于进一步加强法制宣传教育的决议》,要求在"六五"普法期间,紧紧围绕全市改革发展稳定大局,围绕全面推进法治如皋建设的新要求,突出重点内容、重点对象,创新方式,增强效果,进一步提高公民尤其是各级干部、企事业单位负责人和青少年的法律意识,提高全社会依法办事水平。市人大常委会第三十五次会议听取并审议《市人民法院关于执行工作情况的报告》,针对执结率特别是实际执结率偏低、执行工作效率不高、执行联动机制不够完善、执行队伍素质有待进一步提升等问题和不足,提出构筑社会化执行大格局、提高执行工作质效、提升执行队伍整体素质和增强执行工作保障力度等审议意见。开展外来人口服务和管理、检察院监所检察工作专项调研。

人事任免 年内,坚持党管干部和人大依法任免相统一的原则,严格把好人事任免议案的提请关、初审关和表决关。认真执行任前法律知识考试制度,考试成绩向组成人员公布,拟任人员在常委会会议上作供职发言,通过任命后,市人大常委会提出任职要求,增强被任命人员公仆意识和依法履行职责自觉性。全年依法任免国家机关工作人员40人次，其中，任命21人，免职19人。

代表工作　年内，制定并通过《如皋市人大常委会代表工作暂行规定》和《关于组织市人大代表调研评议"一府两院"及其有关部门专项工作的办法》，畅通代表知情知政渠道。不断加强"一个载体、两项制度"(一个载体是指以市镇两级人大代表小组为单位为载体，两项制度是指人大代表接待选民日制度和人大代表向选民述职制度)建设，为"代表之家"订阅各级人大报刊和其他学习资料，指导各镇人大利用"代表之家"开展学习培训、接待选民和向选民述职等活动。全年参加接待选民日活动的市、镇两级人大代表1200多人次，接待选民4100多人次，收集选民意见300多条，全年1470多名市镇两级人大代表向选民述职。分批邀请代表列席市人大常委会会议和参与市人大常委会活动，全年列席市人大常委会会议市人大代表60多名，参与市人大常委会组织的有关活动的市镇两级人大代表1100多名。做好全国、省和南通市人大代表在如履职活动的服务协调和保障工作，全年接待上级人大代表到如皋活动6批次，协助上级人大代表准备议案和建议批评意见19件。

镇人大建设　年内，加强对各镇人大工作指导，每季按片召开人大主席例会，加强工作交流和指导。指导各镇人大依法召开人代会。探索市镇人大整体联动新机制，邀请镇人大专职主席或副主席列席人大常委会会议。继续开展争创人大工作先进镇活动，全市各镇人大工作取得新进展，如城、林梓、搬经、石庄、吴窑5个镇被评为市人大工作先进镇。5月，举办全市新任镇人大干部培训班，总结交流基层经验，研究探讨新情况和新问题，全市各镇人大主席、专职副主席、人大秘书20余人参加培训。

代表议案建议、批评和意见督办　年内，十五届人大四次会议收到代表建议、意见222件，市人大常委会认真梳理，明确重点，及时交办，认真督办。对普遍交办事项实行正常督查，对重点交办事项实行领导挂帅督查，对滚动交办事项邀请代表一起参加督查，办理结果实行公示，代表建议办成率逐年提高，代表建议办理答复率达100%，代表满意率和基本满意率都保持在98%以上。

群众来信来访督办　年内，市人大常委会及相关工作机构接待来访代表和群众611人次，及时处理群众来信183封，依法维护群众的合法权益，促进社会和谐稳定。

【全面评议全市重大工程建设与管理情况】　年内，市人大常委会结合听取和审议专项工作报告，组织全体市人大代表对市政工程建设与管理情况开展调研评议。组织常委会组成人员和部分代表调研视察主功能区，委托各镇人大组织市、镇两级代表调研视察各镇。组织参加调研视察的代表座谈、评议，常委会第三十五次会议给予审议，从市政工程的规划、建设、管理、养护等方面提出明确要求。

重　要　会　议

【概况】　2011年，市人大常委会召开人民代表大会1次、常委会会议10次，主任会议32次，常委会发出审议意见书11件，对"一府两院"10项工作满意度开展测评，组织调研、视察、执法检查28次，作出决议、决定16个。

【十五届人大常委会第二十八次会议】　1月8日，第十五届人大常委会召开第二十八次会议，补选刘璠、朱卫民为南通市人大代表，表决通过相关人事任免事项，决定任命谢万健为市民政局局长、张文斌为市统计局局长，任命胡欣荣为市人大信访督办室副主任。

【十五届人民代表大会第四次会议】　1月13～15日，市十五届人大四次会议在如皋大剧院召开。会议听取和审议市政府工作报告、市人大常委会工作报告、市人民法院工作报告、市人民检察院工作报告。会议通过《关于如皋市人民政府工作报告的决议》、《关于如皋市经济社会发展第十二个五年规划纲要的决议》、《关于如皋市2010年国民经济、社会发展计划执行情况和2011年国民经济、社会发展计划报告的决议》、《关于如皋市2010年财政预算执行情况和2011年财政预算报告的决议》、《关于如皋市人大常委会工作报告的决议》、《关于如皋市人民法院工作报告的决议》、《关于如皋市人民检察院工作报告的决议》，以无记名投票方式补选谢新民为市第十五届人民代表大会常务委员会副主任、许映如为市第十五届人民代表大会常务委员会委员。

【十五届人大常委会第二十九次会议】 2月17日，市十五届人大常委会召开第二十九次会议。会议审议并原则通过《如皋市人大常委会2011年工作要点》和《如皋市人大常委会关于组织市人大代表调研评议"一府两院"及其有关部门专项工作的办法》，接受相关辞职事项。

【十五届人大常委会第三十次会议】 3月29日，市人大常委会召开第三十次会议。会议听取和审议《中华人民共和国农产品质量安全法》贯彻实施情况报告，测评市政府贯彻实施《农产品质量安全法》工作的满意度，表决通过相关人事任免事项和相关决定。会议作出关于确认许可对缪建明采取法律规定的限制人身自由措施、暂停执行市人大代表职务的决定和关于许可对肖卫红采取法律规定的限制人身自由措施、暂停执行市人大代表职务的决定。

【纪念地方人大设立常委会30周年大会】 4月28日上午，纪念地方人大设立常委会30周年大会在行政中心报告厅召开。全体市委常委，市人大、市政府全体领导，市政协主要领导，市法院院长，市检察院检察长，各镇(区、园)党(工)委书记、人大主席(专职副主席)、人大秘书，市级机关各部门(含垂直管理部门)主要负责人，市人大常委会全体委员，市人大机关全体人员，担任过市人大常委会领导的老干部和人大机关离退休老干部，法院审判委员会组成人员，检察院检察委员会组成人员，在城部分上级人大代表和市人大代表参加会议。会议由市委副书记、市长姜永华主持。南通市副市长、如皋市市委书记陈惠娟回顾和总结30年来市人大工作走过的历程和取得的经验，就坚持和完善人民代表大会制度、进一步做好新时期人大工作作重要讲话。市人大常委会主任石耀对全市人大及其常委会依法履行监督职能，督促、支持"一府两院"依法行政和公正司法作回顾和总结，就进一步依法履行职责、努力开创人大工作新局面提出新思路和举措。市政府和市人民法院、市人民检察院以书面形式作交流。

【十五届人大常委会第三十一次会议】 6月2～3日，市人大常委会召开三十一次人大常委会会议，听取和审议市政府关于防汛抗旱工作、体育事业等专项报告，听取和审议市政府关于贯彻执行老年人权益保障法情况的报告。

【十五届人大常委会第三十二次会议】 6月25日，市人大常委会召开第二十二次会议。会议接受黄成、赵男男辞去如皋市政府副市长职务，决定任命缪小华、缪爱诚为市政府副市长。

【十五届人大常委会第三十三次会议】 8月4～5日，市人大常委会召开第三十三次会议。会议听取市政府关于2011年上半年国民经济和社会发展计划执行情况报告、2010年财政决算和2011年上半年财政预算执行情况报告、2010年度财政预算执行和其他财政收支情况的审计工作报告、如皋市全民法制宣传教育第五个"五年规划"实施情况报告及制定第六个"五年普法"规划的说明和关于首期市政债券使用管理情况汇报。会议表决通过市人大常委会《关于批准如皋市2010年市本级财政决算的决议》和《关于进一步加强法制宣传教育的决议》。

【十五届人大常委会第三十四次会议】 9月14日，市人大常委会召开第三十四次会议。会议听取市政府关于提请市人大常委会批准如皋经济开发区公共租赁房一期工程项目贷款本息列入市财政预算报告，表决通过《市人大常委会关于批准将如皋经济开发区公共租赁房一期工程项目贷款本息列入市财政预算的决议》。

【十五届人大常委会第三十五次会议】 9月22～23日，市人大常委会召开第三十五次会议。会议听取市政府关于全市市政工程建设与管理专项工作报告和关于全市开放型经济发展情况专项工作报告，市法院执行工作情况专项工作报告和市政府、市法院提请的任免事项；听取关于全市市政工程建设与管理专项工作报告审议意见、全市开放型经济发展情况专项工作报告审议意见以及市人民法院执行工作情况专项工作报告审议意见汇报；经过审议和表决，决定任命吴连江为市政府副市长，通过市法院提请的人事任免事项。

【十五届人大常委会第三十六次会议】 11月3～4日，市人大常委会召开第三十六次会议。会议听取并审议关于市、镇人民代表大会换届选举有关问题的说明，通过《关于如皋市市镇人民代表大会换届选举问题的决定》、《如皋市市镇人民代表大会换届选举工作计划》、《如皋市选举委员会组成人员任命名单》、《各镇选举委员会组成人员任命名单》、《如皋市第十六届人民代表大会代表名额分配方案》、《关于新一届镇人民代表大会代表名额的决定》，审议并通过市政府关于如皋市与美国塔拉哈西市缔结友好城市关系的议案，通过相关人事任免事项。

【十五届人大常委会第三十七次会议】 12月12～13日，市人大常委会召开第三十七次会议。会议设旁听席，邀请10名公民旁听。会议听取市政府关于十五届人大四次会议代表建议意见办理工作情况汇报、关于2011年为民办实事项目实施情况汇报，听取2011年如皋市地方债券转贷资金收支安排及市本级预算调整方案、如皋市各镇选举新一届镇人大代表选区划分和代表名额分配方案情况汇报。会议对市政府办理代表建议意见工作、为民办实事项目实施情况作满意度测评，表决通过2011年如皋市地方债券转贷资金收支安排及市本级预算调整方案、如皋市各镇选举新一届镇人大代表选区划分和代表名额分配方案、相关人事任免事项。

【十五届人大常委会第三十八次会议】 12月21日，市人大常委会召开第三十八次会议，补选韩立明、钮启贤为南通市人大代表。

【市镇人大换届选举工作会议】 12月3日上午，召开市镇人大换届选举工作会议。会议贯彻落实中央和省、南通市委对市镇人大换届选举工作精神，对市镇人大换届选举工作作全面部署。

【南通市人大工作座谈会在如皋召开】 3月8日，南通市人大工作座谈会在如皋召开。南通市人大常委会副主任宋飞、徐永兵、吴晓春、陆玉明、王向红出席会议。南通市人大常委会各委室主任、各县市(区)人大常委会主任或主持全面工作的副主任、办公室主任参加会议。南通市副市长、如皋市委书记陈惠娟为座谈会致辞，市人大常委会主任石耀作交流发言。南通市人大常委会党组副书记、常务副主任宋飞发表讲话，要求人大工作要围绕大局，以科学发展为主题，以转变发展方式为主线，以江海开发为重点，认清形势，服务中心，促进发展；要把握重点，特别关注城乡居民普遍饮用长江水实施情况、食品安全检验检测体系建设情况以及沿海开放情况；要创新方法，切实加强监督，创新视察督办，为南通“加快现代化、再创新辉煌”作出应有贡献。

（吉晓燕）

如皋市人民政府

导读
- 为民办实事工程 P196
- 在全省首创定点医师积分淘汰制 P200

综 述

【概况】 2011年,如皋市人民政府认真贯彻科学发展观,落实市委决策部署,自觉接受市人大、市政协的监督,坚持依法行政、高效施政、廉洁从政,加强法治政府、服务政府、责任政府、效能政府建设,在全国县域经济基本竞争力百强县(市)中排名第50位,较上年位次前移17位。

经济建设 年内,实现地区生产总值520.67亿元,比上年增长12%(可比价,下同),人均GDP达41178元。财政总收入首次突破百亿大关,达110.75亿元,比上年增长41.8%,总量居南通第一。完成一般预算收入45.63亿元,比上年增长35.5%,总量连续两年位居南通第一、全省八强;税收占财政收入比重列全省第四,连续七年受到省政府表彰。实现农业增加值46.99亿元,比上年增长4.3%,其中高效农业规模种植和生猪、家禽规模养殖占比分别达75%、75.2%、95.2%。完成工商注册外资13.84亿美元、到账外资7.23亿美元、进出口总额30.42亿美元,总量均持续保持南通各县(市)第一。完成工业应税销售722.92亿元,同比增长14.92亿元,总量连续四年位居南通首位。全市应税销售2000万元以上规模企业435家,其中超1亿元91家、超10亿元4家,熔盛重工成为南通首家应税销售超100亿元工业企业。南通锻压继九鼎新材、熔盛重工之后成功上市。建成国家级造船基地和省现代装备特色产业基地。建筑业实现施工产值470亿元、地方税收9.3亿元。实现服务业增加值184.86亿元,全社会消费品零售总额196.86亿元,比上年增长16.1%。衡山金盛、金陵金鼎、永林国际等酒店和新文峰建成营业,沃尔玛成功落户。软件和服务外包业高点起步,全年引进软件和服务外包企业116家,如皋软件园成为省十大文化创意产业园之一。如皋港现代物流园被列为省级港口物流基地,港口货物年吞吐量达3014万吨。交通银行、江苏银行、南京银行、无锡农商行、包商村镇银行、华泰证券相继在如皋设立分支机构,成立小额贷款公司2家,年内存贷款余额分别为603.45亿元、298.95亿元。建成国家AAA级以上旅游风景区5个,内外城河被评为国家级水利风景区,年内实现旅游总收入48亿元。邮政、通信、盐务、烟草、保险等行业均取得良好业绩。高新技术产业产值占规模工业的38.17%;船舶海工及配套产业、新兴产业应税销售分别达158.74亿元、95.89亿元,占规模工业的26.39%、15.94%。全社会研发投入占地区生产总值的2%。申报南通市级以上科技项目701项,立项348项。实施产学研合作项目37个,申请专利6612件,授权2586件。年内,主功能区到账外资、工业应税销售、一般预算收入分别达3.6亿美元、467.85亿元、26.88亿元,占全市的49.8%、64.7%、58.9%。规模以上固定资产投资272.02亿元,同比增长20%,其中工业投入196亿元,同比增长11.7%。设备抵扣增值税3.35亿元,同比增长56.1%。新增装机容量46.1万千伏安,同比增长123.3%,总量居南通首位。220千伏常青变、熔盛变和110千伏邓高变等新建改造工程建成投运。年内,引进市外民资注册资本101.3亿元,新增个体工商户10024户、私营企业3958家,其中能人返乡创办私营企业1257家。

环境建设　年内,完成城市建设投入93亿元,其中市政投入15亿元。搬迁53万平方米,土地出让59.7万平方米,房地产开工188万平方米、竣工120万平方米,安置房建设75万平方米。中央大道、大司马南路等市政道路基本建成,红十四军纪念公园建成开放,东大街、集贤里保护性改造工程扎实推进。完成交通投入18亿元。334省道东西延、花城大道、204国道南延工程建成通车,王石线常青段、336省道石庄镇区段、丁磨路拓宽工程按计划推进。小城镇完成基础设施投入2.8亿元,土地出让151.13公顷,房地产开工123.6万平方米、竣工93.4万平方米,集居房开工3.7万户、建成3万户。全市拆旧复垦312.67公顷,拆旧复垦、报批土地总量居南通首位。城市管理不断加强,数字城管建成运行,进一步加大市容整治、秩序管理、拆违控违、物业管理力度,海阳路建成省市容管理示范路。国家卫生城市、国家园林城市获得正式命名,国家生态市通过国家级考核验收,国家环保模范城市、全国文明城市通过省级考评,江苏历史文化名城通过专家审查。

社会建设　2011年,如皋城镇居民人均可支配收入和农民人均纯收入分别为23028元、10312元,同比增长16%和18.6%。城乡居民储蓄存款余额达371.25亿元。城、乡居民人均住房面积分别为40.1平方米、51.3平方米。年内,区域供水主管网复线工程按序时推进;管道天然气在南通率先通气,已覆盖如城镇、长江镇、经济开发区、软件园、东陈镇等镇区;新建改造农村桥梁213座;新建、改(扩)建幼儿园19所,省、南通市优质幼儿园占比分别达49.1%、80%;基本药物制度全面实施;新型农村合作医疗政策范围内住院费用补偿比例达70.25%;建成公共租赁住房30万平方米;新建镇级污水管网44.7公里;建成市政消防栓537个;中医院门急诊楼主体封顶。年内,新增城镇就业7812人,转移农村劳动力20186人,城镇失业人员再就业3814人,城镇登记失业率为3.07%。建成全国农村劳动力转移示范县(市)。对年满60周岁且符合条件的城乡老年居民发放基础养老补贴,对80周岁以上老人增发尊老金,被评为全国养老服务示范单位。

自身建设　年内,市政府被评为全省依法行政示范单位。市民服务中心建成投入使用,进一步深化行政审批“三集中”(行政审批职能向一个科室集中、承担审批职能的科室向行政服务中心集中、行政审批事项向电子政务平台集中)制度,提升行政服务效能。推行行政权力网上公开透明运行,群众的知情权、参与权、监督权得到有效保障。自觉接受人大法律监督、工作监督和政协民主监督,满意率和基本满意率达98%以上。严格执行廉洁从政各项规定,支持执纪执法机关严肃查处违纪违法案件。不断加大审计监管力度,执行招投标制度,财政资金使用效益有效提高。

重要会议

【概况】 年内,市政府召开全体(扩大)会议2次、政府常务会议13次、各类专题会议78次。

3月5日,召开市政府全体(扩大)会议,市长姜永华作题为《强化责任抓发展,深怀感情重民生,推动政府工作水平再上新台阶》的讲话,要求全市上下深入贯彻落实市十届五次党代会和十五届人大四次会议精神,认真分析2011年经济社会发展形势,动员各镇(区、园)、各部门进一步抢抓机遇,乘势而上,突出重点,狠抓落实,奋力实现一季度“开门红”,确保圆满完成全年各项目标任务。

8月6日,市政府召开全体(扩大)会议,市长姜永华作题为《突出项目建设力促转型升级确保完成和超额完成全年目标任务》的讲话,回顾总结上半年全市经济社会发展情况,研究部署下半年政府各项工作,动员各镇(区、园)、各部门深入贯彻落实省政府全体会议、市第十一次党代会及市委全委会精神,进一步树立项目中心意识,以项目建设的全面突破,推动全年目标任务的圆满完成,实现“十二五”良好开局。

为民办实事工程

【概况】 2011年,市政府坚持以人为本执政理念,实施市人代会确定的为民办实事工程10项,各项工程均达到或超过序时进度要求。

区域供水主管网复线工程 年内,继续实施为民办实事的一号工程——区域供水主管网复线工程。该工程计划管线总长度72公里,贯穿如皋、海安两个县(市),其中如皋段46公里,总投资3亿元。年内,海安、如皋共同注册成立南通市如海区域供水工程建设有限公司,抽调专门人员成立推进机构,完成工程勘测设计、图纸审查、工程招投标和沿线搬迁清障等准备工作。至年底,投入2亿元,完成管道铺设33公里、节点工程32处,占总工程量的60%以上,超额完成南通市下达任务。

管道天然气镇区全覆盖工程 年内,为加快推进天然气镇区全覆盖工程,市政府先后召开动员会、推进会2次,全面完成从郭园门站向北至中心城区和从袁桥镇向南至长江镇(如皋港区)的75公里高压天然气管网以及3座天然气接收站、调压站及相关配套设施建设,并通过检测验收,高压输气管道全线通气。7月24日,西气东输如皋管道天然气正式通气点火,如皋告别没有管输天然气气源的历史,在南通率先用上西气东输管道天然气。至年底,铺设中低压管网380公里,如城镇及中心城区、经济开发区(柴湾镇)、科技城(桃园镇)、东陈镇、长江镇(如皋港区)已全部或部分接通,2.6万户居民及130户公共福利用户和工业用户用上管道天然气。

农村桥梁新建改造工程 年内,新建改造桥梁200座。至年底,市交通部门牵头组织实施的新建改造农村公路和通航航道桥梁100座全面开工,主体完工90座,实际投资1.3亿元;由市财政部门牵头组织实施的新建改造三四级河道桥梁100座,竣工99座,在建1座,累计投入1570万元。

幼儿园"达标"工程 年内,在全省率先制订实施《学前教育三年行动计划》,明确幼儿园公用经费、以奖代补、教师招聘等相关政策。推进25所幼儿园新建、改建、扩建,至年底,全面建成13所。4所镇民办中心园的改制工作取得阶段性成效,其中林梓、常青两镇幼儿园异地新建工程完成立项,东陈镇幼儿园回购工作完成评估,搬经镇基本完成幼儿园回购洽谈。至年底,全市省、市优质幼儿园占比分别达49.1%和70%。

实施基本药物制度 年内,制定出台《如皋市基本药物制度实施办法》(试行)、《如皋市基本药物制度补偿考核细则》(试行)、《如皋市基本药物集中采购与配送管理办法》(试行)等政策文件,在南通市率先实现市、镇、村三级医疗服务机构全覆盖。开发启用基本药物管理信息系统,实现对基本药物使用情况实时监管。自3月16日实施相关政策至年底,全市医疗服务机构实际使用基本药物1.09亿元;一级医院门诊人次135.21万人,同比增长33%,次均费用同比下降12.15%;住院人次4.61万人,同比增长22.03%,次均费用同比下降6.05%。

提高新型农村合作医疗保障水平 年内,全市合作医疗筹资标准调整为人均260元,全市111.87万人参保,统计参合率为100%。将599种基本药物全部纳入用药范围;将分段补偿调整为分级按比例补偿,政策范围内住院费用补偿达到70%,对全年累计个人住院医药费用3万元以上实施二次补助;开展儿童白血病、先天性心脏病等重大疾病医疗保障,获救助补偿儿童24人,实际补偿费用66.65万元;实施门诊费用即时结报,现场补助60863万人次。1~11月份,完成参合人员门诊医药费用补助123.44万元,门诊医药费用定额补助资金4378万元,住院补助费用15197.75万元,特殊慢性病门诊补助340.45万元,特殊病种补助1065万元,总计支出2.11亿元。

建设公共租赁住房30万平方米 年内,遵循政府主导、社会参与、统筹规划、因地制宜原则,按照集中居住、集中服务、集中管理的经营模式,加大资金、土地以及各项配套政策支持力度,积极稳妥建设公共租赁住房。年内,全市30万平方米公共租赁住房全部开工建设。其中,经济开发区(柴湾镇)6万平方米建成入住;软件园(桃园镇)10万平方米主体工程完工,启动配套工程建设;长江镇(如皋港区)10万平方米主体工程基本结束;中心城区和如城镇4万平方米在建中。公共租赁住房全部为中小套型,面积控制在80平方米以内,为解决全市城市中等偏下收入家庭的住房困难和新就业人员、外来务工人员的基本住房需求提供有力保障。

镇级生活污水集中处理提升工程　年内，将镇级污水处理厂运行管理列入各镇年度环保目标责任书，严格目标管理，加强过程控制。市政府办会同环保、住建等相关部门，按月督查镇级污水处理厂及配套管网建设和运行情况，对督查发现的问题及时督促整改。至年底，全市19个镇级污水处理厂全部建成。其中，18个镇污水处理厂投入运行；江安镇污水处理厂主体工程完工，污水泵站建成后即可投入运行。全市新建镇区配套污水管网106公里，镇区污水主管网到位。由于支管网建设相对滞后，镇区集中居住率不高，污水收集量仍然达不到污水处理厂设计运行负荷，生活污水集中处理率总体在60%左右。

以市政消火栓为主体的公共消防基础设施建设　年内，在文定苑小区开展市政消火栓建设试点，制订下发《如皋市城镇建成区、工业园区道路市政消火栓建设计划表》和《市政府办公室关于分解落实2011年度市政消火栓建设目标任务的通知》，召开全市消防工作暨市政消火栓建设推进会，明确目标，细化部署。开展市政消火栓核查工作。至年底，下原、九华、搬经、桃园、高明、长江（如皋港区）、吴窑、江安、郭园、林梓10个镇（区）完成市政消火栓建设任务并通过验收。

新建中医院门（急）诊楼工程　中医院门（急）诊楼工程总投资约1亿元，总建筑面积2.2万平方米。5月10日，工程正式开工建设。至年底，主体封顶，启动内部装修装饰，预计2012年6月交付使用。

（倪建军）

政务公开及信息网络管理

【概况】 市政府信息网络管理中心是市政府办公室挂牌机构，现有在编人员5名。

电子政务　年内，按照“统一规划、统一标准、统一推进、统一管理”要求，牵头制订《如皋市信息化及电子政务“十二五”规划》、《“十二五”数字如皋专项规划》、《如皋市2011年度电子政务工作计划》等文件，健全息化项目建设约束机制。在南通率先实施“市—镇—村”三级电子政务外网的整合与共享。启动社区信息化平台建设，实现全市重要系统资源的信息交换与业务协同。政府部门权力事项全面实现网上公开运行，并不断优化和完善。加快开发和部署未上线镇（区）权力事项上线，力求所有权力事项100%网上运行。升级电子监察和法制监督系统，对政府权力运行实行100%全程监控。实施领导干部信息能力提升工程，进一步夯实行政权力网上公开运行基础。截至11月底，全市34个部门通过行权系统（政务大厅）网上办结各类权力事项25989件，46个部门通过行权系统（行政办公系统）发送电子公文1528份。

信息公开　年内，市政府及各部门、镇（区、园）通过中国如皋网站、如皋市委新闻网及其网站群公开业务及动态信息累计5万多条。其中，在中国如皋网站《政务公开》专栏公开6860条，通过《如皋日报》公开业务信息及动态信息9286条，在《如皋动态手机报》发布政务动态信息365期4285条，通过广播电台公开信息3207条、播出“政风行风”广播热线40期，通过部门、镇（区）、村所、公告栏和公共场所电子显示屏公开政府信息17005条，以如皋电视台新闻节目为平台公开政务信息6632条。如皋政府信息公开官方微博自7月4日正式登录新浪网，年内累计发布信息130条。主动公开的信息中涉及政府文件、部门文件、工作报告、发展规划、机构人事、基础设施建设、新农村建设、民生保障等多个方面。加强政府信息公开查阅点、受理点建设，市档案局（馆）、图书馆、行政服务中心和镇（区）便民服务中心均按规定做到人员、设备、信息源三到位，如城镇宏坝、孔庙、城南等社区，增设专门窗口接受居民查阅申请。11月，市信息网络管理中心开展中国如皋网站改版和镇（区、园）、部门网站整合工作，有效整合全市信息资源，使中国如皋网站结构更合理、栏目更清晰、功能更强大。

网络管理维护　年内，进一步优化服务器、防火墙、流量控制等硬件设备及电子政务内网。建立服务热线，安排专人接听、记录、交办。实现计算机等设施设备单位、楼层、房号、人员、IP一一对应，全市电子政务内、外网络安全、稳定、可控。落实建立日检、周检、月检、季检和年检工作制度，加强检查维护，尽可能将故障处理在萌芽阶段。

【全市领导干部信息能力提升工程】 年内，市纪委（监察局）与市政府信息网络管理中心等部门联合，实施全市领导干部信息能力提升工程。各部门、单位上报信息能力提升集中参培人员1650人,其中,单位信息化骨干人员119人,单位网上办事人员214人,单位网上监察监控人员104人,单位网上公文流转人员147人,中级课程培训班423人,副科级领导干部496人,正科级领导干部147人。年内,实施集中培训近1000人次。

【在南通率先建立电子政务城域网】 年内,市信息网络管理中心在南通率先实施"市—镇—村"三级电子政务外网整合与共享,每年可为市、镇两级财政节省网络租用费、互联网接入费等费用超过200万元。配备IBM－HT刀片式服务器、VMware云计算虚拟化平台,在南通地区率先实现云计算政务数据中心平台建设,整合数字城管、档案信息化、社会管理创新、农村三资管理等信息化项目,构建政务数据中心,推动资源整合和信息共享。年底,启动镇区电子政务外网升级改造工程,实施千兆链路到镇、百兆链路到村的网络结构,大幅提升办公效率。

(陈雨洋)

政府法制工作

【概况】 市政府法制办公室现有政策法规科、法制监督科、行政复议科三个科室。在编9人,后勤辅助人员1人。2011年,市政府法制办被省政府法制办表彰为2010～2011年度县级法制工作先进集体、2011年度全省政府法制信息工作先进集体,被确认为江苏省县级政府法制工作规范化建设示范单位。

依法行政　年内,推进依法行政示范单位培育,市公安局等10个单位被命名为市级依法行政示范单位。3月,调整全市全面推进依法行政工作领导小组,与各镇、部门签订依法行政工作责任状。4月,召开依法行政示范单位分管负责人座谈会,确认依法行政示范项目11个,制订依法行政示范单位一家一档工作方案。将依法行政列入市委、市政府对各单位目标责任制考核内容。

规范性文件管理　年内,审核规范性文件和其他涉法事项56件,提出审核意见13条,制订下发审核意见书4份,为行政执法部门和镇区政府提供法律咨询和帮助100多次。召开规范性文件征求意见会22次,向社会公开征求意见6次,收到意见14条。向市人大和南通市政府法制办上报市政府制发的规范性文件7件。3月,制订《如皋市规范性文件清理工作方案》。4月,制订《2011年市政府规范性文件立项计划目录》。12月,公布2010年12月31日前市政府及其办公室继续有效的行政规范性文件145件、行政管理制度性文件120件。

政府法制监督　年内,收到各镇、各部门报备规范性文件26件,准予备案26件。建立健全行政权力事项数据库,实行行政权力事项动态调整机制,制订《行政权力清理方案》。全年审核变更权力事项647个,其中,修改398个,新增权力事项149个,废止权力事项100个。完善行政处罚自由裁量权数据库,建立行政执法人员数据库,开展行政执法质量评查活动。9月,抽查15个部门台账和执法案卷,结合行政执法质量检查工作,从相关单位抽取90名行政执法人员进行法律知识测试。对四大主功能区实施两线两级联动执法检查。10月,评查行政许可案卷114本、行政处罚案卷112本。召开全市行政执法质量评查总结讲评会议,下发《全市行政执法质量评查工作的情况通报》,制发行政执法监察建议书18份。

行政复议与应诉　年内,办理行政复议案件83件。其中,行政复议案前协调成功48件,案前协调当年未结2件;立案受理复议案件33件(已结案28件,其中,维持18件,主动撤回8件,驳回申请2件;当年未结案5件)。办理市政府被诉案件20件、被复议案件2件。年内,全市行政机关负责人出庭应诉率、参加行政复议质证率均为100%。3月,市政府下发《关于进一步加强行政机关负责人行政诉讼出庭应诉工作的通知》,市政府办公室制发《如皋市重大行政争议预警机制若干规定》。

行政执法　年内,市政府审查下发兵役处罚决定书31份,审查批准行政强制拆违9件。市政府法制办全年办理执法投诉案件4件。3月,市政府下发《关于进一步规范兵役行政处罚工作的通知》,组织召开全市兵役行政处罚培训会议,规范兵役执法行为。

行政执法协调　年内,根据相关部门申请或受市领导委托,参加各类行政执法协调8起,制发行政执法协调意见书1份。6月，在市民服务中心设立行政调解指导办公室。

法制宣传与培训　年内，与市城管局、市食品和药品监督管理局、市财政局、市交通局等单位联合培训执法人员1000多人次。全年组织政府任命领导干部任前法律知识考试2批次80人次。3月、5月及12月，市政府常务会议学习胡锦涛在中共中央政治局第27次集体学习时讲话精神、《国务院关于加强法治政府建设的意见》、《国有土地上房屋征收与补偿条例》和《中华人民共和国行政强制法》。4月，组织全市232名新领执法证人员培训考试。6月，组织全市300名行政执法人员知识更新培训考试。10月，采取以评代培方法，组织主要行政执法部门法制科室人员进行行政许可和行政处罚案卷的检查和讲评。组织市级机关法制科室负责人和镇(区)法制助理观摩行政案件开庭审理过程2次。组织全市执法人员参加全省《行政强制法》法律知识竞赛活动，发放试卷2800份，收回有效答题卡2760余份。12月，组织全市400名行政执法人员开展《中华人民共和国行政强制法》知识培训考试。

镇法制办公室规范化建设　3月，市政府办公室下发《关于进一步加强基层法制办公室建设的意见》，开展部门法制科室、镇(区)法制办公室规范化建设活动。12月，市政府办公室组织镇和部门法制科室评选评优考核，表彰法制工作先进集体8个和先进个人8人。

【创建行政争议调处机制】　6月，市政府法制办在市民服务中心设立行政调解指导办公室，配备约50平方米行政调解室，创建市政府负总责、政府法制机构牵头、各职能部门为主体的行政争议调处机制，构建行为规范、运转协调、机构健全的行政调解工作体系。

（马薛松）

人事人才工作

【概况】　全市现有机关公务员(含参照公务员管理人员)3406人，其中参照公务员管理人员345人。现有事业单位人员15776人，其中，管理人员1480名，专业技术人员13219名，工人1077名；享受国务院特殊津贴专家4人，省中青年专家5人；具有各类专业技术人员7.5万人，其中，具有高级职称者3044人，中级职称者1.8万人。市人社局辖人才服务中心、技工学校、社会保险基金管理中心等13个单位，设政策法规科(监察室)、计划财务科(社会保险基金监督科)、军官转业安置科(市军队转业干部安置工作小组办公室)、公务员管理科、事业单位人事管理科等内设机构13个，设如城分局、如皋港分局、经济开发区分局3个派出机构。市人社局现有在职干部职工333人，其中，在职在编人员259人(公务员39人，事业人员220人)，聘用合同制人员74人。2011年，全市人力资源和社会保障系统获部、省、南通市级各类表彰14项。

人才培育、引进　年内，新评定高级职称人员415人、中级职称人员1018人、初级职称人员2246人。培训高技能人才2631人，其中鉴定合格取证2396人。完成职业技能鉴定16018人，合格人数12751人。组织733人参加职业技能全国统考。全国人力资源管理师考试首次在县级市(如皋)设点考核。组织实施南通市企业首席技师评选申报和如皋市优秀高技能人才奖评审活动，3名高级技师当选南通市企业首席技师，10名技师以上人才被评为如皋市优秀高技能人才。在第四届全国残疾人技能大赛中，如皋选手获两个第一、三个第二。举办江苏省第三届船舶行业电焊工大赛，参赛队伍和总人数列历届之首，在县级市举办此类省级大赛在江苏历史上尚属首次。全年发放高层次人才和紧缺人才技术津贴72.94万元、毕业生就业资助46.1万元。继续实施“222人才引进”工程，累计引进本科学历以上人才2782人，其中高层次创业创新人才40人、留学回国人员24人、硕士以上研究生和高级职称人才286名、本科学历和中级职称人才2423人。获江苏省高层次创新创业人才引进计划资助2人，获省级立项资助4项(引进国外智力项目3个、留学人员科技活动项目1个)，获批省第八批“六大人才高峰”项目资助5人，双钱集团获批设立省博士后创新实践基地。如皋市被表彰为2009～2010年度全省人才工作先进县(市)。

就业　年内，强化省沿江开发(如皋)人力资源固定、流动、网络三大市场建设，在如皋港新建江苏省沿江开发(如皋)人才市场办公大楼1.5万平方米。成功举办第九届江苏省沿江开发(如皋)人力资源(人才)市场大型招聘会,累计吸引沿江县市719家企业进场招聘,提供工作岗位3万多个,吸引1.2万余名求职人员进场应聘,省沿江开发(如皋)人才市场被省人社厅评定为优秀市场。全年举办其他固定小型人才市场、流动校园市场等500多场次,累计收集、录入和发布供需信息50.7万条(含网络市场)。全年城镇新增就业人员7812人,失业人员再就业3814人,就业困难人员再就业429人,安置"191"人员就业608人,登记失业人员4869人,失业率为3.07%。

工资福利　年内,核批公务员滚动晋级、两年晋档、达到上一年限调整工作性津贴、事业单位晋升薪级及义务教育学校达到上一年限调整岗位津贴等工资业务,适时办理81名机关退休人员退休手续。完成84名新录用公务员、100名新录用教师及37名军队转业干部工资审批等工作。根据上级文件精神适时调整遗属补助和丧葬费标准,全年核批一次性抚恤金62笔计305.29万元,调整及核批全市598名享受遗属补助对象补助标准,月补助总额26.13万元。逐一核定全市24889名在职及离退休人员纳入统一发放的工资,月均核发工资总额7003.28万元。核定全市义务教育学校7303名在职人员2010年度奖励性绩效工资7230万元。年内,如皋公务员津贴补贴实施情况通过中央检查组检查。根据《关于印发江苏省公共卫生与基层医疗卫生事业单位绩效工资实施意见的通知》和《关于印发江苏省其他事业单位绩效工资实施意见的通知》文件精神和要求,摸底调查全市32家公共卫生与基层医疗卫生事业单位及143家其他事业单位人员的工资收入,将正式在编工作人员在职8212人、退休3014人列入实施范围,其中公共卫生与基层医疗卫生在职675人、退休146人,其他事业人员在职7537人、退休2868人(其中非义务教育学校教师在职3177人、退休739人)。研究制定《如皋市公共卫生与基层医疗卫生事业单位绩效工资实施办法》和《如皋其他事业单位绩效工资实施办法》。根据市委办、市政府办《关于对若干群体生活补助建立自然增长机制的通知》,将享受年终一次性补助的50年代退职人员补助费标准从每人每年2400元提高到2640元。

事业单位人事管理　年内,研究制订事业单位岗位设置并报南通市人社局核准备案,确定专业技术人员高、中、初岗位之间的比例为0.8∶4∶5.2。截至年底,事业单位设岗方案获核批100家。执行《江苏省事业单位公开招聘人员办法》,全年举行招聘活动11次,招录事业人员261人,事业人员招聘经验在全省事业单位公开招聘工作会议上作经验介绍。做好年度事业单位人员年度考核,报市委、市政府记三等功155人。

公务员管理和考核奖励　年内,依法办理市人大常委会对有关领导干部的任免议案,以及市政府对有关领导干部的任免手续,任命科级及以上领导干部248人。全市招录公务员(参照管理人员)113人,其中公安干警43人。完善2011年度公务员考核奖惩政策。会同市总工会完成省、南通市及如皋市三级劳动模范(含省市先进工作者)评选推荐工作;会同市委组织部组织公务员参加南通市公务员岗位练兵技能比武竞赛,获优秀组织奖。组织相关人员参加省沿海开发专题培训班、苏南苏北对口培训班、优秀基层公务员培训班学习,举办全市公务员"5+X"能力暨学法培训、"五五"普法培训、新录用公务员初任培训、全市机关人事干部业务培训等。

军转干部管理　年内,完成计划安置的3名团职、34名营职及以下部队转业军官及6名随调家属接收安置任务。坚持指令计划、公开职位、量化积分、自主选岗、双向选择原则,继续实行行政军官和技术军官分开选岗,安置到条管部门4人、市级党政群机关17人、机关和公安基层队所16人。为21名自主择业军转干部办理基本医疗保险和大病救助手续。全面落实企业军转干部各项解困政策,市财政全年累计为企业军转干部支出906.51万元,其中,支付生活保障费244.68万元,缴纳养老保险基金77.81万元,医疗保险30万元,发放地方性生活补助476.4万元,支出慰问金77.62万元。协调解决10多名企业军转干部个体困难,全年无一人进京赴省越级上访,市人社局被南通市企业军转干部工作小组表彰为企业军转干部稳定工作先进单位。

【在全省首创定点医师积分淘汰制】　年内,为强化定点医师执行医保政策意识,管好定点医师手中"处方笔",保障医保基金合理使用,如皋继在南通市范围内首推定点医师管理办法基础上,进一步细化定点医师违规情节,量化定点医师考核办法,在全省率先推出定点医师积分考核措施。全市定点医疗机构取得定点医师资格的人员均纳入积分考核范围。医保经办机构对定点医师执行医保政策、医疗服务等情况检查考核，按照皋劳社医〔2007〕85号有关规定和医保违规情形予以积分。年度积分满5分，暂停定点医师资格3个月；积分满10分，暂停定点医师资格6个月；积分满20分，取消定点医师资格。该办法的实施，促进了定点医师掌握并规范执行医保政策的自觉性，从源头预防和控制医保违规行为，提高医保基金的使用效益，保障医保基金的合理支出和安全运行。

【第九届江苏省沿江开发(如皋)人力资源(人才)市场大型招聘会】 5月28日，市政府举办第九届江苏省沿江开发(如皋)人力资源(人才)市场大型招聘会。省人社厅副厅长吴可立、苏州大学副校长田晓明、省人社厅人力资源市场处处长朱从明等出席开幕式并作重要讲话。招聘会上，设摊招聘单位719家，其中市外(沿江其他县市)单位184家；人力资源需求30468名，其中人才需求12172名、用工需求18296名。求职者进场应聘1.2万余人，其中，省内36所高等院校毕业生7210名、15所技职校毕业生3360名，社会求职人员(含被征地农民)2000多名。现场签订就业意向4726份。此次招聘会为历年来参会单位最多、应聘人才最多、组织最成功、效果最好、影响最大的人才盛会。

(周亚琴)

外事工作

【概况】 年内，全市参加境外培训或进行经贸考察的临时因公出国(境)任务35件72批，因私出国(境)任务审批12批13人次，邀请外国人和港澳人士38批46人次，涉及美国、澳大利亚、德国、英国、法国、芬兰、加拿大、韩国、意大利、新加坡、泰国、印尼、突尼斯、印度等国家和中国香港、澳门地区。出国(境)外事和国家安全教育率100%，护照收缴率100%。

因公出国(境)管理　年内，严把组团关，对未被列入出国计划且没有明确公务目的团组坚决不组团出国(境)。严把审核关，对不能提供规范邀请函的3个团组坚决不受理，对出访线路、时间安排、人员结构不合理的团组及时提出调整建议。严把教育关，实行团长负责制度，坚持不受教育不出境，回国必须提交出访报告制度，全年未发生一起责任事故。

外事服务　年内，对重点经贸出访团组特事特办，提供高效、优质服务，为7家民营企业成功申办APEC商务旅行卡，构建准外交护照“绿色通道”，组织大型外向型企业、如皋经济开发区、如皋软件园、市招商局等单位参加省、南通市组织的各种招商活动和合作论坛，帮助寻找新的发展机遇。

对外合作　年内，如皋与美国塔拉哈希市正式缔结为国际友城，与西班牙维克市、日本瑞穗市缔结为意向性友城，与新西兰奥克兰中区开始友好交流。10月26～28日，塔拉哈希市市长马克思率该市教育、企业、投资界人士对如皋进行为期三天的参观访问，并于27日与如皋签订《友好城市协议》，签署《如皋市人民政府与佛罗里达州立大学暨塔拉哈西市经济发展委员会合作协议》、《三方合作办学协议》，开启两市在经济、教育、科技等领域的实质性合作。

外事接待及宣传　年内，接待全国地市级外办主任参观团、美国塔拉哈希市友好代表团、外交部副部长吕国增一行、纳米比亚华商会黄跃权主席一行、新西兰奥克兰中区华人代表一行等政府官员、外宾、侨居海外的华人华侨重点人士、重要社团领导等200多人次，利用接待外国来宾、海外华人华侨机会，介绍如皋的区位优势、资源条件、投资环境、发展潜力，宣传如皋。

涉外管理　年内，对外国人到中国申请严格审核把关，建立外国人在如数据库和信息反馈机制。会同市教育局、公安局等联合下发《关于全市学校及教育机构聘用外籍教师管理工作的意见》，规范如皋市外籍教师管理工作。与市公安、商务、安全、工商等部门联合，不定期召开专题座谈会，共同商讨规范涉外劳务市场的新举措、新方法。联合市公安局出入境管理大队定期走访和核查外国人所在单位。

侨务·港澳事务

【概况】 年内，全市如皋旅居海外的侨胞和港澳地区的同胞约3900多人，其中大部分是外籍华人，主要分布于美国、加拿大、澳大利亚、日本、新加坡、泰国、德国、法国等29个国家，旅居香港地区的同胞680多人。全市有归侨、侨眷和港澳同胞眷属900多户、4500多人。

侨务经济　年内，市侨办联合市商务局、侨联等部门重点走访侨港资企业30多家，着重调查全市侨资企业生产经营情况、对如皋软环境建设方面建议以及需要协调处理的问题。

侨务宣传　年内，开展社区侨务活动，以社区侨务工作示范单位——孔庙社区和全国侨法宣传角——大治街道为示范，发挥社区在为侨服务、侨法宣传中的前沿阵地作用。继续组织《中华人民共和国归侨、侨眷权益保护法》宣传月活动，发挥报纸、电台、电视等新闻媒体作用，宣传侨法。

侨益维护　年内，市侨办通过接听市长专线电话、受理来信来访，为侨胞解惑释疑，维护侨胞侨眷合法权益，全年处理涉侨信访5件，对侨胞关心的侨房征用搬迁、补偿安置、商品房买卖纠纷及祖坟迁移等一些敏感问题及时给予处置。

（倪建军）

信　访　工　作

【概况】　全市现有信访工作机构24个，有专职信访工作人员48人、兼职信访工作人员125人。2011年，市信访局围绕“领导干部接访下访、信访积案化解攻坚、信访机制体制创新”三项重点工作，维护群众合法权益，依法规范信访工作秩序。书记大接访、信访老户积案化解、信访机制创新工作经验在全省信访工作会议上交流推广。市委、市政府被表彰为南通市信访工作目标管理先进县(市)二等奖，全市信访系统受到厅级表彰2人。

来信办理　年内，累计受理群众来信920件，同比下降15.8%。办理市领导批阅信件300件、省委书记信箱8件、南通市“市长信箱”237件，办理上级交办的初信委托复信11件、联名信44件、异常信4件。

来访接待　年内，接待群众来访1082批4039人次，同比分别上升1.88%和1.53%；接待集体访144批2580人次，同比分别上升3.6%和2.67%。发生到北京上访36批49人次，同比分别下降10%和23.4%；到省集体上访7批139人次，同比分别下降12.5%和8.6%。7月22日，市委办公室下发《关于进一步加强领导干部定期接待群众来访深入基层下访工作的实施意见》(皋办〔2011〕54号)，对领导干部接访下访工作提出具体要求。7月20日，8月19日，市委办公室分别下发《关于开展领导干部下基层活动的意见》(皋办〔2011〕53号)、《关于建立领导干部下基层长效机制的意见》(皋办〔2011〕64号)，进一步推进领导干部下基层“三解三促”活动的落实。

矛盾纠纷排查化解　年内，排查各类矛盾1779件，化解1623件，化解率91.2%，大量矛盾纠纷及时妥善化解在基层。进一步规范矛盾排查化解工作新机制，与市综治委、公安局、司法局、矛盾调处中心联合下发《关于深化网络矛盾纠纷调解与大调解机制对接工作的实施意见》，将矛盾纠纷排查化解工作纳入社会管理范畴。中国共产党成立90周年、十七届六中全会等敏感时期，市信访联席会议办公室组织矛盾纠纷集中排查4次，及时将8名计划到省、进京上访人员从车站劝返。

信访老户积案化解　年内，组织开展“信访积案化解攻坚年”活动，按照“一个问题、一名领导、一套班子、一个方案、一个口径、一抓到底”的“六个一”推进机制，采取领导包案、集中会办、信访救助等有效措施，做到诉求合理的解决到位，诉求无理的稳控到位，家庭生活困难的帮扶救助到位，行为违法的依法处置到位。省、南通市交办的11件信访积案化解10件，积案化解率91%；如皋自排的28件化解24件，化解率85.7%，其中，集访积案化解率94%，个访积案化解率86%，进京上访积案化解率95%。

信访案件督办查办　年内，建立信访工作交办—督办—查办工作机制，督查群体性信访事项12件，督办人民来信办理事项88件、领导接访交办事项17件，督办省、南通市交办信访事项7件，查办全国人大常委会、国家信访局交办事项10件，查办省信访局交办事项1件、全国政协转如皋政协转信访局交办件1件、省信访专用内网交办件1件、市委市政府交办信访件21件，督查督办案件报结率100%。各级“两会”、中国共产党成立90周年、十七届六中全会和省第十二次党代会期间，与市纪委、公安等部门组织对信访稳定工作措施落实、重点信访事项办理和重点人员稳控等情况联合督查6次,督查重点信访案件76件,确保敏感时期未发生进京、到省集体信访和有影响的重大信访事件,确保全市信访形势总体稳定。

信访案件复查复核 年内,代表市政府受理信访复查申请32件,作出信访复查意见6件,作出不予受理26件,其中3件申请南通市政府复核,无纠正件,均得到维持。

敏感时期信访稳定工作 各级"两会"、中国共产党成立90周年、十七届六中全会等重大敏感时期,召开全市信访稳定工作会议4次,全面部署敏感时期信访维稳工作。加强驻外导访力量,成立驻宁、驻京信访应急工作组,实现敏感时期进京、到省"零"上访。3月23日,市委、市政府联合印发《关于做好2011年处理信访突出问题及群体性事件工作的意见》(皋办〔2011〕30号),对信访问题应急处置工作提出具体要求。

信访信息和调研 年内,向市政府常务会议报送信访情况11期26条,向市政府报送信访信息24期,向南通市报送预警性信息11条、工作动态23条。宣传稿件被江苏信访网站录用5篇,被《人民信访》录用1篇。对如皋市已出台政策、没有建立自然增长机制的离任村定补干部、50年代退职人员、原乡镇农具厂大集体人员、原乡镇机关、事业单位编外和临时人员、60年代下放人员等群体情况开展调研,提请市委常委会讨论。1月27日,市委、市政府下发《关于对若干群体生活补助建立自然增长机制的通知》(皋办〔2011〕24号)。

信访法制化建设 年内,在《如皋日报》、如皋电视台公开领导干部开门接访消息,引导群众按照正常渠道反映诉求。利用电子显示屏向来访群众宣传《信访条例》禁止性行为、《信访人违法上访行为处理依据及办法》等法规知识。成立以公安、信访为主体的处理进京非正常上访人员专案组,先后对11名违法进京上访人员举办法制教育学习班,促进信访秩序的好转。

信访工作责任追究 年内,依据中纪委《关于信访违纪行为适用〈中国共产党纪律处分条例〉若干问题的解释》,监察部、人力资源和社会保障部、国家信访局《关于信访违纪行为纪律处分暂行规定》,加大通报和责任倒查的力度。联合市纪委对信访责任不落实,信访工作不力造成人员越级上访的2个单位和3名直接责任人作通报批评和诫勉谈话。

信访干部队伍建设 年内,在全市信访系统开展"以创先争优为动力,加强信访干部队伍能力建设"活动,组织信访干部培训2期,培训人员232人。6月17日,市信访工作领导组印发《关于在全市信访系统"创先争优·能力建设"活动中开展"信访干部与信访群众一助一牵手行动"》的通知(皋信组发〔2011〕12号),全市48名专职信访干部均结对挂钩一名信访老户,所结对帮扶对象信访问题解决率95%,停诉息访率90%。

【书记大接访活动】 7月22日,市委、市政府印发《关于进一步加强领导干部定期接待群众来访深入基层下访工作的实施意见》(皋办〔2011〕54号),对全市领导干部接访下访工作提出具体要求。年内,市四套班子领导累计接待群众来访360批891人次,其中市委书记、市长接待来访群众190批352人次,现场解决56批119人次,交办134批233人次,交办件办结率达到100%。约访来访群众25批984人次,其中市主要领导约访集访群众10批418人次。四套班子领导通过下访活动及时解决包案的34件重点信访问题。

【信访工作"四无"镇(区、园)创建】 年内,市信访局在全市组织开展以"无进京非正常上访和重复访、无进京集体访和到省重复集体访、无历史遗留信访案件、无因信访问题引发的有影响事件"为主要内容的"四无"镇(区、园)创建活动,全市19个镇(区、园)被南通市信访工作领导组评定为"四无"镇(区、园)。

(佘越剑)

接 待 工 作

【概况】 2011年,市接待办坚持文明节俭、规范有序的工作方针,服务于重大接待、市内外大型活动和经济发展。

来宾接待 年内,接待来宾1560余批次,3.8万余人,其中,国家级领导3批次、省部级领导90

余批次、厅级领导300余批次。接待各类检查、考察、调研团组500余批次,其中党政代表团110余批次。10月12日~11月15日,昆明市党政代表团先后组织17个县(市、区)1000余名领导到如皋考察7批次。

市外活动服务 年内,承办在北京人民大会堂举行的世界长寿乡——中国如皋揭牌仪式暨新闻发布会,在北京、南京、南通举办的如皋市经济社会发展情况汇报会,在上海、宁波、深圳等地召开的投资环境说明会,参与组织市党政代表团赴无锡新区、宜兴等地考察学习活动。为相关重大项目落户如皋做好服务,为瓦锡兰与江苏萃兴海洋工程有限公司合资经营合同签约仪式、全国台商交流活动中心项目推进会、雅鹿TPA项目评审会等会议组织服务与接待。

市内大型活动后勤保障 年内,组织、指导、参与国家相关部委及省、南通市相关部门在如皋市召开大型工作会议会务工作30余次,为红十四军纪念馆开馆仪式、2011年新春联谊会、如皋市—美国塔拉哈西市建立友好城市签约仪式等活动提供后勤服务,参与组织服务第九届中国如皋沿江经济洽谈会、党建·新农村频道开播仪式、2011年如皋经济技术(科技·人才)洽谈会等活动,参与服务市第十一次党代会、市第十五届人民代表大会第四次会议、政协如皋市第十二届委员会第四次会议等全市大型活动。

驻外联络工作 年内,驻宁联络处在上年工作基础上,与省水利厅、省财政厅沟通协调,确保1700万元水利专项资金及时足额到账。

(章剑峰)

机关事务管理

【概况】 市级机关事务管理局内设办公室、财务审计科、安全管理科、资产管理科和工程基建科5个科室,下设市级机关后勤服务中心。现有行政在编人员15人、行政附属人员6人、事业在编人员7人。2011年,市行政中心获江苏省园林式单位、南通市园林式单位、南通市物业管理优秀大厦称号,市机关事务管理局获南通市公共机构节能工作目标责任考核优秀单位、南通市机关事务管理先进单位称号,在市级机关年度目标考核中被评为优秀单位。

资产管理 年内,建立资产规范管理体系,对机关行政资产实施分类和登记,配套服务单位和其他单位移交资产均纳入资产管理范畴,建立文字和图片档案,实现资产资料台账化、权证齐全化、使用程序化。转变资产运作模式,盘活存量,增加资产整体价值。成功组织拍卖原劳动就业管理处办公楼,变现资金3220万元。将劳动大厦协调交由市土地中心收储,补办原环保局办公大楼、原计生委大楼房屋产权证,实现工业大厦与如城镇政府大院置换。12月上旬,完成原市计生委大楼、如城镇政府大院挂牌出让。

物业及工程管理 年内,充实工程专业技术人员,专门监督管理工程值守、维修服务、巡查保养等。遵守"申请—核实—审批—采购(领用)—现场复核"物资采购领用流程。加强对涉及公共安全设施的维修维保力度,组织对配电房实施技改,整改风机房工程缺陷,保养屋面钢结构作防腐蚀等。强化智能化设备管理维护,安排专业管理人员完善设备登记、定期检查、定期维护。落实文化广场物业管理,全面掌握展馆结构、机械设备性能,为文化广场按期开放、高效运行提供保障。承担市档案馆筹建工作,截至年末,完成立项手续,招投标等各项前期准备工作进展顺利。

公车治理 年内,配合市纪委等部门,完成全市公务用车专项治理和改革工作任务。建立公车治理工作小组,负责全市公务用车调查摸底及上报;建立公务用车管理中心,组建车队,为全市机关部门公务用车提供服务。至年底,公务用车管理中心月派公务用车260余辆次,各项管理制度日臻完善,公务用车GPS监控实行全覆盖,全面推进定点维修、定点洗车、定点加油、定点停放的"四定"管理模式。9月中旬前,完成全市公务用车调查摸底、政策调研、制订等工作。9月底,起草车改相关配套文件,收缴涉改车辆,组建车管中心,启动对各部门、镇区公车服务工作。

节能降耗 年内,通过电视字幕、宣传手册、悬挂标语、专题推介等形式,倡导机关工作人员带头节电、节水、节油、节材。全面完成市行政中心和市民中心节能供水改造、线路分闸控制改造、路灯智能控制改造工程。坚持节能优先原则,妥善处理修与换、修与改、改与建的关系，开展全市公共机构节能组织、引导、培训及考核管理工作，实现市级机关节能降耗5%的目标。

（张　敏）

市长公开电话

【概况】 2011年，市长公开电话受理中心将“双提高”（提高办事效率，提高服务水平）目标融入各项工作，直接面对群众为民办事，大力创建市长公开电话优质品牌。

求助受理　全年“12345”受理窗口（含“122”受理窗口）受理来电33215件，市长信箱受理1825件，办结率96%，群众满意率91%。年内，市长公开电话受理中心开门办市长公开电话，从百姓的呼唤延伸到矛盾现场，在商业中心广场“摆摊设点”，接受市民咨询；把“走乡串村”形成制度，定期深入各镇和社区，开展宣传和咨询活动，详察民情，听取百姓建议，零距离与百姓沟通，现场为百姓解决问题。

品牌创建　年内，创建市长公开电话优质品牌，以召开市长公开电话承办工作先进现场会为抓手，推动承办单位形成各自特色鲜明的“创牌”经验和做法，总结和探索创建“三延工作法”（把个性问题的解决延伸到类似共性问题是否解决，把具体问题的解决延伸到百姓尊严是否得到关注，把解决问题的数量延伸到群众是否满意）。9月13日，在全国市长公开电话厦门年会上，如皋市长公开电话在全国县级市中首个被破格吸收为理事会成员单位。浙江嘉兴市、嘉善县和江苏海安、启东、通州等地市长公开电话相继到如皋考察学习。

协调处置　年内，市长公开电话着力在办结率、满意率上下工夫。全年召开协调会27次，现场踏看、办公81次，为老百姓解决水电畅通、子女入学、住房就业、搬迁安置、邻里纠纷等急事、难事和影响全局的大事。通过召开“圆桌会议”等形式，让部门与群众直接对话，现场解决绣花机噪声、铸造厂污染、织布机噪声等老大难事项。2月，解决汽车站十字路口出租车无序停放的投诉事项。4月，解决11万元意外身亡保险赔偿无法领取的求助事项。7月，解决车站至海阳路转盘无出租车临时停车泊位的求助事项。8月，解决农民反映强烈的良种补贴未按规定发放的事项。9月，解决皋南新村4幢楼房化粪池粪便外溢的求助事项。11月，解决一起合作医疗补偿款去向不明的求助事项。12月，解决一起纠缠两年、事态恶化至即将引发恶性流血事件的邻里修房纠纷事项。

应急处置　3月下旬，因日本地震核泄漏，谣言引发市民抢购食盐风波。3月17日上午，市长公开电话立即制订应急处置方案，召集市委宣传部、市盐务管理局、市物价局、市卫生局、市技术监督局等部门会商应急对策并组织实施，于当日下午平息市内食盐抢购风波。

督查考核　年内，创新探索出一套融观摩交流、培训辅导、督查考核三位一体的科学方法，年初公布《2011年目标责任考核办法》、季度公布《承办质量与考核指标对照表》、定期向市四套班子和各镇（区、园）、部门通报考核指标、群众满意度回访情况，对办结事项电话回访。全年回访来电人1065位，满意率为91.4%，其中满意者636人、基本满意者337人、不满意者92人。

队伍建设　全年开展培训活动4次，累计培训173人，其中针对不同对象，全年分类、分片开展汇报交流、组织观摩、点评辅导等多种形式培训活动2次。年内，针对成员单位受理岗位人员经常调整变动的实际状况，组织人员编印受理承办工作业务辅导资料。在年终目标考核中，市长公开电话受理办理工作条线涌现出先进集体17个、先进个人19人。3月7日，在先锋信息科技有限公司设立市长公开电话受理员技能培训基地。3月18日，组织全市受理承办人员到浙江省杭州市和嘉兴市市长电话考察“四合一”（市长电话、市长信箱、行风热线、网上民生信息合一）市民诉求平台做法。

（孙恒生）

中国人民政治协商会议如皋市委员会

导读

●“构建诚信社会,打造诚信如皋”委员论坛 P208

综述

【概况】 2011年,市政协牢牢把握团结和民主两大主题,围绕中心协商议政,以人为本履职为民,广泛凝聚智慧力量,切实加强自身建设,在服务全市科学发展、促进社会和谐中积极履行职能,发挥政协重要作用。全年召开政协全委会议1次、政协常委会4次、主席协商会议10次,开展视察调研8次。市政协被评为2010～2011年度南通市文明单位,市政协办公室和提案委员会被南通市政协评为政协工作先进集体,年终综合考核被评为市先进集体。

政治协商

【主席会议协商】 1月26日,市政协主席会议专题协商全市公安工作,肯定公安部门所取得的成绩,提出进一步融入发展大局、加强人防技防建设、改进工作作风、强化教育管理等建议。

2月25日,市政协主席会议在听取两税及财政部门工作汇报基础上,指出要正确分析、判断财税工作面临的新形势、新任务、新矛盾,并针对当前存在的矛盾和问题,提出五点建议。

3月24日,市政协主席会议成员及部分政协委员专题协商民政工作,针对“低保”、“五保”等弱势群体救助还存在盲区、社区管理工作难度加大、殡改形势仍然严峻等问题提出建议和意见。

4月12日,市政协主席会议成员及部分政协委员专题协商全市物价工作,提出增强稳定物价的责任感和紧迫感、统筹兼顾搞好物价管理、坚持改革创新、加强物价宣传、注重自身建设、强化源头管理、做好部门协调等建议意见。

5月22日,市政协主席会议专题协商档案工作,肯定档案工作在规范管理、加大档案接收利用力度等方面取得的成绩,对进一步加快档案事业的发展,提出建议意见。

8月16日,市政协召开主席会议专题协商现代农业发展工作,听取分管农业副市长和市农委负责人关于全市现代农业发展情况介绍,围绕加快全市现代农业发展协商讨论,提出对策建议。

8月23日,市政协主席会议专题协商文广传媒集团工作,围绕如何更好融合文广传媒产业性质与新闻宣传公益性质、城区有线数字电视如何突破配套费征收难题等问题协商讨论,提出具体建议意见。

9月14日,市政协主席会议成员和部分政协委员专题协商软件园建设和产业发展,在实地视察软件园人才市场、新马信息科技、锐道科技、人才公寓等后,提出做优园区产业、推进“两个加快”等建议。

9月21日,市政协主席会议专题协商口岸和港口工作,与会人员实地视察沿江岸线及港口开发情况，肯定市口港局自成立后为如皋沿江开发开放所作贡献，提出努力开拓、迎难而上、坚持依法管理、服务沿江开发和经济建设，加强干部队伍建设等建议。

11 月 18 日，市政协主席会议专题协商全市“六五”普法工作，针对普法的针对性和实效性尚显不足、普法的方法还不多、普法机制有待进一步健全等问题提出建议和意见。

【常委会协商】 7 月 7 日，市政协召开十二届十八次常委会，专题协商讨论“信息化带动工业化”议题。会前，市政协组织部分常委、委员分别到如皋经济开发区（柴湾镇）、长江镇（如皋港区）、如城镇、石庄镇、江安镇、东陈镇、丁堰镇及所属的 16 家企业，视察调研企业信息化建设情况，并赴上海嘉定、浙江萧山等工业化“两化融合”试验区及首批江苏省信息化试验区——江苏常熟学习考察。常委会协商报告中提出提升认识层次、鼓励多元化投入、加快发展新兴信息产业、开展企业示范工程建设、强化科技人才支撑等建议，被市委、市政府主要领导批示要求相关部门认真研究落实。

市政协主席李中林在十二届四次全委会议上作报告

【全委会协商】 1 月 10～14 日，市政协在如城召开十二届四次全委会议，市委全体常委、市人大常委会和市政府主要领导列席会议。会议听取并审议市政协主席李中林代表市政协常委会所作的常委会工作报告、副主席刘聪泉代表市政协常委会所作的提案工作报告。与会委员列席市第十五届人民代表大会第四次会议，协商市人民政府工作报告及其他有关报告，围绕政府工作重点提出加快经济发展方式转变、加快统筹城乡发展、着力保障和改善民生、大力推进生态文明化、加强政府自身建设和加速推进政府职能转变等建议意见。会议选举黄文斌为政协如皋市第十二届委员会副主席，增补王捷、郝继锋、夏茂宏为政协如皋市第十二届委员会常务委员会委员。

民　主　监　督

【概况】 2011 年，市政协创新民主监督机制，拓宽民主监督渠道，运用民主评议、视察调研、提案办理和反映社情民意信息、选派市政协委员担任部门行风监督员、人民陪审员等形式，有组织、有重点地开展民主监督活动。

提案办理　市政协十二届四次会议期间，收到委员提案 377 件，立案 364 件。经 40 多个承办部门办理和市政府办、市政协督办，提案所提问题解决或被采纳的占 77.2%，列入计划逐步解决的占 17.8%。委员对办理结果的满意率为 80.1%，基本满意率为 16.6%。6 月 22 日、23 日，市政协提案委员会会同市人大常委会人事代表工委、市政府办，分别对市发改委、工商局等 19 个部门的代表建议、委员政协提案办理情况走访座谈，推动建议、提案办理进度和落实相关措施。

社情民意　年内，市政协征集编发《如皋政协》（社情民意专版）10 期，报送市领导，市领导均作批示并责成有关方面认真办理。《管管城乡宠物犬》等社情民意，被新闻部门作为市民关注热点给予深度追踪报道，引起社会广泛关注。

【市政协首次对银行业开展民主评议】 年内,市政协首次将民主监督领域扩展到政府部门以外的机构——银行业,为优化全市金融生态环境发挥民主监督作用。9月下旬～11月下旬,组织全市政协委员对落户如皋一年以上的9家银行业金融机构工作和行风建设实施民主评议。通过发放民主测评表、座谈走访、问卷调查等方式征求社会各方面建议、意见118条,及时反馈至相关单位后,人民银行代表被评单位,在评议总结会上作整改表态发言,明确具体整改方案和措施。

参政议政

【概况】 2011年,市政协以推进科学发展为第一要务,以凝心聚力服务百姓为主要责任,通过指导委员组开展视察调研、参与服务全市重点工作督查、城市搬迁推进、新"六城同创"等中心工作,多角度、多形式参政议政。

全市34个委员活动组发挥界别特色和优势,围绕镇区搬迁改造、交通发展、农民集中居住区建设、秸秆综合利用、土地流转、社会养老保险、失地农民生活保障、非物质文化遗产保护等课题开展视察调研,提出中肯意见和务实措施。在全市省级文明城市创建活动中,市政协组织政协委员230人次视察督查全市"窗口"服务行业。市政协班子成员、机关干部和政协委员全年开展"领导干部下基层"活动200多人次,帮助农村改善基础设施建设、争取政策扶持、引进投资项目,为困难群众改造危房、扶孤助学、赠送技术设备捐助资金300多万元,帮助200多名困难家庭劳动力实现就业。市政协机关和委员们的爱心和善举获得社会好评,其做法和经验先后被《江苏政协》和《人民政协报》报道。凝聚社会各界力量,调动各方积极因素,为如皋经济社会发展献计出力。举办新春团拜会,社会各界人士中秋、国庆茶话会,向社会各界介绍如皋经济社会发展成就,共谋发展良策。发挥市政协联谊会、长寿研究会、历史文化研究会、老科协等社会团体中老委员作用,组织开展座谈、研讨等活动。加强对外交往和联系,参加长三角13县(市、区)政协工作研讨会2次,接待全国、省、南通市及县市政协到如皋考察41批400多人次,宣传、展示如皋形象。

【"构建诚信社会,打造诚信如皋"委员论坛】 1月10日,市政协以"构建诚信社会,打造诚信如皋"为主题举办委员论坛。吴燕芳等10名委员从打造诚信政府、加强诚信企业建设、营造诚信社会建设的良好舆论氛围等角度作大会发言,另有12名委员作书面发言。委员们立足于各自界别和岗位各抒己见,为推动诚信如皋建设出谋划策。

【市政协网上民主评议提案办理工作】 第三季度,市政协通过提案网络系统,对第十二届政协提案办理工作开展"回头问效"跟踪检查,对政府部门提案办理工作情况实行网上民主评议,评议结果分别通报给市政府办及相关部门和全体政协委员,并作为承办部门年度综合考核内容之一。

学习和文史编研

【概况】 2011年,市政协加强对政协工作的宣传报道,全年在国家、省、南通市级刊物上发表稿件70多篇。12月,完成《如皋文史》第23辑征编出版工作,在全市政协工作会议上发送各位委员。

(刘亚丽)

中共如皋市纪律检查委员会

导读

综　述

【概况】 2011年，全市各级纪检监察组织按照标本兼治、综合治理、惩防并举、注重预防的方针，统筹推进教育、制度、监督、改革、纠风、惩处各项工作。市纪委(监察局)被表彰为全省纪检监察工作先进集体。

队伍建设　年内，开展"立德守信、纪检先行"主题实践活动，引导纪检监察干部立德守信、争当道德诚信楷模。强化对纪检监察干部的内外部监督，组织开展纪检监察干部作风效能明察暗访。组织纪检监察干部到革命圣地延安参观学习，接受革命传统教育。举办新任纪检监察干部培训班，抽调基层纪检监察干部到市纪委跟班培训。选派11人参加中纪委业务培训。通过笔试、面试、民主测评以及工作业绩考评等程序，选拔副科职干部4人、机关中层副职8人，招录机关工作人员4人。

党风廉政建设　年内，落实新修订《关于实行党风廉政建设责任制的规定》，制订《全市党风廉政工作实施意见》。年中、年末分别由市委常委和党员副市长带队，检查考核20个镇(区、园)及相关重点部门推进惩防体系建设和党风廉政建设责任制落实情况。建立全市1400多名副科级以上领导干部电子廉政档案，推行领导干部廉洁从政承诺机制，实行领导干部上缴礼金周报制，全年收到有关单位和个人上缴礼金礼券70余万元。制订出台《关于加强基层纪检监察组织建设的实施意见》、《加强食品行业诚信体系建设的实施意见》、《关于进一步加强全市机关作风和效能建设的意见》等多项制度，规范党员干部从政行为。

5月11日，市廉政文化广场落成开放，开创全省县级廉政文化广场建设先河

违纪案件查处

【概况】 2011年，市纪委监察局贯彻执行《纪检监察机关办案规程》，全市各级纪检监察组织累计受理信访490件，按期办结率95%，实施信访监督33人次。立案177件，其中贪污贿赂类案件37件、失职渎职类案件72件、涉及副科级以上党员干部22件，全部结案，8人被移送司法机关，挽回经济损失1423.77万元。

案件管理　年内,发挥市委反腐败协调小组作用,加强与各执纪执法部门的联系,多渠道收集案件线索。坚持全程监控与随机抽查相结合、专项督查与动态跟踪相结合、发现隐患与落实整改相结合,确保办案过程的依纪依法、安全文明。

案件审理　年内,出台《纪检监察案件立案审核暂行办法》等规范性文件,加强审理监督。着力维护审理助辩工作品牌,建立审理助辩员人才库。实行基层案件集中协审、二次协审和质量考评。建立市纪委(监察局)领导集中回访教育制度,实现案件零申诉。推进涉刑案件先审后送和先期处分工作,全年办理先审后送、先期处分案件13件。

专　项　整　治

【概况】 2011年,市监察局围绕市委、市政府重大决策部署,加强监督检查,推进依法行政,促进廉洁从政。全年开展执法监察项目94个,其中自立项目57个,年内全部办结。通过执法监察发现案件线索46条,立案查处22人。

执法监察　年内,继续开展环境保护纪检监察巡查,加强对违法用地行为的监督检查,开展夏秋两季秸秆禁烧工作督查。突出工程建设领域突出问题专项治理,在南通市范围内率先依托市政府网站设立信息公开共享专栏,按序时进度完成专栏开通率、链接率、目录发布率、信用信息系统和平台建设"四个百分百"目标,在全省各县(市)网上考评、南通市各县(市)年终综合考核中均名列第一。开展标后监管,全年检查82次,累计检查项目952次(个),发现问题1307个,下发整改通知书196份。制订出台《如皋市交通工程质量管理办法》、《关于进一步加强建筑市场监督管理的若干意见》、《如皋市建筑工程项目经理、总监理工程师安全违规记分办法》(暂行)、《如皋市招标投标黄名单制度》、《如皋市政府采购供应商诚信管理及考核办法》、《如皋市政府性投资工程建设项目标后监管暂行办法》等一系列制度,从源头上堵塞漏洞,促进工程建设行为规范。

专项监督检查　年内,对2008～2011年中央6批40个新增投资项目开展监督检查,加强对全市各重大项目和310个镇级项目监督检查,确保"扩内需、保增长、调结构"一揽子政策贯彻落实,并通过中央和省、南通市专项检查。贯彻落实《南通市纪委交通重点工程纪检监察工作手册》,加强交通重点工程纪检监察工作,成立市交通重点工程纪检监察派驻室,督查连申线(如皋段)航道整治工程及途经的如城、袁桥、石庄、江安、搬经、常青等镇的征地搬迁工作,促进工程建设规范、安全、高效。组织创建国家卫生城市考核验收和创建国家生态市省级调研督查,组织对市城管局、环保局、磨头镇例行监督检查。

(印国华)

武　装

导读

人民武装

【概况】 2011年，如皋市人民武装工作狠抓以军事斗争准备为龙头的各项工作落实，后备力量建设呈现协调发展、整体推进良好势头。

军事斗争准备　年内，市人武部修订完善作战方案及非战争行动预案12份，并结合5月份南通军分区组织的防区地形勘察和9月份防抗超强台风急难险重任务，全面检验作战方案可行性。全年投入训练经费60余万元，落实分队训练人数942人次，其中组织民兵跨区联训6批80余人次，16人取得全优成绩。在军分区组织的民兵连排长集训中，3个科目第一，2个科目第二，整体综合排名第二。10月下旬，参加"通防一2011"指挥所演习，围绕应对急难险重任务和非战争行动任务时的方法步骤、指挥程序，提高人武部机关干部指挥谋略和协调能力。

国防教育　年内，调整充实市国防教育动员委员会领导机构，调查国防潜力，组织海军预编兵员点验。市国动委被省军区表彰为先进单位。结合学生军训加强国防教育，全年承训学生2万余人，被南通军分区表彰为学生军训工作先进单位。注重人武工作宣传，在《解放军报》、《人民前线报》、《国防报》、《东海民兵》等媒体发表文章40余篇，被南通军分区表彰为新闻宣传先进单位。10～12月，完成新兵征集任务。

基层武装工作规范化建设　年内，全市投入56.9万元用于改善基层武装部"三室一库"(办公室、值班室、资料室、战备器材库)基础设施建设，90%的镇完善基层武装办公设施、场所，完备训练器材、规范各类规章制度。长江镇武装部结合实际抓好防汛抗洪演练工作得到省军区领导表扬。上半年，按照南通军分区基层武装部和合成化民兵应急救援连规范化标准，重点加强民兵阵地建设。

【2011年南通如皋防汛抢险联合演练】 7月12日，"2011年南通如皋防汛抢险联合演练"在熔盛船厂北侧的泓北沙举行。演练模拟时间为9月15日，12号强热带风暴正面袭击如皋，沿江地区达到暴雨级别，伴随8级大风，外江潮位达到5米，浪高1.5米，长江大通流量达到每秒5.3万立方米。市防汛防旱指挥部发出Ⅱ级汛情预警(橙色)，启动Ⅱ级防汛应急预案，对熔盛船厂北侧江堤发生的险情进行抢险。演练项目包括疏散转移、封堵缺口、秩序维护、卫生救护等。整个演练持续约30分钟，南通市10名专业抢险队员、长江镇50名民兵，熔盛重工20多名抢险人员参加演练。

(葛剑南)

边防检查

【概况】 2011年，如皋边检站按照"夯实基础、敢为人先、彰显职能、安全发展"的工作思路,完成以边防检查为中心的各项工作任务,实现边检工作和部队建设的又好又快发展。

边防检查　年内,检查出入境(港)船舶730艘次,其中检查出入境出船舶414艘次、出入港船舶316艘次、入境(港)员工15052人次(其中入境员工8671人次、入港员工6381人次)。办理各类证件5587份,累计出动警力2728人次,全年未发生一起偷渡得逞事件和影响社会安定的事件。

边检服务　年内,建立创建"爱民固边"模范码头例会制度,坚持每季度召开一次口岸查验单位联席会议、举行一次"民意警声"执法执勤互动会、举办一次"驻企警官工作报告"活动。针对如皋口岸实际,总结推出"一窗式"办结服务、"五心"(办理证件细心、服务群众贴心、执法执勤尽心、查摆不足虚心、访民问需热心)服务、"六零"(船舶在港"零待时"、手续办理"零等候"、法律服务"零距离"、边防检查"零误差"、热情服务"零争执"、规范执法"零投诉")服务、"口岸诚信管理"机制等服务举措,全年开通"绿色通道"18次,救助帮扶群众25人次,收到服务对象感谢信10封、锦旗13面,被市委、市政府表彰为文明单位和先进集体。

规范执法　年内,推行"首接责任制"、"一案一评"、"督促限时整改"等制度,分管业务负责人和法制员定期检查官兵执法执勤行为、案件办理情况,及时发现和整改执勤执法工作中存在的问题。投入资金10万元改造执法办案场所,完成询问室、人身检查室和限制活动室建设,提升执法规范化建设水平。全年开展处突演练4次,查处口岸违法违规案件7起7人次,维护口岸安全稳定。

内部管理　年内,坚持以人为本和持久养成理念,注重管理、注重规范,深入开展"条令学习月"暨纪律作风整顿活动,坚持做到党委为官兵作表率,机关为基层放样子。制订出台《干部探亲休假管理规定》、《干部私家车管理规定》、《社会化保障人员管理规定》等制度,开展"部队安全大家谈"、执勤执法安全大排查和"百日安全竞赛"等活动,重点加强"人、车、章、密、财"等环节管控。全年举办各类培训、辅导讲座、练兵比武22场次,部队训练、执勤、工作、生活秩序更加规范,未发生一起案件事故。

爱民固边战略　年内,以深化"爱民固边"战略为抓手,抽调多名精通法律知识的业务骨干,组成以分管业务主要领导为团长的"法制巡回宣讲团",到港区巡回宣讲边检法律法规,开设法制专题讲座8场次,进一步增强法律意识和责任意识,参听人员3149人次,接受咨询263人次,为群众解决实际困难9起。探索新时期精神文明建设新路子,不断丰富警地、警民共建内容,开展拥政爱民活动,先后与江苏熔盛重工有限公司、如皋港务集团和长江镇敬老院3家单位结成共建帮扶对子,开展共建活动10余次,资助帮扶企业困难员工、辖区困难儿童计7人,在驻地树立良好的社会形象。11月,如皋边检站执勤业务科、监护中队被共青团南通市委授予"青年文明号"称号。

(王爱军)

武装警察

【概况】　2011年,中国人民武装警察部队如皋市中队围绕"抓经常、打基础、保安全、创先进",紧贴时代发展、使命任务、官兵实际,促进全面建设,被省武警总队评为基层建设先进中队。

执勤训练　年内,如皋武警中队严格落实执勤各项制度规定,完成市看守所外围武装警戒、武装押解和如皋地区反恐、处突任务,执勤目标实现连续21年安全无事故。全年完成武装押解勤务32次,出动兵力96人次,行程约2万公里。5月,中队应急小分队在武警南通市支队举办的比武竞赛中获团体第一和四个单项第一、两个单项第二。8月,南通地区执勤"四防一体化"(人防严密、物防坚固、技防高效、联防可靠)建设试点推进部署会在如皋武警中队和市看守所召开,推广如皋武警中队执勤建设正规化、基础工作规范化经验。

行政管理　年内,市武警中队依据条令条例和《基层正规化管理规定》,狠抓"人、车、枪弹、酒、内外关系"五个重点问题治理,加强官兵日常管理,实现"四个秩序"(执勤、训练、工作、生活秩序)正规,官兵思想稳定,作风严谨,纪律严明,内部关系融洽和谐目标。

后勤保障　年内,加强炊事员、卫生员、军械员、通讯员等后勤专业队伍建设,更新部分营产营具，铺设塑胶篮球场，修建训练馆。

（黄赛峰）

消　防

【概括】 中国人民武装警察部队如皋市消防大队下辖如皋市消防中队、如皋港区特种联合消防队和5个派出所专职队。全市建有保安消防队22支、兼职消防队1055支。

执勤岗位练兵和灭火救援　年内，市公安消防大队处置火灾事故、抢险救援事故和群众救助1621起，抢救被困人员72人，挽回财产损失5000余万元。成功处置"3·21"如皋市江安玉兔食品厂火灾、"6·6"如皋市国美电器商场火灾、"6·12"如皋市石庄镇天泽化工厂火灾、"8·29"如皋市磨头镇天阳工业区家具厂火灾、"10·17"如皋市老扎花厂厂房火灾等灾害事故。在南通市消防部队铁军比武中，一人获3000米跑第二名。

消防监督执法　年内，先后开展学校消防安全、高层建筑消防安全、在建工程消防安全专项检查和建筑消防设施、人员密集场所消防安全专项整治，完成元旦、元宵、五一、国庆等重大节日期间消防安全保卫工作。开展"清剿火患"战役行动，发现并消除大量火灾隐患，被评为全国开展"清剿火患"战役动员部署阶段成绩突出大队。9月26日，启动"清剿火患"战役行动。

消防宣传　年内，开展消防站对外开放、消防"六进"、"119"消防宣传周等消防宣传活动。接待全市各机关、团体、企事业单位及社区、学校等60多个单位4600余人次参观消防装备，观看消防训练，参加灭火演习。深入企业、农村、社区、学校、机关、家庭开展消防宣传300余次，发放消防宣传卡片3.6万余张，为各行业人员培训消防灭火知识290余次。大队自创《如皋消防报》，正式发行3期，社会反映较好。

后勤保障　年内，以市政消火栓为主体的公共消防基础设施建设列为2011年度政府为民办实事项目，政府投入资金700余万元，增建市政消火栓537只，新建管网14050米。在市财政投入2500万元基础上，市消防大队再次投入1300万元加强新消防指挥中心建设、投入268万余元用于购置抢险救援车等车辆器材装备，投入经费年增幅达20%以上。6月，如皋市经济开发区投入1000余万元建设专职消防队。12月底，如皋城区、所有镇、工业园区的消火栓建设工作全部通过市政府验收。

（王如海）

人　民　防　空

【概况】 2011年，市人防办顺利推进经费筹措、工程建设、执法检查等工作。

经费筹集　年内，坚持应收尽收，经费筹集总量保持稳定增长，人防经费筹集总量2555万元，超额完成市财政年初下达的430万元和南通市人防办下达的600万元全年经费征收任务。

工程建设　年内，新立项人防工程10个，总建筑面积39718平方米；新开工人防工程11个，总建筑面积35836平方米；新竣工人防工程3个，总建筑面积25320平方米。

指挥通信建设　年内，新增警报器1台。委托专人维护检查各设点单位警报器，有序推进人防指挥所工程建设。先后赴吴江，太仓，张家港等地，学习考察指挥所工程建设及管理办法。8月1日，组织全市防空警报试鸣。8月，人防指挥所工程建设土建工程竣工，内装施工单位进场施工。10月上旬，完成人防指挥所工程建设土建工程智能化施工单位招标，施工单位进场施工。

宣传教育　年内，策划拍摄人防专题宣传片，开展人防知识进社区活动，在如城镇宏坝、孔庙和红星社区组织专题活动。全年印发民防知识手册、防空防灾手册6000余份。继续组织在校学生的人防知识教育，全市有30所学校近1.5万名初二学生接受人防知识教育，考查成绩良好。

行政执法　年内，对一家未履行人防工程建设义务的企业依法作出行政处罚决定，并申请法院强制执行。组织清收应缴未缴的人防易地建设费。结合审计部门人防收支专项审计要求，对七家因种种原因拖欠人防费的企业实施行政执法。

（章开生）

政　　法

导读

● 最高人民检察院检察长曹建明视察如皋检察工作　P216

● "普法邮路通万家"工程　P220

审　　判

【概况】 市人民法院院机关现有刑庭、民一庭、民二庭、行政庭、立案庭、审监庭、执行局、司法鉴定科、司法警察大队、政治处、办公室、研究室、监察室、审判管理办公室、行政管理科、人民陪审员办公室16个内设机构,如皋经济开发区、白蒲、石庄、港区、搬经、磨头6个派出基层人民法庭。现有干警188人。其中,审判员99人,助理审判员3人,书记员65人,法警17人,法医1人;具有本科学历者162人、占比86.17%,有硕士学位者29人、占比15.43%。2011年,受理各类案件16306件,审执结16343件,审判人员人均结案254.52件,案件被改判发回率0.13%,上述指标均居南通基层法院第一。被评为省级廉政文化示范点、全省法院基层基础建设示范点、全省法院信息化建设先进单位,被省高级法院首批授予标兵警队称号。市法官协会被表彰为全省先进集体。

刑事审判　年内,受理各类刑事案件625件,审结622件835人,其中,交通肇事等危害公共安全罪174件174人,虚开增值税发票、非法经营等破坏社会主义市场经济秩序罪29件44人,故意杀人、故意伤害等侵犯公民人身权利、民主权利罪87件94人,抢劫、盗窃、诈骗等侵犯财产罪227件335人,非法行医、非法持有毒品等妨害社会管理秩序罪85件169人,贪污、受贿等贪污贿赂罪14件15人,玩忽职守等渎职罪4件4人。受理刑事附带民事案件5件。年内判处被告人835人,其中,被判处十年以上有期徒刑的22人,被判处五年以上不满十年有期徒刑的63人,被判处五年以下有期徒刑的308人,被判缓刑352人、拘役60人、管制6人、并处罚金477人、剥夺政治权利5人、没收财产13人。

民商事审判　年内,新受各类民商事案件9217件,审结9245件(含旧存)。其中,审结道路交通事故人身损害赔偿案2693件,标的总额11031.79万元;审理婚姻家庭、继承案件1989件,民一庭被授予全省维护妇女权益示范岗称号。审结企业间、企业与个人间的买卖、借款、承揽等合同纠纷案件4163件,标的额达55846.55万元。妥善审理企业破产案件3件,盘活资产5000万余元。创建涉农土地案件"1+3"(由人民法院牵头,市委农工办、市政府法制办、市农业委员会3家部门共同参与)诉前联动化解机制,化解一起涉及100多户农民因粮食价格波动引发的土地流转合同纠纷。

行政审判　年内,审理各类行政案件73件,受理非诉行政审查、执行案件825件。全年开展法制讲座5次,发出书面司法建议8件。行政机关负责人出庭应诉率达100%。推进行政争议诉前协调和重大行政争议综合调处机制深化延伸,会同市政府法制办建立重大行政争议预警化解机制。

执行工作　年内,新受执行案件5696件,执结5707件(含旧存),执结率100%,其中实际执结数

5493件,执结到位标的53088.4万元。开展反规避执行专项活动,判处暴力攻击执行法官的3名被告人实刑。接受市人大常委会专题审议法院执行工作,并贯彻落实相关审议意见。

立案工作　年内,对所有案件立案实行"一站式"服务,审查、立转各类案件16307件,其中6个人民法庭立案8101件。设立融诉讼事务中心、诉前调解中心、信访接待中心于一体的便民司法新平台,诉讼服务中心收案669件,结案667件,以诉前方式调解结案472件,调撤率为80.36%。做好诉前审判工作,办理诉前保全26件,公示催告21件,结案率100%。全年处理人民来信385件,接待来访215人次。强化人民调解的指导职能,全年培训专职调解员800多人次。全年司法确认案件353件。建立"十户调解员"、妇女干部特邀调解员等工作机制,在镇村建立法官诉调对接工作站和法官联系点32个,源头化解矛盾纠纷876件。

审判监督　年内,受理申诉、抗诉、指令再审等案件17件,审结17件,其中审结再审案件7件、再审后改判1件。

审判管理　年内,案件平均审理天数25.93天,综合结收案比100.23%,案件上诉率10.17%,上诉案件发回改判率0.13%。

司法救助　年内,依法对家庭困难的当事人减、免、缓诉讼费4.25万元,依法对生活困难的执行案件申请人发放司法救助资金44件21.16万元。

司法鉴定　年内,启用对外委托和鉴定期间网络信息化管理模块,实现网上管理和查询。委托鉴定案件规范操作程序,全部实行摇号随机选择,全年受理委托鉴定案件822件,办结720件,书面办结法医咨询案件101件,电话办理192件。

审判宣传调研信息　年内,被各级各类媒体采用稿件374篇,其中,被《人民法院报》采用19篇,《中国审判》、《今日信息报》等媒体采用93篇。编报信息193期,被南通中院信息专门载体采用68篇,被省高院信息专门载体采用32篇,信息工作在南通法院系统名列第一。

司法警察　年内,市法院法警大队刑事押解出警1400人次,协助保全、执行出警400余人次,处理各种突发性事件35起。在全省法院组织的大练兵比赛中,1人获第三名。被省高级法院授予标兵警队称号,南通市仅两支警队获此称号。

【"法官+'村官'"和谐共建】　3月,出台《关于强化法官与大学生"村官"共建、促进基层和谐稳定的实施意见》,通过6个人民法庭的24名法官与48名大学生"村官"结对共建,把大学生"村官"培养为法律法规宣传员、社情民意信息员、法庭工作联络员、特邀人民调解员、公正司法监督员。7月,南通中级人民法院在如皋港区法庭召开南通市人民法庭建设现场推进会,推广如皋这一做法。

【市法院构建大联络工作格局】　年内,市法院在加强人大代表、政协委员联络的基础上,将市党代表以及基层组织、重点企业负责人纳入联络范围,增进社会各界对法院工作的了解、支持和监督。全年开展党代表、人大代表、政协委员联络活动59次,办理代表、委员建议提案4件,均"满意"。出台《代表委员关注案件管理办法》,并依法接受检察机关法律监督,促进司法民主和司法公正。人民陪审员陪审率99.14%,居南通法院第一。市法院构建大联络工作格局的做法得到省高级法院院长公丕祥批示肯定。

（商晶晶）

检　察

【概况】　市人民检察院有干警109人。其中,检察员60人,助理检察员17人,书记员13人,见习书记员7人,司法警察9人;大专以上学历者108人,占99%;本科以上学历71人,占65%;硕士17人,占15.6%。2011年,被最高人民检察院评为全国先进基层检察院,并蝉联全国检察机关文明接待示范窗口称号,获省"巾帼文明示范岗"称号,被南通市委评为先进基层党组织。驻看守所检察室被最高人民检察院评为一级规范化检察室。最高人民检察院曹建明检察长对如皋执法办案工作经验作肯定性批示。

审查批捕、审查起诉　年内,审查批准逮捕各类犯罪嫌疑人362人,提起公诉859人,分别比上年上升8.7%、18.5%。依法批准逮捕67人,提起公诉67人。严厉打击聚众斗殴、寻衅滋事、贩卖毒品等妨害社会管理秩序犯罪,依法批准逮捕犯罪嫌疑人 85 人、提起公诉 209 人。依法不批准逮捕 73 人,依法不起诉 123 人。

反贪污贿赂、渎职侵权检察　年内,以查办工程建设领域犯罪和危害民生民利渎职侵权犯罪等为重点,全年立案侦查贪污贿赂案件16件22人、渎职侵权案件4件4人,查办科级干部4人,为国家挽回经济损失近1000万元。查职务犯罪案件、查社会管理漏洞,向党委政府、主管部门、发案单位发出检察建议的"双查三建"机制被南通市委政法委转发。11月,查办渎职侵权案件工作经验获最高人民检察院检察长曹建明批示肯定,并在全省推广。

职务犯罪预防　年内,围绕供电、拆迁、工程建设、教育、农村基层组织以及政府投资等热点行业和领域开展预防职务犯罪调查活动,形成调查报告 35 篇,向相关行业和领域预防职务犯罪提出对策建议,市人大常委会、市委政法委主要领导对多篇调查报告作出批示。对查办的职务犯罪案件实行个案和类案剖析,形成报告 43 篇,市人大常委会、市委政法委主要领导对其中 7 篇剖析报告作出批示。向社保、教育、工商、乡镇等部门和行业发出检察建议 36 件,其中 7 件得到市委政法委、市人大常委会主要领导批示。全年提供行贿犯罪查询 1123 次。

控申举报　年内,受理各类控告举报169件。其中,贪污贿赂、渎职侵权类举报70件,占受理数41.4%;信访60件,占受理数35.5%;申诉控告39件,占受理数23.1%。对举报有功人员给予物质和精神奖励。刑事申诉案件立案复查20件,审查结案4件。执法办案风险评估预警案件73件,其中一级风险7件、二级风险16件、三级风险50件。全年救助特困刑事被害人53名、计11.2万元。正常开展控申日报专项工作,被上级检察院录用信息16篇。

监所检察　年内,在押 344 人,收押 897 人,释放 799 人,现有监外罪犯 545 人。年内,市检察监管机关呈报减刑 23 人,建议不予呈报减刑 4 人;呈报暂予监外执行(保外就医)2 人。与监管机关联合清监 24 次,找在押人员谈话教育 382 人次。

民事行政检察　年内,受理民事行事申诉案件 116 件,立案审查 90 件,提请抗诉 6 件,南通市法院采纳并提出抗诉 5 件。向市法院发出再审检察建议 2 件。督促、支持起诉 38 件,息诉和解 66 件。

检调对接　年内,依托大调解机制,在轻微刑事犯罪案件、民事申诉息诉案件、民生诉求罢访案件三方面,突出调解优先,受理轻微刑事案件 225 件,调解成功 170 件,对 111 人作出不起诉决定,回访 170 余次,回访率达 100%。送出"玉山寄语"55 份。办理民事申诉息诉案件 59 件,调解金额达 1940 万元。审查公调对接案件 94 件,审查诉调对接案件 12 件,发出监督调解书 12 份。

检察调研宣传　年内,在《法学杂志》、《中国检察官》、《法制与社会》、《当代学术论坛》、《高等教育与学术研究》等国家级、省级期刊发表调研文章 32 篇,其中国家级 2 篇、省级 30 篇。形成类案研究报告 2 份、疑难案件研究报告 10 份,入选《法治江苏高层论坛论文集》论文 2 篇。在各类媒体发表宣传文章 315 篇,其中国家级媒体(中央人民广播电台)5 篇、省级媒体 23 篇、市级媒体 68 篇、检察系统媒体 25 篇、网络 194 篇。编发《情况反映》36 期、《检察简报》20 期、《督查督办信息》8 期。信息《12 项群众工作机制》被最高人民检察院转载,实现国家级信息录用零突破。

【最高人民检察院检察长曹建明视察如皋检察工作】　1 月 27 日下午,最高人民检察院检察长曹建明一行到如皋视察检察工作。曹建明对市检察院在化解社会矛盾、维护社会稳定、积极参与社会管理创新等方面的做法给予充分肯定。省、南通市检察院检察长,南通、如皋市委、市政府主要领导陪同视察。

【如皋查办渎职侵权案件工作经验获最高人民检察院检察长曹建明批示肯定】　11 月 23 日,最高人民检察院检察长曹建明在如皋检察院经验总结材料《如皋市检察院以细求实、以实促效,牢牢把握反渎办案安全生命线》上作出批示:"江苏如皋市检察院在加大查办渎职侵权案件的同时,高度重视、正确把握办案和安全的关系,及时避免了各类安全事故的发生,更好地保证了执法办案,其做法和经验值得肯定。"省检察院检察长徐安作出相应批示,要求将曹建明的批示主要内容及如皋做法转发全省检察机关,尤其是反贪、反渎及侦查指挥办,加以推广。

【市检察院推行“四全”门诊式点名接访新机制】 年内，市检察院推行“四全”门诊式点名接访新机制，畅通群众诉求表达渠道，提升社会管理科学化水平，息诉化解成功率由上年的63%上升为91.5%。

“四全”门诊式点名接访机制指：业务特点全公开。让来访人可自行选择接访人员、接访时间和地点，接访人接受来访人监督和评价。法律监督全方位。建立“门诊式点名接访”名单，来访人员可以在“门诊式点名接访”名单中选择适合需求的专家型检察官。包案化解全过程。接访人全过程始终注重执法规范、细节指引、风险预判，为来访人提供“老娘舅”式贴心接待，尽量地将案件化解在首办环节。检民联系全天候。在控申部门、专门接访区和派驻检察室设立“检民一键通”，24小时接待群众来访和投诉。

（孟　阳）

公　安

【概况】 市公安局下辖派出所24个、刑事侦查大队责任区刑侦中队5支，交通巡逻警察大队下设交巡警中队12支。现有民警1021名，其中具有硕士研究生学历者5人、大学本科学历者605人、大学专科学历者367人、中专及以下学历者44人。全市现有专职保安联防队员1068人。2011年，市公安局年度综合考核列南通市县级公安机关和如皋市级机关政府序列第二名；被公安部评定为民警体育锻炼达标工作示范点，确定为情报信息、监管工作联系点和装财工作观察点；被省公安厅表彰为警体工作先进集体和2005～2010年度全省公安执法优秀单位。市看守所连续20年监所安全无事故、立集体二等功。法制室被公安部表彰为组织推动执法质量考评工作成绩突出集体。公安系统连续第十年被评为省文明行业，连续14年被评为南通市文明行业。全市公安系统受到公安部表彰先进集体2个、先进个人4人，受省公安厅表彰先进集体7个、先进个人12人。

“110”接处警　年内，市“110”报警服务台接有效报警8万余起，同比上升13.82%。其中，刑事警情同比上升63.23%；治安警情同比下降55.12%；交通事故同比上升22.76%；火警1593起，同比上升128.22%；灾害事故报警61起，同比上升69.44%；群众求助4239起，同比上升36.79%。

维护政治稳定　年内，完成全国“两会”等大型活动期间的安全保卫任务，没有发生涉及如皋影响稳定的重大事件。

经济文化保卫　年内，检查单位3128家(次)，发现并整改各类隐患1846处。重点文保单位新增保卫力量102名，新投入防范资金2800余万元，新增技防设施186套。全市139所中小学(幼儿园)配备校园保安473人，安装远红外报警器主机65台、探头460只、视频监控探头1596只，配备合格保险箱98只，更新灭火器1520只。全市建成校园警务室119个，有70所学校通过南通市最安全学校验收，全市139所中小学、幼儿园全部通过如皋平安学校验收。全年组织开展应急演练和校园安全主题教育活动220余场(次)。全市“六类目标”(高校、加油站、银行自助设备和自助银行、电力营业网点、金银珠宝营业场所、单位财会室)安防建设达标率100%，自助银行和银行自助机具、电力营业网点达标率达100%。

治安管理　年内，查处治安行政案件同比减少39.06%，完成各类重大活动安全保卫133次。建立公调对接站24个、村居公调对接室348个，配备专职调解员53名、人民调解员706人，全年成功调解民间纠纷24296起，调解成功率96%。调处各类交通事故7143起，调结率93.4%。全市安装公共场所治安管理信息系统172套。年审旅馆特种行业许可证309份，对513名旅馆前台登记人员进行法律法规培训并发放治安培训合格证。组织对行业场所检查2151次，对存在治安安全隐患的119个场所当场整改或限期整改。

科技强警　年内，研究制订《如皋市2011～2013年技防建设规划》，建成智能卡口65个，组建图像研判队和监控维护队，市镇两级监控中心实行24小时值守，“3·20”工程通过南通验收。

户籍管理　全市现有常住人口142.2619万人。全年新增登记暂住人口21202人，注销8929人。登记房屋出租户1563户，清查“三无”(无合法身份证明、无固定住所、无正当经济来源)人员6人。开展门(楼)牌清理整顿工作，新制发各类门牌

3182块。在海阳路、中山路开展创建市容管理示范路活动,补缺、更新临街门牌279块。

刑事侦查　年内,全市“八类”(杀人、纵火、投毒、抢劫、强奸、绑架、爆炸、故意伤害)案件、诈骗、抢夺案件同比分别下降20%、10.6%、7.9%,“八类”案件破案率94.4%。逮捕数、移送起诉数同比分别上升16.5%、14.3%。保持连续20年命案当年全破。

出入境管理　年内,受理中国公民因私出国(境)10730人次,同比增加3.19%,其中,赴港澳4594人次,赴台928人次。办理临时入境的境外人员225人次,同比增加43.31%,常住境外人员158人。

法制工作　年内,移送起诉各类犯罪嫌疑人员数同比上升11.2%。审核行政案件同比下降13.53%,涉案人员数同比减少65.9%。复核劳动教养案件同比下降42.39%,受理行政复议案件同比增加260%,办理诉讼案件同比增加71.43%。全年累计办理行政许可项目2613件、便民服务项目29526件(次)。

网络监察　年内,接报各类涉网案件295起。成功移诉公安部交办、省公安厅督办的“10·8”网络传播淫秽物品案件,侦破“E玛国际”特大网络传销案件,处置网上事件122起。在全市安装网监审计系统31家,在线运行率达83.8%。

巡防管控　年内,设立固定、临时巡防堵控点77个,设立查报站4个、治安岗亭31个、机动应急卡点116个。建立180人的专职巡防保安队伍,盘查人员179624人次、车辆73122辆次。

监所管理　年内,市看守所收押各类人员同比减少9.05%,刑事拘留同比减少9.39%,劳教同比减少45.68%。行政拘留所收拘同比增加18.51%,其中,行政拘留同比增加25.16%,司法拘留同比减少6.27%。

水上警务　年内,检审各类船舶260条,审验户口簿260本,换发临时船民证550张,重新采集船舶信息92条。登记并免费发放渔民船舶户口簿31本、渔民船民证76份。全年累计处理船只碰撞沉没、搁浅事故和人员溺水死亡重大警情28起。

见义勇为基金　年内,如皋市见义勇为基金会基金总量由基金会注册时的502.18万元上升到546.79万元。全年走访见义勇为人员26人次,慰问牺牲、伤残、有困难的见义勇为人员及家属32人,发放慰问金25400元,占年度总支出的97%。审核认定如皋市见义勇为先进分子5人、如皋市见义勇为联防保安队员17人,并均被南通市见义勇为基金会认定为南通市见义勇为先进分子和南通市见义勇为联防保安队员,往届见义勇为先进分子陈聪被评为南通市文明新风典型。

【评选“十佳”民警和“十佳”警嫂】　经民主推荐,市公安局党委研究,全体民警投票选举,刘军、钱泽兵、姚世龙、冒友建、胡建宏、马忠、夏春红、于成兵、陈飞、孙夏华10人被被授予2011年度如皋市“十佳”民警荣誉称号。许金灿妻子宗卫巍、陈宽柏妻子丁小娟、孙文钦妻子葛娟、徐守祥妻子张李琴、沈建妻子鲍国红、何维平妻子张丽芳、何进妻子余萌、任新林妻子徐晓慧、范存建妻子韩秀琴、薛峰妻子吴美琴被授予2011年度(第十一届)“十佳”警嫂称号。

(许　虎)

司　法　行　政

【概况】　市司法局内设办公室、政工科、法制宣传科、基层工作科、公证律师科、法律援助科6个科室。下辖司法所20个、律师事务所9个(其中个人所2个)、基层法律服务所24个、公证处1个、法律援助中心1个。全市司法行政系统有干部职工268人,其中机关干部职工37人、司法所工作人员58人、律师67人、基层法律服务工作者106人。2011年,蝉联南通市司法行政系统考核第一名;被评为省优秀司法局,被省司法厅记集体二等功,被表彰为全省法制宣传教育先进单位。法律援助“12348”服务品牌被评为“十一五”期间市级机关“十佳”服务品牌之一,市法律援助中心被省司法厅评为全省首批法律援助机构示范窗口之一。搬经镇副镇长、司法所所长刘平林被司法部评选为全国模范人民调解员。

法律服务　年内,深化“双促双助”(促转型、促升级;助稳定、助发展)法律服务专项活动,被省司法厅授予“双促双助”活动优秀组织奖。成立市同业商会律师服务团,为全市29个同业商会提供“组团式”服务。全市67名律师走访企业4265家（次），为沿江开发和重点项目制订办法75条，办理涉企转型升级法律事务3106件。公证业务向船舶工业、花木产业等主导产业拓展延伸，全年办证6424件，其中涉企公证3971件。构建“半小时法律援助服务圈”，在全市设立法律援助工作联系点345个，建立法律援助工作站67个。全年办理法律援助案件1536件，接待来访10292件。8月，组织开展百名法律服务工作者集中服务日活动。9月，召开律师工作暨勇当服务转型升级先行军动员大会，举行“我转型、我升级、我服务、我承诺”诚信宣誓活动。

人民调解　年内，市调处中心公开招录全额拨款事业编制专职调解员6人，在市民中心落实办公用房1200平方米，整合维稳、法制部门资源，实行合署办公，实施风险评估和听证对话，尝试推进对专业调处机构考核管理。市镇村三级大调解平台全年累计受理矛盾纠纷调处5625件，调解成功5591件，调处成功率99.4%，其中市调处中心直接调处重大疑难复杂矛盾纠纷78起。围绕社会管理创新的要求，创新发展如皋特色大调解体系，发挥县级调处中心龙头作用，全面建立“六化互动”（科学化源头防范、常态化排查研判、法治化协调化解、实战化专业调处、精细化统筹管理、信息化高效运作）机制，建立“一综多专”的调解格局。5月，市委、市政府召开全市创新发展大调解体系现场推进会，实地观摩市镇村三级和有关专业调解组织典型7个。6月，部署开展全市大调解宣传月“十个一”活动（发放一封公开信、组织一期专项排查、完善一组标识标牌、播放一档访谈节目、编印一本《调解指南》、组织一次街面服务、张挂一套宣传标语、征调一批矛盾纠纷、编发一组《典型案例》、组织一次征文活动）。实施“调解服务一键通”村居全覆盖工程。8月底，全市20个镇、345个村“调解服务一键通”相关设施安装完毕，可为群众提供24小时调解服务。

法制宣传教育　年内，全市建成国家级民主法治村（社区）1个、省级34个、南通市级205个、如皋市级106个，市级以上创建达标率为98.3%。实施法治文化建设“五个一”工程，着力推进“一镇一品”法治文化阵地和差别化的法治文化品牌群建设，全市有13个镇、115个村（社区）建成法治文化广场（园），建立法治文化示范学校20所、法治企业示范点18个。4月，“普法邮路通万家”工程启动。6月，开展“农民工学法活动周”法制宣传活动。7月，市委常委会专题讨论研究“六五”普法规划。9月，市委、市政府转发《市委宣传部、司法局关于在全市公民中开展法制宣传教育的第六个五年规划》。在全市评选产生首届普法形象大使10人。10月，召开全市“五五”普法总结表彰暨“六五”普法动员部署大会。11月起，组织如皋市第五届“法治创和谐”文艺调演。12月，开展“12·4”法制宣传日活动，举办普法邮品回执单抽奖、“法律援助星火计划”启动、企业员工学法知法守法签名等系列活动。

11月21日，“法治创和谐”文艺调演走进林梓镇

社区矫正、帮教安置　年内，接受刑释解教人员193人。全市有五年内刑释解教人员871人，在册社区服刑人员533人。建立市特殊人群管理服务中心，实施社区服刑人员集中公益劳动、集中入矫宣告、集中法制教育，发放载明联系方式、教育事项、违法违规成本公式、纪律要求的“一信三卡”（“一信”指《致社区矫正人员的一封信》，“三卡”指便利卡、奖惩卡、纪律卡）116份，引导新入矫社区矫正人员自律自省。创新虚拟管控手段，开发“电子围栏”系统，运用GPS卫星定位对143名重点对象越界活动实时报警和警示。6月，以社会服刑人员和刑释解教人员为重点，建成市特殊人群管理服务中心。在江安镇挂牌成立南通首家社区服刑人员德育教育基地。7月，市政府出台《关于加强镇（区、园）专业社工队伍建设的意见》，推进社工队伍专业化、职业化、社会化建设。8月，召开全市特殊

人群管理服务工作现场会,建立与社会发展相适应的特殊人群管理教育服务新体系。12月,顺帆家庭用品有限公司被确定为省级刑释解教人员过渡性安置基地。

队伍建设　年内,在全市司法系统内开展新时期如皋司法行政精神大讨论,推进学习型党组织和学习型机关建设,每月组织读书日领学活动,组织开展"发扬传统、坚定信念、执法为民"和争创"群众满意的窗口服务单位"等主题教育实践系列活动。如城、经济开发区、石庄司法所被授予省优秀司法所称号,搬经、江安、丁堰、郭园、雪岸等司法所完成改建、扩建。建成千兆到镇、百兆到所的司法行政内网,视频指挥系统实现市镇两级全覆盖,初步实现公文网上流转、信息网上报送、绩效网上考评管理。截至12月底,官方微博"雉水寿司"吸引"粉丝"近30万人,被正义网与腾讯微博主办的首届政法微博与社会管理创新峰会评为"十大"司法行政机关网络影响力微博之一。4月,在中央电视台《社会与法》栏目《"双百"活动——让法治文明走近你我》专题节目中,市司法局副局长陈皞与中国政法大学教授应松年等法学家一起接受央视记者访谈。7月,在南通市局信息化现场会上作信息化建设经验介绍。9月,市司法局群众工作经验在全市"三理工作法"现场推进会上作经验交流。11月,市司法局在司法部创先争优和主题教育实践活动座谈会上作经验交流。

【"普法邮路通万家"工程】　4月8日,市司法局联合市邮政局在安定广场举行"爱心邮路——普法信使"授旗暨"普法邮路通万家"工程启动仪式。南通市委常委、政法委书记陈斌,省法制宣传教育协调指导办公室副主任、司法厅副厅长姜金兵,南通市司法局局长张武林等出席启动仪式。

"普法邮路通万家"工程是市司法局2011年社会管理创新推进的重大举措,活动主题为"爱心与普法同行",以全国文明新风典型如皋"爱心邮路"为载体,让邮路与普法融通,利用"爱心邮路"连着乡村、连着基层群众尤其是普通农民这一特色,送法进村组、进企业、进农户。年内,"普法邮路通万家"工程下发邮品9期,发放法制宣传资料12万余份,收到回执500余份。《人民日报》、新华社、《法制日报》等主流媒体给予宣传报道,并在全省推广。

【首届普法形象大使评选】　年内,为深入开展全市"六五"普法工作,进一步提升普法公众参与度,市委宣传部、市依治办、市法宣办、市司法局联合组织开展如皋市首届普法形象大使评选活动。9月,在层层推选、公众投票的基础上,评选结果揭晓,下原初级中学丁佐林、市公安局李孝文、市文广传媒集团刘嫦娟、南通市泰慕士服装有限公司杨敏、市人大常委会张秀良、市食品药品监督管理局周小波、市交通运输局黄晓贵、市残联阎建国、市国土资源局蓝崧、市动物卫生监督所魏国才10人当选如皋市首届普法形象大使。

【司机殷红彬获"法治的力量"法制人物奖及"最美中国人"称号】　12月,"法治的力量"——CCTV年度法制人物颁奖典礼在央视一套综合频道播出,南通汽运集团飞鹤快客分公司司机殷红彬获"法治的力量"2011年度法制人物奖和2011年"12·4"年度法制人物证书以及"2011最美中国人"称号。

8月26日,殷红彬在驾驶车辆途中发现一名摔倒老人,主动停车搀扶救助。他助人为乐的行为获得社会广泛赞誉。

(戴世燕)

社会管理综合治理

【概况】　市社会管理综合治理委员会现有成员单位52个,各成员单位都明确综治联络员1人。市综治委办公室有专职工作人员8人,市社会管理创新办公室有工作人员6人,各镇(区、园)综治办有专职工作人员27人。2011年,如皋市被评为南通市社会管理创新(长安建设)先进县(市),市公安局等11个部门、镇(区、园)被评为南通市社会管理创新(长安建设)先进单位。市委、市政府表彰全市社会管理创新(综治长安建设)先进集体10个、先进个人20人、文明新市民10人,市委办公室、市政府办公室表彰全市社会管理创新(综治长安建设)先进集体10个、先进个人20人。

维稳机制建设　年内,完善社会矛盾化解体系,建立健全源头预防、利益诉求、矛盾纠纷大调解三项长效工作机制。开展社会稳定风险评估，全年实施风险评估182件，通过评估准予出台180件、暂缓出台2件。完善听证对话、书记大接访等长效机制，落实领导干部接访、下访、回访等制度，全年书记大接访接待来访200起396人次，交办的143起事项都及时办结。建成功能完备的市大调解中心，规范完善镇村两级调解组织和阵地。建立健全矛盾调解"六项工作机制"，全市各级调解组织受理调处矛盾纠纷5625件，调解成功5591件，调解成功率为99.4%。

防控体系建设　年内，加强技防建设，市政府制订下发《全市技防建设三年规划》，推进道路监控网络工程、治安视频监控网络扩容升级工程，推进技防监控向农村道路(通达工程)道口延伸，初步形成以主城区为龙头、以重点道路卡口监控为骨干、以各镇(区、园)治安监控为支撑的立体监控网络。全年新安装视频监控摄像探头2192只。加强巡防队伍建设，全市城区巡防实现街面、场所、社区等重点部位全天候、全覆盖，农村巡防"一镇一中队、一村一服务队"，全市专职巡防力量达1400多人。发动群众参与群防群治，全市所有村(社区)建立综治长安服务队，总人数达2700人。进一步加大虚拟社会管控力度，规范全市互联网舆情引导工作机制和规程，有效处置网上有害信息9500余条。

外来人口服务管理　年内，全市登记在册的暂住人口9.5万人。以四大主功能区为重点，大力推行外来人口"三集中"(集中住宿、集中管理、集中服务)服务管理和公共服务均等化，安置外来务工人员子女4208人在如皋各中小学就读。

城乡社区管理　年内，召开城乡社区服务管理体系建设现场推进会，创新工作模式，完善以社区党组织为核心、居委会为基础、政法综治组织为中坚、群团组织为补充的社区组织体系。7月20日，省长李学勇视察长江镇(如皋港区)工作时，充分肯定如皋市社区社会管理创新工作做法。

5月27日，市委政法委召开全市城乡社区社会管理试点工作督查考评培训会

基础建设　年内，投入社会管理创新重点项目经费18.7亿元，市财政直接用于政法维稳资金2.19亿元，市公安业务大楼、市调处中心等社会管理创新重点工程建设投入3亿元。各镇(区、园)投入1.63亿元建设社会管理创新工程，按照标准化、规范化的要求，加强基层政法综治工作中心的硬软件建设。丁堰、郭园、磨头、雪岸、搬经、江安等镇完成政法综治工作中心新建、改建和扩建，全市各村(社区)均建立标准统一的综治警务室和调解室。深入开展平安村(社区)、平安学校、平安医院、平安企业、平安单位、平安交通等系列创建活动，市综治委命名表彰平安村(社区)280个。

(崔锦华)

农业·水利

综述

【概况】 全年实现农林牧渔业总产值77.13亿元，同比增长12.45%。其中，农业产值42.84亿元，同比增长6.92%；林业产值0.15亿元，同比下降17.75%；牧业产值26.49亿元，同比增长19.96%；渔业产值4.05亿元，同比增长9.1%；农业服务业产值3.6亿元，同比增长41.18%。

全年粮食种植面积110530公顷，同比减少550公顷；棉花种植面积210公顷，同比减少10公顷；油料种植面积14350公顷，同比减少730公顷；蔬菜种植面积1.5万公顷，同比增加90公顷。全年粮食产量72.8万吨，同比增产4.56%；棉花产量200吨，同比下降24.24%；油料产量3.58万吨，同比下降10.28%；蔬菜产量52.4万吨，同比增长8.04%。

年末，全市拥有农业机械总动力70.99万千瓦；拥有拖拉机11290台，其中大中型拖拉机1402台；拥有联合收割机1423台，其中自走式收割机1272台；全市农机化投入9500万元，其中用于农业机械购置的达7358万元；全市农用化肥施用量(折纯)3.65万吨。

【如皋新春农业招商洽谈会】 1月18日，如皋新春农业招商洽谈会举行。会上，发布市级重点农业项目信息12条，集中签约项目67个，签约项目涉及设施农业建设、农产品加工、农业生态休闲等方面，协议投资总额为内资29.173亿元、外资2900万美元。

【如皋名特优产品展示展销会】 1月18日，如皋名特优产品展示展销会开幕。展销会历时1个月，近30家企业和单位参展，以盆景花卉、长寿食品、观赏鱼鸟等如皋名特优农产品展示展销为主，同时展示富有地方文化特色的工艺制品、民间收藏等。

【长江镇(如皋港区)被列为全省农业现代化示范镇】 4月，省农委召开会议，部署全省20个行政管理体制改革试点镇开展农业现代化示范镇建设工作，如皋市长江镇(如皋港区)被列为全省农业现代化示范镇。

2011年度农业龙头企业经营情况一览

表22　　单位：万元

序号	级别	企业名称	销售收入	利润	税收	出口额
1	国家	江苏长寿集团股份有限公司	115226	678	125	1729
2	省级	如皋市联众肠衣有限公司	19725	702	615	802
3	省级	如皋市花木大世界有限公司	502000	950	320	0
4	省级	南通玉兔集团有限公司	48050.77	5320.58	3588.64	0

续表 22—1

序号	级别	企业名称	销售收入	利　润	税　收	出口额
5	省级	南通天盟养殖有限公司	9506	435	0	0
6	省级	如皋市绿园有限公司	10150	1524	7.2	0
7	省级	如皋市新丝路茧丝绸有限公司	12890.76	389.15	605	19.65
8	省级	南通华多种猪繁育有限公司	42256	4247	0	0
9	南通	如皋市长生食品罐头有限公司	3551.3	213.48	139.5	275.3
10	南通	南通光远冻制品有限公司	4265	189	140	602
11	南通	南通市赛天蓬牧业有限公司	11868	573.86	0	0
12	南通	如皋市太阳肠衣有限公司	8242.4	522.4	316.8	1046.7
13	南通	南通天龙畜产品有限公司	25133.4	617.3	604.6	1094.4
14	南通	南通市江中农产品有限公司	6213.5	331.7	82.9	0
15	南通	如皋市兴昌实业有限公司	2705.9	201	48.3	0
16	南通	南通市宏达肠衣有限公司	8266	326	36	910
17	南通	南通仁寿食品有限公司	15704	480	80	1507
18	南通	南通利都肠衣有限公司	4094	21	35	640
19	南通	如皋市时来牧业有限公司	8120	520	0	0
20	南通	如皋市皋乐面粉有限公司	6577	330	51	0
21	南通	如皋市永兴肠衣有限公司	15600	710	0	1150
22	南通	如皋市中心沙水产养殖场	1015	102	0	0
23	南通	如皋市范氏生态水产专业合作社	8472	298.2	0	0
24	如皋	如皋市光远食品有限公司	2976.66	78.19	59.8	59.8
25	如皋	南通菲菲茧丝绸有限公司	2247	41.5	58	0
26	如皋	江苏梅源园林工程建设有限公司	7512	667	131	0
27	如皋	如皋市花海艺术盆景园有限公司	1182	178	62	0
28	如皋	如皋市永祥皮革制品厂	10812.8	116	198.08	0
29	如皋	南通白蒲黄酒有限公司	4110	50	582	0
30	如皋	南通水绘园酒业有限公司	950	8	12	0
31	如皋	如皋市华珍禽业有限公司	583.6	38.4	0	0
32	如皋	江苏久锦畜牧有限公司	1380	190	0	0
33	如皋	南通多瑞尔动物营养有限公司	6019	89	13.5	0
34	如皋	如皋市凤鸣食品厂(旺寿园)	1672	134.07	12.98	0
35	如皋	如皋市广兴米业有限公司	10890	192	0	0
36	如皋	南通龙豚特种水产养殖有限公司	2500	200	0	0
37	如皋	如皋市丰茂果蔬专业合作社	911	46.2	0	0
38	如皋	南通晨阳葡萄生态园	404.36	59	0	0
39	如皋	南通保龙生猪养殖有限公司	2160	173	0	0
40	如皋	南通天之鹿鸽业养殖有限公司	1053.46	464.97	0	0
41	如皋	南通市万象牧业有限公司	6250	280	136	0
42	如皋	南通雉水酒业有限公司	1050	89	123	0
43	如皋	江苏久辉畜产品有限公司	5735.4	386.5	28.5	135.4
44	如皋	如皋市昊天农副产品加工有限公司	1358.63	211.95	0	0
45	如皋	如皋市绿缘冷冻食品有限公司	820	27	0	0
46	如皋	南通群盛冷冻食品有限公司	1250	0	0	0
47	如皋	如皋市吴窑山羊市场有限公司	32000	36.2	4	0
48	如皋	如皋市东陈园林绿化工程有限公司	5011	635	417	0
49	如皋	南通城中园林工程有限公司	13482.956	1023.443	335.449	0
50	如皋	南通岛香食品有限公司	1323	—86	0	163
合　计			1015276.9	25010.093	8968.249	10134.25

种 植 业

【概况】 2011年,如皋市实施农业现代化工程,聚焦“土地产出三年倍增和农民收入五年倍增”,农业工作发展成效显著。全市农作物总播种面积15.06万公顷,粮食作物总产达72.80万吨。

2011年全市社会农作物面积、产量情况统计

表23

项 目 名 称	面 积(万公顷)	亩 产(公斤)	总产(吨)
全社会农作物总播种面积	15.059	/	/
一、粮食作物合计	11.053	439	728006
(一)夏粮合计	4.881	333	243712
1. 小麦	4.589	338	232931
2. 大麦	0.195	282	8254
3. 蚕豌豆	0.096	175	2527
(二)秋粮合计	6.173	523	484294
1. 中稻	4.835	589	426870
2. 双季后作稻	0.003	581	252
3. 玉米	0.453	369	25083
4. 豆类	0.657	196	19275
5. 薯类	0.193	390	11273
6. 其他秋粮	0.032	321	1541
二、油料合计	1.435	166	35775
(一)油菜子	1.075	160	25824
(二)花生	0.358	185	9926
(三)芝麻	0.002	100	25
三、棉花	0.021	65	200
四、药材	0.012	556	1000
五、蔬菜、瓜类	1.680	2365	596031
(一)蔬菜	1.500	2329	524031
(二)瓜类	0.180	2667	72000
六、其他农作物	0.857	/	/
其中:花卉苗木	0.280	/	/
桑园	0.574	/	/

粮油菜生产 年内,农业生产主攻粮食单产,开展高产增效创建活动,推进旱粮改水稻、籼稻改粳稻、直播改机插和水稻高产增效创建“三改一创建”工作。全市粮食播种面积为11.05万公顷,相比上年稍有减少,单产和总产保持增长。其中,夏粮产量再创历史新高,实现连续八年增产丰收。全市夏粮面积4.88万公顷,总产24.3712万吨。水稻播种面积4.84万公顷,亩产589公斤,总产42.71万吨。油料作物播种面积1.44万公顷,亩产166公斤,总产3.5775万吨。蔬菜播种面积1.5万公顷,总产52.4万吨。创建部级水稻万亩示范片3个,省级小麦万亩高产增效示范区2个、水稻万亩示范片3个,白蒲镇为创建整建制推进镇。建成百亩以上规模设施果蔬园区86家、面积2374.7公顷,土地产出与规模效益稳步提升。农作物病虫草害总体呈偏重发生态势,全年预报50个对象63个病虫草害代次,发生期准确率100%,发生量准确率96.2%,主要病虫害测报准确及时。高产创建示范区病虫害专业化统防统治面积占全市粮食示范区面积的100%。全年未发生重大动植物疫情疫病流行及农业生产安全事故。6月18日,市政府与上海市江桥批发市场经营管理有限公司实施市外蔬菜基地对接,签订对接协议书,明确如皋作为上海的市外对接基地,每年为上海提供种植绿叶蔬菜200公顷,优先满足上海市场客户需求,扩大如皋蔬菜在上海市内外的知名度和影响力。9月11日,国家信息农业工程技术中心如皋试验示范基地合作共建签字仪式在白蒲镇举行,国家信息农业工程技术中心与市农委、白蒲镇镇政府在白蒲镇朱家桥村通过流转土地、租赁设施和投资新建等方式,合作共建高标准国家信息农业工程技术中心如皋试验示范基地,副省长曹卫星及省经信委、省农委、南京农业大学等相关单位负责人出席签约仪式。10月,市政府在桃园镇召开秋收秋种工作现场会,推进秋收秋种工作有序开展。

高效设施农业 年内,全市高效设施农业发展呈现数量多、质量高、规模大、类型广、机制新态势。培育形成花木盆景、长寿食品、外向肠衣和农副产品流通四大百亿产业板块,打造提升优质稻米、果蔬、畜禽、蚕桑和现代渔业五大数十亿元能级产业板块,主导高效产业形成,规模总量持续攀升。全年新增高效农业面积2.01万公顷,高效农业规模化占比75%。新增设施农业3400公顷,建成万亩设施镇3个,建成33.33公顷以上连片设施农业园区30个,其中千亩连片园区11个。新发展喷滴灌133余公顷,标准钢架大棚占比60%以上。建成全国休闲农业与乡村旅游示范县(市)(江苏仅两家)。

新增休闲农业1686.7公顷，建成投资1000万元以上休闲农业项目4个。建成省级现代农业产业园区1个、南通市级农业园区2个，如城现代农业产业园获省政府授牌，搬经农业循环经济生态示范园列入省级动态监测。培育省级现代农业特色产业基地、省现代农业示范村各1个。如城镇顾庄村被江苏省农业委员会命名为全省13个最具魅力休闲乡村之一。如皋市在全国沿江沿海发达区首家创新提出国家有机农业示范县(市)创建，与环保部食品中心签订战略合作框架协议，由南京农业大学牵头编制《如皋市有机农业发展规划》，并通过专家评审团论证评审。12月，南通市高效设施农业推进会在如皋召开，会议现场参观高明镇万亩设施农业园区、高明镇农产品交易中心和搬经镇千亩设施农业园区，如皋高效设施农业发展在会上获肯定。

林业生产　年内，新增成片造林1460公顷。建设江海高速、新204国道、334省道等高等级公路绿色通道达标工程150公顷，焦港河、拉马河等骨干河道生态防护林建设工程98.27公顷，桑田套种银杏示范工程670.7公顷。建设绿色现代农业园区5个、重要窗口绿化提升工程2个，四旁植树107.8万株，建成常青、郭园、九华3个南通市绿化示范镇和20个省级绿化示范村。经省森林资源监测中心认可，全市森林覆盖率为22.28%。区划省级生态公益林小班1555个，区划生态公益林总面积6091.9公顷，发林权证268本，林权证发放总面积6091.9公顷。3月，市财政安排专项经费100万元，主要用于扬启高速如皋段绿色通道建设的土地流转、造林苗木和以奖代补等，按照规划设计要求和“开挖边沟、苗木和栽植质量不走样，将造林工程招标和林权改制、林木管护相结合”原则，全面完成绿色通道建设工程。5～10月，组织3个调查工作组对各镇省级生态公益林小班的森林资源消长、地类、林种、林分质量、林地、林木等权属、森林健康、生态效益发挥、管护责任制落实等情况开展外业调查，为如皋省级生态公益林森林经营方案的确定及推进省级生态公益林林权登记发证工作提供翔实基础数据。11月，结合实施古树名木“十个一”保护工程，对九华镇千年古银杏实施保护，修建围栏、迎水面驳坡，栽植草坪防止水土流失等，并与管护人员重新签订合同。

养殖业

【概况】 2011年，全市生猪饲养量193.48万头，同比上升4.81%；家禽饲养量3225.14万只，同比上升3.02%；山羊饲养量76.68万只。生猪规模场累计上市81.80万头，占全市上市量的75.17%，同比上升4.65%；蛋鸡规模场栏存668.96万只，占全市蛋鸡总栏存的94.16%，同比提高0.1%；肉鸡规模场累计上市927.69万只，占全市总上市量的94.71%，同比上升0.17%。猪肉产量77862吨，羊肉产量7776吨，牛奶产量2310.96吨，禽肉产量32853吨。蚕种发种254793张，其中春蚕11.9485万张、续春蚕1706张、中秋蚕10.3602万张、晚秋蚕30000张，居全省第三位，比上年增发6399张，增长2.68%。投产桑园亩均发种3.0张，张产茧34.25公斤，总产茧872.9万公斤，茧产值35254.15万元。水产养殖面积6133.3公顷，其中池塘养殖3093.3公顷、河沟养殖3040公顷。新增高效渔业面积340公顷，其中设施渔业面积68公顷，全市河沟网箱设施养殖达100万平方米，新增甲鱼养殖温室1万平方米，新增乌鱼养殖面积80公顷。实现养殖产量2.1万吨，实现渔业经济总量10.5亿元，创历史新高。

蚕桑生产　全市桑园面积5726.7公顷，其中，投产桑园5660公顷，冬末春初新栽桑园66.7公顷。全年发种254793张，居全省第三位，比上年增发6399张，增长2.68%。投产桑园亩均发种3.0张，张产茧34.25公斤，总产茧872.9万公斤，茧产值35254.15万元。全年蚕茧收购价格平均为20.19元/斤。全市平均亩桑蚕茧收入4104.09元，加上桑园合理夹种大蒜、青菜、菠菜、甜豌豆、菜薹、荠菜、榨菜等蔬菜增收5975.2万元，亩桑增加收益695.6元，合计亩桑收益4799.69元，收益高的农户亩桑收益6000元以上。4月11～12日，全国秋末冬初桑树绿枝扦插技术现场研讨会在如皋召开，中国蚕学会秘书长、中国农业科学院蚕业研究所所长张国政等全国11个省的40多名专家参加会议。6月，全市各镇春蚕陆续进入上蔟盛期，因大气污染、高低温冲击、雨水不足等因素，全市出现春蚕大面积不结茧现象。7月，市政府办公室下发《关于开展养蚕政策性农业保险工作的通知》，决定从 2011 年秋蚕开始，在全市开展养蚕政策性农业保险工作。

畜牧生产　全年免疫生猪 W323.19 万头次，猪瘟 322.83 万头次，高致病性猪蓝耳病 166.23 万头，猪链球菌 113.12 万头，牛、羊口蹄疫(O－亚Ⅰ型)31.26 万头，牛 A 型口蹄疫 315 头，高致病性禽流感防疫 2793.4 万羽。重大动物疫病免疫密度达 100%，抗体合格率 80%以上。生猪产地检疫生猪 75 万头，生猪屠宰检疫 65 万头，产地检疫出证率、屠宰检疫出证率、上市猪肉检疫率均达 100%。全市通过如皋市生态健康养殖示范场验收 34 家，建筑面积 11.2 万余平方米。成功申报无公害畜品产品基地 8 家，总申报规模为鸡蛋 1050 吨、生猪 5.5 万头、肉鸡 30 万只、鸽蛋 50 万枚。每个生猪定点屠宰场每次从外省调进生猪均以 5%～10%比例抽取尿样检查“瘦肉精”，对当地生猪同比规模检测，确保畜产品质量安全。3 月，开展“瘦肉精”专项整治检查活动，累计出动执法人员 2000 多人次，检查规模猪场、生猪定点屠宰场、兽药饲料生产经营等场所 320 多场次，突击抽检栏存 500 头以上规模生猪养殖场“瘦肉精”情况。5 月，首届全国肉鸽养殖技术培训班暨江苏省肉鸽业协会苏中定点培训基地揭牌典礼在长江镇举办，金陵科技学院教授戴鼎震等肉鸽行业知名专家授课，省内外肉鸽企业近 350 名代表参加培训班。9 月，在省政府召开的全省推进畜牧业转型升级工作会议上，如皋市作《发挥优势，聚焦转型，不断提升如皋区域规模畜牧业综合实力》典型交流发言，并获省农业委员会颁发的生猪产业大县奖牌。

【全国秋末冬初桑树绿枝扦插技术研讨会在如皋召开】　4 月 11～12 日，全国秋末冬初桑树绿枝扦插技术现场研讨会在如皋召开，中国蚕学会秘书长、中国农业科学院蚕业研究所所长张国政及全国 11 个省的 40 多名专家参加会议。与会人员交流和研讨全国近年在秋末冬初桑树扦插技术领域的新成果与新技术，结合国家蚕桑产业技术体系要求和任务，探讨该技术领域的研究方向与任务，现场观摩石庄镇秋末冬初桑树绿枝扦插现场、高明镇周庄生态养蚕区、高明镇中心居千亩标准化湖桑园、搬经镇加马社区桑树木屑食用菌生产基地。

【大气污染、高低温致全市春蚕大面积不结茧】　自 6 月 6 日起，市蚕桑技术指导站技术人员陆续接到蚕农春蚕上蔟不结茧的报告，涉及到全市所有蚕桑镇，尤以高明、常青、磨头、搬经、袁桥等镇为重，损失总量约 1.5 万张。蚕农一般损失达 20%～30%，损失严重的达 80%以上。如皋相邻的海安、如东、姜堰等县市都有发生。市委、市政府成立相关工作组，稳定蚕农情绪，减少蚕农损失，将灾害损失降到最低。据省专家组鉴定，由于区域内大气环境中存在一定程度的污染，且由于养蚕期间蚕体曾受到高低温冲击，在后期和上蔟期间，雨水极少，空气得不到自然净化，污染物积累到一定程度，导致蚕体生理异常，造成蚕不结茧。

【养蚕业纳入政策性农业保险】　7 月，市政府办公室下发《关于开展养蚕政策性农业保险工作的通知》，从 2011 年秋蚕开始，在全市开展养蚕政策性农业保险工作，将养蚕业作为畜牧规模农业项目的自选保险品种，选择中国人民财产保险公司如皋支公司作为政策性养蚕保险合作对象。保险金额为每张 400 元，每张蚕种保险费率为 5%，即每张保险费为 20 元，其中，养殖户承担 8 元，省市财政补助 12 元。如皋市将养蚕业纳入政策性农业保险，保障全市蚕桑产业持续发展。

花木盆景

【概况】　全市现有三级以上园林施工资质企业 40 家，其中二级资质企业 8 家、一级资质企业 1 家。2011 年，全市花木盆景生产调整产业结构，加强基地基础设施建设，紧抓全国六大林业工程及大中城市园林绿化、公路绿化工程建设、新农村建设良好机遇，政策激励，花木生产向规模化、产业化、外向化方向发展，全市花木生产面积 1.33 万公顷，栽培品种 1300 多个，形成年产绿化苗木 3.5 亿株、盆景 300 万盆、盆花 400 万盆、草皮 250 万平方米和鲜切花 1500 万支的生产能力，全市花木盆景营销收入 60 多亿元，形成产业特色。

年内，江苏如皋花木大世界、吴窑大树市场、江苏美树城逐步成为区域性花木、盆景的交易市场和展示如皋花木产业特色的窗口。全市涌现出花木经纪人5200多人，花木产业形成公司加基地加农户、市场加基地加农户、经纪人加基地加农户的产业化经营格局。1月19日，如皋盆景获中央电视台第七套《每日农经》魅力农产品嘉年华人气奖。3月，“如皋盆景”被国家工商行政管理总局商标局正式确认为地理标志证明商标。11月，如皋市被中国花卉协会授予“中国花木之乡”称号。

【“如皋盆景”被确认为中国地理标志证明商标】 3月，“如皋盆景”被国家工商行政管理总局商标局正式确认为地理标志证明商标。这是南通市第一件地理标志证明商标，也是全国第一件盆景类地理标志证明商标。

如皋盆景的栽培始于宋代，兴于明清，有着悠久的历史。数百年技艺传承，形成风格独具的如派盆景，其“云头雨足美人腰”的别致造型在中国盆景七大流派中独树一帜，在国际、国内大赛中屡获金奖，蜚声中外。“如皋盆景”被认定为地理标志证明商标后，如皋盆景的原产地、原料、制造方法、质量及其特定品质得到国家正式认可，受法律保护，只有经过法定的管理机构——如皋花木协会认可品质的盆景才可被称为“如皋盆景”。

2011年全市盆景参赛获奖一览

表24

送展时间	举办单位	树　种	会展名称	制作者	奖励等次
2011—10	中国盆景艺术家协会	雀舌罗汉松	“久发杯”中国盆景精品展	陈冠军	银奖
2011—10		松壑柏韵		翟本建	铜奖
2011—10		黑松		孙月飞	铜奖

2011年全市花木销售情况统计

表25

类型＼项目	种植面积（公顷）	生产量	销售量	生产量、销售量单位	销售额（万元）
合　计	15933.34	/	/	/	260525.0
一、鲜切花类	/	380.0	380.0	万枝	925.0
其中：鲜切花	/	380.0	380.0	万枝	/
鲜切叶	/	/	/	万枝	/
鲜切枝	/	/	/	万枝	/
二、盆栽植物类	466.67	1210.0	1210.0	万盆	29050.0
其中：盆栽植物	200	650.0	650.0	万盆	11500.0
盆景	66.67	310.0	310.0	万盆	15000.0
花坛植物	200	250.0	250.0	万盆	2550.0
三、观赏苗木	14533.33	54000.0	49000.0	万株	200000.0
四、食用与药用花卉	/	/	/	千克	/
五、工业及其他用途	/	/	/	吨	/
六、草坪	466.67	466.9	466.9	万平方米	1500.0
七、种子用花卉	/	/	/	千克	/
八、种苗用花卉	/	/	/	万株	/
九、种球用花卉	/	/	/	万粒	

农业技术推广应用

【概况】 2011年，全市新增农业外资企业12家，农业利用外资3821.78万美元。农产品出口创汇企业发展到30家，出口创汇额9724万美元。全年举办专题农业招商活动3次，签约项目99个，其中已履约项目45个，实际投入资金55150万元人民币。获批省农技推广奖一等奖1个、南通市科技进步奖二等奖1个、南通市农技推广奖二等奖2个、三等奖3个。

农民实用技术培训　全年开展实用技术培训

543场，培训农民108645人次；举办职业农民培训班14期，培训学员2227人；致富工程培训400人；农民创业培训416人；阳光工程培训700人。农民培训工作按照“突出重点、创新机制、规范管理、提升质量”的要求，坚持以提高农民综合素质为目标，以农业规模化经营为导向，以为民做实事，提高农民收入为出发点，不断丰富培训内容和方式，“送知识、送技术”进村入户，“送指导、送服务”到田间地头，开展多层次、多形式、多渠道的农业科技培训，提高培训质量和水平。3月，由市委组织部、市农委、市文广传媒集团联合创办，在全省县级电视台率先开播党建·新农村频道，其中“三农资讯”、“致富天地”、“农村新貌”三个栏目全面宣传如皋农业农村工作开展情况和最新动态，传达党的惠农政策、农业法律法规，报道农民致富的先进典型和先进经验，同时根据农时季节，结合现代农业新品种、新技术、新农艺制作培训节目，扩大农民培训的宣传面和覆盖面。4月，邀请省绿色食品办公室有机食品认证专家作有机食品生产技规程专题培训讲座。

沼气工程　年内，全市农村清洁能源工程建设较快发展，申请承担三大类中央及省级农村清洁能源项目，其中，“一池三改”户用沼气工程项目4000处(中央新增预算3000处、省级1000处)，规模畜禽场沼气治理工程项目14处(中央新增预算内大型规模畜禽场沼气治理工程项目3处、省级规模畜禽场沼气工程11处)，中央新增预算内乡村沼气服务网点项目15处，至年底，建成“一池三改”户用沼气工程1.5万处，累计争取各级农村清洁能源项目补助资金1380万元。3月，制订下发《如皋市“一池三改”户用沼气工程质量控制办法》、《如皋市户用沼气工程施工质量抽查考核办法》等质量控制文件，全面推行建池质量保证金制度、试压验收交付使用制度、建池质量保用期回访制度、建池质量信息反馈制度等。与37个项目村签订“一池三改”安全管理责任状，与16个施工队负责人签订安全责任保证书，技防结合，加大安全生产资金投入，遏制各类事故发生。8月10～13日，根据财政部办公厅《关于开展中央投资农村沼气项目绩效考评工作的通知》(财办建〔2011〕87号)要求，河北省财政投资评审中心组成评审团到如皋，绩效考评2003～2010年中央投资实施的8400个农村户用沼气池、19处乡村沼气服务网点、5处大型猪场沼气工程等农村沼气项目，内容包括建成项目使用效果、资金使用情况以及影响因素分析等，经详细考评后，评审团对如皋实施的农村沼气项目予以高度评价。

农业行政执法

【概况】　2011年，市农业行政执法大队出动执法人员920多人次，全面拉网式检查全市所有种子、化肥、农药、兽药、饲料生产、经营企业，发出各类整改通知169份。查处上级督办案件和领导批示案件8件；受理执法案件投诉、举报32件，农作物生产事故8起；抽样送检种子59个、农药43个、肥料38个、以及兽药饲料产品等200余批次；查处案件37起，准确率100%，无复议撤销或诉讼败诉的案件。没收农药408箱、兽药16箱，罚没款22.6万多元。

农药市场治理　年内，检查全市农药经营单位286个(次)，在全国农药信息网上核查农药品种101个，比对农药产品“三证”是否齐全真实，标签是否合法。抽样送检农药市场产品21个，其中，18个合格，3个不合格。立案查处6起，没收农药402箱，未发现国家明令禁止生产、使用的高毒农药。在南通市率先试点高毒高残留农药定点销售制度，禁止在蔬菜主产区经销高毒高残留农药，规范高毒高残留农药经营，高毒农药实现定点经营，统一编号、标识管理。实现高毒农药销售100%信息可查询、100%流向可跟踪、100%质量有保证。“高毒农药定点经营工作”在全国、省、市得到推广，在全国农药监管会议上作典型发言。

种子市场治理　2011年是种子执法年，市政府公布全市春、秋季主推品种，制订下发种子执法年行动方案。年内，开展种子市场拉网式检查，查种子经营场所128家，检查各类农作物品种50多个，发出整改通知书27份。开展种子市场调查，年内在如皋入库的种子中，有水稻品种30个、玉米品种14个、大豆品种9个。水稻供种覆盖率较大的品种除3个主推品种外，还有武运粳23、武香粳14、南粳5055、武运粳24等。

农资市场治理　年内，抽样送检肥料样品42个，经权威部门检验认定，其中1个品种存在质量问题，市农业行政执法大队立即立案查处。出动执法人员280多人次，全面拉网式检查全市所有兽药、饲料经营企业2次，电视报道执法动态2次。其中，检查兽药生产、经营企业60多个次，发出各类整改通知62份，立案查处案件7起，涉案品种9个，没收兽药16箱；抽查饲料样品27个，化验为不合格产品1个，立案查处1起；检查不合格蚕药1起，立案查处。

【全省“放心农资下乡进村活动”启动仪式在桃园镇举行】 3月24日，以“放心农资下乡，保障春耕生产”为主题，以送放心农资、送政策法规、送农业科技、送维权知识为重点的全省“放心农资下乡进村活动”启动仪式在桃园镇举行，省农委主任吴沛良参加启动仪式并讲话。启动仪式上，展示全省农资打假成果，20家农资企业向社会作出“诚实守信做负责任的农资企业”公开承诺，省农业生产资料推广应用协会向全省农资行业发出“诚信守法，加强自律，让农民朋友用上放心农资”倡议，60家农资企业现场开展优质放心农资推介和优惠展销活动，销售种子、农药、肥料等农资累计9.2吨。

（杨　澄）

生猪定点屠宰管理

【概况】 2011年，全市有生猪定点屠宰厂（场）32家，其中机械化屠宰厂（场）27家、半机械化屠宰厂（场）5家、商务部定报企业21家。全市生猪定点屠宰99.11万头，超额完成全年52万头定点屠宰目标任务。在南通六县（市、区）中，屠宰场机械程度、定报企业数量、屠宰量均位于第一。生猪定点屠宰管理工作获南通市二等奖。

技术改造　年内，全市有4家屠宰企业自筹资金投入845万元实施技术改造，改善屠宰环境，进一步提升屠宰企业硬件设施。

资质管理　5月下旬，协助南通市生猪定点屠宰证书换发证工作核查验收小组对已发A证的19家定点屠宰企业重新审查。对符合商务部新标准的4家屠宰企业保留原A证，屠宰证书不变；对达不到商务部新标准的15家屠宰企业调整为小型屠宰企业，换发小型屠宰企业屠宰证书、标牌及印章。

屠宰监管　年内，全市生猪定点屠宰厂（场）未发生屠宰病害生猪现象，保障从生猪定点屠宰厂（场）出场上市销售肉品安全。全年无害化处理销毁病害猪159头、三腺及不可食用生猪产品折合病害猪1968头，计2127头、191430公斤，均由国家财政予以补贴。

长效管理　年内，根据国家、省、南通市商务部门的统一要求，在11家屠宰场安装视频监控设备，将此11家屠宰场纳入全省“放心肉”监管系统，实施科学长效管理。

行政执法　年内，市商务局、生猪办持续开展打击私屠滥宰、非法屠宰病死病害猪及注水肉专项检查、“瘦肉精”专项整治、食品非法添加和滥用食品添加剂专项整治、注水猪和整治如城两大猪肉批发市场等专项整治活动，打击不法行为，维护消费者利益。全年累计组织执法313次，出勤1566人次，查处案件14起，其中立案4起。关闭屠宰场3家，取缔私屠滥宰窝点1个，捣毁生猪注水窝点3个。

（沈　旭）

渔政管理

【概况】 全市内陆养殖水面6080公顷，江岸线48公里，江域水面6667余公顷，兼用型渔港2个。有渔政船2艘，其中钢质船1艘73.5千瓦、玻璃钢快艇1艘93千瓦。有专业渔民184户、渔业劳动力627人。有内河捕捞渔船110艘，其中，专业捕捞渔船94艘1313.7千瓦，流动渔船16艘。专业捕捞船中，长江专业捕捞渔船31艘，内河定置捕捞网具291副。

渔政检查　全年出动渔政船、车126个航（车）次，其中长江检查72航次。发放刀鲚特许生产许可证31本，年审内河渔船捕捞许可证63本、临时捕捞许可证105本。查处渔业违法行为13起，结案率100%。

长江禁渔　4～6月，长江春季禁捕期间，先后出动61个航次、310多人次，检查渔船52艘次，查处各类违法捕捞案件6起，驱除非法捕捞鳗苗船15艘次，拆除地龙网、鳗鱼网42副。悬挂宣传横幅4条，发布大风、降温信息6条，在网站发表工作信息5篇,配合省总渔政队组织开展"春雷行动"、"四片检查"等执法行动。长江禁渔各项指标达到验收标准,通过省和南通市验收。

渔用柴油补贴发放　根据《关于预拨2011年度渔业成品油价格改革财政补贴资金的通知》(苏财建〔2011〕94号)精神,按规定程序开展渔用柴油补贴审核、公示和一折通发放等工作,补贴合乎补贴条件的机动渔船94艘,补贴功率1259千瓦,发放补贴资金105.31万元。

增殖放流　6月,市水产技术指导站在长江如皋段、如海河、如皋港等江、河段举行人工增殖放流活动,累计放流"四大家鱼"(青鱼、草鱼、鲢鱼、鳙鱼)等6个品种的夏花鱼苗1.2万多公斤,价值15万多元。

观赏鱼　年内,全市新增观赏鱼养殖5万平方米,观赏鱼养殖面积达35万平方米,观赏鱼产量突破5亿尾,产值突破1亿元。东陈镇双群村借助省级财政项目实施,新增投入200多万元,新建连片观赏鱼养殖池塘12公顷,该村选送的金鱼在2011年第六届上海国际休闲水族展览上获冠、亚军各1个,在上海观赏鱼名品展示展销会上再次获得一、二等奖。双群村被命名为江苏省现代渔业示范村。

(杨　澄)

农业资源综合开发利用

【概况】　市农业资源开发局下设办公室、土地治理项目科、产业化项目科3个科室,核定编制9人。现有工作人员13人,其中合同制工人1人、挂职1人。2011年,如皋市农业综合开发产业化经营项目"先建后补"经验在全省农业资源开发局长会议上作典型交流,市农发局被评为南通市农业综合开发先进集体、南通市农业资源开发系统年度职能工作综合考核一等奖、南通市第23届科普宣传周先进集体。

项目立项　年内,组织编报国家农业综合开发高标准农田建设示范工程项目1个,计划治理面积867公顷,项目所在地为常青镇,总投资1716万元。编报国家农业综合开发存量资金土地治理项目计划667公顷(其中白蒲镇333公顷、林梓镇333公顷),总投资924万元。编报省级高沙土项目2个,计划治理土地1666.7公顷(其中九华镇、下原镇、吴窑镇、高明镇、如城镇各333.33公顷),总投资2250万元。申请产业化经营财政补助项目2个,财政补助180万元,其中,如皋太阳肠衣食品有限公司1万桶保鲜精品肠衣加工扩建项目财政补助120万元,如皋市齐富畜禽专业合作社年出栏3000头瘦肉猪养殖基地扩建项目财政补助60万元。申报产业化贴息项目4个,财政贴息182万元,扶持南通光远速冻制品有限公司4000吨果蔬加工原料收购流动资金贷款贴息项目、南通天龙畜产品有限公司1.5万桶肠衣加工原料收购流动资金贷款贴息项目、江苏梅源建设有限公司10万株绿化苗木收购流动资金贷款贴息项目、南通永兴太阳肠衣食品有限公司10000桶肠衣原肠加工原料收购流动资金贷款贴息项目。

项目实施　年内,国家农业综合开发存量资金土地治理项目当年项目、当年完成,改建泵1座,开挖疏浚沟渠12公里,建造防渗渠37.81公里、暗渠5.58公里、渠系建筑物9座,修筑机耕路9.22公里,植树13.3公顷,开展农民实用技术培训1670人次,示范推广新技术666.7公顷。高标准农田建设示范工程项目完成工程计划的60%,项目计划修、改建泵10座,开挖疏浚沟渠30.22公里,建造防渗渠23.27公里、暗渠19.16公里、渠系建筑物26座,修筑机耕路28.73公里,植树13.3公顷,开展农民实用技术培训2850人次,示范推广新技术666.7公顷。省级高沙土治理项目完成工程计划的30%,项目计划修建改建泵11座,开挖疏浚沟渠30公里,建造防渗渠59.33公里、暗渠6.05公里、渠系建筑物33座,修筑机耕路37.21公里,植树20公顷,开展农民实用技术培训4050人次,示范推广新技术913.3公顷,计划总投资570.63万元,其中,财政补助120万元,企业自筹450.63万元。农业综合开发产业化经营项目全部实现当年立项、当年竣工、当年验收、当年结报。如皋太阳肠衣食品有限公司组织实施的1万桶保鲜精品肠衣加工扩建项目扩建保鲜冷库576平方米,建设道路1089平方米,购置制冷设备4台(套),开展对农户技术培训3批次900人次,建成后,年产达200万公斤。如皋市齐富畜禽专业合作社年出栏3000头瘦肉猪养殖基地扩建项目扩建生猪屠宰加工车间1幢,建筑面积1440平方米,建设日处理300立方米污水处理设施1座，购置生猪屠宰加工生产线1台(套)，项目总投资380万元，其中，财政补助资金60万元，合作社自筹资金140万元，合作社龙头企业如皋市赛天蓬牧业有限公司借拨资金180万元。10月，四个产业化贴息项目采取先验收后审核再报账办法，全部通过验收审核报账，获中央财政贴息资金为182万元。其中，南通光远速冻制品有限公司4000吨果蔬加工原料收购流动资金贷款贴息项目，财政贴息53万元；南通天龙畜产品有限公司1.5万桶肠衣加工原料收购流动资金贷款贴息项目，财政贴息53万元；江苏梅源建设有限公司10万株绿化苗木收购流动资金贷款贴息项目，财政贴息36万元；南通永兴太阳肠衣食品有限公司10000桶肠衣原肠加工原料收购流动资金贷款贴息项目，财政贴息40万元。

(侯求学)

农业机械化

【概况】 市农机局下辖事业单位3个，现有干部职工36人，其中国家公务员17人。2011年，市农机局被表彰为全省农机化科技创新与推广工作先进单位、全省推进农机合作社发展先进单位、全省农机行业机关事业单位工人培训考核先进单位，南通市农机化工作综合考核特等奖、农机专业化服务组织建设先进单位；承担的稻麦秸秆机械化还田及综合利用技术示范推广项目获得省政府农业技术推广三等奖。

农机装备　年内，全市新增水稻插秧机455台、大中型拖拉机300台、大中型秸秆还田机械201台套、高效植保机械855台套、高效设施农业装备3061台套。全市农机总动力达67万千瓦，农机装备实现由数量型向质量型发展，由低档向高性能、由单项作业向多功能复式作业的转变。

农机作业　年内，全市农业生产综合机械化水平达79.8%，其中水稻种植机械化水平达86.07%，水稻收获机械化水平达96.6%，三麦机播和机收水平分别达78.2%、99.5%。全年实现跨区作业收入1.21亿元。全市新增海兴、老张、若江、尔祥、浩民、苏昌6家农机专业合作社，神牛、江恒农机作业专业合作社被评为江苏省首批“五好”农民专业合作示范社。建成南通市级农业机械化示范基地2家(高明蚕桑生产机械化、九华水产养殖机械化示范基地)。

购机补贴　年内，实施中央及省级财政补贴资金1683.59万元，推广各类机具4713台套，受益农户2620户。

机电排灌　年内，全市改造泵站139座，其中综合改造42座。投入泵改资金413万元，其中市级泵改工程以奖代补资金110万。

安全生产　年内，检验上道路拖拉机4850台、联合收割机665台，开通“平安农机通”4336人，办理农机双优卡926张。拖拉机上道路交通事故保持逐年下降态势，道路外农机事故死亡人数保持零发生率。市农机安全监理所被表彰为全省第一批农机安全监理规范化示范所。

【全省农机质量“3·15”活动在如皋市举行】 3月15日，全省农机质量“3·15”活动在如皋市举行。活动以“放心消费，兴机富民”为主题，通过农机知识咨询、发放《农机用户维权手册》、现场受理农机消费者质量投诉、指导农户正确选购农机等方式，维护农户的合法权益，促进现代化农业又好又快发展。

3月15日，全省农机质量“3·15”活动在如皋举行

【如皋市被列为南通市唯一省级农机深松耕地作业示范市】 3月，如皋市被列为南通市唯一省级农机深松整地作业示范市。

针对东西部土质差异，市农机局选择林梓、袁桥、搬经、雪岸、高明、吴窑6个镇农机专业合作社为省级农机深松整地作业项目实施单位。年内，新增深松整地机械35台套，完成深松整地面积

1333.3公顷,做法和技术在全省土壤深松耕会议上作交流。11月8日,南通市农机深松整地技术座谈会在如皋召开,现场观摩农机深松整地作业现场演示。

(薛永红)

水　利

【概况】 市水务局有在编人员20人,下辖事业单位(含水利站)28个,在职干部职工269人。2011年,龙游水利风景区被打造为南通唯一的国家级水利风景区,如皋市顺利通过全省水资源管理示范市考核验收,市水务局被评为全省水利科技先进单位、南通市综合考评先进单位、如皋市新农村建设红旗单位。

防汛防旱　年内,市防汛防旱指挥部在沿江储备编织袋7.93万只、土工布1.168万平方米、树棍105根、铁丝73公斤、木材4.4立方米、柴油2吨,块石5000吨,并配备防汛抢险器械。沿江中型涵闸全年引水62659.2万立方米、排水54730万立方米。3月,市水务局下发《关于开展水利工程汛前检查的通知》至各防汛责任单位,确保安度汛期。指挥部办公室结合如皋实际情况,修改、补充、完善各类防汛防旱预案和应急抢险措施。3月、6月,市水务局组织沿江有关镇、单位和闸堤负责人及工程技术人员汛前、汛中重点检查,发现问题按分级负责原则实施处理,沿江各闸堤管理单位根据岁修工程计划和汛前检查情况,组织实施维修保养工程,完成长青沙西南侧抛石应急工程,护岸长度1367米,其中,加固护岸长度899米,新建护岸长度468米,抛石总量146921立方米(折合249766吨),块石整坡32583立方米,铲坡土方2976.1立方米,长青沙西南侧堤防护坡延长150米。5月26日,市委、市政府召开全市防汛防旱工作会议,明确防汛防旱工作目标、任务、要求,并与有关镇、部门签订防汛防旱工作责任状。5～10月,市防指办公室组织人员24小时值班,收集分析资料,分析汛情,为领导决策提供可靠信息。6月,沿江各镇、市农场圃及相关单位迅速建立以民兵为主体的防汛抢团部,建立由1677人组成的防汛抢险队伍20支,形成市防指、各地防汛团部及领导组、抢险班组和抢险人组成防汛网络。7月6日,市河道堤防管理所会同长江镇(如皋港区)举办防汛防台业务知识培训班,长江镇(如皋港区)19个村(居)、30家企业、各相关部门代表250人参加业务培训。11月,市水务局组织汛后检查,制订岁修工程计划。

农田水利建设　年内,全市疏浚二级河1条段长4.36公里、三级河16条段总长43.16公里、四级河(含家沟家塘)361条段总长332.32公里。1月,牵头开展农村环境长效管护工作,实行"四位一体"长效管护机制。7月,总投资2998万元的如皋市2011年中央财政小型农田水利重点县项目开工建设。8月,总投资2356万元,解决东陈、九华、江安、长江等10个镇26所中小学校78135名师生饮水安全问题的农村学校饮水安全工程开工实施。10月,总投资3000万元的如海灌区第十期续建配套与节水改造工程开工实施。总投资692万元,解决下原、郭园、长江、江安四镇1.4万人饮水安全问题的农村饮水安全工程开工建设。11月,中央电视台第七套《聚焦三农》栏目组到如皋专题采访水利建设情况。

水资源管理　年内,市水务局审核发放取水许可证2份,征收各类水规费890.4万元。全市新凿深井2口,回填水井15口。组织实施节水示范项目,开展水平衡测试,推动节水型企业、节水型社区、节水型灌区创建工作。每季度取样监测全市骨干河道内的41个功能区的断面46个,加强水源保护。在全市用水大户中推行智能表远程管理系统,并与省水资源管理信息系统联网。1月,通过南通市组织开展的水资源管理综合检查。继续组织开展地下水整治工作、全省水资源信息系统建设工作、如皋市全国第一次水利普查地下水井专项普查工作,举办全市水资源管理培训班。2月,巡查维护全市所有远程智能水表。3月,全国节水型社会建设试点中期评估现场会在如皋召开。3月22日在大润发组织开展"世界水日"、"中国水周"宣传咨询活动。4月,下达全市用水计划指标6757.64万吨,其中地表水5201.11万吨、地下水1556.53万吨。4月、10月,监测全市Ⅲ、Ⅳ承压井的静态水位。7月,组织开展全市取水工程规范化建设工作。8月,组织开展全市水资源专项检查工作。11月,南通市节水载体建设观摩会在如皋召开。12月,如皋顺利通过省水利厅组织的水资源管理示范

2月26日，2011年全市农经工作会议召开

7月5日，南通市农村集体“三资”清理工作和确权发证推进会在如皋召开

1月9日，南通市委农工办副主任刘向阳(右四)参观如皋盆景园

中共如皋市委农村工作办公室

如皋市人民政府农村工作办公室

2011年，中共如皋市委农村工作办公室坚持以科学发展观为指导，按照“两个加快”总体要求，以转型升级为主线，积极实施农业现代化工程，强势推进各项重点工作，农村工作继续保持平稳快速健康发展。

农业农村转型升级步伐不断加快。2011年，全市“三资”农业项目投入28.32亿元，创历史新高。天龙畜产品扩建、红梅乳业和南通欣晨冷冻等一批项目成为项目农业的新亮点。全市农产品出口7500万美元；累计工商登记农民合作组织993个、合作联社16个，登记成员32万多人；22家合作社被命名为全省首批合作示范社，如皋市神牛农机专业合作社被列为全国首批合作示范社之一，成立全市首家农民资金互助合作社；新增流转土地面积1.37万公顷，累计达3.72万公顷，占承包总面积43.9%。

农村改革发展扎实推进。2011年，如皋市被列入江苏省农村改革试验区（中农办农村改革联系点），明确以深化土地征使用制度改革为试验内容。全市镇区农民集居区建设开工40097户，建成30209户，入住25411户，均超额完成全年任务。“万顷良田”工程完成一期扫尾，二期工程加快规划编制。全市规划项目片区18个，总面积1.304万公顷，工程实施后可新增耕地2346.67公顷。二期规划已上报省国土资源厅审批。

惠民强村工程成效显著。全市新增失地农民进保18904人，分别新增“两库”5238、5558个组。第四年龄段人员养老金标准上调至每月300元。完成政策性农业保险总保费3862.26万元，小麦、油菜、水稻承保率均达到100%，能繁母猪续保52838头，中、晚秋蚕参保13.2万张。不断帮扶机制完善，深入开展“双联双助”，全市所有建档立卡贫困农户（除自然消亡外）家庭年人均纯收入均达到或超过2500元，脱贫率达100%。全市村级集体收入达20万元以上的村（社区）有313个，村级集体经济收入总额达到1.7亿元。

农村三大管理水平明显提升。全市农民负担稳定规范。筹资筹劳到账率和户结率均达98%以上。推行用工非现金结算，全面实行财政一折通系统打卡。在全市117个村实施水泥道路项目121条，“十制”模式得到省和国家综改办肯定。全面完成农村土地承包经营权登记试点工作。建立农村集体“三资”管理的市、镇（区、园）、村三级连网监督体系，圆满完成农村集体资产核资和确权发证工作，南通市农村集体“三资”清理工作和确权发证现场推进会在如皋召开。

森果葡萄园

江苏省如皋经济开发区

11月4日，副省长史和平（左三）在如皋经济开发区指导工业经济运行工作

9月20日，副省长徐鸣（前排中）在如皋经济开发区调研“万顷良田”建设工程

2011年，如皋经济开发区（柴湾镇）坚持以科学发展观为指导，高点定位，自我加压，整体联动，攻坚克难，全力推进“两个加快”，深入实施“八项工程”，首战“十二五”全面告捷，创建国家级经济技术开发区工作取得实质性进展，省政府于8月向国务院申请同意如皋经济开发区由省级升级为国家级。全市主体功能区综合排名改写历史，名列第二。

9月7日，南通市委书记丁大卫（前排右二）在如皋经济开发区指导工作

难中求进，金融管理取得新突破。全区完成增值税4.16亿元，增幅20.8%；完成财政收入9.85亿元，增幅29.4%；一般预算收入5.73亿元，增幅41.8%；实现土地出让收入13.74亿元；完成长短期项目融资总额14.65亿元，到账12.9亿元，年内已批待提款7.0亿元，有力保障开发开放能级提升。

开拓创新，招商选资取得新进展。全区完成外资注册3.808亿美元，增幅44.57%；实际到账外资6107万美元，增幅55.3%；引进市外民资17.896亿元，完成102.9%。引进欧文斯、百应能源等总投资70.9亿元的项目18个，其中，超亿美元项目6个，一产项目3个，二产新兴、高新项目9个，三产项目3个。设立驻美招商办事处，完成项目引进、战略合作、友城共建等项目8个，总投资达6亿美元。

12月29日上午9时25分，南通锻压设备股份有限公司股票正式在深圳证券交易所创业板挂牌上市

和谐为要，搬迁整理取得新实效。全年完成全部搬迁6176户，新增土地流转面积1086.47公顷，增幅148.57%，5742户喜迁新居，未发生因搬迁而出现不和谐音符或群体性事件。“万顷良田”工程搬迁仅剩两户，被省国土资源厅确认为在全省“万顷良

9月29日，国务院发展研究中心副主任、党组成员韩俊（右一）视察北郊花苑时肯定经济开发区城乡统筹工作

田”工程建设中推进速度最快，质量最好。有8个地块做到100%搬迁。

服务为先，运行质态取得新提升。工业投入不断加大。年内，完成规模工业投入63.77亿元，新增装机容量32671千伏安，增幅89.1%。加快柴湾民营小区、新生民营小区建设进程，新能源汽车及零部件产业园被省商务厅批准为特色园区。**项目建设不断加快。**年内，3000万元以上项目新开工36个、竣工26个，增幅分别为75%、45%，生物科技园成功开园。**运行质态不断提升。**全年完成全部工业应税销售121.77亿元，首次全面完成市交任务。新增30亿元企业1家、5亿元企业2家、规模企业14家。完成外贸进出口额3.5亿美元，增幅40.2%。**民营经济不断发展。**引进市外民资、新增个体工商户等指标均超额完成全年任务，新增南通市知名商标5个。**科技创新不断加强。**新增院士工作站1家、高新技术企业1家，获省市科技进步奖24个，联众肠衣新成为省级产业技术创新联盟理事长单位。引进人才45人，其中，博士以上23人，欧、美到开发区创业或工作的博士4人。

高点定位，城市开发取得新成效。进一步加大基础配套投入。投入3.04亿元加快基础设施建设，完成海阳路北延等4条道路、水绘园大桥等4座桥梁建设，铺设雨污管网16.5公里，提升泵站3座，新增绿化面积75万平方米。**进一步完善城市功能配套。**投入5.16亿元，着力推进山姆广场、实验学校、人才公寓等13个城市功能性平台建设和如泰河风光带等11个城市节点景观工程建设。年内，实验学校和幼儿园启用，公交专线投入运行，人才（职工）公寓近千人入住。**进一步加快城市房产开发。**着力推进庆余小学及周边等16个城建项目搬迁整理和水绘绿源等11个房产项目开发建设，全年新开工、竣工商品房分别为64.5万和44.8万平方米。

民生为本，城乡统筹取得新成就。稳健推进“万顷良田”一期工程。一期工程搬迁复垦提前一年结束，项目区内路、渠、水系等基础设施建设基本完工，基本满足项目落户需要。推进欧文斯生物科技等6个规模大、层次高、前景广阔的项目建设，对暂时未能发包的地块由村（社区）股份合作社建设高效、规模、优质粮食示范方。**进一步加快集居房建设。**投入13.9亿元，全面推进北郊花苑等六大安置区建设，新开工、竣工安置房面积分别达到98.1万和69.6万平方米。**进一步落实普惠民生举措。**年内完成土地换社保7020人，完成率达179.59%。成立农村土地股份合作联社。出台《加快村（社区）集体经济发展实施意见》等8个文件，在镇南、桥港等社区启动组建村（社区）劳务合作社试点工作。开展农民安置房实施大产权的前期准备工作，切实增加农民工资性、财产性收入及二次分配收入，保障失地农民有较高水平收入来源。**进一步发展文化教育事业。**开展送戏进城活动，面向全区的6000平方米人才公寓文体中心硬件建设到位，新增村级健身工程4个、集居点健身工程1个、农家书屋9个、农家书屋示范村5个。城北初中教学质量稳步提高，中考录取如中公费生17人，创历史新高。社会管理创新水平进一步提高。在北郊花苑率先成立党委，建设小区公共服务管理中心，居民享受到新型小区现代化管理与服务。镇南社区被被评为2011年度江苏省社会主义新农村建设先进村。

5月6日，中国工程院院士杨裕生（右三）受聘为如皋经济开发区经济发展顾问

长江镇（如皋港区）

综合实力不断攀升

2011年，全镇(区)完成全部财政收入20.03亿元，一般预算收入12.17亿元，同比分别增长20%、21.7%。完成注册外资4.16亿美元，实现到账外资2.43亿美元，完成市外民资16.23亿元。完成规模工业投入86.2亿元，同比增长31%；实现规模工业产值543.5亿元、全部工业应税销售265.5亿元、利润23.15亿元，同比分别增长20%、22.06%、17%。新增装机容量27.04万千伏安，同比增长522%；工业用电量8.22亿千瓦时，同比增长15%。新增定报企业20家，同比增长100%。新开工农民安置房8998户、竣工7836户。新开工商品房面积220万平方米，竣工120万平方米。

招商引资成效显著

签订意向、框架、正式协议50多个，其中签订正式协议20个，注册项目10个。重大项目形成正式协议的有总投资60亿元、首期投资30亿元的雅鹿TPA项目，投资60亿元的长天化丙烯联合体项目，投资24亿元的江南重工大型海工装备模块及上层建筑项目，投资1.5亿美元的瓦锡兰萃兴发动机项目，总投资24亿元的华电热电联产项目等。在手在谈项目有总投资12亿元的上海柘中大型管桩项目、投资10亿元的苏州长泰化纺新材料项目、投资2亿元的上海申佳工业气体项目、投资6亿元的赛奥化学项目等。

项目建设全面突破

全年开工各类建设项目84个，其中，工业项目52个，服务业及基础设施类项目32个。熔盛重工三期厂房基本建成，三期码头加快推进；雅鹿化纺原材料生产基地项目、长天化丙烯聚丙烯项目、森松一期、海通海洋工程、阿尔法电梯等重点项目开工建设；瓦锡兰、森松二期工程、百川化工醋酸酯项目、金盛家居建材物流项目、华电项目加快推进。

承载能力不断提升

总投资2亿元的科技产业加速器基础施工加快推进，即将竣工交付，多家企业正在洽谈中。港务集团公用码头4号泊位基本建成，正在完善海事审批手续。如皋港引河水利枢纽工程通过验收，具备运行条件。保税物流中心保税、监管仓库竣工，正在组织验收。绿色新材料园区污水明管工程、污水处理厂一期改造工程基本建设完成，投资9300万的污水处理厂二期工程完成设计。

7月20日，省长李学勇（右三）视察长江镇（如皋港区）新型社区

12月1日，省委副书记、组织部部长石泰峰（前排右三）在长江镇（如皋港区）视察

10月29日，台湾海峡交流基金会董事长江丙坤（右二）考察台商活动中心

12月27日，长江天化丙烯联合体项目开工

9月21日，“美好江苏”——文化民生基层文艺巡演走进如皋港

省沿江开发（如皋）人力资源市场惠及千万百姓

城市配套更加齐全

建成新城纬一路东延、纬二路、纬五路西延、纬六路、经六路、经七路、环北河驳坡和化工园区给水、污水管道等22项工程，如港路拓宽工程西侧通车，疏港路拓宽加快建设，新建道路总长度1.8公里、桥梁9座、河道驳岸2500米、供水管道7000米、污水管道3500米。新跃河城市公园基本完成，如港新城亮化工程全面实施到位，派出所综合楼、金山商业街全面竣工，红星花苑邻里中心、人才公寓主体施工，便民服务中心主体即将封顶，文峰商业大世界、新华书店即将开工建设。恒盛庄园、豪天花园、兴港商城等竣工交付，熔盛社区西区、江城明珠、金水华庭、金水苑的施工建设抓紧推进实施；红星花苑北区一期、二期、3号地、平南花苑、长青沙小区南扩工程一期全面竣工交付，春江花苑六期，长青沙北扩部分竣工交付，华江小区、东屏花苑二期、五案花苑进入主体结构施工阶段。

城乡统筹加快推进

全年累计完成搬迁5335户。如港路——疏港路拓宽工程、科技产业加速器、金盛项目一期、内港池、恒盛庄园二期基本完成搬迁，全面完成洗煤项目搬迁。新增流转土地940公顷，新增适度规模经营573.33公顷，超额完成市交任务。“万顷良田”东北片区瞄准国家级现代农业示范区目标，高标准规划设计。长江药用植物园一期基本具备开园条件，青少年素质教育基地公寓楼封顶，全国台商活动中心形态功能建设完毕。

发展瓶颈持续突破

全年组织挂牌出让土地61宗，出让面积283.46公顷，收回企业闲置用地10.33公顷，完成熔盛、中铁山桥、长青沙新闸等项目点供土地76.93公顷，通过小挂钩周转和老镇区搬迁，盘活存量建设用地66.67多公顷。加强与多家金融机构沟通联系，千方百计整合平台和项目，创造条件争指标、抢投放，在货币政策不断收紧的形势下，为各项工作提供有力的资金保障。竣工电力工程89项，熔盛220千伏变电所、威盛特钢110千伏变电所、瑞泰35千伏变电所、森松35千伏变电所、金盛大酒店35千伏变电所、百川化工35千伏变电所等重点配电工程建成投运。

熔盛中等专业学校

江苏如皋科技城 省级如皋软件园

12月1日，省委副书记、组织部部长石泰峰（前排左三）视察如皋软件园

7月11日，省委常委、省纪委书记弘强（前排中）视察如皋软件园

9月20日，省副省长徐鸣（中）视察如皋软件园

2011年，软件园（桃园镇）抢抓“园镇合一”新机遇，强势推进招商引资、载体打造、项目投入、搬迁整理、城乡统筹等重点工作，连续两年考核名列全市四大主功能区第一，被省委、省政府确定为江苏省十大文化创意产业园，被科技部认定为国家级科技企业孵化器，实现“十二五”开局首战告捷。

厚积薄发，综合实力进一步提升。全年完成财政总收入1.77亿元，同比增长43.9%；财政一般预算收入1.18亿元，占年任务的107.1%，同比增长50.8%。完成基础设施投入9.2亿元、规模工业投入9.22亿元、技改投入5.92亿元、服务业投入8.1亿元，分别占年任务的222.8%、100.2%、100.4%和126.5%。完成全部工业应税销售16.7亿元、规模工业应税销售11.99亿元，分别占年任务的111.6%和139.4%。实现软件外包执行额3.2亿元，全面超额完成市委、市政府下达的各项目标任务，全区经济跨越发展态势喜人。

谋划长远，规划设计进一步优化。全面整合园镇空间资源和产业基础，综合考虑产业发展特点、发展空间、发展趋势，高起点、高标准、高品位推进园镇总体规划调整编修，将77平方公里软件园（桃园镇）规划为“四园两区一镇”。其中8平方公里软件和信息服务产业园、8平方公里龙游湖商务区、5平方公里电子信息产业园和5平方公里新能源产业园的控制性详规均已通过评审，3平方公里装备制造产业园和3平方公里桃园镇区规划修编正有序推进，3533公顷“万顷良田”工程一期（1386.7公顷）规划上报省国土厅待批，园区发展确保规划先行，科学引领。

创新机制，招商引资进一步突破。建立招商条线统一运筹下的七大园区专业招商新机制，园区董事长、总经理50%以上时间和精力投入招商工作，2/3人员从事专业招商，坚定不移推行驻点招商，设立八个招商点，派驻在外驻点招商人员24人，形成全员招商大攻势。成功举

8月5日，南通市委书记丁大卫（前排左一）视察如皋软件园

6月3日，南通市委副书记、市长张国华（前排右）视察如皋软件园

12月6日，南通市副市长、如皋市委书记陈惠娟（前排右二）调研软件园工作

4月9日，2011全国重点软件企业高层圆桌座谈会在如皋软件园召开

5月12日，如皋软件园参展第十五届中国（北京）国际软件博览会

10月29日，数字城市•如皋高层研讨会在如皋软件园召开

办全国重点软件企业高层圆桌会议，数字城市·如皋高层研讨会，建设长三角人才高地、促进软件产业快速发展高峰论坛等会议，积极参加国内外行业较有影响力的会议，不断提升宣传推介效果。全年累计完成注册外资7415.8万美元，实现到账外资2750万美元，引进市外民资7.65亿元，分别占年任务的123.6%、101.9%和115.9%。引进软件服务外包企业106家，电子信息、新能源及装备制造项目12个，现代农业项目4个。

产业集聚，载体打造进一步提速。按照“产业社区、商务公园”理念，推动“四园两区一镇”承载能级不断提升。软件和信息服务产业园起步区13万平方米综合办公大楼竣工交付；10万平方米人才公寓14幢主体封顶，4幢装修完毕；1万平方米商务会在装修中；晟峰软件园21层主办公大楼、4幢18层配套大楼主体封顶并开始装修。完成电子信息产业园和新能源产业园各1平方公里起步区基础设施的规划设计及搬迁整理方案。装备制造产业园完成企业重组8家，整合土地10公顷；龙游湖商务区完成83.3公顷湖体开挖工程，66万平方米龙游湖景观设计到位，8.5公里滨湖大道路面工程竣工。

强区富民，城乡统筹进一步深化。大力推进小城镇建设。在成功获批国家卫生镇基础上，强势推进“十个一”配套工程和新“六城同创”，不断强化“四位一体”长效管理机制，推动镇区能级快速提升。新开工建设安置房5896套，建成4619套，入住3734户，分别占年任务的120.3%、117.8%和109.2%。大力发展现代农业。以“万顷良田”工程实施为契机，加快现代高效农业园区的规划建设，将园区与良田建设选址相结合，着力引进规模种养殖业、设施农业、有机农业及观光休闲等现代农业项目，鼓励农业龙头企业、种养大户、科技人员、大学生“村官”等创办领办农民专业合作社，实现农民人均纯收入13925元，同比增长16.9%。

统筹协调，要素保障进一步增强。人才支撑成效凸显。充分发挥人力资源服务中心、人才市场、人才网站平台作用，高水平组织校企对接招聘会、大学生实习实践，与复旦大学、东南大学等20多所高校签订人才合作培养协议，全力推进与青软实训共建的长三角人才实训基地项目，实现高校与培训机构无缝对接，为企业输送专业型、实用型人才。全年引进省双创型人才2名、雉水英才7名、高层次创新创业人才13名、“222工程”硕士以上研究生和高级职称人才37名、优秀本科生345名。用地瓶颈有效破解。大力实施“万顷良田”工程，充分整合土地资源，集约利用建设用地，引导农村居民向新城、镇区集聚，实现农地集中、居住集聚、用地集约，为承载龙头型、基地型项目提供用地保障，全年完成12个地块3960户搬迁，占年任务的132%。平台支撑动力提升。与东南大学合作共建如皋软件园信息公共技术服务中心，获省科技厅批准；与江苏虚拟软件园合作建设信息共享平台，进入设备安装阶段。充分利用现有公司平台及项目设施开拓投融资途径，引导和鼓励各类担保基金、风投基金和民间资本加大对园区企业的投入和扶持，促进金融业、投资业和园区、企业对接。

12月28日，如皋软件园举行与QST青软实训共建长三角人才培训基地揭牌仪式

7月29日，南通市副市长、如皋市委书记陈惠娟（前排左一）与参加市委全委会的与会人员参观如城镇景点

5月13日，南通市副市长、如皋市委书记陈惠娟（右二）在美国洽谈项目

如城镇

3月7日，南通市副市长、如皋市委书记陈惠娟（前排左二）调研如城镇企业

2011年，如城镇围绕“率先迈进现代化、建设美好新如城”的战略目标，坚定不移地走“加快三化深度融合、加快城乡统筹发展”之路，圆满完成“十二五”开局年各项目标任务，财政收入实现历史飞跃，全年完成财政总收入19.4亿元、一般预算收入11.7亿元，在高基数、高增幅基础上，两项指标创历史新高。

【两个改善】

2011年，如城镇人民生活实现城乡居民生活水平和城乡环境两个明显改善。

城乡居民生活水平得到保障和提高。城镇居民人均可支配收入和农民人均纯收入分别达23028元和16131元，在全市各镇区遥遥领先；城镇居民基本医疗保险、新型农村合作医疗保险、城乡居民最低生活保障、新型农村社会养老保险、被征地农民生活保障基本实现全覆盖，新增被征地农民参保人数5100人，全镇社会保险实现动态全覆盖。

城乡环境明显改善。大力推进“新六城同创”，农村道路建设养护、河道整治、城乡垃圾处置、绿化造林四位一体运行机制进一步完善，城乡居民生态与生活环境质量进一步提高。

【三个优化】

2011年，如城镇经济结构实现农业结构、工业结构以及服务业结构三个加快优化。

现代农业稳步发展。实现农业增加值2.9亿元，增长14%，新增高效农业400公顷，高效农业种植面积占比达63%。

工业经济快速发展。完成全部工业应税销售63.8亿元，规模企业应税销售50亿元。

现代服务业加速发展。实现服务业增加值71.5亿

7月28日，市政协副主席张元健（右一）视察如城镇十里社区体育健身工程

元，增长27%；完成服务业税收4.3亿元，超额完成市交任务。三大产业比例进一步优化。

【四个提升】

2011年，如城镇发展水平实现四个持续提升，即三化互动发展水平持续提升，以实施“万顷良田”工程为龙头，加快搬迁和土地整理，促进“三化”深度融合。

“万顷良田”扎实推进。全镇规划沿河、凌青两大“万顷良田”项目区642.87公顷，累计完成搬迁759户，整理土地324公顷，复垦土地65.33公顷，腾出建设用地指标116.67公顷，为全镇城乡统筹发展拓展了空间。

城乡统筹发展水平持续提升。以集居区建设、城市搬迁为重点，加快城乡统筹发展，高起点规划建设如意新城东、南、西三大集居区，全年建设安置房100万平方米，安置搬迁户3000户。如意新城东、西区一期已封顶，光华苑一期、新民花苑一二、凌青家园、沿河花苑基本建成。

城市搬迁高效突破。全年完成城市搬迁3569户，整理土地493.33公顷。搬迁扫尾结束57号等地块8个，新开并完成东郡丽水一期等地块12个，配合完成九条市政道路等地块搬迁。

科技创新水平持续提升。全年申报各类科技计划项目130项，立项69个，申报专利486项，其中发明专利346项。新增高新技术企业3家，获批江苏省创新型企业4家。

顾庄生态园

方庄小区

十里村公共服务中心

蝴蝶兰生产基地

河道整治

林梓镇

9月6日，南通市副市长、如皋市委书记陈惠娟（左二）在林梓镇调研

6月7日，市长姜永华（前排中）调研林梓镇

招商引资在大项目引进上取得新突破。2011年，全镇新落户5000万元以上工业项目5个，其中超亿元项目3个，分别是投资1.5亿元的鼎强机械、1.5亿元的富强纸业、1亿元的双隆纺织。全年累计完成注册外资2000万美元，占年计划的100%；实现到账外资1205万美元，占年计划的100.04%。全口径财政收入、一般预算收入均超额完成加压目标，成为亿元镇，打破连续多年不能完成财政收入任务的僵局。全年引进市外民资注册资本2.71亿元，占年计划的100.3%。发展私营企业114家、净增个体工商户254个，吸引36名能人返乡创业。

资产盘活在破解瓶颈上取得新突破。解除清林实业、友联家私29.6公顷土地租赁关系，收回友联家私10公顷国有土地使用权和两幢建筑总面积1.25万平方米的标准厂房。集中专项清理涉及地块的“大米款”，累计剥离“大米款”111 万元。盘活奚斜老工业区闲置土地，实施100万元的富丽机械技改扩建项目、1000万元的润春服饰扩建项目、2000万元的飞音电器技改扩建项目、2000万元的凯林铸工技改扩建项目。成功腾出跃龙再生纸、奇云纺织等老企业，对接引进富强纸业、双隆纺织等新项目。

城镇建设在能级提升上取得新突破。启动镇区总体规划、控制性详规、工业集中区规划、旅游业发展规划等编制或修编，完成总体规划初步文本。完成中心商贸区182户、2.9万平方米的搬迁及土地挂牌。宇露会所外装潢工程完成，明珠花园二期全面封顶，育才小区安置房建成交付，高阳苑三期竣工销售，校园风光带打造全面结束。建成总投资超1千万元的兴业路、振兴北路、振兴桥、富业路等西镇区框架骨干工程。小城镇“十个一”工程摘得七颗星。

新农村建设在三年倍增上取得新突破。新增康盛生态园、力威养殖两家如皋市级园区，新增桥口涵雨养殖、月

康盛园林

康盛园林草坪基地

旦长元特水养殖、蒋殿金桥养殖等20家镇级农业园区。成功引进投资1.2亿元的康盛生态园项目、投资2400万元的泰森养殖项目。争取上级财政资金1000多万元实施斜庄、沈腰、顾岱等村（社区）农业综合开发项目和小型水利项目，建设防渗渠道98公里，改建泵站4座。全年新增土地流转518.87公顷，新建“三大合作”组织9家，吸收6000多人入股，发挥其在有效应对市场、规避风险上的积极作用。

环境打造在创先争优上取得新突破。以农村环境“四位一体”管护工作为主抓手，以创建“省级农村环境连片整治示范镇”为契机，狠抓环境打造。全年新增绿化造林面积144.67公顷，占年任务的100.9%。完成村庄河道及家沟家塘整治，总动土量29.6万立方米，清理垃圾1000多吨，小康会上被表彰为河道整治先进镇。“四位一体”长效管护综合考核、夏秋两季秸秆禁烧和综合利用工作均居全市第一，小康推进会上被表彰为全市农村环境整治工作先进集体。着力打造康盛生态园、云轩竹园等生态旅游亮点，进一步巩固和放大国家生态镇、省卫生镇、市绿化工作先进镇创建成果。

1月4日，南通市委副书记陈斌（前排右三）在林梓走访慰问

12月6日，市委常委、宣传部部长胡拥军（右二）在林梓镇调研

育才小区

兴业路

社会事业在统筹发展上取得新突破。投资320万元建成供电大楼，投资300万建成卫生大楼。投资120多万元，安装路灯240多盏，实施丁平线林梓段、兴业路两侧亮化工程。全年修建通达工程11.42公里，实施危桥改造10座。着力打造林梓小学留守儿童教育“33433”模式、奚斜小学空竹品牌、林梓诚信计生品牌。全年新型农村合作医疗覆盖率达到100%。新增数字电视用户1070户，居全市第一。总投资近100万元，在全市首家建成覆盖全镇的社会治安防控体系。投资20多万元，建设镇区消防设施，被市政府通报表扬为全市消火栓建得最多、最好、最规范的镇。全镇522户低收入家庭1297人被纳入最低生活保障。农村“五保”户应保尽保，“五保”集中供养率达73%。

队伍建设在效能提升上取得新突破。通过大调研、大讨论、大汇编，形成系统的队伍建设政策制度汇编。通过精心组织“四大参观”活动，全镇上下开拓视界、坚定信心、理顺思路。建立“考核、推进、督查”三大推动体系，成立六大推进指挥部，强势推动各项工作。用“卧薪尝胆追赶、破釜沉舟跨越”的新时代林梓精神激励全镇上下勇当林梓艰苦创业强势突围的生力军：以“大一统”思想引领“生力军”，提供思想政治保证；以“大赛马”机制催生“生力军”，激发干部队伍活力；以“大会师”气概启发“生力军”。创新重点工作推进载体，召开形式多样的现场推进会，确保全年任务的高效落实。

龙瀚宾馆

龙正会所

白蒲镇

2011年，白蒲镇实现地区生产总值244996万元,同比增长8%。完成财政收入17463万元，同比增长28.55%；一般预算收入7956万元，同比增长43%。被评为全国亿万农民健康促进行动示范乡镇、南通市法治合格镇、南通市体育明星镇；在全市“百面红旗”竞赛中获财政收入、更高水平小康建设、新农村建设“十大工程”等竞赛红旗11面，获市节能减排先进集体、引进市外民资先进集体、村级集体收入先进集体等奖项17项。全镇被市委、市政府表彰为文明行业13家、文明单位18家、文明村（社区）5个。

农业和农村经济 年内，全镇实现农业总产值53921万元，同比增长22.92%。实现农民人均纯收入15481元，增幅为20%。实现规模项目农业投入22685万元。新增绿化造林265.33公顷，新增花木种植面积39.33公顷、高效渔业养殖面积33.33公顷。新建沼气池400只。新建黄行、钱园、蒲东、姜北、杨家园、沈桥农业园区6个。秸秆综合利用率达95.2%以上。形成河道保洁、垃圾处理、绿化管护和农村道路管护“四位一体”管理体制。全年农民实用技术培训5250人次、创业培训550人次。开展新型农机具推广应用，建成秸秆机械还田示范方16个，总面积524.47公顷。新建土地换社保数据库2个、372组，土地换社保237人，完成市交任务115%。完成村级集体总收入418万元。采用土地入股、租赁、土地换社保等多种形式，全年完成流转土地1512.33公顷，占全年计划的173%。农业农村工作考核位居全市第八名。镇农业服务中心获南通市耕地质量建设与管理工作先进集体称号。

白蒲镇“十二五”规划图

工业经济 年内，完成工业应税销售27.8亿元，其中规模工业应税销售18.5亿元。完成全部工业投入11亿元，其中规模工业投入10.3亿元。完成工商注册外资2670万美元，实际到账外资1505万美元，引进市外民资4.5亿元。当年技改投入75816万元，完成技改项目16个。南通华东油压科技有限公司、南通华东油压铸业有限公司、南通皋液液压机有限公司、江苏南天农科化工有限公司4家企业获国家高新技术企业认定，南通皋液液压机有限公司、南通华东油压铸业有限公司、南通国谊锻压机床有限公司3家企业获国家知识产权示范企业认定。科技创新型乡镇考核位居全市第三。9月11日，国家信息农业工程技术中心如皋试验示范基地项目在朱家桥村正式启动。

社会事业 全年完成农保2.46万人。完成全镇86户

开放的白蒲生态公园

占地16667平方米的蒲盛广场

四星级惠蒲大酒店

白蒲镇文体中心

文昌农贸市场

文明佳苑

173人城市“低保”对象、693户1352人农村“低保”对象社会化发放。改善村级卫生服务站设施条件，全镇有120平方米建筑面积以上的甲级站15个。8月，白蒲中心医院新大楼正式启用，占地0.27公顷，建筑面积14406平方米。12月，举办白蒲镇第40届全民运动会，设立喜运丰收果、集体奔小康、自行车慢行、铅球、拔河、定点投篮、跳绳七个比赛项目，全镇458人参赛。

小城镇建设 全年累计完成搬迁总面积7.6万平方米，占全年任务的114%。房地产开工面积16万平方米，竣工8万平方米。累计实现土地出让15.27公顷。建筑面积14.2万平方米的惠蒲新世纪1～5号楼实现封顶，6～8号3栋26层商品住宅楼开工建设，创全市小城镇建筑第一高度；建筑面积6万平方米的华硕名邸有2栋商务会所实现封顶；蒲东农民搬迁安置房、松杨农民安置房1～5栋交付使用。镇区“四横四纵”道路框架全面拉开，天祥路、文昌路实现当年搬迁，当年开工，当年通车。镇文体中心、白蒲公园建成对外开放，占地1.67公顷的蒲盛休闲广场全面建成。小城镇建设在全市考核中跃居第二名。

政治文明、精神文明建设 信访渠道进一步畅通社会矛盾大调解工作得到加强，干群关系融洽。社会治安综合治理和安全生产、环境保护、土地管理被评为市先进集体。社会管理创新、依法治镇、依法行政水平不断提高，“平安白蒲”、“法制白蒲”创建卓有成效。镇司法所获南通市“五五”普法先进集体、南通市法治文艺演出先进集体称号，镇广电站被评为省优秀广播电视站。

白蒲镇第40届全民运动会

白蒲镇综合性荣誉

2012年4月7日，南通市副市长、如皋市委书记陈惠娟（前排中）在九华镇调研

包商村镇银行落户九华镇

九华镇

全力聚焦“中心” 经济总量持续大幅攀升

全年完成GDP22亿元，同比增长35%。完成全部工业应税销售25.1亿元，占年计划的104.6%，同比增长37%，其中规模工业应税销售19.2亿元，占年计划的109.7%,同比增长26.3%。完成全口径财政收入1.7亿元，占年计划的100%，同比增长34.7%；完成一般预算收入0.7859亿元，占年计划的113.91%,同比增长44.3%。完成注册外资2600万元，实现到账外资1505万元，分别占年计划的100%、100.3%；引进市外民资5.1亿元，占年计划的137.8%，同比增长30.8%。完成城镇基础设施投入4500万元，星级创建“十个星”全部到位，完成房地产开发面积14万平方米，实现房地产税收2100万元。实现农民纯收入14034元，同比增长18.9%。

全国同行业龙头企业——南通星球石墨公司

工业经济在复杂多变的形势下持续发展

招商引资持续突破。全年正式签约落户项目18个，其中制造业项目16个。年内开工项目14个，均为先进装备制造业项目，其中有落户园区投资6亿元的恒大煤化工机械项目、投资5.2亿元的星球石墨（合成炉）项目、投资1.2亿元翔鹰弹簧项目、投资1亿元的不二玻璃幕墙项目。由沙特客商注资4500万美元的伟越电器，原生产家用电器配套家具，现转型生产的3D平板电视机销往中东、欧洲地区，年内形成应税销售1亿元，是成功实现转型升级的典型。

项目投入不断加大。全年完成规模工业投入11亿元，占年计划的120%，同比增长28.6%。除新开工的14个项目外，实现技改投入项目8个。

注重引领科技创新。新增江苏顺达科技工程公司等研发中心2个，实施产学研合作项目3个。申请发明专利38个，其中顺达科技申请专利26个；获专利授权57个，科技创新考核列全市第一。

全民创业再攀新高。全年新增个体工商户702家，新增私营企业282家，分别占年计划的 195%和235%。

现代农业在更高水平小康建设中长足发展

全年完成土地流转1700公顷，占年计划的188.9%。新增设施农业161.33公顷，新增高效农业986.67公顷。大力度推进拆旧复垦工作，完成拆旧复垦面积37.4公顷，占全年目标任务的112%。

第三产业在转型升级中跨越发展

4月，完成搬迁170户，搬迁面积4万平方米，整理建设用地26.67公顷。全镇有开发企业8家、开发小区8个，全年开工建设小高层9幢；全年房地产开发开工面积14万

投资3亿元的永大化工机械公司一期工程已建成投产

濠园小区一角

九华镇农民公园——颐寿园

平方米，占年计划的140%。汽车站小区16层、九华2号区11层、何王小区11层、郭李小区三幢11层和人才公寓、濠园二期、星球16层职工公寓等全面开工建设，并高速推进。华山小区一期、二期进入报批程序。三星级君禧酒店的开业，四星级濠园大酒店和星球15层、四星级君临大酒店的开工，大幅提升九华镇三产服务业能级，提升城镇建设整体品位。

发展成果惠民 社会事业得到整体推进

小城镇建设突飞猛进。在全市“十个一”工程建设“星级创建”评比中，满得10颗星，获星个数居全市第一。全年完成基础设施投入4500万元，占年计划的224.4%。新开工建设镇区道路4条，总铺装面积3.7万平方米。投资1500万元的1.2公里东方红河驳坡工程加紧施工，完成工程量的70%。镇北区2公里污水管网建设全面完工，锦绣路绿化改造工程、经三路、新市场路亮化工程全面结束。截至年底，镇区道路达到六横六纵，道路总长度21.5公里，铺装面积达47.6万平方米。镇区路灯达1022盏（套），建成区绿化覆盖率达34.5%。

基础设施工程建设深得民心。年内，疏浚三级河道1条、动土9.2万立方米,四级河道14条、动土14.75立方米；新建防渗渠1.14万米、灌溉车口1座，新建配套渠涵、桥446座；新建通达工程3条4.3公里，一事一议奖补道路9条11.85公里；新建桥梁17座，农村公路“建管养”长效机制正常运转。顺利通过江苏省农路管养安保工程示范镇验收,成为全市首个省级农路管养安保工程示范镇。

农村人居环境不断改善。完成绿化造林面积60公顷，占市交任务的180%，被评为南通市绿化示范镇。秸秆禁烧还田工作措施到位，成效显著。

各项社会事业长足发展。农保实现全覆盖，区域供水工程全面完工。总投资1500万元、占地5.33公顷、建筑面积达4.8万平方米的农民主题公园颐寿园基本建成。投资1000万元新建的占地0.67公顷、建筑面积达8000平方米的文体活动中心开工建设。全镇有62973名农民参加新型合作医疗保险，参合率100%。实施国家基本药物制度，医院和社区卫生服务站全面实行零差价销售药品。人口计生工作管理与服务相结合，育龄妇女免费技术服务和奖励扶助政策得到充分落实。其他如广电、邮政、电信等事业均得到长足发展，平安创建成效显著，社会治安秩序良好，全镇上下政通人和，人民安居乐业。

“海明葡萄”声名远扬

1300多年树龄的“银杏王”苍劲挺拔

“菱角生产合作社”为农民开辟新的致富渠道

郭园镇

7月18日，南通市副市长、如皋市委书记陈惠娟（左一）在郭园镇调研

11月9日，市长姜永华（前排中）在郭园镇调研

2011年是郭园镇再创辉煌的一年，各项重点工作高效突破，取得综合考核全市第四名的佳绩，实现“十二五”首战告捷。被命名为南通市文明乡镇；被市委、市政府表彰为镇工作目标综合考核先进单位，获得六面红旗单位、29个先进集体荣誉称号；镇党委被表彰为南通市优秀基层党组织。

●财政收入高位增长。狠抓税源经济的培育，全面实施综合治税。全年完成全口径财政收入8048.69万元，占年目标任务的107.3%，增幅44.2%。实现一般预算收入3584.66万元，占年目标任务的119.5%，增幅39.2%，创历史新高，被市委、市政府表彰为财政收入红旗单位。

●招商引资成效显著。以开放促转型，锁定全年外资目标不动摇，多措并举强推招商引资，引进市外民资26241万元，占年目标任务的104.97%。完成工商注册外资2000万美元，占年目标任务的100%；实际到账外资1267万美元，占年目标任务的104.33%，其中南通汤始建华有限公司到账外资880万美元，利用外资工作综合排名全市第二，被市委政府表彰为利用外资红旗企业。充分放大重要客商、在外能人的人脉优势，大力开展招商引资工作，先后引进通宇锻压、龙腾纤维、意大利游艇、恒固建材、大陆方桩、建华二期、天瑞船舶、华发金属制品八个亿元工业项目，创历史最好水平，被市委、市政府表彰为招商引资红旗单位。

●现代农业质态提高。充分发挥农业产业优势，突出“三个一批”工程建设。通过田源无土草坪、红瑞花木、同德花木三个龙头企业的引领，建成南通市级范刘高效农业专业示范村，通过优势整合传统养殖业资源，建成如皋市级杨洲养鸽专业示范村。在此基础上，突出休闲观光农业建设，形成以车马湖台湾休闲观光生态创

郭园镇文体广场

业园为主，以林盛生态园、祥舟生态园、绿悠青采摘园为助推的休闲观光农业产业链。全年流转土地840公顷，占年目标任务的140%，确保设施农业项目顺利落户。

●**城镇建设速度加快**。六栋农民集中居住区大楼相继竣工。惠园路及惠园路沿河风光带工程全面竣工，1.4公里的人民路和1.1公里的范公路5厘米大籽摊铺结束。镇区“四横四纵”的道路框架基本形成，文体活动中心、公安、广电、卫生大楼全部搬迁结束，绿化、路灯一步到位，幸福佳苑、锦鑫家园房产开发项目基本竣工，南通仁际大酒店和南通联德大卖场项目已完成地基工程，占地2.91公顷的农民公园和政法综治中心正在建设之中。引进国元房产、丰源置业、水岸星辰等亿元房产开发项目3个，其中国元房产开发项目已开工建设。在“十星级”评比中，获一个靓丽的镇区入口、一个贯通的镇区路网、一个标准的农贸市场、一个开放的生态公园、一个多功能的文体中心、一个完善的工业集中区、一个繁荣的核心街区、一个上档次的商务宾馆八颗星，并被市委、市政府表彰为小城镇建设十星级考评红旗单位。

●**社会事业迅猛发展**。总投资240多万元的郭园小学晴雨操场和总投资595万元的车马湖幼儿园全面建成，车马湖幼儿园为全市学前教育改革示范区建设推进会提供观摩现场两次，成为全省学前教育改革发展示范区建设现场会重要展示点。投资1500万元的镇中心幼儿园已完成项目前期工作。群众性文体活动开展得有声有色，并在市组织的各项比赛活动中多次获奖。全年举办“雉水之夜”郭园专场、郭园镇第二届文化艺术节暨廉政文化进社区、庆祝建党90周年以及送戏进城等大型文艺演出活动4次，凝聚人心，激发斗志。农村交通环境进一步改善。全年新建财政彩虹桥7座、公路二级桥梁2座，改造桥涵5座，新建(修)农村通达工程23.28公里，累计投入资金1958.7万元。全镇社会事业蒸蒸日上，被市委、市政府评为社会事业工作先进集体、教育工作先进集体、村组公路建设管理先进集体、计划生育先进集体。

●**现场推进亮点纷呈**。全年为全市相关现场推进会提供“两个加快”、农村环境“四位一体”长效管护、加快推进教育现代化和义务教育优质均衡改革发展示范区建设、小城镇“十个一”功能建设、“两新”党组织作用发挥暨党建工作示范点创建高标准现场5个。在上半年“过半争先”重点工作综合考核和沿江经济洽谈会“百日大决战”两项竞赛活动中，分别取得综合排名全市第二和第一名的佳绩。

杰克拜尼生产车间

重大工业项目——建华管桩

郭园镇行政中心

石庄镇

11月18日，南通市副市长，如皋市委书记陈惠娟（中）在石庄镇调研

石庄镇位于如皋市西南部。全镇总面积56.98平方公里，镇区面积5.5平方公里，耕地面积2919公顷。辖行政村7个、社区9个。总户数1.94万户，总人口6.31万人，其中农村人口5.71万人。2011年，实现地区生产总值16.2亿元（现价，下同），同比增长32.2%。完成财政总收入1.45亿元、一般预算收入6800万元，同比分别增长17.2%、21.3%，全面建成小康社会。完成建筑业施工产值4.32亿元、税收556万元，实现服务业增加值1.36亿元、税收2700万元。2011年，获项目投入红旗单位、新农村建设十大工程红旗单位、更高水平小康建设红旗单位等奖项，在全市综合考核排名中列第九名。

农业和农村经济　年内，实现农业增加值2.21亿元，新增规模农业项目41个，完成实际投资额3.45亿元。全镇土地股份合作社流转土地676.67公顷，水产、生猪、家禽养殖大户达到462户。发展高效农业，按照蒲黄线和王石线“十字轴”型规划，打造农业特色基地。以“万顷良田”工程为推手，非工业村（社区）按照“一村一品”原则，推动“万顷良田”片区和各村特色设施农业园区建设。做大做强现有的江中酒业、绿爱康特种养殖、华君生态养殖、穗丰米业、寿星食品等农业龙头企业，形成前延后伸的农业产业链。全年申报农业科技计划6项。完成河道整治24条，疏浚16.72公里，总动土量33.37万立方米，修建防渗渠5.5公里、分水闸9座、节制闸5座。

工业经济　年内，完成工业应税销售20.03亿元，全镇应税超2000万元的规模企业数达32家，其中超亿元企业7家。新生港综合产业园区，四号港精细化工和船舶配套园区、张黄港新型建材和物流园区三大工业园区载体建设配套全面到位，服装纺织、精细化工、物流、新型建材、特种电机五大主导产业初具规模。全年完成工商注册外资2000万美元，实现到账外资1201万美元。完成进出口总额4590万美元。新增装机容量15060万千伏安，完成设备抵扣税1582万元，总量列全市第一。全年实施亿元以上项目13个。完成高新技术产值16.02亿元，

象征石庄腾飞的重要标志——腾飞雕塑

永林国际大酒店

市第三人民医院

南通天泽化工有限公司

培育企业技术开发项目8个，华峰化工建立省级科技研发中心。全年申报工业科技计划9项。引进市外民资注册资本3.71亿元，新增私营企业注册资本7.64亿元，新增个体工商户490户、私营企业148家。

小城镇建设 年内，完成城市建设投入8600万元，出让土地12.8公顷，房地产开工12.6万平方米、竣工7.2万平方米，建设安置房8万平方米。“五横四纵”道路框架初步成型。完成交通投入7000万元，江平线石庄镇区段一期拓宽提升工程建成通车，新建农村公路13.4公里，新建改造农桥11座，农路管护规范到位。沿江一级公路、蒲黄线、焦港闸重建、连申线拓宽等重点工程在境内实施。镇污水处理厂投入运营，新增污水管网4公里。在全镇16个村（社区）中全面开展村庄环境整治行动。年内，永林国际大酒店成功营业，诚源物流园区启动建设。

社会事业 年内，不断完善社会保障体系，居民养老保险人数19627人，农村养老保险基本实现全覆盖，新增企业职工“五险”参保500余人，新增被征地农民生活保障近300名。落实城乡“低保”和“五保”供养工作，全镇693户1376人享受“低保”政策，248人被纳入“五保”。开展残疾人调查登记评定工作，一、二级重度残疾人中，享受“低保”236人，享受残疾补助532人，享受护理补贴72人。年内，石庄小学新校区投入使用，建成市第三人民医院新医技楼，新中心幼儿园接近完工，完成石庄中心初中公寓楼提升改造工程。新型农村合作医疗参合率100%，全年农民大病补助医药费497万元。完成历史文化名录收集和镇志撰写，群众文体活动蓬勃开展。全镇新增数字电视用户9180户、有线电视260户。

政治文明、精神文明建设 年内，扎实推进文明创建工作，进一步提升居民文明素质和社会文明程度。不断加强未成年人思想道德建设，学校教育、家庭教育和社会教育协调发展。全年接待来信来访96起328人次，办结94起310人次，及时处理市长公开电话督办事项，累计处理落实144件。村（居）专职调解队伍不断壮大，全年排查各类社会矛盾纠纷156起，调解成功156起，调解成功率100%。实施“技防入户”工程，安装电话报警系统3582户。未发生影响社会稳定的重大事件，人民群众安全感提升至97%。全面推行依法行政，坚持科学民主的行政决策机制，严格按照法定权限和程序行使权力、履行职责。不断加大政府信息公开和电子政务建设力度，进一步提升行政服务效能，严格执行廉洁从政各项规定。

南大街

南通宏源实业有限公司新厂区一角

江苏德峰医药化工有限公司

江安镇

1月7日，南通市副市长、如皋市委书记陈惠娟（前排左一）视察新落户项目建设现场

2月24日，市长姜永华（左三）视察江安镇小城镇建设

镇区一角

2011年，江安镇党委、政府坚持以科学发展观为统领，紧紧围绕市委、市政府“两个加快”的总体要求，深入实施“八项工程”，经济社会持续保持又好又快的发展态势，“十二五”开局首战告捷，综合考核位居全市第七名。

经济实力持续增强

财政收入高效突破。全年实现全口径财政收入13535.11万元，同比增长25.7%；一般预算收入完成5795.77万元，同比增长30%。

工业经济运行良好。完成规模工业产值46.28亿元；完成全部工业应税销售19.46亿元；完成规模工业利润1.6亿元。年底考核名列全市第八，被评为新型工业化考核先进单位。

招商引资成效显著。完成工商注册外资2041万美元，实现到账外资1205万美元，完成市外民资36972万元。年底考核名列全市第四。

项目投入组织有力。全年建设项目54个，完成规模工业投入8.26亿元，其中技改投入完成5.65亿元。年内，江苏格林机械有限公司等15个千万元以上的项目落户江安，其中亿元项目5个（靖虹汽配、格林机械、华生汽配、龙澄热镀锌、泓源环保科技）。项目投入年底考核名列全市第四。精心打造全镇高新产业集中区，工业集中区建设年底考核名列全市第一。被评为市项目投入红旗单位、专业特色园区转型升级先进集体。

科技创新持续加强。高新技术产值10.29亿元，新增工程技术研究中心4个，实施产学研合作项目3个，专利申请167件，发明专利申请50个。南通玉兔集团成功申报省级研发中心，南通玉兔集团、江苏汤臣汽车零配件有限公司成功申报省级创新型企业，北辰科技有限公司成功申报省级高新技术企业。科技创新年终考核位居全市第一。被评为市人才工作先进单位。

新农村建设全面推进

农业稳步发展。继续精心打造徐柴千亩猕猴桃基地和黄建千亩有机蔬菜基地，以及增扩陈严日光温室大棚蔬菜基地，以此带动面上村（居）连片高效农业园区建设。生猪家禽农产品加工业是江安主导产品，在巩固扩大八大猪场的基础上，秋播期间，广东温氏集团在六团村新办投资兴办6.67公顷土鸡养殖基地，以基地加农户养殖的方式，以点推面，带民致富，年出栏肉鸡达50万羽。全镇有三大合作经济组织68个（其中，农民专业合作社38个，土地股份合作社25个，社区股份合作社5个），新增设施农业206.67公顷。年底，被评为市发展现代化高效农业先进集体。

农村环境进一步改善。大力推进农村环境管护“四位一体”，农村面貌发生根本变化。全年疏浚三级河1条、四级河道25条，改造桥梁23座。被市委、市政府授予新农村建设十大工程红旗单位、农村危桥改造先进集体称号。

城镇建设进程加快

根据市委、市政府的要求，对照年初制订的考核目标，江安镇年底之前顺利通过一个靓丽的镇区入口（府前街东首）、一个贯通的镇区路网、一个精致的商品房小区（益多花园）、一个完善的工业集中区（镇中工业集中区）、一个高标准的农贸市场（江安农贸市场）、一个多功能的文体中心（镇文体活动中心）、一个繁荣的核心街区（府前街）七个星级考评。全润商贸广场星联超市元旦盛大开业，成为如皋西部最大的购物商务中心。振业商贸街一期近2万平方米的临街商铺于9月初开工；10.8万平方米安置房于9月5日破土动工，年前已建至三层，一期建成可入住800户。大力度实施旧镇改造，倾力打造“滨江新城”，11月底，完成192户搬迁任务。城镇建设综合考核名列全市第四名，被评为市农民集居化先进集体。

社会事业协调发展

全力打造“教育江安”品牌。全镇各学校均成功创建市平安校园，全镇所有学校食堂均创成南通市A级食堂。江安小学教学楼实现全成封顶。镇中心初中被市教育局表彰为义务教育阶段教学工作先进集体。迎来70华诞的四星级江苏省江安高级中学，连续六年获市高中教育综合评估一等奖。

加快文化、体育、广电事业的建设进程。全年新增数字电视3300余户，累计全镇数字电视用户达1.77多万户。江安镇获市文化、体育工作先进集体称号。元旦，江安镇选手参加市“苏浙”杯集体健身舞大赛，获一等奖。9月，组织送戏进城，在安定广场举行江安镇专场文艺演出，江安镇获优秀组织奖，两个节目获一等奖。

卫生、土管、计生等事业得到长足发展。全镇新型合作医疗参合人数为80743人，参合率达100%，江安医院争创二级乙等，江安镇获卫生工作先进集体称号。全镇复垦297个地块，总面积37.2公顷。全年巡查152次，清查企业违法用地16家，面积25.42公顷，获土地复垦整理先进集体、土地执法模范镇称号。全镇参加农村社会养老保险29300人，基本实现社保全覆，获市社会保险扩面先进集体称号。

加强民主法治建设。朗庙、马堡、徐葛、鄂埭4个（社区）村建成南通级示范村（社区），新建村建成省级示范区。中心社区法治文化园获市首期民主法治示范点称号。

全力推进社会管理创新工作。4月下旬，在全镇25个村居全面组建矛盾调处综治服务中心，各村居通过选举配备3名讲党性、有公信力、说服力、有组织纪律性工作人员，耐心听取群众的诉求，认真细致调解各种矛盾，真正做到“小事不出村、大事不出镇”。5月19日，全市创新发展大调解体系现场推进暨“大调解宣传月活动”动员会在江安镇召开。年内，人民群众对社会治安的满意率达95%以上，和谐社会的构建促进经济社会又好又快发展，被评为市社会事业工作先进集体。

南通玉兔集团有限公司

四星级高中——江苏省江安高级中学

鄂埭农业园区

2011年，搬经镇上下围绕“全力提升重点中心镇综合实力，勇当建成更高水平小康先行军”的目标定位，解放思想，攻坚克难，突出发展主题，全力聚焦重点，实现“三个突破”、“两个加强”。

4月13日，南通市副市长、如皋市委书记陈惠娟（左四）在搬经调研

经济发展取得突破，结构质态不断优化

主要经济指标稳步增长。实现全口径财政收入10888万元，同比增长276%；一般预算收入5087万元，同比增长34.98%。实现农民人均纯收入1.37万元，同比增长14.2%。实现规模工业产值49.5亿元，同比增长52.3%；实现全部工业应税销售13.74亿元，同比增长20.49%。

招商引资成绩显著。全年完成工商注册外资2800万美元，同比增长28.6%；完成到账外资1201万美元，同比增长16.6%。引进市外民资注册资本3.76亿元，同比增长20.5%。全年签约落户超3000万元项目12个。

项目投入再创新高。完成全部工业项目投入10.8亿元，同比增长9.5%；规模工业项目投入10.12亿元，同比增长8.44%，其中技改投入6.17亿元，同比增长6.63%。被评为市新型工业化考核先进单位。

服务业项目建设积极推进。三产服务业投入8700万元，同比增长30.1%；服务业税收3903万元，同比增长33.53%。

镇区全景

科技创新力度不断加强。全年成功申报如皋市级工程研发中心2家。新增高新技术产业企业1家，新增专利185个，新增注册商标13个。

生态工业集中区建设不断完善。全年完成工业集中区基础设施投入2870万元。针对土地指标趋紧现状，对10个地块的闲置土地和厂房分别落实新的项目对接，实施“腾笼换凤”，进一步解决工业发展空间问题。

环境建设取得突破，集镇品味不断提升

加大房地产开发力度。全年完成房地产开工15.11万平米，竣工9万平米。实现房地产税收1500万元，同比增长95.3%。凤凰小区一期进入扫尾阶段，凤凰二期、宜欣三期、碧水新城等项目正加紧建设。

大力推进农民集居区建设。全年完成农民集居房开工1150户，竣工810户，入住710户。湖刘社区、谢甸社区获如皋市农民集居化先进集体称号。围绕小城镇“四横四纵”框架全面推进，全年完成小城镇基础投入2870万元。

高效规模农业发展态势良好。全年新增土地流转1140.67公顷、设施农业240公顷，新签约落户高效农业项目13个，新建成搬东、焦港标准设施大棚133公顷。完成规模农业投入3.4亿元。

合作社建设成果突出。全镇建成专业合作社69个，组建万富万龙蚕桑合作联社、搬东建佳果蔬合作联社两个合

搬经镇

作联社，辐射带动农户1.4万多户，年销售额超过亿元。搬东种植农地股份合作社获市农村“三大合作组织”建设先进集体。

农村环境治理成绩显著。全镇绿化覆盖率达21.6%，疏浚镇级河道1条1.5公里、村级河道14条15.2公里。群岸社区获如皋市农村环境长效管护先进集体。

农村通达工程不断完善。新建成水泥路11条16公里，改造农桥10座，获如皋市农村危桥改造先进集体称号。群岸社区获市村组公路建设管理先进集体称号。

党的建设得到加强，群团工作成效明显

基层组织建设不断强化。以“创先争优”活动为抓手，深入开展“双联双助”工程，搬经被表彰为全市“双联双助”工程先进集体。

社事文明工作稳步推进。积极组织村（社区）和企事业单位参与文明创建活动，继续被评为市文明镇，全镇10个村（社区）获市文明村（社区）称号、12家企事业单位获市文明单位称号。

易达电子

华冠电器

人大政协精心组织。充分发挥监督职能，积极开展代表之家活动，被表彰为市人大工作先进镇及市政协工作先进单位。

人武工作继续领先。被南通军分区表彰为基层武装部规范化建设先进单位，继续被表彰为全市人武工作先进单位。

平安法治工作再创佳绩。获市依法行政先进集体称号，连续多年被评为市信访工作先进集体。搬经镇大调解中心被省委、省政府评为社会治安综合治理先进集体,芹界村人民调解委员会被评为市优秀人民调解委员会。残联工作再上新台阶，连续多年被表彰为市残疾人工作先进集体。

集中居住小区

风景优美如画

社会事业得到加强，民生工程扎实推进

优化整合教育资源。搬经镇教育教学质量位居全市前列，镇中心初中被评为全市教育工作先进集体，夏堡幼儿园成功接收南通市优质园验收。

标准农田

优生优育工作扎实推进。不断巩固“世代服务”品牌，获计划生育先进集体称号。计生服务指导站被国家人口计生委表彰为国家优质服务示范站。不断加强村级服务站建设，梅甸、万富、严鲍三个村成功创建省卫生村。

农村文体工程成绩突出。积极推进农家书屋示范村的建设，镇、村两级“农家书屋”实现全覆盖。搬东社区被省新闻出版局命名为“百佳”农家书屋。投资1200万元高标准建设6500平米文体活动中心，成功创建全省首批公共文化服务体系示范区。

高 明 镇

6月23日，市长姜永华（前排中）在高明镇视察

3月17日，市委副书记司祝建（右二）陪同启东考察团在高明镇视察

11月23日，南通市高效设施农业推进会上，高明镇作为南通市唯一的乡镇代表在会上交流发言

2011年，高明镇全镇上下以“跨越发展、争先进位”为目标，高度聚焦“两个加快”，大力实施“八项工程”，坚持转型升级与“三化”互动并进相融合，在重点领域求突破，在薄弱环节下力气，全镇经济社会继续保持又好又快发展。全年实现工商注册外资 1800万美元、到账外资1003万美元，分别占年计划的120%、100.3%。实现财政总收入3067.4万元、一般预算收入1612.46万元，财政收入连续取得较快增长。实现全部工业应税销售、规模工业应税销售分别为3.9亿元、1.9亿元。为迈进基本现代化、建成更高水平小康社会奠定坚实基础。

以招大引强为突破，工业经济总量不断扩张

坚定不移走工业兴镇之路，不断做大工业经济总量。**突出招商引资核心地位。**天赐机械、普天视电子、北达机械、铂滢纺织、锴盛新材料、固牌铝业、天时船舶等11个超3000万元项目成功落户高明镇，其中亿元项目1个，总投资规模达6.5亿元。**坚决倒逼低效企业加快转型。**严格执行市政府关于项目投入、产出相关文件要求，坚持项目好中选优。积极盘活存量，“腾笼换凤”，成功将闲置近一年的原龙华汽配项目与天时船舶机械项目对接，将闲置近六年的盈亿羊毛衫与震洋机械项目对接，原三鑫羊毛衫与新电子项目对接。做好企业服务工作，坚持“一站式”、“保姆式”服务，强化用工、用电、土地等要素保障，承诺项目签约后48小时交地，赢得投资商较高评价。**积极实施科技强企战略。**注重招引科技含量高、可持续发展能力强的大项目，已落户的天赐机械、协鑫环保、锴盛新材料等均为高新技术产业企业。加大产学研合作力度，加速企业在装备提升、信息化改造和新兴产品研发等方面的技改力度。程恒汽配、烨华汽配与常州机电职业技术学院签订产学研合作协议，协鑫环保与南京大学签订产学研合作协议，天赐机械与中科院航天研究所签订新型机械技术转让协议，天时船舶压力容器项目新增三家国际船级社认证。

以“十星级”创建为动力，城镇化水平不断提高

以打造西部精品小镇为目标，始终坚持走招商建镇之路。大力推进集镇搬迁改造、功能提升和管理创新，街区布局逐步向高层建筑和整体连片发展。2012～2020年镇区总体规划正在抓紧编制。金泰街一期配套工程基本完善；达逸房产二期工程加快建设；农民集居区建设成效显著，育贤小区全年新开工2.5万平方米，建成386套，入住288户。城镇功能配套不断完善，投资180万元的污水管网二期工程铺设全面到位，

工业园区

行政服务中心

高效设施农业

河道清澈见底

投资60万元的提升泵站已完工。镇区道路建设形成“三纵三横”框架，投资280万的镇区人民路、人行道硬质化工程完成设计。镇文体中心、高明商务酒店正式开工建设，农贸市场完成设计。“十星级”考评取得六颗星。

以高效设施农业全覆盖为抓手，全力推进农业农村现代化

高效农业发展实现历史性突破。放大周庄、章庄、胜利三个社区高效农业全覆盖效应，向接壤村延伸，形成800公顷、六村联动的现代农业板块，建成省级万亩现代农业示范园区。全镇高效农业面积达到1066.67公顷。3月，全市高效农业现场推进会在高明镇成功召开。省农委、南通市农委等部门多次到高明镇调研，南通市所属其他四个县（市）代表团专题到高明镇参观学习。通过桑田套种野菜项目，不断增加传统优势产业收益，亩收入增加1500元。加大农产品品牌开发力度，成功注册雉水、沙玉红等农产品商标。宏玉有机稻米专业合作社正积极申报有机稻米认证，已取得转换证书。**“四位一体”村庄环境长效管理成效明显。**高标准整治河道16条，清理淤土53万立方米，清除垃圾1500吨，植树5万棵，新增绿化面积56.93公顷，桑园套种银杏面积933.33公顷。被评为南通市“四位一体”首批合格乡镇、南通市“十一五”期间水利工作先进集体、南通市2011年水利工作先进集体、如皋市河道整治一等奖。12月12日，南通市“四位一体”长效管理现场会在高明镇召开，南通市委常委、副市长秦厚德，各县（市、区）分管负责人现场检阅高明镇“四位一体”长效管理工作。年内，高明镇代表如皋市先后接受国家水利部、省纪委、省水利厅、南通市水利局等部门领导视察调研。**省级卫生镇、村创建成绩突出。**通过全镇上下共同努力，10月，高分通过省级卫生镇创建考核验收。在原有4个省级卫生村基础上，年内顺利建成6个省级卫生村，全镇12个村（社区）已有10个村（社区）建成省级卫生村。11月26日，全市农业现代化、水利工程现代化和村庄环境综合整治推进会在高明镇召开，市四套班子全体人员，市级机关主要负责人，乡镇主要负责人、分管负责人出席会议，高明镇农业农村现代化发展得到与会人员一致好评。

以发展惠民为追求，社会和谐程度不断提升

加大城乡统筹力度，深入实施农村公共服务工程、农村社会保障工程、社会管理创新工程。大力推进农村基础教育发展，实施区域教育现代化工程。高效推进农村卫生服务建设，切实提升医疗服务和社会保障水平。高明医院新综合大楼投入使用，极大提升了医院综合服务水平。强势推进社保续保工作，全年新增参保2929人，续保15806人，累计完成参保18735人。完成城镇居民医疗保险1880人，超额完成市交任务。新型农村合作医疗参合率及资金到位率均达100%。不断提升失地农民保障水平，扎实推进“五保”老人供养制度，对农村“低保”实行应保尽保，关注农村留守儿童，为其提供必要的帮助。进一步加大群众矛盾纠纷调解力度，积极开展平安创建、法治创建工作，大力推行“三解三促”活动和“三理工作法”，被评为南通市法治合格镇。

常青镇

常青镇位于如皋市西部高沙土地区，属黄桥革命老区，因四季风景常青而得名。总面积61.2平方公里，其中耕地面积3200公顷。全镇辖行政村6个、社区6个，总人口近5万人。先后被评为国家生态镇、江苏省卫生镇、南通市农村环境长效管理达标镇，如皋市村组公路建设管理先进集体、人民武装工作先进单位、全民创业红旗镇、区域教育现代化先进镇。

4月13日，南通市副市长、如皋市委书记陈惠娟（前排右二）在常青镇调研指导

2011年，常青镇坚持以科学发展观统领全镇建设更高水平小康社会大局，抢抓机遇、开拓进取、自加压力、奋斗拼搏，不断加快转型升级，加快统筹发展，奋力打赢“十二五”开局战，较好地完成各项工作任务，全镇经济综合实力明显增强，人民生活水平逐年提高，社会事业长足发展，精神文明和党的建设不断加强，民主政治进程不断深化。全年实现GDP14.39亿元，同比增长12.8%；全口径财政收入4400万元，同比增长24.8%；一般预算收入2035万元，提前一个月完成全年目标任务，同比增长25.1%。财政收入考核位居全市第二名。实现农民人均收入12360元，同比增长12%。

大力加强工业经济工作，工业发展提速增效。始终坚持以“工业强镇”为统领，围绕“小镇大作为、大提速、大发展”思路，走新型工业化发展道路，有力地推进全镇经济的跨越式发展。现有工业企业108家，其中，经省统计局核定的规模企业19家、亿元企业4家、高新技术企业5家。产业结构合理，机械、电子、纺织、服装、有色金属、新型建材、精细化工、电力设备为主打产品。引进市外民资注册资本2.08亿元，完成工商注册外资2000万美元，实现到账外资1001万美元，注册外资提前半年、到账外资提前一个月完成全年任务。完成全部工业应税销售10.1亿元，同比增长29.3%，完成工业项目投入5.9亿元，同比增长27%。

高效农业喜获丰收

设施农业蓬勃发展

高度重视农业农村工作，农业农民快速增收。紧紧围绕资源优势，按照“立足本地资源，抢抓发展机遇”发展思路，加快农业增效农民增收步伐。新增设施农业120公顷、高效农业933.33公顷，建成土山千亩设施农业园、楼冯33.33公顷的高效果蔬基地、草张庄百亩药用植物园等重点农业项目。合作组织运行有序，成立各种专业合作组织35个，带动基地面积1040公顷，累计增加农民收入840万元，农民人均收入增长同比增长16%以上。

坚持强化小城镇建管工作，城镇建设迈开步伐。抢抓王石线工程和连申线改造机遇，突破原有规划布局，加快镇区房地产开发、基础设施建设和功能配套完善，城建开发实现突破，开工房地产面积5.8万平方米、竣工4.75万平方米，分别占年任务的145%、169.6%。“十个一”功能获7颗星，城镇建设迈上快车道。

协调抓好社会事业工作，社会事业全面发展。按照统筹兼顾、协调发展要求，大力发展各项社会事业，推动民生发展进步、社会和谐稳定。中考成绩连续多年位居全市乡镇前列，优质教育品牌进一步唱响。建成“六位一体”世代服务中心和人口文化园，代表江苏省迎接国家计生委十一五验收，被评为南通市“十一五”计划生育先进乡镇。文化体育事业进一步繁荣，连续四年被市政府评为文化体育先进镇。12个村（社区）公共服务中心全面建成，八大功能充分显现。社会保障体系进一步健全。

2012年6月13日，市长姜永华（右三）在常青镇调研

小城镇建设热火朝天

环境整治成效显著

高档小区

绍隆禅寺

生态宜居的优美环境

东陈镇

2011年，东陈镇实现GDP22.2亿元，同比增长34%；规模以上工业产值45.2亿元，同比增长15.2%；规模工业利润2亿元，同比增长12.5%；规模项目投入11.7亿元，同比增长18.6%；工商注册外资4883万美元，占全年目标187.8%；到账外资1605万美元，占全年目标107%；引进市外民资4.56亿元，占全年目标123.4%；全口径财政收入1.56亿元，同比增长36.6%；一般预算收入7048.88万元，同比增长56.6%；农民人均纯收入14888元，同比增长18%。获全市综合考核先进镇一等奖，获招商引资红旗单位、全民创业红旗单位、服务业红旗单位、财政收入红旗单位、小城镇建设十星级考评红旗单位、更高水平小康建设红旗单位等九面红旗。

11月17日，南通市副市长、如皋市委书记陈惠娟（右一）在东陈镇调研

2月18日，市长姜永华（右一）在东陈镇调研

招商引资持续领先 注册外资、外资到账超额完成全年任务，考核位居全市第一。充分发挥区位优势。全年引进新项目10个，总投资5.25亿元，以低碳产业、机械制造为主的3个亿元以上项目相继落户。注意招商质量。变招商引资为挑商选资，注重引进先进制造业，优化工业结构，招引PE再生资源低碳化处理等一些优质项目落户。完善项目服务。做好日本南海环保新材料等重点外资项目服务跟进，促进外资到账。

项目投入做大规模 以规模扩张为重点，狠抓骨干企业培育。做好双马双百亿产业规划，化工产业稳步推进，木材产业大力推进。以快速推进为重点，力求早日形成新生产力。投资1.2亿元的瑞格迪再生资源、投资1亿元的思瑞机器、投资1亿元的顺邦化纤等项目新开工。赛孚二期、日本南海水处理剂、海腾机械、江东酒店、2万平方米标准厂房等10个重点项目建设速度加快。以应税销售为重点，保持工业经济运行、财政收入、工业用电量持续快速同步发展。培育新税收增长点，新增赛孚机械、新空间、康升金属材料3家亿元企业。双马化工、大辰建设2家单位进入全市纳税百强榜。

民营经济再创佳绩 新增私营企业303家，个体工商户466户，引进市外民资4.56亿元，考核居全市第一。形成全民创业的三大特色：民营小区特色。南东陈、徐湾、冯堡、石池等民营工业小区越办越好，徐湾小区已落户机械、纺织类企

如皋市双马化工有限公司

江苏新空间集团

沿海高速公路东陈镇出口

农民集中居住区

业10多家。能人返乡特色。全年引进在外能人回乡80人，他们带回资金和技术，成为新经济增长点。优质服务特色。南东陈、冯堡、洪桥、双群等村党员干部为民营小区提供及时、优质、全过程服务，确保落户企业迅速建成投产。

建筑行业稳步上升 出征人数继续增多，建筑业收入成为农民增收主要来源。资质效应继续增进，大辰公司在建筑市场享有良好声誉，新空间集团升为一级资质后，产销两旺。经济收入继续增长，大辰公司纳税已超过2000万元，为财政增收作出贡献。

小康建设特色明显 加快农业现代化进程，与南农大合作规划省级现代农业园区，形成总规和平面图。加大项目农业建设力度，尚书千亩绿色长廊一期、20公顷葡萄园、双群观赏鱼扩建等项目已建成，新发展的尚书明兰养羊项目、杭桥食用菌等项目进展迅速。多渠道促进农民增收，加大项目农业投入和土地流转力度，抓好农村劳力转移，促进农民增收，进一步改善农村环境，全面启动国家卫生镇创建工作，以创建促进环境提升，农村“四位一体”长效管护机制落实到位，使环境建设与更高水平小康社会要求相适应。

环境建设全面提升 全年完成土地出让14.2公顷，房地产税收2211.32万元，双居全市第一。科学规划集约发展。高起点编制完善镇区整体规划，重在盘活存量，指导旧镇区改造。搬迁与建设同步推进。不断加大搬迁力度和镇区开发力度，镇区搬迁216户，房地产开发6.2万平方米。新东线北侧22.33公顷现代服务业集聚区146户全部搬迁结束；3幢11层的丽水花苑主体封顶，19层大辰公司大楼即将开工；雉水河生态公园正在建设；8万平方米东郊花园二期即将封顶。“万顷良田”安置区建设全面启动。安置区一期10万平方米14幢700套的小高层正在加紧施工，二期29户居民及4家企业搬迁正在推进。集镇配套功能逐步完善。“十个一”工程已获8颗星，东风大桥工程、新东线拓宽工程正在加紧施工，镇区形象全面提升。

财政收入再攀新高 财政收入在上年超亿元基础上继续取得突破，全口径收入和一般预算收入双双完成市加压任务。大力发展财源经济。培育新生财源群体，同时积极服务支持双马化工等财税大户，引导现有企业不断加快发展。认真实施综合治税。积极组织财政、税务干部及信息员建立综合治税队伍，逐月通报情况，落实征收任务，保证序时推进。严格规范经费管理。完善经费管理制度，加大管理力度，有效控制支出，压低行政费用。

社会事业同步发展 文化事业健康发展，不断加大文化设施硬件投入，镇综合文化站被评为星级文体中心。教育教学再创佳绩，坚持教育均衡化的信念，投资近400万元新建东陈中学标准塑胶操场，成功实施幼儿园改制工作，教育质量继续位于全市前列。卫生水平稳步提升，新农合参保率达100%，医疗保障水平得到提高。社会保障全面覆盖。提前完成农保任务和社保扩面任务，位居全市前列。优化敬老院条件，落实低保政策，做到应保尽保。综合治理确保和谐。推进社会管理创新，在创建法治南通合格镇、南通市长安先进镇、“三无”镇和社会治安安全镇的基础上，投入100万元构建技防镇，群众对社会治安满意率达95%。

东郊花园

11月15日，市长姜永华（前排右三）深入袁桥企业调研

9月18日，袁桥镇召开推进"三理工作法"动员大会

2011年，袁桥镇按照"抢抓机遇期、融入主城区、打造卫星镇、建设新袁桥"总要求，充分放大"大城郊、大通道、大沿河"三大优势，以城乡一体化为目标，全面融入主体功能区，着力打造全市"三理工作法"实验区、创先争优样板区、"三化"深度融合示范区。

利用外资全面突破。全年完成工商注册外资2200万美元，占市交任务数的110%；实现到账外资1210万美元，占市交任务数的101%。

民营经济高位走强。坚持内外资双引擎齐驱，在狠抓外资突破的同时，加大市外民资招商力度。全年完成市外民资2.85亿元，占全年目标的116.17%。完成私营企业注册资本55801万元，完成计划的209.78%。能人返乡创业43个，完成任务的102.4%。民营经济全市排名第一。

财政收入持续增长。实现全口径财政收入7423万元、一般预算收入3718万元，增幅分别为26.1%、35.9%，收入进度全市排名第八，收支结构进一步优化。全年化解镇欠市债务600多万元。

工业运行稳中有升。全年完成全部工业应税销售7.23亿元，实现全部工业税收3620万元，同比分别增长18%、21.3%。完成全部工业投入7.8亿元、规模工业投入7.2亿元，技改投入4.6亿元，均超额完成全年目标任务。大力实施科技创新战略，新实施产学研项目2个。申请专利79个，获专利授权99个。高新技术产业产值8492.1万元，占年计划的161.75%；高新技术产业投入5.28亿元，占年计划的125.71%。

项目投入持续加快。全镇始终以项目建设为中心，统筹推进一二三产项目，实现目标任务项目化、项目推进责任化。年内，同力液压、华东起重机械、高新机械、高泰电气、祥禾泡塑、山豹机械、北方燃料等12个投资1000万元以上项目开工建设，其中高泰电气、华东起重机械、北方燃料3家投资超亿元。

城镇建设加快步伐。牢固树立经营城镇理念，规范镇区建设投资公司的运作，加快镇区开发步伐，全年出让土地6.8万平方米。房地产开发取得重大突破，华典豪庭一期3万平方米的高层商住楼正抓紧建设，上海花园一期3.5万平方米的高层商住楼全面开工，全年实现房地产开发面积7万平方米，竣工6.3万平方米，实现房产税收1650万元。农民集中居住开工建设544户，建成345户，入住287户。

现代农业特色彰显。全年完成项目农业投入1.879亿元，完成任务的211%；新增设施农业209.6公顷，流转土地802公顷，建成市级以上农业园区7个，实施规模农业项目22个，镇级万亩现代农业园区、万亩生态农业园区建设取得新突破，其中红梅乳业产业园区一期工程投

江苏高泰电气有限公司

袁桥镇

资5000万元。率先组建全市首家农民资金互助合作社，运行态势良好。

民生工程凸显新景。不断提升公共服务水平，黄蒲小学综合楼开工建设，新增数字电视1460户，异地新建康慈医院，彻底清除农村危桥，推进天然气全覆盖工程，建成南通市“新农村电气化镇”。

“三理”为民建设和谐。在全市率先提出为民服务“三理工作法”，构建干群连心桥，打造“和谐幸福袁桥”，省委和南通市委组织部肯定袁桥镇“三理工作法”并多次调研指导。江苏卫视、《南通日报》、《如皋日报》、如皋电视台多次报道袁桥镇“三理工作法”经验做法。

建设中的华典豪庭高档商住小区

集购物、餐饮、住宿、休闲、娱乐于一体的盛世缘购物广场

路翔商品混凝土公司

建设中的镇文体中心

如皋市信访局

6月8日，省信访局副局长孙献荣（右四）到如皋督查征地拆迁工作

2011年，市信访局坚持用群众工作统揽信访工作，积极开展创先争优·能力建设、领导干部接待群众来访、信访积案化解攻坚活动，切实维护群众合法权益。“十一五”期间全市信访工作目标管理被南通市委、市政府表彰为先进单位。

持续开展领导干部接访下访活动。年内，继续坚持市主要领导每月接待群众来访、周一市长接待日制度。市四套班子领导累计接待群众来访360批891人次，其中，市委书记、市长接待来访群众190批352人次，交办件办结率100%；约访来访群众25批984人次，其中市主要领导约访来市集访群众10批418人次。34件市四套班子领导包案重点信访问题通过下访活动全部得到解决。

扎实开展信访积案攻坚年活动。按照“六个一”推进机制，认真落实“三分四定”要求。通过集中力量、帮扶救助等综合措施，省、南通市交办的11件积案被化解10件，化解率91%；自排积案28件化解24件，其中，集访积案化解率达94%，个访积案化解率达86%，进京上访积案化解率达90%。

健全矛盾纠纷排查化解工作机制。将矛盾纠纷排查化解工作纳入社会管理范畴，进一步健全市、镇（区）、村（居）矛盾纠纷排查网络。市联席办先后下发通知六次，安排部署矛盾纠纷排查化解工作，有效避免大规模越级进京、到省集体信访和群体性事件发生。全年累计排查各类矛盾879件，化解861件，化解率达98%。

突出督查督办确保交办事项落实。建立信访工作“交办—督办—查办”工作机制，先后专项督查技工学校民工工资、如城镇沿河村“万顷良田”建设等11个重点突出信访事项，对人民来信和书记大接访领导交办的信访事项办理不及时的镇（区、园）和部门分别下发督办单88件次和17件次，对未及时办理报结省、南通市转送的越级访事项的单位下发督办单7件次。

加强综合分析发挥参谋作用。牵头专题调研对农具厂大集体人员等五类群体生活补助情况，提请市委常委会研究，并以两办名义下发《关于对若干群体生活补助建立自然增长机制的通知》（皋办〔2011〕24号）。向省、南通市和如皋市委、市政府报送信访信息24条，向市政府常务会议提交重点信访问题及建议11期26条，为市领导决策提供依据。

提升快速应急处置能力。在各级“两会”、建党90周年、十七届六中全会等重大敏感时期，成立驻京、驻宁导访工作组，敏感时期及时劝返进京上访人员2名，避免有影响事件发生。

坚持依法治访规范信访秩序。在《如皋日报》及网络媒体上公开领导干部开门接访消息，引导群众按照正常渠道反映诉求。成立处理进京非正常上访人员工作组，及时遣返违法上访群众并交由属地依法处置。举办法制教育学习班，先后对9批11名进京违法上访重点人员开展法制教育，促进信访秩序的好转。

严格责任倒查加大追究力度。强化信访稳定工作责任，通报批评敏感时期发生人员进京上访的某镇党委和政府，成立以信访、纪检、公安等部门参与的专门调查组，全面调查该起越访事件，对工作失职的相关领导实施诫勉谈话，对其他失职人员作出相应处理。

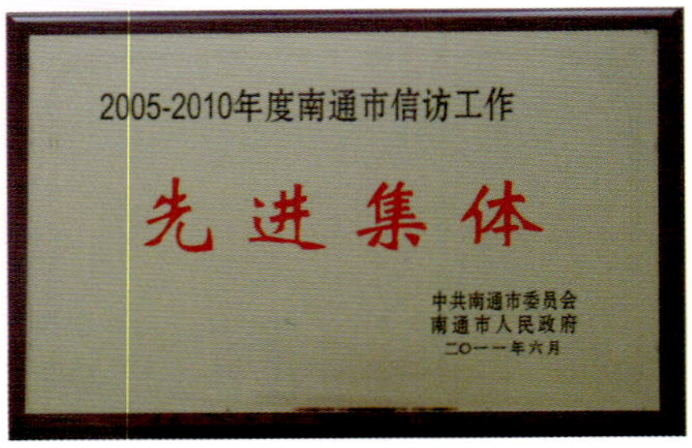

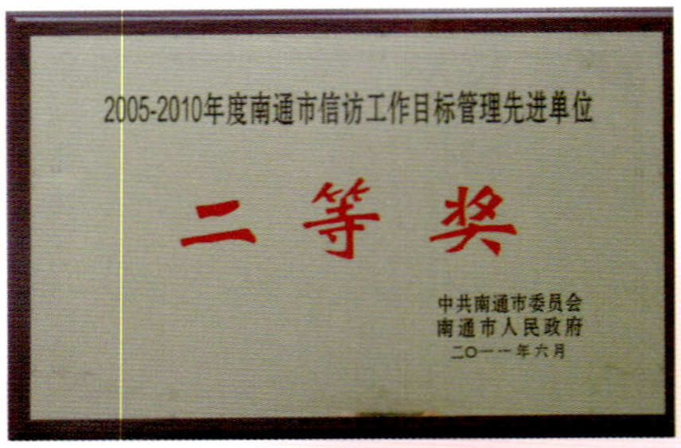

中国移动通信集团江苏有限公司如皋分公司

如皋移动全体员工

年内，如皋移动公司与市总工会共同举办"我型我秀"技能比武大赛。图为4月28日举行的表彰会

10月13日，如皋移动公司与市妇联共同举办"阳光快车"公益计划活动

2011年，中国移动通信集团江苏有限公司如皋分公司紧紧围绕地方经济中心工作，以科学的发展观统领全局，秉承"正德厚生、臻于至善"企业核心价值理念，以创新谋发展，以多样化的信息产品和更优质的网络服务民生，在建设新农村、改善百姓民生等诸多方面作出切实努力。

深化能力经营

坚持依法经营，通过技术创新、管理创新、服务创新提升自身竞争力，自觉维护市场竞争秩序，促进移动通信市场持续、健康、和谐发展。积极扩大服务新农村建设规模，在人流量居多的自然乡镇设立自建营业点，将服务扩大延伸到最基层，融入地方经济发展的中心工作，积极助推农村信息化建设。

高效信息化平台

围绕市委、市政府关注民生、高效优质工作目标，顺利拓展多个信息化项目，成功升级"12345"市长热线平台，在全区首创环卫信息化项目，通过环卫监督信息系统实现对垃圾中转站、垃圾运输车以及巡查监督车的管理。

优化服务体系

在紧抓市场发展的同时，积极落实全程品质管理，以投诉处理为抓手，以责任考核为手段，加强服务标准落地，推进"沟通100"服务体系建设，从对外落实客户满意度向内外兼顾全过程品质管理转变。与市总工会、市人力资源和社会保障局联合举办"我型我秀"服务技能大赛活动，不断提高服务质量，拓宽服务渠道，扩大通信服务内容和内涵，以服务促发展，以发展带动服务。

高品质网络优势

面向市场需求，保持高品质网络优势，进一步以推动自主创新、发展TD—SCDMA为己任，周密部署，全力以赴做好TD–SCDMA建设和运营工作，推进科学发展能力更上新水平。深入开展网络扫盲活动，充分发挥多方力量，实施专项网络优化。深入研究话音和数据业务变化规律，探索高效优化手段。建立客户网络覆盖类投诉快速反应机制，提高客服部门预处理能力。

善尽企业责任

以实际行动承担更多的社会责任,为和谐社会添砖加瓦。以"移动爱心基金"为平台，持续帮扶贫困员工及社会弱势群体。自2006年"移动爱心基金"创立至2011年底，累计募捐16.75万元用于爱心助学、扶贫助残等社会慈善公益事业。10月，成立移动志愿者队伍，与市妇联共同打造"移动春蕾班"，帮扶贫困儿童20名。被市委组织部、市总工会授予结对帮扶先进集体称号。

江苏南通六建建设集团

6月15日，省住房和城乡建设厅副厅长徐学军（右二）等一行到六建集团调研指导

7月11日，市长姜永华（右三）视察哈尔滨分公司

5月17日，北京市总工会女职工部部长张瑜（右三）等一行，调研北京分公司工会工作

12月30日，市委统战部副部长、工商联党组书记杨龙（左）为公司颁发中国民营企业500强证书

11月7日，董事长、总经理徐正洪（右一）在鲁班奖颁奖典礼上

2011年，江苏南通六建建设集团面对经济危机带来的困难和挑战，上下迎难而上，同心协力，开拓创新，逆势中实现大增长。实现企业总产值145亿元，比上年增长38.5%，其中完成施工产值125亿元，超额实现年初“施工产值95亿元”的目标。排名大幅提升，位列“全球承包商225强”第123名，比上年提升35位；位列“中国民营企业500强”第200名，比上年提升49位；位列江苏省建筑业百强企业（综合实力类）第九名；缴纳税收近亿元，位列如皋地区第四位。获全国优秀施工企业、中国建筑业竞争力百强企业、国家行业技术创新先进企业、省建筑业优秀企业、省建筑业百强企业、省建筑业最佳企业、省“十一五”建筑业施工技术工作先进单位等荣誉称号。

坚持早部署、早安排，特级资质就位高标准通过

自2007年建设部《施工总承包企业特级资质标准》出台后，六建集团对照标准找差距，超前谋划，充分准备。经过三年多的发展，基本实现信息化建设真正全面覆盖、真正全员参与、真正全时实施。2011年，是住建部特级资质重新就位检查验收的关键之年，该公司成立特级资质就位工作领导组，各部门通力合作，全体员工积极参与，在最短时间内完成特级资质就位的各项要求，顺利通过住建部考核验

4月10日，与河北省张家口市住建局举行“携手共进，合作双赢”座谈会

收组专家检查验收。

创优硕果累累，安全平稳过关，科技创新能力明显增强

施工质量稳中有升。年内，获国家电网公司输变电优质工程2项、扬子杯工程10项、“沈、哈、长”三市优质工程银杯奖1项、黑龙江省“优质结构”工程5项、黑龙江省安全质量标准化样板工地1项。安全管理扎实有效。该公司以“安”字当头、“防”字在先、“严”字把关、“实”字为本的“四字”方针为指引，做到安全思想认识到位、安全教育宣讲到位、安全措施落实到位。继上年创一项国家AAA级安全文明标准化诚信工地后，承建的万科洋浦花园二期工程再获国家AAA级安全文明标准化诚信工地称号，26项工程获省级安全文明工地称号。科技创新能力明显增强。2011年，该公司获实用新型专利授权2项、实用新型专利受理3项，获上海市QC成果8项、市级QC成果5项、“十一五”江苏省工程建设优秀省级工法3项、黑龙江省省级工法1项、“十一五”江苏省建筑业新技术应用优秀示范工程2项、黑龙江省建筑业新技术应用示范金牌工程1项、银牌工程1项、江苏省建筑业新技术应用示范工程8项。

主营业务持续突破，多元经济亮点纷呈，经营生产形势喜人

高端市场占据新突破。2011年，该公司坚定实施“对接大业主、承接大项目”经营策略，积极寻求与资产状况佳、信用度高、口碑好的大客户（尤其是政府）合作机会，注重承接超高层、大体量项目。全年中标施工总承包项目单体项目平均合同额比上年增长27%；新承建亿元以上项目31个，累计合同额占总合同额的70.56%。多元化发展开创新局面。在主攻房屋建设的同时，继续加大转型升级步伐,先后在道路、水利航道、装修、机电安装等方面取得重大突破。市场布局取得新进展。在国家宏观总体趋紧、下行压力加大的复杂形势下，该公司全力以赴，有重点、有目标地开拓经营市场。2011年，实现新开工程面积670万平方米，为2012年的奋战奠定坚实的基础。

完善科学化管理，实施人才引进战略，企业管理不断创新

体系复评换证审核顺利通过。在住建部和认监委发布新标准，要求在中国境内对建筑施工企业实施新的ISO认证时，该公司当即认真部署落实，对体系文件实施换版修订，体系运行良好，南通六建和大陆建设双双通过体系认证审核。人才战略助推引擎动力。年内，该公司招聘各类专业的大中专毕业生64名，引进有实践经验、综合素质高的专业人才30名。与市一职高经过多次磋商协调，签订人才战略合作协议，成功搭建长期稳定的校企合作平台。内部监控持续有效。该公司先后多批次对区域公司实施综合大检查、财务审计、实体项目部等专项检查，进一步完善公司管理体系，强化企业内部监控，提升管理执行力，保障企业规范、良性发展。

2012年该公司的总体工作思路是：以强化企业执行力为抓手，以完善企业信息化建设为推动，以提升企业科技创新能力为要求，以提高企业经济效益为目的，进一步调整市场布局和市场结构，调整产业结构和项目类别占比，调整产品结构和多元化发展占比，调整管理模式和自营创利占比。深入贯彻落实科学发展观，全面推进转型升级步伐，继续保持持续快速发展的态势，在危机中抢机遇，在困难中快转型，在转型中求跨越，实现企业位次再次前移。

8月4日，开发的洪湖市滨江旅游度假区建设项目奠基，荆州市委常委、洪湖市委书记、人大主任幸敬华（前排左六），洪湖市委副书记、代理市长夏锡璠（前排左七），洪湖市委副书记鲁良（前排左八）、如皋市政府副市长李斌（前排左五）等参加奠基庆典

1月29日，市委人才工作领导组、组织部慰问市优秀人才——六建集团副董事长、常务副总经理张彬（右一）

7月9日，中国建设工程鲁班奖专家检查组现场复查六建集团承建的大庆油田生态园工程

11月1日，六建集团迎接特级资质就位考核组验收

如皋市供电公司

4月24日，市长姜永华（左七）与南通市供电公司、如皋市供电公司班子成员合影

2011年，市供电公司坚持以科学发展观总揽全局，全面完成和超额完成生产经营目标任务，企业三个文明建设取得长足发展，为地方经济社会建设作出积极贡献。根据国家电网公司在江苏省电力公司试点运行“三集五大”（人、财、物高度集中，建设大运行、大检修、大规划、大营销、大建设）体系建设的要求，于5月实施机构改革，部分职能移交至江苏省电力公司和南通供电公司，职能部室压缩至五个。2011年，市供电公司连续七年夺得全国“安康杯”竞赛“连胜杯”，被表彰为全省电网建设功臣集体、全省交通安全示范企业，蝉联省文明行业、南通市文明行业，被市委、市政府表彰为2011年度纳税红旗企业。

经济技术指标超历史水平

2011年，累计完成供电量39.01亿千瓦时，同比增长12.43%；累计完成全口径售电量35.97亿千瓦时，同比增长12.55%。供、售电总量及增幅均位居南通五县（市）之

8月6日，南通市副市长、如皋市委书记陈惠娟（右二）调研如皋电力工作

12月27日，市长姜永华（前排左二）、副市长缪小华（前排左一）视察市供电公司

9月15日，南通市供电公司党委书记韩斌（左一）等检查如皋农电工作

公司超前服务赢得社会各界好评

首。线损、供电可靠率等主要生产技术指标均完成上级下达的目标任务。

安全生产实现长周期安全无事故

牢固树立“安全第一，预防为主，综合治理”的方针。深入开展“安全管理标准化建设年”活动，强化安全生产责任制落实，弘扬“周练月考季过关”特色。至12月31日，实现连续安全生产4795天，安全记录超13年。连续七年被表彰为全国“安康杯”竞赛活动优胜企业，被南通供电公司表彰为安全生产先进集体。

构建坚强的如皋电网

加强220千伏及以上高压电网工程建设。2010年12月份开工建设的220千伏南通西开关站输电工程进展顺利。12月22日，220千伏常青输变电工程竣工投产。全年完成重大技改工程7项，110千伏磨头变升压工程于6月13日建成投运，在6月份迎峰度夏前相继完成110千伏搬经变、35千伏下原变、许庄变主变增容改造等4个项目建设，完成35千伏凤鸣、江安变和110港区变技改项目建设。全年累计投入7978.27万元用于806个农网改造项目建设。新建改造400伏线路计407.36公里，改造接户线1079.52公里，新增配变225台，改造配变138台，工程惠及5.67万户，解决了原先困扰百姓的低电压、“卡脖子”难题。110千伏葛市变被省电力公司表彰为优质工程。

坚持“你用电、我用心”服务，擦亮服务品牌

把服务地方经济社会发展作为谋划全局工作出发点和落脚点，举全公司之力践行“你用电、我用心”服务宗旨，继续实施班子成员与20个乡镇分片挂钩制度，主动送服务上门，坚持每月沟通对接，在客户、政府、公司三者之间架起连心桥。2011年夏季，历经暴雨、高温、龙卷风、台风考验，在如皋港排涝、丁堰铁塔倒塌等抢修中，夜以继日、全力奋战，确保在第一时间恢复供电。全年圆满完成重大项目保电任务10多个，营造亲商招商环境，真正做到“项目需求到哪里，供电服务就到哪里”。

电力施工

兴园220千伏变电站全貌

江苏皋能电力实业有限公司副总经理李曦霓（左）检查皋源电器产品质量

皋源电器生产的箱式变电器

电力施工

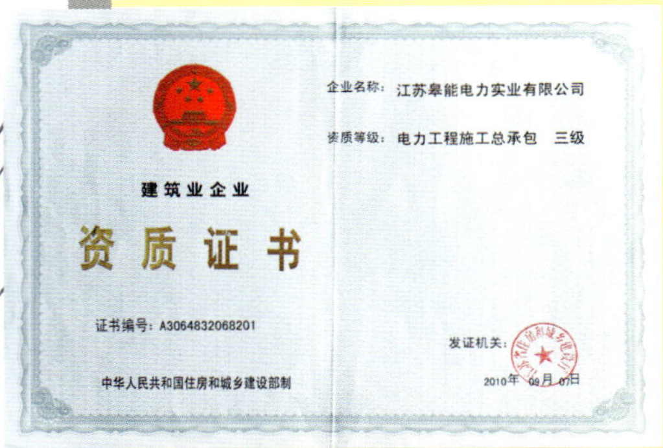

企业名称：江苏皋能电力实业有限公司

资质等级：电力工程施工总承包　三级

建筑业企业

资质证书

证书编号：A3064832068201

发证机关：

中华人民共和国住房和城乡建设部制

2010年 09月 07日

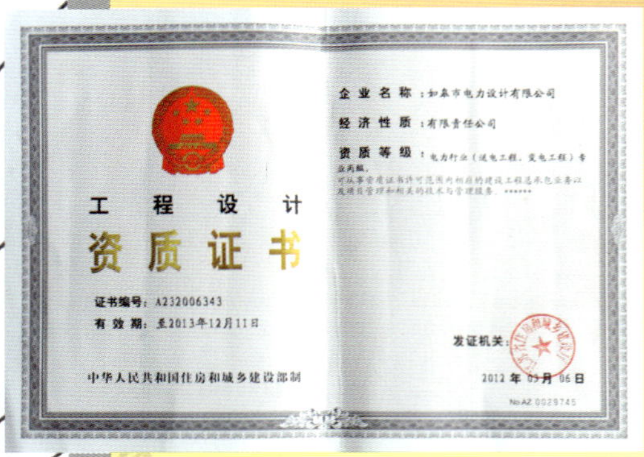

企业名称：如皋市电力设计有限公司

经济性质：有限责任公司

资质等级：电力行业（送电工程、变电工程）专业丙级。

工程设计

资质证书

证书编号：A232006343

有效期：至2013年12月11日

发证机关：

中华人民共和国住房和城乡建设部制

2012 年 09月 06日

No.AZ 0029745

江苏皋能电力实业有限公司

江苏皋能电力实业有限公司以服务地方经济社会建设为宗旨，以满足客户需求为己任，践行“你用电，我用心”的服务理念，坚持以市场为导向，以客户为中心，以诚实信誉、合理价格、专业设计、过硬质量、科学管理、一流服务赢得客户。

皋能电力成立于1993年，是以输变电工程设计、施工、安装、电力设备检修调试和35千伏及以下成套电器设备制造销售为主，兼营物业服务、汽车运输等业务的准集团化企业。公司注册资本2087.3万元。企业资产优良，技术力量雄厚，经营绩效优异。

皋能电力具有电力设施承装类、承修类、承试类、江苏省电力工程施工总承包（三级）、电力工程设计三级、房屋建筑工程施工总承包、建筑装修装饰工程专业承包、110千伏及以下送变电工程专业三级资质，通过ISO9001：2000国际质量体系认证，是全国“安康杯”优胜企业、省“重合同守信用”单位、省质量安全信誉AAA电力施工单位、南通市重合同守信用AAA级企业、如皋市纳税十强企业，成套电器设备产品均通过中国质量认证中心3C和CQC认证。

皋能电力拥有各种大中型机械设备、塔吊、汽车吊、钢木材加工机械、建筑装饰装修、送变电施工机械，检测设备齐全。现有从业人员310人，其中，工程经济技术管理人员94人，高、中级技术职称30人。建筑、结构、电气、送变电、暖通等专业人员齐全，一、二级建造师11人，特殊工种人员持证上岗率100%。

2011年，皋能电力完成220千伏熔盛变、110千伏威盛输变电工程，110千伏港电线迁移和110千伏邓高变电气安装，110千伏新民变、港区等基建、技改工程及上海橡胶轮胎变、鹏鹞水厂变等变电所检修工作。完成用户业扩、配网等大小工程设计施工任务607项，实施带电作业473次，为如皋经济社会发展提供坚强的电力保障。

中国农业银行股份有限公司如皋市支行

在对江苏熔盛重工已授信80亿元的基础上，经过农行如皋市支行积极争取，2011年再度授信200亿元，并两度对江苏熔盛重工发放信托融资贷款总额23亿元，开立船舶预付款保函1.6亿美元

农行如皋市支行大力加强网点建设投入，不断调整优化网点布局，使金融服务更加贴紧地方经济建设脉搏。8月19日，农行港区支行正式开业

2011年，农行如皋市支行面对激烈的市场竞争，励精图变，锐意创新，坚持传统业务与创新业务并驾齐驱，加速发展与夯实基础齐头并进，业务经营与文明建设相济并举。继2010年业务发展成功实现新的跨越后，2011年，各项业务继续保持强劲发展的势头，贷款投放、存款增量在地方同业和市分行系统内均位列前列，经营利润连续两年大幅攀升，综合业务发展考核继续位列市分行系统第一，支行被农总行确定为全国110家重点县域支行之一。

实施“双轮驱动” 传统业务与新业务并驾齐驱

坚定不移，做大做强传统业务。全行通过以文明创建为抓手，不断强化营业网点文明标准服务建设。通过调整优化网点布局，增设自助服务平台，着力为客户提供优质、高效、便捷的服务。通过扎实抓好“包户包效”工作，巩固和壮大基础客户群体。至年末，各项存款总量达95.97亿元，比年初净增27.07亿元，增量在市分行系统内继续保持第一，增量市场份额在“四行”中占比达52.3%,净增总量、点均增量、人均增量均居“四行”首位。2011年，紧紧围绕地方经济社会发展战略，不断增加信贷有效投放，着力实现支持地方经济加速发展与自身业绩迅速提升和谐共赢。常规贷款增加投放7.3亿元，发放信托融资贷款23亿元。支行被市政府评为支持地方经济发展金融先进单位和服务地方建设先进单位。

抢抓机遇，加快创新业务发展。按照“高层次、新市场、低风险”等创新业务发展要求，加快创新步伐，大力促进中间业务提速发展。为帮助国内大型船舶企业和港交所上市企业江苏熔盛重工解决生产经营急需，没有囿于规模的控制而束手坐等，而是另辟蹊径，在上级行大力支持下，两度对其发放信托融资贷款23亿元，并为10条散货船合同开立船舶预付款保函1.6亿美元。票据池质押信用证、海外代付、跨境人民币业务、内保外贷等新产品、新业务均获得突破性发展。全年实现中间业务收入10502万元，同比增加5924万元，增幅129.4%，完成全年目标任务的118.1%。中间业务收入的增加，支撑了利润大幅攀升，全年盈利增幅195.19%，完成全年目标任务的127.66%。

8月31日，农行如皋市支行理财中心建立，为广大客户提供专业化和个体性化服务崭新平台

推进“两个创新” 着力实现经营方式根本转变

推进产品组合创新，实现营销新突破。对多种产品实施

为更好地服务地方经济建设，农行如皋市支行领导班子经常深入企业，调查了解生产经营情况，帮助企业解决生产经营所需，着力支持地方经济加速发展

年内，农行如皋市支行作为江苏省唯一一家县域支行接受总行“基础管理提升年”督导检查，作为全国十家县域试点行之一接受上级行为期30天的全面巡察，其显著的经营业绩和扎实的基础管理，得到上级行肯定

农行如皋市支行加大个人类贷款拓展力度，全年个人类贷款增量市场份额在“四行”和南通分行系统均位列第一

捆绑式营销，对惠农卡和农户小额贷款实行组合式拓展，对用信的客户结构、品种结构，实施组合推进。新增有效贷记卡、借记卡、惠农卡、个人电子银行注册客户、理财产品日均保有量等均超额完成目标任务。年末，人民币贸易融资贷款余额占比、个人类贷款余额占比、小企业有效贷款增量、个人类贷款增量市场份额等人民币信贷品种结构调整组合管理指标，均超额完成年度目标任务，其中个人类贷款增量市场份额在“四行”和系统内均位列第一。

推进营销模式创新，拓展营销新市场。通过细分市场，多次组织营销小分队，分别对多家专业市场开展产品专项营销，转账电话、汽车分期等金融产品的营销均获得有效拓展。通过与集团企业、相关部门举行大型车展、邀请国内著名音乐团体承办大型晚会等形式，集中开展产品宣传和现场营销，取得良好的社会和市场效应。

夯实“两大基础” 切实增强持续快速发展后劲

在客户基础建设上，以“包户包效”工作为抓手，出台一系列激励措施，全员落实“双包”责任制，富有成效地壮大和巩固了客户群体，个人贵宾客户增长率居市分行系统首位。全年成功拓展外汇资本金账户数占区域内全金融机构市场份额的31%，其中注册资本1000万美元以上账户市场占有率33%。

在内部管理基础建设上，以“基础管理提升年”活动为契机，采取一系列有效举措，实施标本兼治，为全行业务加速发展提供坚强的管理基础支撑。全行“三化三铁”创建达标率为100%，信贷资产质量实现“零不良”，全行无违法违纪案件，安全无责任事故。支行被总行表彰为案件防控先进单位。年内，作为江苏省唯一一家县域支行接受总行“基础管理提升年”督导检查，作为全国十家县域试点行之一接受上级行为期30天的全面巡察，良好的业绩和扎实的基础管理，得到上级行肯定。

坚持“两手都硬” 始终做到两个文明相济并举

全行十分注重以业务发展推进精神文明建设，以精神文明建设促进业务发展。通过开展爱国主义和革命传统教育，增强员工责任感和使命感；通过深化“创先争优”活动，增强党员干部发挥模范带头作用的自觉性；通过开展合规文化建设和“文明行业”创建等活动，文明和谐的氛围在全行上下日渐浓厚。全系统被南通市委、市政府，如皋市委、市政府命名为文明行业，支行党委被省分行表彰为先进基层党组织，被省分行、南通分行表彰为“四好”领导班子先进集体。系列创建活动的开展，激发员工勤勉敬业、锐意进取的工作热情，凝聚成强大的精神动力，开创出全行日新月异的崭新局面。

农行如皋市支行在拓展金穗贷记卡汽车分期业务上获突破性进展，其营销业绩在系统内名列首位。图为农行与《扬子晚报》等单位合作举办大型车展，并邀请国内知名车模现场助阵

在农行南通分行举行的庆祝建党90周年暨建行60周年红歌演唱会上，农行如皋市支行代表队合唱——《走向复兴》获二等奖

9月6日，南通市副市长、如皋市委书记陈惠娟（右）为如皋农商行首家“快付通”受理点揭牌

11月13日，中国银监会合作部农村金融服务监管处处长殷有祥（左三）到如皋农商行调研

1月14日，如皋农商行召开2011年度工作会议

2011年，如皋农村商业银行连续被评为省劳动关系和谐企业，南通市文明单位、平安金融单位，如皋市文明行业、服务业20强企业、支持地方经济发展先进金融单位。在全省农村信用社等级管理考核和经营管理目标考核中，被评为AAAA级农村商业银行、“四好”领导班子创建工作先进单位、经营管理目标综合考核优胜单位。

全力保增长 稳步提升综合实力

多措并举组织资金，夯实业务发展基础。以组织资金工作为主线，攻坚克难，抓旺季、抢储源、争份额，在一季度新春开门红中，组织资金增量在全省农信系统排名第三，创造历史最好水平。

突出信贷投放重点，用好用足信贷规模。严格贯彻落实央行信贷调控计划，保证信贷总规模与调控计划基本持平。调整信贷部门设置，推出物业性贷款、银行承兑汇票敞口、第三方监管动产质押贷款、小企业联保联贷贷款等业务，有效化解如皋市中小企业“担保难”问题，全年新增小企业171户，新增贷款13.74亿元。持续推进“阳光信贷”工程建设，放大“五大创业卡”品牌效应。截至12月末，“阳光信贷”工程在全市198个行政村有效推广，累计对4795户农户授信5.45亿元，其中用信1739户，金额2.22亿元；历时一个月调查全辖630户贷款额500万元以下小企业，累计对441户小企业阳光授信约5.6亿元，体现对小微企业的倾心支持。开展“个体工商户金融管家”、“企业客户回访”等竞赛活动，全员上下主动深入千家万户、深入中小企业，走访农户18002户，走访企业1295户，形成地方党政支持、行领导班子带头、全行员工参与、广大客户联动的喜人局面，《新华日报》、《江苏经济报》记者对该行实地调查后，作专题报道。

着力促转型 加快转变发展方式

做强票据债券业务。全年债券交易量位居全国农商行系统第23名，同业交易对手达139个，在中债公司举办的优秀学员表彰大会上，资金营运部陆星成、沈群瑶分别以第五期和第六期第一名的优异成绩，获优秀学员称号，参训机构中仅如皋农商行获两个第一，被中债公司评为全国中债培训“十佳”组织机构。

做精电子银行业务。与市新农村建设办公室联名推出具如皋“长江、长绿、长寿”地方特色的“圆鼎·长寿卡”，与农村居民使用的“涉农补贴一折通”绑定，让农村居民持“圆鼎·长寿卡”即可在各村“快付通”受理点办理500元以内小额取现、刷卡消费、转账、查询等金融业务，足不出村即可在受理点支取五保供养经费等十多种涉农资金，被老百姓誉为“家门口的银行”。首家“快付通”（市民卡）受理点于9月6日在东陈镇尚书村成立，南通市副市长、如皋市委书记陈惠娟为受理点揭牌。

做优贵金属和理财业务。10月26日，正式代理代销上海有金人家研发的各类贵金属业务，成为苏中、苏北地区首家开办此项业务的农商行。12月17日，与民生银行南通分行合作的首款汇富理财产品正式发行，发行期内募集资金1915.2万元，成为苏中、苏北地区首家发行个人理财产品的农商行。

做好开办国际业务准备。9月24日，省银监局批复同意如皋农商行开办外汇业务，如皋农商行成为南通地区首家获得外汇资格认证的农商行。

11月25日，如皋农村商业银行妇委会成立

5月29日，共青团如皋农商行举行第一次团员代表大会

如皋农商行举行“走千家访万户”活动。图为走进元升太阳能公司

5月31日，如皋农商行召开阳光信贷评议会议

强力推文化 引领业务发展潮流

弘扬“服务三农”惠农文化。坚持“服务三农”的创办宗旨和市场定位，注重涉农贷款投放，确保涉农贷款增速不低于贷款平均增速，涉农贷款占比不低于上年。截至2011年末，涉农贷款余额78.12亿元，占比81.62%。注重网点形象建设，以网点硬件环境改造为抓手，建成营业部、城东、丁堰、常青、城南等一批精品网点。

打造“三位一体”创优文化。搭建《如皋农商行》内刊、内网及门户网站、《如皋农商行十分钟》电视专栏“三位一体”的立体式企业文化传播平台。《如皋农商行》报在2011年度全市企业报刊评比中获得一等奖；与如皋电视台共同创办的《如皋农商行十分钟》电视专栏于10月12日开播，每期时长10分钟，深受百姓喜爱。

创建“童心同行”爱心文化。6月1日，正式启动“如皋农商行童心同行”帮扶孤儿全覆盖工程，与全市65名孤儿一一对接，实施长期帮扶，主动送去衣物、食品、学习用品和生活必需品，实现全市帮扶孤儿全覆盖，被评为市第四届爱心团队。安全保卫部张玉军被评为市第四届爱心大使。

推行“合规创造价值”合规文化。通过完善制度和操作流程、加强内控执行力、落实责任追究等措施，持续深入开展合规文化建设活动，提高全体员工对合规文化的认识，提升全行制度执行力、资产管理质量、运行质态，在省联社举办的合规征文比赛中，财务会计部张丽莎、丁东支行姜峰获二等奖。

如皋农商行班子集体和各部门、支行代表与65名孤儿一一对接

江苏如皋农村商业银行
JIANGSU RUGAO RURAL COMMERCIAL BANK

如皋市自来水厂

12月16日，市自来水厂举行2011年行风监督员会议

参观学习

2011年，如皋市自来水厂紧紧围绕安全供水工作中心，秉承“不断完善自我，全力服务社会”的服务宗旨，以服务发展、服务经济、服务群众为主线，以“树立行业新风、优化供水环境”为主题，以行风促发展、行风促党风，进一步完善行风建设长效管理机制，大力弘扬求真务实精神，着力解决用户反映的热点、难点问题，切实纠正行业不正之风，强力推进行风建设，努力建设诚信供水企业，树立一流服务形象。

反泄氯事故演练，促进安全生产

参观科技规划馆

市自来水厂始终坚持以保障安全优质供水为首要任务，不断加强行风建设，做到服务经济大局、关注民生小事、加强自身建设。做到不断加强思想道德建设，加强职业道德教育，提高工作作风；不断规范企业管理制度，加强制度建设，有效推进管理水平的提高；不断强化供水安全管理，完善供水应急预案，确保安全优质供水；不断加强工程管理，规范招投标和管材管理，切实提高工程质量；不断加强供水巡查，切实查处违章用水行为，进一步规范供水管理；不断加大城市供水管网建设和老小区管网改造，优化供水环境；不断加强职业技能培训，提高员工素质，推进供水服务水平；不断加大抢修机械设备投入，提

升供水抢修速度，提高维修及时率。

市自来水厂以客户服务中心创国家级“巾帼文明岗”为抓手，积极开展“巾帼建功”活动，以女职工“立足岗位、服务人民、奉献社会”为创建主题，组织女工开展技术练兵、更新服务理念，积极创建服务品牌。

市自来水厂先后获得全国服务质量满意文明单位、江苏省“巾帼文明岗”、江苏省“工人先锋号”、南通市2010～2011年度诚信单位、南通市AA级重合同守信用企业、如皋市文明单位、如皋市和谐企业、如皋市民主评议行风政风先进集体、2011～2012年度优秀消费维权直通站、如皋市劳动保障诚信示范企业、2011年度市长公开电话承办工作先进集体等称号。

市自来水厂将进一步挖掘自身潜力，坚持在便民、为民、利民上下功夫，不断提高服务水平，为构建如皋和谐社会作出应有贡献。

关心、慰问老同志

居民用水常识户外宣传

捐助贫困学生

走进政风行风热线，与听众零距离沟通

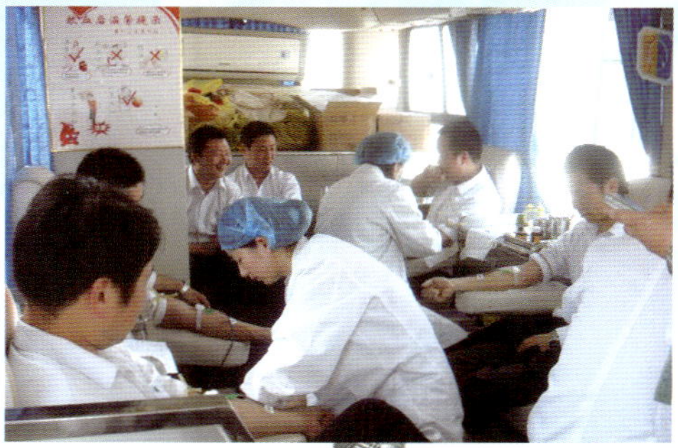

义务献血

如皋市中医院

2011年，如皋市中医院广大干部职工齐心协力，奋发图强，重点工作高效推进，医院发展态势良好。先后获南京中医药大学医学类专业优秀教学基地、南通市文明单位、南通市卫生工作先进集体、南通市优质护理服务先进病区（九病区）、南通市年轻护士素质提高行动技能大赛团体二等奖、南通市机关企事业单位治安保卫工作先进集体及如皋市级各项称号。

5月18日，省卫生厅副厅长、中医药局局长陈亦江（右三）到市中医院视察

市中医院门（急）诊楼工程加紧实施

医疗业务稳步增长。全年实现门急诊量26.4万人次，同比增长10.3%；收治病人10008人次，同比增长28.1%；业务收入12467万元，同比增长20.6%。在医疗业务稳步增长的同时，医药费用在上年基础上继续下降，人均住院费用下降3.3%。

基本建设加快推进。统一思想，高效建设急诊楼，强势推进搬迁，积极筹措资金，精心组织招标，并成功申请中央财政预算内专项资金1000万元并全部到账。院门急诊大楼工程于5月10日破土动工，10月18日主体封顶。

服务体系不断完善。不断壮大人才队伍，引进各类卫技人员40名，其中硕士研究生2名、本科生12名。加强学科建设，相继开设儿科病房、ICU病房、血液透析室，并将针灸、推拿、康复科等升格为一级临床科室，妇科被省中医药局确定为“十二五”时期重点中医专科建设单位。

医院管理常抓不懈。强化医疗质量管理，促进核心制度落实，加强抗菌药物临床应用专项整治、中医病历及处方书写、医疗服务和医患沟通等。落实患者安全目标管理，强化责任与安全意识，严格规范医疗服务行为。强化绩效考核管理，充分尊重医务人员的劳动价值。

11月9日，南通市副市长杨展里（前排左二）调研医改工作

10月22日，南通市卫生局局长蒋志群（左三）在市中医院调研

11月10日，南京军区八一医院领导在市中医院参观交流

崇德　精业　承椊　创新

3月29日，南通市副市长、如皋市委书记陈惠娟（中）视察市中医院

医院特色更加明显。根据国家中医药局统一部署，深入开展中医医院管理年活动，并以优异成绩通过省中医药局组织的复核评审。加强专病专科建设，开设中医专病门诊17个、中医特色专科12个。成功举办第二届膏方节，先后两次开设大型专家门诊，

科研教学不断创新。年内科研立项2项，结题1项，获如皋市科技进步三等奖。教学工作扎实开展，顺利完成南京中医药大学2011届9名毕业生临床实习带教工作，医院顺利通过南京中医药大学教学质量评估，并被评为南京中医药大学优秀教学医院。

医改工作扎实推进。根据市委、市政府统一部署，积极推行基本药物制度。广泛宣传发动，对已确认基本药品种进行及时调价，全年

11月7日，南京中医药大学副校长翟天灵（左四）一行在市中医院检查教学质量

5月17日，市中医院通过创建全国农村中医工作先进单位考核验收

10月13日，市中医院举办行风监督员座谈会

降价让利总额达120万。门诊病人均次费用、住院病人平均费用明显下降，医改成果惠及百姓。

医院文化不断完善。围绕“仁、和、精、诚”的核心价值观念完善医院精神、院训、办院宗旨、服务理念、质量方针、奋斗目标等。编制《医院员工手册》，进一步明确员工诊疗行为、言语仪表、同道相处、教学传承、特定礼仪等。对医院建筑内部装饰力求风格统一，突出中医文化元素。

3月22日，市中医院召开党委成立大会

12月11日，市中医院成功举办第二届膏方节，邀请省中医院专家坐诊

患者家属向市中医院赠送锦旗

江苏元辰安装集团有限公司

理事长　张 彬

江苏元辰安装集团有限公司创建于1994年2月，2002年9月从江苏南通六建建设集团有限公司中分立，通过实施产权改革、增量扩股等，改制为独立法人的有限公司。2010年12月，经省工商部门核准同意，组建江苏元辰安装集团，注册资本金6818万元。江苏元辰安装集团有限公司为母公司，集团下辖元辰钢结构、元辰消防、元辰智能环保、元辰传动四个全资子公司。

公司现拥有机电设备安装、消防设施、钢结构工程专业承包一级及建筑智能化、环保工程、体育设施工程专业承包三级资质，具有承接设备安装、钢结构、消防、自动控制、工艺管道、供热采暖、通风空调、建筑智能化、环保工程、体育设施专业施工能力，能独立承担境内、外各类专业工程综合施工。

公司开源节流、人才集聚、规范管理，企业规模日臻壮大，综合实力逐年增强，现下辖哈尔滨、长春、北京、太原、济南、南京、武汉、上海、如城、海外等分公司，现有在册施工人数1500余人，拥有各类技术人员238人，其中，一级注册建造师30人，二级注册建造师20人。操作层均持证上岗，各专业工种配套齐全。

该公司一贯注重经营开拓，严格质量管理，在国内诸多市场上享有较高的声誉，业务网点主要分布在东北、环渤海、长三角、珠三角、中东等市场。承建的代表性工程项目山东省泉城广场、山东邮政技术中心、大庆油田石油科技博物馆、阿联酋双塔工程分别获参建“鲁班奖”和境外“鲁班奖”，南京和泰大厦、如皋大润发商业广场、吉大一院、无锡会展中心等十多项工程获省优工程称号。

无锡会展中心（获评安装苏安杯）

大庆石油科技博物馆（获参建鲁班奖）

该公司不断深化体制改革，不断培育新的经济增长点，充满生机和活力，在市场竟争中保持健康快速发展的良好态势，被评为全国工程建设优秀质量管理QC小组、省建筑业优秀企业、省建筑业最佳企业、省级“青年文明号”、省AAA级资信企业、南通市建筑业优秀企业、南通市重合同守信用企业等。

公司通过《质量管理体系》、《环境管理体系》、《职业健康安全管理体系》认证，全面贯彻执行管理体系，奉行“诚信守法、铸造精品，环保安康、和谐发展”的管理方针。承建的工程实现合同履约率100%、一次交验合格率100%、对用户承诺的满意度100%、优良品率80%以上。

公司一如既往，以“一流的质量、一流的速度、一流的管理、一流的服务”竭诚为国内外广大用户服务，与海内外同仁携手共进，共铸辉煌。

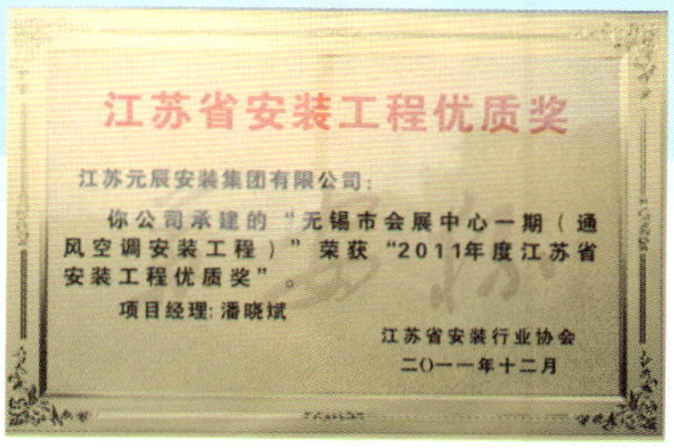

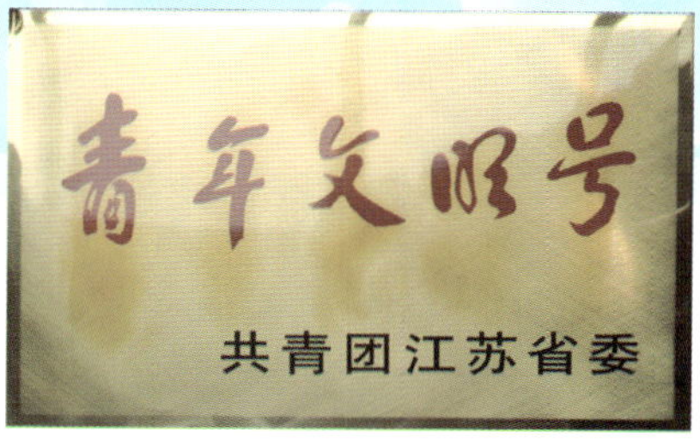

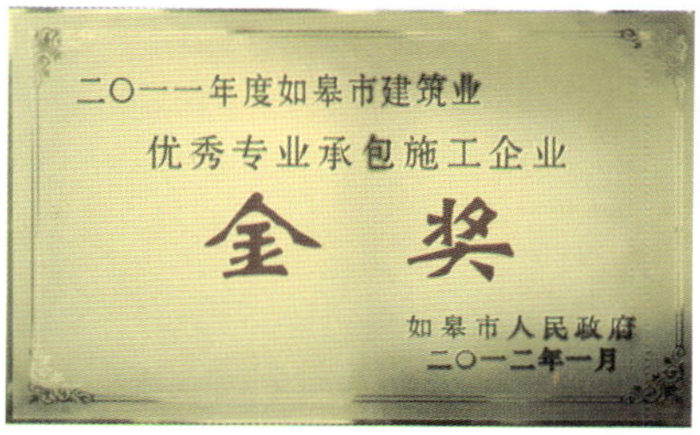

如皋市第三人民医院

10月9日，南通市卫生局副局长胡宁彬（中）率领专家组调研市三院

10月29日，市三院举行南通市第一人民医院协作医院揭牌仪式

11月30日，市三院通过等级医院复评汇报会

五四青年节敬老院志愿者服务活动

市第三人民医院（原石庄中心医院）位于石庄镇石庄路192号。2011年，通过全院努力奋斗，取得较好的社会效益和经济效益，全年收入3018万元，门急诊人次6.4万例，住院人次2760例，手术人次1100例。顺利通过二级乙等医院复核评审，获南通市卫生工作先进集体、合格职工之家等称号。

等级医院通过复评。11月30日，南通市卫生组织领导、专家组一行到市三院复评二级乙等医院创建工作。领导专家组复评后一致认为，市三院非常重视等级医院长效管理工作，基础设施落实到位，医院环境有很大的改善，核心制度落实到位，病历质量提升明显，抗菌药物使用逐步规范，医疗技术规范开展，优质护理服务示范工程正常开展，医院感染管理突显成效，全年无医疗事故发生，同意市三院二级乙等医院创建通过复评。

医疗质量稳步提升。年内，市三院把提高医疗质量、消除安全隐患、减少医疗差错、杜绝医疗纠纷和事故的发生当作重要工作来抓。调整充实医院医疗纠纷处置领导小组，制订《如皋三院防范、处置医疗纠纷应急预案》，在妥善处理医疗安全事件的同时，认真调查分析，明确相关责任，坚决实行责任追究。加强对医务人员“三基三严”的培训，定期开展业务知识学习，增强全员法律意识、质量意识和安全意识。印制《如皋市第三人民医院核心制度手册》，各科室严格执行各项规章制度，规范诊疗行为。严格执行《江苏省病历书写管理规范》及卫生部2010版要求，对医疗文书书写质量缺陷实施监控，剖析与改进评审存在问题。

医疗环境大力改善。5月21日，市三院投资3500万元新建的病房综合楼一期正式投入使用。病房综合楼建筑面积8600平方米,主体8层，病房综合楼采用宾馆式设计，提供中央空调、电视、壁橱等基础设施和中心供氧、中心呼叫系统，独立卫生间，24小时热水供应。该病房综合楼投入使用后，住院人次明显增多。年内，经市政府、市卫生局同意，建筑面积6000平方米的病房综合楼二期工程启动建设，建成后整个病房楼可开放床位280张。市三院现有美国GE螺旋CT、飞利浦心脏彩超、日本东芝-800高速全自动生化分析仪、百级手术室、数字化摄片系统（CR）、前列腺电气化电切镜、腹腔镜、膀胱镜等先进医疗设备。“十二五”期间实施医院东扩工程，新建老年康复中心、门急诊医技大楼等基础设施。

人才队伍逐渐壮大。年内，招聘本科毕业生4名、专科毕业生6名。医院高度重视人才队伍建设，对新招录人员，安排主治以上医师一对一带教，见习期内各大临床科室轮岗学习，通过带教、进修、学习，让每一位医务人员得到精心周到的培训。作为南通市第一人民医院协作医院，市三院与该院签订长期合作协议，开展技术协作，为市三院快速提高医疗技术水平提供良好平台。

网　　址：http://www.rgdsrmyy.com
120急救电话：18962701120　87564903

市建设的验收工作，成功创建全省水资源管理示范市。

水政执法　年内，组织水政执法巡查589人次，收集巡查报表200余份。查处各类水事案件46起，其中立案查处13起，结案率达100%。全年累计发出处罚决定13份，罚没27.8万元。1～2月，开展长江河道采砂专题检查活动。4月，对境内一、二级河道开展执法大检查。6月，开展长江采砂管理"久安"行动，驱逐非法停靠采砂船4艘。7～11月，开展水资源专项执法检查活动。9月，会同如皋海事处、长航公安开展打击长江非法采砂专项行动。9～10月，开展河湖管理执法检查。

【龙游水利风景区在南通首家被命名为国家水利风景区】　12月，水利部正式授予如皋龙游水利风景区"国家水利风景区"牌匾，实现南通水利史上国家水利风景区零的突破，如皋市委、市政府实施内外城河整治重大举措得到一个圆满收官。

龙游水利风景区属城市河湖型景区，总面积23.8平方公里，其中水域面积12.2平方公里。景区以内外两条城河以及改善城河水质的龙游河段、如泰运河段和内外两条环城河为依托，以沿河40多处文化景观、人文景观为点缀，以滨河绿化带为机体，相映成趣，形成"二环映古今，一脉水灵秀"的水景观文化。市水务局着力构建集防洪、休闲、观光等功能于一体的水利风景区运行体系，把龙游水利风景区打造成市民和游客休闲度假的独特线路，拓宽水利功能，拓展水利特色。龙游水利风景区以明显特色优势作为全省唯一跨级申报的景区先后顺利通过省水利厅专家组和水利部专家组的考察评价。

龙游水利风景区外城河滚水坝

【如皋市建成省水资源管理示范县(市)】　12月，如皋市创建江苏省水资源管理示范县(市)工作顺利通过省水利厅、财政厅组织的专家组的考核验收。

2010年7月，如皋市被确定为全省首批水资源管理示范县建设试点市。试点建设期间，如皋按照《江苏省水资源管理规范化建设指导意见》及考核标准、《如皋市水资源管理示范县建设实施方案》，重点围绕取水许可监督管理、节水型社会建设、水生态环境保护以及能力建设等内容，着力强化队伍建设、完善管理制度、提升业务水平、加强基础研究、推广示范工程，严格落实水资源管理制度，全面提升水资源管理能力，有效实现水资源从单一水量管理到水量、水质、水生态环境综合管理的全方位转变。

(殷亚平)

工　　业

导读

综　　述

【概况】 2011年,全市完成规模工业总产值1157.3亿元,同比增长20.2%。完成规模工业销售收入1690.75亿元,同比增长17.18%。规模工业盈亏相抵后实现利润60.87亿元,同比增长4.60%。全市三次产业结构占比为9∶55.5∶35.5,第二产业占比同比下降1.3个百分点。完成规模工业投入196亿元,同比增长11.7%。完成工业增加值245.03亿元,同比增长12.8%,占GDP总量的47.1%,同比下降0.75个百分点。实现全部工业用电量29.3亿千瓦时,同比增长12.43%,总量列南通第一。完成全部工业应税销售722.92亿元,同比增长14.92%,总量连续四年位居南通首位。完成工业税金33.23亿元,同比增长19.78%。

规模工业　年内,全市有规模工业企业736家,实现应税销售601.5亿元。其中,应税销售5000万元以上工业企业180家,同比净增19家;应税销售亿元以上工业企业91家,同比净增19家。江苏熔盛重工集团有限公司等企业获市50强工业企业称号。

产业结构　年内,全市高新技术产业和新兴产业发展迅速。170家高新技术规模企业完成应税销售143.89亿元,同比增长29.7%,占全市规模工业应税销售的23.92%。125家新兴产业企业完成应税销售95.89亿元,同比增长21.24%,占全市规模工业应税销售的15.94%。九大产业中,船舶海工及配套产业占比为26.39%,汽车及零部件产业占比为8.24%,纺织服装、机械电力冶金、长寿食品类传统产业占比分别为14.25%、15.67%、6.38%。

2011年全市销售收入超亿元工业企业名录

表26

序号	企业名称	镇别	2011年实绩(万元)	2010年实绩(万元)	增幅(%)	排名
1	南通华东液压铸业有限公司	白蒲	147173	173647	—15.25	193
2	江苏长寿如皋广兴米业有限公司	白蒲	70686	56000	26.23	115
3	南通茂鑫工艺品有限公司	白蒲	48620	35831	35.69	87
4	南通华东油压科技有限公司	白蒲	34184	23349	46.40	69
5	江苏南天农科化工有限公司	白蒲	32500	28000	16.07	141
6	南通金强实业有限公司	白蒲	27990	6390	338.03	3

续表 26—1

序号	企　业　名　称	镇别	2011 年实绩（万元）	2010 年实绩（万元）	增幅（%）	排名
7	南通针王工艺品有限公司	白蒲	26231	10350	153.44	12
8	南通白蒲黄酒有限公司	白蒲	22255	20238	9.97	157
9	南通华东油压机械制造有限公司	白蒲	20653	10795	91.32	32
10	江苏南天絮凝剂有限公司	白蒲	18835	8030	134.56	18
11	江苏力源金河铸造有限公司	白蒲	14879	6150	141.93	16
12	南通金久服饰有限公司	白蒲	14090	11720	20.22	128
13	江苏高鑫紧固件有限公司	白蒲	10230	3780	170.63	10
14	如皋市透平叶片制造有限公司	搬经	33609	30011	11.99	150
15	南通龙野皮革制品有限公司	搬经	26512	18015	47.16	67
16	南通市华冠电器有限公司	搬经	22390	16242	37.85	83
17	如皋市易达电子有限责任公司	搬经	21372	12242	74.58	47
18	南通缘龙服饰有限公司	搬经	16450	10780	52.59	63
19	南通聚星铸锻有限公司	搬经	15200	14810	2.63	170
20	南通向前蓄电池有限公司	搬经	13048	10066	29.62	102
21	如皋市万通防腐有限公司	搬经	12963	9501	36.44	85
22	南通和翔工贸有限公司	搬经	10926	6630	64.79	52
23	江苏熔盛重工有限公司	长江（如皋港区）	3236439	2994959	8.06	160
24	江苏如皋钢铁有限公司	长江（如皋港区）	356845	296302	20.43	127
25	南通市通宝船舶有限公司	长江（如皋港区）	215995	172009	25.57	116
26	如皋市宏茂铸钢有限公司	长江（如皋港区）	167966	129913	29.29	103
27	德源（中国）高科技有限公司	长江（如皋港区）	138914	98190	41.48	74
28	江苏华灿电讯股份有限公司	长江（如皋港区）	135712	134125	1.18	174
29	南通宝众宝达药业有限公司	长江（如皋港区）	85673	60921	40.63	77
30	南通长青沙船舶工程有限公司	长江（如皋港区）	67491	68415	－1.35	177
31	如皋市凯凯电信器材有限公司	长江（如皋港区）	66101	51482	28.40	109
32	华泰重工（南通）有限公司	长江（如皋港区）	53928	17186	213.80	6
33	南通新邦化工科技有限公司	长江（如皋港区）	45688	34039	34.22	91
34	江苏中伟业通讯设备有限公司	长江（如皋港区）	45037	30071	49.77	65
35	如皋市宏新医药原料有限公司	长江（如皋港区）	36764	19341	90.08	33
36	如皋市江北添加剂有限公司	长江（如皋港区）	29740	20321	46.35	70
37	南通亨得利高分子材料科技有限公司	长江（如皋港区）	29430	16601	77.28	43
38	南通百事特生物化学有限公司	长江（如皋港区）	28656	21164	35.40	88
39	江苏德峰医药化工有限公司	长江（如皋港区）	27449	21555	27.34	113
40	如皋市天鹏冶金有限公司	长江（如皋港区）	26352	7180	267.05	4
41	江南德瑞斯（南通）船舶设备制造有限公司	长江（如皋港区）	25297	20919	20.93	126
42	南通德益化工有限公司	长江（如皋港区）	22564	12581	79.35	41
43	江苏亚信电子科技有限公司	长江（如皋港区）	21405	14346	49.21	66
44	南通扬子催化剂有限公司	长江（如皋港区）	21118	15328	37.77	84
45	南通华灿高分子材料有限公司	长江（如皋港区）	20535	0	/	/
46	江苏德瑞斯华海船用设备有限公司	长江（如皋港区）	20519	34643	－40.77	207
47	如皋市凯凯五金电器有限公司	长江（如皋港区）	20370	12773	59.47	55

续表 26—2

序号	企 业 名 称	镇别	2011 年实绩（万元）	2010 年实绩（万元）	增幅（%）	排名
48	如皋市凯凯金属构件有限公司	长江(如皋港区)	18942	16078	17.81	136
49	南通汇桦化工有限公司	长江(如皋港区)	17793	11612	53.23	61
50	国鼎(南通)管桩有限公司	长江(如皋港区)	17498	18010	—2.85	182
51	南通意特化工有限公司	长江(如皋港区)	17479	13417	30.28	100
52	江苏海通海洋工程装备有限公司	长江(如皋港区)	17016	9910	71.70	48
53	发事达(南通)化工有限公司	长江(如皋港区)	16976	13216	28.45	108
54	江苏翔晟重工有限公司	长江(如皋港区)	16099	14681	9.66	158
55	南通晟罡建材有限公司	长江(如皋港区)	15841	11749	34.82	89
56	如皋市港建混凝土有限公司	长江(如皋港区)	15624	8917	75.21	46
57	南通华凯船舶设备有限公司	长江(如皋港区)	14926	18054	—17.32	196
58	南通新昱化工有限公司	长江(如皋港区)	14625	7625	91.79	31
59	如皋市乐恒化工有限公司	长江(如皋港区)	14086	7269	93.78	28
60	江苏康恒化工有限公司	长江(如皋港区)	13092	8570	52.77	62
61	如皋市派森化工有限公司	长江(如皋港区)	12881	9280	38.79	79
62	南通市惠升五金材料有限公司	长江(如皋港区)	12268	28295	—56.64	210
63	南通沿江管业有限公司	长江(如皋港区)	12225	7967	53.45	59
64	南通通茂船舶制造有限公司	长江(如皋港区)	12155	13149	—7.56	187
65	如皋市海华毛纺织品有限公司	长江(如皋港区)	11494	9808	17.19	137
66	如皋市博润化工有限公司	长江(如皋港区)	11074	4919	125.13	21
67	南通盛昶化工科技有限公司	长江(如皋港区)	10892	0	/	/
68	如皋市长江食品有限公司	长江(如皋港区)	10861	11112	—2.26	180
69	南通美利昌通宝船务有限公司	长江(如皋港区)	10695	7989	33.87	93
70	南通市振新精细化工有限公司	常青	68453	54935	24.61	121
71	如皋市鼎盛精细化工有限公司	常青	33650	30289	11.10	151
72	南通恒绮纺织有限公司	常青	24992	22722	9.99	156
73	南通市蓝林精细化工有限公司	常青	24346	15493	57.15	56
74	南通市鸿基织造有限公司	常青	20125	15418	30.53	99
75	南通市鑫日色织有限公司	常青	16622	16055	3.53	168
76	如皋市飞利来肠衣有限公司	常青	15111	8159	85.19	37
77	南通三喜名星服装有限公司	常青	14928	12246	21.90	123
78	南通昊晟纺织有限公司	常青	14002	7041	98.86	26
79	南通蓝成金属制品有限公司	常青	13888	9671	43.60	72
80	南通市瑞明有色金属材料有限公司	常青	13552	7061	91.94	30
81	南通市新泰实业有限公司	常青	11318	8401	34.71	90
82	上海制皂集团(如皋)有限公司	丁堰	151343	104526	44.79	71
83	江苏隆昌化工有限公司	丁堰	132550	81505	62.63	54
84	南通恒康海绵制品有限公司	丁堰	126911	101390	25.17	117
85	南通泰利达化工有限公司	丁堰	110765	79410	39.48	78
86	南通天龙畜产品有限公司	丁堰	106664	86092	23.90	122
87	如皋市西东色织厂有限公司	丁堰	85979	83569	2.88	169
88	如皋市亚雅油脂化工有限公司	丁堰	83791	60507	38.48	81

续表 26—3

序号	企 业 名 称	镇别	2011 年实绩（万元）	2010 年实绩（万元）	增幅（%）	排名
89	南通市燕南工艺品有限公司	丁堰	29683	30500	—2.68	181
90	如皋市丁堰纺织有限公司	丁堰	23362	24793	—5.77	186
91	南通市恒康数控机械有限公司	丁堰	16238	8640	87.95	34
92	如皋市得惠皮革制品有限公司	丁堰	14548	30910	—52.93	208
93	如皋市飞天化工有限公司	丁堰	12951	10363	24.97	118
94	南通中佳皮革制品有限公司	丁堰	12391	18641	—33.53	204
95	南通百佳手套制造有限公司	丁堰	10871	16442	—33.88	205
96	如皋市双马化工有限公司	东陈	301578	255327	18.11	135
97	南通市新空间幕墙材料制造有限公司	东陈	21437	19425	10.36	155
98	南通德玛瑞机械制造有限公司	郭园	40285	30474	32.19	95
99	南通汤始建华管桩有限公司	郭园	39320	0	/	/
100	江苏天海服饰有限公司	郭园	25594	26544	—3.58	183
101	南通派斯第农药化工有限公司	郭园	22367	17592	27.14	114
102	南通市腾跃晟业通讯设备有限公司	郭园	17472	12394	40.98	76
103	南通泛成纺织品有限公司	郭园	10992	10724	2.50	171
104	如皋市联友化工厂	郭园	10977	8604	27.58	110
105	南通玉兔集团有限公司	江安	57142	47215	21.03	125
106	如皋市飞鹏纺织有限公司	江安	49976	37932	31.75	97
107	南通市康瑞汽车附件制造有限公司	江安	49947	64223	—22.23	201
108	江苏意隆机械制造有限公司	江安	49887	39984	24.77	119
109	如皋市天马棉毛纺织公司	江安	49884	20689	141.12	17
110	南通佳特盛机械制造有限公司	江安	49874	38638	29.08	104
111	江苏汤臣汽车零部件有限公司	江安	17893	21334	—16.13	195
112	南通市鑫华有色材料有限公司	九华	46806	41000	14.16	145
113	南通大生迪丝利服饰有限公司	九华	44084	39000	13.04	148
114	南通瑞兆家用纺织品有限公司	九华	42394	35000	21.13	124
115	南通康盛时装有限公司	九华	40905	35000	16.87	139
116	南通三锦泰服饰有限公司	九华	36816	31000	18.76	133
117	南通东润实业有限公司	九华	34994	32626	7.26	161
118	南通三荣实业有限公司	九华	34000	32600	4.29	166
119	南通三润时装有限公司	九华	33621	28191	19.26	131
120	南通市星球石墨设备有限公司	九华	25062	19300	29.86	101
121	南通曼特威金属材料有限公司	九华	19664	19435	1.18	175
122	南通市华燕照明电器有限公司	九华	18665	16460	13.40	147
123	江苏永大化工机械有限公司	九华	14601	0	/	/
124	双钱集团(如皋)轮胎有限公司	开发区(柴湾)	456775	535599	—14.72	192
125	江苏省如高高压电器有限公司	开发区(柴湾)	440948	367726	19.91	129
126	南通荣威塑胶工业有限公司	开发区(柴湾)	381920	248900	53.44	60
127	南通锻压设备有限公司	开发区(柴湾)	345727	364000	—5.02	185
128	南通泰慕士服装有限公司	开发区(柴湾)	343100	287650	19.28	130
129	江苏长寿集团股份有限公司	开发区(柴湾)	335059	289830	15.61	143

续表 26—4

序号	企业名称	镇别	2011年实绩(万元)	2010年实绩(万元)	增幅(%)	排名
130	南通鸿瑞金业有限公司	开发区(柴湾)	65650	0	/	/
131	江苏思源赫兹互感器有限公司	开发区(柴湾)	61981	36400	70.28	50
132	南通爱康太阳能器材有限公司	开发区(柴湾)	47947	14200	237.65	5
133	江苏长寿大红门食品有限公司	开发区(柴湾)	42993	0	/	/
134	江苏金元亚麻有限公司	开发区(柴湾)	31400	18618	68.65	51
135	江苏瀚艺商用空调有限公司	开发区(柴湾)	31400	0	/	/
136	南通美能得太阳能电力科技有限公司	开发区(柴湾)	30300	17741	70.79	49
137	如皋市大昌电子有限公司	开发区(柴湾)	24850	10900	127.98	19
138	南通奔多电子新材料有限公司	开发区(柴湾)	17250	10480	64.60	53
139	南通桑美特机械制造有限公司	开发区(柴湾)	16340	5724	185.45	8
140	江苏祥源电气设备有限公司	开发区(柴湾)	15164	8437	79.73	39
141	江苏紫微亚麻有限公司	开发区(柴湾)	12405	6765	83.38	38
142	南通仁寿食品有限公司	开发区(柴湾)	11517	10010	15.05	144
143	江苏联众肠衣有限公司	开发区(柴湾)	10321	14134	−26.98	203
144	如皋市林梓铜材厂	林梓	345568	297247	16.26	140
145	南通市云峰铜材有限公司	林梓	17932	18653	−3.87	184
146	如皋市逸人服饰有限公司	林梓	17505	11249	55.62	58
147	江苏迪俪喜食品有限公司	磨头	25804	0	/	/
148	如皋市化工防腐公司	磨头	24271	22665	7.09	162
149	南通市银燕食品有限公司	磨头	23694	52301	−54.70	209
150	江苏城市人食品有限公司	磨头	23127	63521	−63.59	211
151	如皋市航天工贸有限公司	磨头	22952	16544	38.73	80
152	南通织织织造有限公司	磨头	21891	9607	127.87	20
153	南通盛鑫食品有限公司	磨头	18396	6183	197.53	7
154	南通市海诺尔食品有限公司	磨头	18260	6769	169.75	11
155	如皋市金源包装有限公司	磨头	16348	7365	121.97	22
156	如皋市十字桥环保设备有限公司	磨头	16266	6476	151.17	14
157	如皋市同泰电力器材有限公司	磨头	16005	6346	152.21	13
158	南通海涛护栏有限公司	磨头	15980	6418	148.99	15
159	南通柳泉橡胶制品有限公司	磨头	15911	12333	29.01	106
160	南通冠亚织造有限公司	磨头	14805	8350	77.30	42
161	南通利美达油墨涂料有限公司	磨头	13941	14036	−0.68	176
162	南通艺兰纺织工艺品有限公司	磨头	12970	7341	76.68	44
163	如皋市华能制线有限公司	磨头	12074	6084	98.45	27
164	南通雅尔美纺织品有限公司	磨头	11928	9270	28.67	107
165	如皋市振南塑料编织厂	磨头	11776	5432	116.79	23
166	南能晨晖橡塑制品有限公司	磨头	11225	14067	−20.20	200
167	江苏英田集团	如城	680457	671110	1.39	173
168	江苏九鼎集团有限公司	如城	340516	307889	10.60	152
169	南通神马电力科技有限公司	如城	182651	129165	41.41	75
170	江苏力星通用钢球股份有限公司	如城	177351	118256	49.97	64

续表 26—5

序号	企　业　名　称	镇别	2011 年实绩（万元）	2010 年实绩（万元）	增幅（%）	排名
171	江苏昌昇集团股份有限公司	如城	141444	76301	85.38	36
172	江苏元升太阳能集团有限公司	如城	116915	60828	92.21	29
173	江苏万达特种轴承有限公司	如城	52533	35734	47.01	68
174	南通市宏达场衣有限公司	如城	42893	31086	37.99	82
175	南通康比电子有限公司	如城	22887	27996	−18.25	198
176	如皋市大生线路器材有限公司	如城	22010	19909	10.55	153
177	江苏东光电线电缆有限公司	如城	19960	22262	−10.34	188
178	南通皋鑫科技开发有限公司	如城	19200	10700	79.44	40
179	南通力威机械有限公司	如城	13405	18169	−26.22	202
180	如皋市协和印染有限公司	如城	10882	10284	5.81	164
181	如皋市联谊甲醛厂	软件园(桃园)	122464	92277	32.71	94
182	南通古林木业有限公司	软件园(桃园)	107834	110290	−2.23	179
183	如皋市蓝潮石油化工有限公司	软件园(桃园)	92590	113836	−18.66	199
184	南通金帝贵金属有限公司	软件园(桃园)	56301	20390	176.12	9
185	南通超达机械科技有限公司	软件园(桃园)	14102	10528	33.95	92
186	南通天泽化工有限公司	石庄	64815	60538	7.07	163
187	江苏泰仓农化有限公司	石庄	28158	18093	55.63	57
188	南通永林船舶配套有限公司	石庄	19105	4160	359.24	2
189	南通市华峰化工有限责任公司	石庄	18345	21346	−14.06	190
190	南通市永顺化工有限公司	石庄	17650	9998	76.53	45
191	如皋市江源商品混凝土有限公司	石庄	11900	9220	29.07	105
192	上海电器环保热电(南通)有限公司	石庄	11598	11123	4.27	167
193	如皋永祥皮革制品厂	石庄	10846	17193	−36.92	206
194	南通小樱时装有限公司	石庄	10259	0	/	/
195	如皋市欧通机械配件有限公司	石庄	10053	0	/	/
196	如皋市中如化工有限公司	吴窑	47238	36070	30.96	98
197	如皋市旭日时装有限责任公司	吴窑	28511	22856	24.74	120
198	南通恒一钢结构有限公司	吴窑	25980	22791	13.99	146
199	如皋市丹风纺织有限公司	吴窑	24739	22050	12.20	149
200	如皋市三源电器设备有限公司	吴窑	20790	16307	27.49	112
201	如皋市光华橡胶厂	吴窑	18766	13759	36.39	86
202	如皋市钰涵纺织有限公司	吴窑	16191	16553	−2.19	178
203	如皋市伟业合金厂	吴窑	15937	13606	17.13	138
204	如皋市东祥色织有限公司	吴窑	14868	14108	5.39	165
205	如皋市儒马纺织品有限公司	吴窑	14332	13163	8.88	159
206	如皋市日鑫电子有限公司	下原	20563	14424	42.56	73
207	南通飞鲸发电设备有限公司	下原	20026	16793	19.25	132
208	展志电子科技(南通)有限公司	下原	16283	8748	86.14	35
209	南通安琪医用品有限公司	下原	12032	10135	18.72	134
210	南通浩鑫液压铸业有限公司	下原	11849	10723	10.50	154
211	如皋市禧源畜产品有限公司	雪岸	13959	16556	−15.69	194

续表 26—6

序号	企业名称	镇别	2011年实绩(万元)	2010年实绩(万元)	增幅(%)	排名
212	如皋市云天富皮加工厂	雪岸	13763	16772	—17.94	197
213	如皋市诚隆畜皮有限公司	雪岸	13343	15174	—12.07	189
214	南通市巨业商品混凝土有限公司	袁桥	42800	32420	32.02	96
215	江苏国泰(集团)如皋服装有限公司	袁桥	42100	20990	100.57	25
216	如皋市明白钢材切割加工有限公司	袁桥	41650	19700	111.42	24
217	南通市腾达锻压机床厂	袁桥	31800	27500	15.64	142
218	如皋市恒昌印染有限公司	袁桥	25700	25100	2.39	172
219	如皋强盛建材有限公司	袁桥	22690	4800	372.71	1
220	如皋市恒业纺织有限公司	袁桥	20100	23400	—14.10	191
221	如皋百杰服饰有限公司	袁桥	17005	13333	27.54	111

2011年全市实缴税金50强工业企业名录

表 27

序号	企业名称	镇别	2011年实绩(万元)	2010年实绩(万元)	增幅(%)
1	江苏熔盛重工有限公司(含投资、地通、和来福、晟罡)	长江镇(如皋港区)	56361	61072	—7.71
2	江苏省电力公司如皋市供电公司	如皋市	10646	7018	51.71
3	双钱集团(如皋)轮胎有限公司	开发区(柴湾镇)	10205	10009	1.96
4	如皋市双马化工有限公司(含新邦、赛孚、庞蓉)	东陈镇	8275	6938	19.27
5	江苏省如高高压电器有限公司	开发区(柴湾镇)	7279	7691	—5.35
6	德源(中国)高科技有限公司	长江镇(如皋港区)	5833	2075	181.11
7	南通神马电力科技有限公司	如城镇	5414	4090	32.36
8	江苏九鼎集团有限公司	如城镇	5292	4026	31.46
9	江苏金元亚麻有限公司(含紫薇)	开发区(柴湾镇)	4539	1979	129.42
10	江苏力星通用钢球股份有限公司(含科技)	如城镇	4047	2871	40.96
11	南通泰慕士服装有限公司	开发区(柴湾镇)	3887	2811	38.30
12	江苏如皋钢铁有限公司	长江镇(如皋港区)	3154	2447	28.93
13	南通华东油压科技有限公司(含液压、机械)	白蒲镇	3153	2120	48.72
14	江苏恒康家居科技有限公司(含数控、里高)	丁堰镇	3041	1263	140.71
15	南通长青沙船舶工程有限公司	长江镇(如皋港区)	2962	2502	18.38
16	南通玉兔集团有限公司	江安镇	2883	1597	80.50
17	华泰重工(南通)有限公司(含船务、华凯)	长江镇(如皋港区)	2748	3411	—19.42
18	江苏思源赫兹互感器有限公司	开发区(柴湾镇)	2702	3055	—11.57
19	南通锻压设备有限公司	开发区(柴湾镇)	2299	3587	—35.91
20	江苏华灿电讯股份有限公司(含亚信、高分子)	长江镇(如皋港区)	2296	3040	—24.49
21	南通永林船舶配套有限公司	石庄镇	2228	722	208.59
22	南通市星球石墨设备有限公司(含德诺尔)	九华镇	2123	1661	27.83
23	南通荣威塑胶工业有限公司	开发区(柴湾镇)	1945	1834	6.02
24	江苏万达特种轴承有限公司	如城镇	1893	954	98.35
25	如皋市丁堰纺织有限公司	丁堰镇	1674	1811	—7.55
26	江苏德瑞斯华海船用设备有限公司	长江镇(如皋港区)	1638	2692	—39.17

续表 27－1

序号	企业名称	镇别	2011年实绩（万元）	2010年实绩（万元）	增幅（%）
27	南通汤始建华管桩有限公司	郭园镇	1636	14	11388.88
28	如皋市逸人服饰有限公司（含苓美）	林梓镇	1570	1116	40.76
29	南通宝众宝达药业有限公司	长江镇（如皋港区）	1512	1489	1.54
30	南通超达机械科技有限公司	软件园（桃园镇）	1463	1425	2.65
31	南通泰尔特服装有限公司（含三泉、源泉、染整、泰德）	开发区（柴湾镇）	1368	1114	22.85
32	南通皋鑫电子股份有限公司（含科技）	如城镇	1358	1249	8.72
33	如皋市港建混凝土有限公司	长江镇（如皋港区）	1347	674	99.85
34	如皋市凯凯电信器材有限公司（金属、五金）	长江镇（如皋港区）	1342	2093	－35.87
35	南通奔多电子新材料有限公司	开发区（柴湾镇）	1308	403	224.43
36	江苏英田集团	如城镇	1295	1664	－22.17
37	南通爱康太阳能器材有限公司	开发区（柴湾镇）	1263	33	3761.26
38	江苏昌昇集团股份有限公司	如城镇	1255	1795	－30.09
39	南通泰利达化工有限公司（含宜雅、高诚）	丁堰镇	1208	446	170.95
40	南通三荣实业有限公司	九华镇	1109	1225	－9.42
41	南通东润实业有限公司（含时装）	九华镇	1082	1149	－5.79
42	江苏翔晟重工有限公司	长江镇（如皋港区）	1043	685	52.28
43	国鼎（南通）管桩有限公司	长江镇（如皋港区）	1041	881	18.13
44	江南德瑞斯（南通）船舶设备制造有限公司	长江镇（如皋港区）	1027	321	220.17
45	如皋市大生线路器材有限公司	如城镇	1020	760	34.19
46	江苏海通海洋工程装备有限公司	长江镇（如皋港区）	1010	136	640.93
47	江苏南天农科化工有限公司	白蒲镇	982	1194	－17.78
48	南通美利昌通宝船务有限公司（含通宝）	长江镇（如皋港区）	977	2115	－53.79
49	南通小樱时装有限公司	石庄镇	944	491	92.36
50	森松（江苏）海油工程装备有限公司	长江镇（如皋港区）	918	47	1868.21

2011年全市应税销售50强工业企业名录

表 28

序号	企业名称	镇别	2011年实绩（万元）	2010年实绩（万元）	增幅（%）
1	江苏熔盛重工有限公司（含晟罡）	长江镇（如皋港区）	1180726	1305135	－9.53
2	江苏省电力公司如皋市供电公司	如皋市	202660	178290	13.67
3	双钱集团（如皋）轮胎有限公司	开发区（柴湾镇）	301682	254887	18.36
4	如皋市双马化工有限公司（含新邦、赛孚、庞蓉）	东陈镇	211220	193677	9.06
5	德源（中国）高科技有限公司	长江镇（如皋港区）	116774	66231	76.31
6	江苏如皋钢铁有限公司	长江镇（如皋港区）	87099	111284	－21.73
7	江苏九鼎集团有限公司	如城镇	75414	63169	19.38
8	江苏长寿集团股份有限公司（含大红门）	开发区（柴湾镇）	73109	26991	170.86
9	华泰重工（南通）有限公司（含船务、华凯）	长江镇（如皋港区）	72417	54664	32.48
10	江苏省如高高压电器有限公司	开发区（柴湾镇）	72185	66728	8.18
11	如皋市宏茂铸钢有限公司	长江镇（如皋港区）	67039	80145	－16.35

续表 28—1

序号	企业名称	镇别	2011年实绩（万元）	2010年实绩（万元）	增幅（%）
12	南通长青沙船舶工程有限公司	长江镇(如皋港区)	66956	66615	0.51
13	江苏华灿电讯股份有限公司(含亚信、高分子)	长江镇(如皋港区)	65070	42156	54.36
14	江苏力星通用钢球股份有限公司(含科技)	如城镇	63817	31453	102.90
15	江苏恒康家居科技有限公司(含数控、里高)	丁堰镇	63284	37486	68.82
16	南通华东油压科技有限公司(含液压、机械)	白蒲镇	55994	41388	35.29
17	南通金帝贵金属有限公司	软件园(桃园镇)	50231	19362	159.43
18	南通鸿瑞金业有限公司	开发区(柴湾镇)	50018	0	/
19	江苏金元亚麻有限公司(含紫薇)	开发区(柴湾镇)	43882	32687	34.25
20	南通锻压设备有限公司	开发区(柴湾镇)	42132	28426	48.22
21	南通天泽化工有限公司	石庄镇	41836	19605	113.39
22	南通荣威塑胶工业有限公司	开发区(柴湾镇)	41750	16069	159.81
23	上海制皂集团(如皋)有限公司	丁堰镇	40832	30540	33.70
24	江苏英田集团	如城镇	39770	57996	—31.43
25	南通泰慕士服装有限公司	开发区(柴湾镇)	37590	34856	7.84
26	南通宝众宝达药业有限公司	长江镇(如皋港区)	36795	26977	36.39
27	南通汤始建华管桩有限公司	郭园镇	35794	0	/
28	南通玉兔集团有限公司	江安镇	35610	23546	51.24
29	南通恒绮纺织有限公司(含鸿基)	常青镇	32058	30665	4.54
30	江苏南天农科化工有限公司	白蒲镇	29953	27610	8.49
31	江苏昌昇集团股份有限公司	如城镇	29901	33567	—10.92
32	南通三荣实业有限公司	九华镇	28718	16652	72.45
33	南通市星球石墨设备有限公司(含德诺尔)	九华镇	27764	22209	25.01
34	南通东润实业有限公司(含时装)	九华镇	27010	26960	0.18
35	江苏思源赫兹互感器有限公司	开发区(柴湾镇)	26979	29000	—6.97
36	江南德瑞斯(南通)船舶设备制造有限公司	长江镇(如皋港区)	25498	17066	49.41
37	如皋市逸人服饰有限公司(含苓美)	林梓镇	24222	14049	72.41
38	南通美利昌通宝船务有限公司(含通宝)	长江镇(如皋港区)	24020	34384	—30.14
39	如皋市丁堰纺织有限公司	丁堰镇	23789	26359	—9.75
40	如皋市天鹏冶金有限公司	长江镇(如皋港区)	23766	6184	284.32
41	南通神马电力科技有限公司	如城镇	22733	15803	43.85
42	江苏德瑞斯华海船用设备有限公司	长江镇(如皋港区)	22557	33710	—33.09
43	南通泰利达化工有限公司(含宜雅、高诚)	丁堰镇	20522	14967	37.12
44	如皋市凯凯电信器材有限公司(含金属、五金)	长江镇(如皋港区)	19823	15298	29.58
45	南通爱康太阳能器材有限公司	开发区(柴湾镇)	19539	9015	116.73
46	江苏汤臣汽车零部件有限公司	江安镇	19426	20545	—5.45
47	国鼎(南通)管桩有限公司	长江镇(如皋港区)	18964	17428	8.81
48	南通泰尔特服装有限公司(含三泉、源泉、染整、泰德)	开发区(柴湾镇)	18775	20016	—6.20
49	江苏联众肠衣有限公司(含坝新)	开发区(柴湾镇)	18603	25476	—26.98
50	南通皋鑫电子股份有限公司(含科技)	如城镇	18445	17435	5.79

2011年全市新增规模工业企业名录

表29

序号	企　业　名　称	镇别	序号	企　业　名　称	镇别
1	南通奔多电容薄膜有限公司	白蒲镇	31	如皋市和达服装厂	郭园镇
2	南通曼淇威电气有限公司	搬经镇	32	南通靖虹汽配制造有限公司	江安镇
3	南通市泰福尔服装有限公司	搬经镇	33	南通谢氏服装有限公司	江安镇
4	南通思英船舶配套设备有限公司	长江镇(如皋港区)	34	江苏永大化工机械有限公司	九华镇
5	森松(江苏)海油工程装备有限公司	长江镇(如皋港区)	35	南通伟越电器有限公司	九华镇
6	江苏阿尔法电梯有限公司	长江镇(如皋港区)	36	如皋市沃特纺织有限公司	九华镇
7	南通其昌镍矿精选有限公司	长江镇(如皋港区)	37	江苏迪克机床有限公司	九华镇
8	江苏瑞晨化学有限公司	长江镇(如皋港区)	38	江苏瀚艺商用空调有限公司	开发区(柴湾镇)
9	如皋市众昌化工有限公司	长江镇(如皋港区)	39	南通鸿瑞金业有限公司	开发区(柴湾镇)
10	如皋市四方船务有限公司	长江镇(如皋港区)	40	如皋市大禾肠衣有限公司	开发区(柴湾镇)
11	南通如港服饰有限公司	长江镇(如皋港区)	41	如皋恒发水处理有限公司	开发区(柴湾镇)
12	南通德舟钢结构有限公司	长江镇(如皋港区)	42	南通双隆纺织科技有限公司	林梓镇
13	南通禾佳钢构有限公司	长江镇(如皋港区)	43	南通凯林铸工材料有限公司	林梓镇
14	南通顺和船舶工程有限公司	长江镇(如皋港区)	44	如皋市志胜布业有限公司	林梓镇
15	如皋市荣欣船舶钢结构有限公司	长江镇(如皋港区)	45	南通伟鑫混凝土有限公司	磨头镇
16	南通睿鑫钢结构工程有限公司	长江镇(如皋港区)	46	南通耀发纺织有限公司	磨头镇
17	如皋华澜船务有限公司	长江镇(如皋港区)	47	如皋兔子米业有限公司	如城镇
18	南通市昌泰矿渣微粉有限公司	长江镇(如皋港区)	48	如皋市通达机械制造有限公司	如城镇
19	江苏威盛特钢铸锻有限公司	长江镇(如皋港区)	49	南通市东韵染整有限公司	如城镇
20	南通方正钢结构有限公司	长江镇(如皋港区)	50	如皋金久混凝土有限公司	如城镇
21	开源塑业科技(南通)有限公司	长江镇(如皋港区)	51	如皋市欧通机械配件有限公司	石庄镇
22	南通市锦丝源纺织有限公司	常青镇	52	江苏福通木业有限公司	石庄镇
23	南通宜雅纺织品有限公司	丁堰镇	53	江苏沪南船舶工程有限公司	软件园(桃园镇)
24	江苏里高家具有限公司	丁堰镇	54	德禄家具(南通)有限公司	软件园(桃园镇)
25	南通博客家纺有限公司	丁堰镇	55	南通元方纺织有限公司	吴窑镇
26	如皋市海容纺织有限公司	丁堰镇	56	南通盛达铸造有限公司	下原镇
27	如皋市富纺织有限公司	丁堰镇	57	南通宝鑫机械制造有限公司	袁桥镇
28	南通金蕾服饰有限公司	高明镇	58	南通同力液压机械有限公司	袁桥镇
29	南通汤始建华管桩有限公司	郭园镇	59	江苏佳佳太阳能有限公司	袁桥镇
30	南通市展成商品混凝土有限公司	郭园镇	60	南通中能机械制造有限公司	袁桥镇

2011年全市退出规模工业企业名录

表30

序号	企业名称	镇别	序号	企业名称	镇别
1	南通万利橡胶有限公司	搬经镇	14	如皋遍地红时装厂	开发区(柴湾镇)
2	如皋市欣泰制衣有限公司	搬经镇	15	南通润基橡胶有限公司	开发区(柴湾镇)
3	南通创悟钢结构有限公司	长江镇(如皋港区)	16	南通市时时肠衣有限公司	开发区(柴湾镇)
4	南通创捷钢结构有限公司	长江镇(如皋港区)	17	如皋市玉泉电器有限公司	如城镇
5	南通晟音船舶配套设备有限公司	长江镇(如皋港区)	18	南通力星钢球科技有限公司	如城镇
6	如皋市海特威制氧有限公司	长江镇(如皋港区)	19	南通爱博服装有限公司	如城镇
7	南通市丽洋非织造工业有限公司	长江镇(如皋港区)	20	南通市神马橡胶制品有限公司	如城镇
8	南通福绿园纺织有限公司	常青镇	21	南通利雅特纺织有限公司	如城镇
9	如皋市再生织造有限公司	东陈镇	22	南通美华隆纺织品有限公司	软件园(桃园镇)
10	如皋市晓庄绝缘材料有限公司	高明镇	23	如皋市竹岭服装厂	石庄镇
11	南通爱乐服饰有限公司	高明镇	24	南通赛鹏针织有限公司	石庄镇
12	江苏荣星纺织有限公司	江安镇	25	如皋市惠安食品有限公司	吴窑镇
13	南通雷成制衣有限公司	开发区(柴湾镇)			

主导(特色)行业

【概况】 2011年,全市九大主要产业中,船舶海工及配套产业完成应税销售158.74亿元,同比下降8.67%;汽车及零部件产业完成应税销售49.58亿元,同比增长19.46%;纺织服装产业完成应税销售85.71亿元,同比增长8.43%;机械电力冶金产业完成应税销售94.23亿元,同比增长27.33%;长寿食品产业完成应税销售38.40亿元,同比增长27.78%;新能源产业完成应税销售16.14亿元,同比增长8.71%;新材料产业完成应税销售24.97亿元,同比增长63.25%;高端装备制造产业完成应税销售35.77亿元,同比增长0.49%;节能环保产业完成应税销售9.40亿元,同比增长77.61%。

船舶海工及配套 年内,全市船舶海工及配套产业有规模企业32家,累计实现应税销售158.74亿元,同比下降8.67%,占规模工业应税销售的26.39%。实缴税金6.77亿元,同比增长8.12%,占规模工业实缴税金总额的26.23%。全市船舶海工及配套产业以熔盛重工为龙头,以华泰重工、长青沙船舶、美利昌通宝为骨干,以大批机械钢构企业为配套,形成研发、设计、生产、修理等比较完整的产业链。熔盛重工、通宝船舶等数家企业积极向高附加值的海工产品领域迈进。产业群中应税销售超亿元企业13家。

汽车及零部件 年内,全市汽车及零部件产业有规模企业12家,累计实现应税销售49.58亿元,同比增长19.46%,占规模工业应税销售的8.24%。实缴税金1.98亿元,同比增长17.78%,占规模工业实缴税金总额的7.69%。产业初步形成汽车整车、零部件、轮胎三大系列,其中,陆地方舟新能源电动汽车为落户如皋的新龙头项目,双钱轮胎应税销售首超30亿元大关。

纺织服装 年内,全市纺织服装产业有规模企业264家,累计实现应税销售85.71亿元,同比增长8.43%,占规模工业应税销售的14.25%。实缴税金4.58亿元,同比增长16.12%,占规模工业实缴税金总额的17.76%。纺织服装是如皋传统产业,产业链较为完善,产品技术水平逐年提高,形成以泰尔特、泰慕士、金元亚麻、丁堰纺织为龙头的产业格局。产业群中应税销售超亿元企业13家。

机械电力冶金 年内,全市机械、电力、冶金产业有规模企业159家,累计实现应税销售94.23亿元,同比增长27.33%,占规模工业应税销售的15.67%。实缴税金3.48亿元,同比增长9.46%,占规模工业实缴税金总额的13.49%。机械行业形成数控锻压、数控印刷、输变电设备、环保机械、纺织机械、工程机械、食品机械、塑料机械等门类,以力星钢球、南通锻压、华东液压等企业为龙头,其

中，应税销售超亿元企业9家。电子电力行业以如高高压、华灿股份两家企业为龙头，其中应税销售超亿元企业6家。冶金行业以如皋钢铁为龙头，其中应税销售超亿元企业7家。

长寿食品　年内，全市长寿食品产业有规模企业41家，累计实现应税销售38.40亿元，同比增长27.78%，占规模工业应税销售的6.38%。实缴税金0.53亿元，同比增长108.61%，占规模工业实缴税金总额的2.06%。长寿食品形成以肉制品加工、罐头及速冻蔬菜为主导，其他各类特色食品为辅的多元化产业体系。龙头企业有江苏长寿集团、江苏玉兔集团、江苏联众肠衣有限公司等。产业群中应税销售超亿元企业4家。

新能源　年内，全市新能源产业有规模企业18家，累计实现应税销售16.14亿元，同比增长8.71%，占规模工业应税销售的2.68%。实缴税金1.36亿元，同比增长5.14%，占规模工业实缴税金总额的5.26%。新能源产业主要以九鼎风力发电和元升、爱康、美能得光热光伏产品为代表。产业群中应税销售超亿元企业4家。

新材料　年内，全市新材料产业有规模企业39家，累计实现应税销售24.97亿元，同比增长63.25%，占规模工业应税销售的4.15%。实缴税金0.97亿元，同比增长22.99%，占规模工业实缴税金总额的3.77%。产业群中应税销售超亿元企业6家。

高端装备制造　年内，全市高端装备制造产业有规模企业28家，累计实现应税销售35.78亿元，同比增长0.49%，占规模工业应税销售的5.95%。实缴税金1.69亿元，同比下降13.94%，占规模工业实缴税金总额的6.55%。产业群中应税销售超亿元企业5家。

节能环保　年内，全市节能环保产业有规模企业27家，累计实现应税销售9.39亿元，同比增长77.61%，占规模工业应税销售的1.56%。实缴税金0.42亿元，同比增长59.38%，占规模工业实缴税金总额的1.63%。产业群中应税销售超亿元企业2家。

（张　军）

水工业

【概况】　全市主城区现有自来水用户108730户，其中年内新增7143户。2011年，市自来水厂售水1509.63万立方米，检定水表10660只，累计接听和处理客户服务电话、“皋水热线”、报修电话1.36万个。市自来水厂获全国服务质量满意文明单位、省巾帼文明岗、省“巾帼建功”先进集体、南通市诚信单位、南通市治安保卫工作先进集体、南通市AA级守合同重信用企业等称号。

管网改造　年内，投资2000多万元，敷设和改造各类口径供水管线79.8千米，逐步完善供水管网，拓宽供水区域。配合市政道路改造工程，先后完成大司马南路、宣化南路、中央大道、惠隆路等9条道路及东方花园Ⅱ期、金茂小区Ⅱ期、如意湾Ⅱ期、上海新城Ⅱ期、新生小区Ⅱ期、绿源安置小区、城市花园Ⅱ期、西欧名邸Ⅱ期、金属表面处理中心、汽车客运站、金鼎大酒店、意瑞达纺织科技有限公司等90多个小区及单位给水工程。投资200多万元，完成皋南新村、东皋新村、庆余新村等小区室外管线改造，户表改造526户。

管道维护　年内，组织抢修自来水管道4000多次，其中抢修直径100毫米以上管道140次，维修及时率达100%。实施全城拉网式管道查漏2次，降低漏损率5.6%，减少企业损失343万元。

水质监测　年内，完成水样检验18917项次，水质综合合格率达100%，符合生活饮用水卫生标准。

供水监察　年内，累计查处违章用水136起，追缴水费28万元。

（席玉兵　鞠福华）

重点工业企业选介

【德源（中国）高科有限公司】　德源集团位于马来西亚沙巴州（Sabah），主要投资涉及资源基础工业、非能源基础工业、农业、贸易等领域。德源（中国）高科有限公司是德源集团在华投资的大型企业，坐落于水陆交通便捷的长江镇（如皋港区），总投资2.5亿美元，主要生产脂肪醇、脂肪酸和医药级甘油等。

公司采用当前全球同行业领先的德国鲁奇公司的设备，配套使用仪表以及阀门实现100%国外进口，并实施先进的蜡脂处理技术，保证项目工艺的先进性和产品质量的稳定性。公司具有年生产13万吨脂肪酸、10万吨天然脂肪醇和1.7万吨医药级高含量甘油的能力。现有储罐93只。其中，7500吨原料罐12只，可储原料油90000吨；成品罐58只，可储成品油45489吨；生产过程的中间罐23只。公司成品和原料储罐都有管道直通港口的配套码头。公司投产后，产品供不应求，特别是脂肪醇产品受到客户的一致好评。公司连续多年被市委、市政府授予红旗企业称号，并成为中国洗涤用品工业协会团体会员。公司董事长方日明被评为2011年度如皋市五星级企业家。

2011年，公司实现应税销售11.68亿元。

【江苏力星通用钢球股份有限公司】 江苏力星通用钢球股份有限公司创办于1989年，现坐落于如城镇东部工业区。公司注册资本8400万元，现有员工650余人，拥有总资产4亿多元，占地面积15万平方米，是国内最大的专业化钢球生产基地，年产直径3～76.2毫米各种规格的钢球50多亿粒。

2011年，力星钢球围绕“抓质量、调结构、重人才、保任务、降成本、提效益”工作方针，在注重产品质量管理同时，坚持以技术改造、科技创新为着力点，依托公司研发机构，不断推进企业新产品、新材料的研发和新技术、新工艺的攻关，成功实现产品结构优化调整。自主研发的第三代高档轿车轮毂轴承专用钢球被评为高新技术产品和国家重点新产品。新建精密钢球车间8200多平方米，更好地满足SKF公司等国内外著名轴承公司配套需求。

公司在人才管理和资源配置上，实行机制创新，使配置经济效益不断提高，生产、销售、纳税各方面均有大幅递增，继续保持国内同行业领跑地位。同时，加快推进上市步伐，已顺利进入上市辅导期。

公司坚持以人为本的管理理念，精神文明、物质文明齐抓进，形成独特的企业文化，精神文明建设硕果累累，先后获全国机械行业文明单位、江苏省模范劳动关系和谐企业等称号。

2011年，公司实现应税销售6.38亿元，同比增长100.22%。

【南通锻压设备股份有限公司】 南通锻压设备股份有限公司是专业从事锻压设备研发、生产和销售，并为客户提供个性化、多样化、系统化金属及非金属成形解决方案的高新技术企业。公司系国内金属成形机床行业重点骨干企业、国家火炬计划重点高新技术企业、江苏省创新型企业、江苏省民营科技企业、江苏科技型中小企业。主要生产各类液压机、机械压力机等数十个规格、上百个品种的锻压设备，产品适用于汽车、航空航天、核电、船舶等诸多行业和领域，畅销国内30多个省(市、区)，并出口美国、日本、欧洲、东南亚等国家和地区。公司“庆华”商标被授予江苏省著名商标称号，“庆华”牌液压机被认定为江苏名牌产品。

公司注重科技进步，建有与自身发展相适应的技术中心，拥有一支结构合理、专业齐全、经验丰富的专业科研团队，具有较强的研发能力。现为江苏省超大吨位锻压设备工程技术研究中心、江苏省企业院士工作站建设单位，承担国家及省、南通市多项科技计划项目。拥有液压机、机械压力机全套自主知识产权，先后开发出60MN框架式热模锻液压机、60MN汽车纵梁液压机、40MN快速锻造液压机、大型框架式数控多点压边单动拉深液压机以及闭式双点、四点机械压力机等新、特产品数百个，部分产品的技术达到国际先进水平。

公司加工、装配能力居于国内同行业领先水平，拥有重型数控加工机床及镗、铣、磨床等200多台(套)，其中单价300万元的达10多台，可进行大、重型锻压设备核心部件的自主加工。现有起吊能力100吨以上的生产车间3.2万平方米，设计最大起吊高度达25米，最大重量400吨，具备万吨级特大型液压机的加工、装配能力。

公司在保持现有液压机市场传统优势的同时，正实现液压机和机械压力机产品的协同发展，抢抓中国汽车、船舶、航空航天、军工、轻工家电、石油化工等行业对大型、精密成形机床装备迫切需求的有利契机，实施人才开发战略，不断加大科技投入，努力打造国家重点锻压设备创新及生产基地。

2011年12月29日，公司在深圳证券交易所创业板成功上市。

【江苏金元亚麻有限公司】 江苏金元亚麻有限公司成立于2003年，位于江苏省如皋经济开发区，是当年度如皋市重点引进的投资项目，占地面积

20.7万平方米，注册资本1250万美元，出资方分别为浙江金元亚麻有限公司和KINGDOM-GROUP HOLDING SLIMITED(金达集团控股有限公司)。主要生产、销售亚麻纱、天丝、绢丝等高档纺织品，生产技术采用国际先进的无结子自动络筒、微波烘干和氧漂煮漂技术，生产装备、工艺处于国内最先进水平，产品远销印度、韩国、日本以及意大利、土耳其等国家。公司现已形成35600余锭的亚麻纺纱产能，成为江苏省最大的亚麻纺纱企业。

在“责任、真诚、尊重、享受”的经营理念下，公司每年均按规定为全体员工缴纳“五险一金”，且职工的年工资薪金收入均保持10%～20%增幅，增加职工归属感，增强企业凝聚力。

公司于2007年通过ISO9C01质量管理体系和ISO14000环境管理体系认证

2011年，公司实现营业收入4.4亿元、利润额8223.52万元、进出口总额4533.45万美元；上缴海关税收2238.33万元，形成地方各项税收4528.83万元。公司被市委、市政府评为利用外资红旗企业、纳税红旗企业、外贸工作先进企业，被如皋经济开发区管委会评为规模销售先进企业、纳税先进企业、节能减排企业、安全生产企业，被市总工会授予模范职工之家荣誉称号。公司总经理黄仁明被评为如皋市四星级企业家。

【江苏恒康家居科技有限公司】 江苏恒康家居科技有限公司成立于2003年，坐落于丁堰镇高新技术园，是一家专业从事高档功能性记忆绵研发、生产、销售的科技型企业，被认定为江苏省高新技术企业。

公司在董事长倪张根的带领下，经过拼搏，由创业初期租赁的几间平房迅速发展成占地面积10万多平方米、建筑面积8万多平方米、职工1000多人的中型企业。公司坚持高点定位、锐意进取，注重科技研发，现已形成海绵制品、数控机械、金睡莲家居、里高家具四大支柱产品，产销连年翻番。公司先后获江苏省民营科技企业，如皋市工业经济50强企业、信用等级AAA级企业、产学研示范企业等称号，分别通过ISO9001国际质量体系认证与CE认证。

2011年，公司启动上市计划，有序开展各项准备工作，确定中介合作伙伴，完成首期律师咨询与财务审计工作。年内，公司实现应税销售6.33亿元。

（程　洋）

服　务　业

导读

● 粮食储备库被评定为省级示范粮库　P250

● 粮油检测中心通过国家认可委国家实验室资质认证　P250

综　述

【概况】 2011年，全市实现服务业增加值184.86亿元，同比增长14.1%，占 GDP 的比重达35.5%。完成规模以上服务业投入75.59亿元，同比增长48.0%。完成服务业税收22.92亿元，同比增长56.43%，其中地税收入15.99亿元，同比增长77.22%。完成社会消费品零售额196.86亿元，同比增长16.1%。完成市场成交额231.14亿元，同比增长24.9%。全市新增限额以上商贸流通企业110家，地方财税贡献份额、现代服务业占比、服务业吸纳就业人数同比均有显著增长。

项目投入　年内，全市实施服务业规模项目209个，其中，经营性项目138个，亿元以上项目55个。全市有南通市级重点项目10个，计划总投资17.5亿元，实际完成投资17.6亿元。完成服务业规模投入75.79亿元，同比增长48.0%，在建项目、亿元项目数量均创历年新高。全年在手、在谈服务业项目210个，至年底，一半以上项目完成注册。如城镇、长江镇(如皋港区)、开发区(柴湾镇)、软件园(桃园镇)服务业投入总量分别达33.2亿元、29.9亿元、8.7亿元、8.1亿元，各功能区主体支撑作用得到充分发挥。吴窑、九华、高明、东陈、白蒲等镇服务业税收增长一倍以上。10月，在第九届沿江经济洽谈会上，全市签约服务业项目64个，计划总投资144.2亿元。在现代港口物流招商会上，成功签约项目20个。

软件信息服务外包　年内，全市新引进软件信息服务外包企业101家，累计达149家。实现业务收入3.22亿元，同比增长578%。软件园注册企业达176家，形成以厦门巨龙、上海晟峰、南京保旺达等为代表的软件研发产业板块和以加速先锋、北京讯鸟、北京锐道为代表的电子商务产业板块，被命名为国家级科技企业孵化器、国家级软件及信息服务人才实训基地、国家级基础软件应用示范基地、江苏省十大文化创意产业园。8月，全面启动加速虚拟软件园如皋分中心的建设，成功举办中国重点软件企业高层圆桌座谈会和数字城市如皋高层研讨会。

现代商贸　年内，随着乐天玛特落户和世界零售业巨头沃尔玛进入装修阶段，文峰大世界、苏宁电器、五星电器、大润发大型超市、肯德基等10多家知名商贸企业共同支撑起如皋城市现代商贸圈。金陵金鼎、永林国际等一批星级酒店先后建成投运，提升如皋城市品位。适应现代生活需要的超市、为农服务店、社区购物中心，遍布全市城乡的100多家专业市场、综合市场和经过改造提升后农贸市场，不仅满足全市经济社会发展需要和广大人民群众的生活需求，同时辐射邻近地区。江苏银行、交通银行、民生银行、无锡农商行、包头村镇银行、南京银行等金融机构落户如皋，进一步拓宽企业融资渠道，各类现代金融服务产品不断创新，金融市场兴旺繁荣，形成银行和企业互利赢的良好格局。邮政经济总量位列全省第四，移动业务收入列全省第八，联通业务收入位列苏中苏北第一、全省第八，电信业务收入位列全省第九。

集聚区建设　年内，南通市政府命名如皋软件外包产业园、如皋港现代物流园为南通市示范引导型服务业集聚区，如皋花木大世界、科技创业园为南通市优化提升型服务业集聚区。长寿文化产业集聚区为南通市重点培育型服务业集聚区，集聚区发展极大地增强全市服务业经济跨越发展的要素吸附能力、产业支撑能力和辐射带动能力。全市5个服务业集聚区，全年新增入驻企业234家，累计达446家；新增个体经营户489个，累计达1317个；新增就业人数5065人，累计达11291人；实现营业收入98.03亿元，实现税收2.898亿元。

市场建设　年内，全市市场建设质态不断提升，集聚效应、扩张效应及特色效应显著增强。亿元市场由2009年的12家增加到20家。如皋花木大世界全年交易额突破55亿元。

城市服务功能建设　年内，全市累计完成城市建设投入93亿元，其中市政基础设施投入15亿元。一批社会事业工程建设和新兴市场、商贸中心、星级宾馆建设及基础工程建设，使城市配套功能不断完善。

（曹　霞　闾传文　黄　璜）

现代物流业

【概况】　2011年，全市物流企业超100家，其中主营收入1000万元以上企业达15家。

年内，如皋港编制的《现代综合物流园控制性详细规划》得到实施，港口物流园区项目建设不断加快，配套功能不断提升。“一关三检”口岸单位全面进驻，保税仓库、监管仓库建成并通过海关初验，实现封关运营。集装箱定期航班正式开通，“数字如皋港”正式启动。集装箱港口作业区、散货港口作业区、保税物流中心、仓储加工中心、循环经济物流加工中心、货运物流中心、港口物流中心、园区服务便利中心和物流总部基地“二区、六中心、一基地”先后上马建设，港口物流基地初具规模。如皋港全年营业收入突破12亿元，港口吞吐量达3014万吨，实现海关关税27.5亿元。南通九洲大件全年主营收入达9000万元，成功申报江苏省重点物流企业。如动快运不断加大投入，成为南通市为数不多的甩挂物流企业。9月，市政府出台《关于促进涉港物流仓储加工企业发展的政策意见》（皋政办发〔2011〕200号），促进物流企业由接卸型向贸易型、仓储型向港工贸一体化转变。

（曹　霞　闾传文　黄　璜）

商品零售

【概况】　2011年，全市实现社会消费品零售总额196.86亿元，同比增长16.1%。其中，批发零售业营业收入182.16亿元，同比增长15.9%；住宿餐饮业营业收入14.70亿元，同比增长18.5%。

年内，全市建成“万村千乡市场工程”农家店22家，并通过验收，镇覆盖率达100%，村覆盖率达95%。城区逐步形成北文峰大世界、南大润发超市两个商业中心。江苏益昌集团在巩固原摩托车、农机销售业务基础上，加大对汽车销售服务的投入，集团公司控股的6家4S店年营业收入7.97亿元，上缴税金815.6万元，同比分别增长75%和18%。如皋文峰大世界实现销售收入4.4亿元，同比增长55%，创历史之最。

（毛海霞）

农资供销

【概况】　市供销总社现有机关工作人员23人。2011年，获南通市供销合作社系统综合业绩考评特等奖、“新网工程”建设优胜单位、项目建设优胜单位、基层社“三位一体”建设优胜单位、品牌建设优胜单位、标识推广使用工作优胜单位、创新创优优胜单位称号，被表彰为江苏省品牌建设优胜单位、供销合作社系统先进集体。

“新网工程”建设　年内，市供销总社加大项目建设力度，培育壮大龙头企业，提升发展层次，转变发展方式，增强供销社服务“三农”能力。全年新建项目4个，占全年目标的200%。申报国家和省级“新网工程”专项资金扶持项目3个，申报项目数、成功率、补助额居南通第一。投资新建8000平方米品德连锁超市日用品配送中心，为农服务社连锁配送比例提高5%。在全省首创投资新建如皋市高效规模农业综合服务中心，为全市高效农业、设施农业提供防虫网、遮阳网、钢架大棚和农药、化肥、种子等系列服务。实施仁宗食品有限公司搬迁扩建工程，巩固发展传统产业，新建萝卜基地20公顷。10月，投资新建的苏中苏北冷藏保鲜能力最大的农产品物流中心投入运营。

专业合作社建设　年内，市供销总社先后与镇村联办如皋市沙玉红生态果蔬、金冠生猪养殖、富民中药材和金诚肉鸽4家专业合作社，占全年目标的133%。其中金诚肉鸽专业合作社获南通农民专业合作社"十佳"营销示范社评比提名奖。

农副产品购销　年内，市供销总社发挥供销系统合作优势，举办农副产品推介展销活动。组织苏皋长寿集团、仁宗食品、丁香葡萄专业合作社等农业产业化龙头企业到上海参加南通农副产品进上海推介洽谈会，签订购销合同6300多万元。组织农业产业化龙头企业到南京参加全国供销总社和省政府组织的海峡两岸农产品展示展销会，推介如皋长寿食品和特色农副产品，签约8100多万元。充分发挥供销系统的销售网络优势，在集镇和为农服务社连锁超市增加农副产品销售业务，品德超市在市区开设平价超市蔬菜店9家。

【为农服务社建设管理保持全省领先】　年内，市供销总社围绕拓展为农服务社服务功能、增创服务特色、提升服务质量，注重加强为农服务社的长效管理。全市二星级为农服务社升格为三星级16家，通过三星级复审51家。22家优秀为农服务社的农资超市被评为南通市级农资经营示范店，3家被评为省级农资经营示范店。市东陈镇北庄为农服务社被省供销合作总社评为全省"百佳"为农服务社之一，被南通市供销合作总社评为"十佳"为农服务社之一。为农服务社建设管理工作保持全省领先。

（孙剑锋）

粮食流通

【概况】　市粮食局现有公务员18人，下辖事业单位1个、工作人员12人。2011年，被南通市粮食局表彰为目标责任制考核先进单位、粮食流通监督检查先进单位。

粮食购销经营　年内，市粮食局组织落实国家小麦最低收购价保护政策，粮食收购均价明显高于上年，粮农收入得到增加。完成南通市粮食局全年购销任务的260%。

粮食市场监管　年内，市粮食局严把粮食收购资格准入关，核发粮食经营许可证113本，核准3户，注销3户，办结率达100%。组织粮食收购经营者业务培训，参培人员140人，均获结业证书和执业资格证书。

储备粮管理　年内，全市地方储备粮实储到位，完成南通市政府下达实储成品粮任务。

粮食系统改革　年内，市粮食局继续加大国有粮食购销企业改革力度，推进工作体制和经营机制改革，实现绩效双赢。适应形势与市场，调整企业布局，由港区、通扬、城南、城北4家"国有改民营"粮食管理所及购销公司、储备库、物流中心3家国有粮食购销企业组成。

粮库项目工程建设　年内，市粮食局党组制订全市"一个中心库、四个骨干库、八个收纳库"粮食仓储体系，经过招投标程序，先后开工建设九华粮库、丁堰粮库。

【粮食储备库被评定为省级示范粮库】　12月，经省粮食局组织专家评审，如皋粮食储备库被评定为江苏省示范粮库。

年内，如皋粮食储备库不断创新经营管理机制，开拓省内外粮食购销市场，粮食储备、粮食物流、粮食购销多条腿走路，不断扩张经营总量，增加经济效益，全年实现粮食购销35.49万吨，实现利税337.23万元。

【粮油检测中心通过国家认可委国家实验室资质认证】　12月，市粮油检测中心通过国家认可委专家评审组的考核和现场评审，取得国家认可委颁发的国家实验室认可证书，获CNAS标识使用权。

（夏志安）

烟草业

【概况】　市烟草专卖局（南通市烟草公司如皋分

公司）现有员工 122 人，设有稽查中队 3 支，配备稽查车辆 7 辆和摄像机以及先进通信设备。下设如城、下原、石庄客户服务部 3 个、卷烟配送中转站 1 个，配备卷烟送货车 17 辆。全市有卷烟零售客户 5984 户。2011 年，完成卷烟销售 40964 箱，实现销售额 77279 万元，实现税利 22194 万元，再创历史新高。在南通市烟草系统党风廉政建设暨践行“两个至上”长效机制综合考评中获县（市）局（分公司）第一，获南通市烟草专卖局系统依法行政标杆单位称号。

营销管理　5 月，市烟草专卖局对所有卷烟零售客户全面推行“八讲、八不”(供货服务讲公平，货源供应不偏袒；订货服务讲准确，客户订单不错漏；送货服务讲效率，卷烟送达不延误；售后服务讲信誉，流程规范不拖沓；拜访服务讲实效，经营指导不浮躁；投诉服务讲真诚，处理改进不推诿；客户服务讲廉洁，行为自律不违纪)服务承诺，在此基础上进一步完善卷烟零售客户分类服务标准，将卷烟零售客户分成核心客户、普通客户、小型客户三种类型，对不同类型的客户实施不同标准的服务，其中，核心客户占客户总数的 4%左右，普通客户占客户总数的 80%左右，小型客户占客户总数的 16%左右。6 月，对所有标准店的店面及货柜逐户拍照取样，进一步完善标准店基础资料，强化标准店的数据管理。9 月，正式启用由江苏烟草统一开发的客户经理“卷烟营销工作平台”，客户经理工作软件进一步升级。10 月，正式推行电话订货、手机上网订货和计算机上网订货“三选一”卷烟订货模式，电子商务订货率达 94.18%。

专卖管理　年内，累计查获各类违法案件 245 起，查获各类违法卷烟 13067.7 条，涉案总值 127.25 万元。其中，万元以上大案 30 起，移交公安机关专案查处案件 2 起，拘留 11 人，逮捕 4 人，判刑 4 人，取保候审 5 人；移交工商部门 35 起；破获网络案件 1 起。被南通市烟草烟草专卖局授予 2011 年度打假破网工作突出贡献奖。

【“规范管理提升年”获佳绩】　年内，市烟草专卖局着力强化企业规范管理，在南通市烟草专卖局(公司)“规范管理提升年”四项考核中，获三项第一名、一项第二名。

【企业文化活动室获南通烟草系统最佳风貌奖】

年内，市烟草专卖局突出如皋历史人文特点，挖掘传统文化精神和现有文化特色，建成集陈列室、读书吧、棋牌室、健身房于一体的典雅优美、现代时尚的企业文化活动室，并在文化室内添置多点触控系统，制作播放如皋烟草发展史宣传片，获南通烟草系统企业文化室最佳风貌奖。

【“雉水金叶”——办事公开、民主管理信息化平台】

年内，市烟草专卖局创新开发“雉水金叶”——办事公开、民主管理信息化平台，通过卷烟经营作业指南、经营信息查询、在线服务评价、新品上市介绍、促销信息发布等功能，公开零售客户关心的业态变化、货源信息、订货明细、证件办理以及违规经营等信息，不仅使得业态评定、货源分配、宣传促销等零售客户关心的热点问题公开化、透明化，主动接受零售客户的监督，而且能随时了解零售客户建议、意见和心声，不断改进和提高服务质量、提高市场营销水平。

（李　慧）

盐　业

【概况】　江苏省盐业公司如皋支公司现有干部职工 23 人，市盐务局现有专兼职盐业行政执法人员 17 名。全市现有生产加工及食品加工用盐企业 890 家。2011 年，市盐务管理局(公司)销售各类盐品 40616 吨，实现销售收入 4505 万元。获南通市文明单位和如皋市文明单位、行政执法先进集体、安全保卫先进集体称号。

依法行政　年内，市盐务管理局累计出动执法人员 1080 人次，检查各类用盐户、零售户 2512 户，查获各类盐业违法案件 36 件，查获各类违法盐产品 159.6 吨，罚没款 3040 余元。1～2 月，组织“两节”(元旦、春节)食盐市场专项检查行动，开展加工灌制香肠用盐安全专项检查，春节前突击检查城乡大型农贸市场 6 个，检查灌制香肠摊点 48 家，确保节日期间食盐安全。5 月，组织开展饮食摊点、卤菜加工用盐生产专项检查，对因城乡建设需要而搬迁的卤菜加工户重新查找、登记、检查，纳入监管范围。6 月，组织开展高考、中考期间食盐净化专项行动,结合全市食盐市场实际情况,制订食盐保安专项行动实施计划,对高考、中考考点学校食堂和周边饭店、饮食摊点进行拉网式检查。8月,组织开展工厂企业食堂用盐情况大检查,检查全市城乡新增大中小型企业食堂,减少食盐安全事故发生。10月,开展与邻近县(市)盐务局对边界联合检查执法行动。

盐法宣传　年内,市盐务管理局组织、参加各类宣传咨询活动5场次,收集、整理、制作各类台账资料接受考核6套次,撰写各类信息稿件26篇,制作播出电视专题片3套、新闻节目20多台次。与市电视台、电台策划制作播出以宣传碘盐知识、推广多品种营养盐为内容的节目近百次。走访调查居民灶台2.16万户,发放宣传资料5.6万余份,印发“5·15”全国防治碘缺乏病宣传日《如皋动态》专版3.2万份。

营销工作　年内,市盐业公司严格执行国家各项食盐专营政策和盐产品质量标准,根据南通市公司全面掌控终端网络工作要求,积极推进客户经理到岗履职工作,完善公司商品管理制度,组织调进各类盐品,保证全市各类盐品市场正常供应不脱销。通过市场走访、信息收集,改善营销服务质量,用户满意度达95%以上。

【应对市民抢购食盐风潮】　3月17日,因日本“3·11”强烈地震引发海啸造成核电站泄漏,市民担心核辐射而形成抢购食盐风潮。市盐业公司根据省、南通市盐业公司通知要求,在第一时间向市政府和市长公开电话受理中心报告情况。市长公开电话受理中心立即向市委、市政府主要领导报送《关于食盐发生抢购应急预案的专题报告》。同时,市盐业公司利用电视、电台、报纸等媒体进行全方位、立体式宣传,呼吁市民不要听信谣言跟风抢购,并动用食盐配送车辆20多辆,向全市城镇人流量比较集中的大超市配送食盐,累计向全市市场投放食盐300多吨。至傍晚,全市市民抢购食盐风潮基本平息。

【查获两起非法经营盐品大案】　年内,市盐务管理局先后查获两起非法经营盐品大案。

4月12日,市盐务管理局突击检查如城食盐经销商仓库,在其私盐仓库中查获854箱、规格320克的外县(市)碘盐19.12吨,并将查获盐品登记保存到市盐业公司仓库。

10月28日,市盐务管理局接到群众举报后,在吴窑镇山羊市场查获一起使用工业盐进行食品加工案件,登记保存工业盐13.85吨,涉及用盐户4家。

(马　茹)

旅　游　业

【概况】　全市现有国家AAAA级景区1处、AAA级景区4处、AA级景区1处,三星级乡村旅游点2家;旅行社14家,营业部13家;三星级旅游饭店7家,二星级旅游饭店1家,规模饭店10家,连锁快捷型酒店4家,商务型酒店4家。2011年,累计接待市内外游客400万人次,实现旅游业综合收入48亿元,同比分别增长40.3%、50.1%。

组织引导　年初,成立市旅游工作领导组和市旅游协会。市旅游局制订《如皋市旅游业发展引导奖励办法》、《旅游项目大投入,建设美好新如皋竞赛活动细则》、《2011年五大景区公司目标责任制考核办法》等文件,组织开展“旅游项目大投入,建设美好新如皋”竞赛活动。对照省、南通市引导政策,组织旅游企业创先争优,累计获省、南通市旅游发展专项扶持资金130万元。

项目建设　年内,全市在手、在谈涉旅项目86个,其中,中国长寿城、台商服务中心、青少年素质教育基地、桃园美树城、磨头南海生态园、林梓康盛生等新项目落户并开工,宝来易老年度假项目、上海拉风影视基地、万花园、钱王园等项目签订框架合作协议,红十四军纪念公园、文化广场、利园山庄、桃园美树城一期、衡山金盛与金陵金鼎大酒店等项目先后建成开放,长江药用植物园、长青沙青少年素质教育基地、中国长寿城、龙游湖风景区、定慧寺西扩工程以及君临大酒店等20多个在建项目加紧推进。全年累计完成旅游项目投入29.5亿元。

宣传促销　年内,“世界长寿乡、水绘金如皋”城市形象宣传专题片连续在中央电视台第一套和第四套节目播出。《中国旅游报》、《华东旅游报》及南京电视台等媒体先后开辟如皋特色旅游宣传专栏。新建的如皋旅游门户网络系统点击率和浏览人数双双打破设计预期。腾讯网、新华网、新浪网及相关名博不断发布如皋旅游信息，获网友广泛关注。6～9月，组织景区参与文化公路建设，在各高速公路进出口、主要交通节点设置景区指示牌。策划发行水绘园主题邮票和明信片。先后组织参加国内外旅游交易会10多场，与上海、苏州、无锡、常州等周边城市旅游主管部门签订书面协议，邀请上海旅游业企事业单位参加"体验如皋旅游"主题推介会。8月，参加第七届国际养生美食大赛，市烹饪协会和江陵大酒店分别获团体和个人金奖，如皋争取到2012年(长寿杯)第八届国际养生美食大赛举办权。9～11月，结合冒辟疆和李渔诞辰400周年纪念活动、第九届如皋沿江经济洽谈会以及"世界长寿之乡"认证等进行宣传造势，举办征文摄影大赛、红色旅游宣传专场文艺晚会、旅游文化进社区等主题活动。在水绘园景区组织第二届相亲文化节。

行业管理　年内，市旅游局在全省率先推行旅游用车事前备案制度和"旅游服务投诉市民卡"制度。全年累计组织执法检查120人次，受理旅游投诉11起，立案查处3起，投诉处理满意率100%。全年组织系列技能培训、安全培训11批次，组织考察乡村旅游示范区，举办旅游服务技能和各类从业人员技能大赛。制订最佳绿色旅游城市创建规划和目标责任书，苏通生态园建成省三星级乡村旅游点，佩尔斯大酒店同时建成三星级饭店与绿色饭店，东森国际酒店建成三星级酒店，江中集团宾馆建成银叶级绿色饭店，新天地餐饮、顶新食府、九子玲餐饮建成南通四星级旅游星级餐馆，江南大院和1916大酒店建成南通三星级旅游星级餐馆。

【佩尔斯大酒店成为主城区首家绿色饭店】　7月15日，由南通市旅游局、环保局、节能办组成的验收小组，对如皋佩尔斯大酒店新能源利用、节电节水措施、绿色食品提供、员工食堂、氛围营造等方面进行现场检查验收。验收小组一致认为，如皋市佩尔斯大酒店已达到国家银叶级绿色饭店评定标准。佩尔斯大酒店成为如皋主城区首家绿色饭店。

【陈鹏获南通旅游形象大使"十佳"选手称号】　10月4日，"文明南通魅力之旅"——南通首届旅游形象大使总决赛落幕，如皋选手陈鹏获"十佳"选手称号。

【旅游系统连续五年被评为市文明行业】　12月，市旅游系统被评为市文明行业，连续五年获此殊荣。在文明行业获奖名单上，如皋市旅游质量监督所、旅游执法监察大队，江苏江中集团宾馆、佩尔斯大酒店、南通泛亚大酒店、南通泰华大酒店，南通大众、快乐之旅、东方国际、星际国际、南国国际、光辉国际、假日国际、扬子国际旅行社等企事业单位榜上有名。

【东森国际酒店获国家三星级旅游饭店称号】　12月，南通东森国际酒店通过验收，正式获批国家三星级旅游饭店。

东森国际大酒店始终把评星创绿作为提升酒店整体形象的重要工作，上下齐心协力，对照创建标准查漏补缺，整改完善。

（陈小建）

2011年全市部分旅游业规模企业业绩情况一览

表31

企业名称	营业收入（万元）	组团外出旅游人次	接待市外旅游人次
合计	5830.42	26559	1937999
如皋市东方旅行社	308.50	3389	1031
如皋市假日旅行社	180.39	1000	/
南通天天假期旅行社	112.93	1154	/
如皋市扬子旅行社	690.27	1775	367
如皋市星际旅行社	595.40	2514	/
如皋市快乐之旅旅行社	780.00	3989	/
如皋市南国旅行社	393.01	4330	/
如皋市大众旅行社	226.44	1926	193
光辉旅行社	528.88	4793	/
华夏旅行社	106	1689	130
东方大寿星园	526.70	/	212632
水绘园风景区	559.90	/	600000
花木大世界	822.00	/	1123646

重点服务业企业选介

【江苏益昌集团有限公司】　江苏益昌集团有限公

司成立于1998年,专业从事汽车销售4S店投资管理、国内知名品牌摩托车和农机销售服务,总部位于如城镇福寿路。公司于2003年涉足汽车销售领域,经营汽车销售4S店11家,总经营面积73301平方米,其中,展厅面积10057平方米,维修车间面积20289平方米,配件仓库面积5269平方米,办公等其他面积27585平方米。

公司秉承"天道酬勤,商道酬信"和"谋道者,道与利兼得"的经营理念,注重诚信做人,诚实做事,获得良好服务口碑。多年来,公司不断形成并完善规范有效的管理制度和服务流程,打造一支优秀的、多层次的、结构合理的人才梯队,为企业持续发展提供强大的制度保障和人才保障。集团(含下属子公司)多次被评为市服务业红旗单位、先进单位和南通市现代流通先进企业,被省消费者协会评为诚信单位,被南通银行业协会评为南通市最佳信贷诚信企业。

2011年,公司销售汽车7686辆,实现营业收入11.4亿元,被评为如皋市服务业20强企业之一。

【如皋港务集团有限公司】 如皋港务集团有限公司成立于2005年,由香港金海岸投资建设发展有限公司投资,注册资本金11773.695万美元。公司位于如皋港区,占地总面积197462.47平方米。

公司总体战略规划定位于"港、工、贸一体,江、海、河联营"的集成型供应链服务商,拥有长江岸线资源约5公里,下辖江苏金港仓储有限公司、江苏金海岸港口企业资产管理有限公司等子公司8家,现有员工400余人。2008年如皋港口岸成为一类开放口岸后,公司拥有的4个通用泊位、12个港池泊位全部对外开放,其中4个泊位已竣工并投入试运行。

公司拥有一支富有管理经验和良好服务意识的团队,坚持走科学创新、持续发展道路,树立"以制度塑造人、以创新培育人、以目标激励人、以诚信凝聚人"的管理理念,打造"团结奋进,求真务实,开拓创新"的企业文化,坚持"一切为了客户,为了一切客户"的服务宗旨,竭诚为各类客户提供优质、高效的服务。

2011年,集团公司完成吞吐量1802.45万吨,其中,煤炭1089万吨,矿石63.6万吨。接靠大小船舶702艘次,同比增加货物量698万吨,增长63.2%。完成自然吨960.76万吨,同比增加383万吨,增长66.4%。实现主营业务收入15000万元,同比增加近7000万元,同比增长82.3%。

【如皋市海桥劳务技术合作有限公司】 如皋市海桥劳务技术合作有限公司创建于1986年,注册资金868万元,固定资产1200多万元。现有职工3200多人,其中技师以上工程技术人员86人、高级技工1084人。公司位于如皋市软件园(桃园镇)桃园路邮电局东侧,拥有两栋办公大楼3000多平方米,办公设施齐全。2005年通过ISO9001质量体系认证,被省劳动和社会保障厅领导誉为"不征地、不贷款、不污染"的绿色企业。被评为重合同、守信用AAA企业,江苏省劳务排遣先进单位,南通市劳动力转移先进单位,获如皋市文明单位、纳税百强企业、服务业先进单位、服务业20强企业、"十佳"民营企业等称号。

公司拥有一支具有较高技术服务水平和丰富实践经验的劳务技术人才队伍,从钣金、模具、钳工、装配工到水电工、焊工、起重工,从普通车、铣、刨、镗、磨到数控、车、铣、刨、镗、磨工,从普通小型机床操作工到进口大型精密设备操作工,从单个零件加工到整机装配调试,从船体结构制造装配到机、管、电安装调试等技工,全方位为生产厂家提供劳务技术服务。与熔盛重工、新扬子、新世纪等10多家大型造船企业合作,参与液化气船、化学品船、挖泥船、油船等各类船舶的加工制造。

2011年,公司实现劳务总收入9000多万元,上缴国家税金920多万元,新增农民工就业600多人,取得良好经济和社会效益。

(曹　霞　闾传文　黄　璜)

开放型经济

导读

综　述

【概况】 2011年，全市上下按照港口型、都市型、镇域产业布局和十大产业发展规划、六大新兴产业规划、专业园区规划，引进一批先进制造业、高新技术产业、现代农业和现代服务业项目，实现到账外资7.23亿美元，到账外资确认数居南通县（市）第一、全省县（市）第六。如皋市委、市政府被南通市委、市政府表彰为2011年度利用外资工作先进单位（第二名）、2011年度“六千六百六十”工程先进单位。市商务局被南通市委、市政府表彰为2011年度南通市招商引资先进单位。如皋港工业园区被南通市委、市政府表彰为2011年度开发园区“争先创优”先进单位（第三名）。市如皋港务集团有限公司项目引荐单位、市永晖焦煤项目引荐单位被南通市委、市政府表彰为2011年度重特大项目引荐单位贡献奖。市森松重工项目引荐单位被南通市委、市政府表彰为2011年度重特大项目引荐单位优秀奖。江苏熔盛重工有限公司、双钱集团（如皋）轮胎有限公司被南通市委、市政府表彰为2011年度南通市“十佳”外商投资企业。

利用外资及港澳台资　年内，全市新批外资和港澳台资项目59个，其中增资项目10个，完成工商注册外资和港澳台资13.8亿美元，占市政府年度考核目标的92.3%，占南通市年度加压目标的219%。实现到账外资和港澳台资7.23亿美元，占市政府年度考核目标的72.34%，占南通市年度加压目标的190.3%，确认数居南通县（市）第一、全省县（市）第六。新批外资和港澳台资项目中，高新技术、先进制造业、新兴产业、现代服务业、现代农业项目44个，占新批项目总量的75%，利用外资及港澳台资结构不断优化。

对外和对港澳台贸易　年内，全市实现外贸和港澳台贸易进出口总额30.42亿美元，同比增长57.5%，总量位列全省县（市）第九，比2010年前移两名。其中，出口额18.77亿美元，同比增长86.8%，总量列全省县（市）第十位，比2010年前移三名；进口额11.65亿美元，同比增长25.7%，总量位列南通第一。全市出口超千万美元企业达32家，同比增加6家。市商务局被江苏省商务厅表彰为2011年度省商务发展专项资金管理及申报工作先进单位，江苏熔盛重工有限公司被南通市委、市政府表彰为2011年度南通市“十佳”外贸出口企业之一。

2011年全市利用外资及港澳台资情况一览

表32　　单位:万美元

片别	镇别	工商注册外资				实际到账外资				合计得分	综合名次	各片名次
		考核目标	累计完成	占年考核目标(%)	增幅(%)	考核目标	累计完成	占年考核目标(%)	增幅(%)			
	合　计	150000	138442.8	92.3	—7.98	100000	72344	72.34	—21.8	/	/	/
东片	东陈镇	2600	4883	187.8	81.32	1500	1605	107	2.62	106.65	1	1
	丁堰镇	2600	2750	105.77	16.03	1500	1516	101.07	0.73	101.01	3	
	林梓镇	2000	2000	100	—11.11	1200	1200.5	100.04	5.36	100.04	11	
	雪岸镇	1500	1500	100	—33.63	1000	1005	100.5	8.18	100.48	5	
	小计	8700	11133	127.97	/	5200	5326.5	102.43	/	102.31	/	
中片	白蒲镇	2600	2670	102.69	1.14	1500	1505	100.33	19.92	100.32	7	4
	磨头镇	2000	2010	100.5	—33.58	1200	1204	100.33	0.25	100.32	7	
	下原镇	2000	2080	104	4	1200	1205	100.42	0.33	100.4	6	
	吴窑镇	2000	2120	106	—33.08	1200	1204	100.33	9.36	100.32	7	
	小计	8600	8880	103.26	/	5100	5118	100.35	/	100.34	/	
南片	九华镇	2600	2600	100	—12.75	1500	1512.5	100.83	0.73	100.79	4	2
	郭园镇	2000	2000	100	—52.38	1200	1252	104.33	4.16	104.12	2	
	石庄镇	2000	2000	100	/	1200	1201	100.08	/	100.08	10	
	江安镇	2000	2041	102.05	2.05	1200	1210	100.83	10.86	100.79	4	
	小计	8600	8641	100.48	/	5100	5175.5	101.48	/	101.41	/	
西片	搬经镇	2000	2800	140	19.4	1200	1204	100.33	0.17	100.32	7	3
	常青镇	1500	2000	133.33	11.11	1000	1001	100.1	—0.4	100.1	9	
	高明镇	1500	1800	120	20	1000	1003	100.3	10.22	100.29	8	
	袁桥镇	2000	2000	100	/	1200	1210	100.83	0.75	100.79	4	
	小计	7000	8600	122.86	/	4400	4418	100.4	/	100.39	/	
大沿江片	经济开发区(柴湾镇)	38000	38080	100.21	44.57	24000	6107	25.45	—3.09	29.17	4	
	长江镇(如皋港区)	70000	41647	59.5	—37.78	60000	24329	40.55	—61.5	41.5	2	
	如城镇(工业园)	13000	14046	108.05	52.87	8000	2775	34.69	84.75	38.36	3	
	科技城(桃园镇)	6000	7415.8	123.6	139.19	2700	2750	101.85	173.63	101.76	1	
	小计	127000	101188.8	79.68	/	94700	35961	37.97		40.06	/	
	中心城区	3000	3000	100	/	1000	1000	100	—0.2	100	/	
	招商局(上海联络处)	30000	31174	103.91	41.33	15000	10760	71.73	117.15	73.34	/	
	其他	/	/	/	/	/	16345	/	/	/	/	

2011年全市外贸进出口情况一览

表33 单位:万美元

片别	镇别	考核目标	累计完成	占年考核目标(%)
	合计	300000	304173	101.4
东片	东陈镇	2000	17366	868.3
	丁堰镇	10000	14578	145.8
	林梓镇	1500	2471	164.7
	雪岸镇	500	991	198.2
中片	白蒲镇	1500	1322	88.1
	磨头镇	500	1820	364.0
	下原镇	800	840	105.0
	吴窑镇	500	724	144.8
南片	九华镇	10000	24575	245.8
	郭园镇	1000	2115	211.5
	石庄镇	4200	3869	92.1
	江安镇	3000	4808	160.3
西片	搬经镇	1000	1586	158.6
	常青镇	200	229	114.5
	高明镇	600	12	2.0
	袁桥镇	200	437	218.5
大沿江片	经济开发区(柴湾镇)	30000	38377	127.9
	长江镇(如皋港区)	210000	163782	78.0
	如城镇(工业园)	20000	21445	107.2
	科技城(桃园镇)	2500	2826	113.0

服务外包

【概况】 2011年,全市累计新增服务外包企业101家。其中,外资企业5家,总注册资本4405万美元;内资企业96家,总注册资本6.96亿元。新增服务外包执行额3.22亿元。

年内,市委、市政府先后举办2011年全国部分重点软件企业高层圆桌座谈会和数字城市·如皋高层研讨会两个国家级服务外包专题会议。凯迈(江苏)机电有限公司、南通晟峰信息科技有限公司、江苏先锋信息科技有限公司被南通市委、市政府表彰为南通市“十佳”服务外包企业。

对外以及对港澳台地区经济技术合作

【概况】 2011年,全市实现外经营业额2.01亿美元,新派出国劳务人员3008人,年末在外劳务人员总数达7630人。市商务局被南通市商务局评为南通市外经工作先进组织单位。如皋市外派劳务服务中心被南通市商务局评为南通市对外劳务合作先进服务平台。南通六建建设集团有限公司被南通市委、市政府表彰为2011年度南通市“十佳”外经合作企业之一,被南通市商务局评为南通市对外承包工程先进企业。市境外劳务输出服务有限公司被南通市商务局评为南通市对外劳务合作先进企业。市境外劳务输出服务有限公司、市华建劳务合作有限公司被南通市商务局评为南通市外派劳务培训先进企业。

年内,如皋港区南通其昌镍矿精选有限公司追加在印度尼西亚设立的其昌矿业(印尼肯达里)有限公司的投资,累计投资额达3900万美元。南通长青沙船舶工程有限公司在英属维尔京群岛设立长青航运有限公司,项目总投资2200万美元,主要经营航运、船舶买卖等业务。丁堰镇江苏涤诺日化集团有限公司在印尼一期投资1000万美元生产皂粒、脂肪酸。南通六建建设集团有限公司实现境外工程承包营业额1.6亿美元,占全市总量的80%。

(白　洁)

开发区(园区)建设

江苏省如皋经济开发区(柴湾镇)

【概况】 如皋经济开发区(柴湾镇)位于如皋市北部,与中心城区相依靠。全区规划总面积91.8平方公里,辖行政村9个、社区13个,总人口15.11万人。2011年,实现地区生产总值68.1亿元,同比增长40.41%。完成财政收入9.85亿元,同比增长29.43%,其中一般预算收入5.73亿元,同比增长41.8%。在全市主体功能区综合排名第二。被评为2006～2010年江苏省社会治安综合治理先进集体、2011年度全省开发区信息工作先进集体、全省安全生产监督管理系统年度先进单位、南通市“五五普法”先进集体、农村党风廉政建设“三三三工程”工作先进单位。司法所被评为江苏省优秀司法所。

工业经济　年内，实现规模工业总产值365亿元，增幅40.93%。完成工业应税销售121.77亿元，增幅49.32%。完成规模工业投入63.77亿元，占年度目标任务的109.9%。完成技改投入44.6亿元，占年度目标任务的117.4%。完成全部工业实缴税金5.67亿元，同比增长17.46%，其中规模工业实缴税金4.89亿元，同比增长18.52%。完成设备抵免税4763.67万元，同比增长40.1%。实行工业用电量3.20亿度，同比增长13%。新增装机容量32671千伏安，同比增长89.1%。新增30亿元企业1家、5亿元企业2家、规模企业14家。完成外贸进出口额3.5亿美元，同比增长40.2%。

基础设施建设　年内，投入4.56亿元，完成实验小学、金属表面处理中心标准厂房及管网、丰登路、金轮西路、龙池路、海阳北路、花市路路灯和自来水管道、通扬路及意瑞达污水管网、水绘园大桥、天河桥和三个公墓、人工湿地、供热管网等基础设施建设，新增绿化面积75万平方米。

招商引资　年内，完成外资注册3.808亿美元，同比增长44.57%，超额完成目标任务。外资实际到账6107万美元，同比下降3.09%。引进市外民资17.896亿元，占目标任务的102.9%。引进欧文斯、百应能源等大项目18个，合计总投资70.9亿元，其中，超亿美元项目6个，一产项目3个，三产项目3个，二产新兴、高新项目9个，主要集中于新能源、新材料、新医药等领域。新设立的驻美招商办事处完成项目引进、战略合作、友城共建等项目8个，总投资达6亿美元。区域对接和高校合作项目9个。

科技创新　年内，全区(镇)获省、南通市科技进步奖24个，引进人才45人，其中，博士23人，欧、美地区到开发区创业或工作的博士4人。申请专利400件，占目标任务的121.2%，其中申请发明专利311件，占目标任务的311%。申报项目120件，占目标任务的125%。新增省级院士工作站1家(南通锻压设备股份有限公司院士工作站)，新增高新技术企业1家(瀚艺空调)，新建研发中心8家，新实施产学研合作项目10个，新增南通名牌产品2个，江苏联众肠衣有限公司成为省级畜产品产业技术创新联盟理事长单位。出台《如皋经济开发区关于激励企业转型升级的意见》，对技术改造、科技创新、创名创牌创优等方面取得突出贡献的25家先进单位予以奖励，奖励总额184.7万元。设立创新型人才奖100万元，用于表彰奖励优秀外来经营管理者和优秀外来人才。全区现有高新技术企业9家、省创新型企业9家、省民营科技企业12家、高新技术产业企业23家，年内新申报省创新型企业5家、省民营科技企业8家。高新技术产业产值占比36%，高新技术产业投入在规模项目投入中占比80%，新兴产业投入在规模项目投入中占比52%。

项目建设　年内，新开工3000万元以上项目36个，竣工项目26个，同比分别增长75%、45%，其中新开工的5000万元以上新兴或高新产业项目5个。宏皓、泰德、松野、江森、爱康、美能得、荣威、锻压、电站阀门、腾达、意瑞达、桑美特等项目先后竣工投产。在建项目总投资额近80亿元，集中于太阳能、新能源、电子电气、机械加工等高新技术产业。

农业和农村经济　年内，实现规模农业总产出1.78亿元，同比增长17.88%。实现规模农业投入3.63亿元，同比增长242.73%。新增土地流转面积1086.47公顷、同比增长148.47%。新增连片13公顷以上设施农业面积406.67公顷，同比增长117.86%。新增现代农业园区4个，同比增长100%。新增连片13公顷以上花木面积120公顷，同比增长20%。新增果蔬面积266.67公顷，同比增长42.86%。新增休闲观光农业面积43.33公顷，同比增长160%。农田保护区土地拆迁整理575.67公顷，占目标任务的431.75%。注册村(社区)股份合作社6个，实现村(社区)集体收入1436.75万元。提前一年完成“万顷良田”一期工程搬迁复垦。先后出台《加快村(社区)集体经济发展实施意见》等文件8个，在镇南、桥港等社区启动村(社区)劳务合作社组建试点工作。

社会事业　年内，通过“一卡通”发放城市最低生活保障167户344人、农村最低生活保障1026户2132人、重残补助892人，发放救助低保户、特困户家庭中患重大疾病对象52户18万元、火灾救助款7户5600元、危房救助10户7000元、慈善救助17人196548元、助学金27人2.7万元。组织9568名育龄妇女免费接受生殖健康检查。累计参加农村养老保险27208人，上缴保费1560.7万元。推进“土地换社保”工作，10个村（社区）累计进保37个组7020人，占目标任务的179.59%。组织农村劳动力创业培训618人、劳动力培训1286人，新增就业708人，扶持就业困难人员308人。开展“送戏进城”活动2次。新建人才公寓文体中心，新增村级健身工程1个、集居点健身工程1个、农家书屋9个、农家书屋示范村5个。开发区实验小学和幼儿园建成并投入使用，中考录取如皋中学公费生17人，创历史新高。新型农村合作医疗参合率达100%，筹集个人经费4297320元，参合人员筹集经费到位率100%，门诊费用补助69298人2771920元，补助到位率100%，市外住院补偿补助4758人629689.17元，补偿率达45%。

小城镇建设　年内，完善区（镇）总体规划和城北新城规划，全面启动雨水、污水、自来水、供电、电信等专项规划编制，对万新河至新柴河1.5平方公里区域进行控制性规划设计，并经柴湾镇人大常委会会议通过。投入5.16亿元，推进山姆广场、实验学校、人才公寓等13个城市功能性平台建设和如泰河风光带等11个城市节点景观工程建设。投入13.9亿元，全面推进北郊花苑等6个安置区建设，安置房新开工面积98.1万平方米，竣工69.6万平方米。推进庆余小学及周边16个城建项目的搬迁整理和水绘绿源等11个房产项目的开发建设，新开工商品房面积64.5万平方米，竣工44.8万平方米。5742户农民进城进镇居住。

政治文明、精神文明建设　年内，与市司法局联合举办“法企携手”法律宣传咨询活动3次。开发区维稳中心组织矛盾纠纷排查38次，受理矛盾纠纷52起，调解成功率100%，典型案例刊载于《江苏法制报》。各村（居）组织排查矛盾纠纷44次，排查矛盾纠纷405起。区（镇）公安派接处警6890起，其中民事纠纷4991起，民事纠纷绝大部分在第一现场得到化解，需要调解纠纷72起，公调对接31起，公调对接率43%。全年累计接待群众来访199批次1128人次，参与“书记大接访”活动12次，受理上级交办信访件72件，全部按时办结。成立如皋开发区阳光就业扶助基地，为刑释解教人员提供就业平台。投资40多万元，在镇南小区、鹿门西小区建成法治文广场，20家公民“法治驿站”规范化建设通过验收，其中2个法治驿站作为市法治驿站现场会示范点。在北郊花苑率先成立党委，建设小区公共服务管理中心，让居民在原居住村的经济利益不变情况下，享受新型小区现代化管理与服务。镇南社区被市委、市政府作为2011年度江苏省社会主义新农村建设先进村典型上报省政府。

【陆地方舟新能源电动汽车技术汇报会在宁举行】 6月22日，如皋客车总厂有限公司（江苏陆地方舟新能源电动汽车有限公司）技术改造项目汇报会在南京西康宾馆举行。汇报会上，如皋客车总厂有限公司向出席会议的领导、专家详细介绍企业情况、项目背景以及项目可行性研究报告，省经信委副主任戴跃强等领导和专家就项目设计、建设、运营水平的进一步提升提出相关意见和建议。

【现代黑鱼产业发展规划通过专家评审】 8月9日，如皋经济开发区（柴湾镇）在市行政中心召开《如皋市现代黑鱼产业发展规划》评审会。会上，省淡水研究所详细报告乌鱼产业规划，范氏水产负责人对项目实施情况作补充，并回答专家组的提问。规划评审组组长、省水产技术推广站站长晁祥飞充分肯定项目发展前景。南通海洋渔业局副局长、副书记顾汉忠表示，将把该项目作为十大优势产业之一，迅速在南通市海洋渔业领域试点，政府将给予政策扶持。其他专家在充分肯定规划的科学、全面、合理性的基础上，提出一些切实可行的建议和需要补充完善的内容。与会专家一致同意规划通过论证，建议尽快报批并组织实施。

【水绘园大桥竣工通车】 8月30日上午，如皋经济开发区举行如泰运河水绘园大桥建成通车仪式。

如泰运河水绘园大桥位于水绘园风景区东侧，是连接如皋经济开发区与主城区的重要纽带。大桥总宽21.4米，净宽9米，主跨52米，于2010年8月开工建设。大桥建成通车后，可有效分流海阳路交通车辆，改善交通条件，促进如泰运河北侧反差地段改造，完善城市功能，提升城北新城品位。

【市肠衣行业服务中心成立】 8月，如皋经济开发区在中国肠衣城建立如皋市肠衣行业服务中心，委托市国税税务事务所驻点服务，为肠衣经营户提供各项涉税业务咨询与服务。

肠衣产业是如皋市的传统产业、特色产业、富民产业，全市现有肠衣生产经营企业200多家，年销售额约达30亿元，产量和出口量约占全国的30%。

【南通市委书记丁大卫走访慰问开发区教师代表】 9月7日，在第27个教师节来临之际，南通市委书记丁大卫专程到如皋经济开发区城北初级中学考察，看望慰问辛勤耕耘在教育一线的教师代表，并向如皋市教育工作者送上节日的问候和祝福。

南通市委书记丁大卫(前排右二)在城北初级中学视察

【山姆城市广场奠基开工】 10月18日上午，如皋经济开发区山姆城市广场项目奠基开工。

广场位于海阳北路东侧、惠民路南侧，总建筑面积约100万平方米，其中商业建筑20万平方米、高档社区建筑80万平方米。广场景观由日本造园家集团设计，生态景观、绿化覆盖率将达50%，配建大型人工湖、森林公园以及如皋第一座水幕电影及大型音乐喷泉。综合性商业广场由日本全日新设计，包括五星级精品酒店及餐饮、休闲、娱乐文化等主题商业。广场建成后，将成为如皋城北新城地标性建筑。

【美国塔拉哈西市友好代表团考察南通百应能源公司】 10月27日，美国塔拉哈西市友好代表团考察访问如皋经济开发区南通百应能源有限公司。代表团成员饶有兴致地参观南通百应能源有限公司研发车间，详细询问项目进展情况。百应能源是哈西市重点高科技企业，是当前世界上唯一可以达到或十分接近美国能源部为燃料电池制定的2015年技术指标的公司。

【新能源汽车及零部件产业园获批】 11月18日，省商务厅发文(苏商开发〔2011〕1488号)，同意如皋经济开发区内设立江苏如皋新能源汽车及零部件产业园。

自2010年始，如皋经济开发区坚持以科学发展观为指导，全面落实“六个注重”新要求，加快转变经济发展方式，紧紧抓住江苏沿江沿海上升为国家战略的重大机遇，加快发展新能源汽车及零部件产业，引进投资额40亿元的陆地方舟新能源电动汽车项目、投资10亿元的延峰汽车配件等项目，借助双钱轮胎等成熟企业，不断突破核心技术，增强集聚功能，推动新能源汽车做大做强，实现产业转型升级，目标“十二五”末建成500亿级产业园。

【博爱医院建院十周年庆典】 11月20日，市博爱医院举行十周年院庆暨全国诚信民营医院授牌、博爱医疗救助基金启动、苏州大学医学部肿瘤研究(如皋)基地揭牌仪式。解放军总医院原院长朱士俊，中国医院协会民营医院管理分会名誉会长、卫生部医改司原司长于宗河，国务院研究室巡视员、社会发展司原司长朱幼棣，第二炮兵总医院专家组副组长、原护理部主任刘景红，中国医院协会民营医院管理分会副秘书长解栩楠，苏州大学医学部主任蒋星红，南通市副市长、如皋市委书记陈惠娟，南通市卫生局党组书记、局长蒋志群等领导出席庆典仪式。

市博爱医院原为如皋市第四人民医院，2001年6月改制更名为博爱医院，在南通市改制医院中首家晋升国家二级综合性医院，获全国诚信民营医院称号。医院现拥有床位350张、员工498人，其中中高级职称93人，总资产2.5亿元，集医疗、科研、教学、保健和康复于一体。

【生物科技产业园奠基】 11月29日，如皋经济开发区举行生物科技产业园奠基典礼。

生物科技产业园是如皋经济开发区加快产业结构调整、推动转型升级而重点发展的高科技园区。园区规划面积约160公顷，其中一期工程用地

82.66公顷，按功能划分为“三器、三区”六个功能分区。入园项目将涵盖生物医学诊断、生物制药、疫苗、干细胞研究、再生医药、农业生物技术、药物制剂及剂型、生物信息资源及生命科学相关领域。美国欧文斯生物科技、美国Robort脐带血干细胞与再生医学工程、威世药业扩建等项目已入驻园区，

【南通爱康太阳能一期竣工投产】 12月18日，南通爱康太阳能器材有限公司太阳能边框一期项目正式竣工投产。仪式上，公司董事长邹承慧代表企业向如皋经济开发区实验小学捐赠218万元，用于爱康少年宫建设，并向每位在校学生捐赠校服1套。

南通爱康太阳能器材有限公司是江苏爱康太阳能科技有限公司在如皋投资设立的子公司，主要从事太阳能器材专用五金件研发、生产、销售。项目建设分三期进行，一期项目为太阳能电池高档铝边框，生产能力、产品精度和质量处于同行业世界最先进水平，公司客户均为光伏行业世界前30强企业。一期项目建成投产后，可年生产、加工太阳能专用高档五金件及太阳能发电设备配套产品5万吨，实现年销售20亿元。

【南通锻压登陆深交所创业板】 12月28日上午9时25分，南通锻压设备股份有限公司股票“南通锻压”正式在深交所创业板挂牌上市。“南通锻压”股票代码“300280”，发行价为11元/股，公开上市2560万股，对应市盈率为34.38倍。此次发行募集资金将用于大型精密成型液压机扩产改造项目和数控重型机械压力机生产项目，投资总额3.08亿元。

南通锻压股份设备有限公司经过10多年拼搏，从简单设备加工制造和简陋的作坊式小企业发展为集研发、生产和销售于一体的高新技术企业，先后获国家火炬计划高新技术企业、江苏省创新型企业等多项荣誉，并成为江苏省超大吨位锻压设备工程技术研究中心、江苏省企业院士工作站建设单位，承担多项国家及省市科技计划项目。企业拥有液压机、机械压力机全套知识产权，部分产品技术达到国际先进水平，生产各类液压机、机械压力机等数十个规格、上百个品种的锻压设备，产品适用于汽车、航空航天、核电、船舶等诸多行业和领域。

（贲　海）

2011年如皋经济开发区(柴湾镇)外商投资情况一览

表34

序号	项目名称	总投资(万美元)	注册外资(万美元)	注册时间	序号	项目名称	总投资(万美元)	注册外资(万美元)	注册时间
1	伊纳斯新能源	5000	4000	2月	8	盛阶基础设施	1000	500	5月
2	铨盛科技	1000	225	3月	9	绿之源	3000	2980	6月
3	和巨塑料	4000	2500	3月	10	台肥	1500	700	7月
4	建辉科技	3000	1000	3月	11	航天之光	50000	9980	7月
5	欧文斯	30000	4998	4月	12	荣昌电子	3000	2900	12月
6	诚诚电子科技	5000	2800	4月	13	金宇基础设施	3000	2900	12月
7	南通宗盛光电科技	4000	2597	5月	合计		113500	38080	

2011年如皋经济开发区(柴湾镇)前50强规模企业应税销售收入、税金完成情况一览

表35

单位：万元

序号	企业名称	应税销售	实缴税金	序号	企业名称	应税销售	实缴税金
1	双钱集团(如皋)轮胎有限公司	301682	10205	4	南通鸿瑞金业有限公司	50018	47
2	江苏长寿集团股份有限公司(含大红门)	73109	685	5	南通锻压设备有限公司	42132	2299
				6	南通荣威塑胶工业有限公司	41750	1945
3	江苏省如高高压电器有限公司	72185	7279	7	南通泰慕士服装有限公司	37590	3887

续表 35—1

序号	企业名称	应税销售	实缴税金	序号	企业名称	应税销售	实缴税金
8	江苏金元亚麻有限公司(含紫薇)	43882	4539	26	南通市田园装饰布有限公司	7357	333
				27	南通恒源制衣有限公司	7063	284
9	江苏思源赫兹互感器有限公司	26979	2702	28	江苏祥源电气设备有限公司	6778	521
10	南通爱康太阳能器材有限公司	19539	1263	29	圣密克洁具(如皋)有限公司	6697	315
11	南通泰尔特服装有限公司(含三泉、源泉、染整、泰德)	15504	1206	30	伟达塑胶工业(南通)有限公司	6640	552
				31	如皋贝特福制线有限公司	6457	45
12	江苏联众肠衣有限公司(含坝新)	18603	268	32	南通市华业石油机械有限公司	4904	259
				33	如皋市天源肠衣有限公司	4725	4
13	如皋市大昌电子有限公司	13157	193	34	南通桑美特机械制造有限公司	4577	173
14	南通仁寿食品有限公司	12947	108	35	江苏瀚艺商用空调有限公司	4395	109
15	南通奔多电子新材料有限公司	12868	1308	36	如皋市皋城热电有限责任公司	4375	0
16	南通雷成运动休闲服饰有限公司(含染整、针织、制衣)	10629	814	37	南通市盟泰服饰有限公司	4369	227
				38	南通利都肠衣有限公司	4345	18
17	如皋市太阳肠衣食品有限公司(含东旭)	10238	240	39	南通品瑞纺织品公司	4213	194
				40	南通龙威时装有限公司	4116	84
18	如皋市如兴纺织有限责任公司(含潘迪、润德)	10144	580	41	南通久锦纺织有限公司	3834	115
				42	如皋市海亮电器材料有限公司	3313	195
19	南通美能得太阳能电力科技有限公司	8715	359	43	龙泉服饰(南通)有限公司	3304	293
				44	如皋市包装食品机械有限公司	3285	231
20	南通九鼎染整有限公司	8613	559	45	如皋恒发水处理有限公司	3161	299
21	江苏顺远纺织科技有限公司	8452	241	46	威世药业(如皋)有限公司	3103	576
22	如皋市双龙健制衣有限公司	7900	533	47	如皋市裕华线业有限公司	3014	126
23	如皋市中正机械有限公司	7786	414	48	如皋吉奥思家纺有限公司	2958	185
24	帕瓦服饰(南通)有限公司	7503	895	49	如皋市万顺肠衣加工厂	2785	33
25	南通市电站阀门有限公司	7372	398	50	如皋市大禾肠衣有限公司	2632	63

2011 年如皋经济开发区(柴湾镇)主要经济社会指标完成情况统计

表 36

项目	单位	数量	增长率(%)	项目	单位	数量	增长率(%)
国内生产总值	万元	121.05	48.1	商业零售网点	个	824	7.2
财政收入	万元	98500	29.6	商品零售总额	万元	2.64	25.1
农业总产值	万元	53629	57.81	集贸市场成交额	万元	450000	130.77
粮食总产量	吨	37801	—0.67	各类汽车	辆	7600	166.67
农机总动力	千瓦	31100	—20.2	镇村主干道	公里	152	—10.2
年出栏生猪	万头	125800	2.6	电话普及率	部/百人	58	12.5
年出栏家禽	万羽	2157653	3.8	科技人员	人	1650	11.49
水产品产量	吨	378.8	1.9	学校总数	个	7	持平
种养专业户	个	185	3.5	在校中小学生	人	3756	1.79
工业企业	个	982	4.2	在职教师	人	361	—4.24
个私工业企业	个	854	5.7	医院	个	3	持平

续表 36—1

项　　目	单　位	数　量	增长率（%）	项　　目	单　位	数　量	增长率（%）
工业销售收入	万元	3977441	20.1	卫生室	个	38	10
工业利税	万元	56421	32.4	初保普及率	%	100	100
完成技改项目	个	56	35	有线电视开通率	%	96.5	1.4
当年技改投入	万元	75.8	25.6	自来水普及率	%	100	持平
利用外资	万美元	6107	55.3	年末存款余额	万元	196000	17.79
外贸进出口额	万美元	3.5	40.2	参加社保人数	人	7020	23.5
三产实体	个	4054	2.3	农民人均纯收入	元	15539	19.64
三产从业人员	人	14525	15.4	农民人均住房	平方米	49.8	2.0

表 37

2011 年如皋经济开发区（柴湾镇）村（社区）基本情况统计

名　　称	党组织书记/村（居）委会主任	村（居）民小组数（个）	人口数（人）	耕地面积（公顷）	农村经济总收入（万元）	人均收入（元）
东风社区	王竹清	12	6982	12.19	9045	12928.79
鹿门社区	崔业发	27	5302	199.47	27851	14442.71
邓园社区	施林友	32	5603	182.29	24589	12917.52
新王庄社区	陆文林	25	5291	191.60	35188	12911.8
新生社区	吉有德	17	3630	120.00	22420	12909.25
城北社区	章金元	13	8440	51.53	24459	15088.12
太平社区	徐　龙	28	6817	16.33	48655	13182.19
里庄村	高兴勇	27	3425	228.18	33736.48	11628.26
复兴村	卢忠林	28	3599	320.13	29708.61	14748.43
双楼庄村	吴世元	24	3608	261.36	18508.7	13918.79
万新村	陈建萍	26	3709	232.17	61609.8	14743.58
柴湾社区	徐相民	32	4212	239.68	24259	15258.78
志勇村	于传益	36	4590	370.67	30104.91	12150.92
镇南社区	周保贵	22	4484	219.90	57285	12799.64
杨宗社区	薛正岗	23	3373	177.54	26174	13267.14
戴庄村	王吉祥	26	3421	243.80	16168	12022.05
平园池村	刘培国	25	3213	210.03	34599	11780.55
双龙社区	张贤如	24	3801	234.99	46743.8	16687.8
天河桥村	刘培璋	27	3845	282.99	74740	17010.01
桥港村	谢同兴	27	3874	291.99	30112	11925.88

说明：含部分城镇人口。

长江镇（如皋港区）

【概况】 长江镇（如皋港区）位于如皋市南部，与苏州张家港市隔江相望。规划总面积 120 平方公里，辖社区 19 个、场圃 4 个及江滩开发经营办事处，常住人口约 8.19 万人，暂住人口约 5.5 万人。2011 年，长江镇（如皋港区）完成全部财政收入 20.03 亿元，一般预算收入 12.17 亿元，同比分别增长 20%、22%。港区被评为南通市争先创优先进开发区第三名，先后获市文明镇、项目投入红旗单位、新农村建设十大工程红旗单位、更高水平小康建设红旗单位、“十佳”商贸流通先进单位等 10 多项奖项。

工业经济　年内，完成规模工业项目投入85.06亿元，同比增长28.9%；实现规模工业产值543.5亿元、规模工业应税销售255.54亿元、规模工业利润23.15亿元，同比分别增长20%、20.98%、15%，新增森松海油、思英船务、其昌镍矿等定报企业20家，新增天鹏冶金、港建混凝土等亿元企业5家。总投资2亿元的科技产业加速器抓紧施工；港务集团公用码头4号泊位基本建成；如皋港港池水利枢纽工程水下工程已通过验收，具备运行条件；保税物流中心保税、监管仓库竣工；新材料产业园区污水明管工程、污水厂一期改造工程基本建设完成；如皋港现代物流园被列入省重点物流基地，被评为全国"十佳"物流基地之一；船舶制造及配套产业园区被评为南通市十大特色产业园区之一和新型工业化特色产业基地。

招商引资　年内，完成注册外资4.16亿美元，实现到账外资2.43亿美元，完成市外民资16.23亿元。全年签订意向、框架、正式协议50多个，其中，签订正式协议20个，注册项目10个。重大项目形成正式协议的有总投资60亿元首期投资30亿元的雅鹿TPA项目、投资60亿元的长天化丙烯联合体项目、投资24亿元的江南重工大型海工装备模块及上层建筑项目、投资1.5亿美元的森松三期矿山工程项目、投资1.5亿美元的瓦锡兰萃兴发动机项目、总投资24亿元的华电热电联产项目、总投资5亿元的禾佳钢结构项目、总投资5亿元的融达再生资源项目。全年累计接待客商近300批次，累计在手在谈项目信息50多个，重大项目信息10多个。全年净增个体工商户704户，净增私营企业数227家，私营企业注册资本净增数283574万元，在外能人返乡创业64个。

自主创新　年内，拥有高新技术产业企业39家，其中亿元企业8家，完成高新技术产值97.5亿元，同比增长51.4%。新建成各类研发平台11家，其中江苏省级院士企业工作站1家、其他各级工程技术研发中心10家。累计申报专利232项，其中发明专利92项，授权专利135项，同比分别增长20%、42%、44%。签订产学研合作项目12项，同比增长12%。申报各类各级科技项目88个，同比增长95%。南京工业大学如皋新材料产业研究院、江苏科技大学船舶海工产业研究院、百川股份研发中心等科研机构开工建设，熔盛"一院十中心"科研体系加快形成。

项目建设　年内，开工各类建设项目84个，其中，集中开工项目56个，工业项目52个，服务业及基础设施类项目32个，总投资额29.87亿元。熔盛重工全年投入近50亿元，4号船坞和1600吨龙门吊全面建成投产，三期厂房基本建成；金盛家居建材物流项目报送项目评审。雅鹿化纺原材料生产基地项目、长天化丙烯项目开工建设，森松重工一期、海通海洋工程、百川化工、国鼎小管桩生产线、阿尔法电梯等建成投产，瓦锡兰萃兴发动机项目加快推进。

农业和农村经济　年内，实现农业总产值4.2986亿元，同比增长12%；粮食总产量41557万吨，同比增长6%。农民人均纯收入16155元，同比增长21.82%。新增农业园区4家。"万顷良田"高效农业全年签订意向、框架、正式协议6个，其中正式协议4个，注册项目4个，协议投资总额6亿元人民币。全年在建高效农业项目5个，占地面积约320公顷的长江药用植物园项目、占地面积333.33公顷的金阳生态园项目、占地面积73.33公顷的紫鑫生态农业园项目、占地面积约66.7公顷的如意生态农业园项目等加快推进。

城市建设　全年新建道路总长度1.8万米，新建桥梁9座，河道驳岸2500米，铺设供水管道长7000米、污水管道长3500米。建成新城纬一路东延、纬二路、纬五路西延、纬六路、经六路、经七路、环北河驳坡和化工园区给水、污水管道等工程22项，如港路拓宽工程西侧通车，疏港路拓宽加快建设。新跃河城市公园基本完成，如港新城亮化工程全面实施到位，派出所综合楼、金山商业街全面竣工交付，红星花苑邻里中心、人才公寓主体施工，便民服务中心主体即将封顶，阳成商城、雅博二期配套工程进入施工阶段。全年房地产开工220万平方米，竣工120万平方米。恒盛庄园、豪天花园、兴港商城等竣工交付，熔盛社区西区、江城明珠、金水华庭、金水苑的施工建设抓紧推进实施。安置房开工8998户，竣工7836户，红星花苑北区一期、二期、3号地、平南花苑、长青沙小区南扩工程一期全面竣工交付，春江花苑六期、长青沙北扩部分竣工交付，华江小区、东屏花苑二期、五案花苑进入主体结构施工阶段。

社会事业　年内，新增养老保险5068人、失业保险5035人、医疗保险5085人、工伤保险4778人、生育保险5114人，“五保”扩面量居全市第一。完成农村养老保险参保人数32611人，实现农保全覆盖。完成镇龙、五零、永建、蒲港、长江5个社区11174名被征地农民进社保工作。举办被征地农民培训班，实现就业2000人以上。全年“安老、扶幼、助学、济困”慈善公益资金超过150万，受助人群超过800人次，包括100多名老人、近50户因病致残或因病返贫的家庭、近30名贫困学子。继续举办“慈善一日捐”活动，募集捐赠资金180多万元。镇区内21个社区卫生服务站全部实施基本药物制度，门诊医药费用同比下降10%。69259名农村居民参加新型农村合作医疗，参合率100%。港城实验学校作为江苏省学前教育优质均衡发展现场会参观点，受到省教育厅领导的一致好评。

政治文明、精神文明建设　年内，调解矛盾纠纷310余起，纠纷调解成功率达100%。化解信访案件45起，办结市级以上交办、转办的信访事项29起。通过南通法治乡镇复核，被评为如皋市法治建设先进集体，持续开展“书记大接访”、“矛盾化解周”活动，全力化解信访纠纷难题。长江镇人武部被江苏省军区表彰为抗洪抢险先进单位，平南社区被评为江苏省卫生村，五零社区、平南社区、镇龙社区被评为南通市民主法治社区，海坝社区、长江社区被评为南通市文明社区，海坝社区被评为南通市园林式先进居住区，长青社区等8个社区被评为如皋市文明社区，城管执法大队、港城实验学校、江苏熔盛重工有限公司等20家单位被评为如皋市文明单位。

社会管理创新　年内，以“让每一位群众的脸上写满幸福的笑容”作为工作理念和宗旨，推进新型社区建设。率先在春桃社区开展试点工作，完善服务管理组织、机制、设施，创建“一会三室六队”、网格化管理及“一区两制”的服务管理模式，先后建成春桃、镇龙、长青、知青、红星、春梅、春竹7个新型社区，在农民安置小区实现新型社区建设全覆盖。各社区严格按照“园林式环境、宾馆式服务、保姆式管理”的标准，公共设施齐全，服务完善，社区居民在家门口就能享受到便捷的社会公共、医疗卫生计生、社会救助等服务，人民群众的幸福指数不断提升。

文化建设　年内，全面整修文化大楼，健身房、图书室、阅览室、信息资源共享室、多功能室等10个功能室每天免费对外开放。成功举办元宵节文艺演出及灯谜竞猜活动、“三八”节妇女干部联谊活动、“唱响新港城，巾帼扬风采”主题歌舞会、“唱响主旋律，颂歌献祖国”红歌大赛、“万人看港城”、送戏进城活动、广场健身舞赛、省文化馆送戏到港区等大型群众性活动近10次。镇区文体培训机构培育各类文化人才500多人，涌现一批优秀艺术幼苗，10人参加中央电视台《爱心·希望》大型文艺晚会演出，多人在国家级、省级艺术比赛中获奖。

【省委副书记、省长李学勇到长江镇(如皋港区)视察】　7月20日，省委副书记、省长李学勇一行在南通市委书记丁大卫，南通市副市长、如皋市委书记陈惠娟，如皋市市长姜永华陪同下，到长江镇(如皋港区)视察工作。李学勇高度评价春桃社区，称其是“平安小区，和谐小区，还是幸福小区”。在参观国家级造船基地熔盛重工时，他勉励企业负责人“要抢抓机遇、乘势而上，加快转型升级步伐，创造更大的效益”。

【雅鹿石化有限公司化纺原料生产基地项目开工】　10月28日，江苏雅鹿石化有限公司化纺原料生产基地项目开工典礼在如皋港区新材料产业园区举行。该项目总投资100亿元，其中一期投资60亿元建设年产120万吨对苯二甲酸项目生产线2条。项目采用中国纺织工业设计院自主研发的TPA国产化生产工艺专利技术，具有技术成熟可靠、装置能耗低、环境影响小、投资成本低等特点。项目的开工建设为如皋港新材料工业园区打造“百亿企业、千亿园区”打下坚实基础。

【省委副书记、组织部部长石泰峰到长江镇(如皋港区)视察】　12月1日，省委副书记、组织部部长石泰峰一行在南通及如皋市领导陪同下，到长江镇(如皋港区)国家级造船基地——熔盛重工视察工作。熔盛重工党委现有党支部19个、外包劳务党

总支1个,党员570人,在实现企业跨越式发展的同时,坚持党建工作"抓融入、人为本、重文化、全覆盖、担重责"的原则,取得显著成效。石泰峰勉励熔盛积极探索新形势下非公经济与党建工作齐抓共赢新途径,促进企业发展迈上新台阶。

【江苏长江天然气化工丙烯联合体项目开工】 12月27日,江苏长江天然气化工丙烯联合体项目在如皋港新材料产业园区开工。项目一期投资60亿、年产值120亿元,为国内最大的丙烯项目。该项目属于国家鼓励类项目,符合国家产业政策,采用国际先进的技术和设备,贯彻安全、节能、环保的理念。项目成功建设对于如皋市打造现代化产业体系,进一步推进产业结构调整,推进产业层次提升有着积极的推动作用。

(丁建 严昕 姜宇)

2011年长江镇(如皋港区)外商投资情况一览

表38　　单位:万美元

序号	项目名称	总投资	注册外资	2011年新增注册外资	完成时间
1	永晖焦煤	8997	2400	2400	3月
2	盛阶基础设施	500	500	500	3月
3	富昇房产增资	9000	9000	9000	3月
4	森松三期	15000	3000	3000	4月
5	其昌镍矿精选	3999	3999	1000	6月
6	熔盛信息咨询公司	2797	2797	2797	8月
7	茂盛钢结构	2900	2900	2900	10月
8	伟太农业	2900	2900	2900	10月
9	港务集团增资	7250	7250	7250	11月
10	均泰重工	9900	9900	9900	12月
	合　计	63243	44646	41647	

2011年长江镇(如皋港区)规模企业应税销售收入、实现税金完成情况一览

表39　　单位:万元

序号	企业名称	应税销售收入	实缴税金	序号	企业名称	应税销售收入	实缴税金
	合　计	2530309.77	95516.64	15	国鼎(南通)管桩有限公司	18963.57	1040.93
1	江苏熔盛重工有限公司	1161389.10	52999.08	16	南通新邦化工科技有限公司	17741.85	116.86
2	南通熔烨仓储有限公司	244759	3537.59	17	南通美利昌通宝船务有限公司	17284.70	341.69
3	德源(中国)高科技有限公司	116773.82	5833.18	18	森松(江苏)海油工程装备有限公司	17052.10	918.47
4	南通长江油品销售有限公司	107801	127.99				
5	江苏如皋钢铁有限公司	87099.47	344.36	19	如皋市港建混凝土有限公司	17029.01	1346.51
6	如皋市宏茂铸钢有限公司	67038.78	700.66	20	江苏中铁山桥重工有限公司	16913.72	152.73
7	南通长青沙船舶工程有限公司	66956.21	2962.19	21	江苏海通海洋工程装备有限公司	16684.33	1009.69
8	华泰重工(南通)有限公司	51609.26	842.65				
9	江苏华灿电讯股份有限公司	48059.20	1601.93	22	江苏翔晟重工有限公司	15313.98	1042.67
10	南通宝众宝达药业有限公司	36795.20	1511.97	23	如皋市凯凯电信器材有限公司	13706.84	1052.87
11	江南德瑞斯(南通)船舶设备制造有限公司	25497.52	1026.55	24	南通通茂船舶制造有限公司	13102.25	287.32
				25	江苏中伟业通讯设备有限公司	12493.91	882.98
12	如皋市天鹏冶金有限公司	23765.89	35.58	26	南通华灿高分子材料有限公司	12265.94	553.29
13	江苏德瑞斯华海船用设备有限公司	22556.53	1637.72	27	南通华凯船舶设备有限公司	12222.23	748.01
				28	南通沿江管业有限公司	11613.44	501.24
14	南通晟罡建材有限公司	19337.00	1342.96	29	如皋市海华毛纺织品有限公司	11410.54	306.74

续表 39—1

序号	企业名称	应税销售收入	实缴税金	序号	企业名称	应税销售收入	实缴税金
30	如皋市长江食品有限公司	10379.89	257.18	63	南通生光化工有限公司	2812.05	143.87
31	南通星瑞热交换容器有限公司	9543.61	297.27	64	南通市如海通钢板有限公司	2750.30	25.62
32	如皋市宏新医药原料有限公司	9479.75	600.79	65	如皋市凯凯金属构件有限公司	2728.59	48.20
33	华泰(南通)船务有限公司	8585.53	1157.76	66	如皋市博润化工有限公司	2687.93	23.32
34	如皋市江北添加剂有限公司	8290.06	116.40	67	南通派克吉利制衣有限公司	2295.01	26.13
35	南通格雷斯船舶配套有限公司	8065.63	10.50	68	南通市思源工程技术有限公司	2228.90	314.29
36	善龙食品(南通)有限公司	7858.31	407.31	69	南通俪锦工贸有限公司	2125.90	81.69
37	南通宝胜化工有限公司	7307.65	59.36	70	南通创悟钢结构有限公司	2104.05	282.00
38	南通市通宝船舶有限公司	6734.80	635.74	71	南通德佳窗业幕墙有限责任公司	2075.99	73.89
39	江苏瑞晨化学有限公司	6262.52	0.00				
40	南通瑞泰船务工程有限公司	6237.56	511.78	72	南通新昱化工有限公司	1910.16	111.50
41	南通宝聚颜料有限公司	6216.90	165.86	73	如皋市勇华金属制品有限公司	1816.44	40.76
42	南通汇桦化工有限公司	6029.20	225.07	74	江苏科力特环保科技有限公司	1640.32	24.38
43	江苏德峰医药化工有限公司	6022.64	85.40	75	如皋市乐恒化工有限公司	1636.34	100.42
44	南通通城船舶制造有限公司	5453.10	319.35	76	如皋市茂盛钢结构工程有限公司	1587.70	166.47
45	南通百事特生物化学有限公司	5368.96	107.02				
46	发事达(南通)化工有限公司	5286.84	80.45	77	南通市山泉工贸有限公司	1410.38	59.76
47	南通亨得利高分子材料科技有限公司	5075.05	204.66	78	南通文盛金属铸锻有限公司	1328.85	36.24
48	江苏亚信电子科技有限公司	4744.74	140.30	79	南通晟音船舶配套设备有限公司	1290.19	246.68
49	森松(江苏)重工有限公司	4575.04	217.74	80	南通喜圣服饰有限公司	1238.99	62.76
50	南通其昌镍矿精选有限公司	4551.28	63.19	81	如皋市金财源热镀锌有限公司	1146.49	41.14
51	南通川邻铸造技术有限公司	4551.12	544.25	82	南通正达农化有限公司	1043.05	58.89
52	南通意特化工有限公司	4024.62	286.30	83	南通爱可普环保设备有限公司	990.64	31.10
53	南通扬子催化剂有限公司	3895.38	136.17	84	南通市丽洋非织造工业有限公司	680.53	31.86
54	江苏阿尔法电梯有限公司	3722.42	48.15	85	如皋市海特威制氧有限公司	623.68	45.84
55	南通柏斯德机械制造有限公司	3573.43	94.90	86	南通市惠升五金材料有限公司	481.20	41.44
56	如皋市凯凯五金电器有限公司	3388.05	241.11	87	如皋市华荣耐火材料有限公司	457.97	53.14
57	南通盛昶化工科技有限公司	3385.07	101.01	88	南通市金鑫窗业有限公司	455.33	42.55
58	南通德益化工有限公司	3305.82	101.22	89	如皋凯凯高压开关有限公司	339.60	17.16
59	江苏康恒化工有限公司	3201.24	35.09	90	如皋市派森化工有限公司	334.02	16.89
60	如皋市加南船务有限公司	3156.01	644.89	91	江苏三江通信设备有限公司	330.53	18.31
61	南通思英船舶配套设备有限公司	3052.76	423.24	92	南通荣成医药化工有限公司	271.66	25.65
				93	如皋市众邦化工有限公司	0.00	0.00
62	如皋市勇海金属制品有限公司	2925.78	63.94	94	南通创捷钢结构有限公司	0.00	34.85

2011 年长江镇(如皋港区)主要经济社会指标完成情况统计

表 40

项目	单位	数量	增长率(%)	项目	单位	数量	增长率(%)
国内生产总值	万元	1500000.00	25	商业零售网点	个	1030	23.68
财政收入	万元	200300	17.3	商品零售总额	万元	28535	22
农业总产值	万元	42986	12.9	集贸市场成交额	万元	45000	35.2
粮食总产量	吨	41557	6	各类汽车	辆	6100	48.8

续表 40—1

项　　目	单　位	数　量	增长率(%)	项　　目	单　位	数　量	增长率(%)
农机总动力	千瓦	24886	3.7	镇村主干道	公里	456	6.7
年出栏生猪	万头	5.32	3.7	电话普及率	部/百人	72	7.4
年出栏家禽	万羽	10.2	12.08	科技人员	人	1400	16.7
水产品产量	吨	1650	8.19	学校总数	个	2	0
种养专业户	个	175	−8.85	在校中小学生	人	7071	10.8
工业企业	个	785	12.1	在职教师	人	376	1.4
个私工业企业	个	635	9.5	医院	个	4	持平
工业销售收入	万元	5435398	5.5	卫生室	个	24	−14.3
工业利税	万元	280856	7.7	初保普及率	%	100	持平
完成技改项目	个	26	13	有线电视开通率	%	97	2.1
当年技改投入	万元	583642	11.5	自来水普及率	%	100	持平
利用外资	万美元	55156	3.6	年末存款余额	万元	260000	30
外贸进出口额	万元	150492	64.33	参加社保人数	人	41562	9.7
三产实体	个	4989	1.7	农民人均纯收入	元	16155	47.1
三产从业人员	人	17385	21.1	农民人均住房	平方米	70	7.6

2011年长江镇(如皋港区)社区基本情况统计

表 41

名　　称	党组织书　记	主　任	村(居)民小组数(个)	人口数(人)	耕地面积(公顷)	农村经济总收入(万元)	人均收入(元)
头　　案	邵先龙	邵先龙	18	3331	130.00	32917	17127
场　　东	高永宏	高永宏	4	546	30.07	986.6	14534
蒲　　港	石高勤	石高勤	31	4820	236.87	25027	15600
永　　丰	李昌才	李昌才	30	4600	220.00	44546	15670
二　　案	王　勇	王　勇	32	5951	229.33	168348	17513
中　心　沙	陈振国	王兆根	17	3536	123.27	28226	15973
二　百　亩	邢国华	邢国华	18	3445	161.73	31545	15695
长　　青	孙建华	孙建华	32	4649	202.67	41040	17230
知　　青	王德跃	王德跃	27	3488	190.33	33948	16055
海　　坝	朱玉华	朱玉华	19	3833	176.40	48812	17240
永　平　闸	陈　祥	陈夕昌	27	3981	116.00	22387	15825
平　　南	孙玉才	刘锦光	31	4336	244.40	23006	16222
长　　江	赵银山	赵银山	26	4701	186.33	14574	15354
永　　平	吴国均	吴国均	14	2940	165.67	27210	16139
三　洞　口	褚建武	褚建武	21	3402	240.00	17633	15758
永　　福	袁志兵	袁志兵	19	3828	214.93	16260	15583
永　　建	谢国庆	谢国庆	27	4604	291.47	24678	15649
五　　零	陈书培	陈书培	17	3813	171.07	19892	15901
镇　　龙	姜跃华	姜跃华	15	2537	180.40	15482	15980

如皋软件园(桃园镇)

【概述】 如皋软件园(桃园镇)位于如皋市主城区东南,与市政府毗邻。全区规划总面积77平方公里,辖行政村6个、社区11个,总人口6.4万人。2011年,实现地区生产总值14.23亿元,同比增长22.3%。完成财政收入1.77亿元,同比增长43.9%,其中一般预算收入1.18亿元,同比增长50.8%。获国家级科技企业孵化器、国家软件和信息服务人才实训基地、江苏省十大文化创意产业园、南通市现代服务业集聚示范区、南通市文明乡镇、南通市安全生产先进乡镇(园区)、南通市群众诉求、责任落实先进乡镇等称号。获市委、市政府主功能区工作目标责任制先进单位、招商引资红旗单位、全民创业红旗单位、服务业红旗单位等表彰20项。

工业经济　年内,实现规模工业总产值44.5亿元,同比增长17.2%。实现工业应税销售16.7亿元,同比增长49.5%,其中规模工业应税销售11.99亿元,同比增长67.6%。全部工业实缴税金7045万元,同比增长35.2%,其中规模工业实缴税金3540万元,同比增长47.4%。完成规模工业投入9.22亿元,同比增长29.4%;完成技改投入5.92亿元,同比增长28.2%。实现工业用电量5988万千瓦时,新增装机容量10044千伏安,同比增长142.2%。培育规模企业18家,净增私营企业143家,净增私营企业注册资本9.73亿元,净增个体工商户337家。

基础设施建设　年内,完成区(镇)总体规划整合编修,将77平方公里软件园(桃园镇)规划为"四园、两区、一镇"(8平方公里软件和信息服务产业园、5平方公里电子信息产业园、5平方公里新能源产业园、3平方公里装备制造产业园,8平方公里龙游湖商务区、31平方公里高效农业示范区,3平方公里桃园镇区)。至年底,软件和信息服务产业园起步区北区8.8万平方米综合办公大楼竣工交付使用,10万平方米人才公寓14幢主体封顶,5平方公里电子信息产业园和5平方公里新能源产业园控制性详规通过评审,龙游湖商务区83.3公顷湖体形成,完成66万平方米龙游湖景观设计,8.5公里环湖大道路面形成。万寿南路南延、海阳南路南延、城东路工程先后开工实施,完成镇村主干道建设171公里,同比增长35.2%。完成桃林路、桃北路、杨华路等12条农村路维修管理工作。

招商引资　年内,完成工商注册外资7415.8万美元,同比增长139.2%;实际到账外资2750万美元,同比增长173.6%;引进市外民资7.65亿元。引进北京网尚文化、新马信息、弘文软件等软件和服务外包企业100家,涵盖软件研发、创意设计、电子商务、呼叫中心、人才培训等产业。引进华璨光电、蓝博电子、上海坤灏欣、瑞声科技等电子信息、新能源及装备制造项目12个,盛地农业、美树城园艺、启程农业等现代农业项目4个。在手、在谈东软、中软、中企动力等软件外包项目66个,其中,多尼光电、汉能光伏等新能源项目9个,华林科纳半导体、电子仪表专业园等电子信息项目7个,沪南船舶、金通灵流体等先进装备制造项目5个。

科技创新　年内,实现高新技术产值10.8亿元,建成市级工程技术研发中心3家、省级工程技术研发中心1家,申请专利授权51个,申报民营科技企业12家、国家中小企业创新基金1家、江苏省中小企业技术创新基金4家,双软认定企业7家。江苏标龙建筑有限公司获批国家一级建筑资质。与东南大学合作共建的如皋软件园信息公共技术服务中心项目获江苏省科技厅批准,与江苏虚拟软件园合作共建的信息共享平台建设进入设备安装阶段。12月30日,被科技部正式认定为国家级科技企业孵化器。

项目建设　年内,软件园起步区南区48家软件和外包企业入驻办公,北区青软实训、兰博电子等40家企业进驻装修。晟峰软件园21层办公大楼、4幢18层大楼主体全部封顶,纪元软件园办公大楼主体封顶。灵敏除尘、杰林织造、伟达电子、德禄家具、金磊橡胶等19家超千万元技改项目及超达新材料亿元技改项目实施建设,新建标准厂房2.3万平方米。投资6亿元的万亩盛地生态农业产业园筹备实施,一期133公顷土地流转同步启动,江苏美树城一期67公顷正式对外营业。

农业和农村经济　年内,如皋软件园(桃园镇)实现农业总产值2.36亿元,同比增长18%。实现粮食总产量3.49万吨,同比增长53.99%。新增土地流转面积848公顷、绿化造林面积37公顷、高效农业800公顷、设施农业163公顷。引进、培育规模种养业、设施农业、有机农业及观光休闲等现代农业项目,落户农业项目4个,35公顷宇洇生态园、23.33公顷天恒生态园和3.33公顷德得惠生态农庄建成投入运行。鼓励农业龙头企业、种养大户、科技人员、大学生"村官"等创办领办农民专业合作社,新增社员800人,拥有种养专业户366户,入社社员达农户总数50%以上,建成"四有"、"五好"合作示范社5家。实现农民年人均纯收入13925元,同比增长16.9%。

社会事业　年内,如皋软件园(桃园镇)实现农村养老保险参保24439人,同比增长16%;完成"五险"扩面512人,同比增长21%。发放城市"低保"金0.9万元、农村"低保"672户107.4万元、重残补助735户76.6万元。投入近4万元改造爱心超市,慈善医疗救助10人近1万元,发放95岁以上老年人尊老金和百岁老人长寿津贴计21720元,发放优抚对象优待金6万元。实现转移农村劳动力3500人。

小城镇建设　年内,完成龙游湖商务区、丁磨路扩建、海阳南路南延、建设安置区、3号地块、99号地块、桃园镇区安置区、人才公寓和江苏美树城等12个地块3960户的搬迁安置。新开工建设安置房5896套,建成4619套,入住3734户,分别占年度目标任务的120.3%、117.8%和109.2%。镇区形成"四横"(317线、桃园路、桃金路、人民路)、"四纵"(老204国道、园华路、新桃路、兴园路)骨干道路框架,富华路建成通车,完成夏横河驳坡配套工程。相继实施千翠湖、海阳星苑、水岸嘉园、鸿泰家园等房地产项目。农路、河道、绿化、垃圾处理等基本实现"四位一体"长效管护全覆盖,申徐村、天堡社区分别建成市绿化示范村和市绿化示范小区。

政治文明、精神文明建设　年内,如皋软件园(桃园镇)办理市长热线交办件160件、"书记大接访"交办件5件,接待受理来信来访65件,一次性办结率达100%。先后组织开展创建文明城市"我知晓,我参与,我快乐"主题活动、"四有一责"建设行动计划、"推进'两个加快'当先锋,实施'八项工程'作表率"主题实践活动、爱心捐赠及"家庭才艺、唱红歌"活动,倡导文明,丰富百姓生活。

【全国重点软件企业高层圆桌座谈会在如皋软件园召开】　4月9日下午,全国重点软件企业高层圆桌座谈会在如皋软件园隆重召开。座谈会由中国软件行业协会和如皋市人民政府联合主办,工业和信息化部、科技部、中国软件行业协会和全国15家重点软件企业40多人出席会议。会上,工业和信息化部运行监测协调局副局长高素梅及综合处处长余涛、软件服务业司综合处副处长傅远宝,科技部高新技术发展及产业化司处长王春恒等分别总结十年来中国软件产业的发展历程,解读国务院新出台的相关精神。中软、中创、金蝶、启明等15家重点软件企业高层代表相继交流发言,从企业自身角度畅谈十年来走过的辉煌历程,对企业最关心的税务优惠、资质认定、政府扶持及版权环境等问题提出中肯的建议与期望,对中国软件产业以及如皋软件园的发展各抒己见、献计献策。

【软件园参展第十五届北京国际软件博览会】　5月12日,工业和信息化部、国家发改委、科技部、国家外国专家局、北京市人民政府联合主办,中国软件行业协会等单位承办的第15届中国国际软件博览会在北京展览馆开幕。博览会以"把握机遇、创新发展、做大做强,服务'两化'深度融合"为主题,通过论坛、展览、洽谈等方式,集中展示中国软件和信息技术服务业近十年取得的辉煌成就,为政府、企业、行业、用户搭建交流、洽谈、合作服务平台。如皋软件园作为该届软博会唯一县级城市参展单位,受到各界关注。工业和信息化部部长苗圩参观如皋软件园展区后,对如皋市近年软件及信息技术服务业的快速发展给予充分肯定。

【数字城市·如皋高层研讨会】　10月29日上午,数字城市·如皋高层研讨会在如皋光华国际大酒店举行。会议由市委、市政府主办,中国软件行业协会、市经济和信息化委员会与如皋软件园共同承办。工业和信息化部运行监测协调局副局长高素梅、运行监测处处长解三明,中国软件行业协会副秘书长朱芸、省经信委软件处副调研员程疆初,国家信息技术服务标准组(ITSS)15家成员单位,如皋市"两化"融合工作领导组、电子政务推进领导组、信息化建设重点部门及企业单位负责人和外地相关企业负责人80多人出席会议。会议以"安居、和谐、智汇、创新、可持续发展"为主题,研讨建设"数字如皋"的方法和途径,推介如皋软件信息服务产业发展规划,进一步提升如皋在相关部委、相关领域、相关行业的知名度和影响力，整合全市行业及区位资源，提升城市信息化建设水平及品质。

【“建设长三角人才高地，促进软件产业快速发展”高峰论坛】 12月28日上午，“建设长三角人才高地，促进软件产业快速发展”高峰论坛暨如皋软件园与青软实训共建长三角人才培训基地揭牌仪式在如皋金陵金鼎大酒店举行。高峰论坛由市委、市政府，火炬软件人才服务联盟联合主办，如皋软件园与青软实训共同承办，火炬软件人才服务联盟主任冬冰、高校代表、青岛企业负责人等150多人出席会议。与会专家以“建设长三角人才高地，促进软件产业快速发展”为主题，分别作专题演讲。会上，如皋软件园与25家青岛软件企业签订入驻合作协议。

【软件园获批国家级科技企业孵化器】 12月30日，如皋软件园科技创业服务中心正式通过评审，被科技部认定为国家级科技企业孵化器。

（高文娟）

2011年如皋软件园(桃园镇)招商引资情况一览

表42

序号	项目名称	注册资本	注册时间	序号	项目名称	注册资本	注册时间
1	南通明宇电力设备有限公司	50万元	1月	24	如皋如尚信息技术有限公司	2000万元	3月
2	南通合纵连横信息科技有限公司	200万元	1月	25	南通新马信息技术有限公司	1000万美元	3月
3	南通可每信息科技有限公司	100万元	1月	26	如皋中讯数字科技有限公司	100万元	3月
4	江苏美树城园艺有限公司	1000万元	1月	27	江苏尚视文化投资有限公司	10000万元	3月
5	南通宏远信息科技有限公司	100万元	1月	28	南通锦达运输有限公司	500万元	3月
6	江苏东远信息技术有限公司	200万元	1月	29	江苏浩强科技投资有限公司	5000万元	4月
7	南通蓝博电子科技有限公司	1000万元	1月	30	南通铁建钢结构有限公司	300万元	4月
8	江苏鑫洋土地房地产评估有限公司如皋分公司	/	2月	31	如皋中正网络科技工程有限公司	100万元	4月
				32	南通益动力信息科技有限公司	101万元	4月
9	精创机电南通有限公司	100万元	2月	33	南通振海船舶配件有限公司	500万元	4月
10	南通远科在线信息科技有限公司	100万元	2月	34	南通茂隆机械配件有限公司	800万元	4月
11	江苏远宏投资有限公司	10000万元	3月	35	江苏中阳机械科技有限公司	1000万元	4月
12	南通帝奥电梯有限公司	1080万元	3月	36	南通义鸿信息科技有限公司	100万元	4月
13	南通盛世骄阳管理咨询有限公司	50万元	3月	37	江苏桑尼商贸发展有限公司	1050万元	4月
14	瑞声科技(如皋)有限公司	280万美元	3月	38	江苏沪南船舶工程有限公司	986万元	5月
15	江苏智源软件科技有限公司	130万美元	3月	39	南通荣进建材贸易有限公司	100万元	5月
16	如皋久道贸易有限公司	120万元	3月	40	江苏弘文软件科技发展有限公司	500万元	5月
17	南通切瑞特信息技术有限公司	100万元	3月	41	江苏浩盛进出口贸易有限公司	2000万元	5月
18	南通诚鼎建设工程有限公司	600万元	3月	42	南通神林园艺科技有限公司	300万元	5月
19	南通佳濠基础设施建设有限公司	2800万美元	3月	43	江苏港隆信息科技有限公司	510万元	5月
20	南通欧意基础设施建设有限公司	2998万美元	3月	44	南通帝奥电梯安装有限公司	300万元	6月
21	南通顺诚置业有限公司	4000万元	3月	45	如皋宏润建筑工程有限公司	600万元	6月
22	南通印中实业有限公司	2980万美元	3月	46	南通灵格信息科技有限公司	100万元	6月
23	如皋卓信电子科技有限公司	2000万元	3月	47	江苏星云网格信息技术有限公司	501万元	6月

续表 42—1

序号	项目名称	注册资本	注册时间	序号	项目名称	注册资本	注册时间
48	南通市金柜信息技术有限公司	508万元	6月	75	江苏富腾电子商务有限公司	500万元	9月
49	江苏耀扬置业有限公司	2000万元	6月	76	如皋市文广传媒广告有限公司	100万元	9月
50	南通金秋信息技术有限公司	100万元	6月	77	如皋市文广传媒商贸有限公司	500万元	9月
51	南通恒荣数控设备有限公司	101万元	6月	78	如皋市金盾安防商贸有限公司	100万元	9月
52	如皋市星创文化传播有限公司	100万元	6月	79	江苏纯净生活商贸有限公司	500万元	9月
53	南通启程农业设施有限公司	1000万元	7月	80	南通中建信息系统监理咨询有限公司	100万元	9月
54	江苏奥思信息科技有限公司	300万元	7月	81	江苏贝亚软件有限公司	500万元	9月
55	江苏华璨光电科技有限公司	1888万元	7月	82	江苏盛地农业开发有限公司	3000万元	9月
56	江苏盛和网络科技发展有限公司	501万元	7月	83	南通邦略再生资源有限公司	100万元	9月
57	如皋市规划建筑设计院有限公司监理分公司	/	7月	84	南通赛迪智能化信息系统集成有限公司	200万元	9月
58	江苏南通科之城建设有限公司	2000万元	7月	85	南通世纪渊博生活网络科技有限公司	100万元	9月
59	江苏昊天文化发展股份有限公司	2000万元	7月				
60	南通三思合众咨询服务有限公司	100万元	7月	86	如皋科技城创业中心管理有限公司	5000万元	10月
61	江苏天新软件科技有限公司	501万元	7月	87	南通腾启电子商务有限公司	116万元	10月
62	南通博迅计算机信息科技有限公司	200万元	7月	88	南通优奥电梯有限公司	518万元	10月
63	江苏广和房地产评估咨询有限公司	200万元	7月	89	南通明辉信息科技有限公司	100万元	10月
64	南通皋强照明科技有限公司	550万元	7月	90	南通鼎新信息技术有限公司	108万元	10月
65	江苏栋昊环保科技发展有限公司	500万元	8月	91	如皋龙游湖风景区开发有限公司	10000万元	10月
66	江苏宝铁再生资源有限公司	1000万元	8月	92	南通纬壹自动化控制设备有限公司	100万元	10月
67	如皋瑞佳酒店管理有限公司	300万元	8月	93	南通众信安视智能化科技有限公司	250万元	10月
68	南通德众建筑劳务有限公司	600万元	8月	94	南通神球燃料贸易有限公司	1000万元	11月
69	江苏城开地产集团有限公司	15000万元	8月	95	南通迪安信息科技有限公司	100万元	11月
70	南通佳城置业有限公司	15000万元	8月	96	如皋农宝电子商务有限公司	50万元	11月
71	如皋软件园人力资源服务有限公司	50万元	8月	97	南通劲吉爱博特节能环保科技服务有限公司	200万元	12月
72	江苏天茂建设工程有限公司南通分公司	/	8月	98	江苏昌盛感知信息科技有限公司	501万元	12月
73	如皋高新技术园区开发有限公司	60000万元	9月	99	江苏晨坤新能源科技有限公司	5000万元	12月
74	一亿贵金属如皋有限公司	2000万元	9月	100	南通易顺机电设备安装工程有限公司	200万元	12月

2011年如皋软件园(桃园镇)规模企业应税销售收入、税金完成情况一览

表43　　单位:万元

序号	企业名称	应税销售收入	实缴税金	序号	企业名称	应税销售收入	实缴税金
1	如皋市灵敏除尘设备厂	2277	96.17	11	南通中海钢结构有限公司	5156	199.54
2	南通金帝贵金属有限公司	50231	37.82	12	如皋市华策制丝有限公司	2379	60.69
3	南通超达机械科技有限公司	13416	1463.2	13	如皋市吉泰服饰有限公司	2217	248.55
4	凯迈(江苏)机电有限公司	7833	340	14	如皋市蓝潮石油化工有限公司	3183	3.96
5	南通金磊橡胶工业有限公司	3108	265.55	15	如皋市升平纺织有限公司	2756	46.07
6	南通齐天纺织有限公司	3618	120.69	16	如皋市永兴肠衣有限公司	8054	19.43
7	如皋新丝路茧丝绸有限公司	5893	22	17	如皋市正大肠衣有限公司	2005	45.18
8	南通全明针织有限公司	2731	112.65	18	南通晟峰信息科技有限公司	4026	0.41
9	江苏沪南船舶工程有限公司	2531	424		合计	123784	3530.91
10	德禄家具(南通)有限公司	2370	25				

2011年如皋软件园(桃园镇)主要经济社会指标完成情况统计

表44

项目	单位	数量	增长率(%)	项目	单位	数量	增长率(%)
国内生产总值	万元	142300	22.3	商业零售网点	个	1405	27.15
财政收入	万元	17742	43.9	商品零售总额	万元	11007	18.74
粮食总产量	吨	34897	53.99	集贸市场成效额	万元	6627	10.08
农机总动力	千瓦	31152	－3.09	各类汽车	辆	661	71.24
年出栏生猪	万头	3.46	127.63	镇村主干道	公里	171	35.7
年出栏家禽	万羽	76	－49	科技人员	人	2428	740.2
水产品产量	吨	900	6.63	中小学校	个	3	持平
种养专业户	个	366	28.4	在校中小学生	人	1832	－5.37
工业企业	个	216	16.1	在职教师	人	153	－25.2
个私工业企业	个	938	10.09	医院	个	2	持平
工业销售收入	万元	873636	26.89	卫生室	个	17	6.67
工业利税	万元	87107	27.03	初保普及率	%	100	持平
完成技改项目	个	38	11.76	有线电视开通率	%	80	5.26
完成技改收入	万元	108700	12.02	自来水普及率	%	97	1.02
利用外资	万美元	7415.8	139.2	年末存款余额	万元	48213	65.79
外贸供货额	万元	2826	18.45	参加社保人数	人	25011	38.72
三产实体	个	3090	10.75	农民人均纯收入	元	13925	18
三产从业人员	个	8755	52.74	农民人均住房	万平方米	43	7.5

2011年如皋软件园(桃园镇)各村(社区)基本情况统计

表45

名称	党组织书记	主任	村(居)民小组数(个)	人口数(人)	耕地面积(公顷)	农村经济总收入(万元)	人均收入(元)
张八里社区	刘春和	刘春和	28	3464	151.98	8880.38	15564
新庄社区	叶彬	叶彬	24	3451	202.85	37005.15	16021
宋家桥社区	陈勇	陈勇	24	3145	214.64	21785.31	15432
建设社区	陈建平	季同山	21	3043	203.63	13170.54	15689
平明社区	任缪根	任缪根	18	2580	145.10	20214.21	15581
杨花桥村	顾光平	顾光平	39	4188	301.87	29189.21	11100
桃北村	杨明华	胡华	27	4123	250.35	27985.96	12680
明池村	苏小燕	/	25	2675	168.75	14023.63	12968
育华村	沈剑梅	张权	36	3458	226.55	42132.1	16112
肖陆村	肖健	肖健	28	3412	240.11	21218.96	12064
新华社区	张志勇	张志勇	29	3229	217.65	37404.28	13268
马塘社区	仇宝林	邓晓彬	40	4569	298.17	42437.2	13116
天堡社区	李世俊	张磊	22	3412	192.95	28263.08	15361
桃林社区	吴光明	吴光明	36	3922	288.74	24301	13103
夏庄社区	阮建林	阮建林	21	3853	216.00	33046.2	13949
申徐村	陈大彬	陈大彬	23	3211	202.04	23346.66	13619
左邻村	孙广才	丁于林	27	3668	226.94	30538.49	12783

港口与口岸规划

【概况】 如皋港区沿江港口现有物流泊位28个，设计通过能力约5000万吨，其中，10万吨级(水工结构兼靠15万吨级)泊位2个、5万～8万吨级泊位7个、3万吨级泊位1个、万吨级以下泊位18个。现有修造船与海工泊位17个，设计舾装能力约800万载重吨，其中30万～40万吨级泊位6个、1万～10万吨级舾装泊位9个、万吨级以下泊位2个。现有102～139.5米和380～580米特大型船坞4座。

港口建设　年内，市口岸和港务管理局加强对重点项目建设的服务和协调，加快推进前期工作，优化沿江港口码头结构，加快公用码头建设。如皋港务集团建成5万吨级以上泊位4个、5000吨级港池泊位6个。参与港区长青沙、泓北沙、又来沙挖入式内港池系列工程，海通、森松等6个内港池项目可行性报告顺利通过省交通运输厅港口局专家审核。根据南通市政府港口项目整改要求，帮助港务集团、熔盛重工等重点企业，加快完成各项涉港审批工作，年内通过省港口局的竣工验收项目3个。加强与海事部门的沟通，完成熔盛重工三期码头、四号坞等16个项目的通航安全评估。德瑞斯港池码头进入加固改造阶段。推进配套设施建设。

口岸建设　年内，以创建活动为载体，参加各级口岸活动，组织查验单位与重点企业开展共建活动。港区6个泊位开放申报通过南通市级初验。6月24日，熔盛重工与查验单位举行共建签约仪式，联合开展以“建设平安口岸、营造和谐环境”为主题的长期行政共建活动。7月28日，如皋边检站举行提高边检服务水平周年成果汇报会，推出服务口岸经济发展创新举措10项。8月11日，如皋海关和如皋边检站以“国门共把、文明共建”为主题，签订关检结对共建协议，全面加强合作，共同维护口岸健康有序的进出境环境。11月11日，组队参加南通“口岸杯”乒乓球赛，获男单第四名和女单第三名。11月17日，如皋港第二批拟对外开放的6个泊位（江苏熔盛重工有限公司二期30万吨级空载舾装码头泊位3个，如皋港务集团有限公司3号、4号泊位，南通阳鸿石化储运有限公司二期泊位）通过南通市级初验，并上报省口岸管理办公室申请最终省级验收。12月10日，组织参加省口岸第六届“泰州港杯”羽毛球赛，获优秀组织奖。

港　口　运　输

【概况】 2011年，如皋港港口吞吐量为3014万吨，比2010年的1714万吨增长75.84%。其中，港务集团1802万吨，阳鸿石化110万吨，东方石化80万吨，焯晟石化53万吨，诚晖石化261万吨，诚源港口仓储442万吨，熔盛材料码头73万吨，国鼎管桩70万吨，港建商品混凝土86万吨。

（徐　蔚）

海　关　管　理

【概况】 如皋海关现有关员20人，其中，中共党员19人，本科以上学历者18人。辖区内有码头类监管场所6个、堆场及储罐类监管场所5个，有注册企业609家。2011年，累计征收税款入库27.57亿元，同比增长39.8%，在长江北岸9个海关中位居第四，增幅超过连云港、南通海关，人均税收达1.4亿元。累计监管进出口货物419.1万吨，货值36.8亿美元，同比分别增长10%和12.2%。监管国际航行船舶698艘次。审核报关单4633份，同比增长51.5%。办理加工贸易合同1940份，备案金额4.46亿美元，同比分别增长5.4%和71.7%。移交案件线索30起，创历史最高水平。被表彰为省文明口岸先进单位，如皋市市级机关先进集体、文明单位和服务地方建设先进单位。

对接地方经济发展　年内，全市进出口贸易额达30.4亿美元，同比增长57.5%，在南通各县市中居领先地位。如皋海关始终关注市委、市政府的经济工作部署，主动研究对接、跟进的思路举措，坚持以如皋经济的增长点、海关业务的变化点来确定优化监管服务的着力点，提出海关工作“三贴近”（贴近市委市政府决策部署，贴近区域经济发展需求，贴近重点企业和重大项目实施）服务理念。针对如皋船舶制造业面临的发展现状，成立关级课题组，开展船舶加工贸易专题调研，向市委、市政府上报课题报告，提出海关工作建议。配合市政府2011年重点招商引资项目建设，从政策咨询、预案制定、便捷通关等方面提供一站式、全方位服务，进一步放大口岸开放优势，助推地方外向型经济及港口经济的发展。

优化服务机制　年内，如皋海关在总结完善海关客户协调员制度的基础上，建立重点区域、重点乡镇联络员制度。开设关长接待日，认真受理企业在进出口业务中遇到的问题、困难和诉求。继续深化文明单位、文明窗口、青年文明号等创建活动，推动争创“国门先锋”活动的深入开展，力争使海关窗口成为口岸单位中的一流阵地、全社会服务窗口中的亮点场所。海关领导坚持每月带队去企业走访调研，了解企业经营状况，指导完善企业内部管理，认真听取企业对海关工作的意见和建议，并针对性地帮助企业解决实际困难。开展“走园区、访企业，优作风、促发展”大型主题活动，将政策法规宣讲和现场办公覆盖到全市各港区、园区和乡镇，受到企业欢迎。经常组织“青年岗位能手服务行”活动，运用报关厅设施、互联网等各种载体，拓宽海关政务公开渠道，增强执法透明度。网上调查显示，社会各界对如皋海关服务满意度达93%。累计收到企业赠送锦旗3面、感谢信3封。

如皋海关关长宋晓泉（右三）带队到企业调研

（赵　辉）

出入境检验检疫

【概况】　2011年，如皋出入境检验检疫局按照江苏出入境检验检疫局“打造五区铸强局”决策部署，根据如皋港口经济发展转型升级的新任务，着力实现带好队伍、打好基础、创新发展、服务港口四大阶段性目标任务。获如皋市文明单位、巾帼文明岗、青年文明号、市级机关2011年目标责任制绩效考核先进集体、服务地方建设先进单位称号。

检验检疫　年内，累计接受入境货物报检222批次，货值5.54亿美元，收费641万元，签发入境证书131份、通关单221份，审核并签发原产地证书933份，签证金额2677万美元。新注册登记企业10家。实施出入境船舶检疫586艘次，其中，入境船舶189艘次，国内船舶177艘次，出境船舶216艘次，台湾直航船舶4艘次。发现问题船舶340艘次，检疫出入境交通员工12150人次，对前往北美船舶实施舞毒蛾检测3艘次。累计检疫查验进境货物木质包装27批次，办理免控证书42份，压舱水消毒5艘次，新造船舶卫生监督21艘，新造船舶空气质量及微小气候监测5艘次。检验鉴定进出口船舶157艘、314批次，鉴定重量238.4万吨，报验金额5.1亿美元。

行政执法　年内，有效拦截境外有害生物入侵，发现动植物疫情船舶86艘次，截获有害生物累计33种180批次。发现医学媒介生物疫情106艘次，截获医学媒介累计6种128批次，因动植物有害生物或医学媒介生物超标除虫处理船舶9艘次，因无标识、标识不清或发现疫情熏蒸处理进境木质包装20批次。查获违规免控证书9份，查获过期健康证明书24份、假健康证1份，并按规定对未合法持证人员进行健康体检。对检疫前未悬挂检疫信号、入境检疫前擅自上下人员、木质包装逃漏检及擅自排放压舱水等8起违法问题实施行政处罚。检验鉴定重大短重4次，其中一类把关成效一起，涉及金额约240万元。沉着应对突发事件，日本大地震发生以后，改变检疫方式，配备先进检测设备，为相关查验单位人员进行核辐射防护培训，深入码头等发放核辐射宣传资料。加强口岸卫生监督管理。对外供食品单位实施国际航行船舶食品、饮用水供应许可制度，启用外供食品单位供应许可单，实行一批一审，杜绝外供食品饮用水的安全隐患，确保口岸外供食品安全卫生。

服务港口经济　年内，为抢抓沿海开发和长三角一体化战略机遇，持续放大沿江开发效应，加快经济发展转型升级，联合市口岸与港务管理局、如皋港区管委会下发《关于如皋出入境检验检疫局相关人员挂钩服务如皋港区重点进出口企业的通知》，建立挂钩如皋港区重点进出口企业服务制度。先后召开如皋口岸码头企业负责人座谈会和如皋口岸代理单位座谈会，敦促码头企业和代理单位围绕如皋港区经济社会发展大局，主动融入如皋经济社会，扎根如皋口岸，瞄准转型升级，紧贴如皋口岸发展的产业方向和规划要求，为提高港口吞吐能力和繁荣港区物流作出贡献。为适应造船企业的快速发展，先后购进一批先进仪器，加强对辖区内口岸和新造出口船舶的微小气候检测，使口岸卫生监督工作进一步科学化、规范化，为口岸传染病控制、保障微小气候和空气卫生质量提供科学依据。加强被省口岸办列为对外开放计划的3家码头6个泊位的对口服务，协调省、南通市领导现场指导，参与码头检验检疫设施的规划、建设。

（丁广进）

海 事 监 管

【概况】 中华人民共和国南通如皋海事处下设办事处2个，现有职工23人(其中在编人员14人、协管员9人)、执法船艇2艘。2011年，被南通海事局评为先进集体。

安全监管　年内，扎实开展船舶配员专项检查及船舶超载专项整治，强化船载危险品货物安全和客汽渡船舶航行安全监管，创新开展如皋港水上溢油应急处置课题研究，有效保证福北水道双向通航后辖区水上交通安全形势的持续稳定。先后举办较大规模的应急演练5次，涉及科目9个，参演总人数400余人、船艇18艘，参演装备、设施资源合计价值超2亿元。累计实施行政处罚115起，有效覆盖船舶超载、配员不足、未按规定办理签证、违法施工等近20种违法行为。

水上搜救　年内，克服经费不足、人员少、装备滞后等困难，及时调整全市水上搜救中心成员，做好水上搜救应急值班和现场应急处置工作。累计处置各类水上突发事故险情34起，救助水上遇险人员161人次，人命救助成功率100%。救助遇险船舶46艘次，避免直接损失近2亿元。

服务经济　年内，认真落实《如皋市人民政府与南通海事局落实〈江苏海事局与南通市人民政府战略合作备忘录〉的议定书》精神，全面融入沿江开发战略，主动服务江苏熔盛重工、如皋港务集团、泓北沙港池等重点企业和项目，在涉水工程手续申办、岸线资源整合、港口物流业发展、超大型船舶进靠、国际航行船舶监管及水上突发事件应急处置等方面发挥职能作用。创新现场监管举措，确保投资3.5亿元的长青沙二桥工程顺利建设。先后指导23家企业修改、完善应急预案16项，补充建立各类安全管理规章制度50余项。在口岸管理部门中率先入驻如皋港投物流中心，提供“零距离”服务。设立长青沙临时签证点，为如皋港一类口岸开放和如皋港投物流中心运营营造良好的行政效能环境。

10月20日，如皋口岸国际航行船舶进出口岸监管联席会议在如皋召开

（蒋楠隽）

环境保护·城乡建设

导读

环 境 保 护

【概况】 市环境保护局下辖市环境监察大队与市环境监测站，全系统现有在职干部职工100人。2011年，全市空气环境质量优良以上级别天数占全年总天数比例为97.12%，饮用水源地达标率为100%，功能区噪声达标率为100%，城乡居民环境质量满意率达79.3%。市环保局被评为如皋市文明行业、“六城同创”红旗单位、服务沿江开发先进集体、社会管理创新先进集体。

生态市建设　年内，推进国家环保模范城市创建，按照环保模范城市标准体系，重新收编完善2008～2010年环保模范城市技术资料。编制完成《如皋市生态文明建设规划》初稿并向市四套班子领导及相关部门征求意见。推进生态文明细胞工程创建，组织120个村(社区)申报南通市级生态村，组织开展首届如皋市级生态文明村(社区)和生态文明户评选活动，评选出生态文明村(社区)75个、生态文明户136户。推进农村环境连片整治工作，东陈、雪岸、丁堰、林梓和白蒲5个镇为首批示范区，项目总预算3500万元。2月，正式启动生态文明城市创建工作，出台《关于推进生态文明建设工程的实施意见》，围绕生态经济、生态环境、生态意识、生态行为、生态人居和生态制度六大生态文明体系建设，确定生态工业园区建设、生态村建设等16项重点工作，提出相应保障措施，按年度将任务分解到各责任部门。10月、12月，如皋市环模城市创建接受省环保厅调研，环模城市创建通过省级预评估。

污染减排　年内，全市完成化学需氧量、氨氮、二氧化硫和氮氧化物削减量分别为1986.32吨、126.93吨、63.62吨和24.44吨。推进以5个污水处理厂、6个结构调整企业为重点的污染减排工程建设，至年底，5个污水处理厂全部投入运行，6个结构调整企业已关闭。加强建设项目“三同时”(建设项目中防止污染的措施，必须与主体工程同时设计、同时施工、同时投入使用)管理，控制新污染源产生，全年完成环保竣工验收项目74个，新增废水处理能力达3350吨/日，“三同时”投资近8000万元。3月，淮河流域水污染治理工程通过国家七部委考核验收。5月、7月，全市2个新机动车尾气检测场站7条检测线取得省环保厅委托资质。

项目服务　年内，市环保局执行环保第一审批权制度，压缩审批时限，对选址符合环境功能区划要求、无污染项目随到随批，当日收理当日办结率达92%，全年申报登记项目220个，审批环评报告表180个，审批环评报告书11份，其中，审核报省、南通市环保局项目5个，审批锅炉15台。窗口工作被评为优质服务示范岗3次、红旗窗口9次，窗口工作人员每月都被评为群众满意工作人员。变坐等服务为主动出击，根据全市重点项目进展情况，制订服务计划，深入重点企业上门服务。主动服务科技城区域开发、金河铝业扩建铸造、经济开发区表面处理园、长江天然气化工、雅鹿对苯二甲酸等重点项目。审批人员通过了解企业申报项目概况，考察项目环境条件，提出并提前解决项目申报过程中可能遇到的问题，指导企业项目经办人办理相关手续，提高企业申报办事效率，缩短申报周期。

环境监察　全年各类环境专项整治、专项检查和群众监督累计发现各类环境违法行为45起，依法行政违法情节较重违法行为处罚32起，罚款74.5万元。年内，组织开展化工行业专项整治，关闭取缔化工单位和生产项目2家，处罚违法企业7家。开展涉铅污染企业专项整治，关闭或停产整改治污设施不到位、污染严重、卫生防护距离不足300米生产企业16家。开展肠衣行业环境专项整治，整治规模企业5家，关闭小肠衣生产加工单位7家，实现肠衣行业达标排放。开展污水处理厂专项整治，在污水处理厂排污口均安装流量计和在线监测等污染监控系统，实行实时自动监控。开展饮用水源地环境专项整治，搬迁或关闭一、二级水源保护区内污染源，联合市住建、水务部门对饮用水源地保护区实施勘界划分、立标，保障全市人民饮用水安全。完善信访工作机制，实行领导包案、带案下访，将矛盾化解在基层、化解在萌芽状态。开展局长接待日和局长大接访活动，解决群众关心热点、难点问题。与市社会矛盾调处中心联合组建环保纠纷调处中心，协调处理环保纠纷。开展信访应急值班，处理群众反映的各类环境信访问题，全年处理各类信访案件416件，信访案件处理率达100%，结案率达98%以上。

环境监测　年内，编制各类监测报告(表)400多份，获监测数据约3.2万个。完成2011年监测工作实施方案。编制完成环境影响报告表162份，在年内省环保厅报告表考核中列全省第五，被评为优秀等级。监督监测全市漂染行业、如皋港化工园区、全市主要涉铅涉金企业，监测检查一般污染源255厂次。完成《2010年度环境监测年鉴》、《2006～2010年如皋市环境质量报告书》编制工作。及时上报各类监测数据，编制《环境监测月报》9期。注重加强质量管理工作，参加国家能力验证、省和市各级实验室能力比对活动，及时组织技能测试，9人次参加考试23项次，通过率为95.7%。

环境宣传　4月，组织石庄中学等3所学校参加省绿色学校创建业务培训。5月，与市教育局组织环境教育优秀教案评比活动。组织城南社区、宏坝社区参加省绿色社区培训。6月，组织开展“6·5”世界环境日宣传系列活动，利用市广播电台、电视台、《如皋动态》等新闻媒体，以访谈、拍摄专题片、开办专题栏目、刊登环保公益广告等形式宣传节能减排、环保模范城市和生态镇村建设等方面典型和经验，在全市营造环境保护人人有责氛围。走进市民热线，就生态创建工作与市民零距离沟通。与市委宣传部、文明办联合组织开展首届环保大使评选活动，评选出环保大使10人。开展如皋市环境教育基地评选活动，并组织学生参观环境教育示范基地。与市文明办、广电局联合举办“同享一片蓝天”——纪念“6·5”世界环境日暨如皋市首届环保大使颁奖典礼。

【强制关闭一非法排污企业】　4月28日，为打击环境违法行为，保护生态环境，保障人民群众身体健康，维护环保法律尊严，由市法院牵头，市环保、公安、安全、电力等部门30多人组成联合执法组对不法排污生产企业南通嘉业染料化工有限责任公司生产场所实施强制关闭。强制执行过程中，执法组切割生产所用锅炉进、出气管，拆除动力电源电表，查封供电间，彻底阻止不法排污行为再发生，用实际行动维护周围群众合法环境权益。

【生态文明村(社区)、生态文明户创建活动】　6月12日，为推进资源节约型、环境友好型社会建设，加强农村环境保护、提升生态文明水平，市文明办、妇联、环保局在全市全面启动生态文明村(社区)、生态文明户创建活动。根据市文明办、妇联、环保局制订的《如皋市生态文明村考核标准(试行)》及《如皋市生态文明户考核标准(试行)》，各镇结合生态建设实际，推进生态文明村(户)创建。12月底，经实地察看、社会公示等考核程序，顾庄社区等75个村(社区)被命名为如皋市生态文明村(社区)，明正奎等136户被命名生态文明户，并获颁标牌。

【如皋市创建国家生态市通过国家级考核验收】
12月14～15日，如皋市创建国家生态市通过国家级考核验收。

国家生态市建设考核验收组在听取如皋创建

工作汇报，观看创建工作专题片和技术资料片，审核各类档案和台账，核对各项基本条件和指标完成情况，现场检查如皋市环境基础设施建设、农村环境综合整治、环保能力建设等创建工作情况后，一致同意如皋市创建国家生态市的基本条件和各项指标基本达到国家生态市建设标准，通过国家级考核验收。

【首届环保大使评选】 年内，市委宣传部、市文明办、市环保局联合开展如皋市首届环保大使评选活动。通过层层选拔推荐、公众投票和专家评审，市法院行政庭审判员刘斌，市文广传媒集团副总经理严保林，市港城实验学校副校长李建明，市农村能源技术指导站站长、环境工程师杨静，市现代农机公司总经理、华日稻米种植合作社理事长陈实，丁堰镇幼儿园园长陈轶棠，如城镇城南社区居民陈敬东，市同源污水处理有限公司厂长姚建梅，市人大常委会城建环保工委主任黄兆林和南通玉兔集团有限公司董事长、总经理黄奎生 10 人当选为如皋市首届环保大使。

（左志山）

城市规划

【概况】 2011 年，市住建局核发城市规划行政许可 1020 项，被评为 2011 年度南通市城乡规划工作先进单位。

规划编制　年内，委托江苏省城市规划设计研究院修编如皋市城市总体规划（2011～2030 年），完成总规实施评估报告、城市发展战略研究和专题研究报告。组织编制完成《如皋市中心城区“十二五”近期建设规划》、《如皋市“十二五”城镇化发展思路》、《如皋市历史文化保护规划》等规划。

规划评审　年内，提高规划管理和服务水平，执行“一书三证”（“一书”指《建设项目选址意见书》，“三证”指建设用地规划许可证、建设工程规划许可证、乡村建设规划许可证）制度和涉居项目许可前公示、听证制度，召开规划听证会 8 次。完成 GJ2005－17 号 A 地块、江中世纪城、老九鼎厂区、恒盛豪庭、安定小学新校区等地块详规和人武部办公大楼、药监局办公大楼、地税大楼、公共卫生服务中心等建筑方案审查工作。

规划监察　年内，加强建设项目批后巡查力度，把违反规划许可实施行为消除在萌芽状态，确保规划严肃性，全年下发整改通知书 13 份、停工核查通知书 7 份。4 月，出台《如皋市建设项目规划公示暂行办法》，增强规划透明度，提高公众对规划的参与度。

村镇规划建设

【概况】 2011 年，市住建局不断强化对村镇规划建设指导服务和考核管理，全面加快小城镇建设和村庄建设与环境整治，各镇建设水平全面提升，城镇基础设施进一步完善。市住建局被评为 2011 年度南通市村镇建设先进集体。

规划编制、评审　年内，注重与土地利用总体规划衔接，完善和局部优化全市 16 个建制镇镇区总体规划，修编完善各镇镇区“十二五”近期建设规划和控制性详细规划以及绿化、环卫等专项规划。组织编制集居区及主要街道、重点地段和工业用地修建性详细规划。完成村庄总平面布局规划及社区、村委会集居区修建性详细规划编制任务。

村镇建设　年内，全市 16 个镇区完成基础公共配套设施投入 2.95 亿元，实现房地产开发开工面积 128 万平方米，竣工面积 97 万平方米，实现房地产开发销售税收 2.58 亿元。小城镇建设“十个一”星级功能项目创建达 128 个。全面开展村庄建设与环境整治工作，如皋被省列入首批村庄建设与环境整治试点县(市)，8 个试点村完成详细村庄建设与整治规划编制，全市各村全面开展村庄整治工作，吴窑镇立新社区被省住建厅授予康居示范村称号。

（张跃军）

城市管理

【概况】 市城市管理局下辖城管执法大队、环卫处、有机生物处理中心，全系统现有在职干部职工 352 人、协管员 130 人。2011 年，市城管局被表彰为南通市行政权力网上公开透明运行工作先进集体。

行政执法　年内,立案办理行政处罚案件1749件,其中,简易程序处罚案件1594件、一般程序处罚案件155件。受理行政许可事项975件。全年查处在建工程违法建设21起,面积1.53万平方米。8月,开展拆违整治月活动,累计拆除小区、城郊接合部新发生违建109起、面积7632平方米,拆除搬迁地块违法建设38起、面积5537平方米。

市容整治　年内,整治绘园一二区、陆桥小区周边环境,清运老小区乱堆放及垃圾415车,补植绿化2500平方米,出新公共楼道窗户482扇,清理拆除陈旧破损、不规范店牌(招)及广告143起。强化综合整治和品位提升,引进媒体公司在城区主要街道、广场设置LED显示屏13处,出新建筑工地围墙39处1.1万米,清洗"牛皮癣"5800多处,核查城区主次干道占用盲道和私自降坡现象,拆除和暂扣中山路、海阳路、步行街等商业集中区高音喇叭、音响设备62只。开展省市级示范路创建活动,组织编制海阳路街景规划,加罩包装空调外机,整治规范户外广告、店牌店招,修复出新环卫设施、公交站台、电箱电柜、道路标识等,市区海阳路创成江苏省级市容管理示范路。

队伍建设　年内,以推进"创先争优"活动为载体,组织开展"党徽在路段上闪光"系列活动。与市委党校联办"城管大讲堂",全年培训1280人次。系统内58名党员干部走进基层,与郭园镇谢楼村、富圩村困难群众结对。与市电视台合作开辟电视专栏《如皋城管》,举办"庆祝中国共产党成立90周年"城管专场文艺会演。组织开展义务献血,与市中医院联合开展"送医下乡"便民义诊活动。

【如皋市数字城管开通】　10月30日,市政府举行如皋市数字城管开通仪式。

年内,为强化城市综合管理,如皋成立城市综合管理委员会,由市长姜永华担任主任,副市长陈万圣担任常务副主任,相关34个部门主要负责人为委员会成员,下设办公室,增挂如皋市城市管理监督指挥中心牌子,设在市城市管理局。监督指挥中心总投资500万元,建成数字城管系统。数字城管系统功能为住建部规定的9大子系统,另结合如皋实际拓展应用8个子系统,建设内容包括信息采集使用的城管通手机、30只视频监控点位、"12319"城管热线,用于受理和派遣问题的监督指挥大厅、呼叫坐席设备、大屏显示设备,用于实现远程指挥的车载视频、单兵视频系统,连接到21个专业部门的系统终端等。该系统满足了城区数字化城市管理功能的需要,初步实现如皋市数字化城市管理信息化、精细化、时效化要求。

(吴　昊)

城市建设工程管理

【概况】　2011年,全市累计完成城市建设投入93亿元,其中基础设施投入15亿元。市住建局被表彰为"十一五"全省墙材革新工作先进集体、南通市工程建设管理先进集体、南通市勘察设计管理先进集体、南通市房地产开发管理先进单位、南通市村镇建设先进集体、南通市城乡规划工作先进单位。

工程质量监督　年内,监督单位工程项目87个、单位工程356个,建筑面积265万平方米,其中,年内新受监工程项目50个、单位工程216个,建筑面积162.2万平方米。全年出具质量监督报告65份,涉及单位工程86个,建筑面积46万平方米。5月,开展专项检查和抽检、抽测,对全市镇区21个安置房工程实施质量安全检查,确保保障性住房监督覆盖率、竣工验收合格率100%。向南通建设局推荐优质结构工程6个,建筑面积10.6万多平方米。

工程造价管理　年内,办理现场安全文明施工措施费初定、核定手续265个66.8万平方米。发布《如皋市建设工程造价信息》6期,测算各类造价指标10多例。做好造价从业人员继续教育和考试组织工作,集中培训老造价员268人,组织无证或升级人员257人参加省造价处组织的培训与考试。

城市建设档案管理　年内,收集城市规划管理档案560卷。收集工程项目档案215个,其中建筑单体195个、市政工程项目20个,收集绿化工程项目档案6个、光盘12张。按规范组卷上架纸质档案2057卷,入库档案总数达26928卷(含声像档案)。提供档案查询利用242人次,借阅635卷次。对195个单体工程进行业务指导285人次,参加验收竣工项目66个。依据现行城建档案工作法规、规章,与建设单位签订《建设工程档案报送责任书》

93份。编研档案资料8.2万字。9月28日，城建档案馆新馆正式使用，建筑面积2217平方米，办公自动化水平提高，档案保管条件明显改善。11月16日，城建档案馆新馆顺利通过省特级馆复查。

白蚁防治　年内，实施白蚁预防工程160项，预防面积220万平方米。全年对5000余平方米房屋实施百蚊灭治。在世界银行和环保部合作的IPM项目试验中，配合南通白蚁所对部分新技术、新方法进行试验，安装设施400个，取得试验数据1000个，为新技术应用提供决策依据和使用经验。

墙体材料管理　年内，全面推进“禁粘”工作和建筑节能，新墙材产量9.75亿标砖，节约土地117.73公顷，新墙材使用比例提高到89.18%。引导企业发展新型墙材，完成企业产品省认定15家，节能产品备案三大类25家。验收工程主体50个，完成项目工程节能专项备案25个，面积68万平方米。新建和竣工居住建设工程实施节能备案管理率达100%；民用建筑节能率达50%，启动节能65%标准，推进一批使用地源热、空气能、太阳能节能示范工程建设，完成中医院、浅水湾利用太阳能项目验收。全年专项检查4次，涉及工程50个、送检砖材14批次，墙材企业抽检12家，合格率95%。全年技改隧道窑1家，新建墙材企业4家，新增产能过亿标砖。

市政道路管理

【概况】　2011年，全市新增城市道路面积24.9万平方米。截至年底，城区道路总面积达348.33万平方米，总长度达212.28公里。城区排水管道总长度437.13公里，其中污水管道139.59公里、雨水管道212.9公里、雨污合流管道84.62公里。

年内，市住建局先后完成中央大道、海阳南路南延、志颐南路、大司马南路、皋南路、宣化南路、惠隆路、雉水路、政法路工程等道路新(改)建工程，完成前进桥、燕桥等桥梁改(扩)建工程。全面维修城区道路特别是盲道和无障碍通道，疏通下水道2.78万米，维修路面坑塘6356平方米，更换补齐中山路、海阳路、宁海路、福寿路、益寿路等道路各类标志标线，城市呈现路通、水净全新形象，城市居民出行环境得到优化和提升。

路灯管理

【概况】　全市现有道路灯具22632盏、景观灯9500盏、LED灯具50500盏，城市亮灯率达99%以上。2011年，全市新安装各类路灯1560盏、路灯控制箱26台，更换控制箱16台，维修控制箱30台，增加地埋管线18.8公里，维修各类路灯、景观灯13350盏。

年内，完成海阳路、中山路路灯改造提升，花市路、志颐路、大司马南路、惠隆路、中央大道等新(改)建道路路灯施工，内外城河、文化广场亮化提升等工程，完成高层建筑物亮化工程14栋、建筑物亮化提升工程20栋。

燃气管理

【概况】　2011年，全市累计供应瓶装液化气1.9万吨、管道燃气1220万立方米。编制中心城区管道燃气规划，完成西气东输75公里供气主管道敷设。新敷设管道燃气中低压管网4.19万米，总投资5000万元，新增管道燃气用户4000户，管道燃气覆盖240个小区，覆盖用户6万户，实际在用户2.6万户。

年内，加强行业监管，实现全年用气安全无事故。在安全检查中发现和整改隐患14起，各企业在自查自纠中整改隐患18起。全市燃气企业累计投入236万元用于监控设备安装、消防设施整改、安全附件效验检测等。实施气瓶安全条码管理，杜绝过期钢瓶和不合格钢瓶充装。督促管道燃气企业开展入户安检工作，检查8200户，消除用户隐患15起。在“3·15”消费者权益保护日、“5·12”防灾减灾日以及“安全生产月”活动期间，组织现场咨询、燃气企业送安全进社区、设点咨询服务等活动，张贴安全宣传标语40幅，悬挂横幅30条，发放宣传资料2.2万份。推进天然气全覆盖，完成西气东输对接工程高压输气管道75公里、三座天然气接收门站、调压站及相关配套设施建设，如城镇(中心城区)、经济开发区(柴湾镇)、软件园(桃园镇)、长江镇(如皋港)、东陈镇实现供气,居民用气价格由4.5元/立方米调整为2.2元/立方米。7月24日,西气东输如皋管道天然气正式通气点火,如皋告别没有管输天然气气源的历史,在南通率先用上西气东输管道天然气。

【西气东输如皋管道天然气在南通率先通气点火】 7月24日,西气东输如皋管道天然气正式通气点火,如皋告别没有管输天然气气源的历史,在南通率先用上西气东输管道天然气。这对推进全市清洁能源发展,降低生产、生活成本,带动与天然气相关行业和系统工程建设具有重要作用。

西气东输如皋段工程是市政府为民办实事工程,总投资2亿多元,铺设高中低压燃气管网10.1万米,日供气能力200万立方米,全年管道可供气5亿立方米。至年底,全市2.6万户居民及130户公共福利用户和工业用户用上管道天然气。

供水管理

【概况】 2011年,全市日平均供水量达11.6万吨/日,全年供水3800万吨,结算供水服务费5200余万元。在南通市率先实现区域供水镇区全覆盖,获南通市区域供水管理工作一等奖。

年内,市政府将区域供水主管网复线工程列入政府为民办实事工程,工程管线总长度67公里,其中如皋段52公里,计划总投资3亿元。年内完成工程勘测设计、图纸审查、工程招投标和沿线搬迁清障等工作,开始实施长江顶管工程,完成管道铺设33公里、节点工程32处,完成投入2亿元。市政府出台《市政府办公室关于2011年如皋市区域供水运行管理的考核办法》,对照《生活饮用水卫生标准》要求,每日出厂水合格率都达100%,全年未发生重大污染及停水事故。1月6日上午,如皋市举行区域供水全覆盖暨东线支管网通水仪式。

【如皋在南通率先实现区域供水全覆盖】 1月6日上午,如皋市举行区域供水全覆盖暨东线支管网通水仪式,投资3亿元的区域供水东线支管网正式竣工通水,如皋在南通率先实现区域供水全覆盖。

市区自来水厂水源水原取自如海运河,每逢枯水季节,特别是受潮汐影响时,城区污水向西倒流,直接威胁自来水厂取水口水质。水源水品质是保证自来水水质的根本前提。2006年12月28日,市政府为民办实事工程——引江区域供水工程拉开序幕。2008年12月,主管网一期工程如期建成通水,覆盖长江镇(如皋港区)、石庄、吴窑、磨头、如城、袁桥及如皋经济开发区(柴湾)等镇区,受益人口63.5万人。2009年12月30日,市内配套管网西线工程全线贯通,覆盖常青、搬经、高明、江安等镇,新增受益人口28万人。2010年12月28日,区域供水配套管网东线工程实现全线贯通,覆盖郭园、下原、九华、桃园、丁堰、白蒲、林梓、东陈、雪岸等镇,新增受益人口53.5万人。至此,全市145万人喝上优质长江水。

(张跃军)

环境卫生管理

【概况】 2011年,市环卫处完成城区主次干道223万平方米及新村道路17万平方米保洁,日打扫厕所131座,日清运垃圾140吨,日清运粪便80吨。

年内,市环卫处通过建立环境卫生监管与查处快速反应机制,实行跟班式管理和捆绑式考核,实现环卫作业全程控制。全年更换电瓶垃圾车16辆,新增5吨自卸式密封垃圾运输车2辆、3吨吊桶垃圾车1辆、快速保洁车8辆,增设水平压缩式垃圾中转设备1套及5吨洗扫车1辆,出新二轮保洁车52辆,垃圾桶(房)640余只(座),更换部分路段及站台式垃圾桶、果壳箱274只,设置城河截污网4处。根据创建文明城市公厕无障碍设施设置要求,改造城区20座公厕残疾人通道、扶手等设施。年内,新接管绣品路、绿杨南路、宣化南路等道路保洁14.5万平方米,建成有机物中心综合用房。

【城区建筑工地现场文明施工专项管理活动】 3月,市城管局出台《关于进一步加强城区建筑工地现场文明施工管理的意见》(皋城管发〔2011〕24号),要求城区各建筑施工单位加强城区建筑工地现场管理,解决建筑工程施工影响市容环境问题,落实建筑工地文明施工长效管理措施,提高全市建筑工地现场文明施工水平。年内,市城管局组织检查城区所有在建工地现场文明施工情况，对建筑工地围墙破损、排水管道裸露、围墙广告破损问题督促限期整改。强化渣土运输整治，全面推行砂石、混凝土运输单位卫生责任制，实行渣土运输许可前置，联合建工局督促相关建设单位将场地硬质化，配备沉淀池及冲洗设备。全年累计查处乱倒垃圾、车辆带泥上路等违章行为520余起，立案65起。

社区物业管理

【概况】 年内，全市具有物业管理资质企业43家，其中取得一级资质4家、二级资质3家、三级资质33家、暂定三级资质3家。

年内，市城管局发挥物业主管部门职能作用，出台《如皋市住宅小区物业服务考核评比暂行办法》、《如皋市物业服务企业信用档案管理暂行办法》、《如皋市物业管理履约保证金管理暂行办法》。强化前期物业管理招投标工作，新建住宅小区前期招投标率、协议选聘率和物业管理覆盖率均达100%。集中力量全方位综合整治金九华府工程质量、配套设施、环境卫生、绿化养护、公共秩序维护及内部服务6大项25个小项存在问题。在城区34个住宅小区设立52个“物业绿色信箱”，形成业主与物业、物业企业与城管局无障碍沟通交流机制。2011年，全市被评为省优物业管理项目2个、南通市优物业管理项目10个。

（吴　昊）

园林绿化

【概况】 2011年，全市新增绿化面积60多万平方米，城市绿地率38.37%，绿地覆盖率40.30%，人均公园绿地10.48平方米。

年内，实施文化广场绿化，红十四军纪念公园、龙游河风光带、瓜果市场、城市花园街头、绣品路等绿地建设和提升工程。实施益寿南路交通分流绿岛、健康西路等道路绿化建设，完成中山路林荫停车场等绿化项目、建设都市华庭、丽泽华庭二期、如城实验小学、外国语学校等20多万平方米配套绿化工程。都市华庭等3个居住区、规划设计院等6个单位创建成南通市园林式居住区和园林式单位。12月，如皋市国家园林城市申报通过住建部组织的专家评审。

（张跃军）

建筑·房地产

导读

● 江中集团获全国建筑业先进企业称号　P285

建筑业

【概况】 2011年,全市完成建筑施工总产值470亿元,同比增长31%。六建、江中企业总产值双双突破百亿元,宏景、弘霖、大辰分别超20亿元,另外8家一级企业超10亿元。新承接工程合同额497亿元,同比增长25%。施工人数达20万人,同比增长28%。实现利税30亿元,同比增长30%。建筑业上交地方税收9.3亿元,同比增长43%,占全市一般预算收入的20%。

市场管理　年内,全市建筑业企业完成施工总面积7193.6万平方米,同比增长21%。江苏市场产值超200亿元,黑龙江、河北、山西市场分别超50亿元,吉林市场超40亿元,内蒙古市场超30亿元,山东市场超20亿元,北京、上海等5省(市)分别超10亿元。新开辟广西、新疆等中西部市场,施工队伍遍布29个省(市、自治区)。新承揽境外工程9916万美元,完成境外营业额2.2亿美元。南通六建再次入选“全球承包商225强”,位列第123名。

资质管理　全市现有建筑业企业227家,其中,特级资质企业2家、一级资质企业21家、二级资质企业58家、三级资质企业101家、劳务分包企业45家。年内,新增建筑业企业25家。新增一级资质企业1家、二级资质企业10家、三级资质企业12家、劳务分包企业2家。

质量管理　年内,全市建筑业创成国家级奖项5项、省级奖项20项。江苏顺达公司自主研发的地下智能停车系统填补国内空白。江中集团制定的预应力砼矩形檩条、混凝土质量检测标准被工业和信息化部认定为国家行业标准。全年获发明专利6项、实用新型专利6项、省级工法5项、省建筑业新技术应用示范工程10项。

专业技术培训　年内,全市建筑业先后组织中级岗位人员培训、专职安全员知识培训及专业技术人员继续教育培训,累计培训人数近1万人次。与高校合作的工程管理与技术培训中心,全面启动工程硕士班、企业总裁班办学。与市一职高签订人才战略合作协议,定向培养基层骨干和技术工人,打造建筑人才培育基地。

【六建集团、江中集团获江苏省建筑业最佳企业称号】 1月,江苏南通六建建设集团有限公司、江苏江中集团被江苏省建筑行业协会评为2011年度江苏省建筑业最佳企业。

【宏景集团等三家企业获江苏省建筑业优秀企业称号】 1月,江苏宏景集团有限公司、江苏昌盛建设集团有限公司、江苏南通弘霖建设有限公司三家企业被江苏省建筑行业协会评为2011年度江苏省建筑业优秀企业。

【六建集团、江中集团获2010年度中施企协科学技术奖技术创新先进企业称号】 10月,南通六建建设集团有限公司、江中集团被中国施工企业管理协会授予2010年度中施企协科学技术奖技术创新先进企业称号。

【江中集团获全国建筑业先进企业称号】 11月，江中集团被中国建筑业协会授予全国建筑业先进企业称号。

【江中集团入选2010年度中国建筑业企业竞争力百强】 11月，在中国建筑业协会开展中国建筑业企业双百强排名活动中，江中集团入选2010年度中国建筑业企业竞争力百强，位列第87位。

【江中集团承建的两项工程获国家优质工程奖30年精品工程殊荣】 11月，在中国施工企业管理协会会同部分行业、地方关联协会和特大型企业集团共同举办的国优30年宣传纪念评选活动中，江中集团承建的无锡市保利广场二期4号酒店及字字楼获国家优质工程奖30年精品工程称号。

（姚　燕）

房　地　产

【概况】 2011年，全市房地产新开工面积188万平方米，竣工面积120万平方米。全年完成搬迁面积53万平方米。

工程建设　年内，水绘曦园、都市华庭、华府御庭、汇景名豪、龙游御境三期等项目基本竣工，恒盛如皋豪庭、汇通大厦、金鼎名城二期、金茂国际、御龙湾等新建小区加速建设，五星级标准金陵金鼎大酒店开始试营业，御龙湾、水绘绿源、绿润名都被评为江苏省优秀住宅小区。新开工建设安置房75万平方米。全市开工建设公共租赁住房30万平方米。其中，经济开发区（柴湾镇）6万平方米建成，82户保障对象入住新居；科技城（桃园镇）10万平方米主体工程完工，启动配套工程建设；长江镇（如皋港区）10万平方米主体工程基本结束；中心城区和如城镇4万平方米在建中。

行业管理　年内，市住建局研究出台《如皋市公共租赁住房管理办法》、《如皋市廉租住房保障实施细则》、《如皋市经济适用住房管理实施细则》等一系列保障性住房规范性文件。全年核发商品房预售许可证46份120多万平方米。

（张跃军）

交 通 运 输

导读

交 通 建 设

【概况】 市交通运输局内设人秘科、财务审计科、政策法规科、工程建设管理科、安全科、监察室,在编25人。下辖事业单位运输管理处、地方海事处、如港公路磨头收费站、汽车综合性能检测站和如城、城北、丁堰、磨头、搬经、石庄6个运输管理所,代管企事业单位公路管理站、航道管理站、南通汽运集团如皋分公司。2011年,完成交通基础设施建设投资18亿元,占年度计划的120%,同比增长7.14%。市交通运输局被南通市委、市政府记2006~2010年法制宣传教育工作集体三等功,被南通市政府表彰为行政权力网上公开透明运行工作先进集体、春运组织工作先进单位。全市交通运输系统继续保持南通市文明行业、如皋市文明行业称号。

道路建设　全年建成农村公路156公里,实施县乡公路强度提升15公里。年内,完成如皋港至新204国道连接线一期工程沥青下面层摊铺。实施丁磨公路拓宽改造工程路基填筑。完成336省道石庄段改扩建工程沥青下面层摊铺,全线贯通。实施王石线常青段拓宽改造工程路基填筑和水稳施工。完成新东线东陈段拓宽改造工程水稳层摊铺,全线贯通。5月,334省道如皋段东延工程、蒲黄线西延工程竣工通车。6月,江海高速如城连接线主道竣工通车,辅道建设继续施工。9月,334省道如皋段西延工程(新204国道至江曲线)竣工通车。

桥梁船闸建设　年内,全市完成危桥改造110座。完成如皋港至新204国道连接线二期工程长青沙二桥灌注桩和承台施工。完成连申线(东台—长江段)航道整治工程如皋段搬迁任务,境内19座三级航道桥梁正在设计,完成6座桥梁施工图审查。航道驳坡分五个标段完成招投标,全线开工建设。4月,焦港船闸正式通航。

【334省道如皋段东延工程竣工通车】 5月31日,334省道如皋段东延工程竣工通车。

该工程于2009年7月开工建设。工程西起沿海高速丁堰出口,从如泰河南向东经丁堰镇,东接334省道如东段。工程全长9.47公里,一级公路标准,双向四车道,沥青路面,路基顶宽26米,路面宽24.5米,设计时速100公里。道路用地红线范围宽60米,征用土地79.53公顷,总造价2.2亿元。334省道如皋段东延工程,对贯通如皋东出口,促进如皋东部地区经济发展有重要作用。

【蒲黄线西延工程竣工通车】 5月31日,蒲黄线西延(如港路至江曲线)工程竣工通车。

该工程于2010年1月开工建设,当年道路部分全线贯通。工程全长12.53公里,途径吴窑、石庄、常青、江安4个镇,二级公路标准,路基顶宽17米,路面宽14米,道路用地红线范围宽50米,征用土地75.8公顷,总造价1.8亿元。2011年5月,焦港河大桥竣工，全线通车。蒲黄线西延工程，对推动沿线各镇城镇化进程，进一步改善如皋中西部地区交通状况将发挥重要作用。

【江海高速如城连接线主道建成通车】 6月24日，江海高速如城连接线（花市路改造工程）主道建成通车。

该工程北起海安交界处，南至如港公路与原204国道绕城段交叉口。全线按城市快速通道标准设计，工程全长15公里，双向8车道，加中分带宽8米、绿化侧分带宽19米、辅道宽7.5米、人行道宽5米，总宽102米，路基顶宽72米，路面宽46米，设计时速100公里。全线有中小桥梁4座、小桥涵22道、平面交叉道口7处、平交转盘1处，总投资约6亿元。工程于2010年3月开工，当年除B标部分路段因搬迁未到位影响施工外，其余均贯通。2011年，如皋经济开发区辅道建成，如城段辅道进入施工阶段。江海高速如城连接线，对于改善如皋路网结构、贯联国省主干道、促进如皋经济社会发展起重要作用。

（高　康）

【334省道如皋段西延二期工程竣工通车】 9月1日，334省道如皋段西延二期工程竣工通车。

该工程于2010年1月开工建设，当年道路部分全线贯通。工程东起204国道新线，西至老江曲线，长13.96公里，一级公路标准，路基顶宽26米，路面宽24.5米。工程总造价3.3亿元。

2011年全市农村公路实施情况一览

表46　　单位：公里

序号	镇　别	计划里程	完成里程
1	如城镇	4.2	6.0
2	丁堰镇	4.8	7.3
3	林梓镇	6.5	9.0
4	如皋港区(长江镇)	3.5	3.5
5	雪岸镇	5.5	8.0
6	郭园镇	4.5	7.0
7	江安镇	7.5	14.5
8	石庄镇	5.6	8.1
9	九华镇	5.5	8.0
10	白蒲镇	2.2	4.9
11	磨头镇	7.0	10.0
12	高明镇	7.0	9.5
13	搬经镇	7.1	9.6
14	吴窑镇	4.0	9.0
15	常青镇	5.9	9.9
16	袁桥镇	4.9	7.4
17	东陈镇	5.3	7.8
18	软件园(桃园镇)	4.1	6.6
19	下原镇	3.8	6.3
20	如皋开发区(柴湾镇)	1.1	3.6
	合　计	100.0	156.0

2011年全市干线公路建设改造情况一览

表47

项　目　名　称	总里程（公里）	路基顶宽（米）	路面宽（米）	总投入（亿元）	2011年投入（亿元）	开工时间	竣工时间
334省道西延二期工程(新204国道—江曲线)	13.96	26.0	24.5	3.30	0.70	2010-01	2011-09
334省道东延工程(丁堰—如东界)	9.47	26.0	24.5	2.20	0.30	2009-07	2011-05
蒲黄线西延工程(如港公路—江曲线)	12.53	17.0	14.0	1.80	0.31	2010-01	2011-05
江海高速如城连接线工程(花市路改造)	15.00	72.0	46.0	6.00	2.80	2010-03	主道 2011-06
如皋港至新204国道一期工程(沿江公路—新204国道)	9.27	24.5	22.0	3.00	1.40	2010-02	未竣工
如皋港至新204国道二期工程(沿江公路—环岛东路)	3.47	24.5	22.0	5.50	2.00	2010-12	未竣工
丁磨公路拓宽改造工程(马塘加油站—如港公路)	7.98	34.0	22.0	2.50	1.50	2011-03	未竣工
336省道石庄段改扩建工程	2.00	24.5	22.0	0.80	0.40	2011-03	未竣工
王石线常青段拓宽改造工程(334省道交叉口—红旗路)	8.20	24.5	22.0	2.30	1.50	2011-03	未竣工
新东线东陈段拓宽改造工程(东陈转盘—李平线)	3.20	17.0	15.5	0.75	0.60	2011-03	未竣工

道路交通安全管理

【概况】 市公安局交通巡逻警察大队下辖交巡警中队12支,有交通巡逻民警197人、交通协管员220人。2011年,全市未发生一起死亡3人以上和涉及校车、危化物品运输车、7座以上大客车重大交通事故。

道路秩序管理　年内,查处各类交通违法行为51.3万起,其中,查处酒后驾车1269起,5月1日以后醉驾42起,移诉42起,刑处3人。增设农村道路信号灯8处,增设和维修交通标志132块,施划标线12.3公里。维护城区交通信号灯26组,新增交通标志187块,维修破损交通标志122块,拆除不规范、重复性交通标志205块,刷新交通标线436公里,拆除遮挡交通设施非交通标志119块,修剪遮挡交通设施道路绿化94处。在城市次干道、支路、后街里巷规范施划小客车停车泊位4328个、非机动车停车泊位11公里,在海阳路、益寿路较宽人行道上分离施划小客车临时停车位326个,设置出租车临时上下客停车位65个和临时候客点2个。创新推出“红、黄、绿”交通安全隐患治理分色层推法,对前期排查的19处“红色”隐患逐项整治,在蒲黄线、港口连接线和中山东路东建线路口安装信号灯6组;对132处新204国道、如港路、新334省道“黄色”一般性隐患,会同交通部门采取压缩、封闭或重新设置中间道口、增设标志标线办法逐一整治。开展动态隐患集中整治行动,有效清理动态隐患127处,治理客运线路交通安全隐患38处。

车辆管理　年内,办理二、三轮摩托车注册登记23895辆、汽车注册登记12394辆,检验机动车14.89万辆(其中汽车30982辆、摩托车117918辆),依法强制注销机动车9518辆。核发摩托车驾驶证10151人、摩托车驾驶证换证37262人,受理准驾车型B证以上驾驶人提交身体合格证明12244份、汽车驾驶人换证12672人,受理汽车驾驶人科目一考试38077起。

事故调处　年内,全市一般交通事故发生量同比下降2.9%,重大交通事故发生量同比下降6.23%,死亡人数同比下降8.76%。全年侦破重大逃逸交通事故18起,破获率94.7%。调处各类交通事故7650余件,调解成功7143起,调结率达93.4%。办理一般程序交通行政案件3395起。

(许　虎)

公路管理

【概况】 市公路管理站现有公路管理人员118人,其中,在编人员35人,治超和应急人员42人,协管人员41人。下设股室5个,下辖如皋超限检测站、如皋应急处置中心,设有如皋港、开发区、丁堰、磨头、搬经5个中队。全站固定资产2500万元,拥有各类车辆22辆,实现办公自动化。2011年,全市国、省道技术状况综合评价指数98.5%,县道综合评价指数87.8%,乡道综合评价指数89.4%,村道综合评价指数76.5%。2011年,市公路管理站被省交通运输厅表彰为“十一五”优胜公路站。

路政管理　年内,宣传《中华人民共和国公路安全保护条例》45场次36万人次。介入204国道新线、334省道等在建公路管理,配合推进道口归并和辅道设置工作,封闭道口总数的78%,增设辅道25.9公里。维护路产路权,在中油燃气和益有供气两个大项目中依法收取赔偿费355万元,同比上升45%。推进公路环境综合整治,组织清理县道拾边种植,清除路面障碍2896立方米,清除路面摊点693个,清理非交通标志901只。查处超限车辆78辆,罚款19万元,驳货634吨。336省道施工路段管理全面到位,未发生责任事故。

干线管理　年内,全面推进边沟、搭接道口、路缘石、桥头跳车、桥梁栏杆、扶手六项整治活动,204国道增植路旁树1400株,种植草籽9000平方米,铺设草皮1300平方米,道口硬化1.47万平方米,重点整治九华汽车站段,全国干线公路检查期间外业、内业、工区建设均为南通样板。204国道集中处理路口车辙2500平方米,更换边沟盖板352块。334省道路面进行灌缝,及时处理殷港桥、芹湖桥跳车问题。组织336省道大修2.96公里,道路大修完成基层冷再生2.2万平方米、水稳2.4万平方米,铺设沥青面层2.5万平方米,完成工程量375万元。拆除重建336省道桥梁3座(百新桥、永隆桥、九号桥),完成工程量184万元。53座干线桥梁管理到位,年内重点检查双曲拱、系杆拱、桁架拱,均处于受控状态。

县道创建 年内,组织清理所有县道拾边种植,修整路肩、边沟、边坡,近300公里道路边坡全部撒播三叶草籽。大长线、江曲线北段挖补3.68万平方米,雪袁线、搬石线、林吴线、江曲线、如江线、如高线、如丁线7条县道完成表面处理20.9万平方米,东芹、花马、戈黄、高葛等7条乡道完成表面处理9.8万平方米,204国道老线修补1200块板块,皋高线、江曲线、搬石线稀浆封层10.2万平方米,累计工程量2280万元。江曲线北段应用聚酯玻纤布新工艺材料,4500平方米试验段强度明显提升。九华镇创建成为省级农村公路安保示范镇。

(朱 华)

运输管理

【概况】 市运输管理处现有在编管理人员40人。如城、城北、搬经、磨头、石庄、丁堰运输管理所增挂运政稽查中队、路政稽查中队、航政稽查中队牌子,有在编人员54人。拥有计算机69台、稽查执法车辆8辆,计算机实现在线联网。2011年,全年完成公路货运量2362万吨,同比增长8.3%;完成公路客运量1276万人次,同比增长8.3%。市运输管理处被南通市人民政府表彰为春运组织工作先进单位。

运政管理 全市现有统一标识出租汽车357辆,其中星级出租车99辆。全市中、高档客车占客车总数的92%。年内,培育打造"江苏快客"品牌班车14辆、文明客运班线6条、文明客运班车40辆,"江苏快修"企业2家,"绿色汽修"示建企业2家,规范化示范汽修企业1家,超额完成省、南通市推广计划。全市现有机动车驾驶员培训学校13家,其中,全国信誉驾校1家、AAA级信誉驾校1家、AA级信誉驾校2家、A级信誉驾校6家,拥有教练车600辆、教练员727人,年培训机动车驾驶员3.9万人,驾培教学均实现智能化管理(IC卡)。优化完善现有城乡客运一体发展格局,全市现有城市公交线路3条、城乡公交线路11条、镇村公交线路36条,现有城乡客运一体化公交车151辆,镇村公交通达率达100%。如皋新客站全面建成并投入运营,新建农村客运站亭46个。全年考核发放公交政府财政补贴982万元,其中,城区公交补贴资金220万元,镇村公交补贴资金762万元。

市场整治 年内,加强运输市场信息化监管,运政信息指挥中心一期工程全面建成并投入试运行。继续推行"网上稽查",办理行政案件239起,查处无证"黑车"15辆,实施行政许可2390件,未发生行政复议、诉讼案件。依法重新核查13家驾校、43家汽修企业、8家水运企业资质,遏制违规经营行为。

(尤申娟)

【如皋汽车客运新站投入使用】 12月17日,如皋汽车客运新站正式启用。

如皋汽车客运新站位于如城惠政西路与花市路交汇处,按照国家一级汽车客运站建设标准设计,总投资1.8亿元,占地5.33公顷,总建筑面积4.8万平方米。主功能区占地4公顷,可停放客车148辆。新站售票大厅560平方米,设有售票窗口12个。候车大厅2300平方米,设有检票门卫28个,可同时容纳2000名旅客,达到日发班次600余班、日均旅客发运量1万人次、高峰日输送旅客2万余人次的运输能力。

(任建华)

航道管理

【概况】 市航道管理站与市航政执法大队为一套班子两块牌子,内设政秘股、财务股、航政股、工程养护股,下辖执法中队3个,履行辖区内213.11公里等级航道、242.01公里等外级航道建设、养护和管理职能。2011年,继续保持江苏省文明航道站、航道系统先进单位,南通市文明行业,如皋市文明单位称号。

年内,市航道管理站(航政执法大队)组织巡航检查4360公里,实施临、跨、过河建筑行政许可46件,行政处罚(理)案件10起,全部符合法定程序,均实行行政权力网上公开透明运行。按时完成辖区交通量观测统计任务和航道扫床668.23公里,航标正常率100%,通航保证率达99%。收取航道赔(补)费 114.62 万元。

(章宏玉)

地方海事

【概况】 市地方海事处下辖城郊海事所、焦港海事所 2 个海事所。2011 年,保持南通市文明行业、如皋市文明单位称号,获市行政服务中心“窗口管理示范奖”,获南通市地方海事系统年度考核一等奖。市水上搜救中心被表彰为如皋水上搜救先进单位。

安全监管　年内,市地方海事处上航上线 1.74 万人次,检查船舶 3.62 万艘次,纠正各类违章 1.33 万起,对船舶实施安全检查 456 艘,巡航 6827 小时,巡航里程 2.86 万公里,船舶进出港签证 8080 艘次,辖区航道船舶航行、停泊、作业有序。4 月 29 日焦港船闸通航后,加强过闸船舶安全监管,与船闸实行“一站式”管理,为过闸船舶营造简便快捷服务,确保过闸船舶航行安全。全市未发生因管理不善而造成的航道堵塞事件。全年受理各类水上交通事故 24 起,无人员死亡及上报事故,水上安全形势持续稳定。

行政执法　全年行政处罚案件 11544 起,其中一般程序 81 起、简易程序 11463 起,未发生行政复议被变更及行政诉讼案件。全年检查危及通航安全桥梁 184 座,签发安全管理建议书 21 份,涉水工程活动审批 34 件,通航安全监护 929 天,游船检查 456 艘次,发隐患整改通知 12 份。

规费征收　年内,征收规费总额 487.13 万元,同比上升 1%。其中,船舶港务费 383.61 万元,船检港监费 103.52 万元。

(孙保华)

铁路管理

【概况】 市铁路建设指挥部办公室设在市交通运输局,现有工作人员 4 人。2011 年,如皋市和铁路沿线如皋经济开发区(柴湾镇)、如城镇、软件园(桃园镇)、丁堰镇、林梓镇、白蒲镇、搬经镇分别被评为全国平安铁路县(市)、镇。

年内,如皋火车客运站客运量 38 万人次,旅客周转量 9100 万人/公里,实现营业收入 3050 万元;货运站到发货运量 8 万吨,货运周转量 4000 万吨公里,实现营业收入 500 万元。年内,海洋铁路如皋段全面竣工。如皋火车客运站改扩建工程签订协议。宁启铁路复线如皋段沿线争取 8 条预留通道建设指标,解决老线涵洞积水等历史遗留问题。4 月 2 日,如皋火车客运站改扩建项目签约仪式在市行政中心举行,如皋火车客运站改扩建工程正式启动。

(孙　科)

供电·邮政·通信

供 电

【概况】 市供电公司隶属于江苏省电力公司，有员工1281人，其中全民员工419人、集体员工10人、农电员工852人。承担全市20个镇(区、园)6.2万多户动力客户、44.92万多户照明客户供电任务。全市有公用变电所35座，其中220千伏变电所5座、110千伏变电所15座、35千伏变电所15座；有主变压器61台，总容量281.8万千伏安；有配电变压器6785台，总容量116.09万千伏安；有220千伏线路10条计265公里、110千伏线路31条计337.85公里、35千伏线路38条计292.27公里、20千伏线路5条计15.27公里、10千伏线路216条计3661.30公里。2011年5月，市供电公司实行机构改革，部分职能移交至省电力公司和南通供电公司，职能部室由16个压缩至5个，设调控中心、配电运检工区、客服中心3个生产工区。2011年，市供电公司被表彰为省电网建设功臣集体、省交通安全示范企业，蝉联江苏省文明行业、南通市文明行业称号。

全社会供用电 年内，全市完成供电量39.39亿千瓦时，同比增长12.2%，居南通五县市之首。完成全口径售电量35.97亿千瓦时，同比增长12.55%。

安全生产 年内，树立"安全第一，预防为主，综合治理"思想，开展"安全管理标准化建设年"活动，强化安全生产责任制落实，弘扬如皋特色"周练月考季过关"。至12月31日，实现连续安全生产4795天，安全记录超13年。连续7年夺得全国"安康杯"竞赛"连胜杯"，被南通供电公司表彰为安全生产先进集体。

电网建设与改造 年内，投入7978.27万元，建设改造农网项目806个。新建改造400伏线路计407.36公里，改造接户线1079.52公里，新增配变225台，改造配变138台，工程惠及百姓5.67万户。110千伏葛市变被省电力公司表彰为优质工程。完成技改工程7项。2010年12月份开工建设的220千伏南通西开关站输电工程进展顺利。6月13日，110千伏磨头变升压工程建成投运。迎峰度夏前，相继完成110千伏搬经变、35千伏下原变、许庄变主变增容改造项目4个。12月22日，220千伏常青输变电工程竣工投产。年底前完成5千伏凤鸣、江安变和110千伏港区变技改。

服务经济 全年完成10多个重大项目保电工作，投运20千伏及以上重大客户工程11个。年内，市供电公司继续实施班子成员与20个乡镇分片挂钩制度，主动上门服务，坚持每月对接制度，在客户、政府、公司三者之间架起连心桥。夏季，历经暴雨、高温、龙卷风、台风考验，在如皋港排涝、丁堰倒塔等抢修中，公司员工以优质服务践行"为民服务创先争优"。6月21日，走进市电台政风行风热线直播间，以"迎峰度夏与低碳节能"为话题，与广大听众、网友沟通交流，解答关于装表接电、电表校验以及临时用电等方面问题。

【220千伏常青输变电工程竣工投运】 2月22日，220千伏常青输变电工程成功投运。

工程总投资2.93亿元，首期新上180兆伏安主变压器1台、220千伏出线4回、110千伏出线6回、10千伏出线10回。远景规划180兆伏安主变压器4台、220千伏出线12回、110千伏出线14回。该工程建成投运，使如皋主网结构更为合理，填补如皋市西部地区220千伏变电所空白。

【市供电公司实行机构改革】 5月，市供电公司根据国家电网公司在江苏省电力公司试点运行“三集五大”(“三集”指人、财、物高度集中，“五大”指建设大运行、大检修、大规划、大营销、大建设)体系建设要求，实施机构改革，部分职能移交至省电力公司和南通供电公司，职能部室压缩至5个(办公室、党群工作部、安全监察部、发展建设部、人力资源部)，生产工区压缩至3个(调控中心、配电运检工区、客服中心生产工区)。5月26日，原石庄、兴园、如港、金城4个220千伏变电站运行维护工作正式移交给省域检修公司。6月3日，地县一体化由试运行转入正式实施，如皋电网全面实现调控一体化和地县一体化。

【市供电公司第七次蝉联全国“安康杯”竞赛优胜企业称号】 5月，由全国总工会和国家安监总局联合评比的2010年度全国“安康杯”竞赛优胜单位揭晓，市供电公司第七次蝉联全国“安康杯”竞赛优胜企业称号。

【如皋港“7·13”快速抢险】 7月13日，特大暴雨突袭如皋，如皋港成为内涝“重灾区”，3条10千伏线路相继失电，排涝站变压器发生故障。市供电公司本部40多名员工和30余名农电工及时组成抢险突击队，分3个大组、12个小组，投入抢修，用不到2个小时，成功修复排涝站故障变压器。同日，清理倒伏树木481棵、处理低压故障384处，以最快速度让如皋港恢复供电，赢得老百姓赞誉。

（周　宁）

2011年全市电量收支平衡一览

表48

项　　目	用户数(户)	装接容量(千瓦)	年末累计用电量(万千瓦时)
发购电量总计	/	/	404102
发电量	/	/	13534
输购入电量	/	/	390568
1.输入电量	/	/	390568
其中:外省(系统)输入电量	/	/	/
2.购入电量	/	/	/
全社会用电总计	514859	4922955	393923
一、农、林、牧、渔业	12500	163901	5350
二、工业合计	27764	1359876	293054
三、建筑业	2941	144217	9177
四、交通运输、仓储和邮政业	1124	30885	1940
五、信息传输、计算机服务和软件业	4012	24584	2664
六、商业、住宿和餐饮业	20881	240893	11793
七、金融、房地产、商务及居民服务业	6285	96795	3744
八、公共事业及管理组织	3445	137304	10171
九、城乡居民生活用电合计	435907	2724500	56030
城镇居民	61226	492297	12102
乡村居民	374681	2232203	43928
输出电量	/	/	10179
其中:向外省(系统)输出电量	/	/	/
支出电量总计	/	/	404102

邮　　政

【概况】 市邮政局现有从业人员579人。全市现有邮政网点58个、邮运汽车10辆。全市有投递邮路148条，其中农村投递邮路130条。

邮政业务　年内，实现业务收入1.43亿元，同比增长36.5%，高于全省平均增幅18.1个百分点。邮政企业新增储蓄余额13.5亿元，代理保险40824万元。邮政企业实现代理金融业务收入11012万元，同比增长42.31%，金融业务收入占总收入77.38%。实现收支差额4539万元，同比增长106.3%，列全省县(市)局之首。在全省县(市)邮政局以经营规模为主要指标的综合排名中位居第二，比上年前移两位。每月代发新农保20多万户。农电费预存代扣累计达32.5户，全年预存代扣金额达8438万元。全年累计代订代售火车票、航空客票44464张。发展“自由一族”会员586个，实现会员年费收入116028元，发展“自由一族”会员特约消费商户10户。15个邮政网点开办代理人保车险业务。发展“苏邮惠民”加盟店130个，累计实现交易额1304.5万元，加盟店平均单点预存款超过千元。

网点建设　年内，市邮政局投资441.56万元，装修改造农村网点环境60个。

队伍建设　年内，市邮政局举办各类培训班10期，从业人员参培率达100%。全年送培55人，在读高等教育46人，获大专、本科学历文凭26人，400多人参加各类远程教育培训。联合市总工会举办邮政营业、投递业务技能大赛，城中支局王晶阳和白蒲支局姚亚梅获如皋市五一劳动奖章，林梓支局张源源、丁东支局张颖娟、搬经支局赵颖东和九华支局马富强4人获如皋市职工技术能手称号，搬经支局获如皋市五一先锋号称号。

【“爱心邮路”品牌效应不断放大】 4月8日，市司法局、市邮政局联合启动“普法邮路”通万家工程，将“六五”普法工作与“爱心邮路”融合，创新“六五”普法教育，扩大普法覆盖面，通过投递员和邮政函件服务推进法律知识进村、到企、入户，并由乡邮员收集群众法治新需要反馈给司法部门，及时了解广大群众学法、懂法的需求，强化社会管理能力和水平，促进普法工作互动。

“爱心邮路”引领如皋打造“爱心城市”，促进社会主义新农村建设，谱写新时代和谐音符，引起各方关注。4月13日，中国邮政道德模范系列五集电视片《春天·2011——发生在“爱心邮路”上的故事》在如皋开机拍摄，讲述人民信使陈昭斌、“新雷锋”姚泽民、137条“爱心邮路”上的典型、“爱心邮路”架起致富桥、流淌在爱心城市里的故事。5月27日，国家邮政工会常务副主席朱惠忠一行专程到如皋调研“爱心邮路”。调研中，朱惠忠表示：“‘爱心邮路’走过十多年艰辛历程，很不容易，如皋邮政人很了不起！”

（刘　稷）

电　　信

【概况】 中国电信股份有限公司如皋分公司现有员工313人，内设综合管理部、市场部、政企客户部、公众客户部、维护安装部，下设如城支局和20个农村支局。2011年，市电信分公司全面完成经营发展指标，维护建设投资全部到位，收入绝对值及增幅均居全区第一位，继续保持全省文明行业、省价格信得过企业、诚信企业称号。年末，全市拥有固定电话用户32.8万户，其中城市电话用户9.8万户、农村电话用户23万户。

工程建设　年内，完成切块投资5948万元。围绕“宽带中国、光网城市”主题，开展“畅快光网”行动，提升光接水平，实现主城区80%、农村50%光纤覆盖。围绕“满意宽带”，不断提升装维能力，组织实施“光进铜退”、“FTTH改造”、“宽带提速”工程，开展线路整治和优化，全年割接宽带用户5000多户，优化城域网避免流量拥堵，整治线路提高线路质量，使宽带更宽，保障高速宽带上网、高清网络电视需求。围绕“精彩无线”目标，加大宏站建设，填补弱覆盖区域空洞，积极开展WiFi建设(无线网络城市建设)，全面完成WiFi建设任务，使无线网络速度更快，网络更稳，使用更方便。

信息化建设　年内，围绕市委、市政府信息化中心工作，在农村加大硬件投入，推出一系列优惠政策，建设信息化村镇、天翼村组，使乡亲网内用户通话免费。在城区，推进数字城市、平安小区建设，保障招商引资和经济发展需求。建成数字城管系统，提高城市管理运行效能，城市管理更高效。建成公安“110”图传系统，实现移动监控图像接入和管理，提升社会安全保障系数。

服务管理　年内，围绕营业厅、线路装维服务能力提升这一主线，从严检查，从严考核，从人抓起，抓好基础建设，把好细节关。开展专项规范培训，参培人员达3000余人次，提升一线人员服务素质。加大服务设施改造，提升营业厅硬件环境，夯实业务发展基础。改装、新建营业厅6处，改善营业环境，设立体验场所，让用户亲身体验丰富应用。实现卖场、渠道有效延伸，营业网点遍布乡镇，方便用户需求。

【市行政服务中心电信服务分中心挂牌成立】 12月22日上午，市行政服务中心电信服务分中心挂牌成立，并开始正常运转。分中心设在市电信公司福寿西路1号主营业厅。

（陈　红）

移 动 通 信

【概况】 2011年，中国移动通信集团江苏有限公司如皋分公司拥有移动通信基站超过500座，网络覆盖率达99.9%。中国联合网络通信有限公司如皋市分公司在岗员工70人，其中本科以上学历者占30%；现有通信站点180余座、下属营业受理网点80余个、零售网点250家。2011年，中国移动如皋分公司获南通市文明行业等称号。中国联通如皋分公司先后获南通、如皋两级政府以及市分公司授予青年文明号、用户满意服务明星企业、消费者权益保护先进单位、先进集体、巾帼示范岗等称号。

业务经营　截至12月31日，中国移动如皋分公司用户总数72.03万户，其中年内新增用户23.62户。年内实现运营收入48703万元，同比增长8.1%；实现营业利润23557万元，同比增长6.8%。截至12月31日，中国联通如皋分公司用户总数152889户，其中年内新增89233户。实现通信服务收入7861万元，同比增长20.1%。

服务管理　年内，中国移动如皋分公司落实全程品质管理，推进“沟通100”服务体系建设，从对外落实客户满意度向内外兼顾全过程品质管理转变。联合市总工会、人社局举办“我型我秀”服务技能大赛活动，提高服务质量，拓宽服务渠道，扩大通信服务内容和内涵。拓展多个信息化项目，成功升级“12345”市长热线平台，全区首创环卫信息化项目，通过“环卫监督信息系统”实现对垃圾中转站、垃圾运输车以及巡查监督车管理，满足环卫信息化发展需求。中国联通如皋分公司以客户感知为中心，不断提升服务水平，致力于满足客户综合信息服务需求，以优质网络、贴心服务、精彩业务，打造3G时代全新品牌形象。开展“为民服务创先争优”活动，贯彻执行“以客户感知为中心”服务体系，引入服务质量社会监督体系，借助社会力量，规范自律，提高服务质量监督，提升服务品牌形象。

网络建设　年内，中国移动如皋分公司面向市场需求，保持高品质网络优势，以推动自主创新、发展TD—SCDMA为己任，做好TD—SCDMA建设和运营工作，推进公司科学发展能力更上新水平。开展网络扫盲活动，实施专项网络优化。深入研究话音和数据业务变化规律，探索高效优化手段。建立客户网络覆盖类投诉快速反应机制，提高客服部门预处理能力。全面落实基站小区完好性指标、覆盖延伸系统质量、高速铁路沿线通话质量优化、全网切换成功率、强干扰小区整治等专项工作，提升网络总体健康度，树立中国移动优质网络形象。中国联通如皋分公司坚持以网络质量为企业生命线，不断推进驻地网建设，定期开展专项网络优化，重点解决市区、高速公路、旅游景点、地形复杂区域、边界漫游区等“难点地区”网络质量问题，真正实现“点—线—面”全面覆盖目标。

（吴　银　李伯林）

财 政 · 税 务

导读

● 如皋市连续七年获省财政收入增收表彰单位称号 P297

● 袁建甫荣登"中国好人"榜 P301

财 政

【概况】 2011年，全市实现财政总收入1107470万元，占人代会预算的110.75%，同比增收326629万元，同比增长41.83%，其中一般预算收入456307万元，占人代会预算的108.64%，同比增收119427万元，同比增长35.45%。全年财政总支出993749万元，同比增长42.62%，其中一般预算支出605433万元，同比增长27.59%。市财政局法治财政建设、法制宣传教育、防洪保安资金征收等工作获省财政厅表彰，被评为南通市文明单位、法治宣传教育先进单位；市财政局机关综合考核位居市级机关部门前三名，蝉联先进集体称号；市财政系统被评为如皋市文明行业。"公共财政·情暖百姓"被评为市级机关"十佳"服务品牌之一，"爱心财政联盟"被授予第四届"如皋市爱心团队"。国库科、镇财政集中管理办公室分别被授予南通市"巾帼文明示范岗"、"青年文明号"称号。长江镇(如皋港区)财政分局被评为南通市群众满意先进基层站所。全市财政系统5人被市委、市政府记三等功，73人次受到省、南通市财政系统及市委、市政府表彰。

组织收入 年内，全市财政总收入首次突破百亿元大关，一般预算收入总量保持全省县(市)第八位。一般预算收入中税收收入完成387194万元，同比增长31.78%。一般预算收入中税收占比84.85%，排名全省第四位。增值税增幅20.57%，高于全省平均增幅4.89个百分点。

预算管理 年内，市财政局细化预算编制，探索结转(余)资金管理。按照"加快发展、保障既得、多收多得"原则，完善新一轮市镇财政体制，建立镇级基本财力保障机制。9月，下发《关于调整市镇(区、园)财政管理体制的通知》(皋委发〔2011〕72号)，充分调动镇区加快发展的积极性。推进绩效评价，注重评价成果利用，完善预算、项目、资金管理制度。11月，建立财政支出绩效评价专家库，首批聘请专家30名。对3个部门和3个专项资金试行项目绩效预评价绩效目标管理，压减资金达45%。对13个专项资金开展事后绩效评价，政法专项转移支付绩效考评工作被评为省级优秀。

国库管理 年内，市财政局办理国库集中支付业务65943笔，累计支付资金88.45亿元。4月，完善财政账户管理，清理整顿财政账户，撤销39个。6月，出台《关于财政性存款与金融单位信贷投放实行挂钩的实施办法》(皋财规〔2011〕2号)，加大财政资金调控力度、速度，发挥财政资金存储导向作用，引导金融资金投向，促进区域经济加快发展。出台《关于进一步规范市级预算单位财政专户存款(往来资金)管理的通知》(皋财库〔2011〕3号)，规范单位财政专户往来款管理。12月，2010年度财政总决算、部门决算、乡镇财政决算工作均被表彰为南通先进。

社会保障 年内，市财政用于社保方面支出为

59862万元,同比增长6.53%。提高"新农合"筹资标准,人均年补贴标准由120元提高到200元。全年为60145名80岁以上老人发放"尊老金"2599万元。投入6806万元,将4万多名贫困人员纳入最低生活保障。基本公共卫生服务投入3165万元,将人年均标准由15元提高至25元,服务项目由9大类22项调整为10大类41项。发挥财政社保数据分析比对管理平台作用,月均比对60余万人次。全年安排再就业资金1900万元,落实各项就业扶持政策。推进村级劳动就业社会保障平台建设,在全省率先招录配备村级劳动保障专职协管员172名,在全市建立村(社区)农民创业服务指导中心332个。3月,首次安排6500万元对599种基本药物实施零差价销售价格补贴。实施"关爱工程",完成200张床位和6个附属设施的建设任务,所有项目通过省级验收。7月,农村"低保"、城市"低保"月补助标准分别提高到240元、360元,农村集中"五保"、分散"五保"经费人均年标准分别提高到4220元、3200元。提高城市、农村低保重残人员生活补贴,每人每月分别发放80元、60元。

会计管理　年内,举办会计继续教育培训班52期,培训会计人员6000多人,600多人通过网上会计继续教育平台学习、考试。全市通过会计专业技术资格考试115人,通过高级会计师考评资格考试8人。4～6月,开展会计从业人员信息采集确认工作,全市采集确认信息9000多人,并进入全省会计管理信息系统。7月,联合市教育局组织全市少儿珠心算技术比赛。10～11月,组织全市5000多人次参加会计从业资格无纸化考试。

农财管理　年内,市财政按照"两高于一确保"("两高于"指财政预算内支农资金当年预算安排数增幅高于一般预算安排数增幅,当年财政支农资金增量要高于上年;"一确保"指财政支农资金支出进度不低于96%)的要求安排支农资金,财政支农投入工作获南通市委、市政府表彰。多渠道争取上级涉农扶持项目100个、资金3.5亿元。财政投入5186万元,实施农业综合开发项目5个,建成高标准良田1333.3公顷。一事一议财政奖补项目获全省一等奖、奖金150万元。兑现高效设施农业奖励3184万元。全年通过"一折通"发放各类涉农补贴项目24个,资金2.3亿元。加快推进农村基础设施建设,全面完成为民办实事工程——新建、改造农桥100座任务,建成一事一议财政奖补项目农路121条、170.1公里。整合资金,建立农村环境"四位一体"长效管理机制。整治二、三级河及村庄河塘378条,总长378.38公里,土方756.81万立方米,进一步改善农村环境面貌。实行经济薄弱村化解债务奖补,促进村级经济发展。1～3月,开展惠民资金、项目资金和专项资金监督检查,巩固强农惠农政策专项清理成果。

社会事业发展　年内,市财政投入11.6亿元,用于保障教师工资及时足额发放、教育重点工程建设、学校基本运转、学费减免政策落实。实行学前教育以奖代补,经验做法在全省财政工作会议上交流。加强学校财务管理,如皋市获江苏省农村义务教育经费管理示范县称号并被推荐参加全国评比。落实中央和省有关职业教育国家助学金及涉农专业和城乡家庭困难学生免收学费政策,发放9856人、1294万元。推动文化事业发展,保障公益性文化设施免费开放,支持实施各项重点文化惠民工程,建成图书馆、文化馆、博物馆、科技馆四馆和文化广场并向公众开放。实施"三送"工程,累计向镇、村送图书1.7万余册、送戏80场、送电影3648场。实施计划生育利益导向体系,安排独生子女父母奖励、贫困扶持、特困救助、养老扶助、孕前健康检查等各项经费3239.07万元。

财政监督　年内,扎实开展"小金库"专项治理,对全市616家单位全覆盖复查,查处"小金库"7个、违纪金额225万元,收缴国库82万元。1月,制订《如皋市财政局2011年财政监督工作要点》(皋财监〔2011〕1号),深化财政"大监督"格局,明确全年监督工作重点。出台《如皋市财政局内部监督检查暂行办法》(皋财办〔2011〕2号),探索加强内部监督新途径,选择2011年预算编制情况监督检查。3～10月,专项检查10家单位会计信息质量。

政府采购　年内,市财政局完善政府采购网上竞价平台,提高采购效率。全年执行采购计划1493个,采购总额5.86亿元,节约1.05亿元,节约率15.2%。6月,出台《如皋市政府采购供应商诚信管理及考核办法》(皋财购〔2011〕3号)和《如皋市政府采购合同履约及验收管理办法》(皋财购〔2011〕4号),创新政府采购管理模式,改革政府采购监管方式,建立政府采购供应商诚信评价体系,提高政府采购公信力和约束力。

9月29日，市财政局召开全市政府采购专管员业务培训会议

国资企财管理　年内，市财政局按月公布全市纳税百强企业名单，按季形成全市工业经济运行情况分析报告。实施“纳税百强企业财政服务工程”，向上级申报项目129个，下达资金1.9亿元。落实家电、汽车摩托车下乡、家电以旧换新政策，累计发放补贴资金1.48亿元。1～4月，开展家电下乡补贴资金专项检查，逐一核查2009年10月1日至2011年2月18日期间购买两台以上家电下乡产品真实性情况。4月，及时兑现2010年度全市新型工业化、科技进步奖励资金3000多万元。6月，改革家电下乡补贴兑付方式，在全省首创网上银行直接支付到农户“一折通”模式，此模式在全南通市推广。7月，追加投入500万元，扩大科技成果转化风险补偿专项资金规模，贷款授信额度放大到1亿元，累计为10多家企业成功申报贷款5300多万元。11月，注入200万元设立全市中小企业互助基金，缓解中小企业融资困难。

非税收入管理　年内，市财政局继续推进非税收入收缴管理制度改革。通过“一票制”系统，全年入库市镇两级非税收入12.39亿元。4～5月，专项检查镇(区)票据管理情况，进一步规范电脑票和手工票领、销、存行为，统一推行票据管理系统软件，建立跟踪管理制度，明确专人清收。

镇财政管理　年内，开展以“往来、资产、票据和档案”为重点的“三清理一创建”工作，清理镇(区)往来1737笔、票据12272份、资产15362件(套)，9个镇(区)财政所(分局)通过省三星级档案验收。7月，印发《关于进一步加强财政货币资金管理的意见》(皋财管〔2011〕4号)，开展财务管理“自查自纠”活动，不断夯实镇(区)财政财务管理基础，规范和提高会计基础工作水平。出台《如皋市财政局规范化财政所(分局)创建工作实施意见》和《如皋市财政局规范化财政所(分局)创建考评细则》(皋财农〔2011〕42号)，在全省率先全面推进规范化财政所创建，提升基层财政所硬件，规范业务，提升形象，在各镇(区、园)基层站所测评中，20个财政所(分局)均位于前列，其中11个财政所(分局)位居第一。

【如皋市连续七年获省财政收入增收表彰单位称号】　12月，省政府下发《关于表彰2011年度财政收入增长较快贡献较大市县的决定》(苏政发〔2012〕2号)，如皋市连续第七年被授予江苏省财政收入增收表彰单位称号。

(张小俊　许瑞兵)

2011年全市财政收入完成情况一览

表49

项　目	完成数(万元)	增收数(万元)	同比增长(%)
国税	311920	49793	19.00
地税	347648	86968	33.36
财政及社保基金	447902	189868	73.58
合计	1107470	326629	41.83

国　税

【概况】　2011年，市国税局设机关科室及事业单位8个、基层分局7个、稽查局1个，在职干部职工250人，平均年龄43.4周岁。其中，男195人，女55人；市国税局机关人员74人，基层分局人员144人，稽查局人员32人；党员192人，占比为76.8%；大专以上文化程度247人，占比为98.8%。管辖全市纳税人16871户，其中企业7370户、个体工商户9501户。年内实现全口径税收收入33.68亿元，同比增长20.81%，完成南通市国税局年初考核计划的103.64%。继续保持省文明行业称号，被表彰为省档案工作三星级单位、省国税系统政务信息工作先进单位、省国税局税收情报管理标兵单位、南通市国税系统重点风险企业纳税遵从管理金牌、南通市国税系统重点大企业纳税遵从管理第二名、如皋市政府目标考评优秀单位。

组织收入　年内,实现全口径收入 33.68 亿元,总量在南通六县市区中居第一,同比增长 20.81%,占计划的 103.64%。其中实现增值税 24.37 亿元,总量在南通六县市区中居第一,同比增长 18.57%,达到全省平均增幅目标;完成企业所得税 8.04 亿元,总量在南通六县市区中居第一,同比增长 26.15%。实现政府口径总收入 31.4 亿元,总量在南通六县市区中居第一,同比增长 17.49%。实现一般预算性收入 8.86 亿元,总量在南通六县市区中居第一,同比增长 16.97%。累计征收防洪保安资金 3500 万元。落实各项税收优惠政策,切实履行好税收调控职能,固定资产设备抵扣为纳税人减负 3.33 亿元,增值税起征点调整惠及 3563 户个体工商户、减负 149.24 万元,累计办理出口退税 18.3 亿元,办理政策性等退库 7976 万元,为全市经济社会发展注入活力。

2011 年度国税收入情况统计

表 50

项　　目	年度计划(万元)	累计实绩(万元)	占计划(%)	上年同期(万元)	增减(%)
一、收入完成情况	325000	336815	103.64	278800	20.81
1.国内增值税	/	243688	/	205522	18.57
①直接征收	/	196888	/	159822	23.19
②免抵调库	/	46800	/	45700	2.41
2.消费税	/	1122	/	828	35.51
3.企业所得税	/	80417	/	63749	26.15
①县级企业	/	69186	/	60907	13.59
②省属企业	/	11231	/	2842	295.18
4.个人所得税	/	261	/	615	−57.56
5.车辆购置税	/	11327	/	8086	40.08
二、政府完成情况	/	313996	/	267257	17.49
1.增值税	/	243688	/	205522	18.57
2.消费税	/	1122	/	828	35.51
3.企业所得税	/	69186	/	60907	13.59
三、退税情况	/	7976	/	8022	−0.57
1.增值税	/	6415	/	7217	−11.11
2.企业所得税	/	1561	/	805	93.91
四、出口退税	/	183013	/	147249	24.29
五、海关代征	/	237221	/	174261	36.13
1.进口增值税	/	200,243	/	132440	51.20
2.进口消费税	/	36,978	/	41821	−11.58
六、一般预算收入	/	88596	/	75743	16.97

税收征管　年内,实施税源专业化管理改革,保证新征管模式平稳到位。1～2 月,将风险分析团队职能划归征管科,充实风险分析和风险应对团队人员力量。制订《税收风险管理工作规程》、《风险应对团队考评办法》和《风险应对资料管理办法》,研究制订《税源专业化管理改革实施方案》。3 月,搭建专业化管理工作平台,上线运行自主开发的"综合管理平台"软件,实现痕迹管理、过程控制。制订第三方信息管理办法,建立税收数据信息情报管理体制、工作运行机制和岗责体系。开展内部数据挖掘和外部信息采集应用,制发《税收风险分析报告》,与工商、地税、供电等部门建立稳固的协作关系,年内分析省、南通市级推送的应对任务 877 条,分析如皋市级分析产生风险应对任务 710 条,

入库税款5517.73万元。4月，编印《大企业税收服务管理与遵从评价工作指南》，制订“12345”大企业税务风险管理办法(一个实施方案、二类评价体系、三种保障机制、四条管理制度、五项服务办法)，构建一个模式(服务与管理模式)、三个机制(专业化组织机制、工作机制和征管机制)的大企业专业化管理体系。5～6月，建立政府财政返还补贴、资本公积金变化异常和预收账款余额异常三类风险特征指标，三类指标均被纳入省级风险特征库。6月，设计完善大企业信息远程采集系统，构建大企业自动预警平台、税收评估预警模型、涉税信息监测平台，提高大企业信息化管理水平。7月，上半年税收情报案例在南通市国税局评比中获第一名。9～10月，调整整合全市办税服务厅，设立城区办税服务厅和三个农村分局办税服务延伸点。成立专业应对分局，专业化应对人员调整到位。各基层分局对综合股、基础管理股和专业应对股实施人员定岗，全系统按照新管理模式平稳运行。12月，获省国税系统税收情报管理标兵单位称号。

依法治税　年内，开展纳税评估和税务稽查工作，全年评估327户次，评估入库2711.76万元；累计查结稽查案件87件，其中查处10万元～40万元的大要案16件、40万元～100万元案件7件、100万元以上案件8件，组织稽查收入3622.03万元，同比增长66.68%，稽查查补入库总额和增幅均创历年新高。年初，围绕“紧扣风险防控，把握重点，点面结合，扎实推进”，对15户重点风险企业分户制订管理工作计划，形成分户指导意见和分析报告，有6篇分析报告被南通市国税局评为五星。4月，市国税稽查局创新思路，采取申请法院司法强制执行方式，及时冻结扣缴企业异地资金，有效地解决异地财产执行的难题。5月，加强金属钢结构行业税收征管，制订区域性行业税收管理办法，金属钢结构行业整体纳税调整后所得率达3.8%，被省国税局以简报形式给予专题报道。重点风险企业遵从管理工作在南通市国税局考核评比中获金牌。6月，开展福利企业专项整治活动，对全市民政福利企业开展专项执法检查。7月，推进个体税收社会化征收工作，南通市个体社会化现场推进会在如皋召开，如皋国、地税联合办税，个体委托社会化征收做法得到会议肯定。9～10月，实施执法检查工作，重点开展预警信息核查、执法管理系统疑点核查和全面执法检查，检查892户，发现问题199户，查补入库税款89.07万元。

纳税服务　年内，市国税局“服务e站”在如皋72个推荐服务品牌评选中脱颖而出，被市委、市政府表彰为“十一五”期间“十佳”服务品牌。1月，成立纳税服务项目工作组，制订办税服务厅工作管理办法，形成纳税服务部门上下的纵向联动机制和各职能部门之间的横向联动机制。2月，强化办税服务厅建设，落实标准化、规范化服务要求，推进业务同城通办和审批事项前移、远程办税，一般纳税人网上认证面达99.03%，不断扩大远程报税面，普通发票网络开票面率100%。3月，开展“千人联千企”服务调研，推行大企业“解读之家”、“高层合作”点对点等个性化服务。4月，税收宣传月期间，印发《纳税人权利义务宣传》读本1万份，向纳税人邮寄税收政策宣传资料5000份。全面上线运行江苏国税纳税服务短信平台。5月，加强纳税人维权服务，通过会议、辅导、“12366”远程接听等渠道，多方位、多角度收集纳税人的需求并落实反馈。6月，进一步推行依申请涉税审批事项的前移工作，简化办税程序，优化办税流程，压缩办结时限，切实保障纳税人的合法权益。8～10月，全面推行新版网上办税系统、CA认证和TIPS系统上线。11月，开通省级“12366”服务热线远程接听系统。

11月16日，市国税局召开财税库银(TEPS)系统上线工作推进暨操作培训会

【创新思路异地强制执行欠税企业】　年内，某防腐工程公司逾期拖欠税款222468.2元，欠缴罚款276991.76元，因股东纠纷处于关停状态。4月，市国税稽查局执行人员经全面调查企业财产，获

知该公司在外县（市）一银行账户有大量资金。市国税稽查局创新思路，随即申请法院司法强制执行。经过法院及时冻结、扣缴、划转，该公司拖欠的税款、罚款全部入库，并依法加收滞纳金95059.04元，合计入库594519元，实现异地强制执行零的突破，有效地解决异地财产执行难题，维护税收秩序。

（丁吕健）

地　　税

【概况】 自2011年4月起，如皋市地方税务局更名为南通市如皋地方税务局，下设税源管理分局5个、纳服局1个、评估局1个、稽查局1个、职能科室8个、事业机构2个。现有在职干部职工208人。其中，党员163人，占总人数的78%；本科以上学历干部176人，占总人数的85%；硕士研究生5人。2011年，组织各项收入48.22亿元，同比增长31.64%，其中一般预算收入(含教育费附加)31.08亿元，完成政府目标任务的112.71%，是2008年8.4亿元的3.7倍。一般预算收入对地方财政的贡献份额达68%，与县市级地税总量占比达83.41%，一般预算收入总量、财政贡献份额、与地税总量占比三项指标均列南通第一。全系统累计获各类荣誉38项，其中，国家级2项、省级6项，首获江苏省地税系统先进集体称号，在南通地税系统年终绩效考核中连续两年被评为优胜单位、连续三年蝉联“十强型”领导班子称号，“阳光地税服务工程”被评为如皋“十佳”服务品牌之一。

组织收入　年内，继续采取每年规范1～2个行业或税种的管理方式，规范征管秩序，拓展管理深度。正常性税款增幅高于总增幅8个百分点，房产税、土地使用税两税基础数据准确率达95%以上，年所得12万元以上个税同比上升354%。房地产行业税收同比增长98.88%，增幅近南通平均水平的3倍。个体纯营业税管户数量同比增长31%，税收同比增长41%，继续位列南通第一。提升增收促管向现实税源的转化效率，全年通过增收促管直接增加税收2.8亿元，拉动税收增长9个百分点，其中评估入库税款2.1亿元，占全口径税收的7.18%。2月，开展房产税数据信息采集维护。3月，完成2011年个体定额调整工作。巡查个体重点税源监控户。4月，组织各单位分析一季度税收收入情况，并在公文内设立收入分析专报。5月，采集维护房产税、土地使用税两税数据。6月，组织各分局开展半年税收分析及下半年税源调查摸底工作。配合审计局做好2010年度税收收入计划执行情况同级审工作。7月，对基层各单位上半年收入完成情况开展绩效考核，点评并通报收入分析预测等工作完成情况。8月，开展1～7月份如城镇建筑项目税收专项分析，重点抓好收入的序时入库工作，提升税收收入质量。南通市地税局报表税收分析系统评审会在如皋召开。10月，开展一至三季度收入调研和分析工作，细化行业税收、重点企业税收、地区税收情况分析，强化全年税收情况预测。12月，开展车船税分乡镇分解及全年乡镇报表年报调整。

税收征管　年内，实施税源专业化管理改革，全面提升征管质效和信息化水平，改革转型期间“人心不散、标准不降、秩序不乱”，形成“范围＋团队”专业化品牌特色，实现税源专业化管理工作模式顺利转型，管理事项划分为5大类75个小类，对应到33个管理岗位。编制“职能配置表”、“人员任职表”，将管理事项分解落实到具体管理岗位和人员。策应税源专业化改革方向，促进个体公平遵从，全面推行个体双轨代征社会化管理模式，编印《个体社会化征管手册》，出台社会化征管部门职责、业务流程、日常管理等制度，明确奖励办法。加强与国税协作，形成个体“双轨代征”品牌，累计入库个体税收7191万元，增幅43%，管户同比增长39%，其中入库个体出租房税收800余万元。1月，专项检查园林绿化及市政建设工程税收情况。2月，推进网上开票、发票换版和税控收款机推广应用工作。3月，开展个体定额调整后的巡查工作，与国税部门合作实施个体共管户的户籍和定额对接。4月，编制管事制专业化相关业务流程和配套制度，在农村分局试点推进专业化改革。5月，组织开展教育、卫生行业专项评估。9月，开展个体大户巡查。巡查、分析、监控7月、8月份超定额用票和超索票比例用票调整定额情况、新办税务登记纳税人定额情况、谢师宴高峰期定额外纳税情况，找出个体管理薄弱点，提高个体管理质量。10月，完成全市20个镇(区、园)个体及零散税收验收达标工作,并在全市发文通报。11月,南通市国税局、地税局联合在如皋召开个体社会化管理现场会,推介如皋市相关做法。12月,完成办公互联网“三集中”模式改造工作,对月定额5万元以上的纳税人推广运用个体纳税人网开发票。开展重点行业网开发票监控比对工作。

依法治税　年内,稽查查处50万元以上案件4起,其中100万元以上案件2起,被表彰为省依法治税示范单位、省法制宣传先进单位。3月,贯彻落实地方教育附加提高至2%税收新政。4月,开展符合清算条件的房地产开发项目土地增值税清算工作。5月,开展交通运输业区域税收专项整治。6月,与国税部门沟通,强化非金融机构从事金融商品买卖业务营业税征管。7月,开展2011年度税收执法督查工作,调整企业所得税应税所得率。8月,开展2011年度税收执法督查工作,组织推进二、三产剥离,开展土地增值税清算、房土两税税源管理工作(重点是地价并入房产税)。9月,参与南通市地税局税收执法风险管理系统开发。12月,存量房交易评估系统上线,推广应用所得税管理模型。

【袁建甫荣登“中国好人榜”】　6月,在中央文明办主办、中国文明网承办的“我推荐、我评议身边好人”活动中,市地税局干部袁建甫以“携手生病的爱人,侍奉年迈的父母,20年真情不移”的感人事迹,荣登“中国好人榜”——“孝老爱亲好人”,成为引领道德风尚的全国道德模范。其后,市委宣传部、文明委组织“爱心巡礼”——道德模范宣讲活动,在全市大力宣扬袁建甫先进典型事迹。

【个体税收社会化征管经验在南通相关会议上推广】　11月18日,南通市个体税收社会化征管现场推进会在如皋召开。南通市国税局、地税局领导,六县(市、区)国地税分管局长、征管科技科科长参加会议。与会人员实地参观如城镇个体税收征管办公场所,充分肯定如皋发挥政府主导作用,密切国、地税协作,成功构建个体税收“双轨代征”模式做法。南通市地税局总经济师周宏建在会上指出,如皋因地制宜、创新思路,强化国、地税联合,依托实体运营,全力推进个体及零散税收“双轨代征式”社会化征管,极具创新性、实践性,为南通市及各县(市、区)专业化管理深入推行创造良好条件和发展氛围

(姜汉兵)

金 融 业

导读

- 农行如皋市支行被列入全国110家重点县域支行 P303
- 交行如皋支行人民币贷款增量居如皋银行同业第三位 P305
- 全市首档金融类电视专栏——《如皋农商行十分钟》正式开播 P306

银 行

中国工商银行股份有限公司如皋支行

【概况】 工行如皋支行下辖二级支行11个,其中城区支行6个、集镇支行5个。有员工169人,其中在编员工151人、劳务派遣用工18人。2011年,全行实现经营利润1.76亿元。工行如皋支行营业部被工商银行总行授予五星级精品网点称号,被省妇联授予"巾帼示范岗"称号;城中支行被工商银行总行授予五星级精品网点称号,被工商银行江苏分行授予"青年文明号"称号;白蒲支行党支部被工商银行总行评为先进基层党组织。环南支行、白蒲支行继续保持工商银行江苏分行四星级精品网点称号。

存款业务 年末,本外币各项存款余额66.13亿元,同比增加11.77亿元,增量占比列全市四行(中行、农行、建行、工行)第二。其中,对公存款余额25.76亿元,同比增加6.67亿元,增量占比列全市四行第二;储蓄存款余额40.37亿元,同比增加5.10亿元,增量占比列全市四行第一。

贷款业务 年末,人民币各项贷款余额28.85亿元,同比增加1.94万元。外币贷款余额2230万美元,同比减少1947万美元。表外信用总量余额10.57亿元,同比新增5.24亿元。

中间业务 年内,实现中间业务收入8031万元,同比增加2510万元,增幅45.48%。实现国际结算量8.73亿美元,同比增加2.31亿元,增幅36.11%。代理个人保险13520万元;企业网上银行客户新增507户,个人网上银行客户新增14358户。

【工行如皋长江支行成立】 1月,为扩大工商银行在长江镇的影响,工行如皋长江支行正式成立。

年内,通过"拓户扫街"活动加强宣传,提升如皋长江支行知名度;借助工商银行优势产品,开展同业竞争;加强对优质客户关系维护和跟进,努力建立客户对工商银行的忠诚度;提升柜面服务水平,为长江镇居民提供优质快捷的金融服务。明确中小企业拓户目标,突出行业大户营销突破,对优质企业给予信贷支持。年末,工行长江支行实现本外币各项存款余额11413万元,成为2011年度省内工行系统唯一一家当年开业存款超亿元的营业网点。

(戴春娟)

中国农业银行股份有限公司如皋市支行

【概况】 农行如皋市支行辖营业机构15个,其中城区5个、乡镇10个。全行在职员工301人。2011年,实现拨备后利润19404万元,同比增盈9463万元,同比增长95.19%,完成全年目标任务的127.66%。农行如皋市支行综合业务发展考核得分位列南通分行系统第一,被农总行确定为全国110家重点县域行之一;支行系统被南通市委、市政府表彰为文明行业；支行党委被省分行表彰为先进基层党组”，被省分行、南通分行表彰为“四好”领导班子先进集体。

存款业务　年末，本外币各项存款余额95.97亿元，较年初净增27.08亿元，其中，储蓄存款较年初净增4.27亿元，对公存款较年初净增22.8亿元。各项存款净增总量居南通分行系统第一、如皋市金融机构第一，净增市场份额在全市四大行中占比52.3%。年内，以“包户包效”工作为抓手，扩大和巩固基础客户群体，个人贵宾客户增长率居南通分行系统首位。

贷款业务　年末，常规各项贷款余额29.09亿元，比年初增加7.3亿元；信托融资贷款余额23亿元，比年初增加23亿元。贷款实际投放总量30.3亿元，增量位列南通分行系统第一。年内，争取省、市分行政策和资源的倾斜，成功开辟融资新领域，拓展信托融资贷款23亿元。个人贷款呈快速增长趋势，年末个人贷款余额达72270万元，较年初净增32037万元，增量市场份额的37.98%，同比增加14个百分点，增量市场份额在全市四大行和南通分行系统内均位列第一。农户小额贷款新增3197万元，任务完成率168%，惠农贷款用信总额、任务完成率均居南通分行系统首位。

中间业务　年内，实现中间业务收入10502万元，同比增加5924万元，增幅129.4%，支行被南通分行表彰为中间业务发展先进单位。实现国际结算量3.67亿美元，同比增加8700万美元，开立全额保证金保函2110万美元、敞口保函1.6亿美元。新增有效贷记卡6835户，完成全年目标任务的110.2%；新增借记卡78436张，完成目标任务的130.7%；新增惠农卡13755张，完成目标任务的113.68%。新增个人电子银行注册客户95644户，完成全年目标任务的101%。代理寿险19409万元，任务完成率居南通分行系统第一。被南通分行表彰为2011年度创利先进单位。

营业网点建设　年内，调整优化网点布局、设立支行理财中心，增设市民服务中心、建华管桩、南通锻压3家自助银行并投入运营，进一步加大服务覆盖面。对营业网点配备大堂副理、大堂保安，提升服务窗户优质文明服务水平，在省分行外聘机构进行的网点文明标准服务质量明察暗访测评中，平均得分列南通分行系统第三。8月19日，农行如皋港区支行正式对外营业。8月31日，农行如皋市支行理财中心揭牌。

【农行如皋市支行被农总行评为案件防控先进单位】　12月，农行如皋市支行被农总行评为案件防控工作先进单位。

年内，农行如皋市支行先后组织开展合规文化建设、基础管理提升年、银行业内控和案防制度执行年、风险管理宣传月等系列活动，将案件防控措施落实到工作每个环节，确保平安运营无事故。

【江苏熔盛重工获农行追加授信200亿元】　年内，农行如皋市支行积极向上级行争取政策倾斜。8月18日，农行江苏省分行继2010年对江苏熔盛重工授信80亿元基础上，追加授信200亿元。

【信托融资贷款总量实现历史性突破】　年内，农行如皋市支行经过积极争取，在省、南通市分行大力支持下，信托融资业务实现历史性突破，两度对江苏熔盛重工发放信托融资贷款，总量达23亿元。

【农行如皋市支行被列入全国110家重点县域支行】　年内，农总行根据重点县域支行推进计划，依据经营目标责任制考核情况和业务发展监测情况，将如皋市支行列入全国110家重点县域支行。

【农行如皋市支行被农总行确定为江苏唯一巡查工作试点行】　年内，农行如皋市支行被农总行确定为全国农行系统10家、江苏唯一一家巡查工作试点行。10月中旬～11月中旬，省、南通市分行巡查工作组经过为期一个月的现场巡查，充分肯定如皋支行内控合规、风险防控、党风行风建设、综合竞争能力、业务经营等工作和成果，并将如皋支行巡查工作经验在全省农行系统纪检监察和案件防控工作会议上展览、推广。

【农行如皋市支行被省分行认定为信贷“三化三无”单位】 年内,农行如皋市支行切实加强信贷管理工作,连续两年实现贷款“零不良”,被农行江苏省分行认定为信贷“三化三无”(“三化”指信贷工作制度化、程序化、规范化,“三无”是指无应收未收利息、无可疑类及可疑类以下贷款、无淘汰客户贷款)单位。全省农行仅有九家县级支行获此殊荣。

(刘晓静)

中国银行股份有限公司如皋支行

【概况】 中行如皋支行下辖网点(含营业部)11个,其中城区8个、乡镇3个。全行有员工197人。2011年,继续保持全省重点管辖支行称号,先后获南通市2011年度机关企事业单位治安保卫工作先进集体、2009～2010年度南通市文明行业、全国五一劳动奖状等称号,营业部继续被授予总行级“青年文明号”,海中支行被授予省行级2011年内控合规先进网点称号。

负债业务　年末,本外币各项存款余额80.3亿元,比年初增加4.8亿元。其中,本外币储蓄存款33.1亿元,比年初增加3.1亿元;本外币公司存款45.6亿元,比年初增加1.6亿元。年内,支行负债业务两次成功触摸百亿。

资产业务　年末,本外币贷款50.2亿元,其中人民币贷款46.5亿元,比年初增加5.5亿元(不含贴现、表外融资),占如皋市四大银行贷款市场份额31.18%。人民币公司贷款35.02亿,比年初增加3.5亿;零售贷款11.4亿,比年初增加2.1亿;贴现新增1.9亿;表外融资3.6亿。

中间业务　年末,实现中间业务收入8660万元,总量居南通辖内第二,同比增加2208万元,增幅34.23%,其中,公司板块收入5908万元,个金板块收入2752万元。

经营效益　年末,实现营业净收入3.05亿元,同比增加7568万元,增幅33.07%。完成拨备前利润2.38亿元,同比增加6542万元,增幅37.89%。实现考核净利润1.69亿元,同比增加5800万元,增幅52.3%。

渠道建设　年内,以总行级标准重新装修海宁支行、港区支行,增设荣威、城西工商分局、育贤离行式自助银行,运行良好,为广大市民提供便捷、优质金融服务。

蓝图上线　上半年,中国银行IT蓝图成功投产上线,中行如皋支行克服人少、事务多矛盾,安排专人负责实施支行蓝图上线,实现上线期间“零差错”。

(施小冬)

中国建设银行股份有限公司如皋支行

【概况】 建行如皋支行下辖网点型支行4个、营业部1个、分理处9个,其中乡镇营业机构6个。现有员工206人,其中,大专以上学历者144人,占比70%;中级以上技术职称者41人,占比20%。2011年,继续保持省、市、县(市)级文明行业、建行总行级文明单位称号;在市政协组织的对金融系统行风民主评议中,满意率位居各参评商业银行首位。建行如皋支行党支部继续保持建行江苏省分行党委级先进基层党组织称号,营业部继续保持全国“青年文明号”称号。

负债业务　年末,全行本外币一般性存款余额100.42亿元。其中,对个人储蓄存款52.36亿元,比年初新增4.61亿元;对公存款余额48.06亿元,比年初新增3.55亿元。存款余额位居建行江苏省分行系统前五名,是建行系统苏中、苏北地区唯一的百亿支行。

资产业务　年末,各类贷款余额51.39亿元,比年初增加10.44亿元。资产质量继续优化,各类不良贷款总额为995.98万元,比年初下降2154.64万元;不良贷款率为0.19%,比年初下降0.58个百分点。

中间业务　全年实现中间业务收入1.1895亿元,在当地同业中排名第一,中间业务收入占主营收入的34.61%。市场份额占比30.42%,任务完成率在建行南通分行系统内排名第一。年内,抓住股市疲软期,创新销售建行个人金融产品,努力打造建行品牌形象,至年底,销售各类基金1.56亿元,代理保险2.1亿元,基金、保险、“利得盈”销售在当地同业及建行南通分行系统内均列第一。

渠道建设　年内,为进一步提高服务社会、服务地方经济建设能力,在原有支行理财中心基础上,为6个功能齐全型营业网点新建理财室,建立以理财中心为核心,以理财室为基础,以网点个人客户经理及个人业务顾问为骨干的客户理财服务网络，提升对高端客户的服务能力和客户满意度。增设中山西路支行。加大自助设备投入力度，全市拥有附行式自助银行14个、离行式自助银行11个，各种自助设备达60台。加强电子银行建设，提高和满足社会各界需求，缓解柜面服务压力。

（刘东升）

交通银行股份有限公司南通如皋支行

【概况】 交行如皋支行成立于2010年12月8日，辖营业机构1个、自助服务区2个。全行在职员工23人。2011年，被如皋市政府评为支持地方经济发展金融先进单位，被交通银行南通分行评为先进集体。

存款业务　年末，各项存款余额5.1亿元，较年初净增3.2亿元，同比增长172%，完成南通分行下达的任务指标数。其中储蓄存款1.2亿元，同比增加0.9亿元；企业存款3.9亿元，同比增加2.3亿元。年内，通过常态化吸存、资产业务拉动负债业务、抓个人客户存款和抓年终建工分配等，保证存款稳定增长。

贷款业务　年末，各项贷款余额6.62亿元，比年初增加5.21亿元，同比增长370%。贷款构成中，对公贷款5.2亿元，展业通贷款0.65亿元，个人类贷款0.79亿元。作为新成立的一家银行，年内，推动授信业务，拓展客户，争取南通分行政策和资源倾斜，超额完成南通分行下达的贷款增量计划。

中间业务　年内，实现中间业务收入632万元，完成率112%。实现国际结算量800万美元，累计开立信用证1200万美元，开立国内信用证9770万元。全年发卡3400张，其中借记卡2500张、贷记卡720张、“双卡”（同时拥有借记卡和贷记卡）190张，年末卡存款余额4000万元。全年销售各类基金900万元、黄金300万元。

营业网点建设　年内，建成如皋国美自助服务区，营业网点实现大堂经理双配，加强人员技能培训和服务检查，提升服务窗口优质文明服务水平，加强硬软件建设，确保全年无服务投诉、无营运事故发生。

【交行如皋支行人民币贷款增量居如皋银行同业第三】 年内，交行如皋支行以支持如皋经济发展为己任，支持辖区企业发展壮大，积极向上级行争取信贷资金和规模，全年新增人民币贷款5.21亿元，增量位居如皋银行同业第三。新增实体贷款发放量远超政府下达指标，被交行南通分行授予先进集体称号，被市政府授予支持地方经济发展金融先进单位称号。

（董　刚）

江苏银行股份有限公司如皋支行

【概况】 江苏银行如皋支行设办公室、业务管理部、业务发展部和营业部4个部门，现有在职职工30人。2011年，获优秀党支部等5个总行级、6个分行级先进称号。

存款业务　年末，各项存款余额11.04亿元，较年初增加2.92亿元。其中，储蓄存款余额1.7亿元，较年初新增5173万元；对公存款9.3亿元，较年初新增2.4亿元。

贷款业务　年末，各项贷款余额为10.82亿元，较年初新增2.46亿元。

中间业务　年内，实现中间业务收入307.47万元，任务完成率125.53%，其中，财务顾问费收入44.32万元、保函收入0.12万元、委托贷款手续费46.12万元、国内保理收入36.02万元、贷款承诺费收入168.42万元、其他收入12.47万元。

国际结算　全年国际结算量9466万美元，完成全年任务指标9000万美元的105%。

（凌凯菲）

江苏如皋农村商业银行股份有限公司

【概况】 如皋农商行下辖营业部1个、支行56个，其中城区网点11个、乡镇网点46个，设有ATM等自助设备80台，现有在岗员工649人。2011年，继续保持南通市文明单位称号，被南通市公安局评为治安保卫工作先进集体。

存款业务　年末，各项存款总额137.58亿元，较年初净增24.87亿元，增幅22.07%，其中，储蓄存款较年初净增19.21亿元，对公存款较年初净增5.66亿元。各项存款总额增量占如皋市新增存款市场份额的22.41%，增量和增幅均位居南通农信系统第二。

贷款业务　年末，各项贷款总额95.71亿元，较年初净增14.21亿元，增幅17.43%，存贷比69.57%。

电子银行业务　年内,新增网银客户9266户,其中个人网银客户7375户、企业网银客户1891户。新增手机银行3218户、POS商户1068户。电子银行离柜率达37.43%。在江苏省信用合作联社组织的"POS"收单竞赛活动中获全省第二,电子银行业务在全省农信系统综合考核排名第一。

资金业务　年内,票据交易量231.1亿元,实现票据利差13677万元;债券交易量1250亿元,实现债券投资收益14706万元,债券交易量位居全国农商行系统第23名。12月20日,在中央国债登记结算有限责任公司(以下简称中债公司)举办的2011年度优秀学员表彰大会上,如皋农村商业银行资金营运部的陆星成、沈群瑶分别以第五期和第六期第一名的优异成绩被评为优秀学员,如皋农村商业银行被中债公司评为全国中债培训"十佳"组织机构之一。

【如皋农商行创新拓展业务】　年内,如皋农商行创新思维,不断拓展新业务。

9月6日,全省首家"快付通"工程(市民卡)受理点在东陈镇尚书村品德超市揭牌。"快付通"是如皋农村商业银行与市新农村建设办公室联名定制发行的"圆鼎·长寿卡",该卡与如皋农村居民使用的"涉农一折通"存折实行对接。如皋农商行在全市各行政村择优挑选合作商户作为"快付通"受理点,为其安装"快付通"专用机具,村民持"圆鼎·长寿卡"在受理点即可办理500元以内小额取现、刷卡消费、转账和查询等金融业务,足不出村就能享受到方便快捷的金融服务。截至12月末,该业务覆盖全市180个行政村。

9月24日,如皋农村商业银行取得省银监局同意开办外汇业务的批复,成为南通地区首家获得外汇资格认证的农村商业银行。

10月26日,如皋农村商业银行正式代销上海有金人家投资有限公司、国金黄金集团有限公司两家公司的各类贵金属产品,成为苏中、苏北地区首家开办此项业务的农村商业银行。

12月17日,如皋农村商业银行发行首款汇富理财产品,成为苏中、苏北地区首家发行个人理财产品的农村商业银行。

【全市首档金融类电视专栏——《如皋农商行十分钟》正式开播】　10月12日,由如皋农村商业银行与如皋电视台共同创办的《如皋农商行十分钟》电视专栏正式开播。栏目以"服务大众,共享发展"为宗旨,时长10分钟,每两周一档,设有金融参考、圆鼎聚焦、童心同行、财富观察、支行风采等子栏目,是如皋市第一档金融类电视专栏。

(顾圣杰)

中国农业发展银行如皋市支行

【概况】　农发行如皋市支行有正式员工15人,下设办公室、计划信贷部、会计出纳部3个工作部门。2011年,实现账面利润4092万元,较上年增加1311万元。实现人均账面利润171万元,增幅14%。被中国农业发展银行江苏省分行评为精品行、全省存款工作先进集体、四星级文明窗口服务单位、信贷资产优质行,支行党支部被中国农业发展银行南通分行党委评为优秀基层党组织。

存款业务　年末,各项存款余额40220.34万元,其中企事业单位存款余额40220万元,较上年增加23340万元。存款旬均余额34761万元,人均1931万元,存款任务指标完成率为107.29%。

贷款业务　年末,贷款余额143102.28万元,同比增加20828万元。旬均贷款余额142700万元,与上年同期相比,增加32524万元,增幅29.52%。账面贷款综合利息收回率为99.96%,其中,政策性贷款利息收回率为99.95%,商业性贷款利息收回率为100%。到期贷款收回率100%,无不良贷款发生。

中间业务　年末,实现中间业务收入72.59万元,其中,代理保险手续费收入3.06万元,国际业务代理手续费收入5.1万元。人均中间业务收入4.03万元,任务指标完成率100.82%。

(顾峻逢)

中国邮政储蓄银行如皋市支行

【概况】　中国邮政储蓄银行如皋市支行有营业网点9个、自助服务区13个、ATM自动取款机55台、POS转账机900多台。现有员工138人,其中中长期劳动合同员工98人、劳务用工40人。2011年,实现金融业务自营收入5377万元,完成年度预算目标的100.66%，同比增长52.61%，列南通地区县级邮政银行第一位、全省第五；实现利润2244万元，同比增长84.48%，列全南通地区县级邮政银行第二。

存款业务　年末，各项储蓄余额18.61亿元，较年初增长2.45亿元，其中活期存款4.67亿元，较年初增长0.87亿元，净增数居全省县级邮政银行首位。对公存款余额3.63亿元，较年初净增1.9亿元，增幅100%。实现收入460万元，同比增长300%。代收费税9000万元，较上年末增长5072万元，增幅126%；归集电力资金10亿元。

贷款业务　年末，各类贷款余额3.27亿元，结存金额2.5亿元，实现信贷业务收入1396万元，完成年度预算目标103%，同比增长110.4%。其中，小额贷款累计放款1909笔，金额1.41亿元；个人商务贷款放款588笔，金额1.69亿元；二手房贷款放款80笔，金额1697万元；小企业贷款放款8400万元。

中间业务　年内，实现中间业务收入1139万元。全年代理各类保险1.5亿元，代理保险业务收入710万元，同比增长68.25%，列全南通地区第一位；销售理财产品7597.4万元，发放信用卡1917张。

【实现业务单元多元化】　年内，邮储银行如皋市支行从储蓄存款为主体的单一负债业务，走多元化发展之路，向开办全方位金融业务转变。先后开办国内异地存取款、个人账户结算、邮政小额贷款、二手房贷款、商务贷款、小企业贷款、外币存款、国际西联汇款、基金理财业务以及各类代收、代付为主体的中间业务。邮储银行日益深入老百姓生活，被称为"百姓银行"、"绿色银行"。至年底，全市近20%单位和企业通过邮政储蓄代发工资，60%以上手机、电话用户在各邮政服务窗口缴纳费用，70%以上离退休人员到邮政领取养老金，80%城乡居民个人汇款通过邮政企业发出。城乡居民在邮政储蓄开立的个人账户突破200万户，邮政绿卡持有客户达55万户，卡户总余额达9.8亿元，借记卡市场占有率位于全市各金融机构前列。邮政储蓄成为如皋城乡居民资金结算的主渠道之一。

（肖　宁）

保　险

中国人民财产保险股份有限公司如皋支公司

【概况】　中国人民财产保险股份有限公司如皋支公司现有固定资产1500万元，下设代理网点18个，聘用代理人员110人。公司现有员工50人。其中，大学本科学历者14人，占比28%；大专学历者36人，占比72%；具有10年以上保险经营经验的管理人员26人，占比52%。

业务发展　年内，实现保费收入1.4亿元，同比净增5128万元、增长57.79%，保费收入仍居全市同业第一，市场占有率超过50%，成为全省江北财产保险行业保费收入首家过亿元的县级支公司。

赔款支出　全年处理理赔案件7639件，累计支付赔款4702万元，提取各项理赔准备金2171.08万元，缴纳各项税收674.34万元。

（张　露）

中国人寿保险股份有限公司如皋支公司

【概况】　中国人寿保险股份有限公司如皋支公司总资产18亿元，下设农村网点13个。现有员工80人、代理人1200多人。2011年，被省文明办评为江苏省文明行业。

业务发展　年内，实现个险、团险、银保业务总保费收入6.7亿元，同比增长7.7%，总量列全省县支公司第三。实现首年保费3.6亿元，总量列全省县支公司第四；期交首年保费首次突破1亿元，达1.06亿元，同比增长16.94%，总量列全省县支公司第四；十年期及以上期交首年保费突破4000万元，达4171万元，总量列全省县支公司第五。针对竞争日趋激烈的农村寿险市场，年内新建驻村工作室38个。

客户服务　年内，注重过程监督和追踪。全年累计处理卡折保单89257件、长险保单10259件、团险业务302件，处理赔案7290件，赔款总金额2070万元，满期金及养老金给付9806.92万元。

公益事业　年内，借助市政府推出"长寿之乡"

品牌宣传,创新保险服务,开拓老年人意外伤害保险业务和服务领域,参保老人70896人,收取保费283.58万元,2000多个家庭受益。

(王小非　胡　桐)

证　　券

中信证券如皋营业部

【概况】 中信证券如皋营业部现有营业面积1300多平方米,现有员工51人、工作站220余个。

业务发展　年内,贯彻中信证券公司经纪业务转型与升级要求,探索新商业模式在营业部落地问题,注重非通道业务开拓和金融产品销售。全年新增客户1917户,融资融券新开户50人,累计82人,累计授信额度1.18亿元,佣金收入60余万元。股指期货客户新开户3户,商品期货客户新开27户,开通债券逆回购业务客户68户,成交金额60.97亿元。金融产品销售2180万元。

团队建设　年内,加强前台A、B团队建设,扩大团队规模,提高员工素质。扩大A团队人员规模,通过各种途径招聘人员,并根据考核情况实行淘汰。年内,A团队新增13人,转岗、淘汰10人。新组建的B团队现有9人。建立银行网点渠道8个、非金融网点渠道4人。组织员工参加中信证券公司和江苏分公司各类培训,如皋营业部投顾岗对前台人员培训27次,引导客户经理正确面对股票市场波动性风险。开拓营销渠道,前台A团队营销渠道网点新增加3人。8月,组建B团队,拓展营销渠道,建立银行网点渠道8个、非金融网点渠道4人。

客户服务　年内,组建投资顾问团队,制订公共客户服务方案,发挥业务咨询岗作用。制订后台各岗位目标责任书考核办法,并与季度总经理激励基金挂钩,调动后台员工服务客户积极性,提高客户覆盖面和服务质量。推广中信证券公司客户分级分类服务方案,全力推广核心客户咨询平台,推进白金版、黄金版、推行产品签约。推出如皋营业部"通翼金略"投顾产品。开展多种形式服务活动,投资顾问全年举办客户讲座、培训、座谈会等活动26次。利用多种通信手段密切与客户的沟通与联系,与投顾、业务咨询等人员通过飞信、QQ等手段建立联系的客户达800人。为申购新股的低风险客户服务,开通国债逆回购业务客户65人。坚持在前台客户经理中推广投顾式服务,让客户真正体会到中信服务特色。

(张　蕾)

综合经济管理

导读

计划、发展与改革

【概况】 2011 年，全市实现地区生产总值 520.67 亿元，占年计划的 100.1%，同比增长 12%。其中，实现第一产业增加值 47 亿元，占年计划的 104.4%，同比增长 4.3%；实现第二产业增加值 288.82 亿元，占年计划的 99.3%，同比增长 12.1%；实现第三产业增加值 184.86 亿元，占年计划的 100.5%，同比增长 14.1%。第一、第二、第三产业增加值占地区生产总值的比重分别为 9%、55.5%和 35.5%。实现财政总收入 110.75 亿元，占年计划的 110.7%，同比增长 41.8%，其中一般预算收入 45.63 亿元，占年计划的 108.6%，同比增长 35.5%。财政收入占 GDP 比重为 21.3%，比上年提高 3.2 个百分点。全年社会消费品零售总额 196.86 亿元，占年计划的 96.6%，同比增长 16.1%。全年累计实现工商注册外资 13.84 亿美元，占年计划的 92%，实际到账外资 5.15 亿美元，同比增长 51.5%。全市城镇居民人均可支配收入 23028 元，占年计划的 100.8%，同比增长 16%，增幅比省、南通市平均水平分别高出 1.2、1 个百分点。全市农民人均纯收入 10312 元，占年计划的 102%，同比增长 18.6%，增幅比南通市平均水平高出 2.6 个百分点。

全社会固定资产总投资　年内，全市完成规模以上固定资产投资272亿元，占年计划的 104.6%，同比增长 20%。完成规模以上工业投入 196 亿元，占年计划的 103%，同比增长 11.7%。完成技改投入 127.8 亿元，占规模工业投入的 65.2%。完成固定资产投资抵扣税 3.35 亿元，同比增长 56.1%。

政策引领　年内，市委、市政府先后出台《关于 2011 年新型工业化的考核意见》、《关于进一步加快科技创新，促进工业经济转型升级的若干意见》、《关于加快发展村级集体经济的若干意见》、《关于主功能区加快现代化建设的意见》、《关于加快主功能区现代产业体系建设的意见》、《关于进一步完善主功能区体制机制的意见》、《如皋市工业经济转型升级行动计划(2011～2015 年)》等政策性文件，助推全市经济持续发展。

接轨上海　年内，市发改委根据市政府《关于加强接轨上海工作督查推进的要求》，建立全年接轨上海工作目标和考核制度，建立信息报送、工作例会和联络等一系列制度，形成全年接轨上海工作网络。年初，根据南通市下达的工作目标，下达全年度全市接轨上海工作要点，分解落实各部门、各镇(区)年度工作任务，明确全年接轨上海工作专项要求。全年组织到上海召开招商洽谈会 6 次，引进上海项目 18 个，销售花木 8.5 亿元、长寿食品 6.5 亿元，组织赴沪培训 1600 人次，引进人才 130 人，吸引上海游客 130 万人次。

银、政、企合作　年内，市发改委组织银、政、企开展合作，全年达成授信或贷款意向项目 30 多个，授信贷款总额16.5亿元。3月,举办"市外银行看如皋"银政企合作恳谈会。4月,组织"2011年企业直接融资服务月"活动,邀请市内外11家金融机构参加。7月,举办"如皋市助推新设银行服务中小企业"专题活动,无锡农商行、包头村镇银行、交通银行、南京银行以及南通沪通担保公司、市科技担保公司与全市部分中小企业进行供需对接。12月,组织"服务中小微企业金融超市"活动,如皋各大银行及江苏银行、交通银行、无锡农商行、包头村镇银行、南京银行等新设银行与全市114家中小微企业进行供需对接。

节能减排　年内,市委、市政府狠抓技术改造,鼓励企业新上节能改造项目,九鼎集团节能项目获国家发改委扶持资金680万元,大生线路器材、隆昌化工、康恒化工3家企业节能项目累计获省政府节能扶持资金150万元。市发改委组织专项能源监察审计全市年耗能5000吨以上的企业26家,积极淘汰落后产能,其中,江苏长寿集团淘汰污水泵1台、制冷机4台、库房风机96台,江苏博源机械锻造有限公司淘汰燃煤加热炉5台。市财政加大支持力度,节能降耗专项资金足额到位,对通过节能审计企业给予相应奖励,运用经济杠杆激励企业搞好节能降耗工作。

社会供电量　年内,全社会用电量39.39亿千瓦时,同比增加4.28亿千瓦时,增长12.21%,总量居南通六县(市、区)第一。其中工业用电29.31亿千瓦时,同比增长12.43%,总量位居南通六县(市、区)首位。

(黄爱军　徐亚锋)

国有资产管理

【概况】 市国有资产监督管理局经市政府授权,对全市七大国有公司(集团)实施监督管理考核。

产权管理　年内,市国有资产监督管理局对教育集团、水绘园、港投集团、文广集团等企业相关资产产权进行调查摸底和登记,界定和明晰相关资产产权。

财务管理　年内,全面掌握企业的资产、负债及国有资产的财务状况,确保国有资产真实性、完整性。明确国有公司财务管理的职责与权限,指导各企业建立健全规范的会计和财务管理制度。1月,聘请皋审会计事务所对七大公司进行清产核资,建立相关台账,初步审计各公司的财务状况,对审计中发现的问题提出整改意见。

绩效考核　年内,市国有资产监督管理局对国有企业财务管理、目标任务及国有资产保值增值情况进行过程监督,促使国有企业可持续发展。牵头组织对五大景区公司的"旅游大投入、建设美好新如皋"季度考核,对七大国有公司"百日大决战"竞赛考核和年度工作目标责任制考核。12月,修订2012年度《国有企业年度目标责任制考核办法》。

行政事业资产管理　年内,市财政局、市国有资产监督管理局组织对闲置行政事业资产认真评估、公开拍卖,促进资产保值增值,全年规范处置资产6批次,收益9879.06万元。开展行政事业单位固定资产清查、核实、登记,做到账表相符、账物相符,保证国有资产不流失、有效益。9月,出台《如皋市市直公物仓资产管理暂行办法》(皋政发〔2011〕23号),强化行政事业资产使用、处置管理,提高资产使用效率。出台《如皋市行政事业单位部分通用资产配置预算标准(试行)》(皋财规〔2011〕1号),对机关办公用品配置实行统一标准、统一配置。10～12月,参与实施全市公务用车制度改革,拍卖上缴车辆173辆,成交额1124.19万元。

(许瑞兵　胡加纪)

国土资源管理

【概况】 市国土资源局下辖国土资源执法监察大队、土地资产储备开发中心、土地复垦整理和市场服务中心、勘测院4个事业单位和国土资源所(分局)20个,全系统在职在编工作人员248人。2011年,被评为南通市文明行业、如皋市文明行业。

保障经济发展　年内,市国土资源局保障全市经济发展用地,全年报批村镇批次用地6个、单独选址(含宁启铁路复线工程)2个、挂钩批次用地3个、"万顷良田"批次用地4个,累计报批用地397宗,总面积660.3公顷。其中农用地402.7公顷(耕地293.3公顷);点供项目40.6公顷(长江镇中铁山桥点供计划16公顷、江苏熔盛海洋工程制造基地扩能项目14.7公顷、经济开发区金属表面处理中心项目9.9公顷),独立选址40.1公顷(220千伏泓北输变电工程和如皋港长青沙新闸引河港池码头一期工程)。全年组织出让土地269宗,总面积636.6公顷,合同出让金85.41亿元。其中,工业用地95宗,面积178.9公顷,合同出让金4.74亿元;经营性用地174宗,面积457.7公顷,合同出让金80.67亿元;融资平台43宗,面积182.5公顷,合同出让金36.45亿元。为机关团体、医院、学校、水利设施等用地划拨土地7宗,面积8.2公顷。

保护耕地资源　年内,市国土资源局加大力度保护耕地,建立保护耕地激励机制,全面实行耕地"先补后占",确保补充耕地的数量和质量,实现耕地总量的动态平衡。2月,江安镇省以上投资土地整理项目被省政府列为江苏省土地整理示范项目。3月,市政府与各镇政府主要负责人签订耕地保护责任书,市国土资源管理局局与各国土资源管理所、分局分别签订耕地保护责任书,落实耕地保护责任。11月,袁桥、磨头、吴窑、搬经、柴湾五个省以上投资土地整理项目实施完毕,经南通市国土局验收确认新增耕地221.94公顷。12月,经济开发区(柴湾镇)、长江镇"万顷良田"建设工程项目土地整理项目实施完毕,通过省国土厅验收,其中经济开发区(柴湾镇)项目全面完成。

土地例行督察　3月,国家土地督察局南京局第一次全面督察如皋土地管理利用情况,督察结果直接决定是否被国土资源部约谈、问责。10月,经国家土地督察局南京局全面督查,全市2010年度违法用地面积占新增建设用地总面积的比例确定为5.13%,违法占用耕地面积占新增建设用地占用耕地总面积的比例降至6.36%,低于问责比例,通过省级及部级验收。

土地执法监察　年内,市国土资源局建立以执法监察中队、大队为中心的动态巡查网络,建立村—镇—市三级动态巡查制度,实现对国土资源违法行为"早发现、早制止、早报告、早处置",促进巡查工作制度化、规范化。完善动态巡查组织机制,增强动态巡查效果,全年累计组织动态巡查2372次,按时、按期上报动态巡查结果,为违法用地查处及卫片检查提供参照依据。对新增违法用地,本着"依法行政、公正执法、严肃查处"基本原则,建立和完善与监察、公安、检察以及法院等单位的协作配合机制,及时移送和依法执行,遏制新增违法用地。

7月28日,市国土资源局召开全市土地执法监察工作会议 (单海霞)

工商行政管理

【概况】　全市工商行政管理系统现有在职干部职工255人,其中大专以上学历者236人、硕士研究生1人。市工商局辖直属机构经济监督检查大队和如城分局等派出机构11个。其中,丁堰分局与城东分局合署办公,地址设城东;薛窑分局与长江分局合署办公,地址设长江分局。管辖全市各类市场主体103212家,其中内资企业25793家、外资企业527家(含分支机构)、农民专业合作社994家、个体工商户75861户、市场40家。2011年,市工商局获省"双打"专项执法行动先进集体,南通市"十一五"期间食品安全工作先进集体,南通工商系统"红盾竞辉"竞赛优胜单位、广告案件执法竞赛优胜单位等称号。登记注册科被表彰为全国巾帼文明岗,搬经分局被表彰为全省农资监管工作先进集体,长江分局被表彰为南通市群众满意"十佳"基层站所,城西分局和搬经分局被评为全省工商行政管理系统文明工商所。在如皋市级机关目标责任制考评中,市工商局连续六年被市委、市政府表彰为市级机关目标责任制考评先进集体。

登记注册　年内,全市新设立内资企业3787户、外资企业44家、农民专业合作社152户(其中农地股份合作社 29 户)、个体工商户 18224 户。市工商局指导中建环球等 6 家集团公司成功设立登记,集团登记数量占全市历年登记总数的 20%。3 月,在市民服务中心首推局长服务接待日制度,局长或分管局长定期到中心窗口倾听民意、接受征询。5 月,探索实施商务秘书服务企业登记,引入一址多照管理模式,同时出台《充分发挥工商职能服务"加快转变发展方式,加快统筹城乡发展"的意见》(简称"二十二条"意见),全面提升登记服务质量。12 月,获国家工商总局授予的外商投资企业登记管理权。

个体、私企及外资企业监管　年内,市工商局以出台的《新设立企业检查规范》、《重热点行业监督管理规范》、《案件回查规范》、《企业退出实地督查规范》、《档案管理规范》经济户口管理五项制度为基础,开展经济户口管理工作竞赛,促进全系统经济户口管理工作跃上新的台阶。1～3 月,开展对烟花爆竹生产销售、成品油批发、零售和仓储、桑拿按摩、娱乐场所市场主体专项检查。1～6 月,开展外商投资企业出资催缴专项行动,细分全市 400 多家(不含分支机构)外商投资企业出资情况,明确重点催缴对象 17 家,督促出资不到位的外资企业 76 家,为 3 家企业办理减资登记。全年吊销外资企业 64 户,注销 2 户。4～6 月,开展民用液化气经营、商标印制、广告经营、直销、锅炉压力容器制造、民用爆破器材生产和销售、危险化学品生产、煤矿及非煤矿开采(含砖瓦生产)危险化学品市场专项整治。5～12 月,在全系统组织开展"党徽耀红盾、服务两个加快"暨"三走访、三满意"系列活动,分别走访党代表、人大代表、政协委员 43 人,走访企业 1775 家、消费者代表 186 人,召开企业座谈会 24 场次,服务招商引资企业 87 家,为企业解决融资难题 83 件,为企业维权 110 件。7～9 月,开展对无证照从事网吧、食品销售、危险化学品销售(含油漆)、农资经营违法违规行为专项整治。

市场培育与监管　年内,市工商局加强对农贸市场升级改造工作的引导和指导,全市先后升级改造农贸市场 25 家,整治、规范 20 家。开展网络市场监管调研,撰写的调研报告《工商部门监管网络商品交易市场的难点探析》获南通工商局专题研讨一等奖。8 月,开展以创建"苗木经纪人示范岗"为龙头的"红盾强农惠农示范岗"创建活动,发展"苗木经纪人"98 个,直接和间接提供就业岗位 2000 多个。11 月,在政府办牵头组织下,对全市农贸市场升级改造工作进行申报验收。对市场升级改造中表现突出的城北市场等 7 家主办单位分别予以 3 万～18 万元奖励。12 月,市工商、农委、供销总社联合开展农资经营示范店评选活动,在全市评出农资经营示范店 53 家,其中省级示范店 2 家、南通市级示范店 11 家、如皋市级示范店 40 家。

商标管理　年内,全市新增注册商标 447 件,申报认定南通市知名商标 10 件、江苏省著名商标 3 件,通过马德里体系国际注册申请 6 件,"万达"商标获全市首件行政认定中国驰名商标。全市累计拥有注册商标 3243 件,其中南通市知名商标 62 件、江苏省著名商标 27 件、中国驰名商标 15 件(其中行政认定 1 件、司法认定 14 件)。继续实施全省于 2010 年 11 月起统一开展的打击侵犯知识产权和制售假冒伪劣商品专项行动,累计受理和处理侵犯知识产权和制售假冒伪劣商品申诉和举报 25 件,立案查处 71 起,案值 325 万元,其中侵犯上海"老城隍庙"商标权案、侵犯"正新"驰名商标专用权案入选"双打"专项行动江苏省"十大"案件。3 月,"如皋盆景"地理标志证明商标获准注册,成为全国第一件盆景类地理标志证明商标和南通地区第一件地理标志证明商标。6 月,"苏·皋长寿"集体商标获"江苏品牌紫金奖暨品牌照耀江苏——25 年,江苏最具成长力品牌"。

广告管理　年内,全市新增注册广告公司 20 家,全市广告经营单位总数达 116 户,从业人员达 405 人,广告经营额 6000 多万元。组织对全市广播电视五个频道进行实时监测,全年累计监测 36 天,监测广告 1703 条,发现其中涉嫌虚假宣传(包括药品、医疗、减肥、美容、化妆、保健食品等)广告 144 条次,违法率 10.4%,较上年有所下降。7 月,组织相关广告经营单位参加全国第 17 届广告作品大赛,上报公益类广告 2 件、商业类广告 8 件,达人广告公司 1 件作品获影视作品优秀奖。7 月 22 日,在如皋光华国际酒店举办如皋市广告协会暨优秀作品展示会,总结和展示全市近两年广告工作成果。7～9 月,开展广告集中整治专项行动,检查户外广告 658 条,发出限期整改通知 70 份,立案查处违法广告案件 29 起。

合同管理　年内，市工商局重点加强对合同格式条款的审查与备案管理。开展“重合同守信用企业服务年”活动，全年新发展南通 AA 级守合同重信用企业 56 家、AAA 级守合同重信用企业 53 家，分别有 96 家南通 AA 级守合同重信用企业、221 家南通 AAA 级守合同重信用企业通过年度复查。实行农资经营户、涉农企业、农业订单、农村经纪人备案制度，在农资、花木销售行业推行使用合同示范文本。全年办理动产抵押登记 144 件，帮助企业、个体工商户、农业生产经营者盘活资产 23.29 亿元，成功融资 14.64 亿元。开展“合同监管示范工商所”创建活动，如城、石庄分局顺利通过南通工商局组织的考核验收。

消费者权益保护(食品流通监督管理)　年内，市工商局全面规范全市食品经营资格，受理办理食品流通许可证 1892 份，全市流通领域食品经营户总数达 8260 家。推进“12315”维权网络建设，全市建成“一会两站”(消费者协会分会、消费者协会投诉站和“12315”申诉举报联络站)399 个，实现农村村镇和城市社区“一会两站”全覆盖。加强“12315”申诉和举报立案工作，将诉转案工作作为消费者权益保护重点工作列入全年考核，全年累计办理诉转案 70 件，案值 162.5 万元。3 月，围绕“消费与民生”年主题，开展消费者权益保护维权专项执法行动，全市设消费维权投诉点 12 个，发放宣传资料 8500 多份，接受消费者咨询 350 多例，受理申(投)诉 45 件。5 月，在全国率先成立如皋市食品流通自律协会，加强食品经营者自律建设。推进“食品电子溯源监管”工程，对全市 704 户食品经营户实施食品安全电子溯源管理系统，至 10 月底，全市总经销、总代理、食品批发户、乳制品经营户电子溯源系统应用率达 100%，进销货电子记账达 95%，电子出票率达 90%以上。5～10 月，启动第二年度“天网工程”，组织开展“面食市场”专项整治、打击流通环节违法添加食品添加剂专项行动、“瘦肉精”猪肉专项检查、“地沟油”专项整治行动、夏季卤制品市场专项治理和节日市场整治专项行动，依法查处流通领域食品违法一般程序案件 144 件，罚没入库 48.119 万元。6 月 25 日，如皋市在全省县级市中率先成立食品流通行业自律协会。

6 月 25 日，如皋市食品流通行业自律协会成立

公平交易执法　年内，市工商局累计立案查处一般程序案件 604 件，结案一般程序案件 591 件，罚没入库 380.22 万元。继续将公共服务业、房地产行业和傍名牌整治作为执法工作重点，全年立案查处公共服务业案件 4 件，傍名牌案件 3 件，房地产行业无照经营、发布虚假广告等案件 3 件，案值 100 余万元。2～10 月，开展“打假保名优”专项执法行动，一举查处案值达 188 万元的金银饰品侵权大案，没收侵权饰品货值 145 万元，罚没入库 66.04 万元。4～5 月，与市公安部门联合开展“打击传销、规范直销”专项执法行动，查办网络传销案件 2 起，涉案金额 2000 余万元，移送公安机关追究责任 3 人，教育遣返 14 人。

消费者协会　年内，市消费者协会及所属分会累计受理消费纠纷 1375 件，为消费者挽回经济损失 160 余万元，消费者满意度达 98.6%。继续深化“消调对接”，完善“消调对接”规章制度，编写近 8 万字的《消费维权“消调对接”业务手册》，使全市 90%以上的消费纠纷在基层村(居)得到迅速调解。“3·15”期间，开展大型现场消费宣传和咨询服务等十大系列活动，召开新闻发布会，举行诚信联盟企业公开承诺仪式。3 月，成功调解青年农民徐某因电动三轮车电瓶爆炸导致左眼伤残案，受害人获赔偿款 10 万元。倡导企业参与“诚信经营放心消费”承诺联盟，引导发展入盟单位 217 家。

私营个体经济协会　年内，市私营个体经济协会大力实施“创业牵手”工程，建立会员服务中心，为广大会员免费提供广告信息推介、商标注册代办、融资、维权、工商登记查询代理代办等十大系列服务。开展“送体检保健康、助融资促发展”系列活动，1025 名会员参加免费健康体检，163 家会员与银行签订贷款意向书，意向金额达 3500 万元。5 月，创办《如皋市私营个体经济协会专刊》，向全市个私会员免费发送。

【市格式合同条款审查委员会成立】 6 月，市工商局牵头成立由市法制办、市司法局、市工商局、市律师协会、市消费者协会等部门和行业组织有关专家学者共同参与的如皋市格式合同条款审查委员会。审查委员会负责集中审查全市各行业的格式合同条款，进而提出整改意见。经审查委员会审查通过后的格式合同，通过政府信息网及其他媒体向社会公开，征询社会各界意见。审查委员会每半年集中会商一次，每次就一至两个行业的格式合同条款进行集体审查，从而提出权威、科学的审查意见。11 月，审查委员会召开第一次工作会议，审查房屋中介、装饰装修、美容美发健身等五大行业的合同格式条款，提出整改意见 9 项。

【基层工商分局(所)升格为副科级建制】 9 月，根据《江苏省市县工商行政管理系统机构改革的意见》(苏编办发〔2010〕9 号)，报经南通工商局批准，市工商局实施机构改革，调整与规范机关内设机构 4 个，基层 11 个分局升格为副科级建制。

【市工商局获外商投资企业登记管理权】 12 月，国家工商总局下发通知，正式授予如皋工商局外资登记管理权。凡在如皋市境内设立的外商投资企业、外商投资企业分支机构和批准从事承包工程、承包或受托经营管理等生产经营活动的外国(外地)企业，以及注册资本低于 600 万美元的限制类外商投资企业等类型外资企业的登记，可直接在市工商局完成，无需到南通工商局办理，从而提高全市外资项目落户速度，降低外资企业的办事成本。

(缪鹏飞)

质量技术监督管理

【概况】 南通市如皋质量技术监督局下辖产品质量检验所、计量检定测试所、江苏省特检院南通分院如皋所。现有在编在职干部职工 76 人。其中，大专以上学历者 61 人，硕士研究生 2 人；高级工程师 2 人，工程师 12 人，高级技工 7 人。

综合管理　年内，市质量技术监督局组织江苏如高高压电器有限公司申报省质量奖，江苏隆昌化工有限公司、江苏九鼎新材料股份有限公司等 4 家企业申报南通市质量标兵企业，52 家企业申报首席质量官。建立名牌培育发展的推进工作机制，组织并指导 13 家企业申报江苏省名牌产品(其中，复评 7 个，新增 4 个)、46 家企业申报南通市名牌产品(其中复评 20 个)。鼓励企业积极参加先进质量管理方法及 QC 小组成果发布，全市 5 家企业 12 个课题报名参加“金茉莉杯”QC 小组成果发布赛，其中，1 个课题获二等奖，3 个课题获三等奖。组织巡查全市 98 家许可证企业，重点巡查上年年审存在问题未整改到位企业，累计下达整改通知书 4 份。帮助 5 家企业参与制定修订 7 项国家标准、发布实施行业标准 1 项，其中，市包装食品机械有限公司作为标准第一起草单位制定 CB/T26118.1－2010《机械安全机械辐射产生的风险的评价与减小第 1 部分：通则》、CB/T26118.2－2010《机械安全机械辐射产生的风险的评价与减小第 2 部分：辐射排放的测量程序》、GB/T26118.3－2010《机械安全机械辐射产生的风险的评价与减小第 3 部分：通过衰减或屏蔽减小辐射》国家标准，江苏隆昌化工有限公司作为标准第一起草单位修订《邻二氯苯》行业标准。推荐江苏熔盛重工有限公司《深水铺管作业线系统设备安装技术规范》、江苏神马电力股份有限公司《1000kv 级交流系统用空心复合绝缘子技术规范》、南通超达机械科技有限公司《汽车内饰件热压成型冲切模具》申报国家标准立项。江苏隆昌化工有限公司作为主要起草单位制订的《对二氯苯》被批准列入 2011 年行业标准立项计划(2011－0583T－HG)。组织申报观赏鱼养殖标准化示范区、如皋市沿江无公害水产品标准化示范区、乌鱼高效养殖示范区省级农业标准化示范区 3 项。组织申报省级地方标准 9 项、市级地方标准 7 项，其中市蚕桑技术指导站申报的《桑园套种甜豌豆技术规程》省级地方标准被省工商局立项。以民生计量为抓手，以能源计量为着力点，围绕维护民生利益，继续开展“四走进”(诚信计量进市场、健康计量进医院、光明计量进镜店、服务计量进社区乡镇活动)惠民活动，扎实做好民生计量“两免费”(对集贸市场、农村基层医疗卫生机构在用计量器具免费检定)工作。组织市永欣农贸市场管理有限公司申报省级计量诚信集贸市场。

行政执法　年内,市质量技术监督局把涉及人体健康和人身财产安全的"民生"产品作为行政执法工作的方向,把直接关系广大人民群众的切身利益、群众反映强烈、社会危害严重的食品和建材产品作为稽查工作的重点,严厉打击制假售假等违法行为。全年出动执法人员1250人次,立案查处行政案件106起,为百姓放心消费创造良好环境。

安全监察　年内,市质量技术监督局制订全年特种设备安全工作计划及阶段工作重点,坚持专项整治与长效管理相结合,狠抓特种设备基础台账建设,有的放矢地做好预防,落实长效管理机制,确保全市特种设备安全运行。

(范亚丽)

安全生产监督管理

【概况】 市安全生产监督管理局下辖市安全生产执法监察大队,现有干部职工41人。2011年,全市生产安全事故起数、死亡人数均控制在南通市下达的控制指标以内,完成各项目标任务。市政府被南通市政府评为2011年度安全生产目标管理先进单位。市安全生产监督管理局被评为2009～2010年度南通市文明单位、职工安全生产知识全员培训先进集体、船舶修造行业专项整治工作先进集体、冶金行业专项整治工作先进集体、烟花爆竹专项整治工作先进集体、危险化学品从业单位安全标准化工作先进单位、服务企业工作先进单位、安全培训先进单位、安全生产统计工作先进单位。

安全事故统计　年内,按考核口径统计,全市发生各类生产安全事故1870起,同比下降0.05%,死亡111人,同比下降1.77%。其中,道路交通事故1816起,同比上升1.11%,死亡107人,同比下降1.83%;火灾事故51起,同比下降28.17%;工矿商贸事故3起,同比下降25%,死亡4人,同比上升100%。长江和内河水上交通运输、渔业、农机作业等均未接到生产安全事故报告。全年未发生一次死亡3人以上生产安全事故。

落实安全职责　年内,市政府先后制订出台《如皋市2011年安全生产工作计划》(皋政办发〔2011〕8号)、《如皋市安全生产约谈制度》(皋政发〔2011〕163号)、《如皋市人民政府领导班子成员"一岗双责"安全生产责任制》(皋政发〔2011〕164号)等文件,完善安全生产"一岗双责"、"一票否决"等项制度,层层落实安全生产责任。年初,全市20个镇(区、园)、49个负有安全监管责任部门主要负责人分别向市政府递交《安全生产目标管理责任书》,各村(居)、站所、生产经营单位分别向各镇(区、园)、相关主管部门递交《安全生产责任书》,各生产经营单位均与职工签订安全生产责任书,确保安全生产责任落实。

隐患排查治理　年内,市安全生产委员会认真部署和落实全市事故隐患排查治理工作,量化目标任务,制订《关于对重大事故隐患实行挂牌督改的通知》(皋安委办〔2011〕9号),建立健全较大以上事故隐患公告公示、挂牌督办、整改销号等制度。全市累计排查和整改事故隐患2万多处,对排查出的35处三级以上重大事故隐患,1处由省政府挂牌督改,1处由南通市政府挂牌督改,33处由如皋市政府挂牌督改,至年底,全部通过整改验收销号。

安全专项整治　年内,市安委会下发《关于开展安全生产专项整治工作的通知》(皋安委〔2011〕6号),落实各专项整治工作的牵头责任单位,明确专项整治的任务、目标和要求。市安全生产监督管理局先后制订《如皋市烟花爆竹专项整治工作实施方案》(皋安监〔2011〕6号)、《2011年如皋市危险化学品安全生产监督管理工作要点》、《如皋市2011年危险化学品从业单位安全生产监督管理工作计划》(皋安监〔2011〕13号)。全年累计检查烟花爆竹经营点100多家,取缔非法经营点23家。检查危险化学品生产企业18家、危险化学品经营单位62家,查出事故隐患159条。制订《2011年如皋市职业健康安全监管工作要点》(皋安监〔2011〕8号),开展粉尘、高毒物品危害专项整治,全面整治全市木制家具制造企业和17家蓄电池生产企业,依法强制关闭不符合职业健康要求的生产企业11家,将6家企业列为限期整改对象。全年累计开展职业健康执法检查和复查60多次,开出整改指令及复查意见书20多份,对其中久拖不改的1家违法企业实施行政处罚。开展安全生产应急救援预案演练,先后组织模拟烟花爆炸事故、水厂氯气泄漏事故、突发性导热油泄漏事故、火灾事故以及模拟三氯化磷、环氧乙烷泄漏事故的应急救援演练,提高事故应急处置能力。

宣传教育培训　年内,市安监局深入开展“安全生产月”、“安康杯”竞赛等活动,组织开展送法到基层、安全知识竞赛、安全咨询、安全文艺会演等宣传教育活动。与市总工会、市文广新局联合举办“送电影进企业、送安全知识给职工”主题活动,对市重点建设工程项目单位和较大规模企业单位免费送电影100场次。开展安全生产知识全员培训,先后分25个班次组织全市生产经营企业主要负责人、分管负责人和安全员培训,累计培训4043人。推进安全生产网络远程培训,规模以上企业网络远程培训覆盖率达65%。与市委组织部联合举办领导干部安全生产管理知识培训班,各镇(区、园)分管安全生产的负责人、安监所(局)长及市安委会成员单位负责人90多人接受培训。

安全标准化建设　年内,市安监局积极推进安全标准化工作,全市36家化工、冶金、船舶修造等重点领域企业通过安全生产标准化南通市级验收。

“1+3”安全监控体系建设　年内,市政府把推行“1+3”(“1”指一个方法,即事故隐患和职业危害监控法。“3”指三种机制,即事故隐患和职业危害动态管理机制、事故隐患和职业危害持续改进机制、事故隐患和职业危害系统评价机制)安全监控工作体系作为衡量企业落实安全生产主体责任的重要标准,根据行业特点,在挑选安全生产基础较好的企业开展试点的基础上有序扩面,充分调动企业的主动性和创造性。至年底,全市建立“1+3”安全监控工作体系的重点行业达35%。

安全合格班组建设　年内,市安监局深入开展“安全合格班组”创建活动,验收合格三星级班组160个、二星级班组157个、合格班组1315个。开展农村安全社区创建活动,通过南通市级安全社区创建验收社区7个。

安监队伍建设　年内,市安监局认真抓好机关每周一学习教育日和党课专题教育。先后组织开展“争做安全发展忠诚卫士,创建为民务实清廉安监机构”创先争优活动、“一书一片”(“一书”指《腾江越海立潮头——深入开展创先争优活动的“如皋实践”》,“一片”指电视政论片《彩练当空》)学习活动、“建功十二五,机关怎么办”大讨论活动、“大学习、大培训、大比武、大练兵”活动、“算好廉政账”专题教育活动等。鼓励安监人员在职学习,年内,2人通过注册安全工程师资格考试。下发《关于调整各镇安全生产监督管理服务所机构设置等有关事项的通知》,明确各镇安全生产监督管理服务所与镇企业服务中心合署办公,相当股级建制,要求每镇配备安全生产监督管理专职工作人员3～5人。

(李洁华)

食品药品监督管理

【概况】　市食品药品监督管理局下辖市食品药品监督所,现有干部职工40人。2011年,市食品药品监督管理局被南通市食品药品监督管理局表彰为食品药品监督管理先进集体。获如皋市文明机关等称号。

餐饮服务食品安全监管　全市161家中小学和幼儿园食堂中,A级食堂达41家。年内,市食品药品监督管理局累计发放餐饮服务许可证527份、无就餐场所审查意见书62份。累计承担全市性重要会议及各类活动保障30余次,保障人数达7万人次,其中在高考、两会、沿江经济洽谈会等重大活动期间实行驻点保障,有效防控重大食品安全事件的发生。3～12月,先后组织开展学校食堂、酒类产品、乳制品、瘦肉精、非法添加和滥用食品添加剂、地沟油及河豚等专项整治行动,促进餐饮市场秩序持续规范。3月、8月,两次接受省打击非法添加和滥用食品添加剂专项整治督查组检查,均获好评。7～10月,组织开展全市大、中型餐饮服务单位(包括学校、企事业机关和建筑工地食堂)食品安全管理人员培训,参培人员520名,全部取得餐饮服务食品安全管理人员考核合格证。

药品医疗器械安全监管　年内,市食品药品监督管理局累计完成重点监管对象日常监管58家次、一般监管对象日常监管759家次,覆盖率、监管率均达100%。全年上报药品不良反应监测报告1309份、医疗器械不良反应监测报告11份。重点加强基本药物监管,强化驻厂监督,开展基本药物电子监管,施行季度检查制度,保障基本药物质量安全。先后组织开展打击生产和销售假药的专项检查、整治非药品冒充药品的专项检查、规范含麻黄碱类复方制剂生产经营秩序专项检查、基本药物生产供应和质量保障专项检查和药品批发企业专项检查，一系列专项整治行动，规范药品经营行为，整顿药品流通秩序，确保百姓用药用械安全。11月，创新药品监管方式，在全市314家药品经营单位安装索普药械质量远程监管系统。引导医药产业做大做强，全市16家医疗器械生产企业先后投入3500多万元用于厂房建设和设备购置，促进产品质量提升。推进下原镇医疗器械产业园区建设，至年底，进驻园区医疗器械生产企业8家、经营企业70家，实现产业集聚发展。

保健食品、化妆品安全监管　全市现有化妆品生产企业2家，保健食品、化妆品经营企业1395家。年内，市食品药品监督管理局严格市场准入，细化保健食品经营申办条件，累计许可保健食品经营单位209家。开展拉网式调查，健全保健食品、化妆品本底资料，做到一企一档。以专项整治促规范，累计出动执法人员280人次，先后组织开展保健食品夸大宣传功能专项检查、保健食品和化妆品非法添加行为专项检查、化妆品违规标识专项检查及保健食品、化妆品原料专项检查，有序规范保健食品、化妆品经营秩序。

稽查执法　年内，市食品药品监督管理局立案查处“四品一械”各类违法案件173起，其中查处举报案件40起，立案8起，全年罚没款到账100万元。抽验药品180批次，阳性率33.11%。抽验食用油35份，全部合格。2月，查处某公司擅自扩大经营范围销售一次性使用无菌注射针案。3月，查处某药店销售标签标识不符合规定的保健食品案。5月，查处某公司擅自降低生产条件生产妇产包及一次性使用冲洗袋案。6月，查处某餐饮单位非法经营河豚案。9月，查处某餐饮单位经营过期食品案。

【如皋在南通率先取得省级餐饮服务食品安全示范县创建资格】　8月，如皋市顺利通过省级餐饮服务食品安全示范县创建资格验收，成为南通地区唯一一家省级餐饮服务食品安全示范县创建单位。

年内，市政府成立如皋市餐饮服务食品安全百千万示范工程建设领导小组(皋政办发〔2011〕182号)，由分管市长担任组长，餐饮服务食品安全监管相关部门负责人任成员。至年底，全市首批82家学校食堂通过“餐饮诚信经营示范单位”的考核验收，进入公示授牌阶段。

【食品药品监管城镇一体化建设】　年内，市食品药品监督管理局实施食品药品监管城镇一体化建设，在全市20个镇(区、园)配备食品药品监督助理20人和食品药品监管服务人员25人，在每个村(居)设立以大学生“村官”为主的食品药品安全信息员298人，全面构建市、镇、村三级食品药品监管网络，确保各类食品药品安全事件及时得到有效控制。

(刘晓庆)

物价管理

【概况】　2011年，全市居民消费价格指数为104.3%，商品零售价格指数为104.9%。市物价局获全国农产品调查工作先进集体、江苏省文明行业、江苏省价格工作先进集体、江苏省价格认证工作先进集体、南通市价格工作先进集体、南通市文明行业、南通市物价局价格监测工作先进集体、南通市价格监督检查工作先进单位、南通市政务信息工作先进单位等称号。

价格管理　年内，市物价局认真贯彻垃圾发电优惠政策，为开发和利用可再生资源提供良好的价费政策，加强热电联产企业价格管理，结合煤热联运机制，妥善协调重要生产要素价格矛盾。创新服务经济发展的价格政策，积极向省物价局争取资金，支持全市农村低压电网维护工作。加强垄断行业延伸服务收费监管，审慎出台电力、电信等垄断行业延伸服务项目和收费标准，提高垄断行业收费透明度。认真落实农村饮水安全工程用电价格，搬经、高明两镇水厂享受电价优惠政策，年降低电费运行成本13万元。经听证会听证，报市政府同意并经省物价局核批，调整全市西气东输管道天然气价格。完善商品房价格备案制度，加强新建商品房标价行为监管，强化销售“一价清”、明码标价制度、价格备案制度及网上公示制度。认真执行新修订的《江苏省经济适用住房价格管理实施办法》，确保经济适用住房、限价商品住房、廉租住房、公共租赁住房等其他政策性保障住房建设各项优惠政策的贯彻落实。积极响应国家实施的房地产市场调控，在南通地区率先实行商品房价格管理前置制度，先后对金茂国际财富广场、江安益多花园、南凌育贤花苑、磨头蟠龙居、郭园幸福家园等商品房价格进行备案，有效规范新建商品房销售价格行为。

收费管理　年内，市物价局加大清费减负力度，开展第三次涉企收费专项清理工作，清理取消收费项目43项，免收或降低收费标准13项，累计减轻企业负担3000万元，并编印《如皋市涉企收费项目公示手册》分发至各镇区企业，打造“收费最少、服务最好、信用最高”的投资创业环境。开展收费年审工作，年审行政事业性收费及部分经营服务性收费项目84个、收费许可证700多本，年审收费总额8.64亿元。按照《省物价局、省教育厅转发国家发展改革委教育部关于规范中小学服务性收费和代收费管理有关问题的通知》(苏价费〔2011〕336号)精神，全市从2011年春季起，义务教育阶段免收作业本费，每年免收552万元。

价格监测　年内，市物价局实施民生价格信息公示，提升价格公共服务水平。选择与百姓生活密切相关的主副食品、药品、电器进行价格监测，并通过《如皋动态》、如皋电视台《民生零距离》栏目、广场LED显示屏等进行价格公示，累计发布民生价格信息48期，其中主副食品信息45期、药品信息2期、电器信息1期。扩大民生商品批零比价范围，把“价比三家”效果落到实处，切实让老百姓得到实惠。完善社会救助和保障标准与物价上涨挂钩联动机制，将落实价格上涨动态补贴机制和确保家庭困难学生就学纳入惠民实事工程，组织开展物价上涨对低收入群体生活影响调查，及时向市政府提出申请，切实保障低收入群体的基本生活不因物价上涨而降低。定期向全市69个种养大户无偿发布相关价格信息。认真开展调查研究，全年累计报送价格监测报告66篇，被录用58篇。

成本监审　年内，市物价局针对经济开发区和如城东部工业园区提出的工业污水处理价格矛盾，及时发挥价格杠杆调节、服务功能，对工业污水处理成本实施成本监审，科学合理解决价格矛盾争议。按照西气东输指挥部要求，对益有、中油两大燃气公司定价成本进行全面监审，为合理制定管道天然气价格提供依据。围绕新农村建设“十大工程”，认真贯彻落实《江苏省主要农产品成本收益预报预警办法》，全面完成国家发改委和南通市物价局安排的农本调查工作任务。通过开展农民种植意向和主要农业生产资料价格及生猪养殖、棉花种植、蚕茧收购等专项调研，及时反馈调研情况，为国家、省制定粮食价格政策及农资价格管理政策提供依据。增加深入“双联双助”村送政策、送服务频度，完善农地流转价格机制，探索村级集体经济长效增收机制，帮助实现村级经济收入持续增长。

价格监督检查　年内，市物价局履行民生价格监管职能，强化市场价格监管，围绕人民群众最关心、最直接、最现实的热点问题，组织开展一系列民生价格收费检查，累计查处价格违法案件15件，实施经济制裁143.35万元，退还消费者9.8万元。在通胀预期较强的背景下，切实增强抵御价格波动的灵敏度，及时制止造谣惑众、哄抬食用盐价格的违法行为，确保食用盐市场价格稳定。积极配合政府有关部门制订出租车承包费指导意见，及时化解出租车司机集体上访矛盾，维护社会稳定。落实鲜活农产品运输绿色通道政策，开展鲜活农产品运输绿色通道政策检查，确保全市境内所有收费公路对整车及合法装载鲜活农产品的车辆免收通行费，市境内如港公路收费站全年累计对1.9万余辆装载鲜活农产品车辆免收通行费28.79万元。规范教育收费行为，会同教育部门开展教育收费巡查，落实义务教育阶段免除作业本费政策，全年累计免除作业本费552万元。配合医疗卫生体制改革进程，对新增、完善、调整的117种医疗服务项目及特殊医用材料目录价格实施跟踪检查，确保基本药物目录制度顺利实施。根据省市《关于开展医药卫生服务价格大检查的通知》要求，对全市10所医院开展医药价格专项检查，切实规范医药卫生服务收费行为，减轻患者医药费负担。强化成品油价格监管，根据成品油价格调整，先后出动检查人员32人次，检查成品油批发企业、零售企业价格行为，确保成品油价格调整工作顺利实施。坚持以“服务发展、关爱民生、促进和谐”为目标，建立“12358”价格举报电话与“12345”市长热线、“12315”消费者维权热线的部门联动机制，快速解决价格矛盾和纠纷，“12358”价格举报电话全年累计协调各类价格矛盾纠纷376起，办结、回复、满意率均达100%。打造价格诚信服务品牌，通过开展创建“江苏省价格诚信单位”、“明码实价示范店”等活动，树立诚信经营的良好社会风尚，营造公平、诚信、和谐、规范的市场消费环境，全市有12家单位获江苏省价格诚信单位称号。把稳定“菜篮子”价格作为保供稳价的重中之重，通过开展平价商店建设、倡导零利润销售等活动，带动市场部分品种菜价的降低，使市民得到实惠。

价格认证服务　年内，市物价局充分发挥价格认证鉴证的社会服务作用，坚持以“服务司法、服务社会、服务政府、服务系统”为理念，高要求提供价格认定与评估服务，以巩固涉案财物价格鉴证为立足点，以开拓涉税价格认证、二手房涉税价格鉴证新业务为着力点，切实做好价格认证工作。全年办理各类价格鉴证、认证业务1347起，鉴定总额2亿元。

【水绘园与南通狼山景区实现联票】　12月2日，如皋水绘园与南通狼山景区在南通滨江会所举行联票签约仪式，昭示着如皋旅游业走进“大整合时代”。

年内，市物价局积极谋划，经对旅游业客源市场科学分析和预测，制订如皋水绘园景区与狼山景区的联票制度，更好地运用价格杠杆推动如皋优质旅游资源整合，不断创新旅游经营思路，促进如皋旅游产业健康快速发展。

【西气东输管道天然气价格调整方案】　12月，经听证会听证，报市政府同意并经省物价局核批（苏价工〔2011〕412号），《如皋市西气东输管道天然气价格调整方案》（皋价发〔2011〕177号）出台。《价格调整方案》明确：居民生活用每立方米管道天然气价格由4.50元下调为2.20元，非居民用每立方米管道天然气价格下调为4.00元。以上为最终价格，下降幅度不限，下降具体价格由供用双方根据市场供求情况自主确定，并报市物价局备案，执行时间为2012年1月1日起。

实施西气东输价格后，全市民用气和工业用气供气价格下降幅度分别达51%和20%，每年减轻企业负担约5760万元，惠民约1150万元。

【平价商店建设】　年内，市物价局贯彻省、南通市关于稳定价格总水平的决策部署，按照“政府倡议、企业运作、舆论引导、社会监督”总体思路，坚持“政府调控与市场调节相结合、短期措施与长效机制相结合、实行价格优惠与加强价格监管相结合”原则，以保供基地为依托，以农超对接、农社对接为主要形式，以价格调节基金为支撑，以契约方式约定相关方责权利为手段，综合运用政府倡议、基金补贴、规范管理、加强服务、舆论引导等多种手段，推进平价商店建设，在城区大润发超市、品德超市（益寿店）建立农产品平价直销区，在主要社区建立平价商店（直销店）4家，努力稳定“菜篮子”价格。

（陈小琳）

金　融　管　理

【概况】　市人民政府金融工作办公室现有工作人员4人，人民银行如皋市支行现有在职员工33人。2011年末，全市本外币各项存款余额603.45亿元，比年初增加111.89亿元。其中，单位存款余额221.91亿元，比年初增加53.13亿元；储蓄存款余额371.25亿元，比年初增加54.46亿元。本外币各项贷款余额298.95亿元，比年初增加51.58亿元。

货币政策　年内，市金融办与人民银行如皋市支行按季召开银政联席会、经济金融形势分析会、信贷工作例会，按季发布辖内货币信贷政策执行情况报告，落实稳健的货币政策，着力从“保增长、防通胀、促转型”等方面着手，努力扩大银行融资规模，各项贷款增量增幅分别居南通六县（市、区）第五和第二。先后下发《关于进一步改进小额担保贷款管理，积极推动创业促就业的通知》、《如皋市科技金融服务体系建设的意见》。信托融资取得新突破，市农行给予熔盛重工增加信托融资贷款23亿元。直接债务融资工具发行顺利，成功发行地方债券15亿元。从6月始，先后分别在搬经镇、东陈镇、高明镇等5个镇区举办银企对接专场活动，以点对点、面对面形式为中小企业融资搭建平台，累计参加洽谈企业150多家，14家企业获贷款2200万元。12月，组织召开金融服务小微企业银行行长座谈会，举办中小微企业金融超市专题活动。12月末，全市小微企业贷款余额107.8亿元，比年初增加27.1亿元，增长33.6%，高于各项贷款增速12.7个百分点；全市金融机构表外融资总量达81.3亿元，比年初增加40.1亿元，增长97.6%，远高于各项贷款20.8%的增速；全市企业市外融资余额111.79亿元。

金融生态 年内,市金融办与人民银行如皋市支行组织与推进金融生态优秀市创建活动。10月,召开创建金融生态优秀市动员大会,及时调整市反假货币联席会议、市金融稳定工作协调小组成员。下发《市政府关于严禁政府机关及企事业单位向社会公众违规集资的通知》。10～11月,配合开展政协民主评议银行业金融机构活动,全市政协委员参评率89.62%,对金融机构满意和基本满意率达99.27%。12月,与市发改委共同制订《关于改善企业经营环境促进经济稳定发展的意见》。组织开展"诚信兴商"暨外汇政策宣传月活动。举办辖内金融诚信道德知识竞赛。

金融服务与管理 年内,市金融办与人民银行如皋市支行加快金融服务体系建设,加快金融机构引进与金融网点延伸,调优城区网点布局,全市基本形成银行、保险、证券共同发展,新型农村金融机构加快发展的金融服务体系。大力改善用卡环境,持续开展"安全用卡、打击犯罪"宣传活动,ATM机、转账POS机乡镇覆盖率达100%,银行卡交易量71.72亿元,持卡消费交易额占社会消费品零售总额的比例达36.43%。规范辖内银行结算账户的开立和使用,全年累计核准账户7247户。依托"国库速达工程"平台,全年为财政、税务部门办理国库集中支付98.42亿元,退税24.77亿元,实现拨付资金零在途。改进银行间相互取现业务,取现量名列南通六县(市)第一。借助贷款卡年审,及时更新"企业信用信息基础数据库"信贷信息,全年累计办理贷款卡年审1548份、新办584份。加大"窗口指导"和现场调研指导力度,针对个别地方法人金融机构信贷投放过快过猛现象,5次约见董事长及行长实施诫勉谈话。推进法治央行建设,组织执法知识考试和行政执法案卷评查。3月,成功组织"市外银行看如皋"活动,邀请在如皋未设分支机构的市外银行到如皋考察。组织开展"央行形象在细节,为民服务我先行"百日竞赛及"争当主力军、建功十二五"系列劳动竞赛活动。4月,如皋市盛威小额贷款有限公司开业。工、农、中、建等行在如皋港区增设网点。组织推进如皋农商行向村级延伸服务网点的"快付通"工程。5月,南通如皋包商村镇银行正式开业。组织银行业金融机构分别到土山村庙会、南通嘉信钢材市场、江苏九鼎集团企业、建筑工地、长途汽车站、农贸市场、如皋高师、城建嘉园社区、九华闸市区菜市场等公共场所,设立宣传台和服务咨询点。6月,组织开展工商界、妇联、学校等人大代表和政协委员走进农村商业银行活动。组织银行业金融机构分别在文峰大世界、大润发和安定广场前集中开展反假货币宣传,净化辖区人民币流通环境。9月,南京银行如皋支行正式开业。10月,举办如皋市银行业机构点钞识假争先赛,获奖团体和个人分别被市总工会授予"五一先锋号"、"五一劳动奖章"、职工技术能手称号。11月,邀请电视台、电台、如皋日报社等新闻媒体和市民代表走进银行,视察和参观银行现金业务处理全过程。组织开展"残损人民币兑换服务月"活动。12月,华泰证券股份有限公司如皋营业部开业。

外汇管理 年内,人民银行如皋市支行积极推动外汇管理制度改革,促进贸易投资便利化。全年实现出口收汇13.34亿美元,进口付汇5.62亿美元,到账外资1.86亿美元。发放出口收汇核销单33053份,收汇核销率93.8%。完成国际收支申报25422笔,金额36.56亿美元,同比分别增长5.05%、102.1%。及时办理年度联合年检、外汇登记证等工作,累计年检企业322家。组织对16家外商投资企业资本金使用情况开展检查,立案查处外商投资企业资本金违规使用行为5起、违反外汇登记行为1起,累计收缴罚款263.05万元,推动外向型经济规范健康发展。按需发放出口收汇核销单,开展进口付汇现场核查16家次。1月,为经济开发区招商人员开展外汇管理知识培训。4月,在吴窑镇开展外汇政策辅导。8月,召开辖内金融机构外汇管理工作会议。10月,召开主功能区外汇管理座谈会。12月,组织开展"诚信兴商"暨外汇政策宣传月活动。

【市金融办加强对小额贷款公司的监管与服务】 年内,市金融办通过提高监管人员的综合业务素质,建立金融办、人民银行、财政局、审计局四方联手现场监管及小额贷款公司之间互查工作机制,定期组织小额贷款公司专项检查,推进新小额贷款公司组建和维护小贷公司在银企、银政合作和金融生态创建中的应有地位等举措,切实加强对小额贷款公司的监管与服务,支持"三农"经济和中小微企业的发展。2011年,全市两家小额贷款公司到账注册资金总额为1.2亿元,累计发放贷款261笔,累计贷款金额3.73亿元,各项贷款余额1.34亿元。其中,涉农贷款1.34亿元,占比100%;300万元以下贷款1.30亿元,占比97.01%;3个月以上贷款1.32亿元,占比98.51%。

【人行如皋市支行多项举措缓解中小微企业融资难题】 年内,人民银行如皋市支行积极推动对小微企业的金融服务创新,通过加大政策引导力度、发展地方新型农村金融机构、搭建中小微银企项目合作平台、拓宽中小微企业融资渠道和推动中小微企业金融产品创新等多项举措,持续加大对小微企业的信贷支持力度。至12月末,全市中小微企业贷款余额达174.9亿元,占全部企业贷款余额的82.6%;中小微企业各项贷款比年初增加36.7亿元,占全部新增贷款的71.1%,增幅达26.5%,高于各项贷款增速5.7个百分点。

(马　晖　章建国)

统　　计

【概况】 2011年,全市20个镇(区、园)均设立统计办公室,配备专职统计助理。全市188个村和146个涉农居委会均配备兼职统计员,所有纳入统计的机关、企事业单位配备专兼职统计人员1695人,其中专职统计人员165人。全市在职统计人员中,具有高级统计职称者8人、中级统计职称者89人、初级统计职称者179人。市统计局被南通市统计局表彰为2010年度统计工作目标责任考核先进单位,被市政府表彰为2011年度服务业工作先进单位、法治建设先进单位、文化产业发展先进集体,连续13年被评为市文明单位。

数据收集　市统计局现有工业、农村(农经、农综、住户、产量)、国民经济核算、市(县)基本情况、固定资产投资、建筑、房地产、服务业、贸易、劳动工资、能源、外经、科技、价格、城镇住户、限额以下抽样调查、企业景气调查、基本单位调查等统计专业20个,拥有农村住户调查网点260户、城镇住户调查网点100户。年内,完成2011年度全市统计年报、定报工作,整理编辑并改版《2010年如皋统计年鉴》,编印2011年《如皋统计月报》11期。完成第六次全国人口普查数据处理、快速汇总资料发布、总结表彰等后续工作。先后完成上级布置和有关部门委托的创建全国文明城市模拟问卷调查,县乡党委换届暨组织工作满意度调查,江苏法院、检察院系统满意度调查,法治财政建设活动社会调查等多项专题调查任务,为各级领导和有关部门提供大量有价值的社会经济信息。

行政执法　年内,市统计局将依法统计贯穿统计工作的全过程,以宣传咨询、知识问答、宣传标语等多种形式,宣传新修订的《中华人民共和国统计法》和《统计违法违纪行为处分规定》。1月,制订《2011年全市统计法制工作要点》、《2011年如皋市统计督查和统计监审工作计划》等一系列工作计划和制度。7～12月,对规模以上工业、建筑、房地产、贸易和固定资产投资等行业和专业的33家单位开展统计监审,核查相关单位的统计数据质量、统计台账和相关财务凭证等基础资料,发现存在问题的11家,发出整改通知11份,立案查处6家。

统计服务　年内,市统计局按月向市领导和有关部门提供主要统计数据,依法及时向社会发布《2010年度如皋市社会经济发展统计公报》。编印出版2011年《如皋统计月报》和《2010年如皋统计年鉴》,增编《统计内参》、《统计快报》、《统计动态》等资料手册,努力提供高质量的统计信息产品。围绕全市经济社会发展目标,跟踪全市月度和季度经济运行态势,先后撰写统计分析50篇,其中,15篇(次)被《江苏统计》、《南通论坛》等刊物录用,3篇被市领导作出批示。累计撰写统计信息591篇,其中,被南通市统计局录用214篇,被省统计局录用29篇,被国家统计局录用1篇,列南通各县(市)第二名。

研究成果　年内,市统计局拓宽统计分析应用领域,统计学术研讨活动富有成效。5月底,在南通市统计局、统计学会举办的南通市2010年度县(市)区统计局优秀统计分析报告评选中,吴志强撰写的《加快产业优化升级,促进经济更好更快发展》获二等奖。

(梅广林)

审　　计

【概况】 2011年,市审计局安排审计项目49个,实际完成55个(含上级机关和市领导交办项目6

个),移送案件线索2起,协助纪检检察机关查办案件3起。市审计局在年度审计工作综合考评中获南通市审计系统先进单位称号,被省审计厅表彰为全省审计通联工作先进单位,被审计署时代经济出版社表彰为审计宣传工作先进集体。纪检监察室被南通市委、市政府表彰为先进集体。

预算执行审计　1～7月,市审计局按照市政府批准的财政预算执行和其他财政收支审计工作方案,审计全市2010年度财政预算执行和其他财政收支情况,审计过程紧扣预算执行主线,主要审计市财政局具体组织的预算执行情况和其他财政收支情况、地方税务局税收征管及其政策执行情况、社会保障等专项资金管理使用情况、民政局等10个部门单位预算执行情况和如城镇等7个镇(区)财政决算情况,累计立项审计26个单位,审计资金总额达38.6亿元,约占财政资金总量的62%,查出各类违纪违规和管理不规范资金9496万元。

经济责任审计　年内,市审计局按照市委办、市政府办出台的《党政主要领导干部和国有企业领导人员经济责任审计规定》,结合全市经济责任审计项目多、任务重的特点,在项目安排上打破传统做法,分别以经济责任审计科为骨干力量组成学校领导经济责任审计组、以行政事业审计科为骨干力量组成机关事业单位领导干部经济责任审计组、以财政金融审计科和内审科为骨干力量组成镇(区、园)领导经济责任审计组,根据不同审计对象,对审计重点、审计评价、责任区分予以明确和细化,定期交流情况,总体业务由经济责任审计科扎口汇总。全年对27名领导干部实施任中或离任审计,通过对相关审计数据的比对,分析领导干部任期内所作重大经济决策所产生的显绩和潜绩,客观评价其经济决策能力、应承担责任类型和决策效益。审计项目结束后,严格对照审计法规要求,坚持独立审计评价,进一步促进领导干部树立科学政绩观和廉洁从政意识。

固定资产投资审计　年内,市审计局积极适应全市固定资产投资规模快速递增态势,切实履行审计监督职能、从严规范投资行为,努力提高财政资金使用效益。加强与建筑规划设计等单位业务交流,及时掌握建设领域最新动态,注重市场调查,与诚信度较高建材供货商建立联系,及时摸准市场行情,为成本核算提供可靠依据,并坚持从项目立项、招投标、合同签订、工程实施、项目监理、竣工结算等各个环节进行全过程、全方位跟踪监督,从源头上遏制决策失误,在跟踪审计中及时发出跟踪审计意见书,提出针对性审计建议。抓住政府和老百姓关注的热点、焦点问题,加强国土资金、水利建设、农村公路和农民集中居住等工程建设项目的审计,围绕建设项目真实性、完整性和专款专用规定,坚决查处高估冒算行为,严格执行对500万元以上的土建项目和1000万元以上的交通、市政项目实施全面复审。全年累计完成固定资产投资审计项目711个,送审额24.29亿元,审计核减4.74亿元,平均核减率19.51%,其中核减100万元以上项目达125个。

内审稽核　年内,市审计局内审稽核科和内审协会组织各镇(区、园)、机关部门和企事业单位的50个内审机构、200多名内部审计人员,探索新形势下内审工作新路子。通过现场指导和召开内审机构负责人例会,强化监督指导。组织全市镇(区、园)审计办公室开展村(社区)财务收支审计"一条鞭"项目,统一组织实施、统一文书格式(方案制订、工作底稿编制、审计报告撰写和审计档案整理)、统一检查项目质量、统一项目审计处理标准。建立内控制度,强化内审质量建设,把内审项目复核作为内审质量的中心环节,参照审计机关项目复核、审核的新规定执行。每季度开展一次内审项目质量检查,年终组织全面综合评比,对内审工作成绩突出的部门单位和优秀审计项目予以奖励,确保内审工作质量。认真配合南通市内审协会对上市公司江苏九鼎集团开展企业内部审计工作调查,对上市公司内审机构设置、人员配备、制度建设、工作重点、操作规范以及审计成果运用进行调研,掌握当前企业内审机构运作的第一手资料。组织开展内部审计理论研究,累计向南通市审计协会提交论文5篇,其中,获省内审协会三等奖1篇,获南通市内审协会三等奖和鼓励奖各1篇。

【精心组织南通市港闸区政府性债务审计】　3～6月,市审计局根据南通市审计局统一安排,成立8人组成的审计组,到南通市港闸区实施政府性负债审计项目。审计中做到分工明确,责任到人,有序推进，落实责任，提高效率。对审计过程中遇到的问题，及时组织学习审计署《工作方案》、省审计厅《实施方案》和上级审计部门编发的动态《问题解答》，认真讨论加以解决，保证审计质量。

【全程落实审计整改】 年内，市审计局针对以前审计整改方式时间过于集中、时效性不强，部分可以提前整改事项也要等到“同级审”结束后实施的传统做法，尝试将审计整改前移，实行审前整改（在实施审计前要求被审计单位自查自纠，主动纠正存在的问题）、审中整改（要求被审计单位在审计过程中，对审计发现的问题及时予以整改）、审后整改全程整改，取得显著效果。

【开展中小学校舍安全工程跟踪审计】 年内，市审计局按照审计署《做好2011年度全国中小学校舍安全工程跟踪审计工作》的通知要求，跟踪审计全市中小学校舍安全工程项目53个，单体建筑116栋，建筑面积394442.33平方米，总投资额79387.19万元。

【审计促进人防基金收缴】 年内，市审计局在对全市人防资金审计调查中，发现一些房产开发商钻政策空子，故意拖欠人防基金。审计过程中，核对2008～2010年全市人防费减缓免情况，发现缓缴到期末能收回的人防费总计达615.55万元。会同市人防办及时发出追缴通知书，并责成市人防办及时予以追缴，为国家挽回经济损失。

【离任审计发现经济案件线索】 年内，市审计局在对某完中校长离任审计中发现，该校财务管理混乱，频繁违规操作；私设“账外账”，且收支数额巨大，并审计前销毁收支原始凭证；工程招标草率，不按合同约定提前支付工程款。上述问题移送市纪委后，该校原校长被依法追究刑事责任。

（吴从军）

招标投标管理

【概况】 2011年，市招投标管理办公室累计实施招投标项目646个，标的总额49.22亿元，节资总额1.92亿元。其中国有投资项目496个，投资总额19.82亿元，通过招投标为国家和集体节约资金1.26亿元。

2011年全市招标投标项目情况统计

表51

项目分类＼主要内容	项目数（个）	投资额（万元）	节资额（万元）
房屋建筑	55	123000.4555	/
市政设施	172	70060.53466	/
装饰装修	23	15813.77	/
绿化工程	13	3509.31	/
监理项目	12	810.167	/
设计项目	15	665.69	/
政府采购	9	1305.05	/
其他类型	56	51376.7964	/
直接发包	291	225219.142	/
合　　计	646	492184.20	19154.90

2011年全市国有投资项目情况统计

表52

项目分类＼主要内容	项目数（个）	投资额（万元）	节资额（万元）
房屋建筑	46	63537.3755	/
市政设施	163	40785.00166	/
装饰装修	23	15813.77	/
绿化工程	12	2269.85	/
监理项目	11	621.417	/
设计项目	15	665.69	/
政府采购	9	1305.05	/
其他类型	48	49902.8184	/
直接发包	169	23279.92933	/
合计	496	198180.90	12594.83

标前管理　年内，市招投标办根据全市招投标工作会议关于所有达到招标规模和标准的政府性资金项目都必须进入招投标程序要求，借助全国开展工程建设领域突出问题专项治理东风，多措并举，加大对政府投资工程招投标管理力度，有效化解少数单位因时间紧、资金缺、前置条件不充分等原因不能和不愿进场招标矛盾，实现年初确定的公开招标率100％目标。配合市纪委对全市重点项目调查摸底、实行新建项目预先报告制度、在建项

目跟踪管理，掌握全市政府投资项目基础情况，通过《标后监管工作简报》、《招投标动态》等形式，向镇区及部门主要领导反馈招投标过程中存在问题。通过与市纪委联合考核等措施，把招投标工作列入各镇区、部门党风廉政建设考核内容，确保应该进场招投标项目全部进场招标。5月6日，召开全市招投标管理工作大会，全市20个镇区及市级机关有关部门、相关企业和评委参加。

标后管理　年内，市招投标办针对政府投资工程容易出现"一招就了"、"重招轻管"现象，在市纪委、监察局支持下，成立标后监管领导小组，监察、住建、建工、财政、审计、交通、水务、招投标等部门为成员单位，采取每月一次例会、半年一次检查方式，整合各部门监管资源和优势，合围各种违法违规行为。先后制订出台《如皋市政府性投资工程建设项目标后监管暂行办法》、《如皋市政府性投资工程建设项目标后监管工作职责分解》，从体制和制度上明确标后监管主体、监管内容及方式。坚持每月一次日常巡查，累计检查在建项目82个，下发《整改通知书》7份，发出《标后监管反馈函》6份，移交案件信息1起。组织开展个案督查5起，与市住建、建工等部门开展联合诫勉谈话1次，参与全市联合执法专项检查1次，检查在建项目142项。全年先后调查处理违法案件14起，其中1起被予以行政处罚，13起被记入不良行为，有效遏制围标串标行为发生，震慑利用假证、假业绩等虚假资料参与招投标的违法违规行为，净化招标投标环境。制订推行"黄名单制度"，对违法嫌疑对象重点监管。修订和完善《如皋市招标投标不良行为记录及处理办法》，规范"黑名单库"运行，对轻微违规违法现象加强行政处罚力度。

诚信建设　年内，市招投标办针对因社会诚信理念缺失给规范招投标工作造成不良影响，开展以"阳光招投标，诚信我先行"为主题的诚信体系建设，通过座谈会、研讨会、案例分析会等形式，深入调查招投标市场诚信状况，找准不诚信行为表现，对招标人、投标人、中介、监理等招投标各方主体存在的不诚信行为"曝光"亮相。广泛征集图片、漫画、格言警句，制作标前宣传教育短片、诚信宣传展板及诚信歌曲，让每次进场参与招投标的各方主体都能受到诚信教育。10月18日，召开全市招投标诚信体系建设现场推进会，56家单位向市领导递交诚信承诺书。

(孙　慧)

2011年全市招标投标情况一览

表53

单位名称		公开招标项目数(个)	标的额(万元)	直接发包项目数(个)	标的额(万元)	招商工程项目数(个)	标的额(万元)
政府投资工程项目	如城镇	27	5978.122	3	7051.47	6	16651.47
	白蒲镇	12	1380.93	2	71.11	0	0
	搬经镇	11	576.387	5	882.71	0	0
	吴窑镇	1	1514.78	0	0	1	953
	郭园镇	9	690.13	3	436.63	2	3615
	丁堰镇	11	3356.81	5	699.91	0	0
	下原镇	5	1536.71	3	252.51	0	0
	石庄镇	5	591.12	3	153.65	0	0
	高明镇	5	590.792	13	292.59	0	0
	雪岸镇	2	213.335	8	664.99492	0	0
	磨头镇	1	84.81	6	366.25	0	0
	常青镇	4	223.32	4	1222.03	0	0
	林梓镇	4	211.78	13	412.53	0	0
	九华镇	2	1206.64	10	355.36	4	2163.14
	江安镇	7	3655.78	12	2407.0548	0	0
	袁桥镇	2	150.35	7	464.632	0	0
	东陈镇	1	124.03	11	383.96	1	2820

续表 53—1

单位名称		公开招标项目数(个)	标的额(万元)	直接发包项目数(个)	标的额(万元)	招商工程项目数(个)	标的额(万元)
政府投资工程项目	如皋软件园(桃园镇)	7	1243.71	5	235.42	0	0
	长江镇(如皋港区)	5	2107.47	3	713.8	6	8930.5
	如皋经济开发区(柴湾镇)	26	3467.14	10	839.0488	0	0
	教育局	15	14755.55	15	1185.11	0	0
	住建局	30	41474.3	11	2451.65	0	0
	水务局	0	0	0	0	1	8
	交通运输局	7	782.5	0	0	18	7827.71
	政府采购	7	749.734	0	0	0	0
	其他	82	47793.13	25	6112.36	0	0
民营投资项目		33	101869.94	109	185231.25	0	0
合计		321	236329.3	286	212886.0305	39	42968.82
总计		项目数:646个			投资额:492184.2万元		

说明:1.本报表编制以中标公示内容为依据;2.学校工程,初中以下按所属镇统计,完中以上按教育局统计。

行政服务审批

【概况】 2011年,市行政服务中心累计受理各类许可及便民服务事项173454件。其中,即办件138763件,约占办件总数80%;承诺件34691件,约占办件总数20%,承诺件到期办结率100%。累计收取各类规费4.73亿元。“一卡通”窗口办理50万元以上经济建设、基本建设类内外资项目748个,主持协调市领导交办及服务对象请求协调事项96件,召集各类评审会、协调会69次,接待上级领导及外地“中心”参观考察23多批次,受到省、市、县三级新闻媒体表扬90多次,收到服务对象锦旗16面、各类表扬信390多封。累计收到服务对象纸质评议表1万多份,窗口办件电子评议接受服务对象评议2万多次,综合评议满意率99.5%。

便民服务　8月初,市行政服务中心根据市委、市政府要求,在充分调查摸排基础上,通过流程再造、时限压缩、资源共享等途径,再次压缩各窗口审批类项目(政府投资项目及企业使用政府补助、转贷、贴息投资建设项目)、核准类项目(列入《政府核准的投资项目目录》的项目,分一般项目、外商投资项目、房地产开发项目三个条目)、备案类项目(《政府核准的投资项目目录》以外的企业投资项目)三大类行政审批事项承诺时限,形成《行政服务中心窗口办理行政审批事项压缩办结时限汇总表》,承诺办结时限累计压缩率约73%,部分承诺件压缩为即办件。市委、市政府下发《关于进一步优化行政审批服务的意见》,从增强服务意识、加大服务重大项目倾斜力度、巩固“一卡通、两集中、三到位”审改成果、优化行政审批服务流程、推进和完善网上审批、强化行政审批服务管理考核六个方面对优化全市行政审批服务提出指导性意见。9月,根据全市机关作风与效能建设大会上提出的要求,结合“一纸明”服务新需求,重新制作印刷包含新承诺时限和收费标准的“业务告知单”,摆放在各窗口免费供服务对象取阅,营造明白消费、透明消费氛围,广泛接受社会监督。

考核管理　年内,市行政服务中心依据市委、市政府赋予的管理权限,实施窗口常态运行管理,业务办件和考核考评同时进行,业务办件基本做到一门受理、协调运作、限时办结,管理考评坚持刚柔相济、制度管理与人文关怀并重、为窗口规范运行领航、导航。加大对“分中心”和综合窗口管理考评力度,根据市委、市政府对市级机关部门目标责任制绩效考核奖惩意见中明确对市级机关各部门个性工作考核的要求,制订出台相配套的“分中心”及综合窗口管理考核文件,进一步量化、细化和强化对“分中心”及综合窗口各部门的考核，每季度按照考核条款，通过开展明察实访、举办观摩交流座谈会及运行形势分析会等形式，检查考评“分中心”17家，每半年通过座谈交流、资料查阅等形式组织一次对综合窗口各部门的检查考评，并将考评结果分档排名后通过《行政服务交流》对外公示，接受社会监督。强化对镇(区、园)项目代理员业务管理，每季度召开一次例会，约请相关窗口负责人在业务上对各镇(区、园)项目代理员进行培训指导，及时发布项目审批信息，为项目代理员做好代理工作搭建好服务平台，并加强对项目代理员管理考评，通过回访企业、服务对象评议等方法，年终对项目代理员免费提供全程代理、代办服务等情况进行测评，不断规范项目代理员的服务行为，改善镇区投资环境。

作风建设　年内，市行政服务中心继续开展“十佳”服务窗口、“十佳”窗口负责人、“十佳”服务标兵、窗口服务先进集体、窗口服务先进个人、服务对象满意窗口、服务对象满意工作人员、窗口服务创新奖(集体和个人)、窗口团结协作奖、窗口管理示范奖、窗口服务最佳效率奖、窗口最佳配合默契奖、窗口服务委屈奖和最佳服务“分中心”、“分中心”管理示范奖、“分中心”窗口服务最佳效率奖、“分中心”窗口服务创新奖(集体和个人)、优秀“分中心”主任、“分中心”管理先进个人、“分中心”窗口服务标兵、“分中心”窗口服务先进个人、综合窗口优质服务先进集体和个人及优秀项目代理员等评比活动，并按季度和月度分别组织相关评比活动，营造浓烈的“创先争优”氛围。1月，召开总结表彰大会，总结点评2010年度窗口工作，表彰奖励先进集体和个人。3月，出台《关于开展“建功十二五、窗口怎么办”大讨论和征文、演讲比赛的通知》，召开“分中心”主任会议、综合窗口分管领导会议和项目代理员会议，举行“建功十二五、巾帼怎么办”庆“三八”妇女座谈会。4月，开展“我对‘行政服务中心’说句话”百字征文竞赛活动，举办“地税杯”“建功十二五、窗口怎么办”征文和演讲比赛。接待中央创先争优活动领导小组办公室调研组视察检查。6月，组织学习讨论《腾江越海立潮头》和电视政论片《彩练当空》活动，举办撰写“一书一片”学习心得体会征文活动。开展慰问建国前老党员以及重温入党誓词等纪念中国共产党成立90周年系列活动，表彰2010年度优秀共产党员。7月，召开2011年度上半年窗口工作点评会和“坚持以人为本执政为民理念发扬密切联系群众优良作风”主题民主生活会。举办“以人为本，执政为民”大党课。举办学习中共中央总书记胡锦涛“七一”讲话心得体会征文竞赛。8月，出台《进一步深入开展“创先争优”活动的实施意见》。9月，举办“算好廉政账”大党课暨三季度窗口工作点评会，开展“算好本色账”心得体会征文活动。出台《“三理工作法”实施意见》。10月，召开学习贯彻中共十七届六中全会精神座谈会。开展“感受新如皋、推动新跨越、服务再提升”主题活动。11月，组织开展爱心捐赠、见义勇为基金募捐及为特殊教育学校和挂钩村老党员老干部捐款活动。

【行政服务中心争先创优活动得到中央和省委肯定】　4月20日，中央创先争优活动领导小组办公室到市行政服务中心专题调研“创先争优”活动开展情况，在调研报告中多处对如皋市行政服务中心开展“创先争优”活动的一些做法予以肯定。中共中央政治局委员、中央书记处书记、中组部部长李源潮在调研报告上批示：“这个报告很好，可抓紧制订在全国窗口单位开展‘为民服务创先争优’活动的意见，推动各系统窗口单位改进服务作风、提高办事水平。”

8月21日，人民日报社、新华日报社、江苏省委创先争优办公室联合调研组到如皋，调研全市贯彻落实全国窗口单位和服务行业为民服务创先争优视频会议情况，检查市行政服务中心服务情况，肯定市行政服务中心服务“创先争优”举措和成效。

12月1日，省委副书记、组织部部长石泰峰到如皋调研指导工作，在视察检查市行政服务中心运行情况后，对市行政服务中心开展创造争优活动取得的较好社会效果表示满意。

(袁昌明)

住房公积金管理

【概况】　南通市住房公积金管理中心如皋管理部现有干部职工10人。2011年，如皋住房公积金事业实现“四突破”(年归集额突破4亿元，归集总额突破20亿元，归集余额突破10亿元，贷款余额突破10亿元)，年终综合考核名列南通六县(市、区)第一。全年提供廉租房建设补充资金396.7万元，累计达1965.71万元，促进如皋住房保障事业和房市健康发展。

住房公积金归集　年内，全市新增开户单位168个，新增13342人，净增9595人，完成年度目标4200人的228.45%，位居南通六县市管理部第一。全年归集住房公积金4.23亿元，实现当年归集超4亿元的加压指标，取得历史性突破，同比增长24.62%，归集余额11.38亿元。为1472个单位72695人建立住房公积金制度，住房公积金覆盖率位居南通六县(市、区)管理部第一。4月27日，归集余额在南通六县(市、区)管理部中率先突破10亿元大关；累计归集20.52亿元，突破20亿元大关，位居南通六县(市、区)之首。

住房公积金贷款　年内，市住房公积金管理中心围绕促进全市住房消费和房地产市场持续健康发展，加大贷款政策宣传力度，创新服务举措，支持政府人才引进工作，保持贷款"零逾期"。全年向1171户发放住房公积金贷款2.70亿元，累计发放贷款17.65亿元，支持10869户通过住房公积金贷款圆上住房梦，贷款余额由年初9.60亿元上升到年末10.93亿元。6月21日，在南通六县(市、区)管理部中贷款余额率先突破10亿大关，贷款发放额、贷款余额以及贷款总户数均居南通六县(市、区)管理部第一。

便民服务　年内，市住房公积金管理中心不断推进住房公积金管理部与办事群众之间的"零距离"服务满意工程，继续实行预约服务、上门服务、延时服务等方式，最大限度地做好拓展延伸服务工作，尤其是夏季高温期间继续推行下午2:00准时上班，便于离城较远群众在管理部与银行之间打好时间差，提高办事效率。全年服务缴存者9.86万人次，其中，为职工提取公积金服务10881人次，为新开户单位及职工开户服务13502人次，为职工发放贷款1171笔，单位和个人变更资料等各项服达18341人次，基数调整54686人次。

住房公积金管理　年内，市住房公积金管理中心严格按照ISO9001质量管理体系认证标准，确保各项规章制度、业务政策、服务规范和业务操作有效运作。严格执行《精细化管理手册》、《南通市住房公积金提取实施细则》、《住房公积金缴存管理实施细则》、《住房公积金贷款实施细则》所明确的业务办理的规范和标准，实现住房公积金依法管理、规范管理、精细化管理。根据《关于规范住房公积金提取信息录入的通知》，按中心统一规定标准录入信息，实现提取档案工作科学化、标准化、规范化。11月25日，顺利通过北京大陆航星质量认证中心、国家质量体系审核小组专家考核验收。

住房公积金宣传　2月23日、2月25日、3月2日、3月4日下午，市住房公积金管理中心分别在中行如皋支行、建行如皋支行、农行如皋支行、工行如皋支行四家公积金承办银行召开推进住房公积金扩面工作座谈会，宣传住房公积金归集扩面工作。4月27日至5月2日，9月27日至10月1日，如皋市春、秋两次房展会期间，宣传住房公积金贷款政策。5月1日～31日，与公积金承办银行、房地产开发企业联动开展住房公积金宣传月活动，利用住房公积金网站、电子显示屏、悬挂宣传条幅等各种方式，宣传住房公积金政策。5月17日，参加《政风行风热线》户外直播活动。8月30日，走进《政风行风热线》直播间，与听众进行互动交流，现场接听、答复听众咨询与投诉。

(朱宇翔)

教　　育

综　述

【概况】 2011 年,如皋教育以"优质、均衡、特色、和谐"为主题,全面推进教育现代化建设,深化课程改革,深入实施素质教育。如皋市在成为江苏省首批义务教育优质均衡改革发展示范区基础上,年内又成为江苏省首批学前教育改革发展示范区、职业教育创新发展实验区和区域教育现代化建设水平提升工程先行试点地区。2 月 19 日,市委、市政府召开全市教育工作会议暨示范区建设现场推进会,全面部署实施《如皋市中长期教育改革和发展规划纲要(2010～2020 年)》。市教育局关工委被评为全国教育系统关心下一代工作先进集体;市教育局被评为全省教育系统法制宣传教育先进集体、学生资助工作先进单位、教育科研先进集体、2011 年度招收空军飞行学员工作先进单位、教育装备先进集体、青少年科技教育先进集体,南通市法制宣传教育工作先进集体、文明单位、教育装备与勤工俭学先进集体、高考考务工作考核优秀单位、中考考务工作考核优秀单位、高等教育自学考试目标考核先进单位、综合治理和长安建设先进集体。如皋教育网被评为省优秀教育门户网站。

教学质量　年内,全市学生在各级各类竞赛中,获国家级一等奖 55 个、省级一等奖 89 个、南通市级一等奖 172 个。中考平均分高出南通市(县、区)17 分。高考本科上线总数达6250人,其中普通高考本一、本二上线率分别达全省平均上线率的 3.18倍和2.38倍,高分段人数占全省的1/14,选修学科双 B 及双 B 以上达标率高出全省平均达标率 20%,奠定了优质高等院校高录取率的坚实基础。市教育局连续23年被评为省招飞工作先进单位。

德育工作　年内,强化德育与学科教学的融合,促进德育的主题化、系列化和生活化。市教育局关工委被教育部表彰为全国关心下一代工作先进集体。7 月,组织骨干班主任暑期研修。9 月,召开全市学校德育工作会议和馆校衔接会议。10 月,组织第四届少先队鼓号队评比,开展高中升旗仪式评比。11 月,南通市德育工作研修活动在如皋举办,白蒲中学成为南通市 10 所德育研究基地学校之一。组织参加第三届全国主题班会大赛,获一等奖 7 个。12 月,开展综合素质实施方案评选,白蒲初中获南通市一等奖。在全国中职学校德育学术年会上,市一职高作交流发言。

素质教育　年内,继续把特色学校建设作为深入实施素质教育的突破口,推动学校特色的常态化实施、课程化研究、品牌化发展。加强学校特色项目建设的培训、指导与考核,定期开展特色展示、现场观摩、经验交流等,加快构建课内与课外、学科性课程与活动性课程并行的课程模式,加速形成"学校有特色、教师有专长、学生有特长"发展局面。石庄中学的千人八段锦、实验初中的简化太极拳、如师附小的大成文化、袁桥镇何庄小学的乒乓文化、白蒲小学的京剧课堂等,均形成较为系统的校本课程。全市建成省级各类特色学校15所、南通市特色学校8所。3月,桃园小学成为江苏省少年宇航技师培训基地。4月,出台《如皋市中小学(幼儿园)特色学校建设实施意见》(皋教发〔2011〕54号)。9月,外国语学校成为中英气候课堂项目学校。11月,如师附小获江苏省首批规范汉字书写教育特色学校称号。

体艺工作 年内,市教育局严格执行课程计划,全面加强体艺学校网络平台、展示平台建设,积极推进"体育、艺术2+1项目"(每位学生至少掌握两项体育运动技能和一项艺术特长)活动。建立阶段性星级评比机制,促进"体育、艺术2+1项目"实施制度化、规范化、常态化。加强"体育、艺术2+1项目"课程建设,整合学校和社会体艺资源,深入发掘、研究开发传统体育、艺术项目,形成一批具有影响力的区域品牌项目。5月,市少体校参加省运会获团体总分第三。外国语学校篮球社团在南通市篮球比赛中获少年组第一名。6月,安定小学《闪闪的红星》唱响中央电视台七套《军营大舞台》。市职教中心的音诗画《火龙的赞歌》获江苏省红色经典朗诵比赛特等奖。9月,成功举办第27个教师节庆祝表彰文艺演出和师生书画展演。组织师生参加南通市独唱、独奏、独舞比赛,获一等奖26人。10月,如师附小情景剧《阳光地带》获全国一等奖。11月,南通市"学生阳光体育运动"暨"体育、艺术2+1项目"现场推进会在如皋召开。12月,袁桥初中创建成为全国特色体育项目(三门球)示范学校。

课程改革 年内,继续深化"活动单导学"教学模式研究,充分发挥学科基地、教(科)研协作体、镇(校)教(科)研合作平台、教(科)研示范学校的引领辐射作用,广泛开展专题辅导、沙龙研讨、分片展示等活动,全力打造高效课堂,全面推动"活动单导学"教学模式向村小、小学低年级段和幼儿园延伸。推广视频教学交互系统、电子白板交互系统,发挥现代教育技术对"活动单导学"教学模式的支撑作用。先后在香港国际教学研讨会、全国初中课堂教学研讨会、第四届全国高效课堂课博会、全省基础教育工作会议等会议上应邀作"活动单导学"教学模式专题交流与展示,教学竞赛获全国一等奖10个、省一等奖12个。5月,成立全国首家活动教学研究中心,建立起"理论与实践研究中心—微型课题项目中心—校本研修"三级研究实践网络,成立县域教育质量监测中心,定期开展教育质量监测,促进素质教育的深入实施。11月,成功举办长三角城市群教育科研论坛暨第二届海峡两岸及港澳地区有效教学高层论坛,香港、台湾地区部分中小学校长,长三角地区28个城市教科院(所、中心)负责人、部分中小学校长及骨干教师400多名代表参加活动,如皋课程改革成果获世界著名课程专家小威廉·多尔等盛赞。

教育教学研究 年内,加强对省、南通市规划课题研究过程管理,"十一五"省、南通市教育科学规划课题结题率达80%,正在手研究的国家级课题2项、省市级课题16项。申报"十二五"江苏省教育科学规划课题,获立项30个,总数居南通第二名。申报"十二五"南通市教育科学规划课题,获立项145个,总数居南通第二名。强化学校教育科研的目标意识、责任意识和绩效意识,加强学校教科研管理队伍建设,提高教育科研组织管理水平。加强教育科研培训、指导工作,教科员深入学校调研,累计听课150多节,召开座谈会12次,组织专题沙龙研讨16次,邀请专家学者为课改把脉30余人次,撰写与课改相关的论文、报道、案例、综述累计10多万字。全年在市级以上报刊发表或获奖的论文、案例等课题研究成果463项,2人被评为江苏省教育科学研究先进个人,7人被评为南通市教育科学研究先进个人,江苏省白蒲高级中学等7家单位被评为南通市教育科学研究先进集体。开展微型课题研究,探索新的教育科研管理运行模式。年内备案的572项微型课题通过验收412项,先后开展教学观摩、沙龙研讨、阶段成果评比等富有建设性和开拓性专题活动58次,参加教师4800多人次。在南通市级以上发表或获奖的微型课题研究成果187项,出版专著1本(《教师微型课题研究指南》,袁玥著),"微型课题研究的研究"被立项为江苏省教育科学规划课题,校级微型课题结题率达90%,微型课题研究逐步科学化、制度化和组织化,有效地拉动区域教育科研工作开展,提升区域教师专业水平以及教育质量。9月,研究制订"如皋市优秀学校教科室"评估指标,启动"如皋市优秀学校教科室"创建工作。10月,参加南通市2011年度主题班会评比,获一等奖。参加南通市2011年度班主任论文评审,42篇论文获一等奖,名列南通第一。11月,举办小学教科室主任培训班。组织参加第三届全国主题班会大赛,2节录像课、5篇班会课设计方案获一等奖。

队伍建设　年内,招录新教师100人(高中教师26人、小学幼儿教师74人),其中引进硕士以上研究生12人、优秀本科毕业生54人(含"211"工程、"985"高校毕业生7人),完成2011年高层次人才招聘计划。面向全市在岗不在编幼师公开招考30人。全年在职教师进修研究生毕业21人、本科毕业391人。全年新增高级职称人才123人、中学一级366人、小学高级283人。顾康清、时鹏寿、周荣斌3人被评为教授级中学高级教师。实施"双名(名校长、名教师)工程",新建"雉水名师工作室"2个,鞠九兵进入江苏省第四期"333工程"培养对象行列,姜树华被评为如皋市"十大"杰出青年之一。全年新评选市学科带头人80人、骨干教师200人、教坛新秀150人。如皋中学等8所学校被评为首批南通市教师专业发展优质学校,总数在南通居首位。强化以培训促均衡,落实市级专项经费300万元,实施十大培训工程计36个培训项目,近万名教师参加统一培训和考试。参加南通市第五届教师专业成长优秀论文评比,获奖695篇,获奖总数在南通各县(市、区)中遥遥领先。

行风建设　年内,开展师德文化建设年系列活动,实施"168"爱生行动,实施万人师德大考评。党风廉政教育常抓不懈,开展廉政文化进校园活动,为全市提供诚信文化进校园暨算好廉政账专题教育月动员会现场,丁堰初中和常青初中被南通市纪委命名为首批廉政文化进校园示范点。在全省(苏锡常通)廉政文化书画作品比赛中,如皋市11名学生获奖,市教育局获优秀组织奖。全面建立基层学校监督委员会,着力搭建加强学校民主监督的新平台,针对教育实际,编制《如皋市基层学校内部监督委员会八项制度及考核办法》和《如皋市基层学校内部监督委员会工作台账》,被南通市纪委、监察局作为样本在南通推广。2月,举办校监委主任业务培训班。4月,调研校监委工作推进情况。5月,以"5·10"思廉日为契机,召开"两大体系"建设现场会暨校监委工作点评会,促进校监委工作开展。庆祝中国共产党成立90周年期间,评选南通市教育系统先进基层党组织3个、优秀共产党员12人、优秀党务工作者3人,如皋市先进基层党组织1个、优秀共产党员1人,如皋市教育系统先进基层党组织3个、优秀共产党员66人、优秀党务工作者3人。第27个教师节期间,组织评选"十佳"乡村教师10名、优秀教育工作者200人、先进教育工作者206人。外国语学校教师杨浩获南通市园丁奖称号,12名教师被评为南通市师德标兵,葛永松当选为感动南通教育"十大"人物。

资助困难学生　全市有在册特困学生1646人。年内,市教育局将困难寄宿生生活补助费标准提高为每年每位小学生750元、初中生1000元,全年发放困难寄宿生生活补助费248万元。做好中等职业学校和普通高中学生资助工作,全年发放中等职业学校国家助学金81879人次、资金1228万元,对1375名中等职业教育涉农专业和家庭经济困难学生落实免学费政策,下达免学费资金276.54万元。提高普通高中政府助学金标准,资助标准由每人平均1000元提高到1500元,全年资助5569人次、金额462万元。做好生源地信用助学贷款工作,全年受理大学生生源地贷款542人、贷款金额301.52万元。争取社会力量参与助学行动,先后组织"江海阳光"、"郎助郎"、"英才追梦"、"圆梦大学"等资助活动。

基础设施建设　年内,完成中小学校舍安全工程面积12.69万平方米,占2011年上报南通计划的150%。推进省义务教育优质均衡改革发展示范区工程建设,全年新开工项目19个,新建校舍32万平方米,异地新建中小学幼儿园7个,累计投入资金6.75亿元。安定小学、开发区实验小学、吴窑中心小学、郭园车马湖幼儿园、雪岸南凌幼儿园、石庄中心幼儿园、常青中心幼儿园异地新建工程年内动工,其中部分工程竣工并交付使用。如城实验小学、如师附小扩建工程竣工并交付使用,城西中学综合楼、搬经中学综合楼、搬经中学学生宿舍、石庄中学广场、郭园车马湖小学食堂、郭园小学操场、东陈初中操场、雪岸南凌小学综合楼、袁桥黄蒲小学综合楼、江安中心小学综合楼等工程部分竣工并交付使用。全年规模工程报建率、招投标率、竣工工程合格率均达100%。全市教育系统在建工程无质量、安全事故。

教育装备建设　年内,注重教育装备工作紧密联系课程改革,为课程改革提供技术支撑。推广"视频教学交互系统"、电子白板交互系统,发挥现代教育技术对"活动单导学"教学模式支撑作用。

全市17所学校成功创建南通市教育装备管理优秀学校。3～10月，在全省“书香江苏”网络读书活动及绘画、摄影作品比赛中，组织上传应征文稿6057篇，绘画、摄影作品786幅，名列南通市第一、全省第九。4月，举办“青鸟杯”小学校长教育技术能力竞赛。6～10月，在江苏省第四届网络读书活动中组织上传征文7310篇，名列南通市第一、全省第五。7月，在第12届全国中小学电脑制作活动中，市外国语学校初二(1)班学生顾浩宇设计制作的动画作品《井底之蛙》获初中组电脑动画一等奖，是南通市历年在相关项目上所获最高奖项。暑假期间，举办中小学图书馆业务、龙芯电脑教学操作技能、小学教师实验操作技能、全市教育装备管理干部、中小学网络管理员业务、江苏省教育装备管理信息系统使用等培训，培训总人数达700多人次。

教育督导　年内，市政府教育督导室推进江苏省义务教育优质均衡改革发展示范区建设，配合市政府召开第三次、第四次义务教育示范区创建现场推进会，出台对镇义务教育优质均衡发展创建考核方案，加大对各镇义务教育优质均衡改革发展示范区创建的督查力度。建立健全教育督导基本制度和工作程序，推进教育督导工作的制度化和常态化。在学校发展上，按年度计划先后对郭园幼儿园、白蒲小学、实验初中等21所学校(园)开展发展性综合督导。根据省教育厅、省政府教育督导团《江苏省普通高中进一步推进素质教育督导评价标准(试行)》等文件要求，完成四星级普通高中素质教育专项督导的督查整改工作。根据省教育督导团、教育厅《市、县级职业教育工作督导标准(试行)》和《江苏省县域中等职业教育工作督导方案》，专项督导市职教中心、一职高、熔盛中等专业学校3所职业学校。把现代教育技术装备与课程改革相结合，对26所中小学校开展教育技术装备专项督导。完善《如皋市市直学校及镇中心初中教育工作综合考核方案》，提升义务教育优质均衡发展水平。完善被督导学校整改措施上报制度，强化督查整改和督导回访环节，提高督导实效性。

教育内审　年内，加强教育内审队伍建设，选聘兼职审计人员，开展财务收支审计。全年完成内部审计项目11个，其中，财务收支审计9个、经济责任审计2个，每个审计项目都延伸审计学校食堂、工会等部门账目，审计总金额58324.26万元，促进增收节支728.63万元。做好基建工程审计，全年完成自审工程项目1个，送审金额11143万元，审减金额27.36万元；委托审计6个，送审金额7360.52万元，审减金额529.62万元。做好地方政府性债务审计工作和普通高中债务审计调查工作。

法治综治　年内，加强法治建设，结合教育系统“六五”普法规划调研、普法讲师团成员选拔、普法形象大使推荐等活动，加强教育和引导，提升师生法制素养，规范依法行政行为，全面推行依法治教、依法治校，市一中、如城镇实验小学等20所学校成为南通市第三批星级学校心理健康辅导中心，市一职高、江安小学成为省依法治校示范校，市一职高被评为全国青少年普法教育先进单位，市教育局被评为省教育系统法制宣传教育先进单位、南通市法制宣传教育先进单位、南通市社会管理创新工作先进单位。市教育局行政服务中心窗口全年获优质服务示范岗称号12次，始终跻身全市服务窗口第一方阵。全面提升学校安全建设水平，129所学校通过如皋市平安校园考核验收，创建江苏省平安校园10所、南通市最安全学校11所，综治安全考核在如皋各部门和南通市教育系统均列第一。如皋先后代表南通接受省校园平安建设工作督查调研4次，接受省市电视台专题采访报道9次。

人事制度改革　年内，强化岗位编制管理，坚持新聘任教师向农村学校倾斜，优先充实农村学校师资。完善教师、校长流动机制，强化城区教师调配、城乡教师交流、富余教师分流、支教等一系列举措。暑假期间，主城区义务教育学校间交流教师485人，城区交流到边远农村教师24人，各镇中心学校与一般学校教师交流及初中教师分流到小学453人。包括校长及城区中层干部在内，全市义务教育学校交流1049人，占义务教育学校专任教师的近19%，义务教育学校校级领导交流比例达40%以上。

【长三角城市群教育科研论坛暨第二届海峡两岸及港澳地区有效教学高层论坛在如皋举办】　11月30日至12月1日，长三角城市群教育科研论坛暨第二届海峡两岸及港澳地区有效教学如皋高层论坛在如皋市举办。论坛由上海市教育科学研究院普通教育研究所、长三角城市群教育科研合作共同体、上海教育科研杂志社、南通市教育局主办，南通市教育科研中心、如皋市教育局承办。世界著名课程专家、美国路易斯安那州立大学教授、国际课程研究促进协会副主席小威廉·多尔(William E. Doll,Jr);上海市政协常委、上海教科院副院长胡卫;杭州师大教育科学研究院院长、教授,华东师范大学课程与教学研究所教授、博士生导师,国际课程研究促进协会主席张华;《上海教育科研》杂志副主编李丽桦;南通市教育局副局长王笑君等出席论坛。台湾、香港地区部分中小学校长,长三角地区28个城市教科院(所、教育科研中心)负责人、县(市、区)教研室负责人、部分中小学校长、骨干教师400多位代表参加活动。论坛主题为"校长教学力与区域课改推进"。如皋"活动单导学"课堂教学在论坛上被展示和交流。

11月30日至12月1日,长三角城市群教育科研论坛暨第二届海峡两岸及港澳地区有效教学如皋高层论坛在如皋举办

【全国首家活动教学研究中心成立】 年内,如皋市率先成立全国首家活动教学研究中心,深化"活动单导学"教学模式研究,全面推动"活动单导学"教学模式向村小、小学低年级段和幼儿园延伸。充分发挥学科基地、教(科)研协作体、镇(校)教研科研合作平台、教(科)研示范学校的引领辐射作用,广泛开展专题辅导、评课引领、沙龙研讨,全力打造高效课堂。组织开展"活动单导学"教学模式分片教学展示暨全员培训活动,学校领导带头上研究课、示范课,引领教学改革规范实施和有序推进。如皋市应邀在全国初中课堂教学研讨会、第四届全国高效课堂课博会、中国教育"香山论坛"、全省基础教育工作会议、全省教研室主任会议等大型会议上作专题交流与展示。在各级各类教学比武中,如皋市"活动单导学"课堂教学获全国一等奖10个、省一等奖12个。

【全面加快义务教育优质均衡改革发展示范区重点工程建设】 年内,如皋市坚持将示范区建设与校安工程建设、学校布局调整、平安校园创建有机结合,统筹规划,协调推进,全面加快示范区重点工程建设。全年新建、改(扩)建义务教育学校13所,开工工程项目31个,新增建筑面积14.6万平方米,城乡之间、学校之间优质均衡的教育格局加速形成。

【实现如城城区义务教育学校教师均衡配置】 年内,如皋市进一步完善教育人才流动机制,破除人才配置机制性障碍,力推干部、教师交流。暑期,通过城区教师调配、城乡教师交流、富余教师分流和支教等一系列举措,全市义务教育学校交流教师1049人,占义务教育学校专任教师的18.77%。加大干部队伍交流力度,城乡之间、镇际之间、校际之间义务教育学校校级领导交流比例达40%以上。突出以全员培训促均衡,落实专项培训经费300万元,实施"十大培训工程"、120个培训项目,全体教师参加省、市、县、校四级培训。创新机制,优化管理,在全市开展万人师德大考评,促进教师队伍素质整体提升。

(田小飞　房丽娜)

学 前 教 育

【概况】 全市现有幼儿园78所。其中,注册园55所,办园点23个;市直属幼儿园3所,部门(妇联)办园1所,民办幼儿园(含点)9个。在园幼儿29027人,教职工1839人,其中专任教师1298人(含公办教师237人)。全市现有省优质园27所、南通市优质园39所。2011年11月,如皋被确定为江苏省首批创建学前教育改革发展示范区。同月,全省学前教育改革发展现场推进会在如皋召开,省委副书记、省长李学勇作重要指示,副省长曹卫星出席会议并讲话。

幼儿园建设　年内,落实《如皋市学前教育三年行动计划(2011～2013年)》,"幼儿园达标工程"

列入政府为民办实事项目。加大学前教育重点工程建设,全年新建、改(扩)建幼儿园19所,新增建筑面积5.6万平方米,郭园镇车马湖幼儿园、搬经镇夏堡幼儿园、江安镇黄市幼儿园、雪岸镇南凌幼儿园等已竣工,开发区实验幼儿园、石庄镇中心幼儿园、常青镇中心幼儿园、如城镇实验幼儿园、磨头镇场北幼儿园、下原镇中心幼儿园等15所幼儿园工程正加快推进。

幼儿园创建　年内,东皋幼儿园、雪岸镇中心幼儿园、九华镇中心幼儿园、磨头镇中心幼儿园、磨头镇场南幼儿园成功创建省优质幼儿园,郭园镇车马湖园等4所幼儿园通过南通市优质幼儿园验收。

【如皋市成为省首批创建学前教育改革发展示范区之一】 11月,如皋被确定为江苏省首批创建学前教育改革发展示范区之一。

年内,如皋市在全省率先出台《学前教育三年行动计划(2011～2013年)》,并将幼儿园达标工程列入市政府为民办实事项目。全年新建、改(扩)建幼儿园19所,新增建筑面积5.6万平方米。坚持新增教育经费向学前教育倾斜,市财政在实施原有幼儿园建设奖补政策的同时,安排专项经费1300万元用于对幼儿园建设和省优质幼儿园创建实施"以奖代补"。按生均200元标准拨付幼儿园公用经费,并建立生均公用经费逐年增长机制。安排幼儿园专职保安经费280万元。强化学前保教队伍建设,面向师范院校学前教育专业毕业生和在岗聘用教师招录公办教师40名。

(刘晓光)

义　务　教　育

【概况】 全市义务教育阶段现有学校78所,其中,小学53所、九年一贯制学校4所、初中21所。现有班级1876个,其中,初中647个、小学1229个。现有在校学生94933人,其中,初中生32914人、小学生62019人。现有专任教师5560人,其中,初中教师2648人、小学教师2912人。全市义务教育阶段入学率、巩固率均达100%。

年内,新建、改(扩)建义务教育学校13所,开工工程项目31个,新增建筑面积14.6万平方米,林梓镇阳光初中、如城镇实验小学、开发区实验小学新建工程以及如师附小、江安镇中心小学、郭园镇中心小学、袁桥镇黄蒲小学等扩建工程相继完工,安定小学、吴窑镇江中小学等新建工程正加速推进。校安工程完成建筑面积15.53万平方米。如皋市被评为省教育装备工作先进集体。

(刘晓光)

【承办南通市基础教育工作会议】 3月11～12日,南通市基础教育工作会议在如皋召开。与会人员现场观摩实验初中活动单导学课堂教学和跑操,参观东皋幼儿园阳光教育、如师附小小公民教育、何庄小学乒乓文化教育、外国语学校外语特色教育,听取如皋市推进"活动单导学"的经验介绍。

(王桂林)

【全国中小学信息技术教学应用研讨会在如师附小举办】 5月21～22日,由全国中小学计算机教育研究中心(上海研究所)主办,南通市教育科学研究中心、如皋市教育局协办的全国中小学信息技术教学应用研讨会在如师附小举行。来自全国各地160多名代表共同参与"说课"、"展示课"等观摩活动。

【南通市体艺"2+1"现场会在如皋召开】 11月1～3日,南通市体艺"2+1"现场会在如皋召开。会上,南通地区100多位与会代表现场观摩如师附小、奚斜小学、搬经中学、何庄小学、实验初中

等学校“体育、艺术2+1项目”现场展示。省教育厅副厅长胡金波、省体艺卫处处长杜伟、南通市教育局局长郭毅浩到会讲话，充分肯定如皋教育工作。

【2011年全市中小学生田径运动会获历届最好成绩】 11月5～7日，全市中小学生田径运动会在搬经中学成功举办。全市中小学609名运动员参加107个项目激烈角逐。运动会上，有46人次破22项全市中小学阳光体育运动会记录，其中，5人次破A类项目记录，41人次破B类项目记录，获历届运动会最好成绩。

（冯健卫　冒剑秋）

高中教育

【概况】 全市现有普通高中8所，其中四星级高中5所、三星级高中3所。普通高中在校生25940人、专任教师2042人。

布局调整　年内，根据市政府《关于印发〈如皋市基础教育规模办学暨学校布局调整“十一五”规划调整方案〉的通知》(皋政发〔2008〕34号)、《关于“十二五”学校布局调整的意见》(皋政发〔2010〕116号)精神，经5月18日市政府第四十二次常务会议讨论决定，将城西中学、磨头中学、丁堰中学合并，组建如皋市第二中学，合并后的新校址在原城西中学。

多元发展　年内，如皋中学建成江苏省体验性化学课程基地；南通市德育工作研修活动在如皋市成功举办，白蒲中学成为南通市德育研究基地学校。组织学生参加江苏省高中奥林匹克竞赛，29人获一等奖。探索普通高中招生改革，市二中、薛窑中学分别举办艺术特色班、体育科技特色班。加强普通高中内涵建设，如皋中学获北京大学中学校长实名推荐和清华大学自主选拔“新百年领军计划”资格，并成为全球最大的教育考试机构——美国大学理事会国际成员学校。

（阚先锋）

考查考试　3月，在高二信息技术考试中，全市9784名学生参考，一次性合格率达99.64%。在全省普通高中学业水平测试必修科目考试中，全市9788名学生参考，501人达AAAA级，列南通第一。

（何　明）

【如皋市第一中学成功晋级为省四星级普通高中】 3月8日，省教育厅发布《省教育厅关于公布2010年普通高中星级评估结果的通知》(苏教基〔2011〕12号)，市第一中学跻身江苏省四星级普通高中行列。至此，全市8所普通高中之中，省四星级普通高中达5所。

【江安中学七十周年校庆】 11月26日，江苏省江安高级中学举行“恩深情笃再聚首”活动，全国各地的江中新老校友、各界人士济济一堂，共庆江中创办70周年，共商学校美好愿景。中国对外贸易经济合作企业协会会长、原外经贸部副部长周可仁，省委教育工委副书记、省教育厅副厅长胡金波，南通市副市长、如皋市市委书记陈惠娟等参加庆典仪式，副省长曹卫星发信祝贺。

（阚先锋）

职业教育

【概况】 全市现有中等职业学校3所，其中江苏省如皋中等专业学校、江苏省如皋第一中等专业学校为江苏省高水平示范性(四星级)中等职业学校，如皋市熔盛中等专业学校为江苏省三星级中等职业学校。现有职业高中生13485人，其中年内招收高一新生4548人。2011年，全市927名中职学生参加省对口高考，本科上线612人，上线率66%，占全省本科计划1/5强，继续居全省第一。5月，如皋被确定为南通唯一、全省首批创建职业教育创新发展实验区。

学校建设　年内，江苏省如皋中等专业学校被教育部确定为国家中等职业教育改革发展示范学校立项支持的项目学校，并入选“中国职业教育特色院校100强”，其汽车检测与维修和电子技术应用两个专业升格为省教育厅五年制高职专业，该校成为江苏联合职业技术学院办学点，电子技术应用专业成为新一轮省品牌专业。江苏省如皋第一中等专业学校服装专业晋升为国家级实训基地，建筑

专业成为江苏省职业教育技能教学研究基地，涉农专业学生创业园成为南通市首批中职学生创业园。江苏省如皋中等专业学校北扩7.33公顷，年内完成搬迁评估，学生宿舍楼加固完工。江苏省如皋第一中等专业学校东扩2.8公顷，年内搬迁结束。

队伍建设　年内，组织师生参赛，获省级一等奖5个、南通市级一等奖10个，位居南通各县市之首。组织如皋市职业学校信息化教学作品评比和11个大类的专业教师比赛，获南通市级一等奖10个。建立机械、建筑、服装3个技能大师工作室。年底，组织评选市第六届职教学科带头人8名、骨干教师20名、第五届教坛新秀15名。组织公共基础课程“五课”（备课、上课、说课、听课、评课）教研、“两课”（德育和文化课）评比暨课堂教学竞赛活动。

技能大赛　6月，组织4名学生参加全国职业教育技能大赛，夺得2金2银，名列南通各县市之首。11月，组织2011年度如皋市职业学校技能大赛，11个大类39个项目74个小项比赛项目，参赛师生286人。组织师生参加省职教技能大赛，获省7个项目8枚金牌，位居南通各县市第一。

职业教育研究　年内，全市两项全国教育科学“十一五”规划教育部重点课题《中等职业学校有效教学模式研究》的2个子课题，即《中等职业学校有效教学现状调研与分析》、《中等职业学校文化课有效教学模式研究》顺利结题，研究成果分别被评为全国教育科研优秀成果一、二等奖。3项省、市教育科学“十一五”规划课题亦通过专家组鉴定验收。3项江苏省首批职教教改课题（《基于“任务单导学”教学模式下中等职业学校数学有效教学策略研究》、《中等职校教学质量保障精益管理模式探究》、《中等职业学校课程管理创新实践研究》）顺利通过江苏省教科院职教所开题论证。国家社科基金规划课题子课题《县域职业教育发展方式的策略研究》及江苏省中等职业教育改革创新行动计划科研课题《新形势下中等职业学校德育工作创新研究》开题。

校企合作　8月，市政府办出台《关于进一步加强职业教育校企合作办学的意见》（皋政办发〔2011〕195号），建立校企合作指导委员会，明确校企合作的目标与任务和途径与模式，并由市财政安排专项资金，鼓励、引导职业学校和企业开展深度合作。江苏省如皋第一中等专业学校与市建工局、建筑业协会、南通六建集团等组建市建筑业职教集团，合作培养建筑业技能人才。

【如皋市被确定为全省首批创建职业教育创新发展实验区之一】　5月，如皋被确定为南通唯一、全省首批创建职业教育创新发展实验区之一。

9月，市委、市政府制订《关于建设江苏省职业教育创新发展实验区的意见》（皋委发〔2011〕76号），进一步突出职业教育在推动经济社会转型升级中的战略地位，把职业教育纳入经济社会发展和产业发展规划和市委、市政府目标管理考核体系，优先规划安排，优先保证投入，优先深化改革，优先督导落实。相关部门相继出台《关于进一步建立健全中等职业教育经费保障机制的意见》、《如皋市职业学校兼职教师管理办法》、《市政府办关于进一步加强职业教育校企合作办学的意见》和《关于组建如皋市产业职教集团工作的指导意见》，为实验区建设提供制度保障。截至年底，全市拥有国家级实训基地2个、省级实训基地3个、省级示范专业9个，市职教中心成为国家中等职业教育改革发展示范学校立项支持的项目学校。实施“引企入校”行动，成立建筑等产业的职教集团。职教对口高考本科上线数占全省1/5强，在技能大赛中获省级金牌8枚，国家级金牌2枚、银牌2枚，数量在全省县级市中遥遥领先。

（陈　斌）

成　人　教　育

【概况】　2011年，市教育局巩固全市省级社区教育实验区创建成果，进一步加强社区教育中心基础能力建设，创新社区教育发展运行机制，开展各类教育培训，举办培训班378个，培训55万人次，从业人员培训率达55%。

社区学校创建　年内，如皋市社区学院通过省级验收，高明镇社区教育中心创建为南通市级社区教育中心，如城镇社区教育中心通过省级农科教结合示范基地复验，如城镇宏坝社区、吴窑镇立新社区等7所居民学校创建为省级居民学校。4月26～28日，对全市所有社区教育中心校长实施以社区教育的形势、任务、功能定位和农村劳动力转移、农业实用科技培训、社区网站建设和维护等为主要内容的集中培训,引领社区教育中心校长转变办学理念,增强拓展办学功能实际能力。

“百千万工程” 年内,继续推进农村成人教育“百千万工程”(100 名农民上大学,1000 名农民出国门,1 万名农民进工厂,10 万名农民受培训)。发挥如皋广播电视大学现代远程开放教育优势,加强高等教育向农民延伸的探索与实践,组织 141 名农民上大学。加强市、镇两级社会教育机构与市教育培训集团等有关企业联系和合作,建立出国劳务培训和劳务输出基地,为出国农民提供优质高效服务,全年组织 1511 名农民出国劳务。以回乡初高中毕业生、离地农民、返乡农民、退役士兵等为重点,引导和服务转移农村劳动力 12050 人。

青少年校外素质教育 年内,创新培训方式,通过远程教育、教学光盘等形式,对 1.6 万余名年度初三毕业生开展为期 4 天的科学素质集中教育活动。

(宋寿山)

高 等 教 育

【概况】 全市现有如皋高师和如皋电大全日制高等教育学校 2 所,在籍学生 6591 人。如皋高师设专业班级 84 个,有教职员工 216 人、在籍学生 3305 人。2011 年,招收五年制大专新生 560 人、五年制大专毕业学生 888 人、三年制中等职业教育毕业生 30 人。如皋电大成人高等教育在读成人学员 3286 人,年内招生 1128 人,其中,中央电大开放教育春季招生 253 人、秋季招生 325 人,奥鹏远程教育春季招生 279 人、秋季招生 271 人,招生数量创电大办学历史新高,名列南通市第一,江苏省前十。在秋季对口考试中,奥鹏远程教育输送大连理工大学新生 158 人,名列全国第二。年内,如皋高师通过 2009～2010 年度南通市文明单位检查验收,获省教育科研先进集体、南通市先进基层党组织、2010 年度南通市直属学校(单位)工作目标责任制考核先进学校、南通市直属学校(单位)中心组学习及领导干部在职自学先进集体等表彰奖励 28 项,办学活动被中国文明网、江苏文明网、南通廉政网等多家媒体报道。如皋电大被表彰为江苏省电大系统招生先进集体。

专业设置 年内,如皋高师开设学前教育、小学教育(综合文科、综合理科)、小学英语教育、小学双语教育等师范类专业,开设计算机应用技术、财务管理、社会体育、装潢艺术设计、商务英语、商务日语、应用韩语 7 个非师范类专业。如皋电大开设汉语言文学、会计学、行政管理、法学、学前教育、小学教育、建筑工程管理、网络工程、电子商务、物流管理和旅游管理 10 个教学专业。

素质教育 年内,如皋高师以养成教育为主线,培养学生良好行为习惯,全年开展专题德育活动 40 余次。在南通市大中专院校军训会操比赛活动中,获一等奖 3 个、二等奖 2 个。参加全国中学生英语阅读竞赛,杨欣欣获江苏赛区特等奖,孙艺凡获江苏赛区一等奖,张尧尧获江苏赛区二等奖。参加中国青少年英语能力大赛,周晶晶、黄睿倩获全国一等奖,孙艺凡、吴思仪获全国二等奖,康慧等 10 人获南通赛区一等奖。

师资建设 年内,如皋高师落实教师专业发展规划、青蓝工程、青年教师专业培养、教师专业发展“五个一工程”(完成一份高质量教学设计,撰写一篇高水平读书札记,上好一堂公开课,开设一次学术讲座,提交一篇有见地的教学反思)、优秀教案展评、青年教师教学比武等专题活动,推动教师专业能力、教学水平、科研能力发展。校级课题结题 18 个,丁兆雄、程然分别主持的两个课题获省第三届优秀教育科研成果奖,课题“语文个性化教学理论与实践研究”被确定为省教育科学“十二五”规划高教立项课题。教职工全年在省级以上刊物公开发表论文 300 多篇。年内,全校在读和取得硕士学位的教师 67 人,晋升讲师职称 11 人,晋升副高职称 9 人,晋升正高职称 2 人。如皋高师现有正教授 4 人,是全省 12 家高等师范学校中拥有正高职称教师最多的学校。

廉政建设 年内,如皋高师配合南通大中专院校党风廉政督导巡查第一小组督导巡查,在履行职责、遵守法纪方面优秀和合格评价均在 98%以上,无不合格评价。绝大多数访谈者认为学校领导班子团结、廉政、稳健,对党委书记、校长综合测评为优秀的占总有效票的 90%,对党委副书记、副校长的综合测评为优秀的占总有效票 86.7%,均无不称职投票。

师德师风　年内，如皋高师开展“优作风、提效能、树形象”、“践行师德创先争优，办人民满意教育”主题实践活动和推进师德教育“十个一”(组织一次专题学习，开展一次师德规范承诺，组织一次师德建设专题支部民主生活会，推出一组师德建设倡议书，观看一部关于优秀教师专题片，开展一次师德建设格言征集，召开一次师德建设学生座谈会，开展一次师德评议活动，开展一次“如皋高师好人”评选，组织一次老中青教师师德建设恳谈会)系列活动。数理与信息技术系党支部、外语系党支部、学前与双语教育系党支部、艺术体育系党支部4个党支部被表彰为南通市教育局直属学校(单位)“五好”基层党支部。外语系英语教研室被命名为南通市“青年文明号”。石高峰获全国“五一”劳动奖章，其事迹在全市教育系统纪念中国共产党成立90周年“七一”表彰大会宣讲，获特等奖。开展优秀班主任、优秀生活指导老师评选活动。在教工中开展“和谐南通、情暖江海”捐款、“献爱心一日捐”等活动，被表彰为2007～2011年如皋“博爱在南通，人道万人捐”贡献奖。

【如皋高师“专转本”考试、毕业生就业率双获全省“六连冠”】　年内，如皋高师111名学生参加全省五年制师范毕业生“专转本”考试，总均分高出全省平均成绩40分，在全省实现“六连冠”。888名应届毕业生实现100%就业，就业率连续六年在全省同类学校中居第一。

【如皋高师开展职后培训】　年内，如皋高师开展农村骨干教师培训(小学语文、小学数学)、名师团送培培训(心理健康、教学研究)、农村义务教育(小学)校长培训、小学英语教师引智培训、南通市农村幼儿园教师培训、继续教育管理平台建设培训、南通市幼儿教师育婴师资格培训等项目，培训总人数超过2800人次。

【如皋高师成功承办省级专题研讨会】　11月19日，由江苏教育学院、南通市教育局联合主办的江苏省“完善并扩大实施师范生免费教育”研讨会暨南通市五年制免费师范生定向培养工作汇报活动在如皋高师举办。教育部师范司教师培养处处长于兴国、省教育厅副厅长杨湘宁等以及省内各高等师范院校负责人170多人出席研讨会。研讨会上，如皋高师五年制师范定向生作题为《奠基未来》现场汇报。中国教育学会副会长、儿童教育专家、全国教书育人“十大”楷模之一李吉林称赞如皋高师学生拥有“教育的情怀”，具备“教育的本领”。

(孙红兵　缪建宏)

老　年　教　育

【概况】　2011年，市老年大学开办班级25个，开设文学、英语、书法、国画、科普、保健、摄影、音乐、舞蹈、戏剧等课程18门，报名参学老年学员近3000人次。

学校管理　年内，为进一步办好老年大学，发展老年教育事业，市委组织部召开市老年大学校务委员会议，明确市老年大学由老干部局代管。

校园文化　年内，注重繁荣校园文化，彰显办学特色，利用板报《红园翠柏》和校刊《学校动态》等舆论阵地，宣传师生们的精神面貌、感人事例、重要活动及健康知识。以庆祝中国共产党成立90周年为主旋律，开展以繁荣校园文化、服务社会文化为宗旨的系列活动，组织部分学员参观党的一大会址和世博中国馆，举行百题党史知识竞赛，举办“最美的歌儿献给党”为主题的红歌大赛和书法、国画、摄影、手工作品综合才艺展，进一步激发学员爱党、爱祖国、爱社会主义激情。为全市中国共产党成立90周年庆祝活动推出器乐合奏、大合唱、健身球表演、锣鼓快板、腰鼓等节目。举行专场文艺演出庆祝市文化馆落成。

联谊活动　年内，市老年大学艺术团先后三次参加南通地区及苏中八所老年大学的联谊活动。宿迁市宿豫老年大学到如皋交流办学体会。9月，市老年大学艺术团选送4个节目，赴南通更俗大剧院参加“南通市迎国庆、庆重阳”老年文艺会演。

(何伯芳)

特　殊　教　育

【概况】　全市现有特殊教育学校1所(如皋市特

殊教育学校)。市特殊教育学校占地 1.92 公顷,建筑面积 6500 多平方米,现有班级 11 个,在校生 113 人,配备专任教师 35 人。2011 年,全市残疾儿童入学率达 98.6%。市特殊教育学校获省平安校园、省绿色校园、南通市德育工作先进学校、南通市“十一五”教育科学研究先进集体等称号。

特教科研　年内,聋人教师冒朝霖参加全国残疾人职业技能大赛获银奖,获全国技术能手称号。教师陈文华参加南通市第五届中小学教师优秀班会课评比,获一等奖。3 月,承办南通市特殊教育数学高效课堂研讨活动,南通市各县市及泰兴特殊教育学校共 50 多名代表参加研讨活动。11 月,承办“构建生态课堂,实施生命教育,促进残障学生和谐发展”为主题的南通市特殊教育研讨会和聋儿语训专题研讨会,甘肃、宁夏、江苏东台等省、市以及南通市 7 所特殊教育学校的 100 多名老师参加研讨活动。

升学就业　年内,5 名毕业生参加对口考试,全部被南通特教中专录取。6 名毕业生顺利就业,实现升学、就业双 100%。

(刘晓光)

在职教育

【概况】 全市现有机关公务员(含参照公务员管理人员)3406 人,其中参照公务员管理人员 345 人。现有事业单位人员 15776 人,其中,管理人员 1480 名、专业技术人员 13219 名、工人 1077 名;享受国务院特殊津贴专家 4 人,省中青年专家 5 人;具有各类专业技术人员 7.5 万人,其中具有高级职称者 3044 人、中级职称者 1.8 万人。

年内,新评定高级职称人员 415 人、中级职称人员 1018 人、初级职称人员 2246 人。培训高技能人才 2631 人,其中鉴定合格取证 2396 人。完成职业技能鉴定 16018 人,合格人数 12751 人。组织 733 人参加职业技能全国统考。组织相关公务员参加省沿海开发专题培训班、苏南苏北对口培训班、优秀基层公务员培训班学习,举办全市公务员“5+X”能力暨学法、“五五”普法、新录用公务员初任、全市机关人事干部业务等培训活动。

职业培训

【概况】 2011 年,全年培训农村劳动力 21023 人,完成目标的 105.12%。

年内,市人社局在全市实施创业培训 932 人、创业能力培训 113 人、青年职业见习培训 173 人。规范创业孵化基地 10 个,直接帮助创业 50 人,全面完成创业培训任务。就业技能培训 5190 人,完成全年目标任务 4500 人的 115.33%,其中新成长劳动力 1823 人,完成全年目标任务 1800 人的 101.28%。在“获证奖补”新政未实施前,为 8 家培训机构发放培训补贴 180.02 万元(其中,当地农村劳动力培训补贴 88.21 万元,跨省农村劳动力培训补贴 91.81 万元);“获证奖补”新政实施后,奖补 2276 人 207.7 万元(其中引导奖补补贴 936 人 21.08 万元),通过“一折通”发放到位。被表彰为中国培训优秀宣传单位。9 月,与市财政局联合出台《关于贯彻省农村劳动力职业技能培训鉴定获证奖补办法(试行)和资金管理暂行办法的通知》,全面推行普惠制职业技能培训鉴定获证奖励补助政策,对当年参加职业培训并取得相应证书的农村劳动者,每人可以享受 300～1200 元获证奖补资金。10 月 28 日,如皋市第三届红木雕刻暨首届手工木工职业技能竞赛在市文化馆举行,参赛选手 29 人,其中,红木雕刻组 19 人,手工木工组 10 人,每组分别设金奖 1 个、银奖 2 个、铜奖 3 个,金奖获得者获如皋市五一劳动奖章和如皋市技术状元证书,10 位银奖和铜奖获得者被授予如皋市技术能手证书。

(周亚琴)

重点学校选介

【吴窑镇江中小学】 位于吴窑镇镇区,原名吴窑小学,建校 60 多年,学校曾两易其址,先后整合陈北、何庄、沈王、大石等小学 10 所。2005 年秋学期,吴窑小学与吴窑初中合并为吴窑镇中心学校,成为全市首家九年一贯制学校,之后,镇中心幼儿园相继并入,学校规模不断扩大。2011 年 2 月,因受到发展空间制约,吴窑小学迁建新校区,总投资约 3000

万元，江苏江中集团赞助 600 万元，更名为江中小学。

学校现有学生 2212 人、教学班 35 个，专职教师 92 人，其中大专以上学历者 69 人，学历合格率 100%。近三年，全校教师在各级报刊发表论文 129 篇，获奖 69 篇，多名中青年教师在市、县级优课评比中获奖。学校全力打造德育为首、"孝礼"教育的办学特色，不断加强校园文化建设，以"自尊、自信、文明、创新"的校训为核心，引导师生迎接新的挑战。

【市特殊教育学校】 由如皋教育先贤沙元榘创办于 1934 年，是全国创办最早的特殊教育学校之一。现已发展成为集语言康复教育、听障教育、智障教育、职业教育于一体的特殊教育基地。

校园占地面积 1.9 万平方米，绿化面积 7000 平方米。现有教学班 11 个、学生 113 人，配备专任教师 35 人，残疾儿童入学率达 98.6%。学校具有绿色校园、人文校园、信息校园、平安校园、爱心校园五大品牌特色，是南通一流、省内知名的特殊教育学校之一。2000～2011 年，学校累计向高一级学府输送优秀毕业生 62 人，学生在文艺、体育、书画、职业技能等竞赛中累计获团体及单项等级奖 96 个。学校先后获联合国 EPD(环境、人口与可持续发展)项目成员学校、全国少年儿童消防安全教育示范学校、江苏省文明学校、江苏省特殊教育现代化示范学校、南通市绿色学校、南通市模范学校、南通市最安全学校等称号。

【江苏省江安高级中学】 坐落于江安革命老区，创办于 1941 年 2 月，是中国共产党在苏中创办最早的一所新型农村中学，具有光荣的办学传统，战争年代曾被誉为"老区之花"、"人才摇篮"。在 70 年的办学生涯中，学校三易校址，十易校名，1998 年升格为南通市重点中学，1999 年升格为江苏省重点高中，2008 年晋升为江苏省四星级普通高中，2010 年更名为江苏省江安高级中学。曾获得全国重点科研课题《21 世纪中国学校体育发展研究》实验学校、全国青少年科普创新示范学校、江苏省德育先进学校、江苏省实施素质教育先进学校等称号，并成为南通师范学院、江苏大学、扬州大学、南京师范大学等多所高校教育实习基地。校园水清木华，绿草如茵，树人楼、五四广场、三一大道等彰显出厚重的文化底蕴和浓郁的青春气息。

学校坚持"以教会学生终身做人的道理和终身学习的本领"办学理念，秉承"诚 · 毅"校训，以"真诚教育"为办学特色，铸就大批知识丰富、情趣高雅、全面发展的人才，形成校风正、教风实、学风浓的人文特色。

（田小飞　房丽娜）

科　学　技　术

综　述

【概况】 2011年,如皋市科技工作大力实施创新驱动战略,全面推进科技创新工程,推动经济转型升级。如皋市通过科技部科技进步考核,获全国科技进步先进县(市)称号。

创新型城市建设　年内,市科技局研究制订《江苏省创新型城市如皋试点工作实施方案》,全面加快创新型企业、创新型乡镇、创新型园区建设进程,隆昌化工、万达轴承、恒康家居等15家企业被省科技厅认定为创新型企业,全市创新型企业达27家,新认定数居南通第一。白蒲镇创新型乡镇申报材料已报省科技厅;石庄镇、长江镇、柴湾镇、如城镇及丁堰镇相继启动创新型乡镇申报工作。如皋液压装备及配件产业园、如皋软件园被评为省级科技产业园。分别以九鼎新材和江苏联众肠衣为理事长单位的江苏省玻纤复合新材料产业联盟和畜禽副产物深加工产业联盟获得批准成立,如皋市成为南通市产业技术创新战略联盟最多的县(市)。

高新产业发展　年内,按照"壮大一批、引进一批、规范一批、提升一批、孵化一批"指导方针,加大高新产业培育和引进力度。全市实现高新产业产值424.94亿元,占规模工业产值的37.28%,同比增长4.31%,全市高新产业发展呈现出"总量稳步增长,质态不断提升,结构日趋优化"态势。电子及通讯设备制造业、电气机械及控制设备制造业、新材料产业占据整个高新技术产业的85%以上。主导产业的发展带动和促进全市产业结构调整,初步形成参与更大市场竞争能力。

科技项目申报　年内,全市申报各类科技计划项目701项,立项348项,立项数南通第一。所立项目中,国家重点新产品项目4项(力星钢球、华峰化工、南通锻压、思源赫兹)、国家中小企业创新基金项目2项(天南电力、墨合量子)、省企业院士工作站2家(南通锻压、隆昌化工)、省知识产权战略推进计划项目1项(力星钢球)、省科技支撑项目10项、省高新技术产品118项。获各级扶持资金1928.8万元,其中,九鼎新材与俄罗斯合作的项目获科技部国际合作项目扶持200万元,力星钢球与法国合作的项目获科技部扶持资金275万元,软件园信息科技公共技术服务中心获省级科技公共服务平台项目扶持300万元,熔盛重工"深水铺管作业线标准研究"获省重要技术标准扶持100万元。

科技创新平台建设　全年新增省级公共技术服务平台1家、省院士工作站2家、省级工程技术研究中心3家,新增国家级科技孵化器1家。年内,全市正式投入运行的孵化器6家,累计完成孵化器建设面积35.2万平方米,在孵企业307家,引进本科以上科技人员1378人,其中硕士和博士56人、海外归国留学人员9名。软件园孵化器入驻企业126家,总面积14万平方米,获省级科技公共服务平台立项,被认定为国家级科技孵化器。启动东南大学—如皋机电研究院、702所绿色船舶研究院、南京工业大学新材料公共服务平台建设，东南大学、浙江大学、上海理工大学、苏州大学和南通大学等高校在如皋设立技术成果转移中心。至年底，全市有企业研究院2家、省科技公共服务平台3家、省院士工作站5家、省级工程技术研究中心31家、南通市级工程技术研究中心94家，科技平台总数居南通第一。

科技金融对接　年内，研究制订《关于加快科技金融服务体系建设的意见》，全市10家银行为65家科技型中小企业融资7.2亿元，其中超1000万元14家。建立1亿元科技成果转化风险补偿专项资金和300万元科技创新种子资金，11家科技企业累计获风险补偿资金贷款3000万元。科技金融工作促进全市科技投入稳步增长，规模以上工业企业科技投入平均达1%以上，高新技术企业平均达4%以上，全社会研发投入占GDP比重达1.94%。

知识产权保护　全年申请专利6612件，同比增长13.1%。其中，发明专利1964件，同比增长97.6%；专利授权2586件，同比下降26.6%。双钱轮胎等6家企业被认定为省企业知识产权管理标准化示范创建单位，超达科技“成型冲切模具的零间隙刀口制作方法”专利被评为省百件优质发明专利，力星钢球获省知识产权战略推进计划项目立项，全年申报南通市知识产权战略示范企业20家。年内，全市获省科技进步奖4项、南通市科技进步奖16项，熔盛重工的冰区加强船、昌昇机械的精密印刷机获省科技进步二等奖，神马和大生获省科技进步三等奖。如皋市顺利通过省知识产权战略示范市验收。

【第十四届如皋经济技术(科技·人才)洽谈会】 5月28日，市政府举办第十四届如皋经济技术(科技·人才)洽谈会，61家省内外著名高校、科研院所461位专家教授，23家金融机构47名代表以及25个国家的36名外国留学人才参会，其中到会的院士、首席专家和高校校长22人。洽谈会期间，全市有133家企业与57家高校院所、16家金融风投机构达成合作意向406个，集中签约项目74个。其中，第一批科技镇长团邀请102位专家教授参会，达成合作项目31项；第二批科技镇长团先后组织清华大学、上海交通大学等10余所高校、科研院所与如皋企业双向对接，开展产学研合作17次，帮助企业申报市级项目70余项，帮助企业解决技术问题50余个，南京邮电大学在如皋软件园、大昌电子公司均建立大学生就业创业见习基地和实习基地。

【如皋产业技术创新联盟总数位居南通第一】 11月，以九鼎新材为理事长单位的江苏省玻纤复合新材料产业技术创新战略联盟和和以江苏联众肠衣为理事长单位的家畜废弃物综合利用产业技术创新联盟获批成立。至此，如皋累计获批成立产业技术创新联盟4个，成为南通地区产业技术创新联盟总数最多的县(市)。

(蔡建兰)

2011年全市国家、省科技计划立项项目情况一览

表54

序号	项目名称	承担单位	计划类别	镇(区)
1	砂轮增强专用(HSC)玻璃纤维池窑拉丝	江苏九鼎新材料股份有限公司	国家火炬计划	如城
2	载重汽车底盘整体支架支承座	江苏汤臣汽车零部件有限公司	国家火炬计划	江安
3	组合式负产蒸汽氯化氢石墨合成炉	南通星球石墨设备有限公司	国家火炬计划	九华
4	汽车内饰件热压成型冲切模具	南通超达机械科技有限公司	国家火炬计划	桃园
5	贲亭酸甲酯	南天天泽化工有限公司	国家火炬计划	石庄

续表 54—1

序号	项 目 名 称	承 担 单 位	计 划 类 别	镇(区)
6	优质天然肠衣及其高附加值产品产业化开发	南通天龙畜产品有限公司	国家星火计划	丁堰
7	精品肠衣深加工技术集成产业化开发	江苏联众肠衣有限公司	国家星火计划	开发区
8	利用生活污泥产业化开发花木基质技术的应用	如皋市天寿生物科技开发有限公司	国家星火计划	如城
9	木本年宵盆花新品种及其精准栽培技术集成创新与示范	如皋市花木大世界有限公司	国家星火计划	如城
10	原味无公害特色肉制品纯手工技术开发与产业化应用	南通玉兔集团有限公司	国家星火计划	江安
11	优质生猪健康养殖技术集成与产业化示范	南通华多种猪繁育有限公司	国家星火计划	丁堰
12	天然肠衣生物保鲜技术研究及生物保鲜剂的开发应用	如皋市太阳肠衣食品有限公司	国家星火计划	开发区
13	虫子甲鱼健康养殖技术研究	如皋牧野生态养殖有限公司	国家星火计划	下原
14	高档轿车三代轮毂轴承单元专用钢球	江苏力星通用钢球股份有限公司	国家重点新产品	如城
15	JDFD—110W2 电子式电压互感器	江苏思源赫兹互感器有限公司	国家重点新产品	开发区
16	YQK27—1500 大型高性能框架精密成形液压机	南通锻压设备股份有限公司	国家重点新产品	开发区
17	5—苯基四氮唑	南通市华峰化工有限责任公司	国家重点新产品	石庄
18	江苏省如皋软件园信息公共技术服务中心	如皋软件园	江苏省科技公共服务平台	软件园
19	江苏省家畜废弃物综合利用产业技术创新战略联盟	江苏联众肠衣有限公司	江苏省产业技术创新战略联盟	开发区
20	江苏省新型玻纤复合材料产业技术创新战略联盟	江苏九鼎新材料股份有限公司	江苏省产业技术创新战略联盟	如城
21	高节能型稀土永磁全自动取向净成型设备	南通国谊锻压机床有限公司	江苏省科技支撑计划(工业)项目	白蒲
22	纳米镍催化加氢制备邻苯二胺	江苏康恒化工有限公司	江苏省科技支撑计划(工业)项目	长江
23	深水铺管作业线系统设备安装技术标准研究	江苏熔盛造船有限公司	江苏省科技支撑计划(工业)项目	长江
24	交流电压高于 1000V 变电站用电站支柱复合绝缘子定义、试验方法及接受准则》重要技术标准(二等奖)	江苏神马电力股份有限公司	江苏省科技支撑计划(工业)项目	如城
25	7.55 万吨冰区加强型巴拿马散货船研制	江苏熔盛重工有限公司	江苏省科技进步奖	长江
26	CS102—4 智能化高精度多色平版胶印机研究与开发(三等奖)	江苏昌昇集团股份有限公司	江苏省科技进步奖	如城
27	特高压复合绝缘子	江苏神马电力股份有限公司	江苏省科技进步奖	如城
28	高效精密楔横轧成形电力金具技术的研究与应用	如皋市大生线路器材有限公司	江苏省科技进步奖	如城
29	南通锻压设备股份有限公司(企业院士工作站)	南通锻压设备股份有限公司	江苏省企业院士工作站	开发区
30	江苏隆昌化工有限公司(企业院士工作站)	江苏隆昌化工有限公司	江苏省企业院士工作站	长江
31	瘦肉精(盐酸克伦特罗、雷托马胺)快速成检测试纸	南通戴尔诺斯生物科技有限公司	省中小企业科技创新资金项目	开发区

表 55

2011 年全市新增高新技术企业名录

序号	证书编号	企业名称	所在镇(区)
1	GR201132000570	如皋康比电子有限公司	如城
2	GR201032C00271	南通华东油压科技有限公司	白蒲
3	GR201132C00359	江苏元升太阳能有限公司	如城
4	GR201132000450	南通中铁华宇电气有限公司	如城
5	GR201132001220	南通北辰机械设备制造有限公司	江安

表 56

2011 年全市认定省创新型企业名录

序号	企业名称	镇(区)	序号	企业名称	镇(区)
1	江苏恒康家居科技有限公司	丁堰	9	南通力威机械有限公司	如城
2	江苏隆昌化工有限公司	长江	10	南通市电站阀门有限公司	如城
3	江苏顺远纺织科技有限公司	开发区	11	南通玉兔集团有限公司	江安
4	江苏汤臣汽车零部件有限公司	江安	12	如皋市坝新肠衣有限公司	开发区
5	江苏天南电力器材有限公司	如城	13	如皋市非标轴承有限公司	搬经
6	江苏万达特种轴承有限公司	如城	14	如皋市双马化工有限公司	东陈
7	江苏英田集团	如城	15	如皋透平叶片制造有限公司	搬经
8	南通皋液液压机有限公司	白蒲			

表 57

2011 年全市新增省工程技术研究中心名录

序号	名称	承担单位	所在镇(区)
1	江苏省(双马)生物质油脂工程技术研究中心	如皋市双马化工有限公司	东陈
2	江苏省(玉兔)肉品深加工工程技术研究中心	南通玉兔集团有限公司	江安
3	江苏省废弃氯化物资源化工程技术研究中心	江苏隆昌化工有限公司	长江

农业科技进步

【概况】 2011 年，全市农业与社会发展科技工作以提高现代农业发展水平，提升农业企业科技创新能力为总任务，紧紧围绕年初工作目标，培育各级各类科技创新载体，全面推进产学研合作。全面启动省级可持续发展实验区建设，南通玉兔集团有限公司被认定为江苏省农业科技型企业，南通城中园林工程有限公司、南通华多种猪繁育有限公司、如皋市玉圣禽业有限公司、南通白蒲黄酒有限公司 4 家企业被认定为南通市农业科技型企业。全市 40 多家农业骨干企业都与高等院校科研院所建立合作关系。

农业科技成果转化　年内，申报南通市级以上农业及社会发展科技计划 65 项，获立项 37 项，争取上级项目资金拨款 175 万元，其中获批国家星火计划立项 8 项、江苏省产业技术创新战略联盟获得批准 1 家、省级支撑计划立项 6 项〔其中，省级支撑(农业)3 家、省级支撑(社会事业)3 家，争取资金 175 万元〕、江苏省农业科技型企业立项 1 家、社会事业科技创新与示范计划(指导计划)14 家、生物技术和新医药计划指导计划立项 3 家、南通市农业科技型企业 4 家。

农业项目管理　年内，市科技局全面、定期督查所有在研农业项目实施情况，强化过程管理，建立项目实施进度台账,保证项目良好运行。在调研期间,深入每一家有科技创新意识的企业作科技政策宣传与讲解,引导、激发企业创新意识,挖掘企业创新项目源,全年进入农业项目库企业30多家,为下一年度项目申报打下基础。

【花木产业技术创新战略联盟有效推动技术创新】 省花木产业技术创新战略联盟于2010年11月由如皋花木大世界牵头成立,汇聚省内12家著名花木企业及10所科研院所。2011年,联盟成员在原有基础上,又新增常州新春园艺、苏州盈年农业科技有限公司、连云港农业科学院等8家企业和科研院所。

年内,如皋市花木大世界有限公司经过资产重组,投资10亿元,凝聚联盟力量,加强与科研院所合作,重点打造以花木大世界为中心的百亿如皋花木产业集聚区,建成全国一流的现代花木交易平台。全年通过联盟申报省级以上重点项目5项,其中,国家"十二五"农村科技计划首批入库项目1项、国家农转资金项目1项、国家重点星火计划1项、省级支撑计划2项。

【省家畜废弃物综合利用产业技术创新战略联盟成立】 10月,江苏联众肠衣有限公司联合全省相关15家知名企业及高校、科研院所组建家畜废弃物综合利用产业技术创新战略联盟,江苏联众肠衣有限公司为联盟理事长单位。该联盟主要开展天然肠衣综合利用关键技术研究与产业化开发,肠衣黏膜精制高纯度肝素钠研究与产业化开发,畜禽血资源的高效利用关键技术研究与产业化开发,家畜组织中功能因子的高效提取关键技术研究与产业化开发,研究和制订家畜废弃物产品质量标准、建立家畜废弃物综合利用全程质量控制(TQM)体系,家畜废弃物综合利用产业发展规划研究等,形成具有自主知识产权的核心技术5～10项。通过家畜废弃物综合利用生产标准化关键技术的引进、自主创新和集成,实现家畜废弃物生产专业化、标准化和品牌化,提升全省家畜废弃物综合利用产业综合利用水平和农产品综合利用转化率。在五年内,推出新产品10～15个,培育知名品牌5～8个,申请发明专利10项以上,带动全省家畜废弃物综合利用产业产值增加10亿～20亿元。通过上述措施,建立适合全省家畜废弃物综合利用产业技术创新体系,促进家畜废弃物综合利用产业技术升级与国际市场开发,全面增强家畜废弃物综合利用产业的整体竞争力。

(宗志永)

2011年国家、省级农业科技项目立项情况一览

表58

序号	类别	项目名称	承担单位	镇区
1	国家星火计划	优质天然肠衣及其高附加值产品产业化开发	南通天龙畜产品有限公司	丁堰
2		精品肠衣深加工技术集成产业化开发	江苏联众肠衣有限公司	开发区
3		利用生活污泥产业化开发花木基质技术的应用	如皋市天寿生物科技开发有限公司	如城
4		木本年宵盆花新品种及其精准栽培技术集成创新与示范	如皋市花木大世界有限公司	如城
5		原味无公害特色肉制品纯手工技术开发与产业化应用	南通玉兔集团有限公司	江安
6		优质生猪健康养殖技术集成与产业化示范	南通华多种猪繁育有限公司	搬经
7		天然肠衣生物保鲜技术研究及生物保鲜剂的开发应用	如皋市太阳肠衣食品有限公司	开发区
8		虫子甲鱼健康养殖技术研究	如皋牧野生态养殖有限公司	下原
9	江苏省产业技术创新战略联盟	江苏省家畜废弃物综合利用产业技术创新联盟	如皋市坝新肠衣有限公司	开发区

续表 58—1

序号	类　别	项　目　名　称	承　担　单　位	镇区
10	省级支撑计划(农业)	基于物联网的蝴蝶兰生长参数监测系统和智能控制技术研究	如皋市保来园艺科技有限公司	如城
11		天然肠衣生物保鲜技术研究及生物保鲜剂的开发应用	如皋市太阳肠衣食品有限公司	开发区
12		彩叶苗木红叶李新品种选育与快繁技术研究	南通城中园林工程有限公司	如城
13	省级支撑计划(社会事业)	物联网—智能化关键技术在花园社区的应用与推广	如皋市如城镇花园社区居民委员会	如城
14		生物(蚯蚓)消解生活污泥生产花木基质关键技术的研究与应用	如皋市天寿生物科技开发有限公司	如城
15		联合酶法高效转化淀粉制备环糊精关键技术的研究	南通康威尔生物化工有限公司	开发区
16	省农业科技型企业	/	南通玉兔集团有限公司	江安

科技普及活动

【概况】 2011年，举办科普讲座316次。举办科普展览8次，参观人数1.15万人次。组织工作人员325人次开展科普咨询活动38次。举办实用技术培训班65期，培训农村党员、基层干部、群众6.2万人次。

年内，市科协与市电视台继续开辟“科普大篷车”栏目，于每周二晚上黄金时段播放由市科协提供、中国科协制作的科普知识DVD碟片15分钟。5月，牵头举办以“携手建设创新型城市”为主题的如皋市第十届科技活动周暨第23届科普宣传周活动，市科协及相关部门印发各种科普资料5.8万多份，举办科普讲座153次、学术报告会5场、经济技术洽谈会1次，设科普宣传橱窗115处，组织送科技下乡3次、科普进校园1次，摆设科技、卫生、气象、普法、农林、防震、环保、计划生育等咨询台11个，全市参加各类科普宣传活动或收看、收听科普宣传节目108万人次，宣传面达76%。5月16日，在大润发广场举行市第十届科技活动周、第23届科普宣传周开幕式暨“科协杯”防震减灾有奖知识竞赛现场抽奖仪式。5月18日，市科协、市环保局、文慈医院在桃园新华小学开展“科普进校园”活动，相关专家为师生们作眼睛保健、低碳生活等方面科普专题讲座。5月19日，市科协与市农业资源开发局在吴窑镇平田村联合举办科普周高效农业专题讲座，江苏省沿江地区农科所研究员、耕作栽培室主任刘健与副研究员、经济作物研究室副主任刘水东分别为农民群众作《设施农业的发展和区域高效典型》、《茄果类蔬菜大棚设施栽培技术》专题报告。5月20日，市水务局在大润发广场举行“节水常识”大型宣传活动，发放宣传资料近3000份，接受群众咨询200多人次，同时开展节水知识有奖问答活动，参与有奖问答市民200多人。科普周期间，市科协与市农委联合开展农村科技素质培训，通过组建讲师团、开出菜单、进村培训，深入到全市20个镇272个村(社区)，开展面对面实用技术培训257场，培训农民54132人；市司法局在大润发广场、安定广场设点，展出展版8块，发放法律宣传资料5000余份，解答群众法律咨询438人次，重点宣传《中华人民共和国科学技术普及法》、《中华人民共和国妇女权益保障法》、《中华人民共和国未成年人保护法》、《中华人民共和国劳动法》、《中华人民共和国村民委员会组织法》等一系列与群众生产生活密切相关的法律、法规；常青镇科协在镇区广场开展防灾减灾宣传咨询活动，开设卫生、农技、农机、计生等5个咨询台，向群众赠送防震减灾宣传画册、卫生知识、农业科普等各种宣传资料2万余份，免费为群众测量血压；雪岸镇科协邀请市疾控中心医务人员到雪岸镇中心小学开展血吸虫病及碘缺乏病防治知识讲座；丁堰、白蒲、雪岸、如城、吴窑、常青等镇组织科普讲座、科技咨询和送科技到村等活动。9月，举办以“倡导生态文明，共建生态如皋”为主题的科普日活动，广泛开展科普知识竞赛、送科技下乡、送科技进校园、科普进社区等系列科普活动,各镇科协也分别组织形式多样的科普宣传活动。市科协、市教育局、市食品药品监督管理局在吴窑中心小学联合举办“科普日”食品安全科普知识讲座,参听师生500多人。市科协、市医学会邀请市中医院儿科主任杨华到戴庄小学举办健康知识报告会,参听师生200多人。市科协、市蚕桑协会、市医学会联合组织送科技到雪岸镇万富村,市人民医院主任医师蒋艺兰为村民传授饮食与健康科普知识,市蚕桑站高级农艺师余柳涛传授养蚕防低温、防僵病、防病毒病、防农药中毒的“四防”技术。市科协组织科普进如城花园社区活动,为居民讲授食品安全知识、生态文明建设的科普知识。市电视台、市新闻传媒中心派员现场采访科普日重点活动,《如皋动态》开设“科普之窗”专栏,每周一期,每期宣传1～2则科普知识。

【如皋市被命名为全国科普示范县(市、区)】 5月30日,中国科学技术协会第八次全国代表大会闭幕式举行2011～2015年全国科普示范县(市、区)命名授牌仪式,如皋市获2011～2015年度全国科普示范县(市、区)命名和授牌。

(蔡友兰)

防震减灾

【概况】 全市设有强震动观测台1个、地震微观测报点1个、地震宏观观测点13个。全市从事防震减灾检测和管理的工作人员38人,其中专职人员4人、业余测报管理人员34人。2011年,市地震局获省防震减灾工作县级组优秀奖、南通市防震减灾工作综合评比第二名,市强震台获省强震动观测管理优秀奖。

法制宣传　年内,市地震局深入宣传《中华人民共和国防震减灾法》及《江苏省防震减灾条例》,坚持做到持证上岗。加强行政权力网上公开透明运行,加大执法力度,规范业主单位抗震设防行为。3月9日,市政府组织召开全市2011年防震减灾工作联席会议,部署全市防震减灾工作,各防震减灾联席会议成员单位在会上递交《2011年防震减灾工作目标管理责任书》。5月,参与全市“普法邮路通万家”工程,开展“六五”普法活动,推出《防震减灾法》宣传邮品,通过邮路送法进百村、千企、万户。9月15～17日,举行全市第三期科技(地震)干部培训班,对各镇(区)分管领导、防震减灾助理员、各宏观测报点工作人员开展法制培训。

监测预报　年内,加强监测设施和环境的保护,确保台站运行良好。聘专人负责设备与环境管理,4月和8月两次邀请市气象局工作人员测试市强震台防雷设施,保证设备可靠性与数据连续性和真实性。市地震前兆微观监测点和13个地震前兆宏观监测点监测资料收集、传递、分析与上报率均达100%。1月12日的南黄海海域里氏5.0级地震以及10月8日如皋市里氏3.0级地震,市强震台均捕捉到清晰的监测数据。10月8日19时25分,如皋市发生里氏3.0级地震,震源深度12公里,未造成人员伤亡和财产损失。

灾害预防　年内,严把建设工程抗震设防审核审批关,在市行政服务中心依法对全市新建、改建、扩建工程抗震设防按要求行使审批权限,对需要进行地震安全性评价的重点、重要工程,严格按照法律程序先“安评”再审批。全年办结抗震设防审批项目68项,其中对如皋港港口连接线长青沙二桥工程按规定实施地震安全性评价。新建的市中医院门诊楼、病房楼以及市开发区实验小学等工程均按要求提高抗震设防要求。开展省市地震安全示范社区创建,提高基层防震减灾能力,如城镇花园、长巷、迎新、孔庙4个社区成功创建省地震安全示范社区,如城镇安定、蒲行、秀水、宏坝及郭园镇郭园社区创建为南通市地震安全社区。

应急救援　年内,依托市公安消防大队组建市综合应急救援大队,承担包括地震等自然灾害在内的全市综合性应急救援任务。实施城市抗震防灾总体规划,加强应急避难场所建设,建成总面积达118万平方米的市级应急避难场所7处。利用“5·12”全国防灾减灾日、安全生产月、学校安全教育周等时机,在长江镇(如皋港区)、南通飞鲸、市外国语学校等镇(区)、企业、学校开展应急疏散演练,进行应急安全教育。

社会动员　年内,举办防震减灾科普讲座7次,组织宣传活动13次,发放《地震与避震——市民地震应急手册》、《防震减灾科普知识》画册、《防震减灾法》等宣传资料6500多份(册),接受群众咨询600多人次。在市科技馆内开辟地震科普长廊,介绍中国历年地震分布情况及地震监测、防震避震、自救互救等地震科普知识，展示如皋市应急避难场所分布情况。4～5月，与市科协、文广传媒集团联合举办防震减灾有奖知识竞赛，收到深圳、武汉、宁波等城市以及如皋本地参赛者有效选票4677份，通过现场抽奖产生获奖者151人。5月，联合市科协在社区科普大学开设《防震减灾知识》课程，为社区居民讲解防震减灾科普知识。与市教育局联合开展"加强馆校衔接，共建第二课堂"活动，组织各中小学校师生参观，普及防震减灾科普知识。

【"科协杯"防震减灾有奖知识竞赛】 4月中旬，市科协组织开展"科协杯"防震减灾有奖知识竞赛。截至5月15日，收到江苏、浙江、福建、湖北、河北、广东等省内外参赛者寄送的有效选票4677份。5月16日，知识竞赛现场抽奖仪式在大润发广场举行，现场抽取竞赛活动的鼓励奖获得者100人，特等奖和一、二、三等奖获得者51人。

【市境内发生里氏3.0级地震】 10月8日19时25分，如皋境内（北纬32.2度，东经120.5度）发生里氏3.0级地震，震源深度12公里，震中在常青镇原高井乡附近，震中附近居民震感较明显。震后，市地震局立即启动地震应急预案，将震情信息上报市委、市政府，并在市委新闻网及时公布震情信息。市地震局全体人员在第一时间全部到岗，组织人员耐心接听群众来电咨询，做好群众的情绪疏导和安抚工作，及时联系各乡镇（区）助理员，主动查明震后情况。由于震级较小，此次地震未造成人员伤亡和财产损失。

据省地震局相关专家解释，如皋地处长江中下游—南黄海地震带范围内，发生较小级别的地震，属于正常地下应力调整，是正常能量释放。

（范崇蓉）

气象测报

【概况】 市气象局内设办公室、气象台和气象科技服务科。现有在职人员22人，其中在编人员11人（含高级工程师3人、工程师5人）。

基础业务　年内，市气象局地面测报观测错比0.0‰，地面测报报表和农业气象观测、报表均无错情；一般降水24时预报准确率92%，均超过省气象局规定的业务质量标准。结合汛前自查，组织地面测报及防雷科技人员知识技能竞赛，以赛带学，提高业务人员业务能力和水平。

气象服务　年内，向市委、市政府和市防汛指挥部、农林局、城建局、交通局、供电公司、民政局等部门发送重要天气公报62期、气象旬月报33期，发布气象灾害预警信号36次，发送天气预测服务短信100余次。强化面向公众的防灾减灾决策气象服务，进一步优化决策服务流程，加强决策气象服务上下联动。着重加强公众生活健康和安全出行服务，在元旦、春节、元宵等重大节日和春运、两会、高考、中秋等重要时期，加强监测、预报和服务，为群众生活安排当好气象参谋。针对年初小麦低温冻害、大棚西瓜育苗期、油菜菌核病发生期、大白菜全生育期以及3～5月干旱天气、6月的3次主要降水过程、第九号台风"梅花"影响期间、7月特大暴雨过程、12月8日寒潮过程等重要天气活动，有针对性地为群众生产生活服务。从3月至年底，全市降水只有常年同期降水量的30%，加之农业用水需求大、内河引水灌溉困难，农田旱情显著，5月10日、22日，在江安镇先后实施人工增雨作业2次，发射增雨火箭弹16枚，有效缓解旱情。12月5日，举办全市气象信息员培训班，宣讲全市常见气象灾害种类、分布以及影响、灾害性预警信号发布标准以及必备的气象防灾减灾知识等，从传播气象灾害预警信息、收集上报气象灾情、反馈农业气象服务需求、宣传气象科普知识等方面明确气象信息员职责。

气象科研　年内,在全国学术交流会上交流文章3篇,在省部级杂志发表科技论文10余篇,1人获南通市气象部门第三批专业技术拔尖人才称号。市气象局获南通市气象学会工作先进集体称号。

科普宣传　年内,将《中华人民共和国气象法》、《江苏省气象灾害防御条例》,特别是新颁布的中国气象局第20、21、22号令《防雷减灾管理办法》、《防雷装置设计审核和竣工验收规定》、《防雷工程专业资质管理办法》的学习宣传作为气象法制宣传教育的重点。利用"3·23"世界气象日、送科普下乡(丁堰镇、常青镇)、"5·12"防灾减灾日、"12·4"法制宣传日以及9月22日外国语学校学生到市气象局参观等时间节点,制作展板,设立咨询服务点,发放各种宣传资料3000余份。利用各类报刊、网站等媒介宣传气象工作,提升气象部门行业形象。全年被中国文明网录用信息2篇、江苏文明网录用12篇,向南通市气象局报送信息16篇、《如皋日报》(市委新闻网)报道信息25篇。9月23日下午,市科协组织如皋外国语学校5~6年级师生200多人参观学习市气象局观测场,市气象学会高级工程师马云龙为师生们讲授气象科普知识,激发他们探索科学知识兴趣,提高师生应对气象灾害能力。

防雷减灾　年内,制订《如皋市气象局防雷验收制度》,严格规范防雷设施设计、施工、监理、验收等各个环节。加大对防雷安全工作的监督管理和行政执法力度,坚决纠正和查处影响防雷安全的违规、违法行为。加大对学校、医院、化工企业、重大工程项目防雷安全工作检查力度,最大限度地减少雷灾隐患。市气象局行政服务窗口工作不断提能增效,受理承诺件117件,提前办结率100%,发出防雷装置设计审核意见书93份,发出防雷装置设计修改意见书23份,并全部督促改正到位;受理31家企事业单位防雷装置竣工专项验收申请,发出建设工程防雷装置验收合格证31份。3~6月,重点年检如皋港化工园区内企业及熔盛重工的防雷设施,确保安全度汛。9月,组织人员检查全国重点文物保护单位——水绘园风景区对文物保护、防雷相关法律法规贯彻落实情况,防雷安全设施建设情况,防雷安全管理制度建设和执行情况。

【市政府与南通市气象局签署合作共建框架协议】

3月25日,在南通市副市长秦厚德主持下,市政府与南通市气象局签署合作共建框架协议,双方约定在提升监测预警能力、完善气象灾害应急处置机制、健全气象预警信息发布网络等六个方面开展合作、加强共建,全面推进农业气象服务和农村气象灾害防御"两个体系"建设。

【全市大部分地区遭遇九年一遇强降雨】　7月12~13日,受副高边缘西南气流和冷空气共同影响,全市大部分地区遭遇九年一遇的强降雨,降水时间短、强度大、分布不均。根据12日晚8:00至13日下午1:00统计数据显示,如城、袁桥、高明、磨头、桃园、九华等16个镇(区)降水量超过100毫米,其中九华镇降水量达203.6毫米,属特大暴雨。连续强降雨导致市区街道、居家、店铺、小区、企业等多处积水,给市民生活、生产带来极大不便。

(刘　娟)

卫　　生

导读

综　述

【概况】　全市有各级各类医疗机构 534 个，其中，公立医院 5 所，非营利性民营医院 58 所，营利性民营医院 2 所，以预防保健为主的医疗卫生机构 23 个，门诊部 2 个，社区卫生服务站 368 个，个体诊所、厂校医务室 76 个。全市医院拥有床位 3730 张，拥有床位率达 2.63 张/千人。全市医疗卫生机构有卫生技术人员 5296 人，卫技人员拥有率达 3.78 人/千人，其中乡村保健医师 1074 人。全市医疗卫生单位中，具有高级职称者 210 人、中级职称者 926 人。全市卫生系统固定资产总值达 8.29 亿元，其中房屋建筑物为 3.71 亿元、专业设备为 4.58 亿元。全年门(急)诊 281 万人(次)，开放总床日 133.14 万床日，实际占用总床日 107 万床日，病床使用率 80.54%。2011 年，市卫生局被表彰为全省"十一五"改厕工作先进集体，南通市"十一五"食品安全工作先进集体、"十一五"妇女儿童工作先进集体、文明单位、依法行政示范点、"十一五"卫生监督工作先进集体、卫生工作先进集体、城市社区卫生服务工作先进集体。

医疗监管　年内，开展打击非法行医、医疗广告、妇产科超范围手术、医疗废弃物、医院消毒监测等专项整治。在南通市率先开展创建全省基层医疗服务监督示范卫生监督机构和示范哨点活动，市卫生监督所及如城、吴窑、开发区三个分所顺利通过验收。全年办理医疗市场监督案件393件，到账罚没款91.37万元，其中各镇分所医疗服务案件241件。

医学科研　年内，市人民医院儿科、麻醉科被确认为南通市级重点专科，骨科、病理科被确认为南通市级重点专科建设单位；市三院微创专科和市博爱医院医学影像科、妇科被确认为南通市级临床特色专科。市人民医院 2 个、中医院 1 个科研课题通过南通市科技局鉴定，达到国内先进水平，分别获如皋市科技进步一、二、三等奖；市人民医院、中医院累计获南通市卫生局新技术引进项目二等奖 3 个、三等奖 16 个、优秀中医药项目三等奖 6 个。

食品安全　年内，制订完善食品安全委员会、食品安全委员会办公室工作制度，相继开展"瘦肉精"、非法添加食品添加剂、"地沟油"等专项整治活动，查获经销亚硝酸盐超标肉制品案 1 例，全年未发生重大影响的食品安全事故。

【如皋通过全国农村中医药工作先进单位国家级验收】　5 月，如皋市创建全国农村中医药工作先进

单位顺利通过由国家中医药管理局委托的检查评估专家组的检查评估。省卫生厅副厅长、中医药管理局局长陈亦江陪同检查。

【公立医院改革试点】 7月,市人民医院被确定为全省15个县级公立医院改革试点单位之一。市委、市政府制订出台《如皋市人民医院管理体制和运行机制改革的实施方案》,开通预约诊疗服务、服务即时评价系统、全成本核算系统、电子病历系统、实施基本药物零差价销售等举措。9月7日,省卫生厅副厅长黄祖瑚、医政处处长李少冬在专题调研如皋公立医院改革试点工作时认为,如皋市人民医院实施基本药物制度、实行基本药物零差率销售的做法走在全省明列。

9月7日,省卫生厅副厅长黄祖瑚(前排左)调研如皋公立医院改革工作

疾病防控

【概况】 2011年,全年传染病发病率235.83人/10万人,其中甲、乙类传染病发病率88.78人/10万人,未发生甲、乙类传染病暴发疫情。

年内,市卫生局和市疾病防控中心加强艾滋病、结核病、血吸虫病等重点传染病防治工作。开展高危人群筛查,检测2000余人。开展娱乐场所高危行为干预1098场次,干预女性服务员4086人次,发放宣传材料6000余份。全年接诊结核病初诊病人3576人,实验室总查痰人数5189人次。完成查灭螺面积2.04万平方米、血吸虫病血检2050人。全面启动居民健康档案信息化建设,全市建档103.5万份,电子建档率达81.69%,承办南通市居民电子健康档案现场推进会。有序推进老年人健康管理工作,新增65岁以上老人的体检项目,完成体检19.11万人次。为全市新发现的"慢三病"(高血压、糖尿病、肿瘤)病人建档18497份。计划免疫工作成绩显著,在南通市组织的计免知识竞赛中,获团体第一名,包揽个人全能前三名。完成癫痫项目,对全市822名病人实施免费服药和随访管理。启动恶性肿瘤登记报告工作,收集、整理、反馈肿瘤病人近6000例。为全市3777名重度精神病人开展免费体检。4月,市疾控中心通过省质量技术监督局组织的实验室计量认证复评审。11月,通过省安监局组织的职业卫生技术服务机构资质复评审。

卫生监督

【概况】 2011年,市卫生局高效推进卫生监督所规范化建设,全市未发生集体中毒事件。

年内,加强卫生监督信息化建设,加大硬件设施投入,强化人员业务培训。参与全国文明城市创建工作,突出公共场所、学校周边、二次供水和控烟等重点,监督覆盖率保持100%。组织开展各类专项整治12次,依法立案查处违法行为389件。在南通市率先开展创建全省基层医疗服务监督示范卫生监督机构和示范哨点活动,市卫生监督所及如城、吴窑、开发区三个分所顺利通过验收。对10家企业实施职业病危害因素监测,监测有毒有害因素748点次,完成企业职业病危害因素调查近400家。完成23家X射线装置使用单位放射防护控制效果评价,监测放射装置109台次,对全市从事放射工作人员个人剂量监测691人次。1月,通过省卫生厅组织的卫生监督体系评估。10月,"数字卫监"系统正式运行,所有新办案件全部实现网上办理。11月,承办省卫生监督所在如皋召开的《传染病防治卫生监督指南》统稿暨现场观摩会议。

妇幼保健

【概况】 全年活产婴儿11436人。早孕建册率96.30%,产前健康管理率97.32%,产后访视率

98.48%。全市现有 0～6 岁儿童数 66290 人，儿童健康管理率 98.19%，新生儿访视率 98.95%，3 岁以下儿童系统管理率 96.25%，新生儿听力筛查率 98.31%，苯丙酮尿症与先天性甲状腺功能低下症筛查率 96.18%。7 岁以下儿童视力筛查率 84.08%。

年内，为 9710 名孕期妇女发放叶酸 2.8 万瓶，为全市 7141 名农村妇女发放住院分娩补助 284 万元。进一步拓展"关爱女性健康行动"，在石庄、白蒲、如城、如皋经济开发区(柴湾镇)4 个镇(区)开展以乳腺癌和宫颈癌为主的"两癌"筛查工作，检查妇女 10037 人，查出宫颈癌 31 例、乳腺癌 11 例，均得到及时追踪和治疗，实现较好社会效益。启动预防艾滋病、梅毒、乙肝母婴传播阻断项目，为乙肝高危患儿接种免疫球蛋白 340 例。

农　村　卫　生

【概况】 2011 年，新农合筹资标准由人均 160 元提高到 260 元，其中，各级财政补助 200 元，农民个人缴费 60 元。全市 111.87 万人参保，统计参合率连续多年保持 100%。

年内，在雪岸镇启动实施门诊即时结报，方便参合农民门诊就医和报销。开展儿童白血病、先天性心脏病等重大疾病医疗保障工作，27 名患儿获得新农合及农村医疗救助补偿。开通南通市肿瘤医院，南通市第二、第三、第四人民医院联网即时结报系统，进一步方便参合农民市外就医。全年完成参合人员门诊医药费用补助 4408.83 万元，市内外参合农民住院补助 76992 人次，补偿金额 21864.27 万元。完成特殊病种补助 1189 人次，补偿金额 1200.39 万元。全年基金使用率 90.77%、市、镇两级定点医疗机构政策范围内住院补偿率达 70.25%。实施市政府 2011 年为民办实事项目——实施基本药物制度，减轻群众就医负担，自 3 月 16 日启动至年底，全市医疗机构使用基本药物 1.26 亿元，民营医院使用比例达 50.6%。全年发放基本药物补助 6555 万元，群众满意度进一步提高。卫生服务体系不断完善，市三院、四院病房楼投入使用，全面完成卫生所规范化建设扫尾工程，下原、郭园、林梓、磨头卫生所及吴窑卫生所第二栋业务用房建成并投入使用。整合撤并社区卫生服务站 62 个，社区卫生服务站管理更加规范。4～12 月，基本药物制度实施后，全市一级以上民营医院门(急)诊人次同比增加 31.57%，人均费用同比下降 13.06%；住院人次同比增加 18.26%，人均住院费用同比下降 14.5%。

爱　国　卫　生

【概况】 2011 年，如皋市获国家卫生城市授牌。

年内，巩固提升国家卫生城市创建成果，以建设健康城市为抓手，制订《"十二五"健康城市建设工作规划》，确定建设工作指标，分核心指标、测评指标、发展指标 3 大块 10 大项 108 条。牵头各镇(区、园)、各相关部门加强健康教育宣传阵地建设，加大健康知识传播力度，开展主题宣教活动。磨头镇、高明镇建成南通市农民健康促进行动示范镇。高明镇建成省卫生镇，至此，如皋市在苏中苏北率先实现省卫生镇全覆盖。长江、九华、东陈创建国家卫生镇工作通过南通市级考核。全年新建省卫生村 37 个，累计建成 168 个，达到全市村居数的 51%。全市有无害化厕所 28.5 万座，完成省下达的 2.5 万座项目改厕任务，顺利通过验收。10 月底，如皋市顺利通过省农民健康促进行动示范市考核验收。12 月，如皋市获国家卫生城市正式授牌。

(何云祥)

体　　育

导读

综　　述

【概况】 2011 年,市体育局以体育现代化为总体目标,围绕“群众体育影响力全国前列、竞技体育实力全省前列、体育彩票销售位次苏中前列、体育设施保障水平南通前列、中心工作付出程度如皋市级机关前列”等个性化目标展开工作。如皋市被省体育局确定为苏中首家基本实现体育现代化试点单位,创建“全国亿万农民健康促进行动”江苏省示范市工作顺利通过由省委宣传部、省农工办等部门组成的评估组的现场评估。市体育局被表彰为南通市文明单位。

健身网络　年内,市体育局加强城乡社区基层体育组织建设,推动城乡社区基层体育活动开展。如城镇十里社区体育健身俱乐部、东陈镇体育健身俱乐部、丁堰镇赵明村体育健身俱乐部、下原镇花园头村体育健身俱乐部 4 个村(社区)俱乐部被命名为第五批南通市市级城乡社区体育健身俱乐部。雪岸镇健身广场健身点、搬经镇搬东蓝友健身点、磨头镇飞来磨健身点、东陈镇文体广场健身点、高明镇文体站健身广场健身点 5 个镇健身点被命名为南通市市级晨晚练健身点。

业余训练　年内,市少体校开展选才招生工作,新注册运动员 86 人。全年向省优秀运动队输送运动员 2 人,向省体校输送 1 人,向南通体校输送运动员 30 人。市少体校通过国家高水平人才基地中期验收。

体育设施　年内,市全民健身中心全面建成并正式对外开放。全面检查和维护全市镇村体育健身工程,搬经镇、白蒲镇、雪岸镇新建体育公园。提升 36 个村和 6 个社区健身档次,全年新建村级儿童健身工程 25 个。5 月 28 日,市全民健身中心举行落成典礼。

体育产业　全市现有电脑体育彩票销售机 169 台,其中年内新增 10 台。建立市体育彩票管理中心,统一包装体彩销售站点门面,拓展“11 选 5”新玩法。全年实现体彩销售 1.4 亿元,完成南通市下达必成任务的 169%,获国家体育总局体育彩票管理中心体育彩票年销量超过亿元县级单位奖。10 月 15 日,全市体彩销售在苏中率先突破亿元大关,省体育局向市体育局发信祝贺,并在如皋专门召开庆功大会。

【市全民健身中心对外开放】 5 月 28 日,市全民健身中心正式对外开放。健身中心总建筑面积 3.3 万平方米,其中,健身用资产 9000 平方米,商业用 24000 平方米。内设综合馆(可开展篮球、羽毛球、集体舞、群众体育会演、体育健身培训等室内具有一定规模的群众体育活动)、乒乓球馆、台球馆、健身馆、武术馆、瑜伽馆、体育舞蹈馆、跆拳道馆、棋牌馆,配套建设淋浴房、营养餐厅。全民健身中心的建成,对构建全民健身服务体系,提高城市品位,推进如皋市区域性中心城市建设和实现体育现代化具有重要作用。

【如皋市被确定为全省第二批基本实现体育现代化试点单位之一】 11月，省体育局下发《省体育局关于确定第二批基本实现现代化试点单位的通知》（苏体办〔2011〕79号），确定如皋市为第二批基本实现体育现代化试点单位之一。

近年，全市体育事业各项成绩处于全省、全国的领先水平，全市20个镇（区、园）先后均被省体育局首批命名为省体育强镇，并率先在全省实现体育健身工程村（居）全覆盖。2010年，如皋市率先将儿童娱乐健身工程向村居延伸，至2011年底，建成村级儿童游乐健身场所55个，实现体育设施向不同人群覆盖。2010年10月，占地30公顷、预计投资6亿多元的长三角地区功能一流的奥林匹克公园破土动工。部分镇区现代化文体中心相继开工建设。2011年5月，如皋市全民健身中心对外开放。老年体育连续13年参加全国老将田径运动会，获奖牌总数157枚，遥居全国县（市）之首，如皋市连续四年获全国全民健身活动先进单位称号。

群众体育

【概况】 2011年，市体育局在全市开展节假日全民健身活动，推动镇村组织全民运动会，参加群众达50万余人次。如城镇、搬经镇、袁桥镇、吴窑镇、白蒲镇等镇（区）举办镇（区）体育运动会或文体艺术节。江安镇宁通社区举办第五届农民运动会，东城镇尚书村、如城镇阚庄村、林梓镇桥口村、雪岸镇凌云社区、白蒲镇沈桥村、丁堰镇新堰社区分别举办村级首届全民运动会或文体艺术节。推进市级月度体育单项竞赛，组队参加国际国内体育大赛，承办国际、国内体育大赛10余次，实施社会体育指导员培训，各学校特色健身项目发展迅猛。

社会体育　1月1～3日，市不断樱棋道俱乐部组织4名选手参加2011年江苏省“小太阳”杯幼儿棋类比赛，获金牌、铜牌各1枚。1月25～27日，市江枫跆拳道俱乐部组织7名运动员参加在安徽省桐城市举行的2011年第二届世界华人跆拳道国际邀请赛，获金牌7枚。2月20～21日晚，市体育局、如城镇政府在安定广场联合举办全民健身志愿服务——2011年新春体育健身大联欢活动，全市10多个体协、俱乐部参与健身表演。3月26日，市体育局、市体育总会、市老年人体育协会在安定广场举办2011年如皋市武术展演大会，20多个代表队参加展演。4月3日，市体育总会、老年人体育协会组织长寿养生队赴台湾参加“妈祖杯”国际武术大赛，获金牌3枚。4月23日，市体育局、市老龄办、如城镇政府、市老年人体协在安定广场联合举办2011年江苏省老年人体育节暨“迎党庆、颂党恩、跟党走”百万老年人健步走如皋分会场启动仪式。5月22日，国家体育总局自行车击剑管理中心、中国自行车运动协会、江苏省体育局、如皋市政府联合举办2011年“熔盛重工杯”中国如皋全国自行车公路赛。5月28日，市体育局、市篮球协会邀请到江苏访问的美国海浪职业俱乐部男子篮球队与浙江稠州银行男子篮球队到如皋中学体育馆举行对抗赛，经过激烈争夺，美国海浪队以98∶83胜浙江稠州银行队。6月11～13日，市老年人体协组织运动老将6人参加在吉林省举办的第13届全国老将田径锦标赛，获金牌1枚、银牌2枚、铜牌2枚。6月17～20日，市通背缠拳代表队运动员康小亮等在泰州参加第二届国际武术交流大赛，获金牌3枚。7月5～17日，在美国加利福尼亚州萨克拉门托市举办的第19届世界老将田径锦标赛中，市工商局邹鹏德所在的男子50岁年龄组4100米接力组和4400米接力组获第六名和第八名。7月15日，市体育局、市体育总会在安定广场举办“七彩的夏日——未成年人暑期系列活动”启动仪式。8月5～7日，市江枫跆拳道俱乐部13名选手参加在浙江杭州举办的第三届世界华人国际跆拳道邀请赛，获金牌7枚、银牌6枚。8月8日，南通市委农工办、南通市体育局、如皋市委农工办、如皋市体育局在市全民健身中心举办南通市农民健身秧歌大赛，南通县（市、区）九支农民健身秧歌队参赛。8月16日，市江枫跆拳道俱乐部7名运动员参加在浙江宁波市举办的全国大众跆拳道锦标赛暨第六届世界跆拳道品势锦标赛，获金、银、铜牌各1枚。10月29～30日，如皋南乡风筝队参加在宜兴市举办的江苏省风筝公开赛，获金、银牌各1枚，团体总分名列第六，获体育道德风尚奖。12月26日，如皋残疾人运动员陈山勇等组成中国盲人足球队出征在日本仙台举办的第四届亚洲盲人足球锦标赛,获金牌。

学校体育　年内,市体育局、教育局拓展学校体育工作,举办全市中小学生阳光体育运动会等竞赛活动。务实推进体育传统项目学校建设,分别在九华镇营房小学、经济开发区柴湾小学召开传统项目学校建设现场推进会和座谈会,制订俱乐部人才选拔培养政策。袁桥镇何庄小学与南通市儿童业余体校合作办学,何庄小学被国家体育总局命名为国家青少年体育俱乐部。

【中国如皋自行车公路赛】 5月22日,由国家体育总局自行车击剑管理中心、中国自行车运动协会、江苏省体育局和如皋市政府主办,江苏省自行车运动协会、如皋市体育局、如皋市广电传媒集团承办,江苏熔盛重工有限公司冠名的“熔盛重工杯”中国如皋全国自行车公路赛在如皋市行政中心广场开幕。全国18个省市300多名运动员(含外籍运动员7人)参加比赛。比赛从如皋市行政中心广场出发,沿如港公路到达终点江苏熔盛重工集团,全程42公里。此为如皋市第二次成功举办全国自行车公路赛。

【白蒲镇第40届全民运动会】 12月4日,白蒲镇举办第40届全民运动会,全镇23个代表队2500多名选手参加比赛。运动会设大型团体操表演、运丰收果、集体奔小康、定点投篮、骑慢车、跳绳等喜闻乐见且参与度高的体育项目。

白蒲镇是全国群众体育先进镇,其全民运动会历史悠久,创办于1971年,40年来从未间断。由于群众体育工作成绩突出,白蒲原镇党委书记曾受到中共中央原总书记江泽民接见。

2011年全市群众体育竞赛(活动)情况一览

表59

时　间	赛事(活动)名称	主　办　单　位
1月1日	元旦“今世缘.典藏杯”乒乓球单打比赛	市体育局、市体育总会、市乒乓球协会
1月1日	“苏浙杯”如皋市集体健身项目比赛	市体育局、如城镇人民政府
2月16日	首届寒假大学生羽毛球单打排名赛	市体育局、市体育总会
2月27日	“东方汽车城杯”羽毛球团体赛	市体育局、市体育总会
3月12日	如皋市幼儿教师健美操大赛	市体育局、市妇联、市教育局
3月26日	如皋市武术展演大会	市体育局、市体育总会、市老年人体协、市武术协会
5月1日	“三洋汽车杯”乒乓球团体赛	市体育局、市乒乓球协会
5月1～2日	“本草杯”春季围棋、象棋升段、定段、定级赛	市体育局、市棋类协会、市不断樱棋道俱乐部
5月22日	“熔盛重工杯”中国如皋全国自行车公路赛	国家体育总局自行车击剑运动管理中心、中国自行车运动协会、江苏省体育局、如皋市人民政府
5月28日	“篮协杯”中美篮球对抗赛	如皋市体育局、如皋市篮球协会
5月28日	如皋市“今世缘·典藏杯”体育舞蹈邀请赛暨全国交谊舞选拔赛	市体育局、市体育总会、市人力资源和社会保障局
6月4日	江苏如皋少儿体育舞蹈公开赛暨第二届(WCDF)世界华人青少年舞蹈锦标赛	市体育局、市体育总会、世界华人联合会江苏理事会
7月10日	“国缘杯”市级机关副科级领导干部乒乓球单打比赛	市级机关工委、市体育局、市总工会
7月15日	如皋市“七彩的夏日——未成年人暑期系列活动”暨“我运动、我健康、我快乐”未成年人阳光体育活动启动仪式“	市体育局、市体育总会
7月16～17日	“御龙湾杯”市级机关掼蛋比赛	市级机关工委、市体育局、市总工会
8月8日	庆祝“全国全民健身日”暨“南通体育日”系列活动启动仪式	市体育局、市体育总会、市老年人体协

续表 59－1

时　间	赛事（活动）名称	主办单位
8月8日	南通市农民健身秧歌大赛	南通市委农工办、如皋市委农工办、市体育局
8月10日	“大有杯”暑期大学生羽毛球、台球、乒乓球比赛	市体育局、市体育总会
8月16日	如皋市“人力资源和社会保障杯”全民健身大体验志愿服务我先行活动	市人力资源和社会保障局、市体育局
8月20日	“人力资源和社会保障杯”集体健身项目比赛	市人力资源和社会保障局、市体育局
9月18日	“体育杯”第八届市老科协趣味运动会	市老科技工作者协会、市体育局
9月25日	“肯德基杯”全国青少年三人篮球赛(如皋赛区)	市体育局、如皋肯德基公司
10月1日	“卡斯特(赖茅)杯”乒乓球公开赛	市体育局、市乒乓球协会
10月1日	春季围棋、象棋升段、定段、定级赛	市体育局、市棋类协会、市不断樱棋道俱乐部
10月15日	“金茂国际杯”如皋市第二届掼蛋大赛	市体育局、市文广传媒集团
11月4～6日	第十二届江苏省“如皋体彩杯”夕阳红钓鱼比赛	江苏省钓鱼协会、如皋市体育局
11月7～10日	市级机关第八套广播操比赛	市级机关工委、市体育局、市级机关事务管理局
11月30日	市村居“三百工程”篮球、乒乓球、象棋总决赛	市体育局、搬经镇
12月30日	“剑桥家具杯”毽球比赛	市体育局、市毽球协会

竞技体育

【概况】 2011年，市体育局以国家高水平体育后备人才基地建设为重点，以体育传统项目学校为基础，加强体育后备人才的培养。

4～5月，组织参加南通市少儿篮球、排球、乒乓球比赛，均获佳绩，其中篮球获男子少年组第一名和儿童组第二名。5月4～6日，组织少儿参加省青少年田径锦标赛暨县组田径比赛，取得团体总分全省第三、金牌7枚的战绩，创如皋田径史上新辉煌。5月，如皋籍运动员薛娟在亚洲田径大奖赛上勇夺第一名，并入选国家队，备战2012年奥运会。7月，组织参加国家田径单项高水平后备人才基地比赛，获金牌2枚。

（仓　平）

文　化

导读

综　述

【概况】 2011年，市文化广电新闻出版局围绕重大文化工程建设、重大文化活动开展、文化发展成果惠民、特色亮点工作打造等重点，着力实施文化强市建设。如皋市先后被表彰为江苏省群众文化先进县(市)、首批公共文化服务体系示范区之一、农家书屋法制文化建设示范区。市文广新局被表彰为全省新闻出版(版权)系统先进集体、第三次全国文物普查调查资料档案工作先进单位、新闻出版系统依法行政示范点和南通市文化、科技、卫生“三下乡”先进集体，在南通市文化发展绩效考核评价中位列第一，首次被市委、市政府表彰为行政服务创新先进集体。

文广体制改革　年内，根据市机构编制委员会《关于各镇社会事业服务中心增挂镇综合文化站牌子的通知》(皋编〔2011〕34号)，各镇(区、园)社会事业中心增挂综合文化站牌子，设在编工作人员3人，在每村(社区)设专职农家书屋管理员1人，享受镇定额补助。瞄准建设文化强市目标，赴山东师范大学公开招聘文化专业人才2人。为配合市文化广场公共服务，面向社会公开招聘群众文化、图书管理、文博讲解、计算机、文秘等专业人才16人，改善人员结构。

文化阵地建设　年内，在全市开展创建江苏省公共文化服务体系示范区活动，如皋市被省文化厅、省财政厅命名为首批公共文化服务体系示范区。建筑面积1600平方米的白蒲镇文体中心建成，约6000平方米的搬经镇文体中心主体封顶，吴窑、磨头等9个镇文化站被市小城镇建设办公室评为星级文化站。建成农家书屋示范镇2个。争取上级资金，先后为各镇文化站配送价值近2万元的广场音响1套和价值15680元的图书，为265个村农家书屋配送价值120万元的图书11万余册。提升36个村、6个社区的体育健身档次，完成村级儿童健身工程25个，各镇文化站、村文化活动室(农家书屋)月开放不少于20天、功能不少于8项，每个阵地平均每月接待群众200人次以上。制订出台文化服务志愿者奖励补助政策，文化服务志愿者队伍不断壮大，全市文化服务志愿者增至419名。依托市文广新局及图书馆门户网站及文化信息资源共享工程，推进文化服务数字化建设，实现戏剧电影、图书阅览、遗产保护、文化政策等方面服务数字信息化。全年下乡辅导文化服务工作者近500人次，培训各类人员5000余人次，提升基层文化服务工作者服务和管理水平。文化信息资源共享工程实现全覆盖，市文化信息资源共享工程支中心被南通市文广新局评为先进集体。9月28日，全市历史上投入最多、体量最大的文化工程——市文化广场较规划提前3个月建成并对外开放。12月10日，中国世界民族文化交流促进会会长马小玫率考察团到如皋考察文化建设情况，实地参观市文化广场、软件园、红十四军纪念馆等处。

文艺创作　年内，全市精品创作和群众理论研究成果获国家级奖项作品15篇、省级奖项作品38篇。小品《盼》获“中华颂”第三届全国小戏小品曲艺大展三等奖，军旅舞蹈《亮剑》和歌伴舞《挂红灯》获中国第四届社区艺术节表演金奖，少儿小品《回家》获全国青少年艺术节金奖，廉政木偶剧《七品芝麻官》在南通廉政小戏、小品大赛中获二等奖。如皋市文艺工作者在《词刊》等国家级媒体刊物发表歌词8首，在省级媒体刊物发表文学作品16件，在《中国书画报》等省级以上刊物发表书画作品8件。市文化馆导演的情景剧《心碰心》经过海选，并全票通过中组部组织的专家评审，在全国大学生“村官”培训班联欢晚会上作为教材献演3场。

市科技馆外貌

【市文化广场建成并正式对外开放】　9月28日，市文化广场正式对外开放，成为如皋文化强市的“新坐标”。

市文化广场是市政府2009年为民办实事工程，建设历时20多个月，总建筑面积3.85万平方米，总投资近5亿元，集图书馆、博物馆、文化馆、城市规划馆、科技馆于一体。其中，图书馆藏书30万册，突出以人为本的服务理念，实现图书借阅、报刊阅读自动化；文化馆注重各类文化艺术全面发展，阅览室、棋室、牌室、电子阅览室、乒乓球室、台球室、健身房、新市民俱乐部、戏剧活动室、展览厅、非物质文化遗产展厅以及拥有一流灯光、音响等舞台设备的多功能厅和演艺厅等群众文化活动功能设施齐全；博物馆由历史展厅、名人展厅、自然展厅、精品展厅、临时展厅等组成(其中，历史展厅馆藏藏品91件，名人展厅馆藏名人传记等50册，自然展厅馆藏自然物种205种)，运用传统与现代相结合方式，形象再现千年古城历史文化发展脉络；城市规划馆运用世博理念，通过数字技术全方位展示城市的过去、现在和未来；科技馆运用高新电子科技，生动呈现如皋科技发展成果和未来科技如皋的发展远景。年内，市文化广场接待全国各地数万名参观者，开展各类群众文体活动近20次。市文化广场的建成，对于完善城市功能、提升城市品位，更好地满足广大人民群众的精神文化需求，增强城市文化软实力，具有广泛而深远的影响。

【全省农村电影发展座谈会在如皋召开】　11月25日，全省农村电影发展座谈会在如皋市召开，省广播电影电视局局长耿乃凡，南通市、连云港市广电局和沭阳、如皋、溧水等县(市)广电局负责人，苏州盛泽电影城、扬州世纪影城、江阴影剧公司、新希望院线公司负责人及省广电局各处室、直属单位主要负责人等参加座谈。如皋农村电影放映引进高新数字电影放映技术、深入实施项目品牌带动战略的成功经验做法在座谈会上得到推广。

【如皋市被命名为省公共文化服务体系示范区】　12月29日，省文化厅公布首批“江苏省公共文化服务体系示范区”市、县(市、区)、乡镇(街道)名单，其中地级市2个、县(市、区)10个、乡镇(街道)107个，如皋市被命名为江苏省公共文化服务体系示范区，搬经镇、桃园镇被命名为江苏省公共文化服务体系示范乡镇。

近几年，如皋市将公共文化服务体系建设作为文化强市建设的重要内容，先后建成如皋大剧院、李昌钰刑侦技术博物馆、丝毯艺术博物馆、全民体育健身中心、红十四军纪念馆、市文化广场等文化工程以及能同时容纳2000人以上开展娱乐健身活动的文化休闲广场8处。依托全覆盖的镇(区、园)文化站和村(社区)农家书屋，开展各具特色的文化活动，将先进文化“种”到基层。省创建公共文化服务体系示范区验收组组长官天涛在对如皋市、镇、村三级公共文化服务体系建设验收时，认为如皋市公共文化设施建设、公共文化服务供给、公共文化服务组织支撑及资金、人才和技术保障措施落实等方面均走在全省前列。

群 众 文 化

【概况】 2011年,市文广新局常年开展"四送"下乡活动,先后组织送电影4320场、送戏103场、送图书11万余册,举办各类展览20余场。年内,两个家庭走进央视,九鼎艺术团被省文化厅表彰为特色文化团队,如皋市被省文化厅命名为群众文化先进县市、全省首批公共文化服务体系示范区,桃园镇、搬经镇被评为公共文化服务体系示范乡镇。

文艺活动 年内,围绕市委、市政府中心工作,先后组织主题性专场演出12场,为推进市委市政府重大举措注入新的活力。举办第二届如皋"乐一天"村居农民艺术节,袁桥镇等8个镇、雪岸万富社区等12个村(居)借节庆日和中国共产党成立90周年契机组织农民文体艺术节。设计、策划"雉水之夜"走进如皋港区、走进革命老区、走进军营、走进敬老院、走进城乡社区等多场演出。下原、林梓等镇的春节团拜会专场文艺演出,如城镇、经济开发区(柴湾镇)的文明城市专场文艺演出,搬经、磨头等镇的农民文化艺术节,袁桥、搬经、吴窑、郭园和如城镇的镇村文体艺术节,丁堰、郭园、桃园等镇的庆祝中国共产党成立90周年文艺演出,高明、搬经的民间剧团义务巡回演出,促进全市文化大繁荣。吴窑镇为镇区内特困人群免费发放剧场入场券,经济开发区将文艺演出送进福利院,让特困人群共享文化建设成果。市新市民文化俱乐部通过组织开展节日活动、专题教育活动,组织文艺表演团队走进新市民集中居住区演出,扶持新市民业余艺术团队活动,丰富新市民文化活动内容、形式;举办艺术培训班,吸引新市民参与。市文化馆在送文化下基层、进社区、到挂钩点的同时,免费为外来工和劳务工子女开设培训班,举办公益性艺术讲座;成立"心贴心"艺术团,全年开展基层文化活动11次。2月16日,市文广新局牵头、市木偶剧团组成的文艺演出团到下原镇开展新年"送戏下乡"演出活动。3月28日,由市委宣传部、市文广新局、市文广传媒集团联合主办的"雉水之夜——文化乡村行"到郭园镇举行专场文艺演出。5月28日,首届"雉水英才话发展,学子归巢建功业"恳谈盛会暨如皋撤县建市20周年文艺晚会"如皋神韵"在如皋大剧院上演。6月9日,CCTV－7《军营大舞台》走进中国工农红军第十四军发源地——如皋,庆祝中国共产党诞辰90周年、中国工农红军第十四军纪念馆开馆。7月1日,南通北三县(市)纪念中国共产党成立90周年书法联展在如皋市文化馆举行。8月11日,市文广新局和市博物馆联合举办的"七彩的假日"——文博夏令营正式启动。9月4日,开展纪念李渔诞辰400周年活动。市诗词楹联学会成立。9月9日~10月22日,市委宣传部、市文明办、市文广新局和市文广传媒集团以"雉水之夜"广场演出为载体,开展"雉水之夜"城乡文化互动——乡情乡韵文艺演出活动。9月21日,由省文化厅主办的"美好江苏"——文化民生基层文艺巡演在长江镇(如皋港区)举行专场文艺演出。9月28日,《小康高歌》专场文艺演出在如皋大剧院举行,传递全市干群建设更高水平小康社会激情和信心。10月28日,第九届中国如皋沿江经济洽谈会开幕式文艺演出——"腾江越海新如皋"在如皋大剧院演出。11月29日始,市文化馆组织"心贴心"艺术团9个团体举办"雉水之夜"庆祝文化馆新馆落成专场文艺演出5场次。12月31日,"农行之春"首届新年音乐会在如皋大剧院上演,特邀全国唯一的电影乐团——长春电影制片厂乐团为观众演奏一批经典电影音乐。

艺术创作 年内,《倒出美好向往,倒出吉祥如意——浅谈省级非遗保护项目"倒花篮"的开发前景》、《浅谈江苏省级保护项目——如皋董糖制作技艺的生产性传承保护与开发利用》、《如皋盆景的开发利用与保护原生态元素之我见》3篇论文入选《全国非物质文化遗产保护论文集》;论文《文化馆:改善文化民生的一支重要力量》获文化部艺术服务中心《文化论坛》编委会一等奖;论文《发挥三大主力军作用,推动文化馆免费开放》被省群文学会评选为省文化理论研究成果三等奖,并参加苏锡常通理论研讨会。选送的廉政木偶剧《七品芝麻官》在南通廉政小戏、小品大赛中获二等奖,小品《盼》获由中国戏剧家协会艺术发展中心举办的"中华颂"全国第三届戏剧小品大赛三等奖,军旅舞蹈《亮剑》和歌伴舞《挂红灯》获中国扬州第四届社区艺术节表演金奖,情景剧《阳光地带》在由中国教育学会举办的"光辉的旗帜"庆祝中国共产党成立90周年校园综艺盛典节目征集活动中获一等奖,少儿小品

《回家》获全国青少年艺术节金奖。由缪新华、丁春华作词作曲的《家在江南》、《乡村都市》、《乡里乡亲》、《再唱春江花月夜》、《敲醒春天的窗》等11件作品分别在《词刊》、《歌曲》等国家级刊物发表，吴学根、徐晖的国画《峰拥深浅去，起伏弄晚晴》等9幅作品发表于国家级刊物《中国书画报》、《美术报》。《乡村小歌手》、《飞翔的月光》、《刮春风》、《祖国越来越美》、《南来北往祝平安》、《微笑》、《岁月在别人的故乡里流淌》、《听奶奶唱民歌》、工笔画《清晨的旋律》等29件作品在省级刊物发表。全年在省级刊物发表各类文学作品27件。年内组织举办的12场主题性专场演出中，组织新创作编排快板、诗朗诵、小品、相声、歌曲、舞蹈等反映时代特色、体现如皋地方特色、群众喜闻乐见的文艺作品65件，占比44%。以"爱心大使"赵小亭为题材创作的歌曲《爱心飞翔》，被多所学校编排成音诗画、舞蹈等文艺节目；小品《巧遇》深受观众喜爱。

【央视七套《军营大舞台》走进如皋】 6月9日，中央电视台七套《军营大舞台》走进中国工农红军第十四军发源地——如皋，与如皋市委、市政府合作举办"江海军旗红"主题文艺晚会，庆祝中国共产党成立90周年、中国工农红军第十四军纪念馆开馆。晚会在《太阳最红毛主席最亲》、《我要去延安》、《江山》等一曲曲经典红歌和《如皋之歌》、《家乡变了》、《如皋美》等一个个本土节目中回顾峥嵘岁月，讴歌辉煌成就，激发如皋人民"迈进基本现代化、建设美好新如皋"信心和决心。7月9日，"江海军旗红"主题晚会在央视七套首播，播出时长44分钟。

【"雉水之夜"——城乡文化互动"乡情乡韵"系列文艺演出活动】 9月9日～10月22日，为进一步推动城乡文化交流，加强城乡文化互动，促进全市群众文化活动繁荣发展，市文广新局与市委宣传部、市文明办、市文广传媒集团联合策划组织"雉水之夜"——城乡文化互动"乡情乡韵"系列文艺演出活动。

活动中，全市各镇(区、园)3500多位农民演员自编自导自演，精心打造系列文艺演出19场，重点展示如皋传统民间文化，如列入非物质文化遗产名录的如皋杖头木偶戏、如皋莲湘、倒花篮等传统舞蹈以及如皋僮子戏等地方曲目，用富含浓烈乡土气息的250多个节目，为主城区市民送上独具乡土风味的文化大餐。该活动吸引近10万人次，对促进城市文化与农村文化互相认同，实现城乡文化一体化，促进城乡文化均衡发展起到积极的推动作用。

图　书

【概况】 全市文化系统现有图书馆(室)356个，其中公共图书馆1个、图书馆分馆3个、农家书屋332个。现有图书发行销售企业158家。2011年，全市文化信息共享工程基层服务点实现全覆盖。市图书馆再次被评为省文明图书馆，获江苏省"十一五"古籍保护工作先进单位称号；市文化信息资源共享工程支中心被南通市文广新局评为先进集体。

数字图书馆建设　年内，多次邀请省图书馆专家设计规划数字图书馆，结合专家建议多次论证、完善建设方案，初步建成数字图书馆。完善图书馆网站，开通电子图书网站。组织专人指导读者利用电子图书。印制数字图书馆登录手册，摆放在商场、市民服务窗口等人群密集处供市民免费获取，让市民足不出户即能阅读新图书、新期刊，教师、医生、企业家等群体读者明显增多。市图书馆使用基于射频识别技术(RFID)的智能图书馆系统为读者服务，引进先进电子读报器，读者只需手指在电子触摸屏上移动，就可阅读256种从中央到地方的主要报纸。装配自助借还书机，帮助读者自主完成整个借还书过程。添置全省首家24小时自助借还系统，自动识别粘贴有RFID和条码标签的图书，通过触摸屏交互式示范和语音提示引导读者完成借还书过程。

图书阅览　年内，采购图书6万多册，订购报刊400余种，编印《信息摘编》12期。编印《如皋图书馆读者服务手册》3000份，免费向读者发放。编印《读者园地》18期、《报刊导读》365期，举办各种图书阅览活动35次。市图书馆全年办证人数突破2万，接待读者34.5万人次，外借图书17.6万册次。开展"新春乐"猜谜和暑期成语谜语竞猜，吸引900多名小读者参加竞猜。举办新春少儿书法展、"好运伴阅读"书山寻宝、如皋撤县建市20周年成就展、撤县建市20周年知识竞赛、中国共产党成立

90周年经典图书展、长寿研究文献展、“书香如皋”全民阅读等活动。流动图书馆开展图书惠民服务活动，走进安定社区，现场为读者免费办证、借阅图书。开展未成年人心理健康教育咨询，组织人员与未成年人面对面交流咨询，帮助未成年人树立正确思想价值观。举办少儿图书阅读指导，现场为少儿读者讲解阅读技巧，并针对读者兴趣爱好推荐图书。为驻如部队安装调试图书借阅软件，以信息化代替手工借阅。更新共享工程网站资源，辅导离退休老干部使用信息资源共享工程网站，为老干部提供专项服务。送书到共享工程基层示范点，为常青镇海圩村共享工程基层示范点送养兔专业图书100册，为荣威塑胶有限公司图书馆分馆更换新书1000册。1月，走进“两会”现场服务，为人大代表、政协委员免费办证近100份、借阅图书200多册。春节期间到荣威塑胶有限公司、双钱集团有限公司为企业留守人员送去图书。1月23日，市图书馆与驻如空军部队在驻如空军部队文化活动中心举办“军民鱼水情”联谊活动，并向部队官兵赠送电脑、书籍等价值近2万元物资，发挥图书馆公共资源作用，推进军民双拥共建。4月，世界读书日期间，组织发放宣传单、新书栏目介绍，书展，读书有奖猜迷等宣传活动。为庆祝中国共产党成立90周年，举办“红书”展、知识宣传活动，展出红色经典图书200多册，接待读者500多人次。播放《如皋地方特色》，观看人数达500人次。开展以“听党话、跟党走”红领巾读书征文大赛，征集全市中小学生文章800多篇，选送20篇到省、南通市参评，获一等奖2个、二等奖2个、三等奖4个，市图书馆获优秀组织奖。组织职工参加第二届全国文化信息资源共享工程知识与技能比赛，获南通市优秀组织奖。7月中旬，围绕“童心向党、快乐成长”主题，开展“爱国电影月”播放活动，累计1000余名中小学生观看。

古籍保护　年内，贯彻落实中华古籍保护计划，健全古籍保护规章制度，落实古籍保护设施，加强古籍修复工作，培养古籍专门人才，及时向省、国家古籍中心报送珍贵古籍名录。市图书馆获省“十一五”古籍保护工作先进单位称号，是南通市县级图书馆中唯一的一家。开展馆藏珍贵古籍宣传，向观众全面展示13部省珍贵古籍名录书影、《元史地名考》参加《国家珍贵古籍名录》特展的珍贵影像资料。《淮海易谈》(四卷)、《汉书》(100卷)、《书学大成六种》(11卷)、《史记》(130卷)、《元史地名考》(不分卷)、《三朝北盟会编》(250卷)六部古籍被列入国家级保护名录，《史记》(130卷)、《学福斋诗学》、《淮海易谈》(四卷)、《些馀集》(八卷)、《牧斋初学集》(110卷、目录二卷)、《书学大成》(六种11卷)、《孙子参同》(五卷)、《昌黎先生集》(40卷及外集四卷、遗文一卷)、《初学记》(30卷)、《南华经标略》(六卷)、《三朝北盟会编》(250卷)、《元史地名考》(不分卷)、《汉书》(100卷)13部古籍被列入省级保护名录。

文化市场管理

【概况】　全市现有各类文化经营单位及文化企业946家，全年实现文化产业增加值14亿元，占国民生产总值的2.6%，同比增长48.15%。全市现有从业人员1300人、登记注册民营演出团体119个，演出及相关产业收入超过1.5亿元。全市现有乡镇综合文化站20家，

文化产业发展　年内，市文化产业发展领导组统筹规划、统一指导协调文化产业发展中的重要问题，将文化产业发展纳入经济社会发展总体规划、文化产业园区(基地)建设纳入城镇建设总体布局、文化产业项目引进纳入重点项目库和招商引资范围、文化产业绩效纳入党委政府目标责任制考核，推动文化产业持续跨越发展。制订、完善优惠政策，在文化企业市场准入、融资、财政税收、土地使用、人才引进、劳动保障等方面，加大对文化企业扶持力度。市财政设立200万元文化产业发展引导资金，在引导存量企业做大做强、传统企业转型升级、国有文化企业加快发展的同时，更加注重激励新项目落户，促进新兴文化业态发展，鼓励外资、社会资本投入文化产业。年内，新增文化企业及各类经营单位66家，总投资超过50亿元。全面启动软件园文化创意产业园、长寿文化创意产业园、百亿花木盆景艺术园、如皋港生态文化养生园四大园区建设。市文化产业创意园区入驻文化企业47家，年生产总值5亿元。南通中冶文化投资有限公司投资40亿元新建中国长寿城主题公园，项目工程年内实施过半。加快长江青少年素质教育实践基

地、工艺丝毯研发基地建设，进展顺利。加快水绘园风景区、红十四军公园、龙游湖风景区等八大文化旅游景区建设进程，加快市文广传媒集团、南通中冶文化投资有限公司等一批文化骨干龙头企业发展。在南通市文化产业发展绩效考评中，如皋市位居第一。

宣传培训　年内，组织相关政策法规培训和考试6批次，累计培训各类文化经营单位人员800多人次，测试合格率达100%。完成全市网吧、娱乐、电子游戏行业的年检验证及法规培训工作，培训率、验证率均达95%以上。利用“3·15”消费者权益保护日、“4·26”世界知识产权日，“12·4”法制宣传日开展法规咨询展览活动。参加“政风行风热线”户外直播活动，就文化市场相关法规和行政执法情况，现场解答市民提问，回复群众咨询、投诉、建议、意见。组织人员创作法制宣传节目，由市木偶剧团和全市119个民营剧团深入农村基层宣传演出，全年法制宣传节目参与演出超过1000场。

行政服务　年内，制订贯彻实施国家《全面推进依法行政实施纲要》的实施意见和配套措施，建立依法行政领导小组，设置政策法规科，配备专职法制人员2人、专职稽查人员编制扩充为14人，完善相关规章制度。严格依照行政决策程序决策，推行重大行政决策事项社会听证、专家论证、法制机构合法性审查和集体研究决定制度。成立案审会，讨论研究重大行政案件1件。向社会公开征求涉及社会公共利益、相对人合法权益等重大行政决策事项意见8次。建立健全规范性文件监督管理制度，确立规范性文件由各职能科室起草、法制科室和市政府法制办审核、办公室文字把关、向社会公示和向政府法制部门报备原则。如皋市被省法制办、省新闻出版局等部门联合命名为农家书屋法制文化建设示范区，再次被命名为全省新闻出版(版权)依法行政示范点。

行政执法　全年累计出动稽查人员2864人次，检查各类文化经营单位982家次，取缔各类非法经营场所51个，其中音像点19个、书刊点27个、游戏机房5个。收缴盗版音像制品32220张、非法出版物4525册。查处各类违法违规案件28起，罚款12.5万元，治安拘留5人，移交法院追究刑事责任的案件1起。对音像零售、出租单位开展集中执法检查，专项治理淫秽色情文化垃圾及政治性有害垃圾。清理整顿印刷行业，重点突击检查相关印刷企业35家。开展网吧专项整治行动，不间断巡查全市所有网吧经营单位。开展以建设未成年人健康成长环境为重点的专项环境整治活动，拉网式检查全市12所中小学周边20家书刊、音像经营单位，加强对图书集中经营场所尤其是学校周边图书经营场所的管理及检查，清理销售不良“口袋本”图书、有害卡通画册和其他淫秽出版物的游商、摊贩，查处网吧接纳未成年人违规行为。开展查处盗版教辅教材专项整治活动，重点突击检查如城镇、搬经镇、袁桥镇等中小学周边出版物市场环境，取缔无证从事教材教辅发行经营摊点17个。集中整治全市出版物印刷企业，维护中小学教材教辅发行秩序。打击无证演出，规范演出市场，组织集中检查38次，其中夜查28次，查处外地到如皋违规演出团体4个。利用高科技手段，加大执法、监管力度，在全市所有网吧安装“净网先锋”监控软件，在南通行政综合执法大队每月通报中，如皋网吧“净网先锋”安装率、在线率均居首位。实现全市网吧连锁管理，网吧“单改联”工作列全省第一。开展净化荧屏、声频专项行动和“小耳朵”整治行动，如皋市通过江苏省无“小耳朵”县市验收。市文广新局被省文物局表彰为文物执法示范单位；获省文化厅案卷评比二等奖、省新闻出版局案卷评比三等奖，南通市文广新闻局案卷评比组织奖、一等奖。

【繁荣农村文化市场经验在全国推广】　5月24～27日，文化部召开全国农村文化市场管理工作经验交流会暨全国文化市场综合执法工作会议。会上，如皋市“加强民营剧团管理，繁荣农村文化市场”的经验被应邀交流，并被文化部党组副书记、副部长欧阳坚在大会报告中推介。

截至年底，全市有民营表演团体119个。这些表演团体常年活跃在农村文化舞台，在农村精神文明建设、保障农村文化民生、提高农民群众幸福指数等方面发挥重要作用，在全省乃至全国产生广泛影响。中央电视台、新华社、《中国文化报》等国家级媒体相继报道民营剧团“如皋现象”，如皋市民营剧团管理经验获全省文化理论创新工程一等奖。

文化遗产保护

【概况】 全市现有文物保护单位38个,其中国家级1个(水绘园),省级5个(东水关、文庙大成殿、如皋公立简易师范学堂旧址、集贤里明清民居、白蒲镇明清民居古建筑群)、南通市级4个、如皋市级28个。现有非物质文化遗产27个,其中省级9个(如皋杖头木偶戏、如皋盆景、如皋董糖、如皋倒花篮、如皋莲湘、如皋风筝、如皋丝毯、白蒲茶干、林梓红木雕刻)、南通市级14个。现有省级非物质文化遗产传承基地8个(市木偶艺术团、市文化馆、如派盆景研究所、如皋麒麟阁食品厂、如皋博艺丝毯有限公司、郭氏风筝工艺品厂、白蒲茶干厂、华星木业有限公司)、南通市级11个。2011年,如皋市创建历史文化名城工作通过省专家组验收。市文广新局被省文物局评为第三次全国文物普查档案资料调档工作先进单位、文物执法示范单位。

文物保护 年内,重点抓好东大街、集贤里、武庙巷、白蒲镇市大街、石庄镇北大街5个历史文化街区保护工作,进一步做好文物实体修缮,加强周边环境整治和日常管理,开发文化旅游,在维持原始风貌基础上提升利用水平,东大街、集贤里沿线文化挖掘工作通过省住建厅和省文物局专家审查。根据安全等级需要,更新升级国家文物保护单位——水绘园古建区安防设备,对工作人员开展安全教育培训。启动如皋公立医院旧址移建工作,完善移建保护方案。指导推动第三批如皋市级文保单位按文物保护"四有"(有保护范围、有保护标志、有记录档案和有保管机构)要求实现规范化管理。加快推进博物馆群建设,重点推进师范博物馆、教育博物馆、盆景博物馆、世界长寿博物馆等主题馆建设,进一步指导推动已建成的各类专题博物馆完善、提升功能。定期组织对全市各级文物保护单位开展安全执法检查,特别是重点防范单位,增加巡查次数,加大巡查力度,对存在的安全隐患,及时提出整改意见,加强整改情况跟踪督查,确保不可移动文物安全无事故。1月,集贤里抢救保护工程通过省、南通市相关部门阶段性验收。4月,文庙大成殿彩绘保护维修工程通过省专家组验收。邀请南通博物苑专家指导市博物馆第三批馆藏字画修复工作。完成市博物馆馆藏14件红木构件文物重新油漆工作。9月,整体移建文庙大成殿遗构——碑廊,搭建防雨防腐廊檐。10月,历时三个月,文庙大成殿主体维修工程竣工。

非遗保护 年内,加强非物质文化遗产挖掘整理保护工作,组织白蒲茶干、林梓红木雕刻、如皋风筝、如皋工艺丝毯、白蒲黄酒、林梓潮糕、如皋芮氏长寿香袋、黄氏玉容丸8个项目申报省级非遗项目,推动现有非遗项目提档升级,其中,白蒲茶干、林梓红木雕刻、如皋风筝、如皋工艺丝毯4个项目进入省级非遗名录。

文物普查 年内,根据第三次全国文物普查工作报告编制体例以及编制要求,收集相关资料,整理数据,分析图表,征集意见。完成辖区内文物保护单位情况调查填报工作。被省文物局表彰为第三次全国文物普查工作先进单位。6月底,完成第三次全国文物普查工作报告编制工作。

名城申报 年内,按照历史文化名城标准和要求,对照申报范本,在原有申报核心文本基础上,组织专业人员,进一步补充完善核心文本。踏勘街区现场,开展价值论证工作。挑选东大街43号宅、汪德大棉布店旧址、迎春桥东河边1号宅、徐大昌酱油店旧址、秀女巷12号宅、永泰药店旧址、北王家巷1号宅、恒昌南货店旧址、祝见山宅、刘兰卿故居、小刘巷14号张宅、通城巷卢桂芳住宅、武庙巷64号刘家大院、大刘巷1号宅14处相对保存完好、规格较高的历史建筑,对其文字描述和价值论证。组织编制各级文物保护单位图册、非物质文化遗产保护图册、博物馆群图册、文物保护法律法规文件汇编等,如实、客观再现全市物质文化遗产和非物质文化遗产风貌。进一步优化完善申报专题片,健全申报基础资料,夯实申报基础。12月,如皋市省级历史文化名城创建通过省专家组检查验收。

【出土一批民国初期瓷器】 2月,市文化行政综合执法大队联合如城镇派出所民警,在如城镇十里社区挖掘出土一批瓷器,合计总件数438件,其中,成套或主体完整、配件缺失的瓷器317件,微残瓷器88件,重残瓷器33件。经南通市博物苑瓷器鉴定专家现场初步鉴定和评估,这批瓷器为民国初期陶瓷。根据《中华人民共和国文物法》相关规定,新出土的瓷器被封存送至市博物馆整理保管。

（季方祥）

档　　案

【概况】 全市现有综合性档案馆1所、城建档案馆1所、建档单位1221个，现有档案工作人员1451名。其中，大专以上学历者684人、中专学历者241人；拥有档案系列专业技术人才530名，其中高级职称者5人、中级职称者54人、初级职称者471人。市档案局（馆）现有在职人员15人。其中，大专以上学历者14人；档案系列高级职称者3人、中级职称者3人、初级职称者2人，新闻专业中级职称者1人，人才管理初级职称者1人。市档案馆馆藏主要有民国档案、革命历史档案、新中国成立后档案、史志谱类档案和部分声像、电子档案和实物档案等，计230个全宗、441961卷、137965件，其中，破产企业档案120家212478卷册，馆藏资料7413册。2011年，市档案局（馆）被评为全省档案系统先进集体、档案宣传工作先进集体、档案信息工作先进单位，南通市文明单位、档案工作综合考核评比优秀单位。

档案宣传、学会和职称评审　年内，建立健全档案执法机制，7人持有档案行政执法证，并通过市法制办组织的规范执法行为考试。全年被各新闻媒体录用各类信息288条次，其中国家级报刊和网站录用54条次、省级录用28条次、南通市级录用80条次。被省档案学会录用论文3篇，参加南通市档案学会交流论文5篇。组织征订《档案与建设》422份。年内，获档案系列中级职称2人、初级职称2人。

业务指导　年内，全市有21家单位档案管理工作通过省三星级标准验收，5家单位通过省二星级标准验收，晋档升级数在南通居首位。3月，组织全市20个镇、1个开发区实施文书档案集中整理，形成文书档案1.8万余件。5月，组织各镇（区）档案工作人员开展档案规范化业务培训。11月，对全市120家机关、企事业单位开展档案工作年终检查评比活动，通报表彰先进集体30家、先进个人48人。27个村（社区）档案工作“六有”（有专门人员、有规章制度、有分类方案、有较高质量、有完备目录、有安全保障）标准创建活动通过南通市验收。

档案、资料的管理、利用　年内，累计接待查档人员4785人次，调阅档案资料6784卷（册），出具证明材料4674份。在南通六县（市、区）中率先对市公证处、教育局、人社局、卫生局、财政局等19个单位的公证、人事、会计等79890卷专门档案实施代保管。全年累计接收26家市级、镇机关的档案8136卷、27543件。实施市档案馆数字化工程，全年完成5450卷、962盒计220万页档案数字扫描工作，补录和完善新接收进馆的档案目录。地方特色档案资料征集工作有突破，陈氏、胡氏家谱计73卷，《如皋动态》（《如皋日报》）全年图片2000多幅，2011年如皋大事视频资料40集及相关反映如皋历史文化的个人文集相继被征集进馆。4月，市档案馆数字化工程正式启动。9～12月，抢救和保护馆藏国家重点档案，更换破损档案封皮计550余卷，完成旧政权档案870余卷、革命历史档案96卷扫描工作。11月，下发《关于征集档案资料的通告》。

档案编纂研究　年内，相继编辑出版《大事如皋2010》、《见证如皋》，为社会各界提供内容翔实、资料丰富的重要档案文献资料。《大事如皋2010》获全省档案文化精品奖，《见证如皋》获南通市首届档案文化精品特等奖，两书电子版在市委新闻网上全文发布。有序推进《大事如皋（2011）》，完成稿件排版工作。筹划《红色如皋》展览和出版。先后完成2011版《如皋年鉴》、2006～2010年《如皋市志》档案部分内容补充，累计形成文字材料1.3万余字。《2010年如皋市大事记》、《如皋解放60年大事》被市委新闻网站全文录用。

【省档案局党组书记、局长谢波调研如皋档案工作】 11月28日，省档案局党组书记、局长谢波一行到如皋调研档案工作，先后察看红十四军纪念馆、文化广场等处。谢波指出，如皋经济社会的飞速发展和档案事业的不断提升让他感到十分振奋，如皋档案事业极好地服务于中心工作、服务于百姓生活、服务于社会大众，充分发挥档案事业文化、教育、资政等多重功能。他希望如皋档案工作者继续擦亮品牌，真正把“死档案”变成“活资源”。

省档案局党组书记、局长谢波(右二)调研如皋档案工作

【全省公安档案工作现场推进会在如皋召开】 12月12～13日，全省公安档案工作现场推进会在如皋召开。省公安厅党委委员、副厅长谢晓军出席会议。会上，如皋市公安档案工作主动融入社会管理创新和现代警务机制建设的大局、有力提升档案管理服务绩效的经验做法得到推广。

【市档案局“业务能力提升年”经验在全省推广】 年内，市档案局将2011年定为“业务能力提升年”，把加强能力建设作为年度全局工作重点，不断促进机关职能转变，提高机关服务绩效，提升档案社会形象，实现档案环境改善、档案服务水平提升、档案行业管理改进、档案从业人员素质提高、人民群众满意度上升。省档案局局长谢波对市档案局开展“业务能力提升年”活动作重要批示，要求全省档案系统学习借鉴。东台、江都、海安等县市档案局(馆)纷纷到如皋参观学习。

【全面启动档案数字化工作】 4月6日，由南通市金柜信息技术有限公司承办的如皋市档案馆数字化工程正式启动。“十二五”期间，市档案馆将有序推进数字化扫描工作，对馆藏建国以来的全部开放档案、民国档案、革命历史档案及涉及民生、利用率较高的婚姻档案、知青档案、招工招干档案、土地房产档案、照片音像档案及市委、市政府现行文件、解放前重要报纸、史志资料等，全部实现数字化。

年内，完成馆藏所有婚姻档案5450卷、962盒计47932件近220万页的扫描、入库，刻录DVD光盘40余张。

【《见证如皋》出版发行】 5月8日，为策应中国共产党成立90周年和如皋撤县建市20周年纪念活动，《见证如皋》文献图集出版发行。

《见证如皋》分上、下篇。上篇“20年精彩跨越”设“崭新如皋”、“实力如皋”、“活力如皋”、“魅力如皋”、“长寿如皋”、“生态如皋”、“建筑如皋”、“文体如皋”、“教育如皋”、“和谐如皋”、“平安如皋”11个部类，下篇“1600年悠久历史”设“沧海桑田”、“深厚底蕴”、“雉水火种”、“艰苦创业”4个部类。全书浓缩如皋县治建置1600年悠久历史、撤县建市20年精彩跨越，客观反映在中国共产党领导下，在如皋这片土地上每一阶段发展历程，特别是“十一五”期间辉煌业绩。

【市档案馆获赠八种版本《胡氏家(宗)谱》】 12月22日，如城镇安定村村民胡国礼向市档案馆捐赠八种版本的同属宋初著名学者、教育家胡瑗世系的《胡氏家(宗)谱》计51卷(册)。这是近年市档案馆征集到的由同一捐赠人一次性捐赠版本最多、数量最多的家谱，也是最具影响力的名人世系家谱之一。

(周丽君)

大众传媒

综述

【概况】 市文广传媒集团现有干部职工632人。其中，具有硕士研究生学历者8人、本科学历者208人、专科学历者202人，高级职称者6人、中级职称者65人、高级工72人。2011年，实现经营收入首次突破2亿元，达到2.11亿元，跻身全省县级广电传媒系统收入前十强。

舆论宣传　年内，围绕全市工作大局和重点工作，推出一批有影响、有深度的宣传报道，增强新闻宣传引导力。《如皋新闻》、《民生零距离》、《与你同行》成为收视高地，被评为南通广电优秀栏目。党建·新农村频道成功开播，和各镇(区)、部委办局形成联动，搭建弘扬党建主旋律，展现新农村风貌的宣传平台。如皋市网络新闻发言人工作平台逐步显现网络舆论引导和民心聚集作用。报送的16件作品在省级评比中获奖，获奖数量和档次在全省县(市)级媒体居第一方阵。全年在中央电视台、《人民日报》、《半月谈》等媒体用稿582篇，其中5件作品在中央电视台播出。9月6日下午，如皋市举行全市各镇区、机关部门网络新闻发言人业务培训会，正式启用网络新闻发言人工作平台。

基础建设　年内，加大宣传和营销力度，全面提高数字电视入户率和用户保有率，新增数字电视用户38625户，全市总用户突破30万户大关。完成三区(城区、镇区、集中居住区)双向网改造、38个村二级光纤网改造工程，全面提升有线电视网络传输质量。市广电传媒中心暖通、水电安装、内外空调、智能化等七个工程同步施工建设。完成广播电视发射塔基础勘测、设计工作。市木偶艺术团参加策划排演专题性文艺晚会10多场，送戏下乡108场次，惠及群众近10万人。市木偶艺术团打造的“清风荷韵”廉政木偶剧，通过市场化运作，赴镇江、扬州、武汉等地校园巡回演出。

产业经营　年内，市文广传媒集团各产业平台累计实现经营收入2.11亿元，完成全年目标任务的105%，同比增长53%。以数字电视产业为基础，不断拓展数据宽带等新兴业务。以特色栏目拓宽电视广告创收渠道，以各类文体活动吸引广告客户，先后举办文广传媒大型车展、电视歌手大赛、主持人大赛、高考咨询会、红歌会等赛事活动，全年媒体广告收入同比增长20%，实现社会效益和经济效益双丰收。组建商贸公司，以电视购物、电子商务为主体，将广告与商品经营，电视荧屏与购物、物流有机结合。引进社会资本，与重点文化传媒江苏有限公司合作组建江苏昊天文化发展股份有限公司，开展数码销售、电视购物、户外高炮，城区LED大屏等业务。声屏影视城实现年票房收入420万元。

电视

【概况】 市电视台拥有摄像机30台，录像机31台，非线性编辑网2套、制作设备管理系统1套、三维虚拟演播室系统1套、硬盘播出系统1套、广告管理系统1套、分米波发射机8台、米波发射机4台，电视现场直播系统1套、有线电视总前端机房1个，模拟频道7个，有线数字电视总前端机房1个，设计传输26个频点。现有数字电视节目140套，硬盘播出系统承担播出频道6个。年内新增有线数字电视用户38625户，全市有线数字电视整体转换率达98%，至年末，全市有线数字电视用户30

万户,数字电视普及率达 90.7%。

全年在南通市电视台用稿 296 条、省广播电视台用稿 60 条、国家广播电视台用稿 4 篇。年内,市电视台全力打造《如皋新闻》、《民生零距离》、《与你同行》等品牌栏目,深入开展“走转改”活动,策划“走基层、看小康”大型新闻行动,整合基层和一线在更高水平小康建设中典型人物和典型事例,给予充分报道。30 多名采编人员分批走进全市 20 个镇区各个村居,真切体验和感受基层群众建设更高水平小康的生产生活,捕捉最鲜活的新闻素材。活动开展三个多月,累计形成各类报道 60 余篇,全面展示全市更高水平小康社会建设新亮点、新典型、新成就,进一步加强舆论宣传引导力和凝聚力。年底,在全省广播电视新闻节目抽查中,专家组赞扬如皋电视台节目是全省县级台的标杆。

广　　播

【概况】 市人民广播电台隶属于如皋文化广播电视传媒集团,内设广播节目部、广播广告部,有广播节目主持人、编辑记者及营销人员 17 人。拥有广播直播间 2 间、制作室 1 间、广播直播车 1 辆、音频工作站 3 台。电台高频广播播出频率为 FM98.3 兆赫,信号覆盖如皋及周边县市,节目采用高频、有线及与数字电视信号共缆传输形式。

年内,在《如皋新闻》栏目中开辟“文明指数调查”、“辉煌 20 年”、“办实事、惠民生”等专栏。实施节目改版,打造 1 小时广播新闻杂志节目《早安如皋》,增加新闻资讯信息量,增强可听性。《音乐遥控器》周一版节目与各唱片公司合作开辟“音乐会客室”,与歌手连线,开创县级广播音乐节目新思路。全年播出新闻 3600 条,被南通电台用稿 135 篇目、省电台用稿 60 篇、国家电台用稿 4 篇。《百年慈善心,薪心永传承》获省级对港澳节目消息三等奖,《故园黄叶树,灯下白头人》获省广播文艺文学节目三等奖,《小亭回家》获南通市新闻专题一等奖,《挽救生命、爱心同行》获南通市广播新闻主持一等奖。12 月,市广播电台获省级“青年文明号”授牌。

报　　刊

【概况】 《如皋日报》(2011 年 9 月 28 日《如皋动态》改名为《如皋日报》,由四开八版改为对开八版大报)由市文广传媒集团主办,双面彩印,周一到周六出版,印量 2 万份。现有工作人员 32 人。

年内,《如皋日报》(《如皋动态》)力求有新闻速度、有思想高度、有事件深度、有文化厚度,坚持“三贴近原则”(贴近实际、贴近群众、贴近生活),着力“三创新”(创新报道内容,创新报道形式,创新报道手段),进一步提高亲和力、吸引力、影响力和竞争力。改版后的《如皋日报》每周设立两个“建设更高水平小康社会”专版,内设第一书记、创业能人、大学生“村官”、百姓感受等专栏。全体采编人员分成 5 个报道小组,深入镇、村(社区),走进农家田头,倾听民声心声,采写一线新闻,先后发表专题性报道 20 篇、消息类新闻 200 篇、通讯类报道 45 篇、特写类报道 134 篇、围绕新闻 120 幅。全年在南通市级报纸用稿 126 篇、省级报纸用稿 5 篇。

网　　络

【概况】 市广播电视台网络(www.rgtv.cn)设新闻动态、产业经营、人力资源、咨询投诉等栏目。现有 SDH 设备 1 套,承担“12345”、医疗保险、社会养老保险网等集团用户系统内网业务和中共如皋市委新闻网(http://cpcrugao.cn)运维工作。

年内,市委新闻网网站综合利用《如皋日报》、如皋电视台视频新闻等信息资源,及时、全面、权威地发布如皋各类信息12615条,其中视频信息1932条。

(季方祥)

精神文明建设

导读

● 爱心团队、爱心大使 P371

综 述

【概况】 2011年，市委、市政府围绕迎接全国文明城市省级测评，深化群众性精神文明创建活动，推进公民道德建设，放大“爱心城市”品牌效应，打造城乡文明新风尚，塑造文明市民新形象，精神文明建设各项工作有序推进、深化拓展。

群众性精神文明建设 年内，市文明办围绕“我知晓、我参与、我快乐”主题，广泛宣传、普及文明城市创建工作意义、目标、途径、要求。将文明机关、文明单位、文明村镇、文明社区、文明行业等群众性创建活动与全国文明城市创建工作有机融合。在全市部署开展公职人员文明示范、企业文明塑造、村(社区)文明维护、校园文明传递、家庭文明牵手、媒体文明传播六大教育实践活动和“向不文明行为宣战”行动。5月，编印《创建文明城市——你知道吗》知识读本，引导全市人民以主人翁姿态积极投身创建。6月，举办“众手浇开文明花”大型专场文艺演出。10月，开展“讲文明树新风”主题公益广告大赛，收到平面广告作品65幅、影视作品15幅，评出一等奖2个、二等奖4个、三等奖6个、优秀奖7个。

建设爱心城市 年内，结合第三届全国道德模范评选和学习宣传活动，广泛发动群众，在全市组织市第四届“爱心大使”、“爱心团队”和“我推荐、我评议身边好人”推荐评选活动，培育选树新爱心典范。开展“爱心巡礼”活动，回访、关爱各类先进典范。继续深化“双联双助”、社区结对共建、万人助学、慈善月捐赠等爱心活动。将开展志愿服务作为深化爱心城市建设新举措，组织贯串全年的“传承小亭精神，弘扬城市大爱”主题活动，搭建爱心城市建设新平台。确定每年7月21日启动为期一个月的“小亭志愿服务月”活动。3月，组建如皋市志愿服务总队，同时成立专业志愿服务支队13个，制订并印发《如皋市志愿服务总队章程》(试行)。开展为期一个月的“文明交通志愿服务月”活动，全市500多名文明交通志愿者参加活动。4月，启动“普法邮路通万家”工程。5月，开展关爱农民工志愿服务活动。6月，成立如皋市江海夕阳红志愿服务支队，制订《如皋市江海夕阳红志愿服务工作实施方案》(暂行)。7月，开展如皋市首届先进志愿服务组织和优秀志愿者评选活动，表彰先进志愿服务组织2个、优秀志愿者8个。8月，组织开展如皋市第四届爱心团队、爱心大使评选活动。9月，如皋被列为“江苏省公民道德巡礼”八个典型之一，省级各大媒体再次聚焦如皋爱心城市建设。10月，《半月谈》推出《爱在如皋》专题报道。11月，市委、市政府印发《关于深化爱心城市建设的指导意见》。

全国文明城市创建 年内，以第三批全国文明城市评选为契机，健全完善组织推进体系和创建工作例会、月度工作推进、创建信息反馈、创建工作督查、整改落实问责等相关机制。制订《全国文明城市2011年测评重点工作任务分解及要求》，分解落实各项创建任务，推动解决一批群众反映强烈热点问题。2月，召开文明城市创建动员大会，对第二届如皋市爱心团队、爱心大使集中授牌、颁奖。6月12～15日，作为苏中苏北唯一县级市接受全国文明城市省级测评，以总成绩全省第三排名，跻身39个新一轮省级文明城市行列。7月，市委、市政府制定下发《关于建立健全创建全国文明城市长效机制的意见》，调整充实创建指挥部成员，深化四套班子领导联系社区、机关部门挂钩结对共建，落实月度创建工作推进督查和信息反馈制度。

公民道德教育

【概况】 2011年，市文明办将创文明城与育文明人相结合，全市有4人当选"中国好人"、4人当选"江苏好人"、4人当选南通市第34次文明新风典型。深入开展农村群众性精神文明建设系列教育实践活动，打造文明乡风。加强和改进未成年人思想道德建设，2名学生被评为首届江苏省"百名美德少年"。

市民素质教育　年内，在全市开展"我推荐、我评议身边好人"活动，发动市民群众推荐、评议"身边好人"，组织市各新闻媒体对各类获奖道德模范集中宣传。"如皋爱心大使"赵小亭当选省第三届道德模范，卢俊、袁建甫、丁雪峰、李实清4人先后当选"中国好人"，丁雪峰、李实清、张谷才、徐俊山4人当选"江苏好人"，卢俊、袁建甫、张谷才、丁雪峰4人当选南通市第34次文明新风典型。9月，结合全国第九个"公民道德宣传日"，组织开展"爱心巡礼——如皋市道德模范宣讲"活动，组织道德模范事迹报告团深入社区、村镇、学校、企业举行宣讲报告会5场。

文明乡风打造　年内，围绕加快城乡统筹发展和创建全国文明城市目标，深入开展农村群众性精神文明建设系列教育实践活动，着力培育新农民，倡导新风尚，发展新文化，打造新环境。围绕贯彻落实党的十七届五中全会精神，推进农村基层学习型党组织建设。围绕"大力弘扬新时期如皋城市精神，迈进基本现代化，建设美好新如皋"主题，开展"弘扬城市精神，建设美好家乡"专题讨论。开展农村劳动力转移培训、农民创业和农业实用技术培训，加强农民诚实守信、市场经济知识、法律法规教育培训，提高农民科技致富、自我发展、辐射带动能力。利用文化科技卫生"三下乡"等活动载体，借助广播电视、网络技术等现代传播手段，加强社会主义荣辱观、公民道德基本规范、科学知识、文明礼仪宣传教育。深化文明户、文明村镇创建，在持续开展"星级文明户"评比基础上，广泛开展文明信用户、文化中心户、生态文明户、平安家庭、文明生态庭院、"五好"文明家庭、"十佳"好婆媳、"十佳"孝敬好儿女等创建活动。深化"榜说新事"活动，继续在各镇村推广设立"光荣榜"、"提醒榜"，用传统形式，发布群众身边好人、好事、疑事和难事，曝光、评议不文明行为。深入开展"送书、送戏、送电影"下乡等公益性文化活动，组织文艺工作者深入基层，加强对各类社会文化活动指导，开展村(社区)文艺调演。9月，开展农村精神文明建设创新案例征集评选活动。

未成年人思想道德建设　年内，以迎接全国未成年人思想道德建设工作专项测评为契机，不断强化领导、创新载体、完善机制，加强和改进未成年人思想道德建设。红十四军公园、文化广场、长江青少年素质教育实践基地等市级重点项目建设全面推进。年初印发《关于进一步加强校外教育辅导总站建设的意见》，镇校外教育辅导总站实现全覆盖。依托镇村中小学校，全市建成乡村学校少年宫20个。开展"缤纷的冬日"、"七彩的夏日"、"我们的节日"、"优秀影片进校园"、"学党史、颂党恩、跟党走"、"中小学弘扬和培育民族精神月"、"爱心寻访"等道德实践活动。结合第九个"公民道德宣传日"，组织如皋市道德模范宣讲团深入全市中小学校，开展宣讲活动。配合南通市文明办，承办"童心向党·红歌唱响红军走过的路"相关活动。组织参加第二届全国优秀童谣征集评比活动，搬经镇夏堡幼儿园老师张小琴的作品《生肖歌》获优秀奖。4月，评比表彰如皋市"三好"标兵299人。11月，建立如皋市青少年校外教育工作联席会议制度，制订《关于加强村(社区)未成年人思想道德建设工作的意见》与《关于"加强馆校衔接，共建第二课堂"的实施意见》，举行"加强馆校衔接，共建第二课堂"启动仪式。12月，李琳玉、胡子昂被评为首届江苏省"百名美德少年"。

(许海霞)

文明创建

【概况】 年内，市文明办根据《如皋市文明创建工作管理办法》(皋办〔2009〕100号)进一步深化拓展全市群众性精神文明系列创建活动，通过重点推进全国文明城市创建责任目标任务完成、先进典型培育选树、道德模范学习宣传、加强公民思想道德建设、社会志愿服务情况等工作落实，推动社会文明程度不断提升。市妇联以创建文明家庭、加强小公民道德教育为重点，以志愿者活动为载体，开展文明创建活动。

年内，全市受表彰南通文明行业27个、南通文明村26个、南通文明镇6个、南通文明社区12个、南通文明单位67个。在全市开展2011年度文明系列创建工作，评比表彰文明行业26个、文明镇13个、文明机关47个、文明单位396个、文明社区79个、文明村45个。1月，市妇联举办“手拉手我们一起前行，心连心我们一起成长”迎元旦联欢会，与市特殊教育学校师生共聚一堂喜迎元旦新年。市网上家长学校试运行，成为南通首家开通网上家长学校的县(市)。成功承办南通市家庭才艺大赛北三县预赛。3月，市妇联选送的张玉华家庭在南通市家庭才艺大赛决赛上获唯一一等奖，并选送至中央电视台三台《欢乐一家亲》节目。举办“牵手央视，快乐体验”选拔活动，在全市选拔14名四到六年级学生参加中电视台少儿节目“快乐体验”《木偶的故事》拍摄。5月，市妇联开展“我的幸福家庭”评选展示活动，王汉杰、袁小琴2户家庭分别获南通市“和谐家庭”、南通市“才艺家庭”单项奖，王莹家庭获南通市“幸福家庭”综合奖，市妇联获优秀组织奖。邀请心理咨询师在孔庙社区活动室举办“邻里好，赛金宝”为主题的心理知识讲座，向社区妇女发出《以邻为友、以邻为善、以邻为和》倡议书。在迎春花园小区举办家庭美德宣传暨迎春花园文明家庭现场展示活动，为小区居民搭建一个相识相知、互动交流平台。举办“倡导绿色、低碳、环保生活，携手共建全国文明城市”千人签名活动，发出《低碳生活，从家庭做起》倡议书2000余份，市委四套班子领导、社区居民及学生约1500人在“倡导绿色、低碳、环保生活，携手共建全国文明城市”横幅上签名。6月，市妇联为庆祝中国共产党成立90周年，举办“童心向党”小学生红歌演唱比赛。在如城镇孔庙社区举办“争做‘五好’小公民，共创全国文明城”专场文艺晚会。7月，市妇联组织巾帼志愿者参与“传承小亭精神，弘扬城市大爱”志愿活动，涌现泰慕士“爱心妈妈”，农商行“童心同行”，文峰大世界、市委党校“爱心家园”，移动公司“阳光快车”等优秀巾帼志愿服务团队。8月，市妇联组织林梓镇林梓小学、奚斜小学160名留守儿童代表走进南通，参加“关爱成长，喜看发展”——千名留守儿童看南通暑期夏令营活动。9月，市妇联在孔庙社区开展“我们的节日·中秋”暨“浓浓中秋情，邻里共守望”活动。

(许海霞　曹　璨)

干部廉洁教育

【概况】 2011年，市纪委监察局以学习宣传贯彻中共十七届五中、六中全会精神、《廉政准则》及其《实施办法》、《农村基层干部廉洁履行职责若干规定(试行)》为主要内容，突出党员干部重点，综合运用警示教育、典型教育、环境教育、情景教育、提醒教育、预警教育等手段，使反腐倡廉教育入心入脑。

年内，全面开展“党性、党风、党纪”主题教育，与市委组织部联合发文，在全市组织召开“以人为本、执政为民”专题民主生活会，全面增强党员干部党性意识、宗旨意识。向全市科级领导干部赠送廉政台历，制作并组织全市领导干部观看警示教育片《贪欲之祸》和《迟来的忏悔》。市委主要领导为全市领导干部上专题廉政党课。拍摄勤廉班子、勤廉标兵事迹专题片，在市电视台集中报道，掀起学先进、赶先进、超先进热潮。重点组织开展全市第八个党风廉政宣传教育月、“5·10”思廉日、9月份“算好本色账”、“12·9”国际反腐败日系列主题教育月活动。以树立廉荣贪耻价值观为目标，面向全社会加强廉政文化建设。以市委办、市政府办名义下发《如皋市廉政文化建设任务分解表》，将廉政文化建设任务分解落实到位，形成整体联动工作推进机制。建成如皋市廉政文化广场，全年先后接待各级领导、党员干部参观学习50余批1000多人次，吸引市民参观10万人次。依托红十四军纪念馆建成廉政主题展厅，为社会公众特别是青少年学生开展廉洁教育提供新阵地。深入推进廉政文化“六进”工程，年内有1家单位被评为江苏省廉政文化建设示范点，7家单位被评为南通市廉政文化建设示范点，2家单位被评为南通市廉政教育文化建设示范基地。在南通市率先创建社区廉政文化学校。与市法院等部门协作，成功举办第一届如皋廉政文化大讲坛。包装推介如皋廉政木偶剧，先后赴镇江、武汉巡演40场次，观众达13.5万人。5月，全市首家社区廉政文化学校在如城镇城南社区成立。如皋廉政文化广场落成开放，开创全省县级廉政文化广场建设先河。11月，南通市廉政文化建设推进会在如皋召开。

【廉政文化广场落成开放】 5月11日，如皋廉政文化广场落成开放，开创全省县级廉政文化广场建设先河。

如皋廉政文化广场位于市行政中心办公楼前，总占地面积4.5万平方米，总投资600万元。广场主题突出，个性鲜明，功能完善，折射出廉洁文化的昂扬正气，成为全市广大党员干部和市民群众感受廉洁、崇尚廉洁、践守廉洁的文化景观，为构建和谐如皋注入更为丰富的时代内涵。

经济发展软环境建设

【概况】 2011年，市纪委监察局切实加强机关作风效能建设，优化经济发展软环境。

年内，广泛开展“优作风、提效能、树形象”活动，对全市重大项目和重点工作实施效能监察，加强考核，评选出“行政服务创新奖”、“行政服务优胜奖”各5名。加强明察暗访，注重发现正反典型，发出作风建设反馈单36份。将8月定为“优化环境月”，在全市范围内组织开展“改进作风提效能，优化发展环境促发展”主题活动，实现行政审批时限比法定时限平均压缩73%，取消省以上部门明确取消的收费项目及其他有关收费项目43项，免收或降低收费标准13项。下放74项行政权力到相关主功能区。参与制作专题片《为了人民的期待》，评选出“十一五”期间机关部门“十佳”优秀服务品牌。推进行政权力网上公开透明运行，提高网上办件率，整治网下办理、事后补录现象，全年网上办件量达15715件，比上年增加8224件，增幅达109.8%。继续完善三级便民服务网络建设，年内受理各类投诉、求助29件次，办结率和满意度均为100%。

行风建设

【概况】 2011年，市纪委监察局强化纠风治乱，不断加强政风行风建设。

年内，继续打造市广播电台、电视台、报纸、网站“四位一体”政风行风热线多媒体平台，先后邀请市委、市政府主要领导和29个部门(单位)负责人走进“政风行风热线”节目，播出42期，累计接听群众电话256个，受到投诉和建议378条，帮助群众解决实际问题472个。5月17日，在安定广场举行第四届政风行风热线户外直播活动，22家行政执法和公用事业服务单位参与活动，现场受理群众投诉咨询34个，解决实际问题30个。7月，对11家行政执法部门及其所属基层站所、政务服务窗口开展“五级联动”重点评议。巩固治理教育乱收费工作成果，全面放大“无红包医院”品牌效应，市中医院、人民医院顺利通过上级复查评估。8月，明察暗访党员干部借谢师之名大操大办收敛钱财行为，及时制止违规行为，有效遏制歪风。

(印国华)

优秀服务品牌创建

【概况】 2011年，市级机关工委在市级机关中深入开展争创“十佳”服务品牌活动。

年内，经部门自评申请、评审组初评、复评等步骤，市纪委、市委组织部、市团委、市发改委、市公安局、市司法局、市财政局、市国税局、市地税局和市邮政局10家单位服务品牌被评为“十佳”优秀服务品牌。《人民日报》、《新华日报》等媒体对如皋市优秀服务品牌创建给予专题报道。省委创先争优活动办公室调研组，中央创先争优办公室副主任、中组部组织一局局长张国隆，省委副书记、省委组织部部长石泰峰等先后调研如皋市级机关优秀服务品牌创建工作，对如皋市市级机关通过创建优秀服务品牌促进科学发展给予肯定。

（许正阳）

爱心团队、爱心大使

【概况】 年内，市文明办开展市第四届爱心团队、爱心大使评选活动，评选出爱心团队、爱心大使各10个。

【接力爱心火炬，绿叶传递真情——如皋绿叶义工志愿服务队】 绿叶义工志愿服务队是如皋首个民间自发组成、正式注册的志愿者队伍，2010年6月成立，现有志愿者330人。团队忠实践行"奉献、友爱、互助、进步"志愿精神，积极开展各种类型志愿服务活动，弘扬文明新风。2010年和2011年暑假期间，先后举行"圆梦大学"大型义卖助学活动60场，筹款58550元，帮助江安镇环池村孙雪梅等18名贫困大学生和1名高三学生顺利入学。先后10多次到敬老院和社区慰问孤寡老人，送衣物和慰问品，为老人义诊、送医送药，让老人感受社会大家庭的温暖。他们积极关注失学儿童、留守儿童成长，通过"一对一"帮扶形式，为孩子们辅导学习，带他们出去玩耍。先后10多次组织参与环保宣传、无偿献血等多项活动。2011年7月被表彰为如皋市首届优秀志愿服务团队。

【爱心无止境，助学见真情——江苏熔盛爱心基金会】 江苏熔盛爱心基金会由熔盛投资人张德璜于2010年10月发起并捐资设立，原始基金数额为500万元。基金会以"关爱民生、助学济学、以人为本、共建和谐"为宗旨，实施规范管理，主要用于资助城乡特困家庭子女就学、特殊困难人员生活需求以及其他公益性资助活动。2010年和2011年春节期间，基金会走访慰问残疾人家庭40余户、外来务工特困家庭20余户。2011年，基金会开展首次助学活动。设立"高端人才精英奖"，对全市高考前20名并被大学提前录取的学生，一次性奖励5000元，鼓励优秀学子大学期间再接再厉；设立"圆梦大学助学金"，资助20名特困大学新生每人每学年5000元学费、每人每月800元生活费，解决贫困学子后顾之忧；设立"英才追梦助学金"，对普通高中就学的20名困难家庭优秀学生每人每年资助8000元。基金会在资金上帮助学生的同时，跟踪了解受助学生学习、生活和思想道德状态，帮助和指导他们走好人生每一步，使之成为社会有用人才。

【温暖童心，携手同行——如皋农村商业银行】 如皋农商行作为"如皋人自己的银行"，坚持诚信为本、操守为重、严格自律、履行承诺，在实现自身业务快速发展的同时，自觉承担社会责任，回馈社会、奉献爱心。2005～2011年，先后投入近300万元资金，用于慈善募捐、结对帮扶、社区共建等各项公益事业。2011年6月1日，农商行全面启动"童心同行"爱心助孤工程，设立"童心同行爱心基金"，对全市65名孤儿开展长期结对帮扶，每年资助每个孩子不低于2000元爱心助学金，65个支行、部门帮扶小组全方位关注每个帮扶孩子的衣食住行、思想心理、学习生活，及时与孩子们零距离情感交流，定期组织各类趣味活动。订立专项考核指标，确保帮扶工作全面到位。"童心同行"成为农商行人发自内心深处的爱心宣言，为65名孤儿撑起爱的蓝天。

【传承小亭精神，播撒爱的种子——南通荣威娱乐用品有限公司】 南通荣威娱乐用品有限公司由荣威集团控股有限公司投资设立，从事品牌塑胶娱乐产品生产销售。荣威公司传承小亭精神，将爱作为企业文化的宗旨和根基，热心社会公益。2010年8月，向贵定县马场河小亭纪念小学和毕节市生机镇丁家嘴小学捐赠20万元，用于改进学校教育设施及基础设施建设。与如皋实验小学签订《荣威教学奖合作协议》，现场向学校捐赠10万元。多次向经济开发区幼儿园捐赠其生产的品牌塑胶玩具，价值4万余元。2011年10月22日，常务副总经理王海青一行不远千里，将凝聚着全体职工关爱之情，价值1万余元的书包、文具盒、乒乓球拍、羽毛球拍、篮球等文体用品，送到贵定县马场河小亭纪念小学学生手中，再次为该校师生献上一份爱心。

【老骥伏枥志千里，扶贫助学献爱心——东陈镇老建会助学团队】 东陈镇老建会助学团队由32名退休老人组成，平均年龄70岁。在团队负责人王忠带动下,团队全体老人怀着一颗奉献社会、服务人民的赤诚之心,15年如一日,通过帮学、帮教、帮就业,让青少年切身感受到关爱。他们积极筹措资金建立"扶贫助学基金",先后资助学生48人。每年自费征订《大江南北》、《铁军》等传统教育刊物赠送给被资助学生,对孩子们进行思想引领。经常深入学校、家庭走访,了解孩子学习生活情况,每个假期都组织受资助学生开座谈会,鼓励孩子们努力学习。受资助学生学成毕业时,他们总是想方设法,帮助落实就业。在他们感召影响下,已有5名参加工作的受资助学生参加扶贫助学接力比赛。

【爱心联动真情联盟——如皋市财政系统"爱心联盟"】 多年来,市财政系统干部职工积极参与捐资助学、扶贫助困、结对帮扶等社会公益活动,先后为系统内困难职工捐助10余万元。2010年,常青镇财政所获市第三届爱心团队称号。市财政局以学习先进典型为动力,迅速行动,与20个财政所(分局)建立"爱心联盟",在全系统开展"助困、助学、助老"为主题的"爱心财政行"活动,形成全系统爱心联动机制。累计为97户贫困户、12名贫困学生、19位高龄老人捐赠资金6.46万元。为联助村协调帮扶资金259.36万元,架起便民桥4座,铺设便民路5条。帮助争取支农项目3个,项目资金120万元。为村民征订《农家致富》97份,举办农民实用技术培训班2期200人次。参与爱心联盟的各财政所(分局)各展特色,港区财政分局"爱心妈妈"团队专门设立"爱心基金",对贫困学生定向长期帮扶。郭园财政所"晚霞关爱"活动,每月一天"敬老日",为老人送去真情。"爱心联盟"成为财政人情暖百姓、凝聚合力的爱心品牌。

【致富不忘回报社会——江苏江中集团】 江苏江中集团是具有国家特级企业资质的建筑施工单位。江中集团把提高员工队伍素质、做强爱心事业与推动经营发展工作相结合,坚持在内部开展"爱心部门、爱心项目部、爱心班组、爱心员工"创建活动,培育和弘扬爱心文化。江中集团高度关注社会公益,先后多次为希望工程、晚霞工程、抗洪救灾、残疾人联合会、慈善会和市、镇重点建设工程捐款,每年年底组织团员到敬老院,看望慰问老人,并为老人发放慰问金近万元。2011年,江中集团党委积极开展"文明结对共建",与吴窑镇钱庄村30户贫困户结成帮扶对子,平均资助每户家庭款物2500元,帮助他们脱贫致富。签约捐资600万元兴建如皋吴窑镇小学,首批200万元到账,为家乡教育事业发展作出贡献。

【发挥余热,回报社会——如城镇安定社区"夕阳红"志愿服务队】 如城镇安定社区"夕阳红"志愿者服务队成立于2009年3月,由社区退休人员组成,现有志愿者107人,平均年龄68岁。他们长期义务担任社区法制宣传员、校外辅导员、就业指导员、帮教监督员。退休法律工作者杨旭明、社区民警石高兵等6人组成"法制宣讲团",定期开办"未成年人法律大讲堂",为辖区内未成年人讲解相关法律知识,增强青少年法制意识。老教师黄润生、冒俊等5人组成"帮教监督组",与辖区内张某等5名原有不良行为的青少年结成帮教对子,用爱心开展"回归教育"。退休老教师吴功卓、黄胡等人长期担任校外辅导员,在社区青年活动中心为孩子们辅导功课、传播知识,深受社区群众和青少年欢迎。

【传递温暖的城管护学岗——长江镇(如皋港区)城管义务护学岗】 如皋港区城管护学岗中队成立于2009年8月。时值港区港城学校启用,学校地处港区学府路、沿江公路与经一路交界处,此处时常有交通拥挤、道路堵塞现象,给学生出行带来安全隐患。为了保障学生交通安全,港区城管大队主动与学校联系,义务担负起护送学生的任务。两年多来,护学岗12名队员风雨无阻,每天坚持疏导流动摊点,清理乱停乱放车辆,为学生安全出行护航,用倾情付出和无私奉献确保学校周边良好的安全交通行车环境,树立了城管队伍亲民、爱民新形象。

【在关爱中凝聚员工力量——如皋市苓美服装有限公司】 如皋市苓美服装有限公司是一家从事服装加工的私营股份制企业。公司一直坚持"以人为本、诚信兴企"经营管理理念,用"相互关爱、共谋发展"企业文化凝聚每一名员工的心,先后为身患重病的企业职工全额支付医疗费45万多元。2011年6月28日,公司首期投放启动资金30万元,职工一次性自发捐助18081元,建立"苓美职工爱心互助基金",专门用于资助苓美服装有限公司及企业所在村贫困家庭。企业积极支持镇村建设，先后捐资33万元用于企业所在村铺筑水泥路、沥青路，为白雪路亮化工程出资40万元，资助镇残疾慈善事业，教育，文化，体育事业20万余元。

【大爱无痕写忠诚——卢俊】 卢俊，男，中共党员，市公安局副局长。从警20多年来，他时刻牢记打击犯罪的第一责任，不管是严寒还是酷暑，不管是泥塘还是工地，线索指向哪里，就立刻奔向哪里，先后参与侦破刑事案件达数千起，主办重大案件千余起。在他的参与和努力下，如皋保持连续20年凶杀案件当年全破，八类案件破案率达95%以上的辉煌纪录，市公安局被省委、省政府表彰为全省打击犯罪先进集体。他倾听民意，听取呼声，把破小案、挽损失纳入刑侦绩效考核，积极回应群众期待，近年累计为企事业单位和人民群众挽回经济损失600万余元。他爱民亲民，侠骨柔情，牵头发起"刑警每月捐十元"活动，结对帮扶困难受害群众和服刑在教人员未成年子女，近年，他将所获得的数万元英模奖金均悉数捐赠，用实际行动书写对党和人民的大爱之情。他先后27次被记功表彰，2010年被国务院表彰为全国先进工作者、被公安部授予二级英雄模范称号，2011年2月荣登中国好人榜。

【他用爱撑起了家的天空——袁建甫】 袁建甫，男，南通市如皋地方税务局第六分局税务干部。20年来，他携手重病爱人、侍奉年迈父母，真情不移。1992年，袁建甫的妻子马亚美被诊断为慢性肾炎，如果病情得不到控制，将危及生命。从此，他便执著地带着妻子踏上漫长求医之路。2005年3月，马亚美的病转为尿毒症，必须尽快换肾。她哭着、求着袁建甫放弃对她的治疗。这个不善表达的男人始终用他坚强的意志坚守着爱的家园，带着妻子先后七次赶赴南京做配对，终于找到合适肾源。妻子接受换肾手术休养期间，袁建甫的岳父岳母双双患病，在不到两年时间里相继离开人世。袁建甫默默料理好岳父岳母后事，陪伴鼓励妻子，同时坚持照顾好自己年迈生病的父母，用爱撑起了曾经布满乌云的家天空。2011年6月，袁建甫荣登中国好人榜。

【用大爱为百岁孤寡老人撑起一片绿荫——徐俊山夫妇】 徐俊山，男，中共党员，如皋市丁堰镇敬老院退休院长，妻子李美兰58岁。这对朴实的农村夫妇，从1981年开始，就主动照顾同村年已70的冒同英、徐登林老两口。将徐登林养老送终后，又像亲生儿女一样无微不至地赡养冒同英至今。他们想方设法让老人吃好住好。老人爱听评书，徐俊山省吃俭用买收音机、VCD、电视机，陪她解闷；老人爱干净，李美兰就常给老人洗澡、洗衣服、拆洗被褥、打扫卫生；老人病了，他们借钱送老人去医院治疗，喂药喂饭，端倒大小便，不说一声脏，直到出院，医护人员和同室病友都不知道他们其实非亲非故。冒同英老人已百岁高龄，身体依然健康。徐俊山夫妇把非亲非故的老人当成自己的亲人、30年如一日悉心照料的故事被乡邻争相传颂，成为邻里乡亲争相效仿的榜样。2011年10月当选江苏好人。

【夕阳正红，余热生辉——陈平】 陈平，男，中共党员，长江镇(如皋港区)关工委副主任。2004年，刚从公安战线退休的陈平发现有的孩子在节假日经常上网吧和游戏厅，甚至打架惹事。他坐不住了，"一定要把孩子们的心拢住。"陈平主动与周边学校联系，担任学校的校外教育辅导员，义务为学生作法制讲座，为孩子们讲英雄人物和励志故事。冬去春来，他的法制讲座就像时钟一样准时运行，从未间断。七年中，陈平义务为青少年作法制教育讲座累计达100多场，受教育学生6万多人次，有力地促进青少年遵纪守法意识和良好品德的养成。"关心下一代成长是共产党员的责任，能为如皋的关心下一代事业作出应有的贡献，是我一生最大的追求。"2011年，陈平被评为江苏省关心下一代先进工作者。

【用点滴行动传递绵绵爱心——张玉军】 张玉军，男，如皋农村商业银行股份有限公司安全保卫部金库管库员。生长在贫困且父母多病家庭的他，从小就懂得生活艰辛，也更能理解别人生活中的痛苦。在努力工作之余，他精心照料家庭，热心社会公益。他积极参加无偿献血活动，12年来，累计无偿献全血6400毫升、成分血小板100多单位(相当于8000毫升全血)，被卫生部、中国红十字会总会、解放军总后勤部卫生部联合授予全国无偿献血奉献奖金奖。2010年6月，在流动献血车上，张玉军加入如皋绿叶义工志愿服务队，并义务担任志愿服务队财务主管和义工志愿无偿献血分队队长,先后多次参加无偿献血知识宣传并带头献血,参加帮助贫困学生圆梦大学的义卖活动、为身患白血病大学生的募集捐款等志愿服务活动,用点滴行动为社会奉献绵绵爱心。

【社区空巢老人的好女儿——刘松秀】 刘松秀,女,如城镇花园社区居民。2004 年,刘松秀不幸患上乳腺癌。社区党支部知道后,发动群众为她捐款、捐物,帮助联系医生,为她办理医保、低保和提前病退手续,鼓励她、陪伴她渡过难关。身体逐渐恢复后,刘松秀决定回报社会,主动报名加入社区志愿者队伍。她发现邻居吴迪生老人去世后就剩 87 岁的吴老太一个人生活,眼睛不好使,走路不方便,她就自己掏钱买菜,三天两头给吴老太送点饭菜,照顾她生活起居。她发现社区内一个病残老人因家庭纠纷子女不照顾老人,就主动上门为老人煮饭、打扫卫生等,用真诚和孝心感动了老人子女。现在,刘松秀带领 5 名社区志愿者义务照顾着社区 12 名空巢老人,成为社区"好管闲事的人",被老人们称为"贴心的好女儿"。

【最美"爱心妈妈"——吴美云】 吴美云,女,南通泰慕士服装有限公司员工。2008 年 1 月,吴美云光荣成为泰慕士"爱心妈妈"团队一员,与东陈镇徐湾村孤儿蔡阳结成帮扶母子对。从此,她的命运就与这个原本毫无瓜葛的孩子紧紧相连。14 岁的小蔡阳从小缺少家庭温暖、缺乏管教,有些不爱学习,甚至有些叛逆。吴美云在为他送衣送物、缴费注册上学、购买学习用品的同时,一次次电话问候、家访校访、团聚长谈,陪他聊天交心,从学习、生活、做人等各方面给予小蔡阳无微不至的关心。四年风雨兼程、情真意切的爱心付出,给小蔡阳带来快乐和温暖,让他拥有信心和希望,顺利完成初中学业,并升入职业高中继续学习,还担任班干部,成长为一个朝气、健康的阳光少年。

【平安老区的"守护神"——刘平林】 刘平林,男,中共党员,搬经镇副镇长、调处中心主任、司法所所长。他 1989 年开始从事司法行政工作,始终坚持爱岗敬业、争先创优、扎根基层、默默奉献。20 多年,他视调解对象为亲人,为百姓的事跑断腿、磨破嘴,以春风化雨的工作方式,解开众多当事人心结,直接调处各类重大疑难纠纷千余起,成功率 100%。他勤于思考、勇于探索,建立全国首家调解"一点通"网络平台,在全市最早推出"公调对接"机制,"六个一"搬经模式在全省推广,所负责的各项政法工作一直走在全市前列,被搬经群众称为平安老区的"守护神"。先后获省杰出人民调解员、南通市"十大"平安卫士和劳动模范、如皋市优秀共产党员等称号,2011 年 7 月被司法部表彰为全国模范调解员。

【闲不住的老院长——张文艺】 张文艺,男,如皋软件园(桃园镇)敬老院院长。四年前,他退休后到敬老院当院长。他什么事都要干,什么事都得管。敬老院住着 52 位老人,而工作人员只有他、炊事员和一名女护工共 3 个人。他每天帮老人们打扫宿舍卫生、买菜,配合炊事员做饭。他像关爱自己的父母一样,照顾老人,每月组织他们看一次电影,每天早上陪老人们散步、为他们读报,定期帮老人洗澡、剪指甲。对卧床不起的老人,他帮他们洗衣服、把饭菜送到床前喂他们吃。为了省下钱更好地改善老人们的生活,他还当起了全院所有老人的义务理发师。踏实肯干的他多次受到镇和市表彰,被评为全市退休干部学习标兵、老有所为先进个人。

【热心家乡公益,真情回报桑梓——沈世泉】 沈世泉,男,如皋市下原镇野树村24组村民。通过艰苦打拼,在外创业的沈世泉先行致富。他不忘回报家乡,为乡邻奉献爱心。每年春节,他都向镇敬老院31名老人每人送一份年货,为每位老人发放100元,购置一件羽绒服;为全村70岁以上生活困难的老人每人发放200元,同时捐资村委会,用于特困家庭救助。每年中秋节,他为每个孤寡和贫困老人购置半斤肉、2斤月饼。2007~2011年,他累计为老人、困难户捐款、捐物达10万多元;另捐款20余万元,为村民建成洪阳南路水泥路,受到村民一致称赞。

(许海霞)

结对帮扶

【概况】 2011 年,市委、市政府组织全市机关部门、单位以多种形式，开展与农村、企业和城镇困难职工结对帮扶活动，取得显著成效。

农村扶贫　年内，全市继续深入开展以“双联双助”和“千企连百村，共建新农村”为主要内容的扶贫开发工作，实行和完善扶贫开发与农村“低保”两项制度有效衔接。75家市级机关单位、98名到村任职干部申报“双联双助”积分项目3352个，确认总积分12889分。帮扶单位及个人通过直接出资(或协调)资金2095万元，帮助培训转移建档立卡贫困劳力1230人、兴办公司制企业216家、新建或扩建高效种养园区189个、引进能人151个，资助贫困学生1049人，被帮扶农户年人均增收500元以上。市扶贫办连续六年被评为省扶贫系统先进集体。1月，召开“双联双助”和“千企连百村、共建新农村”工作动员大会，抽调98名市级机关年轻干部到村挂职锻炼，组建“双联双助”工作督导组。2月，各帮扶单位进村入户落实对接，开展“送温暖献爱心”活动，并因户制宜，制订一户一策。3月，全市重点助推植树绿化、河道整治、垃圾处置三项工作，完成和超额完成年度目标任务。5月，全面调查摸底全市2010年家庭人均纯收入5000元以下低收入人口情况。7月、9月，市委分别对各镇(区、园)、各帮扶单位“双联双助”工作进行阶段性考核，并将考核结果分别在“七一”表彰大会和全市建设更高水平小康社会动员大会上公布。10月，开展新一轮农村贫困人口建档立卡工作，对24649户年人均纯收入5000元以下、56457人贫困人口的家庭收入、致贫原因等情况入户调查、登记，为实施“十二五”脱贫奔小康工程提供基础资料。12月，市委、市政府组织助推全面小康建设年终考核，表彰“双联双助”工作和“千企连百村、共建新农村”先进集体55个、先进个人60人。

帮扶特困职工　年内，市总工会继续开展市级机关与特困职工家庭结对帮扶活动，巩固党委政府主导、工会主动参与、各方协同配合的特困职工社会化帮扶工作格局。全年累计发放慰问金117.36万元，慰问各类困难职工163人。制订救助办法，临时救助105人次，资助金额10.5万元。依托新职工服务中心，为广大职工提供生活救助、大病援助、职业介绍、心理咨询、法律援助等“一站式”服务。继续深化“金秋助学”活动，为37名特困职工、困难农民工子女发放助学金11.4万元。坚持每月为特困职工发放100元基本生活物资，并根据物价指数变动情况，增发物价补贴。邀请市医疗、计生专家和心理咨询师，到企业开展送健康、“红丝带健康快车”以及免费妇科检查等活动，惠及全市2万多名女职工。主动联系高校共同关爱困难学子，进一步完善特困职工子女高校联系制度。帮助困难学子开展暑期勤工俭学，介绍9名学子实现优先就业。与市劳动就业处合作，联合开展招聘活动，多渠道联系和推荐就业岗位，全年提供免费职介服务2630人次，免费培训800多人，帮助180余人实现再就业。选树创业示范岗16个，培育再就业示范基地4家，进一步加强创业培训和指导，与市农商行联合开展“职工创业小额贷款”工程，服务职工自主创业。

“千人联千企”　年内，市委、市政府继续在全市深入开展“千人联千企”活动。继续实施对全市规模工业企业挂钩服务，市四套班子领导挂钩目标应税销售亿元以上工业企业，各部门单位挂钩目标应税销售3000万元以上工业企业，各镇(区、园)挂钩所属地其他规模工业企业。以实现新型工业化为主要目的，帮助企业排忧解难，保持企业平稳运行、持续增长。引导企业加强科技创新、项目投入、两化融合、资本运作、人才引进、品牌建设、节能减排等各项工作力度，协助企业解决生产经营、项目建设中各类矛盾和问题。全年累计收集工作信息1528条，帮助企业落实解决用工、融资等各类问题168件。市委农工办主动约请农商行领导为企业提供资金服务；市检察院帮助企业解决合同纠纷矛盾，联系技工学校，促成技校学生去企业顶岗实习，缓解企业用工紧张局面；市总工会开展“三送”活动，送出安全知识读本和慰问物品500多份；市科技局邀请专利代理机构上门服务，帮助企业申请专利，主动为企业联系高校，开展产学研合作；市发改委认真做好重大项目推进的服务协调工作，积极打造“经济‘110’、服务零缺失”服务品牌。

(王志斌　应　晶　程　洋)

“青年文明”工程

【概况】　2011年，团市委以“青年文明号”创建活动为载体,加强青年职业文明建设。全年新命名和重新认定省级青年文明号24个、南通市级49个、如皋市级188个。

年内,通过对"青年文明号"明察暗访和限期整改,进一步规范"青年文明号"创建机制。3月,组织学校、企业、机关部门等各条线青年文明号创建集体团员青年代表60余人到市烈士陵园开展扫墓活动。9月,举办如皋市"青年文明号"培训班,组织"青年文明号"号长参观学习、拓展素质,增强其领导力、协作力,全市150多家市直团组织负责人和各级"青年文明号"争创集体负责人参加培训。

青年志愿者活动

【概况】 2011年,团市委进一步深化青年志愿者服务活动,号召社会有志青年积极加入青年志愿者服务队伍行列。

全年开展各类关爱农民工子女行动20余次,有5名志愿者加入南通市首批关爱行动项目专员队伍。年内,构建关爱农民工子女长效志愿服务机制,按照"1名志愿者(团队)+1名农民工子女"模式与农民工子女结对帮扶;按照"志愿者(团队)+接力"模式,通过团组织联络对接,确保农民工子女获得长期有效帮扶。3月,组建以大学生"村官"、职业青年、青少年学生为骨干的志愿者队伍30支500余人。组织成立以在校师生为骨干的志愿者预备队,成员3000多人。以"3·9"保护母亲河日和"3·12"植树节为契机,举办"绿色传递,你我携手"义务植树活动,引导广大青年投身生态文明建设。5月,在第21个全国助残日,组织江苏熔盛重工有限公司志愿者到如皋特殊教育学校开展主题为"心手相连,扬帆远航"的扶残捐赠活动。7月,开展"创建文明城市,共建美好家园"青年志愿服务月和"传承小亭精神,弘扬城市大爱"主题活动暨小亭志愿服务月活动。在创建全国文明城市期间,1000多名青年志愿者通过创文知识宣传、入户入店铺宣讲、发放"创建文明城市,共建美好家园"倡议书、清理社区街道等方式,为全市文明创建工作贡献自己的力量。

(冒纾瑞)

"三下乡"活动

【概况】 2011年,市委宣传部、市文明办牵头,市文广新局、市卫生局、市科协等部门参与,在全市组织开展送科技、送文化、送卫生"三下乡"活动。

年内,市文广新局开展"三送工程"(送图书、送电影、送戏),让农民群众方便、就近享受到公共文化服务,满足其多层次多方面的精神文化需求。全年向各镇送图书11万余册,电影4320余场,送戏103余场。市卫生局组织相关医疗机构开展送医下乡、义诊10余次。市科协组织送科技下乡7次。4月,市科协、市教育局到磨头小学开展科普阅读专题研讨活动,2200多名师生参加活动。市科协、市教育局到外国语学校、安定小学、磨头小学开展科普大篷车进校园活动,5200名师生参加活动。5月,市科协、市老科协医卫分会、新华书店有限责任公司到丁堰镇开展送科技、送医、送书下乡活动,1000余名群众进行现场咨询和体检。市科协、农发局到吴窑镇平田村举行科普周高效农业专题讲座,120多名群众参加活动。市科协、科技局、司法局、农委、粮食局、气象局、文慈医院到常青镇开展科普咨询,举办科普讲座,发放科普资料19520多份,咨询人数达300多人。6月,市人民医院、市中医院医疗专家到下原镇腰庄村为320多名群众开展义诊、咨询活动,市中医院副主任中医师黄山峰作有关高血压、糖尿病、冠心病防治的专题讲座。7月,市人民医院、市中医院医疗专家到如城镇大明村开展送医下乡活动。8月,市人民医院、市中医院医疗专家到白蒲镇唐堡村为150名群众义诊、咨询。市科协、科技局、地震局、气象局、司法局、农委、计生委等10部门在常青镇组织开展大型科技下乡活动。9月,市人民医院、市中医院内、外科专家借助搬经、城东医院门诊为老党员免费体检、健康知识宣教答疑、发放健康教育处方。市科协、蚕桑协会、医学会在雪岸镇万富村举办科普知识讲座,参加活动村民200多人。市科协、市环保局到如城镇花园社区开展科普进社区活动,参加活动社区居民150多人。12月,中医院医疗专家到袁桥镇浦东村开展"中医中药进乡村,志愿服务为百姓"

中医药科普知识宣传及志愿者服务活动。

（许海霞）

捐助失学儿童

【概况】 2011年，市妇联扎实推进“扶孤助学”活动，努力在全社会营造扶贫济困良好氛围。

1月，市妇联为“星际春蕾班”15名孤困儿童送去慰问金6000元，联合市电信局给“电信春蕾班”16名学生送去慰问金6400元。筹措资金6万元开展“巾帼助困，温暖同行”活动，深入镇、村慰问孤困儿童65人、贫困妇女48人。3月，在高明镇启动“国检春蕾班”，如皋出入境检验检疫局捐赠1万元资助“国检春蕾班”15名品学兼优贫困学生。举办红黄蓝“爱心助学”活动，20名困难学生获资助款8000元。4月，市国税局“巾帼春蕾班”正式揭牌，首批50名小学生受资助。6月，举行“庆六一·童心同行”农商行爱心助学活动启动仪式，对全市未有固定渠道帮扶的65名孤儿实现帮扶全覆盖，年人均受助金额达2000元，扶助活动直至孤儿高中毕业。争取省、南通市妇联援助资金7.2万元，召开“爱心助孤”工程推进会，为72名孤困孩子给予每人1000元经济资助。7月，举行“慧源书城留守儿童春蕾班”暑期捐赠活动，慧源书城给予15名留守儿童每人400元慰问金，并奖励4名优秀留守儿童一套学习用品。市“体育春蕾班”启动仪式在吴窑中学举行，市体育局给予春蕾班17名学生每人资助500元。8月，举行“巾帼志愿者春蕾班”2011年度暑期捐赠仪式，给予东陈镇30名孤困儿童每人资助金1000元。9月，举行泰慕士爱心基金会成立两周年庆典活动，发动该企业1410人捐款38143元，并成立“爱心妈妈”巾帼志愿分队。在袁桥镇成立“爱心家园”，市委党校志愿者与20名贫困学生结对，为孩子们提供精神家园和生活依托。10月，由市妇联、江苏移动如皋分公司、雪岸镇共同发起的“阳关快车”正式启程，并举行移动公司20个班组巾帼代表向春蕾班20名学子捐赠仪式。

（曹　璨）

“爱心献功臣”活动

【概况】 2011年，全市“爱心献功臣、一助一帮扶”活动帮扶优抚对象1043户，其中，市级机关帮扶优抚对象164户，乡镇帮扶879户，帮扶资金总额83万元，被帮扶对象基本脱贫。连续八年在重点优抚对象儿女中开展“敬革命功臣、做孝顺儿女”评比活动。年内，经自下而上推荐，由市双拥领导小组办公室审核批准评选“敬革命功臣、做孝顺儿女”先进个人46人，并给予奖励。

破除封建迷信

【概况】 2011年，全市火化尸体10399具，强制起棺火化尸体269具，迁移、深埋绿化坟墓（冥亭）12583座，恢复用地近33.3公顷，全市新增公墓绿化面积13.2公顷。

年内，出台《关于落实殡葬惠民政策和推进公益性公墓规范化建设工作的意见》（皋政办发〔2011〕204号），自2012年1月起对如皋籍不享受丧葬补助待遇的城乡居民，实行殡葬普惠制补助。如城镇、如皋市经济开发区（柴湾镇）、软件园（桃园镇）等镇，率先规划建设配套设施齐全、环境一流、规格比较高的镇级公益性公墓（骨灰堂），将室外葬转换成室内葬。年终，如皋经济开发区（柴湾镇）、长江镇（如皋港区）、软件园（桃园镇）、袁桥镇、九华镇5镇被评为市殡葬改革工作先进单位。

（邓建芹）

社　会　生　活

导读
- 在全省率先出台失保与农保、企保叠加享受待遇政策　P380
- 在省内率先建成全国人口健康公共服务项目示范市　P383
- 全国农村社区建设实验全覆盖示范单位创建通过民政部评估验收　P384

居　民　生　活

【概况】 据城、乡居民抽样调查数据显示，2011年，全年城镇居民人均可支配收入23028元，农村居民人均纯收入10312元，城镇集体及以上单位在岗职工年平均工资为41672元。全年实现社会消费品零售总额196.86亿元，同比增长16.1%。年末，城乡居民储蓄存款余额为371.25亿元，同比增长17.2%。全市城镇居民人均住房建筑面积为40.1平方米，农村居民人均住房面积为51.3平方米。

居民经济收入　全年城镇居民人均可支配收入23028元，同比增长16.0%。农村居民人均纯收入10312元，同比增长18.6%。城镇集体及以上单位在岗职工年平均工资为41672元，同比增长15.89%。其中，国有单位在岗职工年平均工资为60259元，同比增长13.55%；集体单位在岗职工年平均工资为52008元，同比增长20.93%；其他单位在岗职工年平均工资为29271元，同比增长17.99%。

居民生活消费支出　全年实现社会消费品零售总额196.86亿元，同比增长16.1%。其中，城镇消费品零售额为126.58亿元，同比增长17.9%；城镇居民人均消费性支出13450元，同比增长17.5%。乡村消费品零售额为70.28亿元，同比增长12.9%；农民人均生活消费支出6961元，同比增长17.0%。

城镇居民人均消费支出情况一览

表60

消费项目名称	人均消费支出(元)	同比增长(%)
食品	5038	19.0
衣着	1403	6.3
居住	1114	13.0
家庭设备用品及服务	1168	36.0
医疗保健	736	61.0
交通与通信	1104	3.4
娱乐、教育、文化服务	2461	16.3
杂项商品与服务	426	4.9

农村居民人均消费支出情况一览

表61

消费项目名称	人均消费支出(元)	同比增长(%)
食品	2355	15.8
衣着	484	55.4
居住	895	29.1
家庭设备用品及服务	483	7.5
交通通信	774	0.5
文教娱乐用品及服务	1271	14.8
医疗保健	532	21.9
其他商品和服务	167	13.7

居民家庭耐用消费品拥有量　据城、乡居民抽样调查数据显示，2011年每百户城镇居民家庭每百户拥有耐用消费品：洗衣机106台，同比增长

1.9%;电冰箱106台,同比增长2.9%;微波炉103台,同比增长1.0%;空调机182台,同比增长7.7%;固定电话机101部,同比减少17.9%;移动电话202部,同比增长10.4%;家用计算机90台,同比增长25.0%;家用汽车20辆,同比增长150.0%。2011年农村居民家庭每百户拥有耐用消费品:彩色电视机156台,同比增长11.4%;电冰箱92台,同比增长19.5%;摩托车66辆,同比减少30.5%;固定电话机91部,同比减少6.0%;移动电话222部,同比增长25.4%;家用计算机52台,同比增长44.4%;空调机81台,同比增长84.0%;热水器94台,同比增长8.0%;家庭汽车16辆。

(杨云清)

劳动与社会保障

【概况】 2011年,市人力资源和社会保障局以"围绕中心、服务发展"为工作大局,以"民生为本、人才优先"为工作主线,不断提升基本公共服务水平,各项工作持续争先。如皋市被表彰为劳动保障新闻宣传百优县区,市劳动就业管理处被表彰为《中国培训》优秀宣传单位,市农村社会养老保险管理处被表彰为省先进经办机构,市社会医疗保险管理处被表彰为全省医疗保险"千千万万"行动先进单位,市技工学校被表彰为省社会培训工作先进单位和高技能人才培养示范基地,市农村社会养老保险管理处被表彰为南通市农村居民社会养老保险全覆盖工作先进集体。

就业再就业 全市现有城镇登记失业人员4869人,失业率为3.07%。年内,全市新增城镇就业人员7812人,完成全年新增就业目标7500人的104.2%;失业人员再就业3814人,完成全年新增就业目标3500人的108.9%;就业困难人员再就业429人,完成全年新增就业目标400人的107.3%;安置"191"人员就业608人,各项年度指标均全面超额完成,被南通市人社局表彰为市场建设先进单位。

社会保险 年内,全市养老、失业、医疗、工伤、生育保险净增参保人数分别为18059人、15994人、18688人、13978人和16190人,完成市政府下达全年净增8000人任务数的225.74%、199.92%、233.59%、174.73%和202.37%。全市养老、失业、医疗、工伤、生育保险基金征缴额分别为61089万元、6448万元、34073万元、3027万元、1883万元,全面超额完成征缴目标任务。完成2012年城镇居民医疗保险征缴112222人,占全年目标任务86000人的130.49%。全年完成新农保缴费人数45.74万人,参保率达98.64%,超过南通任务指标2.64个百分点,且缴费档次较高,84%以上参保对象选择600元以上缴费档次,超过南通任务指标4个百分点;发放农保基础养老金22.8万人,发放率99.85%,超过南通任务指标1.85个百分点。全年新增失地农民15838人,纳入被征地农民基本生活保障,发放基本生活保障资金1.08亿元,截至年底,全市纳入基本生活保障的失地农民46212人。组织全市近2万名生育保险参保女职工免费妇查。大病医疗救助基金平稳运行,实行大额医疗费用二次补助,享受补助人员155人,计133万元。为119名居外退休人员办理大额医疗费用个人账户现金结算,总金额13.8万元。组织2010年度个人医疗账户对账单发放工作,发放人数12.15万人。医保结算窗口办理城镇职工医保、离休干部、在乡六级以上伤残军人报销业务7286次,城镇居民医保报销业务1028人次。全年办理工伤保险1783人次、生育保险职工1975人次,办理参保人员转诊转院手续2895人次。

农村劳动力转移 年内,开展农村人力资源调查,调查数据显示,被调查的20个镇(区)329个村(社区)353338个农村户籍家庭中,农村户籍总人口1110727人,农村劳动力656110人,农村劳动力从业人员总数510199人,从传统农业生产转移就业401517人,自主创业32270人,从事高效农业10830人,农村剩余劳动力7431人,农村困难家庭有9661户,被征地农民31596人,参加各类社会保险572094人。年内,全市累计转移劳动力20170人,完成年度目标的100.85%,其中,劳务输入4511人,劳务输出3527人,就地转移12132人。全年培训农村劳动力21023人,完成目标的105.12%。被南通市人社局表彰为社区就业工作先进单位。

再就业优惠政策落实 年内,为111名自主创业的失业人员审核担保小额贷款1016.8万元,为五家劳动密集型企业贷款500万元,总额达1516.8万元,完成全年目标任务的144.5%。为

112名贷款期满并及时归还的失业职工办理申报财政贴息手续,支付贴息46.1万元。帮助灵活就业人员申报社保补贴,全年审核和确认就业困难对象4573人,申报社保补贴67.3万元,新增家庭服务业从业500人。被南通市人社局表彰为失业保险工作先进单位。

监察维权　年内,不断健全劳动关系监察、基层劳动争议调解机制,全市劳动保障监察"两网化"(劳动保障监察网格化、网络化)实现全覆盖,20个镇(区、园)分为20个一级劳动保障监察网格、90个二级劳动保障监察网格,形成市、镇(区、园)、村(社区)三级劳动保障监察队伍。全市所有行政村(社区)光纤网络全部建设到位,实现基层平台网络"村村通",村级劳动就业和社会保障平台100%实现网络化动态管理,实现劳动保障监察工作重心全面下移。全年累计接待群众来电7976次、来访2144人次,日常巡查用人单位360家。接受群众投诉举报161起,办结145起(未结案件均在期限内处理中)、案件涉及劳动者183人,涉案金额79万余元;处理群体性事件13起,涉及劳动者1158人,涉及金额925万余元。承办市长热线、人民来信等交办案件50件,没有发生一起投诉举报或重大突发案件被处置延误情况。劳动仲裁机构立案574件,涉及606人,涉案金额1300万余元,审结574件,结案率100%。处理群体性事件3起,涉及141人、款项120万元。全年未发生因劳资纠纷引起恶性事件。

【全省退休人员社会化管理服务工作会议在如皋召开】　3月22日,全省退休人员社会化管理服务工作座谈会在如皋召开。省社会保险基金管理中心副主任陈汝军和全省各地级市相关部门负责人参加会议。如皋市退休人员社会化管理服务工作经验在会议上交流。

截至2011年3月底,全市建立镇、街道、社区基层退管服务机构44个、自管组织920个,纳入社区管理的企事业退休人员4.3万人,社会化管理服务实现全覆盖,社区管理率及档案接受率均达100%。

【在全省率先出台失保与农保、企保叠加享受待遇政策】　6月,市人社局会同市财政局以市政府名义在全省率先出台《关于我市被征地农民基本生活保障、农保、企业职工养老保险重复参保或享受待遇处理意见》(皋政办发〔2011〕156号)。《意见》规定,进保的失地农民,同时又参加新农保并按规定缴费的,在达到60周岁时,可叠加享受新农保个人账户养老金和享受居保基础性养老金;进保的失地农民,在享受企业职工养老保险待遇的同时,可以叠加享受失地农民保障待遇的个人账户部分。此文件的出台有效解决被征地农民基本生活保障、农保、企业职工养老保险重复参保待遇叠加享受的难题。6月,省人社厅农保处处长徐庆乾专题到如皋调研被征地农民基本生活保障、农保、企业职工养老保险重复参保或享受待遇的处理办法,认为该《意见》具有一定的超前性和前瞻性,对全省农保管理工作有示范指导作用。

【用人单位社保专管员制度】　6月,市人社局出台《关于在全市用人单位建立社保专管员制度的意见(试行)》(皋人保险〔2011〕16号),进一步规范参保单位办理社会保险业务程序,畅通参保单位与社会保险经办机构之间的业务渠道,提升用人单位劳动保障工作质量和业务经办水平。8月1～4日,举办社保专管员上岗培训班4期,全市894家企业申报的934名社保专管员参加培训,培训合格者发放社保专管员培训合格证和工作证。

【特困失业人员"爱心助保"工程】　6月,市政府出台《如皋市特困失业人员爱心助保实施办法》(皋政规〔2011〕3号),并于7月1日正式实施。"爱心助保"由市政府筹集爱心助保资金,市社会保险基金管理中心向受助对象提供助保借款,帮助特困失业人员及时接续基本养老保险关系、缴纳基本养老保险费。《办法》规定,受助对象为如皋市户籍常住人口、属于如皋市统筹范围内已参加企业职工基本养老保险、距法定退休年龄不满五年、累计缴费年限(含视同缴费年限)不满15年、无力续缴的特困失业人员,在受助对象达到法定退休年龄、按月领取养老金后,以养老金的一定比例按月归还助保借款本金,还款期限最长不超过10年。

【省第三届船舶行业电焊工大赛在如皋举办】　10月25～28日,由省经济和信息化委员会、省交通运输厅、省人社厅、省总工会、中国船级社南京分社、省船舶工业行业协会、省船舶工程学会7家单位联合举办的江苏省“明德杯”船舶行业电焊工大赛在如皋市熔盛中等专业学校举行。全省11个市的14支企业队、11支市队和17支学生队共42支队伍参赛，进入决赛的参赛选手109人，参赛队伍数和人数之多为历届之首。此次竞赛分在职职工组、学生组两类，地方队、重点企业队和学生队三种组队形式。对职工组前五名选手，大赛授予江苏省技术能手、江苏省五一创新能手称号；对职工组决赛总成绩第一名选手，经综合考核合格后，省总工会授予江苏省五一劳动奖章。

【农村基层平台建设经验在全国推广】 11月23～24日，全国部分地区农村劳动力转移技术支持与服务交流会安排在如皋召开，重点推介如皋市农村基层平台建设经验，全国16个省(自治区、直辖市)人社厅(局)负责人和93个农村劳动力转移示范县的负责人与会，人社部中国就业培训技术指导中心副主任原淑炜、省人力资源和社会保障厅副厅长吴可立、省就业管理中心主任郁桂萍等出席会议。《中国劳动保障报》、《中国人力资源社会保障》、《职业》、《中国就业》、《中国培训》等媒体11月份同期推出如皋相关经验和做法。12月1～2日，在全省农村劳动就业社会保障平台建设工作现场会上，如皋市“推进村级平台标准化建设、创新公共就业服务新模式”经验在会上交流。

年内，市人社部门创造性提出村级平台标准化建设构想，分类细化村级平台建设涉及的各项工作，创建并在全市推行村级劳动就业社会保障服务站标准化建设规范，形成具如皋特色的村级平台建设模式。村级平台建设在推进村级各项基础建设的同时，获得真实准确的人力资源数据，为村级平台工作正常化创造了条件；在全省各县(市、区)实现1村(社区)配备1名专职工作人员的目标，破解工作人员不稳定的难题，真正实现劳动就业社会保障“零距离”服务于农村群众。年内，如皋市村级劳动就业社会保障平台标准化建设吸引四川成都，安徽凤阳，江苏连云港、海安等县市到如皋考察。

【在省内首创组建江海夕阳红志愿服务队】 年内，市人社局进一步探索退休人员社会化管理服务特色化之路，为广大退休人员老有所为搭建平台，在全省首创组建江海夕阳红志愿服务队伍。7月22日上午，江海夕阳红志愿服务支队正式成立，首批志愿者155人、志愿服务分队25支，并实现全市各镇(区、园)服务分队全覆盖。

年内，市人社局围绕经济社会发展和居民生活所需设计服务项目，组织江海夕阳红志愿服务队开展“当一日代理儿女，暖一户空巢老人”、“送欢乐、送亲情、送健康”、“热心奉献治安协管，扎实打造平安社区”等主题志愿服务系列活动，发挥退休人员余热，形成具有如皋特色的退管工作文化。至年底，江海夕阳红志愿服务队注册志愿者361人。

(周亚琴)

计划生育

【概况】 2011年，全市出生11622人(计生口径，下同)。其中，一孩9065人，一孩率为78%；女性5637人，出生人口性别比为106.17；计划内生育11462人，计划生育率为98.62%。全市人口出生率为8.2‰，自然增长率为－0.68‰。如皋市被表彰为全省“十一五”人口协调发展先进县市，被授予全国人口健康公共服务项目示范市称号。市人口计生委被表彰为全省人口计生系统先进集体。

宣传教育　年内，市人口计生委通过创建推动、典型示范，扎实推进“新农村新家庭”活动，继续开展以“婚育道德与家庭幸福”为主题的婚育新风进万家活动。开展人口早期教育，全市建成镇级早教基地28个、村级早教亲子园27个，全市各级早教阵地接受0～3岁婴幼儿1385名，培训家长

2486人次。对20个镇级、55个村级人口文化园提档升级,村村有人口计生宣传栏、计生图书角和人口文化中心户,林梓镇在康盛生态园建成融人口文化、绿色生态、亲情牵手于一体的人口文化绿色家园。全年在省级以上报刊、网络发表人口计生宣传文章163篇,南通市级报刊、网络发表宣传稿件511篇,县级报刊、网络发表宣传稿件418篇。每季度在《如皋动态》开展一次人口计生专题整版宣传,每月在广播电台开展专题宣传3次,制作专题宣传片在如皋电视台每晚黄金时段播出,人口计生电视专题节目《润物无声夕阳红》获南通市电视类一等奖,广播专题节目《"吉祥三宝"托起明天的太阳》获南通市广播类一等奖、江苏省人口计生优秀广播专栏节目三等奖。在主城区大润发超市门前和安定广场等处建立人口计生宣传电子平台,节假日24小时滚动播放计划生育政策法规、避孕节育、人口早教、生殖健康等方面知识。开展面对面"零距离"宣传,全年发放人口计生宣传资料12.38万份。3月,联合市妇联、禁毒办、司法局等部门在文峰大世界门口举办"三八维权周"法制宣传活动。5月,组织开展"5·29"计生协会活动日咨询服务活动。6月,开展庆祝中国共产党成立90周年迎"七一"系列活动,举办以"牢记宗旨,为党旗增辉"为主题的演讲比赛,选送的九华镇选手获南通市人口计生系统演讲比赛第二名。9月,组织开展"9·25"公开信纪念日宣传咨询、便民服务活动。10月,联合市公安局、卫生局、药监局、妇联等部门开展集中整治"两非"(非医学需要的胎儿性别鉴定和选择性别的人工终止妊娠行为)专项行动,明察暗访,专项检查全市60家开展超声诊断服务的医疗保健机构和21家计生服务机构。

技术服务　年内,全市21家计生技术服务机构全部获得南通市人口计生委授予的星级服务站铜牌,其中三星级1家、二星级8家、星级12家。市、镇世代服务机构着力打造"健康幸福"品牌,市计生指导站通过向中国人口福利基金会争取,成功引进多功能无创血液分析系统,年内服务97人次。软件园(桃园镇)计生服务站建成中老年健康保健中心,常青、搬经、长江、白蒲、雪岸镇计生服务站增设孕期营养保健指导服务室、婴幼儿洗浴中心。全市通过执业许可证校验计生技术服务机构21家。年内,全市计生系统公开招录专业技术人员11人,组织技术人员报名参加执业(助理)医师和职称考试,取得执业(助理)医师资格2人、高级职称1人、中级职称4人,至年底,全市计生技术服务机构有执业医师24人、执业助理医师13人,高级职称2人、中级职称14人。如皋市被列为省免费孕前优生健康检查项目试点县(市),通过市计生指导站定点服务和定期送服务到镇相结合,为6306对待孕夫妇提供免费优生健康检查,对高风险人群给予优生指导、对症处理和转诊服务。全市计生技术服务机构手术总量9614例。将孕/环情监测、生殖道感染综合防治与早期宫颈癌、乳腺癌筛查工作相结合,建立镇级筛查转诊机制,提高群众生殖健康水平。对2009～2010年宫颈癌筛查项目筛查结果阳性对象开展后续跟踪服务,随访2338人,其中,活检人数1130人,复查975人。生殖道感染检查10.59万人,查出患各种疾病4.06万人。配合南通市人口计生委完成病残儿童医学鉴定52例,完成计生手术并发症鉴定2例。规范全市计生服务机构门诊手术室的消毒技术和管理,每季度督查。3月,组织专项检查全市计生服务站药品、医疗器械使用管理情况。4月28日,市委、市政府在全市启动免费孕前优生健康检查项目。7月,南通市计划生育药具工作现场会在如皋召开。市政府办公室下发《如皋市免费孕前优生健康检查项目专项资金管理办法(试行)》(皋政办发〔2011〕168号)。8月,38名技术服务人员参加南通市人口计生委组织的理论和操作考核,全部通过《计生技术服务人员合格证》换证校验。

政策法规　年内,市人口计生委推行行政执法责任制,规范执法行为,实行行政权力网上运行。全年行政执法证年检换证112人,新领证15人。组织计生系统内依法行政培训班2期,培训210人次。组织评查全市计生系统内行政执法案卷,实施全过程执法监督,防止发生侵犯群众权益行为。聘请人口计生系统政风行风监督员10人,全程参与并监督人口计生系统政风行风工作。确认符合农村部分计划生育家庭奖励扶助对象4091人、独生子女伤残死亡家庭特别扶助对象140人、计划生育手术并发症生活补助对象4人、补申报2008年底前企业退休职工享受一次性奖励93人。审批再生一孩资料2589份,发放二孩生育证2589份。审批机关事业单位独生子女父母退休金加发5%材料

227 人，审批无子女收养材料 87 份。开展违法生育专项治理行动，全年依法作出征收社会抚养费决定书 486 件(含对往年对象的征收)，其中申请法院强制执行 239 件。加强与法院沟通协调，加大社会抚养费强制执行力度，对有关镇执行过程全程跟踪报道。实行全员流动人口月报制度，全市新建流动人员信息 9285 条，通过全国流动人口计划生育服务管理工作平台全年登记发送协查信息 1180 条，接收并完成反馈信息 1120 条。办理流动人口婚育证明 4000 份，为流入待孕育龄夫妻实行免费孕前优生健康检查 65 对。在流动人口集聚企业、社区等区域，开展生殖健康专题服务。20 个镇(区、园)全部建立“流动人口幸福家园”，长江镇(如皋港区)在人力资源市场内实行流动人口“一站式”服务，经济开发区在新建的人才公寓建成外来人口管理服务中心。2 月，召开全市诚信计生暨人口计生基层群众自治工作现场推进会，现场参观姜堰市溱潼社区、河横社区和如城镇城西社区现场点。8 月，兑付第三期企业退休职工一次性奖励金736.03万元。举办市镇村三级人口计生干部培训班。9月，市政府办公室下发《如皋市流动人口计划生育基本公共服务均等化实施意见》(皋政办发〔2011〕201号)。在长江镇召开流动人口“一站式”服务现场会。11月，南通市人口计生系统创建“群众满意的窗口服务单位”现场推进会在如皋市召开。

规划统计　年内，市人口计生委与卫生部门核对当年出生情况，与公安部门核对户籍变更信息，与民政部门核对死亡信息和婚姻登记信息，保证人口管理信息系统正常运行。人口管理信息系统与综合信息平台信息全面匹配，全面完成两个信息系统数据库合并，综合信息平台 3.0 开始试运行。完成奖励扶助 4091 人、特别扶助 140 人信息录入核对上报工作。组织参加南通市人口和计划生育统计与信息化优秀论文评选，论文《利用社会监督，提高人口计生统计工作质量的探索与思考》和《全面加强全员信息化建设，切实提升计生工作水平》入选。参与起草、修订《如皋市人口发展“十二五”规划》。5 月，组织镇计生服务站统计人员 30 人参加“两个系统”(江苏省人口和计划生育综合信息平台和人口管理信息系统)数据整合后续处理培训班。11 月，组织镇计生服务站统计人员 30 人参加综合信息平台 3.0 操作培训。12 月，组织村级计生专干 179 人参加计算机操作业务培训。

【在省内率先建成全国人口健康公共服务项目示范市】　5 月 16 日，如皋市举行全国人口健康公共服务项目示范市揭牌仪式。中国人口健康援助工程组委会主任安成信、副主任何俊龙，中国人口福利基金会生殖健康援助行动办公室执行主任刘艳春等出席仪式并授牌。

全市人口计生系统为大力提高全市人口素质，以“健康幸福”为主题，探索出政府、企业和非政府组织联合协作的运行模式，引进加拿大优胜全数字彩色超声诊断仪、德国利霸全自动生化分析仪、多波长乳腺血氧影像检测仪、天鼎康微波治疗仪、“蓝氧”妇科治疗仪以及育龄妇女数字化健康管理软件等先进辅助诊断设备和生殖健康治疗设备，总价值 488.2 万元，其中获国家人口健康援助工程组委会资助 357.4 万元。全面实施避孕节育、生殖健康、家庭保健行动计划，将市政府对广大育龄群众的生殖健康关爱落到实处。如皋市在省内率先建成全国人口健康公共服务项目示范市。

【0～3 岁人口早期教育】　年内，市人口计生委与市教育局建立“政府推动、部门协作、企业运作、家庭参与”的早教工作机制，着力推进 0～3 岁人口早期教育。各镇(区、园)通过借平台、借优势、借社会力量，建成镇级早教基地 28 个、村级早教亲子园 27 个，全年接受 0～3 岁婴幼儿 1385 名，培训家长 2486 人次。磨头、如城等镇携手国内知名早教品牌合力运营，将世代服务理念与早期教育相结合，深受群众喜爱；软件园平明社区亲子园成为南通市人口计生创先争优先进典型。

(王　森)

民政事务

【概况】 市民政局现有机关民政干部职工33人，下辖民政事业单位12家，在职干部职工137人。2011年，市民政局被表彰为全省民政工作先进集体、南通市文明行业，如皋市被表彰为江苏省尊老爱老先进市、南通市尊老爱老先进市、

城乡“低保” 年内，核定城市“低保”1178户2370人、农村“低保”16993户37683人。全年发放城乡“低保”保障金5215.5万元，发放物价补贴和节日慰问金计1588万元。7月1日，城市“低保”保障标准提高至为360元/人·月。

农村“五保” 年内，核定农村“五保”供养对象4044人。从7月起农村“五保”集中供养和分散供养标准分别提高至4220元/人·年和3200元/人·年。继续实施农村敬老院“关爱工程”建设项目，全年获省补资金265万元。实施袁桥、搬经、常青敬老院床位建设项目3个，新增床位200张；实施附属设施建设项目6个，建筑面积3146平方米。全市敬老院床位总数3819张，集中供养2893人，集中供养率71.5%。

救灾救济 年内，累计发放救济款207万元、火灾救济款7.68万元。全年核定无固定收入重度残疾人员13784人，重度残疾人生活补助标准自7月1日起提高至75元/人·月。全年发放生活补助金1068.3万元，大病医疗救助2536人次，发放救助金570.9万元，救助参保256.3万元。5月，修订出台《如皋市城乡困难群众医疗救助办法》(皋政规〔2011〕2号)。11月，如城镇孔庙社区通过省防灾减灾示范社区考核验收。

拥军优属 遵循重点优抚对象抚恤补助标准自然增长机制，确保重点优抚对象生活水平与社会总体生活水平同步增长，全市4732名重点优抚对象住院医疗商业保险投保额提高到每年300元/人，累计投入商业医疗保险基金131.896万元，下达门诊补助93万元。实施“慰烈”工程，在吴庄烈士陵园、鞠庄烈士陵园和高明镇红十四军纪念碑周围建成烈士墓194座，总投资92万元，占总任务48.5%。不断深化退役士兵安置改革，为684名退役士兵解决安置补偿资金581.8万元，提供职业技术培训费303万元，就业安置率100%。自7月起，提高已故老复员军人配偶生活补助标准至360元/人·月，全年发放生活补助1018.5万元。从8月1日起，为60周岁在乡退伍战士发放生活补助200万元，全市符合条件的7544名义务退伍战士得到普惠。

基层政权建设 年内，组织全市347个村(居)委会主任集中培训，调动和激发群众参与民主基层政权建设热情，全面落实以“民主选举、民主决策、民主管理、民主监督”为主要内容的村(居)民自治制度，全市村(居)依法自治率达100%。11月6日，如皋市创建全国农村社区建设实验全覆盖示范单位工作通过民政部组织的专家评估验收组验收。

社会事务管理 年内，全市平迁坟墓12583座，恢复用地33.3公顷。全市新增加公墓绿化面积13.2公顷。在南通市率先在全市范围内规划建设配套设施齐全、环境一流、规格比较高的镇级公益性公墓(骨灰堂)。如城镇投入3000多万元的公益性生态林在建中，如皋经济开发区(柴湾镇)、长江镇(如皋港区)、软件园(桃园镇)、袁桥镇、九华镇五镇(区、园)被评为市殡葬改革工作先进单位。全年办理结婚登记13616对、离婚登记1684对、补领结婚证1127件、收养登记63例。福利彩票全年销售10580万元。按省拨款进度，规范发放三峡移民后期扶持资金13.38万元，下拨三峡医疗后扶资金271.09万元。春节、中秋等节日期间走访慰问移民，发放慰问金3.54万元。全年发放尊老金突破1358万元。全年完成老年人意外伤害保险70896人，占年初任务数的157%。3月25日，市政府专题组织召开全市殡葬改革推进会。9月，出台《关于落实殡葬惠民政策和推进公益性公墓规范化建设工作的意见》(皋政办发〔2011〕204号)。

【全国农村社区建设实验全覆盖示范单位创建通过民政部评估验收】 11月6日，如皋市全国农村社区建设实验全覆盖示范单位创建工作通过民政部评估验收。

年内，市民政局始终坚持把农村社区建设实验工作作为新农村建设和统筹城乡发展的有效载体，整合农村资源，强化社区功能，以创新社区管理体制为突破点，以完善社区服务功能为切入点，以建设文明祥和社区为落脚点，全市农村社区建设达到领导协调机制、社区建设规划、社区综合服务设施、

社区各项服务和社区各项管理“五个全覆盖”总体要求。全市村民依法自治达标率达100%，南通市级和谐社区达标率100%。如皋市被评为省村民自治模范县市，全市有12个社区被评为全国百佳学习型社区、省和谐示范社区和省管理民主示范社区，48个社区被命名为南通市和谐社区建设示范社区和村务公开、民主管理示范村。

【全省民政公共服务设施建设现场会在如皋召开】 11月27～28日，全省民政公共服务设施建设现场会在如皋召开，与会的200余名代表参观了如皋江滨医院等民政民生设施，如皋作为唯一的县级市在会议上作典型交流发言。

2009～2011年底，如皋市累计投入近8亿元用于全市民政公共服务设施建设。其中，投入3.3亿元，全面建成336家村(社区)公共服务中心；投入1.5亿元，推进农村敬老院和社区居家养老服务站建设，创办居家养老服务站291家，实现城镇社区全覆盖、农村社区覆盖率65%的目标；投资6300万元，实现镇村公益性公墓建设全覆盖；投入4500万元，建成救治家庭困难精神病人的江滨医院；投入3000万元，建成集老人收养寄养、流浪乞讨人员救助、婴儿收养于一体的市福利中心。

(邓建芹)

住房保障

【概况】 2011年，市住建局进一步完善住房保障体系，促进保障性住房管理进一步规范化，为解决全市城市中等偏下收入家庭的住房困难和新就业人员、外来务工人员的基本住房需求提供有力保障。

住房保障体系建设　年内，适应全市经济社会发展需求，及时调整公布住房保障标准，将保障范围扩大到上年度家庭人均月收入低于827.17元、家庭人均住房建筑面积低于20平方米(含)的非农业户口家庭。将廉租住房租金补贴建筑面积控制标准调整为1人家庭补贴28平方米、2人家庭补贴45平方米、3人家庭补贴60平方米、4人及4人以上家庭补贴80平方米。9月，研究出台《如皋市公共租赁住房管理办法》(皋政规〔2011〕5号)，建立和规范公共租赁住房制度，保障城市中等偏下收入住房困难家庭、新就业人员、外来务工人员等群体的基本住房需求。出台《如皋市经济适用住房管理实施细则》(皋政规〔2011〕6号)，解决低收入家庭住房困难，规范经济适用住房管理工作。出台《如皋市廉租住房保障实施细则》(皋政规〔2011〕7号)，切实加强城市低收入住房困难家庭廉租住房保障工作。

保障性住房建设　年内，全市开工建设中小套型公共租赁住房30万平方米。其中，经济开发区(柴湾镇)6万平方米建成；软件园(桃园镇)10万平方米主体工程完工，启动配套工程建设；长江镇(如皋港区)10万平方米主体工程基本结束；中心城区和如城镇4万平方米在建中。新建廉租房100套、经济适用住房50套。全年82户符合条件的保障对象住入新居；发放廉租住房租赁补贴80户，补贴金额13.29万元，实现“应保尽保”。

住房公积金　年内，南通市住房公积金管理中心如皋管理部归集住房公积金4.23亿元，同比增长24.62%，归集余额11.38亿元。全年向1171户发放住房公积金贷款2.70亿元，累计发放贷款17.65亿元，累计支持10869户通过住房公积金贷款圆上住房梦，贷款余额由年初的9.60亿元上升到年底的10.93亿元。全年提供廉租房建设补充资金396.7万元，累计达1965.71万元，促进如皋住房保障事业和房市健康发展。

【市住房保障服务中心成立】 3月，为推进全市住房制度改革与住房保障工作，经市编制委员会批准，成立如皋市住房保障服务中心，为辖区内的中低收入住房困难家庭开辟绿色通道，提供快捷高效的一站式服务，减少群众办事环节，提高住房保障办事效率。

(张跃军　朱宇翔)

民族宗教

【概况】 全市现有少数民族人口近3000人，占总人口近0.22%，分别属于34个少数民族。全市设有经政府批准登记的宗教活动场所31处，其中佛教23处、道教4处、基督教4处，有教职人员87人。

3月，市民宗局召开全市民族宗教工作领导小组会议

组织建制　3月，市民宗局召开全市民族宗教工作领导小组会议，传达上级民族宗教相关文件会议精神，部署2011年民族宗教工作，建立健全民族宗教协作共管机制，进一步明确民族宗教工作领导小组成员单位工作职责。10月，市委统战部与市委组织部联合下发《关于进一步加强基层民族宗教工作网络建设的意见》，要求突出重点，强化服务和管理，不断提升民族团结宣传教育水平；加强和改善对宗教事务管理，组织和引导宗教界为促进如皋经济社会发展服务；健全机制，形成民族宗教工作强大合力，健全信息传递机制、突发事件应急处置和协作共管机制，推动民族宗教工作再上新台阶。

民族经济工作　年内，围绕"共同团结进步、共同繁荣发展"主题，推进少数民族结对帮扶和服务管理工作。全年建立结对帮扶关系138对，121户实现帮扶目标。春节期间，组织3.2万元资金，走访慰问少数民族困难家庭60户。

少数民族流动经商人员服务管理　年内，关注少数民族流动经商人员，强化外来少数民族人口台账管理，对流动经商人员登记造册，至年底，在册少数民族流动经商人员31户。组织人员逐个走访调研在城经营兰州拉面的17户流动穆斯林，帮助他们解决生产生活中遇到的困难，教育引导他们积极配合"六城同创"。进一步完善民族工作应急机制，密切与公安、工商、城市管理等部门配合，及时、妥善处理少数民族流动经商人员经营纠纷6起。发挥民族团结促进会的作用，通过挂钩结对帮扶、参与调解少数民族流动经商人员纠纷、节日期间慰问少数民族困难同胞，创新服务社会管理。

宗教事务管理　年内，以创建"和谐寺观教堂"为抓手，坚持依法管理宗教事务，确保宗教领域和谐稳定。加强对中青年教职人员的培养和教育，建立与宗教界代表人士联系交友制度，引导他们走爱国爱教、独立自主自办道路。正确引导宗教界参与慈善事业，为促进社会和谐贡献力量。年初，组织召开全市宗教团体(活动场所)负责人会议，表彰定慧寺、法宝寺、观音净院等6家创建"和谐寺观教堂"先进单位。5月，举办民族宗教执法人员培训班，45人参训。8月，组织全市宗教团体和各活动场所负责人到白蒲法宝寺和郭园观音净院召开"和谐寺观教堂"创建工作现场推进会，进一步安排和部署"和谐寺观教堂"创建活动推进工作。出台宗教活动场所管理组织职责及产生办法、主要负责人考评办法和目标考核细则。

(赵本良)

老　龄　工　作

【概况】　全市现有60周岁以上老年人口数32.4078万人，占总人口22.8%；65周岁以上老年人口数21.5039万人，占总人口15.13%；70～79周岁老年人口数11.1995万人，占总人口7.78%；80～89周岁老年人口数5.1729万人，占总人口3.64%；90～99周岁老年人口数为8889人，占总人口0.63%；100岁以上老年人口268人，其中男性57人、女性211人，百岁老人总数居全国县(市)之首，占比达1.89人/万人。2011年，如皋市正式被确认为世界长寿乡，研制的"万寿百岁"碗创世界上"最大的青铜碗"吉尼斯世界纪录，被省老龄委和南通市老龄委评为敬老助老先进市。

惠老政策　年内，市老龄办探索政府资助、社会力量兴办养老服务事业途径，巩固已建居家养老服务中心建设成果，扶持帮助新建居家养老服务中心，实现城镇社区居家养老服务站全覆盖，农村社区达65%的目标。进一步优化和明确社会养老服务事业扶持政策，每张床位补贴提高至2400元，并按实际入住情况每人每月补贴运营经费30元。按80～89周岁每位老人尊老金为30元/月、90～94周岁为50元/月、95～99周岁为80元/月、100～104周岁为360元/月、105周岁以上为420元/月标准发放尊老金2194万元。强化城乡社会养老保险工作，城镇养老保险覆盖面达97%，离退休人员养老金按时足额发放。开办老年人意外伤害保险业务，填补老年人保险空白(原所有保险最高限龄65周岁)，全年完成老年人意外伤害保险70896人，占年初任务的157%，老年人意外伤害保险经验在南通得到推广。建立农村新型养老保险制度，子女投保并正常缴费、年满60周岁的每位父母可每月享受60元养老补贴金。建立最低生活保障标准增长机制，将13840名城乡生活困难的老人纳入“低保”对象，做到动态管理下应保尽保，且70岁以上老人享受提标10%。全市“五保”供养对象4044人，其中有2893人入住敬老院，集中供养率达到71.5%。实施老党员关爱工程，落实优抚对象待遇，1127名老党员享受老党员关爱补贴，4300名老年重点优抚对象得到关怀。

敬老活动　年内，围绕“敬老助老，从我做起”开展敬老助老活动。为新增的83名百岁老人送去彩色电视机、匾牌、蛋糕等祝贺百岁生日。持续实施“夏送清凉、冬送温暖”活动，市领导慰问、镇(区、园)和机关各部门负责人慰问、老龄工作部门慰问与村(社区)干部慰问相结合，挂钩联系各镇(区、园)的市四套班子领导和市法院院长、市检察院检察长以及镇(区、园)主要负责人走访慰问90周岁以上高龄老人6300人，慰问物资折价262万元。重阳节期间，市四套班子全体领导、各镇、各部门走访慰问老人36人。10月4日，市老龄协会、老年体协组织三支文艺演出队分赴镇敬老院、江滨医院慰问演出。10月6日，组织开展“九九重阳节，相聚水明楼”的老年人文艺演出，以市政府名义通报表彰全市老龄工作先进单位、先进个人、尊老敬老模范家庭、老有所为先进个人。组织开展“我的节日”敬老、助老宣传教育活动。

老年文体活动　年内，紧扣“迎国庆，报党恩，跟党走”主题，组织老年人开展庆党建万人健步走启动仪式、“长江杯”农村中老年人文艺会演、庆祝中国共产党成立90周年苏中安装杯如城地区文艺调演、如皋市老年摄影作品展、“庆八一，唱红歌，跳红舞，颂党恩”军民联谊会、“庆重阳，颂党恩”敬老慰问巡演、“颂党恩，桑榆情”省及南通市老年文艺会演、省老年摄影作品展、省老年体协“迎党庆，颂党恩”有奖征文、全民健身日暨南通市体育节启动仪式等系列文体活动，累计10万余名老年人参加系列活动。组织老年人参加国内外文体比赛，获各类大奖31项，其中国际级8项、国家级10项、省级10项、南通市级3项。7月5日，在美国老将田径锦标赛上，长跑队队长邹鹏德获两项接力赛第六名和第八名。10月，在中华全国社区文艺会演中，市老年体协九鼎艺术团参演的《挂红灯》、《洗衣舞》、《亮剑》、《老妈好》4个节目全部获金奖，其中《亮剑》在省“莲花奖”专业舞蹈大赛中获银奖。12月4日，在上海东丽杯国际马拉松半程赛中，苏德祥、冒建华在近万人参加的比赛中分获第100名和第200名。12月，在第六届健晨杯全国中老年剑拳操公益大赛总决赛中，朝霞艺术队获优秀表演奖。白蒲镇、长江镇、江安镇所组织的京剧联谊会被中央电视台转播。在台湾“妈祖杯”国际武术赛中，市养生太极拳队获集体金奖，杨嵩春、夏志玲获个人金奖，89岁的唐耀宗获武坛耆英奖，市老年体协获优秀组织奖。在江苏省县级市第38届门球比赛中，如皋市老年门球队获冠军。

9月5日，在首届中国如皋长寿养生国际高端论坛上，国际自然医学会会长森下敬一(右)作“从气能医学角度探索食物与寿命的关系”演讲

宣传活动　年内，通过路名牌张贴尊老敬老宣传标语95条，张挂过街横幅、张贴宣传标语110处。加强网络平台建设，及时维护如皋老龄网和中国长寿网，利用网站功能，更好地服务老年人，弘扬尊老风尚，宣传长寿之乡。在《中国老年报》设“世界长寿乡·水绘金如皋”专版，重点推介如皋独特的长寿现象和丰富多彩的长寿文化。继续与市广播电台联办《银色时光》专题节目，与相关媒体开办专题栏目、节目，宣传如皋老年文化、长寿研究和尊老敬老美德。首届中国如皋长寿养生国际高端论坛、中国如皋世界长寿乡新闻发布会、“万寿百岁”

揭幕暨吉尼斯世界纪录认证会等国际性重大活动受到国内外近百家新闻媒体宣传报道。

（于建江）

关心下一代

【概况】 全市现有各级关工委组织1570个,志愿者7657人。2011年,如皋市关心下一代工作委员会被表彰为全省关心下一代工作先进集体、全省关工宣传工作先进集体、南通市“五老”网吧义务监督工作组织奖,搬经镇关心下一代工作委员会被表彰为全省关心下一代工作先进集体。

组织建设　年内,全市新建民营企业关工委53家。9月1日,市农业委员会关心下一代工作委员会成立。

主题教育　年内,组织开展“老少携手学党史、颂党恩、跟党走”主题教育活动,聘请宣讲员78人,在全市组织宣讲82场次,受教育人数达93490人。节假日,依托校外教育辅导站、少儿图书室等阵地,老少携手举办党史讲座、召开“听党话、谈理想、话人生”座谈会256场次。印发《红十四军史料》2000册,分发给学校和校外教育辅导站,供开展教育活动作参考。在全市开展第二届“三好”标兵评选活动,评选第二届“三好”标兵300人,其中,小学生150人、初中生100人、高中生50人。在首届南通市“十佳”三好标兵评选中,胡子昂被评为首届南通市“十佳”三好标兵,李琳玉等13人被评为首届南通市三好标兵。4月26日,召开全市主题教育现场观摩会暨动员会。举办“我为党旗添光彩”征文比赛,7家单位获优秀组织奖,100名学生获等级奖。委托《关心下一代周报》刊出一期如皋专刊。

校外教育辅导站建设　全市20个镇(区、园)中16个镇建立校外教育辅导总站,覆盖面80%,其中12个镇的校外教育辅导总站被表彰为市关心下一代工作先进集体。市校外教育辅导站办站经验在纪念南通市关工委成立20周年暨校外教育辅导站工作培训班上作典型介绍。3月30日,印发《关于加强镇校外教育辅导总站建设的意见》。9月,组织两个组到15个镇调研贯彻落实《关于加强镇校外教育辅导总站建设的意见》情况,指导各镇办好总站。10月21日上午,会同市文明办、教育局在软件园(桃园镇)召开全市校外教育辅导总站建设现场推进会暨辅导站长培训班。

参与和创新社会管理　年内,配合政法部门组织创建“未成年人零犯罪社区(村)”活动,组织“五老”(老干部、老战士、老专家、老教师、老模范)法制教育报告员到石庄中学、薛窑中学对高一新生开展遵纪守法教育和心理健康教育。发挥“五老”特殊优势,帮扶失学、失业、失管、失爱、失足青少年特殊群体,与失足青少年结成帮教对子342对,转化315人,转化率92%。组织力量调查分析全市网吧义务监督情况及网吧管理状况,对60家网吧分布情况重新造册登记。及时调整、补充网吧“五老”义务监督员队伍,年内聘请“五老”义务监督员183人。

（田芝华）

社　会　团　体

如皋市总工会

【概况】　全市现有基层工会 2386 个，涵盖单位 6078 家，会员总数 24.9 万人。其中，独立基层工会 2025 个，联合基层工会 361 个；镇（区）总工会 3 个，镇工会 17 个，系统（产业）工会 12 个。有法律顾问处、职工技术交流站、职工学校、文化宫、职工服务中心 5 个下属事业单位。2011 年 1 月，撤销退休职工管理办公室，增设职工服务中心。2011 年，市总工会以“党政满意、企业满意、职工满意”为目标，创先争优，获全省工会舆论宣传工作先进集体、全省“安康杯”竞赛优秀组织单位、2009～2010 年度南通市文明单位等称号。县（市）级工代会代表常任制、流动会员之家、劳动争议调解新模式、创新企业班组管理等获南通市工会创新成果奖。

组织建设　年内，新建工会 341 个，其中独立基层工会 88 家、联合基层工会 253 个，基层工会组织覆盖单位 6078 家，新增会员 1.6 万名。开展工会工作模范镇创建活动，袁桥镇、下原镇获如皋工会工作模范镇称号。以工会基础知识为重点，全年举办基层工会干部培训班 3 期，累计参训 482 人，更新工会机关干部知识结构，提升综合素质，加强党性建设。实施量质并举积分制考核新举措，形成奋力拼抢、多劳多得、积极创新的工作局面。

宣传教育　年内，市总工会开展“当好主力军，建设新如皋”、“创业、创新、创优”、“争创五一先锋号”和重点工程劳动竞赛、职业技能比武等竞赛活动，先后举办船舶、交通、旅游、第三届红木雕刻暨手工木工技能大赛以及金融、法院、邮政等 15 个工种技能比赛，分别授予 2010 年度重点工程竞赛中 10 个先进集体和 10 名先进个人及技能比武中 8 个优秀班组、15 名“状元”如皋市五一先锋号称号和五一劳动奖章。与市电视台联办“职工竞技场”栏目，展示职工风采，扩大技能比武影响力。规范程序，层层推荐评选表彰如皋市劳模 80 人、南通市劳模 32 人、江苏省劳模 11 人。5 月，开展“弘扬劳模精神”宣传月活动，引领全市广大职工学习劳模、争当先进。6 月、7 月，以文化建设培育职工，围绕庆祝中国共产党成立 90 周年，以文艺会演、书画展览、红歌比赛、演讲比赛等活动为主体，组织企业广泛开展形式多样、职工喜闻乐见的群众性文化活动。双钱轮胎职工书屋成功创建省级职工书屋。9 月，举办首届企业报刊联谊展评活动，全市 20 家企业自主编印、连续出刊一年或六期以上的内部报刊参评，评选出《熔盛重工报》、《如皋农商行报》、《江中建设》等市“十佳”企业报刊。11 月 22 日，牵头成立如皋市企业报刊协作组。

权益维护　年内，规范职代会制度建设，进一步强化非公企业职工民主管理工作，发挥《如皋市职工代表大会规范化建设指导手册》和《企业工资集体协商指导手册》作用，促进企业建立健全职工工资共决机制、工资正常增长机制和支付保障机制。坚持企业发展好、劳动关系好、环境关系好、社会关系好、企业文化好“五好”标准，完善多部门联合推进机制，促进和谐多赢理念深入人心，江苏熔盛重工有限公司、双钱集团(如皋轮胎)有限公司等10家企业被市委、市政府授予“和谐模范企业”称号。市和谐企业创建领导组命名全市星级和谐企业147家,其中,三星级和谐企业60家、二星级和谐企业60家、一星级谐企业27家。参与社会管理创新,注重加强工会参与社会管理创新工作的研究,主动与市政法部门衔接,建立沟通机制,在源头参与、重点参与、协同参与、长效参与等方面加大工作力度,发挥工会组织在实施社会管理创新工程中的作用。加强企业劳动用工规范化指导,建立健全劳动关系三方联席会议、矛盾纠纷信息预警、劳动争议案件会办工作机制,编印《职工维权明白卡》,发挥工会“12351”维权热线和法院驻工会劳动争议巡回法庭作用,设立市劳动人事争议仲裁委员会驻市总工会巡回仲裁庭,进一步提高工会调解劳动争议的公信力。全年协调处理劳动争议案件206起,接待来访542人次,提供职工法律援助27件。

劳动保护 年内,以集体协商签订集体合同工作为载体,推广应用“1+3”(“1”指一个方法,即事故隐患和职业危害监控法;“3”指三种机制,即事故隐患和职业危害动态管理机制、事故隐患和职业危害持续改进机制、事故隐患和职业危害系统评价机制)安全监控体系,广泛推行事故隐患和职业危害监控法。深入开展“安康杯”竞赛,市总工会被省总工会表彰为优秀组织单位,磨头收费站连续三年被评为江苏省“安康杯”竞赛优胜企业。继续以“十个一”(学一本安全知识的书,提一条安全生产建议,查一起事故隐患或违章行为,写一条安全生产体会,做一件预防事故的实事,看一场安全生产录像或电影,接受一次安全生产知识培训,回忆一次自己的经验教训,当一天安全检查员,开展一次安全生产签名活动)活动为载体,实施职工安全生产知识培训和事故隐患治理,普遍开展“安全生产月”、“安全在我心中”、“安全知识企业行”等安全文化系列活动。编印下发《职业病防治手册》5万册。与市安监局建立安全生产联系会议制度,主动配合相关部门开展安全生产督查、参与事故调查。坚持开展市工代会代表视察、专家点评企业安全生产活动,提出整改建议40多条。开展“安全合格班组”创建活动,全市194个班组申报三星级安全班组。以“关爱生命共同健康”为主题送电影进企业、送安全给职工,放影56场次。继续开展送安全、送健康、送清凉夏季“三送”工作,直接慰问一线职工5000余人,赠送夏季清凉用品和安全知识读本,慰问金额21.8万元。7月,与市安监局联办“熔盛杯”安全生产知识竞赛,评选出特等奖等奖项101名。8月,举办市第二届事故隐患排查技能竞赛决赛,13名在各镇(区、园)开展的事故隐患排查技能竞赛预赛中脱颖而出的企业安全生产管理骨干选手参赛,评选出一、二、三等奖七名,一等奖获得者被授予如皋市隐患排查治理能手称号,并获市五一劳动奖章。

生活保障 年内,市总工会高标准新建使用面积500平方米的多功能职工服务中心,为广大职工提供生活救助、大病援助、职业介绍、心理咨询、法律援助等“一站式”服务。制订困难职工援助政策,推动修订《关于对如皋市特困职工实行特殊照顾的办法》。组织开展送温暖活动、困难农民工救助活动。持续开展市级机关与特困职工家庭结对帮扶活动,全年累计发放慰问金117.36万元,慰问特殊困难职工163人。坚持开展“金秋助学”活动,年内为37多名特困职工、困难农民工子女发放助学金11.4万元。发挥市总工会职工就业服务中心作用,主动与市劳动就业处合作,开辟新就业岗位,联合开展招聘活动,多渠道联系和推荐就业岗位。进一步加强创业培训和指导,先后选树创业示范岗16个,培育再就业示范基地4家。通过职工就业服务中心平台,全年提供免费职介服务2630人次,免费培训800人次,帮助实现再就业182人。延伸帮扶链,帮助困难学子实现暑期勤工俭学和优先就业,帮助9名学子实现就业。与市农商行联合启动职工小额贷款,引导职工自主创业。

【职工创业小额贷款】 6月,市总工会与如皋农村商业银行签署职工创业小额贷款合作协议,联合推出“职工创业卡”,开展职工小额贷款服务。“职工创业卡”整合市总工会和市农商行双方资源,重点为有创业能力及创业愿望的职工和下岗人员、农民工等就业困难的群体以及就业困难高校毕业生自主创业和自谋职业搭建平台,帮助一批想创业、要创业、能创业的人走出困境,并带动和辐射周围的人实现共同致富。

【企业报刊协作组成立】 11月22日,为进一步加强和推进企业文化建设，促进企业内部管理上水平，由市总工会牵头，以企业为单位成立如皋市企业报刊协作组。协作组接受市委宣传部、市文广新局领导和如皋日报社业务指导，交流与研究企业报刊编辑与出版工作。首批协作组成员单位有江苏熔盛、南通六建、江中集团、九鼎集团、市农商行、神马电力等19家企业。如皋企业报刊协作组为促进企业间信息交流与学习提供新平台，是推动职工思想解放、观念转变，提高整体素质展现风采的新舞台，同时也是企业工会更好地服务职工，参与企业内部管理的新载体。

（应　晶）

共青团如皋市委员会

【概况】 全市现有青年45万人，共青团员8.2万人，其中学生团员3.29万人，团员在青年中占比为18.2%。全市现有市直属团组织84个，其中青工系统团组织47个、青农系统团组织20个、学少系统17个。全市现有"两新"团组织735个。2011年，团市委被评为《中国青年》宣发工作先进单位。

组织建设　年内，始终将"四新"(新经济、新社会、新青年、新媒体)领域团建工作作为全面加强基层组织建设的重要突破口，组织开展团建"百日会战"和"双月竞赛"活动，全年新增"四新"领域团组织158家，其中新经济组织128家、新社会组织30家。2月，召开共青团如皋市委员会十五届四次全体(扩大)会议，回顾总结市共青团2010年工作，表彰2010年度共青团工作先进单位及个人，部署2011年全市共青团工作。召开"如皋市党建带团建创先争优推进会"，研究制订《关于做好乡镇(街道)团组织换届选举工作的实施方案》，成立如皋市乡镇团组织集中换届工作领导小组。全市20个镇(区、园)全部完成集中换届工作，产生乡镇团(工)委编制内外书记80人，平均年龄28.6岁，配强配优基层团组织力量。

宣传教育　年内，结合创先争优活动，打造品牌化特色亮点工作，扩大共青团影响力和覆盖面。3月，组织开展"创建文明城市，共建美好家园"青年志愿服务月。以"十二五"规划和如皋撤县建市20周年为契机，开展"我与祖国共奋进"和"建功'十二五'"等主题活动，吸引外地青年人才投身如皋、建设如皋。5月下旬，开展为期两天的"外国留学人才如皋行"活动，其间20多个国家的36名外国留学生相聚如皋，市水绘园风景区管委会、丝毯艺术博物馆、九鼎集团、双马化工、泰慕士服饰、杰克拜尼帽饰等企业分别与外国留学生签订人才合作意向书。7月，为深切缅怀赵小亭，推动爱心城市建设，深化全国文明城市创建，开展"传承小亭精神，弘扬城市大爱"主题活动暨小亭志愿服务月活动。

青工工作　年内，深入开展青年创业就业行动，邀请创业导师、大学教授、企业名人、创业典型等人士举办创业讲座，全年举办创业培训班8场，累计培训人数约6000人。2月，开展"新春开门红"暨"三联三助"招聘、洽谈会，全市80多家用人单位提供就业岗位5000多个，800多名青年当场实现岗位对接。9月，举办"青年文明号"培训班，全市150多家市直团组织负责人和各级"青年文明号"争创集体负责人参加培训。江苏神马电力股份有限公司董事长马斌获省政府授予江苏青年的最高荣誉——青年五四奖章。

青农工作　年内，在各镇(区、园)、各村(社区)建立工作联系点，确保1名党政干部结对1名基层团干部。深入推进青年创业小额贷款工作，全年为145名青年发放贷款1360.6万元，扶持创业项目58个，带动562名青年创业就业，解决青年创业就业过程中资金"瓶颈"问题。创新项目"牵手新市民行动"——基层团组织服务"新生代农民工"活动获南通市共青团工作优秀创新创优项目奖。

学少工作　年内，推进加强未成年人思想道德建设，以中国共产党成立90周年、市"十二五"规划出台和如皋撤县建市20周年为契机,开展“我与祖国共奋进——立足新起点,建功‘十二五’”形势政策教育活动。结合中国共产党成立90周年,集中力量组织全市青少年开展“学党史、知党情、跟党走”、“党旗引领我成长”、“我和党员大朋友手拉手”少年儿童书信大赛等主题教育活动。7月,联合市文明办、市预防青少年违法犯罪工作领导小组办公室等单位,举办“童心向党”公益性文艺展演,并正式启动全市“七彩的夏日”系列活动。在全市组织青少年参加江苏省百万少年争戴“四好少年”奖章展评活动,开展“争当‘四好少年’”等主题教育实践活动。开展如皋市优秀少先队员、优秀辅导员、红旗大(中)队评比活动,评选出优秀少先队员52人、优秀辅导员28人、红旗大(中)队28个。作为南通地区唯一一家、首批由团中央直接联系指导的青年思想分类引导基层单位,团市委全年发放调查问卷2万余份,编写《青年思想引导手册》,开展示范性引导活动,提升全市基层团组织开展引导青年工作科学水平和广大团干部开展意识形态工作能力素养,建立青年思想分类引导工作科学化体系。10月,为纪念中国共产党成立90周年、庆祝少先队建队62周年,举办第四届如皋市少先队鼓号队比赛。团市委在如皋共青团网站专设“倾听心声”、“与人大代表、政协委员面对面”、“红色主旋律”等特色栏目,增强与青少年互动交流。

(冒纾瑞)

如皋市妇女联合会

【概况】 全市有镇妇联20个、村(居)妇代会332个、系统妇委会8个,有专兼职妇女干部570人。2011年,如皋市被表彰为省“平安家庭”创建活动示范县(市、区),市妇联先后被评为省妇联系统宣传工作先进单位、南通市妇联系统综合工作一等奖、南通市“亲情牵手”行动先进集体,搬经镇湖刘社区被评为省妇女儿童示范之家,市法院民一庭被评为省维护妇女权益示范岗,东陈镇被评为省“平安家庭”创建活动示范乡镇,市财政局巾帼文明岗被评为南通市创先争优先进集体。

服务妇女 年内,坚持服务引导,带动妇女在经济建设主战场建功立业,积极整合资源,高标准建设“妇女儿童之家”,从综合基础建设、组织建设、文化建设和文明创建、巾帼志愿建设、妇女维权、创业就业、儿童成长教育七个方面,开展星级考评。创新妇女创业小额贷款发放模式,发挥小额贷款政策辐射带动作用,全年为76名创业妇女办理小额担保贷款756万元。3月,举办大型“春风送岗”女性就业招聘洽谈会2期,2000余人达成就业意向。举办“巾帼创先争优我先行”座谈会,全市女企业家联谊会会员、正科级女领导干部、机关到村任职第一书记、高层次女性人才代表、女大学生村干部代表欢聚一堂,庆“三八”、话创争。5月,为南通市提供“妇女儿童之家”活动现场。在自来水公司举行“全国、省、市巾帼文明岗”授牌仪式,自来水厂5个分公司开展巾帼文明岗技能比武。11月,举办家政服务员培训班,邀请专业人士开展母婴护理、保洁技术等技能讲座,52名妇女参训,推动全市家政服务业发展。在高明镇召开全市“妇女儿童之家”项目提升现场推进会,与市委组织部联合出台《如皋市“妇女儿童之家”星级考评实施意见》,在全市拉开“妇女儿童之家”星级考评的序幕。

宣传教育 年内,与报刊、广播、电视等新闻媒体密切合作,搭建妇女工作社会化宣传平台,累计在国家、省、南通市级报刊、网站发表文章150多篇。1月,承办南通市家庭才艺大赛北三县预赛,选送的张玉华家庭在南通市家庭才艺大赛决赛上获唯一的一等奖,并选送至中央电视台三台《欢乐一家亲》节目。3月,举办“‘村官’大舞台,巾帼展风采”首届女大学生“村官”演讲比赛,展示全市女大学生“村官”积极投身“十二五”、服务大局、服务基层、奉献岗位的靓丽风采。举办幼儿教师健美操大赛,25支代表队、293名选手参赛,展现如皋妇女文体工作成果。7月,组织巾帼志愿者参与“传承小亭精神,弘扬城市大爱”志愿活动,涌现出泰慕士“爱心妈妈”,农商行“童心同行”,文峰大世界、市委党校“爱心家园”,移动公司“阳光快车”等优秀巾帼志愿服务团队。

维护妇女权益 年内,市妇联接待来信来访142起,结案率100%。全市332个村居实现“妇女维权站”建设全覆盖,做到“五有”(有组织、有场所、有队伍、有制度、有活动)。开展“女律师基层行”活动,邀请女律师分批次深入企业、社区、学校为妇女儿童开展送法律到基层活动。3月,开展“三八维

权周”活动，为广大妇女提供法律咨询、义诊等服务，发放各类宣传资料2000多份。4月，接受市人大常委会关于老龄妇女权益保障情况的执法检查，获得检查组一致好评。5月，举办争创“维护妇女权益示范岗”交流会，10个如皋级示范岗分别作作经验介绍，特邀南通妇联权益部部长陈美玉作专题辅导，为各单位争创南通级示范岗增添信心和动力。6月，在市法院举办妇联系统特邀调解员专题业务培训会，法院院长吴存银为全市各镇（区、园）妇联主席发放特邀调解员聘书，民一庭庭长专题解读和辅导《中华人民共和国婚姻法》，实现妇联与法院诉调工作有效对接。8月，在东陈镇新空间集团举办如皋市“平安家庭”知识竞赛，营造家家参与、人人尽责、携手共建“平安如皋”良好氛围。

儿少工作　年内，实施帮困活动，加强小公民道德教育，举办家庭教育知识讲座30多场次，营造青少年成人成才“第一环境”。牵头组织市电信局、星际旅行社、慧源书城、红黄蓝如皋亲子园等单位以及社会爱心人士开展结对助困、助“春蕾”活动，新建国税、国检、党校、移动公司、体育“春蕾班”5个，扶助孤困儿童145人，提供帮扶资金7.5万元。1月，举办“手拉手我们一起前行，心连心我们一起成长”迎元旦联欢会，与市特殊教育学校师生共聚一堂迎元旦新年。如皋市网上家长学校试运行，在南通六县（市、区）中首家开通网上家长学校。3月，举行杰龙手机奖励林梓小学优秀留守儿童仪式，30名优秀留守儿童接受杰龙手机公司的奖励物品。举办“牵手央视，快乐体验”选拔活动，在全市选拔14名小学四到六年级学生参加中央电视台少儿节目“快乐体验”《木偶的故事》拍摄。组织16个成员单位召开“十一五”妇女儿童发展规划实施情况终期评估协调会。4月，通过南通市副市长孙金华一行的终期评估检查。5月，代表南通市通过省妇儿工委终期评估。6月，为庆祝中国共产党成立90周年，举办“童心向党”小学生红歌演唱比赛。在如城镇孔庙社区举办“争做五好小公民，共创全国文明城”专场文艺晚会。8月，组织林梓镇林梓小学、奚斜小学160名留守儿童代表走进南通，参加“关爱成长，喜看发展”——千名留守儿童看南通暑期夏令营活动。9月，开展“我们的节日·中秋”暨“浓浓中秋情，邻里共守望”活动。

“牵手央视，快乐体验”选拔活动现场

（曹　璨）

如皋市工商业联合会

【概况】　全市现有市级行业商会29个、镇级商会29个、村级商会2家，异地商会5家。现有会员3868家，其中工商联直属会员785家、行业商会会员2253家、1984年以前入会的老会员102人。2011年，南通六建集团、江苏江中集团、江苏英田集团三家企业入选全国上规模民营企业500强，市工商联（市总商会）被表彰为南通市达标考核先进集体。

组织建设　年内，全市新组建异地商会2家、村级行业商会1家，完成3家商会换届工作。3月25日，市工商联举行九届七次执委会暨行业商会联合党委揭牌仪式。4月29日，市委、市政府出台《关于进一步加强行业商会建设的意见》（皋委发〔2011〕34号）文件，对进一步强化行业商会领导、赋予商会职能、建立健全管理制度、规范行业商会运作提出具体措施。5月18日，新疆生产建设兵团如皋商会成立，乌鲁木齐市恒久建筑工程有限公司董事长吕能当选为首届会长。6月18日，市纺织商会召开第二届会员大会并换届选举，市丁堰纺织有限公司董事长、总经理陈坚连任商会会长。7月1日，在庆祝中国共产党成立90周年暨七一表彰大会上，市综合商会党支部被表彰为先进基层党支部，这是市委首次将行业商会党支部列入七一表彰。7月28日，江安镇鄂埭村羊毛衫商会正式成立，会员单位32家，是全市第一家具有鲜明行业特征的村级商会，同时也是南通市成立的第一个村级行业商会,南通贵缘针织服饰有限公司谢军当选为首任会长。8月18日,市糕点商会第二届会员大会换届选举,市麒麟阁食品厂贾皓祥连任商会会长。8月28日,市建筑业商会在河北石家庄成立华北分会。9月6日,苏州市平江区如皋商会正式成立,苏州吴地人家董事长段海飞当选为首任会长。11月22日,市百货商会召开第二届会员大会换届选举,市家家乐股份有限公司董事长张健连任商会会长。

参政议政　年内,在市第十五届人民代表大会第三次会议和市政协第十二届委员会第三次会议上,市工商联提交团体议案3件,工商联系统市人大代表个人提案5件,工商联系统市政协委员个人提案6件。

培训交流　4月,全国工商联副主席李路到南通调研时,市皮革商会作为先进典型作专题发言。

友好往来　年内,市工商联分别与海门市等各地工商联缔结友好商会。6月21～26日,市工商联(总商会)组织市级行业商会部分会长赴台湾学习考察台湾当地行业商会发展情况。

光彩事业　年内,全市会员企业各类社会捐赠、光彩事业慈善捐款、公益捐款总额达1000多万元。8月25日,市工商联组织19家行业商会会长到石庄镇张杨园社区,与12名在校贫困学子结对座谈,资助每人1500元。

【苏州市平江区如皋商会成立】　9月6日,苏州市平江区如皋商会正式成立。苏州市工商联副主席陈丽新、南通市工商联副主席黄煌,如皋市领导黄成、缪小华、章建平出席成立大会。苏州吴地人家董事长段海飞当选为首任会长,首批加入该商会企业有60多家。

【市工商联(总商会)第十次会员代表大会召开】
12月24日,如皋市工商联(总商会)第十次会员代表大会召开,选举产生市工商联(总商会)第十届执委会217名执委和102名常委。江苏长寿集团董事长魏祝明连任如皋市工商联(总商会)主席,马斌、余国平、吴道元、张小军、张建华、张奎宏、杨龙、沈寿明、陈坚、陈国荣、徐正洪、郭庆、缪爱国、戴薇14人当选为市工商联(总商会)副主席(副会长),王志刚、印露、汪农生、沙晓明、陆金林、陈大明、周松林、徐远宏、鲍兴来9人当选为市总商会副会长,倪东波当选为秘书长。

【市第二届家装文化节】　11月12～13日,市工商联、消费者协会、家装商会联合在新世纪广场举办如皋市第二届家装文化节,以倡导"绿色环保、诚信家装"为宗旨,宣传家居文化,提高家装文化品位和内涵,不断满足广大消费者日益增长的家居文化需求。40多家厂商参加家装文化节,签订订单300多份。

(贲晶晶)

如皋市科学技术协会

【概况】　市科协下辖学会24个、镇(区、园)科协20个、企业科协67个、专业协会7个。全市现有科普教育基地15个、科技特色学校54所、科普示范村(社区)42个、农村科普示范基地38个,现有标准科普画廊42个。全市现有科普活动站302个,其中镇级20个、村(社区)282个。现有农民技术职称人员2295人,其中农民技师832人、农民助理技师782人、农民技术员681人。2011年,如皋市被中国科协命名为2011～2015年全国科普示范县(市、区),市科协被评为省科协科普宣传先进集体、南通市第23届科普宣传周先进集体。

科普宣传　全年举办科普讲座18次,听讲12380人次。组织科技人员开展科普宣传咨询12次,发放宣传资料23种、8.95万份。举办实用技术培训班65期,培训6.2万人次。举办科普展览6次,参观1.15万人次。组织学生参加各种科技竞赛活动5930人次。向科技刊物、网站、新闻单位投稿并被采用90篇，在市电视台设“科普大篷车”栏目，每周二晚黄金时段播放15分钟。5月，举办以“携手建设创新型城市”为主题的市第十届科技活动周暨第23届科普宣传周活动，印发各种科普资料5.8万多份，举办各种形式的科普讲座153次、学术报告会5场、经济技术洽谈会1次，科普橱窗宣传115处，组织送科技下乡3次，摆设科技、卫生、气象、普法、农林、防震、环保、计划生育等各类咨询台11个。9月，举办以“倡导生态文明，共建生态如皋”为主题科普日活动，开展科普知识竞赛、送科技下乡、送科技进校园、科普进社区等系列科普活动，各镇科协也分别组织形式多样的科普宣传活动。

学术交流　年内，组织召开学术交流会3次，参加人数258人。组织科技人员38人参加省、市科技论坛等学术活动，组织学会会员66人次参加科普宣传周、科普日等大型科普宣传活动。继续组织实施百名专家兴百村（兴百基）小康工程，全年101名专家对接107个村，年底考核实施情况，对任务完成情况较好的专家给予适当补助，评选一、二、三等奖8名，分别给予3000元、2000元、1000元奖励。组织科技专家深入农业生产第一线和相关企业，开展科技服务，普及推广一批农业新品种、新技术，促进农业增效、农民增收和企业发展。5～6月，牵头组织开展全市第十届自然科学优秀论文评审工作，评出优秀作品154篇，其中获南通市优秀自然科学论文奖6篇，获奖等次之高居南通各县（市、区）之首。8月，协助承办“熔盛杯”中国机器人技术与应用高峰论坛暨高端智能产业成果展示与产学研洽谈交流会。

企业科协　年内，新组建企业科协43家，全市现有企业科协67家。在全市各企业科协中开展“厂会协作”活动，组织推荐8个优秀“厂会协作”项目参与南通市科协组织的评比活动，进一步推动全市各级学（协）会利用人才和技术优势直接为企业服务，九鼎集团科协申报的“高模量无碱HME玻璃纤维研发及产业化”项目、南通市神马电力科技有限公司科协申报的“特高压±800千伏线路用棒形悬式复合绝缘子”项目获南通市一等奖（一等奖共6个，如皋获2个），南通华东液压铸业有限公司科协申报的“YH27K－1600框架式单动薄板拉伸合模油压机”项目获南通市二等奖，获奖等次居南通各县（市、区）之首。

【市第十届自然科学优秀论文评选】　5～6月，市科协牵头组织开展全市第十届自然科学优秀论文评审工作，评出优秀作品154篇。其中，获市政府表彰的69篇（特等奖3篇、一等奖6篇、二等奖13篇、三等奖20篇、优秀奖27篇），获市第十届优秀自然科技论文评审委员会表彰的85篇。在此基础上推荐35篇优秀科技论文参加南通市优秀自然科学论文评审，获南通市政府奖6篇，其中二等奖1篇、三等奖5篇。

【中国机器人技术与应用高峰论坛暨高端智能产业成果展示与产学研洽谈交流会在如皋举行】　8月12～14日，南通市政府、中国人工智能学会、中国自动化学会、中国机械工程学会、《机器人技术与应用》杂志社共同主办的“熔盛杯”中国机器人技术与应用高峰论坛暨高端智能产业成果展示与产学研洽谈交流会，在熔盛重工衡山金盛大酒店举行。来自全国机器人技术与应用领域的300多位专家、学者和企业家代表参加会议。交流会上，发布科技成果信息30多条，主题报告27份，企业与参会高校、科研院所签署技术合作意向38项。此次活动是当前国内机器人产业、教育与研究领域的一次高水平、高层次顶级峰会，也是该领域首次在北京以外地方举办的全国性盛会。

【旅美青年科学家李世光作“能源与环境”高端讲座】　12月24日，市科协邀请著名旅美青年科学家李世光为全市领导干部作“能源与环境”高端讲座。讲座结合如皋实际与未来，向全市领导干部介

绍世界能源领域的发展现状、存在问题、研究热点、最新技术、未来对策等,对如皋经济转型升级具有针对性、指导性借鉴意义。

(蔡友兰)

如皋市归侨侨眷联合会

【概况】 全市在册归侨、侨眷3312余人,其中归侨1人、海外留学人员334人,分布于美国、加拿大、英国、日本、澳大利亚、法国、德国、新加坡等26个国家。2011年,市侨联被评为南通市基层侨联工作先进单位、服务侨资企业优秀奖。

联络联谊　年内,在春节、中秋等重大节日期间,向海外友好人士寄发贺卡和贺信300多份,与“国际神探”李昌钰、华盛顿州立大学教授姜志华、香港如皋同乡会会长等40多名海外友好人士长期保持正常电子邮件、书信往来。与上海市杨浦区侨联,苏州市张家港侨联,辽宁省丹东市侨联、沈阳市侨联,天津市侨联等友好侨联保持密切联系。在保持与美国等华人社团正常联络的同时,与加拿大、日本、韩国、阿联酋、新西兰、澳大利亚、美国奥斯汀、印尼等侨团开展友好往来。通过“走出去”参与各级侨联组织活动,不断学习外地工作经验,在扬州、泰州、通州三地侨联研讨会上围绕“如皋侨资企业现状和发展”作专题发言。通过“请进来”,加强各地同行之间合作交流,全年接待中国侨联经联部部长、中国侨商总会秘书长、各级友好侨联组织和海外人士15批170多人次。4月,沪苏通金三角侨联合作交流第四次年会在如皋市召开,中国侨联副主席、上海市政协主席、上海市侨联主席、省侨联主席以及上海、苏州、南通各市县区侨联负责人参加年会。

宣传教育　年内,组织各侨联小组长参加上级系统业务培训,报送信息36条,组织侨法宣讲活动3次,指导大治街道定期更换全国“侨法宣传角”内容。8月,香港如皋同乡会会长丁伯駪去世,市侨联致电其家属表示哀悼,并将他的生平事迹撰文刊登在《如皋日报》及省、市、县有关网站。

招商引资　年初,将2011年定为“为建设美好新如皋服务年”,在全市侨界群众中开展“双个十百千万”工程(指建设侨胞创新创业园2个、引进超千万美元的侨资项目10个和引进海外高层次人才10位、帮助100个侨资企业实施转型升级等工程)。组织开展“我为家乡又好又快发展献一计”活动、“服务新如皋,侨眷当先锋”活动,鼓励海外侨胞和归侨、侨眷在家乡建设中贡献力量。与如皋经济开发区和软件园建立深度合作关系,引进张颖、程学勇、喻荣等海外高层次人才到如皋投资兴业,鼓励策划海外华侨创建“中国江苏商品”网站如皋网页。向国内外寄发招商宣传资料1000多份。年内,由侨眷许宏斌引进中冶集团公司在如城镇投资40亿元人民币兴建的“中国长寿城”项目正式启动;侨眷吴德群投资3000万元人民币在如皋兴办“宇洄生态休闲农庄”项目;荷兰籍华人杨龙先后介绍千骏工具、汉德家电、百应能源、易斯工具等落户开发区,注册资金总额6270万美元,到账资金总额1700万美元和3000万元人民币;海归人才张颖的羊胚胎素制造项目获追加资金2亿美元。

为侨服务　年内,完善为侨企服务体系,做到“三坚持”(坚持侨资企业信息资料及时更新制度,建立电子信息库;坚持侨联委员挂钩联系侨资企业制度,挂钩52家企业;坚持定期走访调研侨资企业制度)。搭建为侨企服务平台,借助侨界人大代表、政协委员平台,不断探索为侨企服务的工作机制。借助“侨界维权工作站”平台,为侨资企业提供法律服务。借助涉侨案件情况通报平台,主动与公安、检察、法院等部门对接。为侨企发展排忧解难,加大为侨企、留学人员、华人华侨服务力度,邀请有关部门召开“侨资企业研讨会”帮助解决侨企在用工、用地、资金、争取上级技改补贴等方面问题。全年处理涉及侨房征用、住宅地纠纷、子女就学等方面信访8件。

凝聚侨心　年内,利用重大节日召开茶话会、座谈会等形式,广泛开展侨界群众性活动,引导侨界奉献爱心。到常青、下原、白蒲、如城等镇走访、看望、慰问重点归侨、侨眷及侨资和港资企业。6月底,在中国共产党成立90周年和辛亥革命100周年之际,开展“侨界党旗红”主题教育活动,组织开展歌咏、书画、摄影、座谈、报告会等活动。通过组织慰问侨界老党员、赠送“七一”纪念卡、组织参观红十四军纪念馆、征集红十四军文史资料等活动,开展革命传统教育。通过开展“社区侨法宣传”创建华侨艺术团,组织外出参观学习,丰富归侨、侨眷精神文化生活。通过侨界“献爱心，促和谐”活动，弘扬侨界大爱无疆的优良传统。

【沪苏通金三角侨联第四次年会在如皋召开】 4月7～8日，沪苏通金三角侨联合作交流第四次年会在如皋召开。中国侨联副主席、上海市政协副主席、上海市侨联主席吴幼英，上海市侨联党组书记李葳萍，江苏省侨联主席郁美兰以及上海市静安、黄浦、卢湾、虹口、杨浦、闵行、崇明等区县侨联和苏州、南通两市侨联及下属县市区侨联代表近60人出席会议。

年会期间，与会人员参观市东大街、李昌钰刑侦博物馆、红十四军公园、上海轮胎、软件园、神马科技、熔盛重工等处。

（王晓云）

如皋市文学艺术界联合会

【概况】 市文联下设作家、音乐家、舞蹈家、书法家、美术家、摄影家、戏剧曲艺家、民间文艺家协会、诗词楹联学会和胡安定研究会10个协会，现有会员695人，其中中国文联直属协会会员14人、江苏省文联直属协会会员59人、南通市文联直属协会会员319人。

文艺活动　年内，动员广大文艺工作者，围绕市委市政府中心任务各工作要求，用丰富多彩的文化，助推如皋市更高水平小康社会和基本现代化建设。全年组织各类文艺活动45场次，其中，组织各类文艺演出29场次，举办各类图片展和摄影比赛7场次，组队参加南通市级以上比赛和文艺活动9场次。应市公安局、城管局、住建局、财政局、税务局、政法委等部门邀请，策划、主办相关文化活动，为如皋企业文化、校园文化、机关文化、社区文化建设作出贡献。1月，在市农业招商开幕式上，组织开展书法家义务写春联活动。与市老年体协联合组办庆祝市老年体协表彰会召开文艺演出。策划组织如皋海关迎新春文艺晚会、市消防中队迎新春茶话会，参与组织如城镇阚庄村首届农民艺术节。1月30日晚，与江苏新空间集团联合主办新春音乐联谊会。3月，在江苏新空间集团演艺厅主办如皋“体育之春”歌舞联谊会。组织文艺家走进如皋市实验小学，开展“民乐伴我成长”主题活动。3月30日，组织书法家到市消防中队举行“书法家走进军营”活动。4月，在安定广场举行江苏省全民健身如皋分会场启动仪式暨文艺展演活动。5月，开展文艺家走进社区活动，举办中老年专场文艺晚会、“我的幸福家庭”文艺展演，组织文艺家到东陈镇山河社区开展文艺活动，指导市实验小学少儿合唱团的合唱《歌唱二小放牛郎》获市教育系统举办的“五月红歌会”第二名。5月中旬至7月12日，配合市委宣传部在全市广泛组织开展各类主题宣传活动，参与策划、组织、主办、指导各类文艺活动30多场次。主动协调各机关和企事业单位，联合组办各类文艺活动，宣传党的富民强国政策，丰富群众业余文化生活。6月，组队参加省民间文艺家协会主办的“迎春花奖”新故事大赛，市文联获三等奖，如皋首次获得“迎春花奖”奖项。6～7月，为迎接中国共产党成立90周年，先后与市老干部局、老龄委、如城镇、市农委、长江镇等单位组织“纪念中国共产党成立90周年”各类专题文艺会演、调演、歌咏比赛等活动。7月，举办南通市“北三县（市）”书法联展。8月，与市体育局等联合主办第三个全国全民健身日、第三个南通体育日文艺演出。参与组织南通市农民健身秧歌大赛，市代表队获最佳组织奖。9月4日，如皋市诗词楹联学会在李渔诞辰400周年纪念日成立。9月，在南通水明楼酒业有限公司策划、主办、主持市第五届“欢乐重阳节、相聚水绘园”九九敬老联谊活动。组织文艺表演团体，先后到袁桥镇、长江镇、如城镇等敬老院开展“庆重阳、颂党恩”专题慰问演出。组织“崇尚科学、反对邪教”文艺演出。

文艺创作　年内，市文联各协会会员在如皋市级以上报刊、文艺会演、文艺大赛中发表、参展、获奖作品515件（幅），其中国家级65件（幅）、省级185件（幅）、南通市级265件（幅）。舞蹈《晚霞英姿》获江苏舞蹈“莲花奖”第二届社会舞蹈大赛常青组表演银奖、创作银奖，故事表演《再唱一曲火龙的赞歌》获省民间文艺“迎春花奖”新故事大赛三等奖，江苏省少儿书画考级如皋考区的考务工作被南通市文联连续三年评为南通市五县四区唯一的特等奖，“新空间神韵”民乐展演获南通市文联团体会员工作创新奖。1月，《中国民间故事全书——江苏·如皋卷》编纂出版，举行首发仪式。9月12

日,组团赴扬州参加第四届中华全国社区文艺会演,市文联选送的舞蹈《亮剑》、《挂红灯》获金奖。11月,在省文联主办、省舞蹈家协会承办的第二届舞蹈“莲花奖”大赛中,市文联参赛作品《晚霞英姿》获银奖,这是如皋舞蹈类参演节目在省内获得的最高奖项,舞蹈“杏花·春雨·江南”获优秀奖。

【市诗词楹联学会成立】 9月4日,如皋市诗词楹联学会在市行政中心举行成立大会。南通、如皋相关领导、专家和诗词楹联爱好者200余人参加成立大会。大会选举刘聪泉任名誉主席,蔡国柱任主席,葛剑南、钱德贵、沈寿高任副主席,葛剑南兼任秘书长。

【市文联直属协会更名】 10月,为适应全市文学艺术大发展大繁荣,便于市文联和如皋文艺家对外交流,经请示市委宣传部同意,并经市民政局批准,市文学工作者协会更名为市作家协会,市音乐舞蹈工作者协会划分为市音乐家协会和市舞蹈家协会,市美术工作者协会更名为市美术家协会,市书法工作者协会更名为市书法家协会,市摄影工作者协会更名为市摄影家协会,市戏剧曲艺工作者协会更名为市戏剧曲艺家协会,市民间文艺工作者协会更名为市民间文艺家协会。

【如皋舞蹈首获江苏舞蹈“莲花奖”】 11月12～15日,由省文联主办、省舞蹈家协会承办的代表江苏省舞蹈类最高奖的江苏舞蹈“莲花奖”第二届社会舞蹈大赛在镇江市举行,由市文联组队参赛的女子群舞《晚霞英姿》获常青组表演银奖和创作银奖。这是如皋市专业、业余团体首次获得江苏舞蹈“莲花奖”奖项。12月,该节目获南通市人民政府文学艺术奖表演银奖和创作银奖。

2011年全市新增中国文联直属协会会员、省文联直属协会会员情况一览

表62

会员类别	姓　名	工作单位
中国书法家协会会员	吴建军	市英田集团
江苏省音乐家协会会员	顾海峰	市职教中心
	张英明	自由职业

(全福林)

如皋市残疾人联合会

【概况】 市残联下设镇(区、园)残联20个、残疾人专门协会5个,全市现有各类残疾人8.5万人。2011年,市残联获全省残疾人就业保障金征缴工作成绩显著奖。

扶残助残　年内,在春节和“全国助残日”活动期间,邀请市委、市政府领导走访慰问贫困残疾人96人和市二院、特殊教育学校、江滨医院等残疾人集中的单位,发放慰问金4.5万元。组织市残联机关、残疾人服务中心工作人员走访结对帮扶村林梓镇蒋殿村残疾人家庭21户,每户赠送慰问金400元。向南通特殊教育学校17名如皋籍学生和如皋特殊教育学校54名困难学生发放生活补贴2.76万元。向202名残疾人发放残疾人机动轮椅车燃油补贴12.01万元。

社会保障　年内,向1804名残疾人发放护理补贴111.15万元。出台《关于向“低保”家庭中重度残疾人发放重残补贴金的通知》,自7月份起“低保”家庭中的重度残疾人每人按照农村60元/月、城镇80元/月标准享受重残补贴金。按照每个高中生1000元/年、高中以上1500元/年标准向残疾学生发放教育专项补贴13.25万元。

康复服务　年内,安排86名残疾儿童到各类定点机构康复训练,机构康复训练率64%,训练总有效率90%。调查全市有康复需求的残疾人30590人,其中持证残疾人24786人,6月底前将调查数据录入中残联系统。调查白内障疑似患者986人,确诊486人,年内手术1532例,其中免费手术162例。调查下肢缺失残疾人68例,经南通市假肢站筛查、打样、安装,救助符合安装条件的贫困残疾人36例。经南通市残联组织筛查、制作耳模,救助13名0～6岁残疾儿童助听器26只。会同市二院为全市所有免费服药人员体检、换发免费服药卡,新增免费服药对象126人,免费服药人数达964人。3月,查实全市有康复需求残疾儿童134人,将信息录入省0～6岁残疾儿童信息系统。5月15日,举行残疾人辅助器具一期发放仪式,发放各类辅助器具484件,救助342人。9月,开展辅具二期救助项目适配工作,全市上报救助1220人。

就业培训　年内,结合就业培训工作,向残疾人家庭赠送蚕种纸600张和波尔山羊羊羔100只，总价值6万多元。4月底，在高明、东陈、雪岸三个传统养蚕大镇举办栽桑养蚕技术培训班，培训残疾人及残疾人家属159人。5月上旬，在林梓镇蒋殿村举办波尔山羊饲养技术培训班，50名残疾人参加培训。

基础建设　年内，调整、补缺各镇残联理事长，全市20个镇(区、园)中有10个镇配备专职残联理事长。启动市级托养中心改造工程，5个镇级托养中心建设完成政府发文、资产划拨。5月15日，市残疾人综合服务大楼落成。11月，《加快残疾人事业发展的实施意见》经市政府常务会议和市委常委会讨论通过，以皋委发〔2011〕96号文件正式颁布施行。市委办公室、市政府办公室印发《市有关部门贯彻实施市委市政府〈关于加快残疾人事业发展的实施意见〉责任分解方案》。

宣传文体　年内，以“全国助残日”活动为契机，制作专题片《助残就业，点亮未来》，在市电视台新闻栏目中反复播出。组织开展“绽放生命、共享阳光”残疾人书画展和征文活动，组织残疾人参加第八届全国残运会口足书画展演和江苏省首届聋人书画展。设计、制作反映如皋市“十一五”残疾人事业发展情况展板参加“人道南通”残疾人事业图片展，推荐11篇文章参加“人道南通”征文。全年在《中国社会报》、《新华每日电讯》、人民网、中国文明网、中国残联网等媒体发表宣传文章或信息203篇(条)。6月11～12日，第四届全国残疾人技能大赛中，如皋选手获2个全国第一(扎染、蛋糕制作)、3个全国第二(手工编织、钩针、蜡染)的佳绩。

【市残疾人综合服务大楼落成】　5月15日，如皋市举行残疾人综合服务大楼落成仪式。

市残疾人综合服务大楼是系市政府为民办实事工程，由上海建筑设计院设计，南通六建建设集团有限公司承建。大楼设计楼高31.85米，南北长和东西深均为32米，大楼地面8层、地下1层，建筑面积8000平方米，总造价2500万元。市残疾人综合服务大楼具残疾人康复、培训、就业、维权等功能，为全市残疾人提供一站式综合服务。

【残疾人选手在第四届全国残疾人技能大赛中获大奖】　6月11～13日，第四届全国残疾人技能大赛在南京国际博览中心举行。全国31个省、市、自治区和新疆生产建设兵团、黑龙江农垦总局计33个代表团、788名选手参赛。大赛中，如皋选手获2个全国第一(扎染、蛋糕制作)、3个全国第二(手工编织、钩针、蜡染)的佳绩，获奖总数全省领先。

(谢仁健)

如皋市红十字会

【概况】　市红十字会为正科级建制单位，现有理事81人，其中会长1人、副会长10人、秘书长1人、常务理事11人。现有基层组织154个，其中团体会员单位62个(其中冠名红十字的医疗机构3个)。

赈济救助　年内，开展助学助困助医活动，累计支出扶贫救助款6.2万元。接受江苏省和南通市红十字会物资总价值10.106万元，其中大米9600公斤、食用油800瓶、棉被300条、棉袄100件、羽绒服25件，全部用于春节送温暖、“红十字博爱送万家”活动，所有物资发往全市15个乡镇，受益人次3000余人。

骨髓捐献　年内，与市委宣传部、市文明办、团市委联合发出《关于开展招募捐献造血干细胞志愿者活动的通知》，通过市电视台、西祠胡同网站等媒体广泛征集志愿者，志愿者报名登记80人，先后有3名志愿者与白血病患者初配成功，2人完成高分辨检测。3月，面向入党积极分子培训班700多位学员发放捐献造血干细胞相关宣传资料并展出宣传板。5月8日，开展捐献造血干细胞街头宣传活动。

卫生救护　全年组织卫生救护培训班280期，培训学员3万多人。年内，为外资企业员工培训初级卫生救护急救员。在5所驾校常设卫生救护培训点，开展机动车新驾驶员初级卫生救护训练，在理论考核基础上，对学员进行心肺复苏和止血、包扎、骨折固定、搬运四项技术考核。

宣传表彰　5月8日，与市红十字血站在新文峰大世界门前联合组织开展第64个“五八”世界红十字日纪念活动，现场发放宣传资料500份，参加无偿献血30人。6月18日，与市卫生局联合召开全市无偿献血表彰大会，纪念第八个“世界献血者日”,回顾总结2008～2010年如皋市无偿献血工作所取得的成就,表彰雪岸、丁堰、高明、常青、吴窑、林梓、桃园、东陈、柴湾、长江10个镇为无偿献血先进乡镇,表彰近几年获全国、江苏省无偿献血奉献奖的先进个人98人。

【第六次捐献造血干细胞采样活动】 1月7日上午,如皋市第六次捐献造血干细胞采样活动在市行政中心第五会议室举行,49名体检合格志愿者参与血样采集活动。采集的血样送往苏州检验合格后,血样标本数据储存于中国捐献造血干细胞志愿者资料库江苏分库。截至年底,全市累计参与捐献造血干细胞血样采集的志愿者650人。

(董 晖)

如皋市慈善基金会

【概况】 市慈善基金会实行理事制,现有理事24人,其中理事长1人、副理事长2人、秘书长1人。2011年,募集基金1579.9万元,历年累计基金收入8790.6万元;全年助学、助医、济困、扶残等各类救助支出1626.9万元,资助7078人次,历年累计支出基金5148.1万元,累计救助41512人。

基金募集 全年募集基金1579.9万元,其中,市慈善基金基金收入282万元、镇有基金收入198.9万元、冠名专项基金存入1099万元。历年累计基金收入8790.6万元。年内,社会经常性捐赠、江苏省第二个“慈善周”暨如皋第五个“爱心月”集中捐赠活动累计募集基金367万元,通过“情暖如皋春节济困”、“圆梦行动慈善助学”等项目劝募吸纳加盟慈善基金34万元。培育与发展冠名基金,新增“博爱助医”、“江中助教”、“神马公益”、“城南社区济困”4家签约基金,签约总额1200万元,年度到账资金345.6万元。至年末,市慈善基金会签约冠名基金12家,累计募资3390万元。

慈善救助 年内,助学、助医、济困、扶残等各类救助支出1626.9万元,接受资助7078人次,其中市慈善基金会基金支出246.2万元、镇有基金支出93.4万元、冠名专项基金支出1287.3万元。历年累计支出基金5148.1万元,救助41512人。通过吸纳冠名基金,拓展在教育、社区、人文等社会公益领域内慈善投入。“情暖如皋”春节慰问活动为1000户城乡困难居民每户发放大米10公斤、挂面7.5公斤、食油10公升。全年“慈心助医”364人,支出慈善基金91.2万元。全年助学1136人,助学总额147.85万元,其中,“圆梦助学”对227名应届考入大专以上院校的孤儿、“低保户”家庭学生每人资助2000元助学金,对659名市内初、高中在读孤儿和“低保”户家庭高中生每人资助1000元,定向和专项基金助学250人36.55万元。“慈善济困”、资助敬老院建设、慈善超市充值和中国共产党成立90周年慰问特困老党员等活动资助4100多人次,支出基金104.6万元。通过冠名基金定向资助如师学生公寓维修,聋哑人特教学校教学器具配置,江中小学、如中实验室建设,江安周群村修筑农村“通达公路”等项目,累计投入基金1187.7万元。资助江滨医院收治暴力型和贫困家庭精神病人229人、与市残联合作为35名下肢缺失的残疾人安装假肢等助残项目支出14万元。配合南通市慈善总会助残行动,将40辆轮椅车、80根手杖分发至各镇敬老院和重点残疾人。

【市慈善基金会在南通地区首家获省AAA级资信评估等级】 12月26日,江苏省民政厅发出《关于第二批社会组织等级评估结果的通报》,市慈善基金会获AAA级资信等级。全省获省民政厅评估等级的社会组织有28家,市慈善基金会是全省县(市)级社会组织第二个、南通地区社会组织首个获得省级评估等级的单位。

【贫困家庭儿童重大疾病慈善救助】 年内,市慈善基金会贯彻落实《如皋市贫困家庭儿童重大疾病慈善救助实施办法》,在政府出资50万元基础上,配资30万元建立儿童大病救助基金。5月、11月,为使慈善救助及时、准确地惠及贫困家庭患病儿童,在商请各镇民政办全面排查申报基础上,两次与患儿家庭联系,指导患儿家庭申报救助。截至年底,全市申报获得资助资格的大病儿童109人,年内办理救助34人,获得资助251478元,人均救助7396元,其中常青镇冯楼村一先天性心脏病患儿受助23014元。

(戴武松)

如皋市老科技工作者协会

【概况】 市老科协下设分会33个，会员910人，其中高级职称者202人、中级职称者475人，原局级以上行政领导干部和专业技术干部233人。2011年，市老科协工业分会、农业分会、政法分会、教育分会、财税审分会、丁堰镇分会、石庄镇分会、长江镇分会被评为南通市老科协先进集体。

组织建设　年内，新建袁桥镇、如皋经济开发区(柴湾镇)、常青镇3个分会，发展专家型、骨干型、接力型新会员70人。调整搬经镇、如城镇等分会成员，在部分农村分会建立联席会议制度。为庆祝中国共产党成立90周年，组织会员参加征文、书法、摄影、党史知识等竞赛和文艺演出等活动。10月，市委组织部下发《关于在各镇(区)建立发挥离退休专业技术人员作用联席会议制度的通知》(皋组发〔2011〕196号)，召开全市镇(区)发挥离退休专业技术人员作用联席会议制度建设现场推进会。

进言献策　全年完成《如何处理好地方经济加快发展与转型升级的关系》、《全市饮用水应急制供系统现状及其对策建议》、《再谈如皋市稻米产业面临的问题及其发展对策》等调查报告25份。人力资源和社会保障分会在"夕阳映江海、晚霞更生辉"主题实践活动中开展"专题调研献一计"和"三走进三服务"主题实践活动，提交调研报告2篇，组织老科技工作者送人才、劳动保障政策进企业，并提出相应合理化建议。广电分会围绕市文广集团"网络服务年"主动开展调查，印发社会调查表5000份，召开乡镇受众代表座谈会6次，发动30个分会会长听取860多名会员意见，完成调查报告《全方位服务用户，努力提高网络服务质量》。财税审分会论文《实行链式内握防范中小专用设备制造业涉税风险》，先后在月刊《江苏税务研究》和国家税务总局《税务研究》第12期上刊登。3月、4月，围绕如何进一步发动镇分会服务三农专题，先后到搬经、石庄、江安、磨头、长江、丁堰6个镇调研。

科普宣传　年内，农业分会深入基层开展科普宣传和科技讲座58场次，播放科普广播影视节目15场次，发放科普资料2.8万份，受众6.75万人次。白蒲镇分会印发科普宣传资料近千份，并制作"防震减灾"宣传板报到学校、机关和市场等处巡回展出。市老科协组织编写科普小册子——《桑园生态循环经济》，印制3000册发给桑蚕养殖大户。农业分会到高明镇试验示范、推广"苏秀·青丰"新蚕种。农业分会与丁堰镇丰茂果蔬专业合作社、森果公司、圣果公司对口挂钩，推广果蔬栽培新技术。森果公司葡萄亩产300公斤，亩收入6000元，新创品牌"灵果"向省申报有机食品。南通天龙畜产品有限公司"优质天然肠衣及其高附加值产品产业化开发"、森果葡萄园有限公司"优质葡萄新品种的研究与开发"和"科技服务超市"三个项目获市经费5万元，并获省科技厅立项。上半年，与市科协在如城孔庙社区继续科普大学试点工作，新开设《防震减灾》、《少儿家庭教育》、《家庭保健养生》三门课程，参加考试学员50人，考试分数均在80分以上。4月中旬，文化、医卫、政法等分会送书、送法律、送健康知识讲座到丁堰镇社区，为村、居民义诊137人，送书300多册，接待法律咨询近40人次。12月上旬，市委办、市政府办下发《关于创建如皋市社区科普大学的通知》(皋办〔2011〕98号)，在全市各镇普遍推开社区科普大学创建。

科技服务　年内，农业分会孙加林发明点播机，申报技术专利5项(发明专利2项，已授权实用专利3项)，种子点播机被省科技厅作为高新技术新产品，获省优秀新产品奖。科技分会周子泉开发出热塑性弹性体PPU高分子新材料。石庄镇分会协助镇党委、政府处理市第三包装装潢厂倒闭后资产流失、拖欠工人工资、土地浪费等遗留问题，盘活三个改制企业存量资产450多万元、耕地1.8公顷，为陆地方舟落经济开发区提供前置条件。5月，科技分会组织20多名会员为如皋市经贸洽谈会服务，引导和帮助企业与高等院校、科研院所开展产学研合作，签订产学研合作协议128份。

文化建设　文化分会创作的小品《心碰心》，在中组部、农业部举办的全国会演70个参赛剧本中脱颖而出，编辑的《如皋民间故事》、《千年古刹定慧寺》年内出版，编撰的《如皋偶戏的传承》(7万字)经南通市文化局合编发行，为老年体协排练4个文艺节目在中韩老年人国际文化交流演出中均获金奖。社科分会在非物质文化遗产普查工作中发现一处地下七里大街遗址(地处如城东侧原新民乡地界内"十里铺"，经查阅资料，疑是春秋时期郧国遗址，这一发现如被国家文博部门勘测认定，将使如皋历史向前推进 1000 余年)。

会员工作　年内,印发《会讯》4 期。慰问住院会员、特困会员 19 人。2 月底,召开第三届四次会员大会,表彰先进集体和先进个人。3 月上旬,组织会员收看南京陆军指挥学院教授张政文的国际形势报告录像。4 月初,组织收看收听扬州大学教授秦兴方关于《江苏发展创新型经济的思考》专题报告录像。6 月下旬,邀请市委党校常务副校长许映亮解读《国家"十二五"规划纲要》与《如皋"十二五"规划》。7 月,邀请粮科院教授纪桂珍作《脂肪代谢失衡与现代文明病》讲座。9 月,分别于如城镇和丁堰镇举办体育杯和丁堰杯趣味运动会,200 多名运动员参加比赛,评出一、二、三等奖。11 月下旬,邀请双林药业集团执行董事汤春华为会员作《酸碱平衡与人体健康》系列科普讲座。

(张　武)

如皋市长寿研究会

【概况】 市长寿研究会是中国老年学学会长寿研究委员会和科学养生专业委员会、江苏省老年学学会、南通市老年协会、如皋市哲学社会科学联合会的团体会员单位,现有团体会员 98 个、个人会员 65 人、名誉会员 7 人、顾问 7 人。

组织建设　年内,召开办公会议 2 次,研究部署日常工作。分年度、按序时完成市长寿研究会自 2002 年成立以来大事记的编写。7 月 6 日,召开正副会长、顾问和正副秘书长联席会议,通报上半年工作情况,传达中国老年学学会召开的长寿之乡持续发展座谈会精神,明确"科学研究,服务社会,学术为本,民主办会"发展方向,研究和部署迎接国际自然医学会、世界长寿乡调查团到如皋调查考察准备工作。11 月 22 日,召开二届五次会员大会。

调查研究　年内,继续走访调查百岁老人,重点全面调查其中 15 位百岁老人(最大的 108 岁,最小的 99 岁)家庭状况、个人生活习惯等情况,为进一步探讨如皋长寿秘诀积累资料。围绕文化教育对人口长寿的影响探讨如皋长寿因素,形成论文《试析如皋文化教育对人口长寿的影响》,被中国老年学学会长寿研究委员会与河南省夏邑县人民政府联合举办的"健康与长寿高峰论坛"收入《论文汇编》。进一步探讨如皋人饮食与长寿关系,形成论文《浅析如皋人的饮食与长寿》,在 9 月 5 日国际自然医学会与市政府联合举办的"自然医学与长寿养生"首届中国如皋长寿养生国际高端论坛上交流,并被收入论文集。探讨如皋宗教对长寿的影响,挖掘如皋宗教发展历史以及古今宗教人员长寿史实资料,撰写论文《如皋的宗教与长寿》被《长寿研究》、《江海文化研究》等杂志采用,并被收入多家长寿论文汇编。

学术交流　年内,参加国际国内学术交流活动 3 次。9 月 5 日,在国际自然医学会与市政府联合举办"自然医学与长寿养生"首届中国如皋长寿养生国际高端论坛,会长刘桂江作《如皋人的饮食与长寿》演讲,与国际自然医学会会长森下敬一、国家中药管理局原副局长诸国本、北京中医药大学传统疗法与交流中心副主任栾永红等长寿养生专家共同探讨人类长寿奥秘。10 月 24～27 日,赴太原参加全国第四届科学养生大会暨第五届科学养生学术研讨会,《试析如皋文化教育对人口长寿的影响》、《浅析如皋人的饮食与长寿》、《如皋的宗教与长寿》、《环境与健康》、《处处有寿星,人人能长寿》、《用五国语言连唱六首歌曲的百岁老人黄士端》6 篇文章被收入《科学养生论文集(五)》,其中《处处有寿星,人人能长寿》获优秀论文奖,成为大会 10 篇获奖论文之一。10 月 29 日,在中国老年学学会长寿研究委员会与中国长寿之乡河南省夏邑县政府联合举办的中国夏邑首届长寿文化节——"健康长寿"高峰论坛上,会长刘桂江作交流发言。

宣传报道　年内,在全国正式发行的刊物《长寿研究》上发表文章 30 篇、照片 4 幅。《爱心如皋,源远流长》、《用五国语言连唱六首歌曲的百岁老人》、《一曲"东方红"唱响央视台》、《风采女寿星,佳绝冠华夏》、《百岁老人,跨越半个世纪的执着追求》、《医学泰斗乡村悬壶济世 20 年》等被作为重点稿件,在封面上作标题提示。在中国老年学学会科学养生专业委员会会刊《康寿时代》上,每期都有如皋的长寿研究文章。年初,接待大连市两批老年旅游团 80 多人到如皋进行长寿之旅。9 月 16～20 日,协助中央电视台四套《走遍中国》栏目组《长寿密码》特别节目组采访拍摄如皋长寿风情。9 月 19 日,应海门市老科协邀请,会长刘桂江为海门市老科协 200 人介绍如皋长寿历史和现状。12

月，接受安徽省地级市电视台长寿之乡联合摄制组采访。

【如皋长寿网开通】 12 月底，如皋长寿网(www. rgcs. cn)正式开通。如皋长寿网设置长寿要闻、寿星风采、养生纵论、古邑寿源、怡情养性、寿乡探秘 6 个栏目，是宣传如皋长寿、展现寿乡风采的又一片新天地。

(吴希林)

如皋市老区建设促进会(如皋市扶贫开发区协会)

【概况】 市老建会(市扶贫开发协会，以下简称“两会”)现有镇(区、园)分会 20 个、会员小组 386 个，会员 8000 余人。2011 年，市老建会被中国老区建设促进会表彰为老区宣传工作特等奖，被大江南北杂志社表彰为先进联络站一等奖，被铁军杂志社授予先进工作站称号。

组织和制度建设　年内，全市有 16 个镇(开发区)分会增设农经站、农技站、农机站、兽医站等涉农单位为分会常务理事、副会长单位，建章立制，正常开展工作。各镇分会在村(社区)建立会员小组，吸收退休村(社区)干部入会，参与社会矛盾调解中心工作，协调处理社会治安、拆违搬迁等矛盾化解工作。柴湾镇“两会”会员参与村(社区)调解矛盾 364 起，成功率 98%以上。如城镇搬迁区域的村(社区)会员小组参与调解拆违搬迁矛盾 100 多起，成功率 95%以上。

扶贫开发　年内，坚持改革扶贫方式，变过去的救济式扶贫为开发式扶贫，坚持项目扶贫、助学扶贫、智力扶贫和科技扶贫“四位一体”扶贫方式。全年利用省、南通市扶贫开发基金建立示范项目 18 个、扶贫资金 180 万元，吸引社会扶贫资金 618.6 万元，创造就业岗位 3000 多个，受益贫困户 2600 多户，户均年增长 3500 元以上，实现脱贫。联系南通市扶贫基金会、台资协会和申华化工有限公司分别给予 20 名大学生、24 名高中生、22 名小学生每人每年 3000 元、1000 元、600 元资助，全年资助总额 9.72 万元。各镇分会组织捐款 25.48 万元，助学扶贫 156 人。资助残疾人 5 万余元，组织输送 2 名贫困初中生到黄桥老区人才培训中心就读。组织各镇分会，利用副会长轮值制平台，发挥农经、农技、农机、兽医等副会长单位科技人才优势，对农民开展科技培训，送科技上门。全年举办科技培训班 36 期，受训农民 18.06 万人次；举办各类职业技能培训班 16 期，受训农民 11.08 万人次，获技术后转移农村劳动力 8.64 万人次。如城、江安、桃园、柴湾等镇联合涉农部门会员，对农民开展种植、养殖技术培训。如城、柴湾等镇专门对失地农民开展岗前培训，为失地农民二次就业提供技术支撑。全市各镇分会组织会员利用技术与经验优势与贫困户开展结对帮扶，扶持贫困户发展生产，疏通销售渠道，结对贫困户 70%实现脱贫。

调查研究　年内，围绕市委、市政府中心工作，组织镇(区)分会专题调查研究。各镇(区)分会针对镇(区)实际，围绕土地流转、拆违搬迁、民企招工、园区招商、职工维权等热点、难点问题走访、座谈，听取意见，集中民智，形成调查报告 180 多篇。下原镇老建分会(扶贫开发协会)为改变经济薄弱村面貌，联系市外资金投资大棚蔬菜，流转土地 36 公顷。桃园镇老建分会推荐贫困户劳力就业，并跟踪维护就业者合法权益，为他们讨薪 2 万多元。搬经镇老建分会经协调为 2960 多名农户办理合作医疗，落实党的惠民政策。3～4 月，调研建设更高水平小康社会进程中的热点、难点问题。8 月，调研各镇分会和会员小组发挥作用情况。

老区宣传　年内，围绕纪念中国共产党成立 90 周年和辛亥革命 100 周年，筹划一系列宣传教育活动。完成中国老区建设促进会“革命老区情况调查”如皋部分。与市委党史办联合撰写《如皋第一个党组织》、《如皋第一支革命武装》、《如皋第一个民主政权》、《红十四军与江苏最早的县级苏维埃政权的建立》、《中共白蒲区委和白蒲红军赤卫队的建立及其斗争》并征集相应图片，被中国老促会编辑、中共党史出版社出版的《在党旗指引下》收录。完成江苏省城市发展研究院江海分院编辑的《江海名镇》如皋部分组稿入编工作。利用《如皋老区》内刊，组织采写、编发《怀念辛亥革命烈士杨桂馨》、《如皋早期的党组织和革命武装斗争》、《一座座血染的丰碑——前赴后继的八位如皋县委书记》、《离休干部杨银聪同志永葆共产党员本色的先进事迹》

等纪念中国共产党成立90周年和辛亥革命100周年文章。与各镇分会召开大学生“村官”、青年学生座谈会和报告会,组织会员参观红十四军纪念馆。开展唱红歌、演红戏活动,组织老年文艺宣传队和京剧票友团体,开展宣传活动,郭园镇老建会组织节目参加全市会演获优秀奖。做好《中国老区建设》、《大江南北》和《铁军》发行工作,总订数3373份,比上年增长9.3%。东陈镇、白蒲镇、常青镇和石庄镇“两会”分会被中国老区建设促进会授予老区宣传工作优秀奖。

【市财政增拨扶贫基金400万元】 9月,中共如皋市委十一届六次常委会研究决定,增拨400万元扶贫基金,用于扶持贫困户发展生产、改善生活。

此次增拨的扶贫基金进入南通市扶贫基金会账户代管,使用权属于如皋市扶贫协会。加上市扶贫基金募捐43万余元,南通市扶贫基金账户如皋部分本金额为443万多元,该基金将每年增值10%以上,用于如皋扶贫事业。

(吕剑鸣)

如皋市历史文化研究会

【概况】 市历史文化研究会成立于2007年4月30日。现有团体会员单位18个、个人会员59人,顾问5个,下设白蒲、石庄、丁堰3个分会。设有理事29人,其中会长1人、副会长2人、秘书长1人、副秘书长6人。

组织建设　年内,市历史文化研究会被南通市江海文化研究会和如皋市哲学社会科学联合会吸收为团体会员单位。2月24日,召开一届五次会员大会,增选陆小兵为副会长。

资料征集、编研　年内,在全市20个镇(区、园)开展农村文化遗产普查工作,石庄、常青、下原、袁桥、白蒲、林梓等镇完成普查资料及电子文本报送工作。继续征集红十四军实物资料,核实红十四军纪念馆馆藏实物资料,充实展览内容。5月,市历史文化研究会组织编撰的《红十四军英烈》由解放军出版社出版,全书40余万字,收录红十四军时期烈士816人,收录照片400余张。6月9日,《红十四军英烈》首发式与红十四军纪念馆开馆仪式同时举行。在红十四军研讨会上,七位会员的论文入选研讨会论文汇编,会员蒋文祥、黄天铨在研讨会上作交流发言。9月,经市历史文化研究会协调获取资金,《如皋方言检字》正式出版,30余万字。10月,根据南通市江海文化研究会江海文化丛书出版要求,完成《北宋大儒一代宗师胡瑗》书稿撰写。12月,协助市政协征编、出版《如皋文史》第23辑,收录稿件54篇,16万余字,其中,16名市历史文化研究会会员撰稿23篇、6万余字。

进言献策　年内,发动会员,围绕市委、市政府中心工作,加强调查研究,宣传如皋历史文化,积极进言献策。全年撰写研讨文章80多篇在国家、省、南通市级报刊发表,其中被《江海文化研究》采用20余篇,宣传如皋历史文化。为纪念中国共产党成立90周年撰写纪念文章3篇。以纪念辛亥革命100周年为契机,协助市政协建议重建如皋中山钟楼。协助市委党史办做好如皋县委诞生地纪念墙画面布置工作。为新建“鲁班祠”撰写布展文稿,从10个方面展示建国前如皋建筑史。

(史有生)

镇 区 概 况

导读
● 如城镇(花木盆景)被认定为全国一村一品示范村镇 P406
● "万达"商标在全市首个被行政认定为中国驰名商标 P407
● 顾庄社区获全国文明村称号 P407
● 国家信息农业工程技术中心如皋试验示范基地落户白蒲镇 P419

如 城 镇

【概况】 如城镇是如皋市委、市政府所在地,是全市政治、经济、文化、交通中心。全镇分为如城工业区、顾庄生态园区 2 个区和城区片、东片、西片、南片 4 个片,下辖街道 4 个、社区 23 个、行政村 14 个。辖区总面积 119.39 平方公里,耕地面积 4926 公顷,常住人口 19.09 万人。2011 年,全镇实现地区生产总值 120.98 亿元,同比增长 25%;城镇居民人均可支配收入 23028 元,同比增长 16%;农民人均纯收入 16131 元,同比增长 18%。在全市"百面红旗"竞赛中,获招商引资、新"六城同创"、服务业、财政收入等竞赛红旗 16 面,被评为全国一村一品示范镇、南通市绿化示范镇、南通市"五五"普法先进集体、法治南通合格镇、南通平安铁路乡镇。

农业和农村经济　年内,全镇实现农业增加值 2.88 亿元,新增高效农业 400 公顷,高效农业种植面积占比达 73%。争取上级支农资金 2300 万元,全镇农业综合开发面积达 333.33 公顷。新增规模农业项目 9 个,总投资 5.19 亿元;新增一般农业项目 31 个,总投资 1.06 亿元。凌青项目区一期建成苏源水蛭、铭宇食用菌、沪如苗木现代高效农业项目 3 个,并获批省级现代农业园区。保来园艺"蝴蝶兰生长智能控制技术"和城中园林"彩叶苗木红叶李新品种选育"项目获省科技支撑。新建社区股份合作社 11 家。全镇各村营业收入总额为 2193.33 万元,村均收入 75.6 万元,同比增长 14%。其中,村级集体收入达 20 万元以上的村(社区)29 个,占比达 100%;收入超百万元以上的村(社区)11个。农业政策性保险覆盖面达100%。投资农田水利建设650万元,农村水利基础设施日臻完善。修建农桥8座,整治镇村河道34条,建设农村通达工程34公里。顾庄生态园获省现代农业产业园区、省级现代特色盆景产业示范基地称号。如城镇种植业协会粮食类和蔬菜类茼蒿类等4个品种、南通铭宇现代农业科技有限公司蔬菜类莴苣等6个品种、市星火蔬菜农地股份合作社蔬菜类莴苣等4个品种被认定为省级无公害基地。镇农业服务中心获省农委百强乡镇农业服务中心、省农委科普宣传先进单位、南通市诚信经营单位等称号。镇花木生产基地被评为南通市级特色产业示范基地,顾庄社区被评为全省13个最具魅力休闲乡村之一,钱长村、大明村被评为南通市级现代农业示范村。

工业经济　年内,全镇实现工业增加值 46.57 亿元,同比增长 15.3%。完成工业应税销售 53.8 亿元,同比增长 16%,其中规模工业应税销售 26.34 亿元,同比增长 12.61%。规模企业总数为 76 家,其中亿元以上企业 13 家。实现服务业增加值 71.49 亿元,同比增长 26.8%;完成服务业税收 4.31 亿元,超额完成市交任务。新增规模以上服务业项目 18 个。完成规模工业社会消费品零售总额 30.81 亿元,同比增长 16.2%。实现注册外资 14046 万美元、市外民资 12.05 亿元。完成技改投入34.612亿元,其中,完成规模工业投入30.07亿元,同比增长5%,实施规模项目81个。北上海汽配市场(总投资12亿元)、天文望远镜(总投资3000万美元)、启程服饰(总投资1000万美元)等项目相继落户如城镇,中国长寿城(总投资40亿元)、月星国际家居建材博览中心(总投资30亿元)、浙商三农(总投资15亿元)、海力达汽车维修机械(总投资2亿元)、泰尔佳服饰(总投资1.6亿元)、润远船舶配件(总投资1.2亿元)等项目开工建设。全年申报各类科技计划项目130项,立项69项。申报专利486项,其中发明专利346项。天南电力器材"特高压线路防滑间隔棒"项目获国家中小企业创新基金,神马电力"交流电压高于1000伏变电站用电站支柱复合绝缘子"重要技术标准获省科技支撑,昌昇CS130、CS118型全张多色印刷机填补国内高档全张印刷机制造空白,大生线路器材、力威机械、万达特种轴承、英田集团获批省创新型企业,九鼎新材成为省新型玻纤复合材料产业技术创新战略联盟盟主。全镇新增南通名牌4家。江苏万达特种轴承有限公司万达商标成功申报中国驰名商标,实现全市行政认定中国驰名商标零突破。

社会事业　年内,全镇完成新农保参保33114人,征收保费1800.5万元,均超额完成市交任务。被征地农民保障累计进保5100人,完成全年目标任务的105%。村居集体经济组织"两库"(成员数据库、土地数据库)建立实现全覆盖,初步完成镇属重点工程用地范围内"两库"的建立、土地分类和资金测算工作。新建城东、长巷、秀水、蒲行、陆桥社区公共服务中心5个,实验小学全面建成并投入使用。全面实施基本药物制度,599个基药品种全部零差率销售,人均医药费用同比下降47%。新农合参合81630人,实现全覆盖。适龄儿童甲肝、乙肝、麻疹、流脑等疫苗接种率均达95%以上,传染病防控监测报告达100%。避孕节育知情选择率、期内综合避孕率、知识知晓率均达100%。市、镇、村(社区)三级食品、药品安全监管网络实现全覆盖。实现数字电视主城区、农村地区入户率分别为95%、90%。新增绿化造林面积57.33公顷,21个村(社区)全部达到绿化合格村(社区)标准,全镇林木覆盖率为26.52%。

园区建设　年内,全镇完成基础设施投入2.54亿元,形成大寿星路、解放路东西延、宁海路东延、旺源路、怡年路、中小企业园路网框架。东部污水处理厂正式运行,西区8万平方米标准厂房项目吸纳村(社区)等入股进驻建设。国际汽车城园内道路一期全线完工,二期开工建设,通用别克、长安福特、悦达起亚、一汽丰田、通用雪佛兰、上海大众6家4S店建成营业,北京现代、荣威、名爵、克莱斯勒4家品牌4S店开工建设。至年末,顾庄生态园入口广场建设接近尾声,游客接待和商务中心实现封顶。

政治文明、精神文明建设　年内,顾庄社区获全国文明村称号,大明、十里、孔庙、长巷、花园5个村(社区)获省文明村(社区)称号。继续弘扬赵小亭精神,建立镇村两级志愿服务队伍,2010年在支教期间遇难的武汉大学如城籍学生赵小亭当选为省第三届道德模范。围绕中国共产党成立90周年和如皋撤县建市20周年,举办"激情红歌,唱响如城"大合唱比赛,全镇干群广泛参与。承办市级人大代表建议、政协委员提案10件,办结率、答复率均为100%。办理"12345"市长公开电话交办事项528件,群众满意率达90%以上。深入开展"六五"普法活动,新增省级民主法治建设示范社区2个(陆桥村、十里社区)、南通市级民主示范社区1个(宏坝社区)。全年排查各类矛盾纠纷402起,调解成功401起,成功率99.8%;审查司法救助20件,办理法律援助案件50件。如城镇司法所获省优秀司法所称号。

【如城镇(花木盆景)被认定为全国一村一品示范村镇】　8月22日,农业部公布全国一村一品示范村镇名单,如城镇(花木盆景)名列其中。

如城镇现有如派盆景、钱长草坪、龙游河桂花、安定珍珠黄杨、乡土树种5个专业研究所,盆景制作、腊梅研究、盆景、苗木、草坪销售等各类协会和合作经济组织15个,大型盆景、苗木、草坪交易市场2家,农业旅游观光企业4家,盆景、苗木生产企业和园林绿化施工企业132家,其中一级资质企业1家(南通城中园林工程有限公司)、二级资质企业3家(如皋花木大世界绿化工程公司、如皋市梅源园林景观工程有限公司、如皋市风景园林工程建设有限公司)、三级资质企业12家。全镇现有盆景、苗木、草坪经纪人2800余人。年内,全镇花木种植总面积3533.3公顷,其中,高档盆景花木种植面积700公顷、精品鲜花560公顷、大树古树313.3公顷、彩色树种353.3公顷、草坪基地733.3公顷、特色桂花380公顷、绿化工程苗木426.7公顷、水产面积66.7公顷。花木种植核心区173.3公顷，分布在顾庄、安定、龙游河、大明、凌青等村（社区），安定、大明为高档苗木盆景，凌青为高效设施示范区。2011年，如城镇农业主导产业盆景、苗木、草坪、盆景草坪实现总产值75亿元，占全镇农业总产值的71.43％。

【全市首家基层党校在如城镇孔庙社区成立】 9月15日上午，全市首家基层党校——中共如城镇委员会党校孔庙社区分校揭牌成立。市委党校常务副校长许映亮以“国内外发展形势”为主题，为社区50多名党员上了一堂党课。

年内，孔庙社区党校组织社区党员学习交流4次，并开展唱红歌比赛、参观红十字军纪念馆、周恩来纪念馆等实践活动。

【国务院发展研究中心副主任韩俊到如城镇考察】 9月30日，国务院发展研究中心副主任、党组成员韩俊一行到如皋镇，考察钱长草坪基地、顾庄生态园和东方盆景园。

【“万达”商标在全市首个被行政认定为中国驰名商标】 11月29日，国家工商总局商标局发布中国驰名商标认定公告，江苏万达特种轴承有限公司持有的“WANDA”（万达）商标被认定为中国驰名商标，实现如皋市行政认定中国驰名商标零突破。中日合作企业——江苏万达特种轴承有限公司（原如皋市万达特种轴承有限公司）始建于1969年，占地6万平方米，有标准厂房2.5万平方米，专业制造轴承具，技术设计采用国际标准，在产品研发、品质管理、营销服务上与国际惯例接轨，被认定为省高新技术企业。生产的叉车专用滚轮、链轮被评为省优质产品，自行研制的双硬度滚轮、渐变硬度轴承获国家专利，无保持架、无装球缺口满球轴承填补国内空白，获省科技进步奖。产品出口欧美、东南亚等20多个国家和地区。2011年10月，江苏万达特种轴承有限公司获中国工业车辆优秀配套件供应商称号。

【顾庄社区获全国文明村称号】 12月20日，中央文明委召开全国精神文明建设工作表彰大会，表彰第三批全国文明城市（区）、文明村镇和文明单位。如城镇顾庄社区被表彰为全国文明村。

顾庄社区位于市区南郊，204国道、如港公路穿村而过。该社区有居民组17个，耕地面积130公顷，“家家种植花木，户户蟠扎盆景”，花木种植实现全覆盖。社区拥有国际盆景大师1名、高中级花木盆景技师120多人、花木经纪人348人，盆景作品多次在国际、国内盆景大赛中获奖，绿化园林工程覆盖全国20多个省市。社区依托现有农家园林，形成以花汉民古董艺术陈列室、焦桂明盆景茶艺楼、王新民农家乐花园等为主要框架的“一室一楼四园”观光旅游格局。社区环境优美，人民生活安康，处处呈现出文明向上、欣欣向荣的新气象，曾获国家生态村、中国花木之乡、省文明村、省卫生村、绿色江苏模范村、省巾帼示范村、省农家书香示范村等称号。2011年7月，省农委公布全省13个乡村为2011年“江苏最具魅力休闲乡村”，顾庄村榜上有名。

（吴晓黎）

2011年如城镇主要经济社会指标完成情况统计

表63

项　目	单　位	数　量	增长率（%）	项　目	单　位	数　量	增长率（%）
国内生产总值	万元	1209799	25	商业零售网点	个	8162	2
财政收入	万元	193589	88	商业零售总额	万元	796000	40
农业总产值	万元	53781	39	集贸市场成交额	万元	1057470	82
粮食总产量	吨	28221	−2	各类汽车	辆	18853	33
农机总动力	千瓦	57937	2	镇村主干道	公里	659	3
年出栏生猪	万头	4.996	−9	电话普及率	部/百人	176	5
年出栏家禽	万羽	34.3807	−12	科技人员	人	3202	−3

续表 63—1

项　　目	单　位	数　量	增长率(%)	项　　目	单　位	数　量	增长率(%)
水产品产量	吨	2564	7	中小学校	个	14	持平
种养专业户	个	4794	48	在校中小学生	人	38069	22
工业企业	个	1382	2	在职教师	人	2738	25
个私工业企业	个	1382	2	医院	个	10	11
工业销售收入	万元	3176979	10	卫生室	个	88	持平
工业利税	万元	145923	—7	初保普及率	%	100	持平
完成技改项目	个	81	—53	有线电视开通率	%	89	2
当年技改投入	万元	346120	—14	自来水普及率	%	99.3	持平
利用外资	万美元	2745	58	年末存款余额	万元	1810362	387
外贸供货额	万元	170188	—22	参加社保人数	人	71848	—25
三产实体	个	17745	1	农民人均纯收入	元	16131	18
三产从业人员	人	55045	6	农民人均住房	平方米	53	持平

2011 年如城镇各村(社区)基本情况统计

表 64

名　称	党组织书记	主　任	村(居)民小组数(个)	人口数(人)	耕地面积(公顷)	农村经济总收入(万元)	人均收入(元)
大殷社区	薛森林	薛森林	26	4102	193	56864	17423
新民社区	薛华山	蔡建明	24	4360	215	54266	16373
方庄村	朱建明	朱建明	31	4373	289	58799	15191
凌青村	高书华	高书华	25	4353	269	51080	15203
陆桥村	苏爱国	苏爱国	23	4237	229	562664	16306
阚庄村	刘松志	刘松志	29	4176	324	45763	15460
邵庄村	薛　华	薛　华	30	4164	300	42620	15878
十里社区	何　宏	/	34	5512	301	103074	17916
纪庄社区	纪昌俊	纪昌俊	25	4360	176	45634	18000
顾庄社区	明正奎	明正奎	17	3240	130	36016.4	17968
新官村	吴　健	吴　健	20	2628	220	43922	14696
沿河村	许映山	韩长健	24	3259	236	37884	14879
长港村	冒国平	朱正元	19	2554	235	30901	14424
老南村	冒兴华	冒兴华	18	2430	185	30128	14058
钱长村	钱晓彬	钱晓彬	24	3550	283	42477	13978
贺洋社区	刘俊富	胡恩明	26	3567	254	35942	15702
龙游河村	彭书进	彭书进	21	3220	250	34885	16381
安定村	钱小平	钱小平	19	3034	157	36661.69	14667
大明社区	孙学梅	郝维林	19	3306	238	42500	16264
宗岱村	范大华	范大华	23	3173	209	36402	14194
光华村	范广建	范广建	21	3518	233	37905	15963

雪　岸　镇

【概况】 雪岸镇位于如皋市东北部，东临如东、北接海安，素有鱼米之乡、勾衣编织之乡、建筑之乡、茧丝绸之乡美誉。全镇总面积 52.36 平方公里，镇区面积 6.5 平方公里，耕地面积 2286.5 公顷。下辖行政村 3 个、社区 5 个，总人口 3.68 万人。2011 年，实现国内生产总值 13 亿元，同比增长 30%。实现财政收入 4309.77 万元，占年计划的

102.61%，同比增长33.1%；完成一般预算收入2038.31万元，占年计划的116.5%，同比增长28.7%。2011年，被表彰为南通市安全生产先进集体，如皋市书记大接访先进集体、节能减排先进集体、社会保险扩面先进单位、卫生工作先进集体、计划生育先进集体、教育工作先进集体、信息化与工业化融合工作先进集体，获二、三季度全民创业过程考核奖和引进市外民资大项目开工奖。

农业和农村经济　年内，完成农业投入1.3亿元，其中规模项目投入9500万元，打造设施农业、园区农业、高效渔业、休闲农业，形成以有机稻米、特色药材、高效果蔬、高效渔业为主的现代农业新框架。新增土地流转面积680公顷，占年计划的170%。新增万富千亩白蛆、雪居特色千亩药材高效农业园2个。雪洪村有机稻米基地增资扩建，凌云社区建成40公顷的低碳草坪高效设施农业，刘亮村建成20公顷的园源休闲农庄。围绕“四有”合作社建社标准，新建芦根香渔业、地道药材、惠益植保专业合作组织3家，规范提升凌东蔬菜、洲源稻米、南居土地股份、惠民农机、剑龙蚕业5家合作社的管理水平。全镇合作经济组织累计为18家，连接基地653.33公顷，带动农户1.5万人，全年组织培训1.3万人次，全镇农户从农业产业化经营中获取的收益占总收入的35%以上。投入112万元，整治三级河1条（跃进河）、四级河（含家沟家塘）12条。结合友谊、凌东两个灌区的小型水利配套建设项目，新建车口8座、防渗渠32余公里。

工业经济　年内，实现全部工业应税销售4.0168亿元，其中规模工业应税销售1.9528亿元。全镇完成规模工业产值14.9亿元、规模企业利润5205万元，规模工业实交税金增幅达27.02%。新增注册商标2个（芦根香、雉凤源）。工业新增装机容量2500千伏安。完成全部工业投入4.2亿元，规模工业项目投入3.9亿元，技改投入2.4065亿元。全年新开工工业项目10个，新进企业总投入1.24亿元。完成市外民资15015万元。整理核心区土地20公顷，完成园区基础设施建设投入3150万元，园区内实现“七通一平”（通给水、通排水、通电、通信、通路、通燃气、通热力以及场地平整），形成机械制造、电子信息、新能源、新材料与现代纺织服饰“五位一体”的产业分布格局。

小城镇建设　年内，全镇完成旧镇改造搬迁3.96万平方米，基础设施投入1300万元。房地产开工面积3.6万平方米，竣工面积3.6万平方米，房产税收实现零突破。在全市城镇化“十个一”功能建设“十星级”争先创优考评活动中，获一个靓丽的镇区入口、一个宜居的农民集中居住区、一条繁荣的核心街区、一个多功能的文化中心、一个完善的工业集中区5颗星。采用BT、BOT模式，推进占地1.73公顷的生态公园和建筑面积为5.6万平方米的镇级农民集中居住区建设。在东西镇区分别规划建设污水管网2.8公里、5.6公里，重新布线、整体维修镇区原有路灯160盏，镇区实现全面亮化。新建道路绿化池360个，全面由盆景式向树栽式升级。镇公安、广电大楼先后开工建设，商贸小区竣工，由昌盛建筑公司投资超亿元建设的9层商务大楼主体竣工封顶。全镇首家房产开发项目——育贤花苑商住楼封顶，建筑面积为1.8万平方米。集贤小区一期工程竣工，建筑面积为1.2万平方米。

社会事业　年内，全镇建成通达工程7.6公里，协助完成市级道路（原李平线）提升强度3.6公里。全年落实农村义务兵家属优待金16万元，农业保险理赔补贴24万元。落实一事一议财政奖补81万元，修建水泥路3条计7.55公里。全年新增养老保险169人、失业保险130人、医疗保险158人、工伤保险147人、生育保险116人。完成农村劳动力转移培训520人、农民创业培训360人，劳务输入68人、输出116人，就地转移361人。新型农村合作医疗参合全覆盖。投资1000多万元，推进雪北小学、南凌小学综合楼和南凌幼儿园建设。新发展数字电视用户1050户，对万富社区、雪岸社区2个社区实施光缆改造，为刘扬村、凌云社区、雪洪村3个村（社区）安装调频高音喇叭40多组。全镇服务站进中心率达80%，其中雪东、雪洪、凌云、刘扬、万鱼5个村（社区）建成省级示范社区卫生服务站。在世代服务中心内建成“亲亲宝贝”游泳馆，提升世代服务档次，连续11年获市人口与计划生育工作先进镇称号。10月，实现区域供水，全镇群众喝上优质长江水。

政治文明、精神文明建设　年内，实施领导干部述法，进一步增强领导干部依法行政意识，开展“六五”普法活动，法制驿站实现全覆盖。建立和完善政府、部门、企业“三位一体”的安全生产责任体系，推进交通、食品、药品等领域安全生产工作，全面加强校园安全、食品安全等领域监管。雪岸社区等8个村(社区)开展“民主法治村”创建工作，雪岸社区、雪洪村、刘亮村、南凌社区、刘扬村5个村(社区)获南通民主法治村称号，雪东社区、万富社区、凌云社区3个村(社区)获省级民主法治示范村称号。全年受理各类矛盾纠纷157起，调处成功156起，调处成功率99%，镇调处中心被市政府表彰为优秀人民调解委员会。加大社会综合治理力度，全镇治安呈现出“一降三升”(刑事发案率下降，纠纷调处率上升、案件办结率上升、人民满意率上升)，人民群众安全感不断提高。

(范存逸)

2011年雪岸镇主要经济社会指标完成情况统计

表65

项目	单位	数量	增长率(%)	项目	单位	数量	增长率(%)
国内生产总值	万元	130000	30	商业零售网点	个	352	4.45
农业生产总值	万元	31463	12.43	商业零售总额	万元	9309	2.30
财政收入	万元	4309.77	33.31	集贸市场成交额	万元	2100	5
粮食总产量	吨	22662	−2.8	各类汽车	辆	1580	持平
农机总动力	千瓦	22911	0.61	镇村主干道	公里	122.4	6.43
年出栏生猪	头	51236	−15.5	科技人员	人	315	0.64
年出栏家禽	羽	701888	−0.28	中小学校	个	3	持平
水产品产量	吨	122	5.17	在校中小学生	人	1433	−7.79
种养专业户	个	262	31	在职教师	人	141	−4.73
工业企业	个	149	7.19	医院	个	2	持平
个私工业企业	个	119	17.82	卫生室	个	9	持平
工业销售收入	万元	356256	6.55	初保普及率	%	100	持平
工业利税	万元	9289	23.05	电话普及率	%	98	持平
完成技改投入	个	7	16.7	有线电视开通率	%	88	1.15
当年技改投入	万元	15750	14.96	自来水普及率	%	98	持平
利用外资	万美元	1005	8.18	年末存款余额	万元	72000	9.09
外贸供货额	万元	45102	7.10	参加社保人数	人	14302	1.4
三产实体	个	42	持平	农民人均纯收入	元	13387	16.43
三产从业人员	人	3988	7.81	农民人均住房	平方米	68	持平

2011年雪岸镇各村(社区)基本情况统计

表66

名称	党组织书记	主任	村(居)民小组数(个)	人口数(人)	耕地面积(公顷)	农村经济总收入(万元)	人均收入(元)
雪东社区	焦晓斌	祝建梅	27	3906	285	17491	13817
雪洪村	张云	张友山	27	3514	211	18205	12480
雪岸社区	崔怀林	崔怀林	33	5256	187	34427	13990
刘亮村	田兴云	季从宽	25	3327	257.5	16601	12362
刘杨村	陆晓高	范存琪	27	4337	317	21016	12034
凌云社区	范广宏	范广宏	24	3723	287	19569	13975
南凌社区	季本山	季本山	22	3407	274	20187	13923
万富社区	王立中	周杰	35	6404	468	34825	14009

东陈镇

【概况】 东陈镇位于如城镇东郊。总面积64平方公里,镇区面积9.8平方公里,耕地面积3449.8公顷。辖社区7个、行政村8个,总人口46172人。2011年,全镇实现全口径财政收入1.56亿元,同比增长36.6%;一般预算收入7048.88万元,同比增长56.6%。2011年,在全市"百面红旗"竞赛中获招商引资、全民创业、服务业、财政收入、建筑业等竞赛红旗9面,获市文明镇、引进市外民资先进集体、专业特色园区转型升级先进集体、土地复垦整理先进集体等奖项29个,目标责任制综合考核获全市一等奖。

农业和农村经济　年内,东陈镇委托南京农业大学规划省级现代农业园区,项目区覆盖杭桥、范桥、山河、汤湾、蒋宗5个村(社区)。新建、扩建农业项目18个(其中获市验收15个),总投入1.34亿元,其中规模项目农业4个,投入0.87亿元。双群观赏鱼基地被省农业委员会列为特色产业规划,并获省水产技术推广站奖励。全年整治三级河1条(北徐马河)、四级河20条,总长15.6公里。新建泵站4座、防渗渠22公里。全年土地流转736户,土地流转面积126公顷。

工业经济　年内,实现规模以上工业产值45.2亿元,同比增长15.2%;实现规模工业利润2亿元,同比增长12.5%;完成规模项目投入11.7亿元,同比增长18.6%。完成工商注册外资4883万美元,占全年目标187.8%;实现到账外资1605万美元,占全年目标107%;引进市外民资4.56亿元,占全年目标123.4%。引进新项目10个,总投资5.25亿元,均于年内开工建设,其中,瑞格迪再生资源总投资1.2亿元,思瑞机器总投资1亿元,顺邦化纤总投资1亿元。金泰来、久源传动、康升金属、文明运动用品等8家企业年内投产,完成应税销售1.2亿元,实现税收400多万元。全年新增私营企业303家、个体工商户466户。新增省级研发中心1个(双马生物质油脂工程技术研究中心)。新增赛孚机械、新空间、康升金属材料3家亿元企业,双马集团实现应税销售突破20亿元。双马化工、大辰建设2家企业进入全市纳税百强榜。12月,经省科技厅批准,江苏省双马生物质油脂工程技术研究中心成立。

小城镇建设　年内,高起点编制完善镇区整体规划,为提升东陈形象提供科学指导。立足旧镇区搬迁改造,盘活存量建设小城镇,小城镇建设考核名列全市第一。"万顷良田"安置区一期14幢10万平方米的滨湖小区开工建设,3幢11层的丽水花园和建筑面积8万平方米的东郊花园二期相继封顶。新东线拓宽工程主体完工。投入近200万元,改造升级村道路6条。投资230万元,铺设燃气管道13公里至东郊花园。完成污水管网延伸铺设1.4公里。投入250万元,新建东陈增压站,新铺设自来水主管网15公里。在全市城镇化"十个一"功能建设"十星级"争先创优考评活动中,获一个靓丽的镇区入口、一个贯通的镇区路网、一个繁荣的核心街区、一个上档次的商务宾馆、一个高标准的农贸市场、一个宜居的农民集居区、一个精致的商品房小区、一个完善的工业集中区8颗星。出让土地14.2公顷,完成房地产税收2211.32万元,双居全市第一。大辰建设集团发挥国家一级资质优势和建筑工人技术优势,年纳税总额超过2000万元。10月,全镇第一个农民安置区——"好民居"全面建成交房。年底,3幢120套的双马人才公寓建成并交付使用。

社会事业　年内,投资400万元建成东陈中学标准塑胶操场。成功改制东陈幼儿园,撤并丁北初中至东陈初中,形成"一所中学、两所小学、两所幼儿园"教育格局。中小学素质教育评估获全市二等奖,东陈初中中考成绩列全市农村乡镇第二名。全面启动国家卫生镇创建工作,尚书村、杨庄社区、汤湾村3个村(社区)建成省级卫生村(社区)。投入12万元增建水冲式公厕1所、增设环保型果壳箱62个。全镇有省级标准村卫生服务站9个,新农合参合41773人,实现全覆盖。全年完成绿化造林30公顷,新建农田林网400公顷。优化敬老院条件,应保尽保,镇民政办被评为南通市优质办理民众诉求先进单位,石池村被省民政厅评为民主管理先进单位。全镇有线电视用户9700多户,覆盖率达92%。提出文化强镇战略,加大文化建设力度,投资1200万元开工建设占地2公顷的雉水河生态公园,打造以棋隆会展为特色的文化产业基地。

政治文明、精神文明建设　深入开展党员"三创三争"("三创"指创业、创新、创优,"三争"指争当单位优秀、争当行业优秀、争当年度优秀)、政治日谈话、“三解三促”、党员“政治生日”关爱激励等活动,进一步提升党组织的战斗力、提升党员干部落实力。“三创三争,提升基层组织建设水平”项目获市委组织部年度组织工作优秀创新创优项目。投入100万元构建技防镇,群众对社会治安满意率达95%。全年办理“12345”市长公开电话交办事项60件,办结率100%,满意率达93%。9月23日,组织文艺节目在如皋市安定广场演出,参演人数达160人,时长120分钟,观众约5000人。

【新空间民乐团创始人曹建国参加维也纳国际青少年音乐节演出】 7月,在奥地利第五届“至高荣誉”维也纳国际青少年音乐节上,11个国家30支乐团参加演出。东陈镇新空间集团董事长、新空间民乐团创始人、民乐艺术家曹建国作为上海学生民乐团艺术顾问和客席指挥,随团先后参加在维也纳金色大厅、市政大厅和巴特塔斯曼斯道夫举办的专场庆典演出和公益性演出,为促进民族音乐走向世界发挥积极作用。在音乐节上,曹建国所在上海学生艺术团民乐团获杰出表演奖。

【全省首家“快付通”受理点揭牌】 9月6日,全省首家“快付通”工程(市民卡)受理点在东陈镇尚书村品德超市揭牌。“快付通”是如皋农村商业银行与市新农村建设办公室联名定制发行的“圆鼎·长寿卡”,该卡与如皋农村居民使用的“涉农一折通”存折实行对接,包括“五保”供养经费、最低生活保障、农资综合补贴、计划生育扶持资金、生猪保险等十多种涉农补贴、补助资金均通过该卡发放。市农商行在全市择优挑选首个工程受理点——尚书村品德超市,安装“快付通”专用机具,为村民提供“圆鼎·长寿卡”小额取现、消费、转账、查询等服务,突破农村支付结算渠道短缺瓶颈,加快推进城乡一体化发展,推动新农村建设。

【东陈镇首个农民集中安置房——“好民居”交付使用】 10月,东陈镇“好民居”农民集中安置居住房交付使用。这是全镇首个交付使用的农民集中安置区房,主要安置镇区和“万顷良田”工程搬迁户。“好民居”由镇政府投资4000万元,南通福友置业有限公司开发,总建筑面积3万平方米,7幢272套,其中居住房186套、商业店面86套。工程于2010年3月开工,2011年4月底前全面封顶。“好民居”的交付使用对东陈镇加快工业化、城镇化、农业现代化互动并进发展,具有重要意义。

(周锦旭)

2011年东陈镇主要经济社会指标完成情况统计

表67

项　目	单　位	数　量	增长率(%)	项　目	单　位	数　量	增长率(%)
国内生产总值	万元	222000	33.73	商业零售网点	个	1380	6.15
财政收入	万元	15569.73	36.52	商品零售总额	万元	12640	9.74
农业总产值	万元	41648	13.06	集贸市场成交额	万元	5800	20.83
粮食总产量	吨	34131	5.97	各类汽车	辆	785	49.52
农机总动力	千瓦	32040	4.99	镇村主干道	公里	436	3.56
年出栏生猪	万头	8.1	5.19	电话普及率	部/百人	46	2.22
年出栏家禽	万羽	112	33.33	科技人员	人	473	0.64
水产品产量	吨	998	6.73	中小学校	个	3	持平
种养专业户	个	389	8.06	在校中小学生	人	2470	11.66
工业企业	个	708	4.12	在职教师	人	222	2.30
个私工业企业	个	2465	4.09	医院	个	2	持平
工业销售收入	万元	460717	6.50	卫生室	个	15	持平
工业利税	万元	42986	12.15	初保普及率	%	100	持平
完成技改项目	个	35	-7.89	有线电视开通率	%	98.5	0.31

续表 67－1

项目	单位	数量	增长率（%）	项目	单位	数量	增长率（%）
当年技改投入	万元	67384	－11.34	自来水普及率	%	99.2	持平
利用外资	万美元	1650	－38.73	年末存款余额	万元	50187	21.09
外贸供货额	万元	142220	13.95	参加社保人数	人	16336	－4.21
三产实体	个	2480	0.50	农民人均纯收入	元	14888	16.31
三产从业人员	人	8678	1.34	农民人均住房	平方米	49	持平

表 68

2011 年东陈镇各村(社区)基本情况统计

名称	党组织书记	主任	村(居)民小组数（个）	人口数（人）	耕地面积（公顷）	农村经济总收入（万元）	人均收入（元）
洪桥社区	蒋正松	冒秀忠	16	3042	77.67	33524.0	15942
杨庄社区	冒殿明	薛如华	22	3106	283.40	27696.1	14147
汤湾村	汪正荣	何银生	27	3230	190.00	23420.0	13839
山河社区	邱宏波	秦宝山	23	3030	210.47	26211.0	15620
杭桥村	薛伯林	张广田	21	2538	193.80	20280.0	13916
蒋宗村	张勇军	蒋爱建	20	2645	207.73	25134.0	14953
范桥村	隋勇	徐吉建	23	3016	205.60	27600.0	14944
尚书村	陆海峰	薛宏如	20	2677	276.60	28665.0	14829
北庄村	薛建华	薛伯林	18	2020	226.00	17124.0	13980
南庄村	薛福如	李世明	19	2347	267.93	20393.0	14576
冯堡社区	李爱国	戴伯萍	23	2902	268.00	24813.0	14063
石池村	徐俊来	张建	30	3741	366.80	29471.7	14505
徐湾社区	韩国强	潘海燕	23	3101	239.33	21644.0	14302
南东陈社区	高张生	李明山	25	3518	193.33	84000.0	17851
双群社区	戴峰	薛文全	21	2687	200.00	18868.0	15009

丁堰镇

【概况】 丁堰镇地处如皋东大门，是全国环境优美乡镇、省卫生镇、省重点中心镇，总面积 70.48 平方公里，镇区面积 2.3 平方公里，耕地面积 4133 公顷。辖行政村 5 个、社区 8 个，总人口 54287 人，其中农村人口 4.72 万人。全镇经济社会发展综合考核列全市第六，更高水平小康建设综合排名列全市第一，外资外贸工作列全市第一，发展民营经济、引进市外民资、科技创新列全市第二，新型工业化、小城镇建设列全市第四。在全市“百面红旗”竞赛中，获招商引资、全民创业、小城镇建设“十星级”考评、更高水平小康建设 4 面红旗，并获市文明镇、统计工作先进单位、政协工作先进镇等奖项 11 个。

农业和农村经济　年内，新增项目农业 21 个，总投入 2.211 亿元，占年计划 249%。逐步形成以丰茂果蔬为核心的 226 线高效设施产业板块、以森果农庄为核心的 334 线乡村旅游产业板块、以春晖苗木为核心的新东线花木草坪产业板块、以刘海稻米为核心的有机稻米产业板块四大现代农业板块。天龙畜产品公司新建精品肝素钠生产厂房 4000 平方米，并申报省农业龙头企业。稻麦秸秆机械化还田及综合利用技术示范推广项目获省农业技术推广奖三等奖。整治三级河道 1 条、2 公里，四级河道 12 条、12 公里，总动土 36 万立方米。

工业经济　年内，全镇完成工业应税销售 27.97亿元，其中规模工业应税销售完成27.86亿元。实现工业实缴税金1.2亿元。完成注册外资2750万美元，实现到账外资1516万美元，完成进出口外贸1.2亿美元。引进市外民资47350万元，年内返乡创业能人45人。新增江苏里高家具有限公司、南通博客家纺有限公司、南通宜雅纺织有限公司、市富纺织造有限公司、市海容纺织有限公司5家规模企业，新增市亚雅油脂有限公司和市广联金属材料销售有限公司2家服务业规模企业。江苏恒康家居科技有限公司进入全市纳税前十强，南通泰利达化工有限公司、市丁堰纺织有限公司进入全市纳税前50强，上海制皂(集团)如皋有限公司进入全市纳税前100强。全年培植江苏恒康家居科技有限公司、南通天龙畜产品有限公司、南通恒康数控机械有限公司等高新技术产业企业5家，高新技术产业产值占规模工业产值的50.7%。建立工程技术研究中心17家，其中省级2家(江苏隆昌化工有限公司、上海制造集团如皋有限公司)、南通市级7家、如皋市级8家。江苏隆昌化工有限公司与厦门大学合作的院士工作站、上海制造集团如皋有限公司与安徽大学合作的研究生工作站分别建成。全年申请专利196个，其中发明专利53个。成功申报南通市级以上扶持项目34个，占年计划的144%。其中，南通天龙畜产品有限公司"优质天然肠衣及其附加值产品产业化开发"项目获国家星火计划项目立项，"天然肠衣及其废弃物综合利用与废水资源化处理关键技术研究与示范"项目获国家科技富民强县滚动支持。全年高新技术项目投入6.9亿元，产值40.64亿元，科技创新工作在全市名列第二。

小城镇建设　年内，在小城镇"十个一"功能配套建设中，一个完善的工业集中区(丁堰镇高新技术工业集中区)、一个高标准的农贸市场(丁堰永兴农贸市场)、一个上档次的商务宾馆(南通泛亚大酒店)、一个宜居的农民集居区(皋南农民集中居住区)、一个多功能的文体中心(丁堰镇文化站)、一个靓丽的镇区入口(334 省道镇区入口)、一个繁荣的核心街区(丁堰镇丁新路、团结路商业区)和一个精致的商品房小区(华盛苑小区)8 个项目通过市级验收。伯衡置业有限公司、苏通大厦(九层)主体工程、天通阳光花园项目二期、新便民服务中心和环东路、环西大桥、环西路基本建成。丁香路加紧施工建设，经营性土地出让面积超 13 公顷。11 月 26 日，浙江好又多大型综合超市开业。

社会事业　年内，在红桥村集中居住区建成全市首家生活污水处理净化站，皋南社区等 7 个村(社区)成功创建省卫生村。全年完成绿化造林面积 38.67 公顷。丁堰镇幼儿园成为全省学前教育改革发展现场推进会的观摩点，丁堰镇中心初中成为南通市第五批廉政文化建设示范点之一。丁堰镇获省放心消费创建活动(办公室)示范单位、第六次全国人口普查先进集体称号。各村(社区)均建成"一站式"服务大厅。全镇数字电视普及率 88.3%，卫生服务体系覆盖率 100%，新型农村合作医疗覆盖面 100%，村委会依法自治达标率 100%。

政治文明、精神文明建设　年内，建立健全大学生村干部镇、村(社区)帮带制度，考察考核制度，谈心制度，考勤制度，工作日志、工作例会制度，述职评议与汇报制度六项管理制度。刘海村、茄儿园社区被评为南通市文明村(社区)，镇企业服务中心、丁堰小学、丁堰纺织有限公司等 19 家单位被评为市文明单位，赵明村、红桥村、刘海村、茄儿园社区新堰社区被评为市文明村(社区)。社会矛盾大调解工作调解成功率达 95%以上。福来法治驿站引领全镇 12 家法治驿站发挥作用，同期相比社会矛盾纠纷发案率下降 19%。与白蒲法庭协作，建立民商事案件诉前调解机制，有效压降民事案件起诉率。赵明村调解委员会被评为市优秀人民调解委员会。丁堰镇被评为市书记大接访先进集体。新堰、鞠庄、皋南、凤山被评为省民主法治示范村，其余 9 个村(社区)被评为南通市民主法治示范村。成功举办镇元宵艺术节、新堰社区首届农民艺术节、庆祝中国共产党成立 90 周年、送戏进城等文艺演出，累计 312 名群众参加演出，观众 9200 多人。10 月，镇敬老院原院长徐俊山及其爱人李美兰因倾心照顾孤寡老人 30 载，当选"江苏好人"。

【皋南社区建成晶雪公民法治驿站】　1 月，丁堰镇皋南社区晶雪公民法治驿站成立。晶雪公民法治驿站利用现有的社区休闲广场建成法治文化园，安装调解一键通，建成管理信息平台，融党建、矛盾调处、社区矫正、安置帮教、外来人口管理、民政救助等信息于一体。由两名大学生"村官"作为基本服务人，同时配备专职调解员 2 人，每 10 户居民设立 1 名信息员。2011 年，该法治驿站累计接待群众来访 135 人次，解答法律咨询 116 人次，参与调解民事纠纷 15 起；排查矛盾纠纷 38 起，调解纠纷 18

起，调解成功率达100%。

【丁堰镇春季人力资源市场招聘会】 2月28日，丁堰镇妇联、镇人力资源和社会保障事务所、南通恒康家居科技有限公司联合举办以"政策促就业，服务助成功"为主题的丁堰镇2011年春季人力资源市场招聘会暨恒康家居科技有限公司专场招聘会。在外务工返乡人员、被征地农民、农村剩余劳动力等216人到会应聘，其中42人成功签约。

【丁堰镇更高水平小康社会综合考核列全市第一】 年内，丁堰镇在全市更高水平小康社会综合考核中，位列第一。全镇10个村(社区)建设更高水平小康村20项考核指标得分均在99分以上，其中新堰社区被市委、市政府评为建设更高水平小康先进社区。

(邵建国)

2011年丁堰镇主要经济社会指标完成情况统计

表69

项目	单位	数量	增长率(%)	项目	单位	数量	增长率(%)
国内生产总值	万元	277926	19	商业零售网点	个	1089	1.6
财政收入	万元	22971	44.69	商品零售总额	万元	38370	12.4
农业总产值	万元	36200	13.57	集贸市场成交额	万元	32650	7.8
粮食总产量	吨	45252	7.3	各类汽车	辆	520	47.7
农机总动力	千瓦	46906	7.81	镇村主干道	公里	1540	0.3
年出栏生猪	万头	7.24	−4.9	电话普及率	部/百人	80	2.6
年出栏家禽	万羽	60.41	−14.9	科技人员	人	967	0.2
水产品产量	吨	552	15.5	中小学校	个	5	持平
种养专业户	个	501	1.8	在校中小学生	人	3341	−25.1
工业企业	个	1415	0.6	在职教师	人	363	−12.3
个私工业企业	个	1415	0.6	医院	个	3	持平
工业销售收入	万元	1918100	18.9	卫生室	个	24	持平
工业利税	万元	83120	17.1	初保普及率	%	94	持平
完成技改项目	个	103	−8	有线电视开通率	%	83	1.2
当年技改投入	万元	160191	11.5	自来水普及率	%	100	1.7
利用外资	万美元	1516	−36	年末存款余额	万元	186890	15.3
外贸供货额	万元	91855	−42.8	参加社保人数	人	24920	−3.3
三产实体	个	3847	5.2	农民人均纯收入	元	14857	16.7
三产从业人员	人	6312	5	农民人均住房	平方米	37.1	0.8

2011年丁堰镇各村(社区)基本情况统计

表70

名称	党组织书记	主任	村(居)民小组数(个)	人口数(人)	耕地面积(公顷)	农村经济总收入(万元)	人均收入(元)
红桥村	徐宣安	朱余海	41	4804	437.1	40283	13992
朝阳村	崔胜利	崔胜利	31	3462	303.3	93259	14766
刘海村	钱志荣	陈建明	29	4141	369.7	51979	14661
堰南社区	刘明祥	冒建国	37	4979	428.1	133371	15224
新堰社区	康传芳	刘兴燕	22	3201	273.6	103078	15476
夏圩村	周国祥	周国祥	28	3424	373.5	55212	13914
凤山社区	王林	王林	29	4948	320.9	255288	15597
赵明村	丁爱华	丁爱华	49	5705	517.0	58322	13589
鞠庄社区	吴钧	王章全	61	7070	654.0	191622	14349
皋南社区	季永泽	季永泽	42	6149	417.3	555298	16895

林　梓　镇

【概况】 林梓镇位于如皋市东南部,东与如东接壤,总面积59.4平方公里,耕地面积3549公顷,镇区面积4.5平方公里,辖行政村5个、社区5个,总人口44621人。2011年,完成全口径财政收入10367.32万元、一般预算财政收入4069.46万元,增幅分别为49.1%、59.5%;实现人均财政收入达到2323元,同比增长48.2%。三次产业比重调整为11.46∶70.53∶18.01。被评为国家生态镇、省卫生镇、法治南通合格镇,获全市"六城同创"红旗单位、食品药品先进集体、全市书记大接访先进集体及社会治安综合治理先进集体称号。

农业和农村经济　年内,新增康盛生态园、力威养殖市级农业园区2家,新增桥口涵雨养殖、月旦长元特水养殖、蒋殿金桥养殖等镇级农业园区20家。成功引进总投资1.2亿元的康盛生态园项目、总投资2400万元的泰森养殖项目。争取上级财政资金1000多万元实施斜庄、沈腰、顾岱等村(社区)农业综合开发项目和小型水利项目,建设防渗渠道98公里,改建泵站4座,连续三年获全市水利工作先进集体称号。新建海兴农机服务专业合作社、浩民农机服务专业合作社、华玉农机服务专业合作社等"三大合作"组织9家,吸收6000多人入股。

工业经济　年内,全镇完成全部工业应税销售11.42亿元,同比增长16.8%。新增装机容量3817千伏安,同比增长12.3%。全年累计完成注册外资2000万美元,占年计划的100%;实现到账外资1205万美元,占年计划的100.04%。全年引进市外民资注册资本2.71亿元,占年计划的100.3%。发展私营企业116家,净增个体工商户256个,吸引36名能人返乡创业,分别占年任务的165.71%、121.9%、120%。完成高新技术产值33.52亿元,占规模工业产值的84.99%。全年引进落户5000万元以上工业项目5个,其中超亿元项目3个(鼎强机械、富强纸业各总投资1.5亿元,双隆纺织总投资1亿元)。完成全部工业投入7.84亿元,其中规模工业投入7.24亿元,同比分别增长2.75%、8.2%。完成固定资产抵扣税353.49万元,同比增长43.6%。完成专利授权83件,占年任务的97.6%。

社会事业　年内,投资320万元建成供电大楼,投资300万建成卫生大楼。投资120多万元,安装路灯240多盏,实施丁平线林梓段、兴业路两侧亮化工程。全年修建通达工程11.42公里,实施危桥改造10座,被市政府表彰为农村危桥改造先进集体。打造林梓小学留守儿童教育"33433"模式、奚斜小学空竹品牌、林梓诚信计生品牌,被市政府表彰为计划生育先进集体、社会事业工作先进集体。新型农村合作医疗实现全覆盖率。新增数字电视用户1070户,数字电视入户工作居全市第一。总投资近100万元,建成全市首家全覆盖社会治安防控体系。投资20多万元,建设镇区消防设施,被市政府通报表扬为全市消火栓建得最多、最好、最规范镇。全镇522户低收入家庭、1297人被纳入最低生活保障。农村"五保"户应保尽保,"五保"集中供养率达73%。全年新增绿化面积146.73公顷,获市绿化工作先进镇称号。

小城镇建设　年内,启动镇区总体规划、控制性详规、工业集中区规划、旅游业发展规划等编制或修编,完成总体规划初步文本。完成中心商贸区182户、2.9万平方米搬迁及土地挂牌。宇露商务会所完成外装潢,3幢、建筑面积为1.8万平方米的明珠花园二期全面封顶,3幢、建筑面积为1.5万平方米的育才小区安置房建成交付,9幢、建筑面积为1.2万平方米的高阳苑三期竣工销售,林梓小学校园风光带建设工程竣工。总投资超1000万元,建成兴业路、振兴北路、振兴桥、富业路等镇区框架骨干工程。小城镇"十个一"工程获一个繁荣的核心街区(高阳中路商贸一条街)、一个高标准的农贸市场(金盛农贸市场)、一个宜居的农民集中居住区(高阳苑)、一个开放的生态公园(云轩竹业生态园)、一个上档次的商务宾馆(宇露假日酒店)、一个多功能的文体中心(镇文体活动中心)、一个贯通的镇区路网(兴业路、富业路、高阳路、振兴路为骨干的道路框架)7颗星。

政治文明、精神文明建设　年内,提炼新时代林梓精神为"卧薪尝胆追赶、破釜沉舟跨越",激励全镇上下勇当林梓艰苦创业、强势突围的生力军。镇社会事业服务中心、阳光初中、卫生所、林梓医院等11家单位被评为市文明单位,林梓社区被评为市文明社区。从政府机关做起,在全镇15个晨、晚练健身点全面推广普及林梓镇传统运动项目——

"抖空竹",并在各村(社区)、各学校和15个骨干企业设立空竹分会;以奚斜小学为基地,以奚斜小学和斜庄空竹表演队为龙头,自创花样空竹表演,举办抖空竹大赛。在元旦、春节期间开展红木工艺品进校园活动,与市旅游局联手举办国际长寿旅游纪念品设计大赛,与南京林业大学联合举办传统家具设计大赛,做大做强红木文化产业。开展剪纸进校园活动,传承民间剪纸文化。4月,如皋市空竹协会挂牌成立。

【南通康盛生态园开业】 12月10日,林梓镇集生态观光、旅游休闲、种植栽培于一体的高效生态农业园区——南通康盛生态园正式对外营业。

年内,南通康盛生态园落户林梓镇月旦社区,占地面积近66.7公顷,总投资约1.2亿元。其中,无土草坪种植基地占地33.3公顷,总投资705万元,种植、销售果岭草、马尼拉、百慕大等草坪;鲜切花基地占地13.3公顷,总投资2155万元,种植、销售百合花、蝴蝶兰、郁金香、玫瑰等高档鲜切花,目标建成南通地区规模最大、技术最先进的鲜切花基地,填补如皋高档鲜切花生产空白;温室酒店钢架玻璃结构,总投资1400万元,建筑总面积4000平方米;园区景观树种植项目占地20公顷,渐进投入资金6900万元,以种植朴树、白榆、苦楝、乌桕、乔木桑等名贵树种为主。康盛生态园是集生态、生产、生活"三位一体"的高效休闲农业项目,有效吸纳周边富余劳动力300多人就业,帮助农户增收180多万元。

【林梓镇全民"抖空竹"】 "抖空竹"是林梓镇民间特色传统运动项目,简便易学,老少皆宜,并且是颈椎病、肩周炎等"富贵病"的"克星",深受林梓镇群众喜爱。

年内,林梓镇借助全镇15个晨、晚练健身点,在全镇开展"抖空竹"全民健身运动。奚斜小学自创花样空竹表演,林梓镇"抖空竹"内容越来越丰富。以奚斜小学为基地,以奚斜小学和斜庄空竹表演队为龙头,"抖空竹"成为林梓镇一道亮丽风景线。4月,如皋市空竹协会在林梓镇挂牌成立,全镇10个村(社区)、3所学校、15家骨干企业同时设立空竹协会分会,发挥引领示范作用。奚斜小学师生抖空竹活动引起广泛关注,中央电视台新闻频道对奚斜小学空竹文化特色作专题报道。10月,林梓镇举办抖空竹大赛,200多人参赛,比赛设立个人奖3名、家庭奖5名、团队奖3名、组织奖1名。

(许 伟 吕林林)

表71

2011年林梓镇主要经济社会指标完成情况统计

项目	单位	数量	增长率(%)	项目	单位	数量	增长率(%)
国内生产总值	万元	132355	18.44	商业零售网点	个	720	2.56
财政收入	万元	10367	49.1	商品零售总额	万元	19310	20.22
农业总产值	万元	21532	13.52	集贸市场成交额	万元	7920	8.66
粮食总产量	吨	36404	8.89	小汽车拥有量	辆	1302	73.6
农机总动力	千瓦	50461	4.57	镇村主干道	公里	193	7.2
年出栏生猪	万头	10.38	14.2	电话普及率	户数	13010	持平
年出栏家禽	万羽	19.9	10.1	科技人员	人	765	17.69
水产品产量	吨	460	6.24	中小学校	个	3	持平
种养专业户	个	473	持平	在校中小学生	人	2647	-1.4
工业企业	个	394	3.14	在职教师	人	201	-1.47
个私工业企业	个	389	1.83	医院	个	2	持平
工业销售收入	万元	747579	9.69	卫生室	个	14	27.3
工业利税	万元	51180	11.49	初保普及率	%	100	持平
完成项目个数	个	18	11.2	有线电视开通率	%	94	持平
当年项目投入	万元	95206	8.03	自来水普及率	%	98	持平
利用外资	万美元	1201	5.38	年末存款余额	万元	121279	13.74

续表 71—1

项　　目	单　位	数　量	增长率(%)	项　　目	单　位	数　量	增长率(%)
外贸供货额	万元	15694	—18.2	参加社保人数	人	18494	10.17
三产实体	个	985	17.6	农民人均纯收入	元	12518	18.99
三产从业人员	人	6120	12.79	农民人均住房	平方米	60	持平

2011 年林梓镇各村(社区)基本情况统计

表 72

名　　称	党组织书　记	主　任	村(居)民小组数(个)	人口数(人)	耕地面积(公顷)	农村经济总收入(万元)	人均收入(元)
新 陆 村	冒开林	肖金华	38	4560	394	43156	10610
斜庄社区	张红玲	杨福泉	24	3358	282	44280	12059
顾 岱 村	孙建娟	姚学俊	30	3692	297	39978	12051
文著社区	薛卫东	仇正乾	32	4725	379	193283	12978
月旦社区	徐拥军	王建华	32	5875	433	80623	13025
林梓社区	周国泉	周国泉	46	6067	376	204901	15422
沈 腰 村	刘伟东	李思泉	26	3273	258	49498	12162
合 兴 村	陈永建	陈永建	29	3242	273	44277	11115
蒋殿社区	周建华	周　玉	35	4209	378	74631	13624
桥 口 村	孙玉君	章生明	43	4701	483	48875	10449

白　蒲　镇

【概况】 白蒲镇位于如皋市的东南部,东与如东县新店镇相邻,南与通州区平潮镇接壤,总面积 85.3 平方公里,耕地面积 4191.6 公顷,镇区规划面积 8 平方公里,辖行政村 10 个、社区 7 个,总人口 8.3 万人。2011 年完成财政收入 17463 万元,同比增长 28.55%;一般预算收入 7956 万元,同比增长 43%。被评为全国亿万农民健康促进行动示范乡镇、南通市法治合格镇、南通市体育明星镇;在全市“百面红旗”竞赛中获财政收入、更高水平小康建设、新农村建设“十大工程”等竞赛红旗 11 面,获市节能减排先进集体、引进市外民资先进集体、村级集体收入先进集体等奖项 17 项。

农业和农村经济　年内,实现规模项目农业投入 22685 万元。新增花木种植面积 39.33 公顷、高效渔业养殖面积 33.33 公顷,新建黄行、线园、蒲东、姜北、杨家园、沈桥农业园区 6 个。新建沼气池 400 口,形成河道保洁、垃圾处理、绿化管护和农村道路管护“四位一体”管理体制。全年农民实用技术培训 5250 人次、创业培训 550 人次。开展新型农机具推广应用,建成秸秆机械还田示范方 16 个,总面积 524.47 公顷,秸秆综合利用率达 95.2%以上。新建土地换社保数据库 2 个、372 组,土地换社保 237 人,完成市交任务的 115%。完成村级集体总收入 418 万元。采用土地入股、租赁、土地换社保等多种形式,全年完成流转土地 1512.33 公顷,占全年计划的 173%。农业农村工作考核位居全市第八名,镇农业服务中心获南通市耕地质量建设与管理工作先进集体称号。

工业经济　年内,完成工业应税销售 27.8 亿元,其中规模工业应税销售 18.5 亿元。完成全部工业投入 11 亿元,其中规模工业投入 10.3 亿元。完成工商注册外资 2670 万美元,实际到账外资 1505 万美元,引进市外民资 4.5 亿元。当年技改投入 75816 万元,完成技改项目 16 个。南通华东油压科技有限公司、南通华东油压铸业有限公司、南通皋液液压机有限公司、江苏南天农科化工有限公司 4 家企业获国家高新技术企业认定,南通皋液液压机有限公司、南通华东油压铸业有限公司、南通国谊锻压机床有限公司 3 家企业获国家知识产权示范企业认定，科技创新考核位居全市第三。9月11日，国家信息农业工程技术中心如皋试验示范基地项目在朱家桥村正式启动。

社会事业　年内，完成农保2.46万人。完成全镇86户173人城市“低保”对象、693户1352人农村“低保”对象社会化发放。改善村级卫生服务站的设施条件，建成120平方米以上甲级站15个。新增绿化造林265.33公顷。8月，白蒲中心医院新大楼正式启用，建筑面积14406平方米。12月，举办白蒲镇第40届全民运动会，设立喜运丰收果、集体奔小康、自行车慢行、铅球、拔河、定点投篮、跳绳比赛项目7个，全镇458人参赛。

小城镇建设　年内，累计完成搬迁总面积7.6万平方米，占全年任务的114%。土地出让15.27公顷。房地产开工面积16万平方米，竣工8万平方米。建筑面积14.2万平方米的惠蒲新世纪1～5号楼实现封顶，6～8号3栋26层商品住宅楼开工建设，创全市小城镇建筑第一高度；建筑面积6万平方米的华硕名邸有2栋商务会所实现封顶；蒲东农民搬迁安置房、松杨农民安置房1～5栋交付使用。镇区“四横四纵”道路框架全面拉开，天祥路、文昌路实现当年搬迁、当年开工、当年通车。镇文体中心、白蒲公园建成对外开放，占地1.67公顷的蒲盛休闲广场全面建成。小城镇建设“十个一”工程获10颗星（全市仅两个镇获10颗星），在全市考核中跃居第二名。

政治文明、精神文明建设　年内，进一步畅通信访渠道，加强社会矛盾大调解工作，干群关系融洽。社会治安综合治理和安全生产、环境保护、土地管理被评为市先进集体。社会管理创新、依法治镇、依法行政水平不断提高，“平安白蒲”、“法制白蒲”创建卓有成效。镇司法所获南通市“五五”普法先进集体、南通市法治文艺演出先进集体称号，镇广电站被评为省优秀广播电视站。全镇被市委、市政府表彰为文明行业13家、文明单位18家、文明村（社区）5个。

【国家信息农业工程技术中心如皋试验示范基地落户白蒲镇】　9月11日，国家信息农业工程技术中心、白蒲镇人民政府、市农业技术推广中心正式签订协议，通过流转土地、租赁设施和投资新建等方式，共建国家信息农业工程技术中心如皋试验示范基地。副省长曹卫星等出席签约仪式。

国家信息农业工程技术中心是专门从事信息农业与精确农业技术创新、系统集成、转化应用的国家级研发机构，服务于关键技术研发、试验、示范和成果转化应用，同时促进中心的科技创新、技术展示和成果转化。如皋试验示范基地选址白蒲镇朱家桥村，占地6.67余公顷，包括科研试验区、技术展示区、大田生产区以及办公区等多个功能区。示范基地的建成，将对如皋乃至全省提升农业集约化、标准化、产业化、信息化水平产生积极作用。

【白蒲镇综合考核跃居全市第三名】　年内，白蒲镇完成财政收入17463万元、同比增长28.55%，一般预算收入7956万元、同比增长43%，完成和超额完成2011年市委、市政府下达的各项目标任务，经济社会持续保持又好又快的发展态势，在全市镇（区）综合考核中位居第三，获二等奖。

（姚椹婷）

2011年白蒲镇主要经济社会指标完成情况统计

表73

项　目	单　位	数　量	增长率（%）	项　目	单　位	数　量	增长率（%）
国内生产总值	万元	243995	8.00	商业零售网点	个	174	14.47
财政收入	万元	17463	28.55	商品零售总额	万元	28090	16.93
农业总产值	万元	53921	22.92	集贸市场成交额	万元	44550	1.13
粮食总产量	吨	53751	−5.80	各类汽车	辆	1030	9.34
农机总动力	千瓦	52134	5.05	镇村主干道	公里	330	3.13
年出栏生猪	万头	10.6	47.22	电话普及率	部/百人	120	1.69
年出栏家禽	万羽	276	−29.77	科技人员	人	1400	24.22
水产品产量	吨	3060	14.26	中小学校	个	5	持平

续表 73—1

项　　目	单　位	数　量	增长率(%)	项　　目	单　位	数　量	增长率(%)
种养专业户	个	685	2.24	在校中小学生	人	5212	0.04
工业企业	个	310	6.90	在职教师	人	336	−2.33
个私工业企业	个	310	32.48	医院	个	4	持平
工业销售收入	万元	1458008	7.74	卫生室	个	20	持平
工业利税	万元	53816	14.57	初保普及率	%	100	持平
完成技改项目	个	28	25	数字电视普及率	%	92	8.24
当年技改投入	万元	75816	9.15	自来水普及率	%	100	持平
合同利用外资	万美元	2670	0.75	年末存款余额	万元	241946	25.05
外贸供货额	万元	65589	11.78	参加社保人数	人	24633	6.62
三产实体	个	202	24.69	农民人均纯收入	元	15481	17.71
三产从业人员	人	13045	8.34	农民人均住房	平方米	50	持平

2011 年白蒲镇各村(社区)基本情况统计

表 74

名　　称	党组织书　记	主　任	村(居)民小组数(个)	人口数(人)	耕地面积(公顷)	农村经济总收入(万元)	人均收入(元)
黄 行 村	陈建华	陈建华	31	3676	339.7	61380	14203
姚家园村	沙建华	沙建华	31	3972	293.3	44536	13869
钱园社区	朱志伟	吴松涛	39	4835	266.7	59137	15833
朱家桥村	朱志聪	杨建新	37	4548	264.6	36962	16384
松杨社区	张　娟	张　娟	21	3941	229.7	46137	16302
蒲东社区	孙德华	孙德华	41	5409	278	45637	16428
蒲西社区	秦正国	秦正国	35	4856	195.2	102485	18415
前进社区	周建华	周建华	24	3336	202.3	75900	17150
朱 窑 村	张广明	张广明	36	4669	310.7	39675	14383
姜 北 村	陈友兵	陈友兵	29	4006	260.3	84109	17919
康 庄 村	丁国炎	丁国炎	31	4748	240	18331	14264
文峰社区	陆建华	李志红	38	4668	275	53204	17451
杨家园村	顾良建	宋林泉	26	4000	157.3	17823	14845
沈 桥 村	许建国	许建国	34	4385	280.7	21532	12558
唐 堡 村	蒋建国	蒋建国	32	4351	219.8	29914	12473
邓 杨 村	钱广军	钱广军	30	3642	218.3	35776	14288
居 委 会	薛剑岚	薛剑岚	30	13898	160	100	16412

下　原　镇

【概况】 下原镇地处如皋中南部。总面积70.76平方公里，镇区面积3.4平方公里，耕地总面积3832.8公顷，辖行政村7个、社区8个，总人口58793人。2011年，全镇实现财政收入9304万元，同比增长42.42%。被评为南通市土地执法模范镇，获市招商引资红旗单位、项目投入红旗单位、服务业红旗单位、文明镇、人才工作先进单位等奖项17项。

农业和农村经济　全年流转土地1168公顷，新增高效农业1000公顷，其中，设施农业136.7公顷，有机农业23.3公顷。新增沈阳华丰花木园、野树花木园、蔡荡花木园3个百亩以上花木园区，新建藕池、老坝、腰庄现代化生态种养殖基地3个。扩大南通锦标有机农业规模，新建花园头村13.3

公顷的奶油草莓基地、花园头千亩绿色有机稻米基地、陈桥邹庄千亩园林景观花木基地等。新增“三大合作”组织入社成员 11567 个，新建合作联社 1 个(市振原畜禽专业合作联社)，累计建成农民专业合作社 23 个、土地股份合作社 15 个。全年实现村集体经济总收入 372 万元，同比增长 22%，每个村(社区)实现人均集体收入超过 20 万元。全年整治河道 19 条，总土方 23 万立方米。6 月 7 日，南通锦标有机农业园两大类 47 个有机品种通过南京国环有机产品认证中心有机农产品资格认证，是全市首批获权威认证的有机农产品。

工业经济　年内，实现工业总产值 66.38 亿元，同比增长 29%；实现全部工业应税销售 8.38 亿元，同比增长 47%，其中规模工业应税销售 4.5 亿元，同比增长 18%。全年正式签约落户规模以上工业项目 10 个，新培育规模企业 1 家，规模工业企业累计达 25 家。浩鑫液压、安琪医疗建成如皋市级工程技术研发中心。全年新注册商标 7 个，申报专利 96 件，其中发明专利 30 件。申报南通市级以上各类科技项目 21 项，其中立项 12 项。日鑫电子、飞鲸发电分别获南通科技进步二等奖、如皋科技进步三等奖；下原科技孵化器顺利通过南通验收考核，建成全市首家镇级科技孵化器。重点推进医疗器械园区产业集聚发展，新增生产型医疗公司 2 家、经营型医疗公司 10 家。

小城镇建设　年内，投入 1000 多万元，建设镇区基础设施。完成惠原路提升、育贤路北段贯通和南段拓宽工程建设和康园路东侧、桃李路西侧、惠原路两侧计 2.26 公里污水管网建设，在惠原路、富盛路、育贤路和迎驾西路 4 个路段安装路灯 116 盏，完成桃李路小广场绿化工程，在全市率先完成镇区、工业集中区以及花园街道 32 个消火栓建设任务。招拍挂出让土地 8.64 公顷(含商居 5.33 公顷)，土地拆旧复垦 39 公顷。镇区搬迁 41 户，整理土地 3 公顷。全年房产开发 8.65 万平方米，竣工 8.25 万平方米。在全市小城镇“十星级”创建中，一个繁荣的核心街区、一个高标准的农贸市场、一个精致的商品房小区、一个贯通的路网、一个完善的工业集中区和一个开放的生态公园6个项目获星级授牌。5幢、建筑面积1.8万平方米的安置房惠仁小区，4幢、建筑面积1.8万平方米的安置房育贤小区主体及配套工程竣工，4幢180套、建筑面积2.86万平方米的沈阳居多层集居房开工建设。

社会事业　年内，下原初级中学 27 名学生中考成绩达如皋中学公费线，147 名学生达白蒲中学公费线，综合升学率获市二等奖。启动镇幼儿园、派出所异地新建实施方案。实施基本药物制度，推进社区卫生服务站规范化管理。全镇数字电视用户突破 1.2 万户。投入 14 万元开展计生免费技术服务 2 万人次，发放奖补 68 万元；完成独生子女父母奖励金转型保险 15.6 万元。全镇参加新型农村合作医疗率 100%；新增农保参保 1897 人，续保 19606 人，办理失地农民保障 388 人；全年为 744 户“低保”户、551 名重残人员、94 名“五保”人员、220 名民政优抚人员发放各类补助资金 450 万元。建立道路管养、水源清洁、垃圾清运、绿化管护“四位一体”长效管护机制，新增绿化面积 1.84 万平方米，运送垃圾 240 吨，农村公路标准化整治获市级验收考核第一名。

政治文明和精神文明建设　年内，下原初级中学等 16 家单位和部门被评为市文明单位，野树社区等 5 个社区被评为市文明社区，下原邮政等 9 家单位被评为市文明行业。开展“双联双助”活动，市、镇机关 178 人帮扶建档立卡贫困户 198 户，被帮扶贫困户全部实现脱贫。加强村级民调、信访、综治警务室建设，全年调解各类矛盾 420 起，调解率 100%，调解成功率 98%。

【南通锦标有机农业园 47 个有机品种全市首批获有机产品认证】　6 月 7 日，南通锦标有机农业园蔬菜类菠菜、青菜，粗粮类玉米等 47 个有机品种通过南京国环有机产品认证中心有机农产品资格认证，成为全市首批获权威认证的有机农产品。

南通锦标有机农业园坐落于下原镇花园头村12、18、21组，由下原镇返乡能人利锦标于2008年投资新建，计划总投资2800万元，总面积66.67公顷。一期工程占地26.67公顷，其中有机蔬菜园16.67公顷、休闲观光园3.33公顷、特种水产养殖园3.33公顷、名贵花木园3.33公顷，主要从事有机蔬菜生产加工、珍稀奇树观赏保护、名贵花木种植、垂钓休闲观光等项目，年内实现亩效益2万多元。

【下原镇成立首家农民专业合作联社】　9 月，下原镇首家农民专业合作联社——如皋市振原畜禽专业合作联社经市工商局核准登记,正式成立。

年内,为提升行业竞争力,增强风险抵抗力,九庄禽业、藕池家禽、白李家禽、蔡荡家禽、老坝家禽、锦辉肉鸽、元明禽业7家畜禽类农民专业合作社联合组建成立市振原畜禽专业合作联社。新成立的合作联社注册资本683.1万元,成员162人,其中党员14人,通过为成员提供肉鸡、蛋鸡、肉鸽等畜禽类养殖技术、市场信息咨询以及代购代售等服务,形成畜禽产销一体化格局。合作联社自9月建成至年底,累计出栏肉鸡和蛋鸡19.2万只、肉鸽3.8万只,销售禽蛋35.5万公斤,实现产值1200万元。截至年底,肉鸡、蛋鸡存栏30.1万只,肉鸽存栏6.3万只。

【下原镇惠仁、育贤安置小区投入使用】 12月20日,惠仁、育贤安置小区投入使用,下原镇41户搬迁改造户入住。惠仁小区一、二期工程共5幢,建筑面积1.8万平方米;育贤小区4幢,建筑面积1.8万平方米。小区内水、电、道路、绿化等配套设施完善,为搬迁改造户入住提供了生活保障。

【下原镇景泰苑一期商居房封顶】 12月中下旬,下原镇景泰苑一期商居楼实现全面封顶,其中1~5号楼装修完毕。

景泰苑是下原镇打造核心商务区的重要房产开发项目,总投资2.4亿元,占地10公顷,总建筑面积20万平方米。其中一期工程7幢,每幢8层,荷兰风格,建筑面积6.5万平方米,于2010年7月开工建设。

【下原镇医疗器械商会大厦工程竣工】 12月,下原镇医疗器械商会大厦全面竣工。商会大厦于2010年3月开工建设,建筑总面积11250平方米,是如皋市医疗器械技术培训、质量监督、产销合作中心。

年内,下原镇围绕打造全国医疗器械第一镇目标,启动医疗器械专业特色园区打造工程,重点打造医疗器械商会大厦建筑群。通过商会内引外联,吸引外地医疗器械企业落户下原镇。截至12月底,下原镇医疗器械园区入园生产型医疗器械公司8家、经营型医疗器械公司52家,医疗器械产业成为下原镇支柱产业之一。

(冒银飞)

2011年下原镇主要经济社会指标完成情况统计

表75

项目	单位	数量	增长率(%)	项目	单位	数量	增长率(%)
国内生产总值	万元	119523	20.05	商业零售网点	个	992	0.61
财政收入	万元	9304	42.42	商业零售总额	万元	31240	3.70
农业总产值	万元	30670	15.55	集贸市场成交额	万元	18500	0.46
粮食总产值	吨	39387	−11.53	各类汽车	辆	5890	51.65
农机总动力	千瓦	29596	7.26	镇村主干道	公里	151	9.42
年出栏猪数	万头	5.28	17.33	电话普及率	部/百人	85	3.66
年出栏家禽	万羽	72	−12.83	科技人员	人	935	12.38
水产品产量	吨	951	−27.13	中小学校	个	5	−16.67
种养专业户	个	330	34.69	在校中小学生	人	4086	−11.00
工业企业	个	1198	1.10	在职教师	人	289	−9.97
个私工业企业	个	1198	1.10	医院	个	2	持平
工业销售收入	万元	663845	31.02	卫生所	个	16	−11.11
工业利税	万元	52754	31.02	初保普及率	%	100	持平
完成技改项目	个	105	23.53	有线电视开通率	%	84	9.09
当年技改投入	万元	112650	26.45	自来水普及率	%	96	持平
利用外资	万美元	12000	23.90	年末存款余额	万元	110400	2.71
外贸供贷额	万元	2352	26.86	参加社保人数	人	38185	57.64
三产实体	个	39080	−5.11	农民人均纯收入	元	12615	19.29
三产从业人员	个	4230	0.24	农民人均住房	平方米	48	持平

表 76

2011 年下原镇各村(社区)基本情况统计

名　　称	党组织书　记	主　任	村(居)民小组数(个)	人口数(人)	耕地面积(公顷)	农村经济总收入(万元)	人均收入(元)
沈阳社区	张　俊	于永国	32	4260	331.7	24525	13112
下原社区	王志祥	王志祥	32	4850	265.4	64084	14748
邹庄社区	葛　军	刘文泉	29	3860	266.4	25340	12087
野树社区	张善良	洪进余	29	4450	205.4	30533	13009
文庄社区	王海山	丁　旭	33	4589	270.1	30804	12566
桃园社区	王建平	陈德平	27	3115	237.6	30819	13322
腰庄社区	王　平	王　平	35	4670	323.7	27152	12310
白李社区	李世梅	李世梅	25	3972	216.3	19438	12487
曙 光 村	丁邦宏	沈国庆	24	3386	299.9	19915	11547
花园头村	丁邦峰	丁邦峰	27	4073	276.7	30979	13108
老 坝 村	范陈龙	马　琴	34	4279	290.2	16579	11539
陈 桥 村	周建华	周建华	26	3315	220.2	15082	11985
蔡 荡 村	钱　军	姜　哲	29	3839	255.3	24638	12727
张 庄 村	吴皋南	吴皋南	24	3116	176.3	25231	11873
藕 池 村	范红云	范红云	23	3019	197.6	18019	11937

九　华　镇

【概况】 九华镇位于如皋市南部，与南通市通州区平潮镇、五接镇接壤，总面积 72 平方公里，耕地面积 3268.3 公顷，辖行政村 14 个、社区 5 个，总人口 68066 人。2011 年，实现财政收入 24283 万元，同比增长 92.33%。在全市“百面红旗”竞赛中，获项目投入、全民创业、服务业、财政收入、小城镇建设、更高水平小康建设红旗单位称号；获市文明镇、镇工作目标综合考核先进镇、新型工业化考核先进单位、引进市外民资先进集体等奖项 16 个。

农业和农村经济　年内，全镇高效农业面积 2800 公顷，占耕地总面积的 67.7%。建成郑甸千亩果蔬园区、洋港千亩花木基地千亩以上农业园区 2 个，赵元瑞丰药材基地、赵元马兰基地、马桥早佳西瓜等百亩以上农业园区 19 个。新建农村通达工程 4.3 公里、一事一议奖补道路 11.85 公里，新建和改造危桥 17 座。疏浚三级以下河道 15 条，清淤土方 23.95 万立方米。组建农民专业合作社 39 家、村级土地股份合作社 19 家、农村社区股份合作社 1 家。农业适度经营面积 673.33 公顷。

工业经济　年内，全面完成或超额完成市下达的各项工业经济指标，全镇有全市纳税前百强企业 7 家。全镇实现工业总产值 722951 万元，同比增长 12.8%，其中规模工业产值 469052.2 万元，利润 34995.4 万元，同比分别增长 20.1%、3%。实现全部工业应税销售 251423 万元，其中规模工业应税销售 197275 万元；工业实缴税金 12568 万元。新增规模企业 4 家(江苏永大化工机械有限公司、南通伟越电器有限公司、江苏迪克机床有限公司、如皋沃特纺织有限公司)，全镇现有规模企业 31 家。顺达科技工程公司地下圆形堆垛式立体车库研发成功，成为引领全镇工业经济转型升级的标志性项目。

社会事业　年内，九华初中、九华小学成功创建为南通市教育装备优秀学校，九华幼儿园创建为省优质幼儿园。推进九华初中“感恩教育”、郑甸小学“诵读《弟子规》，争做文明人”、九华小学“篮球训练”、南通市授牌体育特色学校——营防小学乒乓球训练等特色教育项目。完成农民公园基础施工。镇文化活动中心全面开工，投资 1200 万元，建设面积 8000 平方米。农保实现全覆盖，区域供水工程全面完工。总投资 1500 万元，建成占地 4.8 万平方米的农民休闲公园——颐寿园。投资1000万元、占地0.67公顷、建筑面积8000平方米的文体活动中心开工建设。全镇参加新型合作医疗保险农民62973人,参合率100%。实施国家基本药物制度,镇医院和社区卫生服务站全面实行零差价销售药品。数字电视整体转换工作被评为市先进镇。推进农村环境整治及长效管理,改善农村环境,新增绿化造林面积60公顷,占市交任务的180%,全镇绿化覆盖率达到21.06%,被评为南通市绿化示范镇。

小城镇建设　年内,在全市"十个一"工程建设星级创建评比中,率先摘获10颗星(全市仅两个镇摘得10颗星),位居全市第一。房地产开发开工面积13万平方米,占年计划的130%。汽车站小区16层、九华2号区11层、何王小区11层、郭李小区三幢11层和人才公寓、濠园二期、华山小区一期、星球16层职工公寓等全面开工建设。参与全镇房地产开发企业8家,开发小区8个,开工建设小高层9幢。新建镇区道路4条,总铺装面积3.7万平方米。全年基础设施投入4500万元,占年计划的224.4%。总投资1500万元的1.2公里东方红河驳坡工程完成工程量70%。建成镇北区污水管网2公里。完成锦绣路绿化改造工程,建成区绿化覆盖率为34.5%。完成经三路、新市场路亮化工程,现有镇区路灯1022盏。镇区道路六横六纵框架形成,道路总长度21.5公里,铺装面积47.6万平方米。

政治文明、精神文明建设　年内,完成镇党委换届选举工作,党委书记、镇长实行"一肩挑"。开展文明村、文明单位、文明户创建活动,提高全民思想道德素质。全面加强防控体系建设和社会矛盾化解,开展社会治安综合治理,社会治安秩序良好,人民群众安全感满意率为98%。深入开展"创先争优"活动,推进"双帮双带"、"千企连百村、共建新农村"和"双联双助"工作,实施"脱贫攻坚"工程,全镇1368户建档立卡贫困户实现全部脱贫。全年送戏8场、观众8000多人次,送电影100多场、观众1万多人次,送图书6000余册,开展大中型群众问题活动6次。9月19日,在如城安定广场举办九华文艺专场,以原创节目为主,推进城乡文化互动。

【南通伟越电器股份有限公司落户九华镇】　1月,南通伟越电器股份有限公司落户九华镇。该公司注册资本1500万元,由返乡能人徐正鱼投资创立,具有全部知识产权,并获国家工商总局认可,日产液晶电视机400台,主要出口中东地区。年内,该公司获沙特阿拉伯客商注资,项目总投资51350万元(其中,外资4500万美元,内资2.3亿元),占地面积3.33公顷。

【九华镇首家三星级旅游饭店——君禧大酒店开业】　11月1日,九华镇首家按国家三星级旅游饭店标准设计建造,集餐饮、住宿、会务、休闲娱乐于一体的高档商务酒店——君禧大酒店开业。

该酒店总占地5320平方米,建筑总面积1.2万平方米,总投资3800万元,集餐饮、客房、KTV、桑拿、足浴为一体。20余间餐饮包房可容纳800人同时就餐,80余间时尚客房、10多间贵宾套房可容纳100多人同时住宿,会议厅可容纳100多人。君禧大酒店的开业,使九华镇三产服务业能级和城镇品位跃上新层级。

【九华农民公园——颐寿园落成】　12月底,九华农民公园——颐寿园全面落成。

颐寿园坐落于主镇区西侧,环西大道东侧,郭李社区一组、13组境内,总投资1500万元,总占地4.8万平方米,其中休闲水面1.3万平方米,设计独特,秀木婆娑,绿草如茵,小桥流水,曲径通幽。颐寿园实行全天免费开放,成为九华镇农民文娱、健身、休闲的理想去处。

【九华镇获省农路管养及安保工程示范镇称号】　年内,九华镇创建省农路管养及安保工程示范镇工作以97分的高分,全市首家通过由省交通厅组织的验收组验收。

年内,九华镇全面整治辖区内道路164.64公里,新安装警示桩900余根、标志800余块、路名牌130块、波形护栏2250米、百米桩1100根、里程碑121块、减速垄380米,标线16公里,新安装暴闪灯5盏、路灯1800盏,实现主干道连网、镇通村连网、村通村连网的交通网络。

(刘丽丽)

2011 年九华镇主要经济社会指标完成情况统计

表 77

项　目	单　位	数　量	增长率(%)	项　目	单　位	数　量	增长率(%)
国内生产总值	万元	196800	22.27	商业零售网点	个	2551	3.2
财政收入	万元	24283	92.33	商业零售总额	万元	41450	10.21
农业总产值	万元	33895	－10.6	集贸市场成交额	万元	21870	6.06
粮食总产值	吨	37781	－0.37	各类汽车	辆	2467	15.93
农机总动力	千瓦	34462	3.5	镇村主干道	公里	544	2.8
年出栏生猪	万头	3.3	86.44	电话普及率	部/百人	98	34.25
年出栏家禽	万羽	142	－33.02	科技人员	人	1494	5.06
水产品产量	吨	2015	4.19	中小学校	个	7	16.67
种养专业户	个	458	－2.1	在校中小学生	人	6211	－5.16
工业企业	个	762	1.46	在职教师	人	532	2.31
个私工业企业	个	762	1.46	医院	个	4	持平
工业销售收入	万元	726639	11.95	卫生室	个	20	－25.93
工业利税	万元	77394	22.35	初保普及率	%	100	持平
完成技改项目	个	29	－54.69	有线电视开通率	%	94	2.17
当年技改投入	万元	64310	－53.75	自来水普及率	%	99	－0.83
利用外资	万美元	1505	0.27	年末存款余额	万元	274929	56.51
外贸供货额	万元	213122	34.75	参加社保人数	人	30758	0.30
三产实体	个	3503	3.55	农民人均纯收入	元	14036	18.05
三产从业人员	人	13465	1.39	农民人均住房	平方米	75	持平

2011 年九华镇各村(社区)基本情况统计

表 78

名　称	党组织书记	主　任	村(居)民小组数(个)	人口数(人)	耕地面积(公顷)	农村经济总收入(万元)	人均收入(元)
九华社区	赵小明	赵小明	41	6334	243.50	222709.26	15118
郭李社区	李世华	吴亚峰	34	5295	259.66	100668.88	14886
二甲村	李昌忠	李国强	33	3944	182.55	15793.31	13905
洋港村	邹建设	邹美祥	24	3057	150.38	14935.55	13690
赵元村	赵世明	赵世明	30	3594	138.19	12875.12	13872
马桥村	刘　东	薛春连	26	4108	194.62	18614.29	14221
如海村	王海俊	暂　缺	13	2046	67.74	12127.28	13711
龙舌村	陈文兵	陈文兵	25	2685	142.66	13062.87	13891
杨码村	袁金泉	袁金泉(代)	31	4182	214.15	31361.98	13681
郭洋村	张汉明	李春荣	22	3047	134.98	9115.10	13707
郑甸社区	金志华	金志华(代)	24	3633	168.12	42956.20	14128
小马桥村	赵国祥(副书记，主持全面)	马国成(代)	26	3170	167.84	26142.76	13867
姜元村	李海清	李海清	23	3052	172.07	16897.28	13714
云屏村	孙良沂	孙良沂	30	3639	201.49	23729.29	13980
丝渔村	吴刚建	周秀云(代)	21	2912	133.15	14302.22	13851
耿扇村	耿忠明	钱汝高	24	3341	172.59	15770.54	13731
营防社区	卢小勇	薛国英	27	3838	190.82	16594.76	13865
营西村	朱小龙	朱小龙	19	2435	134.68	13989.55	13757
四圩社区	薛永芳	郭富淼(代)	29	3754	199.10	21186.53	13852

郭 园 镇

【概况】 郭园镇位于如皋市南部,与国家一类口岸如皋港区毗邻,距南通市19公里,总面积53.51平方公里,辖行政村6个、社区8个,总人口5.6万人,耕地总面积2339.4公顷。2011年,实现国内生产总值9.8亿元,增幅13.95%;实现财政收入8048.69万元,增幅44.18%;完成一般预算收入3584.66万元,增幅39.2%。获全省全民健身活动先进单位、南通市文明乡镇称号;被市委、市政府评为镇工作目标综合考核先进镇,获三等奖;在全市“百面红旗”竞赛中,获招商引资、项目投入、财政收入、小城镇建设十星级考评竞赛红旗4面;获市文明镇、新型工业化考核先进单位、专业特色园区转型升级先进集体等奖项19个。郭园镇党委被南通市委表彰为先进基层党组织。

农业和农村经济　年内,全镇实现农业增加值1.02亿元,同比增长18.6%。围绕“土地产出三年倍增计划”,进一步做大做强田源无土草坪、果之林、台湾红枫生态园、郭园鸽业、寿乡樟鸡等一批现代农业项目,在新204国道和港口连接线建成生态休闲观光、农产品物流、生态养殖、水产养殖、无公害优质油米和花卉苗木种植专业园区6个。全年引进林盛生态园、翔舟生态园、绿悠青采摘园、同德花木、诚阳药材千万元以上农业项目5个。累计完成农业项目投入1.3亿元,新增设施农业面积146.67公顷,流转土地840公顷,建成市级农业园区5个。全镇各村(社区)累计完成村营集体收入580万元。在如海河两侧拆除无证轮窑5座,整理土地24.53公顷。顾桥、田桥、田王、富圩4个村(社区)通过省卫生村验收。全年整治三级河1条2.43公里、四级河21条12.56公里,动土方27.93万立方米。

工业经济　年内,完成全部工业产值45.9618亿元,增幅22%,其中规模工业产值28.0388亿元,增幅41%。完成全部工业应税销售14.2047亿元,增幅97.85%,其中规模工业应税销售10.4037亿元,增幅73.03%。完成工业增值税4325万元,增幅41.38%。工业用电量4425.91万千瓦时,增幅117.88%,增长率列全市各镇第二。引进市外民资26241万元,完成工商注册外资2000万美元,实现实际到账外资1267万美元,利用外资工作综合排名全市第二。完成全部工业项目投入60378万元,增幅32.3%,其中规模项目投入56458万元,增幅32.1%。完成技改投入36278万元,增幅38%。新建标准厂房1.7万平方米。固定资产抵扣税1124.35万元,增幅501.4%,居全市第一。全年引进通宇锻压、龙腾纤维、意大利游艇、恒固建材、大陆方桩、建华二期、天瑞船舶、华发金属制品亿元工业项目8个。全年新增规模企业3家。

小城镇建设　年内,投入2731万元,建设小城镇基础配套设施。完成镇区搬迁74户、6.87公顷。完成土地出让8.4公顷。房地产开工面积5.66万平方米,竣工5.09万平方米。建成农民集中居住区大楼6栋。惠园路及其沿河风光带工程全面竣工。1.4公里的人民路和1.1公里的范公路5厘米大籽摊铺结束,镇区“四横四纵”的道路框架基本形成。建成镇文体活动中心、公安、广电、卫生大楼并投入使用。绿化、路灯等基础配套设施一步到位。投资9600万元的南通仁际大酒店和总投资2.5亿元、占地1.67公顷的南通联德购物中心暨房产开发项目以及占地2.91公顷的农民公园开工建设。引进国元房产、丰源置业、水岸星辰亿元房产开发项目3个。在全市城镇化“十个一”星级评比中,获一个靓丽的镇区入口(兴园路入口)、一个贯通的镇区路网、一个标准的农贸市场(双诚农贸市场)、一个开放的生态公园(农民公园)、一个多功能的文体中心(镇文体中心)、一个完善的工业集中区(第一工业集中区)、一个繁荣的核心街区(迎宾南路)、一个上档次的商务宾馆(鑫森大酒店)8颗星。

社会事业　年内,全镇农村最低生活保障工作坚持应保尽保,全镇落实“低保”户880户2078人。全面实施国家基本药物制度;新型农村养老保险参保20425人,实现全覆盖。总投资240万元,新建郭园小学晴雨操场;总投资595万元,建成车马湖幼儿园。独生子女父母奖励金转型保险全覆盖。镇政法综治中心建设主体结束。新建财政彩虹桥7座、公路二级桥梁2座,改造桥涵5座,新建(修建)农村通达工程23.28公里,累计投入资金1958.7万元。

政治文明、精神文明建设　年内,全镇开展文明行业、文明单位、文明村、文明社区创建活动，郭园镇被授予南通市文明乡镇、如皋市文明镇称号，薛窑社区被评为南通市文明社区。镇财政所、国土资源所、法律服务所被评为市文明行业。社会事业服务中心、郭园初级中学、南通德玛瑞机械有限公司等16家单位被评为文明单位。田王村、郭园社区、田桥社区等6个村(社区)被评为文明村(社区)。正常开展群众性文体活动，举办"雉水之夜"郭园专场、郭园镇第二届文化艺术节暨文化进社区、庆祝中国共产党成立90周年、送戏进城等大型文艺演出活动。不断创新社会管理模式，持续开展矛盾纠纷化解突击月活动，组建综治长安服务队。创新特殊人群管理模式，组建启航服务小分队，创建启航阳光创业基地，先后为南通市、如皋市特殊人群管理现场会提供现场。

【郝晓东当选全国乡镇党委书记情系"三农"十大新闻人物】 1月，由农民日报社、中华农民报协会牵头组织的首届全国乡镇党委书记情系"三农"十大新闻人物评选结果揭晓，郭园镇党委书记郝晓东高票当选。

郝晓东历任村会计、村支书，副镇长，经济开发区管委会党工委委员、人武部部长、副主任，镇长，镇党委书记等职，在"三农"一线工作18余年。自2009年任郭园镇党委书记后，面对该镇经济基础较薄弱的现实，他更是将乡镇发展和农民增收当作头等大事，早出晚归，一心为公事奔忙。他大力发展高效规模农业，引进全球最大的管桩制造商——建华管桩，带动郭园镇工业和农业并举发展。富民强镇效果日益体现，各项工作在全市综合排名不断前移。2011年，郭园镇被市委、市政府评为镇工作目标综合考核先进镇，获三等奖。年内，其个人事迹被南通市委宣传部主编的《我身边的共产党员》一书收录。

【郭园镇在全市创新成立综治长安服务队】 3月，郭园镇从各村(社区)退休干部职工、专职调解员、保洁员、护路队员等对象中精心挑选，在全市创新组建综治长安服务队。

郭园镇综治长安服务队是群众性自治组织，有队员112人，在全镇村(社区)中实现全覆盖，参与村(社区)社会治安信息收集、治安安全防范、排查化解矛盾纠纷、人口管理、服务群众等工作。年内，该服务队收集治安信息56条，参与化解矛盾纠纷105起。综治长安服务队弥补了基层综治组织力量不足、基层基础工作薄弱环节，架起镇党委、政府与群众沟通桥梁，维护了社会稳定。

【郭园镇创新特殊人群管理模式】 5月，郭园镇大胆创新特殊人群管理模式，挑选12名平时表现较好的社区服刑人员组建启航服务小分队，参与治安巡防，让受教育对象在服务于社会中被社会接受，早日融入社会。郭园镇流转土地10公顷，创建启航阳光创业孵化园，促进特殊人群就业、创业、富业。

年内，启航服务小分队协助交巡警维护交通秩序45人次。启航阳光创业孵化园项目占地10公顷，主要从事油桃种植、特种水产养殖、就业培训等，先后接纳刑释过渡性解教人员12人、社区服刑人员3人。通过孵化园就业培训，6人走上自主创业道路。7月22日、8月2日，启航阳光创业孵化园先后为南通市特殊人群管理现场会和如皋市特殊人群管理服务工作现场会提供现场。

【郭园镇全年创建5个高标准现场】 年内，郭园镇为全市提供"两个加快"、农村环境"四位一体"长效管护、加快推进教育现代化和义务教育优质均衡发展示范区建设、小城镇"十个一"功能建设、"两新"党组织作用发挥暨党建工作示范点创建高标准现场会5个。在上半年"过半争先"重点工作综合考核中排名全市第二，在沿江经济洽谈会"百日大决战"竞赛活动中综合排名全市第一。

(龚海斌)

2011年郭园镇主要经济社会指标完成情况统计

表79

项目	单位	数量	增长率(%)	项目	单位	数量	增长率(%)
国内生产总值	万元	98000	13.95	商业零售网点	个	1923	7.01
财政收入	万元	8048.69	44.18	商品零售总额	万元	19867	14.49
粮食总产量	吨	27784	8.55	集贸市场成效额	万元	12010	8.88
农机总动力	千瓦	20442	4.83	各类汽车	辆	1021	10.7
年出栏生猪	头	34759	4.01	镇村主干道	公里	155	2.18
年出栏家禽	万羽	152.46	4.67	科技人员	人	497	1.43
水产品产量	吨	194	3.19	中小学校	个	3	持平
种养专业户	个	575	1.23	在校中小学生	人	3457	−9.50
工业企业	个	884	37.91	在职教师	人	214	4.39
个私工业企业	个	330	170.49	医院	个	2	持平
工业销售收入	万元	459846	21.81	卫生室	个	14	−46.15
工业利税	万元	45890	46.77	初保普及率	%	100	持平
完成技改项目	个	15	−21.05	有线电视开通率	%	98	3.16
当年技改投入	万元	36278	0.38	自来水普及率	%	100	1.01
利用外资	万美元	2000	−52.38	年末存款余额	万元	59000	7.86
外贸供应额	万元	43417	19.48	参加社保人数	人	21092	持平
三产实体	个	3971	25.38	农民人均纯收入	元	12735	19.00
三产从业人员	人	12653	11.05	农民人均住房	平方米	43.5	1.16

2011年郭园镇各村(社区)基本情况统计

表80

名称	党组织书记	主任	村(居)民小组数(个)	人口数(人)	耕地面积(公顷)	农村经济总收入(万元)	人均收入(元)
顾桥社区	沈世斌	张光林	29	4510	197.7	48848.13	13073
田王村	陈志坤	任跃华	15	3105	149.3	29844.55	12888
车马湖社区	陈海峰	沈全胜	25	3824	162.3	48408.09	13563
谢楼村	杨建成	朱玉树	25	3531	213.8	37993.27	11536
范刘社区	沈良德	陈慧军	23	3729	169.4	41513.63	12918
杨洲社区	阮昌明	罗明礼	24	4010	198.7	43156.75	13126
刘胜村	薛良志	吴建兵	21	3035	135.1	31884.42	12771
田桥社区	邹永红	邹永红	26	4030	150.3	46142.06	11709
郭居社区	徐高泉	徐高泉	42	5183	178.3	67119.41	13613
富圩村	张敏	郭丽	20	3137	155.5	31530.44	12077
义圩社区	薛井全	薛井全	28	4109	166.9	46145.73	11737
郭南村	郭建清	陈佳佳	30	3618	146.7	41411.49	12292
薛窑社区	陈健	陈健	28	4040	184.3	64740.48	14504
蔡埠庄村	薛永峰	薛建中	27	3010	131.1	31393.83	11756

石　　庄　　镇

【概况】 石庄镇位于如皋市西南部。全镇总面积56.98平方公里,镇区面积5.5平方公里,耕地面积2919公顷。辖行政村7个、社区9个。总户数1.94万户,总人口6.35万人,其中农村人口5.82万人。2011年,实现地区生产总值16.2亿元(现价,下同),同比增长32.2%。完成财政总收入1.45亿元、一般预算收入6890万元,同比分别增长17.2%、21.3%,建成全面小康社会。完成建筑业施工产值4.32亿元、税收556万元,实现服务业增加值1.36亿元、税收2700万元。2011年,获项目投入红旗单位、新农村建设十大工程红旗单位、更高水平小康建设红旗单位等奖项,在全市综合考核中名列第九。

农业和农村经济　年内,实现农业增加值2.21亿元,新增规模农业项目41个,完成实际投资额3.45亿元。土地股份合作社全年累计流转土地676.67公顷。全镇有水产、生猪、家禽养殖大户462户。发展高效农业,按照蒲黄线和王石线"十字轴"型规划,打造农业特色基地。以"万顷良田"工程为推手,按照非工业村(社区)"一村一品"原则,推动各村(社区)特色设施农业园区建设。做大做强现有的江中酒业、绿爱康特种养殖、华君生态养殖、穗丰米业、寿星食品等农业龙头企业,形成前延后伸的农业产业链。全年申报农业科技计划6项。完成河道整治24条,疏浚16.72公里,总动土量33.37万立方米;修建防渗渠5.5公里、分水闸9座、节制闸5座。

工业经济　年内,完成工业应税销售20.03亿元,全镇应税超2000万元的规模企业数达32家,其中超亿元企业7家。新生港综合产业园区、四号港精细化工和船舶配套园区、张黄港新型建材和物流园区三大工业园区载体建设配套全面到位,服装纺织、精细化工、物流、新型建材、特种电机五大主导产业初具规模。全年完成工商注册外资2000万美元,实现到账外资1201万美元。完成进出口总额4590万美元。新增装机容量15060万千伏安,完成设备抵扣税1582万元,总量列全市第一。全年实施亿元以上项目13个。完成高新技术产值16.02亿元,培育企业技术开发项目8个,华峰化工建立省级科技研发中心。全年申报工业科技计划9项。引进市外民资注册资本3.71亿元,新增私营企业注册资本7.64亿元,新增个体工商户490户、私营企业148家。

小城镇建设　年内,完成城镇建设投入8600万元,出让土地12.8公顷,房地产开工12.6万平方米、竣工7.2万平方米,建设安置房8万平方米。"五横四纵"道路框架初步成型。完成交通投入7000万元,江平线石庄镇区段一期拓宽提升工程建成通车。沿江一级公路、蒲黄线、焦港闸重建、连申线拓宽等重点工程在境内实施。镇污水处理厂投入运营,新增污水管网4公里。年内,永林国际大酒店成功营业,诚源物流园区启动建设。

社会事业　年内,不断完善社会保障体系,居民养老保险人数19627人,农村养老保险基本实现全覆盖,新增企业职工"五险"参保500余人,新增被征地农民生活保障287人。落实城乡"低保"和"五保"供养工作,全镇693户1376人享受"低保"政策,248人被纳入"五保"。开展残疾人调查登记评定工作,一、二级重度残疾人中,享受"低保"236人,享受残疾补助532人,享受护理补贴72人。在全镇16个村(社区)中全面开展村庄环境整治行动,新建农村公路13.4公里,新建、改造农桥11座,农路管护规范到位。年内,石庄小学新校区投入使用,完成石庄中心初中公寓楼提升改造工程。新型农村合作医疗参合率100%,全年农民大病补助医药费497万元。完成历史文化名录收集和镇志撰写,群众文体活动蓬勃开展。全镇新增数字电视用户9180户、有线电视用户260户。

政治文明、精神文明建设　年内,扎实推进文明创建工作,进一步提升居民文明素质和社会文明程度。不断加强未成年人思想道德建设,学校教育、家庭教育和社会教育协调发展。全年接待来信来访96起328人次,办结94起310人次,及时处理市长公开电话督办事项,累计处理落实144件。大调解工作全市位居第二,村(居)专职调解队伍不断壮大,全年排查各类社会矛盾纠纷156起,调解成功156起,调解成功率100%。实施"技防入户"工程,安装电话报警系统3582户。未发生影响社会稳定的重大事件,人民群众安全感提升至97%。全面推行依法行政,坚持科学民主的行政决策机制,严格按照法定权限和程序行使权力、履行职责。不断加大政府信息公开和电子政务建设力度，进一步提升行政服务效能，严格执行廉洁从政各项规定。

【南通中技桩业有限公司落户石庄镇】 6月，由上海市高新技术企业——上海中技桩业有限公司投资的南通中技桩业有限公司落户石庄镇。项目为6条方桩生产线和4条U型板桩生产线，总投资10亿元，规划面积40公顷。

其中，项目一期4条方桩生产线项目总投资8亿元，项目注册资本金2亿元，年内首期到位8000万元。一期用地14.8公顷，新建厂房及附属用房11.6万平方米，购置设备1958台(套)，建设期半年(包含码头、供电专线等基础设施)，预计2012年1月份投产。

【336省道石庄镇区段建成通车】 10月，336省道石庄镇区段建成通车。

336省道石庄镇区段改造工程起点位于336省道与石庄镇东板桥南路的交叉口，向东跨越如皋港引河后，终于与如港公路的交叉口，全长约2公里。该工程按双向四车道一级公路标准进行改造设计，道路红线宽32.5米，设计速度为60公里/小时，项目总投资5000万元。

【石庄镇南大街步行街全面建成】 11月，石庄镇南大街步行街竣工。

石庄南大街原有住房大多是40年代老平房，房屋破旧变形且渗漏严重，存在严重安全隐患，影响居民居住环境。2006年，石庄镇政府启动南大街改造建设工程。该工程搬迁旧居房近300户，总建筑面积约5.6万平方米，总投资约1.2亿元。改建后的南大街成为石庄镇最繁华的商业街。

【安康医院迁建工程全面竣工】 11月，安康医院迁建工程全面竣工。

年内，因资产盘活需要，根据镇政府规划要求，安康医院整体搬迁至原石庄小学。工程投资2000万元，新建医技大楼6000平方米，增设床位200个，可容纳病人400余人。

(陆银亮)

2011年石庄镇主要经济社会指标完成情况统计

表81

项　　目	单　位	数　量	增长率(%)	项　　目	单　位	数　量	增长率(%)
国内生产总值	万元	161528	21.8	商业零售网点	个	1531	0.6
财政收入	万元	14458	－1.2	商品零售总额	万元	9892	0.5
农业总产值	万元	29128	3.6	集贸市场成交额	万元	2562	0.5
粮食总产量	吨	22267	1	各类汽车	辆	356	21
农机总动力	千瓦	11940	持平	镇村主干道	公里	458	2.5
年出栏生猪	万头	3.2	3.2	电话普及率	部/百人	61	4
年出栏家禽	万羽	47.4	40	科技人员	人	324	0.9
水产品产量	吨	194	23.5	中小学校	个	4	持平
种养专业户	个	249	2.5	在校中小学生	人	7279	－8.9
工业企业	个	527	1.2	在职教师	人	582	－1.9
个私工业企业	个	517	2.8	医院	个	3	持平
工业销售收入	万元	459106	19.4	卫生室	个	16	－38
工业利税	万元	31778	13.5	初保普及率	%	100	持平
完成技改项目	个	9	28.5	有线电视开通率	%	98	持平
当年技改投入	万元	57020	34.8	自来水普及率	%	98	持平
利用外资	万美元	1201	持平	年末存款余额	万元	81970	1.2
外贸供货额	万元	29729	43.9	参加社保人数	人	23600	7.3
三产实体	个	2761	0.3	农民人均纯收入	元	13830	17.8
三产从业人员	人	92781	1.1	农民人均住房	平方米	49	持平

表 82

2011 年石庄镇各村(社区)基本情况统计

名　　称	党组织书　记	主　任	村(居)民小组数(个)	人口数(人)	耕地面积(公顷)	农村经济总收入(万元)	人均收入(元)
永兴社区	缪德兵	王道吉	6	1016	49	22408	15210
张黄港社区	许国民	许国民	15	3204	75	18869	16124
石北社区	蔡成贵	王炳祥	35	4459	203	13229	13490
张杨园社区	蔡显俊	蔡显俊	27	3689	154	27579	14020
砖桥社区	石友益	戴建明	25	5046	169	8829	13262
石庄社区	张卫华	陈建军	21	7643	61	68665	16875
石南社区	曹　阳	曹　阳	23	4128	156	27785	14205
闸口社区	石高付	石高付	21	3588	140	11141	14296
新生港社区	孙　锋	孙玉林	26	3577	143	17954	14691
何正村	刘兴华	刘兴华	27	3726	194	7912	13700
思江村	王志彬	石　勇	20	2779	144	7028	13069
楼房村	石明东	张耀建	32	4502	184	16934	13300
唐埠村	钱爱兵	钱爱兵	32	4044	172	10173	12488
洪港村	王蔡祥	王蔡祥	22	3524	187	11530	12091
凤龙村	朱义华	朱义华	30	4234	220	12286	12665
杨庄村	杨中华	杨中华	22	3380	152	4970	13033

（朱建明）

吴窑镇

【概况】 吴窑镇位于如皋市南部，总面积 64.36 平方公里，镇区建成区面积 3.2 平方公里，耕地面积 2994.58 公顷。辖行政村 9 个、社区 8 个，总人口 64518 人。2011 年，全镇完成财政总收入 14574.79 万元、一般预算收入 9902.36 万元，分别占年任务的 145.7%、235.8%，在全市率先完成全年加压目标任务，并率先实现财政收入超亿元目标。服务业投入 1.28 亿元，服务业税收 9039.47 万元，服务业在全市 17 个镇考核中排名第一。在全市“百面红旗”竞赛中，获招商引资、服务业、财政收入、新农村建设竞赛红旗 4 面；获市文明镇、人大工作先进镇、镇工作目标综合考核先进镇等奖项 11 个。

农业和农村经济　年内，实现农业总产值 86284 万元，同比增长 15.20%。累计完成土地流转 2394.87 公顷。组建农民专业合作社 36 家，发展社员入社 4818 户。组建土地股份合作社 7 家，入股农户 6788 户，入股面积 131.14 公顷。全镇完成设施农业投入 1.65 亿元，建成占地 33.33 公顷、投资 7500 万元的有机农业园区。吴窑、立新社区率先启动农民集中居住区多层建筑建设，年内开工 1257 套，入住农户 1137 户。投入 220 万元长效管护“绿化、河道、保洁、道路管养”四位一体的农村环境。新增绿化造林面积 43.33 公顷；疏浚三级河道 1 条、四级河道 17 条，清淤土方 36.75 万立方米；完成如海灌区第九期续建配套黄石灌区开发工程，新建泵站 1 座、防渗渠 3300 米；实施千亿粮食规划田间工程——红旗灌区改造工程。

工业经济　年内，完成工商注册外资 2120 万美元，占年计划的 106%；实现到账外资 1204 万美元，占年计划的 100.33%。完成全部工业项目投入 78260 万元，占年计划的 100.33%，其中规模工业项目投入 72160 万元，占年目标的 100.22%。完成全部工业应税销售 73355 万元，其中规模工业应税销售 42057 万元，占年计划的 105.14%。全部工业实缴税金 3694 万元，其中规模工业实缴税金 1915 万元。全年新增规模企业 1 家(南通元方纺织有限公司)，新增私营企业 114 家，发展个体工商户 290 个，引进市外民资 30378 万元，在外能人返乡创业 53 人。引进、落户投资超亿元项目 2 个(三强容器、华纳科技)。全镇完成技改投入 46135 万元。

社会事业　年内，全镇 794 名学生参加中考，均分620分，录取率达98%，被如中公费生录取26名，在全市综合考核中排名前十。全年开展劳动力就业培训、实用技术培训、创业培训达4000人次。新农村合作医疗参保率为100%，累计参加农村养老保险23043人，参加城镇居民医疗保险1727人，“五保”集中供养率73%。吴窑福康医院新增床位60张，免费为65岁以上老人体检达8000人次，免费为育龄妇女普查妇女病达4000人次。4月，吴窑中心学校语文教师李继东在教育部举办的“新课程、新课标、新课题”主题演讲比赛和课堂教学比赛中分别获一等奖和特等奖。12月，中国民营500强企业——江中集团，向江中小学捐赠600万元，用于新校工程建设。

小城镇建设　年内，土地挂牌出让2.84公顷。投入2500万元，加强基础设施建设，完成环东路工程、电子特色园区水、电配套工程、市政消防栓等工程建设。累计投入近400万元，绿化亮化龙游路，修复镇区路面，全线绿化、亮化镇区主入口，提升镇区主入口形象，全面完成大型LED室外显示屏及沿线灯箱广告安装工程。全年完成搬迁112户，搬迁面积13.33公顷。实现房产开发税收6500万元。年内多层集中居住房开工1000套，竣工800套，入住500套。在全市小城镇建设“十星级”工程建设中，获靓丽的镇区入口、繁荣的核心街区、开放的生态公园、多功能的文体中心、上档次的商务宾馆、高标准的农贸市场、宜居的农民集居区7颗星。

精神文明、政治文明建设　年内，开展送戏进城、“三下乡”活动60次，开启城乡文化互动之路。吴窑镇被评为省级公共文化服务示范区。在全镇开展文明创建活动，江中集团、镇企业服务中心、农村经济服务中心、镇福康医院、镇中心幼儿园等17家企事业单位被评为市文明单位。立新社区获绿色江苏建设绿化模范村、南通市先进基层党组织和南通市新型村干部锻炼实践基地等称号。3月，举办首届农民文体艺术节。

【吴窑镇举办首届农民艺术节】　3月5日下午，吴窑镇首届农民艺术节开幕式暨“新农村、新家庭”文艺演出在吴窑镇江中集团礼堂举行。舞蹈《相信自己》拉开文艺演出序幕，杂技、铜管乐演奏、二胡独奏……一个个精彩的节目，展示了吴窑镇活跃的农民文化活动、特色鲜明的文化产业。

首届农民文化艺术节以“新农村、新家庭”为主题，为期8天。除文艺演出外，还举办卡拉OK比赛、象棋比赛、乒乓球比赛、掼蛋比赛等比赛活动10多项，参加艺术节的群众达1200多人。

（李　琪）

2011年吴窑镇主要经济社会指标完成情况统计

表83

项目	单位	数量	增长率(%)	项目	单位	数量	增长率(%)
国内生产总值	万元	536985	152.00	商业零售网点	个	977	9.53
财政收入	万元	14574.79	103.60	商品零售总额	万元	29518	5.80
农业总产值	万	86284	15.20	集贸市场成交额	万元	83490	1.2
粮食总产量	吨	33982.5	−1.5	各类汽车	辆	10588	43.9
农机总动力	千瓦	15170	5.50	镇村主干道	公里	142.5	18.45
年出栏生猪	万头	8.2	0.12	电话普及率	部/百人	90	3.60
年出栏家禽	万羽	116	55.50	科技人员	人	4277	5.20
水产品产量	吨	430	2.38	中小学校	个	4	持平
种养专业户	个	273	24	在校中小学生	人	4536	−5.20
工业企业	个	554	5.00	在职教师	人	292	−2.00
个私工业企业	个	962	72.40	医院	个	2	持平
工业销售收入	万元	799000	18.97	卫生室	个	21	持平
工业利税	万元	29717	15.00	初保普及率	%	100	持平
完成技改项目	个	17	13.30	有线电视开通率	%	99	1.00
完成技改投入	万元	46135	2.80	自来水普及率	%	100	持平

续表 83－1

项　　目	单　位	数　量	增长率(%)	项　　目	单　位	数　量	增长率(%)
利用外资	万美元	1204	9.40	年末存款余额	万元	84869	20.00
外贸供货额	万元	51268	15.00	参加社保人数	人	23336	11.50
三产实体	个	2686	10.00	农民人均纯收入	元	14331	17.80
三产从业人员	个	11070	14.90	农民人均住房	平方米	61	17.30

表 84

2011 年吴窑镇各村(社区)基本情况统计

名　　称	党组织书　记	主　任	村(居)民小组数(个)	人口数(人)	耕地面积(公顷)	农村经济总收入(亿元)	人均收入(元)
吴窑社区	沈良华	沈红兵	28	5886	134.55	5.34	16358
黄石社区	沈卫华	沈卫华	21	3986	161	4.4	15599
沈 徐 村	蔡成君	蔡成君	25	4260	213.34	3.05	11332
钱庄社区	张耀兵	张耀兵	21	3663	141.1	3.56	14011
陈 家 村	倪绍云	倪绍云	30	4661	220.64	3.28	13909
何 柳 村	郝荣建	郝荣建	20	3026	161.4	2.62	15130
沈 甸 村	纪树华	沈忠泉	28	3912	179.84	2.99	15208
三元社区	万久国	万久国	23	3086	166.39	3.59	14897
立新社区	严希平	严希平	25	4060	215.1	3.08	15637
大石社区	石晓林	石晓林	24	3485	190.3	3.18	12823
小马社区	王天华	王天华	25	3065	157.66	2.5	14791
龙 河 村	郝忠林	郝忠林	22	3258	169.37	2.82	12689
平 田 村	杨海涛(主持)	/	26	3987	215.8	3.04	15009
四房社区	李世安	李世安	18	3150	158.18	2.55	12272
长 庄 村	张台建	张台建	24	3300	165.01	2.56	15491
长 西 村	李文泉	李文泉	22	3056	161.22	2.58	13857
老 庄 村	许　明	许　明	20	2902	183.68	2.58	13105

江　安　镇

【概况】 江安镇位于如皋市西南部，南与靖江市隔河相望，西与泰兴市毗邻，宁通高速公路、蒲黄公路横穿东西，焦港运河、江曲公路纵贯南北，是著名的革命老区。全镇总面积 88 平方公里，镇区面积 5 平方公里，耕地面积 4343.61 公顷。辖行政村 15 个、社区 10 个，村(居)民小组 542 个，总户数 28751 户，总人口 92224 人。2011 年，实现地区生产总值 149981 万元，同比增长 19.8%；完成财政收入 13535.11 万元，同比增长 25.66%。被表彰为南通市发展民营经济先进镇；在全市"百面红旗"竞赛中，获项目投入、全民创业、新农村建设十大工程竞赛红旗 3 面；获市新型工业化考核先进单位、"十佳"商贸流通先进集体、村级集体收入先进集体等奖项 16 个。

农业和农村经济　年内，实现农业总产值 3.66 亿元，同比增长 16.2%。打造徐柴、黄建千亩猕猴桃基地和有机蔬菜基地、陈严日光温室大棚蔬菜园区，带动连片高效农业园区建设。巩固扩大长寿集团明珠畜牧、万象牧业、时来牧业等八大猪场，带动主导产品生猪、家禽农产品加工业发展。秋播期间，引进广东温氏集团，在六团村投资兴办占地 33.33 公顷的土鸡养殖基地，以基地加农户养殖方式，带民致富，年出栏肉鸡达 200 万羽。全年农保区整理土地 37.47 公顷，占年计划的 112.4%。全镇累计建成三大合作经济组织 68 个，其中农民专

业合作社 38 个、土地股份合作社 25 个、社区股份合作社 5 个。新增设施农业 206.67 公顷，占年计划的 106.8%。全年整治镇级河道 1 条，长 1.22 公里，整治家沟家塘及四级河 25 条，累计完成土方 49.3 万立方米，全部通过市级验收。

工业经济　年内，全镇实现全部工业应税销售 19.46 亿元，同比增长 15.84%，其中规模工业应税销售 11.81 亿元；实现规模工业利润 1.6 亿元。完成工商注册外资 2041 万美元，实现到账外资 1205 万美元。完成全部工业投入 88548 万元，其中规模工业投入 82608 万元。新增装机容量 13399 千伏安，同比增长 0.33%。完成固定资产设备抵扣税 727.82 万元，同比增长 86.2%。新增个体工商户 507 户、私营企业 194 家，新增私营企业注册资本 71239 万元。引进市外民资 36972 万元，15 家超千万元项目及靖联机电、格林机械、华生汽配、龙澄热镀锌 4 家超亿元项目相继落户。新增规模企业 2 家(南通谢氏时装有限公司、南通靖虹汽配制造有限公司)，全镇现有年销售 2000 万元以上规模企业 41 家。在环镇南路两侧高起点规划，精心打造高新技术产业园区，年内新进区项目 6 个，其中亿元项目 4 个。江平、镇中、黄市三大工业园区实现“九通一平”，工业集中区建设年底考核位居全市第一。成功申报省级研发中心 1 家(南通玉兔集团)、省级创新型企业 2 家(南通玉兔集团、江苏汤臣汽车零配件有限公司)、省级高新技术企业 1 家(北辰科技有限公司)，专利申请 163 件，发明专利申请 50 个，科技创新年终考核位居全市第一。

小城镇建设　年内，在全市城镇化“十个一”功能建设“十星级”争先创优考评活动中，获一个靓丽的镇区入口(府前街东首)、一个贯通的镇区路网、一个精致的商品房小区(益多花园)、一个完善的工业集中区(镇中工业集中区)、一个高标准的农贸市场(江安农贸市场)、一个多功能的文体中心(江安镇文体活动中心)、一个繁荣的核心街区(府前街)7 颗星。集健身、休闲、娱乐于一体的小龙河生态公园建设初具规模。实施旧镇改造，启动滨江新城建设工程，城镇建设综合考核名列全市第四。如皋西部最大的购物商务中心——全润商贸广场星联超市建成并营业。9 月初，集购物、旅游、休闲于一体的振业商贸街一期临街商铺开工，建筑面积近 2 万平方米。府前路南侧农民集中居住区朝阳花苑首期 7 幢破土动工。

社会事业　年内，打造“教育江安”品牌，全镇各校均成功创建市平安校园，各校校食堂均创建成为南通市 A 级食堂。江安小学教学楼建设封顶。镇中心初中被市教育局表彰为义务教育阶段教学工作先进集体，江安中学连续第六年获全市高中教育综合评估一等奖。全年新增数字电视 3300 余户，全镇数字电视用户累计达 1.77 万户，获全市数字电视发展工作先进镇称号。参加新型合作医疗 80743 人，参合率 100%。江安医院开展争创二等乙级医院活动。全年开展土地管理执法巡查 152 次，清查企业违法用地 16 家，面积 25.42 公顷。新建农村公路 6.9 公里，改造农村危桥 23 座，均完成市交任务。全镇 1542 户、3317 名“低保”户，561 名“五保”户全部实行应保尽保；重残补助 970 人。参加农村社会养老保险 35280 人，实现全覆盖。

精神文明、政治文明建设　年内，组织党员干部、规模企业开展“双联双助”、“千企连百村”活动，南通玉兔集团获市“千企连百村、共建新农村”先进集体。开展民主法制村建设创建和“六五”普法教育活动，朗庙、马堡、徐葛、鄂埭 4 个村建成南通级示范村(社区)，新建村建成省级示范社区，中心社区法治文化园获市首期民主法治示范点称号。实施公民素质提升工程，推进机关公务文明、行业职业文明、农村民风文明、社区生活文明、经营文明和校园文明建设，放大“爱心超市”品牌示范带动效应，打造“诚信江安”，镇财政所、镇邮政支局、镇农业服务中心、企业服务中心等 18 家单位获市文明行业(单位)称号，鄂埭、徐柴、六团村获新农村建设“十大工程”红旗村称号，宁通、中心、黄建等 6 个村(社区)被评为市文明村(社区)。4 名大学生“村官”当选为村(社区)主任，抽调 3 名机关工作人员充实村级干部队伍，配优配强基层组织。1 月，江安镇选手参加市“苏浙”杯集体健身舞大赛获一等奖。6 月，周群社区选手参加市青年歌手大奖赛获唯一的特等奖，获价值 10 万元的轿车 1 辆。9 月，组织送戏进城，在安定广场举行江安镇专场文艺演出，获优秀组织奖，《江安的号子颂党恩》获一等奖。11 月，在参加市村居“湖刘社区”总决赛中，江安象棋代表队获全市团体赛第二名。

【日光温室大棚蔬菜项目落户陈严村】 3 月，由返乡能人严扣书、陈小财投资兴办的如皋益生蔬菜有限公司落户陈严村。6月，首期项目——温室日光蔬菜大棚建成并投入使用，占地3公顷，投资300万元，种植西红柿、刀豆、胡椒等蔬菜，并邀请山东省寿光县蔬菜专家驻园指导。经实践，温室日光蔬菜大棚种植取得初步成功，亩收入可达4.2万元。

【江安镇村(居)矛盾调处综治服务中心实现全覆盖】 4月下旬，为强化社会管理创新基层基础工作，镇政府抽出资金，在全镇25个村(居)组建矛盾调处综治服务中心。通过选举，整合各种社会资源，各村(居)矛盾调处综治服务中心配备讲党性、有公信力、有说服力工作人员3人，专门接访，化解基层矛盾。5月19日，全市创新发展大调解体系现场推进暨"大调解宣传月活动"动员会在江安镇召开，推广江安镇社会管理创新做法。

【朝阳花苑安置房开工建设】 9月5日，位于府前路南侧、环镇西路东侧的农民集中区朝阳花苑安置房开工建设。朝阳花苑占地9.87公顷。其中，一期占地4.13公顷，规划建筑面积10.8万平方米，安置规划为5排、20幢。至年底，首期7幢、建筑面积为4万平方米的安置房建至第三层。

【江安镇创建高新产业工业园区】 年内，江安镇规划建设高新产业工业园区，总规划面积2平方公里，重点吸聚高新产业，力争在"十二五"期末打造成50亿能级园区。截至年底，进园企业6家，总投资6.1亿元，涉及环保、机电、汽配等产业，其中格林机械、靖联机电、华生汽配、龙澄热镀锌4家企业为超亿元项目。

【江安镇启动滨江新城建设工程】 年内，江安镇加快旧镇改造步伐，启动滨江新城建设工程。滨江新城位于江安中学南侧，占地7.07公顷，总规划建筑面积14.1万平方米，建成后可入住1200户。年内，完成项目涉及范围的192户居民搬迁工作。

(黄明德)

2011年江安镇主要经济社会指标完成情况统计

表85

项　目	单　位	数　量	增长率(%)	项　目	单　位	数　量	增长率(%)
国内生产总值	万元	149981	19.8	商业零售网点	个	1318	7.33
财政收入	万元	13535.11	25.66	商品零售总额	万元	61846	0.48
农业总产值	亿元	3.66	16.2	集贸市场成交额	万元	42618	-6.28
粮食总产量	吨	42994	2.14	各类汽车	辆	2660	42.86
农机总动力	千瓦	56772	-3.29	镇村主干道	公里	316.6	6.25
年出栏生猪	万头	6.21	0.17	电话普及率	个	31050	108
年出栏家禽	万羽	54.8	7.04	科技人员	个	992	1.64
水产品产量	吨	921	9.78	中小学校	个(所)	4	持平
种养专业户	个	346	7.79	在校中小学生	人	6720	-1.54
工业企业	个	1112	5.11	在职教师	个	395	20.06
个私工业企业	个	1112	5.11	医院	个	3	持平
工业销售收入	万元	665966	11.81	卫生室	个	28	-6.67
工业利润	万元	23867	-9.03	初保普及率	%	100	持平
完成技改项目	个	47	-35.62	有线电视开通率	%	85	持平
当年技改投入	万元	120531	-4.54	自来水普及率	%	100	持平
利用外资	万美元	1202	10.58	年末存款余额	万元	144600	1543.19
外贸供货额	万元	32080	29.25	参加社保人数	人	35280	1.73
三产实体	个	3421	6.28	农民人均纯收入	元	12684	19.96
三产从业人员	个	14889	2.79	农民人均住房	平方米	48	4.35

2011 年江安镇各村(社区)基本情况统计

表 86

名　称	党组织书　记	主　任	村(居)民小组数(个)	人口数(人)	耕地面积(公顷)	农村经济总收入(万元)	人均收入(元)
朗庙村	石明德	丁国圣	26	3511	121.67	20131	12038
新建村	吴正义	吴俊海	27	3661	198.33	22828	11500
佘圩村	陈国平	陈国平	21	3105	153.73	15330	14507
北元村	石　岳	石　岳	24	3459	153.3	14015.89	11967
环池社区	许金来	许金来	23	3519	145.33	17590	11418
六团村	徐文中	陶　伟	30	4438	293.33	24368	12711
申九村	张永旺	张永旺	20	3044	174.13	18777	11901
鄂埭村	谢桂平	谢桂平	17	2566	105.73	20409.7	14616
百新村	袁权民	王　剑	18	2862	163.8	16298	12290
宁通社区	钱慧明	龚玉平	23	3591	155.73	110026	18081
葛市村	石刘明	周云圣	16	2400	115.5	13170.6	12556
徐葛社区	夏泽权	葛永池	18	2245	130.67	11592	10480
徐柴村	高甫平	刘洪灿	21	3647	154.47	19870.9	13609
黄建村	黄甫华	卢兴圣	23	3650	236.6	18162.94	11887
黄市社区	顾良如	丁邦国	27	4498	224	22310	11840
中心社区	黄桂华	黄桂华	23	4389	281.3	20500	11439
陈严村	徐友华	周荣俊	19	3479	134.53	17225.84	10890
周群社区	周社建	周社建	25	4338	196	24370	12113
镇中社区	周建生	卢宗祥	24	4409	154.93	25608.39	13148
徐黄社区	黄永贵	周　峰	19	3260	155.6	18073.6	14513
戈堡社区	周维业	尤兴成	17	2492	203.93	13826.8	11600
联络社区	黄国平	黄国平	23	4517	207.4	46657.2	15881
合作村	陈邦太	周学龙	19	3006	152.6	14700	11953
曹杜村	赵锦新	丁新建	20	3293	178.47	14324.2	11373
马堡村	叶昌宏	叶昌宏	19	3078	152.53	15614.1	11661

高　明　镇

【概况】 高明镇位于如皋市西部高沙土地区,西与泰兴市接壤,南与靖江市毗邻,是中国工农红军第十四军诞生地,属黄桥革命老区。全镇总面积66.8平方公里,耕地面积3322公顷,辖行政村6个、社区6个,村(居)民小组355个,总户数1.5万户,总人口5.37万人。2011年,完成全口径财政收入3067.41万元、一般预算收入1612.46万元,分别占年目标的87.64%、107.5%,同比分别增长29.3%、33.9%。被评为江苏省卫生镇、南通市"十一五"水利工作先进集体、南通市"四位一体"首批合格乡镇之一、南通市推进高效农业规模化先进单位、南通市农村水利建设"十佳"单位之一、南通市法治合格镇;获全市新农村建设十大工程红旗单位、农村"三大合作组织"建设先进集体、发展现代化高效农业先进集体等奖项11个。

农业和农村经济　年内,全镇实现农业总产值3.47亿元,高效农业种植面积占比80.2%。全年为全市农业农村工作现场会提供现场7次。年内新落户千亩连片设施农业园5个(章庄设施农业园、黄庄设施农业园、西庄设施农业园、周庄设施农业园、胜利设施农业园),新增设施农业1066.67公顷,全镇12个村(社区)中4个村(社区)实现高效农业全覆盖,其他8个村(社区)完成千亩以上高效农业发展任务。黄庄村投入650万元新引进大鲵(俗称娃娃鱼)种鱼120尾,被列入省珍稀动物监检范围;新发展药用蚯蚓养殖基地16.67公顷。全年申报注册农产品商标3个(雉水、沙玉红、玉圣)。市玉圣禽业有限公司的鸡蛋、沙玉红生态果蔬种植专业合作社的蔬菜相继被省和国家认定为无公害产品，春晶养殖场被评为市生态健康养殖示范场。新注册三大合作组织合作社20个，其中农民专业合作社11个、农地种植合作社9个。全镇累计建成三大合作组织合作社48个，成员总数12355人，带动2.2万户农户，社员入社率达69%，通过合作社销售农副产品2048万吨，实现收入6224万元，成员人均新增纯收入3500元。全年累计建成农田明渠240余条、暗渠15条，总长近600公里，提升农田排灌能力。高标准整治河道22条，清理淤土59.8万立方米。11月26日，全市加快农业、水利现代化暨村庄环境整治现场推进会在高明镇召开，高明镇为会议提供农业现代化、水利现代化、村庄环境整治重点工作高标准现场，全市各镇(区、园)、市级机关相关部门等500余人参加会议。

工业经济　年内，实现全部工业总产值29.72亿元，其中规模工业产值10.85亿元。天赐机械、安瑞电子、北达机械、铂滢纺织、宝信再生资源、锴盛新材料、固牌铝业、天时船舶等11个项目成功落户高明镇，其中超亿元项目1个(天时船舶)。完成全部工业应税销售3.72亿元，同比增长22.4%，其中规模工业应税销售1.69亿元。完成全部工业实缴税金1739万元，同比增长25.7%，其中规模工业实缴税金480万元。新开工1000万元以上项目12个，竣工12个。完成全部工业投入4.33亿元，其中规模工业投入4.02亿元，同比分别增长3.9%、10.5%。完成技改投入2.61亿元，同比增长9.54%。协鑫环保与南京大学签订产学研合作协议，引导企业在装备提升、信息化改造和新兴产品等方面加大技改投入力度；天赐机械与中科院、航天研究所长期合作，签订特效全功能清扫车、机场跑道和公路除冰清雪两用车技术转让协议；天时船舶压力容器项目新增三家国际船级社认证。完成工商注册外资1800万美元，实现到账外资1003万美元，分别占年计划的120%、100.3%。引进市外民资20203万元，占年计划134.6%。培育规模企业1家(市金蕾服饰有限公司)。新增个体工商户255户。新增私营企业124家，注册资本总额为3.76亿元。在外能人返乡创业38人。新增注册商标4个。全年工业用电量1122万千瓦时，新增装机容量7022千伏安。

小城镇建设　年内，进一步完善镇区规划修编，街区布局逐步向高层建筑和纵深方向发展，瞄准现代化集镇发展目标，走招商建镇之路，打造西部精品小镇。完成镇区搬迁58户，土地整理3.73公顷。全年完成土地出让5.88公顷，完成房产开发税356万元，房产开发税在财政收入中占比从上年1.5%提升到8%。金泰街一期工程整体竣工，配套正逐步完善，二期正加快建设。育贤小区新开工2.5万平方米，建成386套，入住288户。进一步完善镇区“三纵三横”道路建设，全面提升镇区人民路、高明路慢车道，地下雨污管网、路灯、绿化全面配套到位。完成金泰街雨污管网、路灯、绿化、消防等配套设施建设。投资60万元的污水提升泵站建成并投入使用。投资135万元，铺设污水处理厂二期生活污水管网2.2公里。投资280万元的人民路人行路硬质化工程完成方案设计，占地3公顷的市民公园完成规划设计。镇文体中心开工建设。完成江曲线东侧规划3公顷的市民公园建设方案设计，镇文体中心开工建设。在全市城镇建设“十星级”考评中，高明镇取得靓丽的镇区入口、贯通的镇区路网、繁荣的核心街区、多功能的文体中心、高标准的农贸市场、宜居的农民集居区、完善的工业集中区6颗星。4月，率先在全市完成镇区消防栓建设任务。

社会事业　年内，镇中心幼儿园先后通过南通市优质服务乡级示范站、省优质园的验收。镇计生服务站在南通市计划生育二星级服务站先进集体评比中获优胜奖，被省人口和计划生育委员会评为优质服务乡级示范站。建成胜利社区、石桥头农贸市场、西庄村健身舞点3个。围绕农耕文明物质和非物质文化遗产开展历史文化遗产普查，将普查成果汇编成《高明镇文化遗产采撷》，全书19章，近15万字。完善基层医疗体系建设，整顿和管理村级卫生医疗机构，全镇15个村(社区)卫生服务站全部建成省级示范站。总投资3000万元的高明医院综合大楼投入使用。“村村通”工程实施网络全覆盖，新增数字电视用户1500多户，新架数字电视线路7.2公里。社保所在各村(社区)设立劳动就业社会保障服务站，累计培训农村劳动力845人次，新增劳务输出175人，创建充分就业村(社区)2个(晓庄、周庄)。全年新增农保参保2929人，续保15806人，累计参保18735人。城镇居民医疗保险参保1880人，超额完成市交任务。新型农村合作医疗参合率及资金到位率均达100%。全镇农村

971户“低保”户、7户城镇“低保”户、129位集中供养“五保”户、54位分散供养“五保”户均实现应保尽保。全年开展大病救助10人次，救助金额114767元；慈善救助8人次，救助7800元；发放扶孤济困助学金18人次，计1.8万元。

政治文明、精神文明建设　年内，推动“三解三促”活动，推行“三理工作法”(及时梳理群众诉求、实时代理群众事务、即时处理群众难题)，发挥“警民服务一键通”、“调解服务一键通”作用，提高矛盾纠纷调处成功率，全年调解矛盾130起，调解成功124起，调解成功率为95%。成功创建南通市法治合格镇，鲍庄村、周庄社区等7个村(社区)通过南通市法治合格村(社区)验收。关爱弱势群体，与如皋检验检疫局结对，启动“国检春蕾班”，资助孤儿学生15人。开展“晴暖空巢老人心”活动，为空巢老人送去关怀。打造维护妇女儿童权益阵地，全镇12个村(社区)实现“妇女儿童之家”全覆盖。镇水利服务站、高明镇中心学校、镇卫生所、顺达制丝有限公司等13家被评为市文明单位。4月3日，在周庄社区红十四军纪念碑陵园，举行红十四军成立81周年纪念大会。10月1日，高明镇计生办开展“情暖空巢老人心”活动，为16位空巢老人送去关怀。10月7日，“雉水之夜”——城乡文化互动“乡情乡韵”文艺演出高明镇专场在安定广场演出，时长近100分钟，35人参演，表演包括舞蹈、独唱、快板、健美操、萨克斯独奏、小演唱等节目11个。11月18日，全市“妇女儿童之家”项目提升现场推进会在高明镇召开。

【高明镇承办国家水利工作现场会】　4月，高明镇代表如皋市承办国家水利工作现场会，水利部总工程师汪洪以及全国部分省市与会人员50人出席会议。

年内，高明镇围绕加快防洪水利和农田水利现代化建设的目标，持续加大投入，改善农田排灌能力。胜利农业园区喷滴灌面积达72公顷；晓庄灌区建成硬质排水沟4100米，整治排水河2.4公里。截至年底，全镇累计建成农田明渠240多条、暗渠15条，总长近600公里。

【高明镇晓庄村田间水系综合整治示范工程一期竣工】　9月20日，高明镇晓庄村田间水系综合整治示范工程一期竣工。12月26日，晓庄村田间水系综合整治示范工程为全市提供水利配套排水现场会。

晓庄村田间水系综合整治示范工程隶属于市焦港灌区工程，总投资140万元，新建标准规格为口径1米和0.8米的硬质排水沟计4100米及配套涵洞16座，疏浚河道2条计1700米。工程建成后将有效解决晓庄村100公顷桑田和33.33公顷高效农业设施园排灌难题。其中一期工程投资60万元，于9月1日动工，建成硬质排水沟4100米，整治排水河2.4公里。

【市农产品交易中心投入使用】　9月，位于高明镇章庄社区的如皋市农产品交易中心(以下简称交易中心)首期建设工程投入使用。中心首期建成办公区、检测中心、信息发布中心、名优农产品展示厅、交易大厅，建筑面积4000平方米。

该交易中心由镇政府主办、市供销总社支持、市高明绿地新农公司经营，集农产品展销、采购交易、物流配送、信息发布、检测认证为一体，由1.5万平方米的农产品综合交易中心及分类农产品展区、5000平方米的智能化恒温加工区、5000平方米的鲜活冷链仓储区、2000平方米的研发办公用房等组成。交易中心通过优化配置资源，依托三大合作经济组织，提高土地使用效率，提升农民收入，引导高明镇农业向集约化、机械化的现代高效农业转型。

【高明镇承办全市加快农业、水利现代化暨村庄环境整治现场推进会】　11月26日，全市加快农业、水利现代化暨村庄环境整治现场推进会在高明镇召开，各镇(区、园)、市级机关相关部门人员500余人参加会议。

年内，高明镇不断扩张现代农业规模，高效农业种植面积达1066.7公顷。不断加快现代水利建设步伐，高标准整治河道16条，清淤53万立方米，河道清理率达80%以上；新建三级河配套涵洞6座、排灌渠3万米、防渗渠9.5万米、泵站16座，全镇农田排灌和综合生产能力进一步提高。高标准集中整治村庄环境，改观农村环境面貌，初步形成水清、村美、舍洁的农村新貌。

【高明镇通过全国亿万农民健康促进行动示范镇考核验收】　12月16日，高明镇亿万农民健康促进行动示范镇创建顺利通过代表省爱卫办、省健教所的南通市爱卫办、健教所考核验收组验收。

年内，高明镇政府投入健康教育经费近845万元，除“四害”经费6.5万元，有线电视普及费387.2万元，河道整治资金185万元，学校水冲式厕所建设费用15万元，镇区公厕、道路等新建维修费600万元，农村改水改厕费用1730万元，垃圾处置设施购置费29.415万元，为开展健康教育提供硬件设施支撑。在全镇开展卫生科普宣传，医院健教处方使用率达80%，住院病人及家属相关卫生知晓率达88%。在学校深入开展“小手牵大手”活动，全镇中小学健康课开课率达100%，中小学生健康知识知晓率达90%，健康行为形成率为85%。

【高明镇发展高效设施农业经验在南通市相关会议上被推介】 12月21日，南通市高效农业现场推进会召开，各县市农业分管负责人，农工办、农委及财政系统负责人参加会议。会上，高明镇作为主要参观点接受与会人员检阅，并作为唯一乡镇代表在会上作经验介绍。

年内，高明镇围绕创建省级现代农业园区，在实践中逐步探索出“返乡能人带＋村干部＋农民参股”高效农业发展模式以及“土地流转收入＋务工收入＋股份制专业合作社利润分红”农民增收新机制，以创新的组织模式，不断促进农业增收、农民增收。年内，全镇落户千亩连片设施农业园5个，新增设施农业面积666.67公顷，全镇12个村(社区)中有4个村(社区)实现高效农业全覆盖，农民人均纯收入达13389元，同比增长25.7%。

【高明镇被省爱卫会命名为江苏省卫生镇】 12月，高明镇被省爱卫会命名为江苏省卫生镇。

年内，高明镇先后投入700多万元完善镇区“三横三纵”道路框架，新建金泰街、惠民路，完善老工业园区、人民路等，完善镇区进出水管道、绿化、路灯等配套设施。成片造林58.17公顷，桑园套栽银杏416.82公顷，镇区绿化覆盖面41.19万平方米，覆盖率达33.76%。投资200万元，建成污水处理厂一期工程，污水日处理能力达1000吨。垃圾“户收集、组保洁、村集中、镇转运”，垃圾袋装化率达85%。整治河道22条，总长度24.5公里，清理河坡垃圾360立方米。投入近35万元建成标准化公共厕所4个，全镇农村厕所无害化改造14205户，无害化户厕率达95%。全镇自来水普及率达100%。

【高明镇建成万亩现代农业园】 年内，高明镇开展创建省级、国家级现代农业园区活动，放大周庄、章庄、胜利社区高效农业全覆盖效应，向接壤村延伸，将刘庄、黄庄、西庄与“万顷良田”工程融为一体，建成万亩现代农业园。

8月、10月，万亩现代农业园一期、二期工程建成，建设标准设施大棚766.67公顷，种植西瓜、葡萄、茄子、辣椒、花菜、西兰花、水果玉米等品种20多个。园区全部建成后，预计亩均收益超过1万元，将进一步激发村干部、在外能人和村民创业热情，加快全镇农业现代化步伐。

（刘培媛）

2011年高明镇主要经济社会指标完成情况统计

表87

项目	单位	数量	增长率(%)	项目	单位	数量	增长率(%)
国内生产总值	万元	86891	11.06	商业零售网点	个	1984	4.8
财政收入	万元	5668	139	商品零售总额	万元	23970	60.1
粮食总产量	吨	26093	−7.7	集贸市场成交额	万元	22365	69.7
农机总动力	千瓦	21104	48.7	各类汽车	辆	1562	199.2
年出栏生猪	万头	11.4	53.3	镇村主干道	公里	157	持平
年出栏家禽	万羽	30.42	−13	科技人员	个	721	28.3
水产品产量	吨	949	9.1	中小学校	个(所)	3	持平
种养专业户	个	207	10.7	在校中小学生	人	3095	−10.7
工业企业	个	682	5.2	在职教师	人	187	−7.9
个私工业企业	个	682	5.2	医院	个	2	持平
工业销售收入	万元	372840	57.5	卫生室	个	15	持平
工业利税	万元	23883	31.97	初保普及率	%	100	持平

续表 87－1

项　　目	单　位	数　量	增长率(%)	项　　目	单　位	数　量	增长率(%)
完成技改项目	个	15	－68.8	有线电视开通率	%	100	2.1
当年技改投入	万元	26110	8.2	自来水普及率	%	100	持平
利用外资	万美元	1003	10.2	年末存款余额	万元	58260	65.9
外贸供货额	万元	25472	36.7	参加社保人数	人	18715	46.4
三产实体	个	1584	持平	农民人均纯收入	元	13389	25.7
三产从业人员	个	7650	1.3	农民人均住房	平方米	45	9.8

2011 年高明镇各村(社区)基本情况统计

表 88

名　　称	党组织书　记	主　任	村(居)民小组数(个)	人口数(人)	耕地面积(公顷)	农村经济总收入(万元)	人均收入(元)
中心社区	许　鹏	许　鹏	41	5575	427.8	43132	14407
胜利社区	夏琪斌	孙兴圣	37	5358	289.1	40287	13875
陈庄村	孙福亮	孙福亮	21	3236	193.7	20578	12800
周庄社区	周久海	孙新桃	25	4465	245.7	33063	15194
章庄社区	孙福建	孙福建	31	4484	257.74	32153	13394
高明庄社区	缪世益	范清忠	29	3518	258.87	22043	12425
晓庄村	张留兵	张留兵	20	2563	242.3	16623	14058
鲍庄社区	张建平	王昌文	21	3268	207.07	21138	12469
西庄村	任建兵	钱兴中	34	4486	252	30482	13223
黄庄村	王兴宏	王兴宏	29	4480	288.1	26975	13272
刘庄村	钱　玉	钱　玉	31	4230	297.4	28071	12626
卢庄村	周建宏	周建宏	36	5004	362.2	28790	12330

常　青　镇

【概况】 常青镇位于如皋市西部高沙土地区,属黄桥革命老区。总面积 61.2 平方公里,其中耕地面积 2943.1 公顷,全镇辖行政村 6 个、社区 6 个,村(居)民小组 319 个,总人口 48378 人。2011 年实现国内生产总值 14.3 亿元,同比增长 12.7%。完成全口径财政收入 4521 万元、一般预算收入 2085 万元,分别占年计划的 113%、122.6%。实现农民人均纯收入 12677 元,同比增长 12%。全镇建筑企业完成建筑业施工面积 146 万平方米,实现施工产值 16.1 亿元、税收 906 万元,同比分别增长 21.6%、18.3%、20.9%。被评为南通市农村环境长效管理达标镇,如皋市村组公路建设管理先进集体、安全生产先进集体、人民武装工作先进单位、商贸流通经济发展先进单位。

农业和农村经济　年内,全镇新增高效农业 933.3 余公顷、设施农业 120 公顷。建成土山千亩设施农业园,草张、叶庄、董王、万全、楼冯等村高效农业实现零突破。新增农民专业合作社 2 个,新增入社会员 1286 人。全镇累计组建农民专业合作社 22 个、协会 1 个,入社会员 7130 人,其中符合“四有”标准 8 家。建成土地股份合作社 12 个,入股土地 573.33 公顷,其中新扩股 118 公顷。开发利用 466 公顷,其中发展设施农业 283.67 公顷。新建农村公路 10 条计 13.8 公里、农桥 12 座。推进农业综合开发二期工程,在建机耕道路 29.25 公里、暗渠 16.4 公里、明渠 25.2 公里,建设桥闸涵洞等配套设施 34 个,新建泵站 1 座,改造 11 座。成功申报省级水土保持项目 1 个(铁篙社区)。清淤疏浚镇级河道 1 条、村庄河道 24 条。

工业经济　年内,全镇实现规模以上工业产值 31.47 亿元,占年计划的 104.9%;实现高新技术产业产值 12.4 亿元,占年计划的 140.5%,同比增长 28.9%。完成全部工业应税销售 8.8 亿元;全年实现工业利润1.3亿元，占年计划的108.3%，同比增长23.6%。完成工商注册外资2000万美元，占年计划的133.3%，同比增长57.6%；实现到账外资1000万美元，占年计划的100%，同比增长26.5%。引进南通市外民资2.08亿元，完成年计划的125.5%，同比增长24.6%，其中制造业实绩1.46亿元，民资质量比上年提高19个百分点。全年开工建设工业项目12个(其中，上年结转4个，新开工3个，技改项目5个)，年内建成投产6个(其中，锦丝源纺织实现当年投产当年进入定报企业行列，西林电子完成技改投入具备投产条件)。全镇新增电力装机容量3716千伏安。完成固定资产抵扣税120.3万元。完成技改投入16.7亿元，同比增长9.2%。修编工业集中区建设规划，依托王石线工程在镇区北侧规划电子信息产业园，依托连申线工程在焦港沿河规划船舶配套工业园和商贸物流园。完成工业集中区搬迁8户，整理土地10公顷。投入2680万元，建设园区基础设施，占年计划的104.8%，同比增长21.3%。完成高新技术产业产值124141万元，占年任务的140.5%，同比增长57.1%。新增工程技术研究中心2家，实施产学研合作项目1个。报专利申请78件，其中发明专利申请17件。申请项目5个，占年任务数的250%，同比增幅350%。

小城镇建设　年内，完成2011～2020年城镇建设总体规划和控规设计修编工作，将焦港河以东、王石线以西、翻身港以北、叶庄总渠以南纳入镇区范围，镇区规模扩大0.5平方公里。实施王石线道路拓宽改造和连申线航道等级提升工程。实施镇区搬迁24户，城镇建设用地出让6.17公顷。房地产开工面积4万平方米，竣工面积近3万平方米，完成市交任务。完成龙源置业悦水湾项目和天友置业金盛花苑项目总评规划设计，总占地18.94万平方米，总建筑面积34.69万平方米，其中一期工程建筑总面积10万平方米，于年内开工建设。建成龙雨小区、富贵园小区、青云小区镇区集中居住区3个。育贤花苑安置小区交付使用。完成便民服务中心、文体活动中心和派出所建筑规划设计。新增大型超市3家、酒店2家。小城镇建设“十个一”工程获一个多功能的文体中心(常青文化大楼)、一个高标准的农贸市场(龙宇农贸市场)、一个宜居的农民集居区(龙源一悦水湾)、一个开放的生态公园(星美生态园)、一张贯通的镇区路网5颗星。

社会事业　年内，落实常青初中学生公寓异地重建选址，启动搬迁工作，完成搬迁户房屋评估工作。启动铁草小学教师周转用房和综合楼改建工程。实现各村(社区)基本用药制度全覆盖，新型农村合作医疗参合率100%，参合农民达4.25万人。组织诚信文化进校园、离退休职工文体活动比赛、送戏进城等系列文体活动。新增城镇职工社会养老保险264人，占年计划的264%；新增城镇居民医保2758人，占年计划的275.8%；新增农保18720人，实现全覆盖。为新增的1028名60岁以上老年人办理基础养老金手续，全镇累计享受补贴7258人，发放补贴523万元。补助“低保”户803户、1825人，救助重度残疾对象882人。对道路、河道、绿化等开展“四位一体”管护，整合农路队员、保洁队员37人，添置电动车20辆、垃圾桶200多个、垃圾房12个，农村垃圾实现日产日清。12月，总投资1500万元、建筑面积9000平方米的常青中心幼儿园开工建设。

政治和精神文明建设　年内，完成镇党委班子换届等活动，通过公推直选方式，选举产生镇党委、纪委班子，形成新一届领导集体。开展社会管理创新有益探索，整合公安、综治、司法、矛盾调解中心人员，成立社会管理创新领导组和办公室，组建40人的村级综治长安服务队。完善技防网络监控系统建设，新增监控点20个，有效防范各类违法犯罪行为。依托矛盾调解中心、综治中心和各村公共服务中心建立镇村两级阵地，重点开展矛盾调处、法制宣传等工作，全年受理矛盾纠纷238件，成功调处235件，其中镇调处中心受理35起。加大安全生产隐患排查治理力度，全年组织安全生产大检查4次。国土资源所、农商行高井支行、电信常青支局等被评为市文明行业，镇农村经济服务中心、镇初级中学等16家单位被评为市文明单位，铁篱、董王两个社区被评为市文明社区，楼冯、土山两个村被评为市文明村。9月，开展送戏进城活动，举办“雉水之夜”——城乡文化互动“乡情乡韵”文艺演出，近200人参演，获市优秀组织奖，舞蹈《太阳鸟》获特等奖，独唱《向天再借五百年》获二等奖。

【常青镇被评为南通市农村环境长效管理达标镇】
11月，常青镇农村环境长效管理达标镇创建工作通过南通市级验收。

年内,常青镇划拨专项资金100多万元,确保农村环境长效管护工作的顺利开展。在新建道路、新疏浚河道边全面植树绿化,对原有道路、河道绿化缺棵补栽,全年累计新增栽植树苗1.4万棵,修补路面30余处,更换损坏的安全标识、路牌等22个。投入劳力1万余人次、机械40余台,清理河道20余条,累计完成土方80万余立方米,拓展河道可养殖面积100公顷,增加产值300多万元,为全市水利工作现场会提供检阅现场。 (王亚松)

2011年常青镇主要经济社会指标完成情况统计

表89

项　目	单　位	数　量	增长率(%)	项　目	单　位	数　量	增长率(%)
国内生产总值	万元	143000	12.7	商业零售网点	个	360	5.57
财政收入	万元	4521	19.1	商品零售总额	万元	43117	4.4
农业总产值	万元	25912	8.6	集贸市场成交额	万元	18970	—52.9
粮食总产量	吨	39400	32.2	各类汽车	辆	2576	80.3
农机总动力	千瓦	22550	5.6	镇村主干道	公里	165	54.2
年出栏生猪	万头	5.14	6.9	电话普及率	部/百人	69	15
年出栏家禽	万羽	52.3	2.5	科技人员	人	872	78.3
水产品产量	吨	171	2.4	中小学校	个	3	持平
种养专业户	个	1016	22	在校中小学生	人	3900	—8.26
工业企业	个	665	4.56	在职教师	人	265	—0.38
个私工业企业	个	764	12.9	医院	个	2	持平
工业销售收入	亿元	64.8	5.38	卫生室	个	13	—35
工业利税	万元	36395	11.2	初保普及率	%	100	持平
完成技改项目	个	62	3.3	有线电视开通率	%	95	2.15
当年技改投入	万元	167000	9.2	自来水普及率	%	99	持平
利用外资	万美元	1001	—0.4	年末存款余额	万元	70170	23.46
外贸供货额	万元	19274	5.38	参加社保人数	人	2080	—81.2
三产实体	个	98	36.1	农民人均纯收入	元	12677	12
三产从业人员	人	12921	19.3	农民人均住房	平方米	110	7.8

2011年常青镇各村(社区)基本情况统计

表90

名　称	党组织书记	主　任	村(居)民小组数(个)	人口数(人)	耕地面积(公顷)	农村经济总收入(万元)	人均收入(元)
海圩村	明长富	明长富	30	4696	280.9	48596.9	12432
铁篱社区	石品高	石品高	30	4790	247.1	47681.0	12181
草张庄社区	张中明	/	27	4074	246.7	47067.4	13083
邹蔡村	邹平	邹平	24	3228	199.9	32655.4	12060
蔡炎村	李世国	李世国	25	4080	232.0	32153.1	12099
横埭社区	蔡明祥	蔡明祥	37	5138	272.0	58964.4	12193
袁庄社区	申跃华	申跃华	22	3627	242.0	49120.3	12659
叶庄社区	金银建	金银建	37	5274	321.1	243483.4	14339
万全村	陈怀进	陈怀进	25	3211	264.9	44248.1	12217
楼冯村	韩书建	韩书建	21	2717	227.7	30994.9	12611
董王社区	印国兰	印国兰	20	2893	212.3	54289.6	13073
土山村	薛贵如	薛贵如	21	3009	196.5	31140.0	12851

搬经镇

【概况】 搬经镇位于如皋市西部，西临泰兴市，北接海安县，334省道、如泰河贯穿东西，王石公路、焦港运河穿境而过，属黄桥革命老区。全镇总面积110平方公里，耕地面积6232.5公顷。辖行政村11个、社区11个，总户数2.4万户，总人口8.6万人，其中农业人口7.3万人。2011年，实现全口径财政收入10888万元，同比增长27.6%；一般预算收入5087万元，同比增长34.98%；农民人均纯收入14733元，同比增长18.51%。完成三产服务业投入8700万元，实现服务业税收3903万元。完成建筑业产值6.3亿元，建筑业税收789万元。获如皋市新农村建设十大工程红旗单位、更高水平小康建设红旗单位、文明镇、发展现代化高效农业先进集体、农民集居化先进集体等奖项21项。

农业和农村经济　年内，完成规模农业项目投入11500万元，占年计划的167.9%；一般农业项目投入7500万元，占年计划的109.5%。全年签约落户高效农业、设施农业、农产品深加工等项目12个。流转土地820公顷，完成年计划的207.1%；新增设施农业570.67公顷，高效农业1166.67公顷，分别占年计划的164.6%、118.6%；投资4000多万元，兴建搬东、焦港设施农业园，占地133余公顷。建立专业合作社69个，组建合作联社2个(万富万龙蚕桑合作联社、搬东建佳果蔬合作联社)，辐射带动农户1.4万余户，年销售额超亿元。

工业经济　年内，全镇实现规模工业产值49.5亿元，同比增长52.3%；实现全部工业应税销售13.74亿元，同比增长21.06%，其中规模企业应税销售9.83亿元，同比增长3.8%。完成全部工业项目投入11.8亿元，占年计划的109.1%，同比增长9.2%，其中规模工业项目投入10.12亿元，占年计划的110%，同比增长10%。工业用电量达13270万千瓦时，同比增长13.9%。工业新增装机容量9600千伏安，同比增长1.5%。完成工商注册外资2800万美元，实现实际到账外资1201万美元，引进市外民资注册资本3.76亿元。以生态工业集中区建设为载体，“筑巢引凤”，推进金鹏标准厂房建设，在镇工业集中区内规划土地26.67公顷建设标准厂房，其中，一期总投资3000万元，占地面积4公顷，建成标准厂房2万平方米并投入使用，常州曼淇威公司、苏州中硅太阳能陶瓷坩埚项目进驻园区。引进高新技术、先进制造业项目3个(太阳能坩埚、曼其威电子、聚酯绳)。南通方因电子有限公司、南通宇博建筑机械制造有限公司成功申报为市级工程研发中心，新增1家高新技术产业企业(南通海泰科特精密材料有限公司)。全年申报专利185个、注册商标13个。新培育规模企业2家(南通曼其威电器有限公司、南通泰福尔时装有限公司)、亿元企业1家(市非标轴承有限公司)。完成工业集中区基础设施投入2870万元，搬迁整理土地3.37万平方米。

小城镇建设　年内，城乡建设规划不断完善。结合新334线建设、连申线改造、王石线改建等重大交通工程，进一步修编小城镇建设规划。全年完成房地产开发15.11万平方米，竣工9万平方米；实现房地产税收1500万元，同比增长95.3%。小城镇建设“十星”级创建获8颗星(一个贯通的镇区路网、一个繁荣的核心街区、一个开放的生态公园、一个多功能的文体中心、一个上档次的商务宾馆、一个宜居的农民集居区、一个精致的商品房小区、一个完善的工业集中区)。凤凰小区一期工程完工。全年完成镇区搬迁100户、8.04公顷，分别完成全年目标的102%、120.6%。完成拆旧复垦48公顷，土地出让面积4.73公顷。全年完成农民集居房开工1150户，竣工810户，入住710户，分别占全年任务的115%、101.3%、101.4%。全面推进小城镇“五横五纵”框架建设，配合市政府完成王石线拓宽、连申线改造等项目搬迁工作。

社会事业　年内，全镇义务教育优质均衡，教育教学质量在全市获优秀奖。镇计生站获国家级优质服务示范点称号，湖刘社区被国家人口计生委表彰为计划生育村民自治先进集体，芹界村被表彰为南通市诚信计生建设先进集体。搬东社区农家书屋被省新闻出版局命名为全省“百佳”农家书屋，湖刘社区等4个村(社区)代表全省通过国家新闻出版总署的农家书屋建设情况检查验收。投资1200万元，高标准建设镇文体活动中心，建筑面积为6500平方米，并成功创建江苏省首批公共文化服务体系示范区。年内累计发放粮食直补、农资补贴和农村低保资金等1203.65余万元。农村合作医疗参合率达100%。全年新建农村水泥路16条26公里、改造危桥

10座，村通公交率达100%。全年转移劳动力1010人，完成劳动力培训1510人，完成创业培训620人，成功创建农村劳动力充分转移村17个。

政治文明、精神文明建设 年内，镇党委依法换届。开展创先争优活动，深入开展“双带”、“双强”、“双联双助”工程，被表彰为市“双联双助”工程先进集体。组织村(社区)和企事业单位参与文明创建活动，继续被评为市文明镇，全镇10个村(社区)获市文明村(社区)称号，12家企事业单位获市文明单位称号。依法召开镇第十四届人代会第四次全体会议，选举镇长1名、副镇长2名。发挥监督职能，积极开展人大代表之家活动，认真办理人大代表议案和建议批评意见，被表彰为市人大工作先进镇。构建大信访工作格局，被评为市信访工作先进集体。搬经镇大调解工作模式在全省推广，镇大调解中心被省委、省政府评为社会治安综合治理先进集体。2月7日(正月十五)，举办第十六届文体艺术节，彩车表演，“千人大连湘”大型歌舞，送科技、法制下乡，惠农机械展，拔河、羽毛球、乒乓球、象棋比赛等活动，吸引了近千名群众参加活动。

【搬经镇司法所被表彰为全国先进司法所】 5月，司法部下发《关于表彰全国模范司法所及先进集体和先进个人的决定》(司发通〔2011〕104号)，搬经镇司法所被表彰为全国先进司法所。

年内，搬经镇司法所配强社会管理组织机构，建立健全考核导向机制，构建党政领导干部“德、能、勤、绩、廉、法、安”七位一体考评新体系。整合公安、专职保安、群防群治队伍和综治长安服务队，对全镇三个治安重点防范区实行定人、定岗，严管、严控，对三个治安结合部实行动态环境下的有效控制。对镇区交通要道、要害部门、重要公共场所及企事业单位实行防控体系全覆盖，打造覆盖全镇各村(居)、各企事业单位的新型社会管理中心，实现创新实战平台全覆盖。在全镇各村启动矛盾大调解信息平台，及时调处化解矛盾。以加强农村基层民主法制建设为基点，建立健全基层工作制度，发挥其在维护社会稳定中第一道防线作用，增强群众法律意识和依法维权意识，湖刘社区成功创建省民主法治示范社区。

【苏州中硅集团太阳能坩埚项目落户搬经镇】 8月，高新技术企业——苏州中硅集团太阳能坩埚项目整体搬迁落户搬经镇工业集中区。该公司原位于苏州高新区，是美国陶瓷学会会员，拥有资深专家团队，在国内外有较为完备的市场渠道，意向客户包括保定天威英利、无锡尚德、日本三菱、德国威克(Wacker)等国内外行业内领导型用户。项目分两期建设，其中一期投资5000万元，注册资本金1000万元。截至年底，机器设备已进驻搬经镇金鹏标准厂房。

(谢文君)

2011年搬经镇主要经济社会指标完成情况统计

表91

项目	单位	数量	增长率(%)	项目	单位	数量	增长率(%)
国内生产总值	万元	189307	20.15	商业零售网点	个	1861	4.20
财政收入	万元	10888	27.6	商品零售总额	万元	45320	9.79
农业生产总值	万元	30706	13.65	集贸市场成交额	万元	39560	9.28
粮食总产量	吨	54962	1.79	各类汽车	辆	3646	71.17
农机总动力	千瓦	95812	23.52	镇村主干道	公里	381	4.38
年出栏生猪	万头	8.5	10.39	电话普及率	部/百人	90	6.00
年出栏家禽	万羽	120	6.10	科技人员	人	2630	6.91
水产品产量	吨	1156	0.09	中小学校	个	6	0.00
种养专业户	个	118	15.69	在校中小学生	人	6983	−7.60
工业企业	个	1141	34.39	在职教师	人	554	9.70
个私工业企业	个	940	29.48	医院	个	4	0.00
工业销售收入	万元	372953	6.89	卫生室	个	23	−62.30
工业利税	万元	6983	32.28	初保普及率	%	100	0.00

续表 91—1

项　　目	单　位	数　量	增长率（%）	项　　目	单　位	数　量	增长率（%）
完成技改项目	个	40	8.11	有线电视开通率	%	94	9.30
当年技改投入	万元	58276	4.44	自来水普及率	%	100	0.00
利用外资	万美元	1204	—19.73	年末存款余额	万元	117088	9.65
外贸进出口额	万美元	1001	23.43	参加社保人数	人	29711	—8.32
三产实体	个	870	2.84	农民人均纯收入	元	14733	18.51
三产从业人员	人	39210	3.95	农民人均住房	平方米	80	2.56

表 92

2011 年搬经镇村（社区）基本情况统计

名　　称	党组织书　记	主　任	村（居）民小组数（个）	人口数（人）	耕地面积（公顷）	农村经济总收入（万元）	人均收入（元）
搬经社区	陈小强	陈小强	26	4758	201.55	204111.58	19693
加马社区	陈　建	陈　建	30	4030	306.65	29428.69	14402
谢甸社区	徐邵贵	徐邵贵	32	4116	263.13	39728.66	14760
加力社区	谢玉军	谢玉军	36	4550	338.99	84006.32	16674
搬东社区	张　建	何　飞	20	3048	174.57	28149.19	14339
严鲍社区	卢玉如	卢玉如	23	3229	233.95	23257.23	13456
朱夏社区	丁维民	丁维民	41	5596	454.44	78654.72	15791
群岸社区	徐朝阳	夏茂峰	29	3835	259.84	152068.34	18907
鞠桥社区	王正权	郑国华	15	2709	181.49	20720.72	14068
湖刘社区	汪正祥	汪正祥	30	4582	334.58	179900.42	18755
兴夏社区	鞠九星	鞠九星	34	3463	320.98	30668.71	12828
焦 港 村	刘支平	刘支平	26	3452	302.48	27469.58	14403
丁 许 村	钱开明	钱开明	28	3396	286.87	25637.9	14235
万 富 村	顾宏如	顾宏如	42	4478	350.87	67094.42	13545
梅 甸 村	邵先良	邵先良	24	2990	203.44	21037.32	13503
芹 界 村	朱千政	朱千政	36	5667	401.46	55016.39	14831
夏 堡 村	季万进	周　建	22	2863	294.75	24543.18	12567
任 庄 村	任志龙	张　健	15	2289	201.82	32248.87	12860
林 上 村	汪宝剑	汪宝剑	27	3187	293.41	26606.49	11347
肖 马 村	肖美兰	周海兵	29	3636	326.57	32421.51	11590
龙 桥 村	闫海春	闫海春	19	2285	195.11	33385.85	12377
港 桥 村	李宏明	李宏明	26	3492	305.55	22336.14	12922

磨　头　镇

【概况】 磨头镇位于如皋市中部，为江苏省重点小城镇。全镇总面积 102.8 平方公里，镇区面积 4 平方公里，耕地面积 5345.3 公顷。辖行政村 16 个、社区 5 个，总户数 2.54 万户，总人口 8.26 万人，其中非农业人口 8482 人。2011 年，三次产业比重由 2007 年期末的 18.9∶51.3∶29.8 优化为 9.6∶59.2∶31.2，第二、第三产业在经济结构中比重逐步趋于合理。实现一般预算收入 3982 万元，占全年任务的 119%，同比增长 39.5%；实现城镇居民人均可支配收入 20896 元。获南通市园林式单位，如皋市小城镇建设十星级考评红旗单位、社会保险扩面先进单位、“十佳”商贸流通先进单位、发展现代化高效农业先进集体、农民集居化先进集体、社会管理创新先进集体、节能减排先进集体、书记大接访先进集体和村村通公交先进集体等称号。

农业和农村经济　年内，实现规模项目农业投入3.68亿元，同比增长46.5%。全年完成土地流转面积1548.8公顷,同比增长11.7%。全年完成项目农业投入2.2亿元,新增高效农业面积574.65公顷,其中,新增设施农业面积254.13公顷,新增有机稻米89.33公顷,被命名为如皋市万亩设施农业镇。新登记农民专业合作社42个、合作社成员6015人;新登记农地股份合作社20个、合作社成员8312人。实施河道整治96条,计150公里。9月,南通市第一家高效农业综合服务中心——磨头镇邓高村农业综合服务中心建成并正式运营。

工业经济　年内,全镇实现规模工业产值45亿元,同比增长18.4%。实现全部工业应税销售9.06亿元,同比增长23%,其中规模工业应税销售5.25亿元,占全年任务的131.39%,同比增长20.33%。完成工商注册外资2010万元,占全年任务的101%;实际到账外资1200万元,完成全年任务。实现规模工业投入8.04亿元,占全年任务的100.47%,同比增长32.8%。完成设备抵扣税450万元,同比增长60.4%。培育规模企业2家。伟鑫混凝土、耀发纺织实现当年签约、当年建设、当年投产、当年进规模企业行列。南通柯瑞丝印器材有限公司实现税收225万元。完成园区基础设施和功能配套投入6000万元,核心区整理土地35.07公顷,分别占全年任务的104.6%和105.2%。园区框架道路邓高路建成通车,工业园区"五横四纵"道路框架全面形成。完成110千伏变电所建设,提升园区承载能力。

小城镇建设　年内,完成龙游河镇区段整治、绿化并形成风光带。建成康福广场、鼎新广场、文体广场、振兴广场、政府广场,不断完善镇区功能。投资716.065万元,新建污水管网6300米,并通过验收,实现污水管网镇区全覆盖。完善青年路、日升路、大江线、金磨路、邓高路、卓吾南路,绿化、美化、亮化配套到位,镇区"四横四纵"道路框架全面形成。完成基础设施投入2680万元,同比增长30.6%。全年房地产开发竣工面积21.2万平方米,占全年任务的212%。对原脏、乱、差的老市场实施搬迁,建成配套齐全的新市场——金磨市场。

社会事业　年内,新建农村通达工程4公里,改造危桥3座。坚持优先发展教育事业,高中普及率达86.1%,中考成绩各项指标在全市农村初中遥居第一。全年新增职工养老保险694人、城镇居民医疗保险5922人,参加新农保人数达2.9万人,3800多人实现按月领取养老金,1.4万多人实现领取基础养老金。全镇实现社区卫生服务站全覆盖、新型农村合作医疗全覆盖,自来水普及率99%。

政治文明、精神文明建设　年内,在全镇推进文明行业、文明单位、文明村镇、文明社区创建工作,群众文明素质和社会文明程度进一步提升,全镇7家企事业单位被评为市文明单位(行业)。重视全民国防教育和国防后备力量建设,被评为全市征兵工作先进单位。开展民主法治村创建和"五五"普法宣传教育活动,全社会法治观念和法律意识进一步增强。全面加强防控体系建设和社会矛盾化解,开展严打专项整治和社会治安综合治理,开展校园安全治安整治,未发生影响社会稳定重大事件,人民群众安全感满意率提升为100%。全年受理群众来电100多个,办结率达99.5%,群众满意率90%以上。严格落实安全生产责任制,深入开展隐患排查治理,年内未发生较大以上安全事故。自觉接受人大代表的法律监督和工作监督,办理人大代表建议78件,满意率和基本满意率达99%以上。在城乡文化互动文艺演出中,"音、诗、画"节目参与市级会演节目评比,获一等奖。2月7日(农历正月十六),举办第八届文体艺术节,文艺演出、有奖猜谜、拔河、陀螺、象棋、台球、乒乓球、羽毛球、骑慢车等比赛以及各类咨询活动吸引100多名群众参赛。9月18日,磨头镇在如城镇安定广场举办"雉水之夜、乡情乡韵"磨头专场文艺会演。

【全国社会管理创新现场推进会在磨头镇高庄社区召开】　8月,全国社会管理创新现场推进会在磨头镇高庄社区召开,高庄社区社会管理创新理念在会议上被推广。

年内,为构建幸福高庄新格局,探索符合社区发展实际的社区管理机制,高庄社区创新管理理念,实行分片包干和社区公共服务项目化管理管理模式。在优化资源、整合人员的基础上,建成建筑面积1300平方米的社区公共服务中心,以服务大厅为中心,设党群、民政、卫生、劳动保障、计生、居家养老、爱心超市等服务部门8个,配备业务查询指南、便民信息公示栏等设施设备,以开放式接待为居民提供一站式服务、主动式服务和全天候服务,实现服务理念、服务形式和服务内容人本化。

(王泽宇)

2011年磨头镇主要经济社会指标完成情况统计

表93

项目	单位	数量	增长率(%)	项目	单位	数量	增长率(%)
国内生产总值	亿元	31.8	22.6	商业零售网点	个	1382	2.4
财政收入	万元	7018	38.1	商品零售总额	万元	70265	1.6
农业总产值	万元	31984	13.65	集贸市场成交额	万元	57381	15.9
粮食总产量	吨	46821	5.6	小汽车拥有量	辆	1395	55.7
农机总动力	千瓦	29079	11.7	镇村主干道	公里	358	持平
年出栏生猪	万头	107.45	13.1	电话普及率	户数	57250	持平
年出栏家禽	万羽	162	8	科技人员	人	2265	3.6
水产品产量	吨	780	15.7	中小学校	个	6	—25
种养专业户	个	1521	21.7	在校中小学生	人	6817	—10.8
工业企业	个	1470	9.8	在职教师	人	491	—10
个私工业企业	个	1500	6.5	医院	个	5	25
工业销售收入	万元	767182	10.1	卫生室	个	23	持平
工业利税	万元	14000	1.3	初保普及率	%	100	持平
完成项目个数	个	77	持平	有线电视开通率	%	92	持平
当年项目投入	万元	152322	9.7	自来水普及率	%	99.9	持平
利用外资	万美元	1200	—0.8	年末存款余额	万元	128520	19.3
外贸供货额	万元	12100	17.2	参加社保人数	人	32408	9
三产实体	个	3960	0.1	农民人均纯收入	元	13016	18.2
三产从业人员	人	16178	—13	农民人均住房	平方米	58	1.2

2011年磨头镇各村(社区)基本情况统计

表94

名称	党组织书记	主任	村(居)民小组数(个)	人口数(人)	耕地面积(公顷)	农村经济总收入(万元)	人均收入(元)
磨头社区	沈建华	钱林俊	23	3906	193	28990	15271
丁冒村	夏书华	刘建忠	20	2949	239.3	23009	13268
天阳社区	俞勋宏	陈长银	17	2607	185	13864	14647
星港村	丁井圣	宋庭国	34	3801	313	25136	13334
新徐村	马宏建	马宏建	29	3834	257.1	18737	11973
严狄村	赵法生	张仕建	24	3179	235	16365	12263
兴韩村	秦国明	秦国明	24	3283	188.9	16278	11871
高李村	高彬	高彬	25	3236	226.7	17114	12031
顾沈村	吴云国	吴云国	29	3973	314.3	25164	12498
朗张村	郝兆军	郝兆军	17	2802	246.5	17948	11970
高庄社区	丁正付	许映康	21	3106	179.5	19076	13320
老户村	朱华	朱华	30	3959	248.5	21635	12206
董堡村	贾建	刘金贵	21	2855	250.5	21376	12079
曹石村	肖德友	张岳林	22	3643	277.4	31338	12010
邓高社区	赵伟田	刘正宽	18	3096	240.8	16147	14801
场西村	朱仁元	朱仁元	29	2784	250.3	14167	11837
场东村	张来富	陈伯生	39	4427	328.2	26148	14806
新联社区	韩宝秀	丁小平	28	3095	252.8	18947.4	13027
塘湾村	丁邦宏	丁邦宏	41	5234	376.9	67620	13200
新港村	鞠久富	鞠久富	31	3542	298.9	17038	13074
十字桥村	陈海平	徐永富	28	2771	232.7	18986	13689

袁 桥 镇

【概况】 袁桥镇位于如皋市区西侧，全镇总面积65.80平方公里，镇区面积2.5平方公里，耕地面积3295.4公顷，辖行政村8个、社区6个，村(居)民小组341个，总人口4.78万人，其中农业人口4.59万人。镇政府驻地八角井村。2011年，实现国内生产总值112818万元，同比增长20.6%；实现财政收入11183万元，同比增长25.53%。被表彰为南通市优质办理群众诉求先进镇。获如皋市文明镇、如皋市全民创业红旗单位、新农村建设十大工程红旗单位等奖项17个。

农业和农村经济　年内，完成项目农业投入1.879亿元，占年任务的211%。新增设施农业209.6公顷，占年任务的174%。流转土地802公顷，占年任务的134%。建成如皋市级以上农业园区7个，其中，省级4个(小龙、森源、惠达鹭3个养殖场和科兴牧业农业园)，如皋市级3个(红梅乳业、吴地人家、复兴庄园区)。实施规模农业项目22个，红梅乳业产业园区一期工程投资5000万元，建成牧草区120公顷、养殖区1.5万平方米，奶牛存栏2000头，年产量7000吨，年产值1亿元以上。吴地人家农业园33.33公顷的精品核心区和检测、研发、物流、育苗四大中心开工建设，流转土地100公顷，拓展设施农业和景观园林发展。东信园林高档苗木新增土地流转100公顷，规模扩大至占地233.33公顷。推进三大合作组织建设，新增兴源农机专业合作社、兴源植保专业合作社和绿地植保专业合作社等农业社会化服务组织5个，新组建合作联社2个(袁润畜禽专业合作联合社、袁绿果蔬专业合作联合社)。在全市首家组建农民资金互助合作社。整治河道19条，清理土方22.45万立方米。

工业经济　年内，全镇实现全部工业总产值27亿元，其中规模工业总产值24.8亿元，利润1.1亿元，同比分别增长8.87%和8.79%。新增装机容量4130万千伏安，同比增长191%。完成固定资产抵扣税额378.6万元，同比增长118.4%。完成全部工业应税销售7.23亿元、全部工业税收3620万元，同比分别增长11.23%、21.3%。新增同力液压、中能机械、宝鑫机械、佳佳太阳能4家规模企业，全镇规模企业累计25家。完成全部工业投入7.8亿元、规模工业投入7.2亿元，技改投入4.6亿元，均超额完成全年目标任务。全年完成工商注册外资2200万美元，占全年任务的110%；实现到账外资1210万美元，占年任务的101%，外资工作综合考核全市第四。引进市外民资2.85亿元，占全年目标的116.17%，其中制造业2.3亿元。全镇净增个体工商户421家、私营企业144家，分别占年计划的205.6%、205.71%；私营企业注册资本55801万元，完成年计划的209.78%。能人返乡创业43个，完成年任务的102.4%。民营经济全市排名第一。新实施产学研项目2个(龙源电站阀门、佳佳太阳能)。申报专利79个，获专利授权99个。实现高新技术产业产值8492.1万元，占年计划的161.75%；高新技术产业投入5.28亿元，占年计划的125.71%。形成以巨业、强盛、路翔商混和北方燃料4家建材企业为核心的总产值为3.5亿元的建材板块，以腾达锻压、皋泰电器、华东起重机为主体的总产值为3亿元的机械板块，以国泰、百杰服饰和恒业纺织为龙头的总产值为2.5亿元的服装板块。

小城镇建设　年内，投入3500万元新建滨河路、育贤大道、仙鹤西路3条骨干道路，并全面通车。供电大楼全面竣工。总投资5000万元的服务业项目盛世缘购物广场土建部分全面竣工。“十个一”星级考核获得7个星级。规范镇区建设投资公司运作，加快镇区开发步伐，全年出让土地6.8万平方米。全年房地产开发面积7万平方米，竣工6.3万平方米，房产纳税1650万元。上海花园一期3.5万平方米高层商住楼全面开工。农民集中居住开工建设544户，建成345户，入住287户，农民集中居住建设全市综合排名第六。

社会事业　年内，黄蒲小学综合楼开工建设，异地新建康慈医院，两项工程主体实现封顶。全镇新增数字电视1460户。建成农村通达工程20公里、修建农村危桥7座。建成生态公益林(占地3.33公顷)首期工程，占地1公顷。实施天然气全覆盖工程，建成南通市新农村电气化镇。全镇成片造林97.13公顷，桑田套种银杏60.67公顷，四旁植树7万株，超额完成市交任务。推进环境整治长效化，纪港村成为全省村庄整治工作试点村。农村养老保险实现全覆盖，被征地农民基本生活保障实现即征即保。全年救助“低保”户906户、重残户620户，慈善助医、助学194人，帮助138名特困群体解决基本生活问题。

政治文明、精神文明建设　年内，在全镇广泛开展群众性精神文明创建活动，袁桥镇被评为市文明镇，镇五大中心（农业、农经、企服、建设、社会事业中心）、兽医站、何庄小学、成教中心、佳佳太阳能等21家企事业单位被评为市文明单位，花园桥、何庄、袁桥、纪港被评为市文明村（社区）。实施“远教富民工程”，花园桥社区的红梅乳业、东信园林远教基地、花园桥社区远教示范站点3个远教亮点在江苏卫视和省远教工作会议上被推介。在全市率先推行为民服务“三理工作法”（及时梳理群众诉求、实时代理群众事务、即时处理群众难题）。继续推进“双联双助”工程，捐献各类物资折价36.16万元，用于村级建设和低收入户的慰问，为村协调修路2条3.2公里，引进种养项目3个。

【何庄小学龙腾俱乐部跻身国家级青少年体育俱乐部行列】　12月，国家体育总局命名全国478个单位为国家级青少年体育俱乐部（体青字〔2011〕109号），袁桥镇何庄小学龙腾青少年体育俱乐部名列其中。

何庄小学龙腾俱乐部创办于2008年，拥有6家会员单位，会员人数1200多人。俱乐部先后投资近100万元建设500平方米的室内乒乓球训练馆、室外乒乓文化广场，配备室外球台24张，配备专、兼职教练员6人，全年开展以乒乓球为龙头，田径、篮球、排球、毽绳等体育活动项目。据统计，截至年底，参加俱乐部各类体育活动的青少年达2万余人次。

【袁桥镇在全市率先推行“三理工作法”】　年内，袁桥镇在全市率先提出以“及时梳理群众诉求、实时代理群众事务、即时处理群众难题”为主要内容的“三理工作法”，通过推行民情日记本、为民服务卡、干部接待日三大制度，打造知晓民意、便民服务、为民解忧三大平台，畅通民情网络、便民网络、调处网络三大渠道，构建干群连心桥，打造和谐幸福袁桥。全镇党员干部全年走访农户10550户，梳理群众意见建议1329条，其中涉及城管、建设等方面热点难点诉求160多件，帮助群众代理各类事项960多件，群众满意度大为提高。《南通日报》、《如皋日报》、如皋电视台新闻频道《星期七》栏目多次报道袁桥镇“三理工作法”。9月，袁桥镇“三理工作法”被中组部《共产党员手机报》给予专项报道。10月，市委组织部在袁桥镇召开“三理工作法”现场推进会，在全市推广袁桥镇“三理工作法”。

（许映华）

2011年袁桥镇主要经济社会指标完成情况统计

表95

项　目	单　位	数　量	增长率（%）	项　目	单　位	数　量	增长率（%）
国内生产总值	万元	112818	20.6	商业零售网点	个	433	7.71
财政收入	万元	11183	25.53	商品零售总额	万元	7412	2.10
粮食总产量	吨	35032	−1.54	集贸市场成交额	万元	3966	7.77
农机总动力	千瓦	33397	17.77	各类汽车	辆	729	14.80
年出栏生猪	万头	4.8	6.7	镇村主干道	公里	152	持平
年出栏家禽	万羽	239	2.13	科技人员	人	628	8.65
水产品产量	吨	592	−5.74	中小学校	个	3	−40.0
种养专业户	个	3045	5.58	在校中小学生	人	3658	14.31
工业企业	个	472	2.60	在职教师	人	234	−2.91
个私工业企业	个	632	29.51	医院	个	3	50.0
工业销售收入	万元	361283	0.36	卫生室	个	14	持平
工业利税	万元	17776	19.3	初保普及率	%	100	持平

续表 95—1

项　　目	单　位	数　量	增长率(%)	项　　目	单　位	数　量	增长率(%)
完成技改项目	个	85	37.10	有线电视开通率	%	85	3.66
当年技改投入	万元	46000	13.41	自来水普及率	%	100	0.4
利用外资	万美元	2200	—15.39	年末存款余额	万元	74165	60.58
外贸供货额	万元	5038	37.84	参加社保人数	人	18082	—5.02
三产实体	个	2042	4.08	农民人均纯收入	元	12776	18.76
三产从业人员	人	4489	—12.29	农民人均住房	平方米	52	4.0
农业生产总值	万元	36648		电话普及率	%	92.76	

2011 年袁桥镇各村(社区)基本情况统计

表 96

名　　称	党组织书　记	主　任	村(居)民小组数(个)	人口数(人)	耕地面积(公顷)	农村经济总收入(万元)	人均收入(元)
陆姚社区	张　斌	张　斌	31	4080	279.9	74899.4	12776
何庄社区	谢仁国	谢仁国	27	4157	204.13	114208.7	13068
十里墩社区	刘志伟	秦炎圣	17	2595	163.2	14250.4	12684
纪　港　村	贾恩德	贾恩德	17	2678	191.7	15983.1	12918
八角井村	纪　勇	汤银霞	25	3662	230	19453.4	12685
顾　巷　村	陈久龙	陈久龙	21	2624	186.6	14876.5	12437
复兴庄村	谢翠明	谢荣勤	26	3416	270.13	19851.6	12505
狮　垛　村	张永龙	张永龙	16	2385	227.6	16709.1	12992
朱　厦　村	张永龙	张永龙	21	2696	188.3	14568	12534
民　实　村	朱正来	朱正来	27	3238	310.7	20706.1	12586
野　林　村	顾如荣	顾如荣	23	3308	231.27	16465.5	12664
花园桥社区	纪显龙	纪显龙	26	3092	276.7	22909.4	13192
浦东社区	张本荣	张本荣	33	3644	269.9	28358	12590
袁桥社区	刘培华	刘培华	31	3500	265.27	51815.1	13103

文　件　选　编

导读

● 如皋市基本药物制度实施办法(试行)　

重要文件选编

如皋市基本药物制度实施办法(试行)

一、指导思想

深入贯彻落实党的十七大、十七届五中全会精神，坚持以科学发展观为指导，把维护人民群众健康权益放在首要位置；坚持立足市情，确保基本药物制度与经济社会发展水平相协调；坚持公平与效率统一，政府主导与发挥市场机制作用相结合；着眼于实现人人享有基本医疗卫生服务，构建覆盖城乡药品供应保障体系，为群众提供安全、有效、方便、价廉的医疗卫生服务。

二、基本原则

(一)政府主导，体现公益。(略)

(二)以人为本，公平均等。(略)

(三)立足当前，着眼长远。(略)

(四)严格考核，加强监管。(略)

三、工作目标

(一)建立基本药物制度总目标是：保障全市居民基本用药需求，维护健康公平，实现人人享有基本医疗服务，不断提高人民群众健康水平。

(二)建立基本药物制度具体目标是：2011 年 3 月底前，全市所有医院(门诊部)、城市社区卫生服务中心、社区卫生服务站(村卫生室)全部纳入实施范围，必须按规定配备和使用基本药物，实行零差率销售。到 2011 年底，建立较为完善的基本药物制度。

四、配备使用、补偿与报销

(一)配备使用与补偿

在三级医疗服务网络框架下，根据医疗机构不同性质及规模配备和使用国家基本药物目录(2009 年版 307 种，下同。)及省增补基本药物目录(2009 年版 292 种，下同。)内药物，并按照省集中采购中心通过集中采购确定的采购价格，实行零差率销售；实行基本药物零差率销售后，按照“补运行经费、不补药品差价”的原则，根据医疗机构性质和基本药物使用情况，执行不同的补偿政策。补偿经费纳入政府财政预算，实行总额控制。

1. 三级医疗服务网络网底：社区卫生服务站(村卫生室)

仅配备和使用国家基本药物目录内药物，使用率 100%，按照省集中采购中心通过集中采购确定的采购价格，实行零差率销售；不得使用国家目录外药物。按辖区人口30元/人为补偿基数，人口基数由市卫生局根据人口统计年报确定。

2. 三级医疗服务网络枢纽：乡镇民营医院

全部配备和使用国家及省基本药物目录内药物，使用率50%以上，按照省集中采购中心通过集中采购确定的采购价格，实行零差率销售；可使用目录外药物。按辖区人口30元/人为补偿基数，人口基数由市卫生局根据人口统计年报确定。

3. 三级医疗服务网络龙头及专科等小型医疗机构：市级及二级规模医院、专科医院、门诊部(含市人民医院、中医院、第二人民医院、第三人民医院、第四人民医院、江滨医院、如皋港人民医院、博爱医院、城西医院、皮肤病专科医院、康美妇科医院、眼科医院、文慈医院、振国肿瘤中医门诊部)

全部配备和使用国家及省基本药物目录内药物，使用率30%以上，按照省集中采购中心通过集中采购确定的采购价格，实行零差率销售；可使用目录外药物。以基本药物实际使用总金额的30%为补偿基数。其中，市人民医院、中医院、市第二人民医院履行城市社区服务中心职能，实施基本药物制度，另给予定额补助。

(二)报销

国家及省增补的基本药物全部纳入城镇职工基本医疗保险、城镇居民基本医疗保险和新型农村合作医疗报销范围，按上级规定，逐步提高基本药物报销比例，使之高于非基本药物报销比例。

五、药品采购与配送

(一)选购品规

根据省药品集中采购中心在省药品集中采购与监管平台公布的采购目录中选购品规。

(二)采购方法

实施基本药物目录的医疗机构根据采购目录提供的基本药物剂型、规格，确定本单位每次药品采购品规、生产厂家和采购数量，编制采购计划，并按照如皋市基本药物网上集中采购流程，统一在“江苏省医疗机构药品集中采购与监管平台”上进行网上申报采购计划，与省药品采购中心签订委托协议。采购计划经市卫生局审核汇总后报南通市卫生局，由南通市卫生局审核汇总后报省药品集中采购中心。

(三)购销合同

由省药品集中采购中心代表各采购医疗机构与供货企业签订购销合同，明确品种、剂型、规格、数量、价格、供货时间和地点、付款时间、履约方式、违约责任等，并负责合同的履行。

(四)配送

实施基本药物制度后，各采购医疗机构原则上基本药物直接向生产企业采购，由生产企业委托经营企业配送或直接配送。在此之前，基本药物继续由入围候选品种的生产企业直接委托入围候选的配送企业统一配送。

(五)货款支付

1. 建立采购付款制度，在市卫生局设立基本药物结算专用账户，制定付款流程和办法，对各采购医疗机构基本药物货款进行统一支付。各采购医疗机构在申请采购药物时，将预算货款拨付基本药物结算专户。预算货款不到位的，其基本药物采购申请不予受理。

2. 网上采购药品配送到各采购医疗机构后，各采购医疗机构应仔细查验，确认无误后及时完成药品验收入库及网上确认，提出用款计划申请。

3. 省药品集中采购中心根据基层医疗卫生机构药品验收入库网上确认，及时出具网上采购数量证明。

4. 市卫生局接到省药品集中采购中心网上采购数量证明后，根据采购合同和用款计划申请，及时完成与药品配送企业或生产企业的药款结算和支付，确保从交货验收到付款时间不超过30天。

5. 各采购医疗机构要根据30天周转期设立基本药物采购周转金，确保基本药物货款及时足额支付。

六、考核管理

(一)分级考核

建立基本药物使用分级考核机制，社区卫生服务站(村卫生室)由各镇卫生所负责考核，市卫生局抽查复核；乡镇民营医院、市级及二级规模医院、专科医院(门诊部)由市卫生局负责考核。

(二)考核指标

分为一般指标与否决指标

1. 一般指标

1.1 社区卫生服务站(村卫生室)考核指标：

1.1.1 基本药物使用金额占比：国家基本药物使用金额占全部药物销售金额之比达到100%；

1.1.2 辖区人均基本药物使用金额达到全市

社区卫生服务站(村卫生室)基本药物使用金额人均值的90%以上;

1.1.3公共卫生服务项目实施情况;

1.1.4依法执业情况;

1.1.5年门诊诊疗人次不低于全市社区卫生服务站(村卫生室)平均水平;

1.1.6履行购销合同情况;

1.1.7社会满意率大于等于90%。

1.2乡镇民营医院考核指标

1.2.1基本药物使用金额占比:基本药物使用金额占全部药物销售金额之比达到50%以上;

1.2.2辖区人均基本药物使用金额达到全市乡镇民营医院基本药物使用金额人均值的90%以上;

1.2.3次均门诊费用增幅低于城乡居民可支配收入的平均增幅;

1.2.4次均住院费用增幅低于城乡居民可支配收入的平均增幅;

1.2.5年门诊诊疗人次及住院人次不低于上年同期水平;

1.2.6合作医疗实际补偿率:合作医疗实际补偿率不低于45%;

1.2.7依法执业情况;

1.2.8完成公共卫生服务工作任务情况;

1.2.9执行岗位绩效工资制度情况;

1.2.10履行购销合同情况;

1.2.11社会满意率大于等于85%。

1.3市级及二级规模医院、专科医院(门诊部)考核指标:

1.3.1基本药物使用金额占比:基本药物使用金额占全部药物销售之比达到30%以上;

1.3.2次均门诊费用增幅低于城乡居民可支配收入的平均增幅;

1.3.3次均住院费用增幅低于城乡居民可支配收入的平均增幅;

1.3.4年门诊诊疗人次及住院人次不低于上年同期水平;

1.3.5合作医疗实际补偿率市级医院不低于40%、其他机构不低于45%;

1.3.6依法执业情况;

1.3.7完成公共卫生服务工作任务情况;

1.3.8执行岗位绩效工资制度情况;

1.3.9履行购销合同情况;

1.3.10社会满意率大于等于85%。

2. 否决指标

医疗机构有下列违规行为之一的,给予警告、通报批评,仍不改正的,社区卫生服务站(村卫生室)视情扣减补助1000元至1万元,医院(门诊部)视情扣减补助1万元至10万元,直至取消基本药物定点机构、新型农村合作医疗定点机构及城镇职工(居民)医保定点机构资格。

2.1不按规定要求网上订购基本药物的;

2.2不及时结付药款的;

2.3恶意虚假订购的;

2.4篡改订单的;

2.5因商业贿赂等违法违规行为受到查处的;

2.6以目录内药物替换目录外药物的;

2.7不执行基本药物零差率销售,擅自加价的;

2.8不按规定执行岗位绩效工资制度的;

2.9经有关部门认定的违法违规行为。

七、补偿费用结算

(一)结算时间

对补偿费用每两月结算一次,结算月15日前结算上两月费用,结算核定基数的70%,其余30%年终考核结算。

(二)平时结算考核

1. 社区卫生服务站(村卫生室):以双月度基本药物使用金额占比、双月度辖区人均基本药物使用金额与全市社区卫生服务站(村卫生室)基本药物使用金额人均值的90%之比为考核指标。达到规定要求的,结算核定基数的70%,达不到规定要求的,按比例扣减;其余年终考核结算。

2. 乡镇民营医院:以双月度基本药物使用金额占比、双月度辖区人均基本药物使用金额与全市乡镇民营医院基本药物使用金额人均值的90%之比为考核指标。达到规定要求的,结算核定基数的70%,达不到规定要求的,按比例扣减;其余年终考核结算。

3. 市级及二级规模医院、专科医院(门诊部):以双月度基本药物使用金额占比为考核指标。达到规定要求的,结算核定基数的70%,达不到规定要求的,按比例扣减;其余年终考核结算。

(三)年终结算考核

1. 社区卫生服务站(村卫生室):以年度基本药物使用金额占比、年度辖区人均基本药物使用金额与全市社区卫生服务站(村卫生室)基本药物使用金额人均值的90%之比、综合考核评分为考核指标。结算核定基数的30%,总额不超过核定总额。

2. 乡镇民营医院:以年度基本药物使用金额占比、年度辖区人均基本药物使用金额与全市乡镇民营医院基本药物使用金额人均值的90%之比、综合考核评分为考核指标。结算核定基数的30%,总额不超过核定总额。

3. 市级及二级规模医院、专科医院(门诊部):以年度基本药物使用金额占比、综合考核评分为考核指标。结算核定基数的30%,总额不超过核定总额。

(四)资金拨付

市财政局根据年度预算,按序时足额拨付到市卫生局,由市卫生局根据序时及考核情况与各医院及各镇卫生所结算。

八、工作要求

(一)思想认识到位。

(二)分工协同到位。

(三)考核管理到位。

(四)宣传引导到位。

——摘自1月31日《市政府关于印发〈如皋市基本药物制度实施办法(试行)〉的通知》(皋政发〔2011〕25号)

如皋市城乡困难群众医疗救助办法

第一条 (略)

第二条 本办法所称医疗救助,是指政府对患病的城乡困难群众,在获得城镇职工、城镇居民医疗保险,新型农村合作医疗补偿以后,其个人负担医疗费用仍然过重,并影响其家庭基本生活,给予适当救助的行为。

第三条 城乡困难群众医疗救助工作,坚持属地管理、适度救助、稳健运行、公开公正公平的原则。

第四条 城乡困难群众医疗救助工作在市政府领导下,由市民政局、卫生局、人力资源和社会保障局负责,市医疗救助办公室、市医疗保险管理处和市新型农村合作医疗管理办公室具体实施。市政府成立由分管副市长任组长,市民政局、财政局、卫生局、人力资源和社会保障局、总工会、审计局、监察局等部门为成员的城乡困难群众医疗救助工作领导小组,下设医疗救助工作领导小组办公室,办公室主任由市民政局局长担任。

第五条 市民政局是城乡困难群众医疗救助工作牵头部门,负责组织、协调和检查指导工作,并将核定审批的救助对象花名册分类提供给市人力资源和社会保障局、卫生局。

第六条 市财政局负责城乡医疗救助基金的筹集、核定和拨付,并会同有关部门加强医疗救助资金监管,确保专款专用。

第七条 市卫生局负责加强对医疗卫生机构开展医疗服务和落实医疗救助政策规定的情况进行监管,规范医疗服务行为,提高服务质量;负责新型农村合作医疗与医疗救助的衔接工作;负责对参加新型农村合作医疗对象中的困难群众医疗救助金的结算管理工作;每月10日前将上月医疗救助情况送市民政局。

第八条 市人力资源和社会保障局负责城镇职工医保、居民医保与医疗救助的衔接工作;负责对参加城镇职工、城镇居民医保对象中的困难群众医疗救助金的结算管理工作;每月10日前将上月医疗救助情况送市民政局。

第九条 市总工会负责核定特困职工对象,并将核定审批的特困职工对象花名册提供给市民政局。

第十条 市审计局、监察局负责对城乡困难群众医疗救助资金的使用和救助情况实施审计监督,确保救助资金的合理正确使用,坚决遏制弄虚作假、挤占、挪用等现象的发生。

第十一条 医疗救助对象:

(一)农村“五保”和城镇“三无”对象;

(二)城乡“低保”对象;

(三)享受民政部门定期定量生活补助费的60

年代精简退职职工；

(四)重点优抚对象(一至六级和离休的伤残军人以及1954年11月～1956年6月享受地方定补人员除外)；

(五)市总工会核定的特困职工对象；

(六)因患重大疾病导致生活困难，且无自救能力，经村(居)委会公示7天无异议的城乡居民。

第十二条　享受医疗救助的对象，必须按照规定及时足额缴纳城镇职工、城镇居民医保和新型农村合作医疗个人基金。

第十三条　城乡低保对象、农村五保对象、城镇“三无”对象、享受民政部门定期定量生活补助费的60年代精减退职职工、重点优抚对象(一至六级和离休的伤残军人以及1954年11月至1956年6月享受地方定补人员除外)、市总工会核定的特困职工对象，经县级以上医疗机构诊断为恶性肿瘤、尿毒症、白血病、器官移植、血友病、失代偿期肝硬化、骨结核、红斑狼疮、再生障碍性贫血、儿童先天性心脏病的，可申领一次性救助金2000元。

第十四条　城乡低保对象、农村五保对象、城镇“三无”对象，年度自负医疗费按照50%的比例给予医疗救助。每人每年累计救助金额不超过4万元。

第十五条　因患恶性肿瘤、尿毒症、白血病、器官移植、血友病、失代偿期肝硬化、骨结核、红斑狼疮、再生障碍性贫血、儿童先天性心脏病疾病，导致生活困难，且无自救能力的城乡居民，年度自负医疗费3万元以上的部分，按照50%的比例给予医疗救助，每人每年累计救助金额不超过4万元。

除以上病种外，因患其他重大疾病，导致生活困难，且无自救能力的城乡居民，年度自负医疗费3万元以上的部分，按照30%的比例给予医疗救助;6万元以上的部分，按照50%的比例给予医疗救助。每人每年累计救助金额不超过4万元。

第十六条　医疗救助对象因下列情况发生的医疗费用，将不予救助：打架斗殴、吸食毒品、交通肇事、工伤事故、酗酒伤害、赌博肇事、自购药品、康复医疗等。

第十七条　城乡困难群众医疗救助由市定点医疗机构提供医疗救助服务。疑难重症需转市外上一级医疗机构就诊的须按城镇职工、城镇居民基本医疗保险和新型农村合作医疗制度的有关规定办理转院登记手续。

第十八条　提供医疗救助服务的定点医疗卫生机构，应在规定的范围内，按如皋市城镇职工、城镇居民医保和新型农村合作医疗用药目录、诊疗项目目录及医疗服务设施目录，为医疗救助对象提供医疗服务，并要完善和落实各种诊疗规范及管理制度，保证服务质量，控制医疗费用。

第十九条　医疗救助程序：

(一)第十三条医疗救助对象需提供县级以上医疗机构诊断报告和相关部门证明材料，户主及本人户口簿、身份证复印件，填写“如皋市城乡困难群众医疗救助申请表”，经村(居)委会核实、镇政府审核，报市医疗救助办公室审批，救助资金通过金融机构打卡发放。

(二)第十四条医疗救助对象在如皋市范围内治疗的，凭医疗保险卡在医疗单位收费窗口按照规定出院结算、即时救助。

(三)第十五条医疗救助对象以及转市外就诊的医疗救助对象的医疗费，分别经市医疗保险管理处、市新型农村合作医疗办公室按照有关规定报销后，凭结算单据（盖章）、出院小结、村（居）委会公示件、经新农合或医疗保险管理处核准的医疗总费用、已报销费用和本条第一项相关材料报市医疗救助办公室审批，救助资金通过金融机构打卡发放。

第二十条　城乡困难群众医疗救助基金，通过财政预算和社会捐赠等渠道筹集解决：

(一)市财政每年预算，并随着经济社会的发展，逐年增加医疗救助资金；

(二)每年从福利彩票公益金留成中安排不低于10%的资金用于医疗救助；

(三)省、市级财政对如皋市的医疗救助补助；

(四)市慈善会在每年“一日捐”中安排10%的资金用于医疗救助；

(五)市残联每年在残疾人就业保障金中安排10%的资金用于医疗救助；

(六)市总工会每年在工会费中安排5%的资金用于医疗救助；

(七)社会组织、团体和个人捐赠或捐助；

(八)医疗救助基金的利息收入；

(九)按规定可用于医疗救助的其他资金。

第二十一条　市财政局建立医疗救助基金财

政专户，实行专户管理、专账核算、专款专用。如当年医疗救助资金发生缺口，由市财政统筹安排，结余部分结转下年使用，不得抵作下年预算指标。

第二十二条　如皋市范围内的医疗单位收费窗口，按照第十四条规定即时结算的医疗救助资金，由市财政局会同市医疗保险管理处和市新型农村合作医疗管理办公室，按照城镇职工、城镇居民医保和新型农村合作医疗资金同步给付。

第二十三条　对侵占、挪用医疗救助资金的机构，其责任人由所在单位或主管机关严肃处理；造成损失的，应予赔偿；构成犯罪的，依法追究刑事责任。

医疗救助经办机构及经办人员因工作失职或徇私舞弊、滥用职权造成救助资金流失的，追究有关部门和有关人员的责任；构成犯罪的，依法追究刑事责任。

第二十四条　定点医疗卫生机构和医务人员，在医疗救助的诊断、治疗、处方等医疗环节中，有弄虚作假、徇私舞弊等行为的，取消定点医疗资格；违法的追究相应的法律责任。

第二十五条　医疗救助对象必须接受社会和群众的监督，对骗取医疗救助资金的，将如数追回全部医疗救助资金，并取消两年的医疗救助资格。

第二十六条　本办法由市民政局负责解释。

第二十七条　本办法自 2011 年 6 月 1 日起试行，原《如皋市城乡医疗救助办法》(皋政发〔2009〕102 号)自本办法生效之日起废止。

——摘自 5 月 31 日《市政府关于印发〈如皋市城乡困难群众医疗救助办法〉的通知》(皋政规〔2011〕2 号)

市政府办公室
关于如皋市被征地农民基本生活保障与农保、企保重复参保及重复享受待遇的处理意见

皋政办发〔2011〕156 号

(摘录)

一、已参加新型农村社会养老保险(以下简称新农保)，后纳入被征地农民基本生活保障(以下简称失保)，目前尚未达到新农保享受养老金年龄(未满 60 周岁)的人员：

1. 可以继续参加新农保并按规定缴费，享受参保财政补贴，待其达到享受新农保养老金年龄(满 60 周岁)后，在按规定享受失保养老待遇的同时，叠加享受新农保个人账户养老金。

2. 不愿意继续参加新农保缴费的失保人员，可以采取一次性结清新农保个人账户总额，终止新农保关系，按规定享受失保养老待遇。

3. 既不愿意继续参加新农保缴费，又不愿意一次性结清新农保个人账户的失保人员，可将其积累的新农保缴费个人账户封存，待其到达享受农保养老金年龄(满 60 周岁)后，在按规定享受失保待遇的同时，叠加享受所封存的新农保个人账户养老金。

二、已享受(或应领取)新农保个人账户养老金，后纳入失保的人员：

1. 将领取(或应领取)的新农保个人账户养老金并入失保，与按规定享受的失保养老待遇叠加享受。

2. 按规定已享受的农村居民基础养老金一并转入失保。

3. 新农保个人账户养老金及农村居民基础养老金的资金列支渠道不变。

三、已享受失保养老待遇，但未享受农村居民基础养老金 60 周岁以上的失保人员：

1. 可按新农保规定，申报享受农村居民基础养老金。

2. 同一参保人员，基础养老金不得重复享受。

四、失保人员参加企业职工基本养老保险(以下简称企保)，未到达享受企保养老金年龄的：

1. 可以在享受失保生活补助费待遇的同时，

继续参加企保并按企保规定标准缴费。

2. 愿意将失保并入企保的，按照市政府《关于被征地农民基本生活保障工作的补充意见》（皋政发〔2009〕55号）文件精神：原被征地农民基本生活保障个人账户资金有结余的，连同从统筹基金中划出2000元奖励资金，可一并转移到企保经办机构计算补缴职工养老保险费，原享受被征地农民基本生活保障的年限可以照顾补缴企保养老保险费，计算缴费年限。

3. 失保人员累计缴纳企保5年以上，本人不愿将失保个人账户并入企保的，或因考入公务员、事业单位在编人员等已具有稳定社会保障的人员，可由本人书面申请，将失保个人账户余额一次性领取，终止失保关系。

五、失保人员参加企保，到达享受企保养老金年龄的：

1. 在按规定享受企保养老待遇的同时，可叠加享受失保个人账户养老金待遇，但不得享受失保的社会统筹待遇。

2. 可由本人申请，将失保个人账户余额一次性领取，终止失保关系，按规定享受企保养老待遇。

（2011年6月20日）

市人民政府
关于加快发展社会养老服务事业的意见

皋政发〔2011〕93号

（摘录）

一、加快发展养老服务事业的总体思路

（一）指导思想：以科学发展观为指导，坚持以人为本、为民解困、为民服务的宗旨，积极探索政府资助、倡导社会力量兴办养老服务事业的新路子，建立与社会主义市场经济体制相适应的养老服务事业发展机制和运行机制，推进养老服务事业健康有序发展，为实现“迈进基本现代化，建设美好新如皋”的宏伟目标，发挥积极作用。

（二）基本原则：坚持服务对象公众化、服务方式多样化、投资主体多元化、服务队伍专业化、运作机制市场化、城乡发展一体化原则，建立健全养老服务网络，提升服务水平。

（三）任务目标：到2015年，全面建成以居家养老为主体、社区服务为依托、机构养老为辅助，覆盖全体老年人的养老服务保障体系。其中，2011年底各类养老机构床位总量达到全市老年人口的2.5%以上，2012年底各类养老机构床位总量达到全市老年人口的3%以上，各镇（园、区）至少建立一所社会力量兴办的养老机构。各类养老机构服务人员和居家养老服务组织从业人员，都必须经职业技能培训后持证上岗。

二、完善社会养老服务事业的扶持政策

（四）享受政策扶持的范围。社会力量依照民政部《社会福利机构管理暂行办法》（民政部1999年第19号令）举办的非营利性养老服务机构，经民政部门审核和审批，凭民政部统一制发的社会福利机构设置批准证书可享受有关政策扶持和优惠。属于医疗机构的，先按《医疗机构管理条例》的有关规定办理相关手续。

（五）项目审批政策。对符合规划的养老服务设施项目，有关部门要给予优先审批。对列入规划的包括原来已经建成的养老服务设施，任何单位不得挤占或改变性质。因国家建设需要搬迁或占用的，应按照有关搬迁办法给予补偿或异地安置。对纳入建设规划的养老服务设施项目要优先安排、依法供地。

（六）政府资助政策。政府财政部门对养老机构和居家养老服务组织实行资助扶持。对社会力量兴办（新建）的养老机构（实际床位数30张以上），经有关部门验收合格，并正常运营的，按每张床位2400元的标准分3年（50%、30%、20%）给予资助；对社会力量兴办（新建）的养老机构，以入住6个月以上的当地户籍老人数，给予养老机构每月30元的床位补贴。对取得ISO质量体系认证和示范性养老机构验收合格的各类养老机构和居家养老服务站（中心）给予一次性3万元的奖励补贴。政府资助的建设补贴和运营补贴资金主要用于养老服务机构项目建设、运行补助和提供“援助服务”

等。扶持资金随时接受民政、财政、审计等部门的检查和监督。

市、镇福利院、敬老院在保障“三无”、“五保”老人入住的前提下，应积极收住社会老人。对收住寄养如皋市户籍的社会老人给予运营补贴。

对社会力量兴办(新建)的养老机构按床位给予的建设资助及以入住人数给予的运营补贴，由市、镇财政各半负担。对市、镇福利院、敬老院收住寄养如皋市户籍的社会老人给予的运营补贴，由市、镇各自负担。

(七)税费减免政策。经民政部门审批认定的养老机构和居家养老服务组织等社会福利机构，除所涉及的税收按国家现行优惠税收规定执行外，可减免有关费用。免收按职工人数收取的城市人防建设资金、残疾人就业保障金、规划技术服务费、城市基础设施配套费、新型墙体基金、地方教育附加、绿化补偿或占用绿地费；暂不征收污水排污费；减半收取人防工程易地建设费、义务植树费；减半收取房屋产权登记费；用水、用电、用气按居民生活类价格执行收费；安装、使用电话及办理其他有关电信业务执行住宅电话资费标准；安装有线(数字)电视按苏价服〔2009〕88号和苏价服〔2009〕239号文件相关规定享受优惠政策。

(八)基本医疗保险定点政策。养老机构如开展诊疗护理康复服务的，应根据《医疗机构管理条例》取得执业许可证，申请城镇职工、居民基本医疗保险和新农合定点机构的，人力资源与社会保障和卫生部门应优先考虑，审查合格的，根据有关规定发给定点医疗机构资格证书，并向社会公布，享受定点医疗机构和新农合相关政策。

(九)培训和用工政策。对养老机构和居家养老服务组织吸纳持有再就业优惠证的人员，以政府购买的方式免费提供养老护理、家政服务等相关职业技能培训，培训后经国家认定职业技能鉴定合格的发给相应的职业资格证书，持证上岗可申请享受社会保险政策。

(十)社会捐助政策。养老机构和居家养老服务组织，可按社会福利机构规定接受国内外组织和个人的捐赠。所接受款物全部用于改善收(寄)养对象的生活和设施，并接受捐赠人和有关部门的监督检查。

三、进一步规范社会养老服务事业

(十一)建立完善养老服务行业管理机制。严格养老服务的社会福利机构认定工作。对申请认定社会福利机构的养老机构和居家养老服务组织，民政部门要会同住建、安监、公安、卫生、消防等部门按照建设部、民政部《老年人建筑设计规范》和民政部《老年人社会福利机构基本规范》，对建筑设计、消防安全、床位设置、服务设施等方面以及服务人员配备进行严格验收，向社会进行公示，符合规定条件后方可认定为社会福利机构。

(十二)建立定期检查制度。民政部门会同相关部门，依照民政部《老年人社会福利机构基本规范》标准，对养老机构和居家养老服务组织进行定期检查。对达不到要求的责令限期整改；对不执行整改或整改以后仍达不到要求的，停止社会福利机构享受的各种扶持政策，并向社会公布处理结果；对盗用社会福利机构名义骗取各种扶持政策的，有关部门有权中止并追回相应的减免资金和资助经费；对违反法律法规的要依法追究有关法律责任。

(十三)培育发展养老服务行业协会。由民政部门牵头组织各类养老机构和居家养老服务组织建立养老服务行业协会，通过行业协会加强行业自律和自我管理。

(2011年7月16日)

市政府办公室
关于调整2012年新型农村合作医疗有关政策的通知

皋政办发〔2011〕239号

(摘录)

一、新型农村合作医疗基金筹集

(一)新型农村合作医疗工作坚持“政府组织、部门配合、自愿参与、互助共济、科学管理、民主监督”的原则。农村居民参加新型农村合作医疗，为抵御疾病风险而履行缴费义务，不视为增加农民负担。

（二）新型农村合作医疗基金实行个人缴费，省、市、县、镇政府补助，鼓励和倡导社会各界予以资金支持。按照省及南通市统一部署，结合如皋市实际，2012年合作医疗基金筹资标准调整暂定为人均320元，全市以镇为单位参合农民统计参合率必须达到100%，农民以户为单位每人自缴80元、各级财政补助人均240元。

（三）农村居民（含农村中小学生）以户为单位参加户籍所在地的新型农村合作医疗。参合农民必须以家庭为单位在规定的时间内足额缴纳个人参合资金，办理参（续）合手续。农村“五保”人员、“低保”人员、孤儿个人缴费部分由镇财政承担；1954年10月以前入党的农村老党员个人缴费部分由市委组织部牵头各镇及相关部门负责解决。

二、新型农村合作医疗基金分配与使用

根据合作医疗基金分配与使用的有关原则，合作医疗基金分为：门诊费用补偿基金、住院费用补偿基金（含特殊慢性病及特殊病种费用补偿基金）、预防保健基金和风险储备金。

（一）门诊费用补偿基金。门诊医药补偿基金，人均80元，主要用于参合农民普通门诊费用补助。

参合农民凭合作医疗卡在如皋市合作医疗定点医疗机构和村社区卫生服务站发生的门诊费用按比例实行即时结报，定点医院每月与市合管办结算垫付的补偿费用，村社区卫生服务站每月与镇卫生所结算垫付的补偿费用，镇卫生所统一与市合管办结算补偿费用。村社区卫生服务站按符合补偿范围门诊费用的50%补偿，每人次限补10元，日封顶15元；一级及二级合作医疗定点医疗机构按符合补偿范围门诊费用的30%补偿，每人次限补15元，日封顶20元；全年以家庭为单位可获得人均80元的普通门诊费用限额补助。

（二）住院医疗费用补偿基金（含特殊慢性病及特殊病种费用补偿基金）。住院医疗费用补偿基金（含特殊慢性病及特殊病种费用补偿基金），人均228元，用于参合农民住院医疗费用的补偿和特殊慢性病及特殊病种费用补偿。

参合农民在如皋市定点医疗机构住院发生的符合新型农村合作医疗基本用药目录和诊疗项目范围500元以上的医药费用，一级医院补助75%，二级医院补助65%；经转诊审批在市外特约医疗机构住院治疗发生的符合新型农村合作医疗基本用药目录和诊疗项目范围500元以上的医药费用补助50%，未经转诊审批或在市外非特约医疗机构住院治疗发生的符合新型农村合作医疗基本用药目录和诊疗项目范围500元以上的医药费用补助40%；因疾病因素、非他人因素造成的外伤住院发生的符合新型农村合作医疗基本用药目录和诊疗项目范围500元以上的医药费用按相应级别医院医药费补助标准的80%予以补助，市内住院治疗由经治定点医疗机构鉴定并审核即时结报（各定点医疗机构建立外伤鉴定小组，由鉴定小组审核鉴定提出初步意见，经医院分管领导审批后给予结报）；重性精神病人住院发生的医药费用年终经专业机构审核确认后予以补助；参合农民每人每年的累计补助总额最高为10万元；参合农民住院费用实行保底补偿，实际补偿率达到30%。参合农民在如皋市合作医疗定点医疗机构发生的住院医药费用补助实行即时结报（未实行即时结报而采取手工结报的补助比例相应降低2%），合作医疗定点医疗机构在参合农民出院时代为垫付，并进行公示，然后与市合管办按月结算。在市外医疗机构住院就诊的补助结报资料，由各镇卫生所先行审核，经市合管办复核审批公示后，按季结报。

参合农民患有白血病、肾功能衰竭透析治疗、器官移植抗排异治疗、再生障碍性贫血和多发性骨髓瘤五种特殊病种，医治费用巨大，极易导致因病返贫。其在一级医院以上医疗机构发生住院及门诊费用先按住院政策执行，然后个人自付医药费用全年累计超过5000元以上部分，给予大额医疗费用补助，5001～20000元的补助60%，20001元以上部分补助70%；患有上述五种特殊病种的参合农民，到市新型农村合作医疗管理委员会办公室办理病情确认登记手续后1个月内办理费用补助结报。

门诊特殊慢性病，是指某些需要较长时间持续性门诊治疗、费用较多、对农民家庭生活影响较大的疾病。列入合作医疗补助的门诊特殊慢性病范围为以下五种：恶性肿瘤、失代偿肝硬化、系统性红斑狼疮、骨结核、重性精神病。参合农民患有上述疾病在一级以上医院发生的门诊医药费用予以

70%的补助,补助总额最高为3000元,补助资料由各镇年底集中代为受理,经市合管办审核、公示后予以发放。当年已得到住院补偿的不再享受门诊特殊慢性病的补助。

(三)预防保健基金。预防保健基金人均2元,主要用于国家规定的免费预防保健服务和艾滋病、结核病、麻风病等重点传染病诊疗费用支出。

(四)风险储备金。风险储备金人均10元,用于基金的财务透支、意外情况的应急处理等。

三、工作要求

(一)进一步加大组织推进力度。

(二)进一步加强合作医疗定点机构的监管。

(三)进一步加强合作医疗基金的管理。

四、其他

以前合作医疗政策有与本通知精神不一致的,以本通知精神为准。相关调整政策从2012年1月1日起执行。

(2011年11月11日)

重要文件目录

中共如皋市委(皋委发)

5号　关于推进社会管理创新工作的实施意见

7号　关于争创全省首批法治县(市)的实施意见

10号　关于进一步完善选拔优秀村(社区)党组织书记进入镇级领导班子或享受副科级待遇的意见

11号　关于表彰2010年度民营经济发展先进单位的决定

12号　关于印发《如皋市中长期人才发展规划纲要(2011~2020)》的通知

15号　关于印发《如皋市"十二五"人才发展规划》的通知

18号　关于鼓励建筑业转变发展方式、提升核心竞争力的实施意见

23号　关于深入推进全市学习型领导班子、学习型干部队伍建设的意见

28号　关于做好如皋市2011年度农民负担监督管理意见

32号　关于加强全市各级纪检监察组织建设的实施意见

33号　关于加强和改进新形势下工会工作的若干意见

34号　关于进一步加强行业商会建设的意见

35号　关于加快开发开放、加快转型升级、全力创建国家级经济技术开发区的意见

36号　关于加强工业项目集约节约用地的意见

40号　关于印发《如皋市拥军优属工作若干规定》的通知

49号　关于加强自身建设的意见

56号　关于建立健全创建全国文明城市长效机制的意见

61号　关于进一步加强作风与效能建设的意见

63号　关于进一步深化和完善主功能区行政授权的意见

64号　关于进一步完善市委总督查交办、督办、查办、问责工作机制的意见

67号　关于实施"一村两名大学生'村官'"计划推进"3112"培养工程的意见

70号　关于加强和改进新时期党史工作的意见

72号　关于调整市镇(区、园)财政管理体制的通知

73号　转发市委宣传部、市司法局《关于在全市公民中开展法制宣传教育的第六个五年规划》的通知

74号　关于加快水利改革发展推进水利现代化建设的意见

75号　关于加快发展村级集体经济的若干意见

76号　关于建设江苏省职业教育创新发展实验区的意见

77号　关于进一步推进农村土地承包经营权流转的指导意见

80号　关于大力促进教育培训产业又好又快发展的实施意见

81号　关于2012年加快现代农业发展的指导意见

83号　关于加快推进主功能区城市现代化的

意见
84 号　关于主功能区加快现代化建设的意见
85 号　关于加快主功能区现代产业体系建设的意见
86 号　关于进一步完善主功能区体制机制的意见
92 号　转发市人大常委会党组《关于做好市镇人民代表大会换届选举工作的意见》的通知
93 号　关于贯彻落实党的十七届六中全会《决定》、深入实施文化建设工程、加快推进文化强市建设的意见
94 号　关于深化爱心城市建设的指导意见
95 号　关于印发《如皋市人民医院管理体制和运行机制改革实施方案》的通知
96 号　关于加快残疾人事业发展的实施意见
99 号　关于深入实施转型升级工程的意见
100 号　关于深入推进民生幸福工程的意见
101 号　关于 2012 年"六城同创"工作的意见
102 号　关于深入实施农业现代化工程的意见
103 号　关于深入实施党建工作创新工程的意见
105 号　关于进一步加强培养选拔年轻干部工作的意见
106 号　关于进一步发挥党代表作用的实施意见
107 号　关于完善优秀村(社区)党组织书记激励政策的实施意见(试行)
108 号　关于印发《如皋市重要岗位领导干部重大行为重点监督管理办法》的通知
110 号　关于印发《如皋市工业经济转型升级行动计划(2011～2015 年)》的通知
111 号　关于实施创新驱动战略、推进科技创新工程、加快建设创新型城市的若干意见
112 号　关于 2012 年度深入实施新农村建设"十大工程"的意见
113 号　关于深入推进社会管理创新工程、争创社会管理示范城市的实施意见
114 号　关于加快现代服务业转型升级的实施意见最新
115 号　关于推进生态文明建设工程的意见
116 号　关于促进文化产业跨越发展的意见
117 号　关于进一步促进建筑业转型升级的实施意见

如皋市人民政府(皋政发)

1 号　关于做好 2011 年度水利建设工作的意见
17 号　关于进一步推进 2011 年社会综合治税工作的意见
25 号　关于印发《如皋市基本药物制度实施办法》(试行)的通知
31 号　关于加快我市供销合作社改革发展的意见
33 号　关于加强农村环境保护工作的意见
34 号　关于加强统计工作的意见
39 号　关于进一步加强行政机关负责人行政诉讼出庭应诉工作的通知
55 号　关于进一步规范建设用地规划审批与执行的意见
74 号　关于进一步加强职业技能培训工作的意见
75 号　关于调整征地补偿标准的通知
75 号　关于推进农机化重点工作的意见
77 号　关于划转城市管理领域相关行政处罚职能的通知
81 号　关于加快科技金融服务体系建设的意见
91 号　关于进一步改革和创新全市流动人口服务和管理工作的意见
92 号　关于印发《如皋市技防建设 2011～2013 年规划》的通知
93 号　关于加快发展社会养老服务事业的意见
103 号　关于实施质量强市战略的意见
119 号　关于加快推进建筑业信息化建设促进产业转型升级的意见
121 号　关于进一步促进现代港口物流业发展的若干意见
123 号　关于印发《如皋市市直公物仓资产管理暂行办法》的通知
125 号　关于印发《如皋市全民健身实施计划(2011～2015 年)》的通知
134 号　市政府关于印发《江苏省创新型城市如皋试点工作实施方案》的通知
144 号　关于严禁政府机关及企事业单位向社会公众违规集资的通知
156 号　关于创建江苏省公共文化服务体系示范区的意见

158号 关于加强港口岸线管理提高资源利用效率的意见
172号 关于贯彻《南通市政府关于扶持集体经济薄弱村发展的意见》实施办法
173号 关于改善中小企业经营环境促进经济健康发展的意见
175号 关于印发《如皋市医疗机构设置规划(2011～2015年)》的通知
186号 关于推行统计"一套表"制度改革工作的意见

中共如皋市委办公室　市政府办公室(皋办发)

4号 关于开展长安县(市)创建工作的实施意见
16号 关于实施"222"人才引进工程的意见
17号 关于印发《如皋市人才发展专项资金使用与管理办法》的通知
18号 关于实施"雉水英才"引进计划的意见
20号 关于加快推进人才强企工作的意见
21号 关于实施企业家素质提升工程的意见
24号 关于对若干群体生活补助建立自然增长机制的通知
26号 关于进一步加强和改进律师工作的意见
27号 关于开展农村集体资产清产核资和确权发证工作的实施意见
30号 关于做好2011年处理信访突出问题及群体性事件工作的意见
31号 关于进一步加强农村精神文明建设的实施意见
32号 关于对新农村建设"十大工程"开展达标镇创建活动的实施意见
35号 关于创建现代农业园区的实施意见
37号 关于加强和创新城乡社区社会管理工作的实施意见
38号 关于进一步做好党政机关厉行节约工作的通知
41号 关于加快小城镇建设转型升级的意见
53号 关于开展领导干部下基层活动的意见
54号 关于进一步加强领导干部定期接待群众来访、深入基层下访工作的实施意见
55号 印发《关于在全市村(社区)深入开展"四有一责"建设行动计划的实施意见》的通知
56号 关于深化政务公开加强政务服务的意见
57号 关于进一步规范涉企收费和行政处罚的意见
59号 关于实施"全市领导干部信息能力提升工程"的意见
60号 关于进一步优化行政审批服务的意见
61号 关于建立全市网络新闻发言人和网络评论员工作机制的意见
62号 关于加强城乡户外公益性宣传管理的意见
64号 关于建立领导干部下基层长效机制的意见
65号 关于印发《如皋市人才发展专项资金使用与管理细则》的通知
66号 关于实施"教授博士柔性进企业"活动的意见(试行)
67号 关于对新批创新创业载体及新评专家给予配套资助的意见
68号 关于进一步做好"科技镇长团"工作的意见
72号 印发《关于贯彻落实〈农村基层干部廉洁履行职责若干规定〉(试行)的实施意见》的通知
73号 印发《关于在全市开展创建落实党风廉政建设责任制示范点活动意见》(试行)的通知
74号 关于做好2012年度河道整治工作的意见
75号 关于印发《如皋市机关公务用车制度改革实施意见》的通知
78号 关于加强金融服务支持新农村建设的实施意见
79号 关于提升镇村文体设施规划建设水平充分发挥功能作用的实施意见
80号 关于开展村庄综合整治试点工作的意见
81号 关于进一步做好农作物秸秆综合利用和禁烧工作的实施意见
82号 关于完善农村环境"四位一体"长效管护机制的意见
94号 关于加强宣传文化队伍建设的实施意见
95号 关于加强村(社区)未成年人思想道德建设工作的意见

100 号　关于开展村庄生态环境整治工作的实施意见
107 号　关于加快科技创新促进全市经济转型升级的激励意见

中共如皋市委办公室(皋委办发)

2 号　关于开展科级领导干部谈心谈话活动的通知
3 号　关于印发《全市 2011 年重点工作组织推进体系》的通知
4 号　关于选派干部参与拆迁、招商实践活动的通知
7 号　关于选派市级机关干部到村(社区)任职的通知
10 号　关于进一步加强人民法庭工作的意见
14 号　关于印发《八项工程重点工作组织推进体系》的通知
18 号　关于在全市村(社区)党组织中深入开展争创"十面红旗"竞赛活动的实施意见

如皋市人民政府办公室(皋政办发)

7 号　关于 2011 年全市造林绿化工作的意见
11 号　关于印发《如皋市雨雪冰冻灾害应急预案》的通知
12 号　关于印发《如皋市土地卫片执法检查问责规定》(试行)的通知
18 号　关于印发《如皋市劳动保障群体性突发事件应急处置预案》的通知
29 号　关于提高部分原乡镇机关、事业单位编外和临时人员生活费补助标准的通知
32 号　关于印发《如皋市基本药物集中采购与配送管理办法》(试行)的通知
43 号　关于做好 2011 年被征地农民基本生活保障工作的通知
45 号　关于印发如皋市 2011 年植保防治人员意外伤害保险工作实施办法的通知
49 号　关于进一步加强公共体育设施管理工作的意见
55 号　关于加强为农服务社长效管理的实施意见
59 号　关于印发如皋市政府性投资工程建设项目标后监管暂行办法的通知
60 号　关于做好 2011 年粮食补贴工作的通知
61 号　关于印发《如皋市 2011 年长江渔业(含滩涂养殖业)安全专项治理实施方案》的通知
65 号　关于进一步加强基层法制办公室建设的意见
66 号　关于印发《如皋市重大行政争议预警机制若干规定》的通知
68 号　关于 2011 年农村公路危桥改造工程的实施意见
69 号　关于县乡道路改造工程以奖代补的实施意见
75 号　关于切实做好 2011 年对外经济合作工作的意见
77 号　关于进一步加强企业用工协调服务的工作意见
78 号　关于进一步建立健全重大项目服务推进机制的意见
79 号　关于进一步建立健全工业经济运行协调服务机制的意见
81 号　关于开展全市农村环境"四位一体"长效管理创建工作的实施意见
86 号　关于印发《如皋市 2011 年度城镇消防规划及公共消防设施建设实施计划》的通知
94 号　关于印发《如皋市澄清虚假信息或不完整信息实施细则》的通知
95 号　关于印发《如皋市主动公开政府信息移送管理实施细则》的通知
106 号　关于印发《如皋市粮食应急供应预案》的通知
117 号　关于加强特殊人群管理服务的意见
121 号　转发文化部《关于加强村级文化建设的指导意见》的通知
122 号　关于印发《如皋市市级储备粮管理暂行办法》的通知
124 号　关于明确 2011 年度如皋市农机购置财政补贴标准的通知
131 号　关于进一步调整 2011 年新型农村合作医疗有关政策的通知
135 号　关于继续深化安全生产年活动的实施意见

136 号　关于转发《如皋市特种设备安全使用管理标准化达标和分类监管实施方案》的通知

137 号　关于规范完善工业企业办理房屋产权证相关手续的通知

144 号　转发省政府办公厅《关于加快保障性安居工程建设的意见》的通知

149 号　关于进一步规范征地报批前有关程序的通知

153 号　关于如皋市数字化城市管理工作的实施意见

155 号　关于转发《南通市企业工资预警暂行办法》的通知

156 号　关于我市被征地农民基本生活保障与农保、企保重复参保及重复享受待遇的处理意见

159 号　关于开展养蚕政策性农业保险工作的通知

161 号　关于调整被征地农民基本生活保障标准的通知

166 号　关于加强镇(区、园)专业社工队伍建设的意见

167 号　关于印发《如皋市生态市创建国家级技术评估整改意见落实方案》的通知

170 号　关于完善全市农村环境“四位一体”长效管理创建工作的实施意见的通知

171 号　关于公布如皋市 2011 年度住房保障标准的通知

173 号　关于创建质量先导区工作的实施意见

178 号　关于印发《2011 年如皋市国家水稻玉米棉花良种补贴项目实施方案》的通知

179 号　关于转发市教育局《如城地区义务教育学校施教区调整方案》(试行)的通知

193 号　关于印发《如皋市重要生态功能保护区实施方案》的通知

195 号　关于进一步加强职业教育校企合作办学的意见

196 号　转发省政府办公厅《关于深入推进企业工资集体协商指导意见》的通知

197 号　关于进一步规范违法建筑强制拆除工作的紧急通知

200 号　关于促进涉港物流仓储加工企业发展的意见

201 号　关于印发《如皋市流动人口计划生育基本公共服务均等化实施意见》的通知

203 号　关于清理化解全市基层医疗卫生机构债务实施方案的通知

204 号　关于落实殡葬惠民政策和推进公益性公墓规范化建设工作的意见

210 号　关于加快相关镇镇域范围内水厂对接工程的实施意见

212 号　关于促进我市全社会研发投入快速增长的意见

216 号　关于印发《如皋市打击非法行医和非法采供血工作衔接配合暂行规定》的通知

223 号　关于开展 2011 年度新增违法用地突击整改工作的通知

228 号　关于印发《如皋市创业带动就业工作实施方案》的通知

232 号　关于印发《2011 年如皋市国家小麦和油菜良种补贴实施方案》的通知

233 号　关于调整城乡建设用地增减挂钩试点政策用地指标使用办法的通知

236 号　关于推动热电联产项目建设并限期淘汰集中供热管网范围内燃煤(油)蒸汽锅炉的实施意见

237 号　关于加强法律援助工作的意见

239 号　关于调整 2012 年新型农村合作医疗有关政策的通知

251 号　关于印发《2012～2013 年如皋市政府集中采购目录及政府采购限额标准和公开招标数额标准》的通知

252 号　关于统筹经营性土地出让净收益的通知

253 号　关于印发《如皋市全民科学素质行动计划纲要实施方案(2011～2015 年)》的通知

集体荣誉榜

如皋市先进集体荣誉榜

2011年度如皋市“百面红旗”单位

招商引资红旗单位

软件园(桃园镇) 如城镇 丁堰镇 郭园镇 白蒲镇 东陈镇 下原镇 吴窑镇

项目投入红旗单位

长江镇(如皋港区) 经济开发区(柴湾镇) 九华镇 白蒲镇 郭园镇 江安镇 石庄镇 下原镇

全民创业红旗单位

软件园(桃园镇) 东陈镇 丁堰镇 袁桥镇 九华镇 江安镇

新“六城同创”红旗单位

经济开发区(柴湾镇) 如城镇 人大办 宣传部(文明办) 城管局 交通运输局 公安局 环保局 财政局 卫生局 文广新局 工商局

服务业红旗单位

软件园(桃园镇) 如城镇 吴窑镇 九华镇 东陈镇 下原镇 白蒲镇 林梓镇

财政收入红旗单位

经济开发区(柴湾镇) 如城镇 吴窑镇 东陈镇 林梓镇 九华镇 白蒲镇 郭园镇

建筑业红旗企业

江苏南通六建建设集团有限公司
江苏江中集团有限公司
江苏宏景集团有限公司
江苏南通弘霖建设有限公司
南通大辰建设集团有限公司

房地产开发红旗企业

富达房地产开发(南通)有限公司
上海西部企业(集团)如皋地产置业有限公司
南通中润置业有限公司
南通佳弘置业有限公司
如皋金茂置业有限公司

纳税红旗企业

江苏省电力公司如皋市供电公司
德源(中国)高科有限公司
江苏力星通用钢球股份有限公司
如皋文峰大世界有限公司
江苏金元亚麻有限公司
江苏恒康家居科技有限公司
南通华东液压铸业有限公司
南通玉兔集团有限公司
南通永林船舶配套有限公司
江苏五湖粮油有限公司
江苏万达特种轴承有限公司
如皋港务集团有限公司
南通诚晖石油化工有限公司
南通诚晖石油化工有限公司

利用外资红旗企业

南通中技桩业有限公司
上海三强容器南通有限公司
南通市恒固建材科技有限公司
江苏华生汽车零部件制造有限公司
南通创源电化学科技有限公司
江苏熔盛重工有限公司
江苏宝众宝达药业有限公司
森松(江苏)重工有限公司
德源(中国)高科有限公司

江苏金元亚麻有限公司

项目投入红旗企业

江苏熔盛重工有限公司
南通荣威娱乐用品有限公司
南通泰慕士服装有限公司
南通其昌镍矿精选有限公司
南通汤始建华管桩有限公司
双钱集团(如皋)轮胎有限公司
南通市振华宏晟重型锻压有限公司
华泰重工(南通)有限公司
南通锻压设备股份有限公司
南通天泽化工有限公司
南通市电站阀门有限公司
南通安贝瑞纱业有限公司
江苏昌昇集团股份有限公司
南通华东油压科技有限公司
南通奔多电子新材料有限公司
南通爱康太阳能器材有限公司
如皋客车总厂有限公司(陆地方舟)
百川化工(如皋)有限公司
江苏意瑞达纺织科技有限公司
如皋诚信热镀锌有限公司

信息化建设红旗企业

江苏熔盛重工有限公司
江苏神马电力股份有限公司
双钱集团(如皋)轮胎有限公司
江苏昌昇集团股份有限公司
南通泰慕士服装有限公司
如皋市双马化工有限公司
江苏省如高高压电器有限公司
南通玉兔集团有限公司
江苏华灿电讯股份有限公司
江苏思源赫兹互感器有限公司

科技创新红旗单位

江苏熔盛重工有限公司
江苏省如高高压电器有限公司
江苏神马电力股份有限公司
南通泰慕士服装有限公司
江苏万达特种轴承有限公司
江苏恒康家居科技有限公司
江苏隆昌化工有限公司
如皋市恒祥化工有限责任公司
江苏联众肠衣有限公司
如皋市人民医院

新农村建设十大工程红旗单位

组织部　农　委　水务局　民政局
人社局　交通运输局　经济开发区(柴湾镇)
长江镇(如皋港区)　搬经镇　袁桥镇
高明镇　江安镇
经济开发区(柴湾镇)桥港社区
经济开发区(柴湾镇)镇南社区
长江镇(如皋港区)永丰社区
长江镇(如皋港区)平南社区
软件园(桃园镇)张八里社区
如城镇十里社区　如城镇凌青村
石庄镇思江村　袁桥镇花园桥村
常青镇土山村　林梓镇林梓社区
搬经镇搬东社区　丁堰镇赵明村
下原镇花园头村　雪岸镇万富社区
高明镇章庄社区　白蒲镇朱家桥村
东陈镇洪桥社区　磨头镇顾沈村
郭园镇薛窑社区　江安镇鄂埭村
九华镇马桥村　吴窑镇吴窑社区
石庄镇永兴社区　九华镇郑甸社区
高明镇胜利社区　白蒲镇钱园社区
磨头镇塘湾村　袁桥镇纪港村
江安镇徐柴村

小城镇建设十星级考评红旗单位

东陈镇　白蒲镇　九华镇　丁堰镇　磨头镇
郭园镇

更高水平小康建设红旗单位

经济开发区(柴湾镇)　长江镇(如皋港区)
丁堰镇　东陈镇　白蒲镇　九华镇　石庄镇
搬经镇

2011年度如皋市文明行业

市邮政系统(城中邮政支局、城西邮政支局、柴湾邮政支局、东陈邮政支局、丁堰邮政支局、白蒲邮政支局、九华邮政支局、下原邮政支局、石庄邮政支局、长江邮政支局、江安邮政支局、高明邮政支局、搬经邮政支局、磨头邮政支局)

市地方税务系统(第一税务分局、第二税务分局、第三税务分局、第四税务分局、第五税务分局、

第六税务分局、第七税务分局、稽查局）

市公安系统（看守所、拘留所、刑侦大队、交巡警大队、经侦大队、巡防大队、治安管理大队、出入境管理大队、如城刑侦中队、搬经刑侦中队、如城交巡警中队、城东交巡警中队、石庄交巡警中队、桃园交巡警中队、搬经交巡警中队、锦绣派出所、迎春派出所、丰乐派出所、皋南派出所、经济开发区派出所、柴湾派出所、东陈派出所、雪岸派出所、丁堰派出所、九华派出所、下原派出所、如皋港派出所、石庄派出所、搬经派出所、高明派出所、磨头派出所、吴窑派出所、交巡警大队车辆管理所）

市国家税务系统（第一税务分局、第二税务分局、第三税务分局、第四税务分局、第五税务分局、第六税务分局、第七税务分局、稽查局）

市烟草专卖系统

市交通运输系统（市运输管理处、如城运输管理处、城北运输管理处、丁堰运输管理处、磨头运输管理处、搬经运输管理处、石庄运输管理所、地方海事处、汽车综合性能监测站、公路管理站、航道管理站、南通汽运实业集团有限公司如皋分公司、如港公路磨头收费站）

市财政系统[经济开发区（柴湾镇）财政分局、长江镇（如皋港区）财政分局、软件园（桃园镇）财政分局、如城镇财政分局、雪岸镇财政所、东陈镇财政所、丁堰镇财政所、白蒲镇财政所、林梓镇财政所、下原镇财政所、九华镇财政所、郭园镇财政所、石庄镇财政所、吴窑镇财政所、搬经镇财政所、磨头镇财政所、袁桥镇财政所、高明镇财政所、江安镇财政所]

市文化系统（图书馆、文化馆、博物馆、文化行政综合执法大队）

市供电系统

市人民法院系统（法院立案庭、经济开发区人民法庭、白蒲人民法庭、石庄人民法庭、搬经人民法庭、磨头人民法庭、港区人民法庭）

市司法系统（法律援助中心、公证处、如一律师事务所、冠华律师事务所、金皋律师事务所、张峰律师事务所、石庄法律服务所、高明法律服务所、丁堰法律服务所、皋城法律服务所、方圆法律服务所、柴湾法律服务所、长江法律服务所、磨头法律服务所、林梓法律服务所、郭园法律服务所）

市工商行政管理系统[如城工商分局、城东（丁堰）工商分局、白蒲工商分局、长江（薛窑）工商分局、石庄工商分局、搬经工商分局、城西工商分局、磨头工商分局、经济开发区工商分局]

市国土资源系统（土地资产储备开发中心、勘测院、长江国土分局、经济开发区国土分局、如城国土分局、搬经国土资源所、石庄国土资源所、江安国土资源所、桃园国土资源所、袁桥国土资源所、九华国土资源所、吴窑国土资源所、磨头国土资源所、高明国土资源所、林梓国土资源所、郭园国土资源所、白蒲国土资源所、下原国土资源所、雪岸国土资源所、东陈国土资源所、丁堰国土资源所、常青国土资源所）

市民政系统（烈士陵园管理处、社会福利院、干休所、殡仪馆、江滨医院、民政局婚姻登记处、公墓管理处、石庄殡仪馆、福利彩票有奖募捐办公室）

市环保系统（环境监察大队、环境监测站）

市旅游系统（旅游质量监督所、旅游执法监察大队、江苏江中集团宾馆、佩尔斯大酒店、南通泛亚休闲、南通泰华大酒店、南通大众旅行社、快乐之旅旅行社、东方国际旅行社、星际国际旅行社、南国国际旅行社、光辉国际旅行社、假日国际旅行社、扬子国际旅行社）

市卫生系统（人民医院、中医院、卫生监督所、疾病预防控制中心、市第四人民医院、妇幼保健所、市第三人民医院、精神病防治医院、红十字血站）

如皋质量技术监督系统（计量检定测试所、产品质量监督检验所）

江苏如皋农村商业银行股份有限公司系统（营业部、经济开发区支行、柴湾支行、林梓支行、长江支行、中山路支行、丁堰支行、东陈支行、如城支行、搬经支行、白蒲支行、如皋港支行、吴窑支行、兴隆支行、何庄支行、大明支行、新姚支行、雪岸支行、黄市支行、胜利支行、常青支行、桃园支行、丁东支行、石庄支行、长庄支行、龙舌支行、九华支行、戴庄支行、城东支行、奚斜支行、场北支行、花园支行、勇敢支行、下原支行、软件园支行、夏堡支行、高井支行、高明支行、江安支行、丁北支行、南凌支行、石北支行）

中国电信股份有限公司如皋分公司系统（如城电信支局、丁堰电信支局、白蒲电信支局、九华电信支局、搬经电信支局、石庄电信支局、磨头电信支局、长江电信支局、皋南电信支局、江安电信支局、桃园电信支局、常青电信支局、下原电信支局、袁桥

电信支局)

中国建设银行股份有限公司如皋支行系统(建行营业部、白蒲支行、北门分理处、东门分理处、长江分理处、东陈分理处、下原分理处、海阳路分理处、吴窑分理处、新皋桥分理处、通扬分理处)

中国银行股份有限公司如皋支行系统(中行营业部、百岁支行、海中支行、如皋港区支行、海宁支行、丁堰支行、开发区支行、东皋支行)

中国工商银行股份有限公司如皋支行系统(工行营业部、城中支行、皋东支行、环南支行、开发区支行、北大街支行、白蒲支行、石庄支行、磨头支行、丁堰支行、长江支行)

中国农业银行股份有限公司如皋市支行系统(农行营业部、城中支行、西郊分理处、开发区分理处、文峰分理处、丁堰分理处、白蒲分理处、林梓分理处、九华分理处、如皋港区分理处、长江分理处、下原分理处、搬经分理处、江安分理处、磨头分理处)

中国人寿保险股份有限公司如皋支公司系统

中国移动通信集团江苏有限公司如皋分公司系统

2011 年度如皋市文明镇

经济开发区(柴湾镇)　软件园(桃园镇)
长江镇(如皋港区)　搬经镇　如城镇
东陈镇　吴窑镇　下原镇　九华镇　丁堰镇
袁桥镇　郭园镇　石庄镇

2011 年度市(厅)级以上集体荣誉

2011 年市(厅)级以上集体荣誉获奖名录

表 97

单位名称	荣誉称号	颁奖单位
如皋市	国家园林城市	住房和城乡建设部
如皋市	2011～2015 年度全国科普示范县(市、区)	中国科协
如皋市	全国农业综合执法规范化建设示范县(市)	农业部
如皋市	全国放心农资下乡进村示范县(市)	农业部办公厅
如皋市	中国花木之乡	中国花卉协会
如皋市	全省财政收入增收表彰单位	省政府
如皋市	省“十一五”人口协调发展先进县市	省政府
如皋市	省人才工作先进县(市、区)	省人才工作领导小组办公室
如皋市	全省绿色江苏建设林业产业先进县(市)	省林业局
如皋市	省食品安全示范县	省食品药品监督管理局
如皋市	2005～2010 年度南通市信访工作目标管理先进单位二等奖	南通市委、市政府
如皋市	南通市民营经济发展先进县(市、区)	南通市委、市政府
市委	省大学生村官先进集体	省委组织部
市委、市政府	南通市对台工作先进集体	南通市委、市政府
市委、市政府	南通市利用外资工作先进单位(第二名)	南通市委、市政府
市委、市政府	南通市“六千六百六十”工程先进单位	南通市委、市政府
市人大办	南通市人大工作先进单位	南通市人大常委会
市纪律检查委员会	省纪检监察先进集体	省委、省政府
市纪律检查委员会	南通市纪检监察先进集体	南通市委、市政府
市纪律检查委员会	南通市行政权力网上公开透明运行工作先进集体	南通市政府

续表 97—1

单位名称	荣誉称号	颁奖单位
市委组织部	南通市文明单位	南通市委、市政府
市行政审批中心住房保障服务窗口	省住房保障服务优质服务窗口	省住建厅
市城乡建设档案馆	省特级城建档案馆	省住建厅
市园林管理处	2009～2010 年度省"巾帼建功"活动先进集体	省妇联
市自来水厂客服中心	2009～2010 年度省"巾帼建功"活动先进集体	省妇联
市自来水厂	省级巾帼文明岗	省妇联
市住建局	"十一五"省墙材革新工作先进集体	省经信委
市住建局	2005～2010 年度南通市信访工作目标管理先进单位	南通市委、市政府
市财政局	2007～2010 年度省财政系统先进集体	省人社厅、省财政厅
市财政局	省法治财政建设先进单位	省财政厅
市财政局	2006～2010 年省法制宣传教育先进单位	省财政厅
市人口计生委	《人口与计划生育》杂志宣传发行工作先进集体	国家人口计生委、人口与计划生育杂志社
市人口计生委	省人口计生系统先进集体	省人保厅、省人口计生委
市人口计生委	省人口计生信访工作先进集体	省人口计生委
市计划生育指导站	省人口计生系统先进集体	省人口计生委
市计划生育协会	省计划生育协会先进单位	省计划生育协会
市供销合作总社	省供销合作社系统先进集体	省人社厅、省供销合作总社
市总工会	省工会新闻舆论宣传工作优秀单位	省总工会
市总工会	省工会信息工作十强县(市)	省总工会
市食品药品监督管理局	南通市"十一五"期间食品安全先进集体	南通市政府
市财政局	南通市 2006～2010 年全市法制宣传教育先进单位	南通市委、市政府
市财政局	南通市文明单位	南通市委、市政府
市人口计生委	南通市"十一五"期间人口和计划生育工作先进集体	南通市委、市政府
市人口计生委	南通市2006～2010年法制宣传教育工作先进集体	南通市委、市政府
市人口计生委	南通市 2009～2010 年度文明单位	南通市委、市政府
市商务局	省商务发展专项资金管理及申报工作先进单位	省商务厅
市商务局	南通市招商引资先进单位	南通市委、市政府
如皋港工业园区	南通市开发园区争先创优先进单位(第三名)	南通市委、市政府
如皋港务集团有限公司项目引荐单位	南通市重特大项目引荐单位贡献奖	南通市委、市政府
如皋市永晖焦煤项目引荐单位	南通市重特大项目引荐单位贡献奖	南通市委、市政府
如皋市森松重工项目引荐单位	南通市重特大项目引荐单位优秀奖	南通市委、市政府
江苏熔盛重工有限公司	南通市"十佳"外商投资企业	南通市委、市政府
双钱集团(如皋)轮胎有限公司	南通市"十佳"外商投资企业	南通市委、市政府
江苏熔盛重工有限公司	南通市"十佳"外贸出口企业	南通市委、市政府
江苏南通六建建设集团有限公司	南通市"十佳"外经合作企业	南通市委、市政府
凯迈(江苏)机电有限公司	南通市"十佳"服务外包企业	南通市委、市政府

续表 97—2

单位名称	荣誉称号	颁奖单位
南通晟峰信息科技有限公司	南通市“十佳”服务外包企业	南通市委、市政府
江苏先锋信息科技有限公司	南通市“十佳”服务外包企业	南通市委、市政府
市交通运输局	南通市2006～2010年法制宣传教育工作先进集体	南通市委、市政府
市交通运输局	南通市行政权力网上公开透明运行工作先进集体	南通市政府
市交通运输局	南通市春运组织工作先进单位	南通市政府
市交通运输系统	南通市文明行业	南通市委、市政府
市运输管理处	南通市文明行业	南通市委、市政府
市地方海事处	南通市文明行业	南通市委、市政府
市公路管理站	南通市文明行业	南通市委、市政府
市航道管理站	南通市文明行业	南通市委、市政府
如港公路磨头收费站	南通市文明单位	南通市委、市政府
南通汽运集团如皋分公司	南通市文明单位	南通市委、市政府
如港公路磨头收费站	省“安康杯”竞赛优胜企业	省总工会、省安监局
市委党史办	2009～2010 年度南通市文明单位	南通市委、市政府
市信访局	2005～2010 年度南通市信访工作先进集体	南通市委、市政府
市信访局	2009～2010 年度南通市文明单位	南通市委、市政府
市科协	省科普宣传先进集体	省科协
市农村社会养老保险管理处	南通市农村居民社会养老保险全覆盖工作先进集体	南通市政府
市技工学校	省社会培训工作先进单位	省人社厅
市社会医疗保险管理处	省医疗保险“千千万万”行动先进单位	省人社厅
市城管局	海阳路创成省级市容管理示范路	省住建厅
市档案局	市档案宣传工作一等奖	省档案局
市档案局	省档案系统先进集体	省档案局
市档案局	省档案信息工作先进集体	省档案局
市档案局	省优秀档案文化精品奖	省档案局
市档案局	2009～2010 年南通市文明单位	南通市委、市政府
市发改委	省发展散装水泥工作先进集体	省经信委
市发改委	省经信系统“五五”普法工作先进单位	省经信委、司法厅
市发改委	南通市服务业工作先进单位	南通市政府
市发改委	南通港口经济洽谈会项目签约工作先进集体	南通市政府
市法院	省法院信息化工作先进单位	省高级人民法院
南通市住房公积金管理中心如皋管理部	省级青年文明号	团省委
南通市住房公积金管理中心如皋管理部	2009～2010 年度南通市文明单位	中共南通市委　南通市人民政府
市教育局	全国教育系统关心下一代工作先进集体	教育部关工委
市教育局	省教育系统法制宣传教育先进集体	省委宣传部、司法厅、教育厅
市教育局	省农村义务教育经费管理示范县	省财政厅、教育厅
市教育局	省学生资助工作先进单位	省教育厅、财政厅

续表 97—3

单位名称	荣誉称号	颁奖单位
市教育局	省教育科研先进集体	省教科院
市教育局	省招收空军飞行学员工作先进单位	省高等学校招生委员会，中国人民解放军南京军区空军政治部
市教育局	省教育装备先进集体	省教育厅
市教育局	省青少年科技教育先进集体	省教育厅、科技厅
市教育局	省第十届健康知识竞赛优秀组织奖	省教育厅、卫生厅
市教育局	南通市法制宣传教育工作先进集体	南通市委
市教育局	南通市文明单位	南通市委、市政府
市民政局	省民政工作先进集体	省民政厅
市民政局	省民政工作先进市	省民政厅
市民政局	省福彩销售先进县市	省民政厅
市民政局	省福利彩票发行工作先进单位	省民政厅
市民政局	省尊老爱老先进单位	省老龄委
市农机局	省推进农机合作社发展先进单位	省农机局
市农机局	省农机行业机关事业单位工人培训考核先进单位	省人社厅、农机局
市农机局	省农机化科技创新与推广工作先进单位	省农机局
市农业委员会	全国绿化工作先进集体	全国绿化委员会、人事部、国家林业局
市渔政管理检查站	长江禁渔工作先进集体	国家渔政局
市农业委员会	省发展高效设施农业先进单位	省农业委员会、省海洋与渔业局、省财政厅
市农业委员会	省农经农业系统工作效能考评先进单位	省农业委员会
市农业委员会	省 2010～2011 年度农业科普宣传工作先进集体	省农业委员会
市农业行政执法大队	省农业行政综合执法先进单位	省农业委员会
市农业行政执法大队	省农药市场监管先进单位	省农业委员会
市土壤肥料技术指导站	省耕地质量建设与管理工作先进单位	省农业委员会
市能源技术指导站	省农村清洁能源建设先进集体	省农业委员会
市动物卫生监督所	省动物卫生监督工作先进集体	省农业委员会
市水产技术指导站	“江苏海洋与渔业”网站信息报送三等奖	省海洋与渔业局
市物价局	全国农产品调查工作先进集体	国家发改委
市物价局	省文明行业	省文明委
市物价局	省价格工作先进集体	省物价局
市物价局	省价格认证工作先进集体	省物价局
市物价局	南通市文明行业	南通市委、市政府
市关工委	省关心下一代先进集体	省关工委、省文明办
市关工委	省关工宣传工作先进集体	省关工委

续表 97—4

单位名称	荣誉称号	颁奖单位
如皋软件园(桃园镇)	南通市安全生产先进乡镇(园区)	南通市人民政府
桃园镇	2009～2010 年度南通市文明乡镇	南通市委、市政府
雪岸镇	南通市安全生产先进集体	南通市政府
下原镇	省第九届村民委员会换届选举工作先进乡(镇)	省民政厅
下原镇	南通市土地执法模范乡镇	南通市政府
搬经镇关工委	省关心下一代先进集体	省关工委、省文明办
高明镇	南通市"十一五"水利工作先进集体	南通市委、市政府
高明镇计划生育服务中心	省优质服务乡级示范站	省人口和计划生育委员会
高明镇协农禽业合作社	省首批五好农民专业合作示范社	省农业委员会
丁堰镇党校	省 2008～2011 红旗基层党校	省委宣传部
长江镇平南社区	省卫生村	省爱卫会
长江镇海坝社区、长江社区	南通市文明社区	南通市人民政府
长江镇人武部	全省抗洪抢险先进单位	省军区
市供电公司	省物资工作先进集体	省电力公司
市供电公司	省安全生产先进集体	省电力公司
市供电公司	省审计工作先进集体	省电力公司、工会
市供电公司	省电力新闻宣传工作、读报用报先进集体	省电力公司
市供电公司	省"四好"老年活动室(中心)	省电力公司
市供电公司	省电费回收先进单位	省电力公司、工会
市供电公司线路党支部	省"结对创先"先进基层党组织	省电力公司党委
市供电公司白蒲供电所党支部	省"结对创先"先进基层党组织	省电力公司党委
如皋工商局登记注册科	全国巾帼文明岗	中华全国妇女联合会、全国妇女"巾帼建功"活动领导小组
如皋工商局	省"打击制售假冒伪劣商品和侵犯知识产权违法行为专项执法行动"先进集体	省工商局
如皋工商局城西分局	省文明工商所	省工商局
如皋工商局搬经分局	省文明工商所	省工商局
如皋工商局搬经分局	省农资监管工作先进集体	省工商局
如皋工商局长江分局	2009～2010 年度南通市群众满意基层站所	南通市委、政府
如皋工商局	南通市"十一五"期间食品安全工作先进集体	南通市政府
浙江伟星物业公司	省城市物业管理优秀住宅小区	省住建厅
扬州双龙大成物业公司	省城市物业管理优秀住宅大厦	省住建厅
中国人寿保险股份有限公司如皋支公司	2009～2010 年度南通市文明行业称号	南通市政府
中国人寿保险股份有限公司如皋支公司	度保险先进村建设优秀支公司	国寿总公司
中国人寿保险股份有限公司如皋支公司	个险绩优县(市、区)支公司经营成就奖	国寿省分公司

便　民　信　息

导读

公路交通信息

市区公交汽车营运情况一览

表 98

路别	起　点	讫　点	沿　途　主　要　站　点	首班时间	末班时间	班次间隔时间
镇1路	新客站	丁北	群宇摩配、电信大楼、长途车站、五星电器、城东中队、东陈、丁北	6:10	17:00 17:30(夏)	20分钟
镇3路	职教中心	英田集团	尘洁医院、水绘园、新文峰、长途车站、工发大厦	6:10	17:00 17:30(夏)	20分钟
镇5路	职教中心	柴湾	教育台、大润发、市政府、市法院、新客站、宁海路、闸桥、五星电器、长途车站、工发大厦、柴湾	6:10	17:00 17:30(夏)	20分钟
镇6路	阀门厂	马塘	阀门厂、五星电器、地税局、技校、建行、电信大楼、大明、桃园、马塘	6:10	17:00 17:30(夏)	20分钟
镇8路	城北市场	加力医院	城北市场、文峰、长途车站、电信大楼、兴隆装饰城、加力医院	6:10	17:00 17:30(夏)	20分钟
镇9路	阀门厂	常青(董王)	阀门厂、五星电器、长途车站、天平市场、苏浙大市场、名车城、场北(土山)	6:10	17:00 17:30(夏)	20分钟
镇10路	新客站	戴庄	市法院、市政府、大润发、五星电器、文峰、阀门厂、工发大厦、戴庄	6:20	17:00 17:30(夏)	30分钟
镇12路	新客站	丁堰	苏浙大市场、红星车站、长途车站、五星电器、技校、火车站、丁堰	6:00	17:00 17:30(夏)	20分钟
城区公交3路	新客站	城北市场	市法院、电信大楼、党校、西皋市场、人民医院、大润发、闸桥、中国银行、农商行	6:30	18:00	30分钟
城区公交1路	新客站	公交公司	交警大队、市政府、大润发、技校、五福园、闸桥、中国银行、如皋初中、供电公司、公交公司	6:30	18:00	30分钟
城区公交4路	火车站	新汽车站	职教中心、尘洁医院、如皋师范、五星电器、新文峰、长途车站、电信大楼、实验初中、寿星园	6:30	18:00	20分钟

续表 98—1

路别	起 点	讫 点	沿 途 主 要 站 点	首班时间	末班时间	班次间隔时间
镇20路	新客站	袁桥	皮防所、原市政府西、原交通局、老车站南、环西大桥、鹿门、八里庄、戴营路口、许龙	6:15	17:45	30分钟
镇22路	新客站	雪岸	皮防所、原市政府西、原交通局、老车站南、老车站东、锦源大酒店、新文峰、老文峰、新民、南凌	5:40	17:40	20分钟
镇81路	新客站	机场	皮防所、原市政府西、原交通局、老车站南、老车站东、锦源大酒店、新文峰、中国银行、如城信用社、技校、皋南、建设银行、行政服务中心、大明、磨头	5:50	17:50	30分钟

市内公路交通营运情况一览

表 99

序号	起点	讫点	首班时间	末班时间	发车班(次)数	沿 途 主 要 站 点
1	新客站	石北	5:40	17:00	13	何庄、谢甸、加力、搬经、焦港、王陈、常青、圩岸、高井、金凤桥
2	新客站	夏堡	5:50	17:30	21	何庄、谢甸、加力、搬经、夏堡
3	新客站	江防	6:15	18:00	21	丁磨路口、桃园路口、长庄路口、下原、车马源、郭园、薛窑、小马桥
4	新客站	九华	6:45	16:30	4	苏浙市场、334 省道与 204 国道交界处、塘湾村、新联村、曹石村、青年路、严狄村、平田村、谢刘村、蒲黄线与 204 国道交界处、大蔡村、蔡埠庄村、小马桥
5	新客站	黄市	6:30	18:00	24	高明、胜利
6	新客站	西来	6:50	18:10	24	磨头、场南、圩岸、吴庄、胜利、江安
7	新客站	长青沙	6:15	18:15	24	磨头、宋渡、吴窑、杨庄、二案
8	新客站	白蒲	6:00	18:00	25	花园、奚斜、林梓、白蒲
9	新客站	张黄	6:00	18:00	24	磨头、宋渡、吴窑、杨庄、石庄

“村村通”公交营运情况一览(一)

表 100

路别	起点	讫点	沿 途 主 要 站 点	首班时间	末班时间	班次间隔时间
如城村村通	如城镇政府	如城镇政府	大润发、行政中心、安定中心路、皋高线、花木大世界、新汽车站	6:30	17:30	20分钟
如城村村通	火车站	方庄村	兴源大道、凌青村委会、方庄村委会、海阳路、大润发	6:30	17:00 17:30(夏)	20分钟
北开村村通	博爱医院	马塘	博爱医院、庆余路、海阳路、市行政中心、宋桥小区、马塘	7:10	17:30	20分钟
丁堰村村通	观音山	朝阳村	镇政府、镇北路、冯石路、丁夏路、334省道	6:40	17:30	20分钟
丁堰村村通	观音山	新堰村	334省道、丁平线、朝阳中心路、沿河路、丁堰大桥、	6:40	17:30	20分钟
东陈村村通	东陈镇	范桥村委会	东陈卫生院、滨湖路、宗山路、东风路	6:20	17:30	30分钟
丁北村村通	丁北	北庄村	跃庄、成渡村、北庄、丁北中学、丁北小学	6:20	17:30	20分钟
桃园村村通	桃园居	马塘	肖陆村、新陆村、新明路、明池路、334省道、宋桥村	6:30	17:30	20分钟

续表100—1

路别	起点	讫点	沿途主要站点	首班时间	末班时间	班次间隔时间
软件园村村通	大润发	宋桥小区	市政府、龙游御境、软件园、软件园宿舍区、建设小区、新庄小区	6:40	5:40	20分钟
开发区村村通	新客站	镇南小区	市法院、惠政小区、市政府、大润发、闸桥、中国银行、城北市场、镇南小区	6:40	5:30	30分钟
开发区村村通	开发区职工公寓	开发区职工公寓	开发区职工公寓、惠民桥、肠衣城、双钱轮胎、南通锻压、民营小区、鹿门西小区、金属表面园、工发大厦、庆余路、博爱医院、水绘绿源、公交公司、开发区职工公寓	6:40	5:30	30分钟

“村村通”公交营运情况一览(二)

表101

路别	起点	讫点	沿途主要站点	首班时间	末班时间	班次间隔时间
九华镇村村通	九华镇政府	九华镇政府	九华镇政府、204国道、新龙路、云屏村、姜郑路、锦玉路、蒋桥路、郑龙路、薛杨路、郑郭路、新龙路、204国道、九华镇政府	6:30	16:20	1小时
九华镇村村通	九华镇政府	九华镇政府	九华镇政府、204国道、新龙路、郑郭路、薛杨路、郑龙路、蒋桥路、锦玉路、姜郑路、云屏村、新龙路、204国道、九华镇政府	7:10	16.50	1小时
九华镇村村通	九华镇政府	九华镇政府	九华镇政府、204国道、洋白路、马白路、中心路、如白路、336省道、营马路、耿丝路、龙丝路、育贤路、336省道(江平线)、老204国道、九华镇政府	6:30	16:30	1小时
九华镇村村通	九华镇政府	九华镇政府	九华镇政府、老204国道、336省道(江平线)、育贤路、龙丝路、耿丝路、营马路、336省道、如白路、中心路、马白路、洋白路、204国道、九华镇政府	7:20	17:00	1小时
袁桥镇村村通	袁桥镇政府	袁桥镇政府	镇政府、正通路、老316线、兴园路、南雅公路、老袁桥	6:40	16:40	50分钟
袁桥镇村村通	袁桥镇政府	袁桥镇政府	老袁桥、南雅公路、兴园路、老316线、正通路、镇政府	7:00	17:00	50分钟
袁桥镇村村通	袁桥镇老316线	袁桥镇正通路	双营路口(讫点,等待10分钟返)、南雅公路、民和路、泰和路、镇政府、正通路	6:40	16:20	1小时
袁桥镇村村通	袁桥镇正通路	袁桥镇老316线	正通路、镇政府、泰和路、民和路、南雅公路、双营路口(讫点,等待10分钟返)	7:00	16:50	1小时
高明镇村村通	高明镇政府	高明镇政府	镇政府、人民西路、老江曲线、惠民路、翻西路、高白路、晓陈路、水周线、红旗路、皋葛路、老江曲线、人民西路、镇政府	6:50	16:20	1小时

“村村通”公交营运情况一览(三)

表102

路别	起点	讫点	沿途主要站点	首班时间	末班时间	班次间隔时间
高明镇村村通	高明镇政府	高明镇政府	镇政府、人民西路、老江曲线、皋葛路、红旗路、水周线、晓陈路、高白路、翻西路、惠民路、老江曲线、人民西路、镇政府	7:10	16:50	1小时
高明镇村村通	高明镇政府	高明镇政府	镇政府、人民路西路、卢黄东路、卢庄路、卢黄西线、人民西路、卢黄东路、黄庄线、西庄中心路、胜利小学、老江曲线、人民西路、镇政府	7:00	13:30	2小时
高明镇村村通	高明镇政府	高明镇政府	镇政府、人民西路、老江曲线、胜利小学、西庄中心路、黄庄线、卢黄东路、人民西路、卢黄西线、卢庄路、卢黄东路、人民西路、镇政府	8:00	16:30	2小时

续表 102—1

路别	起点	讫点	沿途主要站点	首班时间	末班时间	班次间隔时间
江安镇村村通	江安镇政府	江安镇政府	镇政府、府前路、环镇西路、迎春路、老江曲线、葛市村育贤路、新江曲线、易买得超市、联通路、新鄂线、九戈线、老江曲线、迎春路、环西路、府前路、镇政府	6:50	16:30	1小时
江安镇村村通	江安镇政府	江安镇政府	镇政府、老江曲线、迎春路、环西路、府前路、老江曲线、九戈线、新鄂线、联通路、新江曲线、易买得超市、葛市村育贤路、老江曲线、府前路、环镇西路、迎春路、老江曲线、镇政府	7:10	17:00	1小时
江安镇村村通	江安镇政府	江安镇政府	镇政府、老江曲线、迎春路、环镇西路、府前路、老江曲线、立新河北路、徐老线、戈黄线、黄珊线(待马仲线建成后沿马仲线运行)、三胜路、严黄路、葛黄线(黄市闸)、葛黄线、老江曲线、府前路、环镇西路、迎春路、老江曲线、镇政府	6:40	16:00	1小时30分钟
江安镇村村通	江安镇政府	江安镇政府	镇政府、府前路、环镇西路、迎春路、老江曲线、葛黄线(黄市闸)、严黄路、三胜路、黄珊线(待马仲线建成后沿马仲线运行)、戈黄线、徐老线、立新河北路、老江曲线、迎春路、环西路、府前路、镇政府	7:00	16:40	1小时20分钟
吴窑镇村村通	龙游路与新204国道交界处	204国道长庄路口	龙游路与新204国道交界处、人民路、鲁班西路、如港公路、建工路、沈徐路、黄石路、吴奚线、204国道长庄路口	6:50	16:20	1小时40分钟

“村村通”公交营运情况一览(四)

表 103

路别	起点	讫点	沿途主要站点	首班时间	末班时间	班次间隔时间
吴窑镇村村通	龙游路与新204国道交界处	204国道长庄路口	龙游路与新204国道交界处、人民路、鲁班西路、如港公路、建工路、沈徐路、黄石路、吴奚线、204国道长庄路口	7:10	16:50	1小时50分钟
磨头镇村村通	磨头镇政府	磨头镇政府	镇政府、卓吾路、317线、青年路、交四路、场北中心路、皋高线、新港中心路、塘鞠路、塘湾路、皋高线、曹石路、丁阳路、丁冒路、振兴路、老317线、卓吾路、镇政府	6:50	16:00	1小时20分钟
磨头镇村村通	磨头镇政府	磨头镇政府	镇政府、卓吾路、老317线、振兴路、丁冒路、丁阳路、曹石路、皋高线、塘湾路、塘鞠路、新港中心路、皋高线、场北中心路、交四路、青年路、317线、卓吾路、镇政府	7:10	16:40	1小时20分钟
磨头镇村村通	磨头镇政府	磨头镇政府	镇政府、八角路、向阳东路、如港公路、向阳路、沈郎路、郎场路、西昌路、机场路、双拥路、青年路、317线、卓吾路、镇政府	6:40	16:20	1小时40分钟
磨头镇村村通	磨头镇政府	磨头镇政府	镇政府、卓吾路、317线、青年路、双拥路、机场路、西昌路、郎场路、沈郎路、向阳路、如港公路、向阳东路、八角路、镇政府	7:00	17:00	1小时50分钟
下原镇村村通	下原镇政府	下原镇政府	镇政府、迎驾路、204国道、野树路、曙光路、花马路、吴奚线、老坝路、文庄路、204国道、镇政府	6:50	16:30	1小时
下原镇村村通	下原镇政府	下原镇政府	镇政府、204国道、文庄路、老坝路、吴奚线、花马路、曙光路、野树路、204国道、迎驾路、镇政府	7:10	17:00	1小时
下原镇村村通	下原镇政府	下原镇政府	镇政府、迎驾路、富盛路、桃园路、花园路、白李路、下驾原路、蒲黄线、张庄路、张庄南路、惠园路、镇政府	6:40	16:20	1小时

“村村通”公交营运情况一览(五)

表 104

路别	起点	讫点	沿途主要站点	首班时间	末班时间	班次间隔时间
下原镇村村通	下原镇政府	下原镇政府	镇政府、惠园路、张庄南路、张庄路、蒲黄线、下驾原路、白李路、花园路、桃园路、富盛路、迎驾路、镇政府	7:00	16:50	1小时
搬经镇村村通	搬经镇政府	搬经镇政府	镇政府、人民路、334省道、西800线、万焦线、谢万线、老316线、334省道、人民路、镇政府	7:00	17:00	1小时
搬经镇村村通	搬经镇政府	夏堡村	镇政府、人民路、334省道、老316线、鞠桥南北路线、鞠何二线、夏堡村	6:40	17:00	1小时
搬经镇村村通	搬经镇政府	搬经镇政府	镇政府、人民路、搬中路、界张线、孔夏线、红周线、孔如路、湖夏路、孔夏线、界张线、搬中路、人民路、镇政府	6:50	16:20	1小时
搬经镇村村通	搬经镇政府	搬经镇政府	镇政府、人民路、搬中路、界张线、孔夏线、湖夏路、孔如路、红周线、孔夏线、界张线、搬中路、人民路、镇政府	7:10	16:50	1小时
石庄镇村村通	石庄车站	唐埠村	石庄车站、东板桥南路、万福路、王石线、环西路、园区路、王石线、石北中心路、唐埠村	6:30	17:30	1小时
石庄镇村村通	石庄车站	唐埠村	石庄车站、东板桥南路、万福路、王石线、环西路、园区路、王石线、石北中心路、唐埠村	7:00	18:00	1小时
郭园镇村村通	郭园镇郭南村	郭园镇郭南村	郭南村(江苏天海服饰)、336省道、迎宾路、下郭线、搬斜路、许搬路、下郭线、老204国道车马湖路口、蒲黄线、谢车路、谢刘河北路、郭园村路、大寨渠路、蒲黄线、焦义路、336省道、郭南村(江苏天海服饰)	6:50	16:20	1小时30分钟
雪岸镇村村通	万福村	雪东村	万福路、潘民路、凌北路、宋港路、跃进北路、向阳路、向阳支线、雪东村	7:00	16:30	1小时
雪岸镇村村通	雪东村	万福村	雪东村、向阳支线、向阳路、跃进北路、宋港路、凌北路、潘民路、万福路	7:00	16:30	1小时

“村村通”公交营运情况一览(六)

表 105

路别	起点	讫点	沿途主要站点	首班时间	末班时间	班次间隔时间
郭园镇村村通	郭园镇郭南村	郭园镇郭南村	郭南村(江苏天海服饰)、S336、焦义路、蒲黄线、大寨渠路、郭园村路、谢刘河北路、谢车路、蒲黄线、老G204车马湖路口、下郭线、许搬路、搬斜路、下郭线、迎宾路、S336、郭南村(江苏天海服饰)	7:10	17:00	1小时30分钟
白蒲镇村村通	白蒲车站	白蒲车站(蒲西村)	白蒲车站、丁平线、蒲黄线、环乡西路、新姚中路、新林路、新汤路、黄行线、蒲黄线、白蒲车站(蒲西村)	6:50	16:20	1小时
白蒲镇村村通	白蒲车站	白蒲车站(蒲西村)	白蒲车站、蒲黄线、黄行线、新汤路、新林路、新姚中路、环乡西路、蒲黄线、丁平线、白蒲车站(蒲西村)	7:10	8:10	1小时
白蒲镇村村通	白蒲车站(蒲西村)	白蒲车站	白蒲车站(蒲西村)、万安路、蒲涛路、天祥路、朱窑路北延、朱窑路、勇敢东路、丁平线300米、陶庙路、鳝鱼坝路、西红旗路、白蒲车站。	7:00	16:30	1小时
白蒲镇村村通	白蒲车站(蒲西村)	白蒲车站	白蒲车站(蒲西村)、西红旗路、鳝鱼坝路、陶庙路、丁平线300米、勇敢东路、朱窑路、朱窑路北延、天祥路、蒲涛路、万安路、白蒲车站	7:20	17:00	1小时
林梓镇村村通	林梓车站	林梓车站	林梓车站、林吴线、林新路、南环路、朝阳路、吴奚线、林梓车站	6:50	17:20	1小时
林梓镇村村通	林梓车站	林梓车站	林梓车站、林吴线、林新路、南环路、朝阳路、吴奚线、林梓车站	7:20	17:50	1小时

续表 105—1

路别	起点	讫点	沿途主要站点	首班时间	末班时间	班次间隔时间
常青镇村村通	常青镇政府向西	常青镇政府	镇政府向西、新叶路、张吴线、红旗路、西蔡路、跃进路、王石线、红旗路、王圩线、育贤路、王石线、镇政府	6:50	16:40	50分钟
常青镇村村通	常青镇政府向东	常青镇政府	镇政府向东、新叶路、王石线、育贤路、王圩线、红旗路、王石线、跃进路、西蔡路、张吴线、新叶路、镇政府。	7:10	17:00	50分钟

如皋市长途汽车营运情况一览

表 106

终点站	长途汽车站发车时刻	终点站	长途汽车站发车时刻	终点站	长途汽车站发车时刻
北京	10:00	合肥	8:40(隔日班)	西安	8:50
上海(白莲泾)	5:40、6:10、12:35、13:30	上海(总站)	6:50、7:40、8:40、9:30、14:30、15:30、16:30	济南	8:40
杭州	7:00	义乌	14:20(隔日班)	青岛	8:15(隔日班)
枞阳	7:40(隔日班)	南京	6:20、7:20、8:20、9:20、10:20、11:20、12:20、13:40、14:30、15:30、16:30	苏州南站	6:30、8:00、9:50、11:00、12:40、14:00、15:45、17:00
无锡	6:40、8:10、9:30、10:30、11:30、12:40、14:00、15:10、16:10、17:00	常州	6:25、7:30、10:20、11:40、12:45、13:50、16:00、16:55	泰兴(飞鹤城际)	6:50、7:40、8:40、9:40、10:50、11:50、12:40、13:40、14:30、15:30、17:00
昆山北站	7:20、12:30	张家港	6:40、12:40、9:50、15:30	镇江	8:00、12:20
扬州	6:40、7:45、10:20、11:15、12:55、14:30、16:20、17:30	东台	9:40、14:30	扬中	14:00
江都	9:00、15:10	淮安	13:00	连云港	6:50、13:30
泰州	8:20、9:40、13:40、15:45	徐州	8:30	盐城	10:40、17:20
南通(飞鹤快客)	6:00—18:40,约20分钟一班,共38班	掘港(飞鹤公交)	6:00—18:40,约20分钟一班,共36班	白蒲	6:00—18:00,约30分钟一班,共25班
南通永兴站(飞鹤公交)	5:45—19:00,约15分钟一班,共48班	江防(飞鹤公交)	6:15—18:10,约40分钟一班,共21班	长青沙	6:15—18:15,约30分钟一班,共24班
海安(飞鹤公交)	6:20—18:40,约40分钟一班,共20班	九华(飞鹤公交)	6:45、9:45、13:30 16:30	黄市	6:30—18:00,约30分钟一班,共25班
夏堡(飞鹤公交)	5:50—17:30,约30分钟一班,共21班	石北(飞鹤公交)	5:40—17:00,约45分钟一班,共13班	张黄港	6:00—18:00,约30分钟一班,共24班
西来	6:20—18:10,约30分钟一班,共24班				

如皋市各镇长途汽车营运情况一览

表 107

起 讫 点	发车时间	起 讫 点	发车时间	起 讫 点	发车时间
石庄一南京	07:00、13:10	二案一南京	07:00、12:10	白蒲一南京	6:20
雪岸一无锡	6:20、13:00	雪岸一苏州	6:40	林梓一上海(奉贤)	6:30
丁北一上海	6:40	雪岸一如皋	6:30—18:00,约 30 分钟一班,共 33 班	石北一如皋	6:40—18:10,约 45 分钟一班,共 13 班
夏堡一如皋	6:40—18:40,约 30 分钟一班,共 21 班	袁桥一如皋	7:00—18:00,约 30 分钟一班,共 22 班	如皋港一如皋	6:15—17:45,约 30 分钟一班,共 24 班
白蒲一如皋	6:00—18:00,约 30 分钟一班,共 25 班	张黄一如皋	6:00—18:00,约 30 分钟一班,共 24 班	机场一如皋	6:50—19:00,约 30 分钟一班,共 25 班
黄市一如皋	5:30—17:30,约 30 分钟一班,共 25 班	西来一如皋	5:30—17:30,约 30 分钟一班,共 24 班	九华一如皋	8: 0011: 3015: 0018:00
江防一如皋	6:15—18:00,约 40 分钟一班,共 21 班	西来一南通	6:00—17:15,约 60 分钟一班,共 12 班	石庄一南通	5:30—18:00,约 30 分钟一班,共 23 班
如皋港一南通	5:35—18:45,约 20 分钟一班,共 41 班	白蒲一南通	6:00—18:30,约 20 分钟一班,共 39 班	搬经一南通	6:5013:00

飞机、火车票预订热线情况一览

表 108

经营单位名称	地 址	经 营 范 围	订票热线电话
苏中航空铁路服务有限公司	海阳中路中江公司楼下	航空、铁路票务	87517730
假日旅行社票务代办点	海阳中路范公苑北侧	航空、铁路票务	87510000
如皋火车站大润发窗口	大润发超市一楼	航空、铁路票务	87311066
邮政局代办点	海阳路、中山路交叉口	航空、铁路票务	87518038

劳动和社会保障信息

2011 年全市农村劳务输出(输入)情况一览

表 109　　　　单位:人,个

指　标　名　称	2010年末	2011年末	增加人数	指　标　名　称	2010年末	2011年末	增加人数
一、农村劳动力总量	627040	627169	129	三、就近就地转移人数	178063	190195	12132
其中:女性	314485	314501	16	四、培训情况			
(一)按文化程度分				1. 培训农村劳动力总数	385081	405046	19965
1. 初中及以下	426065	425458	−607	其中:获取证书人数	42169	46560	4391
2. 中专和高中	154924	155417	493	2. 培训后输出人数	172795	175018	2223
3. 大专及以上	46051	46294	243	五、外来就业人数	34200	38727	4527
(二)按年龄结构分				1. 省内	18414	20546	2132
1. 16—25 岁	149372	150091	719	其中:苏北地区	10728	11617	889
2. 26—40 岁	289506	289974	468	2. 外省市	15672	17773	2101
3. 41 岁以上	188162	187104	−1058	3. 境外	114	408	294
二、输出就业人数	196415	199942	3527	六、建工部门成建制输出人数	53126	54040	914
其中:女性	87298	88025	727	1. 省内	21445	21833	388
1. 省内	109486	110754	1268	2. 省外	31047	31537	490
其中:苏南地区	60201	60754	553	3. 境外	634	670	36
2. 省外	80072	82049	1977	七、新增农民创业人数	7925	17946	10021
3. 境外	6993	7193	200	其中:返乡创业人数	5945	6516	571

“191”就业服务业务流程

申请	受理	安置	协议终止
1.凡申请对象，必须持本人身份证、就业登记证、再就业优惠证（或就业失业登记证）到市“191”就业服务中心办公室(就业处)申请，并到实际居住地所属社区和街道确认。如果是“低保”户、特困户或其他特殊情况，须附相应的证明材料。	2. 各社区和街道认真核实申请人的材料，审核无误后由专人签字加盖社区和街道印章，报市“191”就业服务中心办公室，由市“191”办公室经办人复核，报分管领导审批。	3.符合条件的“191”对象安置，由市“191”就业服务中心办公室委托市联合促进就业服务公司与用工单位签定“191”劳务安置协议，同时与“191”就业服务对象签定安置合同，按协议和合同规定执行。	4. 协议到期则自行结束。如果用工单位想继续使用，报请市”191” 就业服务中心办公室重新组织认定，续签或重新签定“191”劳务人员安置协议。

说明：根据市政府《关于实施“191”就业服务承诺制度的通知》（皋政发〔2002〕年 64 号），“191”就业人员工资不得低于当年最低工资标准 930 元/月，由财政补贴和用工工资两部分组成。其中，政府财政贴补 400 元/人·月，用工单位承担 530 元/人·月。

小额担保贷款审批发放流程

申请	受理	审核	放贷信用	审批	财政贴息
1.借款人携带本人就业登记证和再就业优惠证或就业失业登记证、户口簿、营业执照以及担保人（必须是机关或事业单位在职在编人员）工资收入证明和身份证复印件，向就业处再就业服务科提出申请。（依据通政发〔2009〕38 号文件规定：借款额度一般是 5 万~10 万元，期限是 1~3 年。）	2. 对符合借款条件的，由再就业服务科发给《如皋市失业人员小额担保贷款申请审批表》和《如皋市失业人员小额担保贷款财政贴息申请表》。借款人填好表格后到所在社区签署推荐意见。	3. 借款人携带由社区签署意见的审批表和贴息申请表及相关证件的复印件分别到小额担保公司和就业管理处接受审核，由两家分别签署审核意见。	4. 借款人携带由小额担保公司和就业管理处签署“同意担保”意见的申请表和相关证件到基层信用社申请贷款，经农商行对其个人及家庭相关信息进行核查，没有异议的由信用社与之签订《借款合同》。	5. 借款人携带《借款合同》和反担保人到小额担保公司提供反担保，由小额担保公司在《借款合同》上盖章提供担保后到签订《借款合同》的信用社取款。就业处工作人员同时在借款人的就业失业登记证上“享受就业扶持政策”一栏予以记载。	6.符合贴息条件的借款人如期归还本息的，凭还款凭证到就业处再就业服务科进行登记，待报财政局审批后再通知其领取财政贴息。微利项目据实全额贴息，非微利项目贴息 50%。

劳动人事仲裁流程

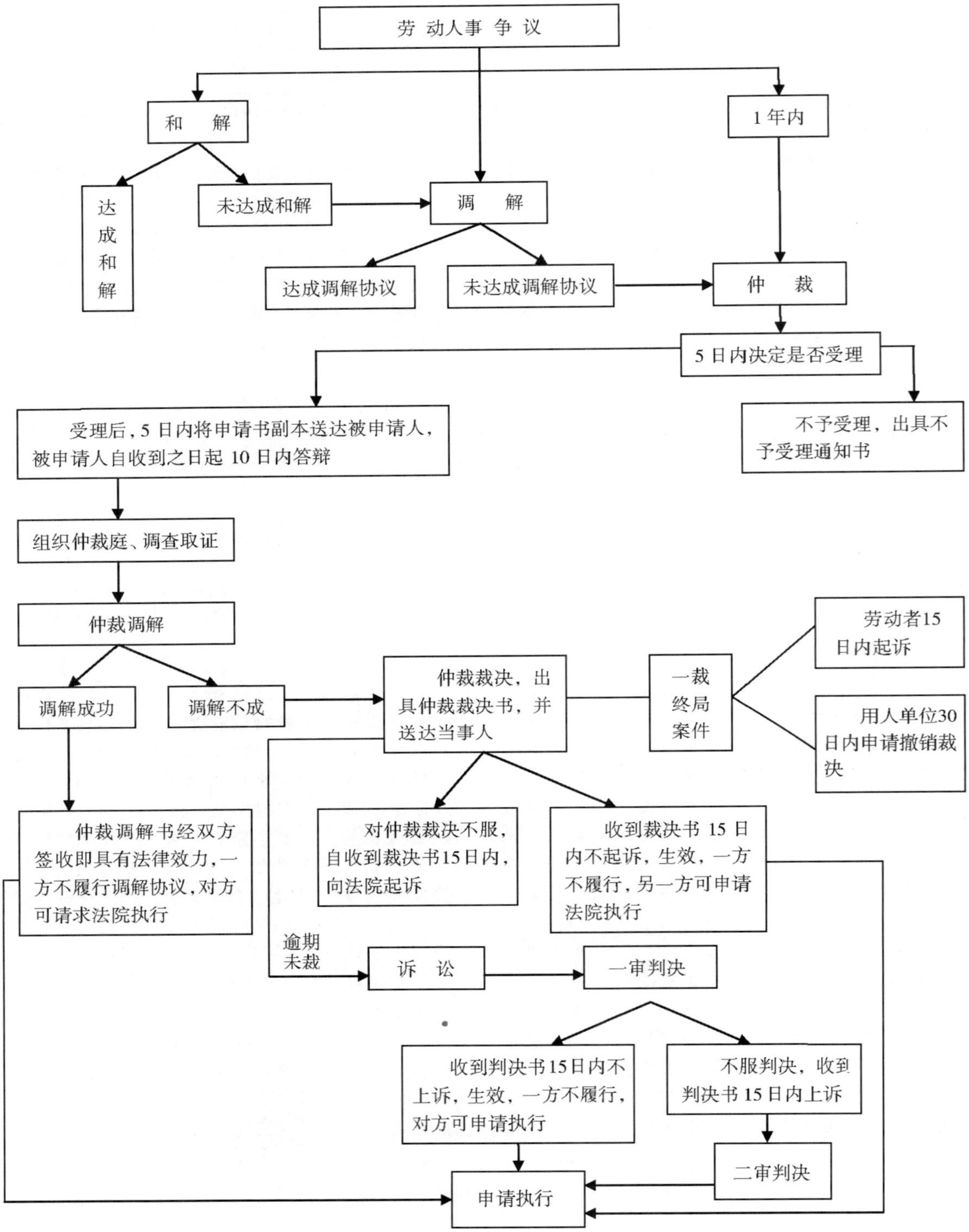
劳 动人事 争 议
和 解
1年内
达成和解
未达成和解
调 解
达成调解协议
未达成调解协议
仲 裁
5日内决定是否受理
受理后，5日内将申请书副本送达被申请人，被申请人自收到之日起10日内答辩
不予受理，出具不予受理通知书
组织仲裁庭、调查取证
仲裁调解
劳动者15日内起诉
调解成功
调解不成
仲裁裁决，出具仲裁裁决书，并送达当事人
一裁终局案件
用人单位30日内申请撤销裁决
仲裁调解书经双方签收即具有法律效力，一方不履行调解协议，对方可请求法院执行
对仲裁裁决不服，自收到裁决书15日内，向法院起诉
收到裁决书15日内不起诉，生效，一方不履行，另一方可申请法院执行
逾期未裁
诉 讼
一审判决
收到判决书15日内不上诉，生效，一方不履行，对方可申请执行
不服判决，收到判决书15日内上诉
二审判决
申请执行

工伤认定申请程序

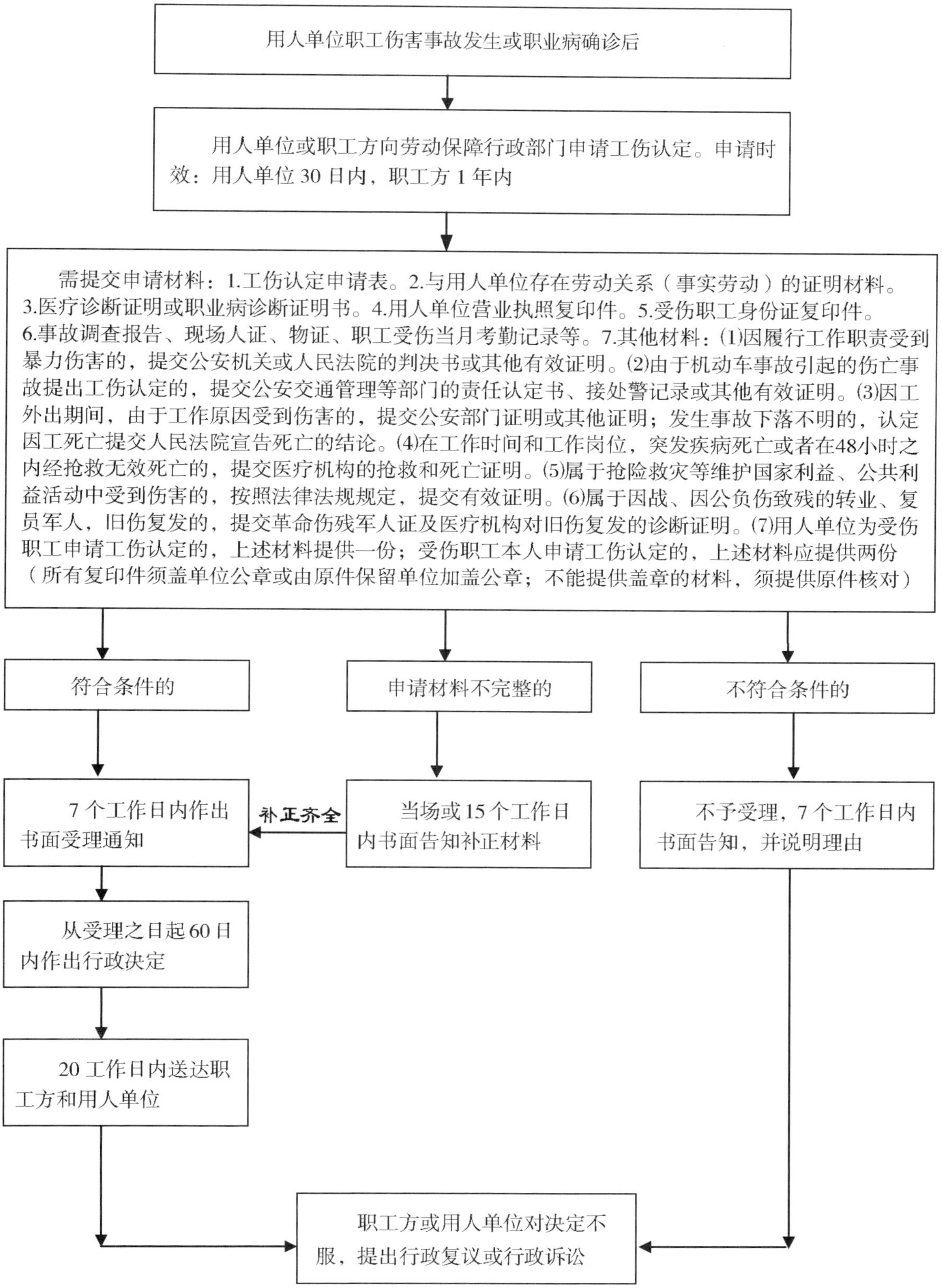
用人单位职工伤害事故发生或职业病确诊后
用人单位或职工方向劳动保障行政部门申请工伤认定。申请时效：用人单位 30 日内，职工方 1 年内
需提交申请材料：1.工伤认定申请表。2.与用人单位存在劳动关系（事实劳动）的证明材料。3.医疗诊断证明或职业病诊断证明书。4.用人单位营业执照复印件。5.受伤职工身份证复印件。6.事故调查报告、现场人证、物证、职工受伤当月考勤记录等。7.其他材料：⑴因履行工作职责受到暴力伤害的，提交公安机关或人民法院的判决书或其他有效证明。⑵由于机动车事故引起的伤亡事故提出工伤认定的，提交公安交通管理等部门的责任认定书、接处警记录或其他有效证明。⑶因工外出期间，由于工作原因受到伤害的，提交公安部门证明或其他证明；发生事故下落不明的，认定因工死亡提交人民法院宣告死亡的结论。⑷在工作时间和工作岗位，突发疾病死亡或者在48小时之内经抢救无效死亡的，提交医疗机构的抢救和死亡证明。⑸属于抢险救灾等维护国家利益、公共利益活动中受到伤害的，按照法律法规规定，提交有效证明。⑹属于因战、因公负伤致残的转业、复员军人，旧伤复发的，提交革命伤残军人证及医疗机构对旧伤复发的诊断证明。⑺用人单位为受伤职工申请工伤认定的，上述材料提供一份；受伤职工本人申请工伤认定的，上述材料应提供两份（所有复印件须盖单位公章或由原件保留单位加盖公章；不能提供盖章的材料，须提供原件核对）
符合条件的
申请材料不完整的
不符合条件的
7 个工作日内作出书面受理通知
补正齐全
当场或 15 个工作日内书面告知补正材料
不予受理，7 个工作日内书面告知，并说明理由
从受理之日起 60 日内作出行政决定
20 工作日内送达职工方和用人单位
职工方或用人单位对决定不服，提出行政复议或行政诉讼

目标千百亿企业公共服务手册

如皋市人力资源和社会保障局

服务网址:http://www.rghrss.gov.cn
电子邮箱:rgzhk@163.com
服务热线:87287600
办公地址:市行政中心B座12楼

职工技能培训

项目简介:提供企业职工技能培训服务,利用作为国家级重点技工学校——市技工学校的优良软硬件平台,全面落实省市技能培训配套优惠政策,为全市机械、电子、农林、农机、建筑、供销等各类企业职工提供各类工种职业技能培训。

服务单位:如皋技工学校
联系人:张永彪
办公地址:如城镇海阳路21号
服务电话:87651908
传真:87652227

职工技能鉴定

项目简介:提供职业技能鉴定相关咨询服务,组织全市职业技能鉴定工作,对企业职工(含三资企业)进行职业技能技术等级考核,发放职业资格证,组织和指导企业职业技能竞赛活动。

联系人:曹建平
服务单位:市工人技术考核办公室
办公地址:市行政中心B1315
服务电话:87287609
传真:87657651

申报技能大师工作室

项目简介:为企业申报技师、高级技师、技能大师工作室提供业务指导,为协会企业技能大师工作室开展技术协作、攻关和新产品开发及传授技艺提供服务。

联系人:曹建平
服务单位:市工人技术考核办公室
办公地址:市行政中心B1315
服务电话:87287609
传真:87657651

专业职称评审

项目简介:对企业专业技术人才申报高级职称的预审、推荐,初步审查申报高级职称人员的政治条件、学历资历条件、工作能力和学识水平,选拔优秀人才推荐到省相应高级评委会,为企业挖掘人才潜力,提高人才素质,保留专业人才提供保障。

联系人:张　敏
服务单位:市人社局科技科
办公地址:市行政中心B1223
服务电话:87650432
传真:87657651

申报博士后科研工作站

项目简介:指导全市重点企业申报博士后科研工作站,设立应用研究、技术开发或高级管理岗位,吸引取得博士学位人员或出站博士后到企业从事研究或管理工作。省政府对企业从事博士后项目研究提供必要的经费资助。

联系人:吴广兴
服务单位:市人才服务中心
办公地址:市民服务中心A0212
服务电话:87289302
传真:87289302

人才引进优惠政策兑现

项目简介:兑现如皋市各类人才引进优惠政策,组织申报、审核、发放高校本科毕业生就业资助和吸纳特困毕业生就业奖励,组织申报、审核、发放符合条件的高层次人才、紧缺人才(优秀本科毕业生、硕士生、博士生等)奖励。

联系人:吴广兴
服务单位:市人才服务中心
办公地址:市民服务中心A0212
服务电话:87288506、87288081
传真:87289302

校园流动招聘

项目简介:搭建校企沟通、合作的桥梁,根据行业需求,加强与高校沟通,组织全市重点企业,定期到对口高校开展专场招聘会。

联系人:吴广兴
服务单位:市人才服务中心
办公地址:市民服务中心A0212
服务电话:87288506、87288081
传真:87289302

大中专毕业生就业指导服务

项目简介:按照国家和省市有关高校毕业生就业相关政策,及时为有就业意向或自谋职业人员办理相应的就业报到手续。

联系人:吴广兴
办公地址:市民服务中心 A0212
服务电话:87288506、87288081
传真:87289302

重点 HR 沙龙

项目简介:以企业人力资源需求为出发点,根据人才发展趋势和当前热点难点问题,举办各类专题研讨、信息交流等活动,为成员单位提供及时有效的服务与帮助;邀请相关行业的专家、学者,举办不同类别的咨询、讲座、培训等服务活动,介绍人力资源专业理论和实务操作经验,推动企业人才战略的实施。派遣企业高级管理人员和专业技术人员赴名企培训,更新管理观念,学习先进技术。

联系人:吴广兴
服务单位:市人才服务中心
办公地址:市民服务中心 A0212
服务电话:87288506、87288081
传真:87289302

网络信息发布

项目简介:利用沿江人力资源网为全市重点企业提供招聘信息网络发布,开辟目标重点企业 VIP 通道,与省高校就业联盟联网发布重要招聘信息。

联系人:吴广兴
服务单位:市人才服务中心
办公地址:市民服务中心 A0212
服务电话:87288506、87288081
传真:87289302

固定市场招聘

项目简介:在全市范围内,定期举办大型人力资源招聘会,每周举办小型人力资源市场。摊位预定、招聘信息提前发布。根据企业需求,牵头组织赴外地开展如皋人力资源需求宣传。

联系人:洪　萍
服务单位:市劳动就业管理处
办公地址:市民服务中心二楼人力资源大厅
服务电话:87283191
传真:87283186

企业工伤认定

项目简介:开展企业职工工伤认定咨询,指导企业职工工伤认定工作,组织开展劳动能力鉴定体检。

联系人:阮铁均
服务单位:医疗工伤保险科
办公地址:市行政中心 B1227
服务电话:87199013
传真:87657651

劳动关系协调

项目简介:提供有关劳动事务的咨询;提供实时的劳动法规宣传;提供企业劳动纠纷的调解;提供企业劳动合同的指导;指导企业进行劳动规章制度建设,协助开展劳资沟通,协调处理员工申诉和劳动争议。

联系人:陶　军　吴晓群
服务单位:市劳动监察大队、市劳动仲裁院
办公地址:市民服务中心 A0213
服务电话:87287607　87287603
传真:87657651

企业社保业务

项目简介:合理为企业制定缴纳社会保险计划,开展社保业务咨询、培训,在社会保险登记、变更、增员、减员等各方面我市重点企业予以支持。

联系人:赵伦钧
服务单位:市社会保险基金管理中心
办公地址:市民服务中心 A0201
服务电话:87287619
传真:85378589

教　育　信　息

2011 年如皋市普通高校招生录取情况

2011 年,全市 10578 人参加全国普通高校招生统一考试,录取总数为 9909 人,录取率为 93.68%。其中,本科录取 7161 人,占录取总数的 72.27%;专科录取 2748 人。另被高职院校提前单独招生录取 142 人,飞行学员录取 1 人,招飞工作连续 23 年被评为省先进集体。

(何　明)

2011 年全国部分高校(本科)录取如皋考生情况一览

表 110

院校名称	类别	录取人数	院校名称	类别	录取人数
北京大学	理科	1	清华大学	理科	4
北京大学	文科	2	清华大学	文科	1
东南大学	理科	49	上海交通大学	理科	9
东南大学	文科	2	四川大学	理科	5
复旦大学	理科	5	四川大学	文科	1
复旦大学	文科	1	苏州大学	理科	161
哈尔滨工业大学	理科	5	苏州大学	文科	46
哈尔滨工业大学	文科	2	同济大学	理科	6
河海大学	理科	73	同济大学	文科	3
河海大学	文科	2	浙江大学	理科	17
南京大学	理科	51	浙江大学	文科	2
南京大学	文科	5	中国农业大学	理科	3
南京航空航天大学	理科	58	中国人民大学	理科	3
南京航空航天大学	文科	7	中山大学	理科	1
南京理工大学	理科	91	中山大学	文科	1
南京理工大学	文科	11			

2011 年如皋市普通高校招生考试成绩前 50 名考生录取情况一览

表 111

毕业学校	姓　名	录取院校	专业名称	投档分	选修科目和等级		选修科目和等级	
如皋中学	张　琪	清华大学	土木工程	409	物理	A+	化学	A+
如皋中学	张霖梅	北京大学	经济学类	408	物理	A+	化学	A+
如皋中学	张　枭	清华大学	土木工程	408	物理	A+	化学	A+
如皋中学	李　婧	清华大学	制造自动化与测控技术	406	物理	A+	化学	A+
如皋中学	朱　戢	清华大学	机械工程及自动化	404	物理	A+	化学	A+
如皋中学	周啸宇	中国人民大学	工商管理类	403	物理	A+	化学	A+
如皋中学	朱万丽	复旦大学	电子信息科学类	401	物理	A+	化学	A+
如皋中学	苏　鑫	上海交通大学	电气信息类	401	物理	A+	化学	A+
如皋中学	马皓天	上海财经大学	会计学(ACCA 班)	399	物理	A+	化学	A+
如皋中学	高　奔	浙江大学	工科试验班(信息)	398	物理	A+	化学	A+
白蒲中学	黄俊杰	浙江大学	工科试验班(工学)	398	物理	A+	化学	A+
如皋中学	鞠慧蓉	上海交通大学	海洋工程类(船舶与海洋工程、交通运输、工程力学、土木工程)	397	物理	A+	化学	A+
白蒲中学	崔炜皞	上海交通大学	海洋工程类(船舶与海洋工程、交通运输、工程力学、土木工程)	397	物理	A+	化学	A+
如皋中学	苏潇越	上海交通大学医学院	临床医学(法语)	396	物理	A	生物	A+
如皋中学	何　溦	上海交通大学	海洋工程类(船舶与海洋工程、交通运输、工程力学、土木工程)	396	物理	A	化学	A+
如皋中学	王　旭	上海交通大学	机械类	396	物理	A+	化学	A+
白蒲中学	李王亮	同济大学	土木工程	396	物理	A+	化学	A
白蒲中学	陆亚兵	上海交通大学	海洋工程类(船舶与海洋工程、交通运输、工程力学、土木工程)	396	物理	A+	化学	A

续表 111－1

毕业学校	姓　名	录取院校	专　业　名　称	投档分	选修科目和等级		选修科目和等级	
如皋中学	管　睿	东南大学	土建类(建筑学类)	395	物理	A	化学	A+
如皋中学	章许帆	南京大学	软件工程	395	物理	A+	化学	A+
如皋中学	何永朋	复旦大学	理科试验班	395	物理	A+	化学	A+
如皋中学	朱　祥	南京大学	经济学类(经济、国贸、金融、金融工程、保险、产业经济)	395	物理	A+	化学	A+
如皋中学	陈　兴	浙江大学	工科试验班(工学)	395	物理	A+	化学	A+
市一中	唐俊燕	浙江大学	工科试验班(信息)	395	物理	A	化学	A+
如皋中学	倪雅婷	上海财经大学	经济学	394	物理	B+	化学	A
如皋中学	沈静文	同济大学	航空航天类(飞行器制造工程)	394	物理	A+	化学	A+
如皋中学	丁佐蓬	南京理工大学	机械工程及自动化	394	物理	A	化学	A+
如皋中学	郭鹏程	北京航空航天大学	理科试验班(高等工程学院、华罗庚班)	394	物理	A+	化学	A+
如皋中学	李阳杨	南京大学	工商管理类(工商管理、人力资源、会计、财务、市场营销、电子商务)	394	物理	A+	化学	A
如皋中学	丁洁羽	南京大学	管理科学与工程类(金融工程、工业工程)	394	物理	A+	化学	A
如皋中学	王殷鹏	浙江大学	工科试验班(信息)	394	物理	A	化学	A
如皋中学	薛周鹏	南京大学	电子信息科学类(电子、通信工程、生物医学工程、微电子)	394	物理	A+	化学	A
如皋中学	周智颖	浙江大学	工科试验班(工学)	393	物理	A+	化学	A
如皋中学	康　良	浙江大学	工科试验班(工学)	393	物理	A+	化学	A+
如皋中学	吴弘宇	浙江大学	工科试验班(工学)	393	物理	A+	化学	A
如皋中学	周　磊	浙江大学	工科试验班(信息)	393	物理	A+	化学	A+
如皋中学	印双双	南京大学	数学类(基础与应用数学、信息与计算科学、统计学)	393	物理	A+	化学	A+
如皋中学	范潇潇	浙江大学	工科试验班(信息)	393	物理	A+	化学	A+
如皋中学	王泽宇	浙江大学	工科试验班(信息)	392	物理	A+	化学	A+
如皋中学	沈　沐	南京大学	数学类(基础与应用数学、信息与计算科学、统计学)	392	物理	A	化学	A
如皋中学	纪志伟	浙江大学	工科试验班(信息)	392	物理	A+	化学	A+
如皋中学	丁佳艺	江苏警官学院	经济犯罪侦查	392	物理	A	化学	A+
如皋中学	江明明	浙江大学	工科试验班(工学)	392	物理	A	化学	A
如皋中学	闻　尧	浙江大学	工科试验班(信息)	392	物理	A+	化学	A
如皋中学	李贵锋	东南大学	土建类(土木)	391	物理	A	化学	A
如皋中学	王桂霞	同济大学	工商管理类(市场营销、会计学)	391	物理	A	化学	B+
如皋中学	季龙飞	中国科学技术大学	数学类	391	物理	A+	化学	A+
如皋中学	黄　晴	南京大学	数学类(基础与应用数学、信息与计算科学、统计学)	391	物理	A+	化学	A+
如皋中学	张王柳	南京大学	工商管理类(工商管理、人力资源、会计、财务、市场营销、电子商务)	391	物理	A+	化学	A+
如皋中学	李一夫	浙江大学	工科试验班(信息)	391	物理	A+	化学	A+
如皋中学	李唐蓉	南京大学	经济学类(经济、国贸、金融、金融工程、保险、产业经济)	391	物理	A+	化学	A+
白蒲中学	顾　磊	南京大学	数学类(基础与应用数学、信息与计算科学、统计学)	391	物理	A+	化学	A+
江安中学	刘　琳	南京大学	电子信息科学类(电子、通信工程、生物医学工程、微电子)	391	物理	A+	化学	A+

2011 年如皋市对口高考本科上线情况一览

表 112

专业代号	专业	全市			市职教中心			市一职高		
		考生总人数(人)	本科上线人数(人)	上线率(%)	考生人数(人)	本科上线人数(人)	上线率(%)	考生人数(人)	本科上线人数(人)	上线率(%)
11	建筑	58	35	60.3	21	15	71.4	37	20	54.1
12	机械	72	58	80.6	38	32	84.2	34	26	76.5
13	机电	166	104	62.7	120	69	57.5	46	35	76.1
14	电子电工	89	56	62.9	56	38	67.9	33	18	54.5
15	计算机	131	83	63.4	91	55	60.4	40	28	70.0
16	化工	34	32	94.1	15	15	100	19	17	89.5
17	农业	35	26	74.3	19	16	84.2	16	10	62.5
18	财会	84	41	48.8	42	19	45.2	42	22	52.4
19	市场营销	63	42	66.7	32	27	84.4	31	15	48.4
20	旅游	40	23	57.5	13	12	92.3	27	11	40.7
21	艺术(美术类)	49	26	53.1	28	16	57.1	21	10	48
22	烹饪	42	26	61.9	22	19	86	20	7	35
23	汽车	20	16	80.0	20	16	80	/	/	/
24	纺织服装	46	36	78.3	19	16	84	27	20	74.1
	小计	929	604	65.0	536	365	68.1	393	239	60.8
大赛升本科		/	8	/	/	4	/	/	4	/
合计		929	612	65.9	536	369	68.8	393	243	61.8
占全省本科总计划数(2696 人)份额			0.23	/	/	0.14	/	/	0.09	/

(陈晓斌)

如皋特色旅游信息

长青沙生态旅游度假区、江岛生态游、船舶文化游、养生度假游线路安排

半日游

接团→熔盛船厂（40 分钟）→长青田园桃梨满园（10 分钟）→长生田园（10 分钟）→童年小河（10 分钟）→“杉”水相逢（10 分钟）→骑马巡江（30 分钟可选）→返回东风滩钓鱼馆（30 分钟）→品江鲜，吃饭（30 分钟）→购纯生态农产品（30 分钟），回家。

一日游

上午 9:00 接团→熔盛船厂(报告厅观看专题片,20 分钟→船模展馆,20 分钟→造船工地,50 分钟)→港务集团物流码头、看江观船(30 分钟)→东风滩品江鲜、吃午饭(30 分钟)→江岛鱼趣(30 分钟)→桃梨满园(20 分钟)→骑马巡游(30 分钟)→长生田园(10 分钟)→童年小河(10 分钟)→“杉”水相逢(10 分钟)→江滨湿地(30 分钟)→购纯生态农产品(30 分钟)→回家。

一日一夜游

上午 9:00 接团→熔盛船厂(报告厅观看专题片,20 分钟→参观船模展馆,20 分钟→参观造船工地,50 分钟)→物流码头(30 分钟)→东风滩品江

鲜、吃午饭(30分钟)→江岛鱼趣(30分钟)→桃梨满园(20分钟)→骑马巡游(30分钟)→长生田园(10分钟)→童年小河(10分钟)→"杉"水相逢(10分钟)→江滨湿地(50分钟)→购纯生态农产品(30分钟)→返回东风滩晚餐→篝火聚会→早晨"万鸟戏巢"→城区景点。

江苏如皋"长寿、人文、养生"特色旅游线路

一日游

上午10:00接团→千年古刹——定慧寺→徽派园林海内孤本、清末四大才子之一冒辟疆与"秦淮八艳"之一董小宛隐居地——水绘园,午餐→长寿主题公园——东方大寿星园→参观全国唯一丝毯艺术集成——工艺丝毯博物馆,→购买长寿特色商品,回家。

二日游

第一天:上午10:00接团→游国家AAA级景点——内外城河风光带(射雉亭→范公苑→丞相亭→文昌阁→集贤里)→"长寿氧吧"——顾庄生态园,探访长寿奥秘、寻访百岁老人、与百岁老人合影(自费),午餐,休息→徽派园林海内孤本、清末四大才子之一冒辟疆与董小宛隐居地——水绘园→全国唯一丝毯艺术集成——工艺丝毯博物馆,晚餐,休息。

第二天:早晨7:30点早餐→游长寿主题公园——东方大寿星园→如派盆景艺术、全国农业旅游示范点——江苏花木大世界,午餐→千年名刹——定慧寺→购买长寿特色商品,回家。

三日游

第一天:早10:00接团→长寿主题公园——东方大寿星园→参观如派盆景艺术、全国农业旅游示范点——江苏花木大世界,午餐,休息→徽派园林海内孤本、清末四大才子之一冒辟疆与董小宛隐居地——水绘园→全国唯一丝毯艺术集成——工艺丝毯博物馆,晚餐,休息。

第二天:早晨7:30点早餐→千年名刹——定慧寺→国家AAA级景点——内外城河风光带(射雉亭→范公苑→丞相亭→文昌阁→集贤里)→"长寿氧吧"——顾庄生态园,午餐,休息→集花木观赏、生态旅游于一体的苏通生态园,探访长寿奥秘、寻访百岁老人、与百岁老人合影→九华千年银杏→购买长寿特色商品,晚餐,休息。

第三天:早晨7:30点早餐→长青沙岛生态旅游度假区滨江湿地运动公园,游清雅迷人的田园森林——东风滩→中国第一大船坞——熔盛重工,午餐,品江鲜→公用码头→内港池→长江镇中小船厂群,回家。

(陈小健)

附　　录

2010年如皋市第六次全国人口普查主要数据公报[①]

如皋市统计局

2011年5月16日

根据《全国人口普查条例》和《国务院关于开展第六次全国人口普查的通知》,全国以2010年11月1日零时为标准时点开展了第六次全国人口普查[②]。在国务院、省政府和地方各级人民政府的统一领导下,在全体普查对象的支持配合下,通过全市广大普查工作人员的艰苦努力,圆满完成人口普查任务。现将快速汇总的主要数据公布如下:

一、全市常住人口

全市常住人口[③]为1267066人。

二、家庭户人口

全市常住人口中,家庭户[④]394838户,家庭户人口为1235178人,平均每个家庭户的人口为3.13人,比2000年第五次全国人口普查的3.36人减少0.23人。

三、性别构成

全市常住人口中,男性人口为604253人,占47.69%;女性人口为662813人,占52.31%。总人口性别比(以女性为100,男性对女性的比例)由2000年第五次全国人口普查的93.87下降为91.16。

四、年龄构成

全市常住人口中,0～14岁人口为152536人,占12.04%;15～64岁人口为901846人,占71.18%;65岁及以上人口为212684人,占16.78%。与2000年第五次全国人口普查相比,0～14岁人口的比重下降7.32个百分点,15～64岁人口的比重上升2.85个百分点,65岁及以上人口的比重上升4.47个百分点。

五、各种受教育程度人口

全市常住人口中,具有大学(指大专以上)文化程度的人口为56694人,具有高中文化(含中专)程度的人口为157480人,具有初中文化程度的人口为467653人,具有小学文化程度的人口为494388人(以上各种受教育程度的人包括各类学校的毕业生、肄业生和在校生)。与2000年第五次全国人口普查相比,每10万人中具有大学文化程度的由1589人上升为4474人,具有高中文化程度的由11299人上升为12429人,具有初中文化程度的由34978人上升为36908人,具有小学文化程度的由39976人下降为39018人。

全市常住人口中,文盲人口(15岁及以上不识字的人)为21979人,与2000年第五次全国人口普查相比,文盲人口减少35981人,文盲率[⑤]由4.25%下降为1.73%,下降2.52个百分点。

---

①该公报中数据均为初步汇总数。

②普查登记的对象是指普查标准时点在中华人民共和国境内的自然人以及在中华人民共和国境外但未定居的中国公民,不包括在中华人民共和国境内短期停留的港澳台居民和外籍人员。"境内"指中华人民共和国海关关境以内,"境外"指中华人民共和国海关关境以外。

③各县(市、区)的常住人口,是普查登记的2010年11月1日零时的常住人口。常住人口包括,居住在该乡镇街道、户口在该乡镇街道或户口待定的人,居住在该乡镇街道、离开户口所在的乡镇街道半年以上的人,户口在该乡镇街道、外出不满半年或在境外工作学习的人。

④家庭户是指以家庭成员关系为主、居住一处共同生活的人组成的户。

⑤文盲率是指全市常住人口中15岁及以上不识字人口所占比重。

索　引

说　明

1. 本索引采用主题分析法编制，按汉语拼音顺序排列，同字同音按声调排列，音调相同按下一字的音序排列。

2. 特载、专文、记事、人物、文件选编、集体荣誉榜、附录篇目，及综述、概况、附表未列入索引。

3. 标引词后的数字表示内容所在页码，数字后的字母 a、b 分别表示左栏和右栏。

4. 栏目标题用黑体字标示。

5. 索引标引词一般采用中心词或简称，市级党政机关、镇、企事业单位和社会团体名称前一般未冠以“如皋市”或“如皋”、“市”字样。

图书在版编目（CIP）数据

如皋年鉴．2012 / 如皋市年鉴编纂委员会编．—北京：方志出版社，2012.9
ISBN 978-7-5144-0565-1

Ⅰ.①如… Ⅱ.①如… Ⅲ.①如皋市—2012—年鉴
Ⅳ.①Z525.33

中国版本图书馆CIP数据核字（2012）第205664号

如皋年鉴（2012）

编　　者： 如皋市年鉴编纂委员会
责任编辑： 冯　松

出 版 者： 方 志 出 版 社
（北京市东城区夕照寺14号院富瑞苑公寓6层）
邮编　100061
网址　http://www.fzph.org
发　　行： 方志出版社发行部
(010)67120966-6008
经　　销： 新华书店总店北京发行所
法律顾问： 北京市大禹律师事务所
印　　刷： 扬州市机关彩印中心

开　　本： 889×1194　　1/16
印　　张： 32.5
字　　数： 960千
版　　次： 2012年9月第1版　　2012年9月第1次印刷
印　　数： 0001～1000册

ISBN 978-7-5144-0565-1/K·460　　**定价：** 180.00元

如皋市总工会

2011年，市总工会以“党政满意、企业满意、职工满意”为目标，团结动员全市各级工会组织和广大职工全力投身“十二五”开局战，致力服务发展，积极创先争优，先后获全省工会舆论宣传工作先进集体、法制宣传工作先进集体，南通市文明单位等称号。市镇企三级职工代表常任制被评为全省工会民主管理工作优秀成果，县（市）级工代会代表常任制、流动会员之家、劳动争议调解新模式、创新企业班组管理等获南通市工会创新成果奖。

12月2日，省人大常委会副主任、省总工会主席张艳（左二）在南通市人大常委会副主任、总工会主席陆玉明（左三）陪同下调研如皋市工会工作

9月7日，南通市副市长、如皋市委书记陈惠娟（左二）调研职工活动中心筹建工作

主动引领职工，在促进转型升级中展现工会优势。大力开展重点工程劳动竞赛和职工职业技能竞赛，成功举办船舶、交通、旅游、红木雕刻、手工木工及金融、法院、邮政等12个行业18个工种的技能比武。承办南通市船舶行业技能大赛，进一步扩大如皋市船舶业影响力。

主动维护职工，在构建和谐劳动关系中发挥工会优势。进一步扩大和谐企业创建活动覆盖面，进一步推进企业职工工资集体协商共决机制，进一步深入镇区劳动争议调解工作站规范化建设，不断完善劳动关系三方协商、劳资矛盾信息预警、劳动争议案件会办工作机制，主动参与并积极加强创新社会管理，编印下发《企业劳动用工规范化指导意见》、职工维权明白卡，进一步加大源头参与、重点参与力度。

主动服务职工，在实现发展成果共建共享中体现工会优势。做亮“送温暖”、“金秋助学”、“职工之家”等工会服务品牌，主动服务特困职工家庭及其子女，帮助特困职工和家庭成员就业，加强青年职工特别是新生代农民工心理健康教育，开展“送健康”进企业活动，“职工创业小额贷款”进一步为职工创业提供资金保障。

12月7日，市总工会召开第四次工会工作现场推进会，加强和推进工作组织，全面提升工作水平

4月28日，市总工会表彰省、南通和如皋三级劳动模范，营造劳动伟大、劳模光荣的社会氛围

11月22日，市总工会举办首次企业报刊展评活动，助推企业文化发展

6月17日，市总工会举行“送电影到企业、送安全给职工”启动仪式

5月17日，省委政法委副书记朱华仁（左一）调研法治如皋建设工作

9月28日，如皋市成功承办“2011年法治江苏建设高层论坛”大调解法治化分论坛

4月8日，南通市委副书记陈斌（左四）视察、指导大调解中心建设

中共如皋市委政法委员会

8月31日，南通市委常委、政法委书记曹斌（右二）在如调研社会管理创新工程推进情况

社会管理创新工程取得阶段成效

大调解体系不断完善。深入开展社会稳定风险评估工作，源头预防更加务实。在全市20个镇调处中心、347个村（社区）全面安装调解服务一键通。全年受理调处矛盾纠纷5625件，当事人对调解工作的满意率和调解协议书的履行率达100%。

大防控体系不断加强。有力推进“320”道路监控网络工程、治安视频监控网络扩容升级工程。实现城区巡防街面、场所、社区等重点部位全天候、全方位覆盖，实现农村巡防 “一镇一中队、一村一服务队”；进一步健全完善互联网舆情引导工作机制和工作流程，虚拟社会管控成效显著。

4月7日，如皋市创新实施公民法治驿站工程经验在全省基层法治建设推进会上交流推广

特殊人群管理服务措施不断创新。创新建立社区服刑人员虚拟管理服务机制，创新建成特殊人群启航阳光创业孵化园4个，建立完善省、南通市级安置帮教基地6个。

坚持每季召开镇（区）和部门社会管理创新工作汇报会，强化过程控制

外来人员服务管理水平不断提升。全面落实各项服务管理举措，强力推进“三集中”管理模式，切实为外来务工者提供良好安居环境，在公共服务各方面提供均等机会。

城乡社区管理体系不断健全。建立健全社区社会管理“1534”模式，如皋港、开发区等搬迁安置的新型社区服务管理体系实现全覆盖，有效规范和完善全市城乡社区组织体系、服务平台、管理机制，进一步夯实社区基础工作。

9月14日，市委委政法委举办政法系统年轻干部培训班

基层基础体系建设不断夯实。镇（区、园）政法综治工作中心的硬软件建设按照标准化、规范化的要求建设到位，各村（社区）均建立标

准统一的综治警务室和调解室，全市基层社会管理平台建设迈上新台阶。按照职业化管理、专业化运作、科学化考核要求，不断提升社会管理专业队伍能力水平。在南通市创新办组织的月度考评中夺得的红旗数居南通首位，多个社会管理创新经验得到省、南通市认可。

法治如皋建设高效有序推进

切实规范公共权力运行。健全完善《重大决策行为规程》等制度，建立社会稳定风险评估机制，重大决策社会稳定风险评估率达100%。大力推进干部人事制度改革，依法强化管理，选拔录用干部相关做法被中组部部长李源潮批示肯定。全面深化行政争议诉前协调机制，实施行政诉讼和行政复议工作会商和重大行政争议预警机制，相关做法被中央电视台深度报道。建立政府负责人出庭应诉提示制和部门主要负责人出庭应诉规定制，一审案件出庭率和涉府行政案件行政负责人出庭应诉率均达100%，无行政复议撤销变更案件，行政诉讼直接败诉案件下降64.29%；强化执法信息化建设，实施“三线式”的监督巡视，执法督查评议经验被省委政法委转发，执法办案经验得到最高人民检察院检察长曹建明批示肯定。创新执行工作机制，执行案件执结率、执结标的到位率分别达99.87%、98.1%，相关工作经验得到最高人民法院副院长江必新肯定。

不断深化基层民主法治建设。大力推进村（社区）民主法治“强基升级”工程，实行年初确定升级对象、年内督导升级工作、年底固强补弱升级，省、南通市级民主法治村（社区）命名率分别达到15.3%和86%，促进依

4月29日，市委政法委深入开展主题教育活动

1月22日，市委政法委召开全市社会管理创新工作动员大会

9月24日，市委政法委召开全市社会管理创新工程现场推进会暨法治县(市)创建动员会

6月25日，市委政法委开展纪念建党90周年系列活动

11月4日，市委政法委到基层执法单位进行执法督查巡视

法自治水平的不断提高。大力推进公民法治驿站运行标准化，全市建成运行公民法治驿站358个，标准化运行率达65%，较好地发挥驿站自我服务、自我管理、自我维权作用。

全面加强法治文化建设。全面规划“六五”普法工作，启动实施“普法邮路通万家”工程和深化农民工学法“百千万”行动工程。启动实施法治为民“1+4”工程，努力提升全体公民“一个素养四个能力”。大力推进镇、村（社区）法治文化阵地建设，镇级法治文化阵地建成率达80%，村级法治文化阵地建成率达45%。精心筹办“百名法学家百场报告会”和2011法治江苏高层论坛大调解法治化分论坛活动。如皋市顺利通过2010～2011年度省首批法治县(市)创建工作先进单位复核验收。

政法队伍建设取得明显成效

深入开展“发扬传统、坚定信念、执法为民”主题教育实践活动，举办政法系统庆祝中国共产党成立90周年文艺汇演等系列庆祝活动，进一步夯实服务大局、执法为民的思想根基。举办第四期政法系统年轻干部培训班，34名政法干警参加培训，进一步提升业务素质、执法水平。从社会不同层面聘请社会管理创新、平安法治建设督导员28名和政法队伍监督员20名，进一步增强政法队伍外部监督力量。选派347名政法干警担任村（社区）政法干警综治特派员，进一步增强服务基层能力。加大执法督查力度，集中开展执法监督巡视4次，及时通报、整改发现的问题，进一步提高执法规范化水平，执法督查工作经验和做法被省委政法委、南通市委政法委转发。

如皋市科学技术局

3月31日，南通市副市长、如皋市委书记陈惠娟（左），如皋市市长姜永华（右）为江苏省创新型城市揭牌

6月9日，省委原书记陈焕友（左二）视察如皋科技展示馆

2011年，全市大力实施创新驱动战略，全面推进科技创新工程，科技工作实现“综合考核南通争第一、重点工作省内有位次”的目标，全国科技进步先进县（市）创建工作通过国家级考核，省可持续发展实验区、创新型城市、国家技术创新工程示范市建设取得阶段性成效。

创新驱动全面加快 创建工作成效初显

瞄准2013年建成全民科学素质高、创新能力强、创新环境好、创新制度优、创新人才汇聚的创新型城市目标，研究制订《江苏省创新型城市如皋试点工作实施方案》。全面加快创新型乡镇、创新型园区、创新型企业建设进程，完善以企业为主体、市场为导向、公共平台建设为载体、产学研相结合的创新体系。如皋液压装备科技产业园、如皋软件园获省级认定，以九鼎新材为理事长单位的省玻纤复合新材料产业联盟、以肠衣城为理事长单位的江苏和畜禽副产物深加工产业联盟获批，国家级船舶产业联盟、国家火炬计划如皋输变电特高压电力设备及配件产业基地在申报中。

创新机制不断健全 创新环境持续优化

成功召开全市创新型城市建设动员会和创新驱动现场推进会，深入推进创新型城市建设。先后出台《关于加快科技金融服务体系建设的意见》、《关于印发江苏省创新型城市如皋市试点工作实施方案的通知》和《关于促进我市全社会研发投入快速增长的意见》，在全市营造科技创新氛围。如皋科技创新做法先后被《新华社内参选编》、《科技日报》、《中国知识产权报》和江苏卫视等媒体报道。

加大项目申报力度 立项数量南通领先

全年申报各类科技计划项目701项，立项348项，获各级资金扶持1928.8万元。其中，九鼎新材与俄罗斯合作的项目获科技部国际合作项目扶持200万元，力星钢球与法国合作的项目获科技部扶持资金275万元，科技城软件园信息科技公共技术服务中心获省公共科技服务平台项目获扶持300万元，熔盛重工“深水铺管作业线标准研究”获省重要技术标准扶持100万。获国家重点新产品项目立项3项、国家中小企业创新基金项目立项2项、省科技支撑项目立项10项、省企业院士工作站立项2项、省知识产权战略推进

3月31日，市委、市政府召开“两个加快”现场推进会暨创新型城市建设动员大会

5月28日，市政府举办第十四届如皋经济技术（科技.人才）洽谈会

10月15日，全市创新驱动现场推进会在长江镇（如皋港区）举行

计划项目立项3项。平台建设、农业、社会事业方面的立项数量大大超过往年。

产学研合作空前活跃　创新要素加快集聚

成功举办2011如皋经济技术（科技·人才）洽谈会，征集技术需求307条、金融需求95条，邀请61家省内外著名高校、科研院所461位专家教授，23家金融机构47名代表以及25个国家的36名外国留学人才参会，其中院士、首席专家和高校校长等22人。洽谈会期间，全市有133家企业与57家高校院所、16家金融风投机构达成合作意向406个，集中签约项目74个。第二批科技镇长团成功邀请清华大学、上海交通大学、南京邮电大学、扬州大学、江苏科技大学、南通大学等省内外高校专家、教授与市政府、相关企业开展产学研合作17次，其中，南京邮电大学与如皋软件园、大昌电子公司共同建立大学生就业创业见习基地2个、大学生实习基地2个。

知识产权工作深入推进　自主创新能力显著提升

全年申请专利6612件，其中发明专利1964件、专利授权2586件。双钱轮胎等6家企业被认定为省企业知识产权管理标准化示范创建单位，超达科技的“成型冲切模具的零间隙刀口制作方法”专利被评为江苏省百件优质发明专利，力星钢球获省知识产权战略推进计划项目立项。全年申报南通市知识产权战略示范企业20家。9月，如皋市顺利通过省知识产权战略示范市验收。熔盛重工的冰区加强船、昌昇机械的精密印刷机获省科技进步二等奖，神马、大生获省科技进步三等奖。

科技招商高效突破　载体建设再创佳绩

全市现有在孵企业307家。其中软件园在孵企业95家，新增48家。年内举行市科技创业园2011年度企业入孵仪式，苏诺特数字化包装、海生船舶科技、南通一隆电力科技等14家高新技术产业企业正式落户。全年完成评审项目21个。6家孵化器正式投入运行，累计完成孵化器建设面积33万平方米。引进本科以上科技人员1378人，其中，硕士和博士56人，海外归国留学人员9名。

强化科技金融服务　健全完善科技投入

研究制订《关于加快科技金融服务体系建设的意见》，鼓励社会各类金融服务机构为科技中小企业发展提供融资服务。全市10家银行为65家科技型中小企业累计融资7.2亿元，其中获融资超1000万元的企业14家。建立1亿元科技成果转化风险补偿专项资金和300万元科技创新种子资金，组织申报科技型企业3批次、16家，11家科技企业获风险补偿资金贷款3000万元，一批具有创新能力和自主知识产权的科技型中小企业获得扶持。全市科技投入稳步增长，规模以上工业企业科技投入平均达1%以上，高新技术企业平均达4%以上，全社会R&D（研究与发展）投入占GDP比重达2.05%。

5月28日，市政府召开科技金融报告会

5月28日，市政府举行技术人才需求对接洽谈暨科技人才信息发布会

3月26日，市政府举行市科技创业园高校成果转移中心揭牌暨2011年度首批企业入孵仪式

8月26日，省委第三巡视组视察如皋司法行政工作，南通市副市长、如皋市委书记陈惠娟（左一）陪同视察

4月8日，如皋市"普法邮路通万家"工程启动

如皋市司法局

2011年，市司法局以服务大局和便民利民为根本，抓住"十二五"开局、加强和创新社会管理的良好机遇，致力创新实干，全力创先争优，充分发挥社会管理创新主力军作用，工作特色明显，亮点纷呈，为全市"迈进基本现代化，建设美好新如皋"作出新的贡献。

以服务发展为第一要务，在融入中心中不断彰显司法行政作用。

紧贴全市推进"两个加快"工作大局，大力开展"促转型、促升级、助稳定、助发展"法律服务专项活动，主动融入助推发展。成立市同业商会律师服务团，为全市29个同业商会提供"组团式"服务；开展律师"看发展、话转型、促升级"系列活动，全市67名律师累计走访企业4265家次，为沿海开发和重点项目制订办法、措施、方案75条，参与企业发展、沿海开发和重大投资项目建设中的矛盾纠纷化解53次，办理涉企转型升级法律事务3106件。公证业务向船舶工业、花木产业等主导产业拓展延伸，全年为沿江开发项目招投标、城市改造搬迁等提供服务137次，为船舶制造企业提供建造证明、授权委托、船舶销售账单公证106批次，为新兴产业提供涉密人员商业技术秘密保密合同公证43人次，积极帮助企业应对经营风险、规避法律风险。全年办证6424件，其中涉企公证3971件，为企业挽回和避免经济损失7.5亿元。实施民主法治和谐工程，民主法治村（社区）市级以上创建达标率为98.3%。"法治创和谐"文艺调演走进林梓、如城、长江等镇，引导群众依法表达利益诉求。实施法治文化建设"五个一"工程，全市有13个镇、115个村（居）建立法治文化广场（园），建立法治文化示范学校20所、法治企业示范点18个。

8月10日，省司法厅副厅长万力（左二）视察如皋"调解服务一键通"

11月23日，"法治创和谐"文艺调演走进熔盛重工

9月3日，如皋市律师协会组织全体律师举行"我转型，我升级，我服务，我承诺"诚信宣誓活动

以维护稳定为第一责任，在履职尽责中全面提升社会管理水平。

强化调解队伍建设、硬件建设和制度建设，落实市调处中心机构编制和人员编制，创新实施"六化互动"调解新机制，建立一综多专的调解格局，南通市委副书记陈斌批示要求南通其他县市学习借鉴。市镇村三级大调解平台全年受理调处矛盾纠纷5625件，调解成功5591件，调处成功率99.4%，其中市调处中心直接调处重大疑难复杂矛盾纠纷78起。以社会服刑人员和刑释解教人员为重点，完善人防管控网、心防矫治网、技防监控网，建立与社会发展相适应的特殊人群管理教育服务新体系，全市在册社区服刑人员533人，五年内刑释解教人员871人，初步实现“管得住、改得好、零犯罪”管控目标。加大市镇两级司法行政软硬件投入力度，推进信息化建设，实施数字司法工程，在南通率先建成千兆到镇、百兆到所的司法内网，全市20个司法所（调处中心）、特殊人群公益劳动基地全部接入内网，视频指挥系统实现市镇两级全覆盖，实现公文网上流转、信息网上报送、绩效网上考评、特殊人群网上跟踪管理。

以服务民生为第一追求，在情系百姓中突出法治惠民导向。

实施“普法邮路通万家”工程，借助如皋“爱心邮路”这一全国文明典型，全市152名邮递员将法制宣传品随同报刊寄送，实现法进千企万家，年内邮发法制宣传品9期，发放法制宣传资料12万余份，收到回执500余份。《人民日报》、新华社、《法制日报》等主流媒体宣传报道，并在全省范围内推广。实施集法律咨询、调解求助、互动交流、服务监督于一体的“调解服务一键通”村居全覆盖工程，为群众提供24小时调解服务。实施“法律援助暖民心”工程，设立法律援助工作联系点345个、工作站67个，构建“半小时法律援助服务圈”。全年办理法律援助案件1536件，来访数10292件，其中涉及劳动争议、出国劳务、交通事故、赡养、工伤、抚育等民权民生类案件占比达92%，办案数、来访数均位居全南通市第一，受援人满意率100%。加大对老年人的法律维权力度，累计办理赡养、继承类案件107件，法律援助中心被评为首批江苏省法律援助机构示范窗口，法律援助“12348”被市委、市政府评为“十一五”期间“十佳”服务品牌。

以队伍建设为第一保障，在统筹力量中展示崭新精神风貌。

深入开展新时期如皋司法行政精神大讨论，扎实推进学习型党组织和学习型机关建设，每月组织读书日领学活动，开展理论、业务、技能、文化“四位一体”的学习教育，营造各项工作齐头并进、奋勇争先的良好态势。先后组织开展“发扬传统、坚定信念、执法为民”和争创“群众满意的窗口服务单位”等主题教育实践系列活动，全面推行“三理工作法”，引导党员干部牢固树立宗旨意识，机关干警以群众工作特派员的身份与村居结对挂钩，以“五个一”活动为载体，开展“三解三促”活动。制订年度工作重点和亮点责任分解表，按照“四个一”、“五定”、“五保”的模式组织立项推进，纳入岗位目标绩效考评的重要内容，通过强化考核，激发全员创先争优的积极性。在南通市司法行政系统排头兵考核中连续两年位居第一，被授予江苏省优秀司法局称号，先后被表彰为全省司法行政系统勤廉示范单位、先进集体、法制宣传教育先进单位、信息工作先进集体、法律援助先进集体，获全省“双助双促”活动优秀组织奖，被省司法厅记集体二等功，成功接受省委巡视组专项巡视。

市司法局将每年6月份定为“大调解宣传月”，打造具有如皋特色的大调解体系

4月12日，2011年第一期新入矫社区服刑人员集中入矫宣告宣誓仪式在市看守所举行

10月16日，市司法局召开全市“五五”普法总结表彰暨“六五”普法动员部署大会，聘任10位首届“普法形象大使”

实施法律援助星火计划

开展系列主题教育实践活动

如皋市人力资源和社会保障局

2011年，如皋市人力资源和社会保障局紧紧按照“两个率先”、“两个加快”要求，始终坚持“全市争第一、全省有位置、全国有影响”目标定位，狠抓内部管理，不断开拓创新，强势推进各项工作，获全省人才工作先进市、江苏省医疗保险“千千万万”行动先进单位、江苏省高技能人才培养示范基地等19项南通市级以上称号，实现如皋人社事业新发展、新突破。

系统统筹管理更加规范

深入开展“管理提升年”主题活动。完善规章制度建设。研究出台社保基金内控办法，推行业务会商机制，经办科室部门，一个季度交流一次工作，同时商请审计部门变一年一审为一年双审。完善服务职能建设。建立企业社保专管员队伍，首批946名企业社保专管员通过培训考核，实行持证上岗。市民中心业务大厅建立领导带班制度，并启用排队叫号系统。完善干部队伍建设。组织中层以上干部赴复旦大学参加高级研修班，组织心理健康等学习讲座3场，召开基层座谈会5次，提拔年轻干部10人，五个下属单位轮岗交流22人。完善镇村平台建设。首创村级劳动就业和社会保障平台标准化建设，专职协管员实现“一村一员”。镇（区、园）人社所（分局）办公电脑实行“配一送一”，提供各类资助近40万元。圆满承办全国部分地区农村劳动力转移就业工作技术支持与服务工作交流会。

城乡就业基本保持稳定

全面启动并扎实推进创业带动就业工作，各类指标高标准完成。全年全市新增就业7943人，城镇登记失业率3.02 %，审定创业孵化基地3个、“创业之星”3个，挖掘培育典型10个，发放小额担保贷款1500万元，办理贷款贴息46万元，发放社保补贴34.5万元，毕业生就业资助33.7万元。有8家培训机构获培训补贴180.02万元，252人获“获证奖补”资金18.24万元。全年转移农村劳动力21678人，发放省级培训券6502张。新建江苏省沿江开发（如皋）人力资源市场大楼，固定展位230个，活动展位220个，可同时容纳万名求职者。建成20个镇级人力资源市场，累计举办招聘洽谈会45期，其中针对失地农民的

5月28日，南通市副市长、如皋市委书记陈惠娟（前排左一）在如皋市委组织部副部长、市人社局党委书记、局长周太荣（前排左二）陪同下，视察2011年度江苏省沿江开发（如皋）人力资源市场大型招聘会

11月23～24日，人社部中国就业培训技术指导中心副主任原淑炜（右二）到如皋考察，视察磨头镇高庄村级平台建设成果

11月23～24日，全国部分地区农村劳动力转移就业工作技术支持与服务交流会在如皋召开

专场招聘22场。赴四川等西部省开展劳务对接，组织16家企业赴外地参加招聘，引进紧缺劳动力近400人。与5所中职院校建立长期合作关系。

社会保障水平稳步提高

年初提请市政府将新农保、社保扩面工作列入市政府对各镇（区、园）考核，社保工作得到高效推进。年内，新农保完成缴费人数45.7万人，100%完成全覆盖应保指标。新增失地农民100%纳入基本生活保障。社保扩面提前八个月完成“保8000争10000”加压目标，社保基金、城镇居民医保征缴均超额完成。全年稽核参保单位205家合计2.97万人，稽核补缴社保费697.84万元，到账率100%。离退休人员养老金领取资格认证率100%，追缴冒领养老金22起合计11万元。上调被征地农民基本生活保障标准，出台《被征地农民基本生活保障与农保、企保重复参保及重复享受待遇的处理意见》。按时、足额发放4.4万名离退休人员养老金，在南通率先组建江海夕阳红志愿服务队伍，25支分队注册志愿者达262名。开展免费健康体检、趣味运动会等活动。

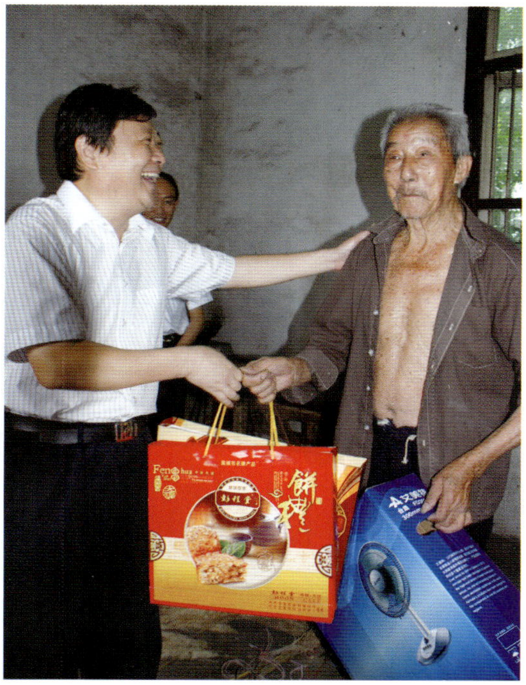

市人社局党委书记、局长周太荣（左）慰问高龄老人

5月28日，市人社局举办江苏省沿江开发（如皋）人力资源市场大型招聘会

人才队伍不断壮大

以实施人才引进“222”工程为抓手，继续高标准推进人才工作。设立“一站式”人才服务窗口7个，组织专场招聘11场，达成意向1000多人，发放高层次人才技术津贴72.46万元。全年引进各类人才2079人，一人获省级留学人员科技项目重点资助，两人获评省“双创”人才项目，三人获省国外智力引进项目立项，双钱集团获批省“博士后创新实践基地”，三名高级技师当选南通市首席技师。新评定高、中、初职称人数分别为415名、1018名、2246名，培育高技能人才1820人。全市参加职业技能

4月8日，市人社局组织用人单位西洽招才引智

8月1～4日，市人社局举办企业社会保险专职管理员培训班

7月21日，市人社局召开“管理提升年”推进交流会议

6月10日，市人社局召开“沐浴党的阳光，争做优秀青年”汇报会

9月24日，市人社局系统举办“让心灵的天空一片明净”——心理健康专题人文讲座

全国统考766人，其中，人力资源管理师全国统考地在如皋设点并取得圆满成功，人力资源管理师全国统考在县市设点考核尚属首次。圆满承办省船舶行业电焊工大赛，组织实施三个工种的高级技师鉴定工作。

人事管理职能不断强化

进一步完善考核工作，起草并编印《市级机关2011年目标责任制绩效考核奖惩意见》等考核文件，组织完成2011年市级机关共性、个性工作目标责任制绩效考核工作。完成2011年报考本市公务员人员的资格初审和复审、体检、考察（政审）等工作，招录113人。公开透明实施事业单位招考11次，招录事业人员135人（不含教育），倾心打造事业单位考试服务品牌，先后为海安、如东等地区提供考试服务，反响良好。

和谐劳资关系持续发展

与市矛盾调解中心设立合署办公窗口，方便联动，全年累计接待群众来电2138次、来访1872人次、投诉举报161起，处理群体性事件13余起,为1158名农民工追讨欠薪925万元。处理劳动争议仲裁案件550件，审结505件，结案率92%，全年无一例因劳资纠纷引起的恶性事件发生。完善企业诚信制度，检查用人单位380户，48家企业建立诚信档案，办结企业实行综合计算工时工作制和不定时工作制56家，泰慕士服装有限公司获省级劳动保障诚信企业称号。建立工伤疑难案件会商制度，对涉及到因工死亡，集体会商可能引起复议诉讼的或导致群体性事件的工伤认定案件，提高认定质量，全年认定工伤1805起，工伤调查600多人次，劳动能力鉴定548人次。

市人社局组织江海夕阳红志愿者为市民健康义诊

如皋市人力资源和社会保障系统大事链接

2月10日 举办全市春季人力资源市场招聘会

2月19日 召开市人社系统表彰大会

3月3日 召开全市医疗保险定点管理工作会议

3月12日 召开2010年度全市职工教育培训表彰大会

3月22日 南通市博士后工作推进会在如皋召开

3月22日 全省企业退休人员社会化管理服务工作会议在如皋召开

3月27日 在全市开展新《中华人民共和国社会保险法》系列宣传讲座

4月20日 召开全市贯彻执行《老年人权益保障法》情况汇报会

4月21日 中组部领导调研如皋市人力资源市场

4月27日 召开系统"管理提升年"汇报现场推进会

5月15日 召开系统党风廉政建设专题教育大会

5月28日 举办2011年度江苏省沿江开发(如皋)人力资源市场大型招聘会

6月8日 省人社厅领导调研如皋市失地保障工作

6月10日 召开"沐浴党的阳光，争做优秀青年"系统党员汇报会

6月22日 召开市人社系统党代会

6月25日 召开纪念中国共产党成立90周年暨弘扬红十四军精神专题会议

6月30日 召开全市村级劳动就业社会保障平台标准化建设推进会

7月下旬 召开全市镇园区劳保所长座谈会

7月21日 召开市人社系统"管理提升年"现场推进会

7月22日 省内率先组建首批近40人的"江海夕阳红志愿服务队"并举办如皋市江海夕阳红志愿服务活动启动仪式

8月1日 在南通率先建立社保专管员制度并举办社保专管员业务培训班

8月18日 慰问"双联双助"村高龄老人和大学生

8月19日 召开系统业务窗口作风与效能建设推进会

8月26日 组织系统40多名中层以上干部赴上海复旦大学参加"创新管理与现代领导力提升高级研修班"培训

9月24日 举办"让心灵的天空一片明净"——心理健康专题人文讲座

11月23日 圆满承办全国部分农村劳动力转移就业工作示范县技术支持与服务工作交流会

12月16日 南通市2011年军转工作总结会议在如皋召开

12月下旬 考核测评市人社系统下属单位班子成员

12月23日 成功举办常州机电职业技术学院与如皋市软件园及其他三家企业的校地合作签约仪式

12月27日 在全省事业单位公开招聘工作会议上作经验交流发言

如皋市人力资源和社会保障局2011年度获南通市级以上荣誉

2011年度《中国培训》优秀宣传单位

2009~2010年度全省人才工作先进市

江苏省医疗保险"千千万万"行动先进单位

江苏省高技能人才培养示范基地

2011年江苏省社会培训工作先进单位

2010年度江苏省安全生产培训机构先进单位

江苏省农村社会养老保险基金管理中心

江苏省新型农村社会养老保险业务档案管理先进单位

全市农村居民社会养老保险全覆盖先进单位

南通市企业军转干部稳定工作先进单位

南通市科普宣传先进集体

2011年度南通市公务员岗位技能比武竞赛工作优秀组织奖

2011年度南通市政务信息宣传工作先进单位

2010年度工伤保险经办工作先进单位

南通市第三届技工院校运动会优秀组织奖

"我在党旗下——纪念中国共产党建党90周年"优秀组织奖

2009~2010年度医疗、工伤、生育保险财务报表二等奖

2010年度南通市职业技能鉴定工作单项目标考核先进单位

2010年度全市机关事业单位社会保险经办先进单位

如皋市国土资源局

3月24日，南通市副市长、如皋市委书记陈惠娟（左一）陪同国土资源部党组成员、总规划师胡存智（左二）视察如皋增减挂钩试点

5月17日，市长姜永华（前排右三）调研如皋国土资源管理工作

2011年，市国土局不断创新发展思路，积极探索保护耕地举措，全面推进国土资源管理工作开展，全力服务全市经济社会的发展，取得较好的成绩。

积极争取用地指标。年内，省国土厅下达如皋国家计划64公顷，其中农用地转用计划只有38公顷。为扩大全市新增建设用地的盘子，市国土资源局通过各种方法积极争取点供、独立选址指标，争取省点供指标40.6公顷、独立选址项目43.47公顷。在挂钩规模受控制的形势下，努力争取挂钩计划232公顷，争取的挂钩指标数居全省同级县（市）之首。两个“万顷良田”建设工程新增建设用地指标133.67公顷，大力推进“万顷良田”建设工程验收。

土地报批持续领先。对获批指标积极组织报批，全市报批土地660.93公顷，批回建设用地504.59公顷，报批项目数、报批总面积以及批回面积数均列南通同级县（市、区）之首。

土地出让成绩显著。在上半年土地征地形势不容乐观的局面下，市国土资源局继续高效组织全市土地出让工

9月20日，副省长徐鸣到如皋调研国土资源管理工作

市国土局参与市电台政风行风热线直播，倾听群众呼声，宣传法律法规

作。全年组织出让土地248宗，面积609.3公顷，合同出让金82.85亿元，土地合同出让金总额及供地率均位居南通同级县（市）区之首。

土地整治实现突破。年内，全面完成2010年底前到期的省耕地开垦费投资吴窑、柴湾国投项目，结转搬经、袁桥、磨头省以上投资土地整理项目并通过南通市级验收，五个项目新增耕地215.27公顷，项目总预算资金8982万元。江安镇土地整理项目被列为江苏省土地整理示范项目，成为南通唯一的省示范项目。

维护群众权益，依法举行听证会

依法行政

严格执法

充分合理利用国土资源

普法宣传

如皋市住房和城乡建设局

放大招商引资拉动效应 城市建设总量不断攀升

2011年，市住建局完成市委、市政府下达的1亿元市外民资、3000万美元注册外资、1000万美元到账外资的招商任务。全年融入中长期贷款近5亿元，为城市建设提供有力保障，累计完成城市建设投入93亿元，其中基础设施投入15亿元，完成搬迁面积53万平方米，新开工房地产188万平方米、竣工125万平方米，新开工建设安置房75万平方米、公共租赁住房30万平方米，新增绿化面积63万平方米。

1月8日，市政府举行如皋市城乡建设招商洽谈会。图为市长姜永华在洽谈会上致辞

突出规划龙头引领作用 城乡规划水平不断提升

城市规划日臻完善。委托省城市规划设计研究院编制如皋市城市总体规划（2011～2030），完成总规实施评估报告、城市发展战略研究和专题研究报告。完成《如皋市中心城区“十二五”近期建设规划》、《如皋市“十二五”城镇化发展思路》、《如皋市历史文化保护规划》等多项规划编制工作。

村镇规划有序推进。组织完善和局部优化全市16个建制镇的镇区总体规划。组织修编和完善各镇镇区“十二五”近期建设规划和绿化、环卫等专项规划。完成村庄总平面布局规划以及村（社区）集居区修建性详细规划编制任务。

规划管理更趋规范。先后审查报批17号A区、江中世纪城、老九鼎厂区、恒盛豪庭、安定小学新校区等地块详规和人武部办公大楼、药监局办公大楼、地税大楼、公共卫生服务中心等建筑方案。不断提高规划管理和服务水平，全年核发行政许可1020项，召开规划听证会8次。

加速城市基础设施建设 城市配套功能不断完善

市政建设扎实有效。全年新（改）建中央大道、志颐南路、大司马南路等9条道路。先后完成雉水路、前进桥、燕桥、滨河路东段、皋南路、惠隆路、志颐路、大司马南路等改造和新建工程。加强市政基础设施的巡查和维修工作，疏通下水道2.78万米，维修路面坑塘6356平方米，更换补齐城区各类标志标线。

公用事业大力推进。实施区域供水主管网二期工程建设（投资3亿元，全长49公里）。区域供水实现全年供水3800万吨，日供水量11万吨，在南通市率先实现区域供水镇区全覆盖，被南通市评为区域供水管理工作一等奖。全面完成西气东输75公里供气主管道铺设，实现中心城区天然气全覆盖目标。

稳步推进房产事业发展 住房保障体系不断健全

商品房开发有序平稳。全年实现主城区房产新开工188万平方米，竣工125万平方米,超额完成全年目标任务。水绘曦园、都市华庭、华府

5月30日，国家住建部城市建设司副司长陈蓁蓁（左二）到如皋视察

11月14日，国家住建部城建司巡视员（原副司长）张悦在市住建局授课

9月18日，省住建厅副厅长王翔（中）到如皋视察

1月23日，市住建局召开全市住房和城乡建设工作大会

如皋市规划展示馆

御庭、龙游御境三期等项目竣工或部分竣工，恒盛如皋豪庭、汇通大厦等五个地块打桩开挖，金鼎、金茂、御龙湾等16个地块抓紧主体施工和工程配套建设。按五星级标准建设的金陵金鼎大酒店建成并正式营业。6月底，如皋市房地产税收总额跃居南通各县（市、区）第一。

住房保障体系逐步健全。成功组织保障房第五批安置交房仪式，82户保障对象住入新居。城东A区三期经济适用住房建设项目完成打桩挖土工程，开始基础施工。以确保新就业人员以及外来务工人员“住有所居”目标，全年新建公共租赁住房30万平方米，远超省政府下达的2000套（间）目标任务。

搬迁改造强势推进。9月，住建局建立海阳南路南延搬迁推进组，仅两个多月时间高效完成评估、确认等工作。全年主城区完成搬迁面积53万平方米，安置搬迁户5000多户。各扫尾地块均取得了较大进展。老政府（邮政局）地块、老12号地块、益寿路、怡年路、万寿北路、8号地块均有较大突破，解决大量遗留问题。全年召开协调会、听证会216场，作出行政裁决书78份，同时主动与法院联系，将扫尾地块重点户提前报送法院进入司法协调程序。

放大城市优势打造特色　城市内涵品质不断优化

高标准推进国家园林城市创建。协调推进都市华庭、丽泽华庭二期、如城实验小学、外国语学校等20多万平方米的配套绿化工程。全年指导三个居住区、六个单位创建南通市园林式居住区和园林式单位。如皋市创建国家园林城市工作于9月接受住建部组织的实地考查，12月通过住建部组织的专家评审。

高要求推进省历史文化名城申报。精心组织编写申报文本，编印非物质文化遗产精选和历史文化保护文件汇编，制作DVD申报专题片等。委托南通市规划设计院编制历史文化保护规划，划定东大街、武庙巷等两处历史文化街区保护范围。年内，省历史文化名城申报工作通过省住建厅组织的省级历史文化名城专家组考查。

高质量提升城市亮化美化。全方位检修、提升现有设备，确保路灯设施完好率、道路亮灯率达到99%。城市亮化照明工程成功接受更高水平小康社会推进大会、沿江经济洽谈会、党代会与会对象的检阅，受到领导和宾客赞扬。如城夜景丰富了城市内涵，提升了城市品位，增添了城市魅力。

高品位打造城市景点景区。高标准完成规划馆布馆工作，自5月底开馆，累计接待海内外200多批次近5万人参观，规划馆已经成为如皋市接待来宾的重要场所、对外宣传的重要窗口和展示城市规划建设成果的重要平台。完善红十四军纪念公园建设，并于6月初顺利开放。

加快城乡统筹建设步伐　镇村整体环境不断改善

面上16个镇的房产开发税收总量达2.6亿元，对镇域一般预算收入的贡献份额达到“三分天下有其一”。积极向上级争取项目、争取政策，如皋市成为2011年度首批省级村庄建设与环境整治试点县（市），作为南通市唯一的县市被列入全省农村环境建设与整治示范县（市）行列。组织面上16个镇自我加压，打造出一批如白蒲镇惠蒲大酒店、九华镇濠园花苑等星级功能项目118个，镇区路网建设、房地产开发、整建制搬迁土地出让及房地产税收等一系列重点难点工作实现高效突破。

中国工农红军第十四军纪念馆

如皋市建筑

1月30日，市建工局召开建筑业工作会议

7月2日，市建工局举办人才战略合作签约仪式

4月26日，市建工局与南京理工大学合作举办工程硕士班、企业总裁班

2011年，全市建筑业狠抓产业结构调整，创新发展思路，积极参与市场竞争和市场开拓，加强科技创新力度，高度重视人才培养，实现建筑经济总量持续增长，建筑品牌效应逐步提升，全市建筑业得到快速发展。全市建筑业施工人数19.8万人，同比增长28%；实现施工产值470亿元,同比增长31.1%；完成建筑业税收9亿元，同比增长28.6%。

努力促进转型，结构调整优化。全市现有建筑业企业227家，其中特级资质企业2家、一级资质企业21家、二级资质企业58家、三级资质企业101家；现有劳务企业45家。年内晋升一级资质企业4家，晋升二级资质企业10家，新增资质企业29家。在后金融危机背景下，全市建筑企业加大结构调整力度，不断向勘察、设计、装饰等领域上下延伸，向水利、交通、市政等领域左右拓展。

狠抓管理创新，队伍素质提升。建筑业转型升级重点在于管理创新、科技创新和机制创新，全面提高队伍素质和行业素质。全面实施行业信息化建设。在全行业全面推行信息化管理，积极搭建企业与软件公司技术互动平台，出台《关于加快推进建筑业信息化建设促进产业转型升级的意见》，直接服务于建筑行业建筑软件开发、利用和信息化建设，全市一级以上骨干企业信息化建设率达80%。人才培养措施到位。2011年先后组织中级岗位人员培训、工人技能培训、业务知识更新培训、项目经理及专职安全员安全知识培训以及专业技术人员继续教育学习等，累计培训人数近万人次。与高校合作的工程管理与技术培训中心全面开设工程硕士班、企业总裁班。与市第一职业高级中心签订人才战合作协议，定向培养基层骨干和技术工人，全力打造建筑人才输送基地。

奋力开拓市场，产业规模增强。继续坚持培育规模

工程管理局

市场和发展一般市场并举，开拓新市场和巩固老市场并举，拓展国内市场和开辟国际市场并举，抢抓机遇，迎接挑战，调动一切积极因素，有效地拓展市场空间。全年完成施工面积7193.6万平方米，同比增长21%。全市有70家企业积极参与家乡建设，参建工程389项，签订合同额达百亿元，建设领域涉及道路桥梁、市政公用、农民集中房等。年内新承揽境外工程9916万美元，实现营业额2.2亿美元。南通六建再次荣登“全球承包商225强”，位列第123名。

加快技术创新，科技成果涌现。着力推进资质就位。对照建设部新特级资质标准，全力以赴做好六建、江中两家特级资质企业就位工作，并通过省住建厅特级资质就位考核验收。积极鼓励企业加大科研投入，进行科技攻关，争创省级以上工法、标准和科研项目。江苏顺达公司自主研发的地下智能停车系统填补国内空白，并被迅猛地推向市场；六建集团、江中集团获全国科技技术奖技术创新先进企业称号，邹科华、沈岳被评为全国科技技术奖技术创新先进个人。全年获发明专利6项、实用新型专项6项、省级工法5项，获省建筑业新技术应用示范工程10项。

江苏江中集团总承包施工的无锡保利广场二期无锡金陵大酒店

如皋市交通运输局

3月9日，南通市副市长、如皋市委书记陈惠娟（中），如皋市市长姜永华（右二）、副市长吴道健（右三）检查交通工程建设推进情况

2012年4月18日，南通市副市长、如皋市委书记陈惠娟（前排左二）、市人大常委会副主任周金仁（前排右二）、副市长陈万圣（前排左三）调研交通重点工程

2011年，全市交通运输系统围绕“迈进基本现代化、建设美好新如皋”目标，高起点勾勒交通建设框架，大手笔续写交通辉煌篇章，完成交通投入18亿元，实现新跨越，为全面实现“十二五”宏伟蓝图奠定坚实基础。

续年工程快速推进。334省道如皋东延段建成通车，334省道如皋段西延工程全面竣工，江海高速如城连接线完工通车，如皋港至新204国道连接线一期工程完成沥青下面层摊铺，宁通高速跨线桥完工，蒲黄线西延工程竣工通车。新开工程难中求进。如皋港至新204国道连接线二期工程长青沙二桥完成灌注桩施工，丁磨线拓宽改造工程进入路基施工阶段，336省道石庄段改扩建工程全线贯通，王石线常青段拓宽改造工程开始水稳施工，新东线东陈段拓宽改造全线贯通。惠民工程再创佳绩。新建农村公路156公里，实施县乡公路强度提升15公里，改造危桥111座。铁路航道稳步实施。宁启铁路服务保障到位，被评为南通市第一；火车站改造工程深度设计方案报铁道部审查；连申线“五改三”工程完成拆迁，境内23座三级航道桥梁抓紧设计，航道驳坡分五个标段完成招投标。

交通行业监管不断强化，法制工作亮点纷呈，服务质量持续创优，社会认可度、信誉度明显提升。村村通公交工程进一步完善，新增公交车8辆、公交线路4条，优化调整公交线路2条，镇村公交线路已达35条，人民群众出行更为便捷。如皋客运新站投入运营。搬经、石庄、白蒲、九华等农村客运站相继建成，全市新建客运站亭44个。357辆出租车统一服务标识，99辆新车驶上街头。深入推进文明样板路创建，白雪线、蒲黄

如皋新车站停车场

江海高速如城连接线主线建成通车

施工中的长青沙二桥

线创建成南通市级文明样板路。完成县乡公路大中修工程，路容路貌经过整治实现“畅、洁、绿、美、安”目标。行政权力网上公开透明运行上传量列全市第一，被表彰为南通市先进单位。行政许可限时办结率达100%，未发生有责投诉，未发生行政复议被撤销和行政诉讼败诉案件。市交通运输局被批准为南通市依法行政示范点，并被南通市委、市政府授予“五五”普法集体三等功。

全市交通运输系统以创先争优活动为契机，以“服务品牌深化年”活动为载体，全面推进党风廉政建设，使队伍素质得到新提升。全面加强交通文化建设，举办“在飘扬的党旗下”演讲比赛，排练歌舞参加南通市交通运输系统向建党90周年献礼文艺汇演，组织机关党员到红十四军纪念馆重温入党誓词。加强交通对外宣传，在各类报刊网站刊登宣传稿件600余篇，各级内刊用稿300多篇。拍摄展示交通工作成果专题片两部，其中推行“三理工作法”的专题片《惠风和畅大道行》在全市党建会议上播放。加大廉政建设力度，认真执行《交通重点工程纪检监察工作手册》，重点对连申线改造工程和农路农桥改造项目开展业内监督检查，保证交通工程建设有序推进。品牌创建不断深化，市民服务中心交通窗口每月均被评为优质服务示范岗。全市交通运输系统在市政风行风测评中名列第四，受省交通运输厅通报表彰。市交通运输局连续六年保持市级机关先进集体称号。

交通行政执法人员开展法制宣传

市交通运输局机关党员重温入党誓词

市交通运输局机关党员干部参观市廉政广场

如皋市水务局

8月6日，水利部总工汪洪（右）在南通市副市长、如皋市委书记陈惠娟（左）陪同下视察如皋水利建设工作

2011年，市水务系统上下干事热情空前高涨，创先争优氛围浓厚，目标任务超额完成，业务工作全省领先，水利建设精彩纷呈、亮点频出。成功将龙游水利风景区打造为南通唯一的国家级水利风景区，成功创建南通唯一、全省仅八家的江苏省水资源管理示范市。2011年度被评为全省水利科技先进单位。

河道综合整治工作取得新成果。2011年度河道疏浚整治任务于2010年12月底全面超额完成。2012年度全市各级河道整治于2011年11月1日全面启动，经两个月快速高效推进，2012年元旦前全面完成整治任务，连续四

11月30日，省水利厅吕振霖厅长（中）在南通市副市长、如皋市委书记陈惠娟（左一），如皋市市长姜永华（右二）、市水务局局长秦锦国（左二）陪同下视察如皋市水利建设工作

11月22日，市委常委、组织部长张辉（左）在市水务局局长秦锦国（右）陪同下视察水利建设工作

11月1日，市人大常委会副主任邵晓泉（左二）、副市长杜永红（右二）、市政协副主席刘聪泉（右一）在市水务局局长秦锦国（左一）陪同下视察水利建设工作

年在上一年度完成下一年度河道综合整治任务。

农水项目建设再创新业绩。主要实施如海灌区第九、十期，焦港灌区第二期，中央小型重点县第二、三期，千亿斤粮食工程等12个项目，总投入达2.29亿元（其中省以上扶持资金1.43亿元）。新建泵站50座、防渗渠道320公里、渠系配套建筑物11166座。

争资立项再创历史新高。始终坚持科学发展规划先行，做好项目储备，多渠道获取项目信息，加强沟通与协调，千方百计上项目、争投资，并实现全省每一个立项项目，如皋都不缺项。全年累计争取省以上补助资金20095万元，是2010年的1.47倍、2006年的8.2倍。

防汛抗旱工作一着不让。汛前、汛后全面检查各类防洪设施并及时整改到位。汛前，在熔盛重工举行200多人的防汛抢险实战演练，打造一支拉得出、打得响的抢险队伍。汛中，根据雨情、水情、工情，审时度势，科学防汛。台风影响时，班子成员分赴各闸站或险工险段坐镇指挥。在全市建有南通市唯一的一支28人规模的抗旱专业服务队，及时为长江等镇提供抗旱、排涝服务。平时，积极做好生态补水和引江调水工作，做到滴水必进，保持一、二、三级河正常水位。全年引水5.65亿立方米，保障生产、生活用水需要。

防洪工程建设高效推进。高质量完成长青沙西南角抛石护岸工程并通过南通市级验收，累计抛石21万吨，缓解堤身刷深趋势。采用BT形式筹资新建的四号港闸迁建工程按既定目标开坝放水，正式运行。投资7677万元新建的焦港闸迁建工程，在不到1个月时间，搬迁40户。11月30日，焦港闸迁建工程开工建设，省水利厅厅长吕振霖参加开工仪式。如皋港水利枢纽工程主体建筑物部分基本完工，堤防等防洪工程开始实施。如皋港闸、抽水站拆除工作在实施当中。

7月13～14日，特大暴雨肆虐如皋，市水务局班子成员深入江边指挥排涝

如皋市水务局

农村环境"四位一体"长效管理工作南通第一。进一步完善管护机制，择优组建1688人的专业管护队伍，全年专项督查和全覆盖常规巡查达12次，针对性抽查30余次，不定期暗访、回访40余次，拍摄照片3500余张，制作专题片、幻灯片12部，先后在袁桥、高明等镇召开现场点评推进会9次。年初，撤换两名工作、组织不力的镇水利站长。通过强有力行政推动和全市上下共同努力，全市农村环境发生显著变化，在南通市每月现场考核中均名列第一，年终综合考核中名次由上年六县（市、区）末位跃升为第一。江都、溧阳等10多个县市先后到如皋参观学习。

系统内创收额大幅提升。全年征收各类水规费及闸费2512万元，是计划的2.16倍。水利站积极经营创收，截至年底，账面余额由2010年8月收编时的200多万元增加到1200多万元。

服务沿江开发成效显著。积极服务企业，无偿为企业提供水利专业方面的技术服务。在涉水项目报批中，市水利局尽心尽责尽力，为熔盛四号坞项目水行政审批先后往返长江委30多趟，并于5月获长江委行政许可。通过迁建如皋港水利枢纽、四号港闸、焦港闸等防洪工程，为沿江开发新增可用岸线12余公里。复垦系统内改制企业土地，为长江等镇增加建设用地计划5.67公顷。

管护人员用草龙清理水浮萍

结对帮扶力度空前。年内，市水务局双联双助结对村为九华镇丝渔、龙舌两村。市水务局党组选派2名业务素质高的机关干部到村具体负责，主要负责人带领相关人员先后多次到村现场指导，出谋划策，为村解忧，为民解难。春节前，给每村送去1万元、每户400元慰问金；春季，抢抓有利时节，为每村协调资金5万元，采购冬青、文母等苗木6000多棵，用于道路、河道的绿化；投资近12万元，为龙舌村整形出新河道1条，长1000多米，疏浚土方3万立方米，植树1000多棵；为丝渔村修造砼道路一条，长300米，宽4.5米。助村引进现代农业种植园、生态园项目，指导丝渔村建设物流码头1座。

系统内部凝聚力明显增强。下原水利站吴旭祥被诊断为食道癌，家中因其父亲、妻子相继患癌症欠下10多万元债务，再也无力支付手术费。市水务局领导干部带头捐款，并向全市水务系统发出捐款倡议。短短几天内，募集捐款10.71万元，缓解了吴旭祥燃眉之急。

基层职工创先争优意识增强。年内，基层职工创先争优氛围越加浓厚。市农田水利试验站黄勇被评为全国“十佳”技术能手，并被水利部推荐为2011年全国十佳“三农人物”候选人，经全国通过电视等媒体公开投票选拔（12月14日，央视七套专题访谈黄勇，时长25分钟），最终获第14名。

岸净、坡绿、水清的村庄河道

如皋市农业机械管理局

党组书记、局长　陈仁高

2011年，市农机局以服务农业转型升级为重点，积极融入社会主义新农村建设大局，全力助推“两个加快”，全市农机化工作再次跻身全省先进、南通领先行列，被表彰为全省农机化科技创新与推广工作先进单位、全省推进农机合作社发展先进单位。如皋市被列为南通市唯一一家省级农机深松耕地作业示范市。

秸秆机械化还田工作继续领先。紧抓有利时机，乘势而上，继续通过政策扶持、示范引导、技术指导等措施，强化推进秸秆机械化还田。全市新增大中型拖拉机300台、大中型秸秆还田机201台，为历史之最，稻麦秸秆机械化还田及综合利用技术示范推广项目获省政府农业技术推广三等奖。

新机具新技术推广工作高效突破。切实将扩大农机化新技术的应用作为农机化科学发展的突破口和切入点，加速推进粮油生产全程机械化进程，加快发展高效设施及特色农业装备。水稻机械化育插秧技术推广稳步推进。水稻机插秧持续保持高速发展的良好态势，推广机制更加健康、机型更加先进、成效更加明显。全市新增插秧机455台，其中高速插秧机56台，完成市交任务数128.6%。全市19个镇、286个村实现水稻种植机械化。特色农机推广形势喜人。以农机化科技示范基地建设为依托，强化项目带动和政策扶持，加快设施农业机械化进程。全市新增高效植保机械855台，推广温湿控制器、桑树修剪机、秸秆捡拾打捆机、太阳能灭虫灯、深松耕整地机械等高效设施农业装备3061台。农机项目扎实推进。新增深松整地机械35台套，完成深松整地面积1400公顷，并在全省、全国土壤深松耕会议上作典型交流。11月8日，南通市农机深松整地技术座谈会在如皋召开，现场观摩农机深松整地作业现场演示。

农机惠农政策普惠农民。做到组织领导、配套政

高速插秧机正在作业

3月15日，全省农机质量“3·15”活动在如皋举行

策、政策宣传和机具监管四到位，确保农机购置补贴真正惠及农民。累计实施中央及省级财政补贴资金1699.94万元，销售各类机具4724台套，受益农户2615户。

农机服务组织量质并举。全市现有各类农机服务组织49家，其中年内新增6家。神牛、江恒被评为江苏省首批“五好”农民专业合作示范社。科学规划。从机库建设、机具配备、资金筹措到服务项目，为年内列入创“四星”级以上合作社逐一制定具体规划，分步实施，逐个落实。重点扶持。起草出台相关文件，加大扶持力度，对建成省级“五星”、“四星”、“三星”农机专业合作社，市政府分别奖励4万、3万、0.5万元。分类指导。将江苏省星级农机专业合作社评比办法印发至各镇农业（机）服务中心，根据各合作社特点，力求一社一策，各具特色，梯度推进。

农机基础性工作成效显著。机电排灌管理良性循环。加强泵改项目管理，推动泵改工作规范化、制度化、科学化，不断提升机电排灌管理水平。全市改造泵站139座，其中综合改造42座；投入泵改资金413万元，其中市级泵改工程以奖代补资金110万。农机安全生产形势稳中趋好。继续巩固全国“平安农机”示范县（市）创建成果，强化农机安全监督管理。全年累计检验拖拉机4850台，开通“平安农机通”4336人，办理农机双优卡926张，上道路拖拉机事故较同期有所下降。

5月5日，市农机局组织召开农机科技入户示范工程启动仪式

秸秆还田机下田作业

如皋市商务局

8月31日，江苏省商务服务平台调研座谈会在如皋举行

市商务人员送服务到企业

7月15日，如皋市家电协会成立暨第一届会员大会召开

利用外资量质齐升

2011年，全市累计新批外资项目59个，完成工商注册外资13.8亿美元，实际到账外资7.23亿美元，两项指标均提前超额完成南通市年考核目标和加压目标，到账外资确认数居南通县（市）第一、全省第六，如皋被南通市委、市政府表彰为利用外资工作先进单位和“六千六百六十”工程先进单位，市商务局被表彰为南通市招商引资先进单位。全市新批总投资及净增资超5000万美元项目5个、接近或超亿美元项目2个，新批项目单体规模2346万美元；到账超500万美元外资项目15个，累计到账3.7亿美元，占全市实际到账总额的1/2以上。新批外资中，高新技术、先进制造业、新兴产业、现代服务业、现代农业项目44个，占新批项目总量的75%，利用外资结构不断优化。

对外贸易增势强劲

实现外贸进出口总额30.4亿美元，同比增长57.5%。其中，出口18.8亿美元，同比增长86.8%；进口11.7亿美元，同比增长25.7%。进出口、出口、进口总量位居南通县（市）第一，进出口总量位居全省第九、出口总量位居全省第十。机电产品出口带动全市出口增长，机电产品出口8.03亿美元，同比增长258.2%，占全市总出口比重42.78%，其中，船舶出口6.1亿美元，占全市比重32.5%。

外经合作稳步发展

实现外经营业额2.01亿美元，新外派人数3008人，期末在外人数7630人。六建境外工程承包营业额1.6亿美元，占全市总量的80%；新获直接签约权的中江、境外、华建、环宇四家公司外派劳务人员1035名，占全市派出总量的35%。“走出去”步伐加快，全市7家企业境外投资总额8270万美元。市商务局被评为南通市外经工作先进组织单位，市外派劳务服务中心被评为南通市对外劳务合作先进服务平台。

服务外包快速增长

全市新增服务外包企业101家。其中，外资项目5个，注册资本4405万美元；内资项目96个，注册资本6.96亿元，新增外包企业的单体规模达986万元。新增服务外包执行额3.22亿元，其中，在岸2.77亿元、离岸23万美元，同比增长578%。初步形成以上海晟峰、厦门巨龙、新马信息等为代表的软件研发板块，以江苏先锋、北京讯鸟、北京锐道为代表的呼叫中心及电子商务板块，以北京网尚文化、英国酷歌动漫、中讯数字等为代表的文化创意板块，以沪南船舶、振海船舶、浩强科技等为代表的总部经济板块。

商贸经济运行平稳

实现社会消费品零售总额196.9亿元，同比增长16.1%；实现商品销售总额543.4亿元，同比增长17.9%；实现住宿餐饮营业额18.05亿元，同比增长23.1%；实现限额以上企业零售额38.76亿元，同比增长18%；居民消费价格总指数104%；完成市场成交额224.04亿元，同比增长20%；“万村千乡市场工程”农家店村平均覆盖率为95%。

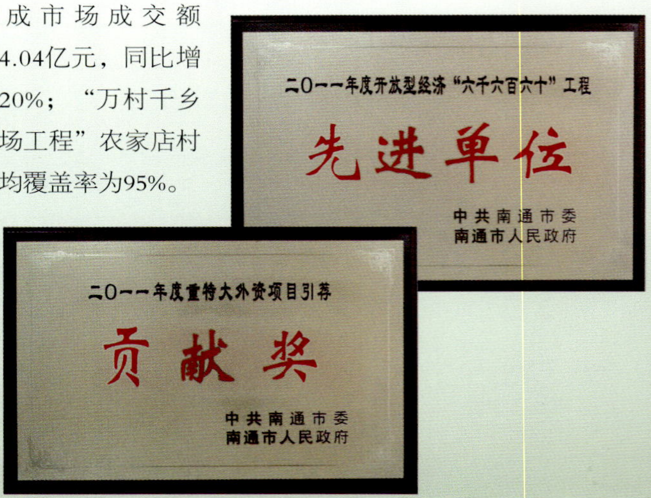

如皋市外派劳务服务中心

如皋市外派劳务服务中心为市商务局下属事业单位，位于如城镇福寿西路3号（电信大楼西侧、邮政银行大楼一楼），是市政府指定唯一合法出国劳务服务平台，也是全市唯一出国劳务报名窗口，驻有16家具经营资质的劳务公司（名单附后）。

市外派劳务服务中心下设报名咨询部、项目部、培训部、维权部、签约室五个业务职能科室，全面管理和规范如皋外派劳务的输出前培训、输出中管理、输出后服务。全市外派劳务订单统一汇集到服务中心审定、发布、组织、输出和管理，形成外派劳务市场的一体化管理，促进外派劳务事业由自发松散型向统一规范型转变，其他任何单位和个人不得在服务中心以外任何场所从事外派劳务工作。

2月22日，如皋市举行对外劳务合作服务平台建设情况汇报会

如皋外经合作管理业绩不断刷新，派出总量在全省和南通市一直领先。2011年，市商务局被评为南通市外经工作先进组织单位，市外派劳务服务中心被评为南通市对外劳务合作先进服务平台。

对外劳务合作签约权企业

1. 南通六建建设集团有限公司
2. 江苏中澜境外就业服务有限公司
3. 如皋市境外劳务输出服务有限公司
4. 如皋市华建劳务合作有限公司
5. 如皋市中江对外经济技术合作有限公司
6. 如皋市环宇对外经济技术合作有限公司

对外劳务核定中介企业

7. 如皋市中海对外劳务合作有限公司
8. 如皋市中际对外经济合作有限公司
9. 如皋市中才对外经济技术合作事务所有限公司
10. 如皋市金球劳务有限公司
11. 南通市中洋劳务有限公司
12. 如皋市中邦劳务有限公司
13. 如皋市同创对外劳务合作有限公司
14. 南通中惠劳务合作有限公司
15. 南通华源劳务有限公司
16. 江苏熔德智劳务有限公司

如皋市生猪屠宰管理领导组办公室

2011年，全市生猪饲养量近200万头，存栏量85万多头，出栏量110万头；生猪出栏50头以上规模养殖户5488家，其中，省级养殖户35家、南通市级养殖户77家。全市20个镇（区、园）有生猪定点屠宰厂（场）32个，其中，机械化屠宰场27家、半机械化屠宰厂（场）5家。这32家生猪定点屠宰厂（场）中，商务部定报屠宰企业有21家。年生猪屠宰量100万头左右，屠宰场机械化程度、定报企业数量、屠宰量均居南通第一，如皋“长寿”、“银燕”、“玉兔”三大集团生产的肉制品品牌誉满海内外。市商务局被表彰为南通生猪定点屠宰管理工作先进单位。

有序推进专项整治。持续开展打击私屠滥宰、非法屠宰病死病害猪及注水肉专项检查、“瘦肉精”专项整治、打击食品非法添加和滥用食品添加剂专项整治、打击注水猪、如城两大猪肉批发市场整治六个专项整治，组织执法313次，出勤1566人次，查处案件14起，其中，立案4起，关闭屠宰场3家，取缔私屠滥宰窝点1个，捣毁生猪注水窝点3个。

无害化处理监管到位。监督无害化处理销毁病害猪159头，处理三腺及不可食用生猪产品折合病害猪1968头，合计2127头，计191430公斤。

长效管理机制初步形成。全市有11家屠宰厂（场）安装监控设备，纳入江苏省“放心肉”监管系统，实施科学长效管理。

如皋市人口和计划生育委员会

5月16日，国务院原副秘书长、中国人口健康援助工程组委会主任安成信（左）参加如皋市全国人口健康公共服务项目示范市揭牌仪式

2011年，市人口计生委紧紧围绕创先争优的目标要求，高点定位、开拓创新，扎实推进人口计生各项重点工作，全面完成年度目标任务。如皋在省内率先建成全国人口健康公共服务项目示范市，被省政府表彰为“十一五”人口协调发展先进县（市）；市人口计生委被表彰为全省人口计生工作先进集体、计生科技大练兵先进集体、信访工作先进集体，南通市人口计生工作先进集体、“五五”普法先进集体。南通市人口计生系统创建“群众满意的窗口服务单位”现场推进会在如皋召开。

有序组织实施优生优教项目。全面实施孕前优生检查。通过全方位、立体式宣传，镇村干部服务到户到人，引导、鼓励计划怀孕夫妇免费接受优生检查。采取市级定点服务和定期送服务到镇相结合方式，全年为6319对待孕夫妇实施免费优生检查，超额完成省下达任务。为高风险人群均提供优生指导、对症处理、转诊等服务，为提高全市出生人口素质把好“孕前关”。稳步开展人口早期教育。全市高标准建成镇级早教基地28个、村级早教亲子园27个。磨头、如城等镇早教基地携手国内知名早教品牌合力运营，功能全，品位高，得到省和南通市领导赞誉。据统计，全市各级早教阵地接受0～3岁婴幼儿1385名，培训家长2486人次，成为孩子启智的乐园、家长增知的佳所，备受城乡群众欢迎。

不断提质提速“世代服务”体系。市、镇、村三级立足现有阵地，促进服务功能发挥最大化，实现“三创”。服务阵地创星级。全市21家计生技术服务机构全部获南通市人口计生委授予的星级服务站匾牌，其中三星级1家、二星级8家、星级12家，实现星级站创建全覆盖。服务质量创优质。全市计生技术服务机构开展手术10139例，未发生一例差错事故；将孕/环情监测、生殖道感染综合防治与早期宫颈癌、乳腺癌筛查工作相结合，全年检查10.43万人次，建立镇级筛查转诊机制，提高群众生殖健康水平。服务项目创特色。积极探索筹划具有如皋特色的“健康幸福”品牌，成功引进总价值500多万元的无创血

液分析仪、全数字彩色超声诊断仪等高新设备，实现优生优育筛查、计生技术服务、全身健康体检、生殖健康普查普治等一体化服务。软件园筹建中老年健康保健中心，为中老年人提供身心、生殖健康服务；常青、搬经、长江、白蒲、雪岸等镇增设孕期营养保健指导服务室，拓展婴幼儿洗浴服务等。

全面加强流动人口均等服务。健全服务制度。制订出台《全市流动人口计划生育基本公共服务均等化实施意见》，进一步健全长效工作机制。在南通地区率先实行以居住证制度为核心的流动人口服务管理“一证通”制度，持证人员享受免费计生技术服务等12大项权益保障。加强信息管理。实行全员流动人口月报制度，全市新建流动人口信息9285条，发送协查信息1180条，避孕节育情况通报1210份，实现区域间流动人口100%协查反馈。创新服务举措。组织开展流动人口幸福家园建设活动，让流动人口充分享受本地市民均等化服务，消除异地感，构建温馨和谐的人口计生大环境。

扎实推进新农村新家庭建设。丰富人口文化。全市20个镇级、55个村级人口文化园全面提档升级，并按照上级推荐的新时期标语口号更新和规范宣传内容。服务农民致富。通过“双联双助”、亲情牵手“零距离”服务等活动，广泛动员计划生育家庭参与全民创业，增加收入，在新农村建设中率先致富。雪岸、常青、丁堰和林梓等镇建立以家禽养殖、苗木种植、鲜花基地为主的生育关怀基地,帮助当地群众走上致富之路。关爱计生家庭。全年向符合享受奖扶、特扶、企业退休职工一次性奖励政策的对象以及节育手术并发症对象发放扶助金2518万元。农村育龄夫妇免费计生技术服务落实率达100%。出资22.6万元，资助独生子女贫困学子232人。全面完成独生子女费转型保险，被省人口计生委授予综合改革创新奖，并先后在全省、全国计生协会议上作经验介绍。

8月12日，磨头镇人口早教基地举行开业仪式

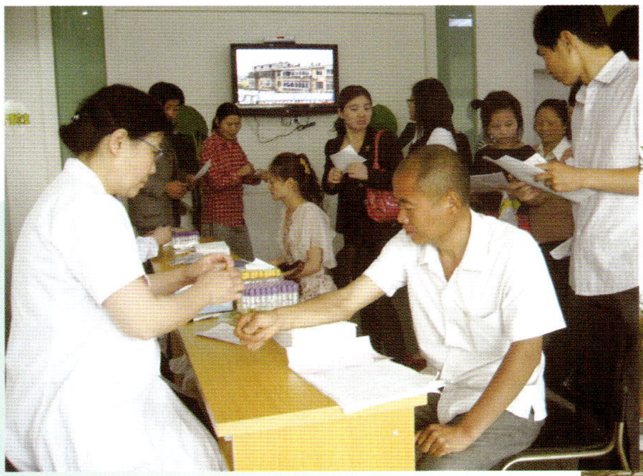

采取市级定点服务和定期送服务到镇相结合的方式，全年为6319对待孕夫妇实施免费优生检查

集休闲、娱乐、健身于一体的如城十里社区人口文体广场

局长、党组书记 冒海清

市审计局推进项目质量、效能、廉政建设

如皋市审计局

2011年，市审计局忠实履行《审计法》赋予的神圣职责，高点定位、务实创新，着力在“真”字上下功夫、求突破、见成效，审计过程充分体现求真、认真、较真、归真的“四真”鲜明特色。全年安排审计项目49个，实际完成55个（含领导交办6个）。移送案件线索2起，协助纪检监察机关查办案件3起。审计工作在护卫发展、纠偏除弊、维护公平正义、打造清廉政府、威慑遏制违规违法问题发生和推动经济社会又好又快发展中发挥了积极作用。市审计局再次被表彰为省文明单位、南通市审计系统先进单位，纪检监察室获南通市先进集体称号。

把求真务实作为审计工作的出发点和落脚点

坚持用科学发展观和政绩观探索审计工作规律，破除功利思想，把工作的着重点放在真抓实干上。

以学习教育为引领，增强求真务实新本领。在部署年度工作的同时，集中时间学习贯彻《国家审计准则》、《经济责任审计规定》和《江苏省审计条例》等新颁布法律法规。

12月29日，市政协老领导调研审计工作

8月12日，市审计局局长、党组书记冒海清（右一）慰问联助社区高龄老人

实施精品工程，提升项目质量

以制度建设为载体，构建求真务实新格局。为尽可能避免人为因素对审计结果的影响，实行审计组长领导下的成员分工负责制，提高审计成果和报告文书的双重质量。

以不断创新为动力，探索求真务实新路径。顺应全市经济社会快速发展的形势，注重从宏观上分析、判断和关注全市整体经济运行情况。打破传统乡镇审计框框，主动站到全市的宏观高度，采取统筹兼顾、抓大放小、着力培育和规范内部审计力量的方法，努力形成审计监督双重防线。创新改进“同级审”结束后集中整改的做法，将审计整改前移，实行审前、审中、审后全程整改，取得良好效果。

把认真落实作为审计机关应持的基本态度

精心组织，认真完成市委、市政府和上级审计机关交给的任务，将完成任务的过程看作是展示审计工作水准的有力平台。

把中心工作作为务必抓实抓

好抓出成效的目标任务。对市委、市政府中心工作任务，做到认真落实、积极完成。派出三名班子成员参加全市搬迁推进工作，出色地完成工作任务，一人得到提升重用，两人被评为先进。扎实开展领导干部下基层和“双联双助”工作，加大人力、物力投入，党组成员带头扶贫解困，在热心“输血”帮扶的同时，重点加大“造血”力度，充分利用机关和工作优势，筹集和协调资金60余万元，兴建举办一批长效重点项目和工程，联助社区流转土地成为全市千亩连片流转典型，在市督查组考评中受到肯定。

精心组织港闸区政府性债务审计，在工作实践中锻造审计能力。在南通市局统一安排下，成立八人审计组赴港闸区实施政府性负债审计，确保政府性债务金额真实性、准确性。

全程跟踪中小学校舍安全工程审计，打造放心工程。按照国家审计署要求，跟踪审计校安工程项目53个、单体建筑116栋，建筑面积394442.33平方米，总投资79387.19万元。采取扎实举措，从各个环节确保校舍安全工程审计质量。

深化领导干部经济责任审计，促进干部履职尽责。科学整合审计力量，根据不同的审计对象，明确和细化审计重点、审计评价、责任区分，定期交流情况，总体业务由经济责任审计科扎口汇总。全年对27名领导干部实施任中或离任审计，依托“三责联审”平台，对涉审领导干部实施综合监督，通过独立的审计评价，进一步促进领导干部树立科学政绩观和廉洁从政意识。

把较真碰硬作为审计人员恪守职责的必然选择

把工作原则放在第一位，做到做法服从原则、决策服从政策，充分彰显审计监督的力度。

善借外力，形成反腐倡廉合力。坚持加强审计和纪检监察机关的联动，形成反腐倡廉工作常态合力，为全市经济社会的健康快速发展保驾护航。

敢于较真，揭露和查处违规违纪问题。对在审计过程中发现的问题予以及时批露，将倾向性、重点问题写进“同级审”报告，限期整改纠正到位。

善于较真，维护国家利益彰显审计权威。从效益性和合理性标准出发，对全市固定资产投资实施全面审计监督。完成固定资产投资审计项目736个，送审额25.24亿元，审计核减4.86亿元，平均核减率19.26%，其中核减100万元以上项目达到了127个，取得良好的经济和社会效益。

切实关注民生，加强集中居住区审计

送审计法律法规进工厂社区

锲而不舍，发现和追踪案件线索。发现大案要案线索，揭露违法违纪问题，是审计机关实施监督和展示监督成效最有力的形式，也是审计机关和审计人员的职责所在。在平常的审计实务中必须培养查案意识，强化案件观念，善于见微知著，及时发现重大线索或疑点。

把归真还本作为审计事业孜孜以求的目标

通过审计真实反映涉审领域及其对象的经济活动情况，并做出良好的职业判断，对偏颇的予以导正，对错误的予以纠正，使之回归国家政策法规框架之内，回归其本来面目。

坚持审计工作的真实性目标。坚持讲真话、揭实情，不断揭露审计中发现的问题。

保持审计过程和结果的客观公正。为提高审计质量，项目实施前注意听取各方面的意见建议，审计过程中发现问题及时向领导汇报，与有关部门沟通，项目结束后，审计报告抄送相关领导，请领导批示，不但使审计成果得到转化，而且也赢得各方关心和支持。

以准确的职业判断体现审计建议价值。坚持有的放矢，不打无准备之仗，无论在工作布置会，还是在业务汇报会上，反复强调审计人员要带着任务审、带着目的审，重点关注工程建设领域、物资采购过程和固定资产管理等方面，强化案件意识，在这些容易滋生腐败的温床里让违规违法分子现形。

如皋市环境保护局

2011年，市环保局紧紧围绕“十二五”开局之年的各项工作目标，突出生态文明建设主题，强势推进生态城市创建、环模城市创建、污染减排、农村环保等重点工作，较好地完成了全年各项目标任务。

环境质量得到持续改善。城市空气环境质量优良天数达97.12%，饮用水源地达标率100%，功能区噪声达标率100%，地表水达到相应功能区要求，如皋城乡居民对环境质量满意率达79.3%。

完成主要污染物减排任务。强势推进以五个污水处理厂、六个结构调整企业为重点的2011年污染减排工程建设，完成化学需氧量、氨氮、二氧化硫和氮氧化物削减量分别为1986.32吨、126.93吨、63.62吨和24.44吨。加强建设项目“三同时”管理，全年完成环保竣工验收74个项目，新增废水处理能力达3350吨/日，“三同时”投资近8000万元。两家新汽车尾气检测场站七条检测线取得省环保厅委托资质。淮河流域水污染治理工程通过国家七部委考核验收。

12月15日，中国生态文明研究与促进会常务副会长祝光耀（左四）、江苏省环保厅副厅长赵挺（左五）等视察如皋生态建设情况

大力度推进生态文明建设工作。6月，如皋市国家生态市创建顺利通过国家技术评估。12月，如皋生态市创建通过环保部考核。全力推进环模城市创建，于12月通过省级预评估。正式启动生态文明城市创建工作，围绕生态经济、生态环境等“六大”生态文明体系建设，确定生态工业园区建设、生态村建设等16项重点工作，分解到各责任部门，编制完成《规划》初稿。大力推进生态文明细胞工程创建，组织开展生态文明村和生态文明户评选活动。大力度推进农村环境连片整治工作，东陈、雪岸、丁堰、林梓和白蒲五镇作为首批示范区，项目总预算3500万元。

6月8日，党组书记、局长谢跃进为全系统党员干部上纪念建党90周年大党课

全面强化环境监管工作。开展化工行业专项整治，关闭取缔化工单位和生产项目两家，处罚违法企业七家。开展涉铅污染企业专项整治，对治污设施不到位、污染严重、卫生防护距离不足300米的16家生产企业，一律依法予以关闭或停产整改。开展肠衣行业环境专项整治，整治规模企业五家，关闭小肠衣生产加工单位七家，实现肠衣行业达标排放。开展污水处理厂专项整治，在污水处理厂排污口均安装流量计和在线监测等污染监控系统，实行实时自动监控。开展饮用水源地环境专项整治，对全市各水厂水源地进行拉网检查，集中整治，搬迁、关闭一、二级水源保护区内污染源，联合建设、水务部门对饮用水源地的保护区实施勘界划分、立标，切实保障全市人民饮用水安全。全年在各类环境专项整治、专项检查和群众监督中发现各类环境违法行为45起，对违法情节较重的32起违法行为依法予以行政处罚，罚款74.5万元，有力打击恶意排污行为，有效震慑违法，保护生态环境，维护人民群众环境权益。积极完善信访工作机制，实行领导包案、带案下访，将矛盾化解在基层、化解在萌芽状态。开展局长接待日和局长大接访活动，及时解决群众关心的热点、难点问题。与市社会矛盾调处中心联合组建环保纠纷调处中心，负责协调处理环保纠纷，为一些难以解决的问题，提供一个较好的解决途径。开展信访应急值班，及时妥善处理好群众反映的各类环境信访问题，全年处理各类信访案件416

3月30日，国家七部委检查如皋市淮河流域水污染防治工程建设情况

11月21日，江苏生态文明建设低碳经济论坛在如皋举办

12月1日，如皋市通过国家环保模范城市省级预评估

12月5日，如皋市通过生态市创建国家级考核验收

件，信访案件处理率达100%、结案率达98%以上。

不断优化项目审批工作。认真执行环保第一审批权制度。进一步压缩审批时限，对选址符合环境功能区划要求、基本无污染的项目随到随批，当日收理项目当日直接办结率92%，项目申报登记220个，审批环评报告表180个，审批环评报告书11份（其中审核报省、南通市环保局的项目为5个）；与相关部门联合踏勘现场近40次，审批锅炉15台。环保窗口工作扎实有效，在1～11月窗口测评中，被评为优质服务示范岗三次、红旗窗口九次，窗口工作人员每月都被评上群众满意工作人员。变坐等服务的工作方式为主动出击，根据全市重点项目进展情况，制订服务计划，深入到重点企业上门服务。

创新创优宣传手段。扎实推进基层绿色创建工作，与教育局组织环境教育优秀教案评比活动，组织省绿色学校创建业务培训、省绿色社区培训。开展“六五”世界环境日宣传系列活动，在全市营造环境保护人人有责的浓厚氛围。市环保局领导走进市民热线，就生态创建工作与如皋市民零距离沟通。与市委宣传部、文明办联合组织开展首届环保大使评选活动。开展如皋市环境教育基地评选活动，并组织学生参观环境教育示范基地。与文明办、广电局联合举办“同享一片蓝天”——纪念“六五”世界环境日暨如皋市首届环保大使颁奖典礼。

环境监测工作有序开展。全年编制各类监测报告（表）400多份，获监测数据3.2万多个。完成2011年监测工作实施方案。编制完成环境影响报告表162份，在省环保厅报告表考核中获全省第五名。对全市漂染行业、如皋港化工园区、全市主要涉铅涉金企业实施监督监测，监测检查一般污染源255厂次。完成《2010年度环境监测年鉴》、《2006～2010年如皋市环境质量报告书》编制工作；按照要求及时上报各类监测数据、月报、季报，编制监测月报九期。注重加强质量管理工作，参加国家能力验证、省和南通市各级实验室能力比对活动，及时组织技能测试，九人次参加考试23项次，通过率为95.7%。

有条不紊开展各项中心工作。深入开展“创先争优”活动，紧扣工作实际，创新思路，创设载体，在破解服务难题、完善内部机制上积极探索，使创先争优呈现出机制“严”、内容“新”、措施“实”的生动局面。全力推进“双联双助”工作，先后扶贫济困和应急救助捐款2.2万元，资助特困学生1.3万元，支持生态建设5万元、建桥修路4万元。着力抓好社会治安综合治理工作，为创建“平安如皋”、构建和谐社会作贡献。推进“结对共建”活动，进一步增强“驻于社区、关心社区、建设社区”意识，发挥环保系统党建工作的带动、辐射作用。认真做好人大代表建议、政协委员提案办理工作，全年接办建议5件、提案13件，坚持做到思想上高度重视，态度上积极主动，行动上切实有效，程序上合理规范，时间上及早安排，确保办理工作质量。深入打造“心系蓝天碧水，情倾万户千家”品牌，将创建活动重点引导到争创服务业绩、提高服务实效性和效益上来，全面提升品牌层次。

6月3日，纪念世界环境日暨首届环保大使颁奖活动举行

5月27日，举办污染防治教育活动

如皋市安全生产监督管理局

局长、党组书记　朱留宽

12月20日，市安监局参与市电台第39期《政风行风热线》直播，与听众零距离沟通

安全生产工作事关人民群众生命财产安全，责任重于泰山。2011年，市安监局以对党对人民高度负责的态度，切实履行安全监管工作职责，圆满地完成了年度工作目标任务。

始终把加强队伍建设作为政风行风建设的重要抓手认真抓好抓实。举办多项安全宣传活动，积极开展“争做安全发展忠诚卫士，创建为民务实清廉安监机构”主题活动、创先争优活动、建党90周年系列活动、“一书一片”学习活动、“理想、责任、能力、形象”为主要内容的学习教育活动、“建功‘十二五’，机关怎么办”大讨论活动。

时刻不忘责任与使命，坚持“保护生命、积德行善”工作理念，始终把安监工作当作人命关天的生命工程来抓。认真落实安全生产责任，层层签订安全生产责任书。深入推进安全标准化、“1+3”安全监控工作体系、安全合格班组创建等工作。深入开展隐患排查治理、安全宣传教育培训、安全生产专家服务活动。积极筹措资金为全市所有镇（区）安监所（局）配备电脑、传真、摩托车等办公器材。参与市电台《政风行风

7月18日，市安监局开展学习胡锦涛总书记建党90周年重要讲话活动

8月5日，市安监局组织举办第二届安全生产事故隐患排查技能竞赛

户外直播》、《市民热线》等栏目开展安全宣传活动。

狠抓党风廉政建设。组织干部职工认真学习上级有关加强廉政建设规定，观看《贪欲之祸》、《欲盖弥彰》、《暴风雨中的忏悔》、《廉政中国》等警示教育片。认真开展党风廉政宣传教育月、“5•10”思廉日、“算好廉政账”等活动。针对涉企活动多特点，经常跟踪检查，深入企业调查走访，检查执法人员在执法过程中是否存在违法违规行为。

如皋安监人深知“金钱有价、生命无价”。在今后工作中，他们将牢记组织的信任、领导的重托、人民的期望，努力工作，不辱使命！

7月18日，市安监局举行安全法规等知识讨论学习活动

安监人员整装待发

如皋市统计局

2011年，市统计局围绕提升工作信心、提升管理水平、提升服务质量的总体目标，完善考核，激发活力，创新机制，增添动力，苦练内功，提升能力，各项工作均取得明显成效。先后获全国第二次R&D（研究与发展）资源清查江苏省先进集体、全国第六次人口普查工作南通市先进集体、南通市统计局农村统计、能源统计、服务业统计专业一等奖等多项荣誉。

8月17日，省统计局地方统计调查局副局长张晓未（左三）等一行调研、指导如皋农村住户调查工作

6月19日，市统计局举办2011年统计从业资格继续教育暨六五普法培训

加强管理 夯实基层统计基础

根据国家统计局《县级统计机构工作规范》和《江苏省乡镇（街道）统计工作规范》要求，制订对科室、镇（区、园）统计工作的一系列考核细则，加大考核奖惩力度，推进统计基础工作规范化建设。为各镇（区、园）统计办开通统计内网，实现国家、省、市、县、镇五级联网。加强对各级统计人员培训，全面提升统计人员综合能力。全年开设统计讲坛10期，对全体人员和镇统计助理开展政治业务培训，组织各村（居）、各企事业单位统计人员786人参加统计从业资格考试和统计继续教育。

深化改革 提高统计数据质量

为改革传统统计体制和方法制度，市统计局全面推进统计“四大工程”建设。大力推进企业“一套表”制度，提请市政府下发《关于推行企业统计“一套表”制度改革工作的意见》，先后开展工业、能源、投资、贸易等专业业务培训会，做到统一布置实施、统一操作方法、统一软件数据管理，确保全市企业“一套表”制度顺利实施。

全力推进联网直报工作。全市800家工业企业、183家限额以上批发和零售业企业、2024家服务业企业、185家建

单位荣誉

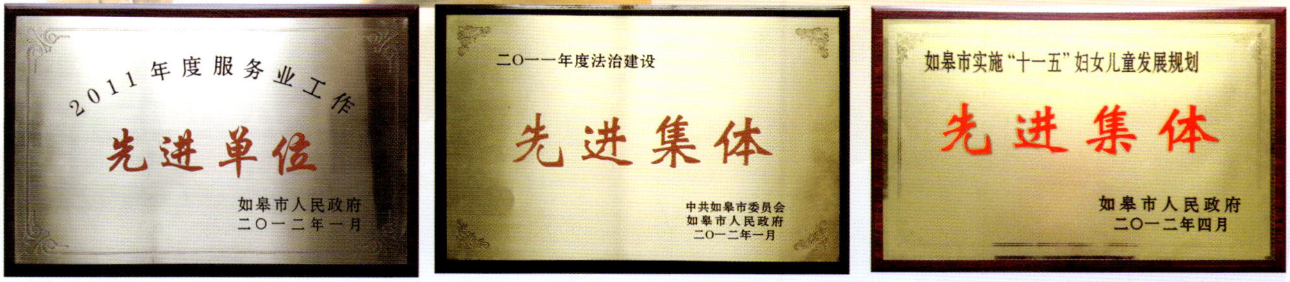

筑业企业和59家房地产企业均全面实现网上直报，直报率达100%。

做好基本单位名录库的日常维护，定期全面审核名录库中12056家单位，特别是名录库中高新技术产业、文化产业，做到不重不漏。

积极推进统计信息化建设，加强网络运行管理，添置各类网络安全产品，确保网络运行安全顺畅，提升现代信息技术对统计工作的支撑能力。

加强监测 提升统计服务水平

不断加强调研分析，深入基层开展调研，每季度召开一次专业形势分析会，增编统计分析汇编——《统计内参》报送市主要领导，为领导科学决策提供参考依据。改版年鉴和月度资料，增编《统计快报》，提高实用性，增强时效性，确保第一时间向各级领导和有关部门提供主要统计数据。切实加强统计监测，紧紧围绕现代化指标体系和建设更高水平小康社会，围绕科技创新、新兴产业、文化产业等重点、热点问题加强监测分析，定期向党委政府提供监测数据、动态信息以及情况分析。全年撰写统计信息644篇，其中，被南通市统计局录用222篇，被省统计局录用29篇；撰写统计分析51篇，其中7篇被《江苏统计》、《南通论坛》等刊物录用，有三篇获市主要领导批示。

加强执法 全力推进依法统计

狠抓统计法制工作，把改善统计内外部环境，全面推进依法统计作为统计部门第一方略，为如皋统计事业发展创造良好条件。结合统计从业人员教育培训、统计干部月度业务培训、《中华人民共和国统计法》纪念日、法制宣传日、统计督查月活动，充分利用网络平台和各种宣传媒体，广泛宣传统计法律法规知识。积极开展统计监审工作，加大对统计违反行为查处力度。在全市范围内对20个镇（区、园）、1000多家“三上”企业开展主要数据质量及基本单位名录库建设情况检查，对规模以上工业、建筑、房地产、贸易和固定资产投资等专业的33家单位开展统计监审，发现存在问题11家，发出整改通知11家，立案查处6家，有效地提高统计数据质量，推进依法统计。

如皋市口岸管理办公室

6月14日，省港口局局长高锦安（左排前二）一行视察如皋港

4月7日，南通市副市长、如皋市委书记陈惠娟（前排左二）调研口岸开放型经济

紧密团结查验单位 不断提升口岸开放能级

积极服务查验单位，加快推进海事入驻。主动服务查验单位，积极为查验单位解决困难。截至2011年底，除海事外，其余三家查验单位均已入驻办公。如皋海事局筹建工作进入冲刺阶段。2011年，如皋海关、如皋边检、如皋国检、如皋海事处正常履行口岸监管和通关业务服务职能，业务范围不断扩大、各项指标快速增长，吞吐量达3014万吨，同比增长75.9%，其中外贸吞吐量355万吨。

加快码头对外开放，不断提升开放能级。第二批申报对外开放的6个泊位于2011年11月完成市级验收，开放水域范围内开放泊位将达到15个。第三批申报对外开放的4个泊位已上报省口岸办争取列入2012年度开放计划。

积极协调查验单位，全力促进企业发展。走访外贸进出口重点企业60多家，协调处理棘手问题20多起，协调相关部门为企业解决涉水难题104艘（次），其中包括港务集团8艘次15万吨级（减载后载重7.5万吨以下）进口煤炭船靠离泊难题。

积极团结查验单位，创建省级文明口岸。以建设“安全、高效、廉洁、和谐”口岸为目标，以“优化通关环境、优化口岸服务、优化协作配合、深化廉政建设”为主线，以口岸文明创建活动为载体，积极参加省、市口岸系统组织的各种活动，同时鼓励和支持如皋口岸查验单位与重点企业开展各种共建活动。

持续推进港口工作 逐步规范港口管理

发挥规划引领作用。专题修编《南通港如皋港区总体规划》，编制北汊港口规划。编制如皋市“十二五”水运发展规划。

推进港口项目建设。参与港池开发。在科学论证的基础上，港区陆续启动挖入式内港池系列工程，完工后可以形成万吨级以下内港池岸线

11月18日，南通市人大代表、如皋市人大常委会班子成员视察国检、口岸、港口工作

7月12日，交通部规划院专家调研内港池建设工作

4月2日，市政府召开如皋市30米级SD2488型海巡艇设计方案评审会

9月21日，市政协主席会议协商口岸和港口工作

10月20日，市口岸管理办召开如皋港口岸国际航行船舶进出口监管联席会议

2012年3月13日，市政府召开如皋港第二批码头对外开放验收会议

4400米、3000～5000吨级内港池岸线6740米、千吨级以下内港池岸线3060米。完善涉水审批工作。根据南通市政府港口项目整改要求，帮助港务集团、熔盛重工等重点企业，加快完成各项涉港审批工作，推动项目建设；加强与海事部门的沟通，完成熔盛重工三期码头、四号坞等16个项目的通航安全评估；海通、森松等6个内港池项目的工可报告通过过省港口局专家审核；德瑞斯港池码头进入加固改造阶段；其他涉水审批工作在积极推进之中。

加强企业安全监管。突出抓好企业安全主体责任落实，逐企签订安全责任状，确保安全投入、管理、装备等落实到位。突出抓好安全隐患排查治理，邀请有关专家深入企业一线，力求排查不留盲区、整治不留后患。突出抓好在建工程安全生产，配合南通市港口、安监、消防等部门逐项考评。突出抓好特殊季节、特殊天气和节假日安全生产，坚持做到“每月一小查、每季一大查”。

2012年，口岸办将继续以推动全市开放型经济又好又快发展为目标，加快推进码头泊位对外开放进程，积极协调查验单位，帮助扶持企业发展，努力探索口岸工作新型道路，开创如皋口岸工作新局面。

港务集团17万吨级煤炭货轮靠泊

如皋市体育局

2011年，如皋市体育局按照省、南通市体育局及市委、市政府体育工作部署，以体育基本现代化建设为总体目标，以办人民满意的体育、做人民满意的实事为出发点和落脚点，群众体育、竞技体育、体育产业、体育设施、中心工作等工作取得理想业绩。如皋被省体育局确定为苏中地区唯一的体育基本现代化建设试点单位。

群众体育影响力全国前列

积极开展节假日全民健身活动。年内，开展春节、元宵、“三八”妇女节、“五一”国际劳动节、七一、国庆、元旦、寒暑假等节假日系列群众体育活动，举办首届全民健身新春大拜年活动、第三个全民健身日和南通体育日启动仪式系列活动、健身知识培训、国民体质检测、体育摄影展、健身科普知识展等活动。

扎实推动镇村全民运动会。如城镇、搬经镇、袁桥镇、吴窑镇、白蒲镇等镇（区）举办体育运动会或文体艺术节，江安镇宁通社区、东城镇尚书村、如城镇阚庄村、林梓镇桥口村、雪岸镇凌云社区、白蒲镇沈桥村、丁堰镇新堰社区等村（社区）分别举办村级全民运动会或文体艺术节。高效推进市级月度体育单项竞赛，每月举办一次以上全市群众体育单项比赛，全年举办全市性单项体育竞赛20次。镇村、机关、学校、企事业单位、各体育协会健身氛围浓厚，举办全市村（社区）篮球、乒乓球、象棋总快赛。

精心组队参加国际国内体育大赛。先后组队参加世界老将田径运动会、第二届世界华人跆拳道国际邀请赛、台湾“妈祖杯”国际武术大赛、全国第13届老将运动会、全国风筝比赛、全国大众跆拳道锦标赛暨第六届世界跆拳道品势锦标赛、省第38届县级市门球比赛、第六届中国扬州鉴真杯国际马拉松等比赛，获金牌8个。

积极承办国际国内健身大赛。先后承办美国IBL职业联赛海浪队与CBA劲旅浙江稠州银行队的中美篮球争霸赛、“熔盛杯”第二届中国如皋全国公路自行车大赛、第二届世界华人体育舞蹈锦标赛分区赛、“如皋体彩杯”江苏省夕阳红钓鱼大赛、南通市公安系统乒乓球比赛、南通市农民健身秧歌等大赛。

积极开展社会体育指导员培训。全年培训社会体育指导员500多人，新增晨晚练健身点56个，新增专业健身队39个。打造健身特色项目，林梓小学的抖空竹、白蒲小学的绳操、磨头小学的毽球等健身特色项目已具规模。建立如皋市体育志愿者支队，开展志愿者活动。

竞技体育实力全省前列

积极开展选才招生工作。年内，新注册运动员86人，组队参加“2011全省青少年阳光体育运动联赛、省青少年田径锦标赛暨县组田径比赛”以总分全省第三、七枚金牌的成绩创如皋田径史上的新辉煌，少体校60%的初中毕业生被如中录取。在营房小学、柴湾小学分别召开传统项目学校建设现场推进

7月11日，南通市副市长、如皋市委书记陈惠娟（左二）在市体育局视察体育工作

5月31日，市长姜永华（中）视察全民健身中心单车馆

4月8日，市人大常委会调研全市体育工作座谈会

7月28日，市政协视察全民健身工程

会，组织七所学校代表如皋市参加南通市少儿篮球、排球、乒乓球比赛，取得篮球男子少年团体第一名和儿童组第二名好成绩。

制订俱乐部人才选拔培养政策。促成何庄小学与南通市儿体校合作办学，成为南通市儿体校在县级市的第一个乒乓球训练基地。组织优秀体育后备人才参加了全国调训，标枪运动员薛娟在5月份的亚洲田径大奖赛上勇夺第一名，入选国家队备战奥运会。何庄小学建成国家青少年健身俱乐部。市少体校通过国家高水平人才基地年度验收。

5月4日，如皋运动健儿在全省跨栏比赛中勇夺第一名

体育彩票销售总额苏中前列

年内，建立如皋市体育彩票管理中心，全面更新站点门面，拓展“11选5”新玩法。如皋市体彩销售在苏中率先突破亿元大关，市体育局获国家体育总局体育彩票管理中心“体育彩票年销售量超过亿元县级单位”奖，省体育局专门向市体育局发贺信，并在如皋专门召开庆功大会。

体育设施保障水平南通前列

占地23.33公顷、建筑面积6.7万平方米的市奥林匹克公园全面开工建设。建筑面积近1万平方米，具有1个综合馆、12个专用馆，配套设施齐全，规模与档次居全省县级一流水平的市全民健身中心全面建成对外开放。搬经镇、雪岸镇、九华镇、白蒲镇体育公园建成并对外开放。6560平方米的搬经镇新型文体中心主体竣工，建筑面积8000多平方米的九华镇新型文体中心在建中。全面检查维护全市镇村公共体育器材，提升36个村和6个社区健身设施档次，新建村级儿童健身工程25个，分别完成年任务的200%和125%。

5月22日，“熔盛杯”第二届中国如皋全国公路自行车大赛在如皋举办

中心工作付出程度居市级机关前列

积极参与六城同创、社会管理创新、双联双助等中心工作，高度重视人大代表、政协委员建议、提案办理工作，精心做好窗口服务工作。双联双助工作排名全市第一。被市委、市政府表彰为“双联双助”先进集体、五五普法工作先进单位，被评为南通市文明机关。市政协委员民主评议市体育局提案办理，总体满意度为100%，居各部门第一。

6月4日，第二届世界华人体育舞蹈锦标赛分区赛在如皋举办

11月5日，市体育局举办“如皋体彩杯”江苏省夕阳红钓鱼大赛

如皋市供销合作总社

5月3日，中华全国供销合作总社原监事会副主任、全国政协原委员林乃基（左一）视察如皋市“新网工程”建设项目

2011年，如皋市供销总社认真贯彻落实市第十一次党代会精神，弘扬为农服务办社宗旨，坚持开放办社和开拓创新，以完善为农服务社长效管理、推进“新网工程”、拓展农副产品销售、组建专业合作社及联合社为抓手，积极参与社会主义新农村建设，全面超额完成全年目标任务。获南通市供销合作社系统综合业绩考评特等奖、“新网工程”建设优胜单位、项目建设优胜单位、基层社“三位一体”建设优胜单位、品牌建设优胜单位、标识推广使用工作优胜单位、创新创优优胜单位称号，被表彰为全省品牌建设优胜单位、全省供销合作社系统先进集体。

加强管理，拓展功能，为农服务社建设管理全省领先。围绕拓展为农服务社服务功能、增创服务特色、提升服务质量，注重加强为农服务社长效管理。全年完成二星为农服务社升三星16家、三星复审51家，经省和南通市验收全部达标。全市有22家优秀为农服务社农资超市被评为南通市级农资经营示范店，3家被评为省级农资经营示范店。东陈镇北庄为农服务社被省供销合作总社评为全省“百佳”为农服务社，被南通市供销合作总社评为“十佳”为农服务社。市供销总社将为农服务社与现代农业园区、“万顷良田”工程对接，推进生活资料超市和生产资料超市连锁经营。加强与苏邮惠农等大型连锁品牌合作，不断扩展服务项目。与如皋农村商业银行合作，在为农服务社品德超市增设“快付通”业务。

培育龙头，发展连锁，“新网工程”项目建设居南通第一。加大项目建设力度，培育壮大龙头企业，提升发展层次，转变发展方式，增强供销社服务“三农”能力。10月初，投资新建的苏中苏北冷藏保鲜能力最大农产品物流中心，正式开始运营；投资新建8000平方米品德连锁超市日用品配送中心，为农服务社连锁配送比例提高5%；在全省首创投资新建高效规模农业综合服务中心，为全市高效农业、设施农业提供防虫网、遮阳网、钢架大棚等和农药、化肥、种子等系列服务；投资新建

9月21日，省供销合作总社纪检组长董文娟（中）等在如皋调研

3月6日，全市为农服务社建设管理工作会议召开，在全省率先提出为农服务社“五化”长效管理目标

仁宗食品有限公司扩建工程，巩固发展传统产业，新建萝卜基地20公顷。全年新建“新网工程”项目4家，占全年目标的200%。申报国家级、省级“新网工程”专项资金扶持项目3个，申报项目数、成功率、补助额居南通第一。

依托平台，发挥优势，农副产品购销成效显著。 发挥供销系统合作优势，举办农副产品推介展销活动。组织苏皋长寿集团、仁宗食品、丁香葡萄专业合作社等农业产业化龙头企业到上海参加南通农副产品进上海推介洽谈会，签订购销合同6300多万元。组织农业产业化龙头企业到南京参加全国供销总社和省政府组织的海峡两岸农产品展示展销会，积极推介如皋长寿食品和特色农副产品，签约8100多万元。充分发挥供销系统销售网络优势，在集镇和为农服务社连锁超市增加农副产品销售业务，品德超市在市区开设平价超市蔬菜店9家。

积极引导，社村共建，专业合作社建设取得新突破。 积极沟通协调，加强指导服务，先后与镇村联办如皋市沙玉红生态果蔬、金冠生猪养殖、富民中药材和金诚肉鸽专业合作社4家，通过市天都供销有限公司组建市四喜果蔬专业合作社联合社、市郭李供销有限公司组建市馨腾果蔬专业合作社联合社、南通星联超市有限公司组建市垦河果蔬种植专业合作联合社，提高供销合作社服务“三农”的辐射力。市金诚肉鸽专业合作社获南通农民专业合作社“十佳”营销示范社评比提名奖。四喜果蔬专业合作社联合社成立党总支，开设网上营销平台，吸引更多党员、农民加入联合社，带动农民致富，成为创新党建工作一大亮点。

市供销资产运营公司投资参股的农产品物流中心

如皋市农业资源开发局

5月15日，国家农业综合开发办公室领导视察农业综合开发产业化项目

4月21日，省农发局副局长张学平（右二）、南通市农发局局长许海波（右一）在如皋考察指导

11月23日，市农发局班子成员深入项目现场，视察项目进展情况

3月19日，如皋农发人推介产业化经营项目

6月28日，市农发局局长徐海走进政风行风热线，与听众零距离沟通

2011年，如皋市农业综合开发工作取得新成效，被表彰为省和南通市农业综合开发宣传信息工作先进集体、南通市农业综合开发先进集体、南通市第23届科普宣传周活动先进集体；产业化经营财政补助项目推行“先建后补”经验在全省农业资源开发局长会议上作经验介绍，“三权分离”改革经验在全省推广，群众参与监督、产业化项目审计前置工作在南通市农业综合开发专题会议上被推介。

项目建设创造新业绩。全年争取并组织实施农业综合开发项目10个，项目投入5252万元，其中财政投入4712万元，大大超过2010年，再次名列南通第一。其中，2011年度国家农业综合开发存量资金土地治理项目计划666.67公顷，财政投入840万元；2011年度高标准农田建设续建项目866.67公顷，财政投入1560万元；省级高沙土项目2个，治理土地1666.67公顷，财政投入1950万元；农业综合开发产业化经营财政补助项目2个，争取财政补助资金合计180万元；农业综合开发产业化经营财政贴息项目4个，财政贴息182万元。围绕“倍增计划”和建设更高水平小康社会总体要求，深入各镇（区、园）和农业龙头企业开展调研，加强农业综合开发扶持政策与现代农业园区四级联创的对接，加强与农产品加工园区建设的对接，及时组织编制2012年度农业综合开发各类项目计划书，从计划编报入手，抢抓机遇，争取项目。

改革创新实现新突破。积极探索三权分离改革。根据如皋实际，第一时间制订出台《如皋市农业综合开发三权分离新机制》，从工作职责、实施主体、工作目标等方面对项目计划、项目实施和项目监督进行责权有机联结的规划设置，确保三权既相互分离又相互制约、相互监督，达到有效防止腐败、确保工程质量、提升服务效能的目标。切实完善项目招投标。着眼加强全程监管，做到“标前监察、标中监督、标后监管”三监深度融合，特别注重强化标后跟踪监督管理。标前做到所有农业综合开发项目工程全部公开招投标，公开招标率100%；标中加强场内监督，严格按照招投标的相关法规操作，进一步加强信息公开，全面实行资格后审，健全和完善“黑名单”制度；标后强化监管，强化与项目镇（区、园）联手，围绕重点内容，加强检查和巡查频次，加大对监理考查的力度，加大对违规行为的惩治力度。深化群众参与监督。明确要求每个项目区必须选聘至少一名责任心强、熟悉工程施工、秉公办事的老干部、老工程技术人员和村民代表作为农业综合开发项目工程建设的群众监督员，赋予他们与监理人员同样的权力，明确监督职责，为农业综合开发工程建设保驾护航，林梓镇、常青镇真正做到哪里有农业综合开发项目工程，哪里就有群众监督员身影。实施产业化项目申报前置审计。针对目前项目实施结束后才实施项目审计导致的对项目真实程度掌握的不确定性，根据省、南通市开发局对2012年度产业化经营贷款贴息项目选项入库工作的总体部署及贴息贷款主要用途必须为收购大宗农副产品的要求，注重创新，在全省率先试点请审计部门先期介入申报材料审核，真实地了解企业贷款数量及用途，用足用好政策，更好地服务企业发展，充分发挥财政资金“四两拨千斤”的作用，确保经得起各级审核和验收。会同审计局、财政局一起对四家贷款真实、80%以上用于收购农副产品作为生产加工原料，相关资料均符合国家贷款贴息项目扶持要求的企业申报资料把关，上报列入2012年度农业综合开发产业化经营贷款贴息省级项目库。

如皋市财政局

12月20日，省财政厅副巡视员汪以力（左二）慰问基层财政所

2012年2月4日，市财政局召开全市财政工作会议

2012年2月4日，市财政系统举行“阳光路上”新春文艺汇演

2011年，如皋市财政总收入突破百亿元大关，达110.7亿元，同比增长41.8%；一般预算收入达45.63亿元，同比增长35.5%，位居全省第八，蝉联全省财政收入增收表彰单位称号。财政总收入、一般预算收入总量均居南通第一。一般预算收入中的税收占比84.9%，名列全省第四。增值税增幅20.57%，高于全省平均增幅4.89个百分点。

市财政局先后获全省财政法制宣传教育先进集体、法治财政建设先进集体、防洪保安资金征收先进单位，南通市文明单位、法治建设先进集体等称号。机关综合考核位居市级机关部门前三名，蝉联市先进集体称号。“公共财政·情暖百姓”被评为市级机关“十佳”服务品牌，“爱心财政联盟”获第四届如皋市爱心团队称号。国库科、镇财政集中管理办公室分别被授予南通市“巾帼文明岗”、“青年文明号”称号。财政总决算、部门决算、乡镇财政总决算工作均获得南通市先进单位称号。财政绩效评价、支农资金整合、一事一议财政奖补、法治财政建设等多项工作位居全省财政系统前列，在全省相关会议上作经验介绍。

着力促发展优服务，努力拓宽财源增收渠道。不断探索支持经济发展的财政政策、资金投向、投入方式的新思路，实施“纳税百强企业财政服务工程”，扩大科技成果转化风险补偿专项资金规模，完善财政存款在银行间分配办法，加强税源经济培育，夯实收入增收基础。突出项目服务，全年申报项目129个，下达资金1.9亿元。

着力增投入强机制，努力加快提升民生福祉。多渠道争取上级涉农扶持项目100个、资金3.5亿元。发放各类涉农补贴项目24个、资金2.3亿元。全面完成100座农桥建设“政府为民办实事工程”。“新农合”筹资补贴标准提高到200元/人·年。加大基本公共卫生服务投入，对599种基本药物实施零差价销售价格补贴。支持全市教育均衡优质示范区建设和各项重点文化惠民工程，建成文化广场并向公众开放。改革家电下乡补贴兑付方式，为全省首创，在南通推广。社保数据电子比对成效显著。

着力抓双基促两化，努力提高财政管理绩效。建立绩效评价专家库，开展账户清理整顿，加速国库资金运行，完善新一轮市镇财政体制，探索发行市政债券。扎实开展“小金库”专项治理，实现全市616家单位复查全覆盖。建立“公物仓”管理制度，统一机关办公用品配置标准。完善政府采购网上竞价平台，改革采购监管模式，全年采购规模5.86亿元，节约率15.1%。深入推进“规范化财政所”建设，优化服务环境，提升管理水平，树好社会形象。

着力加强队伍建设，努力树好财政社会形象。注重加强党的建设，落实党风廉政建设责任制。丰富“每月讲坛”内容，开展岗位技能培训。行政权力公开运行，服务窗口管理规范，便民服务举措创新，行风监督长效管理。品牌效应不断放大，文化建设影响广泛，信息宣传成绩显著，“爱心财政”广受赞誉，文明创建深受好评。

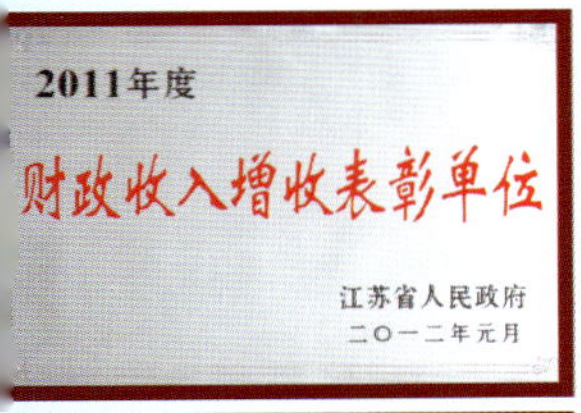

如皋市招标投标管理办公室

4月6日，市长姜永华（前排）到市招投标中心视察

1月14日，市招投标办召开市评标工作总结表彰会议

5月12日，如皋市招投标协会成立

2011年，市招投标管理办公室累计实施招投标项目646个，标的总额49.22亿元，节资1.98亿元，同比分别增长8.12%、1.95 %和42.45%。

强行入轨 政府工程实现应招尽招

根据全市招投标工作会议要求，所有达到招标规模和标准的政府性资金项目都必须进入招投标程序。为此，市招标办通过多种措施，加大对政府投资工程招投标管理力度，有效地化解少数单位因时间紧、资金缺、前置条件不充分等原因不能和不愿进场招标矛盾，实现年初确定的公开招标率100%目标。5月7日，召开全市招投标管理工作大会，全市20个镇区、市级机关有关部门、相关企业和评委参加。 这是如皋历史上首次全市性招投标工作大会。

强势推进 诚信体系建设初见成效。

针对因社会诚信理念缺失而给规范招投标带来不良影响的状况，市招标办结合“两大体系”建设，深化开展以“阳光招投标，诚信我先行”为主题的诚信体系建设。通过座谈会、研讨会、案例分析会等形式，深入调查招投标市场诚信状况，找准不诚信行为表现，对招标人、投标人、中介、监理等招投标各方主体的不诚信行为“曝光”亮相。挖掘诚信教育资源，广泛征集图片、漫画、格言警句，精心制作标前宣传教育短片、诚信宣传展板及诚信歌曲，让每次进场参与招投标的各方主体，都受到一场诚信教育。诚信建设活动走上制度化、正常化轨道，形成让诚信受奖、失信受罚的良好局面。10月18日，在全市招投标诚信体系建设现场推进会上，56家单位在会上递交了诚信承诺书。

10月18日，市招投标办召开全市招投标诚信体系建设推进会

强化举措 标后管理形成合围态势

针对政府投资工程易出现“一招就了”、“重招轻管”现象，制定出台《如皋市政府性投资工程建设项目标后监管暂行办法》、《如皋市政府性投资工程建设项目标后监管工作职责分解》，从体制和制度上，探索解决标后监管的主体、监管的内容及方式等问题，坚持每月1次日常巡查。对于违法嫌疑对象，制定和推行“黄名单制度”，重点监管；对于轻微违法现象，修订和完善《如皋市招标投标不良行为记录及处理办法》，规范运行“黑名单库”；加强对违法现象的行政处罚力度。全年检查在建项目82个，下发《整改通知书》7份、《标后监管反馈函》6份，移交案件信息1起；开展个案督查5起；与市住建局、市建工局等部门联合开展诫勉谈话1起；参与全市联合执法专项检查1次，检查在建项目142项。全年累计调查处理违法案件14件，其中行政处罚1起、不良行为等处罚13起，较好地遏制围标串标，利用假证、假业绩等虚假资料参与招投标的违法行为，净化了招标投标环境。

“阳光招投标，诚信我先行”活动宣传展板

如皋市食品药品监督管理局

2011年，市食品药品监督管理局紧紧围绕保障人民群众饮食用药安全这一中心，坚持科学监管理念，坚持作风效能提升，努力营造安全有序、让人民群众放心满意的食品药品市场环境。

创新模式：加强餐饮环节食品安全监管

餐饮服务食品安全监管是食品安全保障的最后一道关口。在监管过程中，市食品药品监管局创新思维，从选址、场所设置、食品处理区、设备、工具和容器、食品贮存设施等方面制订无就餐场所传统小吃审查标准和评定方法，消除餐饮监管盲点和真空地带。集中开展打击食品非法添加和滥用食品添加剂、学校食堂、“地沟油”等十余项专项整治活动，应对“瘦肉精”事件，查处涉酒违法行为，扎实开展餐饮服务环节乳制品专项检查，进一步净化餐饮市场环境，受到群众好评。

完善机制：深入开展药品安全专项整治

创新食品药品监管新机制是落实科学监管理念的具体行动。市食品药品监管局建立完善药品生产安全风险防控、药品流通实时监控、药品违法案件严打、药品安全技术保障四大机制，筑牢药品安全“防火墙”。突出对基本药物药品生产企业和高风险药品生产企业的监管，强化驻厂监督，规范企业票据管理，切实加强药品源头监督，消除用药隐患。实施药品电子监管工程，在全市300多家涉药单位安装药品购销存软件、视频摄像头、信息沟通软件等，对药品购销存情况在线实时监控，实现药品流通情况的可追溯，监管效能进一步提升。加强对高风险药品、医疗机构制剂和中药饮片等品种的抽验力度，累计抽检252批次药品，基本药物70批次监督抽样结果全部合格，药品监督抽样收到检验报告书178份，不合格66批次，阳性率37.07%，有效净化如皋药品市场。

3月8日，省食品药品监管局胡晓抒局长（右二）视察如皋市餐饮服务单位

6月2日，南通市副市长、如皋市委书记陈惠娟（左二）视察市餐饮服务单位

强化服务：助推医药经济现代服务业快速发展

市食品药品监管局正确处理监管与发展的关系，寓服务于监管中，狠抓载体建设，服务医药产业和现代服务业转型升级，助推医疗器械产业园集聚发展。全市药品、医疗器械生产企业22家，年销售额超15亿元；经营企业456家，年销售额超百亿。全市持证餐饮服务单位2000余家，其中特大型餐饮单位6家、大型餐饮单位65家，永林国际大酒店、如皋金陵金鼎大酒店、南通惠蒲大酒店等星级酒店的打造，更为如皋市提升人居环境、提升城市形象、发展现代服务业、发展经济建设作出贡献。

6月6日，市食品药品监督管理局局长张秀祥（右二）检查高考考点食品安全保障工作

创先争优：不断提升食品药品监管效能

以创先争优活动为载体，努力实现“科学监管上水平、各项工作勇争先、提升素质强队伍、优质服务促转型、勤廉高效树形象、当好百姓守护神”的工作目标。如皋市通过省级餐饮服务食品安全示范县创建资格验收，成为南通市县（市、区）中唯一的一家争创单位。行政服务窗口多次被评为红旗窗口、优质服务示范岗。食品药品依法监管行政能力不断提升，一人被评为普法宣传形象大使，一人被评为普法先进个人；市食品药品监管局监管水平不断提升，被市委、市政府表彰为依法行政示范单位、法制建设先进单位，被评为南通市食品药品监管系统食品药品监督管理先进集体。

1月25日，市食品药品监督管理局局长张秀祥（中）慰问贫困户

如皋市国税局

2月12日，市国税局召开国税工作会议，推进国税工作

支持桃园镇明池村建设

税务咨询活动

“遵纪守德，文明诚信”活动

2011年，如皋市国税局坚持以组织收入为中心，紧扣税收征管和纳税服务两大核心业务，真抓实干，奋力争先，实现“十二五”发展的良好开局。

全系统完成税收总收入33.68亿元，同比增长20.81%，完成南通市局年初考核计划的103.64%。实现政府口径收入31.4亿元，同比增长17.49%。实现一般预算收入8.86亿元，同比增长16.97%。总收入、政府口径收入、增值税收入、企业所得税收入、一般预算性收入五个总量均居南通六县市区第一。累计征收防洪保安资金3500万元。在大力组织收入的同时，积极落实好结构性减税政策为主的各项税收优惠政策，全年固定资产设备抵扣为纳税人减负3.33亿元；增值税起征点调整惠及3563个体工商户，减负149.24万元；累计办理出口退税18.3亿元，办理政策性等退库7976万元，为企业和地方经济发展注入活力。

继续深化税源专业化管理改革，确立风险分析团队在税源专业化管理中指挥中心地位，成立专业应对分局，形成专业应对分局、大企业管理分局专业应对股、其他管理分局专业应对股和稽查局四个对应的风险应对团队。同时，调整整合全市办税服务厅，设立城区主办税服务厅和三个农村分局办税服务延伸点，实施垂直管理。深入开展税收专项检查和专项整治，累计查处各类涉税违法案件87件，其中大要案31件，查补入库总额3622.03万元，同比增长66.68%，查补入库总额和增幅均创历年新高，有效整顿和规范了税收秩序。

在强化征管的同时，市国税局进一步打造税收服务品牌，推进办税服务厅规范化建设，推进审批事项前移，实行“一窗式”服务，推进自助办税、同城办税，实施新办企业“三个一”告知套餐、大企业点对点“高层合作”、稽查“绿色安检”等特色服务。如皋国税“服务e站”获如皋市级机关“十一五”期间“十佳”服务品牌称号；行政服务中心国税窗口被评为“十佳”服务窗口；“同城通办”服务措施被表彰为“十佳”服务创新奖。大力加强政风行风建设，在11家行政执法部门的政风行风民主评议中取得第三名的成绩。深入开展文明创建，积极参与社会管理创新、六城同创、结对共建、拥军优属、扶贫助困等活动，服务地方发展。

庆祝建党90周年专场文艺演出

如皋市盐务管理局
江苏省盐业公司如皋支公司

局长、经理、党组书记　韩　伟

2011年，如皋市盐务局(公司)认真贯彻落实市公司二届二次职代会精神，切实加强职工思想政治工作，强化形势任务教育；加强盐业市场监管，尽力稳定如皋市盐业市场秩序；备足盐品库存，保障合格食盐和工业用盐的供应。销售各类盐品40616吨，完成年计划的104.52%，其中销售小包装盐6205.9吨,完成年计划的104.12%。实现销售收入4505万元，完成年计划 118.55%，其中非盐商品实现销售收入623万元，完成年计划的124.1%。实现利润121万元，完成年计划的151.25%。全年安全生产无事故，确保各项工作正常开展，实现“十二五”良好开局。

千方百计组织货源，确保盐品市场供应。2011年，市场盐源供货一直供不应求,市盐业公司克服各种困难，积极组织调进各类盐品，通过外出考察调研，拓展扩大供货渠道,保证全市民食工需市场供应。

全力应对，平息食盐抢购风潮。3月17日，因日本“3·11”强烈地震引发海啸造成核电站泄漏，市民担心核辐射而形成抢购食盐风潮，公司采取多种措施积极应对，快速平息食盐抢购风。

加强盐业市场监管，确保市场秩序基本稳定。结合如皋食盐市场，年内通过多项专项行动、定期巡查以及客户经理管销结合的市场监管方法，及时捕捉市场动态，力争做到检查深入、监管到位、处理及时。

加强基础设施建设，巩固AAA级食盐批发企业。在认真抓好盐品、非盐商品经营和盐业市场监管的同时，注重抓好公司基础设施建设，不断巩固AAA级食盐批发企业硬件设施。

围绕政府中心工作，积极服务地方经济。认真开展“双联双助”工作，做好“千人联千企”工作，积极开展军企结对共建活动，做好社区挂钩共建工作，积极开展献爱心等活动。

加强宣传教育，为完成全年目标任务奠定思想基础。推进思想解放，开展纪念建党90周年系列活动。通过强有力的思想政治工作，化解干部职工悲观畏难情绪，营造迎难而上的发展氛围，把干部职工的思想统一到公司转型创新发展的规划上。

2012年3月30日，省盐务局副局长周明恩（左中）在公司调研

2012年5月15日，南通市盐务局局长蒋明（右二）参加如皋市“5·15”防治碘缺乏病日宣传活动

如皋市邮政局

5月26日，国家邮政工会常务副主席朱惠忠（前排右）踏访“爱心邮路”

9月30日，南通邮政局副局长陈玉冬（第二排左一）、如皋市邮政局局长王飞云（第二排左二）重阳节慰问江安敬老院的老人们

业务发展不断攀登新高峰 年内，市邮政局实现业务收入1.43亿元,同比增长37.4%,高于全省平均增幅18.1个百分点。市邮政企业新增储蓄余额13.5亿元,代理保险40824万元；实现代理金融业务收入11012万元,同比增长42.31 %，金融业务收入占总收入77.38%；实现收支差额4539 万元，同比增长106.3%，列全省县（市）局之首。在全省邮政县（市）局以经营规模为主要指标的综合排名中，如皋位居第二，比2010年前移两位。每月代发新农保20多万户；农电费预存代扣累计达32.5户，全年预存代扣金额达8438万元；全年累计代订代售火车票、航空客票44464张；发展“自由一族”会员586个，实现会员年费收入116028 元，发展“自由一族”会员特约消费商户10户；15个邮政网点开办代理人保车险业务；发展“苏邮惠民”加盟店130个，累计实现交易额1304.5万元，加盟店平均单点预存款超过千元。

4月8日，“普法邮路通万家”工程启动仪式在安定广场举行

“爱心邮路”品牌效应不断放大 4月8日，市司法局、市邮政局联合启动“普法邮路”通万家工程，将“六五”普法工作与“爱心邮路”融合，创新“六五”普法教育，扩大普法覆盖面，通过投递员和邮政函件服务推进法律知识进村、到企、入户，并由乡邮员收集群众法治新需要反馈给司法部门，及时了解广大群众学法、懂法的需求，强化社会管理能力和水平，促进普法工作互动。

中国邮政道德模范系列电视片《春天·2011——发生在“爱心邮路”上的故事》拍摄现场

“爱心邮路”引领如皋打造“爱心城市”，促进社会主义新农村建设，谱写新时代和谐音符，引起各方关注。4月13日，中国邮政道德模范系列五集电视片《春天·2011——发生在“爱心邮路”上的故事》在如皋开机拍摄，讲述人民信使陈昭斌、“新雷锋”姚泽民、137条“爱心邮路”上、“爱心邮路”架起致富桥、流淌在爱心城市里的故事。5月27日，国家邮政工会常务副主席朱惠忠一行专程到如皋调研“爱心邮路”。调研过程中，朱惠忠表示，“爱心邮路”走过十多年艰辛历程，很不容易，如皋邮政人很了不起！